Bonkamp, Bernhard

Die Bibel im Lichte der Keilschriftforschung

Bonkamp, Bernhard

Die Bibel im Lichte der Keilschriftforschung

Inktank publishing, 2018

www.inktank-publishing.com

ISBN/EAN: 9783747777251

All rights reserved

This is a reprint of a historical out of copyright text that has been re-manufactured for better reading and printing by our unique software. Inktank publishing retains all rights of this specific copy which is marked with an invisible watermark.

Die Bibel im Lichte der Keilschriftforschung

von

Prof. Dr. Bernh. Bonkamp

Recklinghausen

Verlag von G. W. Visarius — Druck von J. Bauer

1 9 3 9

Vorwort.

Die Untersuchungen, die ich hier jetzt aus der Hand lege, sind in dieser Zusammenfassung das Ergebnis einer langjährigen Arbeit. Sie bewegen sich auf einem Gebiete religionswissenschaftlicher Forschungen, wo die Auffassungen zum Teil noch weit auseinandergehen. Wer in der Bibel nur ein Erzeugnis menschlicher Art und menschlichen Fleißes erblickt, behandelt sie bei seinen Erklärungsversuchen wie jedes andere Werk von menschlicher Hand; wer sie als eine Niederschrift göttlicher Offenbarungen betrachtet, sieht hier Göttliches und Menschliches in eigenartiger Weise miteinander verbunden. Er weiß, daß die Offenbarung nur übernatürlichen Ursprunges sein kann; er weiß aber auch, daß sie zu Menschen spricht und von den Menschen ihrer Zeit verstanden sein wollte, und daß sie in der Form, in der sie an diese Menschen erging, durch menschliche Bemühungen festgehalten und von menschlicher Hand an die folgenden Geschlechter weitergegeben wurde. Ich nehme die biblischen Texte, wie ich wohl kaum hervorzuheben brauche, ganz wie die Kirche sie sieht, und unterstelle mich bei den in dem vorliegenden Werke gezogenen Schlußfolgerungen gern ihrem Urteile.

Man hat die Bedeutung der keilinschriftlichen Aufzeichnungen oft durch einen Hinweis auf das Bibelwort Hab. 2, 11 und Luk. 19, 40 zum Ausdruck gebracht, daß die Steine zu rufen oder zu reden beginnen. Sie reden in der Tat eine sehr deutliche Sprache, die man auch da nicht überhören darf, wo man durch die Rufe zunächst überrascht ist. Wer heutzutage z. B. einen Kommentar zum Buche Josue zu schreiben versucht, ohne sich bei der Behandlung der Einzelheiten mit dem Inhalte der Tontafeln von El-Amarna auseinanderzusetzen, bleibt seinen Lesern vielleicht das Wertvollste schuldig, was man zur Erklärung dieses Buches überhaupt zu sagen vermag. Die Zusammenhänge treten aber bei den Angaben nur in den seltensten Fällen sofort in die Erscheinung. Sie verlangen, wenn man ihnen nachgeht, ein geduldiges und im ganzen recht mühsames Studium, wobei die Enttäuschungen oft zahlreicher sind als die Feststellung eines brauchbaren Ergebnisses. Diese Studien haben in der Arbeit, wie ich zugeben muß, an manchen Stellen recht deutliche Spuren zurückgelassen, die dem Kritiker, wenn er bloß auf das Äußere sieht, vielleicht gar nicht besonders gefallen. Wenn eine Darstellung ganz befriedigen soll, muß sie die Ausführungen, soweit der Gegenstand es zuläßt, stets in einer Form bieten, die auch in ihrem Aufbau und in ihrer Gliederung allen Anforderungen gerecht wird. Das ist aber gerade bei einem sogenannten wissenschaftlichen Werke mitunter sehr schwer. Der Leser verlangt hier an erster Stelle eine Beweisführung, die ihn persönlich überzeugt. Er möchte nicht nur von den Ergebnissen der in dem Texte berücksichtigten Untersuchungen erfahren, sondern auch die Gründe sehen, die für den Verfasser besonders ins Gewicht fielen, und vielleicht auch die Wege, auf denen er zu diesen Ergebnissen gelangt ist. Ich habe deshalb versucht, diesen Wünschen überall nach Möglichkeit entgegenzukommen. Die Arbeit ist in der Form, in der sie jetzt vorliegt, ganz aus der Art hervorgegangen, wie die Untersuchungen tatsächlich geführt wurden. Was mich selbst überzeugt hat, wird auch für den Leser, wie ich glaube, im allgemeinen ein ausreichender Grund sein, und wo ich für meine eigene Person in der Hervorstellung der Einzelheiten vielleicht etwas zu weit gegangen bin, wird die Kritik dieses ganz gewiß eher verzeihen, als wenn das Gegenteil der Fall wäre. Es kam mir in erster Linie darauf an, für das Verständnis der Bibel ein möglichst umfangreiches, aber wirklich zuverlässiges und vorsichtig abgewogenes Material zur Verfügung zu stellen und dieses zugleich in einer Form vorzulegen, die auch dem Fernstehenden eine persönliche Nachprüfung gestattet. Wir haben aber zwischen der Bereitstellung des Materials und der Erklärung der Erscheinungen mitunter eine scharfe Linie zu ziehen. Die Zusammenstellungen haben auch da noch ihre Berechtigung, wo man über die Erklärung vielleicht noch verschiedener Meinung sein kann. Unser Wissen ist auf dem Gebiete, das wir hier zu erschließen haben, trotz aller bisherigen Fortschritte noch so lückenhaft, daß jeder Beitrag seinen Wert hat. Wo die keilinschriftlichen Texte zu naheliegenden, bisher noch nicht in Vorschlag gebrachten Ergänzungen drängten, ist der Wortlaut stets mitgeteilt. Der Leser findet hier die Stellen gewöhnlich in einer Fußnote. Bei dem Texte, den wir S. 71—72 heranziehen mußten, konnte die richtige Fassung der wichtigsten Zeilen erst in dem Rückblick am Ende des Buches geboten werden. Ich hebe dieses besonders hervor, um den Leser sofort auf das Ergebnis des späteren Deutungsversuches aufmerksam zu machen. Bis dat, qui cito dat; doppelt gibt, wer schnell gibt, aber — verspätete Gaben sind ebenfalls, wie ich glaube, unter Umständen noch ganz willkommen.

Bei der Behandlung der biblischen Aufzeichnungen wurde der hebrische Text natürlich stets als die Grundlage benutzt. Die Eigennamen sind aber bei bekannteren Persönlichkeiten fast immer in der Form der Vulgata gegeben.

Die Umschreibung der im lateinischen Alphabet nicht vorkommenden semitischen Lautbezeichnungen ist dieselbe, wie sie auch sonst fast überall verwandt wird. Das Aleph ist in seiner Eigenschaft als Konsonant, wo es notwendig war, durch ein ' wiedergegeben; ḫ ist die gewöhnliche Bezeichnung des harten, auch im Assyrischen noch vorhandenen ch; ḥ bringt in der Regel eine weichere Aussprache dieses Lautes zum Ausdruck, die in der Nähe des h liegt; ṭ = Ṭêth; ' = 'Ajin; ṣ = Ṣade; ḳ = Ḳoph; š = Schin.

Recklinghausen, Paulusstraße 5,
in der Pfingstwoche 1939.

Dr. Bonkamp.

Inhalt.

I.

Die Keilschrift in ihrer Bedeutung für das Verständnis der Bibel im allgemeinen; Schrift und Schriftsysteme im Lande Kanaan.

Die Bibelforschung ist immer bestrebt gewesen, sich über die Verhältnisse, aus denen die Aufzeichnungen hervorgegangen sind, über die Sitten und Gewohnheiten des Landes und über die Auffassungen der damaligen Zeit im einzelnen genauer zu unterrichten und diese Kenntnis dann für das Verständnis der heiligen Texte nutzbar zu machen.

Man war aber bei diesen Untersuchungen bis tief in das vorige Jahrhundert hinein fast ganz auf die Mitteilungen angewiesen, die sich in der Bibel selbst vorfanden. Nur in seltenen Fällen konnte man etwas hinzufügen, was über diesen Rahmen hinausging. Der Blick erweiterte sich erst, als es möglich wurde, auch die Inschriften und Literaturdenkmäler der Assyrer und Babylonier eingehender zu berücksichtigen.

Wir nennen hier zunächst die Assyrer, weil die Texte aus der assyrischen Zeit schon in erheblichem Umfange bekannt waren, als der Boden von Babylon seine Schätze noch nicht preisgab. Die beiden Völker redeten dieselbe Sprache; sie hatten dasselbe Schriftsystem und bekannten sich auch in der Religion im wesentlichen zu denselben Anschauungen.

Der Ursprung dieser gemeinsamen Kultur liegt im Süden von Babylon. Hier wohnte schon im vierten Jahrtausend vor Christus das Volk der Sumerer [1]), das aus einer rohen und flüchtigen Bilderschrift allmählich eine Silbenschrift entwickelte, die um das Jahr 2500 bereits zum Gemeingut des ganzen Landes geworden war. Da die Zeichen schon in der älteren Zeit fast ausschließlich aus Keilen bestanden, bezeichnet man sie gewöhnlich als die Keilschrift. Sie wurde in derselben Form auch von den Chethitern und von mehreren andern Völkern übernommen.

Mit der Schrift hatte auch die Kultur der Sumerer überall ihre Verbreitung gefunden, und zwar in einem Maße, wie man es sonst in der Geschichte der Völker nur selten beobachtet. Wer das Schriftsystem wirklich beherrschen wollte, mußte auch die Sprache der Sumerer verstehen. Das Zeichen, das z. B. den Silbenwert an zum Ausdruck brachte, war in seiner Grundform — es war die

---

[1]) Der Ton liegt auf der zweiten Silbe.

Darstellung eines Sternes — ein Hinweis auf das sumerische an = Himmel; wo die Silbe ki vorkam, griff man auf das Zeichen für das sumerische ki = Erde zurück; ud wurde durch das Zeichen für ud = u = Tag ausgedrückt, am ist aus einem Zeichen für ama = am = Wildochs hervorgegangen, das Zeichen für sib setzt eine Kenntnis von siba = sib = Hirt voraus. Das Sumerische war zugleich bis in die spätesten Jahrhunderte die Sprache, in der die Priester mit der Gottheit verkehrten.

Die Sprache der Babylonier und der Assyrer wurde gewöhnlich als akkadisch bezeichnet, von Akkad, der Stadt und dem gleichnamigen Landbezirk im nördlichen Teile der babylonischen Tiefebene. Sie verbreitete sich mit der Unterwerfung der Sumerer auch nach dem Süden, so daß das Sumerische schließlich als Volkssprache ganz ausstarb. Das Akkadische wurde dann in der neubabylonischen Zeit wieder durch das Aramäische verdrängt.

Man schrieb in der Regel auf weichen Tontafeln, die nach der Fertigstellung des Textes gewöhnlich im Feuer gehärtet wurden. Diese Tafeln waren dann so gut wie unverwüstlich. Sie machen auch heutzutage vielfach noch den Eindruck, als wenn sie erst vor wenigen Jahren entstanden wären.

Der Inhalt dieser Aufzeichnungen ist außerordentlich mannigfaltig. Wir finden hier Bescheinigungen über Kauf und Verkauf, über Verpflichtungen und Zahlungen, über Bürgschaft und Pfand, über Mietsverträge, Pacht und Tausch, Privatbriefe, amtliche Verfügungen, Gerichtsentscheidungen, Zusammenstellungen aus dem Gebiete der Medizin, der Mathematik und der Sternkunde, Hymnen, erzählende Dichtungen, geschichtliche Darstellungen und Ausführungen zur Ethik und Moral. Die Texte wurden, soweit sie besonderen Wert hatten, in Archiven und Bibliotheken sorgfältig aufbewahrt und sind dort bei den Ausgrabungen zum Teil in gewaltiger Zahl wieder zutage gebracht worden. Das Britische Museum besitzt in seinen Sammlungen mehr als 22 000 verschiedene Tontafeln und Tontafelfragmente aus der Bibliothek des Königs Assurbanipal. Hierzu kommen noch die Wandinschriften in den Prunksälen der königlichen Paläste, die Inschriften auf den öffentlichen Denkmälern und die Texte der Tonzylinder und der zylinderartigen Tonprismen, die man als Urkunden in dem Mauerwerk der öffentlichen Bauten niederzulegen pflegte. Wenn das ganze bisher schon ausgegrabene keilinschriftliche Material veröffentlicht wäre, würde es in seinem Umfange den Inhalt der Bibel um ein Vielfaches übersteigen.

Es wäre natürlich ein Fehlschluß, wenn man hiernach die innere Bedeutung einer derartigen Literatur bewerten wollte. Werke der Kunst und der eigentlichen Wissenschaft, wie man sie später z. B. bei den Griechen vorfindet, sind noch verhältnismäßig recht selten. Der größte Teil der Texte beschäftigt sich mit den Angelegenheiten des täglichen Lebens. Wenn wir herausheben wollten, was bleibenden Wert hat, würden wir an die Bedeutung der Bibel bei weitem nicht heranreichen.

Das Akkadische ist in seiner Ausdrucksweise und in seinem Wortschatz mit dem Hebräischen auf das engste verwandt. Es wurde in der ersten Zeit der assyrischen Studien mit Hilfe des Hebräischen und der übrigen semitischen Sprachen dem Verständnis wieder erschlossen und trug dann wesentlich dazu bei, auch die Bezeichnungen und Ausdrücke der Bibel in ihrer Bedeutung genauer zu erfassen. Wir wissen z. B., daß das Wort re'êm schon in der Septuaginta immer mit μονόκερως oder Einhorn übersetzt wird, daß es aber ein Einhorn in diesem Sinne niemals gegeben hat. Es war nach dem Assyrischen nichts anderes als das in den Texten so häufig vorkommende rîmu = Wildochs. Ebenso war der Prophet, hebr. nabî, nach der im Assyrischen noch vorliegenden Grundbedeutung dieses Wortes ursprünglich nur als ein Rufer oder als ein Mann der öffentlichen Rede zu betrachten.

Die Uebereinstimmung beschränkt sich aber nicht auf die Fälle, bei denen es sich um selbständige Parallelbildungen handelt; es gibt im Hebräischen auch eine ganz erhebliche Zahl von Bezeichnungen, die offenbar aus dem Sumerischen oder aus dem Akkadischen entlehnt sind. Die Sumerer bezeichneten in ihrer Sprache das Haus als ê und den Palast oder das große Haus als ê-gal. Dies wurde im Akkadischen zu ê-kal = êkallu und hat sich dann in derselben Bedeutung im Hebräischen und im Phönizischen als hechâl erhalten. Es muß also seinen Weg schon früh nach Palästina gefunden haben. Das gilt in derselben Weise für das sumerische guza = Thron. Dies liegt im Akkadischen dem gleichbedeutenden kussû zugrunde und wurde dann im Hebräischen zu dem häufig vorkommenden kissê. Für den Ofen, in dem man das Brot backte, findet sich in der Bibel nur die ebenfalls aus dem Akkadischen stammende Bezeichnung tannûr. Auch für kîr = Herd (Lev. 11, 35) und kûr = Schmelzofen kann über den babylonischen Ursprung gar kein Zweifel bestehen. Die Wörter gehen in ihrer akkadischen Form wohl beide auf das sumerische gir zurück. Es gab ein Gefäß, das man im Sumerischen nach der üblichen Schreibung[1]) als dug-dug oder bei weicherer Aussprache als du-du bezeichnete. Dies wurde im Akkadischen zu dûdu und erhielt sich dann im Hebräischen als dûd. Das Hebräische bietet in seinem Wortschatze zur Bezeichnung der Spindel die Ausdrücke pelech und kišôr. Pelech ist das akkadische pilakku, kišôr erweist sich bei genauerer Prüfung als eine Zusammensetzung mit dem sumerischen sur = šur = spinnen[2]). Die erste Silbe darf wohl mit

[1]) Meißner, Seltene assyrische Ideogramme Nr. 4226—4228; Deimel, Sumerisches Lexikon Nr. 309, 58.

[2]) Boissier, A Sumerian word in the Bible, Proceedings of the Society of Biblical Archaeology 35 (1913), S. 159 f.; Landersdorfer, Sumerisches Sprachgut im Alten Testament S. 45.

Sicherheit auf das ebenfalls dem Sumerischen angehörende gi = Rohr zurückgeführt werden. Die Spindel bestand aus dem runden, in der Mitte durchbohrten Steinwirtel und aus einem Rohrstabe, der durch den Wirtel hindurchgeschoben wurde. Hierbei war der Rohrstab, der den Faden aufnehmen sollte, an und für sich der wichtigste Bestandteil. Der Wirtel hatte nur den Zweck, den Stab in der notwendigen rotierenden Bewegung zu erhalten. Es war also ein wirkliches „Spinnrohr“ oder ein „Rohr zum Spinnen“. Der Unterschied in der Aussprache ist genau derselbe, der uns bei ê-gal = hechâl und bei gir = kîr überrascht. Auch der Leibrock, die hebräische k^e^thôneth, der griechische χιτών und die römische tunica, erinnert in diesen Bezeichnungen an die Webkunst und an die Bekleidungsweise der alten Sumerer. Die Leinwand wurde in ihrer Sprache als gad bezeichnet. Im Akkadischen haben sich in derselben Bedeutung die Formen kitû und kitinnu erhalten. Für das Gewand, das aus dem kitinnu hergestellt wurde, war nach den vorhandenen Aufzeichnungen der Name kitintu in Gebrauch.

Wir sehen also, daß der Einfluß von Babylon in Palästina schon sehr früh zur Geltung kam. Er zeigte sich nach diesen Zusammenstellungen, die man noch wesentlich erweitern könnte, besonders auf dem Gebiete der Kunst und des Gewerbes. Man darf es aber von vornherein als selbstverständlich betrachten, daß die Berührungen hiermit noch nicht erschöpft waren. Die Bewohner von Palästina standen schon in der vorisraelitischen Zeit, wie wir aus neueren Funden entnehmen müssen, ganz unter den Einwirkungen der babylonischen Kultur.

Es war im Jahre 1887, als man in Ägypten auf dem Ruinenfelde von El-Amarna, ungefähr 300 Kilometer südlich von Kairo, eine Sammlung von Tontafeln entdeckte, wie man sie nach der damaligen Kenntnis der Dinge an dieser Stelle niemals erwarten konnte. Die Tafeln, im ganzen etwas mehr als 350 an der Zahl, stammten aus dem Archiv des Königs Amenophis IV., der sich hier eine neue Residenz errichtet hatte. Sie kommen bis auf etwa 40, die uns an die Höfe der selbständigen „Großkönige“ führen, fast ausschließlich von den bescheidenen Herrschersitzen der Kleinfürsten in Syrien und Palästina, die dem Könige von Ägypten ihre Treue versichern und sich über ihre Nachbarn und Gegner gewöhnlich in irgendeiner Weise beschweren. Das geschieht stets in der damaligen babylonischen Keilschrift und in akkadischer Sprache. Das Babylonische war also, wie wir hieraus entnehmen müssen, in der damaligen Zeit die Sprache des internationalen Verkehrs. Die Schreiber, die den Absendern zur Verfügung standen, sind im Gebrauch der Schriftzeichen durchweg sehr geübt und geschickt; sie leben aber mit den Regeln des sprachlichen Ausdrucks im ganzen auf recht gespanntem Fuße. Man erkennt vielfach schon auf den ersten Blick, daß sie sich einer fremden Sprache bedienen, die sie in ihrem Formenschatz und in der Grammatik nur teilweise beherrschen. Es sind Einwohner von Palästina, die dieses Schriftsystem ebenso wie die Sprache mit vieler Mühe erlernt haben. Sie betätigten sich aber nicht nur in den seltenen Fällen, wo ein Brief zum Auslande geschickt werden mußte, sondern an erster Stelle bei der Erledigung des Schriftverkehrs in der eigenen Heimat. Als Prof. Sellin in den Jahren 1902—1904 den Trümmerhügel von Taanach (Jos. 12, 21) untersuchte, fand er dort in den Räumen der alten Königsburg die Ueberreste eines bescheidenen Archivs, die in dieser Hinsicht ebenfalls eine Ueberraschung bedeuteten. Es waren keilinschriftliche Zusammenstellungen und Mitteilungen auf zwölf verschiedenen Tafeln und Tafelfragmenten, die nach ihrem Inhalte sämtlich in Palästina entstanden sein mußten. Sie stammen nach den Schriftzeichen aus derselben Zeit, der auch die Tafeln von El-Amarna angehören [1]). Ein Sigelzylinder, der in einem andern Zimmer entdeckt wurde, trägt neben einer kurzen hieroglyphischen Aufzeichnung eine Inschrift aus der Zeit des Chammurabi. Die Hieroglyphen lassen hier mit Sicherheit auf eine Herstellung in der Nähe von Ägypten schließen. Es muß also vorausgesetzt werden, daß der Gebrauch der Keilschrift in Palästina bis in die altbabylonische Zeit zurückgeht. Zwei andere Tafeln, die nach der Schrift vielleicht etwas jünger sind als die Texte von El-Amarna, wurden im Jahre 1926 von demselben Gelehrten in den Trümmern von Sichem gefunden [2]). Man bezeichnete den Schreiber, der in der Verwaltung die Listen zu führen und die amtlichen Schriftstücke anzufertigen hatte, auch im Hebräischen in der späteren Zeit noch mit dem akkadischen Worte šoṭêr. Es war der Beamte, der nach dem Ursprunge dieses Wortes das Schreiben in der Keilschrift besorgte. Der Brief, den man jemandem zuschickte, wurde im Akkadischen als šipru bezeichnet. Dies erhielt sich dann im Phönizischen und im Hebräischen in dem so häufig vorkommenden sepher.

Die El-Amarna-Tafeln finden ihre wertvollsten Ergänzungen in den Texten aus dem Staatsarchive der Chethiter, das im Jahre 1906 von Hugo Winckler in dem heutigen Boghazköi entdeckt wurde. Die Chethiter benutzten die Keilschrift in der damaligen Zeit an erster Stelle zur Wiedergabe ihrer eigenen Sprache, die sich in ihrem Aufbau trotz der vielfachen Abweichungen im Wortschatz als indogermanisch erweist. Im Verkehr mit dem Auslande griff man aber ebenfalls zur Sprache der Bewohner von Babylon. Die

[1]) Vgl. über diese Funde besonders die Mitteilungen von Sellin in den Denkschriften der Kaiserl. Akademie der Wissensch. zu Wien, Philos.-hist. Klasse, Bd. 50 (Wien 1904), Abhandl. IV und Bd. 52 (Wien 1906), Abhandl. III. Die Keilschrifttexte sind an beiden Stellen in einem Anhange von Dr. F. Hrozný bearbeitet.

[2]) Zeitschr. des Deutschen Palästina-Vereins Bd. 49 (1926), S. 302 ff.; übersetzt und veröffentlicht von Prof. Dr. Böhl S. 321 ff. und Tafel 44 ff.

Verwendung von andern Idiomen bildet hier ebenso wie bei den Texten von El-Amarna eine Ausnahme.

Man hat in Palästina, soweit wir bis jetzt unterrichtet sind, niemals einen Versuch gemacht, die Keilschrift in ihrer gewöhnlichen Form auf die Landessprache zu übertragen. Das erklärt sich ohne Schwierigkeit aus der nahen Verwandtschaft, die zwischen dem Kanaanäischen und dem Akkadischen besteht. Die beiden Idiome sind einander so ähnlich, daß man sich mit der Schrift sofort auch in den Wortschatz und in die Ausdrucksweise der Babylonier hineinlebte. Das Bedürfnis, sich der eigenen Sprache zu bedienen, kam erst in einer Gegend zur Geltung, wo der Einfluß des Babylonischen mehr in den Hintergrund trat; es zeigte sich, wenn wir uns auf die Inschriften verlassen dürfen, in der ersten Hälfte des zweiten vorchristlichen Jahrtausends zunächst in der Gegend vom Sinai, wo die Ägypter das Kulturleben vollständig beherrschten. Als der englische Forscher W. M. Flinders Petrie im Jahre 1904—1905 die Spuren dieser Kultur an der Spitze einer wissenschaftlichen Expedition im einzelnen genauer festzustellen suchte, fand er dort eine Reihe von durchweg nur kleineren und vielfach nur schlecht erhaltenen Texten, die sich von den ägyptischen Inschriften wesentlich unterschieden[1]). Sie wiesen zum Teil dieselben Zeichen auf, ließen sich aber an der Hand des Ägyptischen nicht deuten. Die Zahl der Zeichen war verhältnismäßig gering, so daß der Gedanke an eine Buchstabenschrift von vornherein sehr nahe lag. Der Entdecker machte selbst darauf aufmerksam, daß sich vier verschiedene Zeichen in derselben Aufeinanderfolge an mehreren Stellen wiederholten, und rechnete mit der Möglichkeit, von hier aus die Bedeutung der einzelnen Zeichen zu erschließen. Diese Gruppe wurde dann von Alan H. Gardiner[2]) richtig als Ba'alat oder Herrin gelesen. Das Wort bezeichnete die Göttin Ḥatḥor, die an der Fundstelle ihren Tempel hatte. Gardiner hatte damit die Grundlage geschaffen, auf der die Forschung jetzt aufbauen konnte. Er bestimmte selbst unter Zuhilfenahme der semitischen Buchstabennamen und der altsemitischen Buchstabenformen die Zeichen für Aleph, Bêth, Zajin, Kaph, Lamed, Mêm, Nûn, 'Ajin, Pe, Rêsch, Schin und Taw; die übrigen wurden dann im Laufe der folgenden Jahre von Sethe[3]), Eisler[4]) und Hubert Grimme[5])

[1]) Researches in Sinai, London 1906.

[2]) The Egyptian Origin of the Semitic Alphabet. Journal of Egypt. Archaeol. Bd. 3 (1916), S. 1 ff.; deutsch unter dem Titel: Der ägyptische Ursprung des semitischen Alphabets, Zeitschr. der Deutschen Morgenl. Gesellsch., Neue Folge Bd. 2 (1923), S. 92 ff.

[3]) Die neuentdeckte Sinai-Schrift und die Entstehung der semitischen Schrift, Nachr. von der Kgl. Gesellsch. der Wissensch. zu Göttingen, Phil.-hist. Kl. 1917, S. 437 ff.

[4]) Die kenitischen Weihinschriften der Hyksoszeit, Freiburg i. Br. 1919.

[5]) Althebräische Inschriften vom Sinai, Hannover 1923; Die Lösung des Sinaischriftproblems, Münster i. Westf. 1926; Die altsinaitischen Buchstaben-Inschriften auf Grund einer Untersuchung der Originale, Berlin 1929; Altsinaitische Forschungen, Paderborn 1937.

ermittelt. Die Texte waren inzwischen, soweit es möglich war, in das Museum von Kairo gebracht. Sie erfuhren dann im Jahre 1930 noch eine Vervollständigung durch die Funde einer neuen amerikanischen Expedition, die besonders vom Pater Butin genauer untersucht wurden[1]). Die Ergebnisse blieben aber dieselben. Wir wissen jetzt, daß wir es bei diesen Aufzeichnungen mit einem Schriftsystem zu tun haben, das mit der späteren Schrift der Phönizier schon in unmittelbarem Zusammenhange steht. Der Ochsenkopf, den man im Ägyptischen als das Zeichen für jḥ = Rind gebrauchte, tritt uns hier in derselben Bedeutung als das Zeichen für Aleph entgegen; das Zeichen für pr = Haus erscheint hier als Bêth; der Mund, im Ägyptischen das Zeichen für r, ist hier auf Grund der semitischen Lesung zu Pe geworden. Man übertrug also den Grundgedanken des ägyptischen Schriftsystems auf die Sprache, die man selbst redete, und behandelte diese ganz in derselben Weise. Die Zeichen wurden, soweit sie aus dem Ägyptischen kamen, nicht mehr in der ägyptischen, sondern in der semitischen Sprache gedeutet. Wenn im Ägyptischen kein passendes Zeichen vorhanden war, griff man zu einer andern Darstellung, die den Anforderungen entsprach. Das System kann nur in einer Gegend entstanden sein, wo eine semitische Bevölkerung mit den Ägyptern in unmittelbare Berührung kam. Das war am Sinai tatsächlich der Fall. Die Ägypter hatten hier seit der Regierung des Königs Sesostris III.[2]) ihre Kupferminen, die besonders unter seinem Nachfolger Amenemhet III.[3]) stark ausgenutzt wurden. Damit bot sich für die Bewohner der dortigen Gegend, soweit man keine Sklaven heranzog, Gelegenheit zu lohnender Beschäftigung. Die Schreiber besuchen ebenso wie die Ägypter den Tempel der Ḥatḥor und bezeichnen sich auf ihren Weihegeschenken mit Vorliebe als Geliebte der Ba'alat. Einer von ihnen hatte den Namen Ben-Schemesch. Da das System so einfach war, fand es schon früh, wie es scheint, eine weitere Verbreitung. Es begegnet uns in Palästina, soweit sich der Gebrauch bisher schon nachweisen läßt, zuerst auf einer in Gezer gefundenen Tonscherbe, die nach dem übereinstimmenden Urteil der hier zuständigen Fachgelehrten der sogenannten mittleren Bronzeperiode angehört[4]). Sie führt uns also in die Zeit des 17. oder des 16. Jahrhunderts. Die Schrift wurde, obschon sie nur drei Zeichen umfaßt, vom Pater Butin sofort als sinaitisch erkannt. Es war nur eine einzige Zeile, die nach den Spuren in der Tonfläche senkrecht zur Lage der Drehscheibe stand. Sie lief also,

---

[1]) The Harvard Theological Review, Vol. XXV, Number 2, April 1932.

[2]) Nach Breasted von 1887—1849.

[3]) Von 1849—1801.

[4]) Vgl. für die Einzelheiten besonders die Angaben von W. R. Taylor im Journal of the Palestine Oriental Society, Vol. 10 (1930), S. 16 ff. u. S. 79 ff., und im Bulletin of the American Schools of Oriental Research Nr. 41, February 1931, S. 27—28, sowie die Ausführungen von Albright in dem Bulletin Nr. 58, April 1935, S. 28—29.

was man nicht übersehen darf, von oben nach unten. Der oberste Buchstabe ist ein Jôd, der untere ein schön geformtes sinaitisches Bêth, der mittlere wurde von den Erklärern gewöhnlich als Nûn gefaßt. Es kann aber in Wirklichkeit ebensogut ein Lamed sein. Die beiden Formen sind in den sinaitischen Texten mitunter kaum voneinander zu unterscheiden. Die Zeichen sind mit einem spitzen Gegenstande in den weichen Ton geritzt, und zwar von rechts nach links. Die Scherbe gehörte nach der Annahme von Prof. Albright zu einem zylinderartigen Tongerät, das wahrscheinlich aus einem Tempel stammt und dort als Untersatz oder als Ständer benutzt wurde. Dies scheint sich auch aus der Inschrift zu ergeben. Die Phönizier gebrauchen in den Texten, die uns von ihren Kulthandlungen erzählen, wiederholt das Wort eleb. Wir besitzen noch den Anfang einer stark beschädigten Tontafel, die darüber berichtete, was zu einem eleb El oder zu einem eleb des Gottes El gehörte[1]). Es waren dazu mehrere Gegenstände oder mehrere Dinge erforderlich, die in der Liste genau aufgeführt wurden. Die Angaben sind hier aber bis auf die Ueberschrift, die durch eine besondere Linie von den folgenden Zeilen getrennt war, fast spurlos zerstört. Die Bezeichnung findet sich dann außerdem noch in den Schilderungen einer epischen Dichtung, die uns in ihren Ueberresten, wie wir noch sehen werden, in der letzten Zeit wieder bekannt geworden ist. Wenn dem Danel oder Daniel, dem Helden dieser Dichtung, ein Sohn geboren war, ließ er ihn in seinem Palaste Platz nehmen und errichtete dann im Tempel den „s-k-n seines eleb"[2]). Das kann sich nach dem Zusammenhange nur auf ein Dankopfer beziehen. Es war ein Opfer, bei dem mehrere Gaben nach der Wortbezeichnung[3]) miteinander verbunden wurden, ebenso wie bei den assyrischen Opfern, wo man ganz in derselben Weise von einem riksu sprach[4]). Das e ist in seiner Aussprache vielfach nur eine dunklere Wiedergabe des i. Ein zweiter Text, der ebenfalls aus einem Tempel stammt, wurde im Jahre 1934 in ed-Duweir, dem alten Lachisch, gefunden. Man entdeckte dort bei den Ausgrabungen die Scherben eines Kruges aus der Zeit vom 15. bis zum 13. Jahrhundert, der oben mit einem Kranz von flüchtigen Darstellungen aus der Natur verziert war. Ueber diesen Darstellungen befindet sich eine Inschrift, die allerdings in ihrem jetzigen Zustande gerade in der Mitte eine bedauerliche Lücke aufweist. Sie

---

[1]) Syria, Tome XVI (1935), S. 182.

[2]) Virolleaud, La légende phénicienne de Danel (Mission de Ras-Shamra, Tome I, Paris 1936), S. 186 ff., I 26—27, I 43—45 und Anfang von II.

[3]) Vgl. z. B. das arabische alaba.

[4]) Das Wort s-k-n, das hier gebraucht wird, bezeichnet in den Angaben der Syria, Tome XVI, S. 177 ff. veröffentlichten beiden kleinen Steleninschriften ebenso wie p-g-r, mit dem es dort wechselt, das ganze Opfer. P-g-r = peger = „Körper"; s-k-n bezieht sich in seiner Grundbedeutung, wie es scheint, zunächst nur auf die „Niederlegung" oder das Aufschichten der Gaben.

beginnt mit dem Worte m-t-n = Geschenk, das sofort nach der ersten Veröffentlichung des Textes[1]) von Gardiner, Gaster, Langdon, Stowell und Eisler[2]) richtig gelesen wurde. Auffallend war nur die etwas eigenartige Form des Nûn. Auf dieses Nûn folgen dann drei übereinanderstehende Punkte. Hierauf bietet der Text ein Schin und ein Zeichen, das von Stowell und von Eisler als Gimel gefaßt wurde. Es ist in der Tat der späteren Form dieses Buchstabens sehr ähnlich, kann aber für die ältere Zeit in dieser Bedeutung noch nicht in Betracht kommen. Die Fortsetzung schließt dann mit den Zeichen für Aleph, Lamed und Taw, die den Namen der Göttin Elat ergeben. Das wurde auch von Gardiner schon richtig hervorgehoben. Er wagte sich aber zu der Bedeutung des vorhergehenden Zeichens noch nicht zu äußern. Dies wurde dann von Pater E. Burrows zuerst als Waw erkannt. Burrows glaubte nun das vor der Lücke stehende š-w, da der Gott El von den Phöniziern oft als Stier bezeichnet wurde, zu š-w-r = šôr ergänzen zu dürfen und schloß bei dem folgenden Worte, das mit dem auf der nächsten Scherbe stehenden Taw enden mußte, auf den Namen des Gottes Môt, der zu den Söhnen des El gehört. Er las also So[r w-Mo]t w-Elat[3]). Damit ist der Aufbau des Textes sicher richtig zum Ausdruck gebracht. Es bleibt aber eine Schwierigkeit, die uns zur Wahl anderer Namen zwingt. Man gebrauchte in der damaligen Zeit bei einem einfachen Vokal noch nicht die scriptio plena. Wir haben deshalb nach einer Bezeichnung zu suchen, die diesem Umstande gerecht wird. Das ist nur bei einem einzigen Namen der Fall, der sich auch wegen seiner Herkunft besonders empfiehlt. Palästina stand damals, wie wir noch sehen werden, unter der Herrschaft einer churrischen oder choritischen Oberschicht, die eine Göttin mit dem Namen Sauška verehrte. Diese wurde von den Assyrern später als Ištar gefaßt. Sie berührte sich also, wie man hieraus entnehmen muß, in ihrer Eigenart auf das engste mit der phönizischen Ašerat. Da der Krug aus einem Tempel stammt, ist die Annahme berechtigt, daß die Inschrift in ihren Voraussetzungen besonders auch den Auffassungen des Stadtfürsten entsprach. Ein anderer Text wäre bei einem Gegenstande, den man dort schenkte, sicher nicht geduldet worden. Die Choriter werden aber in der älteren Zeit zuerst an ihre eigenen Götter gedacht haben, die sie auch dem Namen nach vorläufig noch beibehielten. Sie verehrten also die Sauška, wo sich die einheimische Bevölkerung, wie wir annehmen dürfen, an die Ašerat wandte. Der Name hat sich aber im Phönizischen, wie wir ebenfalls an dieser Stelle schon hervorheben müssen, in der Schreibung S-w-š-k erhalten. Dies führt uns bei dem Texte, mit dem wir es

---

[1]) In den Times vom 13. Juni 1934; vgl. die Wiedergabe im Archiv für Orientforschung, Bd. IX (1933—1934), S. 358.

[2]) Times vom 25. Juli 1934; Archiv für Orientforschung S. 359.

[3]) Palestine Exploration Fund, Quarterly Statement Nr. 66, S. 179—180.

hier zu tun haben, fast mit zwingender Notwendigkeit zu der Lesung S-w-[š-k w-A-š-r-]t w-E-l-t. Es kann sich nach den Raumverhältnissen, wie auch Burrows richtig voraussetzt, nur um drei verschiedene Bezeichnungen handeln, von denen die erste mit S-w beginnt und die beiden folgenden, ... t und Elat, auf t ausgehen. Die Buchstaben zeigen in ihren Formen ungefähr dasselbe Gepräge wie die Schrift auf einem Ostrakon von ʻAin Schems, dem biblischen Bethschemesch [1]), das nach der Schicht, in der es sich vorfand, ebenfalls der Zeit vom 16. bis zum 13. Jahrhundert angehört [2]). Das Ostrakon bietet zum Beispiel, soweit es noch zu entziffern ist [3]), genau dasselbe Aleph und ein in derselben Weise gebildetes Lamed. Das Aleph tritt uns in diesen Texten schon in derselben Form entgegen, die später beim griechischen Alpha zugrundeliegt; das Lamed zeigt hier noch ganz den Charakter einer Spirale. Der Zusammenhang tritt aber noch deutlicher hervor, wenn wir auch die eigenartigen drei Punkte, die uns in der Kruginschrift hinter dem Worte m-t-n überraschten, etwas genauer ins Auge fassen. Diese Punkte finden sich auf dem Ostrakon, wo sie allerdings nicht übereinander, sondern nebeneinander gelegt sind, in derselben Anzahl an drei verschiedenen Stellen. Sie sollen hier offenbar die einzelnen Gedanken oder vielleicht auch die einzelnen Satzverbindungen, soweit der Schreiber es für notwendig hielt, äußerlich voneinander abtrennen. Wir dürfen sie also, wie es scheint, ohne Bedenken als die Vorstufe des späteren Worttrenners betrachten, der in einem einfachen, für sich allein stehenden Vertikalstrich bestand. Dieser Vertikalstrich steht aber den drei übereinandergelegten Punkten, wie sie sich in der Kruginschrift vorfinden, wesentlich näher, als es bei einer Reihe von nebeneinanderliegenden Punkten der Fall ist. Wir haben es hier offenbar mit einer längeren Entwicklung zu tun, bei der die übereinanderliegenden Punkte zeitlich in der Mitte stehen. Die Aufeinanderfolge der Punkte bildet hier die natürliche, auch dem modernen Empfinden bei einem plötzlichen Gedankenwechsel noch ganz entsprechende Grundform, die erst später, als man die Zeichen mehr zusammendrängte, durch eine Vertikalstellung dieser Punktreihe

---

[1]) Revue Biblique, Tome 39 (1930), Pl. XVbis und S. 401; Grant, Ain Shems Excavations, Part I (1932), Pl. X.

[2]) Albright bezeichnet die Schicht im Bulletin of the American Schools of Oriental Research Nr. 55, Sept. 1934, S. 27, als ein „stratum belonging to the sixteenth—fifteenth century B. C. — in no case later than the fourteenth century". Er denkt hier also an die Zeit vom 16. bis zum 15. Jahrhundert und möchte über das 14. Jahrhundert auf keinen Fall hinausgehen. In dem Bulletin Nr. 58, April 1935, hält er diese Möglichkeit aber nicht mehr für ausgeschlossen. Er rechnet dort S. 29 auch für das Ostrakon mit der Zeit vom „15. bis zum 13. Jahrhundert".

[3]) Vgl. zu den Formen besonders die sorgfältige Untersuchung von H. Grimme im Archiv für Orientforschung, Bd. X (1935), S. 270—276. Ueber den Inhalt der Aufzeichnung kann man allerdings noch sehr verschiedener Meinung sein.

ersetzt wurde. Dies zeigt uns, daß die Niederschrift auf dem Ostrakon früher anzusetzen ist als der Text auf dem Kruge. Als die Punkte dann in diese Vertikalstellung gebracht waren, führten sie fast mit zwingender Notwendigkeit zu einem Ersatz durch den schneller zu schreibenden einfachen Grundstrich, der uns zuerst auf einem im Jahre 1935 in einem Grabe von ed-Duweir gefundenen Gefäßdeckel begegnet. Wir lesen auf diesem Deckel zunächst ein b-š-l-š-t, das einem hebräischen bišelôšeth entspricht, und stehen dann vor einer kurzen, aber ebenfalls noch deutlich hervortretenden Senkrechten, auf die ein weiteres Wort folgte, das, wenn die Erklärung des Zeichens hier richtig ist, mit einem sauber geschriebenen Jôd begann [1]). Die Buchstaben zeigen hier, soweit sie schon in der Kruginschrift vorkommen, in ihren Formen noch ganz dasselbe Gepräge. Das Bêth hat in dem jüngeren Texte die Gestalt eines Quadrates, bei dem die Grundlinie fehlt und von der unteren Ecke der linken Seite zu der oberen Ecke an der rechten Seite die Diagonale gezogen ist. Es unterscheidet sich in dieser Form von der Schreibung, die später bei den Phöniziern üblich war, in der Hauptsache nur durch die Lage. Das Zeichen ist im phönizischen Alphabet um 45 Grad nach rechts gedreht. Hierzu kommt für die dortige Gegend, wenn wir die Texte nach den Fundorten gruppieren, außerdem noch ein kleines, schon seit mehr als 40 Jahren bekanntes Bruchstück aus den Grabungen von Tell el-Hesi [2]), das ebenso wie die Scherbe von Gezer nur drei aufeinanderfolgende Buchstaben enthält. Es bietet an der ersten Stelle ein Bêth, an der zweiten ein Lamed und an der dritten ein ‘Ajin, so daß sich der Name Bela‘ ergibt. Das Bêth deckt sich hier in seinem Grundriß noch ebenso wie auf der Scherbe von Gezer mit den Schreibungen, die uns in den Texten vom Sinai begegnen, das Lamed zeigt aber schon ganz die Form und die Lage, die wir in den Inschriften der Phönizier vorfinden; das ‘Ajin steht zwischen den sinaitischen Formen und der älteren phönizischen Schreibweise ungefähr in der Mitte. Die Scherbe ist später in den Boden gelangt als ein in demselben Trümmerhügel gefundener Brief mit einer Angabe über den geheimen Zusammenschluß des Sipti-Ba‘lu und des Zimrida, die uns beide in den Tafeln von El-Amarna begegnen; die Formen sind aber, als Ganzes genommen, früher anzusetzen als die ältesten uns bis jetzt bekannt gewordenen Aufzeichnungen in

---

[1]) Die Inschrift ist mir zuerst bekannt geworden durch die Wiedergabe, die sich Syria XVI (1935) S. 419 vorfindet. Sie findet sich außerdem, soweit mir die Stellen bis zur Niederschrift dieser Zeilen selbst vorlagen, Quarterly Statements of the Palestine Exploration Fund Nr. 68 (1936) auf der Tafel vor S. 101, in dem Bulletin of the American Schools of Oriental Research Nr. 63, Oct. 1936, S. 9, und bei Grimme in den Altsinaitischen Forschungen S. 119.

[2]) F. J. Bliß, A Mound of many Cities, London 1894, S. 88; W. F. Albright, A neglected Hebrew Inscription of the Thirteenth Century, Archiv für Orientforschung, Bd. V (1929), S. 150—152.

dem gewöhnlichen Schriftsystem der Phönizier. Für die nördlichen Teile von Palästina sind uns die Zwischenformen nur in den Ueberresten einer Grabschrift erhalten, die vor kurzem in Byblus entdeckt wurde[1]). Die Inschrift umfaßte bloß drei Zeilen. Sie bietet, soweit sie noch vorliegt, in der ersten Zeile das einleitende '-n-k = Ich mit den Anfangsbuchstaben des sich anschließenden Namens, die jedenfalls als '-z zu lesen sind. Das 'Ajin ist vollkommen klar; das folgende Zeichen hat hier, wenn man bloß die äußere Form ins Auge faßt, die Gestalt eines Taw, bei dem der Querstrich an der rechten Seite ungefähr doppelt so lang ist wie an der linken. In der zweiten Zeile treten uns, wie Grimme zuerst richtig gesehen hat, die Worte b-g-b-l r-b k[-h-n-m] = „in Gebal, der Oberste der Pr[iester]“ entgegen. Diese Lesung ist so klar und so einwandfrei, daß der Text hiermit im wesentlichen erschlossen ist. Das Kaph ist hier trotz der Bedenken von Albright unbedingt sicher; es ist ganz in derselben Weise geschrieben wie in dem an der Spitze des Textes stehenden '-n-k. In der dritten Zeile gehen die Auffassungen von Grimme und von Albright weit auseinander. Es scheint aber, daß die Deutung hier ebenfalls gar nicht so schwer ist. Das erste Zeichen ist ein Aleph, das zweite ein Jôd und das dritte ein Lamed. Das Aleph ist hier genau so gebildet wie in der ersten Zeile; das Lamed ist vielleicht um eine belanglose Kleinigkeit größer als die Form, die uns in der zweiten Zeile begegnet. Die Zeichen fügen sich ohne Schwierigkeit zu dem Worte ajjâl = Hirsch zusammen. Auf dieses ajjâl, wenn wir es so lesen dürfen, folgen dann noch sieben weitere Zeichen, von denen das mittlere eine merkwürdige Ähnlichkeit mit dem Zeichen hat, das in der Kruginschrift von ed-Duweir als Waw gebraucht wird. Es überrascht nur, daß der Vertikalstrich am unteren Ende nicht nach links, sondern nach rechts umgebogen ist. Wir kommen hier also, wenn wir die beiden Formen einander gleichsetzen, auf ein w = und, das sich gerade in der Mitte dieser Zeichen von vornherein besonders zu empfehlen scheint. Es steht hier, wie es scheint, in der Mitte zwischen zwei in derselben Weise gebildeten Wörtern, von denen jedes drei Konsonanten aufweist. Das Wort, das diesem Waw, wenn wir es so zu lesen haben, voraufgeht, beginnt mit einem Zeichen, das in seiner Schreibung mit dem griechischen und lateinischen Z übereinstimmt, und bietet am Schluß ein eindeutiges Lamed. Das zweite Zeichen ist in der Form, in der es uns hier entgegentritt, ein etwas flüchtig geschriebenes altsinaitisches He. Das sind dieselben Lesungen, für die auch Grimme sich entscheidet. Wir erhalten hier also, wenn wir die drei Zeichen miteinander verbinden, ein Wort z-h-l oder ṣ-h-l. Nun gibt es aber im Hebräischen und ebenso im Arabischen

[1]) Veröffentlicht von M. Dunand in den Mémoires de l'Institut Français, Mélanges Maspéro Vol. I (1935), S. 567 ff. Bearbeitungen und weitergehende Deutungsversuche u. a. von Grimme im Muséon, Tom. 49 (1936), S. 85—98 und Altsinaitische Forschungen S. 117—118, und von Albright im Bulletin of the American Schools of Oriental Research Nr. 63, Oct. 1936, S. 10—11.

ein Verbum ṣahal = wiehern. Dies wird im Hebräischen nicht nur von dem Wiehern eines Pferdes, sondern auch von einem Jubelruf und dem Aufschreien eines Menschen gebraucht. Wir wissen zwar nicht, wie man den Schrei eines Hirsches bezeichnete; es ist aber sehr gut möglich, daß man hier ebenfalls unter Umständen dasselbe Wort benutzte. Dies würde uns dann, wenn wir die hebräische Aussprache zugrundelegen dürfen, zunächst auf ein ajjâl ṣohêl führen. An dieses ṣohêl schließt sich alsdann, wie es scheint, noch ein zweites Partizip, das wir in den drei letzten Buchstaben zu suchen haben. Der erste Buchstabe ist hier ein Rêsch, der zweite fällt in seiner Form wieder mit dem Z zusammen, und der dritte ist ein ebenfalls sehr deutlich geschriebenes Gimel. Es kann sich hier also, wenn unsere Voraussetzungen richtig sind, nur um einen Hinweis auf einen ajjâl ṣohêl w^eroṣêg handeln. Das Wort ist uns allerdings in seiner Bedeutung bisher noch nicht bekannt. Hinter diesem r-ṣ-g steht dann auf derselben Linie, und zwar unmittelbar vor der Bruchstelle, ein stark hervortretender Punkt, der ungefähr die Hälfte des Zeilenraumes einnimmt. Dies zeigt uns, daß der Satz hier wirklich zu Ende ging. Er schloß also, wenn man auch wegen des vorletzten Buchstaben vielleicht noch verschiedener Meinung sein kann, auf jeden Fall mit einem Worte, das im Anfange ein Rêsch und als dritten Konsonanten ein Gimel aufwies. Der Punkt, den wir hier antreffen, führt uns wieder auf das Ostrakon von Bethschemesch. Es war, wie wir annehmen müssen, der erste von den soeben schon besprochenen drei Punkten, die zur Zeit, wo das Ostrakon entstanden ist, beim Uebergange zu einem neuen Gedanken regelmäßig in die Darstellung hineingefügt wurden. Damit ist das Alter der Inschrift ziemlich genau festgelegt. Sie muß ebenfalls noch früher angesetzt werden als die Niederschrift auf dem Tonkruge von ed-Duweir, wo sich die Punktreihe schon in vollständiger Vertikalstellung vorfindet. Wir haben hier also, wenn wir die Texte zusammenfassen, für die damalige Zeit schon ein ziemlich umfangreiches Material, aus dem sich die Vorgeschichte des eigentlichen phönizischen Schriftsystems zum Teil schon in ihren wichtigsten Zügen herausheben läßt. Die Zeichen weisen in diesen Texten manche Uebereinstimmungen auf; sie zeigen aber auch tiefgehende Verschiedenheiten, die für die Beurteilung der damaligen Verhältnisse von besonderer Bedeutung sind. Das Aleph könnte in der Form, in der es uns in dem Texte von Byblus entgegentritt, noch in einer Inschrift vom Sinai stehen; das Bêth ist hier in allen drei Fällen, in denen es uns in der zweiten Zeile begegnet, ein auf der einen Ecke stehender Rhombus mit einer horizontal gezogenen Diagonale. Das ist die Form, aus der die Schreibung in den späteren Texten unmittelbar hervorgegangen ist. Man sieht also, daß die Drehung nach rechts, von der wir sprachen[1]), schon zu einer Zeit erfolgte, wo die Figur noch ihre vollen vier Seiten besaß.

---

[1]) S. oben S. 11.

Sie wurde dann später an der linken Seite in der unteren Hälfte nicht mehr geschlossen. Das Gimel gleicht hier den beiden zur Spitze führenden Seiten eines auf der Schreiblinie stehenden gleichseitigen Dreiecks. Das He ist ein Vertikalstrich, bei dem auf jeder Seite kurz über der Mitte ein kleiner Strich schräg nach unten zeigt. Das Waw ist, wie soeben schon gesagt wurde, unten nicht nach links, sondern nach rechts gebogen. Jôd, Kaph, Nûn, ʻAjin und Rêsch zeigen im ganzen schon dieselben Formen, die auch später noch in Gebrauch waren. Das Lamed ist mit dem Schlußteil der ehemaligen Spirallinie nicht nach oben, sondern nach unten gerichtet, und zwar mit der Innenseite des Bogens nach links. Das ist auch in der ersten Zeile auf der Rückseite des Ostrakons von Bethschemesch der Fall; nur ist die Spirale dort noch teilweise zum Ausdruck gebracht. Auf der Vorderseite führt diese Linie ebenso wie in den Texten von ed-Duweir in umgekehrter Windung von unten nach oben. Auf dem Tonstück von Tell el-Hesi begegnet uns, wie wir gesehen haben, ein Bêth, das noch ebenso gebildet ist, wie es in der Zeit der sinaitischen Aufzeichnungen üblich war, und ein Lamed, das in seiner Schreibung schon ganz mit den Formen aus der späteren Zeit übereinstimmt.

Das Nûn wird im Äthiopischen nicht auf nûnu = Fisch zurückgeführt, sondern als Nahas = naḫaš = Schlange bezeichnet. Dies muß auch nach den Formen, die uns in den Sinaitexten begegnen, als die Grundbedeutung vorausgesetzt werden. Der Fisch ist in diesen Texten, wie Sethe zuerst richtig erkannt hat[1]), schon durch das dem arabischen samak entsprechende Samech vertreten.

Das He geht in seiner älteren Form auf die hieroglyphische Darstellung einer Person zurück, die zum Ausdruck des Jubels und der Freude die Arme emporhebt. Diese Form hatte in der oberen Hälfte schon früh die Gestalt einer breiten dreizinkigen Gabel angenommen, bei der man zwischen der Andeutung des Kopfes, der durch die mittlere Zinke vertreten ist, und der Wiedergabe der Arme keinen Unterschied mehr machte. Der untere Teil des menschlichen Körpers wurde bei dieser Darstellung ebenfalls nur durch eine einzige Linie hervorgehoben, die in der älteren Zeit eine eigenartige Biegung aufwies, dann als Gerade erscheint und schließlich ganz wegfiel. Sie ist auf dem Ostrakon von Bethschemesch und in dem Texte von Byblus noch vorhanden. Auf dem Ostrakon von Bethschemesch zeigt die Figur, die dort schon auf die Seite gelegt ist, den oberen Teil des Bildes noch ganz in der angegebenen Ausprägung. Diese wurde dann, als man auf die untere Linie vollständig verzichtete, zu dem auch im griechischen und im lateinischen Alphabet noch vorhandenen E. Das E unterscheidet sich von der gewöhnlichen phönizischen Schreibung, wo die Buchstaben nach links gerichtet sind, nur durch die Wendung nach rechts. Man hatte bei der Auswahl des Zeichens ursprünglich wohl an das auch im

---

[1]) A. a. O. S. 446.

Hebräischen noch vorkommende he = siehe gedacht. Wenn man aber das Alphabet etwas genauer untersucht, kommt man für die spätere Deutung auf ein anderes Wort, das sich aus der Aufeinanderfolge der Buchstaben ergibt. Wir erwähnten schon, daß das sumerische ê-gal im Phönizischen und im Hebräischen zu hechâl wurde, daß also der erste Bestandteil des Wortes in der Aussprache von Palästina mit einem Hauchlaute begann, und wir dürfen ein e, wenn es sich bloß um die Färbung der Vokale handelt, nach den hebräischen Lautgesetzen ohne weiteres auf ein altbabylonisches i zurückführen. Damit stehen wir vor dem sumerischen i = 5. Der Buchstabe hat nicht nur im hebräischen, sondern auch im griechischen und im lateinischen Alphabet seinen Platz an der fünften Stelle. Er hat diesen Platz offenbar erhalten, als die Urbedeutung des Zeichens im Laufe der Zeit in Vergessenheit geraten war, und zwar unter dem Einfluß des Sumerischen, das den Schriftkundigen in Palästina neben dem Akkadischen ausreichend bekannt war.

Daß dieses richtig ist, sieht man auch an der Fortsetzung. Man unterschied im Sumerischen neben dem genannten i = e = 5 ein e = ed = hinaustreten. Dies wird im Akkadischen besonders auch durch šakâku = emporragen erklärt; es bringt also denselben Gedanken zum Ausdruck, der bei dem Worte šikkatu = Nagel zugrundeliegt. Der Nagel wird aber im Hebräischen als waw bezeichnet, und der Buchstabe, der diesen Namen trägt, begegnet uns in der Liste sofort an der nächsten Stelle. Man sieht also, daß hier jemand an der Arbeit gewesen ist, der die beiden sumerischen Wörter in seiner Vorstellung miteinander verband. Er hat bei der Niederschrift zuerst an das Zahlwort gedacht und ist dann durch die zweite Bedeutung auf den folgenden Buchstaben gekommen.

In den El-Amarna-Tafeln wird das Wort šakâku an etwa zehn verschiedenen Stellen von einer Verzierung mit kostbaren Steinen gebraucht, die aus ihrer Einfassung hervortreten. Die Texte bieten hier bei den Beschreibungen, wenn eine solche Verzierung vorhanden ist, stets einen Zusatz wie abnu šukkuk, abnê šukkuku oder abnê ina ḫuraṣi šukkuku, ein Stein tritt hervor, Steine treten hervor, Steine treten aus dem Golde hervor. Die Wendung muß also in der damaligen Zeit sehr verbreitet gewesen sein. Es war ein einfacher und schlichter Satz, den jeder sofort verstand. Wenn man aber bei einer solchen Angabe nicht von den Steinen, sondern von dem Gegenstande ausging, der in dieser Weise verziert war, dann gebrauchte man in der Regel das Wort zânu. So ließ z. B. der König Assurbanipal für den Gott Marduk in Babylon eine kostbare Bettlade anfertigen, ša abnê nisiḳti za-'- nat, die mit Edelsteinen verziert war[1]), und dasselbe wird an einer anderen Stelle[2]) von einem Gegenstande aus Gold gesagt, den wir noch nicht genauer zu bestimmen vermögen. Die Form za-'-nat bezieht sich in beiden

[1]) Annalen, Cyl. C X 38 (Streck, Assurbanipal, II. Teil, S. 148).
[2]) K. 3405 Vs. 15 (Assurbanipal, II. Teil, S. 222—224).

Fällen auf ein Femininum. Bei einem Maskulinum würde man za-in gesagt haben[1]). Das ist dieselbe Form, die uns im Alphabet bei dem Namen des siebten Buchstaben überrascht.

Der Stein, der in dieser Weise aus seiner Umgebung heraustritt, bildet auch in der damaligen Zeit in den meisten Fällen den besonderen Schmuck eines Ringes. Wenn wir aber an einen Ring denken, kommen wir im Akkadischen auf das Wort šemiru. Dies wurde in der Regel ideographisch ausgedrückt, und zwar durch das Zeichen, das im Sumerischen besonders für ḫar, ḫur und mur in Gebrauch war[2]). Dieses Zeichen hat im Laufe der Zeit eine eigenartige Wandlung durchgemacht. Es erscheint in den Texten von El-Amarna gewöhnlich in einer älteren babylonischen Kursivform, mit der wir uns hier nicht zu beschäftigen brauchen. Diese wird aber im Norden von Palästina schon in derselben Zeit durch ein anderes Gebilde ersetzt, das uns in den assyrischen Texten als eine regelmäßige Zusammenstellung von ḫi + aš entgegentritt. Abdaširta, der König von Amurru, bietet es in seinen Briefen stets noch in der babylonischen Ausprägung; bei seinem Sohn und Nachfolger Aziru finden wir dann ebenso wie in einem Schreiben aus der Umgebung des Aziru überall die spätere Form[3]). Das Zeichen für ḫi[4]) hat aber im Akkadischen noch einen zweiten Lautwert; es ist schon früh mit einem anderen Zeichen zusammengefallen, das im Sumerischen die Wiedergabe durch ti gestattete. Diese Laute stehen auch im Alphabet in derselben Verbindung unmittelbar hinter dem Zajin. Wir finden hier zunächst das Ḥêth, das den am häufigsten vorkommenden Laut wiedergibt, und dann an zweiter Stelle das Ṭêth. Dieses Zusammentreffen zwingt uns für sich allein schon zu der Annahme, daß der Urheber der ganzen Aufeinanderfolge die beiden Werte tatsächlich im Auge gehabt hat. Er läßt dann auf das Ṭêth die Zeichen für Jôd und für Kaph folgen, die sich beide auf die Hand beziehen. Jôd bezeichnet nach dem Hebräischen trotz der auffallenden Form[5]) die Hand im allgemeinen; kaph wurde gebraucht, wenn man es mit der eingebogenen oder hohlen Hand zu tun hatte. Die Werte von ḫi begegnen uns also im Alphabet zwischen dem Zajin, das in seiner Wortbedeutung von der Verzierung des Ringes erzählt, und den Zeichen für die Hand, die mit dem Ringe geschmückt wurde. Daß der Laut und nicht etwa das Urbild oder die Wortbedeutung von Ḥêth im Vordergrunde stand, sieht man schon an dem Schriftzeichen. Es weist genau dieselben Linien auf, die bei dem Zeichen für He vorliegen, nur sind die drei

---

[1]) So z. B. in der Verbindung za-in baltu = geschmückt mit Kraft. Meißner, Supplement zu den assyrischen Wörterbüchern S. 33.

[2]) Deimel, Sumerisches Lexikon Nr. 401.

[3]) Vgl. für diesen Wechsel besonders die Stellen in der Ausgabe von Schroeder. Die ältere Schreibung findet sich Nr. 27 Z. 6, 8, 14 und 27, die zweite Form begegnet uns Nr. 83 Z. 14, Nr. 91 Z 19 und Nr. 94 Z. 38.

[4]) Deimel Nr. 96.

[5]) Das Hebräische kennt nur ein jâd.

Parallelen auch an dem freien Ende noch durch eine weitere Linie miteinander verbunden. Da die beiden Laute so nahe miteinander verwandt sind, hatte man sich bei dem Ḫêth, wie es scheint, schon früh an das He angelehnt. Das Zeichen findet sich in seiner charakteristischen Form schon auf dem Ostrakon von Bethschemesch. Es unterscheidet sich dort von der späteren Schreibung nur durch die Lage. Das Ṭêth besteht im phönizischen Alphabet aus einem Kreise mit einem eingezeichneten Taw. Der Kreis kann aber in diesem Zusammenhange nur mit dem Ringe in Verbindung gebracht werden, an den der Urheber der ganzen Gruppierung nach dem Gesagten ursprünglich gedacht hat. Man sieht also, daß unsere Voraussetzung sich hier in überraschender Weise bestätigt. Das Hervortreten des Steines führte zunächst auf den Ring, den man am Finger trug. Der Ring wird ideographisch durch ein Zeichen ausgedrückt, das auch in den nördlichen Gebieten von Palästina schon früh als eine Weiterbildung des Zeichens für ḫi + ti erschien. Dieses Zeichen wurde dann von dem zweiten Teil des Gebildes losgelöst und in seinen Bedeutungen für die Festlegung der beiden folgenden Buchstaben herangezogen, von denen das Ṭêth den Ring sogar noch als besonderes Abzeichen erhielt. Auf den Finger folgt dann die Hand. Der Zusammenhang ist hier in allem so ungezwungen und so klar, daß man über die Grundgedanken gar nicht im Zweifel sein kann. Es bleibt nur noch die Frage zu beantworten, wie wir unter diesen Umständen die Namen der beiden Buchstaben zu erklären haben. Wenn es sich bloß um das Ḫêth handelte, könnte man versucht sein, an das akkadische ḫîtu zu denken. Die Bedeutung dieses Wortes wäre dabei belanglos. Das Zeichen hat mit einem Bilde, wie wir gesehen haben, gar nichts mehr zu tun; es erscheint in seiner damaligen Form nur als eine Parallelbildung zu dem Zeichen für He. Man hätte es also mit jedem anderen Worte verbinden können, wenn nur der Anlaut derselbe blieb. Es ist aber sicher kein Zufall, daß die Bezeichnung auch den Vokal des keilinschriftlichen Lautwertes enthält, und daß diese Erscheinung sich dann bei dem Ṭêth sofort in derselben Weise wiederholt. Man könnte zwar annehmen, daß diese Parallelform ebenfalls aus dem Wortschatz des Akkadischen oder des Phönizischen irgendwie herausgesucht wurde, aber ein solches Wort ist in diesen Sprachen, soweit wir darüber unterrichtet sind, überhaupt nicht vorhanden. Die Dinge liegen hier offenbar viel einfacher. Die Bezeichnungen sind ihrem Ursprunge nach nur eine Wiedergabe der beiden Lautwerte, die durch das Hinzufügen einer Femininendung zu der jetzigen Form erweitert wurden. Die Vokale stehen zu der babylonischen Aussprache in demselben Verhältnis wie wir es für He = e = i voraussetzen mußten. Wir haben es also bei den Buchstaben von He bis Kaph mit einer eigenartigen, festgegliederten Zeichengruppe zu tun, bei der sich die Gedanken, die für die Anordnung entscheidend waren, noch ohne Schwierigkeit aus der Aufeinanderfolge der einzelnen Zeichen herauslesen lassen. Das He wurde von dem Urheber des Alphabets zunächst mit dem sumerischen i = e = 5 und dann an zweiter Stelle mit dem gleichlautenden und ebenfalls dem Sumerischen angehörenden i = e = šakâku in Verbindung gebracht, das in seinen Bedeutungen auf das Waw und auf das Zajin hinüberleitet. Das Waw geht auf šikkatu = Nagel zurück; das Zajin entspricht in derselben Weise dem so häufig vorkommenden šakâku ša abni. Der Stein war auch in der damaligen Zeit schon der gewöhnliche Schmuck des Ringes, den man am Finger trug. Der Ring erinnerte dann, wie wir gesehen haben, an das Ideogramm, das in der Keilschrift für das akkadische šemiru in Gebrauch war, und führte dadurch auf das Zeichen für ḫi + ti, das in seinen Lautwerten bei Ḫêth und bei dem sich anschließenden Ṭêth zur Geltung kommt. Das Ṭêth wird durch ein Zeichen ausgedrückt, bei dem der Ring zugleich als ein wesentlicher Bestandteil hervortritt. Der Ring führte dann im Zusammenhange mit dem Finger auf die Bezeichnung der Hand, die zunächst als jôd = jâd und dann als kaph ihre Berücksichtigung findet.

Da das He von dem Urheber dieser Zusammenstellung als der fünfte Buchstabe gefaßt wurde, haben wir auch die vier ersten Buchstaben des jetzigen Alphabets in ihrer Aufeinanderfolge schon auf ihn zurückzuführen. Wir sehen also, daß er die Zusammenstellung schon mit dem Aleph begann. Auf das Aleph folgten dann die Zeichen für Bêth, Gimel und Daleth. Man hat aber schon oft darauf hingewiesen, daß Bêth = Haus und Daleth = Tür fast unmittelbar nebeneinander stehen. Die beiden Bezeichnungen gehören begrifflich zusammen. Sie werden jedoch durch das Gimel, das hier an der dritten Stelle seinen Platz gefunden hat, nach unserem jetzigen Empfinden vollständig voneinander getrennt. Das Zeichen hat in seinen ältesten Formen mit einem Hause oder mit einer Tür gar nichts zu tun. Es gibt sich hier in seinen Linien noch ohne Schwierigkeit als die flüchtige Zeichnung einer Sichel oder eines Sichelschwertes zu erkennen, das man im Akkadischen als gamlu bezeichnete. Dies muß auch die Aussprache gewesen sein, in der das Wort zu den Griechen kam. Es wurde dann aber nicht zu einem Gamla, wie man erwarten sollte, sondern zu dem leichter zu sprechenden Gamma. Man legt sich nun die Frage vor, wie der gamlu hier in die Zusammenstellung hineingekommen ist. Die Antwort ist aber in Wirklichkeit gar nicht so schwer. Das Sichelschwert war nach den vorhandenen Darstellungen die gewöhnliche Waffe der altbabylonischen Zeit; es wird also auch in Palästina überall bekannt gewesen sein, und zwar unter demselben Namen, der höchst wahrscheinlich von dem semitischen gamal kommt. Das Wort ist in den Texten gewöhnlich ideographisch ausgedrückt; es wird in dieser Schreibung durch zwei aufeinanderfolgende Zeichen wiedergegeben, von denen das erste den Silbenwert bab hat[1]) und

[1]) Deimel Nr. 60.

das zweite für na = rabâṣu = liegen[1]) in Gebrauch war. Das sumerische bab fällt in der Aussprache, wenn man an das Akkadische denkt, mit dem sogenannten status constructus von bâbu = Tor zusammen und wurde tatsächlich schon früh in diesem Sinne gedeutet. Man betrachtete z. B. den Papsukal, den man ideographisch als bab-sukal bezeichnete, nach den Ausgrabungen als den sukallu ša bâbi, als den Diener und Behüter des Tores, und hielt es deshalb für zweckmäßig, bei einem Neubau in der Nähe des Einganges unter dem Boden in einem Ziegelgehäuse sein Bild unterzubringen. Anderes kann hier übergangen werden. Wenn wir nun ebenfalls auf diese Bedeutung zurückgreifen, dann erhalten wir für die Buchstabengruppe, um die es sich hier handelt, die Aufeinanderfolge von Haus, Tor und Tür. Wir finden hier zuerst das Zeichen für bêth; auf bêth folgt dann das in dem Ideogramm für gamlu vermutete bâbu und das nahezu gleichbedeutende daleth. An dieser Tatsache wird auch durch die Frage, ob das Ideogramm in dem vorliegenden Falle richtig gedeutet wurde, gar nichts geändert. Das erste Zeichen ist bei der eigenartigen Verbindung, wenn man auf die Grundbedeutung zurückgeht, in Wirklichkeit nicht als bab, sondern im Sinne von kur = nakru = Feind zu fassen; es weist auf den Gegner hin, den man nach dieser Zusammenstellung mit der Waffe zu Boden schlug.

Die Verhältnisse treten noch deutlicher hervor, wenn wir die bisherigen Feststellungen in ihren Einzelheiten genauer miteinander vergleichen. Wir sehen, daß der gamlu in den Zusammenhang hineingezogen wurde, weil der Urheber dieser Aufeinanderfolge in seinen Gedanken auf die ideographische Bezeichnung des Wortes zurückgriff. Er dachte zunächst an das Haus und ging dann in seinen Vorstellungen von dem Haus auf das Tor und auf die Tür über. Hierbei kam ihm das Ideogramm in den Sinn, bei dem nach seiner Auffassung der Hinweis auf das Tor an der Spitze stand. Er ließ sich also durch eine ideographische Darstellung beeinflussen, die an dieser Stelle nur durch das erste Zeichen für ihn in Betracht kam. Das Zeichen bildet hier bloß den ersten Bestandteil einer aus dem Sumerischen zu erklärenden Umschreibung, die in ihrer Bedeutung mit dem Tor an und für sich gar nichts zu tun hat. Der gamlu wird aber trotzdem herangezogen, ohne daß der Faden dadurch im übrigen verloren geht. Das folgende Zeichen bezieht sich wieder auf die Tür. Wir haben hier genau dieselben Erscheinungen, die uns bei der Eingliederung der Zeichen für Ḫêth und für Ṭêth überraschten. Das Zajin erinnerte zunächst an den Ring, der Ring führte dann auf die ideographische Darstellung des Ringes, die mit dem Zeichen für ḫi + ti ihren Anfang nahm. Dies war für den Urheber der Liste ein ausreichender Grund, hier ebenfalls eine Pause zu machen und die beiden Buchstaben einzufügen, die diesen Werten entsprachen. Dabei kam aber der Ring in der Festlegung

---

[1]) Deimel Nr. 431.

des Zeichens für Ṭêth noch besonders zur Geltung. Die beiden folgenden Zeichen rückten dann die ersten Gedanken durch die Hervorstellung der Hand wieder in den Vordergrund. Die Liste geht also auf einen Verfasser zurück, der in der Keilschrift sehr gut bewandert ist. Er stellt sich bestimmte Gegenstände vor, die nach den Gesetzen der sogenannten Ideenassoziation an seinem Geiste vorüberziehen. Bei diesen Vorstellungen sieht er dann vor allem auch die keilinschriftlichen Bezeichnungen, die ihn ebenfalls in Anspruch nehmen und die Aufeinanderfolge seiner Gedanken wesentlich beeinflussen. Das Gimel ist auch in den Texten vom Sinai schon eine Sichel. Er bringt das Zeichen, wenn wir über den Unterschied in der Lage hinwegsehen dürfen, fast ganz in derselben Form, macht aber bei der Eingliederung des Zeichens nach den obigen Feststellungen einen geradezu phantastischen Umweg. Der gamlu ist für ihn nicht das bescheidene Ackergerät oder die gefährliche Waffe des Kriegers, sondern der Gegenstand, den man in der Keilschrift als bab-na bezeichnete. Er bringt ihn deshalb in einem Zusammenhange, wo man nach der Bedeutung der übrigen Zeichen nur an das akkadische bâbu = Tor zu denken hatte. Auch bei dem Ringe beschäftigt er sich sofort mit dem ersten Bestandteil der ideographischen Darstellung. Das He ist für ihn die Wiedergabe des sumerischen i = e = 5. Es erinnert ihn zugleich an das sumerische e = ed = sakâku, das dann in dieser Bedeutung bei dem Waw und dem Zajin zugrundeliegt. Er lebt ganz in der Keilschrift und sieht die Bezeichnungen, mit denen er zu arbeiten hat, zunächst nur im Lichte des Sumerischen und des Akkadischen.

Auch in der zweiten Hälfte des Alphabets lassen sich die Gedankenverbindungen zum Teil noch mit aller nur wünschenswerten Deutlichkeit verfolgen. Das erste Zeichen, das wir hier antreffen, ist das Zeichen für Lamed. Es ist ein Zeichen, das man auch heutzutage in lateinischer Kursivschrift ohne weiteres als l lesen würde, ein einfacher, etwas schräg liegender Grundstrich mit einer Umbiegung nach rechts. In den Sinaitexten erkennt man in der Darstellung noch deutlich das Bild einer wirklichen Spirale. Hierzu paßt auch die äthiopische Bezeichnung als Lawe, die in ihrer Bedeutung mit dem Urbilde noch ganz übereinstimmt. Das ist bei der Wiedergabe durch Lamed nicht mehr der Fall. Wir werden bei diesem Worte nicht mehr an eine Windung, sondern nur an das abstrakte lamad = lernen erinnert. Der Buchstabe steht im Alphabet unmittelbar hinter den Zeichen für Jôd und für Kaph. Das Lernen wird in unserer Zeit, wo man so gern an die Wissenschaft denkt, gewöhnlich in erster Linie als eine Tätigkeit des Geistes betrachtet; es kann aber mit derselben Berechtigung auch von einer körperlichen Uebung gesagt werden, die auf die Aneignung einer bestimmten Fertigkeit gerichtet ist. Diese Vorstellungen sind schon im Sumerischen auf das engste miteinander verbunden. Man vertrat dort den Standpunkt, daß Weisheit, Alter und gute Rede zusammengehören, und gebrauchte deshalb den Ausdruck nun-me = groß in der Rede ohne Bedenken als Ideogramm für ab-gal = großer Vater. Wenn man zu diesem nun-me noch ein tag hinzufügte, kam man zu einer Bezeichnung, die im Akkadischen u. a. durch emḳu = weise, ḫassu = klug, mudû = vernünftig und ummânu = Handwerker erklärt wird. Tag bezeichnet aber in Wirklichkeit nur das Berühren und das Arbeiten mit der Hand. Der nun-me-tag ist also zunächst nur ein Mann, der seine Hand in der richtigen Weise zu gebrauchen versteht. Er galt aber, wenn dies der Fall war, auch im weiteren Sinne des Wortes als klug und erfahren. Man dachte in der damaligen Zeit mehr an das Können als an das Wissen und sah in dem Lernen an erster Stelle das Ringen um eine besondere Gewandtheit in irgendeiner praktischen Betätigung. Dies zeigt sich auch in der Sage von dem weisen Ooannes, der nach den Angaben des Berossus als geheimnisvoller Fischmensch aus der Tiefe des Meeres emporstieg und die Menschen im Gebrauche der Schrift und in den verschiedensten Künsten unterrichtete. Der Name ist seinem Ursprunge nach nichts anderes als die spätere Aussprache für ummân = umân = owân = Oan. Der Lehrer erscheint hier also, wenn wir den Grundgedanken herausheben, nur als ein erfahrener ummânu, der seine Schüler in ähnlicher Weise heranbildet, wie es auch heutzutage noch bei jedem Handwerk geschieht. Dabei wird die Schreibkunst sogar an erster Stelle genannt. Das Lernen war hier ebenfalls ein fortgesetztes Ueben der Hand. Dieser Gedanke stand auch bei dem Urheber des Alphabets offenbar im Vordergrunde. Er ist selbst, wie wir annehmen dürfen, ein Meister in seinem Fache, der sich ehrlich bemüht, die Anfänger gerade nach der technischen Seite besonders zu fördern. Wir besitzen noch eine Reihe von sogenannten Schülertafeln, die uns in die Art dieses Unterrichts einen wertvollen Einblick gewähren.

Oannes, der Vater und Lehrer der einzelnen Künste, hatte seinen Wohnsitz nach den Angaben des Berossus in der Tiefe des Meeres. Das deckt sich ganz mit der Auffassung, die auch sonst bei den Babyloniern überall verbreitet war. Die Wassertiefe galt als der Ursitz und die Heimstätte der Weisheit, und Ea, der Gott der Tiefe, war aus diesem Grunde zugleich der Gott der Wissenschaft und der Gelehrsamkeit. Das Lamed ist im Alphabet mit dem Zeichen für Mêm = majim = Wasser verbunden.

Wenn man vom Wasser spricht, denkt man auch an die Fische. Diese führten den Verfasser zunächst auf die akkadische Bezeichnung, die hier an die Stelle von nahas = Schlange getreten ist, und überraschen uns dann außerdem noch in dem Samech, das damals in Palästina, wie wir hieraus entnehmen dürfen, noch richtig verstanden wurde. Der Zusammenschluß der beiden Buchstaben ist also in derselben Weise zu beurteilen wie bei den Zeichen für Jôd und für Kaph. Auf das Samech folgen sodann die Zeichen für ‘Ajin und Pe. ‘Ajin bezeichnet im Hebräischen nicht nur das Auge, sondern auch die Quelle. Diese Bedeutung stand hier nach dem

Zusammenhange bei der Anfertigung der Liste zuerst im Vordergrund. Sie berührt sich noch mit der Hervorhebung des Wassers und der Fische. Das Schriftzeichen läßt sich aber nur als eine Darstellung des Auges erklären. Das Auge führte dann auf eine Reihe von weiteren Bezeichnungen, die alle durch den Gedanken an den Kopf des Menschen miteinander verbunden sind. Pe bezeichnet den Mund, Ṣade läßt nach der Erwähnung des Mundes auf einen Zusammenhang mit ṣajid = Nahrung schließen, das Ḳoph erscheint hier als die Verbindung des ʿAjin mit einer Linie, die von außen in das Innere des Auges hineindringt. Es ist in dieser Schreibung offenbar als ein Hinweis auf den lanzenförmigen ḳuppû zu betrachten, mit dem man nach den assyrischen Kriegsberichten bei einem Gegner, der sich empört hatte, die Strafe der Blendung vornahm. Wir haben hier die Darstellung, wenn wir den Aufbau des Alphabets verstehen wollen, genau so zu nehmen, wie sie von dem Urheber der Liste gedeutet wurde. Ueber die älteren Formen, die sich vielleicht noch in den Texten vom Sinai nachweisen lassen, brauchen wir uns hier nicht zu unterhalten. Der Name des Zeichens geht in der angegebenen Bedeutung ebenso wie beim Nûn auf das Akkadische zurück. Das Akkadische führte dann in derselben Weise bei dem folgenden Buchstaben, der in seiner Grundform den Kopf als Ganzes zum Ausdruck brachte, zu der Bezeichnung als Rêsch. Schin = Zahn. Das Taw ist in seiner gewöhnlichen Schreibung die Wiedergabe des Kreuzes, das man einer Person, die man kennzeichnen wollte, nach der Angabe von Ezech. 9, 4 ff. mit Tinte oder mit Farbe auf die Stirn zeichnete. Die Aufeinanderfolge ist also bei den Buchstaben im zweiten Teile des Alphabets in derselben Weise zu erklären wie bei den Zeichen von Aleph bis Kaph. Sie läßt immer einen bestimmten Grundgedanken hervortreten, der das eine Zeichen zwanglos mit dem anderen verbindet. Es handelt sich also bei dem Alphabet um eine Zusammenstellung, die in dieser Form nur auf eine einzige Persönlichkeit zurückgehen kann. Die Vorliebe für das Akkadische zeigt sich bei den Festlegungen schon äußerlich in den Umschreibungen durch Zajin, Nûn, Ḳoph und Rêsch. Das Nûn steht hier noch vor dem gleichbedeutenden Samech, obschon die zweite Bezeichnung aus der Sprache von Palästina genommen ist; das Rêsch hätte dieselben Dienste geleistet, wenn es für die Freunde der Schreibkunst ein einfaches und bescheidenes Rôsch geblieben wäre. Diese Vorliebe kam dem Urheber der Bezeichnungen, wie es scheint, persönlich gar nicht zum Bewußtsein. Er arbeitete, wenn wir ihn richtig verstehen, wie ein stiller, vielleicht etwas weltfremder Gelehrter, der alles zunächst von dem Standpunkt seiner eigenen Wissenschaft betrachtet. Das akkadische zâ'in war ihm, obschon es in der Volkssprache gar nicht vorkam, bei der Auswahl der Bezeichnungen genau so lieb wie jedes andere Wort. Es kam ihm nur darauf an, einen Namen zu finden, der den phonetischen Wert des Zeichens im Anlaute richtig hervorhob. Bei Ḫêth und bei Ṭêth hat er die Bezeichnungen im Anschluß an die Lautwerte, die er ausdrücken wollte, selbst geschaffen. Die älteren Namen wurden nur beibehalten, wo sie sich in den Rahmen seiner Vorstellungen hineinfügten. Das Lawe, das sich im Äthiopischen erhalten hat, wurde zu einem Lamed, weil sich dieses Wort in dem Zusammenhange, in dem uns das Zeichen in der Liste begegnet, durch seine Bedeutung besonders empfahl. Der Wechsel trifft hier also, wie man sieht, ebenfalls mit dem Zeitpunkt zusammen, wo die Liste entstanden ist. Die Aufeinanderfolge von Lamed und Mêm läßt auf eine beachtenswerte Vertrautheit mit der babylonischen Mythologie schließen. Man ersieht aber an dem Zeichen für Ḳoph, daß die Zeit, wo man die Formen als wirkliche Bilder betrachtete, noch nicht ganz vorüber war.

Der Unterricht in der Keilschrift begann schon bei den alten Babyloniern, wie es scheint, mit dem Studium einer Liste, die man heutzutage gewöhnlich als das Syllabar S^{a} bezeichnet. Diese Liste war jedem, der an einem solchen Unterricht teilgenommen hatte, auch in den späteren Jahren seines Lebens noch in lebendiger Erinnerung. Sie nahm in den Vorstellungen der Schriftkundigen ungefähr denselben Platz ein, den wir in unserer Zeit der Fibel des ersten Schuljahres zubilligen. Es war eine Zusammenstellung der wichtigsten für die Keilschrift überhaupt in Betracht kommenden Silbenzeichen, die in der ersten Spalte jedesmal den Lautwert und in der dritten die Namen der betreffenden Zeichen enthielt. Diese Liste beginnt mit der Gleichung id = a = a-a-u; sie erklärt also in der ersten Zeile das Zeichen für a. Man bezeichnete sie bei den Babyloniern und bei den Assyrern gewöhnlich mit den Worten id = a = nâḳu. Die Liste beginnt also schon mit demselben Laut, der auch im Alphabet an der Spitze steht. Sie hat hier dem Urheber der jüngeren Zusammenstellung offenbar als Vorbild gedient. Er wollte für die Buchstabenschrift, wenn wir uns so ausdrücken dürfen, ebenfalls ein brauchbares „Id = a = nâḳu" schaffen. Daß er dieses Verzeichnis gekannt hat, ergibt sich auch aus der Verbindung von Aleph und Bêth. Das Bêth entspricht in seiner Bedeutung dem keilinschriftlichen ab = eš = bîtu = Haus. Dies wird in dem Syllabar unmittelbar vor dem Zeichen für gud = alpu behandelt. Wir haben hier also in beiden Fällen eine Zusammenstellung von Haus und Ochs. Das Haus erinnerte dann an bâbu = Tor und an daleth = Tür.

Da das keilinschriftliche Verzeichnis in der Schule benutzt wurde, dürfen wir den Schluß ziehen, daß das Alphabet ebenfalls für den Unterricht berechnet war. Es war auf jeden Fall eine Zusammenstellung, die für andere Norm und Regel sein sollte. Die Anordnung ist bei einer solchen Zusammenstellung an und für sich belanglos; sie wurde dann aber, nachdem sie einmal vorhanden war, mit einer wohl kaum zu überbietenden Gleichmäßigkeit überall beibehalten. Dies erklärt sich, wie es scheint, nur aus der Art, wie der Unterricht damals erteilt wurde. Der Anfänger bemühte sich, die Buchstaben unter der Führung seines Lehrers der Reihe nach schön einzuüben, und prägte sie bei diesen Uebungen zugleich in derselben Aufeinanderfolge dem Gedächtnis ein.

Die Liste kann nur in einer Gegend entstanden sein, wo man die Hand nicht als jâd, sondern als jôd bezeichnete. Sie setzt also dieselbe Aussprache voraus, die uns für das Gebiet der Phönizier bekannt ist. Wir wissen, daß die Phönizier nicht Ḫirâm, sondern Ḫirôm sprachen, daß sie keinen Hadad und keinen Olâm, keine Thorâh und keinen Balithân, sondern einen *Αδωδος* einen *Ουλωμος*, eine *Θουρω* und einen *Αμμων Βαλιθων* verehrten, und daß die Königin bei ihnen nicht als malkâh, sondern als milkô, die Blume nicht als niṣṣâh, sondern als nessô und das Geschenk nicht als mattân, sondern als mattôn bezeichnet wurde[1]). Diese Formen lassen ebenfalls auf ein jôd schließen. Auch die Zeit ist durch unsere bisherigen Beobachtungen, soweit es sich um die obere Grenze handelt, schon ziemlich genau festgelegt. Die Liste setzt bei dem Ideogramm für šemiru schon die Eigenart der assyrischen Schreibung voraus, die erst in der El-Amarna-Periode, wie wir gesehen haben, in einer jüngeren Gruppe von Briefen für die hier in Betracht kommende Gegend nachgewiesen ist. Die untere Grenze läßt sich in ihren Grundzügen ohne Schwierigkeit an der Hand der Formen erschließen, die uns in den Inschriften begegnen.

Der älteste Text, der uns hier zur Verfügung steht, ist die noch in der ersten Hälfte des dreizehnten Jahrhunderts entstandene Grabschrift des Königs Aḫiram von Byblus[2]). Der Verstorbene war in seinem Leben ein treuer Anhänger des Königs Ramses II. von Ägypten gewesen. Er hatte von seinem Herrn und Gebieter, wie es scheint, bei einer besonderen Gelegenheit zwei wertvolle Vasen erhalten, die mit dem Namen des großen Königs geziert waren und nach seinem Tode in das Grab gelegt wurden. Dadurch ist die Datierung, die auch durch andere Beigaben bestätigt wird, gegen jedes Bedenken gesichert. Sie bietet aber in dieser Allgemeinheit zunächst noch einen außerordentlich weiten Spielraum. Ramses regierte nicht weniger als 66 Jahre. Aḫiram kann früh gestorben sein; er kann aber auch sehr lange gelebt haben. Er kann älter gewesen sein als Ramses; es ist aber an und für sich ebenso gut möglich, daß er bedeutend jünger war. Man könnte sogar versucht sein, dieses anzunehmen; denn die Vasen waren ihm offenbar sehr wertvolle Erinnerungen; aber in Wirklichkeit lagen die Dinge wohl anders. Die Geschenke setzen voraus, daß zu der Zeit, wo sie überreicht wurden, zwischen ihm und seinem Herrn eine nähere persönliche Beziehung bestand. Sie legen aber auch den Gedanken nahe, daß Ramses mit seiner Aufmerksamkeit zugleich einen politischen Zweck verfolgte. Dies gestattet uns eine wesentliche Ein-

---

[1]) Paul Schröder, Die phönizische Sprache, Halle 1869, S. 124 ff.

[2]) Gefunden im Herbst 1923. Vgl. besonders R. Dussaud, Syria V (1924), S. 135 ff., H. Bauer, Orient. Literaturz., Jahrg. 28 (1925), Sp. 129 ff. und H. Vincent, Rev. Bibl. 34 (1925), S. 161 ff.

schränkung. Die Gaben stehen sicher mit den Kriegszügen des ägyptischen Königs in Zusammenhang. Diese richteten sich hauptsächlich gegen die Chethiter; sie führten ihn wiederholt bis in die unmittelbare Nähe von Byblus und waren ihm schon mit Rücksicht auf den Erfolg seiner Unternehmungen stets wieder ein Anlaß, sich um die freundschaftliche Zuneigung der phönizischen Kleinfürsten ernstlich zu bemühen. Die Auseinandersetzungen nahmen aber erst im vierten Regierungsjahre des Königs ihren Anfang und fanden dann ihren Abschluß in einem Friedensvertrage, der nach längeren Verhandlungen im 21. Regierungsjahre zustande kam. Aḫiram wird also, wenn wir die Thronbesteigung des Ramses nach den Berechnungen von Borchardt[1]) in das Jahr 1301 verlegen, um das Jahr 1280 schon im Besitz des Geschenkes gewesen sein. Er lebte dann im günstigsten Falle vielleicht noch 30 bis 40 Jahre. Dies würde für die Grabschrift als spätesten Termin etwa das Jahr 1240 ergeben. Es ist aber ebenso gut möglich, daß er die Vasen schon wesentlich früher erhalten hat, und daß er dann vielleicht schon recht bald gestorben ist. Wir haben hier also stets noch mit einer Unsicherheit von mehreren Jahrzehnten zu rechnen.

Die Inschrift beweist uns, daß man die phönizische Buchstabenschrift in der damaligen Zeit schon zur Ausfertigung von wichtigen und sorgfältig gearbeiteten Texten benutzte, die nach der Absicht der Urheber auch die weitesten Jahrhunderte überdauern sollten. Der Sarkophag wird als der Schrein bezeichnet, den Ithobaʻal, der Sohn des Aḫiram, König von Byblus, für seinen Vater herstellen ließ zur ewigen Wohnung[2]). Hieran schließt sich dann eine Drohung an den König, den Statthalter oder den Truppenführer, der es wagen sollte, das Grab wieder zu öffnen. Das Zepter des Königs soll in diesem Falle zerbrechen, der Thron soll zu Boden stürzen und die Ruhe soll von der Stadt entfliehen. Wenn jemand die Inschrift zerstört, soll er in einer Weise bestraft werden, die in dem Texte durch die Worte l-p-p š-r-.. ausgedrückt wird. Dussaud bietet hier in seiner Wiedergabe hinter dem r noch ein l. Man sieht aber auf der Phototypie, wie auch Bauer schon betont, an dieser Stelle nur unsichere Spuren. L-p-p = binden, einwickeln, umhüllen. Wir finden es in diesen Bedeutungen nicht nur im Assyrischen, sondern auch im Aramäischen und im Arabischen. Man gebraucht es in den Targumen und im Talmud z. B. von den Windeln, mit denen man ein Kind zu wickeln pflegte, von den Tüchern, mit denen man es einhüllte, und in übertragenem Sinne besonders auch von der Hautflechte, die den Körper des Menschen bedeckt. Das ist dieselbe Vorstellung, die uns im Assyrischen an einer Reihe von Stellen bei dem Worte išrubû[3]) begegnet. Der išrubû ist eine Krankheit, die den

---

[1]) Zeitschrift für Ägyptische Sprache und Altertumskunde Bd. 70 (1934), S. 97 ff.

[2]) Dieser Ausdruck war auch im Hebräischen und im Assyrischen in Gebrauch.

[3]) Delitzsch, Assyrisches Handwörterbuch S. 149.

Menschen zwingt, außerhalb der Stadt zu weilen. Sie umkleidet ihn wie ein Gewand und gehört zu dem Schlimmsten, was man einem Gegner nur wünschen kann. Es kann sich hier also, wie jeder sofort zugeben wird, nur um den Aussatz handeln. Die Bezeichnung enthält aber in den beiden ersten Silben ebenfalls ein š und ein r. Damit ergibt sich das Weitere von selbst. Die Grabinschrift bot an der angegebenen Stelle kein l, sondern ein b. Die Spuren passen für den einen Buchstaben ebenso gut wie für den andern. Der Verfasser bezeichnet den Uebeltäter, wenn wir uns in der Aussprache an das Hebräische anlehnen dürfen, als l^{e}phûph š-r-b; er wünscht ihm für den Mißbrauch der Hand, wie man hier annehmen muß, als naheliegende Vergeltung den Aussatz, der den Körper ebenfalls wie ein Gewandstück umkleiden soll.

Ein zweiter Text, der allerdings von dem Sohne des Königs nicht vorgesehen war, findet sich auf der Außenseite des Denkmals. Als die Grabkammer wieder mit Erde bedeckt wurde, glaubte einer von den Anwesenden auf der Südwand des Schachtes, der zu der Gruft hinunterführte, ungefähr in der halben Höhe die Worte einritzen zu müssen: „Zur Kenntnis: Dies ist dein b-d-l hier unten". Man verstand unter b-d-l — von dem Verbum badal = getrennt sein — offenbar einen Platz, wo man von der Gemeinschaft der übrigen ausgeschlossen war. Die Worte sind an den Toten gerichtet und können nur als eine Aufforderung betrachtet werden, schön in seinem Grabe zu bleiben. Sie sind in die Form einer besonderen Mitteilung gekleidet, von der auch der König hier Kenntnis zu nehmen hat. Der Schreiber hat solche Texte, wie man aus dieser Einkleidung entnehmen darf, sicher schon häufig gelesen und vielleicht auch selbst schon angefertigt. Er bestätigt uns also, daß die Volkssprache in der damaligen Zeit schon die Sprache der amtlichen Verfügungen war, und daß der Wortlaut in derselben Schrift ausgefertigt wurde, die wir hier vorfinden. Die Buchstaben sind im wesentlichen genau so wie die Zeichen in der eigentlichen Grabschrift. Sie stammen höchst wahrscheinlich von der Hand eines Aufsehers, der bei größeren Unternehmungen, wie wir wissen, auch die Listen über die Arbeiter zu führen hatte. Es war also, wenn dieses richtig ist, der in der Bibel so oft erwähnte šoṭêr, der nach der Grundbedeutung dieses Wortes, wie oben schon einmal betont wurde, in der älteren Zeit nur die Keilschrift gebrauchte. Diese war durch die Buchstabenschrift, wie man sieht, schon stark in den Hintergrund gedrängt. Die Wörter sind in den beiden Texten ebenso wie es auf dem Gefäßdeckel von ed-Duweir der Fall war, jedesmal durch einen Vertikalstrich voneinander getrennt. Dieser Trennungsstrich, den wir oben schon als den Worttrenner bezeichneten, war auf dem Gefäßdeckel noch sehr kurz. Er nimmt dort an der Stelle, wo er noch erhalten ist, ungefähr den dritten Teil der mittleren Zeilenhöhe in Anspruch. In den Aḫiramtexten ist der Zeilenraum bis zu dieser Höhe ganz ausgefüllt, und zwar sowohl in der Grabschrift als auch in dem Text auf der Außenwand. Wir dürfen also den Schluß ziehen, daß diese Schreibung in der damaligen Zeit allgemein üblich war. Der Strich wurde dann im Laufe der weiteren Entwicklung schon bald wieder kürzer. Er zeigt in der Inschrift des Abiba'al, die dem zehnten Jahrhundert angehört[1]), ungefähr noch den dritten Teil dieser Größe und ist dann in der Inschrift des Eliba'al[2]), die höchstens etwa 35—40 Jahre später angefertigt wurde[3]), beinahe schon zu einem Punkte geworden. Dieser begegnet uns alsdann im folgenden Jahrhundert in der Mesainschrift und bleibt darauf für längere Zeit in den Texten die Regel, bis er schließlich ebenfalls wieder verschwindet.

Die Schriftzeichen drängen in der Form, in der sie uns in den Texten der Grabanlage entgegentreten, an erster Stelle zu einem Vergleich mit den Zeichen, die uns in der oben schon besprochenen älteren Grabschrift aus Byblus erhalten sind. Das Aleph erinnert in dieser Inschrift, wie wir bei der Untersuchung des Wortlautes[4]) schon kurz hervorheben mußten, noch ganz an die Formen in den Texten vom Sinai. Es hat hier in seinem Grundriß mit der Schreibung, die uns auf dem aus derselben Zeit stammenden Ostrakon von Bethschemesch begegnet, so gut wie gar nichts gemeinsam. Auf dem Ostrakon von Bethschemesch ist es ebenso wie in der Inschrift auf dem Kruge von ed-Duweir und später im griechischen und im lateinischen Alphabet ein spitzer Winkel, bei dem die Schenkel in einem größeren Abstande vom Scheitelpunkte von einer dritten Linie geschnitten werden. Bei dem Zeichen, das wir in den Aḫiramtexten vorfinden, ist dieser Abstand nicht mehr vorhanden. Das Zeichen hat hier im wesentlichen dieselbe Form wie das griechische oder lateinische K. Diese Form tritt aber schon in der Zeit des Abiba'al allmählich wieder zurück. Der Winkel rückt in der damaligen Zeit mit dem Scheitelpunkt allmählich wieder über den Vertikalstrich hinaus, so daß sich z. B. in der Mesainschrift wieder ganz dasselbe Bild ergibt wie auf dem Kruge von ed-Duweir. Man sieht also, daß die ältere Schreibung bei diesem Zeichen vorübergehend zurücktrat, um dann später wieder zur Regel zu werden. Das Bêth hatte zur Zeit des Aḫiram von der Gestalt des Rhombus, die uns in dem älteren Texte überrascht, die untere linke Seitenlinie schon volltändig verloren. Es steht in den Aḫiramtexten, wenn man über die Lage hinwegsieht, mit der Form, die uns auf dem Gefäßdeckel von ed-Duweir begegnet, ungefähr auf derselben Stufe. Das Gimel zeigt in den Aḫiramtexten die Form einer arabischen 1. Der erste Schenkel des Winkels ist in diesen Texten immer sehr kurz; der zweite steht zu der Schriftlinie überall, wo das Zeichen hier vorkommt, genau senkrecht. Es war in der Zeit, wo der ältere Text entstanden ist, stark nach links geneigt, so daß man dort[5]) an die

[1]) Sie befindet sich auf einer Statue des Königs Scheschonk von Ägypten.
[2]) Auf einer Statue des ägyptischen Königs Osorkon I.
[3]) Osorkon war der Nachfolger des Scheschonk. Er starb um das Jahr 895.
[4]) S. oben S. 12—13.
[5]) S. oben S. 14.

beiden zur Spitze führenden Seiten eines gleichseitigen Dreiecks erinnert wird. Diese Lage tritt uns dann fast in derselben Form wieder in der Inschrift des Abiba'al entgegen. Wir haben hier also dieselbe Entwickelung wie bei den Formen des Aleph; der ältere Text zeigt hier ebenfalls eine Schreibung, die zur Zeit des Aḫiram nicht mehr in Gebrauch war und in der späteren Zeit wieder zum Durchbruch kommt. Das He[1]) ist in dem älteren Texte von Byblus viel flüchtiger geschrieben als in dem Texte von Bethschemesch, wo die Form des E noch klar und scharf hervortritt. Dieses E begegnet uns dann in derselben Form in den Texten der späteren Grabanlage. Es unterscheidet sich hier von der älteren Schreibung nur durch das vollständige Fehlen eines Hinweises auf den unteren Teil des menschlichen Körpers, der auf dem Ostrakon noch eine bescheidene Spur hinterlassen hatte. Das Waw hat in den Aḫiramtexten die Gestalt eines kleinen, von einem langen Vertikalstrich getragenen Bechers. Der Vertikalstrich zeigt dabei an den meisten Stellen in der unteren Hälfte ein leises Abschwingen nach links. Dieses Abschwingen hängt jedenfalls noch mit der scharfen Biegung zusammen, die wir hier bei dem Zeichen in der Kruginschrift von ed-Duweir beobachten. In der älteren Inschrift von Byblus geht diese Biegung, wie wir gesehen haben, nicht nach links, sondern nach rechts. Die Richtung gab hier also, wie wir annehmen müssen, ursprünglich nicht den Ausschlag. Das Zeichen ist in seiner Grundform wohl als die Darstellung eines wirklichen Nagels aufzufassen, der oben einen Kopf trug und am unteren Ende, wo er durch das Holz hindurchreichte, mit einem Hammer in der üblichen Weise auf die Seite geschlagen war. Das Jôd ist ebenso wie das Zeichen für Rêsch in der älteren Grabschrift und in den Aḫiramtexten vollkommen gleich. Das Kaph erscheint in den Aḫiramtexten und in den Inschriften des Abiba'al und des Eliba'al in der Form eines mit dem Scheitelpunkt auf der Schreiblinie stehenden Winkels, der durch einen Vertikalstrich halbiert wird. Es zeigt in dem älteren Texte die Form eines nach links gerichteten und etwas zur Seite geneigten K. Diese Form war dann später gekürzt und in eine andere Lage gebracht worden. In den jüngeren Texten ist die Linie, die den rechten Schenkel des angegebenen Winkels bildet, wieder nach unten verlängert, so daß die ältere Form auch hier wieder zum Vorschein kam. Das Lamed ist in dem älteren Texte nicht nach oben, sondern nach unten gerichtet; das Ṣade tritt uns dort, wenn unsere Voraussetzungen richtig sind, in der Form eines griechischen oder lateinischen Z entgegen. Dieses Zeichen ist in den Aḫiramtexten nicht vorhanden; es deckt sich aber in der Art, wie es in dem älteren Texte geschrieben ist, genau mit dem zweiten Teile des Zeichens, das z. B. in der Mesainschrift als Ṣade gebraucht wird. Das bedarf auf jeden Fall einer Erklärung. Die beiden Formen unterscheiden sich nur durch den Vertikalstrich, der in den jüngeren Texten dem

[1]) S. oben S. 14—15.

älteren Zeichen als erster Bestandteil voraufgeht. Das Z hat sich im griechischen Alphabet als Zeta = Zajin erhalten. Es kam also zur Zeit, wo es von den Griechen übernommen wurde, nur für den weicheren Laut in Betracht. Das wird uns auch durch die semitischen Inschriften bestätigt. Wir erinnern uns aber, daß in dem älteren Texte von Byblus höchst wahrscheinlich ein anderes Zajin vorkommt, das sich in seiner Form auf das engste mit dem Zeichen für Taw berührt. Es unterscheidet sich von diesem Zeichen, das uns schon in den Texten vom Sinai stets in der Form eines Kreuzes entgegentritt, nur durch die größere Länge des rechten Querbalkens. Diese Form hat bei dem Ṣade, wie es in den späteren Inschriften vorliegt, offenbar ihre besonderen Dienste geleistet. Wir haben es hier, wie wir annehmen müssen, mit einer Vereinigung der beiden Zeichen zu tun, bei der die Querlinie des ersten Bestandteiles zugleich als die obere Linie des Z benutzt wurde. Das Zeichen ist also in ähnlicher Weise gebildet wie das Zeichen für Ṭêth, wo sich ebenfalls zwei verschiedene Darstellungen, der Kreis und das in den Kreis hineingelegte Taw, zur Wiedergabe eines einzigen Lautes zusammenschließen. Der Urheber dieser Zeichen hat hier jedesmal eine künstliche Neubildung vorgenommen, um einen emphatischen Laut von der weicheren Form der Aussprache zu unterscheiden. Damit kommen wir auch für das Ṣade wieder auf dieselbe Person, die das Alphabet in seinem ganzen eigenartigen Aufbau geschaffen hat. Das Ṭêth ist aus der bei diesem Aufbau zugrundeliegenden Gedankenfolge, wie wir gesehen haben, von selbst hervorgewachsen; das Ṣade ist dem Ṭêth in seiner Bildung so ähnlich, daß wir es ebenfalls auf denselben Ursprung zurückzuführen haben. Wir haben hier zugleich die Möglichkeit, uns die Arbeitsweise des Meisters, der sich damals für diese Formen entschied, im einzelnen noch etwas genauer anzusehen. Er verbindet in dem Ṣade zwei Zeichen, die er selbst in seiner Liste sonst nicht gebraucht. Das Zajin glich in dieser Liste, wenn wir uns auf die Wiedergabe in den Aḫiramtexten verlassen dürfen, einer sauber geschriebenen römischen I, die oben und unten einen kleinen horizontal liegenden Querstrich aufweist. Es war eine Schreibung, bei der die beiden Parallelen nicht, wie es beim Z der Fall ist, durch eine schräg gezogene Linie, sondern durch einen von der Mitte zur Mitte gehenden Vertikalstrich miteinander verbunden waren. Diese Formen wurden schon damals, wie wir aus den Bildungen entnehmen müssen, unmittelbar nebeneinander gebraucht. Das Zeichen besteht in den sinaitischen Texten gewöhnlich nur aus den beiden Parallelen. In dem Zeichen, das uns in der ersten Zeile des älteren Textes von Byblus begegnet, sind diese Parallelen schon zu einer einzigen Querlinie zusammengedrängt, die von der ursprünglichen Verbindungslinie in der Nähe des linken Endpunktes geschnitten wird. Die Formen gehen also, wenn wir sie richtig verstehen, alle auf dasselbe Grundzeichen zurück. Sie waren dem Urheber des Alphabets schon alle bekannt und sind auch alle von ihm berücksichtigt worden. Er hat die Form mit dem senkrechten Verbindungsstrich als Zajin genommen, obschon die ältere Grabschrift von Byblus, wenn unsere Voraussetzungen richtig sind, hier das Zeichen bietet, das nur einen einzigen Querstrich aufweist, und dieses einfachere Zeichen dann bei der Wiedergabe des emphatischen Lautes mit der Form zusammengefügt, bei der die Parallelen durch den schräg gezogenen Strich miteinander verbunden waren. Diese Änderungen hatten sicher ihre ganz besonderen Gründe. Das Kreuz mit den ungleichen Querbalken konnte bei flüchtiger Schreibung, wie es scheint, zu leicht mit dem Taw verwechselt werden, und die beiden andern Formen unterschieden sich nur durch die Richtung, die man der Verbindungslinie gab. Das war ebenfalls bedenklich. Der Mangel ließ sich aber durch den Zusammenschluß, den wir bei der neueren Form des Ṣade beobachten, ohne Schwierigkeit beseitigen. Die Vertikale rückte dann, als man diesen Zusammenhang nicht mehr überblickte, noch etwas weiter nach links, bis die Querlinie nicht mehr geschnitten, sondern nur noch im Endpunkte berührt wurde. Diese Verschiebung ist auf dem Ostrakon von Bethschemesch, wenn die Deutung dort richtig ist, schon bei der einfachen, noch ganz für sich allein stehenden Form des hier zugrundeliegenden Zeichens zum Abschluß gekommen.

Man ersieht aus diesen Zusammenstellungen, daß der Urheber des Alphabets bei der Festlegung der Schriftzeichen wenigstens in zwei verschiedenen Fällen, beim Ṭêth und beim Ṣade, zu außergewöhnlichen Änderungen schritt. Er nahm hier in beiden Fällen eine eigenartige Neubildung vor, die aus dem Bestehenden ganz ungezwungen herauswuchs. In dem einen Falle wird das Taw in derselben Form, in der es auch sonst geschrieben wurde, in einen Kreis hineingefügt, in dem andern sind die beiden älteren Zeichen, von denen wir sprachen, nur mit einer kleinen Zusammenlegung eng aneinandergerückt. Wir haben diese Bildungen also in ähnlicher Weise zu beurteilen wie das Ḳoph, das ebenfalls aus zwei verschiedenen Teilen besteht. Die übrigen Zeichen sind jedoch in ihrer Schreibung fast alle so einfach, daß man eher auf Kürzungen als auf Erweiterungen zu schließen hat. Es ist aber wohl sicher, daß hier ebenfalls manches geschehen ist, um den Formen eine klare und scharf hervortretende Prägung zu geben. Wir erinnern in dieser Hinsicht besonders an das Aleph, an das Gimel und an das Kaph. Die Zeichen erscheinen bei diesen Buchstaben in den Texten aus der Zeit des Aḫiram in einer so eigenartigen und so deutlich und so genau festgelegten Abzirkelung, daß man die Formen wohl kaum in anderer Weise zu erklären vermag. Sie bieten im Vergleich zu den älteren Schreibungen wesentliche Verbesserungen, die dann später im Laufe der weiteren Entwickelung wieder verschwanden. Das Schin steht in den Texten von ed-Duweir ebenso wie das Mêm, obschon die Zeichen einander sehr ähnlich sind, senkrecht zur Schriftzeile. Das ist in den Aḫiramtexten ebenfalls geändert.

Wenn man bei der Grabschrift des Aḫiram die technische Wiedergabe der Zeichen betrachtet, ist man besonders von der gewandten und sehr geschmackvollen, aber mitunter etwas unsicheren und unruhigen Linienführung überrascht, die ganz den Charakter einer handschriftlichen Aufzeichnung trägt. Man sieht, daß die Buchstaben zuerst mit der Hand vorgezeichnet waren. Sie zeigen uns also, wie man damals in Wirklichkeit zu schreiben pflegte. Die Zeichen lassen in ihren charakteristischen Formen auf eine Grundfläche schließen, die dem Gegenstande, mit dem sie angefertigt wurden, keine Hemmungen in den Weg legte. Sie wurden offenbar mit Tinte geschrieben, und zwar in der Regel auf Papyrus. Um das Jahr 1100 berichtet der ägyptische Gesandte Wen-Amon, daß Smendes, der damalige Machthaber im Nildelta, u. a. 500 Bücherrollen, 500 Rinderhäute, 500 Taue und 20 Sack Linsen nach Byblus geschickt hatte[1]). Man hatte also in Byblus eine große Menge von Papyrusrollen erhalten, die in der dortigen Gegend als Schreibmaterial benutzt wurden. Das sind dieselben Verhältnisse, die wir nach der Grabschrift auch für die Zeit des Aḫiram voraussetzen dürfen. Die Zeichen konnten für die Tontafel in der Ausprägung, die wir hier vorfinden, gar nicht in Betracht kommen. Wenn man die Buchstabenschrift auf die Tontafel übertragen wollte, mußte man sich für die einzelnen Lautbezeichnungen nach andern Formen umsehen, die dem Charakter der Tontafel wirklich entsprachen. Dies führt uns auf ein zweites alphabetisches Schriftsystem, das erst in der neuesten Zeit wieder bekannt geworden ist.

Die El-Amarna-Tafeln erzählen uns verschiedentlich von einer Stadt Ugarit, die nach allem, was darüber gesagt wird, im nördlichen Teile von Syrien in der unmittelbaren Nähe des Meeres lag. Diese Stadt ist jetzt in dem Trümmerhügel von Ras-Schamra, 12 km nördlich von dem heutigen Ladiḳije, von den Franzosen wieder aufgefunden und seit dem Jahre 1929 bis zu der Stunde, wo wir dieses niederschreiben, bereits in acht verschiedenen Grabungsperioden genauer durchforscht worden. Man untersuchte hier besonders die Ueberreste einer größeren Tempelanlage, die ebenso wie die babylonischen Tempel mit einem Archiv oder mit einer Bibliothek verbunden war. Der Hügel barg aber nicht nur eine Reihe von babylonischen Texten; er umschloß außerdem noch eine zweite Gruppe von Tontafeln, die mit einer wesentlich andern Keilschrift bedeckt waren. Die Zeichen hatten in der Art, wie die Keile sich im einzelnen zusammenfügten, eine weitgehende Ähnlichkeit mit der damaligen Schrift der Babylonier; es war aber unmöglich, auch nur eine einzige Stelle befriedigend zu deuten. Da ihre Zahl im Verhältnis zu den sonstigen Formen der Keilschrift schon nach den ersten Feststellungen auffallend gering war, dachte man sofort an eine Buchstabenschrift. Die Texte wurden dann, soweit sie aus

[1]) Altorientalische Texte zum Alten Testament, herausgegeben von Dr. Hugo Greßmann, 2. Auflage, Berlin und Leipzig 1926, S. 75.

den Grabungen vom Jahre 1929 stammen, von Virolleaud i. J. 1930 in der Syria[1]) veröffentlicht und gleich in den folgenden Monaten von Hans Bauer[2]), Dhorme[3]) und Virolleaud[4]) zum Teil schon richtig gelesen und erklärt. Es gelang aber erst nach dem Bekanntwerden der Funde von 1930, die Entzifferung so gut wie vollständig zu Ende zu führen. Virolleaud veröffentlichte schon nach kurzer Zeit eine der wichtigsten Tafeln mit Umschrift und vollständiger Uebersetzung[5]). Es waren Fragmente eines altphönizischen Epos, das von dem Kampfe zwischen Môt und Alejôn[6]), dem Sohne des Baal, erzählte. Diese wurden später durch andere Bruchstücke[7]) noch weiter ergänzt. Die Schrift erwies sich als ein System von 29 Zeichen, die ebenso wie die Buchstaben des Alphabets dem Lautbestande des Phönizischen entsprachen; sie ist aber in der Unterscheidung der Kehllaute und in der Hervorhebung der einzelnen Zischlaute etwas genauer. Auch deutet sie beim Aleph, wo man über mehrere Zeichen verfügte, durch die Auswahl des Zeichens immer den Vokal an, der an der betreffenden Stelle zu sprechen ist. Hierbei trat aber der konsonantische Charakter des Einsatzes ebenso wie in der babylonischen Keilschrift ganz in den Hintergrund. Man gebrauchte die Zeichen, wenn man es für notwendig hielt, auch innerhalb des Wortes[8]) ohne Bedenken zur Wiedergabe der einfachen Vokallaute.

Nachdem man die Bedeutung der einzelnen Zeichen wieder erschlossen hatte, machte man sich über den Ursprung des eigenartigen Systems zunächst nicht allzu viel Sorge. Man war um die Mitte des Jahres 1933, wie Prof. Friedrich damals hervorheben mußte[9]), über diese Frage noch ganz im Unklaren. Erst im Anfange

---

[1]) X (1929), Pl. LXI — LXXV.

[2]) Entzifferung der Keilschrifttafeln von Ras Schamra, Halle a. S. 1930.

[3]) Revue Biblique Okt. 1930, S. 572 ff. und Jan. 1931, S. 32 ff.

[4]) Syria XII (1931)), S. 15 ff.

[5]) Syria XII, S. 193 ff.

[6]) A-l-e-j-n. Vgl. für die Aussprache, soweit es sich um das Sprachgebiet der Phönizier handelt, besonders den Namen Pygmalion, griechisch *Πυγμαλιων*. Der erste Teil dieses Wortes läßt sich ohne Schwierigkeit auf das phönizische p-ʿ-m zurückführen. Dies bezeichnete nicht nur den Tritt, sondern auch den Fuß. Wir haben hier eine genaue Parallele zu dem in den El-Amarna-Tafeln vorkommenden Ḳa-ti-ḫu-ti-šu-pa. Ḳati begegnet uns in diesen Texten, wie Ferdinand Bork (Orient. Literaturz. 35, 1932, Sp. 377—378) zuerst erkannt hat, an zwei andern Stellen als die gewöhnliche churrische oder choritische Bezeichnung für das akkadische šêpê = Füße. Ḳatiḫutišupa war hiernach eine Persönlichkeit, die sich zu den Füßen des Tešup befindet, also ein Verehrer und Diener des Tešup. Pygmalion ist in derselben Weise als ein Diener des Alion oder Alejôn zu betrachten. Im Süden des Landes sprach man sicher Alejân. Die beiden Formen verhalten sich zueinander wie jâd zu jôd oder wie das ebenfalls auf ân ausgehende Balithân zu Balithôn.

[7]) Syria XIII (1932), S. 113 ff.; XV (1934), S. 226 ff.; 304 ff.; XVI (1935), S. 29 ff.

[8]) So z. B. in dem erwähnten A-l-e-j-n.

[9]) Der Alte Orient, Bd. 23, Heft 1/2, S. 22.

des Jahres 1934 ließ Prof. Ebeling der Preußischen Akademie der Wissenschaften eine Abhandlung vorlegen, die hier den richtigen Weg zeigte[1]). Ebeling vergleicht in dieser Abhandlung die Zeichen mit den Formen der babylonischen Keilschrift und kommt dabei zu dem Ergebnis, das er in die Worte zusammenfaßt: „Entweder sind babylonische Silbenzeichen mit dem Konsonantenwert unter Vernachlässigung der Vokale übernommen worden oder babylonische Zeichen sind halbiert worden, teils durch vertikalen, teils durch horizontalen Schnitt. Wo die Möglichkeit der Verwechselung mit andern auf solche Weise entstandenen Zeichen vorlag, ist manches Zeichen um 90 Grad umgedreht worden"[2]).

Die Zusammenstellungen sind für einen Teil der Buchstaben unbedingt überzeugend. Das Samech wird in den Texten durch dasselbe Zeichen ausgedrückt, das im Babylonischen für ša[3]) in Gebrauch war. Die Assyrer sprachen das š wie ein s. Diese Aussprache hatte schon vor der Zeit der El-Amarna-Briefe ihren Weg nach Palästina gefunden, so daß man z. B. zwischen Subandu und Šubandu, wie wir noch sehen werden, in der Schreibung keinen Unterschied machte. Man sprach dort also, wie wir annehmen müssen, nicht ša, sondern sa. Das 'Ajin wird in diesem Schriftsystem durch den nach rechts geöffneten Winkelhaken wiedergegeben, den man im Babylonischen u. a. durch ḫa-a = ḫa = inân[4]) erklärte. Inân ist der Dual von înu = 'ajin. Das Zeichen war also in dieser Aussprache nach der keilinschriftlichen Angabe für înu = Auge und für înu = Quelle in Gebrauch. Da das 'Ajin im Akkadischen nicht mehr vorhanden war, umschrieb man den Laut auch sonst in der Regel durch ḫ. Die Grundbedeutung ist bei diesem Zeichen in înu = Quelle zu suchen. Das Zajin besteht in den phönizischen Texten aus zwei übereinanderstehenden Keilchen, die uns in derselben Form in dem babylonischen za[5]) entgegentreten. Im Babylonischen sind es im ganzen vier Keilchen, von denen zwei die obere und zwei die untere Hälfte der Zeile einnehmen. Wenn man den Schnitt von oben nach unten macht, erhält man das Zeichen für den weicheren semitischen Laut; wenn man ihn von links nach rechts vornimmt, ergeben sich in derselben Weise zwei nebeneinanderstehende Keile, die in dem neuen Schriftsystem als Ṣade gebraucht wurden. Das babylonische Zeichen war nicht nur für za, sondern auch für ṣa in Gebrauch. Es hat eine überraschende Ähnlichkeit mit dem Zeichen für a[6]), das nicht aus vier, sondern aus drei Keilen besteht. Der erste Keil steht bei diesem Zeichen für sich

[1]) Zur Entstehungsgeschichte des Keilschriftalphabets von Ras Schamra. Sitzungsberichte der Preußischen Akademie der Wissenschaften, Philosophisch-historische Klasse, Berlin 1934, S. 10—15; auch als Sonderausgabe mit eigener Seitenzählung erschienen.

[2]) S. 11; Sonderausgabe S. 4.

[3]) Deimel, Sumerisches Lexikon Nr. 597.

[4]) Deimel Nr. 411, 18.

[5]) Deimel Nr. 586.

[6]) Deimel Nr. 579.

3

allein; die beiden andern sind ebenso wie bei za übereinandergestellt. Man erhält hier also, wenn man den Trennungsstrich von oben nach unten zieht, auf der rechten Seite dieser Linie genau dasselbe Gebilde wie bei dem Zeichen für za. Dies mußte dann aber, wenn es gebraucht werden sollte, in eine andere Lage gebracht werden, damit sich ein wirklicher Unterschied ergab. Das ist in der Tat geschehen. Das Zeichen für a ist in dem neuen Schriftsystem nicht vertikal, sondern horizontal gerichtet. Im übrigen stimmen die beiden Zeichen genau miteinander überein. Das eine steht, das andere ist auf die Seite gelegt. Das Ṭêth läßt sich ebenso wie das Taw ohne Schwierigkeit auf eine besondere Form des Zeichens für ti zurückführen, die uns in den El-Amarna-Tafeln in den Briefen des Aziru, in den Schreiben aus der Umgebung des Aziru und in den Briefen des Abdiḫiba von Jerusalem[1]) begegnet. Der senkrechte Keil ergab hier mit dem Querkeil und dem sich anschließenden Winkelhaken das Ṭêth; der untere Keil wurde in der wagerechten Lage, in der er uns hier überrascht, als das Zeichen für Taw benutzt. Das keilinschriftliche ti bildet hier also ganz in derselben Weise wie za die Grundlage für zwei verschiedene Buchstaben, die in der Aussprache miteinander verwandt waren. Es fragt sich nur, wieweit wir solche Beobachtungen verallgemeinern dürfen. Wenn die Zeichen für s, ', z, ṣ, a, ṭ und t in dieser Weise entstanden sind, kann derselbe Zusammenhang natürlich auch da vorliegen, wo die Uebereinstimmungen nicht so deutlich hervortreten. Wir denken hierbei besonders an die Zeichen für l, m und u. Das l besteht aus einer Gruppe von drei nebeneinanderstehenden Keilen, die von Ebeling auf die Senkrechten in dem Zeichen für lu[2]) zurückgeführt werden. Das Zeichen für m ist wohl als eine Vereinfachung des gewöhnlichen babylonischen Zeichens für ma[3]) zu betrachten. Das u berührt sich in seiner Form auf das engste mit der oberen Hälfte des babylonischen Zeichens für u = šam[4]). Damit sind aber die Möglichkeiten noch nicht erschöpft. Ebeling erblickt z. B. in dem Zeichen für Ḳoph eine Kürzung des Zeichens für ḳa[5]), bei dem der Schlußkeil, wie er vermutet, unterdrückt wurde. Wir kommen hier jedoch, wie es scheint, viel einfacher zum Ziele, wenn wir das Zeichen heranziehen, das auch sonst bei den Phöniziern für Ḳoph in Gebrauch war. Es war, wie oben schon betont wurde, die gewöhnliche Darstellung des Auges mit einem von außen in dieses Zeichen hineingeschobenen ḳuppû. Das ist die einzige Deutung, die bei dieser Form des Zeichens überhaupt in Betracht kommen konnte. Das Ḳoph deckt sich aber in dem keilinschriftlichen Alphabet genau mit dem Zeichen für be = bad[6]). Es besteht

[1]) Schroeder, Die Tontafeln von El-Amarna, Zeichenliste Nr. 33.
[2]) Deimel Nr. 537.
[3]) Deimel Nr. 342.
[4]) Deimel Nr. 318.
[5]) Deimel Nr. 62.
[6]) Deimel Nr. 69.

hier, wenn wir es so nehmen, wie wir es vorfinden, aus einem Querkeil und einem sich anschließenden Winkelhaken, der uns soeben schon als das Zeichen für 'Ajin begegnet ist. Wir stehen hier also, wie jeder sofort zugeben wird, vor einer überraschenden Parallele. Der Buchstabe wird in dem einen Alphabet genau so ausgedrückt wie in dem andern. Das erklärt sich nur aus einer schematischen Uebertragung. Der Urheber des keilinschriftlichen Alphabets hat also das Zeichen des gewöhnlichen Schriftsystems, wie wir annehmen müssen, bei der Festlegung der Form schon vor Augen gehabt und ebenfalls schon in der angegebenen Weise gedeutet. Wenn dieses aber bei dem einen Buchstaben zutrifft, kann es auch bei andern der Fall gewesen sein. Wir haben also die einzelnen Zeichen auch nach dieser Seite gewissenhaft zu prüfen. Das Zeichen für s kann in der Form, die wir soeben schon heranzogen, nur auf die Keilschrift zurückgeführt werden. Es gab aber für diesen Laut, wenn wir auch die jüngeren Texte berücksichtigen, noch ein zweites Zeichen, zu dem sich in der Keilschrift eine wirkliche Parallele nirgendwo nachweisen läßt. Diese Darstellung ist an und für sich sehr einfach. Es ist ein aufrecht stehender Keil, an dem sich auf jeder Seite drei unmittelbar übereinanderliegende Winkelhaken befinden. Dieses Zeichen läßt sich nur als eine keilinschriftliche Wiedergabe des altphönizischen Samech erklären. Der Hauptkeil entspricht dem Vertikalstrich, den wir dort antreffen, und die Winkelhaken gehen auf die drei kleinen Horizontallinien zurück, die den Vertikalstrich in der oberen Hälfte wie die Querbalken eines Kreuzes durchschneiden. Das Kaph bestand zur Zeit des Aḫiram, wie wir gesehen haben, in dem gewöhnlichen Schriftsystem aus drei in einem einzigen Punkte zusammentreffenden Linien, die man sich, wenn man bloß die Form ins Auge faßt, als die Schenkel und die Halbierungslinie eines nach oben gerichteten Winkels vorstellen darf. Das keilinschriftliche Zeichen erscheint hier in ähnlicher Weise als eine Verbindung von drei verschiedenen Querkeilen, von denen zwei übereinanderliegen und der dritte sich mit dem Kopf unmittelbar an die Spitzen dieser Parallelen anschließt. Diese Zusammenstellung erklärt sich ebenfalls am einfachsten, wenn wir die Form des gewöhnlichen Schriftsystems als Grundlage nehmen. Das Waw tritt uns in den Aḫiramtexten an den meisten Stellen als ein im unteren Teile etwas nach links gebogener Vertikalstrich entgegen, der oben in einen kleinen, becherartig geformten Halbkreis ausgeht. Die Biegung ist aber bei dem Zeichen auf dem Kruge von ed-Duweir noch wesentlich schärfer. Es war, wie wir annehmen durften, die Darstellung eines Nagels, der mit der Spitze[1]) auf die Seite geschlagen war. In der älteren Grabinschrift von Byblus ist dieser Nagel nicht nach links, sondern nach rechts abgebogen. Diese Formen weisen also drei verschiedene Teilstücke auf; sie zeigen oben die kleine Erweiterung, die in ihrer Grundform den Kopf des

[1]) S. oben S. 28.

3*

Nagels hervorheben sollte, und bringen dann in den beiden unteren Stücken den eigentlichen Nagel zum Ausdruck, der mit der Spitze zur Seite gebogen ist. In dem keilinschriftlichen Alphabet haben wir hier zunächst dieselben drei Keile, die uns beim Kaph begegnen. Dann tritt aber noch ein weiterer Querkeil hinzu, der sich jetzt ebenfalls ohne Schwierigkeit erklärt. Die beiden übereinanderliegenden Keile, die bei dem Kaph auf die Schenkel des genannten Winkels zurückgehen, entsprechen hier dem kleinen, von der Vertikallinie getragenen Halbkreis; die beiden folgenden Keile sind aus der Wiedergabe des eigentlichen Nagels hervorgegangen, bei dem der umgebogene Teil, wie man sieht, in der Zeichnung noch besonders unterschieden wurde. Sie setzen also eine Schreibung voraus, die wesentlich älter ist als die Form, die uns in den Aḫiramtexten entgegentritt. Der Zusammenhang ist aber im übrigen so klar, daß wir auch bei dem Texte von ed-Duweir und bei der älteren Inschrift von Byblus wegen der Lesung des Zeichens gar nicht mehr im Zweifel sein können. Die Linien werden hier bei der keilinschriftlichen Wiedergabe des Buchstaben, soweit es bei der Eigenart dieses Schriftsystems möglich war, im einzelnen genau beibehalten. Das He besteht in den Texten von Ras Schamra aus drei übereinanderliegenden Querkeilen. Diese decken sich sowohl in ihrer Zahl als auch in ihrer Lage genau mit den Querlinien in dem Zeichen des gewöhnlichen Alphabets. Wenn man nun unterhalb der drei Querkeile einen kleinen senkrechten Keil anbringt, erhält man das Zeichen für Aleph mit nachfolgendem e. Das eine Zeichen tritt uns hier also als He und das andere als 'e = 'E oder als e = E[1]) entgegen. Hieraus müssen wir den Schluß ziehen, daß der Urheber dieser Schreibungen auch den Namen des Buchstaben gekannt hat. Er benutzte das He, um zu einem Zeichen für E zu gelangen. Das Zajin wird durch zwei, das Ḫêth dagegen, wenn es sich um die Wiedergabe des härteren mit diesem Schriftzeichen verbundenen Lautwertes handelt, durch drei übereinanderstehende Keilchen ausgedrückt. Dies erklärt sich am einfachsten, wenn wir annehmen, daß der Urheber der beiden Zeichen schon die Aufeinanderfolge der Buchstaben kannte. Daß er reichlich schematisch verfuhr, ersieht man schon aus der Art, wie er nach dem Gesagten das Zeichen für E bildete. Es ist also an und für sich durchaus nicht unmöglich, daß er das Ḫêth lediglich durch das Hinzufügen eines dritten Keiles von dem vorhergehenden Buchstaben unterscheiden wollte. Wir geben aber gern zu, daß eine Vermutung noch kein Beweis ist, und bitten den Leser, mit seinem Urteil noch ein wenig zurückzuhalten. Der Urheber der beiden Zeichen macht einen Unterschied zwischen einem harten und einem weicheren Ḫêth. Wenn ihm das Alphabet bekannt war, mußte er das Gefühl haben, daß das Ḫêth mit dem einen Zeichen noch nicht erledigt war. Er mußte dann also, wie wir annehmen dürfen, wenn

[1]) S. oben S. 32.

er zuerst das härtere Ḫêth festgelegt hatte, das Zeichen für den weicheren Laut sofort anschließen. Wenn wir nun dieses Zeichen genauer ins Auge fassen, sehen wir uns bald zu einer Feststellung gezwungen, zu der man sich im ersten Augenblicke nur ungern entschließt. Wir stehen hier, wie jeder Keil und jedes Keilchen bestätigt, vor dem gewöhnlichen damals in Palästina üblichen Zeichen für ti[1]), das dem Urheber dieses Schriftsystems die Zeichen für Ṭêth und für Taw an die Hand gab. Es ist dasselbe Zeichen, das wir erhalten, wenn wir das Ṭêth und das Taw wieder miteinander verbinden. Man konnte dieses Zusammentreffen nur übersehen, weil der Lautwert eine derartige Parallele gar nicht erwarten ließ. Sie bedarf aber auf jeden Fall einer Erklärung. Wir haben also nach dem Grunde zu suchen, der dazu führen konnte, daß das Zeichen für ti hier in seiner vollständigen Form zugleich noch als Ḫêth benutzt wurde. Dieser Grund kann ebenfalls nur in einer Beeinflussung durch die Aufeinanderfolge der Zeichen im gewöhnlichen Alphabet liegen. Der Urheber der keilinschriftlichen Formen suchte, da er den weicheren Gutturallaut von dem härteren unterscheiden wollte, nach einem zweiten Zeichen für Ḫêth. Er dachte dabei, da er sich im Augenblick nicht anders zu helfen wußte, an das folgende Ṭêth und griff nun zu der Grundform dieses Zeichens, die ihm hier einen willkommenen Ersatz bot. Wir haben es hier also, wenn wir uns so ausdrücken drüfen, mit einer eigenartigen, aber praktisch sehr naheliegenden Anleihe bei dem nächsten Buchstaben zu tun. Eine Kritik ist hier überflüssig; die Tatsachen sind mächtiger als das persönliche Urteil des bescheidenen Forschers, der sich bei seinen Schlußfolgerungen willenlos nach ihnen zu richten hat. Die Zeichen gehen also auf jemanden zurück, der die Aufeinanderfolge von Ḫêth und von Ṭêth wirklich schon kannte. Wenn er aber durch die Aufeinanderfolge von Ḫêth und von Ṭêth so stark beeinflußt wurde, dürfen wir denselben Zusammenhang auch bei Zajin und Ḫêth voraussetzen. Ein Zufall ist also bei der Uebereinstimmung zwischen Zajin und dem harten Ḫêth ganz ausgeschlossen. Der Urheber der keilinschriftlichen Formen hat hier zuerst auf das Zajin zurückgegriffen; er hat das harte Ḫêth dann durch ein weicheres Ḫêth ergänzt und als Schriftzeichen für diesen Laut die Grundform des Zeichens für Ṭêth benutzt. Auf das Ṭêth folgt dann das Jôd. Dies wird in den Texten von Ras Schamra durch drei übereinanderstehende Doppelkeilchen zum Ausdruck gebracht. Es ist also nur eine Verdoppelung des ersten Zeichens für Ḫêth. Der Urheber dieses Alphabets verfährt hier, wie man sieht, bei seinen Festlegungen ganz schematisch. Er benutzt zunächst das Zeichen für Zajin, das aus zwei übereinanderstehenden Keilen besteht, um durch Aufsetzen eines dritten Keiles ein Zeichen für das harte Ḫêth zu erhalten, läßt dann auf das harte Ḫêth die Zeichen für das weichere Ḫêth und für das Ṭêth folgen, die beide, wie wir

[1]) S. oben S. 34.

gesehen haben, in ihren Formen durch das babylonische Zeichen für ti bestimmt sind, und greift dann noch einmal auf die Zeichen mit den übereinandergestellten Keilen zurück, um durch eine Verdoppelung des letzten in dieser Weise gebildeten Zeichens zu einem keilinschriftlichen Jôd zu gelangen. Der Weg führt uns hier von dem Zeichen, das aus zwei Keilen besteht, bis zu dem Zeichen, das aus sechs Keilen zusammengesetzt ist, und zwar in derselben Aufeinanderfolge, in der uns diese Buchstaben auch im Alphabet begegnen. Das Alphabet muß hier also tatsächlich schon als Grundlage gedient haben. Der Urheber dieser Zeichen entlehnt das Zajin aus dem Schriftsystem der Babylonier, bildet dann im Anschluß an dieses Zajin ein Ḫêth, denkt beim Ḫêth schon an das Ṭêth und greift alsdann beim Jôd wieder auf das erste Zeichen für Ḫêth zurück. Er beginnt mit dem Zeichen, das aus zwei übereinanderstehenden Keilen besteht, bildet dann ein Zeichen mit drei aufeinandergesetzten Keilen, fügt hierauf die Zeichen ein, die sich in diesem Zusammenhange durch den Gedanken an das dem Ṭêth entsprechende ṭi ergaben, und bringt dann, ohne sich durch diese Einschiebung irgendwie stören zu lassen, mit dem Jôd die Gruppe der übereinandergestellten Keile zum Abschluß. Daß dieses richtig ist, ersieht man auch aus den Bildungen, zu denen er sich bei den ersten vier Buchstaben des Alphabets entschloß. Das Aleph besteht, wie wir gesehen haben, aus zwei unmittelbar aufeinanderfolgenden Querkeilen. Diese finden sich ganz in derselben Form und in derselben Lage bei dem Zeichen für Bêth. Sie tragen hier aber beide in der Nähe des Kopfes eine Senkrechte, so daß man den Eindruck gewinnt, als wenn man es mit zwei sich unmittelbar aneinander anschließenden rechten Winkeln zu tun hat. Das Gimel steht dann in seiner Form ganz für sich allein. Es ist ein keilinschriftlicher Vertikalstrich, der im Babylonischen[1]) u. a. durch diš, giš, gi, ge und til erklärt wird. Da die Wiedergabe durch gi auch mit dem Lautwert des Buchstaben übereinstimmt, könnte man versucht sein, hier mit Ebeling den Ursprung des Zeichens zu suchen. Es ist aber wohl kaum anzunehmen, daß diese Schreibung, die nur auf eine Verflüchtigung des sumerischen giš zurückgeht, in der damaligen Zeit den Gelehrten in Palästina noch besonders geläufig war. Sie kannten jedoch, wenn unsere bisherigen Schlußfolgerungen richtig sind, schon alle das Gimel des gewöhnlichen Alphabets, und zwar in derselben Ausprägung, die uns in der Grabschrift des Aḫiram erhalten ist. Das Zeichen gleicht dort, wie oben schon hervorgehoben wurde, der ersten Ziffer unseres Zahlensystems, bei der die Vertikallinie ganz im Vordergrunde steht. Wir haben hier also eine Uebereinstimmung, die mindestens sehr auffallend ist. In dem einen Alphabet haben wir das Zeichen mit dem kleinen Häkchen und dem stark hervortretenden Vertikalstrich, in dem andern tritt uns an derselben Stelle und in derselben Bedeutung der einfache, senkrecht

[1]) Deimel Nr. 480.

stehende Keil entgegen. Das erklärt sich sicher am einfachsten, wenn wir hier ebenfalls einen Zusammenhang annehmen. Das Daleth ist dann wieder in derselben Weise gebildet wie das Bêth; nur ist die Zahl der Keilverbindungen dort um einen dritten Winkel erhöht. Das Bêth könnte zur Not, wie Ebeling es versucht, als ein aufrecht gestelltes bi[1]) betrachtet werden. Man legt sich aber die Frage vor, was den Urheber dieses Schriftsystems dazu führen konnte, hier die Lage des Zeichens zu ändern, und sucht vergebens nach einer Antwort. Das gilt auch für den Unterschied, der uns in der Form der beiden Zeichen überrascht. Bei dem babylonischen Zeichen sind die Keilpaare nicht in einem rechten, sondern in einem stumpfen Winkel miteinander verbunden. Es ist möglich, daß der Urheber des neuen Zeichens diese Verbindung nicht für zweckmäßig hielt; es ist aber kaum anzunehmen, daß er sich, wenn er wirklich von dem Zeichen für bi ausging, auf eine so geringfügige Änderung beschränkt hätte. Er hätte hier, wenn wir ihn richtig verstehen, sicher eine Spaltung vorgenommen und ebenso wie beim Zajin nicht die doppelte, sondern nur die einfache Keilverbindung benutzt. Man sieht aber, daß ihm dieser Gedanke, obschon die einfachere Form in jeder Weise genügt hätte, vollständig fern lag. Die Kürzung ist hier unterblieben, weil die beiden Querkeile für ihn schon eine fest umschriebene Größe darstellten, die durch die Senkrechten bloß eine andere Bedeutung erhielt. Die Querkeile waren schon als das Zeichen für Aleph angesetzt, das durch die Senkrechten zu einem Bêth wurde. Das Gimel ist dann, wie es scheint, das erste Zeichen, das auf die Form des gewöhnlichen Alphabets zurückgeht. Auf jeden Fall ist es sicher, daß die Schreibung schon festgelegt war, als das Zeichen für Daleth entstand. Der Urheber dieses Zeichens ging an dem Gimel vorüber und fügte dann, um ein Zeichen für Daleth zu erhalten, zu dem Zeichen für Bêth noch einen dritten Querkeil mit einer dritten Senkrechten hinzu. Das Gimel unterbricht hier also die Aufeinanderfolge der zusammengehörenden Formen ganz in derselben Weise, wie wir es bei dem zweiten Ḫêth und dem Zeichen für Ṭêth feststellen mußten. Der Urheber dieses Schriftsystems nimmt das Gute, wo es sich darbietet. Er entlehnt seine Zeichen in erster Linie aus der babylonischen Keilschrift. Wenn sie einfach genug waren, nahm er sie so, wie er sie vorfand; wenn sie Abtrennungen oder Halbierungen gestatteten, begnügte er sich mit einem Teil der vorhandenen Keile. Es konnte, wie wir sahen, sogar vorkommen, daß aus einem einzigen Zeichen mehrere Buchstaben hervorgingen. Wenn die Keilschrift versagte, zog er ohne Bedenken auch die Formen des gewöhnlichen phönizischen Alphabets heran. Diese konnten aber wegen der Biegungen und Abrundungen, die sich dort herausgebildet hatten, ebenfalls zum Teil gar nicht in Betracht kommen. Er half sich dann, soweit es möglich war, durch Entlehnungen aus der Nachbarschaft der

---

[1]) Deimel Nr. 214.

betreffenden Buchstaben, die sich im einzelnen noch ohne Schwierigkeit feststellen lassen. Das Bêth ist ebenso wie das Daleth eine Erweiterung des aus der Keilschrift genommenen Aleph, das Zeichen für das erste Ḥêth ist eine Weiterbildung des Zajin, das zweite Ḥêth ist in seiner Form durch das Ṭêth bestimmt, das Jôd geht dann wieder auf das Zeichen für das erste Ḥêth zurück. Das Aleph bildet mit dem Bêth und dem Daleth eine einheitliche, in sich selbst geschlossene Gruppe, die nur durch das Gimel unterbrochen wird; das Ḥêth steht in der einen Wiedergabe mit dem Zajin und in der andern mit dem Ṭêth in Verbindung; das Jôd tritt uns in einer Form entgegen, die nur als eine Verdoppelung des ersten Zeichens für Ḥêth zu erklären ist. Hierzu kommt dann außerdem noch das Schriftzeichen für He, der Zusammenhang, den wir zwischen dem He und dem Zeichen für e = E voraussetzen mußten, der Ursprung der Zeichen für Kaph und für Waw, das Zeichen für Ḳoph und das in den älteren Texten allerdings noch nicht vorhandene zweite Zeichen für Samech. Auch dürfen wir, wenn diese Gleichsetzungen richtig sind, sicher noch das Nûn hinzufügen, das in den Texten aus der älteren Zeit stets als ein Zusammenschluß von drei aufeinanderfolgenden Querkeilen erscheint. Es besteht in der Grabinschrift des Aḫiram in einer flüchtig gezogenen Vertikallinie, die sich in der Mitte für eine kurze Strecke nach rechts wendet und dann im dritten Teile wieder nach unten geführt wird. Diese drei Stücke kommen in der Keilverbindung des jüngeren Schriftsystems, wie es scheint, noch klar zum Ausdruck. Das keilinschriftliche Alphabet hat also den Aufbau und die Formen des gewöhnlichen Alphabets, soweit es sich aus der Eigenart der Zeichen noch feststellen läßt, überall schon zur Voraussetzung; es kann also nur zu einer Zeit entstanden sein, wo das Verzeichnis in dieser Ausprägung tatsächlich schon vorhanden war. Die Zeichen gehen in ihren Grundformen, wenn wir die zweite Wiedergabe des Samech hier ausscheiden, ebenfalls auf eine einzige Persönlichkeit zurück, die in ihren Vorstellungen und in ihren Bestrebungen an der Hand ihres Werkes noch deutlich zu fassen ist. Der Worttrenner ist in diesem Schriftsystem zu einem kleinen, senkrecht stehenden Keil geworden. Er steht in seiner Größe zu den übrigen Zeichen ungefähr in demselben Verhältnis, wie wir es bei dem Vertikalstrich in den Texten aus dem Todesjahr des Aḫiram beobachten.

Ueber die Verbreitung, die das keilinschriftliche System gefunden hat, läßt sich aus den Texten, die wir besitzen, kaum etwas entnehmen. Es begegnet uns bis jetzt nur in einer einzigen Aufzeichnung, die nicht aus Ras Schamra stammt, und zwar auf einer eigenartigen Tontafel aus dem schon mehrfach erwähnten Bethschemesch[1]). Es ist eine Tafel mit abgerundeten Ecken, bei der sich die Inschrift auf der oberen Seite in einer einzigen Zeile rings am Rande

[1]) Bulletin of the American Schools of Oriental Research Nr. 52, December 1933, S. 4 und S. 5—6; Nr. 53, February 1934, S. 18—19; Nr. 55, September 1934, S. 27—28.

entlangzieht. Dabei sind die Zeichen nicht von links nach rechts, sondern von rechts nach links gerichtet, so daß man zuerst den Abdruck einer Platte vor sich zu haben glaubte, auf der dieselbe Schrift, wie man annahm, in ihrer positiven Ausfertigung vorhanden war. Es zeigte sich aber, daß die „Spiegelschrift", mit der man es nach dieser Auffassung zu tun hatte, in Wirklichkeit genau so entstanden war wie jeder andere Text. Die Zeile lief nur ebenso wie bei der gewöhnlichen Buchstabenschrift von der rechten Seite nach links. Wir besitzen außerdem noch zwei andere Texte, die ebenfalls in dieser Weise geschrieben sind[1]). Die Tafel stammt nach den Tonscherben, mit denen sie bei der Auffindung in demselben Raume zusammenlag, wahrscheinlich aus dem vierzehnten Jahrhundert; sie ist nach dem Lehm, den man bei der Herstellung benutzte, nicht im Norden von Palästina, wie man vermuten könnte, sondern in derselben Gegend entstanden, wo sie bei der Ausgrabung entdeckt wurde. Unter den Texten von Ras Schamra befindet sich eine Tontafel, auf der das Zeichen für ʿAjin mit zwei verschiedenen Lautwerten gebraucht wird[2]). Die Angaben sind in churrischer Sprache abgefaßt; sie bieten aber an mehreren Stellen eine Gruppe von semitischen Titulaturen, bei denen das Zeichen jedesmal mit einem Kreis umgeben ist. Dieser Kreis soll hier den semitischen Laut offenbar besonders hervorheben. Es ist dasselbe Zeichen, das in dem gewöhnlichen Alphabet, wie wir wissen, in der damaligen Zeit tatsächlich in dieser Form als ʿAjin benutzt wurde. Man sieht also, daß dieses Alphabet dem Schreiber ebenfalls bekannt war. Dies gilt aber nicht nur für ihn, sondern auch für die Leser, mit denen er zu rechnen hatte. Er durfte voraussetzen, daß jeder den Hinweis sofort verstand. Die beiden Systeme wurden also in Ugarit unmittelbar nebeneinander gebraucht. Wir werden aber daran festhalten müssen, daß das keilinschriftliche System nur für die besonderen Freunde der Tontafel bestimmt war. Es entstand erst zu einer Zeit, wo das andere System schon vorhanden war und nach dieser Seite bloß einer Ergänzung bedurfte. Dies beschränkte die Ausbreitung, wie es scheint, von vornherein auf engere Kreise. Man trug in diesen Kreisen, wie sich aus der Heranziehung des ʿAjin ergibt, gar kein Bedenken, bei der Verwendung eines keilinschriftlichen Zeichens zur Vermeidung von Zweifeln ein Zeichen aus dem gewöhnlichen Alphabet zur Erklärung zu benutzen. Wir haben hier offenbar dasselbe Verhältnis, das auch bei der Entlehnung des zweiten Zeichens für Samech hervortritt.

Die Niederschrift der dichterischen Texte läßt sich bei den Funden zum Teil noch genauer datieren. Die Texte gehen in ihrer Ausfertigung nach den Bemerkungen am Schluß der einzelnen Tafeln, soweit uns die Angaben noch erhalten sind, auf den Schreiber Elimelek zurück, der sich selbst in diesen Zeilen gern als

---

[1]) Syria XV (1934), S. 103; XVI (1935), S. 186.

[2]) Veröffentlicht von Virolleaud, Syria XV (1934), S. 147 ff.

„Schüler des A-t-n-p-r-l-n, des Obersten der Priester, des Obersten der Hirten“, bezeichnet und dann außerdem noch hinzufügt, daß die Tafel in der Zeit des „N-ḳ-m-d, des Königs von Ugarit“, entstand[1]). Er hatte die Schreibkunst also von einem Oberpriester erlernt, der den Namen A-t-n-p-r-l-n trug. Dieser Name läßt in seinem ersten Bestandteile sofort auf einen Zusammenhang mit dem Kulturleben der Ägypter schließen. Es ist ein Hinweis auf den Gott Aton, der uns durch die Beachtung, die er hier findet, in die Regierungszeit des Königs Amenophis IV. führt. Amenophis hatte den Sonnengott, der durch die Verehrung des Amon stark in den Hintergrund gedrängt war, kurz vor dem Beginn des sechsten Regierungsjahres unter diesem Namen zur einzigen Gottheit des Landes erhoben und durch seine Maßnahmen die Verehrung der übrigen Götter, soweit es möglich war, vollständig unterdrückt. Er hatte seinen eigenen Namen, in dem der Gott Amon erwähnt wurde, durch die Bezeichnung Ech-n-Aton ersetzt und in jeder Weise dafür gesorgt, daß der Name dieses Gottes auch sonst zu Ehren kam. Andere Götter durften in seiner Gegenwart überhaupt nicht genannt werden. Diese Bewegung zeigte sich in ihren Auswirkungen auch in den Gebieten von Syrien und Palästina, wo die Verehrung des Aton ebenfalls besonders gefördert wurde. Sie hatte, wie man sieht, ihren Weg sogar bis nach Ugarit gefunden, wo auch der Oberpriester am Tempel des Baal sich offen für sie einzusetzen schien. Wir haben uns aber, bevor wir uns ein Urteil gestatten, zunächst noch etwas eingehender mit dem zweiten Teile des Namens zu beschäftigen. Es handelt sich hier um ein Wort, das von den Erklärern gewöhnlich als p-r-l-n gefaßt wird. Ein solches Wort ist aber in den Sprachen, die hier an erster Stelle in Betracht kommen, nirgendwo vorhanden. Es fehlt sowohl im Ägyptischen als auch im Phönizischen; auch ist die Form, die uns hier entgegentritt, in ihrer Bildung ganz und gar unsemitisch. Die Buchstaben begegnen uns aber in derselben Aufeinanderfolge in dem churrischen na-ap-ri-il-la-an = naprillan, das uns in den El-Amarna-Tafeln in einem Briefe der Bewohner von Tunip[2]) als Parallele zu einem Hinweis auf die Götter und Göttinnen des Königs von Ägypten erhalten ist. Der Verfasser bezeichnet dort die Götter in einwandfreiem Akkadisch als ilâni; er gebraucht dann aber zur Bezeichnung der Göttinnen nicht etwa das Wort ištarâti, das hier am Platze gewesen wäre, sondern ein Wort von ganz allgemeiner Bedeutung, das lediglich das weibliche Geschlecht der betreffenden Gottheiten hervorhebt[3]). Die Bezeichnung, auf die es hier ankam, war ihm offenbar nicht geläufig. Um aber nicht mißverstanden zu werden, fügt

[1]) Syria XV (1934), S. 241 und S. 242, Anm. 2; Virolleaud, La légende phénicienne de Danel, S. 31 ff.

[2]) Die El-Amarna-Tafeln, herausgegeben von J. A. Knudtzon, Nr. 59.

[3]) Vgl. hierzu besonders die Darlegungen von Ferd. Bork in der Orient. Literaturz., 35. Jahrg. (1932), Sp. 278—279.

er dann zur Vorsicht den Ausdruck aus seiner eigenen Sprache hinzu, der in diesem Zusammenhange entweder die Göttinnen oder, wenn auch die Götter gemeint sind, die Götter und die Göttinnen in ihrer Gesamtheit bezeichnen muß. Ein solches Zusammentreffen ist sicher kein Zufall. Wir haben auch bei dem Personennamen, wie sich aus der Erwähnung des Aton ergibt, auf eine Vorstellung zu schließen, bei der die Götter eine besondere Rolle spielten. Man vermißt bei dem zweiten Bestandteil, wenn wir an der Gleichsetzung festhalten, nur das anlautende Nûn. Dies ist aber, wie wir annehmen dürfen, schon in dem Nûn der Gottesbezeichnung enthalten, da eine Verdoppelung nicht besonders hervorgehoben wurde. Wir erhalten hier also, wenn wir dieses auch bei dem Lamed berücksichtigen, den Namen Atonnaprillan. Diese Verbindung bedarf wohl kaum einer weiteren Rechtfertigung. Es ist eine Bezeichnung, aus der hervorgeht, daß man in Aton die Götter und die Göttinnen im allgemeinen oder, was dasselbe ist, die Götter in ihrer Gesamtheit erblickte. Das zweite Wort ist auch in seiner Form ein churrischer Plural. Wir haben es hier also mit einem Versuche zu tun, den Grundgedanken des Polytheismus mit der monotheistischen Auffassung des Königs von Ägypten in Einklang zu bringen. Dieser Versuch ist für die damaligen Verhältnisse besonders charakteristisch. Die Formel ermöglichte sowohl nach der einen als auch nach der anderen Seite einen befriedigenden Ausgleich. Die Ägypter waren zufrieden, von der Verehrung des Aton zu hören, und der Oberpriester nahm seine Kulthandlungen im übrigen ganz in derselben Weise vor wie früher. Daß dieses richtig ist, sieht man am besten aus seiner Aufzeichnung, in der den Göttern von Ugarit besondere Opfer versprochen werden. Diese Tafel, der umfangreichste Text aus der Grabung vom Jahre 1929[1]), besteht aus 17 kleinen, jedesmal durch einen Strich voneinander getrennten Abschnitten, die in ihrem Wortlaut fast überall denselben Aufbau zeigen. Sie beginnen, von einer einzigen kleinen Abweichung abgesehen, stets mit den Worten e-š-r ḫ-š-r ḫ-š-l-š, von denen das erste an šur = Ohr und das zweite und dritte in seinem ersten Bestandteil an ḫaš = hören erinnert. Es fragt sich allerdings, ob die Vokale diesen Zusammenhang bestätigen würden. Das wird aber bei dem zweiten und dritten Worte, wie es scheint, durch einen andern Text zur vollen Gewißheit. Wir haben hier, wie Joh. Friedrich zuerst gesehen hat, dieselbe Verbindung, die uns Keilschrifturk. aus Boghazköi, Heft XXVII, Nr. 42 Rs. 22 in den Worten ḫa-ša-ra-a-i ḫa-a-šu-li-e-eš begegnet[2]). Es handelt sich hier also, wie wir aus dieser Uebereinstimmung

[1]) Nr. 4 der Veröffentlichungen in der Syria, Tome X, Pl. LXI—LXXV; Umschrift und Bearbeitungen u. a. von Hans Bauer, Die alphabetischen Keilschrifttexte von Ras Schamra, Berlin 1936 (Kleine Texte für Vorlesungen und Uebungen, herausgeg. von Hans Lietzmann, Nr. 168), S. 6—8 und von Ferdinand Bork, Das Ukirutische, Leipzig 1938 (Mitteilungen der Altorientalischen Gesellschaft, XII, Band, Heft 1), S. 12—27.

[2]) Archiv für Orientforschung Bd. X (1935), S. 295.

stimmung entnehmen dürfen, um ein ḫaš, zu dem in dem einen Falle noch ein arai oder rai und in dem andern ein uleš tritt. Das können nur Suffixe sein, die bei dem ersten Worte wahrscheinlich auf einen Singular und bei dem zweiten auf einen Plural hinweisen[1]). Der Betende will durch diese Anrufungen die Götter, denen er etwas zu sagen hat, jedesmal veranlassen, auf seine Worte besonders zu achten. Er bezeichnet sie dann zunächst mit ihren Namen, die sich auf diese Weise sofort an die Anrufungen anschließen, und stellt ihnen darauf im weiteren Verlaufe des Textes besondere Darbringungen und Gaben in Aussicht. Die Götter tragen, soweit wir es feststellen können, fast alle churrische Namen. Es waren die Götter und die Göttinnen von Ugarit. Dabei spricht der Betende, wie aus den Angaben hervorgeht, für die Bewohner der ganzen Stadt. Das ist nur zu verstehen, wenn wir die Zusammenstellung auf den Oberpriester zurückführen. An der Spitze dieser Aufzählung steht aber gleich in der ersten Zeile der Gott A-t-n = Aton, der auch im dritten Abschnitt noch einmal besonders in den Vordergrund gerückt wird. Wir werden deshalb nicht fehlgehen, wenn wir diese Festlegungen ebenfalls mit den damaligen Verhältnissen in Zusammenhang bringen. Es handelt sich bei dem Texte wohl um eine persönliche Arbeit des Atonnaprillan, der auf diese Weise jedem das Seine zu geben versuchte. Seine Voraussetzungen hatten nur den einen Fehler, daß sie ihm erst zum Bewußtsein kamen, als sie sich politisch besonders zu empfehlen schienen. Er wird daher, wie wir annehmen dürfen, nach dem Rücktritt und dem bald darauf folgenden Tode des Königs, als man in Ägypten zur Verehrung des Amon zurückkehrte, sein Verhalten ebenfalls sofort wieder geändert haben. Da er aber in den Aufzeichnungen seines Schülers noch als Verehrer des Aton erscheint, dürfen wir den Schluß ziehen, daß die Niederschriften ebenfalls schon vor dem Tode des Königs angefertigt wurden. Für die Annahme, daß der Lehrer schon gestorben war, liegt an und für sich gar kein besonderer Grund vor. Die Aufzählung der Titel, auf die er ein Anrecht hatte, scheint sogar deutlich dagegenzusprechen, ebenso die Angabe des Geburtsortes, den der Schreiber außerdem noch hinzufügt. Die Zusätze sind bei einem Lebenden in dieser Vollständigkeit jedenfalls leichter zu verstehen als bei einem Verstorbenen. Die Tafeln mußten bei den Ausgrabungen zum Teil schon aus den Trümmerstücken eines Bauwerkes herausgeholt werden, das nach den Ansätzen von Albright[2]) dem Anfange des vierzehnten Jahrhunderts angehörte. Sie hatten sich also, wie man hieraus entnehmen darf, zuerst in einem Gebäude befunden, das in der damaligen Zeit zerstört wurde, und waren dann bei dem Neubau mit den übrigen Schuttmassen zum

---

[1]) So im Anschluß an Bork, dem wir aber in der Wiedergabe von ḫ-š an dieser Stelle nicht zu folgen vermögen.

[2]) Bulletin of the American Schools of Oriental Research Nr. 63, October 1936, S. 24. ff.

Teil als Material benutzt worden. Die Zerstörung läßt sich aber nach allem, was darüber gesagt werden kann, nur mit einer Eroberung in Zusammenhang bringen, von der uns in den El-Amarna-Tafeln in einem Briefe des Königs Abimilki von Tyrus erzählt wird. Abimilki berichtet dort an den König von Ägypten, daß die Chethiter in Ugarit gewesen waren und den Wohnsitz des Königs von Ugarit zur Hälfte durch Feuer vernichtet hatten[1]). Da diese Zerstörung in den Texten von El-Amarna erwähnt wird, muß sie noch vor dem Tode des Königs Amenophis IV. liegen. Albright betont dann, daß die Niederschrift der Texte dem Ereignis voraufgeht, und hat gar keine Bedenken, hier mit einer recht erheblichen Zeitspanne zu rechnen[2]). Dies scheitert aber an der Tatsache, daß der Schreiber schon ein Schüler des Atonnaprillan war. Die Tafeln können also, da Amenophis IV. um das Jahr 1380 zur Herrschaft gelangte, erst in der Zeit nach dem Jahre 1375 entstanden sein. Damit ist der Ursprung der Niederschriften genau festgelegt. Sie gehen auf Elimelek, den Zeitgenossen und Schüler des Atonnaprillan zurück, der sie kurz nach dem Einsetzen der religiösen Umwälzung, aber noch vor der Eroberung der Stadt, mit großer Sorgfalt und Liebe anfertigte. Er behandelte die Schriftzeichen überall in einer Weise, die man geradezu als vorbildlich bezeichnen muß. Man findet in diesen Texten niemals ein Keilchen zu viel und niemals ein Keilchen zu wenig. Auch ist die Lage der einzelnen Keile und die Art, wie sie miteinander verbunden sind, überall genau so, wie man es nach der Herkunft der Formen erwarten muß. Das ist nur zu begreifen, wenn wir annehmen, daß der Ursprung der Zeichen noch gar nicht weit zurücklag. Sie hatten zur damaligen Zeit noch gar keine Entwickelung durchgemacht, die man aus den Schreibungen irgendwie herauslesen könnte. Die keilinschriftlichen Zeichen haben aber, wie wir gesehen haben, die Schriftzeichen und den Aufbau des gewöhnlichen Alphabets schon zur Voraussetzung. Sie können also nur aus einer Zeit stammen, wo das Alphabet in seiner gewöhnlichen Form schon vorhanden war. Damit kommen wir für den Ursprung dieser Zusammenstellung bis in die Zeit des Königs Amenophis III. Die Liste setzt aber, wie sich bei der Prüfung der Zeichen für Ḫêth und für Ṭêth[3]) ergab, bei dem babylonischen Zeichen für šemiru schon eine Schreibung voraus, die uns in Palästina in der damaligen Zeit bloß in den Briefen des Aziru begegnet. Das Zeichen ist in den El-Amarna-Tafeln an und für sich gar nicht so selten; es dient dort als Silbenzeichen besonders zur phonetischen Wiedergabe von ḫar, ḫur, mur, gin und kin. Dabei ist die Schreibung, wie sie z. B. in den Texten aus Byblus, Beirut, Sidon, Tyrus und Jerusalem vor-

[1]) Knudtzon Nr. 151, Z. 55—58.

[2]) Er sucht den Zeitpunkt in der Nähe des Jahres 1365 und fügt dann hinzu: „The tablets must, accordingly, antedate 1365, and there is nothing against a considerably earlier date".

[3]) S. oben S. 16—18.

liegt, in ihren Grundzügen überall dieselbe. Sie findet sich auch in derselben Ausprägung noch in den Briefen, die wir von Abdaširta, dem Vater des Aziru, besitzen. Aziru nahm dann den Dienst eines andern Schreibers in Anspruch, der das Zeichen in der späteren Form gebrauchte. Diese Form war dem Urheber des Alphabets schon geläufig. Das ist nicht nur für die zeitliche, sondern, wie jeder sofort zugeben wird, auch für die örtliche Festlegung der Vorgänge von wesentlicher Bedeutung. Wir dürfen, wenn wir aus diesem Befunde die Folgerungen ziehen, für die Datierung des Alphabets nicht über die Zeit des Aziru hinausgreifen und haben den Ursprung der Liste wahrscheinlich in Amurrn zu suchen, ganz im Norden des Landes, wo das Zeichen in den Geschäftsräumen am Hofe des Aziru tatsächlich so geschrieben wurde. In den südlicher gelegenen Bezirken gebrauchte man, soweit wir es verfolgen können, wenigstens bis zum Tode des Königs Amenophis IV. überall noch die ältere Form, bei der das Zeichen für ḫi und für ṭi noch gar nicht hervortrat. Aziru kam aber, wie es scheint, erst kurz nach dem Jahre 1400 zur Herrschaft. Man sieht also, daß zwischen dem Ursprunge des Alphabets und der keilinschriftlichen Bearbeitung nur ein geringer Abstand besteht. Die Entwicklung vollzog sich, wenn unsere Voraussetzungen richtig sind, in einem Zeitraum von höchstens etwa 15—20 Jahren, der unter Amenophis III. seinen Anfang nahm und in der Zeit des Königs Amenophis IV. zum Abschluß gelangte. Wenn sie sich aber so schnell vollzog, liegt die Vermutung nahe, daß die keilinschriftliche Bearbeitung auch örtlich mit der älteren Fassung in einem engeren Zusammenhange steht. Dies wird uns ebenfalls durch die Tontafeln von El-Amarna in überraschender Weise bestätigt. Wir erinnern uns, daß die keilinschriftlichen Zeichen für Ṭêth und für Taw auf eine besondere Form des babylonischen Schriftzeichens für ti zurückgehen, die sich für die damalige Zeit bloß in den Briefen des Aziru, in den Texten aus der Umgebung des Aziru und in den Briefen des Abdiḫiba von Jerusalem[1]) vorfindet. Der untere Keil liegt hier ganz wagerecht, so daß man, wenn man ihn durch einen Horizontalstrich von dem oberen Teile des Zeichens abtrennt, genau die Formen erhält, die uns in dem keilinschriftlichen Alphabet tatsächlich entgegentreten. Diese Schreibung kommt ebenfalls in den Briefen des Abdaširta noch nicht vor. Das Zeichen erscheint dort noch ebenso wie in den Texten aus Byblus, Beirut, Sidon und Tyrus in den gewöhnlichen Formen der damaligen babylonischen Kursivschrift[2]), die eine derartige Lostrennung gar nicht zulassen würden. Wir finden also auch hier wieder das Schriftzeichen, das dem Urheber der Liste vorschwebte, in den Texten des Aziru. Diese bieten das Zeichen für šemiru in der Form, die im gewöhnlichen Alphabet an der Stelle, wo wir nach dem sonstigen Zusammenhange den Gedanken

---

[1]) S. oben S. 34.
[2]) Schroeder Nr. 27 Z. 25; Nr. 28 Z. 30, 32, 46.

an den Ring vorauszusetzen haben, zur Einfügung der Zeichen für Ḥêth und für Ṭêth führte, und zeigen ein ti, das in dieser Form die Grundlage für das Ṭêth und das Taw des keilinschriftlichen Alphabets bildete. Das ist mehr als ein bloßer Zufall. Die Uebereinstimmungen beziehen sich hier auf zwei verschiedene Zeichen, die beide in ihren Formen genau festliegen und in dieser Ausprägung für die Briefe des Aziru als typisch zu betrachten sind. Wir haben hier offenbar die Voraussetzungen, die beiden Systemen in gleicher Weise gerecht werden. Die Briefe, mit denen wir es hier zu tun haben, bilden auch sonst in ihren Schreibungen eine einheitliche, fest umschlossene Gruppe, die in ihrer Eigenart ganz für sich allein steht. Sie entfernen sich in den Formen, die wir dort antreffen, bei einer erheblichen Anzahl von Zeichen plötzlich von der Schreibweise in den Texten des Abdaširta, die sich noch ganz mit der Schrift in den zahlreichen Briefen des Ribaddi von Byblus berührt, und weisen in der eigenen Behandlung der Schriftzeichen eine solche Uebereinstimmung auf, daß wir diese Tafeln trotz der kleineren Abweichungen, die sich gelegentlich vorfinden, wohl sämtlich auf denselben Urheber zurückführen dürfen. Auf jeden Fall ist es sicher, daß wir, wenn hier mehrere Schreiber am Werke waren, wenigstens bei den älteren Texten auf eine ganz bestimmte Persönlichkeit zu schließen haben, die für diese Richtung in geduldiger und umsichtiger Schularbeit den Grund legte. Das Alphabet führt uns also, wenn wir den Ursprung der beiden Zeichenlisten genauer untersuchen, bis in die Kanzlei des Aziru. Dies gibt den Bestrebungen, mit denen wir es hier zu tun haben, zugleich eine klar hervortretende politische Note. Aziru erscheint in den Texten von El-Amarna als der gefährliche Gegner der ägyptischen Vorherrschaft, der im geheimen mit den Chethitern im Bunde steht und den Ägyptern trotz aller gegenteiligen Versicherungen bei jeder Gelegenheit zu schaden versucht. Ehrlichkeit und Treue waren Begriffe, denen er nur wenig Verständnis entgegenbrachte. Auch der König der Chethiter war nach allem, was uns darüber berichtet wird, in keiner Weise sein besonderer Freund. Es kam ihm nur darauf an, sein eigenes Gebiet zu erweitern und in Amurru ein Reich zu begründen, das die Einmischung einer fremden Macht auf die Dauer ganz ablehnen konnte. Dieses Bestreben mußte von selbst zu einer stärkeren Berücksichtigung der einheimischen Kulturgüter führen, die in der Zeit der politischen Abhängigkeit fast ganz in den Hintergrund gedrängt waren. Man besann sich, wie es scheint, auch in der Kanzlei des Fürsten wieder auf die Möglichkeit, eine Bescheinigung oder eine sonstige kürzere Ausfertigung in der Sprache des Volkes niederzuschreiben, und unterzog das Schriftsystem, das hier zur Verfügung stand, zunächst einer gründlichen Ueberarbeitung, die in den Festlegungen, zu denen sie führte, zur ältesten Form des gewöhnlichen Alphabets wurde. Diese muß also, da sie bei der keilinschriftlichen Bearbeitung schon als Grundlage diente, bereits in der ersten Zeit des Aziru entstanden sein. Damit kommen wir, wenn wir die Zusammenhänge richtig beurteilen, von selbst wieder auf den Verfasser der älteren Briefe, die uns aus der Kanzlei dieses Fürsten bis jetzt noch erhalten sind. Das keilinschriftliche Alphabet begegnet uns, wie wir gesehen haben, in Ugarit schon zur Zeit des Königs Amenophis IV. in den Texten des Elimelek, der sich selbst als Schüler des dortigen Oberpriesters Atonnaprillan bezeichnet. Es muß also dem Atonnaprillan schon zu einer Zeit bekannt geworden sein, die der Niederschrift dieser Texte um eine erhebliche Anzahl von Jahren voraufging. Das war vielleicht schon bald nach der Entstehung der Zeichen der Fall. Das Gebiet von Ugarit und das Gebiet von Amurru stießen unmittelbar aneinander. Es ist aber wohl sicher, daß das System erst zu den Nachbarstaaten gelangte, als es in Amurru schon eine gewisse Verbreitung gefunden hatte. Dies rückt den Ursprung der Zeichen, wie es scheint, ebenfalls bis in die erste Zeit des Aziru. Das führt uns aber, wenn unsere Voraussetzungen richtig sind, noch zu einer weiteren Schlußfolgerung, der wir uns nach diesen Feststellungen nicht länger zu entziehen vermögen. Wir haben die beiden Schriftsysteme bisher als zwei ganz verschiedene Größen behandelt, von denen sich das gewöhnliche System als die ältere und die keilinschriftliche Fassung als die jüngere Form erwies. Das Alphabet ließ sich in der älteren Form, wie wir gesehen haben, wegen seiner inneren Gliederung nur auf eine einzige Persönlichkeit zurückführen. Das war auch bei der keilinschriftlichen Bearbeitung der Fall, die bei der Auswahl der Zeichen, soweit hier eine Nachprüfung möglich ist, ebenfalls auf ein einheitliches und sich selbst überall gleichbleibendes Verfahren schließen ließ. Diese Personen müßten hier also, wenn sie wirklich voneinander zu trennen sind, in derselben Kanzlei unmittelbar nacheinander oder vielleicht sogar unmittelbar nebeneinander tätig gewesen sein. Wir wären hier zu der Annahme gezwungen, daß der eine von den beiden Schreibern zunächst das erste Alphabet schuf, und daß der andere dann in vollständiger Abhängigkeit von dieser Liste die Zeichen für die Wiedergabe dieses Systems in der Keilschrift auswählte. Das wäre jedoch praktisch ganz ausgeschlossen. Die Vorgänge werden hier erst verständlich, wenn wir die Arbeit, die hier geleistet wurde, nicht auf zwei verschiedene Personen, sondern bloß auf einen einzigen Gelehrten zurückführen, der nicht nur die gewöhnliche Form der Buchstaben im einzelnen genau festlegte, sondern auch die Zeichen für den Gebrauch der Tontafel schuf. Die eine Aufgabe berührte sich hier auf das engste mit der anderen; die Ausführung konnte sich aber bei dem zweiten System, das noch gar keine Vorstufen aufwies, wesentlich freier gestalten als es bei den Verbesserungen an den Zeichen des ersten Systems der Fall war. Die Verbesserungen mußten sich, wenn sie ihr Ziel nicht verfehlen sollten, in eng bemessenen Grenzen halten, die bei einer Neuschöpfung ganz wegfielen. Es ist deshalb durchaus zu begreifen, daß das keilinschriftliche Alphabet bei seinen Unterscheidungen zum Teil wesentlich genauer ist als die Liste der gewöhnlichen Zeichen. Die Abweichungen lassen hier auf eine Persönlichkeit schließen, die sich in dieser Hinsicht noch frei bewegen konnte. Wenn wir es bloß mit einer schematischen Uebertragung zu tun hätten, würden solche Verschiedenheiten überhaupt nicht vorkommen. Ein wirklicher Gegensatz ist zwischen den beiden Systemen nirgendwo vorhanden. Es scheint sogar, daß die Uebereinstimmungen, die wir hervorheben mußten, unsere Vermutung entschieden begünstigen. Das Zeichen für Ṭêth bestand in der älteren Form des Alphabets, wie wir gesehen haben, aus einem Kreis mit einem eingezeichneten Taw. Der Kreis erwies sich hier als eine Darstellung des Ringes, mit dem der Urheber der Liste sich bei der Festlegung des Zeichens in seinen Vorstellungen beschäftigte. Er dachte, wie wir aus der Aufeinanderfolge der Buchstaben[1]) zu entnehmen vermögen, beim He und bei der Niederschrift der beiden folgenden Zeichen zunächst an den Stein, der sich in einem solchen Ringe befand, kam dann auf die ideographische Bezeichnung des Ringes, die im ersten Bestandteile das Zeichen für ḫi + ti enthielt und dadurch den Anstoß zur Einfügung der Zeichen für Ḫêth und für Ṭêth gab, brachte das Ṭêth, als wenn er die Richtigkeit dieser Gedankenverbindungen bestätigen wollte, durch den Zusammenschluß des Taw mit der bildlichen Darstellung des Ringes zum Ausdruck und ging dann von dem Ring und den Fingern auf die beiden Bezeichnungen der Hand über. In dem keilinschriftlichen Alphabet haben wir neben dem aus drei übereinandergesetzten Keilen bestehenden härteren Ḫêth, wie wir es genannt haben, ein Ḫêth mit einer weicheren Aussprache, das in seiner Schreibung genau dem babylonischen Zeichen für ti entspricht, ein Ṭêth, das aus dem oberen Teile dieses Zeichens besteht und ein Taw, das in seiner Form mit dem unteren Teile dieses Zeichens übereinstimmt. Wir haben schon darauf aufmerksam gemacht, daß hier, soweit es sich um das Ḫêth und das Ṭêth handelt, ein deutlicher Zusammenhang mit dem ersten Alphabet vorliegt. Der Urheber des zweiten Schriftsystems hat hier zunächst im Anschluß an das Zajin ein Zeichen für das härtere Ḫêth geschaffen und dann die Zeichen für das weichere Ḫêth und für das Ṭêth eingefügt, um bei dem folgenden Buchstaben, dem Jôd, mit der Bildung wieder bei dem Zeichen für das härtere Ḫêth einzusetzen. Die Tatsachen sind hier so durchsichtig, daß eine andere Beurteilung der Vorgänge gar nicht in Betracht kommen kann. Man sieht also, daß der Schreiber hier bei dem Ṭêth wieder an ein Zeichen für ti denkt, und daß er mit dem Gedanken an das ti wieder den Gedanken an das Taw verbindet. In dem einen Alphabet führten diese Vorstellungen zu der Bildung des Namens, den das Schriftzeichen erhielt, und zu der Einfügung des Taw in die Darstellung des Ringes, in dem andern ist hier ein ti herangezogen, das in seiner Grund-

[1]) S. oben S. 14 ff.

form als Ḫêth, in den oberen Bestandteilen als Ṭêth und in dem unteren Querkeil als Taw verwandt wird. Die Art der Benutzung ist hier verschieden, die Gedankenverbindungen sind aber in beiden Verzeichnissen dieselben. Der Urheber des zweiten Systems dachte beim Ḫêth und beim Ṭêth ebenfalls noch an das Zeichen für ḫi + ti; er griff dann zu dem Zeichen, das sonst in der Regel für ti gebraucht wurde, und benutzte dieses Zeichen zunächst in seiner Grundform ganz in derselben Weise für ḫi, um es dann in den Keilverbindungen der oberen Hälfte als ṭi zu verwenden. Das erklärt sich am einfachsten, wenn wir die beiden Zusammenstellungen ganz auf dieselbe Person zurückführen. Der Urheber der zweiten Liste würde sich in die Auffassungen eines andern wohl kaum so tief hineingelebt haben, wie man es in diesem Falle bei der Annahme von zwei verschiedenen Schreibern voraussetzen müßte. Wir haben aber daran festzuhalten, daß zwischen den beiden Bearbeitungen ein klar hervortretender Abstand besteht. Der Schreiber, an den wir hier zu denken haben, hat also zunächst in einer Liste die für die gewöhnliche Wiedergabe der Volkssprache in Betracht kommenden Zeichen zusammengestellt und ist dann erst später dazu übergegangen, in engstem Anschluß an diese Liste, die er selbst geschaffen hatte, auch die Tontafel in den Dienst der Volkssprache zu stellen. Es ist aber wohl kaum anzunehmen, daß wir die beiden Entschließungen, wenn wir es nur mit einer einzigen Person zu tun haben, in dieser Weise vollständig voneinander loslösen dürfen. Unsere Feststellungen beziehen sich bloß auf die Ausführung der beiden Gedanken, soweit sich die Arbeiten äußerlich voneinander abheben. Man ersieht schon aus dem ersten Verzeichnis, daß der Urheber dieser Liste kein Gegner, sondern ein überzeugter Anhänger und Freund der Keilschrift war. Er kannte den babylonischen Wortschatz, die keilinschriftlichen Silbenzeichen und die in der Keilschrift vorkommenden Ideogramme und war von diesen Vorstellungen, soweit wir es beobachten können, in seinem Denken und in seinen Schlußfolgerungen ganz und gar abhängig. Sie begleiten ihn auch da, wo es an und für sich gar nicht so nahe liegt, und führen ihn zu Gruppierungen, die ebenso gut anders sein könnten und zum Teil sogar ernstlich zu beanstanden sind. Er greift ohne Bedenken nach akkadischen Bezeichnungen, obwohl er sich sagen muß, daß diese nicht sofort für jeden verständlich sind, und gebraucht sie auch da, wo das Wort aus der Volkssprache genau dieselben Dienste geleistet hätte. Diese Liebe zur Keilschrift berechtigt uns zu der Annahme, daß auch die keilinschriftliche Wiedergabe der Volkssprache von Anfang an sein besonderes Ziel war. Er nahm jedoch die Verhältnisse, wie sie waren, und verbesserte zunächst das Schriftsystem, das er schon vorfand, um alsdann in einer zweiten Liste die Zeichen für die Verwendung der Keilschrift zusammenzustellen. Auf jeden Fall lag die erste Liste für ihn persönlich schon fest, als er die zweite in Angriff nahm. Er band sich dann, wie man aus den Bildungen ersieht, auch bei der zweiten Liste an die Aufeinanderfolge, die er dort eingehalten hatte, und benutzte sie bei seinen Aufstellungen ohne Bedenken als Grundlage. Das Alphabet führt uns also, wie man sieht, sowohl in der einen als auch in der andern Form bis in den Anfang des vierzehnten Jahrhunderts. Es entstand, wenn unsere Vermutungen richtig sind, in der Kanzlei des Aziru und ist nach den Schriftzeichen, auf die wir bei der Erklärung der Listen zu schließen haben, und nach den sonstigen Angaben, die uns hier zur Verfügung stehen, als das Werk desselben Gelehrten zu betrachten, der in den El-Amarna-Tafeln wenigstens für die älteren Briefe dieses Fürsten als der Verfasser vorauszusetzen ist.

II.

Die Bibel und die keilinschriftlichen Schöpfungsberichte.

Die Erzählungen vom Ursprunge der Welt gehören zu den ältesten und wesentlichsten Bestandteilen aller menschlichen Ueberlieferung. Die Frage wird von den verschiedensten Völkern in der verschiedensten Weise beantwortet. Die Welt erscheint in der Regel als ein besonderes Werk der Götter, die durch ihre Tätigkeit dem Himmel und der Erde ihre jetzige Gestalt gaben. Hierbei sind die Götter vielfach mit ihrem eigenen Werke innerlich verbunden, so daß die Geschöpfe lediglich als ihre Kinder betrachtet werden. Es handelt sich bei dieser Voraussetzung oft nur um ein ungewolltes und mitunter ganz zufälliges Entstehen, das von dem Ergebnis einer eigentlichen Schöpfungsarbeit wohl zu unterscheiden ist. In den meisten Mythologien sind jedoch beide Vorstellungen miteinander vereinigt. Die Götter erscheinen als die Kinder früherer Gottheiten, die praktisch auf die Herrschaft verzichtet haben, und treten uns dann ihrerseits wieder als die Urheber der Welt und der Menschen entgegen. Das war auch nach den Auffassungen der alten Babylonier der Fall.

Wir waren für die Kenntnis und für die richtige Beurteilung der babylonischen Anschauungen bis in die letzten Jahrzehnte des vorigen Jahrhunderts fast ganz auf die Angaben des Belspriesters Berossus und auf einige Bemerkungen des Neuplatonikers Damascius angewiesen.

Berossus schrieb etwa 50 Jahre nach dem Tode Alexanders des Großen, in der Zeit des Königs Antiochus I., also zu einer Zeit, wo die betreffenden Traditionen noch ein Gemeingut weitester Kreise waren und das Studium der einheimischen Literatur wenigstens im Schatten der Tempel, wie man annehmen darf, noch eine liebevolle Pflege fand. Leider sind uns aber seine Angaben nicht mehr in ihrer ursprünglichen Form erhalten. Wir besitzen sie nur in einem von Alexander Polyhistor im letzten vorchristlichen Jahrhundert angefertigten Auszuge, den Eusebius im ersten Buche seiner Chronik verwertet hat. Die Stelle lautet dort nach einer Aufzeichnung des Chronographen Syncellus (um 800 nach Chr.):

„Es habe, so berichtet er, eine Zeit gegeben, wo das Weltall nur Finsternis und Wasser gewesen, und es seien wunderbare und eigenartig gestaltete Lebewesen darin entstanden. Es seien nämlich Menschen erzeugt worden mit zwei Flügeln, einige auch mit vier

Flügeln und zwei Gesichtern, solche, die nur einen Körper, aber zwei Köpfe hatten, den Kopf eines Mannes und den einer Frau, und zugleich mit doppeltem Geschlechte, männlich und weiblich, und andere Menschen mit Ziegenfüßen und Hörnern, mit Pferdefüßen und solche, die hinten wie Pferde und vorn wie Menschen waren, so daß sie ein Aussehen hatten wie Hippokentauren. Es seien auch Stiere mit Menschenköpfen entstanden und Hunde mit vier Leibern, die hinten in Fischschwänze ausliefen, ebenso Pferde mit Hundeköpfen, sowie Menschen und andere Lebewesen mit Köpfen und Leibern wie Pferde, aber mit Schwänzen wie Fische, und in der Form von andern Tieren der verschiedensten Art, außerdem noch Fische, Kriechtiere, Schlangen und allerlei sonstige wunderbare Tiere mit untereinander vertauschten Gestalten. Von diesen seien auch die Abbildungen im Tempel des Bêl aufgestellt. Ueber alle diese habe ein Weib geherrscht mit Namen *Ομορωκα*, was dem chaldäischen *Θαμτε*[1]) entspreche und im Griechischen *θαλασσα*, bedeute, mit demselben Zahlenwerte wie *σελήνη*[2]). Bei diesem Zustande der Dinge sei Bêl gekommen und habe das Weib in der Mitte durchgespalten. Aus der einen Hälfte von ihr habe er die Erde und aus der andern den Himmel gemacht, und die Tiere, die in ihr waren, habe er vernichtet. Das sei aber nur eine allegorische Darstellung von Vorgängen in der Natur. Denn als alles noch naß war und Tiere darin entstanden waren, hätte dieser Gott sich den Kopf abgeschlagen, und das herausfließende Blut hätten die übrigen Götter mit der Erde vermischt und auf diese Weise die Menschen gebildet. Deshalb seien sie verständig und göttlicher Einsicht teilhaftig. Bêl aber, den man im Griechischen als Zeus bezeichnet, habe die Finsternis in der Mitte geteilt und Erde und Himmel voneinander getrennt und das Weltall geordnet. Die Lebewesen seien aber zugrundegegangen, weil sie die Macht des Lichtes nicht zu ertragen vermochten. Wie Bêl gesehen habe, daß die Landschaft vereinsamt, aber fruchttragend war, habe er einem der Götter befohlen, ihm den Kopf abzuschlagen, mit dem hervorströmenden Blute die Erde zu mischen und auf diese Weise Menschen und Tiere

---

[1]) *ΘΑΜΤΕ*, nach der Korrektur von Robertson Smith, Zeitschr. f. Assyriologie Bd. 6 (1891), S. 339. In der Handschrift steht *ΘΑΛΑΤΘ*. Das Wort entspricht sowohl in seiner Form als auch in seiner Bedeutung dem akkadischen tâmtu = Meer.

[2]) *Σελήνη* ergibt in der griechischen Zahlenschrift die Summe 200 + 5 + 30 + 8 + 50 + 8 = 301; bei *Ομορωκα* erhält man aber im ganzen 70 + 40 + 70 + 100 + 800 + 20 + 1 = 1101, also *ω* = 800 zu viel. Deshab hat schon Scaliger für *Ομορωκα* die Form *Ομορκα* eingesetzt. Vgl. hierzu besonders Rob. Eisler, Orient. Literaturz., Jahrg. 12 (1909), Sp. 289 ff.

zu bilden, die imstande seien, die Luft zu ertragen. Bêl habe auch die Sterne, Sonne, Mond und die fünf Planeten vollendet"[1]).

Damascius beschränkt sich in seinen Angaben auf einige theogonische Mitteilungen. „Von den Barbaren", so berichtet er[2]), „scheinen die Babylonier über den gemeinsamen Urgrund aller Dinge mit Stillschweigen hinwegzugehen. Sie nehmen vielmehr ein Doppeltes an, Ταυθε und Απασων, in dem sie Απασων zum Manne der Ταυθε machen und diese als die Mutter der Götter bezeichnen. Ihr einziger Sohn sei Μωυμις. Diesen halte ich für das Weltall in der geistigen Vorstellung, das aus den beiden Grundprinzipien hervorgeht[3]). Von ihnen stamme ein anderes Geschlecht, Λαχη und Λαχος[4]), und dann ebenso ein drittes, Κισσαρη und Ασσωρος, und von diesen seien wieder drei hervorgegangen, Ανος, Ιλλινος und Αος. Der Sohn des Αος und der Δαυκη sei Bêl, den man als den Schöpfer der Welt betrachtet."

Der Unterschied zwischen diesen beiden Darstellungen schien sehr erheblich zu sein. Man konnte sie erst vollständig miteinander in Einklang bringen, als man die Ueberreste eines umfangreichen babylonischen Schöpfungsepos entdeckte. Die ersten Bruchstücke dieser Dichtung wurden im Jahre 1875 von George Smith in den Trümmerhügeln von Ninive gefunden und im folgenden Jahre veröffentlicht[5]). Diese Fragmente wurden dann durch zahlreiche spätere Funde noch weiter vervollständigt, so daß der größere Teil des ursprünglichen Textes schon seit mehreren Jahrzehnten wieder bekannt ist. Das Werk umfaßte sieben verschiedene Tafeln, mit etwas mehr als 1000 Versen. An der Erklärung arbeiteten vor allem P. Jensen[6]), H. Zimmern[7]), Friedr. Delitzsch[8]), L. W. King[9]) und

---

[1]) Syncellus p. 52, 1 ff. = Schnabel, Berossos und die babylonisch-hellenistische Literatur, Leipzig 1923, Zweiter Teil, S. 254 ff., Fragmentum Nr. 12, Vgl. dazu besonders auch die ebenfalls bei Schnabel hinzugefügte Uebersetzung des alten armenischen Textes nach der Bearbeitung von Karst, Die griechischen christlichen Schriftsteller der ersten drei Jahrhunderte, Eusebius Bd. V, S. 7—8.

[2]) De primis principiis ed Jos. Kopp, Francofurti ad Moenum 1826, cap. 125. Neuere Ausgabe von Ch. E. Ruelle, Paris 1889.

[3]) Damascius war Neuplatoniker. Plato unterscheidet eine unvollkommene sichtbare Welt und eine vollkommene, hinter den sichtbaren Dingen liegende Welt der Ideen.

[4]) So mit Rücksicht auf die keilinschriftlichen Bezeichnungen. Der griechische Text bietet Δαχη und Δαχος Λ und Δ wurden oft miteinander verwechselt.

[5]) in den Transactions of the Society of Biblical Archaeology.

[6]) Die Kosmologie der Babylonier, Straßburg 1890, S. 263 ff. und Assyrisch-Babylonische Mythen und Epen (Keilinschriftl. Bibliothek, herausgegeben von Eberhard Schrader, Bd. VI, 1. Teil, Berlin 1900), S. 2 ff.

[7]) bei Gunkel, Schöpfung und Chaos, Göttingen 1895, S. 401 ff.

[8]) Das Babylonische Weltschöpfungsepos (Abhandlungen der Kgl. Sächsischen Gesellsch. der Wissenschaften, Philol.-histor. Kl. Bd. 17 Nr. 2, Leipz. 1896).

[9]) The Seven Tablets of Creation, London 1902.

A. Ungnad[1]). Die Texte, die für diese Bearbeitungen zur Verfügung standen, stammten in der Hauptsache aus der Bibliothek des Assurbanipal und gehörten für den übrigen Teil der neubabylonischen und der persischen Zeit an. Die späteste Tafel, die wir kennen, führt uns sogar in die Zeit der Arsaciden (seit dem Jahre 139 vor Chr.). Ältere Texte waren damals noch nicht vorhanden. Sie fanden sich aber in größerer Zahl bei den Grabungen der Deutschen Orientgesellschaft in Assur. Diese wurden dann ebenfalls in den Rahmen des Ganzen hineingefügt in einer neueren Bearbeitung von Ungnad[2]) und in den Ausgaben und Uebersetzungen von Ebeling[3]) und von Langdon[4]). Die Assurtexte bieten u. a. auch den Bericht über die Erschaffung des Menschen, der uns bis dahin noch nicht bekannt war. Hierzu kamen dann in den folgenden Jahren noch einige recht wertvolle Bruchstücke, die bei den Ausgrabungen des Oxforder Museums in Kisch zu Tage gebracht wurden[5]). Die Texte sind jetzt am besten miteinander verarbeitet in der vorzüglichen Schulausgabe der ganzen Dichtung von Deimel[6]). Das Epos ist in der Form, in der es in Babylonien verbreitet war, eine Verherrlichung des obersten babylonischen Gottes Marduk. Dieser wurde jedoch in Assyrien durch den Gott Aššur ersetzt.

Der Verfasser schildert uns gleich in den ersten Zeilen den Ursprung der ältesten Wesen ganz in derselben Weise, wie es in dem Texte des Damascius geschieht. Wir finden hier besonders auch die in der griechischen Aufzeichnung vorkommenden Eigennamen, die uns jetzt wieder in ihren Grundformen vorliegen. *Ταυϑε* ist die spätbabylonische Wiedergabe von Tâmtu = Tiâmtu = Tiâmat[7]); es war im Akkadischen die gewöhnliche Bezeichnung des Weltmeeres. In dem Schöpfungsberichte der Bibel ist es als t^e^hôm erhalten. *Απασων* geht auf apsu = Wassertiefe zurück, *Μωυμις* begegnet uns in dem Epos als Mummu, *Λαχη* und *Λαχος* treten uns hier als Lachamu und Lachmu entgegen, *Κισσαρη* und *Ασσωρος* sind die griechischen Formen für Kišar und Anšar. *Ανος* = Anu, *Ιλλινος* = Enlil, *Αος* = Ea. Die Dichtung wird, soweit man nicht den Ausdruck Schöpfungsepos gebraucht, gewöhnlich nach den beiden Anfangswörtern als „Enuma eliš" bezeichnet.

---

[1]) bei H. Greßmann, Altorientalische Texte und Bilder zum Alten Testamente, Tübingen 1909, S. 5 ff.

[2]) Die Religion der Babylonier und Assyrer, Jena 1921, S. 25 ff.

[3]) Altorient. Texte und Untersuchungen, herausgegeben von Dr. Meißner, Bd. II, Heft 4, Breslau 1921; Altorient. Texte zum Alten Testament, herausgegeben von H. Greßmann, 2. Aufl., Berlin u. Leipzig 1926, S. 108 ff.

[4]) The Babylonian Epic of Creation, Oxford 1923.

[5]) Veröffentlicht von Langdon, Oxford Editions of Cuneiform Texts, Vol. VI, Paris 1927.

[6]) „Enuma eliš" sive Epos babylonicum de creatione mundi, Ed. II, Romae 1936.

[7]) m wurde im Babylonischen in der späteren Zeit nach Vokalen als w gesprochen.

Es ist die Dichtung, die nach der keilinschriftlichen Ausdrucksweise mit den Worten „Als oben“ beginnt.

„Als oben der Himmel noch nicht benannt war,
unten das Feste noch keinen Namen trug,
Apsu, der Erste, ihr Erzeuger,
Mummu und Tiâmat, die sie alle geboren,
ihre Wasser miteinander noch mischten,
Strauchwerk noch nicht zusammengefügt war, Rohr noch nicht gesehen wurde,
als die Götter noch nicht ins Dasein getreten, noch keiner,
mit Namen noch nicht genannt, Geschicke noch nicht bestimmt waren,
wurden in ihrer Mitte die Götter gebildet,
wurden Lachmu und Lachamu geschaffen, mit Namen benannt.
Wie diese groß wurden, emporwuchsen,
wurden Anšar und Kišar gezeugt, sie selbst überragend.
Sie dehnten die Tage, mehrten die Jahre,
und es ward Anu, ihr Sohn, seinen Vätern ebenbürtig.
Anšar machte den Anu, seinen Erstgeborenen, sich gleich,
und Anu zeugte, ihm ebenfalls gleich, den Nudimmud[1]).
Nudimmud: über seine Väter gebot er,
mit offenem Ohr, klug, gewaltig an Kraft,
stärker bei weitem als der Erzeuger seines Vaters, Anšar,
ohne seinesgleichen unter den Göttern, seinen Vätern.“

Die beiden ersten Zeilen berühren sich inhaltlich mit den Worten der Bibel: „Im Anfange schuf Gott Himmel und Erde“. Sie deuten ebenfalls auf eine Zeit hin, wo Himmel und Erde noch nicht vorhanden waren. Dabei sind aber die Voraussetzungen in einem wesentlichen Punkte verschieden. In der Bibel werden Himmel und Erde vom Schöpfer ins Dasein gerufen; in dem babylonischen Texte soll lediglich betont werden, daß zwischen den Urmassen noch keine Scheidung vorgenommen war. Apsu und Tiâmat waren noch nicht voneinander getrennt und für die Pflanzenwelt war auf der Erde noch kein Platz. Aus der Verbindung von Apsu und Tiâmat entstanden dann zunächst die ältesten Gottheiten. Apsu galt als der Vater der Götter, Tiâmat wurde als die Mutter betrachtet.

Die beiden Urwesen scheinen aber an der Tätigkeit ihrer Nachkommenschaft keine besondere Freude gehabt zu haben. Die jüngeren Götter versammelten sich in der himmlischen Wohnung und störten dort durch ihr Lärmen und Rufen. Apsu vermochte nicht zu erreichen, daß ihr Geschrei sich minderte[2]), und Tiâmat mußte zu den Verhältnissen ebenfalls schweigen. Das Benehmen mißfiel ihnen; denn die Götter betrugen sich ganz wie die Herren.

[1]) = Ea, der Gott der Wassertiefe, von Damascius als Δος bezeichnet.
[2]) La našir Apsu rigimšunu.

„Da rief Apsu, der Vater der großen Götter,
den Mummu, seinen Diener, und sprach zu ihm:
Mummu, mein Diener, der du mein Herz erfreust,
komm, zur Tiâmat wollen wir gehen!
Sie gingen, und vor Tiâmat ließen sie sich nieder,
berieten die Angelegenheit wegen der Götter, ihrer Erstgebornen.
Apsu tat seinen Mund auf und sprach zu ihr,
zu Tiâmat, der glänzenden, sprach er:
Es mißfällt mir ihr Wandel.
Am Tage habe ich keine Ruhe, in der Nacht kann ich nicht schlafen.
Ich will sie vernichten, ihrem Treiben ein Ende machen.
Stille soll hergestellt werden; wir wollen schlafen."

Tiâmat ist jedoch nicht sofort damit einverstanden. Obwohl sie die Schwächen ihrer Nachkommenschaft anerkennt, weist sie entrüstet den Vorschlag zurück, da sie als Mutter ihre Kinder nicht opfern will. Mummu betont aber die Notwendigkeit, ihr für den Tag die Ruhe und für die Nacht den Schlaf zu sichern. Wie Apsu dieses hörte, wurde sein Antlitz leuchtend, weil er Böses plante gegen die Götter, seine Söhne. Er fiel dem Mummu um den Hals und setzte sich auf seine Knie, um ihn zu küssen. Die Worte des Dieners hatten den Ausschlag gegeben.

Die Götter erfuhren nun bald von dem Ergebnis der Beratung. Als sie es hörten, gerieten sie in große Aufregung. Sie wurden still und saßen gedrückt. Doch Ea, der alles versteht, machte kunstvoll gegen Apsu eine gewaltige, heilige Beschwörung. Er sprach sie über das Wasser, und Apsu sank wieder in süßen Schlummer. Dann tötete er ihn und errichtete über dem Erschlagenen seine Wohnung, die er ebenfalls Apsu nannte. Den Mummu fesselte er und hielt ihn bleibend in seiner Gewalt. Er ruhte dann mit seiner Gemahlin Damkina[1]) in dem neuen Palaste, in dem Gemach der Geschicke, und wurde hier zum Vater des Marduk[2]).

Tiâmat beschließt nun auf das Drängen ihrer Freunde, den Tod des Apsu und die Vergewaltigung des Mummu in blutigem Kampfe zu rächen. Die Freunde wollen ihre Nachtruhe. Sie sind offenbar überzeugt, daß ihnen diese nicht zuteil wird, solange die übrigen Götter ihr Treiben ungestraft fortsetzen können. Nachdem die Göttin ihre Zustimmung gegeben hat, erheben sie sich sofort an ihrer Seite.

„Wütend sind sie, planen, ohne zu ruhen, bei Tag und bei Nacht.

[1]) So nach dem Texte von Kisch und nach der Angabe des Damascius, der die Göttin als Δαυκη = Damke bezeichnet.

[2]) In der assyrischen Bearbeitung waren die Götternamen an dieser Stelle durch Lachmu + Lachamu und durch An-šar = Aššur ersetzt.

Sie nehmen den Kampf auf, toben, sind grimmig,
rotten sich zusammen, bereiten Feindseligkeit.
Ummu-Ḫubur, die alles bildet,
fügte Waffen hinzu ohne gleichen, gebar Riesenschlangen,
mit spitzen Zähnen, schonungslosem Gebiß.
Mit Gift an Stelle von Blut füllte sie ihnen den Leib.
Wütende Riesendrachen bekleidete sie mit Schrecken,
ließ sie strotzen in Glanz, machte sie göttergleich.
Wer sie sieht, der werde vernichtet vor Schrecken!
Ihr Leib soll sich aufbäumen, nicht soll man wenden ihre Brust!
Schlangen stellte sie auf, Drachen und Lachamen,
Orkane, tolle Hunde, Skorpionenmenschen,
starke Unwetter, Fischmenschen und Widder,
mit schonungslosen Waffen, ohne Furcht vor dem Kampfe.
Gewaltig sind ihre Befehle, unwiderstehlich.
Elf solcher Ungeheuer rief sie ins Dasein.
Unter den Göttern, ihren Erstgeborenen, die sich bei ihr zusammengeschart,
erhöhte sie Kingu, machte ihn groß unter ihnen.
Das Voranschreiten an der Spitze des Heeres, die Führung der Schar,
das Erheben der Waffen, das Heranrücken zur Schlacht,
die Leitung des Kampfes, das Amt des rab šikkâti
gab sie in seine Hand, ließ ihn sitzen im karru.
Ausgesprochen habe ich dein Zauberwort, in der Versammlung[1]) der Götter dich groß gemacht[2]).
Die Führung der Götter in ihrer Gesamtheit legte sie in [seine] Hand.
Erhaben sollst du sein, mein ausgewählter Gatte du!
Erheben soll man deinen Namen über alle Anunnaki!
Sie gab ihm die Schicksalstafeln, fügte sie an seine Brust.
Dein Befehl sei unabänderlich; es stehe fest der Ausspruch deines Mundes!“

---

[1]) ina puḫri.

[2]) Die Ausdrücke erklären sich aus den Verhältnissen im bürgerlichen Leben der damaligen Zeit. Puḫru bezeichnet die Gesamtheit der Bürger, wie sie uns in der Volksversammlung entgegentritt. Kingu ist groß in der Versammlung der Götter, weil Tiâmat ihm das Amt des rab šikkâti übertragen und ihm einen Sitz im karru zugewiesen hat. Der karru bildet also, wie man hieraus entnehmen muß, einen Teil dieser Versammlung. Die Aufnahme in den karru ist in diesem Falle zugleich mit der Ernennung zum rab šikkâti verbunden. Es muß also zwischen dem karru und dem rab šikkâti ebenfalls ein Zusammenhang bestehen. Das deckt sich genau mit einem Ausdruck, der uns wiederholt in den späteren assyrischen Texten begegnet. Die assyrischen Könige schützten ihre Paläste, indem sie nach ihren Angaben rings umher šikkât karri anbrachten. Vgl. hierfür besonders die Zusammenstellung bei Delitzsch, Handwörterbuch S. 497. Die šikkâti gehörten nach dieser Bezeichnung zum karru. Es waren Pflöcke, die in den Boden getrieben und in irgendeiner Weise zu einem karru miteinander verbunden wurden. Delitzsch

Als nun Ea von den Vorbereitungen erfuhr, ging er zu seinem Vater Anšar und setzte diesen von den Plänen der Tiâmat in Kenntnis. Da biß Anšar vor Zorn auf die Lippen. Er war betrübt in seinem Geiste, und unruhig war ihm das Herz. Ein Weheruf entwand sich seinem Munde, und er bat Ea, gegen die Empörer zum Kampfe zu ziehen. Die Antwort des Ea ist leider nicht mehr erhalten. Der Text weist hier vorläufig noch eine Lücke von etwa 13 Zeilen auf. Wir erfahren dann, daß Anšar sich inzwischen an seinen Sohn Anu gewandt hat. Er öffnet gerade seinen Mund und gibt ihm den Auftrag, es mit der Tiâmat zunächst in Güte zu versuchen. Anu macht sich sofort auf den Weg. Wie er sich aber der Tiâmat gegenübersieht, fühlt er sich ebenfalls zu schwach. Hierauf treten die Götter zu einer Beratung zusammen. Sie sitzen aber schweigend, mit geschlossenen Lippen. Keiner wagt gegen Tiâmat etwas zu unternehmen; denn sie sind sicher, daß keiner mit dem Leben davonkommt. Da macht Anšar auf Marduk aufmerksam. Dieser wird jetzt von Ea geholt und von Anšar mit besonderer Freude begrüßt. Anšar küßt ihn und fordert ihn auf, der Tiâmat entgegenzutreten und sie mit einer heiligen Beschwörungsformel zur Ruhe zu bringen. Marduk erklärt sich bereit, die Götter zu rächen und ihr Leben zu retten; er stellt aber vorher die Bedingung, daß ihm im Falle eines glücklichen Ausganges der erste Platz unter den Göttern eingeräumt wird, mit dem besonderen Rechte, die Geschicke zu bestimmen.

„Wenn ich, euer Rächer,
Tiâmat bezwingen und das Leben euch retten soll,
dann versammelt euch und macht überragend und gebet bekannt meine Bestimmung des Schicksals!
In Ubšukkinna[1]) setzet euch freudig zusammen!
Die Rede meines Mundes entscheide dann, wie ihr bisher, die Geschicke!
Nicht soll geändert werden, was immer ich schaffe,
nicht soll sich wenden, nicht soll sich wandeln das Wort meiner Lippe!“

---

bezeichnet sie ohne jedes Bedenken als „Einfriedigungspflöcke“. In den Vokabularen dient der Ausdruck zur Umschreibung von giš-gag-id-kar und giš-gag-kar-ba. Giš-gag = šikkatu; kar entspricht hier also dem karru. Es ist offenbar dasselbe kar, das in einem andern Zusammenhange durch nîtu ša lamê erklärt wird. Damit ist alles gesagt, was für das Verständnis unserer Stelle in Betracht kommt. Der karru war ursprünglich nur eine Schranke, durch die eine kleinere Gruppe von Personen von der übrigen Versammlung getrennt wurde. Die Personen, die dort ihren Platz hatten, waren natürlich die führenden Männer des Ortes. Sie bildeten in der späteren Zeit die eigentliche Behörde, die man gewöhnlich als kâru bezeichnete. Die Form geht ebenso wie karru auf das sumerische kar zurück. Der rab šikkâti war nach diesem Zusammenhange der „Große der Schranke“.

[1]) Der Versammlungsort der Götter, mit der Kammer, in der zu Anfang des Jahres für die ganze Welt die Geschicke festgesetzt wurden.

Anšar läßt nun die Götter zu einem Festmahle bitten, um bei dieser Gelegenheit ihre Zustimmung zu dem Vorschlage zu erwirken. Gaga, sein Bote, muß alle persönlich einladen und zugleich schon über die Zwecke der Versammlung das Notwendige mitteilen. Er kommt zuerst zu Lachmu und Lachamu, seinen göttlichen Eltern, bückt sich huldigend zur Erde und küßt den Boden zu ihren Füßen. Dann steht er auf und entledigt sich seines Auftrages. Die beiden Götter sind über das Gebahren der Tiâmat erstaunt und entrüstet; laute Schmerzensrufe zeigen ihren Kummer und ihre Sorge. Auch die übrigen Götter beginnen bei der Nachricht kläglich zu jammern; niemand vermag das Verhalten der Tiâmat zu begreifen. Ihre Trauer bildet aber kein Hindernis, der Einladung pünktlich zu entsprechen.

„Sie traten ein vor Anšar, füllten [den Saal],
küßten einander in der Versammlung......,
unterhielten sich[1]), [setzten sich nieder] zum Mahle,
aßen Brot und bereiteten [Dattelwein].
Der süße Trank gab ihnen anderen Sinn[2]).
Indem sie sich berauschten, wurde stark [ihnen] der Leib.
Sie wurden ganz müde; es hob sich ihr Herz.“

In dieser Stimmung schritten sie nun zu der von Marduk verlangten Erhöhung.

„Sie schlugen ihm einen erhabenen Sitz auf;
vor seinen Vätern ließ er sich nieder zu Entscheidung.
Du bist geehrt unter den großen Göttern,
deine Bestimmung ist ohne gleichen, dein Befehl ist Anu.
Marduk, du bist geehrt unter den großen Göttern,
deine Bestimmung ist ohne gleichen, dein Befehl ist Anu.
Von heute sei unabänderlich deine Weisung;
zu erheben und zu erniedrigen sei das Werk deiner Hand!
Es stehe fest der Ausspruch deines Mundes, niemand widersetze sich deinem Befehle;
keiner unter den Göttern überschreite deine Grenze!
Versorgung ist das Begehren an dem Sitze der Götter;
eine Stätte, wo man ihnen Geschenke darbringt[3]),
möge sein deine Stätte!
Marduk, du bist unser Rächer;
wir haben dir das Königtum gegeben, die Macht über alles in seiner Gesamtheit.

---

[1]) lišânu iškunu = „sie machten mit der Zunge, gebrauchten die Zunge“. Oder ist an eine freudige Bewegung der Zunge im Hinblick auf das bevorstehende Mahl gedacht?

[2]) u-sa-an-ni k[a]-ra-š[i]-šu-[un].

[3]) a-šar sa-gi-šu-nu = ašar sagišunu oder ašar sagêšunu. Es handelt sich hier um eine Entlehnung aus dem Sumerischen. Vgl. für diese Bedeutung besonders die Angaben bei Delitzsch, Sum. Glossar S. 72 f. und S. 233, und bei Deimel, Sum. Lexikon Nr. 115, 41. 182. Sie wird uns außerdem noch in einem sumerischen Bericht über die Sintflut begegnen.

Sitzest du in der Versammlung, dann sei erhaben dein Wort!
Deine Waffen mögen nicht versagen, mögen zerschmettern deine Feinde!
O Herr, wer auf dich vertraut, dessen Leben erhalte,
aber dem Gotte, der Böses unternahm, vernichte das Leben!
Dann stellten sie in ihre Mitte ein Kleid
und sprachen zu Marduk, ihrem Erstgebornen:
Deine Bestimmung, o Herr, sei geltend vor den übrigen Göttern!
Vernichten und schaffen: befiehl, und es soll geschehen!
Ein Wort deines Mundes, und es sei vernichtet das Gewand;
dann befiehl wiederum, und das Gewand sei wieder unversehrt!
Er befahl mit seinem Munde, und es wurde vernichtet das Gewand;
er befahl wiederum, und das Gewand wurde geschaffen.
Als die Götter, seine Väter, erblickten, was ausging von seinem Munde,
da freuten sie sich und huldigten: Marduk ist König.
Dazu gaben sie ihm Zepter, Thron und palû[1]),
sie gaben ihm eine unwiderstehliche Waffe, die den Feind vernichtet.
Nun schneide der Tiâmat das Leben ab!
Die Winde mögen ihr Blut in das Verborgene tragen!"

Marduk ging nun sofort an seine Aufgabe.

„Er machte einen Bogen, bestimmte ihn zu seiner Waffe,
legte einen Pfeil auf und setzte ihn auf die Sehne,
erhob den miṭṭu[2]) und nahm ihn in seine Rechte;
Bogen und Köcher hängte er an seine Seite.
Dann stellte er einen Blitz vor sich auf,
mit lodernder Flamme erfüllte er dessen Leib.
Er machte ein Netz, um Tiâmat damit zu umschließen,
ließ anfassen die vier Winde, damit nichts von ihr entweiche.
Den Südwind, den Nordwind, den Ostwind und den Westwind
ließ er herankommen zu den Seiten an das Netz, ein Geschenk seines Vaters Anu.
Er schuf den bösen Sturm, den Wolkenwind und den Orkan,
den Vierwind, den Siebenwind, den Wirbelwind, den Wind des Verderbens
und ließ hervorbrechen die Winde, die er geschaffen, alle sieben.
Um Tiâmat in ihrem Innern zu verwirren, stürzten sie hinter ihm her.

[1]) Ein besonderes Abzeichen der königlichen Würde, wahrscheinlich ein Kleidungsstück.

[2]) Eine Keule mit scharfen Metallspitzen.

Es erhob der Herr die Sturmflut, seine große Waffe,
als Streitwagen bestieg er den unüberwindlichen, schrecklichen Sturmwind,
schirrte ein Viergespann und band es davor,
den Zerstörer, den Schonungslos, den Wogenstark, den Flieger[1]).
Scharf sind ihre Zähne, Gift tragend;
zu zer[stören ver]stehen sie, niederzuwerfen haben sie gelernt.
Er [ste]llte auf die Wind[e zur/Schla]cht, furchtbar im Kampfe;
nach links und [nach rechts] löst er die [Ge]spanne[2]).
Als Panzer hat er [Zor]n und Schrecken angelegt;
sein Haupt ist bedeckt mit furchtbarem Glanze.
Er nahm seinen geraden Weg, schlug ein seinen Pfad,
zum Platze der Tiâmat, der grimmigen, wandte er sein Auge.
Auf [seiner] Lippe trug er ein ...[3]) von rötlichem Ton[4]);
ein Kraut, das Gift zu vernichten, hielt er in seiner Hand.
Zugleich umdrängten ihn die Götter, umdrängten sie ihn,
umdrängten ihn die Götter, seine Väter, umdrängten sie ihn.
Es näherte sich der Herr, schaute nach der Mitte der Tiâmat,
spähte nach dem Plan des Kingu, ihres Buhlen.
Wie er hinschaute, verwirrte sich dessen Entschließen;
es löste sich sein Verstand, sein Handeln versagte,
und die Götter, seine Helfer, die an seiner Seite gingen,
sie sahen auf ihn, den [tap]feren Führer, und ihr Blick war verwirrt.
Doch Tiâmat [brü]llte, wandte nicht ihren Nacken,
auf ihren üppigen Lippen trug sie Empörung.
. . . . des Herrn? Sind die Götter deine Sturmschar?
Sind ihre Stätten, wo sie sich sammelten, jetzt die Stätte, wo du bist?
Da [erhob] der Herr die Sturmflut, seine große Waffe,
und der Tiâmat, der zürnenden, kündete er also:
Du hast [dich gr]oß gemacht, hoch dich erhoben.
[Es trieb dich] dein [He]rz, zu erregen den Kampf.
[Die Götter, die Söhne], haben sich [auf]gelehnt gegen ihre Väter[5]);
[du], ihre [Mutter], hassest sie.
[Du hast erhöht den Kin]gu zur Buhlschaft [mit dir],
[hast] ihn . . . . zur Würde der Anuschaft.

---

1) Die Namen der vier Pferde.

2) šu-me-la u [im-na] i-paṭ-ṭar [ṣi-]en-di.

3) Der Text bietet hier eine kleine Lücke.

4) Oder: von rötlicher Paste?

5) Die Ergänzungen gehen hier und in den folgenden Zeilen auf Ebeling zurück.

[Gegen Anšar, den König der Götter], trachtest du nach [Bö]sem,
[gegen die Göt]ter, meine Väter, hast du deine Bosheit gerichtet.
Geschirrt sei deine Kraft, angelegt deine Bewaffnung!
Komm heran, ich und du, wir wollen kämpfen!
Als Tiâmat dieses hörte,
geriet sie von Sinnen, verlor ihren Verstand.
Es schrie Tiâmat wild und laut;
bis in die Wurzeln erzitterten ihr in gleicher Weise die Beine.
Sie spricht eine Beschwörung, sagt ihr Zauberwort,
und die Götter der Schlacht schärfen ihre Waffen.
Dann traten sie zusammen, Tiâmat und Marduk, der Weise unter den Göttern,
rückten heran zum Kampfe, kamen näher zur Schlacht.
Es breitete der Herr sein Netz aus, umschloß sie;
den bösen Sturmwind, der hinter ihm hielt, ließ er nach vorne los.
Als Tiâmat dann ihren Mund öffnete, so weit sie vermochte,
ließ er hineinfahren den bösen Sturm, so daß sie ihre Lippen nicht wieder schließen konnte.
Die grimmigen Winde füllten ihren Bauch;
ihr Herz wurde gelähmt, und weit sperrte sie auf ihren Rachen.
Er schoß den Pfeil ab, riß auf ihren Leib,
zerriß ihr Inneres, durchschnitt das Herz,
überwältigte sie und vernichtete ihr Leben,
warf nieder ihren Leichnam, trat auf sie.
Als er Tiâmat, die Führerin, erschlagen hatte,
zerbrach ihre Streitmacht, löste sich auf ihre Schar,
und die Götter, ihre Helfer, die an ihrer Seite gingen,
erzitterten, fürchteten sich, wandten den Rücken,
suchten zu entkommen, ihr Leben zu retten,
doch waren sie fest umschlossen, vermochten sie nicht zu entfliehen.
Er hielt sie gefangen und zerbrach ihre Waffen.
In dem Netze lagen sie, saßen im Garn;
in Höhlen befanden sie sich, erfüllten sie mit Wehklagen,
trugen seine Strafe, wurden festgehalten im Kerker.
Und die elf Geschöpfe, voll von Furchtbarkeit,
die Schar der Dämonen, die sie begleiteten,
legte er in Fesseln; ihre Arme . . . .
Mit ihrem Widerstande trat er sie nieder.
Und den Kingu, den sie über sie erhoben hatte,
bezwang er und bestimmte ihn zum Tode.
Er nahm ihm die Schicksalstafeln, die ihm nicht zukamen,
versiegelte sie mit einem Siegel und legte sie an seine Brust.

Nachdem er seine Widersacher bezwungen und erschlagen,
die stolzen Feinde zu Sklaven gemacht (?),
den Triumph des Anšar über die Gegner vollendet,
den Wunsch des Nudimmud erreicht hatte, der tapfere
Marduk,
machte er über die bezwungenen Götter stark seine Haft
und kehrte dann zur Tiâmat, die er überwunden hatte,
wieder zurück.
Es trat der Herr der Tiâmat auf die Beine,
spaltete mit seinem schonungslosen miṭṭu[1]) den Schädel,
durchschnitt die Adern ihres Blutes
und ließ es durch den Nordwind in das Verborgene tragen.
Als seine Väter dieses sahen, freuten sie sich und frohlockten
und ließen ihm Gaben bringen zur Begrüßung.
Da ruhte der Herr, ihren Leichnam betrachtend;
dann teilte er den Rumpf, Kunstvolles schaffend.
Er spaltete sie wie eine Muschel (?) in zwei Teile,
die eine Hälfte von ihr stellte er auf und machte sie zur Decke
des Himmels.
Er zog einen Riegel vor, ließ eine Wache Platz nehmen
und gab ihr die Weisung, ihre Wasser nicht durchzulassen.
Er schritt hinweg über den Himmel, musterte die Stätten
und machte gleich die vier Seiten des Apsu, der Wohnung
des Nudimmud[2]).
Dann maß der Herr die Gestalt des Apsu
und errichtete einen Palast, der ihm gleich war, Ešarra.
In dem Palast Ešarra, den er als Himmel erbaute,
ließ er Anu, Enlil und Ea ihre Städte bewohnen.
Er schuf einen Standort für die großen Götter,
Sterne stellte er auf als ihr Ebenbild, die Lumaši-Sterne[3]).
Er bestimmte das Jahr, setzte Abschnitte fest,
zwölf Monate, jedesmal drei Sterne stellte er auf[4]).
Nachdem er für die Tage des Jahres die Bilder eingezeichnet
hatte[5]),
legte er den Standort des Nibiru[6]) fest, um ihnen den Weg
zu bezeichnen,

---

[1]) S. oben S. 61 Anm. 2.

[2]) So nach der Darlegung von Albert Schott, Zeitschr. f. Assyriologie, Neue Folge Bd. 8 (1934), S. 137.

[3]) Sieben Sterngruppen in der Linie der Milchstraße: Perseus, Cygnus, Orion, Sirius, Centaurus, Aquila und Sagittarius.

[4]) drei in dem jedesmal auf einen Monat fallenden Tierkreiszeichen, also im ganzen 36. Auf jeden Stern entfiel ein Abschnitt von 10 Tagen.

[5]) Da der Himmel in 360 Grade eingeteilt ist, kommt auf jeden Tag 1 Grad.

[6]) Nibiru = Uebergang. Dieser Punkt wird überschritten, wenn der betreffende Stern sich auf seinem Wege ina ḳabal šamê = in der Mitte des Himmels befindet. So wenigstens nach dem Texte III Rawlinson 54, Nr. 5 (Thompson, Reports of the Magicians and Astrologers of Niniveh and Babylon Nr. 94). Nach diesem Texte hat der Stern des Marduk (Jupiter), wenn er

damit keiner fehlt und keiner in die Irre geht.
Den Ort des Enlil und des Ea stellte er neben ihm fest.
Er öffnete Tore zu beiden Seiten[1]),
machte feste Riegel zur Linken und zur Rechten
und errichtete in ihrer Mitte[2]) die Höhe[3]).
Den Nannar[4]) ließ er aufleuchten, vertraute ihm die Nacht an,
bestimmte ihn zu einem Gebilde der Nacht, um zu bestimmen den Tag.
Monatlich, ohne aufzuhören, brich auf[5]) mit der Krone[6])!
Am Anfange des Monats, wenn du aufleuchtest über das Land,
strahlst du mit Hörnern, um zu bestimmen sechs Tage;
am siebenten Tage [bringe zur Hälfte] die Krone;
am šabattu-Tage[7]) tritt (der Sonne) gegenüber, ...
Wenn die Sonne am Rande des Himmels dich .....
dann durchbrich die [Wo]lken und baue rückwärts[8])!
[Am bubbu]lu-Tage[9]) nähere dich dem Wege der Sonne,
[am..... Tage] tritt der Sonne wieder entgegen!"

Hier sind etwa 120 Zeilen bis auf wenige Worte zerstört. In dem ersten Teile dieses Abschnittes wurde, wie wir aus dem Zusammenhange wohl mit Sicherheit entnehmen dürfen, die Erschaffung der übrigen Himmelskörper erzählt. Gegen Schluß berichtet der Text dann über eine Götterversammlung. Wir lesen dort noch die Worte:

„. . . . . . . die Götter sprechen . . . . . .
. . . .
. . . . Sohn . . . .
. . . .
. . . . er ließ am Leben . . . .
. . . . [G]lanz . . . .
. . . .
. . . . wir."

Die Götter verhandeln hier offenbar über die neugeschaffenen Verhältnisse. Sie sprechen; in der Unterhaltung wird ein Sohn

aufgeht, den Namen Sulpa'e. Wenn er 2 (?) Doppelstunden oder 60° (Der Text ist hier unsicher. Kugler, Sternenkunde und Sternendienst in Babel I S. 216, Anm. 1, liest 1½ Doppelstunden = 45°. 1 Doppelstunde = 30°) hoch ist, heißt er Sagmegar, und wenn er in der Mitte des Himmels steht, heißt er Nibiru.

[1]) des Himmels, um das Aufgehen und das Untergehen der Gestirne zu ermöglichen.

[2]) in der Mitte der Tiâmat.

[3]) den Zenith.

[4]) den Mondgott.

[5]) u-muš, von amâšu. Vgl. das Feminium (unši = umši) in derselben Bedeutung bei Craig, Assyr. and Babyl. Rel. Texts I 55, Kol. II 5.

[6]) der Scheibe. Die Scheibe ist die Krone des Mondgottes.

[7]) Am 15. Tage des Monats, am Tage des Vollmondes.

[8]) = und nimm wieder ab!

[9]) Am 28. Tage, wenn die Mondsichel unsichtbar wird.

erwähnt; es wird hervorgehoben, daß jemand andere Personen am Leben ließ; wir lesen von einem bestimmten Glanze und finden dann am Schluß des Abschnittes ein nachdrucksvolles „wir". Die einzigen Wesen, von denen man sagen konnte, daß ihnen das Leben gelassen wurde, sind die überwundenen und vorläufig eingekerkerten Anhänger der Tiâmat. Sie haben, wie es scheint, zu der ganzen Besprechung den Anlaß gegeben. Man konnte einen Gefangenen töten, man konnte ihn zum Sklaven machen und man konnte ihn begnadigen. Von der Tötung hatte Marduk abgesehen. Es blieb also nur noch die Frage, ob man die Besiegten noch weiterhin als Sklaven behandeln oder ob man auf ihre Dienste verzichten und sie begnadigen sollte. Diese Frage findet nun durch den klugen Vorschlag des Marduk, der andere Wesen für den Dienst der Götter erschaffen will, eine allseitig befriedigende und glückliche Lösung.

„Wie Marduk den Ruf der Götter vernimmt,
treibt ihn sein Herz, Kluges zu schaffen.
Er tut seinen Mund auf und [re]det zu Ea,
gibt den Entschluß, [den] er in seinem Herzen erdacht hat.
Blut will ich binden und Bein will ich entstehen lassen;
aufstellen will ich Lullâ[1]), Mensch sei sein Name;
erschaffen will ich Lullâ, den Menschen.
Es soll ihm auferlegt werden die Bedienung der Götter; diese sollen ihre Versorgung finden.
Ich will auch weiterhin die Wege der Götter klug einrichten;
gleichmäßig sollen sie geehrt sein, geteilt in zwei Teile[2])!
Es antwortete ihm Ea, sprach zu ihm das Wort,
erzählte ihm zur Beruhigung der Götter den Plan:
Es soll hingegeben werden einer, ihr Bruder!
Er soll vernichtet werden und es sollen gebildet werden die Menschen!
Es sollen sich versammeln die großen Götter!
Dieser soll hingegeben werden und jene sollen bleiben!
Marduk versammelte die großen Götter,
entbietet sie freundlich, gibt Weisung.
Er öffnet seinen Mund, beauftragt die Götter;
zu den Anunnaki spricht er, der König, das Wort:
Es war sicher in der Tat, was wir früher euch verkündet;
Sicheres will ich jetzt schwören, einen Eid bei mir selbst.
Wer war es, der den Streit erregte,
T[iâmat] zur Empörung reizte, den Kampf entfachte?
Es werde hingegeben, wer den Streit erregte;

[1]) Name des ersten Menschen, aus dem sumerischen lu-lil-li-a.

[2]) in die Anunnaki des Himmels und die Anunnaki der Unterwelt. Vgl. für diese Stelle und für die Angaben über die Ausführung des Planes besonders die umsichtige Bearbeitung des Textes von Weidner, Die Schöpfung des Menschen und die Einsetzung der Anunnaki, im Archiv für Orient-Forschung, Bd. XI (1936), S. 72—74.

ich will ihn tragen lassen seine Strafe; ihr sollt wohnen
in Ruhe!
Es antworteten ihm die Igigi, die großen Götter,
dem Könige der Götter des Himmels und der Erde,
dem Berater der Götter, ihrem Herrn:
Kingu war es, der den Streit erregte,
Tiâmat zur Empörung reizte, den Kampf entfachte.
Sie überwältigten ihn und setzten ihn gefangen vor Ea,
Strafe legten sie ihm auf, schnitten ihm auf das Blut.
Mit seinem Blute schufen sie[1]) die Menschheit[2]).
Er[3]) legte ihr auf die Bedienung der Götter und ließ die
Götter frei.
Als sie die Menschheit geschaffen[4]), Ea, der Weise[5]),
die Bedienung der Götter ihr auferlegt hatten[6]),
als dieses Werk, unmöglich zu begreifen,
durch die Klugheit des Marduk Nudimmud[7]) geschaffen hatte,
teilte Marduk, der König der Götter,
die Anunnaki in ihrer Gesamtheit oben und unten,
bestimmte sie für Anu, seine Geheiße zu wahren,
setzte 300 am Himmel ein als Wache,
verdoppelte sie, legte fest die Wege der Unterwelt[8]),
ließ im Himmel und in der Unterwelt[9]) 600 wohnen.
Als er die Geheiße allesamt erlassen,
an die Anunnaki des Himmels und der Unterwelt[10]) ihre
Anteile verteilt hatte,
öffneten die Anunnaki ihren Mund
und sprachen zu Marduk, ihrem Herrn:
Jetzt, mein Herr, da du unsere Befreiung bewirkt hast,
was soll da unser Dank sein[11]) vor dir?
Wohlan, wir wollen einen Göttersitz[12]) bauen, dessen Name
genannt wird
eine Wohnstätte, unsere Ruhe darin zu halten!“

Marduk gibt hierzu gern seine Zustimmung. Sein Angesicht leuchtete wie der Tag. Die Götter greifen nun selbst zum Handwerkszeuge und legen ein ganzes Jahr hindurch Ziegelsteine, bis das Heiligtum, das den Namen Esagila erhielt, und der zu dem Heilig-

[1]) ib-nu-u.
[2]) a-me-lu-ta.
[3]) = Ea.
[4]) ib-nu-u.
[5]) Die Erwähnung des Ea ist hier nach dem voraufgehenden Plural als einschränkende Apposition zu fassen.
[6]) Der Text bietet hier: i-me-du-ni ša-a-šu = ihm — dem Menschen — auferlegt hatten.
[7]) = Ea.
[8]) al-ka-kat irṣitim u-aṣ-ṣir.
[9]) ina šamê u irṣitim.
[10]) A-nun-na-ki ša šamê u irṣitim.
[11]) mi-nu-u du-muk-ka-ni.
[12]) pa-rak-ki.

5*

tume gehörende Tempelturm glücklich vollendet ist. Dann versammeln sie sich zum gemeinsamen Festmahle. Marduk begrüßte die Götter, seine Väter, mit der Erklärung: „Dies ist Bâb-ili, der Sitz eurer Wohnung. Freuet euch hier und feiert ein Fest!“ Nach dem Mahle erhielten die Götter am Himmel und auf Erden ihre besonderen Plätze. Enlil hob dann den Bogen des Marduk empor, der ebenso wie sein Thronsitz unter die Sternbilder versetzt wurde. Hieran schließt sich nach einer kleinen Lücke eine besondere Lobeserhebung des Marduk, bei der die Götter zugleich ihre eigenen nicht immer ganz selbstlosen Wünsche vortragen. Seine Herrschaft soll überragend sein; er soll die Feinde unter sein Joch zwingen, über die Menschen die „Hirtenschaft“ ausüben. Er soll dafür sorgen, daß sie den Göttern reichliche Opfer darbringen, so daß diese stets zu ihrem Rechte kommen. Die Götter sollen ihn jedoch als ihren König anerkennen und huldigend zu seiner lichten Wohnstätte wandeln auf ewig. Hierauf machen Anšar, Lachmu und Lachamu den Vorschlag, die 50 Namen des Marduk zu nennen. Die Namen werden sodann aufgezählt und im einzelnen begründet. Man feierte ihn als „Asari“, den Geber des fruchtbaren Landes, der die Saaten festsetzt, Getreide und Pflanzen schafft und das Grün hervorkommen läßt, als „Tutu“, den Urheber der in dem Gedichte behandelten Erneuerung[1]), als „Tutu Ziukinna“, der dem Volke das Leben verleiht[2]), als „Tutu Zikug“, den Gott des reinen Lebens[3]), als „Tutu Agakug“, den „Herrn der reinen Beschwörung[4]), der den Toten lebendig macht, der gegen die gefangenen Götter Erbarmen faßte, das auferlegte Joch den Göttern, seinen Feinden, abnahm, zu ihrer Erlösung die Menschheit erschuf“, als „Sazu“, der die Herzen der Götter durchschaut[5]), als „Nikingu“, der den Kingu fortschleppte, als „Nibiru“, der die Bahnen der Sterne bestimmen soll, als „Bêl matâte“, den „Herrn der Länder“. Das war bis dahin der Gott Enlil gewesen. Enlil tritt aber jetzt zurück und überläßt die Herrschaft dem Marduk. Und Ea, der Vater des Marduk, wurde durch die Ehrungen so freudig bewegt, daß er sich ohne Bedenken zu demselben Schritte entschloß. Er gestattete ihm sogar den Gebrauch seines eigenen Namens.

„Er, dessen Namen seine Väter herrlich gemacht haben,
er heiße, wie ich selbst, Ea!
Den ganzen mir zukommenden Dienst übernehme er ganz,
alle meine Weisungen erteile er!“

Hierauf schließt das Gedicht mit der Mahnung, die 50 Namen dem Gedächtnisse einzuprägen und stets gebührend zu beachten, und mit einem nochmaligen Hinweis auf die Erhabenheit und Größe des Gottes.

---

[1]) von tu = tud = erzeugen oder entstehen lassen.
[2]) Zi = Leben; ukinnu = Versammlung.
[3]) Kug = rein.
[4]) Aga = Tiara; agakug = reine Tiara.
[5]) Sa = Herz; zu = wissen.

„Sie sollen festgehalten werden! Der Erste soll sie verkünden;
der Weise und der Kundige sollen sie zusammen erwägen;
der Vater erzähle sie, präge sie ein seinem Sohne;
dem Hirten und dem Hüter seien geöffnet die Ohren;
er freue sich über den Herrn der Götter, Marduk,
damit sein Land fruchtbar werde, ihm selbst es wohl ergehe!
Sein Wort steht fest; unabänderlich ist sein Befehl.
Den Ausspruch seines Mundes macht kein Gott zunichte.
Er schaut und wendet nicht seinen Nacken;
wenn er zürnt, tritt seinem Zorne kein Gott entgegen.
Weit ist sein Herz, groß sein Verstand."

Der Text ist in dieser Form offenbar ein Werk der Esagilapriester von Babylon. Er wurde dort nach einem noch vorhandenen Ritual zu Beginn eines jeden Jahres bei den üblichen Neujahrsfeierlichkeiten im Tempel öffentlich vorgelesen[1]). Dieser Umstand bürgt allein schon für das hohe Alter der Dichtung. Die Bruchstücke aus Assur stammen „etwa aus dem Ende des 9. vorchristlichen Jahrhunderts"[2]); sie stimmen aber mit den babylonischen Texten, soweit wir es verfolgen können, bis auf die Namen der in Betracht kommenden Gottheiten wörtlich überein. Wir müssen hieraus den Schluß ziehen, daß man in Assyrien auf die Beibehaltung des ursprünglichen Textes schon damals einen besonderen Wert legte. Man las es dort, wie wir annehmen dürfen, wenigstens in den Tagen des Sennacherib ebenfalls bei der Feier des Neujahrsfestes. Der Inhalt war auf dem Bronzetor am „Neujahrsfesthause des Gottes Aššur", das dieser König nach langem Verfall wieder errichten ließ, in den wichtigsten Einzelheiten mit besonderer Sorgfalt zur Darstellung gebracht. Man sah hier den Gott Aššur, wie er mit seinem Bogen neben dem Zügelhalter Amurru „auf dem Wagen fährt" und „in die Tiâmat hinein zum Kampfe zieht", sowie „die Götter, die vor ihm gehen und hinter ihm gehen, die zu Wagen fahren, die zu Fuß gehen, und wie sie vor Aššur geordnet sind und hinter Aššur geordnet sind, und Tiâmat sowie die Brut in ihr, in die Aššur, der König der Götter, hineinzieht zum Kampfe[3]). In Babylon hatte der König Agukakrime schon um das Jahr 1600 auf dem großen Doppeltor von Esagila die Ungeheuer anbringen lassen, die der Tiâmat zur Seite gingen, „eine Schlange, einen Lachmu, einen Widder, einen Orkan, einen tollen Hund, einen

[1]) Vgl. besonders H. Zimmern, Das babylonische Neujahrsfest (Der Alte Orient, Bd. 25, Heft 3, Leipz. 1926) S. 7 ff.

[2]) Ebeling bei Gressmann S. 108.

[3]) nach dem Texte K 1356 bei Meissner u. Rost, Bauinschriften Sanheribs, Tafel 16 und (in Umschrift) S. 98 ff. Uebersetzungen besonders von Zimmern, Zum babylonischen Neujahrsfest, Berichte der Kgl. Sächs. Gesellsch. der Wissensch., Bd. 58 (1903), S. 143 ff., von Ungnad bei Gressmann, Texte und Bilder zum Alten Test. S. 30 und von Ebeling in der zweiten Auflage dieses Werkes S. 132—33.

Fischmenschen und einen Ziegenfisch"[1]). Die Dichtung kann aber erst zu einer Zeit entstanden sein, wo Marduk, früher ein bescheidener Lokalgott der kleinen Stadt Babel, wirklich schon als der erste Gott des ganzen Landes verehrt wurde. Dieser Wechsel vollzog sich im Anschluß an die kriegerischen Erfolge des Königs Chammurabi.

Die Abweichungen, denen wir in dem Berichte des Berossus begegnen, sind in mehrfacher Hinsicht sehr auffallend. Man erwartet von einem Priester von Esagila, daß ihm der Wortlaut der Dichtung genau bekannt war. Das scheint aber kaum der Fall gewesen zu sein. Er schildert offenbar nach dem Gedächtnis, und zwar unter ausdrücklicher Berufung auf die bildlichen Darstellungen, die damals im Tempel vorhanden waren. Diese gingen in den Einzelheiten, wie wir aus seinen Aufzeichnungen entnehmen müssen, über die Angaben des Epos zum Teil erheblich hinaus. An der Spitze der Ungeheuer stand nach seinen Ausführungen ein Weib mit Namen Omorôka, was im Chaldäischen, wie er sich ausdrückt, soviel wie Tiâmat oder Meer bedeutet. Er macht also zwischen Omorôka, die der Ummu-Ḫubur des keilinschriftlichen Textes entspricht, und der Tiâmat gar keinen Unterschied. Nur hält er die erste Bezeichnung, wie es scheint, für sumerisch und die zweite für semitisch. Omorôka enthält aber ebenso wie Ummu-Ḫubur in den beiden ersten Silben zunächst das semitische Wort ummu = Mutter. Ḫubur ist der Name des Totenflusses, der fern im Westen, in der Einöde gegen Sonnenuntergang, die Grenze der Unterwelt bildete. Ummu-Ḫubur ist also die Mutter des Totenreiches. Der Geist des Verstorbenen wurde aber schon im Sumerischen als idim = eṭimmu bezeichnet. Das ist dasselbe Wort, das in idim = sud = rûḳu = fern vorliegt. Diese Vorstellungen gingen unmittelbar ineinander über. Auch Ut-napišti, der babylonische Noe, mit dem wir uns noch beschäftigen werden, hat seinen Aufenthaltsort ganz in der Ferne, ina rûḳi, so daß er in den Texten mit besonderem Nachdruck als rûḳu, als der Ferne, bezeichnet wird. Es scheint sogar, daß wir bei dem sumerischen su = kuš = Leichnam ebenfalls nur an eine weichere Aussprache von sud zu denken haben. Das altertümliche und seltene Wort Ḫubur lag aber dem Volksempfinden, wie wir annehmen müssen, wenigstens in der späteren Zeit sehr fern. Man hatte deshalb nach einem andern Ausdruck gesucht und war dabei auf das näherliegende und gleichwertige rûḳu gekommen[2]). Die Angabe, daß Marduk sich selbst den Kopf abschlagen ließ, geht jedenfalls auf einen andern Mythus zurück, in dem uns von der Gefangennahme dieses Gottes und höchst wahrscheinlich auch von seinem Tode und von seiner Wiedererweckung

---

[1]) Keilinschriftliche Bibliothek, herausgeg. von Eberh. Schrader, Bd. III, 1. Hälfte, S. 144.

[2]) Wir müssen also die Form Ομορωκα trotz des abweichenden Zahlenwertes (vgl. o. S. 53) ohne Zweifel für ursprünglich halten.

erzählt wird[1]). Wir erfahren dort, daß Marduk wegen seiner Verfehlung von andern Göttern zur Verantwortung gezogen und in ein dunkles Gefängnis gesetzt wurde, daß man ihn geschlagen hat und daß er gesucht wird. Nabû, sein Sohn, kommt eigens von Borsippa, um sich nach seinem Befinden umzusehen. Man läuft in den Straßen umher und ruft: „Wo wird er gefangen gehalten?" Man erhebt die Hände zum Mondgott und zum Sonnengott und betet: „Bêl bullisu", „den Bêl, mache ihn lebendig!" Der Ausdruck kann an und für sich allerdings ebensogut bedeuten: „den Bêl, erhalte ihn am Leben", aber wir dürfen nicht übersehen, daß in der folgenden Zeile sofort von einem Tore des Begräbnisses geredet wird. Auch die griechischen Schriftsteller berichten uns übereinstimmend von dem Tode und von dem Grabe des Bêl. Sie erzählen aber nur, was ihnen in Babylon gesagt oder gezeigt worden ist. Die Vorgänge wurden, wie wir aus den Angaben des Textes entnehmen müssen, bei den Neujahrsfeierlichkeiten in der Form eines Festspieles öffentlich zur Darstellung gebracht. Es ist deshalb durchaus zu begreifen, daß man unter dem Eindruck dieser Vorstellungen das Schicksal des Kingu ganz aus dem Auge verlor und auch bei der Schöpfung schließlich nur noch an das Blut des Marduk dachte. Auffallend ist nur, daß diese Voraussetzung auch von Berossus vertreten wird. Er hat sich hier ebenfalls, wie man sieht, in einem wesentlichen Punkte von den Angaben des Dichters entfernt.

Die Bildung der Menschen aus Götterblut und Lehm wird uns auch in andern Texten erzählt. In einem Fragmente, das nach den Schriftzeichen der Periode des Chammurabi angehört[2]), geht dieser Gedanke auf einen Vorschlag der Muttergöttin Mami zurück. Die Götter befinden sich in einer Versammlung. Sie haben beschlossen, den Menschen zu machen und ihn auszustatten „mit der Gestalt[3]) eines lebenden Wesens". Deshalb rufen sie die Göttin Mami und bitten sie, diese Aufgabe zu lösen.

„Hilfe der Götter, weise Mami,
du bist der Mutterleib,
bildest die Menschen;

---

[1]) in dem Texte VAT 9555 + 9538 (Ebeling, Keilschrifttexte aus Assur religiösen Inhalts Nr. 143 + Nr. 219). Uebersetzungen von Zimmern, Zum babyl. Neujahrsfest, Zweiter Beitrag, Berichte der Sächs. Gesellschaft der Wissensch., Bd. 70 (1918), Heft 5, S. 14 ff. und von Ebeling bei Greßmann a. a. O. S. 320 ff.

[2]) Cuneiform Texts from Babyl. Tablets of the British Museum VI, 5, und Langdon, Sumerian Epic of Paradise etc. (University of Pennsylvania, The University Museum, Babyl. Sect. X, 1) S. 25 f. und Tafel III—IV. Uebersetzungen auch von Ungnad, Rel. der Bab. u. Ass. S. 55 (teilweise) und von Ebeling bei Gressmann S. 134. Die Tafel enthielt ursprünglich (nach Langdon S. 24 Anm. 7) sechs Spalten mit jedesmal 40 Zeilen. Sie gehörte wahrscheinlich zu einem größeren und sonst nicht mehr bekannten Epos.

[3]) šu-kad (Z. 4 u. Z. 11) = giš-ḫar = uṣurtu = Bild (Meißner, Seltene assyrische Ideogramme Nr. 5083; Deimel, Sumerisches Lexikon Nr. 354, 74).

so bilde den Lullâ[1]), daß er trage das Joch!
Er soll tragen das Joch .....;
mit der Gestalt eines lebenden Wesens soll der Mensch ausgestattet sein!“

Hierauf öffnete sie den Mund und sprach zu den großen Göttern:

„Bei mir ist es nicht möglich ....
Mit seinem .... ist er .....
Er soll wal[ten] über alles[2]).
Lehm soll .... und Blut .....“

Dann nahm der Gott Enki = Ea das Wort und erklärte den Göttern:

„Im Monat ....
ist eine Reinigung des Landes, ein Gericht ......
Einen der Götter[3]) sollen sie schlachten!
Die Götter sollen sich reinigen im Ger[icht]e[4])!
Mit seinem Fleisch und seinem Blute
soll die Göttin Ninḫursag[5]) Lehm mischen!
Gott und Mensch
soll ...., soll sich vereinigen im Lehm!“

In einem Texte aus Assur[6]) wird der Plan ebenfalls auf eine Besprechung der Götter zurückgeführt.

„Als die obere und die untere Welt fest vollendet war,
als die Mutter der Göttinnen ins Dasein getreten,
als die Erde hingesetzt, die Erde erbaut war,
als die Geschicke von Himmel und Erde festgesetzt waren,
als Kanal und Graben in ihre Richtung gebracht waren,
die Ufer von Tigris und Euphrat festgelegt waren,
da ließen Anu, Enlil, Samaš und Ea, die großen Götter,
die Anunnaki, die großen Götter,
in erhabenem Gemache .... sich niedersetzen
und berichteten aus freiem Entschließen über das Erschaffene:
Da die Geschicke von Himmel und Erde festgesetzt sind,
Kanal und Graben in ihre Richtung gebracht sind,
die Ufer von Tigris und Euphrat festgelegt sind,
was sollen wir da ändern,
was sollen wir da schaffen?

---

[1]) = den Menschen; vgl. oben S. 66.

[2]) šu-u-ma pa-k[i-i]d ka-la-ma. Paķâdu = überwachen, beaufsichtigen, regieren.

[3]) ilam iš-te-en, einen Gott, mit Betonung der Zahlenangabe.

[4]) li-te-el-li-l[u] ilâni i-na di-i(?)-ni(?).

[5]) Hier wohl eine andere Bezeichnung für Mami.

[6]) Keilschrifttexte aus Assur rel. Inh. Nr. 4; übersetzt von Ebeling, Zeitschr. der Deutschen Morgenl. Gesellsch., Bd. 70 (1916), S. 532 ff. und bei Greßmann S. 134 ff., und von Ungnad, Rel. der Bab. u. Ass. S. 56 f.

O Anunnaki, ihr großen Götter,
was sollen wir ändern,
was sollen wir schaffen?
Die großen Götter, die da standen,
die Anunnaki, die Götter, die das Schicksal bestimmen,
die beiden[1]), antworteten dem Enlil:
In Uzu-mu-a[2]), der Verbindung von Himmel und Erde,
wollen wir die beiden Lamga[3]) schlachten;
aus ihrem Blute wollen wir die Menschheit schaffen;
der Dienst der Götter soll ihre Aufgabe sein.
Auf ewig sollen sie den Grenzgraben festsetzen,
den allu[4]) und das Ziegelbrett in die Hand nehmen,
das Haus der großen Götter zu erhabenem Heiligtum erbauen,
die Fluren umgrenzen,
auf ewig den Grenzgraben festsetzen,
dem Kanal den richtigen Lauf geben,
den Markstein aufstellen,
...... bewässern, die Pflanzen zum Wachsen bringen,
Wind und Regen ......,
die Grundfesten legen,
Getreidehaufen aufschütten,
....
....
....
das Feld der Anunnaki zum Gedeihen bringen,
den Ueberfluß im Lande vermehren,
das Fest der Götter feiern,

---

[1]) die Anunnaki des Himmels und der Erde?

[2]) Uzu = Fleisch; mu = sar (Deimel, Sum. Lexikon Nr. 152 IV) = in die Erscheinung treten, entstehen, geschaffen werden. Also ein Ort, wo das Fleisch geschaffen wurde!

[3]) den „Lamga-Lamga" mit dem in der folgenden Zeile vorkommenden Possessivpronomen im Plural!

[4]) Ein Gegenstand, der bei der Herstellung der Ziegelsteine gebraucht wurde. Man benutzte hierzu nach den vorhandenen Angaben außerdem noch den marru, den nalbanu oder die nalbantu und den dupšikku. Marru = Hacke; nalbanu bezeichnet ebenso wie nalbantu die Form, die man gebrauchte; dupšikku ist das Tragbrett. Diese Gegenstände werden in den Texten zwar niemals alle zusammen, aber stets in derselben Aufeinanderfolge genannt. Der allu steht immer an der Spitze, und das Tragbrett wird überall am Schluß aufgeführt. Der marru hat seinen Platz zwischen dem allu und dem nalbanu. Vgl. für diese Reihenfolge z. B. Sarg. Cyl. 56. Assurb. Rassamcyl. X 92, und Nabopolassar (Langdon, Die neubabyl. Königsinschriften) Nr. 1 I 42 und III 12. Das ist offenbar die Aufeinanderfolge, in der die Werkzeuge nacheinander gebraucht wurden. Der allu kann deshalb nur das Gerät sein, mit dem der Lehm zunächst losgegraben wurde. Er wurde also zu derselben Arbeit benutzt, die wir heutzutage mit dem Spaten verrichten. Daß dieses richtig ist, ersieht man auch aus der Art, wie man den allu zu gebrauchen pflegte. Die Texte sprechen in diesem Zusammenhange stets von einer Tätigkeit, die man mit dem Verbum darâgu

kaltes Wasser ausgießen
an der großen Wohnstätte der Götter, die geschaffen ist
zum erhabenen Heiligtum.
Ulligarra und Zalgarra[1]) sollen sie heißen,
Rind, Schaf, Ziege, Esel, Fisch, Vogel,
den Ueberfluß des Landes sollen sie mehren,
den Enul und die Ninul[2]) sollen sie mit ihrem reinen Munde
verehren.
Du, Aruru, wirst zur Herrschaft gelangen,
wirst ihnen selbst große Geschicke bestimmen.
Weise und Unfähige
werden wie Korn, das von selbst aus der Erde sprießt,
geboren (?) werden.
Unveränderlich wird sein das Gestirn auf ewig,
bei Tag und bei Nacht das Fest der Götter zu vollenden.
Von selbst werden die großen Geschicke bestimmt werden.
Von Anu, Enlil, Ea und Ninnaḫ, den großen Göttern,
wurde an die Stelle, wo die Menschheit geschaffen,
an diese Stelle die Göttin Nisaba[3]) gesetzt."

Der Gott, der nach diesem Texte zum Tode verurteilt wird, ist nach der Ausdrucksweise des Verfassers der zweifache oder doppelte Lamga. Der Name begegnet uns an anderen Stellen[4]) als eine Bezeichnung des Mondgottes, und zwar in einer eigenartigen ideographischen Schreibung, die in ihrer Grundform kaum einer Erklärung bedarf. Das Ideogramm besteht in den ältesten Texten[5]) aus drei verschiedenen Einzelzeichen, aus dem Zeichen für zal = aufleuchten, dem Zeichen für igi = Auge und dem Zeichen für šu = bedecken oder verdunkeln, wie es z. B. in den Schreibungen

---

bezeichnete. Dies führt uns auf das arabische daraga = treten. Vgl. dafür besonders V. Christian in der Zeitschr. f. Assyriologie Bd. 37, Neue Folge Bd. 3 (1927), S. 223—224). Die Anunnaki griffen nach dem Schöpfungsepos beim Bau von Esagila selbst zum allu und handhabten ihn in dieser Weise. Id-ru-g[u] al-lu. Wenn man jemanden zum Treten des allu veranlaßte, wurde dieses durch das kausative šudrugu ausgedrückt. Es war also ein Spaten, den man mit dem Fuß in den Boden trat. Das hatte bei dieser ersten Arbeit sicher seine guten Gründe. Wenn der Lehm dann aus der Erdschicht herausgehoben war, wurde er mit der Hacke bearbeitet, bis man ihn schließlich in die Form drücken konnte. Ueber die Gestalt dieser Hacke kann man ebenso wie beim allu vielleicht noch verschiedener Meinung sein.

[1]) Ueppigmacher und Reichmacher.

[2]) den Gott und die Göttin der Ueppigkeit.

[3]) die Göttin des Getreides.

[4]) Brünnow, Classified List Nr. 11666, Meißner, Seltene ass. Ideogramme Nr. 8533, und Deimel, Sumerisches Lexikon Nr. 560a. Vgl. Deimel, Pantheon Babyl. Nr. 1823.

[5]) Vgl. besonders die Formen bei Thureau-Dangin, Recherches sur l'origine de l'Ecriture Cunéiforme Nr. 323, Barton, The Origin and Development of Babylonian Writing Nr. 503, und Deimel, Liste der archaischen Keilschriftzeichen von Fara Nr. 502.

für ušu = ud-šu = Bedeckung oder Verdunkelung der Sonne[1]) und für šuš = šušu = šu-šu = Dunkelheit[2]) vorliegt. Wir haben es bei dem Schriftzeichen also mit einer Verbindung von Aufleuchten + Auge + Dunkelheit zu tun. Es bezeichnet ein Aufleuchten nach vorhergehender Finsternis. Hierzu kommt aber noch eine zweite Bedeutung, die mit dem Hervortreten des Lichtes an und für sich gar nichts zu tun hat. Das Zeichen war besonders auch als Ideogramm für das akkadische namgaru = nangaru = naggaru = Schreiner in Gebrauch; nur wird es in diesem Falle nicht lamga, sondern nagar gelesen. Dies geht aber selbst wieder auf naggar = namgar zurück. Wir haben hier also, wenn wir an der Grundform festhalten, in dem einen Falle die Wiedergabe durch lamga und in dem andern die Umschreibung durch namgar. Diese Formen zeigen dieselben Vokale und in der Mitte dieselben Konsonanten; sie unterscheiden sich nur im Anfange und am Schluß. Im Anfange bietet das eine Wort ein l, das andere dagegen ein n. Diese Laute gingen auch sonst im Sumerischen oft ineinander über. Wir finden dort z. B. ein til = leben und ein tin = leben, ein dul = Loch und ein dun = Loch, ein šudul = šudun = Joch und ein kalam = kanam = Land. Die Endkonsonanten waren in der Aussprache so schwach, daß sie oft ganz verschwinden. Das ist auch bei dem auslautenden r der Fall. Damit sind die Abweichungen befriedigend erklärt. Sie bewegen sich ganz im Rahmen der sumerischen Sprachgesetze, so daß wir die beiden Formen ohne weiteres einander gleichsetzen dürfen. Wir erhalten hier also die Gleichung lamga = namga = namgar = namgaru. Die akkadische Bezeichnung kann nach dieser Zusammenstellung nur aus dem Sumerischen stammen.. Sie ist in ihrer Grundform noch älter als die Wiedergabe durch lamga, die schon in der sumerischen Zeit aus dieser Form hervorgegangen ist. Man könnte nun versucht sein, in dem Ausdruck eine Nominalbildung von gar = machen zu vermuten. Dies würde aber zu einer Bedeutung führen, die den Schreiner von einem andern Handwerker gar nicht unterscheidet. Es würde uns zugleich vor die Frage stellen, was der Mond mit einer solchen Tätigkeit zu tun hat, und auch den Andeutungen des Schriftzeichens in keiner Weise gerecht werden. Man erwartet vom Monde, daß er leuchtet. Das Schriftzeichen setzt ein Aufleuchten in der Dunkelheit voraus. Diese Bedeutung tritt uns im Sumerischen auch in dem Worte kar = nabâṭu = napâḫu[3]) entgegen. Nabâṭu = emporstrahlen. Es wird in diesem Sinne sowohl vom Einsetzen des Tageslichtes als auch vom Erscheinen der Sterne gebraucht. Napâḫu = blasen oder anzünden; intrans. = hervorstrahlen, emporleuchten oder aufgehen. Daß wir hier auf

[1]) Deimel, Sum. Lexikon Nr. 447.

[2]) Deimel, Sum. Lexikon Nr. 411, 23—25. 135; 545, 4. 12. 18. 42; Delitzsch, Sumerisches Glossar S. 265.

[3]) Deimel, Sum. Lexikon Nr. 105 IIa 5—6.

dem richtigen Wege sind, ersieht man auch aus der Gleichsetzung von namgaru mit dem sumerischen iṣ-šu-kar[1]). Wir erfahren hier von einem namgaru, bei dem man ebenfalls von einem Aufleuchten sprechen mußte. Das Aufleuchten wird in diesem Zusammenhange mit šu[2]) = ḳâtu = Hand in Verbindung gebracht. Es erfolgt also bei der Arbeit, die er zu leisten hat. Dies führt uns zu derselben Bedeutung, die Figulla schon aus dem Ideogramm für gurgurru = Kupferschmied erschloß[3]). Der Kupferschmied war nach diesem Ideogramm der namgaru des Kupfers. Er bearbeitet das Kupfer wie der Schreiner das Holz bearbeitet. Die beiden Handwerker hatten in der Art ihrer Tätigkeit etwas Gemeinsames. Sie werden in den Vokabularen auch mit dem ṣadimmu zusammengestellt, der in derselben Weise den Stein zu bearbeiten hatte. Im Hebräischen wurde diese Arbeit durch das Verbum ḫaraš ausgedrückt. Man unterschied hier nach den vorhandenen Angaben einen ḫaraš ʻeṣîm oder einen ḫarâš, der in Holz arbeitete, einen ḫaraš barzel, der Eisen zu bearbeiten hatte, einen ḫorêš neḫôšeth, der Kupfer oder Bronze verarbeitete, und einen ḫaraš eben, der dem Stein seine Form gab. Holzarbeiter und Steinhauer werden I Chron. 22, 15 als ḫarašê eben waʻeṣ bezeichnet, Holzarbeiter und Schmiede könnten also, wie wir annehmen dürfen, in derselben Weise als ḫarašê ʻeṣ ubarzel zusammengefaßt werden. Diese Gleichsetzung stammt noch aus einer Zeit, wo die einzelnen Berufskreise sich erst allmählich aus der ursprünglichen Gemeinschaft herauslösten. Die Schreiner, Schmiede und Steinarbeiter galten damals noch im weitesten Sinne des Wortes als „Former“, die sich bei ihrer Tätigkeit noch gar nicht auf ein bestimmtes Material beschränkten. Es ist deshalb durchaus zu begreifen, daß die Bezeichnungen, die sich auf diese Tätigkeit bezogen, in ihrer Bedeutung mitunter eine Verschiebung erfuhren. Das akkadische namgaru geht in seiner Grundform auf dieselbe Wurzel zurück, die sich in gurgurru = Kupferschmied, in gir = kîru = kûru = Ofen und in kur = backen erhalten hat. Es ist nur eine weichere Aussprache für das ebenfalls zu dieser Gruppe gehörende namkar = Aufleuchten. Dies bezeichnete sowohl das Aufleuchten der Sterne als auch das Aufleuchten, das man bei der Tätigkeit des Schmiedes beobachtete. Da die Holzarbeiter aber viel häufiger waren als die Metallarbeiter, trat der Gedanke an die Schmiede schließlich ganz in den Hintergrund. Der namkar wurde dadurch zum Schreiner, und die Schmiede hatten sich, wenn wir uns so ausdrücken dürfen, zur Hervorhebung ihrer Eigenart nach einer andern Bezeichnung umzusehen. Sie blieben aber bei der Vorstellung, die auch im Sumerischen zugrunde liegt, und brachten diesen Gedanken dann im Akkadischen durch das zu napâḫu gehörende nappaḫu zum Ausdruck. Wir haben es also bei dem

[1]) Meißner, Seltene ass. Ideogramme Nr. 4022.
[2]) Deimel Nr. 254.
[3]) Orient. Literaturz., Jahrg. 17 (1914), Sp. 459.

Gotte Lamga = namga = namgar nach der älteren Bedeutung dieses Wortes mit derselben Erscheinung zu tun, die uns auch bei der Tätigkeit des Schmiedes überrascht. Es war das Aufleuchten oder das Sichtbarwerden des Mondes am ersten Tage des Monats. Der Mond zeigt dann dieselbe Gestalt wie bei seinem Verschwinden am 28. des vorhergehenden Monats, nur ist die Sichel am 28. nach Westen und am 1. nach Osten geöffnet. Die Zeit vom 28. bis zum 1. war für die Sumerer und auch später noch für die Babylonier eine Zeit der Trauer. Der 28. wird in diesem Sinne geradezu als ûm kispi oder als ein Tag des Totenopfers bezeichnet. Man rechnete also mit der Möglichkeit, daß der Mond inzwischen gestorben war, und konnte sich erst wieder freuen, wenn die Zeit der mondlosen Nächte vorüber war. Wenn wir dieses zusammenfassen, ist der Grundgedanke unseres Textes für jeden sofort verständlich. Der Gott, der sein Leben hingeben mußte, ist der Mondgott in der Gestalt, in der er uns am Ende des Monats und am Tage des Neumondes entgegentritt. Die beiden Formen unterscheiden sich nur durch ihre Stellung. Sie werden deshalb als eine Doppelgottheit betrachtet, die in ihrer Eigenart an den lateinischen Janus erinnert. Das Verschwinden dieses Gottes wird in dem Mythus ebenfalls auf seinen Tod gedeutet. Die Götter haben seinen Tod beschlossen, um aus seinem Blute die Menschen zu bilden. Wir haben hier also dieselbe Vorstellung, die sich in Babylon mit der Person des Marduk verband. Die Erschaffung der Menschen ist an einem Orte erfolgt, der in dem Texte als Uzu-mu-a oder als der „Ort der Erschaffung des Fleisches“ bezeichnet wird.

Der Inhalt des Textes wird in einer Schlußbemerkung als ein Geheimnis bezeichnet, das der Schreiber als „Wissender“ dem „Wissenden“ bekanntgeben möchte. Die Lücke, die in der Niederschrift vorhanden ist, erklärt sich nach seiner Angabe aus dem Zustande der Vorlage, die an dieser Stelle schon zerstört war. Der Text war also jedenfalls schon sehr alt. Er kann ebenso wie das Schöpfungsepos nur im Schatten eines Tempels entstanden sein. Die Sorge für die Errichtung und Pflege der Heiligtümer nimmt für den Verfasser unter den Pflichten des Menschen den ersten Platz ein.

Diese Auffassung tritt uns auch in einem Ritualtexte entgegen, der für den Wiederaufbau eines Tempels genaue Vorschriften enthielt[1]). Wenn der Tempel eines Gottes baufällig geworden war, wurde vor dem Abbruch zunächst ein Trauergottesdienst veranstaltet, mit Klageliedern und verschiedenen Opferhandlungen. Hier-

---

[1]) Gefunden bei den Ausgrabungen der Deutschen Orientgesellschaft in Babylon, veröffentlicht und zum ersten Male übersetzt von Weißbach, Babylonische Miscellen, Tafel 12 und S. 32 ff. Umschrift und Uebersetzung auch bei Jensen, Keilinschriftliche Bibliothek, Bd. VI, 2. Teil, S. 46 ff. Uebersetzungen des Schöpfungsberichtes u. a. von Ungnad bei Greßmann, Altor. Texte und Bilder zum Alten Test. S. 25 u. Rel. der Bab. u. Ass. S. 54 f. und von Ebeling in der zweiten Aufl. der Altor. Texte S. 129 f.

bei hatte der Priester am Schluß vor einem Ziegelstein, den man von dem alten Gebäude nahm, den Text vorzutragen:

„Als Anu den Himmel geschaffen,
Nudimmud den Ozean, seine Wohnung, geschaffen,
kniff Ea im Ozean Lehm ab,
schuf er den Ziegelgott zu Erneuerung [der Tempel],
schuf er Rohr und Holz zur Arbeit des Bau[ens],
schuf er den Zimmermannsgott, den Schmiedegott und den des Gebetes[1]) zur Vollendung der Arbeit des Ba[uens],
schuf er Gebirge und Meere für . . . . . .,
schuf er den Goldschmiedegott, den Ninagal[2]), den Steinschneidergott und den Ninkurra zum Werke . . . .,
und ihren reichlichen Ertrag für Opfergaben . . . . .,
schuf er Ašnan[3]), Laḫar[4]), Siris[5]), Ningizzida[6]), Ninsar und A . . . .,
um reich zu machen die ständigen Ga[ben],
schuf er den Umunmutanku[7]) und den Umunmutannag[8]), die Opfer[gaben] darzureichen,
schuf er Kusigga, den Oberpriester der großen Götter, um auszuführen die Riten und Vor[schriften],
schuf er den König zum Pfleger [der Tempel],
schuf er die Menschen, um [den Dienst] zu verrich[ten].“

Der Text gehört der späteren Zeit an. Obschon er aus Babylon stammt, wird Marduk in den Angaben über die Schöpfung gar nicht erwähnt. Man sieht also, daß sogar an demselben Orte mehrere Auffassungen unabhängig nebeneinander bestanden. Der Verfasser denkt zwar an Esagila und an den Hofstaat des Marduk, er führt aber die Geschöpfe nicht auf Marduk, sondern auf Ea zurück.

Die Darstellung unterscheidet sich von den vorhergehenden Schilderungen besonders durch das nahezu vollständige Fehlen der mythologischen Einkleidung. Wir erfahren nur, daß Ea Lehm nahm und aus diesem Lehm zunächst die betreffenden Götter und dann den König und die übrigen Menschen bildete. Dieses Zurücktreten der Mythologie zeigt sich auch in einem Lehrgedichte aus der nordbabylonischen Stadt Sippar[9]). Der Schöpfungsgott ist hier wieder

---

[1]) Es handelte sich um den Neubau eines Tempels!
[2]) = Herr der großen Kraft, ebenfalls ein Gott der Schmiede.
[3]) Eine Getreidegottheit.
[4]) Ebenfalls eine Gottheit des Getreides.
[5]) Die Göttin des Rauschtrankes.
[6]) Der Vater des Tammuz.
[7]) = Minâ-ikul-bêli = Was ißt mein Herr? Dies war nach einer andern Stelle, wie Hommel zuerst erkannt hat (Orient. Literaturz., 10. Jahrg., 1907, Sp. 483), der Bäcker des Marduk in Esagila.
[8]) = Minâ-išti-bêli = Was trinkt mein Herr? Name des Mundschenkes von Esagila.
[9]) Cuneiform Texts from Bab. Tablets XIII, 35—37. Uebersetzungen u. a. von Zimmern bei Gunkel, Schöpfung u. Chaos S. 419 f., von Jensen Keilinschr.

der Gott Marduk. Von den übrigen Göttern wird nur die auch in dem vorletzten Texte schon genannte Göttin Aruru erwähnt.

„Ein heiliges Haus, ein Haus der Götter, war an heiliger Stätte noch nicht erbaut,
Rohr noch nicht hervorgesprossen, ein Baum noch nicht geschaffen,
ein Ziegel noch nicht hingelegt, eine Ziegelform nicht fertiggestellt,
ein Haus nicht gebaut, eine Stadt nicht gegründet,
eine Stadt nicht gebaut, Menschengewoge nicht hineingelegt,
Nippur[1]) nicht gebaut, Ekur[2]) nicht gegründet,
Uruk[3]) nicht gebaut, Eanna[4]) nicht gegründet,
der Ozean nicht geschaffen, Eridu[5]) nicht gegründet,
die Wohnung eines heiligen Hauses, des Hauses der Götter, nicht hergerichtet.
Die Gesamtheit der Länder war Meer.
Als die Mitte des Meeres noch ein Strudel war[6]),
wurde Eridu gebaut, Esagila gegründet,
Esagila, das in der Mitte des Ozeans Lugal-du-kugga[7]) bewohnte.
Babel wurde gebaut, Esagila vollendet,
die Anunnaki wurden geschaffen alle zumal.
Die heilige Stadt, die Stadt der Freude ihres Herzens, benannten sie mit hohem Namen.
Marduk fügte einen Rohrbau auf der Oberfläche des Wassers zusammen,
schuf Erde und schüttete sie nieder an der Seite des Rohrbaues.
Um die Götter wohnen zu lassen in einer Wohnung, die das Herz erfreut,
schuf er die Menschen,
schuf die Göttin Aruru den Samen der Menschen mit ihm.
Tiere des Feldes, lebende Wesen, erschuf er auf dem Felde.
Den Tigris und den Euphrat erschuf er und legte sie an ihre Stätte,
benannte sie schön mit ihren Namen.
Schilf, Riedgras, Rohr und Gebüsch erschuf er,
das Kraut des Feldes schuf er.

Bibl. Bd. VI, 1. Teil S. 38 ff., von Ungnad bei Greßmann a. a. O. S. 27 f. und Rel. der Bab. u. Ass. S. 52 ff., und von Ebeling bei Greßmann in der zweiten Aufl. S. 130 f.

[1]) jetzt Nuffar, in Mittelbabylonien, etwa 90 km südöstlich von Babylon.
[2]) der bekannteste Tempel in Nippur, dem Enlil geweiht.
[3]) heute Warka, südlich von Nippur.
[4]) Tempel in Uruk, ein Zentrum des Ištar- und Anukultes.
[5]) Stadt im südlichsten Teile des Landes, besonderer Sitz des Eakultes.
[6]) noch Wasser war, noch nicht von der Erde ausgefüllt wurde.
[7]) = König des erhabenen Gemaches, einer von den 50 Namen des Marduk.

Die Länder, das Ried und das Röhricht,
die Wildkuh und ihr Junges, das Wildkalb, das Mutterschaf und ihr Junges, das Lamm der Hürde,
Baumgärten und Wälder,
der Ziegenbock und der Steinbock erhielten von ihm ihr Dasein[1]).
Der Herr Marduk schüttete am Rande des Meeres eine Terrasse auf,
. . . . Schilf, legte trockenes Land[2]) hin,
ließ . . . . entstehen,
. . . . erschuf er, Bäume erschuf er,
. . . . schuf er an dem Orte,
. . . ., schuf eine Ziegelform,
[erbaute Häuser], schuf eine Stadt,
[erbaute eine Stadt und] setzte Menschengewoge hinein,
[Nippur erbaute er], Ekur schuf er,
[Uruk erbaute er, Eann]a schuf er"[3]).

Die Auffassungen dieses Textes sind mindestens sehr eigenartig. Es gab ein Eridu und ein Esagila, als die Erde in ihrer jetzigen Gestalt noch nicht vorhanden war. Esagila lag also zunächst mitten im Ozean. Hierauf bildete Marduk einen Rohrbau und schüttete Erde daneben auf. Dann erschuf er im Verein mit der Göttin Aruru das Menschengeschlecht. Nach der Erschaffung des Menschengeschlechtes wurde die Tierwelt ins Dasein gerufen. Da für das Gedeihen der Pflanzenwelt eine ausgiebige Bewässerung des Bodens erforderlich war, mußten hierauf zunächst die beiden Hauptflüsse des Landes geschaffen und an ihre Plätze gebracht werden. Als dieses geschehen war, entstanden Schilf, Riedgras, Rohr und Gebüsch, Ackerfelder und fruchtbare Weideplätze, Wildkühe und Schafe, Baumgärten und Wälder, Ziegen und wilde Steinböcke. Am Rande des Meeres wurde eine Terrasse aufgeschüttet; Schilfpflanzungen wurden angelegt und neben den Schilfpflanzungen wurde trockenes Land ausgebreitet. Zuletzt wurden Bäume geschaffen und Häuser und Städte erbaut. Auf die mannigfaltigen Unebenheiten und Widersprüche in dieser Darstellung braucht wohl kaum hingewiesen zu werden.

Um so klarer sind dagegen die Angaben, die uns in einer Beschwörung gegen Zahnschmerzen[4]) überraschen. Sie führen uns mit

---

[1]) izzazrušu, eine regelmäßige Nifalbildung (izzazru = izzaziru) mit Suffix. Zu der Bedeutung vgl. besonders die Bezeichnung sazzaru (sazzartu) = sisseru = seseru = Kind. In der sumerischen Fassung — der Text ist zweisprachig — wird hier das Wort lu-ug = lug gebraucht. Das ist offenbar dasselbe Wort, das uns z. B. in tešlug = admu = junger Vogel begegnet.

[2]) pa-rim = nabalu. Vgl. Meißner, Seltene ass. Ideogramme Nr. 3994 und Deimel, Sum. Lexikon Nr. 295d + e4.

[3]) Das Weitere ist abgebrochen.

[4]) Cuneiform Texts from Bab. Tablets XVII, 50. Uebersetzungen von Meißner in den Mitteilungen der Vorderas. Gesellsch. Jahrg. IX (1904), Heft 3,

einer durch nichts zu überbietenden Logik von der Erschaffung des Himmels bis zu der Entstehung des Wurmes, den man als den Urheber dieser Schmerzen betrachtete. „Als Anu [den Himmel erschaffen], der Himmel [die Erde] erschaffen, die Erde die Flüsse erschaffen, die Flüsse die Gräben erschaffen, die Gräben den Sumpf erschaffen, der Sumpf den Wurm erschaffen, trat der Wurm vor Samaš und weinte." Er wußte nicht, was er essen und was er trinken sollte, und erbat sich deshalb die Erlaubnis, zwischen den Zähnen zu wohnen und dort das Blut auszusaugen. Um ihn von dort zu entfernen, brauchte man nur einen bestimmten Rauschtrank mit Öl zu vermischen, über diese Mischung dreimal den Text der Beschwörung auszusprechen und das Gemisch dann vertrauensvoll auf den Zahn zu legen. Der Rauschtrank und das Öl taten dann ihre Wirkung, und die Beschwörungsformel war mindestens unschädlich.

Das Mythologische tritt auch hier wieder ganz in den Hintergrund. Der Verfasser denkt über den Ursprung der Dinge fast ebenso nüchtern wie ein moderner Naturforscher. Nur die Ausdrucksweise erinnert noch an die Vorstellung von lebenden und handelnden Persönlichkeiten. Die Tafel gehört der neubabylonischen Zeit an. Der Text wird am Schluß als die Abschrift einer älteren Vorlage bezeichnet, die das Eigentum eines gewissen Mardukṇadinaḫ war. Der Abschreiber hieß Marduknadinibri.

Wir sehen also, daß die Auffassungen außerordentlich weit auseinandergingen. Sie waren nicht nur örtlich, sondern auch zeitlich zum Teil ganz verschieden. In der ältesten Zeit neigte man nach den vorhandenen Texten zur Mythenbildung, in den späteren Perioden scheint man die Vorgänge vielfach natürlicher aufgefaßt zu haben. Von den epischen Bearbeitungen hatte sich in der damaligen Zeit, soweit wir es bis jetzt beurteilen können, nur noch die babylonische Darstellung erhalten. Sie erfreute sich einer solchen Wertschätzung, daß sie auch in Assyrien schon früh herübergenommen wurde. Die Wertschätzung bezog sich aber mehr auf die Form als auf den Inhalt. Berossus glaubte den Inhalt nur allegorisch erklären zu können.

Der Name Tiâmat ist in dieser Aussprache nichts anderes als die ältere und gelegentlich auch später noch vorkommende Form für das akkadische tâmtu = Meer. Er ist also seinem Ursprunge nach schon semitisch. Eine sumerische Bezeichnung hat sich in derselben Bedeutung als Eigenname bisher noch nicht vorgefunden. Die Sumerer kannten für das Meer nur das Wort a-ab = ab, das uns in dem Namen Apsu begegnet ist. Auch der Name Mummu ist höchst wahrscheinlich aus dem Semitischen zu erklären. Es ist das zweimal gesetzte akkadische mû = Wasser.

S. 40 ff., von Ungnad bei Greßmann a. a. O. S. 28 u. Rel. der Bab. u. Ass. S. 59 f., und von Ebeling bei Greßmann in der zweiten Aufl. S. 133 f.

Das hebräische tehôm bezeichnet in der Bibel fast immer das Urmeer, aus dem sich der Erdkreis als das „Trockene" (Gen. 1, 9—10) seit der Schöpfung emporhebt. Es trägt die Erdmasse, die fest gestützt ist, im eigentlichen Sinne des Wortes auf seinen Fluten und liefert vor allem das Wasser, das in den Quellen aus dem Boden hervordringt. Wasser und Erde gehören in diesem Sinne zusammen. Sie werden nach dem Schöpfungsberichte voneinander getrennt und erscheinen in der Sprache des gewöhnlichen Lebens als Meer und als Land. Das Meer wird hier in der üblichen Weise als jâm und das Land als ereṣ bezeichnet. Neben diesem ereṣ gebrauchte man aber in der gehobenen Sprache noch das Wort têbel, das die Erde in ihrer ganzen Ausdehnung hervortreten läßt und dadurch den Gegensatz zu der Fülle des umschließenden Wassers noch deutlicher zur Geltung bringt. Das Wort findet ebenso wie tehôm seine weitere Ergänzung in dem Worte šeôl, das nach dem Hebräischen in Palästina zur Bezeichnung der Unterwelt in Gebrauch war. Wir haben es bei diesen Ausdrücken auch in sprachlicher Hinsicht mit einer einheitlichen, in sich selbst geschlossenen Gruppe zu tun. Sie sind in den älteren Texten immer als Feminina gefaßt und werden auch in der späteren Zeit nie mit dem Artikel verbunden. Dies setzt eine Entwickelung voraus, die schon vor dem Beginn des alttestamentlichen Schrifttums zum Abschluß gekommen war.

Die Unterwelt war der Ort, wo die Verstorbenen sich aufhielten. Wenn man mit ihnen sprechen wollte, mußte man sie heraufholen. Vgl. dafür besonders I Sam. 28, 8. 11. 13. 14. 15. Das ist dieselbe Auffassung, die uns auch in der Keilschrift bezeugt wird. Man bezeichnete den Totengeist im Akkadischen als šûlû, weil er von dem Beschwörer aus der Tiefe nach oben gebracht wurde. Das Wort ist eine Kausativbildung von elû = emporsteigen. Die Höhe, zu der man emporsteigt, wird im Akkadischen als mêlû bezeichnet. Nun gab es aber im Sumerischen einen Ausdruck en-me-li = en-si[1]), der im Akkadischen durch ša-i-lu und ša-il-tu[2]) umschrieben wird. En = bêlu = Herr. Dieser gebot über etwas, was wir in dem sich anschließenden me-li = si zu vermuten haben. Si = ḳarnu = Horn. Es muß aber ein Horn gewesen sein, das nach der ideographischen Schreibung auch die Wiedergabe durch me-li gestattete. Diese Voraussetzungen lassen sich nur miteinander in Einklang bringen, wenn wir bei ḳarnu an ḳeren = Bergspitze[3]) und bei me-li an das erwähnte mêlû = me-lu-u = me-li-i = Bergeshöhe denken. Wir haben es also bei me-li lediglich mit einem Scheinideogramm zu tun, das schon aus der akkadischen Zeit stammt. Der en me-li ist nach

---

[1]) Brünnow, Classified List Nr. 2921; Meißner, Seltene ass. Ideogramme Nr. 1858; Deimel, Sum. Lexikon Nr. 99, 253.

[2]) Delitzsch, Assyrisches Handwörterbuch S. 634; Muß-Arnolt, Assyrisch-englisch-deutsches Handwörterbuch S. 997.

[3]) Is. 5, 1.

dieser Bezeichnung ein bêl melî oder ein „Herr der Erhöhung". Die Tätigkeit, die er ausübte, wird durch ša'âlu = fragen ausgedrückt. Da er in den Texten wiederholt neben dem barû oder dem Wahrsager genannt wird, kann die genauere Bedeutung dieses Wortes nicht zweifelhaft sein. Er hat sich ebenso wie der Wahrsager nach Dingen zu erkundigen, die dem Menschen unter normalen Verhältnissen vorläufig noch verborgen sind. Das Fragen steht aber bei ihm noch mehr im Vordergrund als bei dem barû; denn es ist sicher kein Zufall, daß das Partizip des genannten Verbums bei ihm zur Standesbezeichnung geworden ist. Der barû ist nach der akkadischen Bezeichnung der „Seher", der z. B. die Opferschau vorzunehmen hat, der šâ'ilu ist dagegen als „Frager" zu betrachten. Das Fragen war nach dem Ideogramm mit einer Erhebung verbunden, die er als der Herr dieser Erhebung selbst herbeiführte. Er verstand es also, jemanden emporzubringen und zu befragen. Das war das Geheimnis und die besondere Aufgabe des Totenbeschwörers, den man im Akkadischen auch als den mušêlû, als den Heraufbringer, oder als den mušêlû ša eṭimmu, als den Heraufbringer des Totengeistes, bezeichnete. Der Totengeist gab dann als šûlû, als der Emporgebrachte, die erbetene Auskunft. Der šâ'ilu konnte aber in Palästina nur zu einem šo'êl werden. Man unterschied hier also, wie wir annehmen müssen, zwischen der šeôl und dem šo'êl, der von den Bewohnern der šeôl genauere Erkundigungen einzog. Dieser Gleichklang setzt natürlich einen Zusammenhang voraus. Die beiden Wörter gehen offenbar auf denselben Ursprung zurück. Die šeôl ist nach dieser Bezeichnung als die Wohnstätte der Geister zu betrachten, mit denen der šo'êl bei seiner Tätigkeit in engere Verbindung trat.

Bei dem Worte têbel sucht man zunächst nach einer Wurzel tabal. Man muß sich aber bald davon überzeugen, daß dieser Weg hier nicht zum Ziele führt. Es gibt zwar im Arabischen ein tabala = schwächen, aber man legt sich vergebens die Frage vor, was diese Bedeutung mit der Eigenart der aus dem Wasser hervortretenden Erdoberfläche zu tun hat. Um so näher liegt es dagegen, an das akkadische tabalu zu denken, das an den Stellen, wo es vorkommt, einen Gegensatz zu dem Worte nâru = Fluß zum Ausdruck bringt. Die Texte erzählen uns nämlich wiederholt von einer Klasse von Beamten, die als kallê nâri bezeichnet werden, und von andern, die in derselben Weise als kallê tabali tätig waren. Die eine Gruppe kam für die Wasserläufe in Betracht, die andere hatte offenbar auf dem Lande zu tun. Neben diesem tabalu gab es aber noch ein Wort nabalu[1]), das ebenfalls in dieser Bedeutung gebraucht wurde. Es handelt sich bei diesen Bezeichnungen um zwei verschiedene Bildungen von dem Verbum abâlu = trocken werden, das in den andern semitischen Dialekten fast überall verschwunden ist. Da im Akkadischen ein vokalischer Anlaut stets mit schwachem

[1]) Vgl. oben S. 80.

6*

Einsatz gesprochen wurde, trat bei der Verbindung mit den beiden vokalisch auslautenden Präfixen eine Kontraktion ein, die für die erste Silbe der beiden Wörter auf einen langen Vokal schließen läßt. Eine solche Verschmelzung ist im Hebräischen sehr selten. Wo sie vorkommt, wurde das lange, durch die Kontraktion entstandene a schon sehr früh zu o. Wir finden dort z. B. ein asar = binden und ein mosar = ma-asar = Fessel. Damit ist auch die Form angedeutet, die wir im Hebräischen bei normaler Entwickelung statt des vorliegenden têbel erwarten dürften. Der lange Vokal wäre hier ebenfalls zu o geworden. Das Wort war also in der damaligen Zeit im Hebräischen noch nicht vorhanden. Es ist hier erst aufgetreten, als diese Entwicklung schon zum Abschluß gekommen war, und machte dann dieselbe Wandlung durch wie die sogenannten Segolatformen, bei denen das a gewöhnlich zu einem e-Laut und im Phönizischen nach den späteren Umschreibungen vielfach sogar zu einem i wurde.

Man könnte nun versucht sein, auch bei dem Worte t^ehôm auf einen derartigen Zusammenhang zu schließen. Wenn die Bezeichnung für das Festland akkadischen Ursprunges ist, hat man gar keinen Grund, bei der Hervorhebung des Meeres ein solches Verhältnis von vornherein abzulehnen. Wir dürfen aber nicht übersehen, daß das a hier ebenfalls schon zu o geworden ist. Es führt uns also in eine Zeit, die wesentlich früher liegt. Das Wort findet sich nicht nur im Hebräischen, sondern auch in den Texten von Ras Schamra. Der Singular wechselt dort in einem mythologischen Texte[1]) mit dem gewöhnlichen jâm. In den epischen Dichtungen, die uns durch die Ausgrabungen bekannt wurden, tritt uns El an einer Reihe von Stellen als m-b-k n-h-r-m ḳ-r-b a-p-ḳ t-h-m-t-m entgegen, als der mabbîk n^eharîm ḳereb apiḳê t-h-m-t-m, der die Ströme hervorquellen läßt aus den Tiefen der t-h-m-t-m. Diese Form entspricht in ihrer Bildung genau dem in der Bibel allerdings nicht vorkommenden hebräischen t^ehomothaim; sie zeigt uns also, daß man auch den Dual gebrauchte. Der Ursprung dieser Ausdrucksweise ist aber noch unklar[2]). Das Wort ist im Phönizischen offenbar ebenso gebräuchlich gewesen wie im Hebräischen. Es bezeichnete dort genau so wie im Hebräischen das Meer in seiner weitesten Ausdehnung. Das deckt sich zwar mit der Vorstellung, die im Schöpfungsepos durch die Gestalt der Tiâmat zum Ausdruck gebracht wird; es hat aber mit der Persönlichkeit der Tiâmat an und für sich gar nichts zu tun. Der Verfasser des biblischen Schöpfungsberichtes würde auch ohne die babylonische Dichtung bei der Angabe sicher dasselbe Wort gewählt haben. Es war das

---

[1]) Die Geburt der anmutigen und schönen Götter, herausgegeben von Virolleaud, Syria XIV (1933), S. 128 ff., Z. 30.

[2]) Albright denkt Journal of the Palestine Oriental Society Vol. 12 (1932), S. 196, und Vol. 14 (1934), S. 121 an die Wasser des himmlischen und des irdischen Ozeans, die am Horizont miteinander in Verbindung stehen.

einzige Wort, das nach seiner sonstigen Bedeutung für die Darstellung überhaupt in Betracht kam. Die Grundform hat sich noch in dem arabischen Tihâmat erhalten, das die Landschaft am Ufer des Roten Meeres bezeichnet.

Wenn man sich das Meer als eine Person vorstellte, gebrauchte man in Palästina nach den Andeutungen der Bibel mit Vorliebe das Wort Rahab. Dieser Name begegnet uns an mehreren Stellen als die Bezeichnung eines Urwesens, das ebenfalls gegen Jahwe einen Kampf unternimmt. Der Verfasser von Is. 51, 9 glaubt daran erinnern zu dürfen, daß der Herr mit der Kraft seines Armes Rahab erschlug und ein anderes Wesen, das hier als tannîn bezeichnet wird, siegreich durchbohrte; Ps. 89, 11 erfahren wir, daß Rahab von Jawhe zu Boden geworfen wurde wie ein Erschlagener; nach der Stelle Job 26, 12 hat Jawhe durch seine Kraft das Meer erregt und Rahab mit kluger Ueberlegung niedergeschlagen; nach der Angabe 9, 13 krümmen Rahabs Helfer sich als Besiegte unter seinen Füßen. Wir haben hier also ganz dieselben Einzelheiten, die uns auch im Schöpfungsepos begegnen. Das Ungeheuer ist ebenso wie Tiâmat von einer Reihe von Helfern umgeben. Es wird im Kampfe getötet, und die Helfer werden zur Unterwerfung gezwungen; sie behalten aber, wie es scheint, auch nach den biblischen Angaben das Leben. Ps. 89 wird ausdrücklich hervorgehoben, daß Jawhe sie mit starkem Arm zerstreute. Der Sieg wurde ebenso, wie es in der babylonischen Dichtung betont wird, mit Kraft und kluger Einsicht gewonnen. Das sind Uebereinstimmungen, an denen man nicht vorübergehen darf. Rahab ist in seiner Grundbedeutung nichts anderes als das „Toben"; es war, wie man aus dieser Bedeutung entnehmen muß, das Wogen und Rauschen der vom Sturme bewegten Flut, die uns auch in der Bibel als ein feindliches Ungeheuer geschildert wird. Die Vorstellung ist genau dieselbe; sie wird aber in der Bibel durch eine andere Bezeichnung zum Ausdruck gebracht. Das entspricht ganz der Gepflogenheit, die wir auch sonst bei unsern Zusammenstellungen noch häufiger beobachten werden. Man übernahm in Palästina bei den Entlehnungen vielfach nur das Gedankengut, ohne sich an die Einkleidung, in der es sich darbot, irgendwie zu binden. Die Eigennamen, denen man begegnete, wurden fast immer ins Hebräische übertragen. Das ist auch hier geschehen. Der Kampf, um den es sich hier handelt, ist der im Schöpfungsepos geschilderte Kampf gegen die Tiâmat. In diesem Kampfe nahm Jawhe in der israelitischen Zeit denselben Platz ein wie Marduk bei den Babyloniern und Aššur im Lande der Assyrer[1]).

---

[1]) Vgl. zu den Einzelheiten besonders Herm. Gunkel, Schöpfung und Chaos, Göttingen 1895, anastatischer Neudruck 1921, S. 30 ff., Joh. Nikel, Genesis und Keilschriftforschung, Freiburg i. B. 1903, S. 90 ff. und V. Zapletal, Der Schöpfungsbericht der Genesis (1,1—2,3) mit Berücksichtigung der neuesten Entdeckungen und Forschungen, zweite Aufl., Regensburg 1911,

Ummu-Ḫubur, die Mutter des Totenreiches, brachte nach dem Schöpfungsepos elf Gruppen oder Arten von Ungeheuern hervor, die der Tiâmat helfend an die Seite traten[1]). Unter diesen Ungeheuern werden an erster Stelle die Riesenschlangen genannt, die man mit einem sumerischen Lehnwort als mušmaḫḫê bezeichnete. Es waren Tiere mit giftigen Zähnen und schonungslosem Gebiß. In einem Hymnus auf den Gott Ninurtu[2]) wird hervorgehoben, daß sie sieben Köpfe besaßen. Die Waffe des Gottes ist kima mušmaḫḫi siba ḳaḳḳadêšu. Ein solches Schlangenungeheuer mit sieben Häuptern begegnet uns auch in dem schon mehrfach erwähnten Epos der Phönizier. Baal erklärt dort seinem Diener, dem Gotte Gepen und Ugar[3]): K t-m-ḫ-ṣ L-t-n b-š-n b-r-ḥ t-k-l-i b-š-n ‘-ḳ-l-t-n š-l-i-ṭ d š-b-‘-t r-a-š-m t-š-k-ḥ t-t-r-p š-m-m k-r-s e-p-d-k[4]), Wenn du den L-t-n, den b-š-n b-r-ḥ, erschlägst, den b-š-n ‘-ḳ-l-t-n, den Starken mit den sieben Häuptern, erledigst, wirst du den t-t-r-p des Himmels finden[5]), den k-r-s deines Ephods. Gepen und Ugar soll also den L-t-n erschlagen, ein Tier, das besonders im Lande Basan vorzukommen scheint und von dem Dichter als b-r-ḥ bezeichnet wird. Das ist dieselbe Tat, die der Prophet Isaias am Anfange des 27. Kapitels in einem ähnlichen Zusammenhange von Jahwe erwartet. Israel befindet sich nach der vorhergehenden Schilderung in großer Bedrängnis. Seine Toten sollen aber zum Leben erstehen, und die Leichen sollen sich wieder erheben. Es sollen erwachen und jubeln, die im Staube wohnen. Ein Tau des Lichtes soll herabkommen und die Erde soll die Rephaim, die Schatten des Totenreiches, in einer neuen Geburt wieder aus dem Dunkel der Unterwelt herausgeben[6]). Das Volk soll sich für eine kurze Weile in seinen Kammern verschließen, bis der Zorn vorübergeht; denn Jahwe bricht schon von seinem Wohnsitz auf, um die Missetat der Erdbewohner zu bestrafen. Die Erde legt das Blut offen, das auf ihr geflossen, und verbirgt nicht länger die Toten, die auf ihr gemordet sind. An diesem Tage, so heißt es dann weiter, wird Jahwe mit seinem harten, großen, starken Schwerte den Leviathan heimsuchen,

---

S. 123 ff. Hieronymus übersetzt Job 9, 13: sub quo curvantur qui portant orbem; er denkt also ebenfalls schon an Wesen, die der Mythologie angehören. Zapletal entscheidet sich ebenso wie Gunkel ohne Bedenken für „Tiâmat mit ihren Helfern". Nikel gibt zu, daß die Stelle an die Angaben des babylonischen Dichters „stark erinnert"; er hält es aber ebensogut für möglich, „daß hier irgend eine Anspielung auf irgend einen andern, uns unbekannten Mythus vorliegt". Das ist grundsätzlich derselbe Standpunkt.

[1]) Vgl. oben S. 58. Die Angabe findet sich in dem Epos an vier verschiedenen Stellen.

[2]) II Rawlinson 19 Nr. 2 Z. 13—14.

[3]) Ein Gott mit einem Doppelnamen, ähnlich wie z. B. Ḳ-d-s und A-m-r-r und K-š-r und Ḥ-s-s.

[4]) Syria XV (1934), S. 305 und S. 307.

[5]) = erhalten.

[6]) tappîl, sie soll gebären. Sie soll die Rephaim, die hier gemeint sind, wieder zu neuem Leben emporsteigen lassen.

den naḥaš bariaḥ, die flüchtige Schlange, wie der Ausdruck gewöhnlich übersetzt wird, und den Leviathan, den naḥaš 'aḳallathon, die gewundene Schlange, und den Tannîn erschlagen, der sich im Meere befindet. Die Uebereinstimmung mit der phönizischen Dichtung ist hier so auffallend, daß man einen Zusammenhang gar nicht leugnen kann. Wir finden in dem Texte nicht nur dieselben an und für sich schon so seltenen Wörter, sondern auch genau dieselbe Aufeinanderfolge der einzelnen Bezeichnungen. Man steht bei den Zeilen der phönizischen Dichtung zunächst vor der Frage, ob es sich um ein einziges Wesen oder um zwei Tiere handelt, und man hat den Eindruck, daß dieselbe Schwierigkeit schon für den Verfasser des hebräischen Textes bestand. Er hat sich allem Anscheine nach für zwei Wesen entschieden, die er beide als Leviathan bezeichnet. Der eine Leviathan ist flüchtig, der andere gewunden. Dieser Gedanke lag um so näher, weil der Dichter an der Stelle, wo die zweite Eigenschaft hervorgehoben wird, auch ein anderes Verbum gebraucht. Es ist aber wohl sicher, daß dieser Wechsel ebenfalls nur in dem Parallelismus der Versteile seinen Grund hat. Der Wortlaut ist also dem Urheber der Prophetenstelle in seinen Einzelheiten genau bekannt gewesen. Diese Kenntnis beschränkt sich aber nicht auf die Angaben in dem hier zufällig herausgehobenen Zeilenpaar; sie erstreckt sich auch auf den Grundgedanken der ganzen Dichtung, der dem Propheten offenbar lebendig vor der Seele stand. Es ist eine Dichtung von dem Kampfe gegen den Tod, den auch Jahwe nach der biblischen Darstellung jetzt überwinden soll. Der Sieg, den der Prophet hier in Aussicht stellt, zeigt sich ebenso wie in der phönizischen Dichtung in dem Aufstieg der Verstorbenen aus der Unterwelt und in dem Triumph über die feindlichen Ungeheuer. Die Einzelheiten haben für Isaias natürlich nur den Wert eines naheliegenden Vergleiches. Der Kampf gehört nach der phönizischen Darstellung der Vergangenheit an; in der Bibel liegt er noch in der Zukunft. Die Ungeheuer sind also für Isaias noch am Leben, obschon sie nach der phönizisichen Dichtung längst erschlagen sind. Es sind für ihn, wie man nach der damaligen Lage der Dinge vermuten darf, die Assyrer, die Babylonier und die Ägypter. Die Gefallenen werden aber zu neuem Leben erstehen, und Jahwe wird selbst über die Feinde triumphieren. Wir sehen in diesem Falle noch deutlich den Weg, auf dem die Vorstellungen in die Bibel hineingekommen sind. Der Gedanke an die sieben Köpfe des Tieres ist nach der keilinschriftlichen Stelle babylonischen Ursprungs. Er findet sich zwar noch nicht in dem Schöpfungsepos; wir sind aber zu der Annahme berechtigt, daß hier ein Zusammenhang mit dem Hinweis auf die grausamen Zähne und auf das unbarmherzige Gebiß des Tieres besteht. Das Ungeheuer kam dann in dieser jüngeren Form auch zu den Phöniziern und fand dort schon vor dem vierzehnten Jahrhundert seine Verwendung in dem uns erhaltenen Epos. Dieses Epos war zur Zeit des Isaias noch in Palästina verbreitet. Der Prophet kennt es dem Inhalte nach und bindet sich in seiner Darstellung noch an den Wortlaut. Er darf die Gestalten, die wir dort antreffen, ohne Bedenken bei seinen Lesern als bekannt voraussetzen. Dabei verfährt er ganz in derselben Weise wie wir es auch heutzutage noch bei der Benutzung unserer Dichtungen zu tun pflegen. Wir erzählen von den Personen, gebrauchen die Namen und erwähnen die Darlegungen, ohne bei den Vorgängen stets nach der geschichtlichen Wirklichkeit zu fragen, und erwarten von dem Zuhörer, daß er ebenfalls die Entlehnungen richtig beurteilt. Das war auch in der damaligen Zeit schon bei den Urhebern der biblischen Texte der Fall. An andern Stellen wird der Kampf ebenso wie in dem Epos als ein Ereignis der Vergangenheit behandelt. Jahwe zerschmetterte dem Leviathan, wie wir in Ps. 74 erfahren, bei dem Vordringen des Meeres die Köpfe und überließ ihn alsdann den Schakalen zum Fraß; er erregte nach den Angaben im 26. Kapitel des Buches Job die Wogen des Meeres, tötete Rahab und durchbohrte die flüchtige Schlange[1]).

Gepen und Ugar soll nach der Angabe des phönizischen Textes, wenn er Sieger bleibt, den t-t-r-p des Himmels, den k-r-s seines Ephods, finden. Der t-t-r-p des Himmels soll also sein besonderer Lohn sein. Dieser steht in Parallele mit dem k-r-s- seines Ephods. Das Ephod war in der israelitischen Zeit eine Orakeltasche, in der die Urîm und die Tummîm enthalten waren. Dies führt uns für k-r-s auf das aramäische keres = Bauch. Auch das Verbum š-k-ḥ ergibt sich hier in seiner Bedeutung aus dem Aramäischen. Der t-t-r-p des Himmels ist also gleichbedeutend mit dem, was sich in dem keres des Ephods befindet. Der Ausdruck ist in seiner sprachlichen Form eine Nominalbildung von t-r-p; er setzt also ein Verbum tarap = taraph voraus, das uns im Hebräischen in dem Worte t[e]raphîm begegnet. Die Teraphim werden auch in der Bibel an mehreren Stellen mit dem Ephod unmittelbar in Verbindung gebracht. Als Micha nach der Erzählung im 17. und 18. Kapitel des Richterbuches von seiner Mutter das wertvolle Schnitz- und Gußbild erhalten hatte, ließ er ein Gotteshaus errichten, Ephod und Teraphim anfertigen und machte dann an diesem Heiligtum zunächst einen von seinen Söhnen und später einen Leviten zum Priester. In dem Heiligtum befanden sich also, wie 18, 14 noch einmal besonders hervorgehoben wird, Ephod, Teraphim und ein Schnitz- und Gußbild. Das war nach den Andeutungen der Texte auch bei andern Kultstätten der Fall. Der Prophet Osee erzählt uns 3, 4 in seiner Mahnung an die Buhlerin: „Denn viele Tage werden die

[1]) Wir kommen auch hier wieder zu der Gleichsetzung von Leviathan und naḥaš bari[a]ḥ. Bei dem Worte Leviathan wird das Waw von dem phönizischen Schreiber als Vokal behandelt. Es standen hier also mehrere Vokale nebeneinander, die in der Schrift ebenso wie die einfachen Laute ganz übergangen wurden.

Söhne Israels noch dasitzen, ohne König und ohne Fürst, ohne Opfer und ohne Standbild, ohne Ephod und Teraphim." Ephod und Teraphim werden hier als eine einzige, in sich selbst geschlossene Einheit behandelt. Wenn man nicht wußte, wie man sich entscheiden sollte, befragte man die Teraphim[1]); diese vermochten aber auch Törichtes zu reden und verkündeten nicht immer die Wahrheit[2]). Es wird also vorausgesetzt, daß sie die Fragen selbst beantworteten. Dies geschah durch die Angaben, die aus dem Ephod herausgeholt wurden. Die Einzelheiten entziehen sich hier allerdings noch unserer Kenntnis. Die Urîm und die Tummîm werden Deut. 33, 8 als die Urîm und die Tummîm des Herrn bezeichnet. Sie brachten also in irgendeiner Weise die Entscheidungen oder den Willen Gottes zum Ausdruck. Dies berührt sich in seinem Grundgedanken auf das engste mit den Vorstellungen der Babylonier. Bei den Babyloniern wurden die Geschicke, denen auch die Götter sich zu fügen hatten, von Marduk am Anfange des Jahres in einer besonderen Götterversammlung genau festgelegt und von seinem Sohne Nabu, dem Sekretär der Versammlung, auf Tontafeln sorgfältig niedergeschrieben. Diese Tafeln, die sogenannten Schicksalstafeln, blieben dann in der Hand des Marduk. Wir erinnern uns, daß sie sich in der ältesten Zeit im Besitze der Tiâmat befanden. Tiâmat hatte sie dann, bevor sie in den Kampf zog, dem Kingu überlassen und sie ihm feierlich an die Brust geheftet[3]); Marduk hatte sie aber dem Kingu, dem sie nicht zukamen, nach dem Siege wieder abgenommen, sie mit seinem Siegel gesiegelt und sie darauf nach den Vereinbarungen, die er vorher getroffen hatte, mit berechtigtem Stolz an die eigene Brust gelegt[4]). Er trug sie also auf der Brust, und zwar in einer Tasche, die er selbst in der angegebenen Weise versiegelt hatte. Die Tafeln enthielten nach den Auffassungen der Babylonier die Geheimnisse des Himmels und der Erde, die den Menschen besonders durch die Tätigkeit der Opferschauer enthüllt wurden; sie umfaßten also, wie man sieht, genau dasselbe, was die Phönizier als den t-t-r-p des Himmels bezeichneten. Die Tasche wird nach der Annahme des phönizischen Dichters noch ebenso wie bei den Babyloniern von einem Gotte getragen; sie gehörte nach den Angaben der Bibel in der israelitischen Zeit zur Ausstattung des Hohenpriesters. Der phönizische Dichter ist in seinen Ausführungen offenbar ganz vom Schöpfungsepos beeinflußt. Er will dem Sieger denselben Lohn zukommen lassen, den Marduk nach der Vernichtung der Tiâmat erhielt. Damit ist die Gleichsetzung, soweit es sich um den Inhalt und die eigentliche Bedeutung der Tasche handelt, gegen jeden Zweifel sichergestellt. Nun wissen wir aber, daß wir unter Teraphim eine bestimmte Art von Götter-

---

1) Ezech. 21, 26.
2) Zachar. 10, 2.
3) S. oben S. 58.
4) S. oben S. 63.

bildern zu verstehen haben. Das Wort wird im Hebräischen stets im Plural gebraucht, auch da, wo nach den sonstigen Angaben nur ein einziges Bild in Betracht kommt. Rachel stahl ihrem Vater vor ihrer Abreise seinen als Teraphim bezeichneten Hausgott, den sie dann nach Gen. 31, 34 in dem Reitkorb auf ihrem Kamele verbarg. Michal läßt I Sam. 19, 11 ff. den David entfliehen und legt in sein Bett einen am Kopfe mit einem Fliegennetz verhüllten Teraphim, um die Flucht zu verheimlichen. Dies setzt voraus, daß es sich um eine Darstellung in menschlicher Form handelte. Wir sind also zu der Annahme berechtigt, daß dies auch da der Fall war, wo außerdem noch von einem Ephod gesprochen wird. Dies wird uns jetzt durch die Stelle in dem phönizischen Epos mit aller nur wünschenswerten Deutlichkeit bestätigt. Wenn dem Gotte versprochen wird, daß er das Ephod selbst tragen soll, muß es auch bei den Bildwerken an den öffentlichen Kultstätten so gewesen sein. Wir haben also an Götterbilder zu denken, die ebenfalls ein Ephod trugen. In dem Ephod befand sich, wo es von dem Gotte selbst getragen wurde, nach der Angabe des phönizischen Dichters der t-t-r-p des Himmels. Das kann nach unserer bisherigen Zusammenstellung nur eine Niederschrift gewesen sein, wie sie sich auf den Tontafeln des Marduk befand. Ein solcher Text ist aber bei den Nachbildungen in den Tempeln, wie es scheint, von vornherein ausgeschlossen. Die Götter geben ihre Geheimnisse niemals ganz aus der Hand; sie erteilen die Auskunft, die man von ihnen erbittet, unter normalen Verhältnissen stets nur durch besondere Zeichen. Wir werden deshalb nicht fehlgehen, wenn wir den Gebrauch der Urîm und der Tummîm, von denen wir bis jetzt bloß aus der Bibel erfahren, auch für nichtisraelitische Gotteshäuser voraussetzen. Das Ephod wird nach den Vorschriften der Bibel vom Hohenpriester getragen, weil man von Jahwe kein Bildnis anfertigen durfte. Der Zusammenhang mit den Schicksalstafeln gibt uns jetzt auch die Möglichkeit, an der Hand der sprachlichen Bezeichnungen die genauere Bedeutung der Urîm und der Tummîm etwas näher zu bestimmen. Das Schicksal, das auf den Tafeln des Marduk festgelegt war, wurde im Sumerischen als nam-tar und im Akkadischen als šîmtu bezeichnet. Das sumerische nam-tar war aber auch als Ideogramm für nazâru = verwünschen und für arâru = verfluchen in Gebrauch. Es bezeichnete nicht nur das gute, sondern vor allem auch das böse Geschick. Dies führt uns im Hebräischen auf das dem arâru entsprechende arar. Wir finden also in der Keilschrift neben dem gewöhnlichen nam-tar = šîmtu = Geschick ein als Verbum gebrauchtes und im Grunde gleichbedeutendes nam-tar = arâru = arar und haben im Hebräischen außerdem noch ein urîm zu unterscheiden, das sich in seiner Bedeutung ebenfalls auf den Inhalt der Tasche bezieht. Die Tasche enthielt nach der babylonischen Auffassung nicht nur die Zusicherungen von Glück und Erfolg; sie umschloß auch die Aufzeichnung der bösen Geschicke, in denen man vielfach die Auswirkungen eines Fluches erblickte. Wenn sie aber Festlegungen enthielt, die sich auf ein arâru = arar zurückführen ließen, muß auch die Wiedergabe durch urîm in ihrer Grundbedeutung mit diesem Teil der Bestimmungen in Verbindung gebracht werden. Das Wort steht in seiner sprachlichen Form zu dem Verbum arar in demselben Verhältnis wie tummîm zu tamam. Da das Rêsch keine Verdoppelung zuläßt, mußte beim ersten Vokal eine Verlängerung eintreten. Die Urîm sind also in der israelitischen Zeit, wie wir annehmen müssen, die in der Tasche vorhandenen Zeichen, die Unglück und Mißerfolg verkündeten; die Tummîm ließen erkennen, daß etwas vollkommen, recht und gut war. Sie bedeuteten, wenn sie bei der Anfrage aus der Tasche herausgeholt wurden, ein Ja, die Urîm waren dagegen die Zeichen für Nein.

Der Name Leviathan, hebr. Liwjathan, kann erst in Palästina entstanden sein. Es ist eine Bildung von der Wurzel lawah, die in diesem Falle auf die zahlreichen Spiralwindungen[1]) der Schlange Bezug nimmt. Wir haben hier also dieselbe Erscheinung, die sich auch bei dem Worte Rahab ergab. Die Vorstellung ist ihrem Ursprunge nach babylonisch, die Bezeichnung dagegen kanaanäisch. Bei den Babyloniern war es die große Schlange mit dem schrecklichen Gebiß und in der späteren Zeit die große Schlange mit den sieben Köpfen, bei den Phöniziern ist es die Schlange mit den vielen Windungen und den sieben Köpfen.

Jahwe erschlägt aber nach der Schilderung des Propheten nicht nur den Leviathan; er tötet auch den Tannîn, der sich im Meere befindet. Dieser Kampf erfolgte nach den Voraussetzungen von Is. 51, 9 ebenfalls schon in den Tagen der Urzeit. Er steht hier, wie oben schon kurz hervorgehoben wurde, in unmittelbarem Zusammenhange mit dem Kampfe gegen Rahab. „Erhebe dich“, so ruft der Verfasser, „erhebe dich und bekleide dich mit Kraft, Arm Jahwes! Erhebe dich wie in den Tagen des Urbeginns, bei den Geschlechtern der Vorzeit! Warst du es nicht, der auf Rahab einschlug und den Tannîn durchbohrte? Warst du es nicht, der das Meer trockenlegte, die Wasser des großen Abgrundes, der die Meerestiefen zu einem Wege bahnte, daß hindurchzögen die Erlösten?“ Der Prophet sieht hier die Ereignisse der Urzeit; er verbindet sie in seiner Vorstellung mit dem Durchzuge durch das Rote Meer, wo Jahwe ebenfalls die Fluten bezwang, und bittet jetzt um ein ähnliches Eingreifen in der damaligen Bedrängnis. In dem Psalm 74 ist V. 13 von den tanninîm im Plural die Rede. Wir lesen dort, daß Jahwe den tanninîm auf dem Wasser die Köpfe zerschmetterte, und erfahren dann im folgenden Verse von der Vernichtung des Leviathan. In dem Epos von Ras Schamra wird uns erzählt, daß der Gott Košer und Ḫasis den A-r-š und den T-n-n in

[1]) Vgl. zu dieser Bedeutung besonders auch die S. 20 schon erwähnte Grundform des Buchstabens Lawe = Lamed.

das Meer warf[1]). Wir sehen also, daß die Götter auch nach den Ueberlieferungen der Phönizier schon in der ältesten Zeit mit diesen Tiergestalten zu kämpfen hatten. In der Bibel ist die Behandlung dann überall dieselbe. Die Israeliten lebten sich ebenfalls in diese Vorstellungen hinein und übertrugen die Einzelheiten, soweit sie sich mit ihren sonstigen Auffassungen in Einklang bringen ließen, ohne Bedenken auf Jahwe. Dieser Zusammenhang tritt aber im Schöpfungsberichte ganz in den Hintergrund. Wir erfahren dort nur, daß die tanninîm ebenso wie die übrigen Tiere des Meeres von Gott ins Dasein gerufen wurden. „Gott schuf die großen tanninîm und alle Lebewesen, die da kriechen, die sich bewegen in den Gewässern, l^eمînehem, und alles Geflügel l^emînehu, und Gott sah, daß es gut war. Und Gott segnete sie und sprach: Seid fruchtbar und mehret euch und füllet die Wasser der Meere, und auch die Vögel sollen sich mehren auf der Erde! Und es ward Abend und Morgen, der fünfte Tag."

Man erblickt in dem Worte mîn, das uns hier bei der Aufzählung begegnet, schon seit der ältesten Zeit einen Hinweis auf die Art oder die Gattung der betreffenden Geschöpfe. Gott schuf also, wie man in der Regel übersetzt, die Kräuter in ihrer Art, die Bäume in ihrer Art, die Fische des Meeres in ihrer Art und die Tiere des Feldes in ihrer Art. Ebenso heißt es dann bei der Sintflut: Noe nahm ein Paar von allen Vögeln in ihrer Art, von allen Tieren des Feldes in ihrer Art und von allem, was da kriecht, in seiner Art, und im dritten und fünften Buche Moses bei der Aufzählung der reinen und der unreinen Tiere: Unrein ist der Falke in seiner Art, jeder Rabe in seiner Art, der Habicht in seiner Art, rein dagegen die Heuschrecke in ihrer Art, das Heupferd in seiner Art usw. usw. Bei Ezechiel werden wir 47, 10 daran erinnert, daß die Fische des Meeres in ihrer Art sehr zahlreich sind. Das Wort steht immer im Singular und kommt in der Bibel nur im Anschluß an ein vorhergehendes l^e vor, das nach seiner sonstigen Bedeutung eine Richtung oder ein Ziel ausdrückt. Es bezieht sich überall auf die Gesamtheit der Wesen, die zu der betreffenden Gruppe gehören, und läßt diese stets als eine geschlossene Einheit erscheinen, so daß die Uebersetzung in dieser Hinsicht sicher das Richtige trifft. Man sucht aber im Hebräischen vergebens nach einer Wurzel, von der man es herleiten könnte. Auch das Arabische läßt uns hier gänzlich im Stich. Das einzige Wort, das für eine Gleichsetzung in Betracht kommt, ist das von Delitzsch stets herangezogene akkadische mînu = Zahl[2]). Dies wird sowohl in seiner Form als auch in seiner Bedeutung den Anforderungen in jeder Weise gerecht. Man ge-

[1]) Syria XV (1934), S. 234.

[2]) The Hebrew Language viewed in the Light of Assyrian Research, London 1883, S. 70—71, Prolegomena eines neuen hebräisch-aramäischen Wörterbuchs, Leipzig 1886, S. 142 ff. und ebenso in seinen Vorlesungen. Ich hörte ihn von Ostern 1899 bis Ostern 1901. Er vertrat damals diese Zusammenstellung mit besonderem Nachdruck.

brauchte es besonders in Verbindung mit der Präposition ana, in dem Ausdruck ana la mîna oder ana la mînam, der eine Zählung als unmöglich bezeichnet. Dieser Ausdruck setzt für den Fall, daß die Zahl noch festgestellt werden kann, ein positives ana mîna voraus. In den El-Amarna-Tafeln heißt es an einer Stelle[1]) von den Steinen einer Halskette: 1048 minušina, 1048 ist ihre Zahl. Dies würde im Hebräischen, wenn wir das Wort beibehalten, ohne weiteres ein mînehen ergeben. Das hebräische l^e^mînehu würde also einem akkadischen ana mînišu entsprechen. Der Verfasser will an der Stelle, von der wir soeben ausgingen, in anschaulicher und leicht verständlicher Form den Gedanken hervorheben, daß alle Tiere des Meeres von Gott ins Dasein gerufen sind. Er unterscheidet aber bei seiner Angabe nur zwei Gruppen, die in einem recht ungleichen Verhältnis zueinander stehen. Das Meer ist nach seiner Auffassung von den großen tanninîm und von vielen kleineren Tieren bewohnt, die er ebenso wie bei den Landtieren, weil sie äußerlich nicht so sehr hervortreten, als kriechend bezeichnet. Diese kriechenden Tiere werden in der Darstellung zunächst mit dem Worte kol zusammengefaßt. Sie sind alle von Gott geschaffen; kein einziges ist ausgenommen. Das führt uns, da kol für sich allein noch ganz unbestimmt ist, fast mit zwingender Notwendigkeit auf die Frage nach einer genaueren Zahlenangabe. Man würde, wenn es möglich wäre, am liebsten die Summe der verschiedenen Einzelwesen feststellen und dadurch zu einem Ergebnis gelangen, das der Babylonier nach dem Gesagten als mînušunu bezeichnet hätte. Wenn man hervorheben wollte, daß eine derartige Feststellung wegen der Größe der Menge nicht möglich war, konnte dieses durch den Ausdruck ana la mîna geschehen. Man sieht also, daß zwischen kol und der Bedeutung des Wortes mînu ein innerer Zusammenhang besteht. Wo von einer Gesamtheit die Rede ist, möchte man auch die Zahl wissen. Diese wird uns zwar in der Bibelstelle nicht angegeben; es wird uns aber versichert, daß Gott alle Kriechtiere des Meeres „in ihrer Zahl" erschaffen hat. Er hat alle ins Dasein gerufen, die man bei einer Aufzählung feststellen könnte. Das ist der einzige Gedanke, der sich aus der Aufzeichnung mit Sicherheit entnehmen läßt. Die Niederschrift muß also in ihrer ältesten Form aus einer Zeit stammen, wo das Akkadische in Palästina noch in weiteren Kreisen verstanden wurde. Als dieser Einfluß dann später zurücktrat, ging die genauere Bedeutung des Ausdrucks verloren. Wenn der Verfasser an die Arten der Tiere gedacht hätte, würde er ebenso wie Gen. 8, 19 den Plural von mišpaḫâh gebraucht haben. Die mišpaḫôth sind die Familien, die man bei der Tierwelt gerade so gut wie bei den Menschen unterschied. Für mîn kann nach den zahlreichen Belegstellen nur eine Bedeutung vorausgesetzt werden, die bei einer solchen Zusammenfassung keinen Plural gestattet und in derselben Weise sowohl für kleinere Gruppen als auch für eine

[1]) Knudtzon Nr. 10, 46.

Gesamtheit von mehreren Familien in Betracht kommt. Das ist bei der angegebenen Erklärung tatsächlich der Fall.

Der Text war in seiner jetzigen Ausprägung schon vorhanden, als der Verfasser des 8. Psalmes in stiller Nacht die Herrlichkeit des gestirnten Himmels betrachtete, die ihm von der Größe seines Schöpfers erzählte. Die Anlehnungen sind hier in der ganzen Schilderung so auffallend und so deutlich, daß sie jedem sofort zum Bewußtsein kommen. Himmel und Erde verkünden dem Dichter in gleicher Weise die Macht Jahwes. Der Himmel ist das Werk seiner Hände; Mond und Sterne sind von ihm an ihren Platz gesetzt. „Was ist der Mensch", so fährt er dann fort, „daß du seiner gedenkst, und der Sohn des Menschen, daß du dich um ihn bekümmerst?" Der Mensch ist nur um ein weniges unter die Gottheit gestellt; er ist Herr und Gebieter über alle Geschöpfe; alles wurde ihm von Gott zu Füßen gelegt, die Schafe und die Rinder der Herde, die Tiere des Feldes, die Vögel des Himmels und die Fische des Meeres. Dieser Psalm ist dem Verfasser von Psalm 144 schon bekannt gewesen. Wir finden dort ebenfalls die Frage: „Was ist der Mensch, daß du ihn beachtest, und der Sohn des Menschen, daß du an ihn denkst?", und zwar im Zusammenhange mit einer Reihe von andern Entlehnungen, die besonders auch eine weitgehende Vertrautheit mit dem Texte von Psalm 18 beweisen. Der Psalm ist ebenso wie Psalm 18 ein sogenannter Königspsalm; es ist ein Lied, das einem noch regierenden Fürsten von dem Dichter in den Mund gelegt wird. Das kann aber nur vor dem Exil geschehen sein.

Das Wasser des Urmeeres war nach der Schilderung der Bibel zunächst in Finsternis gehüllt. Diese Finsternis wird in den keilinschriftlichen Texten, soweit sie bisher bekannt geworden sind, nirgendwo ausdrücklich erwähnt. Daß sie aber vorausgesetzt wurde, ersehen wir aus den Angaben des Berossus. Das Weltall war nach seiner Darstellung ursprünglich nur „Finsternis und Wasser". Die in der ältesten Zeit vorhandenen Lebewesen gingen zugrunde, weil sie die Macht des Lichtes nicht zu ertragen vermochten.

Als Marduk die Tiâmat erschlagen hatte, spaltete er den Rumpf in zwei Teile. Er machte dann aus der oberen Hälfte das Himmelsgewölbe, schob einen Riegel vor und stellte zugleich einen Wachtposten auf, der das Wasser nicht durchlassen durfte. In der Bibel lesen wir, wie Gott am zweiten Tage innerhalb der Wassermassen das Firmament schuf, das eine Scheide bilden sollte „zwischen den Wassern, die unter dem Firmamente sind und den Wassern, die über dem Firmamente sind". Die oberen Wasser werden nach der biblischen Auffassung ebenfalls durch das Himmelsgewölbe festgehalten und gelangen von dort durch besondere Öffnungen oder Schleusen[1]) als Regen auf die Erde. Man sieht, daß hier dieselbe

[1]) Vgl. Gen. 7, 11; 8, 2; II Kön. 7, 19; Is. 24, 18; Mal. 3, 10. Ps. 78, 23 werden diese Öffnungen als Türen bezeichnet.

Vorstellung zugrundeliegt. Da der atmosphärische Kreislauf des Wassers noch nicht bekannt war, suchte man sowohl in Babylonien als auch in Palästina den Regen mit einem großen überirdischen Meere in Zusammenhang zu bringen. Es ist möglich, daß diese Auffassung ihrem Ursprunge nach babylonisch ist. Sie war aber schon vorhanden, als der Verfasser des Schöpfungsepos sie in der angegebenen Weise zu erklären versuchte, und hätte sicher in Palästina keinen Eingang gefunden, wenn sie dort lediglich in dem phantastischen Gewande der mythologischen Darstellung bekannt geworden wäre. Wir dürfen aber nicht übersehen, daß der babylonische Dichter an der Tiâmat eine wirkliche Teilung vornehmen läßt. Er setzt also, wenn wir den Grundgedanken in die Ausdrucksweise der Prosa übertragen, für die überirdischen Gewässer auf jeden Fall einen ursprünglichen Zusammenhang mit den Wassern des Urmeeres voraus. Dieser Zusammenhang ist auch bei den Auffassungen der damaligen Zeit an und für sich noch gar nicht so selbstverständlich. Es ist deshalb nicht unmöglich, daß man in Palästina erst durch das Schöpfungsepos auf den Gedanken an eine derartige Scheidung geführt wurde. Die Bibel spricht in dem überlieferten Wortlaute lediglich von einer Trennung. Sie gebraucht dabei denselben Ausdruck, mit dem sie in dem vorhergehenden Verse die Scheidung von Licht und Finsternis hervorhebt.

Auch die Angaben über die Erschaffung der Himmelskörper zeigen eine weitgehende Verschiedenheit. Der Verfasser des biblischen Textes spricht in der uns geläufigen Aufeinanderfolge zunächst von der Sonne und dann an zweiter Stelle vom Monde und von den Sternen, der babylonische Dichter läßt zuerst einen Teil der Sterne und dann den Mond entstehen. Was er über die Sonne berichtete, entzieht sich wegen der vorhandenen Lücke vorläufig noch unserer Kenntnis. Das einzige, was in dem jetzigen Texte an die Bibel erinnert, ist die Angabe, daß Marduk dem Monde die Nacht anvertraute.

Am Schluß der genannten Lücke stehen wir dann plötzlich in einer Versammlung der Götter. Die Götter sind nach dem Zusammenhange nicht ganz damit einverstanden, daß die Helfer der Tiâmat dauernd in Haft gehalten werden; sie sind aber ebenso wenig geneigt, auf die Sklavendienste zu verzichten, die sie nach dem Rechte des Krieges von den Unterworfenen erwarten dürfen. In dieser Schwierigkeit findet der kluge Marduk wieder den Ausweg. Er plant die Schaffung eines neuen Wesens, das Götterblut in seinen Adern führt und zu diesen Dienstleistungen verpflichtet werden soll. Zu diesem Zwecke soll Kingu, der Erreger des Streites, nach der keilinschriftlichen Darstellung das Blut hergeben, und die übrigen Gefangenen sollen dann wieder in Freiheit gesetzt werden. Dem Götterblute verdanken die Menschen nach der Erklärung des Berossus ihren Verstand und die Teilnahme an göttlicher Einsicht. In der Bibel werden die Menschen als ein Ebenbild Gottes geschaffen, so daß sie ihm ähnlich sind. „Gott sprach: Laßt uns den Menschen machen zu unserm Bilde, nach unserer Ähnlichkeit! — Und Gott schuf den Menschen zu seinem Bilde; zum Bilde Gottes schuf er ihn.“ Wir finden hier sowohl in der babylonischen Darstellung als auch in den Angaben der Bibel einen unmittelbaren Zusammenhang zwischen dem Menschen und der Gottheit, nur ist die Art dieses Zusammenhanges verschieden. Die babylonische Auffassung geht von dem Gedanken aus, daß der Mensch über Geistesfähigkeiten verfügt, wie man sie sonst nur bei den Göttern voraussetzte. Diese Fähigkeiten mußten also göttlichen Ursprunges sein. Die Seele hatte aber nach der Annahme der Semiten ihren Sitz im Blute. Wenn der Mensch sein Blut verlor, ging es mit dem Leben zu Ende. Man schloß also von den Fähigkeiten auf das Blut und glaubte dieses Blut dann auf eine Persönlichkeit in den Reihen der Götter zurückführen zu müssen. Bei den Israeliten war eine solche Denkweise natürlich ganz ausgeschlossen. Man ging hier, wie es scheint, zunächst nur von der äußeren Gestalt des Menschen aus und übertrug diese dann auf die Gottheit, die man sich in anderer Weise gar nicht vorzustellen vermochte. Das hebräische ṣelem gestattet ebenso wie das akkadische ṣalmu in seiner Grundbedeutung nur den Gedanken an ein wirkliches, in seinen Formen oder in seinen Linien deutlich hervortretendes Bild. Daß man auch in der späteren Zeit zum Teil noch so dachte, sieht man an der Art, wie Jesus Sirach sich über die Ähnlichkeit äußerte. „Er bildete Zunge, Augen und Ohren, und ein Herz gab er ihnen, zu denken, erfüllte sie mit verständiger Einsicht und zeigte ihnen das Gute und das Böse“ (17, 6—7). Wir finden hier einen Hinweis auf die einzelnen Organe des menschlichen Körpers, auf den Mund, die Augen, die Ohren und das Herz; wir sehen aber zugleich, daß der Dichter den eigentlichen Nachdruck auf die geistigen Fähigkeiten legt, die sich in diesen Organen betätigen. Man dachte bei dieser Ausdrucksweise zunächst nur an die Eigenart des Menschen und nahm dabei das Recht für sich in Anspruch, auch bei der Gottheit das Menschliche stets menschlich zu sehen. Gott schaut vom Himmel auf die Erde; er steigt hernieder, um die Werke der Menschen zu besichtigen; wir lesen vom Finger Gottes, von seinen Händen und von seinen Füßen; wenn er zürnt, dann brennt ihm nach der üblichen hebräischen Redewendung die Nase; er riecht den Opferduft und hat an dem Opfer ein menschliches Wohlgefallen. Diese Anthropomorphismen sind gerade für die ersten Kapitel der Bibel besonders charakteristisch. Für die Babylonier war die Uebereinstimmung zwischen dem Menschen und der äußeren Gestalt der Götter schon in der ältesten Zeit eine fast selbstverständliche Voraussetzung. Göttergestalten mit Tierköpfen oder mit sonstigen Entlehnungen aus den Formen des Tierreiches sind hier im Gegensatze zu den Auffassungen der Ägypter eine seltene Ausnahme. Das einzige, was die Götter auf den vorhandenen Bildwerken bei einer gemeinsamen Wiedergabe von den Menschen in der Regel unterscheidet, ist die Darstellung in einer besonderen Größe, die den Menschen schon äußerlich als den niedriger stehenden und bescheidenen Diener der Gottheit erkennen läßt. Das ist derselbe Unterschied, den man auch bei Königen und Untertanen und bei Siegern und Besiegten zu machen pflegte. Wir haben es bei diesen Vorstellungen offenbar mit einer allgemeinsemitischen Auffassung zu tun, die zwischen dem Menschen und den edlen Göttergestalten auch in der Form eine vollständige Uebereinstimmung voraussetzt und in dieser Weise zwischen den guten und den bösen Göttern eine scharfe Linie zieht. Die bösen Götter sind häßlich und den Menschen sehr unähnlich. Man sah in der äußeren Form den Ausdruck des Wesens und der inneren Gesinnung. Die Geistestätigkeit war an den Körper gebunden und mit diesem von selbst gegeben.

Der Gedanke an das Götterblut ist allem Anscheine nach rein babylonisch. Es ist ein Versuch, die Uebereinstimmungen auf dem Gebiete des Geisteslebens nach den damaligen Auffassungen wissenschaftlich zu begründen. Dieser Versuch scheint im Sprachgebiete der Babylonier und Assyrer, wo er nach unserer jetzigen Kenntnis in drei verschiedenen Texten und Literaturwerken vertreten wird, außerordentlich viel Zustimmung gefunden zu haben; er hat aber außerhalb dieses Gebietes, soweit wir es bis jetzt zu verfolgen imstande sind, keine Spuren hinterlassen.

Wir erwähnten schon die Worte, mit denen der Schöpfer in dem biblischen Berichte zunächst hervorhebt, was er zu tun beabsichtigt. Er sprach: „Laßt uns den Menschen machen!" Dieser Ausdruck erklärt sich am einfachsten, wenn man hier ebenfalls an eine vorhergehende Beratung denkt. Ein pluralis maiestaticus, wie er an dieser Stelle vielfach vorausgesetzt wurde, kommt im Hebräischen nicht vor. Die Worte stehen in ihrer Form ganz auf derselben Stufe wie die Angabe Gen. 3,22: „Da sprach Gott der Herr: Siehe, der Mensch ist geworden wie einer von uns, zu unterscheiden zwischen Gutem und Bösem; und jetzt, daß er seine Hand nicht ausstrecke und auch nehme vom Baume des Lebens und esse, so daß er lebe für immer", und wie die Aufforderung in Gen. 11, 7: „Wohlan, laßt uns hinuntersteigen und ihre Sprache daselbst verwirren, so daß keiner die Sprache des andern versteht!" Es handelt sich hier offenbar um eine Unterhaltung mit andern Himmelsbewohnern, die ebenso wie der Schöpfer unsterblich sind und in derselben Weise vom Himmel auf die Erde herabsteigen könnten. Als der Herr dem Propheten Isaias erschien (Is. 6, 1 ff.), standen Seraphim vor seinem Thron und priesen ihn als den Herrn der Heerscharen. Und der Herr erhob seine Stimme und sprach: „Wen soll ich senden, und wer wird für uns — d. i. für mich und für die Seraphim — hingehen?" Das ist in der Form dieselbe Gleichsetzung wie bei dem Satz in der Genesis: „Siehe, der Mensch ist geworden wie einer von uns." Auch der Prophet Michajehu (I Kön. 22, 19 ff.) sah „den Herrn auf seinem Throne sitzen und die ganze Heerschar des Himmels, wie sie bei ihm stand zu seiner Rechten und zu seiner Linken. Und es sprach der Herr: Wer will den Achab betören, daß er hinziehe und falle zu Ramoth Gilead? Und es sagte der eine dies und der andere das. Da trat ein Geist hervor, stellte sich vor den Herrn und sprach: Ich will ihn betören. Da sprach der Herr zu ihm: Womit? Und er sprach: Ich will hinausgehen und ein Geist der Lüge sein im Munde aller seiner Propheten. Und er sprach: Du magst betören und wirst es auch vermögen. Geh hin und tu es!“ Wir haben hier eine Beratung, wie sie sich von den Ausführungen in den keilinschriftlichen Texten kaum unterscheidet. Es ist also durchaus nicht unmöglich, daß der Verfasser des Schöpfungsberichtes ebenfalls an eine derartige Besprechung gedacht hat.

Ueber die Art und Weise, wie Gott die Menschen erschuf, wird im ersten Kapitel der Genesis nichts mitgeteilt. Wir lesen dort nur, daß er sie ins Dasein rief, und zwar als Mann und als Frau, daß er sie segnete und daß er sie dann aufforderte, sich zu mehren und die Erde mit den übrigen Geschöpfen in ihren Besitz zu nehmen. Damit ist der Bericht, soweit es sich um die Schöpfungstätigkeit handelt, sachlich zum Abschluß gebracht. Himmel und Erde waren vollendet mit allem, was sich am Himmel und auf der Erde bewegt[1]). Und Gott hörte auf zu schaffen und ruhte am folgenden Tage; er segnete diesen Tag und heiligte ihn und machte ihn zu einem Ruhetag für die Menschen.

Auf diese Darstellung folgt dann im zweiten und dritten Kapitel ein Bericht, der offenbar auf eine andere Quelle zurückgeht. Der Verfasser führt uns zunächst in die Zeit zurück, wo auf der Erde noch nichts hervorsproßte, wo Gott der Herr es noch nicht regnen ließ und wo der Mensch noch nicht da war, den Boden zu bebauen. Er berichtet dann von einer Flut, die aus dem Boden hervorkam, und von der Erschaffung des ersten Menschen aus Lehm oder aus dem Staube der Erde, von dem Aufenthalt im Paradiese, von der Erschaffung der Eva, vom Sündenfall und von der sich anschließenden Verweisung aus dem Paradiese. Der Schöpfer wird hier nicht mehr, soweit es sich um die Worte des Erzählers handelt, mit dem im ersten Kapitel gebrauchten einfachen elohîm, sondern als Jahwe elohîm oder als Gott der Herr bezeichnet. Dieser Ausdruck findet sich in dem Abschnitt nicht weniger als neunzehnmal. Das bloße elohîm wird nur in den Sätzen gebraucht, wo Eva sich mit der Schlange unterhält. Der Verfasser wollte den Namen, den der Israelit nur mit besonderer Ehrfurcht aussprechen sollte, dem in der Schlange hervortretenden hinterlistigen Gegner des allmächtigen und gütigen Schöpfers offenbar nicht in den Mund legen.

Die Flut, die aus dem Boden hervorbricht, wird in dem vorliegenden Abschnitt als êd bezeichnet. Sie soll dazu dienen, den Boden zu bewässern. „Und eine Flut kam hervor aus der Erde

---

[1]) Gen. 2, 1: „mit ihrem Heere“. Der Verfasser denkt dabei an die Geschöpfe der drei letzten Tage. Vgl. hierüber das Nähere bei Zapletal, Der Schöpfungsbericht der Genesis, 2. Aufl. S. 107 ff.

und tränkte die ganze Oberfläche des Erdbodens." Das ist genau dieselbe Verbindung, die uns im Assyrischen in der Zylinderinschrift des Sargon begegnet. Der König erzählt uns dort Z. 36—37, daß er in wüster Öde, wo der Pflug bis dahin noch keine Furchen gezogen, den Boden mit reicher Wasserfülle kî gibiš edî, wie mit dem Wogenschwall einer Flut, überall im Lande tränken ließ. Die Bewässerung erfolgt nach dem biblischen Texte durch einen êd und nach der assyrischen Angabe durch eine Wassermenge, die mit einem edû verglichen wird. Auch das Verbum ist in beiden Fällen dasselbe; in der Bibel ist das Hifil von šaḳah, in dem assyrischen Texte das Causativum šaḳû gebraucht. Das hebräische êd steht zu der Form edû in demselben Verhältnis wie das im Alphabet vorkommende ḳoph[1]) zu dem akkadischen ḳuppû. Das Wort geht seinem Ursprunge nach auf das sumerische a-de-a zurück. A = Wasser; de = ausschütten. Der Ausdruck drang dann in Palästina auch in die Sprache des Volkes ein. Die Flut wurde hier unter normalen Verhältnissen[2]) als eine Folge des herabströmenden Regens betrachtet.

Daß die Menschen ursprünglich aus dem Lehm der Erde gebildet wurden, ist eine Vorstellung, die sich fast bei allen Völkern wiederholt. Sie fand sich nicht nur bei den Babyloniern und Assyrern, sondern vor allem auch bei den Ägyptern, wo man sogar an eine Herstellung auf der Drehscheibe dachte. Um so auffallender ist aber die Bildung der Eva aus einer Rippe. Die Rippe wurde im Sumerischen nach einer Reihe von Belegen als ti bezeichnet. Dies war zugleich der gewöhnliche Ausdruck für das akkadische balâṭu = leben. Es entspricht also in derselben Weise dem hebräischen ḥajah und dem gleichbedeutenden, in den phönizischen Texten noch regelmäßig vorkommenden ḥawah. Damit kommen wir auf die hebräische Form des Namens Eva, die von dem Verfasser unseres Textes ausdrücklich in diesem Sinne gedeutet wird. Adam bezeichnete seine Gefährtin als Ḥawwâh, weil er sie als êm kol ḥai, als Mutter alles Lebenden, betrachtete. Der Name führt uns also zunächst auf das kanaanäische ḥawah = ḥajah. Er berechtigt uns, wenn wir nur die Grundbedeutung ins Auge fassen, ohne weiteres zu einer Umschreibung durch das sumerische ti = balâṭu. Wenn man aber an ti = balâṭu dachte, lag die Zusammenstellung mit einer andern Wiedergabe des sumerischen Wortes auf jeden Fall außerordentlich nahe.

Das Paradies befand sich nach der Angabe unseres Berichtes im Osten, also östlich vom Wohnorte des Schriftstellers, in einem Gebiete, das in der Bibel als Eden bezeichnet wird. Es war von vier Strömen durchflossen, vom Pischon, vom Gichon, vom Tigris und vom Euphrat. Beim Pischon wird hinzugefügt, daß er das Land Chavila umfloß, wo man vorzügliches Gold, wohlriechendes

---

[1]) S. oben S. 22.
[2]) Vgl. Job 36, 27.

7*

Harz und edles Gestein fand. Der Gichon floß nach der Angabe des Verfassers um das Land Kusch; beim Tigris wird hervorgehoben, daß er an der Stadt Assur vorbeifloß; beim Euphrat ist ein derartiger Zusatz nicht vorhanden. Wir haben hier also bei dem ersten Strom einen Hinweis auf ein geheimnisvolles und eigenartiges Wunderland, das von seinen Fluten berührt wird. Beim zweiten Strome wird ein Land genannt, das keiner weiteren Beschreibung bedarf; beim Tigris genügte der Hinweis auf die Stadt Assur, beim Euphrat war eine genauere Angabe für den Leser ganz überflüssig. Der Erzähler beginnt seine Darstellung offenbar mit dem Fernliegenden und schließt dann mit dem, was ihm örtlich am nächsten lag. Das wird auch durch die Namen der Flüsse in eigenartiger Weise bestätigt. Der Name Pischon kommt nämlich ebenso wie das Wort Gichon aus dem Hebräischen; Pischon geht auf pûš = laufen oder schnell dahinfließen zurück, Gichon ist in derselben Weise von der Wurzel gûaḥ = hervorbrechen gebildet. Es handelt sich hier also bei den an erster Stelle genannten Strömen um zwei Flüsse, die dem Verfasser mit ihren einheimischen Namen offenbar nicht bekannt waren. Er nennt dann den Tigris, den er im Anschluß an das assyrische Idiḳlat als Ḥiddeḳel bezeichnet, und beschränkt sich schließlich beim vierten Strom auf die Bemerkung, daß er Perâth genannt wurde. Im Assyrischen war die Form Puratttu in Gebrauch.

Was wir bei den Flüssen beobachten, gilt natürlich auch für die Kenntnis der Landschaft. Wir dürfen also annehmen, daß der Verfasser über die Gegend am Euphrat und Tigris noch ziemlich genau unterrichtet war. Er kennt die Hauptstadt des assyrischen Reiches und weiß auch, daß der Tigris an dieser Stadt vorbeifließt. Wir lesen dann aber im vierten Kapitel, daß der flüchtige Kain sich östlich von Eden im Lande Nod niederließ. Das ist wieder ein hebräischer Name, und zwar in einer Gegend, wo man ihn in Wirklichkeit gar nicht voraussetzen darf. Nod ist nichts anderes als das Umherirren, wie es gerade bei Kain besonders hervorgehoben wird. Er war unstät und flüchtig und verbrachte die weitere Zeit seines Lebens in einem Lande, das von dem Erzähler audrücklich nach diesem Zustande benannt wird. Die Bezeichnung steht also mit den Namen der beiden ersten Paradiesesflüsse ganz auf derselben Stufe.

Obwohl das Land unmittelbar an Eden heranreicht, ist es doch in seiner Eigenart von diesem Gebiete wesentlich verschieden. Es ist eine Gegend, wo Menschen wohnen. Sie ermöglicht es dem Kain, sich dort niederzulassen, eine Familie zu gründen und eine Stadt zu erbauen. Wir finden hier also im wesentlichen dieselben Verhältnisse wie in jedem andern Lande. Es handelt sich nach der Angabe der Bibel um ein wirkliches „Land". Diese Bezeichnung wird bei dem Worte Eden niemals hinzugefügt. Man dachte also, wie wir hieraus entnehmen müssen, an ein Gebiet, das von Menschen überhaupt nicht bewohnt wurde. Dies führt uns fast mit zwingender Notwendigkeit auf das sumerisch-akkadische edin =

edinu = ṣîru = Ebene, Steppe, Trift oder Wüste. Die Bewohner von Palästina suchten das Paradies im Osten, und zwar im Innern der gewaltigen Wüste, die sich dort bis an die Grenze des Landes heranschob. Dabei stellte man sich die Bäume des Paradieses ganz in derselben Art vor, wie man sie im eigenen Lande beobachtete. Der Verfasser erzählt uns, daß Adam und Eva sich Schürzen aus Feigenblättern machten, obschon der Feigenbaum in der babylonischen Landschaft auch im Altertum in Wirklichkeit gar nicht vorkam. In Palästina war er dagegen sehr häufig. Die Angaben führen uns also stets wieder auf das Land der Bibel; sie reichen aber in eine Zeit zurück, wo man in sprachlicher Hinsicht, wie es scheint, noch unter dem lebendigen Einfluß des Sumerischen und des Akkadischen stand.

Ueber den Baum des Lebens und über den Genuß der verbotenen Frucht sind uns in der keilinschriftlichen Literatur genauere Mitteilungen bisher noch nicht bekannt geworden. Man erzählte zwar von einem Lebenskraut, das den Menschen allem Anscheine nach besondere Kraft und Frische verlieh, und von einer geheimnisvollen Pflanze, die nach der Schilderung in dem später noch zu behandelnden Gilgamesch-Epos den Greis wieder zum Jünglinge machte, aber von einem Baum und von der besonderen Frucht dieses Baumes ist nirgendwo die Rede. Die bildlichen Darstellungen, die man vielfach als Lebensbäume bezeichnet, beziehen sich wenigstens ihrem Ursprunge nach nur auf einen ganz gewöhnlichen Vorgang in der Behandlung der Dattelpalme. Sie zeigen uns in der Regel zwei geflügelte Genien, die sich einem in ihrer Mitte stehenden Palmenbaume zuwenden und die Blüten in derselben Weise, wie es auch jetzt im Oriente noch geschieht, durch Bestäuben mit einem männlichen Blütenstande künstlich befruchten[1]). Es ist möglich, daß wir diesen Vorgang symbolisch zu deuten haben, aber mit den Angaben über die Bäume des Paradieses hat er jedenfalls gar nichts zu tun. Das einzige, was man als Parallele vielleicht heranziehen könnte, ist eine Darstellung auf einem altbabylonischen Siegelzylinder[2]). Wir finden dort einen Baum, auf dem an den unteren Zweigen zwei Früchte herabhängen. Neben diesem Baume sitzt an jeder Seite eine bekleidete Person, von denen die eine, die sich zur Rechten befindet und eine Göttermütze trägt, offenbar männlich, die andere dagegen allem Anscheine nach weiblich ist. Beide Gestalten haben die Hände nach dem Baume ausgestreckt, und zwar in einer Weise, als wenn sie sich über den Baum oder die Fürchte unter-

---

[1]) Vgl. E. B. Tylor, The winged figures on Assyrian and other ancient Monuments (Proceedings of the Society of Biblical Archaeology 1890) und Felix von Luschan, Entstehung und Herkunft der jonischen Säule, Leipz. 1912 (Der Alte Orient XIII 4), S. 25—31.

[2]) Jastrow, Die Religion Babyloniens u. Assyriens, Bildermappe Nr. 165; Otto Weber, Altorient. Siegelbilder (Der Alte Orient XVII u. XVIII) Nr. 429; Greßmann, Altorient. Bilder Nr. 603 u. ö.

halten. Hinter der Gestalt auf der linken Seite sieht man in mehreren Windungen eine Schlange emporsteigen. Man muß ohne weiteres zugeben, daß hier eine auffallende Uebereinstimmung vorliegt. Der Baum, die Früchte, die beiden Personen und die Schlange scheinen einander fast restlos zu entsprechen. Daß die Personen bekleidet sind, bedeutet zwar einen Unterschied, ist aber wohl kaum als entscheidend zu betrachten. Auch dürfen wir nicht übersehen, daß man die Menschen der Urzeit gern als Götter behandelte. Unter diesen Umständen ist eine sichere Entscheidung bei dem Fehlen eines erzählenden Textes vorläufig noch ganz unmöglich. Wir können hier die Lösung nur von der Zukunft erwarten.

Als die Menschen aus dem Paradiese vertrieben waren, stellte Gott im Osten „die Cherubim und die Flamme des zuckenden Schwertes“ auf, um den Zutritt zum Baume des Lebens unmöglich zu machen. Die Cherubim sollten nach dem Zusammenhange jeden vom Eintritt in das Paradies fernhalten, und zwar mit dem Schwerte, das sie höchst wahrscheinlich in der Hand trugen. Sie stehen auch nach den sonstigen Angaben der Bibel im besondern Dienste des Herrn. Ps. 18,11 wird Jahwe von einem Cherub im Sturme durch die Lüfte getragen; „er bestieg den Cherub und flog dahin, auf den Fittichen des Windes jagte er dahin“. Der Cherub besorgt hier nach dem Wortlaute das Fliegen; er ist also, wie man aus dieser Stelle entnehmen muß, selbst mit Flügeln ausgestattet. An den Wänden und auf den Türen des Tempels waren „Cherubim, Palmen und Blütenknospen“ angebracht (I Kön. 6,29.32.35). Die Palmen trennten nach der Schilderung des Propheten Ezechiel (41,17 ff.) jedesmal den einen Cherub von dem andern, und jeder Cherub hatte ein doppeltes Gesicht, das Gesicht eines Menschen und das Gesicht eines Löwen. Mit dem Gesichte des Menschen schaute er auf die eine Palme und mit dem Gesichte des Löwen auf die andere. Bei seiner Berufung sah der Prophet den Himmel offen und erblickte dort neben den Rädern des göttlichen Thronwagens vier lebende Gestalten, die er später als Cherubim erkannte. Sie hatten ein menschliches Aussehen, aber vier Flügel und ein vierfaches Gesicht, ein menschliches Angesicht nach vorn, ein Löwengesicht nach der rechten, ein Stiergesicht nach der linken Seite und nach hinten das Gesicht eines Adlers. Diese Gestalten hatten unter den Flügeln vier menschliche Hände und konnten sich, wie es der vierfachen Richtung ihres Gesichtes entsprach, mit ihren Füßen nach allen vier Seiten bewegen. Sie sind also, obwohl sie ebenfalls als Cherubim bezeichnet werden, von den Darstellungen im Tempel in mancher Hinsicht durchaus verschieden. Da Ezechiel in Babylonien lebte, dürfen wir bei seinen Visionen von vornherein mit babylonischen Einflüssen rechnen. Seine Schilderung erinnert in ihren Einzelheiten sofort an die geflügelten und vielfach mit Menschenköpfen versehenen Löwen- und Stierkolosse, die man dort als Wächter an den Toren der Tempel und Paläste aufstellte, und an die ebenfalls mit Flügeln versehenen menschlichen Gestalten, die auf den Bildwerken in der angegebenen Weise mit den Palmenbäumen in Verbindung gebracht werden. Man sieht, daß ihm diese Darstellungen bekannt gewesen sind. Die Gestalten, die wir neben den Palmenbäumen antreffen, zeigen statt des menschlichen Kopfes nicht selten den Kopf eines Adlers. Sie haben den Baum fast immer in ihrer Mitte. Darstellungen mit einem einzigen Genius bilden eine Ausnahme. Wenn man nun eine Reihe von Bäumen nebeneinanderstellte, berührten sich die zwischen einem Baumpaare stehenden Genien überall mit dem Rücken. Hieraus entstand dann von selbst die Gestalt mit dem doppelten Kopfe, wie wir sie bei den Verzierungen auf den Wänden und an den Türen des Tempels vorfinden. Man ist nur überrascht, daß der Menschenkopf hier mit dem Kopf eines Löwen wechselt. Bei der Berufungsvision ist das Gesicht, das nach rückwärts schaut, das Gesicht eines Adlers. Das Löwengesicht schaut bei dieser Vision nach rechts und das Stiergesicht nach links. Die Gestalten mit dem vierfachen Gesicht haben die Darstellungen mit dem doppelten Gesichte schon zur Voraussetzung, das doppelte Gesicht geht aber auf eine Verschmelzung der beiden einfachen Gestalten zurück, die zwischen den Baumpaaren jedesmal in der Mitte stehen. Diese bilden also die Grundform. Sie begegnen uns aber auf den Denkmälern nicht nur als die gütigen Pfleger und Freunde der Palme, sondern auch als mutige Kämpfer, die mit dem Sichelschwert oder mit der Keule Löwen, Gazellen, Strauße und wilde Stiere erlegen und mit fester Hand und mit sicherem Blick ihre Pfeile gegen mythologische Ungeheuer abschießen oder sie im Nahkampfe siegrecih zu Boden zwingen.

Die geflügelten Tierkolosse werden in den Texten bald als šêdê und bald als lamassê bezeichnet. Der lamassu, Fem. lamastu, war nach den Auffassungen der Babylonier ein ilu mušallimu, eine Gottheit, die Wohlergehen und Erfolg brachte. Hierbei war das Wesen oder die Art der betreffenden Gottheit im übrigen nicht entscheidend. Unter den Geschenken, die der König von Ägypten nach einer Zusammenstellung in den El-Amarna-Tafeln an den König Burnaburiasch von Babylon schickte, befanden sich zwei lamassê, die wenigstens teilweise aus Gold waren, eine lamassu-Figur aus Silber, ein goldener lamassu, der in seinem Innern aus Kupfer bestand, ein vergoldeter lamassu für die Gattin des Königs, ein vergoldeter lamassu für die Tochter des Königs und 21 lamassê aus Stein. Das sind lauter ägyptische Götterbildnisse, die mit den Vorstellungen der Babylonier an und für sich gar nichts zu tun hatten. Die Bildnisse sollten dem Könige und der königlichen Familie offenbar Glück und Segen verleihen. So wird z. B. auch die Göttin Tašmêtu als die lamasat mâti, als die lamastu des Landes, bezeichnet, und der Name Lamassi-Papsukal, der gelegentlich vorkommt, ist in seiner sprachlichen Form nichts anderes als das Geständnis, daß der Träger dieses Namens den Gott Papsukal als seinen lamassu verehrt. Man konnte also das Wort ohne Zweifel von jeder Gottheit gebrauchen, der man den Schutz eines Tempels oder eines Palastes anvertrauen wollte. Es kommt in seinem ersten Bestandteile offenbar von dem sumerischen lam = wachsen oder gedeihen. Die ideographische Darstellung ist fast immer dieselbe. Es ist das Götterzeichen mit dem darauf folgenden Zeichen für kal, rib, lab und dan, das in seiner Grundbedeutung das Vorhandensein von besonderer Kraft und Stärke zum Ausdruck bringt.

Neben den Löwen- und Stierkolossen werden auch schützende Lachmen erwähnt. Assarhaddon ließ bronzene Löwengestalten, Darstellungen des göttlichen Sturmvogels und Lachmen „im Innern von Ninive in der Nähe des Stadttores“ aufstellen[1]), und in Harrân behüteten nach der Angabe des Nabuna'id zwei Lachmen aus ešmarû den östlichen Eingang des von diesem Könige wiederhergestellten Sintempels[2]). Assurbanipal hatte in diesem Tempel zwei kräftige silberne Wildochsen und zwei silberne Lachmen in dem Wohnraume des Gottes aufstellen lassen[3]). Die Lachmen hatten in diesem Falle eine Gestalt „wie vom Meere“. Das wird besonders hervorgehoben, weil es auch andere Formen gab. Wir besitzen noch eine Zusammenstellung von ausführlichen Beschreibungen[4]), die über diese Verschiedenheit genauere Mitteilungen enthalten. Der Verfasser erzählt uns dort von einem Lachmu, dessen Kopf die Gestalt eines Schlangenkopfes hatte. Von den Ohren hing Wasser herab. Der Körper zeigte die Form eines suḫur-Fisches. Es war ein „Lachmu des Meeres, wie der Gott Ea sie hat“. Bei einer andern Darstellung war der Kopf wie der Kopf eines kissûgu-Fisches. Die Füße waren wie die Füße eines Löwen, aber mit Vogelkrallen versehen. Ein „Lachmu der Göttin Gula“ hatte Hände wie ein Mensch. In der Linken hatte er etwas zu tragen, die Rechte war zum Segen erhoben. Ina imni[šu i]karrab. Vom Nacken bis zum Gürtel war er wie ein Mensch, vom Gürtel bis zu den Füßen hatte er die Gliedmaßen eines Hundes. Der Hund stand bei den Babyloniern unter dem besonderen Schutze der Gula. Wir sehen aus diesen Angaben, daß die Lachmen den übrigen Göttern in irgendeiner Weise untergeordnet waren, und daß sie sich durch dieses Verhältnis zu einer bestimmten Gottheit auch im einzelnen voneinander unterschieden. Das Genauere entzieht sich vorläufig noch unserer Kenntnis. Die Lachmen waren aber ebenso wie die höheren Götter den Menschen im allgemeinen durchaus gewogen und stellten sich, wenn sie richtig behandelt wurden, gern in ihren Dienst. Assurbanipal sagt von ihnen, daß sie die Schritte seines Königtums beschützen oder erfolgreich gestalten — er gebraucht hier ebenfalls das Partizip mušallimu — und daß sie den Reichtum des Gebirges und des

---

[1]) K 2711 Rs. 9 (Beitr. zur Assyr. III, S. 266).

[2]) Langdon, Die neubabyl. Königsinschriften S. 222.

[3]) Streck, Assurbanipal II, S. 172.

[4]) Cuneiform Texts from Bab. Tablets XVII, 42 ff.; Umschrift und Uebersetzung von Jensen in seinen Texten zur assyrischen und babylonischen Religion, Keilinschriftl. Biblioth. Bd. VI, 2. Teil, S. 2 ff.

Meeres herbeiführen[1]). Sie leisteten also nach seiner Auffassung dasselbe, was man von den lamassê erwartete. Nabuna'id bezeichnet sie mit besonderem Nachdruck als die Ueberwinder seiner Feinde[2]).

Der elamitische König Tepti-aḫar erzählt uns in einer akkadischen Inschrift aus Susa[3]), daß er sein Standbild, Standbilder seiner von ihm geliebten Frauen und „karibâti" aufstellen ließ, in der Absicht, daß diese ana šâšu u ana amâtišu ša rimušinati ikarraba, daß sie ihn und seine Frauen, die er liebt, segnen sollen. Er spricht hier also von Gottheiten, die dasselbe tun, was soeben von dem segnenden Lachmu gesagt wurde. Das Segnen ist nach dem Namen, den sie tragen, ihre besondere Aufgabe. Es sind Göttinnen, die kurzerhand als die „Segnenden" bezeichnet werden. Diese werden dann in der Fortsetzung des Textes in einen unmittelbaren Zusammenhang mit den „lamazzâti" gebracht. Vier Dienerinnen sollen zur Nachtzeit zu den Füßen der lamazzâti und der karibâti für den König besondere Gebete verrichten. Die lamazzâti sind offenbar als lamassâti oder als weibliche lamassê zu betrachten.

Pater Scheil, der Herausgeber des Textes, dachte bei den karibâti sofort an die biblischen Cherubim. Der Gedanke lag in der Tat so nahe, daß man im allgemeinen geneigt war, sich dieser Auffassung ohne weiteres anzuschließen. Man hatte immer schon das Empfinden gehabt, daß zwischen den lamassê und den Cherubim eine Verwandtschaft bestand, und konnte dann in dieser Zusammenstellung nur eine Bestätigung erblicken. Die einzige Schwierigkeit, die sich in den Weg stellte, war der Unterschied in den Vokalen. Diese schien aber so erheblich, daß man in der Regel zu keiner sicheren Entschließung kam. Scheil hebt bei der Uebersetzung das Unsichere seiner Auffassung durch die Art der Typen hervor, Streck gibt seine Bedenken durch ein Fragezeichen zu erkennen[4]), und Zimmern fügt bei seiner Gleichsetzung[5]) ein einschränkendes „wohl" hinzu.

Als Streck und Zimmern sich äußerten, war inzwischen schon ein anderer Text bekannt geworden, der die Zweifel wohl endgültig beseitigt. Die Deutsche Orientgesellschaft hatte bei ihren Grabungen in Assur eine Alabastertafel mit einer Inschrift gefunden, die über den Neubau des dortigen Aššurtempels durch den König Assarhaddon berichtet. In dieser Inschrift, die im Jahre 1911 veröffentlicht wurde[6]), lesen wir Vs. Z. 23—24, daß der König die Wohn-

[1]) Streck a. a. O. S. 150 ff.

[2]) Langdon a. a. O.

[3]) Délégation en Perse, Mémoires publiés sous la direction de M. J. de Morgan, Textes élamites-sémitiques, Deuxième série, par V. Scheil, O. P., Professeur à l' Ecole des Hautes-Études, Paris 1902, S. 167 f. und Tafel 18,3.

[4]) a. a. O. S. 55 Anm. 6.

[5]) Akkadische Fremdwörter als Beweis für babylonischen Kultureinfluß, Leipz. 1915, S. 69.

[6]) Keilschrifttexte aus Assur historischen Inhalts, Erstes Heft, Autographien von Leopold Messerschmidt, S. 69 ff.

zelle des Gottes mit Gold bekleiden und zu beiden Seiten kostbare, aus einer rotglänzenden Goldmischung hergestellte laḫme und kuribi darin aufstellen ließ[1]). Man erfuhr hier also von Bildwerken, die als kuribi bezeichnet wurden und ebenso wie die laḫme im Heiligtum des Gottes ihren Platz hatten. Da die Lachmen nach andern Angaben[2]) gewöhnlich zu zweien aufgestellt wurden, lag es nahe, diese Zahl auch bei den kuribi anzunehmen. Damit ergab sich, wenn man an die Cherubim dachte, eine überraschende Parallele zu der Ausstattung des Allerheiligsten im Tempel zu Jerusalem. Diese Bildwerke müssen aber im übrigen gar nicht so selten gewesen sein. Wir besitzen aus der damaligen Zeit noch einen Brief[3]), in dem der Absender, wahrscheinlich ein hoher Verwaltungsbeamter, dem Könige über eine Reihe von größeren Beständen an Gold und Silber berichtet. In diesem Briefe werden Z. 13 auch „zwei große Königsbilder und fünfzig ku-ri-bi" erwähnt. Sie werden hier aufgeführt, weil sie ebenfalls aus edlem Metall waren.

Das Wort kuribi gibt sich schon äußerlich als eine Entlehnung aus dem Sumerischen zu erkennen; in den semitischen Sprachen ist eine derartige Form als Nominalbildung nirgendwo nachzuweisen. Wenn es aber aus dem Sumerischen stammt, kann es sich nur um eine Zusammensetzung handeln. Das führt uns bei der vorliegenden Schreibung zunächst auf ein ku + rib. Diese Form ist unter den assyrischen Götterbezeichnungen tatsächlich vorhanden[4]); sie wechselt aber mit den Formen kur-ri-ba[5]), kur-rib-ba[6]) und kur-ib-ba[7]), die sich zum Teil als ehrende Bezeichnungen für die Göttin Ninkarrag und für die mit ihr verwandte und ihr vielfach gleichgesetzte Gula erhalten haben. In dem Texte K 232 wird diese als Kur-rib-ba kâšidat iḳṣûti, als „Kur-rib-ba, die Siegerin über die Gewalttätigen", gepriesen[8]). Das ist in dieser Fassung nichts anderes als die genaue Wiedergabe und die wörtliche Uebersetzung von kur = kašâdu = überwinden + rib = kal = aḳṣu = iḳṣu[9]). Ein kur-rib ist also, wenn wir an dieser Deutung festhalten dürfen, der Bezwinger eines starken oder gewalttätigen Widersachers. Das deckt sich ganz mit den Darstellungen, wo wir die geflügelten

---

[1]) Vgl. hierzu den Hinweis auf diese Stelle von Br. Meißner, Orient. Literaturz., Jahrg. 14 (1911), Sp. 476 f., und die Umschrift und Uebersetzung des Abschnittes von Kmoskó in dem Artikel „Kerub und Kurib", Bibl. Zeitschrift Jahrg. 11 (1913), S. 225 ff.

[2]) S. oben S. 104.

[3]) Harper, Letters Nr. 1194.

[4]) Deimel, Pantheon Babylonicum Nr. 1705.

[5]) Deimel, Pantheon Nr. 1722.

[6]) Deimel, Pantheon Nr. 1722.

[7]) Deimel, Pantheon Nr. 1725.

[8]) Craig, Assyrian and Babylonian Religious Texts II 16 Z. 16 Martin Textes religieux assyriens et babyloniens, Paris 1900, S. 96.

[9]) Brünnow, Classified List Nr. 6188; Meißner, Seltene ass. Ideogramme Nr. 9605; Deimel, Sum. Lexikon Nr. 322,7.

Menschengestalten im Kampfe mit wilden Tieren und mit drohenden Ungeheuern erblicken. Dies sind aber dieselben Gestalten, die uns auch in der Bibel, wie wir gesehen haben, bei der Beschreibung des salomonischen Tempels in der bekannten Zusammenstellung mit den Dattelpalmen begegnen und in den Berichten ausdrücklich als Cherubim bezeichnet werden. Damit ist die Gleichsetzung in überraschender Weise bestätigt. Die hebräische Bezeichnung ist durch die biblischen Angaben für die Genien sichergestellt, die wir neben den Palmenbäumen antreffen; die Genien, mit denen wir es hier zu tun haben, erscheinen auf andern Bildwerken als kühne Jäger und mutige Kämpfer; die ku-ri-bi = kur-ri-bi = kur-rib-bi sind Streiter, die nach der Wortbedeutung über feindliche Ungeheuer ohne Schwierigkeit den Sieg davontragen. Der Name führt uns also, wenn wir auf die Grundform zurückgehen, in der zweiten Silbe wieder auf dasselbe Zeichen, das auch bei dem Ideogramm für lamassu[1]) zugrundeliegt. Die Schutzgötter mußten nicht nur selbst kräftig und stark sein; sie hatten auch mit starken Gegnern zu rechnen, die sie dann siegreich zu Boden zwangen.

Die Form karibu, die sich in dem erwähnten karibâti erhalten hat, beruht offenbar auf einer naheliegenden Volksetymologie. Da es sich um Gottheiten handelte, von denen man Schutz und Förderung erwartete, brachte man das fremdartige kuribi mit dem akkadischen karâbu in Verbindung und ersetzte es dann durch das regelmäßige zu diesem Verbum gehörende Partizip Präsens, das sich von der sumerischen Form nur durch einen einzigen Vokal unterscheidet. Diese Auffassung lag um so näher, weil die Gestalten, die wir neben den Palmenbäumen antreffen, durchweg die rechte Hand erheben. Das ist auch da noch der Fall, wo die Blütenrispe, die sie gewöhnlich mit dieser Hand an die weiblichen Blütenstände heranbringen, gar nicht mehr vorhanden ist. Wir brauchen für diese Haltung nur auf die Darstellungen bei Jastrow, Die Religion Bayloniens und Assyriens, Bildermappe Nr. 55—58, hinzuweisen. Sie ist hier überall dieselbe. Nr. 57[2]) sind es zwei weibliche Figuren, die in der linken Hand einen Ring tragen, als die letzte Spur von dem Henkel des Körbchens, das man sonst in der Regel vorfindet, und die rechte geöffnet emporheben. Für diese Figuren würde die Bezeichnung als karibâti ohne weiteres zutreffen. Bei einer männlichen Gestalt würde sich dann in derselben Weise der Name karibu ergeben. In Palästina wurde die sumerische Form durch eine Umstellung der Vokale zu dem üblichen k^{e}rûb.

---

[1]) S. oben S. 104.

[2]) = Layard, Monuments I, Pl. 7, aus dem Nordwestpalaste Assurnaṣirpals.

III.

Die Zeit der vorsintflutlichen Urväter.

Die älteste Nachkommenschaft des ersten Menschenpaares wird in der Genesis in doppelter Linie vorgeführt. Im vierten Kapitel werden die Kainiten und im fünften die Nachkommen des Seth aufgezählt.

In der ersten Linie begegnen uns:

1. Adam,
2. Kain,
3. Henoch,
4. Irad,
5. Mechujael,
6. Methušael,
7. Lamech,

8.—10. die Brüder Jabal, Jubal und Tubalkain; in der zweiten werden genannt:

1. Adam,
2. Seth,
3. Enos,
4. Kenan,
5. Mahalalel,
6. Jered,
7. Henoch,
8. Methušelaḥ,
9. Lamech,
10. Noe.

Bei den Sethiten werden außer den Namen auch genaue Zeitangaben mitgeteilt. Wir erfahren von jedem das Alter, in dem er sich bei der Geburt seines Sohnes befand, und die Zahl der Jahre seines Lebens. Adam war 130 Jahre alt, als Seth geboren wurde, und überlebte dieses Ereignis noch um 800 Jahre, bis er im Alter von 930 Jahren starb. Seth wurde 912, Enos 905, Kenan 910, Mahalalel 895, Jered 962, Henoch 365, Methušelaḥ 969 und Lamech 777 Jahre alt; Noe erreichte ein Alter von 950 Jahren. Als Enos geboren wurde, war Seth 105 Jahre alt. Kenan wurde geboren, als sein Vater ein Alter von 90 Jahren erreicht hatte, und stand im Alter von 70 Jahren, als Mahalalel geboren wurde. Bei Mahalalel wird das entsprechende Alter auf 65, bei Jered auf 162 und bei Henoch wieder auf 65 Jahre angegeben; Methušelaḥ war 187 und Lamech 182 Jahre alt. Als die Sintflut kam, stand Noe im Alter von 600 Jahren. $130 + 105 + 90 + 70 + 65 + 162 + 65 + 187 + 182 + 600 = 1656$. Die Zeit von der Erschaffung des Adam bis zur Sintflut betrug also, wenn diese Ansätze richtig sind, genau 1656 Jahre.

Berossus erzählte in ähnlicher Weise von zehn aufeinanderfolgenden vorsintflutlichen Urkönigen. Es waren dieses nach der Chronik des Eusebius[1]):

1. Aloros,
2. Alaparos,
3. Amelon (Almelon),
4. Ammenon,
5. Megalaros (Amegalaros),
6. Daonos,
7. Evedorachos (Edoranchos),
8. Amempsinos,
9. Opartes[2]),
10. Xisuthros.

Diese verteilen sich auf drei Dynastien. Aloros und Alaparos regierten zu Babylon, die folgenden fünf Könige hatten ihren Sitz an einem Orte, den Berossus als Pautibibla bezeichnet, und die drei letzten gehörten zum Herrscherhause von Larancha.

Die Regierungszeit dieser Könige erstreckte sich nach den Angaben des Berossus über einen Zeitraum von $10 + 3 + 13 + 12 + 18 + 10 + 18 + 10 + 8 + 18 = 120$ Saren oder Perioden von $60 \times 60 = 3600$ Jahren. Das ergibt eine Gesamtsumme von nicht weniger als 432000 Jahren. Bei diesen Ansätzen wird also für die damalige Zeit eine Lebensdauer vorausgesetzt, die über die Angaben der Bibel um ein Gewaltiges hinausgeht. Man erhält hier als Durchschnittsmaß für jeden Fürsten eine Regierungsdauer von genau 43200 Jahren.

Diese Zahlen erscheinen so ungeheuerlich, daß man vielfach versucht war, sie lediglich als phantasievolle Uebertreibungen des Berossus zu betrachten. Sie fanden aber eine überraschende und in dieser Form wohl niemals erwartete Bestätigung, als im Jahre 1923 durch die Veröffentlichungen von Langdon[3]) auch zwei

---

[1]) Syncellus p. 71,3 ff. (Text des Apollodorus) = Schnabel, Berossos S. 262, Fragm. Nr. 29 b und Syncellus p. 69,1 ff. (Angaben des Abydenus) = Schnabel S. 263, Fragm. Nr. 30a. Uebersetzung des armenischen Textes unter Nr. 30. Die Abweichungen dieses Textes sind hier in Klammern hinzugefügt.

[2]) Ωπαρτης. In den Handschriften steht Ωτιαρτης.

[3]) In dem Artikel „The Chaldean Kings before the Flood“ im Journal of the Royal Asiatic Society of Great Britain and Ireland, April 1923, S. 251—9, und Oxford Editions of Cuneiform Texts, Vol. II, The Weld-Blundell Collection, vol. II, Historical Inscriptions, Containing Principally the Chronological Prism, W.-B. 444. Oxford 1923. Vgl. hierzu besonders

zu der Weld-Blundell Collection in Oxford gehörende Keilschrifttexte bekannt wurden, die für diese Periode zum Teil noch höhere Zahlen aufweisen. Der kleinere von den beiden Texten, das Täfelchen W.-B. 62, nennt ebenfalls genau zehn Könige. Die beiden ersten, Alulim[1]) und Alagar[2]), werden als Könige von Subaru bezeichnet. Alulim soll 18 Sar und 4 Ner (1 Ner $= 10 \times 60 = 600$), also $64\,800 + 2400 = 67\,200$, Alagar sogar 20 Sar oder 72 000 Jahre regiert haben. Von den beiden folgenden Königen, die beide in Larsa ihren Herrschersitz hatten, regierte der erste ebenfalls 20 Sar, der zweite dagegen nur 6 Sar oder 21 600 Jahre. Die Namen sind hier nicht mehr vollständig zu ermitteln. Hierauf folgen zwei Könige von Bad-tibira[3]), der als Hirte bezeichnete Gott Dumuzi[4]) mit 8 Sar oder 28 800 und Enmenluanna[5]) mit 6 Sar oder 21 600 Jahren, dann der König Ensibzianna[6]) von Larak[7]) mit 10 Sar oder 36 000, der König Enmeduranna von Sippar mit 20 Sar oder 72 000 und an letzter Stelle zwei Könige von Suruppak, der König „Suruppak, Sohn des Ubur-tu-tu", mit 8 Sar oder 28 800 Jahren und Zi-u(d)-sud-du, der „Sohn des Suruppak", mit 10 Sar oder 36 000 Jahren. Für Uburtutu war in der späteren Zeit die Form Ubartutu = Opartes in Gebrauch. Für Zi-u(d)-sud-du schrieb man später auch Zi-sud-du, Zi-sud-da und Zi-sud-ra[8]). Aus Zi-sud-ra entstand dann das griechische Xisuthros. Die zehn Könige regierten nach diesem Texte zusammen 456 000 Jahre. Die Tafel stammt nach den Schriftzeichen aus dem Ende des dritten vorchristlichen Jahrtausends.

Der größere Text, das vierseitige Tonprisma W.-B. 444, mit acht Kolumnen zu je 50 Zeilen, gehört ungefähr derselben Zeit an. Es führt uns in seinen Aufzählungen bis zum vorletzten Könige der Dynastie von Isin, der um das Jahr 2100 gestorben ist. Der Verfasser nennt für die älteste Periode ebenfalls an erster Stelle die Könige Alulim und Alagar. Diese sollen aber nicht in Subaru, wie der soeben besprochene Text hervorhebt, sondern in Eridu regiert haben. Dabei werden für Alulim 8 Sar oder 28 800 Jahre und für Alagar 10 Sar oder 36 000 Jahre angesetzt. Von Eridu

---

H. Zimmern, Die altbabylonischen vor- (und nach-)sintflutlichen Könige nach neuen Quellen, in der Zeitschr. der Deutschen Morgenl. Gesellschaft, Neue Folge Bd. 3 (1924), S. 19—35, und A. Deimel, Die altbabylonische Königsliste und ihre Bedeutung für die Chronologie (Sacra Scriptura antiquitatibus orientalibus illustrata 6), Rom 1935.

[1]) = Aloros.

[2]) = Alaparos; g = Γ, p = Π. Oder Alaparos = Alabaros = Alabar?

[3]) = Pautibibla.

[4]) = Duwuzi = Daonos; bei Berossus an sechster Stelle!

[5]) = Amelon; bei Berossus an dritter Stelle!

[6]) = Amempsinos, an achter Stelle!

[7]) = Larancha.

[8]) So Keilschrifttexte aus Assur rel. Inhalts Nr. 434, VAT 9488, Z. 7. Das Zeichen für du hatte auch den Lautwert ra. Vgl. Brünnow, Classified List Nr. 4865 und Deimel, Sum. Lexikon Nr. 206,5.

ging die Herrschaft dann nach den folgenden Angaben sofort auf die Dynastie von Bad-tibira über. Dort sollen die Könige Enmenluanna[1]), Enmengalanna[2]) und der auch hier wieder als Hirte bezeichnete Gott Dumuzi ihren Sitz gehabt haben. Für Enmenluanna wird dabei eine Regierungszeit von 12 Sar oder 43 200 Jahren, für Enmengalanna eine Zeit von 8 Sar oder 28 800 und für Dumuzi ein Zeitraum von 10 Sar oder 36 000 Jahren vorausgesetzt. Der sechste König soll Ensibzianna von Larak gewesen sein, mit einer Regierungsdauer von 8 Sar oder 28 800 Jahren, der siebente der König Enmenduranna von Sippar mit einer Zeit von 5 Sar + 5 Ner oder von 21 000 Jahren, und an achter Stelle wird dann Uburdudu von Suruppak mit 5 Sar + 1 Ner oder mit 18 600 Jahren aufgeführt. Hierauf folgte die Sintflut, die das Land „niederfegte". Als Gesamtsumme erhalten wir bei dieser Zusammenstellung für die genannten Könige eine Regierungsdauer von 241 200 Jahren.
Die Texte weichen also nicht nur in der Aufeinanderfolge der einzelnen Fürsten, sondern auch in den chronologischen Ansätzen zum Teil erheblich voneinander ab. Sie zeigen uns, daß die Ueberlieferung schon um das Jahr 2000 vor Christus in den verschiedenen Gegenden des Landes ihre besonderen Formen angenommen hatte.

Die Namen sind nach den keilinschriftlichen Aufzeichnungen alle sumerisch. Sie gehören also einer Zeit an, wo das Akkadische für die Behandlung des Gegenstandes noch nicht in Betracht kam. Der Name Amelon, der in dieser Form in dem Verzeichnis des Berossus an das akkadische amêlu = Mensch erinnert, hat in seiner ältesten Fassung mit dem Semitischen ebenfalls gar nichts zu tun. Die einzige rein akkadische Bezeichnung, die uns in diesem Zusammenhange begegnet, ist der in der Bibel vorkommende Name Methušael. Dieser läßt sich nur auf ein babylonisches Mutu-ša-ili = „Mann Gottes" zurückführen. Methušael war nach der Kainitenliste der Vater des Lamech. In der Sethitenliste finden wir in derselben Verbindung den Namen Methušelaḥ, der seinen Träger als einen „Mann des Spießes" oder als einen „Mann der Lanze" auftreten läßt. Lamech war nach der Sethitenliste der Vater des Noe.
Es braucht wohl kaum hervorgehoben zu werden, daß die Namen auch in der Bibel in ihrer jetzigen Form nur als der Niederschlag nachträglicher Erwägungen zu betrachten sind. Sie sind, soweit sie sich in ihrer Bedeutung aus dem Hebräischen oder aus einem andern semitischen Dialekte einwandfrei erklären lassen, erst in einer Zeit entstanden, wo diese Sprachen in ihrer Eigenart schon tatsächlich vorhanden waren. Man bezeichnete den ersten Menschen im Hebräischen ohne Bedenken als den Adam, gab der Urmutter den Namen Ḥawwah und griff auch bei der Darstellung

[1]) Also hier ebenfalls wie Amelon bei Berossus an dritter Stelle!
[2]) = Amegalaros.

der weiteren Entwicklung immer wieder nach Ausdrücken, die für jeden sofort verständlich waren. Da man für das Horn, auf dem man zu blasen pflegt, das Wort jobêl gebrauchte, so erhielt der erste Hornbläser den Namen Jubal. Er wurde der Stammvater aller, die sich mit Zither und Flötenspiel befaßten (Gen. 4, 21). Das Handwerk vererbte sich auch im semitischen Altertum schon vom Vater auf den Sohn. Tubalkain, der Vater derer, die Erz und Eisen hämmern, erinnert im ersten Teile seines Namens an die Metallarbeiter und an die Erzgruben im Lande Tubal. Bei dem zweiten Bestandteile haben wir es offenbar mit dem im Arabischen und im Syrischen noch vorhandenen ḳain = Schmied zu tun[1]). Anderes entzieht sich unserer Kenntnis. Wir werden aber sicher nicht zu weit gehen, wenn wir diese Parallelen verallgemeinern. Sie berechtigen uns, auch aus den übrigen Namen unter Umständen besondere Schlüsse zu ziehen.

Methušelaḥ, der Mann mit der Lanze, war 187 Jahre alt, als Lamech geboren wurde, und lebte dann noch 782 Jahre. Lamech stand bei der Geburt des Noe im Alter von 182 Jahren und starb dann nach einem Zeitraum von 595 Jahren. Die Flut nahm ihren Anfang, als Noe 600 Jahre alt war. Wenn wir diese Zahlen miteinander vergleichen, dann finden wir, daß Methušelaḥ erst im Jahre der Flut gestorben ist. Er überlebte seinen Sohn noch um fünf Jahre. Methušelaḥ bildete also mit Lamech und Noe, wenn man auf die Flut sieht, gewissermaßen eine in sich selbst abgeschlossene Gruppe. Jered, der Großvater des Methušelaḥ, starb bereits 234 Jahre vor der Flut, und Henoch wurde schon 435 Jahre vor dem Tode seines Vaters von dieser Welt hinweggenommen.

Der Name Suruppak ist in den beiden von Langdon veröffentlichten Texten nicht phonetisch, sondern ideographisch geschrieben. In dem Texte W.-B. 62 wird der Ort als Su-kur-lam-ki, in dem Texte W.-B. 444 dagegen als Su-kur-ru-ki bezeichnet. Die beiden Ideogramme stehen hier also für die damalige Zeit als gleichbedeutend nebeneinander. Sie schließen beide mit dem Zeichen für ki = Platz. Die Örtlichkeit, die hier gemeint ist, wird also in dem einen Falle durch su-kur-lam und in dem andern durch su-kur-ru bestimmt. Sie wurde schon sehr früh zerstört. Die Ueberreste befanden sich, ohne daß man es noch irgendwie vermuten konnte, in dem etwa 60 km nördlich von Uruk gelegenen Trümmerhügel von Fara, wo sie in der Zeit von 1902—3 durch die Ausgrabungen der Deutschen Orient-Gesellschaft zum Teil wieder ans Licht gebracht wurden[2]). Die Tontafeln, die man bei diesen

---

[1]) Im Hebräischen hat sich II Sam. 21,16 noch das Wort ḳain = Lanze erhalten.

[2]) Mitteilungen der Deutschen Orient-Gesellsch. Nr. 15, 8 ff.; 16, 9 ff. 12 ff.; 17, 4 ff.

Grabungen aus dem Boden hervorholte[1]), bieten an mehr als hundert verschiedenen Stellen den Namen eines Gottes Su-kur-ru, der offenbar als der Stadtgott des Ortes zu betrachten ist. Der Name der Ortschaft ist aber in einem solchen Falle stets älter als der Name des Gottes. Es darf also vorausgesetzt werden, daß in dem su-kur = su-kur-ru ein Wort enthalten ist, das den Ort oder die Gegend nach einer bestimmen Seite hin besonders charakterisierte. Das kann aber nur das sumerische su-kur = su-kur-ru = šukurru = Lanze sein[2]). Su-kur-ru-ki ist also ein Platz, der nach dieser Schreibung in irgendeiner Weise mit Lanzen in Zusammenhang steht. Nun wissen wir aber, daß es im Sumerischen ein gi-šu-kin = šûru[3]) gab. Gi = Rohr; šu = Hand; kin = schicken. Wir erfahren hier also von einem mit der Hand entsandten Rohr, das im Akkadischen als šûru bezeichnet wurde. Dies war nach Muß-Arnolt[4]) und nach Bezold[5]) eine besondere Rohrart. Das könnte nach der Form der Angaben richtig sein. Es ist aber ebensogut möglich, daß es sich um einen bestimmten Teil einer Rohrstaude oder um einen aus Rohr gefertigten Gegenstand handelt[6]). Da das Ideogramm ein Hinausschicken oder ein Werfen mit der Hand voraussetzt, kommen wir auch hier wieder von selbst auf die Lanze. Es kann auf jeden Fall nur ein Rohr sein, von dem das Blattwerk entfernt ist. Ein solches Rohr bildete den wesentlichsten Bestandteil einer Spindel, die man im Hebräischen als kišôr und im Sumerischen, wie wir hieraus entnehmen mußten[7]), als gi-šur bezeichnete. Wir stehen hier also vor einer merkwürdigen Uebereinstimmung. Die Sumerer bezeichneten das Spinnen oder das Arbeiten mit dem Spinnrohr als šur, die späteren Bewohner des Landes gebrauchten für eine Rohrstange, die sich höchstens durch die Größe von einem Spinnrohr unterschied, das Wort šûru. Dies erklärt sich nur durch die Annahme, daß sie das

---

[1]) Bearbeitet und herausgegeben von Deimel, Ausgrabungen der Deutschen Orient-Gesellsch. in Fara und Abu Hatab I—III (Wissensch. Veröffentlichungen der Deutschen Orient-Gesellsch. Nr. 40, 43, 45), Leipzig 1922—24.

[2]) Sukur geht im Sumerischen auf su = Zahn (Delitzsch, Sumerisches Glossar S. 247; Deimel, Sum. Lexikon Nr. 15,13) + kur = schneiden (Delitzsch, Sum. Glossar S. 128; Deimel, Sum. Lexikon Nr. 12,58 ff.) zurück. Es ist in derselben Weise gebildet wie das gleichbedeutende sukud = su-kud = šukûdu. Vgl. für die Grundbedeutung besonders das mehrfach vorkommende su-kud = našâku = beißen. Aus dieser Bezeichnung entwickelte sich dann auch der Ausdruck su-ku-ud = sukud = hoch emporgewachsen. Die Lanze war nach der sumerischen Auffassung ein hochgewachsener oder langer Zahn. Die beiden Wörter blieben in den an der letzten Stelle genannten Formen im Akkadischen als Lehnwörter in Gebrauch.

[3]) Meißner, Seltene ass. Ideogramme Nr. 1619; Deimel, Sum Lexikon Nr. 354, 392 c.

[4]) Assyrisch-englisch-deutsches Handwörterbuch S. 1110.

[5]) Babylonisch-assyrisches Glossar S. 263.

[6]) Delitzsch schreibt in seinem Handwörterbuch S. 648 mit vorsichtiger Zurückhaltung: „ein best. Rohr".

[7]) S. oben S. 3—4.

Wort ebenfalls schon aus dem Sumerischen entlehnt hatten. Das Zeichen für das sumerische pag = pak geht auf die Darstellung eines Vogels zurück, der im Fluge durch die Lüfte segelt. Dieses Zeichen wurde regelmäßig hinzugefügt, wenn man etwas als fliegend hervorstellen wollte. Der Name Suruppak erzählt uns also von einem fliegenden šûru. Damit ist alles hervorgehoben, was für die Erklärung der Bezeichnungen in Betracht kommt. Das sumerische su-kur-ru-ki läßt auf einen Ort schließen, der wegen seiner Lanzen bekannt war; wir lesen in den Texten von einem gi-šu-kin oder von einem mit der Hand fortgeschickten Rohr, das man als šûru bezeichnete; der Name, der für den Ort in Gebrauch war, läßt sich in seiner Form ohne weiteres auf eine Verbindung von šûru + pag zurückführen. Suruppak war also, wenn wir dieses zusammenfassen, nach der ideographischen Bezeichnung ein su-kur-ru-ki oder ein Platz, wo Lanzen sind, und nach dem Namen des Ortes ein Platz der fliegenden Rohrstangen. Der Ort lag damals noch am Euphrat, und zwar an einer Stelle, wo wir nach diesen Andeutungen ein Sumpfgelände mit prächtigen Lanzenschäften voraussetzen dürfen. Die Fara-Texte unterscheiden aber neben dem in Su-kur-ru-ki vorhandenen su-kur-ru noch ein lam-kur-ru, das in der späteren Zeit ganz in derselben Weise gebraucht wurde. Da die Zeichen für su und für lam einander sehr ähnlich waren, ist diese Gleichsetzung — oder vielleicht auch die frühere Spaltung — leicht zu begreifen. Sie führte dazu, daß man den Ort bald als Su-kur-ru-ki und bald als Lam-kur-ru-ki bezeichnete. Für Lam-kur-ru-ki findet sich auch an mehreren Stellen die Wiedergabe durch Aratta. Es scheint also, daß dieser Ort in derselben Gegend lag. Da man die Zeichen des einen Ideogramms für ebenso berechtigt hielt wie die Bestandteile des andern, suchte man die Lesungen dann in einer neuen Zusammenstellung miteinander zu verbinden. Man ging dabei von dem am häufigsten vorkommenden Su-kur-ru-ki aus und ersetzte hier das ru, das an und für sich entbehrt werden konnte, durch das aus dem zweiten Ideogramm herübergenommene lam. Damit erhielt man das in W.-B. 62 vorliegende Su-kur--lam-ki. Man umschrieb dieses, wie wir annehmen dürfen und bei der Inhaltsangabe schon vorausgesetzt haben, in der Aussprache ebenfalls durch Suruppak. Der König des Ortes wird in diesem Texte als Su-kur-lam bezeichnet. Der Name ist hier erst nachträglich aus dem Ideogramm hergeleitet. Su-kur-lam-ki war für den Verfasser das Land des Königs Su-kur-lam. Die Aussprache muß also für beide Bezeichnungen dieselbe gewesen sein. In den andern Texten kommt dieser König nicht vor. Er hat hier seinen Platz zwischen Uburtutu und dem Helden der Flut erhalten.

Wir erwähnten schon, daß Methušelaḥ als der Träger eines Spießes oder einer Lanze zu betrachten ist. Der Name geht in der ersten Hälfte auf das Akkadische und in der zweiten auf das Hebräische zurück; er muß also aus einer Zeit stammen, wo man beides in Palästina nebeneinander gebrauchte. Der šelaḥ war eine Waffe, die nach der Grundbedeutung des Wortes ebenso wie der sukurru „geschickt" oder geworfen wurde. Wer mit einer solchen Waffe zu kämpfen pflegte, war nach der semitischen Ausdruckweise ein „Mann des šelaḥ" oder ein „Mann des sukurru". Da der Anfang des Namens akkadisch ist, dürfen wir annehmen, daß der Urheber dieser Bezeichnung ebenfalls noch mit der Keilschrift vertraut war. Er bringt das akkadische mutu = Mann noch ganz in derselben Form, die uns auch bei dem Namen Methušael entgegentritt. Wir haben aber schon früher darauf hingewiesen, daß in Palästina die Neigung bestand, bei Entlehnungen die Namen der in Betracht kommenden Persönlichkeiten nach Möglichkeit in hebräischen Umschreibungen zu bringen. Die Tiâmat wurde zu einer Gestalt, die man als Rahab bezeichnete. Es ist deshalb durchaus zu verstehen, daß man zu einem Ausdruck griff, der trotz des an der Spitze stehenden m^{e}thu = mutu das keilinschriftliche sukurru vermied. Der Träger dieser Waffe war nach der Bibel der Vater des Lamech. Der Leser sieht hier wohl ebenfalls sofort die Uebereinstimmung mit dem eigenartigen und nur aus der soeben besprochenen Verschmelzung zu erklärenden Su-kur-lam-ki. Diese Bezeichnung ist offenbar auch in Palästina bekannt gewesen. Sie hat hier zu einer ähnlichen Schlußfolgerung geführt, wie wir sie nach den Angaben von W.-B. 62 schon für die Aufstellungen im sumerischen Sprachgebiete voraussetzen mußten. Der Verfasser von W.-B. 62 schloß aus der Schreibung auf den Namen eines in den andern Listen nicht vorkommenden Königs, den er dann auf Uburtutu folgen ließ und an Stelle des Uburtutu zum Vater des Ziudsuddu machte; der Gelehrte, der sich in Palästina mit der Formel beschäftigte, zog den Strich an einer andern Stelle. Er hob aus der Reihe der Schriftzeichen zuerst das Wort sukur = sukurru = šelaḥ heraus und sah in diesem sukurru, das in den Fara-Texten stets mit dem Determinativ für die Gottheit verbunden ist, für sich allein schon den vollständigen Namen einer bestimmten irdischen Heldengestalt. Dann faßte er das noch übrigbleibende lam-ki als die Bezeichnung einer zweiten Persönlichkeit, die er nach der Aufeinanderfolge nur in einem Sohne dieses Kriegshelden vermuten konnte. Bei diesem Erklärungsversuche übertrug er das sumerische sukurru, das dem Verständnis keine Schwierigkeiten bereitete, in der angegebenen Weise ins Hebräische. Er unterließ aber die Uebertragung bei der zweiten Bezeichnung, mit der er aus guten Gründen nichts anzufangen wußte. Die beiden sumerischen Lautwerte geben in dieser Zusammenschließung für sich allein überhaupt keinen Sinn: Im Semitischen könnte man höchstens an das sachlich so fernliegende lamaka = kneten denken. Der Name wurde dann im Hebräischen nach der Angabe des masoretischen Textes im Laufe der Jahrhunderte zu Lemech. Er hat hier also dieselbe Entwicklung durchgemacht wie das aus malku entstandene melech.

8*

Henoch, der Vater des Methušelaḥ, im Hebräischen Ḥ^{a}nôch, führt uns durch seinen Namen auf das Verbum ḥanach = einweihen. Man weihte nicht nur Gotteshäuser, sondern auch Privatwohnungen und größere Siedelungen. Kain erbaute eine Stadt und benannte sie nach dem Namen seines Sohnes Henoch; er bezeichnete sie gewissermaßen als eine „Gründung", die erst mit der Weihe ihren selbstverständlichen Abschluß fand, und gab ihr den Namen seines Sohnes, den er als den eigentlichen Gründer betrachtete. Die Angaben sind hier genau so zu verstehen, wie bei den Zusammenstellungen in der Völkertafel (Gen. 10); die Persönlichkeiten, die dort auftreten, sind erst Ableitungen und nachträgliche Erschließungen aus den Bezeichnungen des Landes oder des Ortes. Es ist also von vornherein anzunehmen, daß wir es bei dem Henoch der Sethitenliste ebenfalls mit einer besonderen Gründung zu tun haben. Er nimmt in dieser Liste den siebten Platz ein und erscheint hier als ein Mann nach dem Herzen Gottes, der schon im Alter von 365 Jahren von dieser Welt hinweggenommen wurde. Wir finden ihn also an derselben Stelle, wo wir bei Berossus nach den vorhandenen Aufzeichnungen von einem Evedorachos oder von einem Edoranchos und in dem Texte W.-B. 444 von einem Enmenduranna erfahren. Dieser begegnet uns in dem Texte K. 2486 + K. 4364[1]) unter dem Namen Enmeduranki als ein bevorzugter Freund der Götter, besonders des Sonnengottes und des Adad, die ihn zu ihren Beratungen herangezogen[2]) und ihm die Geheimnisse des Himmels und der Erde anvertrauten. Er war nach den angegebenen Bezeichnungen der en-men oder der priesterliche Herr an dem Tempel Dur-an-na[3]) oder Dur-an-ki, den er in Sippar, da seine Vorgänger nach den keilinschriftlichen Angaben anderswo residierten, offenbar selbst erbaut und den Göttern zur Verfügung gestellt hatte. Diese Frömmigkeit wird von den Göttern fast in derselben Weise belohnt, wie es in der Bibel bei Henoch geschieht. Enmenduranna wird zu den vertraulichen Beratungen der Götter herangezogen, Henoch wird nach der Bibel von Gott aus dem Kreise der übrigen Menschen herausgenommen. „Er wandelte mit Gott[4]), und er war nicht mehr; denn Gott hatte ihn hinweggenommen".

Im Akkadischen wurde die Einweihung eines Tempels oder eines Palastes stets durch das Verbum šurrû und durch die zu diesem Verbum gehörende Nominalform tašrîtu ausgedrückt. Das

---

[1]) Zimmern, Beiträge zur Kenntnis der Babylonischen Religion, Ritualtafeln Nr. 24.

[2]) ana puḫrišunu ...., sie [beriefen ihn] in ihre Versammlung. Das Verbum ist abgebrochen.

[3]) Der Name ist in derselben Weise zu erklären wie das bei Tempelbezeichnungen häufiger vorkommende E-an-na = ê = Haus + an-na = an = Himmel.

[4]) = Er verkehrte mit Gott. Vgl. dafür bes. I Sam. 25,15.

ist dasselbe Wort, das auch in dem Monatsnamen tašrîtu vorliegt. Es bezeichnet in seiner Grundbedeutung zunächst nur den Anfang. Der Tašrîtu war in der älteren Zeit, wo man das Jahr noch im Herbste begann, nicht der siebte, wie man später zu zählen pflegte, sondern der erste Monat oder der Anfang des Jahres. Das ist er in Palästina, wie es scheint, bis zur Zeit der Könige geblieben. Das Fest der Obst- und Weinlese wurde zur Zeit des Moses noch am Ausgange[1]) oder an der Wende[2]) des Jahres gefeiert. Man begann diesen Monat auch später noch mit den klangvollen Neujahrsfeierlichkeiten, die im Nisan niemals üblich gewesen sind, und griff dann nach der babylonischen Gefangenschaft bei der Neuordnung des Kalenders wieder ganz auf den Anfang im Herbste zurück. Im Sumerischen bezeichnete man den Tašrîtu als den Monat dul-kug, von dul = du = Wohnung[3]) und dem hinzugefügten kug = glänzend, hell oder rein, das ebenso wie das akkadische ellu nicht nur von einer physischen, sondern vor allem auch von einer religiösen Reinheit gebraucht wurde. Diese Bezeichnung hat bei dem Gedanken an den Monat kaum einen vernünftigen Sinn. Sie paßt aber um so besser, wenn wir an eine Einweihung denken. Man hatte also die beiden Vorstellungen offenbar schon im Sumerischen, wie wir annehmen müssen, begrifflich miteinander verbunden und aus dem ersten Monat kurzerhand einen „Monat der Einweihung" gemacht. Wenn dieses aber in der sumerischen Zeit möglich war, dürfen wir etwas Ähnliches auch in einer späteren Periode voraussetzen. Die beiden Bedeutungen gingen auch in Palästina, solange der siebte Monat den Anfang des Jahres bildete, für den Kenner des Akkadischen ohne weiteres ineinander über. Man wurde durch den Monatsnamen, besonders wenn er ideographisch geschrieben war, an die Einweihung eines Hauses erinnert, und man wird in einem Zusammenhange, wo von einer Einweihung die Rede war, mit derselben ungezwungenen Beweglichkeit des Geistes unter Umständen auch an den ersten Monat des Jahres gedacht haben. Wir dürfen also mit der Möglichkeit rechnen, daß bei dem Texte, der uns augenblicklich beschäftigt, ebenfalls ein derartiger Zusammenhang vorliegt. Daß der Erzähler an eine Einweihung dachte, ersieht man an dem Worte ḥanôch. Es handelt sich dabei, wie wir aus den sonstigen Uebereinstimmungen in den Berichten entnehmen mußten, um die Gründung eines Tempels, von dem er nur aus babylonischen Keilschrifttexten erfahren konnte. Dies berechtigt uns aber zu der weiteren Annahme, daß die hebräische Bezeichnung tatsächlich auf den akkadischen Ausdruck zurückgeht. Wir sind uns vollkommen klar darüber, daß dieses zunächst nur eine Vermutung ist, die niemand mit zwingenden Gründen zu be-

---

[1]) Exod. 23,16.

[2]) Exod. 34,22.

[3]) Brünnow, Classified List Nr. 9579 + 9588; Deimel, Sum. Lexikon Nr. 459, 2 + 14.

weisen vermag. Wenn wir aber an dieser Voraussetzung festhalten, dann ist der Ursprung der 365 Jahre, die dem Henoch beigelegt werden, für jeden sofort verständlich. Das Jahr wurde auch damals schon stets auf 365 Tage berechnet. Der Verfasser dachte bei dem Worte tašrîtu, mit dem er sich in seinen Erinnerungen beschäftigte, nicht nur an eine Einweihung, sondern auch an den ebenfalls als tašrîtu bezeichneten ersten Monat des Jahres, das auch für ihn schon einen Kreislauf von 365 Tagen bedeutete. Er verband nun, vielleicht ohne sich dessen bewußt zu werden, in seiner Vorstellung die Zahl 365 mit dem Worte tašrîtu = Einweihung und übertrug diese Zahl dann auf den Urheber der fraglichen Einweihung, den er im Hebräischen als Ḥanôch bezeichnete. Der Ansatz erklärt sich also, wie man sieht, ganz aus der persönlichen Denkweise des in Palästina wohnenden Schriftstellers. Er führt uns hier ebenso wie die Angaben über Methušelaḥ und Lamech in eine Zeit, wo man mit dem Akkadischen in den Kreisen, aus denen diese Zusammenstellung hervorgeht, offenbar noch sehr gut vertraut war.

Jered, der Vater des Henoch, der sechste unter den Urvätern der Sethitenliste, hat seinen Namen von dem Verbum jarad = herabsteigen. Er steht in dem Verzeichnis an derselben Stelle, wo Berossus nach der gewöhnlichen Lesung den Namen Daonos bietet. Daonos ist aber höchst wahrscheinlich nur ein bis in die Zeit der Majuskelhandschriften zurückgehender Schreibfehler für Daozos = Dawuzi = Damuzi = Tammuz[1]). Ein anderer Name kommt auch nach den keilinschriftlichen Aufzeichnungen gar nicht in Betracht. Die Bibel erzählt uns also an der Stelle, wo Berossus über den Tammuz berichtet, von einem Manne des Abstieges. Das deckt sich ganz mit den Vorstellungen, die bei den Phöniziern und später auch bei den Griechen über die Eigenart und über das traurige Schicksal des beklagenswerten und besonders auch bei den öffentlichen Kulthandlungen stets wieder beklagten jugendlichen Gottes verbreitet waren. Er war der Gott des wechselnden Pflanzenwuchses und mußte in dieser Eigenschaft bei der Gluthitze des Sommers, wenn das Wachstum wieder zu ersterben begann, in jedem Jahre für längere Zeit in die Tiefe der Unterwelt hinabsteigen.

Auch bei Enos oder Enôš, wie man nach dem Hebräischen sprechen sollte, liegen die Verhältnisse ganz klar. Der Name war in dieser Aussprache für die Bewohner von Palästina die gewöhnliche Bezeichnung für Mensch. Man würde es also verstehen, wenn er etwa wie Adam an der Spitze einer derartigen Aufzählung stände. Er nimmt aber nicht den ersten, sondern den dritten Platz ein, wo man in einem solchen Falle schon eine Einschränkung oder eine genauere Bestimmung erwartet. In dem Texte W.-B. 444 finden

[1]) Nach einer bei Langdon mitgeteilten Vermutung von Sayce. Damuzi = Dumuzi = dumu-zi = aplu kenu = „echter Sohn" des Ea.

wir hier den Namen Enmenluanna, der auch bei Berossus in dem eigenartigen Amelon zugrundeliegt. Dieser setzt sich aus dem oben schon einmal erwähnten enmen und aus lu = Mensch + anna = an = Anu zusammen. An = Himmel; Anu war die oberste Gottheit des Himmels. Wir erfahren hier also von einem Priesterfürsten, der mit besonderem Nachdruck als ein Mann des Himmels oder als ein Diener des obersten im Himmel wohnenden Gottes bezeichnet wird. Die Keilschrift erzählt uns an dieser Stelle von einem enmen-lu-anna, die Bibel bietet hier bloß die Bezeichnung enôš. Diese kann aber in ihrer Bedeutung, wie man sieht, nur mit dem in der Mitte des sumerischen Ausdrucks stehenden lu in Verbindung gebracht werden. Man hat dieses lu, da enmen und anna auch bei den übrigen Namen mehrfach vorkamen, offenbar für den wichtigsten Teil der ganzen Verbindung angesehen und auf die Wiedergabe der beiden andern Bestandteile verzichtet. Daß sie tatsächlich vorhanden und auch in Palästina bekannt waren, ersieht man aus der Stelle 4,26: „Auch dem Seth wurde ein Sohn geboren, den er Enôš nannte. Damals fing man an, den Namen Jahwes anzurufen". Enmenluanna ist der erste unter den zehn Königen, der durch seinen Namen als der Diener und besondere Verehrer einer bestimmten Gottheit hervortritt; er verehrt nach dieser Bezeichnung den ersten und obersten Gott des Himmels; Enos lebte nach der biblischen Angabe zu einer Zeit, wo die Jahweverehrung ihren Anfang nahm. Wir haben es hier mit einer aus der babylonischen Liste gezogenen Schlußfolgerung zu tun, die den keilinschriftlichen Ausdruck schon in seiner ganzen Bedeutung voraussetzt.

Berossus bringt dann in seiner Aufzählung an der vierten Stelle den Namen Ammenon. Dieser geht in seiner sprachlichen Form, wie allgemein zugegeben wird, auf ein keilinschriftliches En-me-nun = En-men-nun = En-men-nun-na zurück. Es ist dieselbe Bezeichnung, die uns nach der Sintflut auch in den Zusammenstellungen der mythologischen Könige von Kiš begegnet. Der Träger dieses Namens tritt uns in dem Ausdruck als ein großer oder als ein erhabener Priesterfürst entgegen. Da der erste Bestandteil des Wortes mit demselben Konsonanten schließt, mit dem der zweite beginnt, kam es hier in der Regel zu einer Verschmelzung, bei der das en-men zu dem erwähnten en-me wurde. Wir finden diese Form nicht nur bei Berossus, sondern auch in zwei verschiedenen Niederschriften der Königsliste von Kiš. Der König wird in dieser Liste, soweit die Texte bis jetzt vorliegen, nur auf einer einzigen Tafel als En-men-nun-na bezeichnet. Die Sethitenliste bietet an der vierten Stelle nach der masoretischen Aussprache den Namen Ḳenan. Das Wort ist aber nach der Schreibung des konsonantischen Textes und nach der Wiedergabe in den alten Uebersetzungen in Wirklichkeit als Ḳainan zu lesen. Es geht seinem Ursprunge nach auf das oben[1])

[1]) S. 112.

schon erwähnte ḳain = Schmied zurück und steht in der Form, in der es uns hier entgegentritt, mit dem im Syrischen noch vorhandenen ḳainen = schmieden in Zusammenhang. Wir haben hier also in der babylonischen Liste einen en-me-nun = en-men-nun = en-men-nun-na und in der Bibel einen ḳenan = ḳainan = ḳain = Schmied.

Der Schmied gehörte zur Berufsklasse der Handwerker; er war also nach der sumerischen Ausdrucksweise ein nun-me-tag oder ein nun-me, ein Meister, im Berühren oder im Arbeiten mit der Hand[1]). Der Ausdruck nun-me bezeichnet im sumerischen Schriftsystem nach den vorhandenen Texten zunächst nur den ab-gal oder den „großen Vater". Er weist also, wenn wir ihn wörtlich nehmen, auf einen Vater oder auf einen Greis hin, der im Vergleich mit den übrigen Männern seines Alters irgendwie hervorragt. Man achtete den Greis, wie es scheint, auch bei den Sumerern an erster Stelle wegen seiner großen Erfahrung. Diese gab ihm das Recht, auch da zu sprechen, wo andere schwiegen. Er galt, wenn er gehaltvoll und weise zu reden verstand, als nun-me oder als „groß in der Rede". Der Ausdruck hat also mit dem Handwerk für sich allein noch nichts zu tun. Dieser Zusammenhang ergibt sich erst durch das hinzugefügte tag, das die Erfahrung nach einer bestimmten Seite genauer begrenzt. Im Akkadischen gebrauchte man in derselben Bedeutung in der Regel das Wort ummânu. Dies begegnet uns schon in dem Namen des sagenhaften Oannes[2]), der nach den Angaben des Berossus als geheimnisvoller Fischmensch aus der Tiefe des Meeres emporstieg und die Menschen im Gebrauch der Schriftzeichen und in den verschiedenen Künsten unterwies. Die Meerestiefe war nach der babylonischen Auffassung der Sitz der Weisheit. Der Schmiedemeister ist also, wenn wir dieses zusammenfassen, ebenfalls ein nun-me-tag. Diese Bezeichnung weist ebenso wie der Name des Königs En-me-nun-na ein nun und ein me auf. Das ist sicher kein Zufall. Die Liste der babylonischen Urkönige bot auch in der Niederschrift, die dem Verfasser der Sethitenliste vorlag, den Namen des Königs in der einfacheren und etwas flüchtig gesprochenen Form. Wir mußten uns davon überzeugen, daß diese Form in den Texten, die in Babylonien verbreitet waren, viel häufiger vorkam als die Schreibung, die man nach dem Ursprunge der Bezeichnung erwarten muß. Das gilt natürlich auch für die Texte, die von den Gelehrten in Palästina benutzt wurden. Man suchte nun diese Form auch sprachlich zu erklären. Dabei zerlegte man das Wort in en und me + nun. Das lag praktisch am nächsten. En war die gewöhnliche Bezeichnung für bêlu = Herr. Die Schwierigkeit ergab sich erst bei den Zeichen für me + nun, die in dieser Aufeinanderfolge im Sumerischen sonst nicht vorkommen. Man wußte aber, daß die Aufeinanderfolge der Zeichen

---

[1]) Vgl. Delitzsch, Sumerisches Glossar S. 4 und S. 85 (u. d. W. gašam).

[2]) S. oben S. 21.

mit der Lesung nicht immer in Einklang stand. Wer sich mit der Keilschrift etwas eingehender befaßt hatte, kannte z. B. die Schreibung zu-ab, die für ab-zu = Wassertiefe in Gebrauch war. Er wußte auch, daß es andere Verbindungen gab, bei denen die Anordnung dem persönlichen Ermessen des Schreibers überlassen war, und zog dann aus solchen Erscheinungen ohne Bedenken seine Folgerungen. Man ging bei diesen Gepflogenheiten in Palästina mitunter noch weiter als es sonst in der Regel der Fall war. Die Briefe des Königs Ribaddi von Byblus[1]) bieten für das regelmäßige kal-ga = kala-ga = dannu = mächtig[2]) an zahlreichen Stellen ein gleichbedeutendes ga-kal. Die Schreibungen wechseln zum Teil auf derselben Tafel und einmal[3]) sogar in derselben Zeile. Es handelt sich bei dieser Umstellung nur um die Willkür einer einzigen Persönlichkeit, die im Auftrage des Königs die Herstellung der Briefe zu besorgen hatte. Wir dürfen aber aus dem Verfahren dieses Schreibers den Schluß ziehen, daß man an solchen Abweichungen im allgemeinen gar keinen besonderen Anstoß nahm. Die eine Verbindung wurde von den Lesern ganz in derselben Weise verstanden wie die andere. Es kam nur darauf an, daß die Bestandteile, die zu der Formel gehörten, tatsächlich vorhanden waren. In einem andern Falle[4]) setzt derselbe Verfasser für nu-kur-tum = Feindschaft das sonst nicht vorkommende kur-nu-tum. Wenn man aber bei einem ga-kal sofort auf kal-ga und bei einem kur-nu-tum sofort auf das gewöhnliche nu-kur-tum schloß, mußte man auch bei dem me + nun, wie man es in der Liste zu finden glaubte, fast mit zwingender Notwendigkeit zu einer ähnlichen Vermutung gelangen. Man kam auf diese Weise zu einer Deutung, die aus dem babylonischen en-me-nun, dem erhabenen Priesterfürsten, zunächst einen en-nun-me und dann mit einer naheliegenden Weiterführung des Gedankens einen en-nun-me-tag oder einen Herrn des Handwerks und der Künste machte. Das konnte nach der Art, wie man in der alten Zeit die besonderen Formen einer solchen Berufstätigkeit zu beurteilen pflegte, nur ein Zimmermann oder ein Schmied sein.

Auf Ammenon folgte dann bei Berossus an der fünften Stelle nach den griechischen Aufzeichnungen der König Megalaros, der aber in der Vorlage zu dem armenischen Texte, wie wir aus diesem entnehmen müssen, noch als Amegalaros bezeichnet wurde. Das ist offenbar dieselbe Persönlichkeit, die uns in dem Texte W.-B. 444 an vierter Stelle als En-men-gal-an-na oder als der große Priesterfürst des Himmels oder des obersten Himmelsgottes entgegentritt. Das sumerische gal war im wesentlichen gleichbedeutend mit nun.

---

[1]) Knudtzon, Die El-Amarna-Tafeln Nr. 68—138.

[2]) Deimel, Sum. Lexikon Nr. 322, 18—19.

[3]) Schroeder, Die Tontafeln von El-Amarna Nr. 33 = Knudtzon Nr. 71 Z. 21.

[4]) Schroeder Nr. 52 = Knudtzon Nr. 103 Z. 8.

Es ist deshalb kein Zufall, daß die beiden Namen sich unmittelbar aneinander anschließen. In der Bibel finden wir hier den Namen Mahalalel, genauer Mah^{a}lal-el, von mah^{a}lâl = Lobpreisung und el = Gott. Der Träger dieses Namens soll in derselben Weise, wie es auch sonst durch das Verbum halal zum Ausdruck gebracht wird, das Lob Gottes verkünden. Das war, soweit es sich um den feierlichen Gottesdienst handelt, das besondere Vorrecht der Priester. Das Lob war aber um so wertvoller, je größer der Priester war, der es aussprach. Es lag deshalb nahe, bei einem großen oder besonders hochstehenden Priester an eine Verherrlichung zu denken, die in ihrer Bedeutung über den Rahmen des Gewöhnlichen bei weitem hinausging. Das ist hier offenbar geschehen. Der Verfasser des hebräischen Textes las in der keilinschriftlichen Zusammenstellung von dem hervorragenden Priesterfürsten des obersten Himmelsgottes und griff deshalb zu einer Bezeichnung, die auf die berufliche Tätigkeit dieses Priesters und auf den hohen Wert dieser Tätigkeit deutlich Bezug nimmt.

Man sieht also, wenn wir die Einzelheiten noch einmal zusammenfassen, daß zwischen der Sethitenliste und den keilinschriftlichen Angaben fast überall ein unmittelbarer Zusammenhang besteht. Der Name Enos gibt sich als eine Uebersetzung des in dem Namen En-men-lu-an-na vorkommenden lu = enôš = Mensch zu erkennen, Kenan läßt sich ohne Schwierigkeit aus dem in En-me-nun-na vorhandenen me-nun erklären, Mahalalel erinnert in seiner Bedeutung an die priesterliche Tätigkeit des En-men-gal-an-na, Jered weist auf den Abstieg hin, der den Tammuz im Sommer eines jeden Jahres in die Unterwelt führte, Henoch begegnet uns als der Vater einer Gründung und als der besondere Diener und Freund Gottes an einer Stelle, wo die babylonischen Texte von dem Gründer und ersten Priester eines hervorragenden Tempels erzählen, Methušelaḥ setzt eine Anlehnung an das in dem Namen Su-kur-lam-ki vorhandene sukur = sukurru = Lanze voraus und Lamech ist aus dem in derselben Bezeichnung vorkommenden lam-ki entstanden. Der Zusammenhang kommt nicht nur in der Bedeutung, sondern auch in der Aufeinanderfolge der Namen zum Ausdruck. Diese stimmt in der Bibel von der dritten bis zur siebten Stelle genau mit den Angaben des Berossus überein. An der achten und an der neunten Stelle sind die ursprünglichen Bezeichnungen vor den beiden auf sukur + lamki zurückgehenden Bildungen ganz in den Hintergrund getreten.

Die Zahlenangaben zeigen allerdings, wenn wir bei den Ansätzen die Summe der einzelnen Jahre miteinander vergleichen, einen gewaltigen Unterschied. Wenn wir die Bibel zugrundelegen, erhalten wir für die zehn Urväter ein Durchschnittsalter von 930 + 912 + 905 + 910 + 895 + 962 + 365 + 969 + 777 + 950 = 8575 : 10 = 857,5 Jahren. Diese Zahl erhöht sich, wenn wir Henoch ausscheiden und nur mit den Persönlichkeiten rechnen, bei denen der Tod hervorgehoben wird, auf 8575 — 365 = 8210 : 9 =

912,2 Jahre. Die Angaben des Berossus führen uns aber, wie oben schon festgestellt wurde, für die Regierungszeit der einzelnen Könige auf eine Durchschnittsdauer von nicht weniger als 43200 Jahren. Die Größen können erst in greifbarer Form nebeneinandergestellt werden, wenn wir diese Zahl wieder auf die in den Texten stets eingehaltene Berechnung nach Saren zurückführen. Wir erhalten dann für jeden König die Durchschnittszahl von 12 Saren. Wenn wir die Zahlen von W.-B. 62 zugrundelegen, ergibt sich ein Durchschnitt von 12,66 Saren, also fast genau dasselbe, und wenn wir von W.-B. 444 ausgehen, fällt auf jeden der dort aufgeführten acht Könige ein Zeitraum von 8,375 Saren. Wir erhalten hier also bei den niedrigsten Ansätzen etwas mehr als 8⅓ Sar, bei dem höchsten Satze 12⅔ Sar und bei den Ansätzen des Berossus genau 12 Sar. Wenn wir nun berücksichtigen, daß die Bibel für die Lebensdauer eines jeden Patriarchen einen Durchschnitt von 912,2 oder von etwas mehr als 900 Jahren ergab, dann ist der Zusammenhang wohl für jeden sofort einleuchtend. Wo die babylonischen Texte mit Saren rechneten, rechnet die Bibel offenbar mit der einheitlichen Größe von jedesmal 100 Jahren. Die biblischen Angaben bewegen sich fast alle zwischen 900 und 1000. Nur Henoch und Lamech bleiben erheblich hinter diesen Sätzen zurück. Für Mahalalel wird ein Alter von 895 Jahren vorausgesetzt. Die höchste Zahl in der ganzen Liste ist die Zahl 969, die wir bei Methušelah vorfinden. Der Ansatz beginnt also fast an jeder Stelle mit der Zahl 900. Daß die Zehner und Einer voneinander abweichen, ergibt sich ganz aus der Natur der Sache.

In den babylonischen Texten ist der Abstand zwischen den einzelnen Angaben erheblich größer. Berossus erzählt uns, wenn wir es an dieser Stelle kurz wiederholen dürfen, von 10 + 3 + 13 + + 12 + 18 + 10 + 18 + 10 + 8 + 18 Saren, in dem Texte W.-B. 62 lesen wir von 18 + 20 + 20 + 6 + 8 + 6 + 10 + 20 + 8 + 10 Saren, zu denen an der ersten Stelle noch vier Ner kommen, und in dem Texte W.-B. 444 sind 8 + 10 + 12 + 8 + 10 + 8 + 5 + 5 Sar + 5 + 1 Ner angesetzt. Von diesen Zusammenstellungen ist nur die dritte, soweit es sich um die Sare handelt, auf den ersten Blick vollkommen durchsichtig. Der Schreiber beginnt hier mit der Zahl 8 und fügt dann an den beiden folgenden Stellen jedesmal 2 hinzu, um an der vierten Stelle wieder auf die 8 zurückzugreifen. An der fünften Stelle erhöht er diese wieder um 2, so daß sich hier noch einmal 8 + 10 ergibt. Diese Verbindung liegt dann offenbar auch bei den drei folgenden Stellen zugrunde, mit dem einzigen Unterschiede, daß die 10 sich in diesem Falle auf zwei Personen verteilt. Man sieht also, daß der Wechsel von 8 und 10 Saren bei diesem Texte die Grundlage bildet, auf der die ganze Reihe der Ansätze sich aufbaut. Das führt für den einzelnen zu dem normalen Durchschnittssatze von 9 Saren. Der Zeitraum von 8,375 Saren ergab sich nur, weil die Ansätze an den beiden letzten Stellen so niedrig waren. Bei Berossus ist die Zahl 18, die sich in unserm

Texte dreimal auf mehrere Fürsten verteilt, an drei verschiedenen Stellen einem einzigen Könige zugewiesen. Dadurch wurde die Gesamtzahl natürlich um ein Bedeutendes erhöht. Neben diesem 18 + 18 + 18 findet sich aber auch bei Berossus noch einmal ein 10 + 8. Man sieht also, daß hier ein wirkliches System vorliegt, und zwar ein System, das in dem W.-B. 444 noch am deutlichsten hervortritt. Bei Berossus fallen die Zahlen 3 und 13, die wir an der zweiten und dritten Stelle antreffen, ganz aus dem Rahmen der übrigen Angaben heraus. Sie verbinden sich aber mit der folgenden 12 in ihrem Werte zu einer 28, die ihrerseits wieder aus einem Ansatze von 18 + 10 hervorgegangen sein könnte. Wenn wir diese Zahlen dafür einsetzen, erhalten wir bei Berossus den eigenartigen Wechsel von 10 + 18 + 10 + 18 + 10 + 18 + 10 + 8 + 18. Diese Reihe spricht ebenfalls für sich selbst. Sie baut sich nicht auf 8 + 10, sondern auf 10 + 18 auf. Dieses 10 + 18 ist aber offenbar aus 8 + 10 hervorgegangen. Man erinnerte sich der 8 und der 10 und machte dann unter dem Einfluß der 10 aus der 8 eine 18. Die 10 + 8, die den Wechsel schließlich unterbrach, ist in Wirklichkeit nur noch ein Ueberrest von der älteren Grundform. Bei dem Texte W.-B. 62 findet sich 18 am Eingange und 8 + 10 am Schluß. Auffallend ist bei diesem Texte besonders das mehrfache Vorkommen der Zahl 20. Wir finden sie an der zweiten, dritten und achten Stelle und erhalten dieselbe Zahl, wenn wir die Ansätze für den vierten, fünften und sechsten König miteinander verbinden.

Der Zusammenhang zwischen der Liste des Berossus und dem Texte W.-B. 444 zeigt sich auch in der Aufeinanderfolge der einzelnen Könige. Die drei ersten Nummern sind genau dieselben. An der vierten Stelle tritt dann eine Verschiebung ein, da Enmennunna in der keilinschriftlichen Aufzeichnung nicht vorhanden ist. Hierauf stimmen die beiden folgenden Angaben wieder miteinander überein, nur mit dem Unterschiede, daß Enmengalanna infolge der Einschiebung bei Berossus an die fünfte und Tammuz an die sechste Stelle rückte. Auf Tammuz, der in allen Texten als der Hirte bezeichnet wird, folgt dann in dem Texte W.-B. 444 der König Ensibzianna von Larak. Dieser gibt sich in seinem Namen, wenn man die einzelnen Bestandteile wörtlich übersetzt, als den „Herrn, den zuverlässigen Hirten des Himmels" zu erkennen; er war also ebenfalls ein Hirt. Dieser Zusammenhang ist in der Liste des Berossus durchbrochen. Berossus nennt hinter dem Tammuz zunächst den Evedoranchos, der in den beiden andern Texten in seiner keilinschriftlichen Bezeichnung als der Nachfolger des Ensibzianna erscheint, und bringt dann erst an der folgenden Stelle den Namen Amempsinos. Er hat also eine Vorlage benutzt, in der die Namen Ensibzianna und Enmenduranna — oder Enmenduranki — aus irgendeinem Grunde vertauscht waren. Die Vorlage unterschied sich hiernach von den Angaben des Textes W.-B. 444, soweit es sich um die Aufzählung der Könige handelt, nur in zwei Punkten; sie berichtete zwischen Enmenluanna und Enmengalanna von einem

Könige Enmennunna, der in den beiden uns jetzt noch zur Verfügung stehenden Texten nicht vorkommt, und wies beim siebten und achten Könige eine Umstellung auf.

Durch diese Zusammenstellungen ist auch das Verhältnis der Bibel zu unsern Texten wohl ausreichend festgelegt. Die Angaben treten uns, soweit wir es im einzelnen verfolgen können, in ihrer ältesten Form in dem Texte W.-B. 444 entgegen. Dieser Text bildet die Grundlage, auf der sich die Fassung, wie wir sie bei Berossus vorfinden, im Laufe der Zeit entwickelt hat. Die Ansätze sind hier noch verhältnismäßig niedrig; der Erzähler rechnet bei den einzelnen Königen noch mit einem Durchschnitt von 8—10 Saren, die in dem Texte wiederholt aufeinanderfolgen. Dieses 8 + 10 wurde dann später zu 10 + 18. Die Bibel hat diese Entwickelung noch nicht mitgemacht; sie rechnet noch mit einem Durchschnitt von 900 Jahren, der in dieser Form auf einen Zeitraum von 9 Saren zurückgeht, und bekennt sich dadurch noch ganz zu den Voraussetzungen von W.-B. 444. Man las aber in den Texten, die in Palästina verbreitet waren, schon den Namen des Königs Enmennunna, und zwar an derselben Stelle, wo er uns jetzt bei Berossus begegnet, und fand in diesen Texten auch den Enmenduranna schon am siebenten Platze. Das Fehlen des Enmennunna kann in dem Texte W.-B. 444 vielleicht auf einem Versehen beruhen. Der Verfasser von W.-B. 62 kennt bereits eine Reihe von zehn Königen; bei dem Texte W.-B. 444 erhalten wir mit dem Sintfluthelden, der selbst nicht mehr erwähnt wird, im ganzen nur neun. Es ist deshalb nicht unmöglich, daß der Name in diesem Zusammenhange schon bis in die älteste Form der Texte zurückreicht. Das ist aber bei der Umstellung, die wir hervorheben mußten, ganz ausgeschlossen. Wir haben es hier mit einer tatsächlichen Änderung zu tun, die auch in der Bibel schon in der Aufeinanderfolge der Patriarchen eine sichere Spur zurückließ. Die Ansätze von W.-B. 62 haben in ihrer Eigenart auf die biblische Darstellung keinen Einfluß gehabt. Der Name Su-kur-lam-ki, der uns hier begegnete, kann in derselben Schreibung natürlich auch in einem andern Texte seinen Platz gehabt haben. Die Uebereinstimmungen beschränken sich also in ihren Einzelheiten ganz auf eine bestimmte Form der Ueberlieferung, wie sie in dem Texte W.-B. 444 und in der Liste des Berossus vertreten ist. Diese Form tritt uns in der Bibel in einer Ausprägung entgegen, die im wesentlichen noch der älteren Zeit angehört, aber in der Aufeinanderfolge der einzelnen Namen schon mit der jüngeren Fassung übereinstimmt. Die Berührungen weisen überall einen einheitlichen Charakter auf; sie zeigen zwar deutlich hervortretende Entlehnungen, bieten aber für die keilinschriftlichen Bezeichnungen, soweit es möglich war, stets einen Ausdruck in hebräischer Sprache. Enos geht auf eine wörtliche Uebersetzung zurück, Kenan macht aus dem königlichen Handwerker, den man in dem babylonischen Helden vermutete, mit leichter Verschiebung einen Vertreter der ehrsamen Schmiedekunst, Mahalalel weist auf das Lob hin, das der große Priesterkönig nach der babylonischen Bezeichnung seinem Gotte zu spenden hatte, Jered wurde durch den Abstieg nahegelegt, an den man bei der Erwähnung des Tammuz zu denken pflegte, Henoch erinnert an die Tempelgründung, die dem Träger des babylonischen Namens zugeschrieben wurde, der Hinweis auf die Lanze führte bei Methušelaḥ zu der Einfügung eines mit der Lanze bewaffneten Kriegers. Die einzige Bezeichnung, die bei den Uebertragungen beibehalten wurde, ist der Name Lamech, der eine Deutung in seiner keilinschriftlichen Grundform überhaupt nicht zuließ. Wir finden hier also durchweg dasselbe Verfahren, das uns schon bei dem Namen Rahab überraschte. Man bemühte sich, die fremdartigen Bezeichnungen stets durch einen Ausdruck zu ersetzen, den jeder verstand. Das war in einer Zeit, wo der Name noch überall die Wiedergabe eines bestimmten Gedankens bedeutete, schon eine Forderung der praktischen Ueberlegung. Wenn der Erzähler seine Gestalten dem Zuhörer oder dem Leser wirklich näherbringen wollte, dann mußte er schon in den Namensbezeichnungen auf die Charakterzüge und auf die besonderen Großtaten der einzelnen Persönlichkeiten hinweisen. Die Namen erklären sich also in ihren hebräischen Formen ganz aus den Verhältnissen der damaligen Zeit. Die Umschreibungen sind aber so deutlich, daß man die Träger der Namen in dem vorliegenden Zusammenhange noch überall mit Sicherheit zu erkennen vermag.

Es fragt sich nun, ob die Bearbeitung auf eine einzige Person zurückgeht, oder ob wir es vielleicht mit einer Zusammenstellung zu tun haben, die sich ihrem Inhalte nach auf weitere Kreise verteilt. Diese Frage läßt sich nur beantworten, wenn wir die Angaben in ihren charakteristischen Eigentümlichkeiten genau miteinander vergleichen. Man wird aber sofort zugeben, daß die Abhängigkeit von der babylonischen Liste sich mit derselben Deutlichkeit bei fast allen in dem hebräischen Texte behandelten Persönlichkeiten feststellen läßt. Es liegt hier also eine Bearbeitung vor, die man in ihren Grundzügen als eine einheitliche, in sich selbst geschlossene wissenschaftliche Uebertragung bezeichnen muß. Wir konnten die genauere Form der Zusammenstellung, auf die der Erzähler zurückgriff, an der Hand des vorhandenen Materials noch mit ziemlicher Sicherheit ermitteln. Er hielt sich streng an die Aufeinanderfolge, die er vorfand, und ersetzte den Sar, der bei den keilinschriftlichen Ansätzen zugrundegelegt war, durch die Zeitspanne von jedesmal 100 Jahren. Bei dieser Arbeit kam er an mehreren Stellen zu einer Schlußfolgerung, die den Tatsachen nicht ganz gerecht wurde. Daß er das me-nun in dem Namen Enmenunna nicht ohne weiteres zu einem nun-me machen durfte, ist selbstverständlich. Er vergreift sich hier in ähnlicher Weise wie bei der Umdeutung der Schriftzeichen für Suruppak, die uns den Schlüssel für das Verständnis der Namen am Ende der Reihe in die Hand geben. Bei Enos = enôš = Enmenluanna liegt im Grunde nur eine Teilübersetzung vor. Der „Mensch", von dem hier die Rede ist, war nach dem keilinschriftlichen Ausdruck ein „Mann des Himmels“ oder ein „Mann Gottes“, den man im Akkadischen vielleicht als Mutu-ša-ili bezeichnet hätte. Bei Henoch konnten wir aus der Zahlenangabe, die uns hier überrascht, auf eine Gleichsetzung von tašrîtu = Einweihung mit dem in dem Monatsnamen vorliegenden tašrîtu = Jahresanfang schließen.

Daß der Verfasser sich bei seinen Ansätzen durch den Gedanken an den Kreislauf des Jahres beeinflussen ließ, sehen wir auch an den Zahlen, die wir bei Lamech vorfinden. Wir betonten schon, daß die Zahl 777, die sich auf die Dauer seines Lebens bezieht, um ein Erhebliches hinter dem sonstigen Durchschnitt zurückbleibt. Wenn man die Zahl mit den übrigen Ansätzen vergleicht, hat man sofort den Eindruck, daß es sich hier um eine besondere Hervorstellung der 7 handelt. Der Patriarch lebte 700 + 70 + 7 Jahre. Hiermit ist aber der Zusammenhang, soweit es sich um die Persönlichkeit des Lamech handelt, nach den vorhandenen Angaben noch nicht erschöpft. Lamech stand im Alter von 182 Jahren, als ihm der Sohn geboren wurde, und starb dann nach einem Zeitraum von 595 Jahren. Diese Zahlen gestalten ebenfalls eine Aufteilung durch 7. 182 : 7 = 26; 595 : 7 = 85. 7 ist in der Zeitrechnung die Zahl der Woche, 26 die Wochenzahl eines halben Jahres, 182 die Anzahl der auf diesen Zeitraum entfallenden Tage. 365 : 2 = 182,5. Wir haben hier also ein ähnliches Verhältnis, wie es sich bei dem Ansatze für Henoch ergab. Bei Henoch deckt sich die Zeitangabe für seinen Aufenthalt in dieser Welt mit den Tagen des Jahres, bei Lamech stehen die Zahlen mit den Tagen eines halben Jahres und mit dem Zeitraum einer Woche in Zusammenhang. Die Woche bildet, wenn man nur mit ganzen Tagen rechnet, den vierten Teil eines Monats; sie geht ihrem Ursprunge nach ebenso wie der Monat auf den Wechsel in der Bewegung des Mondes zurück. Der Mondgott wurde aber, wie wir gesehen haben[1]), u. a. auch als Lamga bezeichnet, als der Gott des letzten und des ersten Viertels, der das eine Mal nach der einen und das andere Mal nach der andern Seite schaut. Der Name Lamga ist in dieser Form nur als die weichere Aussprache für ein älteres Lamka = Lamkar = namkar zu betrachten. Es ergab sich also, wenn wir die härtere Aussprache zugrundelegen, in allen wesentlichen Bestandteilen des Wortes ein völliger Gleichklang mit der Grundform des Namens Lamech. Dieses Zusammentreffen ist dem Urheber unseres Berichtes offenbar zum Bewußtsein gekommen und für seine Festlegungen entscheidend gewesen. Der Mondgott gebot als Lamga im Laufe des Monats über die Hälfte der Zeit, wo er am Himmel stand. Damit ergab sich, wenn wir über die Zeit hinwegsehen, wo er am Himmel verschwunden war, jedesmal die Hälfte eines Monats. Das macht für das Jahr im ganzen 182 Tage. Dies war jedoch eine Zahl, die für die Lebensjahre nicht in Betracht kam. Sie konnte

[1]) Vgl. oben S. 74 ff.

höchstens mit der Periode bis zur Geburt des Sohnes in Verbindung gebracht werden, und das ist nach der vorhandenen Angabe wirklich geschehen. Der Verfasser legte für diesen Abschnitt die Gesamtzahl der Tage zugrunde, wo der Mond als Lamga am Himmel stand, und brachte dann die Lebensdauer mit der Zahl 777 zum Ausdruck. Der Grundgedanke ist also ganz derselbe wie bei Henoch; der Tag ist dem Verfasser bei seinen Ansätzen jedesmal zu einem Jahre geworden. Auffallend ist nur, daß das Mondjahr und das Sonnenjahr hier in der Vorstellung nicht scharf auseinandergehalten werden. Die Berechnung richtet sich in den Einzelheiten nach den Erscheinungsformen des Mondes und ist dann in der Gesamtzahl der Tage jedesmal dem Sonnenjahr angepaßt. Das entspricht aber ebenfalls der Denkweise der damaligen Zeit. Man berechnete das Jahr nach der Sonne und den Monat mit seinen Unterabteilungen nach dem Kreislaufe des Mondes.

Die Anlehnung geht aber noch weiter. Sie zeigt sich mit derselben Deutlichkeit in den Zahlen, die für Kenan mitgeteilt werden. Kenan nimmt in der Liste den vierten Platz ein. Er war 70 Jahre alt, als ihm der Sohn geboren wurde, und lebte dann noch 840 Jahre, so daß er ein Alter von 910 Jahren erreichte. Diese Zahlen lassen sich ebenfalls alle durch 7 teilen. 70 : 7 = 10; 840 : 7 = 120; 910 : 7 = 130. Der vierte Teil eines Jahres umfaßt 91 volle Tage, die zusammen einen Abschnitt von 13 Wochen ergeben. Man sieht also, daß der Gedanke an den Kreislauf und an die Zeiträume des Jahres dem Verfasser außerordentlich nahelag. Beim vierten Patriarchen griff er zu den Zahlen, die sich auf den vierten Teil des Jahres bezogen[1]), bei Henoch denkt er an den Kreislauf des ganzen Jahres und bei Lamech nimmt er auf die Zeiten Bezug, die durch den Mond als Lamka = Lamga bestimmt sind. Dieses Verfahren läßt in seiner Eigenart ebenfalls nur auf eine einzige Person schließen.

In der Kainitenliste begegnet uns Lamech als der Sohn des Methušael. Er folgt hier also nicht auf einen Methušelah oder auf einen „Mann der Lanze“, sondern auf einen Mutu-ša-ili, einen „Mann Gottes“. Da das Wort mutu in der Bibel sonst in Zusammensetzungen nicht vorkommt, ist man von vornherein geneigt, die beiden Bezeichnungen ihrem Ursprunge nach miteinander zu verbinden. Sie gehören in ihrer sprachlichen Form derselben Zeit an, die neben dem Hebräischen unter Umständen noch den Gebrauch des Akkadischen gestaltete. Methušelah erweist sich in dieser Hinsicht als eine Mischform, Methušael ist dagegen ein einwandfreies Akkadisch. Die eine Bezeichnung ist aber bei den damaligen Verhältnissen an und für sich ebenso gut möglich wie die andere. Bei Lamech überrascht uns auch hier wieder der eigen-

[1]) Man beachte für diese Berücksichtigung der Aufeinanderfolge das Verhalten bei der Zusammenstellung des Alphabetes. Der fünfte Buchstabe war He. Diese Bezeichnung geht, soweit es sich um den Namen des Buchstabens handelt, auf das sumerische i = e = 5 zurück. Vgl. oben S. 15.

artige Zusammenhang mit der Siebenzahl. Er begegnet uns hier schon an der siebten Stelle, und zwar als gewaltiger Krieger, der seinen Feinden nicht siebenfache, sondern siebenundsiebzigfache Rache schwört. „Wenn Kain sich siebenmal rächt, dann Lamech siebenundsiebzigmal". Diese Uebereinstimmungen bedürfen auf jeden Fall einer Erklärung. Sie beziehen sich nicht nur auf die Namen, sondern auch auf den Inhalt der Ueberlieferungen, die durch diese Namen gekennzeichnet sind. Lamech steht in der einen Liste wie in der andern, wenn wir uns so ausdrücken dürfen, ganz unter dem Zeichen der Sieben. Dieser Zusammenhang läßt sich in der Sethitenliste, wie wir gesehen haben, noch ohne Schwierigkeit auf die Bewegung des Mondes zurückführen. In der Kainitenliste tragen die Angaben schon deutlich den Charakter einer späteren Verallgemeinerung. Der Verfasser hat hier bloß an die Sieben gedacht und diese Vorstellung auch auf die Anordnung übertragen, die in der Sethitenliste noch ganz in der ältesten Form erscheint. Der Name Methušelaḥ, der an dieser Verschiebung teilnahm, wurde dann unter dem Einfluß des vorhergehenden Mechujael durch eine Bezeichnung ersetzt, die ebenfalls den Hinweis auf el = ilu = Gott enthielt. In der Sethitenliste erklärt der Zusammenhang nicht nur die Aufeinanderfolge, sondern auch den Ursprung und die Bedeutung der Namen; in der Kainitenliste ist diese Gliederung schon vollständig zerstört. Lamga ist in dieser Liste von der Zeit der Sintflut, wo man ihn nach dem keilinschriftlichen Su-kur-lam-ki erwarten muß, ganz abgerückt, und aus dem „Mann der Lanze" ist hier ein Schützling oder Diener der Gottheit geworden, der mit dem sukurru gar nichts mehr zu tun hat. Die Kainitenliste hat also bei ihren Ansätzen den Aufbau und die Bezeichnungen der Sethitenliste schon zur Voraussetzung.

IV.

Die Sintflut.

Auch bei der Sintflut sind wir für die Angaben des Berossus fast ganz auf die Chronik des Eusebius angewiesen. Der Verfasser berichtet hier ebenfalls über die Einzelheiten zunächst im Anschluß an die Aufzeichnungen des Alexander Polyhistor[1]) und fügt dann später noch den Auszug von Abydenus hinzu[2]), den er auch in der Praeparatio Evangelica[3]) heranzieht. An der ersten Stelle heißt es nach der Fassung des griechischen Textes:

„Derselbe Alexander erzählt ferner nach der Schrift der Chaldäer: Nach dem Tode des Ardatos[4]) habe dessen Sohn Xisuthros 18 Saren hindurch regiert. Unter diesem sei eine große Flut gekommen, und darüber sei folgender Bericht niedergeschrieben: Kronos sei im Schlafe an ihn herangetreten und habe ihm gesagt, daß am 15. des Monats Daisios[5]) die Menschheit durch eine Flut vernichtet würde. Er habe deshalb befohlen, schriftlich den Anfang, die Mitte und das Ende aller Dinge aufzuzeichnen und in Sispara[6]), der Stadt des Sonnengottes, zu vergraben, alsdann ein Fahrzeug zu bauen und mit seinen Angehörigen und den ihm Nahestehenden hineinzugehen, Speise und Trank hineinzuschaffen, geflügelte und vierfüßige Tiere hineinzubringen und nach Vollendung aller Vorbereitungen die Fahrt zu beginnen. Wenn er aber gefragt werde, wohin er fahre, solle er antworten: Zu den Göttern, um Gutes für die Menschen zu erflehen. Er habe dann gehorcht und ein Fahrzeug erbaut von fünf[7]) Stadien in der Länge und von zwei Stadien in der Breite. Hierauf habe er alles, was ihm aufgetragen war, ausgeführt und sein Weib und seine Kinder und die ihm Nahe-

---

[1]) Syncellus p. 53,19 ff. = Schnabel, Berossos S. 264 ff., Fragm. Nr. 34.

[2]) Syncellus p. 70,1 ff. = Schnabel S. 266, Fragm. Nr. 35.

[3]) IX, 12 p. 414—15.

[4]) oder Ardates? Der Name geht in seiner Grundform auf das oben S. 114 schon einmal erwähnte Aratta zurück. Dies wurde ideographisch, wie wir gesehen haben, durch eine Zeichenverbindung ausgedrückt, die auch für Suruppak in Gebrauch war. Es kann sich also nur um eine Ortsbezeichnung handeln, die uns in dieselbe Gegend führt. Der Personenname steht hier also zu der Ortsangabe in demselben Verhältnis wie wir es bei den Angaben des Textes W.-B. 62 für den König Su-kur-lam voraussetzen mußten. Dieser war ebenfalls der Vater des Xisuthros.

[5]) Mitte Mai bis Mitte Juni.

[6]) = Sippara = Sippar.

[7]) Im armenischen Texte steht 15.

stehenden hineingebracht. Als aber die Flut gekommen, habe Xisuthros gleich bei ihrem Zurücktreten einige von den Vögeln herausgelassen, diese hätten aber keine Nahrung gefunden und keinen Ort, sich niederzulassen, und seien wieder in das Fahrzeug zurückgekommen. Xisuthros habe dann nach einigen Tagen wiederum die Vögel hinausgeschickt, und diese seien zurückgekehrt mit lehmbeschmutzten Füßen. Als er sie hierauf zum dritten Male losgelassen habe, seien sie nicht mehr in das Fahrzeug zurückgekommen. Hieraus habe Xisuthros den Schluß gezogen, daß die Erde wieder hervorgetreten sei. Er habe deshalb die Zusammenfügung des Schiffes an einer Stelle auseinandergenommen und gesehen, daß das Schiff an einen Berg getrieben sei. Darauf sei er mit seinem Weibe, seiner Tochter und dem Steuermanne hinausgegangen, habe sich anbetend auf die Erde niedergeworfen, einen Altar errichtet und den Göttern ein Opfer dargebracht. Dann sei er mit denen, die aus dem Schiffe hinausgegangen waren, plötzlich verschwunden gewesen. Die in dem Schiff Zurückgebliebenen seien, als Xisuthros mit seinen Begleitern nicht wieder eintrat, ebenfalls hinausgegangen und hätten ihn gesucht, indem sie ihn mit Namen riefen. Xisuthros sei aber selbst von ihnen nicht mehr gesehen worden, es sei jedoch eine Stimme vom Himmel gekommen, die ihnen befahl, gottesfürchtig zu sein, wie es sich gezieme. Denn er selbst fahre wegen seiner Gottesfurcht dahin, um bei den Göttern zu wohnen, und derselben Ehre seien auch seine Frau, seine Tochter und der Steuermann teilhaftig geworden. Die Stimme sagte ihnen auch, daß sie wieder nach Babylon zurückkehren sollten, und daß ihnen vom Schicksal bestimmt sei, die Schriften aus Sispara wieder aufzunehmen und unter den Menschen zu verbreiten. Die Gegend, wo sie sich befänden, gehöre zu Armenien. Als sie dies gehört, hätten sie den Göttern geopfert und sich zu Fuß nach Babylon begeben. Von dem Schiff, das sich dort niedergelassen, sei in den Bergen der Koryäer in Armenien noch ein Teil vorhanden, und manche Leute holten sich von dem Schiffe Erdpech, das sie davon abschabten, um es als Schutzmittel gegen Krankheiten zu gebrauchen. Sie seien nun nach Babylon gekommen, hätten die Schriften zu Sispara ausgegraben, viele Städte gegründet und Heiligtümer errichtet und Babylon wieder aufgebaut.“

Die Niederschrift des Abydenus kann im wesentlichen nur als eine kurze Bestätigung dieser Angaben betrachtet werden. Der einzige Unterschied, der vielleicht einige Beachtung verdient, ist die abweichende Form der Eigennamen. Wir erfahren hier nicht von einem Xisuthros, sondern von einem Sisithros. Der Ort, wo die Schrifttexte vergraben wurden, wird hier richtig als Sippara bezeichnet. „Nach diesem“, so heißt es daselbst, „regierte u. a. auch Sisithros, dem Kronos vorherverkündet, daß ein gewaltiger Regen am 15. Daisios kommen wird, und den Befehl erteilt, alles, was an Schriften vorhanden war, in der Stadt des Sonnengottes im Lande Sippara zu verbergen. Nachdem Sisithros dieses ausgeführt hatte,

9

schiffte er sich sogleich nach Armenien ein, und sofort kam das von dem Gotte verhängte Unwetter über ihn. Am dritten Tage, nachdem der Regen sich gelegt hatte, entsandte er einige von den Vögeln, um zu versuchen, ob sie aus dem Wasser hervortauchendes Land sehen würden. Diese sind jedoch, wie ein weithin gähnendes Meer sie empfängt, in Verlegenheit, wo sie sich niederlassen sollen, und kehren zu Sisithros zurück, und andere nach ihnen ebenso. Wie er aber mit der dritten Sendung Erfolg gehabt hatte — sie kehrten nämlich wieder mit lehmbeschmutzten Füßen —, da entrückten ihn die Götter aus dem Kreise der Menschen. Das Fahrzeug aber lieferte in Armenien den Einwohnern hölzerne Amulette zur Abwehr von bösem Zauber."

Die ersten keilinschriftlichen Mitteilungen über die Sintflut wurden im Jahre 1872 entdeckt. George Smith, einer von den damaligen Assistenten des Britischen Museums, fand bei seinen Arbeiten ein Tontafelfragment, das ihn durch eine Bemerkung über die Landung eines Schiffes auf einem Berge überraschte. In den folgenden Zeilen las er dann, wie eine Taube losgelassen wurde und wieder zurückkehrte, wie eine Schwalbe losgelassen wurde und ebenfalls wieder zurückkehrte, wie endlich ein Rabe losgelassen wurde und nicht wieder zurückkehrte. Damit war die Bedeutung des Textes gegen jedes Bedenken sichergestellt. Er suchte nun unermüdlich nach weiteren Fragmenten und ermittelte auf diese Weise noch umfangreiche Bruchstücke von zwei andern Exemplaren desselben Berichtes, die den Inhalt des ersten Textes wesentlich vervollständigten. Hierbei konnte er zugleich den Nachweis erbringen, daß die Schilderung zur elften Tafel einer größeren, im ganzen zwölf Tafeln umfassenden Heldendichtung gehörte, die heutzutage allgemein als das Gilgamesch-Epos bezeichnet wird[1]). In den folgenden Jahren fanden sich dann von dem Werke noch zahlreiche weitere Fragmente, die bei mehreren Tafeln eine nahezu lückenlose Wiederherstellung des ursprünglichen Textes gestatteten. Eine Gesamtausgabe der einzelnen Stücke, soweit sie bis dahin bekannt waren, wurde von Paul Haupt[2]) und in der neuesten Zeit von R. Campbell Thompson[3]) unternommen. Der Text des Sintflutberichtes findet sich außerdem noch bei Delitzsch in der dritten Auflage der Assyrischen Lesestücke S. 99 ff. und bei Rawlinson, Cuneiform Inscriptions of Western Asia, Bd. IV, zweite Auflage,

---

[1]) nach einer zuerst von Pinches (Babyl. and Orient. Rec. IV, 264) mitgeteilten phonetischen Schreibung (Meißner, Seltene ass. Ideogramme Nr. 4035), die in dieser Frage jeden Zweifel beseitigt. Smith bezeichnete den Helden im Anschluß an die ideographische Wiedergabe des Namens zunächst als Izdubar. Da er in ihm zugleich den biblischen Nimrod vermutete, sprach man in der ersten Zeit gewöhnlich vom Izdubar- oder Nimrod-Epos.

[2]) Das Babylonische Nimrodepos, Assyriologische Bibliothek, herausgeg. von Friedr. Delitzsch und P. Haupt, Bd. III, Leipz. 1884 u. 1891. Die Ueberreste der hier noch fehlenden zwölften Tafel sind veröffentlicht in den Beiträgen zur Assyriologie, Bd. I, S. 49 ff.

[3]) The Epic of Gilgamisch, Oxford 1930.

S. 43—44. Um die Uebersetzung machten sich besonders A. Jeremias[1]), P. Jensen[2]), Ungnad[3]), Ebeling[4]) und Albert Schott[5]) verdient.

Gilgamesch, der starke und gewaltige König von Uruk, der Erbauer der dortigen Stadtmauer, zu zwei Dritteln ein Gott und nur zu einem einzigen Drittel ein Mensch, zieht seine Untertanen zu harter Fronarbeit heran, so daß sie sich in ihrer Bedrängnis an die Götter um Hilfe wenden. Diese veranlassen nun die Göttin Aruru, einen ebenbürtigen Freund und Gefährten für ihn zu erschaffen. Beide sollen miteinander wetteifern in der Ausführung von großen Heldentaten, und Uruk soll in dieser Zeit wieder seine frühere Ruhe genießen. Aruru geht sofort an die Arbeit. Sie wäscht ihre Hände, kneift Lehm ab und bildet den Enkidu, ein Wesen von gewaltiger Körperkraft und außergewöhnlicher Sinnlichkeit, das behaart ist wie ein Tier und in der ersten Zeit mit den Tieren des Feldes zusammenlebt und sich in derselben Weise von Gras und Kräutern ernährt, aber im übrigen die Eigenschaften eines Menschen aufweist. Ein Jäger, der sich zunächst vor ihm fürchtet, bringt ihn alsdann auf die Anregung seines Vaters und auf den Vorschlag des Gilgamesch mit einer Buhldirne in Verbindung, und die Dirne führt ihn nach Uruk, wo Gilgamesch sich inzwischen schon zweimal in einem Traumgesichte mit ihm beschäftigt hat. Die beiden Helden messen sich gleich beim ersten Zusammentreffen in einem Kampfe, bei dem Enkidu unterliegt, und schließen dann Freundschaft. Sie ziehen in die Welt hinaus zu gemeinsamen großen Unternehmungen, bis Enkidu plötzlich von einer Krankheit befallen wird, die am zwölften Tage den Tod herbeiführt. Gilgamesch ist bei diesem Vorgange tief erschüttert und vermutet zunächst einen Schlaf. Als aber das Auge des Freundes sich nicht mehr öffnet und das Herz nicht mehr schlägt, bedeckt er ihn, wie eine Braut sich verhüllt, und überläßt sich dann ganz seinem Schmerze. Sechs Tage und sechs Nächte weint er um ihn. Nachdem er ihn hierauf zur letzten Ruhe bestattet, ergreift ihn die Furcht vor dem eigenen Ende. „Werde ich nicht ebenso wie Enkidu sterben? Wehklagen ist in mein Herz eingezogen; ich fürchte mich vor dem Tode und irre dahin über die Flur.“ Um die Unsterblichkeit zu erlangen, begibt er sich nun unter vielen Schwierigkeiten in die Unterwelt zu seinem Urahnen Ut-napištim und bittet diesen um Auskunft und Rat. „Wie

---

[1]) Izdubar-Nimrod, Leipz. 1891.

[2]) bei Schrader, Keilinschriftl. Biblioth. Bd. VI, 1. Teil, S. 116 ff.

[3]) Altorientalische Texte und Bilder zum Alten Testamente, herausgeg. von Hugo Greßmann, Tübingen 1909, S. 39 ff.; Das Gilgamesch-Epos. Neu übersetzt von Arthur Ungnad und gemeinverständlich erklärt von Hugo Greßmann. Göttingen 1911; Die Religion der Babylonier und Assyrer S. 66 ff.

[4]) bei Greßmann, Altorientalische Texte zum Alten Testament, 2. Aufl. S. 150 ff.

[5]) Das Gilgamesch-Epos, Leipzig, Reclam; Genauere Begründung der Einzelheiten in der Zeitschr. f. Assyriologie, Neue Folge Bd. 8 (1934), S. 92—143.

tratest du ein in die Schar der Götter", so fragt er ihn, „und erschautest das Leben?" Hierauf antwortet ihm Ut-napištim:

„Ich will dir eröffnen, Gilgamesch, verborgene Kunde,
ein Geheimnis der Götter dir anvertrauen.
Surippak[1]), eine Stadt, die du kennst,
[am Ufer] des Euphrat gelegen,
ist eine alte Stadt, in der die Götter verkehrten.
Eine Sturmflut zu senden, trieb die großen Götter der Sinn.
. . . . . . ihr Vater Anu,
ihr Berater, der gewaltige Enlil,
ihr Thronhalter Ninurta,
ihr Führer Ennugi.
Ea, der Herr mit dem glänzenden Auge, hatte bei ihnen gesessen
und erzählte ihre Rede einer Rohrhütte:
Rohrhütte! Rohrhütte! Wand! Wand!
Rohrhütte, höre! Wand, verstehe!
Mann aus Surippak, Sohn des Ubartutu,
zerstöre das Haus, erbaue ein Schiff,
lass fahren den Reichtum, suche das Leben,
verachte Besitztum und rette das Leben,
bringe Lebenssamen jeglicher Art hinein in das Schiff!
Das Schiff, das du erbauen sollst,
seine Maße seien abgemessen;
es sollen einander gleich sein seine Breite und seine Länge;
wie den Apsu[2]) sollst du es bedachen.
Ich verstand es und sagte zu Ea, meinem Herrn:
[Sie]h, mein Herr, was du da befahlst,
[habe ich] zu Herzen genommen und will es befolgen.
[Aber was] soll ich erwidern der Stadt, dem Volke und den Ältesten?
Da tat Ea seinen Mund auf und sprach,
sagte zu seinem Diener, zu mir:
Dann sollst du, [Men]sch, also zu ihnen sprechen:
[Für]wahr[3]), Enlil hat Hass gegen mich gefasst.
Ich werde nicht wohnen bleiben in eurer [Stadt],
[auf] Enlils Boden mein Auge nicht richten;
ich werde hinabsteigen zum Ozean und bei Ea, meinem Herrn, wohnen.
[Ueber] euch aber wird er Ueberfluss regnen lassen,

---

[1]) = Suruppak.

[2]) So nach der Wiedergabe von Schott. Man stellte sich den Apsu, wie es scheint, in seiner äußeren Form (S. oben S. 64) als einen gewaltigen Würfel vor.

[3]) [Min]dima, nach der Uebersetzung und dem Ergänzungsvorschlage von Ebeling, Archiv für Orientforschung VIII (1933), S. 231.

[eine verborgene Stelle von] Vögeln, eine verborgene Stelle
von Fischen[1]),
. . . . , üppige Feldfrucht,
[wenn am Abend der Gebieter] der Finsternis
[auf euch herabregnen lässt] einen Weizenregen[2]).
[Sobald es am Mor]gen zu dämmern begann,
versammelte sich [zu mir] das La[nd].
. . . .
. . . .
. . . .
. . . . das Bauwerk.
Das Kind tr[ug] Asphalt [herbei];
der Starke brachte auf . . . . . den [Be]darf heran.
Am fünften Tage entwarf ich seinen Bau.
Ein Ikû[3]) war seine Grundfläche[4]), zehn Gar die Höhe
seiner Wände,
zehn Gar jedesmal der Rand seines Daches[5]).
Ich entwarf die Gestalt der Vorderseite, zeichnete es,

---

[1]) Verborgene Stelle = Lager, wo sich die Tiere in großer Menge zusammenfinden.

[2]) šamûtu kibâti. Kibtu = Weizen, vom sumerischen gib = gib-ba = gig-ba = gig. Vgl. Hrozný, Das Getreide im alten Babylonien, S. 54 ff., und die Bestätigung dieses Ansatzes in dem Korrekturzusatze S. 7—8. Gig = maršu = schmutzig, nig-gig = maruštu = Schmutz. Der Weizen war also nach der sumerischen Ausdrucksweise das „Schmutzgetreide". Er entwickelt sich auch in unserer Gegend im Gegensatze zu andern Getreidearten am besten, wenn der Boden zur Zeit der Aussaat stark durchfeuchtet ist. Man säte deshalb im Herbste beim Eintreten der Regenperiode zuerst die Gerste und wartete mit dem Weizen, bis diese Voraussetzung erfüllt war. Die Zuhörer müssen aber bei unserm Texte sofort an die eigentliche Frucht denken, die nach der ganzen Darstellung mit einem solchen Regen auf die Erde herabkommen soll. Der Regen erscheint hier als der unmittelbare Träger des himmlischen Segens. Der Segen soll seinen Anfang nehmen, wenn der Gebieter der Finsternis erscheint und die Wasser in außergewöhnlichen Mengen aus dem Dunkel der Wolken herabschickt. Es gab aber im Akkadischen noch ein zweites kibâtu, das aus dem Semitischen kommt und nach der Bedeutung des Grundwortes für Leiden und körperliche Schmerzen in Gebrauch war. Vgl. dafür besonders C. Frank in der Zeitschr. f. Assyriologie, Neue Folge Bd. 2 (1924—25), S. 218. Dieses Zusammentreffen, das hier im Wortlaut einen merkwürdigen Doppelsinn hervortreten läßt, war höchst wahrscheinlich vom Dichter beabsichtigt.

[3]) So — durch „Feld" wiedergegeben — zuerst bei Schott, nach der einleuchtenden Erklärung des etwas eigenartig geschriebenen Textes durch Landsberger. Der Ikû war eine Fläche von 10 Gar im Quadrat; der Gar hatte eine Länge von 12 Ellen.

[4]) So nach dem Zusammenhange. Der Text bietet hier das Zeichen für ḫi mit nachfolgendem sa = ša. Es kommt also nur ein Wort in Betracht, bei dem sich das Suffix mit einer Dentalis verband. Das würde z. B. bei išdu der Fall sein. Man bezeichnete den unteren Teil eines Schiffes als išid elippi. Išdu gehört auch zu den Synonymen von ḫi = purîdu = Bein.

[5]) Die Wände bildeten also ebenfalls jedesmal ein Quadrat.

legte sechsmal einen Boden hinein,
teilte es siebenfach[1]),
teilte sein Inneres neunfach[2]).
In seiner Mitte schlug ich Wasserpflöcke ein.
Ich suchte eine Schifferstange und legte den Bedarf hinein.
Sechs Saren Erdpech schüttete ich in den Ofen,
drei Saren Asphalt schüttete ich hinein.
Drei Saren trugen seine Korbträger[3]) an Öl herbei,
außer einem Sar Öl, das der nikku verzehrte[4]),

---

[1]) durch die Einfügung der sechs Böden.

[2]) durch den Einbau von acht verschiedenen Wänden, die in entsprechenden Abständen jedesmal von der einen Seite des Schiffes zur anderen gingen. Durch diese Wände wurde jedes Stockwerk zunächst in neun Einzelräume geteilt. Die Zahl der Räume ist bei einer derartigen Aufteilung immer um eins größer als die Anzahl der Scheidewände. In dem Schiffe befanden sich also sechs parallel zur Grundfläche gebaute Zwischendecken, die den ganzen Innenraum zunächst in sieben übereinanderliegende Teile zerlegten, und acht von unten bis nach oben reichende Querwände, die auf jedem Flur eine Reihe von neun Räumen ergaben. Die Zahl der Scheidewände wird bei der zweiten Angabe nicht ausdrücklich hervorgehoben; sie ist aber dem Schriftsteller, wie wir aus der Zählung der Stockwerke entnehmen müssen, sicher zum Bewußtsein gekommen. Er rechnet, wenn wir diesen Gedanken hineinfügen, in unmittelbarer Aufeinanderfolge mit den Zahlen von 6 bis 9. Das Schiff hatte 6 Zwischendecken, 7 Stockwerke, 8 Scheidewände und jedesmal 9 Querräume. Für die Höhe der Seitenwände und für die Breite des Schiffes wird die Zahl der Gar-Strecken, mit denen man hier rechnete, auf 10 angegeben!

[3]) die Korbträger oder Lastträger des Schiffes.

[4]) ša ikulu ni-iḳ-ḳu. Das Wort niḳḳu wurde nach einer andern Angabe ebenso wie das synonyme tumagu durch ein Ideogramm ausgedrückt, das am Ende das zweimal gesetzte Zeichen für bul enthielt (Meißner, Seltene assyr. Ideogramme Nr. 7902; Deimel, Sumer. Lexikon Nr. 515,9 h). Der erste Teil der hier in Betracht kommenden Zeichenverbindung ist leider zerstört. Das Zeichen für bul war in dieser Verdoppelung besonders für nâšu = schwanken (Meißner Nr. 7830 und 7901; Deimel Nr. 515,7 . 9 b), râdu = beben (Meißner Nr. 7831; Deimel Nr. 515,9 e) und našarbuṭu = wehen (Meißner Nr. 7832; Deimel Nr. 515,9 c) in Gebrauch. Hierzu paßt auch die Gleichsetzung mit dem Worte tumagu, das in seiner Bedeutung höchst wahrscheinlich mit dem im Hebräischen und im Arabischen noch vorhandenen mûg = beben oder wogen in Zusammenhang steht. In einem Beschwörungstexte wird IV Rawlinson² 29 * 4 C I 11—12 die vorwurfsvolle Frage gestellt, warum jemand es wagt, den Sand des Flusses, den taltallû der Dattelpalme, den niḳḳu des Feigenbaumes und das Stroh der Feldfrucht als Opfergabe anzubieten. Das akkadische taltallû ist ein Lehnwort aus dem Sumerischen. Es geht auf ein zweimal gesetztes tal = dal = fliegen zurück. Das Schriftzeichen ist nur eine Weiterbildung des Zeichens für Vogel. Man hat deshalb vielfach an den Blütenstaub gedacht. Es sind aber sicher die Schößlinge oder die Wedel, schon mit Rücksicht auf das Hebräische, wo die üppigen Haarlocken des Geliebten im Hohen Liede als taltallîm bezeichnet werden. Der niḳḳu befindet sich am Feigenbaume; er steht aber im übrigen mit dem taltallû und mit dem Stroh des Ackerfeldes in offensichtlicher Parallele. Dabei wird er nach dem Ideogramm, von dem wir ausgingen, ebenfalls in irgendeiner Weise hin und her bewegt. Wir können hier also nur an die vom Winde bewegten Zweige des Baumes denken. Damit kommen wir im Gilgamesch-Epos auf die Bewegung beim Tragen, bei dem ein erheblicher Teil des Öls verschüttet wurde.

und zwei Saren Öl, [das] der Schiffer zurücklegte.
Für die L[eu]te schlachtete ich Rinder,
tötete ich Schafe Tag für Tag.
Mos[t, Sesamw]ein, Öl und Traubenwein
[liess ich] das Vol[k trinken] wie Flußwasser.
Ein Fes[t veranstaltete ich] wie am Neujahrstage,
öffnete die Salben[büchse] und streckte meine Hand aus[1]).
[Bei] Sonnenuntergang war das Schiff fertig.
[Weil aber . . . .] schwierig war,
machen die Bauleute den Stapelweg des Schiffes tragfest oben und unten[2]).
[In das Wasser dr]angen zwei Drittel von ihm.
[Alles, was ich hatte, l]ud ich hinein;
alles, was ich hatte an Silber, lud ich hinein;
alles, was ich hatte an Gold, lud ich hinein;
alles, was ich hatte an Lebewesen jeglicher Art, lud ich hinein;
ich brachte hinauf in das Schiff meine ganze Familie und meine Verwandtschaft,
Vieh des Feldes, Getier des Feldes, alle Handwerker brachte ich hinauf.
Einen Zeitpunkt hatte Samaš mir festgesetzt:
Wenn der Gebieter der Finsternis am Abend einen Weizenregen herabregnen läßt,
dann tritt ein in das Schiff und verschließe dein Tor!
Dieser Zeitpunkt kam heran;
der Gebieter der Finsternis ließ am Abend einen Weizenregen herabregnen.
Ich betrachtete das Aussehen des Sturmes,
fürchtete mich, den Sturm zu betrachten;
ich trat ein in das Schiff und verschloß mein Tor.
Dem Lenker des Schiffes, dem Schiffer Puzur-Amurri,
übergab ich den Bau mit seiner Habe.
Sobald es am Morgen zu dämmern begann,
stieg herauf vom Grunde des Himmels ein schwarzes Gewölk.
Adad donnert darin,
Sullat und Ḫaniš gehen vorauf,
gehen als Thronhalter[3]) über Berg und Land.
Den Schiffspfahl reißt Iragal heraus;
Ninurta kommt und öffnet das Wehr.
Die Anunnaki erhoben ihre Fackeln,

---

[1]) um die Salbe zu verteilen.

[2]) gi-ir elippi kak-pl. uš-tab-ba-lu e-liš u šap-liš. Uštabbalu ist das Präsens des reflexiven Kausativstammes von babâlu = wabâlu = abâlu = bringen oder tragen. Biblu = biltu = Last. Man machte, daß der Weg trug, ließ ihn tragen, sorgte, daß er die Last zu tragen vermochte.

[3]) des Adad.

lassen mit ihrem Glanze das Land erglühen.
Adads Wüten dringt bis zum Himmel,
kehrt alles Helle in Finsternis;
[er überschw]emmte das Land, zerbr[ach es] wie einen To[pf].
Einen Tag lang [wehte] der Sü[dsturm];
eilends [brauste] er dahin [und trieb die Wa]sser [zum] Gebirge.
Wie eine Schlacht ko[mmen] sie [herein] über die Men[schen].
Nicht sieht der Bruder seinen Bruder,
nicht sind mehr kenntlich die Menschen im Himmel.
Die Götter gerieten in Angst vor der Flut,
wichen zurück und stiegen hinauf zum Himmel des Anu;
die Götter duckten sich nieder wie Hunde, draußen an der Ringmauer gelagert.
Ištar schreit wie eine Gebärende;
es ruft die Herrin der Götter, die Schönstimmige:
Die Vergangenheit ist zu Lehm geworden,
weil ich in der Versammlung der Götter Böses befahl.
Wie konnte ich in der Versammlung der Götter Böses befehlen,
zur Vernichtung meiner Menschen den Kampf befehlen!
Ich gebe meinen Menschen als die Mutter das Leben,
und wie Fischbrut füllen sie nun das Meer!
Die Götter, die Anunnaki, weinen mit ihr,
die Götter sitzen an ihrem Platze in Tränen.
Verschlossen sind ihre Lippen . . . .
Sechs Tage und sieben Nächte
geht der Wind, die Sturmflut, vernichtet der Südsturm das Land;
wie der siebente Tag kam[1]), wurde der Südsturm, die Sturmflut, im Kampfe niedergeschlagen,
den er gekämpft hatte gleich einem Heere.
Es beruhigte sich das Meer, der Sturm legte sich, die Flut hörte auf.
Ich schaute auf das Wetter, und Stille war eingetreten,
und die ganze Menschheit war wieder zu Lehm geworden;
es war sich gleich geworden die Flur wie ein Dach.
Ich öffnete die Luke, und das Licht fiel auf mein Angesicht.
Da kniete ich nieder und setzte mich weinend;
über mein Angesicht fließen die Tränen.
Ich schaute hin nach den Gebieten am Ufer des Meeres.

[1]) Der Tag im gewöhnlichen Sinne des Wortes, als es hell wurde, nach der siebenten Nacht.

Gegen die zwölfte Doppelstunde[1]) stieg Land empor.
Zum Berge Niṣir trieb das Schiff;
der Berg Niṣir hielt das Schiff fest und ließ es nicht schwanken;
einen Tag, einen zweiten Tag hielt der Berg Niṣir das Schiff fest und ließ es nicht schwanken;
den dritten, den vierten Tag hielt der Berg Niṣir das Schiff fest und ließ es nicht schwanken;
den fünften, den sechsten Tag hielt der Berg Niṣir das Schiff fest und ließ es nicht schwanken.
Als der siebente Tag herankam,
entsandte ich eine Taube, ließ sie hinausfliegen.
Die Taube ging fort und kehrte zurück;
weil sich kein Ort zum Auftreten ihr zeigte[2]), kam sie zurück.
Ich entsandte eine Schwalbe, ließ sie hinausfliegen.
Die Schwalbe ging fort und kehrte zurück;
weil sich kein Ort zum Auftreten ihr zeigte, kam sie zurück.
Ich entsandte einen Raben, ließ ihn hinausfliegen.
Der Rabe ging fort und sah das Versiegen des Wassers;
er frißt, flattert umher[3]), entleert sich und kommt nicht zurück.
Da ließ ich hinausgehen nach den vier Winden und brachte ein Opfer dar,
bereitete ein Rauchopfer auf dem Gipfel des Berges.
Sieben und sieben Opfergefäße stellte ich auf,
schüttete Rohr, Zedernholz und Myrte darunter.
Die Götter rochen den Duft;
die Götter rochen den angenehmen Duft;
die Götter versammelten sich wie Fliegen über dem Spender des Opfers.
Sobald die Herrin der Götter erschien,
erhob sie den großen Steinschmuck, den Anu ihr in seiner Zuneigung gemacht hatte.
Ihr Götter hier, so wahr ich das Lasurgestein an meinem Halse nicht vergessen werde,
will ich dieser Tage gedenken und sie in Ewigkeit nicht vergessen.
Die Götter mögen herankommen zum Rauchopfer,

---

[1]) a-na 12 ta-a-an, „gegen zwölf“. Der Tag wurde mit Einschluß der am Anfange stehenden Nacht in zwölf Doppelstunden eingeteilt. Die zwölfte Doppelstunde war also die letzte Doppelstunde des Tages, die Zeit kurz vor dem Untergange der Sonne. Damit kamen die sieben ersten Tage der Flut zum Abschluß. Da jeder wußte, daß es sich um Stunden handelte, brauchte dieses bei der Zahlenangabe nicht besonders hervorgehoben zu werden. Man gestattete sich hier schon dieselbe Kürzung, die uns auch in den modernen Sprachen noch überall begegnet.

[2]) So nach der Erklärung von Landsberger. Vgl. dafür die Angabe von W. von Soden in der Orient. Literaturz. Jahrg. 38 (1935), Sp. 146.

[3]) Orient. Literaturz. a. a. O.

aber Enlil soll nicht herankommen zum Rauchopfer,
weil er, ohne zu überlegen, eine Sturmflut schickte
und meine Menschen zum Verderben bestimmte.
Sobald Enlil erschien,
sah er das Schiff, und es ergrimmte Enlil,
wurde von Zorn erfüllt über die Götter, die Igigi.
Es ist jemand entronnen mit dem Leben;
nicht sollte leben ein Mensch in dem Verderben!
Da tat Ninurta seinen Mund auf und sprach,
sagte zu dem Helden Enlil:
Wer kann außer Ea etwas beginnen?
Nur Ea kennt jegliche Verrichtung!
Und Ea tat seinen Mund auf und sprach,
sagte zu dem Helden Enlil:
Du Weiser unter den Göttern, o Held,
wie konntest du, ohne zu überlegen, eine Sturmflut schicken?
Dem Sünder lege seine Sünde auf,
dem Frevler lege seinen Frevel auf,
aber laß locker, daß er nicht abgeschnitten werde, und ziehe an, daß er nicht lo[se wer]de[1]).
Statt daß du eine Sturmflut schicktest,
hätte ein Löwe sich erheben und die Menschen vermindern sollen!
Statt daß du eine Sturmflut schicktest,
hätte ein Wolf (?) sich erheben und die Menschen vermindern sollen!
Statt daß du eine Sturmflut schicktest,
hätte eine Hungersnot kommen und das Land nie[derwerfen] sollen!
Statt daß du eine Sturmflut schicktest,
hätte Irra[2]) sich erheben und das Land schlagen sollen!
Ich habe selbst das Geheimnis der großen Götter nicht bekanntgegeben;
den Atarḫasis[3]) ließ ich Träume schauen, und dadurch erfuhr er das Geheimnis der Götter.
Da kehrte ihm die Ueberlegung zurück.
Es stieg der Herr in das Schiff,
ergriff meine Hände und führte mich hinauf,
führte mein Weib hinauf und ließ es niederknien an meiner Seite;

---

[1]) Nach Ebeling, Archiv für Orientforschung VIII (1933), S. 231.

[2]) der Gott der Pest.

[3]) = Ut-napištim. Atarḫasis = atar-ḫasisu, außergewöhnlich klug. Die Klugheit zeigte sich hier in der richtigen Deutung der Träume. Es kann sich also bei den Mitteilungen in der Rohrhütte (Vgl. o. S. 134), wenn in den Angaben kein Widerspruch vorliegt, nur um eine Erscheinung im Schlafe gehandelt haben.

dann berührte er unsere Stirn, trat in unsere Mitte und segnete uns:
Früher war Ut-napištim ein Mensch,
jetzt sollen Ut-napištim und sein Weib uns Göttern gleich sein;
wohnen soll Ut-napištim in der Ferne, an der Mündung der Ströme!
Da nahmen sie mich, und in der Ferne, an der Mündung der Ströme, ließen sie mich wohnen."

Die Texte, in denen uns dieser Bericht erhalten ist, stammen fast alle aus der Bibliothek des Assurbanipal (668—626). Sie sind aber nach Vorlagen angefertigt, die einer wesentlich früheren Periode angehören. Die Abschreiber heben zum Teil ausdrücklich hervor, daß ihre Niederschrift mit der älteren Aufzeichnung genau übereinstimmt. Diese Vorlagen sind dann ihrerseits wieder, soweit wir es bis jetzt beurteilen können, schon als der Abschluß einer noch weiter zurückliegenden Entwicklung zu betrachten, die bereits im dritten vorchristlichen Jahrtausend ihren Anfang nahm. Das Epos lag am Schluß der altbabylonischen Periode schon in einer Bearbeitung vor, die sich von der späteren Fassung im Inhalte nur wenig unterschied. Wir besitzen aus dieser Zeit bis jetzt drei größere Bruchstücke, die sich inhaltlich besonders mit der zweiten, dritten und zehnten Tafel des jüngeren Textes berühren[1]). Um das Jahr 1250 war die Dichtung in ihrer damaligen Form schon bei den Chethitern verbreitet, und zwar nicht nur in ihrem akkadischen Wortlaut[2]), sondern auch in einer vollständigen chethitischen Uebersetzung[3]). Der Held des Gedichtes wird in den altbabylonischen Fragmenten stets nur als Giš bezeichnet. Das ist um so auffallender, weil sich in andern altbabylonischen Texten fast immer die Schreibung Giš-gibil-ga-meš vorfindet. In den Texten, die wir den Chethitern verdanken, tritt er uns unter dem Namen Giš-gim-maš entgegen. Diese Form fällt ihrem Ursprunge nach mit dem in der

---

[1]) Vgl. hierzu besonders die Veröffentlichungen von St. Langdon, The Epic of Gilgamesh, University of Pennsylvania, The University Museum, Publications of the Babylonian Section Vol. X, 3, Philadelphia 1917, S. 207 bis 227 und Pl. LXIII—LXX, von M. Jastrow and A. T. Clay, An Old Babylonian Version of the Gilgamesh Epic on the basis of recently discovered texts, Yale Oriental Series, Researches, Vol. IV, 3, New Haven 1920 und von Br. Meißner, Ein altbabylonisches Fragment des Gilgamosepos in den Mitteilungen der Vorderasiatischen Gesellsch., Jahrg. VII (1902), Heft 1. Uebersetzungen u. a. auch von Ebeling bei Greßmann, Altorient. Texte zum Alten Testament, 2. Aufl. S. 186 ff. Die Texte zeigen in mehrfacher Hinsicht eine auffallende Uebereinstimmung. Zur Annahme einer zweifachen Rezension liegt kein ausreichender Grund vor.

[2]) nach dem Bruchstück in den von Weidner veröffentlichten Keilinschrifturkunden aus Boghazköi, Heft IV, Nr. 12, S. 12—13. Uebersetzung von Ebeling bei Greßmann a. a. O. S. 195—196.

[3]) Die bis jetzt bekanntgewordenen Fragmente dieser Uebersetzung bei Friedrich, Die hethitischen Bruchstücke des Gilgameš-Epos, in der Zeitschrift für Assyriologie, Neue Folge Bd. 5 (1929) S. 1—82.

späteren Bearbeitung regelmäßig vorkommenden Iz-ṭu-bar = Iz-du-bar zusammen. Für iz, wie man früher zu lesen pflegte, kann nach unserer jetzigen Kenntnis in dem vorliegenden Falle nur die Wiedergabe durch giš in Betracht kommen; für ṭu ist auch die Umschreibung durch gin gestattet, und das dritte Zeichen war nicht nur für bar, sondern auch für maš in Gebrauch. Wir haben also, wie wir aus diesen Uebereinstimmungen entnehmen müssen, in Wirklichkeit nicht Iz-ṭu-bar oder Iz-du-bar, sondern Giš-gin-maš = Giš-gim-maš zu lesen. Damit erhalten wir für dieselbe Persönlichkeit die Bezeichnungen Giš-gibil-ga-meš, Gil-ga-meš, Giš-gimmaš und Giš. Diese lassen sich natürlich nicht voneinander trennen. Sie legen von vornherein die Vermutung nahe, daß die kürzeren Formen aus der längeren hervorgegangen sind. Das ist in der Tat der Fall. Der Ausdruck Giš-gibil-ga-meš gibt sich ohne Schwierigkeit als eine Zusammensetzung von giš-gibil-ga = Vater[1]) + meš = edlu = Mann[2]) zu erkennen. Diese Bedeutung wird für jeden sofort verständlich, wenn wir eine Angabe des Textes W.-B. 444[3]) heranziehen, wo der Vater des Gilgamesch als ein lillu oder als ein schwaches und törichtes „Kind" bezeichnet wird[4]). Gilgamesch war also der Sohn eines „Kindes" und der Vater eines Mannes! Diese beiden Gedanken greifen offenbar ineinander; sie zeigen uns, daß hier ein wirklicher Zusammenhang vorliegt. Es scheint aber, daß dieser Zusammenhang schon früh wieder in Vergessenheit geriet. Man sah wenigstens in der Aussprache ganz über die Bedeutung des Namens hinweg und gestattete sich hier planlose Kürzungen, die nur in lautlicher Hinsicht noch einigermaßen befriedigen. Bei der Wiedergabe durch Gilgameš unterdrückte man alles, was zwischen dem Anlaute von giš und dem Auslaute von gibil lag; Gišgimmaš erklärt sich nur durch den Ausfall von bil + ga, wobei der Vokal von ga sich auf die folgende Silbe übertrug; bei Giš haben wir es mit einem regelrechten Kurznamen zu tun.

In dem Texte der zehnten Tafel erkundigt Gilgamesch sich nach dem Wege, den er einschlagen muß, um zur Wohnstätte des Utnapištim zu gelangen. Diese Stelle findet sich auch in dem altbabylonischen Bruchstück, und zwar in einer Schreibung, die auch dem Sintfluthelden in unserm Epos wieder zu der richtigen Form seines Namens verholfen hat. Der Name ist hier nämlich nicht ideographisch geschrieben, wie es bei der jüngeren Bearbeitung der Fall war, sondern phonetisch. Gilgamesch wendet sich in der

---

[1]) Delitzsch, Sumerisches Glossar S. 87.

[2]) S b 120 = Brünnow, Classified List Nr. 5967 und Deimel, Sum. Lexikon Nr. 314,3. Die Umschreibung des Zeichens lautet hier allerdings me-is = mes; sie fällt aber, wie wir annehmen müssen, ihrem Ursprunge nach mit dem gleichbedeutenden mi-iš = miš = meš zusammen, das uns in derselben Schreibung (vgl. Brünnow Nr. 5982, Deimel Nr. 314,41 und Delitzsch Gl. S. 247) in den Eme-sal-Texten begegnet.

[3]) Vgl. oben S. 110 f.

[4]) Kol. III Z. 18.

vierten Kolumne dieses Fragmentes an Sursunabu, den Fährmann des „U-ta-na-iš-tim, des Fernen“, und bittet ihn: „Zeige mir U-ta-na-iš-tim, den Fernen!“ In der jüngeren Bearbeitung wird dieser Name stets nur durch ud-zi oder ud-zi-tim ausgedrückt. Zi = napištim. Diese Bedeutung ist hier durch das hinzugefügte tim gegen jedes Bedenken sichergestellt. Es blieb aber zweifelhaft, wie man das erste Zeichen zu lesen hatte. Man konnte mit derselben Berechtigung an eine Wiedergabe durch par, pir oder laḫ denken. Dieser Zweifel wurde durch die phonetische Schreibung beseitigt[1]).

Man legt sich nun die weitere Frage vor, wie der Name Ut-napištim seinem Ursprunge nach zu erklären ist. Diese Frage läßt sich aber nur beantworten, wenn wir die ideographische Schreibweise genauer ins Auge fassen. Gilgamesch erkundigt sich nach „Ud-zi, dem Fernen“. Das deckt sich, wenn wir die einzelnen Bezeichnungen miteinander vergleichen, Wort für Wort mit dem sumerischen zi-ud-sud = Ziu(d)sud = Ziu(d)sudda. Sud = lang, weit, fern. Dieses sud ist in dem Namen Ziu(d)sudda, wie es auch sonst sehr häufig geschieht, offenbar von der Zeit gebraucht. Der Ausdruck weist hier auf eine Persönlichkeit hin, bei der die Lebenszeit lang ist. Ziu(d)sudda hatte die Flut überlebt und war auch später vor dem Tode bewahrt geblieben. Dieser Zusammenhang ist aber dem Urheber der akkadischen Bezeichnung nicht mehr zum Bewußtsein gekommen. Es erging ihm, wie es auch heutzutage noch vorkommen kann, wenn man aus einer Sprache übersetzen muß, die man nicht ausreichend beherrscht. Er dachte bei dem Worte sud nur an den Abstand des Ortes und schloß nun auf einen Zi-ud, der in der Ferne lebte. Hierbei übersetzte er dann das zi richtig durch napištu. Nun blieb ihm aber noch der zweite Bestandteil, der bei diesen Voraussetzungen eine Deutung überhaupt nicht zuließ. Er sah sich deshalb genötigt, das Wort in der überlieferten Form beizubehalten, und verband auf diese Weise das sumerische ud mit dem akkadischen napištu[2]). Der Fehlgriff ist aber bei den Auffassungen der damaligen Zeit, wo man auch die Toten gewöhnlich als die Fernen bezeichnete[3]), durchaus zu begreifen. Man suchte den Ziu(d)sudda, obwohl er dem Tode entronnen war, ebenfalls jenseits der Wasser des Todes. Hierzu kommt noch der enge Zusammenhang mit dem Grundgedanken der ganzen Dichtung. Gilgamesch hat mit seinem Freunde die Heimat verlassen, um in der Ferne große Heldentaten zu vollbringen. Es mußte also dem

---

[1]) Das eigenartige naištim ist in dieser Umschreibung, wenn wir es nicht auf ein Versehen zurückführen wollen, von nêšu = balâṭu = leben (Ebeling S. 194 Anm. f.) herzuleiten.

[2]) Man könnte versucht sein, bei der Wiedergabe durch uta an das akkadische uttû = sehen, ausersehen oder erwählen zu denken. Dann würde man aber nicht den Genitiv napištim, sondern den Akkusativ napištam erwarten. Der Genitiv setzt den Gedanken an ein Nomen voraus. Uta ist hier lediglich das mit einer Vokalendung versehene ut = ud.

[3]) Vgl. oben S. 70.

Verfasser besonders daran liegen, ihn so weit hinauszuführen, wie nur irgendwie möglich. Er läßt ihn deshalb durch alle Länder ziehen, über schwierige Berge und auf den gefährlichsten Wegen, bis an die äußerste Grenze der Erde. Dieser Zusammenhang tritt in dem Wortlaute des altbabylonischen Textes noch deutlicher hervor, als es bei der späteren Bearbeitung der Fall ist. In dem älteren Texte wird Ut-napištim, wie wir gesehen haben, in wenigen Zeilen zweimal nacheinander als „Ut-napištim, der Ferne", bezeichnet; bei der späteren Bearbeitung findet sich diese Verbindung in dem Texte der ganzen Tafel nur ein einziges Mal, und zwar an einer Stelle, die in dem altbabylonischen Bruchstück nicht vorkommt. An den übrigen Stellen ist der Zusatz in dem Texte dieser Tafel nirgendwo vorhanden. Man sieht also, daß er in der altbabylonischen Darstellung fast noch zum Namen gehörte. Der Name ist mit diesem Zusatze nicht nur für den Inhalt unserer Dichtung, sondern auch für die Form des sprachlichen Ausdrucks, wenn wir auf die ältere Fassung des Textes zurückgreifen, besonders charakteristisch. Das ist für den Ursprung der ganzen Bezeichnung entscheidend. Sie geht mit der Dichtung offenbar auf dieselbe Person zurück. Der Verfasser sah in dem sumerischen Zi-ud-sud-da einen in der Ferne wohnenden Zi-ud, der ihm für seine Zwecke wesentliche Dienste leisten konnte. Er übertrug nun diese Bezeichnung, soweit es ihm möglich war, in das Akkadische und hielt dann auch in der akkadischen Darstellung an der Verbindung, die er auf diese Weise geschaffen hatte, nach Möglichkeit fest. Der Zusatz begann erst bei den späteren Bearbeitungen des Werkes allmählich zurückzutreten. In den Texten, die nicht zum Gilgamesch-Epos gehören, wird der Held in der akkadischen Zeit, soweit wir es bis jetzt verfolgen können, wegen seiner außergewöhnlichen Klugheit[1]) in der Regel nur als Atarḫasis oder Atraḫasis bezeichnet.

Atarḫasis war nach einer Schilderung, die als Beschwörungslegende zum Gebrauch bei schwangeren Frauen empfohlen wurde[2]), schon in der Zeit vor dem Eintreten der großen Flut ein besonderer Freund und Günstling des Ea. Die Götter waren nach den Angaben dieses Textes mit der Lebensweise der Menschen nicht mehr zufrieden und schickten deshalb verschiedene Plagen, um ihre Zahl zu vermindern. Sie verhängten zuerst[3]) eine Hungersnot, die so groß wurde, daß die Eltern ihre Kinder verzehrten. Als diese vorüber war[4]), dauerte es nicht lange, bis die Menschheit noch einmal zu Klagen Anlaß gab. Nun folgte eine zweite Hungersnot, verbunden mit einem Aussetzen der Geburten. In dieser Bedrängnis

[1]) Vgl. oben S. 140.

[2]) Cuneiform Texts from Bab. Tablets XV, 49; deutsch u. a. von Jensen, Keilinschriftl. Biblioth. Bd. VI, 1. Teil, S. 274 ff., von Ungnad bei Greßmann, Altorient. Texte zum Alten Testament, Tübingen 1909, S. 61 ff. und von Ebeling in der zweiten Aufl. dieses Werkes S. 203 ff.

[3]) Der Text ist im Anfange zerstört.

[4]) Der Wortlaut ist hier ebenfalls nicht mehr erhalten.

wandte Atarḫasis sich an Ea, der in irgendeiner Weise[1]) für Abhilfe sorgte. Die Verhältnisse waren aber bald wieder dieselben; das „Geschrei der Menschen" war bald wieder so groß, daß Enlil eine Götterversammlung berief und sich in dieser Versammlung darüber beschwerte. Er machte den Vorschlag, sofort eine Pest zu schicken, damit das Rufen sich vermindere. Als aber die Pest zu wüten begann und Kopfweh, Fieber und Siechtum die Menschen ergriff, war es wieder Atarḫasis, der zu Ea um Gnade flehte. Er „tat seinen Mund auf und sprach zu Ea, seinem Herrn: Herr, es jammert die Menschheit; euer . . . . verzehrt das Land. Ea, Herr, es jammert die Menschheit; . . . . . . der Götter verzehrt das Land. Ihr habt uns . . . . . . geschaffen; [es möge auf]hören Krankheit, Kopfweh, Fieber und Siechtum!" Die Götter zogen deshalb, wie es scheint, ihre strafende Hand wieder zurück, und Enlil mußte sich nach einiger Zeit noch einmal beklagen. Er beschwerte sich darüber, daß die Menschen nicht weniger, sondern zahlreicher waren als früher, und erreichte es, daß auch dieses Mal wieder eine Hungersnot verhängt wurde und die Geburten wieder ein Ende nahmen. Der weitere Verlauf[2]) wird dann derselbe gewesen sein wie bei den vorigen Abschnitten; Atarḫasis wird sich wieder an Ea gewandt haben und Ea wird noch einmal versucht haben, die Götter zur Nachsicht zu bewegen. Hierauf erwartet man an der letzten Stelle, nachdem alles Eingreifen bisher umsonst gewesen ist, eine vollständige Vernichtung der Menschheit durch die Flut. Man sieht aber zu seiner Ueberraschung, daß der Raum für einen derartigen Bericht bei weitem nicht ausreicht. Wir lesen dann in den folgenden Zeilen, daß die Geburtsgöttin im Auftrage des Ea eine Beschwörungsformel aussprach und 7 + 7 kleine Menschenleiber bildete, die als sieben Knaben und sieben Mädchen glücklich ihr irdisches Dasein begannen. Die Tafel schließt hierauf mit einigen praktischen Anweisungen, die man in der Wohnung der Schwangeren vor der Geburt des Kindes zu beobachten hat. Damit ist der eigentliche Zweck des ganzen Textes gegen jedes Bedenken sichergestellt. Man sah in dem Texte einen Bericht über den wirkungslosen Kampf, den Enlil gegen die stete Vermehrung der Menschen führte, und betrachtete das Verlesen dieses Berichtes als ein wirksames Mittel zur Erleichterung der Geburt. Hierbei scheint man aber die Sintflut, die für die Menschheit beinahe zum Verhängnis geworden wäre, absichtlich ganz weggelassen zu haben.

Die Darstellung erweist sich in den mythologischen Angaben, die wir hier vorlegten, als die jüngere Parallele zu einem altbabylonischen Texte, der in einem andern Zusammenhange dieselben Vorgänge behandelte. Wir kennen diesen Text allerdings nur aus einer Niederschrift[3]), die so gut wie vollständig zerstört ist. Der

---

[1]) Der Text ist auch hier wieder zerstört.
[2]) Hier klafft ebenfalls eine Lücke.
[3]) V. Scheil, Recueil de travaux relatifs à la philologie et à l'archéologie égyptiennes et assyriennes Bd. XX, S. 55 ff.; A. T. Clay, A Hebrew Deluge

10

Wortlaut läßt sich nur noch an wenigen Stellen mit Sicherheit entziffern. Diese sind aber ausreichend, um uns über den Aufbau und den Inhalt der ganzen Aufzeichnung ein zuverlässiges Urteil zu gestatten. Wir erfahren dort gleich in der ersten Kolumne, daß das Land sich erweiterte und die Menschen zahlreich wurden, aber durch ihr „Geschrei" den Unwillen des Enlil erregten. Enlil beschwerte sich über dieses „Geschrei" in einer Versammlung der großen Götter und erwirkte, daß über die Menschheit eine Hungersnot verhängt wurde. Das Folgende ist dann bis zur siebten Kolumne fast gänzlich vernichtet. In der siebten Kolumne haben sich aber noch einige Zeilenanfänge erhalten, in denen von einer Sturmflut die Rede ist. Wir lesen dort noch die Worte: „. . . .[tat] seinen Mund [auf und] sprach zu . . . .: Warum tötest du die Men[schen]? Ich will meine Hand erheben gegen die Men[schen]. Die Sturmflut, die du befiehlst, ... Wer ist er? Ich . . . . Ich erzeuge . . . . Sein Werk . . . . Sie sollen hineingehen in . . . . Den Schiffspfahl . . . . Sie sollen gehen . . . ." Man sieht, daß wir uns hier in einer Götterversammlung befinden. In dieser Versammlung ist jemand aufgetreten, der die Menschen zu töten beabsichtigt und eine Sintflut verlangt. Das kann nach unserer sonstigen Kenntnis nur Enlil gewesen sein. Ein anderer Gott spricht aber dagegen. Daß es ein Gott ist und keine Göttin, ergibt sich aus der einleitenden Verbalform. Wir dürfen also mit Sicherheit auf Ea schließen. Dieser scheint dann recht nachdrücklich für die Menschheit einzutreten. Er spricht in seinen Ausführungen von einem Schiffspfahl. Wo aber ein Schiffspfahl ist, müssen wir auch ein Schiff voraussetzen. Die achte Kolumne schließt mit der Formel: „Atramḫasis tat seinen Mund auf und sprach zu seinem Herrn". Die Tafel stammt nach der Unterschrift aus dem 11. Jahre des altbabylonischen Königs Ammisaduga. Es war die zweite Tafel der Serie, die mit den Worten begann: Inuma ṣallu amêlum, Wenn der Mensch sich zur Ruhe gelegt hat. Sie ist nach einer Vorlage angefertigt, die nach einer Bemerkung des Abschreibers ebenfalls schon eine Beschädigung aufwies. Ammisaduga war der vierte Nachfolger des Chammurabi.

Man bezeichnet den Inhalt der beiden Texte gewöhnlich als den Mythus oder die Erzählung von „Ea und Atarḫasis". Wenn man aber den Gegenstand erschöpfen wollte, müßte man auch den Namen Enlil noch hinzufügen. Enlil ist hier der unversöhnliche Gegner der Menschen, Ea dagegen ihr Freund und Beschützer. Die Menschen werden dem Enlil zu zahlreich; sie stören ihn besonders durch ihr „Geschrei". Er hat nach dem Wortlaute des jüngeren

---

Story in Cuneiform and other Epic Fragments in the Pierpont Morgan Library, Yale Oriental Series, Researches. Vol. V, 3, New Haven 1922, Pl. I ff. Uebersetzungen u. a. von Jensen, Keilinschriftl. Bibl. Bd. VI, 1. Teil, S. 288 ff., von Ungnad bei Greßmann a. a. O. S. 57 f. und von Ebeling in der zweiten Aufl. S. 201 f.

Textes zunächst gar nicht die Absicht, sie ganz zu vernichten; er will nur erreichen, daß ihre Zahl sich vermindert. Da seine Maßnahmen aber nicht zum Ziele führen, greift er endlich zu einem Gewaltmittel, das der Menschheit ein vollständiges Ende bereiten soll. Der Verfasser des jüngeren Textes hat den Bericht über diesen Abschluß allem Anscheine nach weggelassen, weil er für seine Zwecke nicht mehr in Betracht kam. Er wollte nur einen Text schaffen, den man als kräftige Beschwörung bei der Geburt eines Kindes verlesen konnte. Dazu waren die Angaben über die voraufgehenden Heimsuchungen, die erfolglos verliefen und eine Vermehrung der Menschheit nicht aufhalten konnten, ganz besonders geeignet; der Hinweis auf die Sintflut würde aber vielleicht sogar das Gegenteil bedeutet haben. Wir haben es hier also mit einer Bearbeitung zu tun, die in dieser Form, wenn unsere Voraussetzungen richtig sind, erst nachträglich aus der älteren Zusammenstellung hervorgegangen sein kann. Bei dieser Bearbeitung ist an den Einzelheiten, wie sie in der altbabylonischen Darstellung erzählt wurden, wohl kaum etwas geändert worden. Enlil beklagt sich auch in dem altbabylonischen Texte sofort mit besonderem Nachdruck über das störende „Geschrei" der Menschen. Dieser Gedanke zieht sich also, wenn wir die folgenden Spalten nach den Angaben des jüngeren Textes ergänzen, durch die verschiedenen Abschnitte des ganzen Berichtes.

Man legt sich nun die Frage vor, was mit dem „Geschrei" gemeint ist. War es nur der allzu große Lärm, der den Enlil störte? Oder sind wir berechtigt, an sonstige Unarten und vielleicht sogar an ernste Verfehlungen zu denken, die der Menschheit zum Vorwurfe gemacht wurden? War es der Ruf der Sünde, von dem wir in der Bibel verschiedentlich lesen? Eine derartige Vermutung liegt an und für sich sehr nahe. Man erblickt in den Maßnahmen der Götter eine Strafe, und man glaubt von der Strafe ohne Bedenken auf sittliche Uebertretungen schließen zu dürfen. Die Götter dachten aber über die Pflichten des Menschen wesentlich anders, als wir es heutzutage gewohnt sind. Die Menschen hatten die Altäre zu bedienen und auch im übrigen immer an erster Stelle für das persönliche Wohlergehen der Götter zu sorgen. Sie waren nach dem Schöpfungsepos nur ins Dasein gerufen, um die Dienstleistungen zu übernehmen, die Marduk nach dem siegreichen Kampfe zunächst dem unterworfenen Anhange der Tiâmat zugewiesen hatte. Bei diesem Verhältnis konnte die Vermeidung von Störungen unter Umständen schon sehr wesentlich sein. Die Texte bezeichnen das Rufen an den betreffenden Stellen regelmäßig mit dem Worte rigmu. Das ist dasselbe Wort, das in dem Epos bei den Angaben über die Rücksichtslosigkeiten der jüngeren Götter gebraucht wird[1]). Die Götter verursachten in ihrem Uebermut einen solchen Lärm, daß es dem Apsu und der Tiâmat ganz unmöglich war, überhaupt noch

[1]) Vgl. oben S. 56 f.

zu schlafen. Dies war für Apsu ein ausreichender Grund, ihren Untergang in Vorschlag zu bringen. Wenn man sich aber in der Götterwelt so gegen die eigenen Kinder benahm, mußte die Menschheit unter gleichen Voraussetzungen auf eine ähnliche Behandlung gefaßt sein. Wir sind also schon mit Rücksicht auf diese Parallele zu der Annahme gezwungen, daß die Störungen für Enlil wirklich entscheidend waren. Das ergibt sich auch aus den Worten, mit denen die Aufzeichnungen nach der soeben schon erwähnten Unterschrift ihren Anfang nahmen. Das Werk sollte nach der einleitenden Vorbemerkung benutzt werden, wenn jemand sich zur Ruhe gelegt hatte. Es sollte ihn offenbar vor störendem Lärm schützen und ihm den Segen eines wohltuenden Schlafes vermitteln. Die Ruhe, von der hier die Rede ist, steht zu dem Rufen und Schreien, das in den Angaben des Textes immer wieder getadelt wird, in einem deutlich hervortretenden Gegensatze. Es handelt sich also bei der Zusammenstellung auch in ihrer altbabylonischen Form nur um den Text einer Beschwörung, die nach der Auffassung der damaligen Zeit schon wegen der Wucht und Bedeutung ihrer Hinweise einen sicheren Erfolg versprach. Man glaubte sich auf das Verhalten des Enlil berufen zu dürfen und wünschte den Störern ein ähnliches Geschick, wie dieser es über die störende Menschheit verhängt hatte.

Da wir am Schluß des altbabylonischen Textes erfahren, daß Atarḫasis etwas zu sagen beabsichtigt, muß die Unterhaltung auf einer dritten Tafel noch ihre Fortsetzung gehabt haben. Es scheint also, daß diese Tafel den eigentlichen Flutbericht enthielt. Ea hat dem Atarḫasis in der achten Kolumne der zweiten Tafel vielleicht schon einige Anweisungen gegeben, die in der ersten Spalte der folgenden Tafel zum Abschluß gebracht wurden. Die Unterhaltung ist höchst wahrscheinlich von derselben Art gewesen wie in dem Texte D. T. 42[1]), den man fast wörtlich hier einfügen möchte. Wir lesen dort:

„..... wie die Wölbung ....
.... soll mächtig sein oben und un[ten]!
.... verschließe ....
[Ich habe] eine Zeit [festgesetzt], die ich [dir]
angeben werde.
Dann geh [in das Schiff] und verschließe die Tür
des Schiffes!
Bringe hinein dein Getreide, dein Besitztum und
[deine] Habe,
dein ...., deine Familie, deine Angehörigen und die
Handwerker!

[1]) Delitzsch, Assyrische Lesestücke, 3. Aufl. S. 101; Haupt, Das babyl. Nimrodepos S. 131; IV Rawlinson, 2. Aufl., Additions S. 9. Uebersetzungen u. a. von Jensen, Keilinschriftliche Biblioth. Bd. VI, 1. Teil, S. 254 ff., von Ungnad bei Greßmann, Altorient. Texte zum Alten Testamente, Tübingen 1909, S. 57, Das Gilgamesch-Epos S. 69 und von Ebeling bei Greßmann, Altorient. Texte zum Alten Test., 2. Aufl., S. 200.

[Vieh des F]eldes, Tiere des Feldes, soweit sie
Kräuter verzehren,
werde ich dir [zu]schicken, daß sie deine Tür hüten[1]).
[Atr]aḫasis tat seinen Mund auf und sprach,
[sa]gte zu Ea, [seinem] Herrn:
[Noch] nie habe ich ein Schiff gebaut....
Zeichne [auf den Erd]boden [seinen] Ab[riß]!
[Den Ab]riß will ich mir ansehen und das Schiff
darnach [bauen].
...... zei[chne] auf den Erdboden......
...... was du befahlst.......“

Ea spricht in den ersten Zeilen dieses Bruchstückes noch von der Form und der besonderen Einrichtung des Schiffes. Wenn der Bau vollendet ist, soll Atarḫasis sein Getreide, sein Besitztum, seine Angehörigen und auch die ihm zur Verfügung stehenden Handwerker hineinbringen, ebenso das Vieh und die Tiere des Feldes, soweit sie Gras fressen. Diese sollen ihm früh genug zugeschickt werden. Da er aber noch niemals ein Schiff gebaut hat, bittet er um eine Zeichnung auf dem Erdboden. In der Schlußzeile verspricht er dann, die Befehle gewissenhaft auszuführen. Die Vorgänge werden hier nicht von ihm selbst, wie in dem Gilgamesch-Epos, sondern von einem dritten erzählt. Der Name Atarḫasis findet sich in diesem Texte in einer feststehenden Formel, die offenbar durch die ganze Darstellung ging. Die Formel ist aber von der Fassung, die uns in der altbabylonischen Niederschrift begegnet, in den Einzelheiten etwas verschieden. Es kann sich also, wenn der Text hier wirklich einzuschalten ist, nur um eine spätere Bearbeitung handeln. Das Bruchstück gehört aber, wenn wir die vorhandenen Aufzeichnungen miteinander vergleichen, mit der altbabylonischen Behandlung des Gegenstandes auf jeden Fall zu derselben Gruppe.

Zu diesen Texten kommt noch ein weiteres Fragment, das nach den Schriftzeichen ebenfalls aus der altbabylonischen Zeit stammt. Es ist nur ein bescheidenes, aber inhaltlich sehr wertvolles Täfelchen aus einem Trümmerhügel von Nippur, das noch die Schlußteile von dreizehn Zeilen enthält[2]). Man liest dort:

„............... dich[3])....
.... will ich lösen[4]).
.... soll alle Menschen zusammen ergreifen.

---

[1]) = bei dir in dem Schiff bleiben.

[2]) Veröffentlicht und übersetzt von H. V. Hilprecht, The Babylonian Expedition of the University of Pennsylvania, Series D, Vol. V, fasc. 1, The earliest Version of the Babylonian Deluge Story and the Temple Library of Nippur, Philadelphia 1910; deutsch unter dem Titel: Der neue Fund zur Sintflutgeschichte aus der Tempelbibliothek von Nippur, Leipzig 1910. Uebersetzungen u. a. auch von Ungnad bei Greßmann, Das Gilgamesch-Epos, S. 73 und von Ebeling bei Greßmann, Altorient. Texte zum Alten Testament, 2. Aufl. S. 199.

[3]) oder: dein....

[4]) apaššar. Vielleicht: ..... will ich enthüllen oder offenbaren.

.... bevor die Sturmflut hervorbricht.
.... [über alle....[1])], so viele ihrer sind, will ich
Vernichtung, Zerstörung, Untergang bringen.
.... baue ein großes Schiff!
.... sei sein Bau!
...... soll ein Großschiff[2]) sein, zu tragen, was an
Leben gerettet wurde.
.... bedecke es mit starkem Dach!
.... das du machen wirst.
.... die Tiere des Feldes, die Vögel des Himmels,
.... statt der Zahl[3]).
.... und Familie ....“

Obwohl in diesem Texte kein einziger Name vorkommt, ist der Zusammenhang sofort verständlich. Wir haben hier ein Bruchstück aus der Rede eines Gottes, der sich mit jemandem in einer Unterhaltung befindet. Er teilt ihm mit, daß er etwas lösen oder enthüllen will, und spricht dann in den folgenden Zeilen von einer Flut, die er zu schicken beabsichtigt. Diese Flut soll alle Menschen erfassen und überall Tod und Vernichtung bereiten. Darum macht er den Vorschlag, ein großes Schiff zu bauen und alle Lebewesen darin aufzunehmen, die dem Verderben entgehen sollen. Das Schiff soll ein starkes Dach haben. Unter den Tieren werden auch die Vögel des Himmels genannt. Man sieht, daß der Gott, der hier spricht, auch der Urheber der Flut ist. Es wird also nicht Ea, sondern Enlil sein. Dieser wurde in Nippur, wo das Bruchstück gefunden wurde, ganz besonders verehrt. Wir werden deshalb nicht fehlgehen, wenn wir annehmen, daß hier ein Zusammenhang besteht. Die Bewohner von Nippur konnten es sich nicht vorstellen, daß Enlil bloß das Unglück über die Menschheit gebracht haben sollte; sie verehrten ihn vor allem auch als den gütigen Erretter. Die Darstellung ist

---

[1]) Hier stand ein Plural auf âni.

[2]) magurgurrum, aus dem sumerischen ma = Schiff + gur-gur = kur-kur = sehr groß. Das Schiff war also noch größer als ein gewöhnliches ma-gur = ma-kur = makurru. Das Kleinschiff wurde zum Unterschiede von einem derartigen Großschiff im Sumerischen als ma-tur und im Akkadischen als maturru bezeichnet. Vgl. hierzu besonders die Liste K. 8239 (Meißner, Supplement zu den ass. Wörterbüchern, Autogr. S. 14).

[3]) ku-um mi-ni, an Stelle der Gesamtzahl. Diese Zeichen sind hier im Texte von dem Vorhergehenden weit abgerückt (vgl. Hilprecht, Der neue Fund usw., S. 51 und die im Anhange beigefügte Photographie der Tafel), so daß der Gedanke an eine Verbalendung gar nicht in Betracht kommen kann. Es kann sich nur um einen Ausdruck handeln, der für sich allein die zweite Hälfte der Zeile ausmacht. Die erste Hälfte ist abgebrochen. Da aber zwischen der ersten und der zweiten Hälfte noch ein erheblicher Abstand zu erkennen ist, können im Anfange nur wenige Zeichen fortgefallen sein. Es liegt deshalb nahe, hier mit Hilprecht einen Hinweis auf die in der Bibel erwähnten Paare der einzelnen Tiere zu vermuten. Auf jeden Fall ist der Zusammenhang derselbe. Die Bibel gebraucht hier ebenfalls das Wort mîn. Hilprecht erblickt in dieser Uebereinstimmung einen besonderen Beweis für die Herkunft des hebräischen Wortes aus dem Akkadischen.

also von den bisher besprochenen Bearbeitungen in diesem Punkte wesentlich verschieden.

Die Texte, die wir bisher behandelten, sind sämtlich in akkadischer Sprache geschrieben. Aus der sumerischen Zeit kennen wir bisher nur eine einzige Darstellung, die ebenfalls aus Nippur stammt[1]). Die Tafel ist auch in diesem Falle leider nur unvollständig erhalten; sie ist quer durchgebrochen, so daß auf der einen Seite der obere und auf der andern der untere Teil des Textes fehlt. Wir besitzen von dem ursprünglichen Wortlaute vielleicht etwas mehr als den dritten Teil.

Die erste Kolumne berichtete von der Schöpfung. In der zweiten wird die Einrichtung des Königtums erzählt. Der Verfasser beschäftigt sich hier zuerst mit der Würde und den erhabenen Geboten des Königs und erwähnt dann die Städte, wo die Urkönige bis zur Flut nacheinander regierten. Dabei fügt er jedesmal den Namen des Gottes hinzu, dem die Stadt anvertraut wurde. Er beginnt bei dieser Aufzählung mit Eridu und nennt dann Bad-tibira, Larak, Sippar und Suruppak. Das ist genau dieselbe Aufeinanderfolge, die uns auch in dem Texte W.-B. 444[2]) begegnet. Hierauf begann in der dritten Spalte die eigentliche Behandlung der Flut. Die Lücke, von der wir sprachen, umfaßt an dieser Stelle ungefähr 30 Zeilen. Wo der Text wieder einsetzt, ist die Entscheidung über das Schicksal der Menschen bereits gefallen.

„Da [schrie] Nintu wie [eine Gebärende];
die reine Innanna jammerte über ihr Volk,
Ea ging in seinem Herzen mit sich selbst zu Rate.
Anu, Enlil, Ea, Ninḫursag ....
Die Götter des Himmels und der Erde riefen die Namen
Anu und Enlil."

Dann heißt es weiter:

„Damals war Ziu(d)suddu König und Priester .....
Großspenden[3]) bereitete er ....;
in demütiger Verehrung warf er sich nieder,
täglich immer bereitstehend ....
Träume, deren Weisung nicht hervortrat, deutete er,
sprach Beschwörungen beim Himmel und bei der Erde.
.... die Götter eine Wand ....

---

[1]) A. Poebel, Historical and Grammatical Texts, University of Pennsylvania, The University Museum, Publications of the Babylonian Section Vol. V, Philadelphia 1914, Pl. I. Umschrift und Uebersetzung von A. Poebel, Historical Texts, a. a. O. Vol. IV Nr. 1, Philadelphia 1914, S. 13 ff.; Uebersetzungen außerdem von Ungnad, Die Religion der Babylonier und Assyrer S. 121 f. und von Ebeling bei Greßmann, Altorient. Texte zum Alten Testament, 2. Aufl., S. 198 f.

[2]) Vgl. oben S. 110 f.

[3]) an-sag-gur-gur. Sag = Geschenk (s. oben S. 60), an = Gott, an-sag = ein Geschenk für die Götter, gur = groß, gur-gur = sehr groß, wie in dem ebenfalls schon erwähnten ma-gur = großes Schiff und ma-gur-gur = sehr großes Schiff.

Ziu(d)suddu stand an ihrer Seite und hörte:
An die Wand zu meiner Linken tritt heran!
An der Wand will ich ein Wort zu dir sprechen.
Mein Heiliger, höre zu! . . . .
Von unserer [Hand] wird eine Sturmflut, Unglück
bringend, ...
Den Samen der Menschheit zu vernichten . . . . . .
ist Entscheidung und Befehl der Versammlung [der Götter].
Die Befehle Anus und Enlils . . . .
Sein Königtum, seine Herrschaft . . . .
ihm . . . .“

Hierauf folgt wieder eine Lücke von etwa 35—36 Zeilen. Am Schluß der Lücke ist das Unwetter in vollem Gange.

„Böse Stürme, mit gewaltigem Winde, kamen heran,
wehten zusammen,
die Sturmflut, die Unglück bringende, raste mit ihnen.
Als sieben Tage und sieben Nächte
die Sturmflut im Lande gerast hatte,
das Großschiff[1]) auf der Wasserflut im Sturme
geschwankt hatte,
kam der Sonnengott hervor, über Himmel und Erde
Licht verbreitend.
Ziu(d)suddu öffnete eine Luke[2]) des Großschiffes.
Das Licht des Sonnengottes, des Helden, trat ein in das
Großschiff.
Ziu(d)suddu, der König,
vor dem Sonnengotte warf er sich nieder;
der König schlachtete einen Ochsen, brachte reichlich
Schafopfer dar.“

In den folgenden sechs Zeilen sind nur noch Spuren vorhanden. Dann kommt wieder eine vollständige Lücke, die hier ebenso wie am Anfange der dritten Spalte etwa 30 Zeilen beträgt. Dann lesen wir in der sechsten Spalte:

„Beim Himmel und bei der Erde seid beschworen,
an eurer Seite werde er gesehen!
Anu und Enlil, beim Himmel und bei der Erde
seid beschworen, an ihrer Seite werde er gesehen,
damit einer[3]) von der Erde aufsteige, zum Himmel
emporsteige!

---

[1]) ma-gur-gur.

[2]) ka-bur mu-un-da-bur, öffnete einen „Mund zum Öffnen“.

[3]) nig-nam-ma. Dies entspricht nach andern Stellen dem akkadischen mimma šumšu, was auch immer sein Name sein mag, oder mimma ša šûma nabû, alles, was mit einem Namen benannt ist, was existiert, irgend etwas. Das kann unter Umständen auch eine Person sein. In dem Texte IV Rawlinson[2] 10 finden wir zweimal (Obv. 58—59 und Rev. 1—2) die Gleichung nig-nam = manman = irgend jemand. Diese Bedeutung liegt auch hier vor. Der Betende hat den Wunsch, daß auch wenigstens einmal ein Erdenbewohner unter die Götter versetzt werde.

Ziu(d)suddu, der König,
vor Anu und Enlil warf er sich nieder.
Ein Leben gleich einem Gotte wurde ihm gegeben,
eine ewig währende Seele, gleich einem Gotte, für ihn
hervorgebracht.
Damals erhielt Ziu(d)suddu, der König,
den Namen: Einer[1]) hat den Samen des Lebens gerettet.
In einem fernen Lande, im Lande Dilmun, einer [heiligen]
Stätte, ließen sie ihn wohnen."

Die Darstellung ist in ihrem Zusammenhange trotz der störenden Unterbrechungen noch sehr übersichtlich. Die eigentlichen Urheber der Flut sind Anu und Enlil. Die Angaben über die Gründe sind leider nicht erhalten. Man sieht aber, daß die Götter in der Beurteilung der vorgeschlagenen Maßnahme durchaus nicht einig sind. Nintu, die Göttin der Geburt, verhält sich ganz ablehnend, und Ea geht mit sich selbst noch zu Rate. Die Rettung des Ziu(d)suddu hat ihren Grund in seiner besonderen Frömmigkeit. Er bringt den Göttern als König und Priester große Opfer dar und lebt ganz in ihrem Dienste. Ea sucht ihn deshalb durch kluges Eingreifen vor dem Untergange zu bewahren. Er ruft ihn an eine Wand und setzt ihn hier von der Absicht der Götter in Kenntnis. Der Sturm dauert sieben Tage und sieben Nächte. Als der Sonnengott dann wieder erschien, warf Ziu(d)suddu sich nieder, ihn zu verehren. Hierauf dankte er außerdem noch durch ein reichliches Opfer. Ueber seine Erhebung zu den Göttern läßt sich bei dem jetzigen Zustande des Textes keine vollständige Klarheit gewinnen. Man sieht aber, daß die Ehrung das Ergebnis einer Bitte ist. Der Bittende wendet sich zunächst, wie es scheint, an die Gesamtheit der Götter und richtet dann dieselben Worte mit besonderem Nachdruck noch einmal an Anu und Enlil, die sich bisher den Menschen gegenüber so ungnädig erwiesen. Er weist dabei auf die Tatsache hin, daß noch niemand auf Erden einer solchen Ehre teilhaftig wurde, und hält es deshalb für wünschenswert, daß hier wirklich einmal eine Ausnahme gemacht wird. Das können in diesem Zusammenhange nur Worte des Ea sein. Ziu(d)suddu wirft sich dann vor Anu und Enlil nieder, um diesen für ihre Zustimmung zu danken. Er wird alsdann mit der Unsterblichkeit ausgestattet und erhält seinen Wohnsitz auf der Insel Dilmun[2]).

Wenn wir diese Zusammenstellung mit dem Bericht im Gilgamesch-Epos vergleichen, finden wir in den Einzelheiten eine außerordentlich weitgehende Uebereinstimmung. Ea ist der Freund der Menschen, Enlil sucht sie zu vernichten. Anu tritt im Gilgamesch-Epos ganz in den Hintergrund. Die Preisgabe des Geheimnisses erfolgt in beiden Dichtungen durch die Zuhilfenahme einer Wand. In dem

---

[1]) Derselbe Ausdruck wie in der vorhergehenden Anmerkung.

[2]) im Persischen Meerbusen. Sie war nach den Angaben in den Inschriften des Sargon 30 Doppelstunden vom Lande.

Epos ist es die Wand der Rohrhütte. Es regnete nach dem sumerischen Texte sieben Tage und sieben Nächte. Im Gilgamesch-Epos nimmt der Sturm schon am Morgen des siebten Tages sein Ende. Ut-napištim öffnet die Luke, und das Licht fällt wieder auf sein Angesicht. Er sinkt in die Knie und setzt sich dann nieder und weint. Am Schluß des Tages erblickt er endlich den Berg Nisir. Man sieht, daß hier dieselbe Ueberlieferung vorliegt; sie ist aber in der akkadischen Bearbeitung schon weiter ausgestaltet. Das Niederknien, von dem uns die beiden Dichtungen erzählen, ist in der sumerischen Darstellung sofort verständlich. Ziu(d)suddu sieht das strahlende Gesicht des Sonnengottes und fühlt sich gedrängt, ihn zu verehren. Im Gilgamesch-Epos tritt dieser Zusammenhang im Ausdruck gar nicht mehr hervor. Der Dichter spricht hier nur von dem Lichte des Tages und läßt den Helden dann in die Knie fallen, ohne daß die Gottheit erwähnt wird. Er arbeitet bei diesen Angaben offenbar ganz nach dem Gedächtnis. Daß Ut-napištim sehr klug war, ergibt sich im Gilgamesch-Epos nur aus der Deutung der Träume, die Ea ihm schickte. Ea glaubt zu seiner Entschuldigung voraussetzen zu dürfen, daß diese Träume unter normalen Verhältnissen das Geheimnis der Götter nicht gefährdet hätten. Es ist nur bekannt geworden, weil der Träumende zufällig ein Atarḫasis war. In der sumerischen Dichtung wird diese Klugheit schon als eine besondere Eigenschaft des Helden ausdrücklich hervorgehoben. Er vermag die Träume auch da noch richtig zu erklären, wo die Kenntnis anderer versagt. „Träume, deren Weisung nicht hervortrat, deutete er, sprach Beschwörungen beim Himmel und bei der Erde.“ Dies war nach der altbabylonischen Auffassung der Inbegriff aller Weisheit. Die Weisheit galt als das besondere Geschenk des Ea; sie wurde dem Ziu(d)suddu in so reichem Maße zuteil, weil er dem Ea so treu ergeben war. Das ersieht man in dem sumerischen Texte schon aus der unmittelbaren Verbindung der beiden Gedanken. Ziu(d)suddu brachte dem Ea nach den vorhergehenden Zeilen außergewöhnliche Großopfer dar, warf sich in demütiger Verehrung vor ihm nieder und war täglich zu jeder Dienstleistung bereit[1]). Diese Frömmigkeit wird ebenfalls im Gilgamesch-Epos nirgendwo erwähnt. Der Verfasser beschäftigt sich nur mit der Tatsache, daß Ea den Ut-napištim zu retten beabsichtigte. Er setzt dabei die tieferen Zusammenhänge, die ihm sicher nicht entgangen sind, stillschweigend voraus. Die einzige Verschiedenheit, die man vielleicht als wesentlich bezeichnen könnte, ist der Unterschied in den Angaben über die spätere Wohnstätte des Ziu(d)suddu. In der sumerischen Dichtung befindet sie sich auf einer Insel, die noch ganz im babylonischen Kulturgebiete lag, im Gilgamesch-Epos haben wir sie an der äußersten Grenze der Erde zu suchen. Der Dichter hat aus dem Ziu(d)suddu, wie wir gesehen haben, einen in der Ferne wohnenden Zi-ud gemacht, der

---

[1]) Vgl. oben S. 151.

ihm die Möglichkeit gab, die Fahrt des Gilgamesch als eine durch nichts zu überbietende Großtat zu schildern. Er hat aber an den Grundgedanken der sumerischen Darstellung, soweit wir es beurteilen können, überall festgehalten. Das Gilgamesch-Epos hat also die sumerische Dichtung schon zur Voraussetzung. Sie kann aber in dem uns vorliegenden Wortlaute nur aus einer Zeit stammen, wo das Akkadische schon im Lande verbreitet war. Der Verfasser gebraucht das akkadische Wort pu-uḫ-ru = puḫru[1]), um die Götterversammlung zu bezeichnen, und verwendet in derselben Weise das ebenfalls dem Semitischen angehörende da-ri = dâri[2]) = dâru = Ewigkeit. Wir haben also jedenfalls an das Ende des dritten vorchristlichen Jahrtausends zu denken.

Die jüngste Darstellung, die wir besitzen, ist die Niederschrift des Berossus. Diese bietet für den Fluthelden noch den sumerischen Namen. Sie setzt also Quellen voraus, in denen diese Bezeichnung noch vorkam. Xisuthros[3]) erfährt hier das Geheimnis der Götter durch einen Traum. Wenn er gefragt wird, wohin er zu fahren beabsichtigt, soll er antworten: „Zu den Göttern, um Gutes für die Menschen zu erflehen." Das ist ganz dasselbe Verhalten, wie wir es in den Texten beobachten, wo er uns unter dem Namen Atarḫasis begegnete. Er ist dort bei den Verfolgungsmaßnahmen des Enḫil der fromme und stets gütige Vermittler zwischen Ea und den Menschen. Wir können also nur vermuten, daß diese Auffassung hier nachwirkt. Es liegt hier offenbar ein ähnliches Verhältnis vor wie bei der Anweisung, Speise und Trank in das Schiff zu bringen. Diese findet sich nur bei Berossus und in dem Atarḫasistexte D. P. 42[4]). Als er zu den Göttern emporstieg, ermahnte er noch in einem Abschiedsgruß die Hinterbliebenen zur Frömmigkeit.

Man denkt bei diesen Angaben fast unwillkürlich an die Bibel. Noe erscheint hier ebenfalls als der besondere Freund Gottes. Er „hatte Gnade gefunden in den Augen des Herrn"; denn „er war gerecht und vollkommen unter seinen Zeitgenossen", und „er wandelte mit Gott". Die Errettung trägt hier ebenso wie in der sumerischen Darstellung und in den Atarḫasistexten den Charakter einer persönlichen Belohnung. Im Gilgamesch-Epos tritt dieser Gedanke in den Hintergrund. Die Bibel steht also den Atarḫasistexten in diesem Punkte wesentlich näher als dem Berichte des Ut-napištim. Die Uebereinstimmung geht aber noch weiter. Wir lesen auch in der Bibel, daß die notwendigen Nahrungsmittel in die Arche hineingebracht wurden. „Nimm dir von aller Speise, die gegessen wird, und speichere es bei dir auf, damit es dir und ihnen — den Tieren — zur Nahrung diene!" Es scheint hier also eine Ueberlieferung vorzuliegen, die sich mit dem Inhalte der genannten Text-

1) Kol. IV, 9.
2) Kol. VI, 9.
3) Vgl. oben S. 130 f.
4) S. oben S. 148 f.

gruppe tatsächlich auf das engste berührte. Die Texte begegneten uns aber in ihrer ältesten Form, wie wir annehmen mußten, in der Niederschrift aus der Zeit des Ammisaduga. Sie begannen in dieser Bearbeitung mit dem Hinweis auf eine Person, die sich zur Ruhe gelegt hatte. Man glaubte einer solchen Person, wenn es notwendig war, durch das Verlesen der eigenartigen Zusammenstellung zu einem ungestörten Schlafe verhelfen zu können[1]). Das Ruhen, von dem hier die Rede ist, wurde im Hebräischen an erster Stelle durch das Wort nûaḥ ausgedrückt; die Ruhe, nach der man verlangte, konnte in derselben Weise als nôaḥ bezeichnet werden. Das war aber nach der Bibel zugleich der Name des Patriarchen. Wir haben hier also auf der einen Seite die altbabylonische Tafelserie, die nach den Einleitungsworten und nach der ganzen Form der Darstellung den Schlafbedürftigen einen wirksamen Schutz gegen störenden Lärm bieten sollte, und auf der andern Seite die Persönlichkeit des Noe, der mit derselben Deutlichkeit durch seinen Namen auf diesen Gedanken hinweist. Das setzt natürlich einen Zusammenhang voraus. Die Tafelserie ist offenbar in Palästina bekannt gewesen und von den Erzählern ausgiebig benutzt worden. Man bemühte sich aber, die keilinschriftlichen Namen überall durch hebräische Bezeichnungen zu ersetzen, und ging dabei in dem vorliegenden Falle von den Einleitungsworten und von dem Grundgedanken des Textes aus, den man bei der Darstellung besonders heranzog. Da der Name noch zur Sethitenliste gehört, dürfen wir ihn ohne Bedenken auf denselben Urheber zurückführen, der auch bei den vorhergehenden Bezeichnungen die Uebertragung vornahm. Auffallend ist nur, daß die Liste hier in ihrer jetzigen Form eine Bemerkung enthält, die mit dieser Deutung nicht in Einklang zu bringen ist. Lamech bezeichnete seinen Sohn als Nôaḥ, weil er von ihm Trost erwartete in den Arbeiten und Mühsalen auf dem Acker, den Jahwe verflucht hatte. Dieser Satz kann aber nur aus einer Zeit stammen, wo man den Namen schon vorfand und an der Hand von ähnlich klingenden Wörtern praktisch zu erklären versuchte. Er geht offenbar auf denselben Schriftsteller zurück, der den Sündenfall erzählte. Das ergibt sich nicht nur aus dem Inhalt, sondern auch aus dem Gebrauch derselben Gottesbezeichnung. Der Verfasser sprach in seinen Aufzeichnungen nicht von Gott, sondern von Jahwe. Die Sethitenliste ist in ihren Angaben, wie wir gesehen haben, wesentlich älter als die Liste der Kainiten, die uns ebenfalls in einem Abschnitte begegnet, wo überall der Name Jahwe gebraucht wird. Als die Listen in den Text der Bibel aufgenommen wurden, waren sie schon seit langem vorhanden. Das Wort naḥam, das dem Lamech in den Mund gelegt wird, kann für den Ursprung des Namens überhaupt nicht in Betracht kommen.

Die Bibel erzählt uns Gen. 6, 10 ff., daß Gott dem Noe die Weisung gab, mit seinen Söhnen, seiner Frau und seinen Schwieger-

[1]) Vgl. oben S. 146.

töchtern in die Arche zu gehen und jedesmal zwei von den einzelnen Tieren hineinzuführen. Und Noe tat, wie Gott ihm befohlen hatte. Dann folgt 7, 1 ff. ein Abschnitt, in dem der Name Jahwe gebraucht wird. Jahwe befiehlt hier dem Noe, von den reinen Tieren und von den Vögeln je sieben Paare mitzunehmen, von den übrigen dagegen nur ein Paar. Dabei macht er die Angabe, daß die Flut nach sieben Tagen beginnen soll. Und Noe tat, wie Jahwe ihm befohlen hatte. Hierauf heißt es in dem folgenden Abschnitt: „Und Noe war 600 Jahre alt, als die Wasserflut über die Erde kam. Da ging Noe mit seinen Söhnen, seinem Weibe und seinen Schwiegertöchtern vor den Wassern der Flut in die Arche. Und von den reinen und von den unreinen Tieren und von den Vögeln und von allem, was auf Erden kriecht, gingen sie paarweise zu Noe in die Arche, jedesmal ein männliches und ein weibliches, wie Gott befohlen hatte." Der Name Jahwe ist in diesen Zeilen vermieden, und die reinen Tiere und die Vögel werden vor den unreinen in keiner Weise bevorzugt. Die Flut begann alsdann am 17. Tage des zweiten Monats. An diesem Tage öffneten sich die Sprudel des Abgrundes und die Luken des Himmels, und es regnete vierzig Tage und vierzig Nächte. Noe ging an diesem Tage mit seinen Söhnen, seinem Weibe und seinen Schwiegertöchtern in die Arche und führte von allen Tieren, auch von den Vögeln, jedesmal ein Paar hinein, so wie Gott ihm befohlen hatte, und Jahwe schloß die Tür hinter ihm zu. Der Name Jahwe begegnet uns hier zum ersten Male wieder in dieser Schlußbemerkung. Er steht aber in diesem Zusammenhange ganz für sich allein; in der Fortsetzung ist ebenso wie in dem vorhergehenden Abschnitte zunächst nur von Gott die Rede. Die Flut dauerte nun nach den weiteren Angaben vierzig Tage lang, und das Wasser stieg bis fünfzehn Ellen über die höchsten Berge, und alles Leben wurde vernichtet. Nur Noe und die Personen, die mit ihm in der Arche waren, blieben übrig. Nachdem der Verfasser dies hervorgehoben hat, fährt er dann fort: „Und das Wasser nahm zu auf der Erde 150 Tage lang; und es erinnerte sich Gott des Noe und all der wilden Tiere und all der Haustiere, die mit ihm in der Arche waren, und es schickte Gott einen Wind über die Erde, und das Wasser blieb stehen. Und es schlossen sich die Sprudel des Abgrundes und die Luken des Himmels, und der Regen vom Himmel hörte auf. Und es kehrte das Wasser wieder zurück von der Erde, und das Wasser wurde weniger vom Ende der 150 Tage. Und die Arche blieb stehen im siebten Monat, am 17. Tage des Monats, auf den Bergen Armeniens. Und das Wasser wich zurück bis zum zehnten Monat. Im zehnten Monat, am ersten des Monats, wurden die Gipfel der Berge sichtbar. Und am Ende von vierzig Tagen öffnete Noe das Fenster der Arche, das er gemacht hatte, und er schickte den Raben hinaus. Dieser flog hin und her, bis das Wasser von der Erde vertrocknet war. Und er schickte die Taube aus, um zu sehen, ob sich das Wasser von der Erdoberfläche verlaufen hatte. Aber die Taube fand keine Ruhestätte zum Auftreten, und sie kehrte zu ihm zurück zur Arche; denn das Wasser war über der ganzen Erde. Und er streckte die Hand aus und nahm sie zu sich in die Arche. Und er wartete noch weitere sieben Tage und schickte die Taube noch einmal aus der Arche. Und die Taube kehrte zur Abendzeit zu ihm zurück, und siehe, sie hatte einen grünen Ölzweig im Schnabel. Nun wußte Noe, daß das Wasser von der Erde zurückgetreten war. Und er wartete noch einmal sieben Tage und schickte die Taube hinaus, und dieses Mal kam sie nicht wieder zu ihm zurück. Und im 601. Jahre, im ersten Monat, am ersten des Monats, war das Wasser von der Erde versiegt, und Noe hob das Dach der Arche empor und schaute, und siehe, die Oberfläche der Erde war frei von Wasser. Und im zweiten Monat, am 27. Tage des Monats, war die Erde ganz abgetrocknet. Und es sprach Gott zu Noe: Geh hinaus aus der Arche, du und dein Weib und deine Söhne und deine Schwiegertöchter mit dir! Alle Tiere, die bei dir sind von jeglichem Fleische, an Vögeln und an Vieh und an jeglichem Gewürm, das da kriecht auf Erden, führe mit dir hinaus, damit sie sich bewegen auf Erden und fruchtbar sind und sich vermehren auf Erden! Und es ging Noe hinaus aus der Arche, und ebenso seine Söhne und sein Weib und seine Schwiegertöchter. Alle Tiere und alles Gewürm und alle Vögel, alles, was kriecht auf Erden, in seinen Arten, ging aus der Arche hinaus.“ Noe verläßt also die Arche und erfüllt damit einen Auftrag, der ihm nach dem Wortlaute nicht von Jahwe, sondern von Gott erteilt wurde. Dann tritt aber in den folgenden Zeilen sofort wieder ein Wechsel ein. Noe „erbaute dem Jahwe einen Altar, und er nahm von allen reinen Tieren und von allen reinen Vögeln und brachte auf dem Altare Brandopfer dar. Und Jahwe roch den lieblichen Duft, und Jahwe sprach bei sich selbst: Ich will in Zukunft den Erdboden nicht mehr verfluchen um der Menschen willen; denn das Trachten des menschlichen Herzens ist böse von Jugend auf. Ich will in Zukunft nicht mehr alles Lebendige vernichten, wie ich getan habe. Es sollen fortan, solange die Erde steht, Aussaat und Ernte, Frost und Hitze, Sommer und Winter, Tag und Nacht nicht aufhören.“

Wenn wir diese Darstellung genauer betrachten, so beobachten wir in den Angaben verschiedene Unebenheiten, die einer sachlichen Erklärung bedürfen. Nachdem der Verfasser im ersten Abschnitt hervorgehoben hat, daß von jeder Tierart nur ein einziges Paar in die Arche gebracht werden soll, wird im zweiten Abschnitt, wo uns der Name Jahwe begegnet, bei den reinen Tieren und bei den Vögeln die Rettung von jedesmal sieben Paaren verlangt. Der Abschnitt zeigt also, wenn wir ihn aus seiner Umgebung herausheben, als charakteristische Eigentümlichkeiten den Gottesnamen und die Forderung der sieben Tierpaare. Der Name Jahwe begegnet uns dann bis zum Schluß des eigentlichen Flutberichtes nur noch ein einziges Mal, und zwar in der Angabe, daß Gott nach dem Eintreten des Noe von außen die Tür verschloß; er setzt dann aber sofort wieder ein, wo das Opfer behandelt wird, und überrascht uns hier in wenigen Sätzen fast unmittelbar nacheinander im ganzen dreimal, um gleich darauf in dem folgenden Kapitel wieder ganz zurückzutreten. Wenn wir nun die Rettung der sieben Tierpaare und den Bericht über das Opfer miteinander in Verbindung bringen, so erkennen wir ohne Schwierigkeit den inneren Zusammenhang. Das Opfer schließt sich unmittelbar an die Flut an. Es wurde also zu einer Zeit dargebracht, wo die Tiere sich noch nicht vermehrt hatten. Wenn sich ihre Zahl auch bei den reinen Tieren jedesmal auf ein einziges Paar beschränkt hätte, wäre das Opfer gar nicht möglich gewesen. Die Siebenzahl ist hier also nur das Ergebnis einer nachträglichen Ueberlegung, die den Bericht über das Dankopfer zur Voraussetzung hat. Die beiden Abschnitte gehören nach Form und Inhalt zusammen. Sie stammen aus einer gemeinsamen Vorlage, die man wegen des Gottesnamens in der Regel als die jahwistische bezeichnet. In dieser Vorlage war das Opfer allem Anscheine nach besonders in den Vordergrund gestellt.

Auch die übrigen Zahlenangaben sind in der Zusammenstellung, wie wir sie jetzt vorfinden, nicht ohne weiteres miteinander in Einklang zu bringen. Die Flut begann am 17. Tage des zweiten Monats. Es regnete dann vierzig Tage und vierzig Nächte, und das Wasser wuchs 150 Tage lang. Da erinnerte sich Gott des Noe und schickte einen Wind über die Erde, der das Wasser zum Stehen brachte. Die Arche landete am 17. Tage des siebten Monats, also am Schluß der 150 Tage, auf der Spitze eines Berges, die sich gerade fünfzehn Ellen unter der Oberfläche befand[1]). Nun begann das Wasser wieder zu sinken. Am Anfange des zehnten Monats traten die Berge aus der Flut hervor. Nach vierzig Tagen schickte Noe den Raben hinaus. Dann folgt ohne besondere Zeitangabe die Entsendung der Taube, die schon am Abende zurückkehrte. Sie wurde dann nach sieben Tagen zum zweiten Male hinausgeschickt und brachte ebenfalls noch an demselben Abend den Ölzweig zurück. Hierauf wartete Noe noch einmal sieben Tage, um sie am Ende dieser Zeit zum dritten Male zum Fenster hinauszusetzen. Am ersten Tage des neuen Jahres war das Wasser von der Erdoberfläche zurückgetreten, und am 27. Tage des zweiten Monats war die Erde wieder trocken. Das war genau 365 Tage, also ein volles Sonnenjahr, nach dem Beginn der Flut. Der zwölfmalige Kreislauf des Mondes betrug im ganzen nur 354 Tage. Diese mußten also, wenn das Jahr zum Abschluß kommen sollte, noch um elf Tage erweitert werden. Wenn der Regen aber nur vierzig Tage dauerte, sind diese Voraussetzungen unmöglich. Das Steigen mußte aufhören, sobald der Regen ein Ende nahm. Die Angaben lassen sich nur erklären, wenn wir auch hier wieder eine Verschiedenheit in der Ueberlieferung annehmen. In der einen Quelle

---

[1]) Die Arche war 30 Ellen hoch; sie sank also, wie man annahm, bis zur Mitte in die Flut. Im Gilgamesch-Epos wird der Tiefgang des Schiffes (vgl. oben S. 137) auf zwei Drittel angegeben.

war für den Regen eine Zeit von vierzig Tagen, in der anderen ein Zeitraum von fünf Monaten angesetzt. Die babylonischen Texte kennen für das Unwetter nur eine Dauer von sieben Tagen. Nach der sumerischen Schilderung raste die Sturmflut sieben Tage und sieben Nächte; im Gilgamesch-Epos wird der Sturm am Morgen des siebten Tages überwunden. Als der siebte Tag zu Ende war, landete das Schiff auf dem Berge Niṣir. Dann dauerte es noch weitere sieben Tage, bis Ut-napištim sich entschloß, eine Taube hinauszuschicken. Der Verfasser geht hier offenbar von dem Gedanken aus, daß das Zurücktreten der Flut im wesentlichen dieselbe Zeit erforderte wie das Emporsteigen des Wassers. Hieraus erklärt es sich auch, daß bei der Schwalbe und bei dem Raben eine Zeit überhaupt nicht mehr angegeben wird. Der Abstand ist hier auf jeden Fall geringer. Man setzte also in den keilinschriftlichen Bearbeitungen für den Verlauf der Flut nur einen Zeitraum von wenigen Wochen voraus. Diese Zeit ist aber für das Auftreten und für das allmähliche Verschwinden einer derartigen Wassermenge viel zu kurz. Das ist auch den Erzählern in Palästina offenbar zum Bewußtsein gekommen. Man suchte deshalb nach höheren Ansätzen, die den Verhältnissen besser zu entsprechen schienen, und entschied sich dabei, wie wir annehmen müssen, in der einen Quelle für eine Regenzeit von vierzig Tagen und in der andern für eine Periode von fünf Monaten. Diese Entwicklung läßt sich in dem Abschnitt, den wir auf die jahwistische Vorlage zurückführen mußten, noch mit überraschender Deutlichkeit verfolgen. Jahwe gibt hier dem Noe die Weisung, mit seiner Familie und mit den Tieren in die Arche zu gehen, und fügt dann als Begründung hinzu, daß die Flut nach sieben Tagen beginnen soll. „In jetzt noch sieben Tagen lasse ich Regen über die Erde kommen vierzig Tage und vierzig Nächte.“ Hier ist die Siebenzahl noch vorhanden; sie bezieht sich aber nicht mehr auf die Dauer des Unwetters, sondern auf die Zeit, die zwischen der göttlichen Anweisung und dem Beginn des Unwetters liegt. Für das Unwetter wird die auch sonst in der Bibel so häufig vorkommende Periode von vierzig Tagen vorausgesetzt. Wenn das Wasser aber vierzig Tage lang stieg, gehört auch die Angabe über das vierzigtägige Sinken des Wassers zu dieser Quelle.

Bei der zweiten Zahlengruppe, die ebenfalls eine in sich selbst geschlossene Einheit bildet, wird für die Gesamtdauer der Ereignisse der Zeitraum eines ganzen Jahres vorausgesetzt. Von diesem Jahre, das als Sonnenjahr gedacht war, werden fünf Monate auf das Steigen der Flut und sieben Monate auf das Sinken und allmähliche Verschwinden des Wassers gerechnet. Es reichte, wenn wir die Lebensjahre des Noe zugrundelegen, vom 17. Tage des zweiten Monats im Jahre 600 bis zum 27. Tage im zweiten Monat des Jahres 601, und bildete in diesem Zusammenhange einen festen Bestandteil in den Ansätzen der Sethitenliste. Diese sind in ihren Voraussetzungen, soweit es für die einzelnen Personen in Betracht kam, schon ganz auf den Inhalt des Flutberichtes abgepaßt. Methušelaḥ stand im Alter von 187 Jahren, als Lamech geboren wurde, und Lamech hatte bei der Geburt des Noe ein Alter von 182 Jahren erreicht. 187 + 182 = 369. Da Methušelaḥ aber erst im Alter von 969 Jahren starb, erhalten wir als das Todesjahr[1]) genau das Jahr der Flut. Das ist um so auffallender, weil der Name dieses Patriarchen in seiner Bedeutung auf den ersten Teil des sumerischen Su-kur-lam-ki = Suruppak zurückgeht. Der Zusammenhang soll durch diese Gleichsetzung, wie wir annehmen dürfen, noch besonders zum Ausdruck gebracht werden. Als die Söhne des Noe ihr irdisches Dasein begannen, hatte der Vater nach der Angabe der Liste schon ein Alter von 500 Jahren. Dieser Ansatz ist außerordentlich hoch; bei den vorhergehenden Persönlichkeiten wird für die erste Periode des Lebens nur eine Zeit von 130, 105, 90, 70, 65, 162, 65, 187 und 182 Jahren vorausgesetzt. Der Unterschied findet jedoch sofort wieder eine befriedigende Erklärung, wenn wir die Einzelheiten des Flutberichtes ins Auge fassen. Es war selbstverständlich, daß Noe beim Eintreten der Flut schon ein bemerkenswertes Alter erreicht haben mußte. Seine Söhne mußten aber noch verhältnismäßig jung sein; denn sie hatten zur Zeit, als sie sich in der Arche befanden, noch keine Kinder. Wir sehen also, daß die Flut bei den Ansätzen schon in ganz besonderer Weise berücksichtigt wurde. Hieraus müssen wir den Schluß ziehen, daß der Verfasser die Absicht hatte, über das Ereignis eingehend zu berichten. Dieser Bericht läßt sich in seinen wesentlichsten Bestandteilen noch aus der jetzigen Form des Textes herausheben. Er kommt noch fast lückenlos zum Vorschein, wenn wir die jahwistischen Einschaltungen an die Seite schieben.

Die Flut beginnt im Gilgamesch-Epos mit einem „Weizenregen". Dieser Regen soll nach den Angaben des Verfassers einen allgemeinen Ueberfluß, einen Reichtum an Vögeln und Fischen und üppige Feldfrucht herbeiführen. Es handelte sich also zunächst nur um einen starken Herbstregen, der erst am folgenden Morgen, als es zu dämmern begann, zu dem Einsetzen der wirklichen Katastrophe hinüberleitete. Wir stehen hier also im Anfange der Regenperiode, und zwar in der Zeit, wo die Niederschläge schon stark genug waren, um die Aussaat des Weizens zu gestatten. Als man die Gerste säte, würde man von einer Weizenernte noch nicht gesprochen haben. Damit kommen wir für normale Verhältnisse in die erste Zeit des Monats November, in den Monat Araḫsamnu den „achten Monat" des Jahres. Diese Zählung setzt aber schon voraus, daß man das Jahr mit dem Nisan begann. Wo man den Tašrîtu als den ersten Monat betrachtete, war der Araḫsamnu, natürlich der zweite. Das gilt nach unsern bisherigen Feststellungen auch für Palästina. Der Tašrîtu war für den Verfasser der Sethitenliste noch der Monat, der ihn nach den Zahlen, die dort für Henoch mitgeteilt werden, an den Kreislauf des ganzen Jahres erinnerte.

---

[1]) Vgl. oben S. 112.

Die Flut begann also nach seinen Voraussetzungen am 17. Tage des Araḫsamnu, zu einer Zeit, wo die Regenperiode auch sonst ihren Anfang nahm, und das Wasser stieg dann 150 Tage hindurch, also fünf Monate, bis zum Ende des Winters. Die Zeit, wo es wieder zurücktrat, fiel alsdann mit dem Sommer zusammen. Am 1. Tašrîtu war die Erde von dem Wasser wieder frei, und am 27. des folgenden Monats, 365 Tage nach dem Beginn der Flut, war sie ganz wieder abgetrocknet. Wir haben es also bei den Zahlen, die wir hier vorfinden, mit einem unmittelbaren Anschluß an die klimatischen Erscheinungen im gewöhnlichen Verlaufe des Jahres zu tun. Dieser Anschluß ist für den Verfasser des Textes besonders charakteristisch. Bei Kenan, der unter den Urvätern den vierten Platz einnimmt, denkt er an die 91 Tage, die den vierten Teil eines Jahres ausmachen; Henoch wird durch die Zahl 365 ausgezeichnet; bei Lamech werden die 182 Tage herangezogen, wo der Mond im Laufe des Jahres als Lamga am Himmel steht; bei der Sintflut wird dann wieder die Dauer von 365 Tagen zugrundegelegt. Dabei handelt es sich stets um ein Sonnenjahr, obschon die Monate nach den Bewegungen des Mondes berechnet werden. Der Anfang dieses Jahres war der 1. Tašrîtu. Man sieht also auch hier wieder, daß die Darstellung auf eine einzige Person zurückgeht.

Die Sethitenliste beginnt mit den Worten: „Dies ist das Verzeichnis der Geschlechter des Adam: An dem Tage, wo Gott den Adam — den Menschen — erschuf, machte er ihn nach dem Bilde Gottes. Als Mann und als Weib schuf er sie, und er segnete sie und nannte ihren Namen Mensch — hebr. adam — an dem Tage, wo sie geschaffen wurden.“ Diese Worte greifen auf die Stelle Gen. 1, 26 ff. zurück: „Und Gott sprach: Laßt uns den Menschen machen nach unserm Bilde, so daß er uns ähnlich ist! .... Und Gott schuf den Menschen nach seinem Bilde; nach dem Bilde Gottes schuf er ihn. Als Mann und als Weib schuf er sie. Und Gott segnete sie, und Gott sprach zu ihnen: Seid fruchtbar und mehret euch, erfüllet die Erde und macht sie euch untertan!“ Die Uebereinstimmung zeigt sich nicht bloß in dem Inhalte, sondern auch in der Form der Gottesbezeichnung; der Bericht über die Schöpfungswoche, auf den hier Bezug genommen wird, geht ebenso wie die Sethitenliste auf einen Verfasser zurück, der nur das Wort elohîm oder Gott gebraucht. Die beiden Abschnitte sind aber durch jahwistische Einschaltungen voneinander getrennt. Wenn wir diese wieder zur Seite schieben, erhalten wir eine Darstellung, in der sich der Schöpfungsbericht, die Angaben der Sethitenliste und der Flutbericht mit derselben Gottesbezeichnung unmittelbar aneinander anschließen. Dieser Zusammenschluß verbreitet auch über die Zahlen in dem ersten Teile des ganzen Textes ein überraschendes Licht. Der Verfasser lehnt sich für die Schöpfung an die Aufeinanderfolge der einzelnen Wochentage; er gibt für die Ereignisse aus dem Leben der Urväter stets ein bestimmtes Jahr an und datiert dann die Angaben des Flutberichtes ganz in derselben Weise genau nach Monaten und Tagen. Man sieht, daß dieses Zahlensystem für sich allein schon die Abschnitte zu einer festen Einheit miteinander verbindet. In den jahwistischen Texten, die hier eingefügt sind, finden sich besondere Zeitangaben nur bei der Sintflut. Die Kainitenliste zeigt zwar an mehreren Stellen eine auffallende Berücksichtigung der Siebenzahl; sie bietet aber keine einzige Angabe, die man auch nur im entferntesten als eine Datierung betrachten könnte. Bei der Sintflut haben wir es in dieser Quelle nur mit Zeiträumen von sieben Tagen und mit einer zweimaligen Periode von jedesmal vierzig Tagen zu tun. Die Neigungen der beiden Verfasser sind also durchaus verschieden. In der einen Vorlage finden wir eine überraschende und wohl kaum zu überbietende Liebe zur Zahl, in der andern sind die Zahlenangaben ganz allgemein gehalten. Dieser Unterschied beseitigt auch wohl den letzten Zweifel über die Bedeutung von mîn[1]). Das Wort tritt in den Texten, in denen die Zahlen eine so auffallende Berücksichtigung erfahren, ebenfalls ganz besonders in den Vordergrund. Der Verfasser gebraucht es in den drei Abschnitten nicht weniger als siebenzehnmal, und zwar zehnmal im Schöpfungsbericht[2]) und siebenmal in dem Bericht über die Sintflut[3]). Es begegnet uns aber im Flutberichte nur da, wo die Tiere noch sämtlich am Leben sind. Als die Paare nach dem Verlassen der Arche wieder auf die Erde zurückkehrten, geschah es l^e^mišp^e^ḥothehem[4]) oder nach ihren Familien, weil hier von einer größeren Zahl überhaupt nicht mehr die Rede sein konnte. Die Ausdrücke sind im übrigen fast wörtlich dieselben.

Die Darstellung bildet in ihrer ursprünglichen Form eine genaue Parallele zu dem Inhalte der Tafel, auf der uns der Flutbericht in sumerischer Sprache vorliegt. Wir finden dort ebenfalls, soweit der Text noch erhalten ist[5]), in der ersten Kolumne einen Bericht über die Schöpfung. In der zweiten Kolumne werden die Städte behandelt, in denen die Urkönige nacheinander regierten. Auf diesen Abschnitt folgt dann an der dritten Stelle der ausführliche Bericht über die Flut. Das ist derselbe Zusammenhang, den wir auch später noch bei Berossus vorfinden.

Bei der Frage nach dem Alter der Darstellung sind wir fast ganz auf die Beobachtungen an der Hand der Sethitenliste angewiesen. Wir konnten feststellen, daß die Liste in der Aufeinanderfolge der Namen auf das engste mit dem Texte W.-B. 444 und der fast gleichlautenden Zusammenstellung bei Berossus verwandt ist. Wo Berossus und der Verfasser von W.-B. 444 auseinandergehen, steht die Bibel schon auf der Seite des Berossus; sie läßt sich aber in ihren Zahlenangaben nur mit den Voraussetzungen des älteren

---

1) Vgl. oben S. 92 ff. und S. 150.
2) Gen. 1, 11 f. 21. 24 f.
3) Gen. 6, 20 und 7, 14.
4) Gen. 8, 19.
5) Vgl. oben S. 151.

Textes in Zusammenhang bringen. Die Namen sind sinngemäße Neubildungen im Anschluß an die Ueberlieferungen der Babylonier; sie können also nur in einer Zeit entstanden sein, wo diese in Palästina in den Kreisen der Schreibkundigen noch bekannt waren. Bei Noe kennen wir sogar noch das Literaturwerk, das durch die Einleitungsworte und durch die Form seines Inhalts zu der Bezeichnung den Anlaß gab. Der Verfasser hat die Texte selbst noch gelesen. Er beschäftigt sich bei der Festsetzung der beiden vorletzten Namen mit dem sumerischen Su-kur-lam-ki, das man als Ideogramm für Suruppak gebrauchte, und weiß den ersten Teil dieses Ausdrucks richtig zu deuten. Daß ihm der zweite Teil Schwierigkeiten machte, ist durchaus zu begreifen. Wir konnten dann bei den andern Bezeichnungen besonders auch auf eine Bekanntschaft mit lu = Mensch, mit gal = groß, mit nun-me-tag = ummânu = Meister und mit tašrîtu = Einweihung schließen. Wenn er von der Zahl einer Gruppe spricht, gebraucht er stets das akkadische mînu. Der Tašrîtu ist für ihn noch der erste und der Araḫsamnu der zweite Monat des Jahres. Seine Darstellung ist älter als die von dem jahwistischen Schriftsteller mitgeteilte Kainitenliste, die ebenfalls noch zu einer Zeit entstanden sein muß, wo die Kenntnis des Akkadischen in Palästina verbreitet war. Das Sethitenverzeichnis ist uns in der jahwistischen Bearbeitung leider nicht mehr erhalten. Es ist bei der Zusammenstellung des biblischen Textes in Wegfall gekommen, weil der Urheber dieses Textes der jetzigen Liste den Vorzug gab. Wir besitzen von den Aufzeichnungen nur noch kleinere Bruchstücke, die inhaltlich über die Angaben des Parallelberichtes hinausgingen. Der Verfasser betonte, daß Seth einen Sohn erhielt, den er Enos nannte, und daß man damals mit der Anrufung des Namens Jahwe begann. Diese Bemerkung[1]) geht ebenfalls auf das keilinschriftliche Enmen-lu-anna zurück. Enmen-lu-anna ist der erste, der in den altbabylonischen Listen durch seinen Namen als der Diener eines Gottes bezeichnet wird. Dies wurde in der israelitischen Zeit auf Jahwe bezogen. Wir sehen also auch hier wieder, daß man sich in Palästina mit dem Inhalte der babylonischen Keilschrifttexte ganz eingehend beschäftigte. Ob der Verfasser der jahwistischen Angabe die Schlußfolgerung selbst gezogen hat, oder ob er sie vorfand, wird sich wohl niemals entscheiden lassen. Für Noe[2]) gibt er eine Erklärung, die mit der ursprünglichen Bedeutung des Namens nichts mehr zu tun hat.

Da die Sethitenliste mit dem Schöpfungsbericht und dem sich anschließenden Bericht über die Sintflut ganz monotheistisch ist, kann sie ebenfalls nur auf einen Israeliten zurückgehen. Die Israeliten müssen also die Werke der babylonischen Literatur in der älteren Zeit tatsächlich noch selbst benutzt haben. Sie befanden sich, wie wir hieraus entnehmen dürfen, offenbar schon in Palästina, als die

---

[1]) Vgl. oben S. 119.

[2]) Vgl. oben S. 156.

Keilschrift hier allmählich durch die Buchstabenschrift verdrängt wurde.

Ueber die Art, in der die Benutzung erfolgte, und über das Maß der Entlehnungen braucht zu dem Gesagten kaum noch etwas hinzugefügt zu werden. Es war für einen gläubigen Israeliten von vornherein selbstverständlich, daß die Schöpfung nur das Werk des allmächtigen Gottes sein konnte, den man in Israel als Jahwe verehrte. Was von Marduk erzählt wurde, war also für den israelitischen Leser in Wirklichkeit nur eine Großtat des Jahwe. Man hatte deshalb gar keine Bedenken, auch den Kampf gegen das tosende Meer[1]) auf ihn zu übertragen, und sprach von den Einzelheiten, soweit sie groß und edel waren, ganz in derselben Weise, wie es in Babylon bei einer Verherrlichung des Marduk geschah. Auch die Urväter konnten unter diesen Umständen nur als Diener des wahren Gottes betrachtet werden. Das war ganz besonders der Fall, wenn es sich um Persönlichkeiten handelte, bei denen das Verhältnis zur Gottheit schon im Namen zum Ausdruck gebracht war. Enmen-gal-anna, der große Priester des Himmels, verkündete nach der Wiedergabe in der Sethitenliste das Lob Gottes; Enmen-dur-anna, der Freund des Sonnengottes und des Adad, tritt uns in der Bibel als der fromme Henoch entgegen; Enmen-lu-anna war als der erste, bei dem dieses anna im Namen hinzugefügt wird, für den Verfasser der jahwistischen Texte der erste Verehrer des Jahwe. Der Inhalt der keilinschriftlichen Angaben ist überall nach Möglichkeit beibehalten, die Form dagegen, soweit es notwendig war, stets geläutert und mit dem religiösen Empfinden der israelitischen Berichterstatter in Einklang gebracht. Die Uebereinstimmungen treten beim Schöpfungsbericht, wo die babylonischen Schilderungen so phantastisch erscheinen, fast ganz in den Hintergrund; sie sind dagegen bei den Angaben über die Urväter und bei der Behandlung der Sintflut in den Einzelheiten sehr auffallend.

Als die Sintflut beendet war, ging das Königtum nach dem Prisma W.-B. 444 zunächst an die Dynastie von Kiš über. Diese zählt im ganzen 23 Herrscher, mit einer Regierungsdauer von 24 510 Jahren, drei Monaten und drei und einem halben Tage. Der erste von diesen Fürsten regierte 1200, der zweite 960, der vorletzte 900 und der letzte 625 Jahre. Die Zahl 1200 kommt im ganzen dreimal vor. Einmal findet sich die Zahl 1500, und zwar an der dreizehnten Stelle bei dem sagenhaften Könige Etana, dem „Hirten, der zum Himmel hinaufstieg, der die feindlichen Länder zuverlässig und treu machte". Der niedrigste Ansatz ist 140. Als Durchschnitt ergibt sich für diese Periode nur noch eine Regierungsdauer von ungefähr 1065 Jahren und acht Monaten. Bei den vorsintflutlichen Herrschern betrug der Durchschnitt nach derselben Liste nicht weniger als 30 150 Jahre. Die Lebensdauer ist also unter den Verhältnissen, wie sie sich nach der Flut gestalteten, sofort

[1]) Vgl. oben S. 85.

ungleich kürzer als vorher. Bei der nächsten Dynastie, der ersten Dynastie von Uruk, finden wir dann die Zahlen 32 [4] + 420 + 1200 + 100 + 126 + 30 + 15 + 9 + 8 + 36 + 6 + 36, die zusammen eine Dauer von 2310 Jahren ergeben. Hieran schließen sich sodann vier Könige von Ur, drei Könige von Awan, acht Könige der zweiten Dynastie von Kiš, ein König von Ḫamaṣi, drei Könige einer zweiten Dynastie von Uruk, vier Könige der zweiten Dynastie von Ur, ein König von Adab, sechs Könige von Mari, ein König von Kiš, sechs Könige von Akšak, sieben Könige der vierten Dynastie von Kiš, ein König von Uruk, elf Könige von Akkad, fünf Könige der vierten Dynastie von Uruk, einundzwanzig Könige von Gutum, ein König von Uruk, fünf Könige von Ur und vierzehn Könige von Isim. Die Regierungszeit schwankt bis zum Könige von Adab zwischen 36 und 360 Jahren. Bei der zweiten Dynastie von Kiš ist die niedrigste Zahl 180. Die Könige von Mari regierten nur 30 + [17] + 30 + 20 + 30 + 9 Jahre. Dann folgt der König von Kiš wieder mit 100 Jahren. Die Könige der vierten Dynastie von Kiš regierten 25 + 400 + 30 + 7 + 11 + 11 + 7 Jahre. Bei der vierten Dynastie von Uruk haben wir 7 + 6 + 6 + 5 + 6 Jahre, bei den Königen von Gutum beschränken sich die Angaben sogar auf die bescheidene Summe von 3 + 6 + 6 + 6 + 6 — 5 + 6 + 15 + 3 + 3 + 1 + 3 + 2 + 2 + 1 + 2 + 7 + 7 + 7 Jahren und 40 Tagen. Wenn wir die Ansätze zusammenfassen, dann erhalten wir von der Flut bis zum 11. Jahre des Königs Sinmagir von Isin im ganzen eine Reihe von 32 798 Jahren. Damit kommen wir für die Zeit von der Sintflut bis Christus, wenn wir als das 11. Jahr des genannten Königs in runder Zahl das Jahr 2100 voraussetzen, auf eine Summe von nicht weniger als 34 898 Jahren. Das ist im wesentlichen dasselbe Ergebnis, zu dem wir auch an der Hand von mehreren Fragmenten aus Nippur gelangen. In einem Texte, der im vierten Regierungsjahre des elften Königs von Isin angefertigt war[1]), zählte man 134 Könige mit 28 800 + ... + 60 + 16 Regierungsjahren; auf einer andern Tafel, die in ihren Zusammenstellungen bis zum Ende der Dynastie reichte[2]), waren 139 Könige mit einer Summe von 32 243 Jahren aufgeführt. Man war nach dem Wortlaute dieser Texte ganz davon überzeugt, daß die einzelnen Dynastien stets unmittelbar aufeinander folgten, so daß die Gesamtzahl der Jahre zugleich die Dauer des ganzen Abschnitts ergab. Das war auch die Auffassung des Berossus. Er zählte von der Flut bis zur Einnahme Babylons durch die Meder, wie er sich ausdrückt[3]), eine Reihe von 86 Königen mit einer Regierungszeit von

[1]) Poebel, Historical and grammatical Texts Nr. 2; Historical Texts S. 73 ff. und S. 98—99.

[2]) Poebel, Historical and grammatical Texts Nr. 4; Historical Texts S. 80—81 und S. 98—99.

[3]) Es handelt sich um das Volk, dem auch die Bewohner von Gutum angehörten. Vgl. Schnabel, Berossos (Nach der Schreibweise von Schnabel!) S. 193.

33 091[1]) Jahren und berichtete dann über 21[2]) Könige der Meder mit 224 Regierungsjahren, 11 Könige mit 28 oder 48, 49 chaldäische Könige mit 458, 9 arabische Könige mit 245 und 45 Könige mit 526 Jahren, bis im Jahre 730 vor Chr. die babylonische Königswürde dem Tiglatpileser zufiel. 33 091 + 224 + 28 + 458 + 245 + 526 + 730 = 35 302.

In der Bibel besitzen wir für die erste Periode nach der Flut eine ähnliche Zusammenstellung in dem Texte Gen. 11, 10—26, der uns von der Nachkommenschaft des Sem erzählt. Wir finden dort ebenso wie in der Sethitenliste eine Reihe von zehn aufeinanderfolgenden Persönlichkeiten, bei denen die Zeit bis zur Geburt des Sohnes und dann die Zahl der weiteren Lebensjahre jedesmal in zwei verschiedenen Angaben genau hervorgehoben wird. Es sind dies

1. Sem,
2. Arpachschad,
3. Schelach,
4. Eber,
5. Peleg,
6. Reu,
7. Serug,
8. Nachor,
9. Terach,
10. Abram.

Sem war nach der Angabe des Verfassers bereits 100 Jahre alt, als Arpachschad geboren wurde, und lebte dann noch 500 Jahre, so daß er ein Alter von 600 Jahren erreichte; Arpachschad war aber bei der Geburt seines Sohnes erst 35 Jahre alt und lebte hierauf noch 403 Jahre; Schelach stand im Alter von 30 Jahren, als Eber geboren wurde, und überlebte dieses Ereignis um 403 Jahre; Eber war 34 Jahre alt und lebte noch 430 Jahre; Peleg stand im Alter von 30 Jahren und lebte noch 209 Jahre; Reu war 32 Jahre alt und lebte noch 207 Jahre; Serug war 30 Jahre alt und lebte noch 200 Jahre; Nachor hatte bei der Geburt seines Sohnes erst ein Alter von 29 Jahren erreicht und lebte noch 119 Jahre; Terach war 70 Jahre alt, als Abram geboren wurde, und starb im Alter von 205 Jahren. Die Ansätze sind hier also ebenfalls schon gleich im Anfange der Reihe wesentlich niedriger als bei den Patriarchen der ersten Periode. Nachdem für Noe noch ein Alter von 950 Jahren vorgesehen ist, bleibt Sem sofort um 350 Jahre hinter ihm zurück. Das Jahr der Vaterschaft ist für ihn allerdings noch etwas hoch angegeben, aber bei den folgenden Namen sind in dieser Hinsicht schon ganz die normalen Verhältnisse der späteren Zeit voraus-

[1]) So bei Eusebius in dem armenischen Texte der Chronik (= Schnabel, Berossos S. 267, Fragm. Nr. 39). In der Chronographie des Syncellus (p. 147, 9 ff. = Fragm. Nr. 39 b) sind 34 090 Jahre angegeben.

[2]) So nach der syrischen Uebersetzung; vgl. Schnabel a. a. O. Der armenische Text hat 8.

gesetzt. Bei Terach überrascht uns dann wieder ein plötzliches Emporschnellen auf 70 Jahre. Für Arpachschad, Schelach und Eber liegt die Lebensdauer zwischen 500 und 400 Jahren; in der zweiten Hälfte der Liste reicht sie an keiner einzigen Stelle mehr über 300 Jahre hinaus. Zwischen der Geburt des Sem und der Geburt des Abram liegt nach dieser Zusammenstellung nur eine Zeit von 390 Jahren. Die Einzelheiten stehen zum Teil noch in unmittelbarem Zusammenhange mit der Flut. Eber bezeichnete seinen Sohn nach der Stelle Gen. 10, 25 als Peleg oder als „Spaltung", weil sich damals die Spaltung oder die Zerstreuung der Menschheit vollzog. Die Liste stimmt in ihrer Ausdrucksweise ganz mit der Sethitenliste überein. In der Völkertafel (Gen. 10, 1 ff.) schreibt der Verfasser: Die Söhne des Japheth waren Gomer, Magog, Madai usw., in der Geschlechtstafel heißt es dagegen: Arpachschad war 35 Jahre alt, da zeugte er den Schelach, und Arpachschad lebte nach der Zeugung des Schelach noch 403 Jahre und zeugte Söhne und Töchter. Es fehlt hier, wenn man die Sethitenliste vergleicht, bloß die Zusammenfassung: Und alle Tage des Arpachschad betrugen 438 Jahre, und er starb. Die Grundform ist in den beiden Verzeichnissen genau dieselbe. Die Handlung des Vaters wird in diesem Schema jedesmal durch holîd ausgedrückt. In der Völkertafel gebraucht der Erzähler ebenso wie in der Kainitenliste auch bei der Erwähnung des Vaters stets nur das einfache jalad. Die beiden Texte stehen in der Bibel in ihrer charakteristischen Eigenart ganz für sich allein. Sie gehen beide von dem Gedanken aus, daß die Dauer der betreffenden Periode nur nach den Jahren zu berechnen ist, die jedesmal von der Geburt des einen Patriarchen bis zur Geburt des andern verfließen. Dieser Gedanke, den manche bewundert und manche fast als selbstverständlich betrachtet haben, mag an und für sich gar nicht so fern liegen; es ist aber ausgeschlossen, daß mehrere Schriftsteller denselben Gedanken unabhängig voneinander ganz in dieselbe Form kleiden. Die Uebereinstimmung ist nur zu begreifen, wenn wir die Zusammenstellungen auf denselben Verfasser zurückführen. Die Völkertafel ist durch den Gottesnamen, den wir dort in der Charakteristik des Nimrod vorfinden, und durch das häufiger vorkommende jalad = erzeugen[1]) im sprachlichen Ausdruck als vorwiegend jahwistisch erwiesen. Sie steht in der Mitte zwischen den Texten Gen. 9, 20—27 und 11, 1—9, die uns ebenfalls in ihren Angaben nur von Jahwe erzählen. Wenn wir diese jahwistischen Einschaltungen wieder an die Seite schieben, rückt das zweite Verzeichnis fast unmittelbar an die Abschnitte, zu denen auch die Sethitenliste gehört. Wir erhalten dann eine Zusammenstellung, die in ihren Zahlenangaben vom ersten Tage der Schöpfung bis zur Geburt des Abram reicht. Die Zahlen ergeben dabei ein einheitliches, in sich selbst geschlossenes System. Sie sind in der Sethitenliste von den

[1]) V. 8, 13, 15, 24 u. 26.

Ansätzen der Babylonier abhängig und weisen für die zweite Periode dieselbe systematische Kürzung auf, die in den babylonischen Verzeichnissen unmittelbar nach der Flut ihren Anfang nimmt. Die Texte werden also in ihren chronologischen Voraussetzungen erst verständlich, wenn wir sie ganz miteinander verbinden. In der jahwistischen Darstellung ist auch hier wieder eine genauere Datierung nirgendwo vorhanden. Die einzige Bemerkung, die in dieser Hinsicht vielleicht einige Beachtung verdient, ist der Hinweis auf die Spaltung der Menschheit in den Tagen des Peleg.

Man betrachtete diese Spaltung, wie die Bibel in ihren Ausdrücken deutlich genug hervorhebt, als ein Unglück, das man durch den Bau der Stadt Babylon und durch die Errichtung des gewaltigen Turmes noch abzuwenden gedachte. Das Werk konnte aber nicht zu Ende geführt werden, weil Jahwe von der Höhe des Himmels herniederstieg und die Sprache der Menschen verwirrte. Die Stadt wurde deshalb als Babel oder als „Verwirrung" bezeichnet.

Der Berichterstatter bewegt sich bei dieser Erklärung in denselben Bahnen, die er auch anderswo einschlägt. Wir erinnern in diesem Zusammenhange nur an die Umschreibungen für Eva (Gen. 3, 20), Kain (4, 1), Seth (4, 25), Noe (5, 29) und Japhet (9, 27). Der Name ist für ihn die Wiedergabe eines bestimmten Gedankens, den er in seiner sprachlichen Form rein äußerlich auf einen lautlichen Gleichklang zurückführt. Was er bietet, ist mitunter richtig, aber in den meisten Fällen ein harmloser Fehlgriff. Er gibt uns die Deutungsversuche, wie sie damals im Volke verbreitet waren. Man beschäftigte sich mit dem Wortlaute des betreffenden Ausdrucks, besonders wenn es sich um eine Ortsbezeichnung handelte, und suchte dann aus der angeblichen Bedeutung des Namens auf die Geschichte zu schließen. Bei dem Worte Babel glaubte man in dieser Weise auf das Verbum balal = mischen oder verwirren zurückgreifen zu dürfen. Im Akkadischen wurde die Stadt als Babilu bezeichnet. Dies läßt sich sprachlich nur als Bâb-ili oder als „Tor Gottes" erklären; es war die wörtliche Uebersetzung des älteren sumerischen Ka-dingirra, das sich ursprünglich nur auf ein bestimmtes Tor an dem Hofe des babylonischen Marduktempels Esagila bezog. Dieses Tor, auch das heilige Tor genannt, wurde nur geöffnet, wenn die Götterbilder bei besonderen Gelegenheiten in feierlicher Prozession hindurchgeführt wurden. Das griechische *Βαβυλών* geht auf den Ausdruck Bâb-ilâni = „Tor der Götter" zurück.

Der Turm, von dem uns die Bibel erzählt, kann nur der eigenartige Stufenturm von Esagila gewesen sein. Ein solcher Turm war bei einer größeren Tempelanlage die Regel. Es war seinem Ursprunge nach in Wirklichkeit nur ein künstlicher Berg, bei dem die Verjüngung nicht schräg emporstieg, sondern auf quadratischer Grundfläche in einer Anzahl von senkrechten Abstufungen erfolgte. Die Höhe war im allgemeinen dieselbe wie die Breite der Grundfläche. Die Zahl der Abstufungen war verschieden; bei dem Turm in

Babylon waren es sieben. Das untere Stockwerk war hier in der späteren Zeit nach den vorhandenen Angaben etwas mehr als 90 m breit und reichlich 33 m hoch, die zweite Stufe hatte noch eine Breite von 78 m und eine Höhe von gut 18 m, die dritte Stufe war etwas über 60 m breit und reichlich 6 m hoch, die vierte hatte eine Breite von gut 51 m und ebenfalls eine Höhe von gut 6 m, die fünfte Stufe war gut 42 m und die sechste gut 33 m breit; die Höhe war auch hier wieder dieselbe wie bei der dritten und vierten Stufe. Die siebte Stufe hatte eine Länge von etwas über 24 m, eine Breite von etwas über 21 m und eine Höhe von etwas mehr als 15 m. Die Seitenwände waren bei dieser Stufe, die an den Himmel heranreichen sollte, in blauer Farbe gehalten. Das Bauwerk trug oben einen Tempel, der für die älteste Zeit, wie man vermutet, jedenfalls als das einzige Gotteshaus der ganzen Anlage zu betrachten ist. Die Götter hatten ihren Wohnsitz auch nach den orientalischen Auffassungen besonders auf den Höhen der Berge. Die Fundamente des unteren Stockwerkes konnten durch die Grabungen der Deutschen Orient-Gesellschaft[1]) noch festgestellt und in ihrer Größe genau nachgeprüft werden. In der altbabylonischen Zeit ist der Bau, wie es scheint, um ein Drittel schmaler und dementsprechend auch um ein Drittel niedriger gewesen[2]).

[1]) in der Zeit von 1900—1914.

[2]) Vgl. zu den Einzelheiten besonders Th. Dombart, Der Sakralturm, I. Teil: Zikkurat, München 1920; Der Stand des Babelturm-Problems, Klio XXI 2, Leipzig 1927, S. 135—174; Der Babylonische Turm, Der Alte Orient XXIX 2, Leipzig 1930.

V.

Das Zeitalter des Abraham.

Wir erwähnten schon, daß Terach nach den Angaben der Bibel bis zum 70. Jahre seines Lebens ohne Nachkommen war. Das war nach den Zahlen, die uns sonst in der Liste begegneten, sehr auffallend; es paßt aber ganz zu den Ansätzen, die wir auch bei Abraham und Isaak vorfinden. Abraham war gerade 100 Jahre alt, als Isaak geboren wurde[1]); Isaak hatte bei der Geburt des Jakob ein Alter von 60 Jahren erreicht[2]).

Bei seiner Einwanderung nach Ägypten stand Jakob im Alter von 130 Jahren[3]). Von diesem Zeitpunkte bis zum Auszuge der Israeliten aus Ägypten vergingen 430 Jahre[4]); vom Auszuge bis zum Beginn des Tempelbaues wird ein Zeitraum von 480 Jahren vorausgesetzt[5]). Der Tempelbau wurde aber nach den vorhandenen Angaben[6]) höchst wahrscheinlich im Jahre 968 in Angriff genommen. Wir erhalten hier also, wenn wir die Zahlen so nehmen, wie wir sie vorfinden, von der Geburt des Abram bis zur Geburt des Heilandes eine Summe von 100 + 60 + 130 + 430 + 480 + 968 oder von 2168 Jahren.

Abram verbrachte die erste Zeit seines Lebens in Ur in Chaldäa. Wie lange die Familie sich in Haran aufhielt, wissen wir nicht. Als er sich von Haran nach Kanaan begab, stand er im Alter von 75 Jahren[7]).

Beim Eintreten einer Hungersnot ging er mit seinen Angehörigen nach Ägypten. Nach seiner Rückkehr kam es zu Streitigkeiten mit den Hirten des Lot, der sich alsdann in Sodoma niederließ.

Hierauf unternahmen „Amraphel, der König von Sinear, Arioch, der König von Ellasar, Kedorlaomer, der König von Elam und Tidal, der König von Gojim“, einen Kriegszug nach dem Lande Kanaan, um die Könige von Sodoma und vier andern benachbarten Städten wieder zum Gehorsam zu zwingen. Diese waren dem

---

1) Gen. 21, 5.
2) Gen. 25, 26.
3) Gen. 47, 9.
4) Exod. 12, 40—41.
5) I Kön. 6, 1.
6) Vgl. hierüber besonders Fr. X. Kugler, Von Moses bis Paulus, Münster 1922, S. 172 ff.
7) Gen. 12, 4.

Kedorlaomer zwölf Jahre hindurch dienstbar gewesen und hatten sich dann im dreizehnten Jahre ihren Verpflichtungen entzogen. Dafür sollten sie jetzt im vierzehnten Jahre gestraft werden.

Abram war damals noch immer ohne Nachkommen. Er nahm dann im Alter von 85 Jahren[1]) die Hagar zu sich, die ihm im folgenden Jahre[2]) den Ismael gebar.

Der Kriegszug liegt also nach der Darstellung der Bibel zwischen dem 75. und dem 85. Lebensjahre des Abram, und zwar höchst wahrscheinlich am Schluß dieser Periode, da die ersten Jahre durch die Hungersnot, den Aufenthalt in Ägypten, den Streit unter den Hirten und die Trennung der beiden Verwandten ausgefüllt werden. Das 75. Lebensjahr fällt nach den obigen Ansätzen mit dem Jahre 2093 zusammen; das 85. würde dem Jahre 2083 entsprechen. Es fragt sich nur, ob wir berechtigt sind, die Angaben überall genau nach dem Buchstaben zu nehmen. Wenn wir eine Gruppe von Geschichtszahlen betrachten, werden wir stets die Beobachtung machen, daß die Endziffern eine außerordentlich starke Verschiedenheit aufweisen. Die Ereignisse sind von den Bezeichnungen im Zahlensystem ebenso unabhängig wie von den Bewegungen der Sterne. Wir finden aber bei den Zahlen, mit denen wir es hier in der Bibel zu tun haben, an der letzten Stelle nur eine 5 oder eine Null. Die Texte erwähnen bei Abraham ein Alter von 75, 85 und 100, bei Isaak ein Alter von 60 und bei Jakob ein Alter von 130 Jahren; der Aufenthalt in Ägypten wird auf 430 und die Zeit vom Auszuge bis zum Beginn des Tempelbaues auf 480 Jahre angegeben. Man sieht sofort, daß dies der Wirklichkeit nicht ganz entspricht. Die Verfasser haben hier Abrundungen vorgenommen, die in ihrer Gesamtheit sicher schon eine bedenkliche Fehlerquelle darstellen. Hierzu kommt dann noch eine weitere Schwierigkeit, die sich aus dem Ursprunge der beiden größeren Zahlen ergibt. Die Angabe über den Aufenthalt in Ägypten klingt an und für sich sehr zuverlässig. Es sind auf jeden Fall mehrere hundert Jahre gewesen, und die Zahl 30 erweckt unser volles Vertrauen. Wir dürfen aber nicht übersehen, daß es sich bei dem Ansatze an erster Stelle um die Zahl 400 handelt. Die Nachkommen des Abraham sollten nach Gen. 15, 12 ff. vorübergehend in einem Lande wohnen, das ihnen nicht gehörte. Sie sollten in diesem Lande Sklavendienste leisten 400 Jahre lang. Wenn wir nun in den Geschlechtsverzeichnissen der Chronik die Angaben über die Nachkommenschaft des Joseph aufschlagen, stoßen wir dort für diesen Zeitraum auf zehn Generationen. Der Verfasser erzählt uns in dem Abschnitt I Chron. 7, 20 ff.: „Ephraims Söhne sind Schuthelach, dessen Sohn Bered, dessen Sohn Tachath, dessen Sohn Elada, dessen Sohn Tachath, dessen Sohn Zabad, dessen Sohn Schuthelach, sowie Ezer und Elad. Und die Männer von Gath, die im Lande geboren waren, töteten sie, weil sie hinabgezogen waren, um ihr

[1]) Gen. 16, 3.
[2]) Gen. 16, 16.

Vieh zu nehmen. Und es trauerte ihr Vater Ephraim viele Tage, und seine Brüder kamen, ihn zu trösten. Und er ging zu seiner Frau, und sie wurde schwanger und gebar einen Sohn, und er nannte ihn Beria, weil es geschah, als Leid in seinem Hause herrschte. Seine Tochter war Scheera. Diese baute das untere und das obere Bethchoron, ebenso Uzzen Scheera. Seine Söhne waren Rephach und Rescheph, dessen Sohn Telach, dessen Sohn Tachan, dessen Sohn Ladan, dessen Sohn Ammihud, dessen Sohn Elischama, dessen Sohn Non und dessen Sohn Jehoschua.“ Die Zahl der Geschlechter begegnet uns hier sogar in einer doppelten Reihe. Die eine reicht von Ephraim bis Elad, die andere von Ephraim bis Josue. Da die beiden Zusammenstellungen mit Ephraim ihren Anfang nehmen, ist die Zeit des Joseph offenbar noch nicht mitgerechnet. Nun wissen wir aber, daß die Erhöhung des Joseph unmittelbar nach der Deutung der Träume stattfand. Das war in dem Jahre, das den sieben fruchtbaren Jahren voraufging. Als er dann in der Zeit der unfruchtbaren Jahre seine Brüder und seinen Vater nach Ägypten einlud, fügte er als Begründung hinzu, daß die Hungersnot noch fünf Jahre dauern würde. Damit erhalten wir für die Zeit von der Erhöhung des Joseph bis zum Einzuge der Israeliten eine Spanne von 1 + 7 + 2 Jahren. Diese ergänzen die 30 Jahre, die zu den zehn Generationen noch hinzukommen, ebenfalls zu 40. Das System ist also genau durchgeführt. Wir haben es im ganzen mit elf Generationen zu tun, bei denen die 40 Jahre des Joseph um die Zeit bis zum Einzuge der Israeliten gekürzt sind. Wenn man aber für die Zeit bis zum Auszuge aus Ägypten nach Generationen rechnete, wird man es auch für die folgenden Jahrhunderte getan haben. Wir haben also bei der Zahl 480 auf eine Reihe von zwölf Generationen zu schließen. Es war ein Abschnitt von 12 × 40 Jahren. Die Uebereinstimmung ist hier so auffallend, daß der Zusammenhang kaum noch eines besonderen Beweises bedarf. Wenn wir nun die Aufzeichnungen der Chronik vergleichen, finden wir auch hier wieder eine überraschende Parallele. Wir lesen dort im ersten Buche 5, 29—36: „Aarons Söhne sind Nadab, Abihu, Eleazar und Ithamar. Eleazar zeugte den Pinechas und Pinechas den Abischua, Abischua zeugte den Bukki und Bukki den Uzzi, Uzzi zeugte den Zerachja und Zerachja den Merajoth, Merajoth zeugte den Amarja und Amarja den Achitub, Achitub zeugte den Sadok und Sadok den Achimaas, Achimaas zeugte den Azarja und Azarja den Jochanan, und Jochanan zeugte den Azarja, der Priesterdienste tat in dem Hause, das Salomon in Jerusalem erbaute.“ Wir haben hier, wenn die Angaben richtig sind, von dem Tode des Aaron bis zu dem Hohenpriester Azarja dreizehn Generationen, die in ihrer Aufeinanderfolge durch die Namen Eleazar, Pinechas, Abischua, Bukki, Uzzi, Zerachja, Merajoth, Amarja, Achitub, Sadok, Achimaas, Azarja und Jochanan bestimmt sind. Dieses Verzeichnis wiederholt sich dann in etwas kürzerer Form im folgenden Kapitel V. 35—38. Der

Verfasser erzählt uns dort: „Dies sind die Söhne des Aaron: Sein Sohn Eleazar, dessen Sohn Pinechas, dessen Sohn Abischua, dessen Sohn Bukki, dessen Sohn Uzzi, dessen Sohn Zerachja, dessen Sohn Merajoth, dessen Sohn Amarja, dessen Sohn Achitub, dessen Sohn Sadok und dessen Sohn Achimaas." Die Liste reicht hier also nur bis zum Vater des im vorigen Kapitel an der ersten Stelle genannten Azarja. Sie umfaßt in dieser Form, wenn wir Aaron mitzählen, genau zwölf Glieder. Aaron wurde zum Hohenpriester geweiht, als man Ägypten gerade verlassen hatte. Er bekleidete sein Amt vierzig Jahre hindurch, bis unmittelbar vor dem Einzuge in Palästina. Der Vertreter des zwölften Geschlechtes ist Achimaas, der Vater des ersten Azarja. Dieser ist also der Enkel des Sadok. Nun wissen wir aber, daß man in den semitischen Sprachen für Enkel kein eigenes Wort besaß. Man bezeichnete ihn, wenn man sich ganz genau ausdrücken wollte, als den Sohn des Sohnes. Wo dieses nicht notwendig war, begnügte man sich im Hebräischen in der Regel mit dem einfachen ben. Wir dürfen also für Azarja in diesem Falle nur die Bezeichnung als „ben Ṣadoḳ" erwarten. Dieser Ausdruck begegnet uns in der Tat an der Spitze des Textes I Kön. 4, 2 ff., wo die Beamten des Salomon aufgezählt werden. Wir erfahren dort, daß Azarja, der „Sohn" des Sadok, der erste unter den Priestern war. Es wird hier also dasselbe von ihm ausgesagt, was die Chronik von Azarja, dem Sohne des Jochanan, berichtet. Diese Angaben sind in der Form, in der sie uns vorliegen, nicht miteinander in Einklang zu bringen. Es ist möglich, daß auch der zweite Azarja noch unter Salomon tätig war; es ist aber nicht möglich, daß er als Enkel des Sadok bezeichnet wird. Wir sind also zu der Annahme gezwungen, daß der Verfasser der Königsbücher wirklich an Azarja, den Sohn des Achimaas, gedacht hat. Achimaas nimmt aber sowohl in der ersten als auch in der zweiten Liste nach Aaron den elften Platz ein. Wir erhalten hier also, wenn wir die Zählung mit Aaron beginnen, bis zu dem Sohne des Achimaas im ganzen zwölf Generationen. Damit finden unsere Voraussetzungen ihre volle Bestätigung. Der Verfasser der Königsbücher hat offenbar schon dieselbe Liste benutzt, die bei den Aufstellungen in der Chronik zugrundeliegt. Er sieht aber den Hohenpriester, um den es sich hier handelt, nicht in dem zweiten, sondern in dem ersten Azarja. Die Liste enthielt darüber wohl keine besonderen Angaben. Die 480 Jahre reichen also im Grunde nur bis zur Ernennung des Azarja zum Hohenpriester. Diese führte dann auf den Tempelbau und wurde bei der chronologischen Aufstellung zugleich mit dem Anfange des Tempelbaues in Verbindung gebracht. Wir brauchen hier die Vorzüge und die Mängel einer solchen Berechnung nicht besonders hervorzuheben. Die Angaben sind in ihrem Werte durch die Eigenart des Systems wohl ausreichend gekennzeichnet. Das Zeitmaß ist bei diesen Zusammenstellungen durch den Abstand gegeben, der unter normalen Verhältnissen zwischen den Eltern und der gleichen Entwicklungsstufe des folgenden Geschlechtes liegt. Dieser Abstand kann unter Umständen weit über 40 Jahre hinausgehen; er bleibt aber in den meisten Fällen hinter diesem Ansatze zurück. Wir dürfen also von vornherein mit der Wahrscheinlichkeit rechnen, daß uns die biblische Chronologie, wenn die Angaben vollständig sind, um eine Reihe von Jahrzehnten zu weit führt. Die Unterlagen verdienen aber im übrigen unser volles Vertrauen. Die Geschlechter, mit denen man rechnete, sind nicht etwa, wie man vielfach vermutet hat, die Erfindungen einer irregeleiteten Systematik; sie sind in den Vertretern, die uns vorgeführt werden, wirklich vorhanden gewesen und haben auch heutzutage noch ein Anrecht auf ernste Beachtung. Die Vernachlässigung der Chronik hat sich in der Bibelforschung schon oft empfindlich gerächt.

Kedorlaomer, der König von Elam, gibt sich durch seinen Namen als ein Diener der elamitischen Göttin Lagamara zu erkennen. Er steht nach dem Berichte der Bibel an der Spitze der feindlichen Könige, so daß die drei andern als seine Vasallen zu betrachten sind.

Unter dem Lande Sinear haben wir in der Bibel stets die Ebene am Unterlaufe des Euphrat zu verstehen. Es war die Landschaft mit den Städten „Babel, Erech, Akkad und Kalne“[1]). Babel, die spätere Hauptstadt des Landes, war bis gegen das Ende des dritten vorchristlichen Jahrtausends ohne besondere politische Bedeutung gewesen. Es war dann die Hauptstadt eines selbständigen babylonischen Herrscherhauses geworden, der sogenannten Dynastie von Amurru[2]), die 300 Jahre am Ruder blieb und im ganzen elf Könige aufweist. Die Herrschaft dieser Fürsten beschränkte sich zunächst auf das Gebiet von Babylon, bis der sechste unter ihnen, der umsichtige und erfolgreiche Chammurabi, das Land ganz in seinen Besitz brachte. Er besiegte in seinem 29. und 30. Regierungsjahre die Elamiten, die nicht nur den Osten, sondern auch den Süden des Landes beherrschten, eroberte Larsa, das seit mehr als 70 Jahren in ihren Händen war, und stürzte seinen Gegner Rim-Sin, der in dieser Stadt seit 61 Jahren regiert hatte. Seine Macht erstreckte sich in den letzten Jahren seines Lebens über das ganze Gebiet von „Sumer und Akkad“, über den Süden mit seiner sumerischen Kultur und über die semitisch redende Bevölkerung im Norden des Landes.

Der erste König dieser Dynastie war Sumuabu, der zweite führte den Namen Sumulailu. Sumuabu war nach einer babylonischen Aufzeichnung[3]) ein Zeitgenosse des Königs Ilušuma von Assyrien, und sein Nachfolger wird in einer aus Assur stammenden synchronistischen Königsliste[4]) mit Erišu, dem Sohne des Ilušuma,

---

[1]) Gen. 10, 10.

[2]) der „Amoriterdynastie“.

[3]) King, Chronicles concerning early Babylonian Kings II S. 14 u. S. 119.

[4]) Ass. 4128 Kol. IV Z. 17—20, bei Weidner, Die Könige von Assyrien. Mitteilungen der Vorderasiat.-Ägypt. Gesellsch. 1921, Heft 2, S. 16. Die Tafel

zusammengestellt. Erišu starb nach einer anderen Angabe[1]) 159 + 580 = 739 Jahre vor der Zeit des Königs Salmanassar I., der um das Jahr 1280 vor Chr.[2]) zur Herrschaft gelangte. 1280 + 739 = 2019. Das führt uns für Ilušuma auf die Zeit von etwa 2056—2040[3]) und würde für Sumuabu, wenn wir die Thronbesteigung der beiden Fürsten in dasselbe Jahr verlegen, eine Regierungszeit von etwa 2056—2043 und für Chammurabi die Zeit von etwa 1954—1912 ergeben.

Nun wissen wir aber, daß man später in Babylon am Hofe des Nabuna'id, wo man in geschichtlichen Fragen gut unterrichtet war, von Chammurabi bis zum Könige Burnaburiasch II. einen Abstand von 700 Jahren annahm. Wir erfahren dies aus zwei verschiedenen Texten[4]), die uns beide von dem Neubau des Sonnentempels in Larsa erzählen. Der Tempel war von Chammurabi, dessen Urkunde man noch vorfand, nach der übereinstimmenden Angabe der beiden Texte „700 Jahre vor Burnaburiasch" auf einer noch älteren Grundlage errichtet worden. Das kann erst nach dem 30. Jahre seiner Regierung gewesen sein, da die Stadt vorher noch nicht in seinem Besitze war. Burnaburiasch muß aber nach den El-Amarna-Tafeln kurz vor der Thronbesteigung des Königs Amenophis IV., also wahrscheinlich kurz vor dem Jahre 1380[5]), zur Herrschaft gekommen sein. Wenn wir nun annehmen, daß er den Bau vielleicht schon im ersten Regierungsjahre begann, und wenn wir bei Chammurabi, der wohl gleich nach der Eroberung die Priesterschaft und das Volk zu gewinnen suchte, an das 31. Jahr seiner Regierung denken, dann erhalten wir für diesen Zeitpunkt als frühesten Termin ungefähr das Jahr 2080. Wir dürfen aber bei unsern Schlußfolgerungen nicht übersehen, wie der Ansatz in Wirklichkeit entstanden ist. Die Urkunde des Chammurabi war sicher in dem Stile gehalten, der damals bei derartigen Texten allgemein üblich war. Sie hob also hervor, daß Chammurabi, der mächtige König, der König von Babylon usw., den Tempel erbaut hatte, enthielt aber über das Jahr, in dem dieses geschehen war, keine Mitteilung. Wenn Nabuna'id also betont, daß Chammurabi den Tempel 700 Jahre vor Burnaburiasch errichtete, so kann das nur ein Hinweis auf die

---

befindet sich jetzt im Museum zu Konstantinopel und trägt dort die Bezeichnung „Assur 14 616 c". Eine nach besseren Photographien von Weidner besorgte Neuausgabe des Textes im Archiv für Orientforschung Bd. III (1926), S. 66 ff.

[1]) Die Inschriften der altassyrischen Könige, bearbeitet von Ebeling, Meißner und Weidner, Altorientalische Bibliothek, Erster Band, Leipzig 1926, S. 120—121.

[2]) So nach Weidner in den Königslisten bei Meißner, Babylonien und Assyrien, Zweiter Band, S. 451, und im Archiv für Orientforschung, Bd. IV (1927), S. 16. Forrer kommt im Reallexikon der Assyriologie, herausgeg. von Ebeling und Meißner, Erster Band, S. 264 bei der Bearbeitung der assyrischen Königsgeschichte auf das Jahr 1266.

[3]) So Weidner. Forrer rechnet mit einer Regierungszeit von 2050—2024.

[4]) Langdon, Die neubabylonischen Königsinschriften S. 234 ff. u. S. 242 ff.

[5]) S. oben S. 45.

Regierungszeit im allgemeinen sein, der für das Jahr, in dem der Bau stattfand, gar nichts bedeutet. Der Ansatz geht offenbar auf eine Königsliste zurück, die von den Archäologen des Nabuna'id zu Rate gezogen wurde. In dieser Liste betrug der Abstand vom Regierungsantritt des Chammurabi bis zum Regierungsantritt des Burnaburiasch ungefähr 700 Jahre. Wir würden also höchstens zu der Annahme berechtigt sein, daß Chammurabi um das Jahr 2080 zur Herrschaft gelangte. Das würde uns für den Anfang der Dynastie auf das Jahr 2182 führen.

In den Aufzeichnungen des Berossus war die Dynastie von Amurru, wie es scheint, in keiner Weise besonders gekennzeichnet. Es wird nur hervorgehoben, daß die Meder die Stadt Babylon eroberten und dort 224 Jahre regierten. Hierauf folgten dann bis zum Jahre 730, wo Tiglatpileser König von Babylon wurde, 11 Könige mit 28 oder 48, 49 Könige mit 458, 9 Könige mit 245 und 45 Könige mit 526 Regierungsjahren[1]), so daß wir von der Eroberung bis auf Christus einen Abstand von 2212 oder 2232 Jahren erhalten.

Wir würden auf diese Zahlen, wenn sie ganz für sich allein ständen, vielleicht kaum einen besonderen Wert legen. Sie berühren sich aber in eigenartiger Weise mit einer andern Angabe, die ebenfalls aus Babylon stammt und ungefähr derselben Zeit angehört. Als Alexander der Große nach der Eroberung des Perserreiches die Stadt in seinen Besitz gebracht hatte, erhielt Aristoteles durch seinen Neffen Kallisthenes genauere Mitteilungen über die dort vorhandenen astronomischen Beobachtungen, die sich, wie man erzählte, über einen Zeitraum von 1903 Jahren erstreckten[2]). Das kann frühestens in den letzten Monaten des Jahres 331 und spätestens im Jahre 327 geschehen sein, wo Kallisthenes im Kerker seinen Tod fand. Dies führt uns also, wenn wir die 1903 Jahre hinzuzählen, für den Anfang der Beobachtungen in die Zeit von 2234—2230. Das deckt sich genau mit den Voraussetzungen des Berossus. Er rechnete für die 11 Könige der zweiten Dynastie offenbar mit einer Zeit von 48 Jahren, so daß wir uns nicht für das Jahr 2212, sondern für das Jahr 2232 zu entscheiden haben. Dies galt in der Perserzeit, wie wir aus der Uebereinstimmung entnehmen müssen, als das Gründungsjahr des alten babylonischen Reiches. Man dachte bei dieser Gründung, wie sich aus den Worten des Berossus ergibt, offenbar an eine Eroberung. Ob dieses richtig ist, mag dahingestellt bleiben; die Frage ist für die Datierung ganz ohne Bedeutung. Wenn wir aber den Anfang der Dynastie in das Jahr 2232 verlegen, erhalten wir für die Thronbesteigung des Chammurabi nach den keilinschriftlichen Zahlenangaben das Jahr 2130. Dieser Satz geht über das Ergebnis, zu dem wir im Anschluß an die Texte des Nabuna'id gelangten, um ungefähr

---

[1]) Vgl. oben S. 166—167.

[2]) Simplicius in seinem Kommentar zu Aristoteles De Coelo II, 12 (ed. I. L. Heiberg p. 506).

12

60 Jahre hinaus. In dem Texte des Salmanassar hatten wir es mit einem Ansatze zu tun, der hinter dieser Berechnung um 120 Jahre zurückblieb.

Wenn die Schwankung nicht so groß wäre, ließe sie sich wahrscheinlich ohne besondere Schwierigkeiten durch eine Gruppe von astronomischen Angaben beseitigen, die uns für Ammiṣaduga, den zehnten König der ersten Dynastie, zur Verfügung stehen. Wir besitzen nämlich auf einigen astrologischen Tafeln noch eine zusammenfassende Deutung der Bewegungen der Venus, wie man sie in den 21 Regierungsjahren dieses Königs beobachtet und sorgfältig niedergeschrieben hatte. Man hatte das Aufgehen und das Verschwinden der Venus mit den Ereignissen in Verbindung gebracht, die man in den betreffenden Jahren zu verzeichnen hatte, und auf dieser Grundlage allgemeine Regeln aufgestellt, die einen Einblick in die Geheimnisse der Zukunft ermöglichen sollten. So war z. B. im sechsten Jahre des Ammiṣaduga die Venus am 28. Araḫsamnu im Westen verschwunden und drei Tage später, am 1. Kislimu, im Osten wieder hervorgetreten. Das genügte dem Verfasser, um unter Berücksichtigung der damaligen Zeitverhältnisse die Regel aufzustellen: „Wenn die Venus am 28. Tage des Araḫsamnu im Westen untergeht, drei Tage lang am Himmel fortbleibt und am 1. Kislimu im Osten wieder aufleuchtet, wird Mangel an Getreide und Stroh im Lande sein und eine Verwüstung angerichtet werden." Der Text behandelt in dieser Weise 21 verschiedene Möglichkeiten, die in ihrer Zahl genau den 21 Regierungsjahren des Königs entsprechen[1]), und enthält an der achten Stelle, wie der Jesuitenpater Franz Xav. Kugler[2]) zuerst erkannt hat, im Anfange der Zeile eine Datierungsformel, die nach andern Angaben als die Formel für das achte Jahr seiner Regierung in Gebrauch war. Damit war theoretisch die Möglichkeit gegeben, die Zeit des Amiṣaduga astronomisch genau festzulegen. Die Erscheinungen wiederholen sich mit einer geringen, sich stets gleichbleibenden Verschiebung in einem Zyklus von acht Jahren. Die Verschiebung beträgt in sieben Zyklen etwas weniger als einen Monat, so daß wir nach einem Zeitraum von 7×8 = 56 oder von 8×8 = 64 Jahren stets wieder auf dasselbe Datum kommen. Wir haben also, wenn die Bewegungen aus den Angaben einwandfrei zu ermitteln sind, vor allem noch die zweite Frage zu beantworten, in welcher Periode der Abschnitt für die Regierungszeit des Königs tatsächlich unterzubringen ist. Die Schwierigkeit wird aber noch größer, weil die Beobachtungen nur mit freiem Auge gemacht wurden und der Wirklichkeit nicht vollständig entsprechen. Sie bedürfen deshalb an mehreren Stellen einer Verbesserung, die sich aber stets nur auf Vermutungen aufbaut. Es war auch bei der größten Gewissenhaftigkeit nicht immer möglich, den Stern gerade beim ersten

---

[1]) Das 18. Jahr ist allerdings ausgefallen.

[2]) Sternkunde und Sterndienst in Babel, Münster i. W. 1907 ff., II. Buch, II. Teil, 1. Heft, Münster 1912, S. 257 ff.

Erscheinen zu erblicken, und es wird dem Forscher niemals gelingen, die Störungen überall genau zu erschließen und im einzelnen richtig einzuschätzen. Er kann sich bei seinen Untersuchungen stets nur die Frage vorlegen, ob die Abweichungen eine Gleichsetzung mit seinen astronomischen Ermittelungen noch zulassen oder nicht. Hierzu kommt bei den Angaben fast überall noch die weitere Frage, wo der Monat im Laufe des Sonnenjahres genau seinen Platz hatte. Das Sonnenjahr hatte 365, das Mondjahr aber nur 354 Tage. Das macht einen Unterschied von 11 Tagen, der bekanntlich durch Schaltmonate wieder ausgeglichen wurde. Man fügte, wenn es notwendig erschien, entweder einen zweiten Adar oder einen zweiten Ulul ein. Der König Ammiṣaduga hatte eine besondere Vorliebe für die Wiederholung des Ulul. Der Adar wurde unter seiner Regierung nach den vorhandenen Urkunden im 4. und im 20. Jahre wiederholt, der Ulul ist für das 5., 10., 11., 14. und 19. Jahr seiner Regierung als Schaltmonat nachgewiesen. Durch diese Schaltungen treten außergewöhnliche Verschiebungen ein, die in jedem Falle genau zu berücksichtigen sind. Diese waren aber im Jahre 1912, wo Kugler mit seinen Ausführungen hervortrat, für die damalige Zeit im einzelnen noch gar nicht festgestellt.

Da der König nur im Anfange des zweiten vorchristlichen Jahrtausends gelebt haben konnte, beschränkte Kugler sich bei seinen Untersuchungen auf die Zeit von 2080—1740. In dieser Zeit kamen für den Ansatz nach seinen Berechnungen nur vier Möglichkeiten in Betracht, die alle den astronomischen Anforderungen in gleicher Weise entsprachen. Der Regierungsantritt konnte nach diesen Voraussetzungen in das Jahr 2041—40, 1977—76, 1857—56 oder 1801—00 fallen. Kugler entschied sich nun im Anschluß an die babylonische Ueberlieferung zunächst für die zweite Möglichkeit, die für den Regierungsantritt des Chammurabi das Jahr 2123 und für den Anfang der Dynastie das Jahr 2225 ergab. Er hebt aber ausdrücklich hervor, daß er diesen Ansatz noch nicht als endgültig betrachtet. „Es kann sich“, so fügt er hinzu, „nur noch darum handeln, zu untersuchen, ob nicht eine Verschiebung von 56 (bzw. 64) Jahren oder einem einfachen Multiplum dieses Betrages vorgenommen werden müßte“[1]). Diese Einschränkung kommt jedoch in der ganzen Darstellung so wenig zur Geltung, daß sie in der ersten Zeit fast gar nicht beachtet wurde. Die Geschichtsforscher stellten sich ebenso wie die Vertreter der Keilschriftforschung mit vollem Vertrauen auf den Boden der angegebenen Berechnung. Kugler begann aber schon nach drei Jahren, wie er später erzählt[2]), an der Richtigkeit seiner Voraussetzungen zu zweifeln. Er mußte sich davon überzeugen, daß die Lage der Monate, die sich bei diesem Ansatz ergab, mit den Angaben in den Pacht- und Erntekontrakten aus der damaligen Zeit, soweit sie ihm bekannt wurden,

[1]) S. 298.

[2]) Von Moses bis Paulus, Münster 1922, S. 498.

12*

nur schwer in Einklang zu bringen war. Die Termine lagen besonders für die Zeit der Dattelreife, wie es schien, außerordentlich spät. Das veranlaßte ihn schließlich, den Ansatz ganz fallen zu lassen und sich mit derselben Entschiedenheit auf den Standpunkt der vierten Möglichkeit zu stellen, die für den Regierungsantritt des Chammurabi auf das Jahr 1947 und für den Anfang der Dynastie auf das Jahr 2049 führte[1]).

Im Jahre 1916 berichtete E. Weidner in seinen Studien zur assyrisch-babylonischen Chronologie und Geschichte[2]) schon über das Ergebnis einer Nachprüfung, die er nach späteren Angaben[3]) mit Professor Neugebauer, dem hierbei der astronomische Teil der Arbeit zufiel, an den Ausführungen von Kugler vorgenommen hatte. Da er der Veröffentlichung, die damals beabsichtigt war, nicht vorgreifen wollte, beschränkt er sich auf die Mitteilung, daß als das erste Jahr der Dynastie nach den Untersuchungen wahrscheinlich das Jahr 2057 in Betracht komme. Dieser Ansatz unterscheidet sich von der Auffassung, zu der auch Kugler sich nach dem Gesagten in den folgenden Jahren hindurcharbeitete, nur um den einmaligen Zyklus von acht Jahren. Die Einzelheiten sind aber niemals bekannt geworden. Die Drucklegung war wegen der Schwierigkeiten, die der Krieg mit sich brachte, leider nicht mehr möglich. Das Manuskript ist mit den Berechnungen von Neugebauer im Revolutionsjahre 1918 verloren gegangen[4]), und Neugebauer ist selbst noch im Dezember 1918 gestorben.

Im Jahre 1923 erfahren wir, daß der Oxforder Astronom John Knight Fotheringham, der mit Langdon zusammenarbeitete, auch den zweiten Lösungsversuch von Kugler aus astronomischen Gründen als einen Fehlgriff betrachtete[5]). Die beiden Forscher entschlossen sich deshalb, sämtliche Fragen noch einmal durchzuarbeiten und die Zweifel nach Möglichkeit zu beseitigen. Fotheringham zog zu den Untersuchungen auch den deutschen Astronomen Karl Schoch heran, der vorübergehend als Assistent bei ihm tätig war, und Langdon konnte bei der textkritischen Bearbeitung der Angaben die wertvollen Feststellungen von Schnabel benutzen, die über die von Kugler geschaffenen Grundlagen zum Teil wesentlich hinausführten. Die Ergebnisse dieser gemeinsamen Arbeit wurden dann in einem Werke niedergelegt, das in der schwierigen Frage wohl die endgültige Lösung bedeutet[6]). Die Verfasser suchten,

---

[1]) Von Moses bis Paulus S. 499 ff.; Sternkunde und Sterndienst, II. Buch, II. Teil, 2. Heft, Münster 1924, S. 563 ff.

[2]) Mitteilungen der Vorderasiat. Gesellsch. 1915, Heft 4, S. 24.

[3]) zuerst in den Mitteilungen der Vorderasiat.-Ägypt. Gesellsch. 1921, Heft 2, S. 41.

[4]) Vgl. hierüber die Mitteilung von Schnabel in der Zeitschr. der Deutschen Morgenl. Gesellsch., Neue Folge, Bd. 3, 1925, S. 112—13.

[5]) Oxford Editions of Cuneiform Texts, Vol. II, The Weld-Blundell Collection, vol. II, Preface.

[6]) S. Langdon, M. A., and J. K. Fotheringham, M. A. D. litt., The Venus Tablets of Ammizaduga, a solution of Babylonian chronology by means of the

soweit es sich um die entscheidende Schlußfolgerung handelt, für die in Betracht kommende Periode zunächst die Monate genau festzulegen und sich dann im einzelnen ein Urteil darüber zu bilden, wie die astronomischen Beobachtungen sich mit ihren Datierungen am besten in dieses System hineinfügten. Dabei ergab sich für den an dreizehn Stellen hervorgehobenen östlichen Aufgang der Venus, wenn man den ersten Ansatz von Kugler zugrundelegte und über eine Abweichung von höchstens einem Tage hinwegsah, eine zehnmalige Uebereinstimmung, bei dem Ansatze von Weidner eine Uebereinstimmung in fünf Fällen und bei der späteren Annahme von Kugler ein Zusammentreffen in drei Fällen. Fotheringham entschied sich aber schon aus rein astronomischen Gründen[1]) nicht für den zuerst genannten Vorschlag von Kugler, der für Ammiṣaduga eine Regierungszeit von 1977—1956 voraussetzte, sondern für die Zeit von 1921—1900, die sich um 56 Jahre von diesem Ansatz entfernt. Bei dieser Einfügung konnte er eine genaue Uebereinstimmung für das 1., 6., 14. und 21. Regierungsjahr und außerdem noch für sieben Beobachtungen ein Zusammentreffen mit einer Abweichung von höchstens einem Tage feststellen, so daß der Unterschied nur in zwei Fällen über einen Tag hinausging. Dies führte dann für den Anfang der Dynastie auf das Jahr 2169 und für Chammurabi auf die Zeit von 2067—2024. Für die Konstellation im 6. Jahre des Ammiṣaduga kommen in den drei letzten vorchristlichen Jahrtausenden, wie Schoch schon im Jahre 1924 auf Grund seiner eigenen, damals noch unveröffentlichten astronomischen Tafeln bekanntgeben konnte[2]), im ganzen nur zwei Jahre in Betracht, und zwar die Jahre 1972—71 und 1916—15. Das Jahr 1972—71 fällt mit dem älteren Vorschlage von Kugler zusammen, das Jahr 1916—15 deckte sich mit den Festlegungen, zu denen Fotheringham damals gelangt war. Dieser Ansatz wurde dann durch die Datierungen in den Kontrakten und durch das Verhältnis dieser Daten zu den Erscheinungen im Laufe eines gewöhnlichen babylonischen Wirtschaftsjahres in jeder Weise bestätigt.

Der König von Babylon war zur Zeit des Kriegszuges, wie oben schon betont wurde, ebenso wie der König von Ellasar nach der biblischen Darstellung noch ein Vasall des Königs von Elam. Dieses Verhältnis dauerte nur bis zum 29. Regierungsjahre des Chammurabi. Der Kriegszug muß also, wenn wir an dem Ansatze festhalten, noch vor dem Jahre 2039 stattgefunden haben. Die biblischen Angaben führen uns dagegen, wie wir gesehen haben, bis in die Zeit kurz vor dem Jahre 2083. Das macht einen Unterschied von etwa 45 Jahren. Es muß uns aber vorläufig noch

---

Venus observations of the first dynasty. With Tables of Computation by Carl Schoch. Oxford University Press 1928.

[1]) Vgl. hierfür besonders die ersten genaueren Mitteilungen bei Langdon, Oxford Editions etc., Preface S. III Anm. 1.

[2]) Astronomische Nachrichten 222 S. 27 f.; Schaumberger, Die Chronologie der Hammurabi-Zeit nach neueren Forschungen, Biblica X (1929), S. 336.

genügen, diesen Unterschied besonders hervorzuheben. Die Erklärung wird sich erst später ergeben.

Die einzige Schwierigkeit, die außerdem noch unsere Beachtung verdient, ist die abweichende Bezeichnung des Königs von Babylon. Die Bibel nennt ihn Amraphel, die keilinschriftlichen Texte bieten an ungezählten Stellen die Form Ḫa-am-mu-ra-bi. Bei dieser Zeichenverbindung ist nur das bi in der Aussprache nicht ganz eindeutig; es war in der damaligen Zeit in Babylonien auch für pi in Gebrauch. Wir haben also, wenn wir die Schriftzeichen ins Auge fassen, bloß die Wahl zwischen Ḫammurabi und Ḫammurapi. Der Anlaut der ersten Silbe entspricht in dieser Schreibung dem härteren semitischen Ḫêth, so daß im Deutschen nur die Wiedergabe in Betracht kommt, die dem Leser bei unsern Ausführungen bisher schon begegnet ist. Das weichere Ḥêth war im Akkadischen nicht mehr vorhanden. Man sprach es bei Lehnwörtern, soweit es nicht ganz überhört wurde, ebenfalls als ein gewöhnliches ch. Da der Name semitischen Ursprunges ist, läßt der zweite Bestandteil sich ohne Schwierigkeit auf rabû zurückführen. Es ist dieselbe Bildung, die sich z.B. auch in Ilurabi, Adadrabi, Anurabi, Sinrabi und Samšurabi vorfindet. Wir nennen hier absichtlich nur Beispiele aus den Urkunden der altbabylonischen Zeit. Damit ist die babylonische Aussprache für die damalige Zeit gegen jedes Bedenken sichergestellt. Nun besitzen wir aber noch einen Brief aus der Zeit der späteren assyrischen Könige[1]), der den Träger des Namens an zwei verschiedenen Stellen[2]) als Am-mu-ra-pi bezeichnet. Der Verfasser berichtet in seinen Angaben über eine Urkunde des Chammurabi, die er selbst aus Babylon gebracht hatte. Da die Urkunde den Namen sicher in einer andern Form bot, können wir in der Wiedergabe durch Am-mu-ra-pi nur die Aussprache vermuten, die damals in Assyrien verbreitet war. Diese steht dem biblischen Amraphel wesentlich näher. Sie unterscheidet sich im Grunde nur durch das Fehlen des abschließenden Lamed. Dieser Laut muß in Palästina, wie wir annehmen dürfen, an die einfachere Form herangetreten sein. Das geschah aber nicht etwa durch die Flüchtigkeit eines Schreibers, sondern durch einen Deutungsversuch, der zu einer Gleichsetzung mit einer in dieser Weise gebildeten hebräischen Bezeichnung führte. Man wurde durch das in dem zweiten Teile des Namens vorhandene ra-pi zunächst an das akkadische arâpu = dunkel werden erinnert. Die Volksetymologie ist in ihren Voraussetzungen sehr anspruchslos; sie begnügt sich in der Regel mit der Feststellung eines äußeren Gleichklanges. Dieser konnte hier kaum überhört werden. Es war zugleich die einzige Parallele, die sich in dieser Hinsicht zu bieten schien. Das genügte. Man griff also, wie wir hieraus entnehmen dürfen, ohne Bedenken auf dieselbe Bezeichnung zurück, die auch in irpu = irpitu = urpatu = Wolke

[1]) Harper, Letters Nr. 255.
[2]) Z. 8 und Z. 10.

und in arapû = iṣṣur meḫû = Sturmvogel vorliegt. Dies führte dann im Hebräischen zu einer Verschmelzung mit dem gleichbedeutenden und ebenfalls auf diese Wurzel zurückgehenden ʻarâphel. Die Form ist also schon zu einer Zeit entstanden, wo man sich in Palästina noch eingehend mit dem Akkadischen beschäftigte.

Der König von Ellasar, der in der Bibel in diesem Zusammenhange genannt wird, kann nach der damaligen Lage der Dinge nur der König von Larsa gewesen sein. Er begegnet uns, obwohl elamitischer Herkunft, in den keilinschriftlichen Urkunden überall unter dem semitischen Namen Rim-Sin, der ihn, wenn man die beiden Bestandteile wörtlich übersetzt, als den „Wildstier des Mondgottes" erscheinen läßt. Das ist um so auffallender, weil die Texte, die wir von ihm besitzen, noch sämtlich in der alten sumerischen Sprache geschrieben sind. Die semitische Bezeichnung erscheint hier als etwas Fremdes, das sich in die Darstellung nicht ganz hineinfügt. Der erste Teil ist in der Regel phonetisch ausgedrückt, der Gottesname wird dagegen in den vorhandenen Texten stets durch ein Ideogramm angedeutet, so daß man für Sin ebenso gut eine andere Bezeichnung des Mondgottes einsetzen könnte. Nun wissen wir aber, daß im Sumerischen auch die Wiedergabe durch Aku[1]) gestattet war. Man könnte also mit derselben Berechtigung auch Rim-Aku lesen. Dies wäre im Hebräischen, wo wir für das m in der späteren Aussprache die Wiedergabe durch w erwarten müssen, bei normaler Entwickelung je nach der Betonung entweder zu Rîwach oder zu Riwôch geworden. Das deckt sich ganz mit den Schriftzeichen der Bibel. Der Vokal, der in der ersten Silbe voraufgeht, ist ebenso wie der Anlaut in Ellasar unter dem Einfluß der nachfolgenden Liquida entstanden.

Man hat in dem Rim, das uns in den Texten begegnet, vielfach eine Kürzung für das sumerische erim = eri = Diener erblickt. Das würde, wenn man die hebräische Schreibung ins Auge faßt, an und für sich ebensogut möglich sein. Die Annahme geht aber von Voraussetzungen aus, die einer Einschränkung bedürfen. Im Sumerischen pflegte man den Diener gewöhnlich als uru oder ur zu bezeichnen. Eri begegnet uns in dieser Bedeutung nur in den sogenannten Eme-sal-Texten. Es ist aber mindestens sehr zweifelhaft, ob wir die Formen der Eme-sal-Texte zur Erklärung von Eigennamen überhaupt heranziehen dürfen. Man findet in den Urkunden aus der altbabylonischen Zeit eine fast unübersehbare Menge von Namen, die mit uru oder ur beginnen, und zwar in einer Schreibung, bei der die Aussprache einwandfrei feststeht. Die Wiedergabe durch eri läßt sich dagegen in den Texten nirgendwo nachweisen.

Der Name Tidal, hebräisch Tidʻal, gibt sich in dieser Schreibung sofort als chethitisch zu erkennen. Er deckt sich in seinem Laut-

[1]) Deimel, Pantheon Babyl. Nr. 61.

bestande, wenn wir die Konsonanten miteinander vergleichen und über die Endung hinwegsehen, genau mit dem Namen Tudḫalijasch, der bei den Chethitern wiederholt als Königsname vorkommt. Die Chethiter hatten zur Zeit, wo sie in die Geschichte eintreten, ihre Wohnsitze im Innern von Kleinasien, in der Gegend des jetzigen Angora. Sie dehnten dann ihre Herrschaft bis nach Syrien und Mesopotamien aus und drangen sogar bis nach Babylon vor, wo sie den fünften Nachfolger des Chammurabi, den König Samsuditana, vom Throne vertrieben und dadurch der Dynastie ein ruhmloses Ende bereiteten. Babylon wurde damals zerstört, und die Gefangenen wurden mit der Beute zur chethitischen Hauptstadt gebracht. Das war unter dem Könige Murschilisch I., dem zweiten Nachfolger des Labarnasch, der als der eigentliche Begründer der chethitischen Großmacht betrachtet wurde. Labarnasch war seinerseits wieder der Sohn des Puscharma und der Enkel des Königs Tudḫalijasch I[1]). Wir erhalten also von Tudḫalijasch bis Murschilisch im ganzen fünf Generationen. Damit kommen wir für Tudḫalijasch tatsächlich in die Zeit des Chammurabi.

Die Angaben der Bibel gehen also, soweit es sich um die vier Könige handelt, auf eine sichere und zuverlässige Ueberlieferung zurück. Die Bibel kennt noch die Namen der Fürsten, die zur Zeit des Abraham in den feindlichen Ländern regierten, und gibt uns zugleich ein im wesentlichen durchaus zutreffendes Bild der damaligen politischen Lage. An der Spitze des Zuges stand der König von Elam, dem die Könige von Babylon und Larsa Heeresfolge zu leisten hatten. Dieses Verhältnis nahm erst sein Ende, als Chammurabi die Elamiten aus Larsa vertrieben hatte. In der Zeit, wo sie nicht nur den Osten, sondern auch den Süden des Landes noch in ihrer Gewalt hatten, war der König von Babylon ganz von ihnen abhängig. Es ist aber leicht zu begreifen, daß die babylonischen Quellen hierauf nirgendwo Bezug nehmen. Sie erzählen uns nur von den Ereignissen, bei denen der König im Vordergrunde steht, und gehen über Dinge, die ihm nicht zur besonderen Ehre gereichen, schonend hinweg. Man sieht also auch hier wieder, daß die biblischen Angaben nicht aus Babylon stammen. Ein babylonischer Berichterstatter würde den Vorrang, den der König von Elam einnimmt, sicher nicht so deutlich betont haben. Die Darstellung muß nach der ganzen Anlage schon in ihren Grundzügen in Palästina entstanden sein. Sie führt uns bis in die Zeit, wo Chammurabi für die Bewohner von Palästina noch eine bekannte Persönlichkeit war, und gibt uns in diesem Zusammenhange die Möglichkeit, auch den Unterschied in der Form des Namens aus den Verhältnissen geschichtlich zu erklären. Die Erinnerung an den Chethiterfürsten ist in dem jetzigen Texte schon sehr abgeblaßt. Er wird, obschon der Name noch bekannt ist, ohne besondere Hervorhebung des Landes oder der Hauptstadt nur als ein „König

[1]) Vgl. hierzu besonders die Ausführungen von Albr. Götze, Das Hethiter-Reich, Der Alte Orient XXVII 2, Leipzig 1928, S. 15—18.

der Völker" bezeichnet, als der König eines heidnischen Volkes, der sich nach der Annahme des Verfassers ebenfalls an dem Zuge beteiligte. Das läßt auf eine Zeit schließen, wo das Chethiterreich schon der Vergangenheit angehörte.

Wer sich über die Tätigkeit eines altbabylonischen Herrschers im einzelnen genauer unterrichten will, ist in erster Linie auf die sogenannten Datierungslisten angewiesen, die wir aus der damaligen Zeit noch besitzen. Man pflegte nämlich die Regierungsjahre nicht durch Zahlen voneinander zu unterscheiden, wie es später geschah, sondern durch den Hinweis auf ein bestimmtes Ereignis, das sich gerade zugetragen hatte und dem Jahre gewissermaßen einen festen Platz gab. So heißt es z. B. in einer Urkunde aus Nippur: „Im Monat Simannu, im Jahre, als der König Samsuilûna auf Befehl Anus und Enlils die Mauer von Ur und Uruk zerstört hatte"[1]). Das Ereignis, nach dem die Datierung vorzunehmen war, wurde zu Anfang des Jahres amtlich bekanntgegeben und blieb dann in der Regel für das ganze Jahr maßgebend. Nur in seltenen Fällen, die wir zum Teil noch nachweisen können, wurde im Laufe des Jahres eine Änderung vorgenommen. Die Datierung erfolgte also gewöhnlich nach einer Begebenheit, die sich schon im vorhergehenden Jahre zugetragen hatte. Da es aber nicht möglich war, die Ereignisse in ihrer Aufeinanderfolge stets im Gedächtnis zu behalten, so fertigte man Listen an, die man im Geschäftsverkehr oder bei sonstigen Feststellungen sofort zu Rate ziehen konnte. Diese Aufzeichnungen[2]) lassen sich auch für die Zeit des Chammurabi aus den uns zur Verfügung stehenden Bruchstücken noch vollständig wiederherstellen[3]).

Im 1. Jahre seiner Regierung datierte man, wie es üblich war, nach der Thronbesteigung; im 2. Jahre wurde hervorgehoben, daß der König dem Lande Recht verschafft hatte; das 3. Jahr ist das Jahr, als er für den erhabenen Sitz des Mondgottes in Babylon einen neuen Thron hergestellt hatte; das 4. Jahr wurde mit der Errichtung einer Umfassungsmauer im Tempelbezirk von Sippar, das 5., wie es scheint, mit dem Bau der Mauer von Schiramach in Verbindung gebracht; im 6. Jahr bezog man sich auf eine Begebenheit, die wir vorläufig noch nicht genauer zu bestimmen vermögen; im 7. Jahre datierte man nach der Eroberung von Uruk und Isin, im 8. nach einem Ereignis, bei dem das Land Emutbal genannt

[1]) M. Schorr, Urkunden des altbabylonischen Zivil- und Prozeßrechts, Vorderasiat. Bibl. V, Leipzig 1913, Nr. 128.

[2]) Am leichtesten zugänglich im Anhange der genannten Urkundensammlung und in den Zusammenstellungen im Reallexikon für Assyriologie, Zweiter Band S. 131 ff.

[3]) Die letzten bis dahin noch vorhandenen Lücken wurden beseitigt durch die Veröffentlichung von Pater Scheil im 39. Bande der Mémoires de l'Académie des Inscriptions et Belles-Lettres, Paris 1912. In dem Texte W.-B. 373, der jetzt noch zu den gewöhnlichen Listen hinzukommt (Oxford Editions, Vol. II, S. 31 ff.), sind die Angaben — für das 30., 31., 32., 33., 36., 37. und 39. Jahr — im Vergleich zu den sonstigen Niederschriften besonders umfangreich und klar.

wird, und nach einem Vorgange, der sich an dem Kanal Sumudar zutrug; das 9. Jahr war das Jahr, als man den Kanal Chammurabi-ḫegallum fertiggestellt hatte; das 10. Jahr wurde nach der Vernichtung von Malgû, das 11. nach der Eroberung von Rapiḳu und Salibi bezeichnet; im 12. Jahre ist von dem Throne der Göttin Ṣarpanitu die Rede, im 13. Jahre wies man, wie es scheint, auf die Errichtung eines bronzenen Königsbildes hin, im 14. Jahre erfahren wir von einem Throne, den man für die Göttin Innanna von Babylon hergestellt hatte, im 15. Jahre lesen wir von der Errichtung von sieben Standbildern, im 16. von der Anfertigung eines Thrones für den Gott Nabû, im 17. von der Erhöhung eines Bildes der Innanna von Kibalbarru, im 18. von der Herstellung eines erhabenen Sitzes für den Gott Enlil; im 19. datierte man nach der Errichtung der Mauer von Igi-ḫursag, im 20. nach der Anfertigung eines Thrones für den Gott Adad, im 21. nach der Fertigstellung der Mauer von Baṣu, im 22. nach der Errichtung des Bildes, wo Chammurabi als „König der Gerechtigkeit“ dargestellt wurde; das 23. Jahr ist das Jahr, wo man den Bau der Mauer von Sippar begonnen hatte, das 24. wurde mit der Fertigstellung des Tigida-Kanals in Verbindung gebracht, und das 25. erhielt seine Bezeichnung nach der Vollendung der Mauer von Sippar; im 26. ist von großen Göttersitzen aus Gold die Rede; das 27. Jahr wurde nach der Herstellung einer aus glänzendem Golde gefertigten Kriegsstandarte, das 28. nach der Erbauung des Adad-Tempels in Babylon und das 29. nach einem neugefertigten Bildnis der Sala benannt; das 30. Jahr ist das Jahr, wo Chammurabi, der Liebling des Marduk, ein Heer der Elamiten und ihrer Verbündeten vollständig geschlagen und die Unabhängigkeit von Sumer und Akkad neu begründet hatte; in der Formel des folgenden Jahres erfahren wir von der Unterwerfung der Landschaft Jamutbal und dem entscheidenden Siege über den König Rim-Sin, in dem Texte für das 32. Jahr wird von einem weiteren Siege und von der Unterwerfung des Landes bis zum Tigris berichtet; im 33. Jahre datierte man nach der Vollendung des großen Chammurabi-nuḫuš-nišê-Kanals, der den Süden des Landes mit Wasser versorgte, im 34. Jahre hatte man auf den Neubau eines Tempels in Uruk, im 35. auf die Zerstörung der Stadtmauern von Mari und Malgû und im 36. auf die Wiederherstellung einer Tempelanlage zu Kiš Bezug zu nehmen; im 37. Jahre verwies man auf die Niederlage eines feindlichen Heeres im Gebiete von Turukku, im 38. datierte man nach einer großen Flut, im 39. nach einem Siege über die verbündeten Gegner im Norden des Landes und im 40. nach den Arbeiten an einem Tempel des Gottes Nergal, dessen Spitze der König damals erhöht hatte wie ein Gebirge; in der Formel für das 41. Jahr ist von der Erhörung eines Gebetes durch die Göttin Tašmêtu die Rede; das folgende Jahr ist das Jahr, wo die Mauern von Kar-Samaš und von Rapiḳu errichtet waren; das 43. Jahr wurde nach der Fertigstellung der Mauer von Sippar benannt.

Man sieht, daß die kriegerischen Leistungen in dieser Zusammenstellung gar nicht so sehr in den Vordergrund treten. Wenn wir sie richtig verstehen wollen, müssen wir die Angaben aus diesem Rahmen herausheben und innerlich miteinander in Zusammenhang bringen. Die Eroberung von Uruk und Isin, von der wir im 7. Jahre lesen, war ein grundlegender Erfolg im Süden des Landes; was wir im 10. und 11. Jahre erfahren, führt uns an den mittleren Euphrat. Dann vergeht ein Zeitraum von ungefähr 20 Jahren, wo Kriegstaten überhaupt nicht erwähnt werden. Erst im 30. Jahre erfahren wir von einem Siege über die Elamiten und ihre Verbündeten. In den beiden folgenden Jahren wurde der Kampf dann fortgesetzt und die Herrschaft der Elamiten endgültig gebrochen. Hierauf mußten die Erfolge, wie wir aus den Angaben in der Zeit vom 35. bis zum 39. Jahre ersehen, noch dreimal durch weitere Kriegszüge gesichert werden.

Bei den friedlichen Ereignissen, die in der Datierungsliste genannt werden, überrascht uns vor allem der häufige Zusammenhang mit dem Dienste der Götter. Im 28., 34. und 36. Jahre ist von einem Tempelbau und im 40. wahrscheinlich von einer baulichen Veränderung an einem Tempel die Rede, im 3., 12., 14., 16. und 20. Jahre wird hervorgehoben, daß für die Gottheit in einem Tempel ein neuer Thron angefertigt wurde, im 18. Jahre nahm man auf die Herstellung eines erhabenen Sitzes Bezug, den der König für Enlil geschaffen hatte[1]), im 26. berichtet der Text von großen Göttersitzen aus Gold, im 17. Jahre wird uns mitgeteilt, daß der König das Bild der Göttin Innanna erhöht hatte[2]), im 29. erfahren wir, daß er der Sala ein Bildnis errichtet hatte. Wir ersehen hieraus, daß die Religion im Leben der Babylonier einen hervorragenden Platz einnahm. Jede größere Stadt hatte ihre bevorzugten Heiligtümer. In Babylon verehrte man an erster Stelle den Marduk, in Borsippa huldigte man dem Nabû, Nippur ist als die Stadt des Enlil bekannt, Sippar und Larsa waren die besonderen Kultstätten des Sonnengottes, Ur galt in derselben Weise als die bevorzugte Stadt des Mondgottes. Die Tempel wurden als die eigentlichen Wohnstätten der Götter betrachtet, in denen sie den Menschen näher waren als anderswo. Wer dazu beitrug, ihnen dieses Heim recht angenehm und würdig zu gestalten, durfte auf ihre Zuneigung und ihren besonderen Schutz rechnen. Es war deshalb das selbstverständliche Bestreben eines jeden gewissenhaften und frommen Königs, nach dieser Seite hin allen Anforderungen zu entsprechen. Dazu nötigte auch schon die politische Klugheit, da die Priesterschaften im allgemeinen sehr angesehen und mächtig waren. Daß Chammurabi diesen Umstand nicht unterschätzte, ergibt sich auch aus den umfangreichen Zuwendungen und Schenkungen, mit denen

---

[1]) Thron = giš gu-za = kussû, Sitz = bara = parakku. IV Rawlinson[2] 18 Nr. 3 Obverse I 6—7 findet sich der Ausdruck ina kussi parakki. Der kussû bildet also einen Teil des parakku.

[2]) Es handelt sich hier sicher um eine Erhöhung des parakku.

er die Tempel vielfach bedachte. Er bezeichnet sich in den Texten mit Vorliebe als den Günstling des Sonnengottes und als den besonderen Liebling des Mondgottes. Seine Werke erregen ihr Wohlgefallen, und seine Gebete finden bei ihnen Erhörung. Den Tempel zu Larsa ließ er neu wieder aufbauen; im Tempel zu Ur begründete er Ueppigkeit und Reichtum; in Isin brachte er Ueberfluß und Fülle in das Heiligtum des Ninurta; in Kêš sicherte er dem Tempel der Nintu die Mittel zur Bestreitung der Opfermahlzeiten; in Lagaš hielt er reiche Gaben zu Ehren des Gottes Ningirsu bereit; in Malgû setzte er für Ea und dessen Gemahlin, die sein Königtum groß gemacht hatten, Opfer für ewige Zeiten fest; in Dilbat erweiterte er die zum Tempel des Uraš gehörenden Ackerflächen.

Für die Landwirtschaft sorgte er besonders durch die Anlage von Kanälen, die eine ausreichende Bewässerung des Bodens ermöglichten. Die Datierungsliste erzählt uns schon im 9. Jahre von dem Kanal Chammurabi-ḫegallum, durch den der König nach der Namensbezeichnung großen Ueberfluß begründen will; im 24. Jahre erfahren wir, daß er den Tigida-Kanal vollendet hatte. Nach der Eroberung von Larsa grub er gleich in den ersten Jahren den Chammurabi-nuḫuš-nišê-Kanal, der dem Volke nach dem Wortlaute dieser Bezeichnung ebenso wie der Chammurabi-ḫegallum-Kanal Ueberfluß und Reichtum bringen sollte. In dem einen Falle ist der Name sumerisch[1]), in dem andern akkadisch[2]). Der Bau des zuletzt genannten Kanals war zugleich ein Unternehmen, das auch politisch als sehr bedeutungsvoll erscheinen mußte. Als Anu und Enlil, so erzählt uns der König, ihm das Land Sumer und Akkad zur Herrschaft gegeben und ihre Zügel in seine Hand gelegt hatten, da grub er diesen Kanal, um die Wasser des Ueberflusses nach Sumer und Akkad hinüberzuleiten. Seine beiden Ufer machte er zu Ackerland; Haufen von Getreide schüttete er auf; Wasser für alle Zukunft schuf er für Sumer und Akkad. Die zersprengte Bevölkerung von Sumer und Akkad brachte er wieder zusammen; Weideland und Tränke schuf er für sie; mit Ueberfluß und Fülle nährte er sie; in ruhigen Wohnsitzen ließ er sie wohnen. Den Anfang des Kanals schützte er durch die Anlage einer starken Befestigung[3]).

Um eine geregelte Verwaltung des neuen Gebietes zu sichern, setzte er damals in Larsa den Sin-idinnam zu seinem Statthalter ein. Er kümmerte sich aber, wenn es ihm notwendig erschien, selbst noch um die geringsten Kleinigkeiten und betrachtete den Statthalter lediglich als den ausführenden Beamten, dem er in zahlreichen Eilbriefen seine Befehle zugehen ließ. Von diesen Anweisungen ist uns ein erheblicher Teil noch erhalten[4]). Sie tragen

[1]) Ḫe-gal = große Fülle.

[2]) Nuḫšu = Ueberfluß; nuḫuš nišê = Ueberfluß der Menschen.

[3]) Keilinschr. Biblioth., herausgeg. von Eberh. Schrader, Bd. III, 1. Hälfte, S. 122 ff.

[4]) Herausgegeben und bearbeitet von L. W. King, The Letters and Inscrip-

äußerlich genau den Charakter der damaligen Privatbriefe, bei denen der Schreiber des Absenders sich in der Einleitungsformel schematisch an den Schreiber des Empfängers wendet und ihm die Bitte ausspricht, den Empfänger von dem Inhalte des Textes mündlich in Kenntnis zu setzen. Wenn Sin-idinnam z. B. jemanden sofort zur Hauptstadt schicken sollte, wurde dieses in folgender Weise ausgedrückt: „Zu Sin-idinnam sprich: Also sagt Chammurabi: Sobald du diese meine Tafel erblickst, sende den . . . . nach Babylon. Nicht soll er zögern; in Eile soll er eintreffen"[1]).

Daß es für Sin-idinnam nicht immer ganz leicht war, jemanden zu einer Reise nach Babylon zu bewegen, dürfen wir aus der zweimaligen Aufforderung entnehmen, einen gewissen Etel-pî-Marduk zu schicken. In dem ersten Briefe, der leider eine größere Lücke enthält, lesen wir noch: „Die Kinder des Boten Ḫablum, des Gutsverwalters, haben eine Urkunde über den Schaden gebracht und mir vorgelegt, den Etel-pî-Marduk ihnen zugefügt hat . . . . [Ihren Sch]aden sollen sie genau angeben. Verschaffe ihnen Genugtuung für ihren Schaden und schicke den Etel-pî-Marduk, der sie geschädigt hat, vor mich"[2]). Als Etel-pî-Marduk diese Reise dann aus begreiflichen Gründen hinausschob, traf nach einiger Zeit ein zweiter Brief ein, der diesem Zögern wahrscheinlich ein Ende machte. „Ich hatte dir geschrieben", so heißt es dort nach der üblichen Einleitung, „daß du den Etel-pî-Marduk vor mich schicken solltest. Warum hast du ihn nicht geschickt? Sobald du diese meine Tafel erblickst, schicke Etel-pî-Marduk vor mich. Nicht soll er zögern; Tag und Nacht soll er reisen, damit er eiligst hier anlange"[3]).

In der Regel handelt es sich bei den Vorladungen allerdings nur um eine harmlose und regelmäßig wiederkehrende Maßnahme der Verwaltung, die an und für sich niemanden zu schrecken brauchte. Der Statthalter erhielt dann in einem Schreiben lediglich den Auftrag, die betreffenden Personen in Kenntnis zu setzen. So besitzen wir z. B. noch einen Brief, in dem der König das Erscheinen von nicht weniger als 47 Hirten verlangt, die in Babylon ihre Abrechnung vorlegen sollten[4]). Von diesen Hirten wird einer als der Hirt des Gottes Ningirsu von Girsu, ein anderer als der Ziegenhirt von [Lag]aš, ein dritter als der Hirt der Göttin Namašše von Nînâ und ein vierter als der Hirt des Sonnengottes von Larsa bezeichnet. Die übrigen Angaben sind zum Teil abgebrochen; sie beziehen sich aber, wie aus den Ueberresten hervorgeht, wenigstens an drei verschiedenen Stellen ebenfalls noch auf den

---

tions of Ḫammurabi, London 1898—1900, G. Nagel, Briefe Hammurabis an Sin-idinnam, Beitr. zur Assyr. IV S. 434 ff. und Arth. Ungnad, Babyl. Briefe aus der Zeit der Hammurapi-Dynastie, Vorderasiat. Bibl. VI, Leipzig 1914, S. 2 ff.

[1]) King Nr. 32 = Ungnad Nr. 27.
[2]) King Nr. 18 = Ungnad Nr. 7.
[3]) King Nr. 73 = Ungnad Nr. 29.
[4]) King Nr. 29 = Ungnad Nr. 16.

Hirten eines Tempels. Wir finden also in der ganzen Zusammenstellung mindestens sechs verschiedene Tempelhirten, die ebenso wie die übrigen Vertreter ihres Standes, soweit sie hier genannt werden, in ihrer Berufstätigkeit ganz unter staatlicher Kontrolle stehen. Der König hat die Tempel, wie er überall hervorhebt, mit Ackergrund und Weideland versorgt; er hält sich aber für berechtigt, aus den Erträgnissen auch für den Staat noch eine Abgabe zu fordern. Bei den übrigen Hirten handelt es sich ebenfalls um eine Gegenleistung für die Benutzung des ihnen vom Staate zur Verfügung gestellten Geländes. Sie verteilen sich auf die verschiedenen Ortschaften und Bezirke, die in dem Texte jedesmal hinzugefügt werden, und stehen nach den Angaben unter sieben verschiedenen Oberhirten. In einem andern Briefe schreibt der König dem Statthalter: „Sobald du diese [meine Tafel] erblickst, [sende], daß man die Verwalter der Tempel insgesammt und Warad-Šamaš, den Sohn des Erîbam, den Hirten vom Tempel des Sonnengottes, der unter deinem Befehle steht, nebst ihrer ganzen Abrechnung zu dir schicke; dann sende sie nach Babylon, damit sie ihre Abrechnung vorlegen. Tag und Nacht sollen sie reisen, damit sie in zwei Tagen in Babylon eintreffen"[1]). Die Abgaben bestanden, soweit es sich um die Viehwirtschaft handelte, hauptsächlich in Lämmern und Wolle. Sie waren an bestimmte, genau festgelegte Termine gebunden, die jeder pünktlich einzuhalten hatte. Als der König in einem Schaltjahre vor dem Tašrîtu die Einlegung eines zweiten Ulûlu verfügte, setzte er in dem Rundschreiben ausdrücklich hinzu: „Wo [verkündet wurde], daß die Steuern am 25. Tašrîtu in Babylon eintreffen sollten, müssen diese am 25. des zweiten Ulûlu in Babylon eintreffen"[2]).

Wo die Verhältnisse es gestatteten, wurde der Boden, soweit er im Besitze des Staates war, zum Teil an kleinere Landwirte verpachtet, die uns in den Urkunden als iššakkê oder „Verwalter" begegnen. Die Pacht wurde in diesen Fällen in Getreide entrichtet. Ein anderer Teil des staatlichen Grundbesitzes wurde den zahlreichen Beamten und Handwerkern überlassen, die dem Könige zur Verfügung standen. Die Größe dieser Flächen betrug im Durchschnitt 1—2 Bur oder 6—12 Hektar[3]). Wenn der Inhaber des Grundstücks es selbst nicht bebauen konnte, durfte er es verpachten; wenn er die Stelle verließ, fiel es wieder an den Staat[4]).

Am vorteilhaftesten war für den Staat wohl die Verpachtung der wertvollen Dattelpflanzungen. Die Früchte wurden schon vor

---

[1]) King Nr. 39 = Ungnad Nr. 15.

[2]) King Nr. 14 = Ungnad Nr. 14.

[3]) 1 Bur = 18 Ikû; der Ikû umfaßte 100 Sar, der Sar ist eine Fläche von 12×12 Ellen. Das ergibt für das Bur, wenn wir die Elle mit 0,495 m ansetzen, genau 63 510,5 qm.

[4]) Vgl. hierzu besonders die Ausführungen von Thureau-Dangin, La Correspondance de Ḫammurapi avec Šamaš-ḫaṣir, Revue d'Assyriologie Vol. XXI Nr. 1—2.

der Reife von den königlichen Steuerbeamten abgeschätzt und fielen dann bei der Ernte nur bis zur Hälfte und vielfach nur bis zu einem Drittel an den Pächter. Der größere Teil der Erträgnisse wurde an den Staat abgeliefert und auf Frachtschiffen zur Hauptstadt gebracht.

Die Schiffe waren in einem Lande, wo es so viele Wasserstraßen gab, das einfachste und vorteilhafteste Mittel für jede örtliche Beförderung. Sie waren in ihrer Größe nach den vorhandenen Angaben sehr verschieden. In einem Briefe, der sich mit dem Transport einer Arbeitertruppe beschäftigt, wird jedesmal auf 10 Personen ein Schiff von 10 Kur gerechnet[1]). Nach einem andern Briefe mußten die Schiffer von Sippar-Amnanim zur Zeit des Königs Abi-ešuḫ, also noch in derselben Periode[2]), als Abgabe ein Schiff stellen, das 60 Kur faßte[3]). An einer dritten Stelle wird ein Schiff von 75 Kur erwähnt[4]), und nach einem vierten Briefe soll in einem einzigen Schiff eine Getreidemenge von 300 Kur verschickt werden[5]). Ein Kur umfaßte in der damaligen Zeit ungefähr 250 Liter[6]). Für das Schiff von 75 Kur mußte Sin-idinnam aus den Reihen der Fußsoldaten, die in der Gegend von Ur standen, eine Bedienungsmannschaft von 90 Personen zur Verfügung stellen. Diese sollten dann aus dem Verzeichnis der Fußsoldaten getilgt werden.

Eine derartige Aufforderung scheint häufiger vorgekommen zu sein, als dem Sin-idinnam lieb war. Auf jeden Fall hatte ein gewisser Taribatum für die ihm unterstellten Schiffe die Truppen nicht sofort erhalten können, die der König zu diesem Zwecke bewilligt hatte. Die Folge war eine Beschwerde, die dem Statthalter eine ernste Verwarnung einbrachte. Der König weist mit sichtlichem Nachdruck auf die Dringlichkeit und die hohe Bedeutung der Sache hin und befiehlt ihm, jetzt unverzüglich dem Antrage zu entsprechen. Wenn er zögert, soll ihm die ganze Verantwortung zufallen[7]).

Damit die Schiffe ungehindert verkehren konnten, mußten die Wasserläufe von Zeit zu Zeit gereinigt und wieder in Ordnung gebracht werden. Da dieses in Uruk unterblieben war und die Fahrzeuge nicht mehr bis in das Innere der Stadt zu gelangen vermochten, befahl der König, daß die Arbeiten sofort nachgeholt würden. Er hält die erforderlichen Grabungen nicht für sehr umfangreich und glaubt, daß sie sich mit den Leuten, die dem Statthalter zur Verfügung stehen, ohne Schwierigkeit in einem

---

[1]) King Nr. 27 = Ungnad Nr. 48.

[2]) Abi-ešuḫ war der Enkel und zweite Nachfolger des Chammurabi.

[3]) King Nr. 87 = Ungnad Nr. 74.

[4]) King Nr. 36 = Ungnad Nr. 41.

[5]) King Nr. 37 = Ungnad Nr. 21.

[6]) 300 Sila. Der Sila ist nach neueren Untersuchungen — Vgl. Revue d'Assyriologie XVIII, 135 — mit 0,84 l anzusetzen. 300×0,84 = 252.

[7]) King Nr. 75 = Ungnad Nr. 51.

Zeitraume von drei Tagen bewältigen lassen[1]). Im Euphrat verlangt er auf der Strecke von Larsa bis Ur die Entfernung der störenden Wasserpflanzen. Der Statthalter soll nach den Angaben des Briefes mit dieser Arbeit beginnen, wenn die Grabungen an einem Kanal, die ihn vorläufig noch in Anspruch nehmen, beendet sind[2]); er soll also die Arbeiter zum Euphrat schicken, sobald sie mit den Grabungen an dem Kanal zum Abschluß gekommen sind. Es handelt sich hier offenbar um eine Abteilung von Fronarbeitern, die für derartige Unternehmungen zu jeder Zeit bestellt werden konnten. Die Verpflichtungen waren durch das Herkommen und durch königliche Verfügungen, soweit es möglich war, im einzelnen genau geregelt. So galt es z. B. als selbstverständlich, daß die kleineren Arbeiten an den Kanälen von den Leuten ausgeführt wurden, die an den Ufern ihre Äcker hatten. Der König pflegte in einem solchen Falle nur mitzuteilen, daß die Arbeit bis zu einem bestimmten Zeitpunkte erledigt sein mußte, und der Statthalter hatte dann das Notwendige zu veranlassen[3]). Es konnte aber vorkommen, daß die Leute sich durch den Befehl des Königs vor eine Aufgabe gestellt sahen, die über ihre Kräfte hinausging. Das war z. B. in Ḫalbi der Fall, als Sin-idinnam hier im Auftrage des Königs die Anwohner des Ningirsu-ḫegal-Kanals zu umfangreichen Ausbaggerungen heranzog. Die Grabungen erstreckten sich, wie der Leiter der Arbeiten feststellen ließ, über eine Bodenfläche von mehr als 15 Hektar. Er hielt es deshalb für angemessen, daß auch die übrigen Einwohner sich beteiligten, und wandte sich in diesem Sinne an Sin-idinnam, der sich aber ablehnend verhielt. Dies veranlaßte ihn, über die Angelegenheit in einem ausführlichen Briefe an den König zu berichten und ihm die Bitte auszusprechen: „Mein Herr möge an Sin-idinnam, den Knecht meines Herrn, schreiben, daß die übrige Ortschaft Ḫalbi sich beteilige; . . . . . . Mein Herr möge Befehl geben, daß die Erdmassen bewältigt werden“[4]). Man hielt nach Möglichkeit daran fest, daß jeder zunächst nur in seiner Heimat beschäftigt wurde. Wenn es sich aber um Unternehmungen handelte, bei denen diese Kräfte nicht ausreichten, wurden die Arbeiter unter Umständen sogar aus dem ganzen Lande zusammengezogen. Das geschah stets in derselben Weise; sie wurden vom Könige durch ein besonderes Schreiben bei den Statthaltern angefordert, und diese hatten dann ihrerseits wieder durch ihre Beamten für die richtige Auswahl zu sorgen. Die Versendung erfolgte, wie wir schon sahen, in der Regel auf Schiffen. In der Truppe, die Sin-idinnam nach dem genannten Briefe zu stellen hat, darf sich kein Schwacher, kein Greis und kein Kind befinden. Nur starke Männer sollen geschickt werden, und zwar ohne Verzögerung, damit sich die Zeit ihrer Ankunft um keinen

[1]) King Nr. 5 = Ungnad Nr. 44.
[2]) King Nr. 4 = Ungnad Nr. 43.
[3]) Vgl. hierfür z. B. King Nr. 71 = Ungnad Nr. 42.
[4]) Cuneiform Texts from Bab. Tablets XXIX, 17 = Ungnad Nr. 135.

Tag hinausschiebt. Der König rechnet bei dem Unternehmen auf eine Dauer von ungefähr einem Monat. Was für diese Zeit zur Verpflegung erforderlich ist, soll der Statthalter den Leuten zur Verfügung stellen. Das Ziel der Fahrt ist Babylon. In einem andern Briefe lesen wir, daß der König eine Abteilung von 360 Mann von Babylon nach Larsa schickte. Von diesen sollten 180 Mann als Lastträger in Larsa und 180 Mann als Lastträger in Raḫabu verwandt werden[1]). Wenn jemand zu Unrecht herangezogen wurde, entschied der König nach genauer Prüfung der Angelegenheit ohne Bedenken gegen seine Beamten. Als die Wasseraufseher[2]) sich weigerten, an einer solchen Arbeit teilzunehmen, kam die Verfügung: „Lege ihnen Fronarbeiten nicht auf . . . . . . und tilge sie aus dem Verzeichnis derer, die sie zu den Arbeiten heranholen“[3]).

Auch bei der Heranziehung zum Militärdienste scheinen Fehlgriffe nicht ganz selten gewesen zu sein. So scheint es z. B. häufig genug vorgekommen zu sein, daß man den Oberhirten die Hüter wegholte. Wir besitzen wenigstens noch zwei verschiedene Briefe, die sich mit einer derartigen Angelegenheit beschäftigen. Nach dem einen dieser Briefe[4]) hatte der Oberhirt Narâm-Sin zugleich im Auftrage des Oberhirten Apil-Samaš dem Chammurabi erklärt: „Hüter, die unter unserm Befehle standen, hat man zu den Soldaten beordert“; nach dem andern Texte[5]) hatten Ṣilli-Ištar, Warad-Amurrim und Nûr-Samaš ihre Beschwerde in die Worte gekleidet: „Hüter, die unter unserm Befehle standen, hat man zu den Soldaten genommen, und einen Ersatz hat man uns nicht gegeben“. Dieser Umstand, den wir ohne Zweifel auch für den ersten Fall voraussetzen dürfen, ist für die Beurteilung der ganzen Sachlage wohl von entscheidender Bedeutung. Der König verfügt in beiden Fällen die Zurückgabe der bereits eingezogenen Hirten und verlangt in dem zweiten Briefe außerdem noch eine Feststellung des ihnen erwachsenen Schadens, der in angemessener Weise vergütet werden soll. Ein anderer Brief war durch die Beschwerde eines gewissen Sin-magir veranlaßt, der mehrere unter seinem Befehle stehende Müller zurückverlangte. Diese waren von Inuḫsamar, einem Untergebenen des Sin-idinnam, „zum Militärdienst und zu anderem Lehnsdienst“ beordert worden, obwohl sie dem Sin-magir durch eine besondere königliche Urkunde zur Verfügung gestellt waren. Sie sollten deshalb ebenfalls wieder zurückgegeben werden[6]). Derselbe Bescheid erfolgte, als Sin-idinnam einen Gutsverwalter[7])

---

[1]) King Nr. 46 = Ungnad Nr. 45; Raḫabu war eine Ortschaft in der Nähe von Larsa.
[2]) die a-ši-gab-Leute; a = mû = Wasser, ši-gab = atû = Aufseher.
[3]) King Nr. 77 = Ungnad Nr. 47.
[4]) King Nr. 3 = Ungnad Nr. 36.
[5]) Thureau-Dangin, Lettres et contrats de l’époque de la première dynastie babylonienne Nr. 1 = Ungnad Nr. 37.
[6]) King Nr. 26 = Ungnade Nr. 38.
[7]) iššakku; vgl. oben S. 190.

zum Militärdienst herangezogen hatte. „Ich hatte dir geschrieben“, so heißt es in dem betreffenden Briefe, „daß du den Verwalter Sin-ili, der unter Taribatum steht, den du zu den Soldaten eingeschrieben hattest, als Verwalter dem Taribatum zurückgeben solltest. Hierauf hast du mir geantwortet: Seine Söhne sind schön gewachsen, deshalb schrieb ich sie zu den Soldaten[1]). So hast du mir geschrieben, und den Sin-ili hast du zu mir geschickt. Man hat mir diesen Sin-ili vorgeführt; ich habe den Sachverhalt geprüft, und es hat sich herausgestellt, daß er für immer Verwalter ist . . . . Warum hast du Söhne von Verwaltern zu den Soldaten beordert? Was du getan hast, ist nicht recht. Söhne von Verwaltern, die für immer Verwalter sind, sollst du zu den Soldaten nicht wieder beordern. Den Sin-ili habe ich ausschließlich als Verwalter dem Taribatum gegeben. Als Ersatz für seine Söhne, die du zu den Soldaten eingeschrieben hast, entbiete andere zu den Soldaten“[2]).

Mit der eigentlichen Berufstätigkeit der Soldaten beschäftigt sich nur ein einziger Brief, der zudem in der Mitte noch eine erhebliche Lücke aufweist. Auf der ersten Seite der Tafel lesen wir unmittelbar nach der Einleitung die Worte: „240 Leute des königlichen Heeres, die unter dem Befehle des Nanna-manse stehen und zu der dir unterstellten Streitmacht gehören, die von Aššur und Situllum abgezogen sind und . . . . . .“; auf der zweiten Seite heißt es am Schluß des ursprünglichen Textes: „ . . . . [Tag und Nacht] sollen sie marschieren und sich bei der Truppe des Ibni-Amurrum, ihrer Stammtruppe, niederlassen. Die Truppe soll nicht zögern; eilends schicke sie fort, daß sie sich auf den Weg machen“[3]). Die Abteilung soll sich also nach ihrer Rückkehr aus dem Bezirk von Assur sofort wieder in ihr Standgebiet begeben. Dieses Gebiet befindet sich in einer Gegend, die von Larsa noch ziemlich weit entfernt ist. Es handelt sich also vielleicht um dieselbe Truppe, die nach einer andern Angabe[4]) ihren Standort in der Gegend von Ur hatte. Die Soldaten besaßen an diesen Standorten ebenso wie die übrigen Beamten des Königs ein kleines Ackergut, das sie im Frieden zu bewirtschaften hatten. Im Kriege mußten sie diese Arbeit ihren Angehörigen überlassen. Das Anwesen bestand in der Regel aus Feld, Garten und Haus.

Chammurabi betrachtete es schon bei der Thronbesteigung als seine vornehmste Aufgabe, dem Lande Recht zu verschaffen. Er griff deshalb sofort zu einer Maßnahme, die er für wichtig genug hielt, um das zweite Jahr seiner Regierung nach diesem Schritt zu benennen. Sie bezog sich nach dem Wortlaute der Formel auf

---

[1]) Nach dieser Angabe und nach der weiteren Fortsetzung des Briefes scheint es sich zunächst nur um die Söhne zu handeln. Der Sohn gehört nach der babylonischen Auffassung ohne weiteres zur Berufsklasse des Vaters.

[2]) King Nr. 43 = Ungnad Nr. 39.

[3]) King Nr. 23 = Ungnad Nr. 40.

[4]) Vgl. oben S. 191.

die Rechtsprechung im ganzen Lande. Es muß also ein Eingriff gewesen sein, der schon damals für die Behandlung des Rechtes von entscheidender Bedeutung war. Die Angabe führt in ihrer Form ohne weiteres auf die Bezeichnung des 22. Jahres, die uns von einer Darstellung erzählt, wo Chammurabi als der König der Gerechtigkeit erscheint. Dieses Bestreben, einem jeden zu seinem Rechte zu verhelfen, gehört zu den Grundzügen seines Wesens. Er ging bei seinen Entscheidungen, soweit sie uns bekannt sind, mit einer Umsicht und einer Gewissenhaftigkeit vor, die auch heutzutage noch unsere vollste Bewunderung verdient. Hierbei band er sich natürlich an die Auffassungen, die damals bei der Rechtsprechung allgemein zugrundegelegt wurden. Diese gingen aber in den Einzelheiten, wie es scheint, vielfach auseinander. Sie bedurften also einer einheitlichen Festlegung, die vielleicht schon früh in Angriff genommen wurde, aber erst in den späteren Regierungsjahren ihre abschließende Form fand. Dieses „Gesetzbuch", wie man es heutzutage zu nennen pflegt, ist uns durch einen glücklichen Zufall noch so gut wie vollständig erhalten, und zwar in derselben Ausfertigung, die der König nach der Angabe des Textes vor dem erwähnten Bildnis in Esagila errichten ließ. Das Denkmal hatte dort über 700 Jahre seinen Platz gehabt, als es bei einer Plünderung mit andern Beutestücken durch den elamitischen König Sutruk-Naḫḫunte nach Susa verschleppt wurde, wo es im Dezember 1901 und im Januar 1902 bei den Ausgrabungen der Franzosen auf der Akropolis in drei verschiedenen Bruchstücken aus den Trümmern wieder ans Licht kam. Es ist ein runder, säulenartiger Dioritblock in der Höhe von 2,25 m, der in 51 sauber gemeißelten Spalten außer der Einleitung und dem umfangreichen Schlußwort eine Reihe von nahezu 300 Rechtsvorschriften enthielt. Am Anfange des Textes befindet sich oben auf der Vorderseite eine Darstellung des Sonnengottes, der dem Könige die Gesetze feierlich überreicht. Auf dem unteren Teile dieser Seite sind mehrere Spalten fortgemeißelt, weil hier die Siegesinschrift ihren Platz finden sollte, die bei andern an derselben Stelle zum Vorschein gekommenen Beutestücken tatsächlich vorhanden ist. Sie ist aber bei dem Dioritblock aus irgendeinem Grunde trotz dieser Vorbereitung nicht mehr hinzugefügt worden.

Der Wortlaut wurde von Pater Scheil, dem wissenschaftlichen Bearbeiter der keilinschriftlichen Funde, sofort in mustergültiger Weise mit einer nahezu abschließenden Uebersetzung veröffentlicht[1]). Auf diese Ausgabe stützen sich alle folgenden Bearbeitungen, die nur teilweise hier genannt werden können. Veröffentlichungen in der Urschrift liegen vor von Robert Francis Harper[2]),

[1]) Délégation en Perse, Mémoires publiés sous la direction de M. J. de Morgan, Tome IV, Textes élamites-sémetiques, Deuxième série, par V. Scheil, O. P., Professeur à l'Ecole pratique des Hautes-Etudes, Paris 1902.

[2]) The Code of Ḫammurabi, King of Babylon, Chicago 1904.

13*

Ungnad[1]) und Deimel[2]), Uebersetzungen und Bearbeitungen in deutscher Sprache u. a. von Dav. Heinr. Müller[3]), Hugo Winckler[4]), Peiser[5]), Ungnad[6]), Ebeling[7]) und Eilers[8]).

Die Erhaltung des Textes ist so vollkommen, daß die Bruchstücke, die wir von andern Niederschriften noch besitzen, nur für die Beseitigung der auf der Vorderseite vorhandenen Lücke von entscheidender Bedeutung sind. Sie stammen ihrem Ursprunge nach teils aus Babylonien und teils aus Assyrien, und zwar aus den verschiedensten Perioden[9]). Es sind größtenteils Tontafeln, die uns einen Rückschluß auf das Vorhandensein von zahlreichen Handexemplaren gestatten. Nur die altbabylonischen Bruchstücke geben sich ebenfalls zum Teil als Ueberreste von einem Steinblock zu erkennen. Sie fanden sich an derselben Stelle, wo das vollständige Denkmal ausgegraben wurde, und können deshalb nur von einem zweiten bei derselben Gelegenheit nach Susa gebrachten Exemplar stammen. Der Text war auf dem einen Stein genau derselbe wie auf dem andern, die Ausführung wies aber in der Form einige Verschiedenheiten auf. Bei dem vollständigen Exemplar zeigt sich in der Zusammenstellung nirgendwo eine Unterbrechung, bei dem Exemplar, zu dem die Bruchstücke gehörten, war zwischen den einzelnen Abschnitten immer eine Zeile freigelassen. Auf den Tontafeln findet sich hier stets eine Trennungslinie.

In der Einleitung tritt Chammurabi seinem Volke als der fromme Diener der Götter entgegen, der Recht und Gerechtigkeit im Lande zur Geltung zu bringen und den Ruchlosen und den Bösen zu vernichten beabsichtigt, damit der Starke dem Schwachen nicht schade. Er ist der Hirt, der Berufene des Gottes Enlil, der Bringer von Ueberfluß und Fülle, der Sturm der vier Weltgegenden, der groß gemacht hat den Namen von Babylon, der das Herz des Marduk erfreut und täglich einsteht für den Tempel Esagila. Er hat Ur zu Wohlstand gebracht; er ist der Krieger, der Larsa geschont und für den Sonnengott in dieser Stadt den Tempel

---

1) Keilschrifttexte der Gesetze Ḫammurapis, Leipzig 1909.

2) Codex Ḫammurabi, Textus primigenius, transscriptio, translatio latina, vocabularia, tabula comparationis inter leges Mosis et Ḫammurabi. Ad usum privatum auditorum Pontificii Instituti Biblici de Urbe. Romae 1910, und Codex Ḫammurabi, transscriptio et translatio latina denuo in lucem edita 1930.

3) Die Gesetze Ḫammurabis und ihr Verhältnis zur mosaischen Gesetzgebung sowie zu den XII Tafeln. Wien 1903.

4) Die Gesetze Hammurabis in Umschrift und Uebersetzung, Leipzig 1904.

5) Hammurabi's Gesetz, von J. Kohler und F. E. Peiser, Band I, Leipzig 1904.

6) Bei Greßmann, Altorientalische Texte und Bilder zum Alten Testamente, Tübingen 1909, S. 140 ff.

7) Bei Greßmann in der zweiten Auflage der Texte, Berlin 1926, S. 380 ff.

8) Die Gesetzesstele Chammurabis, Der Alte Orient XXXI 3/4, Leipzig 1932.

9) Am vollständigsten zur Zeit in der zweiten Auflage der Ausgabe von Deimel S. 33 ff.

erneuert hat, der neues Leben in Uruk erstehen ließ und die zerstreuten Bewohner von Isin wieder zusammenrief, das Entsetzen der Feinde, der kraftvolle Stier, der die Hasser zu Boden stößt; er ist es, der die Bewohner von Malgû geborgen und ihre Wohnungen fest gegründet hat; er ist der erste unter den Königen, der Bezwinger der Niederlassungen am Euphrat, der Gerechte, der den Bewohnern von Assur ihre Schutzgottheit zurückgab, der König, der in Ninive im Tempel Emišmiš den Namen der Ištar erstrahlen ließ. Als er von Marduk entboten wurde, dem Volke Recht zu verschaffen, schuf er die Gesetze in der Sprache des Landes[1]). Aus dem Nachwort ersehen wir, daß er den Denkstein im Tempel errichten ließ, damit jeder, der in einen Rechtsstreit geraten war, die Bestimmungen dort nachlesen und sich selbst in der Angelegenheit ein Urteil bilden konnte. Er hofft, daß seine Nachfolger die Worte, die er auf dem Stein niederschreiben ließ, stets hüten und berücksichtigen bis zum Ende der Zeiten, und wünscht ihnen für diesen Fall eine lange Regierung. Wenn jemand es aber wagt, die Bestimmungen zu ändern oder an die Seite zu setzen, wenn er im Texte den Namen auslöscht und seinen eigenen dafür einsetzt oder wenn er, um den Flüchen der Götter zu entgehen, dieses durch einen andern besorgen läßt, dann soll Anu, der Vater der Götter, die Königsherrschaft von ihm hinwegnehmen, sein Zepter zerbrechen und seine Geschicke verfluchen, dann soll Enlil ihm nicht zu erstickende Wirren und Verzweiflung in seiner Wohnung entfachen, dann sollen Tage der Dürftigkeit und Jahre der Hungersnot sein Anteil sein und er selbst nach seinem Tode der Vergessenheit anheimfallen. Ea soll ihm Sinn und Verstand nehmen, seine Flüsse an der Quelle verstopfen und Brotfrucht in seinem Lande nicht gedeihen lassen. Der Sonnengott soll sein Königtum stürzen, bei der Opferschau ein Vorzeichen schicken von der Entwurzelung des Reiches und ihm den Untergang des Landes bereiten; er soll ihn fortreißen aus der Mitte der Lebenden und unten in der Erde seinen Totengeist nach Wasser dürsten lassen. Der Mondgott soll ihm die Krone und den Thron nehmen und die Tage, Monate und Jahre seines Königtums unter Mühsal und Klagen zu Ende gehen lassen, Adad soll ihm den Regen versagen und das Uebersprudeln der Quellen, Ištar soll mit ihrem gewaltigen Zorne sein Königtum verfluchen, Nergal, der Gott des Todes, soll seine Untertanen heimsuchen gleich einem Feuer im Röhricht und ihm selbst die Glieder zerschmettern gleich einem tönernen Bildnis, Nintu, die hehre Fürstin der Länder, soll ihm keinen Erben und keine Nachkommen schenken und Ninkarrag soll ihm eine schwere Krankheit und eine eiternde Wunde schicken, die niemals heilt, deren Wesen ein Arzt nicht kennt, die durch Verbände nicht zu beruhigen und gleich einem Todesbiß nicht zu beseitigen ist. Anderes können wir hier

[1]) d. h. im Akkadischen, im Gegensatz zu den bis dahin gebrauchten Zusammenstellungen in der sumerischen Sprache.

übergehen. Wir heben die Einzelheiten nur hervor, weil sie für die Denkweise der damaligen Zeit besonders charakteristisch sind. Die Einleitung ermöglicht uns in ihren Angaben außerdem noch eine genauere Datierung des vorliegenden Textes. Die Niederschrift kann in ihrer jetzigen Form erst entstanden sein, als der König schon über Larsa und im Norden über Assur und Ninive gebot. Das führt uns in die letzten Regierungsjahre.

In der eigentlichen Gesetzessammlung wird uns in dem ersten Abschnitt, der nach unserm jetzigen Empfinden fünf Paragraphen umfaßt, zunächst in wenigen Worten einiges über Kläger, Zeugen und Richter gesagt. Wenn jemand einen andern vor Gericht eines Mordes beschuldigt, ohne hierfür den Beweis zu erbringen, wird er selbst getötet. Wenn er ihn der Zauberei beschuldigt und die Richtigkeit seiner Anklage nicht zu beweisen vermag, hat der Angeklagte zum Fluß zu gehen und sich in das Wasser zu stürzen. Wenn der Flußgott ihn ergreift, darf der Kläger das Haus des Angeklagten in Besitz nehmen; wenn der Flußgott aber die Unschuld des Angeklagten erweist und ihn nicht ertrinken läßt, wird der Kläger wegen seiner Anschuldigung getötet und das Haus des Klägers dem Angeklagten überlassen. Wenn jemand vor Gericht ein falsches Zeugnis ablegt und dadurch das Leben des Angeklagten in Gefahr bringt, wird er selbst mit dem Tode bestraft; wenn es sich bei der Aussage um Getreide oder um Geld handelt, trifft ihn in derselben Weise die Strafe, die über den Angeklagten verhängt wird. Das deckt sich genau mit der Bestimmung, die wir Deuteron. 19,16 ff. vorfinden. Wenn sich herausstellte, daß jemand gegen einen andern vor Gericht eine falsche Beschuldigung erhoben oder ein falsches Zeugnis abgelegt hatte, sollte über ihn nach dem israelitischen Gesetze dasselbe verhängt werden, was er über seinen Mitbruder zu verhängen gedachte. Das Urteil wurde bei den Babyloniern nicht nur mündlich ausgesprochen, sondern auch in einer besonderen Urkunde schriftlich festgelegt. Wenn der Richter an einer solchen Entscheidung nachträglich eine Änderung vornahm, wurde er nach dem Wortlaute des Gesetzes zur zwölfmaligen Entrichtung des Betrages verurteilt, der in der Entscheidung vorgesehen war, und seines Amtes für immer entsetzt.

Im zweiten Abschnitt begegnen uns dann zunächst die wichtigsten Bestimmungen über die so häufig vorkommenden Verfehlungen am fremden Eigentum. Wer Tempelgut gestohlen hat oder sich am Besitztum des Staates vergriff, wird ebenso wie der Hehler, der das Gestohlene von ihm übernahm, mit dem Tode bestraft. Wer Silber oder Gold, einen Sklaven oder eine Sklavin, ein Rind, ein Schaf, einen Esel oder sonst etwas von einem Vornehmen ohne Zeugen und ohne eine schriftliche Bescheinigung gekauft oder in Verwahrung genommen hat, wird als Dieb betrachtet und ebenfalls getötet. Wenn jemand ein Rind, ein Schaf, einen Esel, ein Schwein oder ein Schiff gestohlen hat und das Gestohlene einem Tempel oder dem Staate gehörte, muß er es dreißigfach erstatten.

Wenn es das Eigentum eines Muškênu[1]) war, muß er es in zehnfacher Höhe zurückgeben. Wenn er hierzu nicht imstande ist, wird er getötet. Wenn jemand einen Gegenstand, den er verloren hatte, in der Hand eines andern findet und Zeugen beibringt, die den Gegenstand kennen, und wenn der andere behauptet, daß er ihn gekauft hat, und den Verkäufer und die Zeugen des Verkaufes vorführt, ist der Verkäufer als Dieb zu betrachten und mit dem Tode zu bestrafen und der Gegenstand an den Eigentümer zurückzugeben. Der Käufer darf dann das Geld, das er gezahlt hat, aus dem Hause des Verkäufers wieder an sich nehmen. Wenn er den Verkäufer aber nicht vorführen und den Kauf nicht durch Zeugen beweisen kann, wird er selbst als Dieb betrachtet und getötet. Wenn der Eigentümer die Zeugen nicht beibringen kann, gilt er seinerseits als böswilliger Verleumder, der für seine Tat ebenfalls mit dem Tode zu bestrafen ist. Wenn der Verkäufer schon gestorben ist, erhält der Käufer sein Geld aus dem Hause des Verkäufers in fünffacher Höhe. Wenn die Zeugen des Käufers nicht in der Nähe sind, haben die Richter ihm für die Erbringung des Beweises einen Ausstand von sechs Monaten zu gewähren. Wenn jemand den minderjährigen Sohn eines Vornehmen gestohlen hat, wird er getötet. Dieselbe Strafe trifft ihn, wenn er einen Sklaven oder eine Sklavin des Staates oder den Sklaven oder die Sklavin eines Muškênu aus der Stadt hinausgeführt hat, oder wenn er einen flüchtigen Sklaven oder eine flüchtige Sklavin in seiner Wohnung verborgen hielt und ihn auf den Ruf oder die Forderung des Aufsehers nicht herausgab. Wenn er auf dem Felde einen flüchtigen Sklaven oder eine flüchtige Sklavin aufgegriffen hat und es ihm gelungen ist, ihn wieder zu seinem Herrn zu bringen, erhält er von diesem eine Belohnung von zwei Silberschekeln. Wenn der Sklave, der ihm begegnet, den Namen seines Herrn nicht angibt, hat er ihn zum Regierungsgebäude zu führen, wo man den Eigentümer feststellen und den Sklaven wieder in seinen Besitz bringen wird. Wenn er den Sklaven in seiner Wohnung zurückbehielt, um ihn für sich selbst zu gebrauchen, wird er mit dem Tode bestraft. Wenn er eidlich versichern kann, daß der Sklave ohne sein persönliches Verschulden aus seiner Hand entflohen ist, wird er nicht weiter belästigt. Wenn jemand in ein Haus eingebrochen ist, soll er vor der Öffnung, die er in die Mauer gerissen hat, getötet und im Boden verscharrt werden. Wenn jemand gefaßt wurde, nachdem er einen Raub ausgeführt hatte, wird er getötet. Wenn es nicht möglich war, den Räuber zu ergreifen, hat der Beraubte unter Eid anzugeben, was ihm genommen wurde, und die Ortsbehörde hat es

[1]) ein Mann aus den gewöhnlichen Volkskreisen. Es war die Klasse zwischen den Vornehmen und den Sklaven. Das Wort wurde im Hebräischen zu miskên und setzt dort in seiner Bedeutung ein bestimmtes Maß von Armut und Dürftigkeit voraus. Das ist auch im Aramäischen und im Arabischen der Fall. Es hat sich im Italienischen als meschino = armselig, dürftig, elend und im Französischen als mesquin erhalten. Die rechtliche Lage läßt sich noch nicht mit Sicherheit umschreiben.

ihm dann zu ersetzen. Wenn er von dem Räuber getötet wurde, hat sie an die Angehörigen eine Silbermine zu zahlen. Wenn jemand sich bei einem Brande an dem Eigentum des Hausherrn vergreift, soll er sofort in das brennende Feuer geworfen werden.

Die Bestimmungen sind im Vergleich zu den Forderungen des israelitischen Rechtes außerordentlich hart. In Israel sind alle vor dem Gesetze gleich. Es macht gar keinen Unterschied, ob das Gestohlene einem Reichen oder einem Armen, einem Könige oder einem Bettler gehörte. Der Dieb hat es nach den Angaben, die uns in Exod. 20,22—23,33, dem Auszuge aus dem ehemaligen Bundesbuche[1]), vorliegen, unter normalen Verhältnissen doppelt zu ersetzen[2]). Eine höhere Strafe ist nur vorgesehen, wenn er z. B. ein Rind oder ein Schaf gestohlen und das Tier bereits geschlachtet oder verkauft hatte, so daß die Zurückgabe im engeren Sinne des Wortes nicht mehr möglich war. Er mußte dann für das Rind fünf Rinder und für das Schaf vier Schafe erstatten[3]). Die Todesstrafe kommt in der Bibel für einen gewöhnlichen Diebstahl gar nicht mehr in Betracht; sie kann nur noch verhängt werden, wenn Menschenraub vorliegt[4]). Die Auslieferung eines Sklaven, die in dem altbabylonischen Gesetze verlangt wird, ist bei den Israeliten ausdrücklich verboten. „Du sollst einen Sklaven, der sich vor seinem Herrn zu dir flüchtet, nicht an seinen Herrn ausliefern. Er soll bei dir bleiben in deiner Mitte, an dem Orte, den er wählt, in einer deiner Ortschaften, wo es ihm gefällt, ohne daß du ihn behinderst"[5]).

Der folgende Abschnitt beschäftigt sich mit den Pflichten und den besonderen Rechten der Personen, die zum Soldatenstande gehörten. Wenn der Soldat den Befehl erhält, sich an einem Kriegszuge zu beteiligen, und diesem Befehle nicht entspricht, sondern sich durch einen Mietling vertreten läßt, wird er getötet und der Mietling in den Besitz seines Hauses gesetzt. Wenn der Soldat bei einer Niederlage des Königs in Gefangenschaft geraten ist und später aus der Gefangenschaft zurückkehrt, nachdem sein Feld und sein Garten bereits einem Nachfolger übergeben wurde, muß der Nachfolger vor ihm zurücktreten und das Besitztum verlassen. Wenn der Gefangene einen Sohn hat, der das Besitztum übernehmen und für ihn eintreten kann, wird die Stelle seinem Sohne überlassen. Wenn der Sohn noch minderjährig ist, erhält die Mutter den dritten Teil des Feldes und des Gartens, um ihn großzuziehen. Wenn der Soldat das Anwesen freiwillig verlassen hat und ein anderer an seiner Stelle das Feld und den Garten schon im dritten Jahre bewirtschaftet, kann er auf das Besitztum keinen Anspruch mehr erheben. Wenn die Abwesenheit nur den Zeitraum eines Jahres umfaßt, wenn das zweite Jahr also noch nicht abgelaufen ist, werden

[1]) Vgl. für diesen Ausdruck die Bezeichnung Exod. 24,7.
[2]) Exod. 22, 3. 6.
[3]) Exod. 21,37.
[4]) Exod. 21,16 und ebenso Deuteron. 24,7.
[5]) Deuteron. 23,16—17.

ihm Feld, Garten und Haus zurückgegeben. Wenn der Soldat in Gefangenschaft geriet und in der Fremde von einem Kaufmann wieder losgekauft und zurückgebracht wurde, so hat er das Lösegeld, wenn es in seinem Hause vorhanden ist, selbst zu erstatten; wenn er es nicht besitzt, muß der Tempel oder die Stadtverwaltung die Zahlung leisten; wenn diese dazu nicht imstande sind, tut es der Staat. Sein Feld, sein Garten und seine Wohnung dürfen für den Loskauf nicht verwandt werden. Wenn der Führer einen Untauglichen angenommen und einen Mietling zum Heereszuge des Königs zugelassen hat, wird er getötet. Dieselbe Strafe steht ihm bevor, wenn er etwas von dem Eigentum eines Soldaten an sich nimmt, wenn er ihn schädigt, wenn er ihn vermietet, wenn er ihn vor Gericht gegen einen Mächtigen nicht in Schutz nimmt und wenn er ihm entzieht, was der König ihm geschenkt hat. Wenn jemand von einem Soldaten Rinder und Schafe gekauft hat, die ihm vom Könige geschenkt wurden, geht er des Geldes verlustig. Feld, Garten und Haus eines Soldaten dürfen nicht verkauft werden. Wenn jemand die Besitzung gekauft hat, wird die Urkunde, die ihm darüber ausgestellt wurde, vernichtet; er geht des Geldes, das er gezahlt hat, verlustig und muß das Anwesen an seinen Besitzer zurückgeben. Der Soldat kann von dem Besitztum auch seiner Frau und seiner Tochter nichts verschreiben und kann es nicht zur Deckung einer Schuld verwenden. Was er aber käuflich erworben hat, darf er in dieser Weise gebrauchen. Wenn jemand das Anwesen eines Soldaten durch Tausch in seinen Besitz gebracht hat, ist dieser Tausch ebenfalls nichtig; wenn er bei dem Tausche Geld zulegen mußte, bleibt das Geld in den Händen des Soldaten.

Die Bestimmungen über den Grundbesitz und die Wohnung der Soldaten führen nun zu den Abschnitten, die sich mit Acker, Garten und Haus im allgemeinen beschäftigen. Wenn jemand ein Feld gepachtet hat und es nicht bewirtschaftet, hat er als Pacht dieselbe Getreidemenge zu entrichten, die sich für den Acker des Nachbarn ergab. Wenn der Acker von einem Unwetter oder von einer Hochflut heimgesucht wurde, fällt der Schaden, wenn der Eigentümer die Pacht schon erhalten hat, dem Pächter zur Last; wenn er sie noch nicht erhalten hat, wird der Ertrag nach der bestehenden Vereinbarung geteilt. Wenn der Pächter im ersten Jahre nicht auf seine Kosten gekommen ist und den Acker dann weiterverpachtet, darf der Eigentümer keinen Einspruch dagegen erheben. Wenn jemand von seinem Acker einen Teil seines Getreides zur Deckung einer Zinsverpflichtung abgeben muß und das Getreide durch Unwetter, Flut oder Trockenheit zerstört wurde, ist er in dem betreffenden Jahre von der Lieferung entbunden. Wenn jemand von einem Kaufmann ein Darlehen erhielt und ihm dafür den Ertrag eines Getreide- oder Sesamfeldes als Sicherung überließ, hat er bei der Ernte das Getreide selbst an sich zu nehmen und den Kaufmann damit zu befriedigen. Wenn er nicht in Geld zu bezahlen vermag, ist der Wert des Getreides nach der „Festsetzung des Königs“ oder nach dem Satze zu berechnen, den der Staat bei solchen Zahlungen zugrundelegt. Wenn jemand es unterlassen hat, an seinem Ackerstücke den Deich eines Wasserlaufes in Ordnung zu halten, und das Wasser den Deich durchbrach, hat er den dadurch entstandenen Schaden zu ersetzen. Wenn er dazu nicht imstande ist, wird sein Besitztum verkauft und das Geld an die Geschädigten verteilt. Wenn jemand auf seinem Acker bei der Öffnung des Bewässerungsgrabens nicht vorsichtig gewesen ist und dadurch auf dem Felde des Nachbarn einen Schaden herbeigeführt hat, muß er das Getreide, das auf diese Weise zerstört wurde, aus der eigenen Ernte wieder erstatten. Die Größe des Schadens wird in einem solchen Falle nach den Erträgnissen der unmittelbar danebenliegenden Grundstücke festgesetzt. Wenn durch das Wasser die Anlage oder die Herrichtung des Ackers zerstört wurde, ist dem Eigentümer auf das Bur[1]) eine Getreidemenge von 10 Kur zu liefern. Wenn ein Hirt ohne Erlaubnis seine Schafe auf einem fremden Acker weiden läßt, hat er den Schaden, den er dadurch anrichtet, für das Bur mit einer Lieferung von 20 Kur zu begleichen. Das ist der dritte Teil des normalen Ertrages. Wenn es zu einer Zeit geschieht, wo die Schafe ihre Weideplätze schon verlassen haben und sich in ihren Pferchen innerhalb des Stadtgebietes befinden, also zur Nachtzeit, dann hat er die Ackerstücke bis zur Ernte selbst zu übernehmen und dem Eigentümer bei der Ernte für das Bur den vollen Ertrag von 60 Kur zu entrichten.

Wenn jemand in einen Garten eindringt und dort ohne Erlaubnis des Eigentümers einen Baum fällt, hat er als Entschädigung eine halbe Silbermine zu zahlen. Wenn jemand einem Gärtner eine Ackerfläche zur Bepflanzung mit Bäumen[2]) übergab und der Gärtner die Bäume gepflanzt und vier Jahre gepflegt hat, werden die Früchte im fünften Jahre zwischen dem Eigentümer und dem Gärtner zu gleichen Teilen geteilt. Bei dieser Teilung darf der Eigentümer zwischen den beiden Hälften für seine Person zuerst wählen. Wenn der Gärtner einen Teil des Gartens nicht bepflanzt hat, kommt dieses Stück auf seine Hälfte[3]). Wenn er die Bäume überhaupt nicht gepflanzt hat, muß er für die betreffenden Jahre nach den Erträgnissen des danebenliegenden Ackers die gewöhnliche Feldpacht entrichten. Wenn jemand einem Gärtner seinen Baumgarten zur Befruchtung übergeben hat[4]), überläßt ihm der Gärtner bei der Ernte zwei Drittel des Ertrages. Wenn der Gärtner die Bäume nicht befruchtet und durch eigene Schuld nur einen geringen Ertrag erzielt, werden für die Ablieferung die Erträgnisse in dem Garten des Nachbarn zugrundegelegt. Wenn jemand von einem Kaufmanne Geld geliehen hat und ihm zur Begleichung seiner

---

[1]) Vgl. oben S. 190.

[2]) mit Dattelpalmen.

[3]) Die Teilung erfolgt also nach der Zahl und dem Stande der Bäume, bevor die Früchte gepflückt waren.

[4]) Ueber die Befruchtung der Palmen vgl. oben S. 101.

Schuld den Ertrag eines gepachteten Baumgartens anbietet, so darf der Kaufmann dieses nicht annehmen. Er hat in einem solchen Falle die Regelung dem Eigentümer zu überlassen, der ihm das erforderliche Geld zahlt und den Rest der Datteln für sich selbst nimmt.

Wenn ein Kaufmann Getreide[1]) auf Zinsen gegeben hat, erhält er für den Kur eine Vergütung von [60 Sila]. Wenn er Geld ausleiht, bekommt er für den Silberschekel, der 180 Se oder silberne „Getreidekörner" umfaßt, nach dem Wortlaute des Gesetzes den sechsten Teil eines Schekels und 6 Se. 180 : 6 = 30; 30 + 6 = 36. Das ist in Wirklichkeit 180 : 5; es ergibt also einen Zinssatz von einem Fünftel des Betrages oder von 20 Prozent[2]). Wenn man bei einem Getreidedarlehen die Zinsen in Geld entrichten will, darf der Kaufmann für den Kur nur einen Zinsbetrag von dem sechsten Teil eines Schekels und 6 Se fordern, also denselben Betrag, den er von einem Schekel erhält. Wenn er mehr verlangt, soll er alles, was er gegeben hat, verlieren[3]).

Wenn jemand einem andern Geld zu einem gemeinsamen Geschäfte gegeben hat, müssen beide Gewinn und Verlust gleichmäßig teilen. Wenn der Kaufmann einem Gehilfen oder Vertreter Geld gibt und ihn damit über Land schickt, hat der Gehilfe die Gewinne, die er auf dieser Geschäftsreise erzielt, genau nacheinander zu buchen und dem Kaufmann ebenso wie das Grundkapital[4]) zu verzinsen. Bei seiner Rückkehr hat er darüber unter Angabe der Tage Rechenschaft abzulegen und dem Kaufmann das Geld auszuhändigen. Wenn er keinen Gewinn erzielt hat, muß er das ihm anvertraute Kapital in der doppelten Höhe zurückgeben. Wenn ihm das Geld aus Gefälligkeit überlassen wurde, hat er auch bei einem Verluste das volle Kapital zu erstatten. Wenn ein Feind ihn gezwungen hat, etwas von dem, was er bei sich trug, im Stich zu lassen, und er dieses durch einen Eid bekräftigt, ist er von der Ersatzpflicht entbunden. Wenn der Kaufmann dem Gehilfen Getreide, Wolle, Öl oder sonst irgend etwas zu verkaufen gegeben hat, muß der Gehilfe das Geld, das er einnimmt, genau nacheinander buchen und sich bei der Abgabe vom Kaufmann eine Quittung ausstellen lassen. Wenn er sich die Quittung nicht geben ließ, wird

---

[1]) So nach dem Sinne. In der altbabylonischen Abschrift — die Bestimmung stand auf dem Steindenkmal in der Lücke — lesen wir hier kaspa-am = kaspam = Geld.

[2]) Der Zinssatz für das Getreide ist hiernach ergänzt. Man ging aber in der Praxis bei Getreidedarlehen in der Regel viel höher. Die Zinsen betrugen hier im Durchschnitt 33⅓ Prozent. Dies erklärt sich aus der Tatsache, daß die Getreidedarlehen fast immer bis zur nächsten Ernte liefen. Die Rückzahlung erfolgte also zu einer Zeit, wo das Getreide am billigsten war.

[3]) In der älteren sumerischen Zeit war die Gleichsetzung von Kur und Schekel allgemein üblich. Sie hat aber für die Zeit des Chammurabi nur noch bei den Preisverhältnissen unmittelbar nach der Ernte ihre Berechtigung. Der Durchschnittspreis betrug damals für den Kur schon 1½—2 Schekel.

[4]) So nach dem Zusammenhange.

ihm die Zahlung, falls es zu Meinungsverschiedenheiten kommt, nicht angerechnet. Wenn der Gehilfe von dem Kaufmanne Geld bekommen hat und es in Abrede stellt, und der Kaufmann durch Eid und Zeugen beweist, daß ihm das Geld gezahlt wurde, hat er das Geld in dreifacher Höhe an den Kaufmann zurückzuzahlen. Wenn der Kaufmann eine Zahlung des Gehilfen in Abrede stellt und der Gehilfe den Beweis erbringt, daß er die Zahlung geleistet hat, muß er das Geld, das er bekommen hat, an den Gehilfen in sechsfacher Höhe bezahlen.

Der Verkauf von berauschenden Getränken lag fast ganz in den Händen der vielfach recht übel beleumundeten Schenkwirtinnen. Die Schenkwirtin ist nach dem Gesetze verpflichtet, die Bezahlung des Bieres in Getreide zu gestatten; sie darf sich das Geld, das sie bekommt, nicht in betrügerischer Weise nach dem großen Gewichte zahlen lassen und muß ein Bier liefern, das in seiner Güte zum Preise des Getreides im richtigen Verhältnis steht. Wenn man ihr nachweist, daß sie sich über diese Verpflichtungen hinwegsetzte, soll sie ins Wasser geworfen werden. Wenn sich in dem Hause einer Schenkwirtin Verbrecher zusammenfinden und sie diese Verbrecher nicht festnimmt und der Behörde zuführt, wird sie getötet. Wenn eine Priesterin[1]) oder eine Oberpriesterin[2]), die nicht in dem zum Tempel gehörenden Frauenhause wohnt, in eine Schenkwirtschaft hineingeht, um dort zu trinken, soll diese Person verbrannt werden. Wenn die Schenkwirtin 60 Sila Pîḫu-Bier[3]) gegeben hat, kann sie zur Erntezeit 50 Sila Getreide beanspruchen.

Was wir hier über das Leben in einem solchen Wein- oder Bierhause erfahren, deckt sich ganz mit der Schilderung, die uns im zweiten Kapitel des Buches Josue von den Verhältnissen im Hause der Rachab gegeben wird. Rachab wird ausdrücklich als iššâh zonâh oder als Buhlerin bezeichnet. Sie öffnet ihr Haus den Fremden und bietet ihnen Verpflegung und Nachtruhe. Auch Personen, die politisch nicht einwandfrei sind, werden gern aufgenommen und finden bei ihr Schutz und Hilfe. Sie verbarg die Kundschafter und ermöglichte ihre Flucht, obschon sie über die Herkunft dieser Männer nicht mehr im Zweifel war.

Daß eine Priesterin in einem solchen Hause nicht verkehren durfte, ist auch bei den sittlichen Auffassungen der vorisraelitischen Zeit durchaus zu begreifen. Sie durfte sich zwar preisgeben, aber nur im Tempelbezirk, im unmittelbaren Dienste der Gottheit. Außerhalb des Tempels hatte sie sich eines vorbildlichen und ein-

[1]) sal-me = nadîtu. Me = šiptu = Beschwörung; sal hebt hervor, daß es sich um eine Frau handelt. Sal-me ist also eine Frau, die mit Beschwörungen zu tun hat. Das Hersagen einer Beschwörung wurde im Akkadischen durch nadû ausgedrückt. Nadîtu ist in seiner sprachlichen Form das Femininum des Partizip Präsens. Die Priesterin war die nadîtu ša šipâti.

[2]) entu. Sie nahm an den Tempeln eine ähnliche Stellung ein wie der als enu bezeichnete Oberpriester.

[3]) ein in der damaligen Zeit gern getrunkenes Mischbier.

wandfreien Lebenswandels zu befleißigen[1]). Das erwartete man in der israelitischen Zeit, wo es keine Priesterinnen mehr gab, in derselben Weise von den Töchtern der Priester. Wenn die Tochter eines Priesters sich soweit vergaß, daß sie den Namen ihres Vaters durch Unkeuschheit entweihte, wurde sie nach Lev. 21,9 ebenfalls mit dem Feuertode bestraft. Es bedarf wohl kaum eines Beweises, daß hier ein geschichtlicher Zusammenhang vorliegt.

Wenn jemand für einen andern die Beförderung von Silber, Gold, Edelsteinen oder andern beweglichen Gegenständen übernommen hat und diese nicht abliefert, sondern für sich selbst behält, muß er dem Eigentümer alles, was er an sich genommen und nicht abgegeben hat, fünffach erstatten. Wenn jemand von einem andern Getreide oder Geld zu fordern hat und das Getreide dann ohne die Erlaubnis des Schuldners eigenmächtig aus dem Speicher holt, muß er es zurückgeben und ganz auf seine Forderung verzichten. Wenn jemand von einem andern, ohne daß er von ihm etwas zu fordern hat, eine Person als Pfand in seinen Besitz nimmt, hat er für jede Person, an der er sich in dieser Weise vergreift, den dritten Teil einer Silbermine zu zahlen. Wenn die Forderung berechtigt war und die Person, die er genommen hat, in seiner Wohnung eines natürlichen Todes gestorben ist, ergeben sich für ihn keine Verpflichtungen. Wenn der Tod aber die Folge von Schlägen oder von schlechter Behandlung war und der Eigentümer der Person hierfür den Beweis erbringt, soll dem Kaufmann[2]), wenn es sich um den Sohn des Schuldners handelt, ebenfalls einer von seinen Söhnen genommen und getötet werden. Wenn es ein Sklave war, hat er den dritten Teil einer Silbermine zu zahlen und zugleich auf seine Forderungen zu verzichten. Wenn jemand eine Zahlung zu leisten hat und seine Frau, seinen Sohn oder seine Tochter zur Begleichung dieser Schuld verkauft oder in Dienst gibt, ist diese Person nach drei Jahren wieder aus dem Hause des Käufers oder des Dienstherrn zu entlassen. Wenn es sich aber um einen Sklaven oder um eine Sklavin handelt und der Käufer die Person schon weiterverkauft hat, kann eine Zurückgabe nicht mehr verlangt werden.

Wenn jemand sein Getreide im Hause eines andern zum Aufbewahren ausgeschüttet hat und ein Teil des Getreides von dem Eigentümer des Hauses entwendet wurde, muß dieser den Teil, den er an sich genommen hat, doppelt ersetzen. Die Miete, die man für das Aufbewahren des Getreides zu zahlen hat, beträgt für den Kur im Jahre fünf Sila[3]). Wenn jemand einem andern Silber oder Gold oder sonst etwas Wertvolles zum Aufbewahren übergeben will, hat er Zeugen heranzuziehen, denen er die Gegenstände vorlegt, und alles in einer Urkunde genau zu verzeichnen. Wenn die

---

[1]) Vgl. hierüber besonders die Ausführungen von Br. Meißner, Babylonien und Assyrien, Zweiter Band, S. 68—71.

[2]) So nach dem ausdrücklichen Wortlaute des Textes.

[3]) Also 1⅔ Prozent.

Uebergabe ohne Zeugen und ohne Urkunde erfolgt ist und später geleugnet wird, kann der Eigentümer auf die Rückgabe keinen Anspruch erheben. Wenn die Uebergabe vor Zeugen stattfand, muß der Mann, der die Annahme leugnet, alles, was er zu verheimlichen suchte, doppelt ersetzen. Wenn die Gegenstände in dem Hause, wo sie verwahrt wurden, von Dieben bei einem Einbruch zugleich mit dem Besitztum des Hauseigentümers gestohlen sind, muß der Hauseigentümer, weil er nicht vorsichtig gewesen ist, das Gestohlene wieder ersetzen. Wenn jemand, dem etwas nicht abhanden gekommen ist, dennoch behauptet: „Mir ist etwas abhanden gekommen", und über seinen Schaden hinausgeht, hat er den wirklichen Schaden vor einem Gotte[1]) genau anzugeben und das, was er zu Unrecht beansprucht hatte, in doppelter Höhe zu ersetzen.

Der Gesetzgeber vertritt hier also den Grundsatz, daß jemand, der fremdes Eigentum in Verwahrung genommen hat, das ihm anvertraute Gut so, wie es ihm übergeben wurde, an den Eigentümer zurückgeben muß. Wenn er versucht, es zu unterschlagen, muß er es doppelt erstatten. Diebstahl ist keine Entschuldigung. Wenn der Eigentümer etwas zurückverlangt, was er nicht übergeben hat, wird er ebenfalls zu einer Entrichtung des Wertes in doppelter Höhe verurteilt. Diese Festsetzungen berühren sich auf das engste mit den Bestimmungen, die wir Exod. 22,6 ff. antreffen. „Wenn jemand", so heißt es dort, „einem andern Geld oder Gebrauchsgegenstände in Verwahrung gibt und dieses aus dem Hause des Mannes gestohlen wird, zahlt der Dieb, wenn er gefunden wird, das Doppelte. Wenn der Dieb nicht gefunden wird, soll der Hausbesitzer vor Gott geführt werden, ob er nicht seine Hand ausgestreckt hat nach dem Eigentum des andern. Wenn Unterschlagung in Betracht kommt, mag es sich um ein Rind handeln oder um einen Esel, ein Schaf, einen Mantel oder sonst etwas, was abhanden gekommen ist, von dem man aber sagt: Da ist es, dann soll die Sache der beiden vor Gott kommen und der, den Gott für schuldig erklärt, soll dem andern doppelten Ersatz leisten. Wenn jemand einem andern einen Esel, ein Rind, ein Schaf oder sonst ein Tier in Verwahrung gibt und dieses ums Leben kommt, etwas bricht oder verschleppt wird, ohne daß jemand es sieht, dann soll zwischen beiden ein Eid bei Jahwe stattfinden, ob er nicht seine Hand ausgestreckt hat nach dem Eigentum des andern, und der Eigentümer soll dieses annehmen und der andere braucht nichts zu ersetzen. Wenn es aber gestohlen ist, soll er dem Eigentümer Ersatz leisten. Wenn es zerrissen wurde, soll er es vorlegen zum Beweise; dann braucht er das Zerrissene nicht zu ersetzen." Die Verfehlung wird hier ebenso wie bei Chammurabi stets mit einer Entschädigung in doppelter Höhe beglichen. Die Zurückerstattung muß nach dem einen Gesetze wie nach dem andern auch da noch erfolgen, wo der Gegenstand durch Diebstahl entwendet wurde. Wenn es einer Feststellung der

[1]) ina maḫar ilim.

Tatsachen bedarf, geschieht dieses durch Eidesleistungen vor einem Gott oder vor Jahwe. Man sieht also, daß auch hier wieder ein Zusammenhang besteht.

Die Zurückerstattung in doppelter Höhe ist bei Chammurabi, wo der Diebstahl sonst viel schwerer bestraft wird, sehr auffallend. Wir haben es hier offenbar mit der geringsten Strafe zu tun, die man in der damaligen Zeit bei einer Aneignung von fremdem Eigentum für zulässig hielt. Diese Strafe ist in der israelitischen Gesetzgebung schon zur gewöhnlichen Sühne für jeden Diebstahl geworden.

Wenn jemand gegen eine Oberpriesterin oder gegen die Ehefrau eines andern den Finger erhebt, ohne seinen Verdacht oder seine Behauptung zu beweisen, soll man ihn vor die Richter führen und ihm vorn auf dem Kopfe die Haare wegscheren.

Die Ehe wird vor dem Gesetze nur als gültig angesehen, wenn ein schriftlicher Vertrag vorliegt. Wenn eine Frau bei einem Ehebruch ertappt wird, soll man die beiden Personen ins Wasser werfen. Wenn der Ehemann aber seiner Frau verzeiht und den Wunsch hat, daß sie am Leben bleibt, schenkt der König auch dem Ehebrecher das Leben. Wenn jemand eine Person vergewaltigt, die mit einem andern verlobt ist, wird er mit dem Tode bestraft. Wenn jemand die Treue seiner Frau in Zweifel zieht, ohne daß sie bei einem andern angetroffen und überführt wurde, soll sie bei einer Gottheit einen Eid schwören und in ihr Haus zurückkehren. Wenn man gegen eine Frau wegen eines andern Mannes den Finger erhebt, ohne daß sie in seiner Umarmung ertappt wurde, soll sie sich auf das Verlangen ihres Mannes in den Fluß stürzen und dem Flußgott die Entscheidung überlassen. Wenn der Flußgott sie nicht wieder herausgab, betrachtete man dies als die regelmäßige Strafe für einen wirklichen Ehebruch.

In der Bibel heißt es Lev. 20,10: „Wenn jemand Ehebruch treibt mit der Frau eines andern Mannes, wenn er Ehebruch treibt mit der Frau seines Mitbruders, dann sollen Ehebrecher und Ehebrecherin den Tod erleiden.“ Ueber die Art des Todes wird hier nichts angegeben. Wir wissen aber aus andern Stellen[1]), daß beide gesteinigt wurden. Die Steinigung war die einzige Todesstrafe, die in der israelitischen Zeit für ein gewöhnliches Verbrechen überhaupt in Betracht kam.

Wenn der Ehemann Grund hatte, die Treue seiner Frau zu bezweifeln, konnte er auch bei den Israeliten eine Feststellung durch ein Gottesurteil veranlassen. Die Frau hatte sich in diesem Falle, wie wir Num. 5,11—31 erfahren, mit ihrem Manne zum Priester zu begeben, der mit ihr vor den Herrn trat, und dort das sogenannte Fluchwasser zu trinken. Der Priester holte dieses Wasser aus dem Heiligtum und fügte zuerst etwas Erde vom Boden des Gotteshauses hinzu. Er hatte dann einen Fluch auszusprechen, den er außerdem

[1]) Deut. 22,23 ff.; Ezech. 16,40; Joh. 8,2 ff.

auf eine Tafel schrieb, und diese Schrift ebenfalls in das Wasser zu mischen. Das Wasser sollte der Frau, wenn sie unschuldig war, trotz des Fluches keinen Schaden bereiten; wenn sie sich aber verfehlt hatte, sollte es ihr zum Verhängnis werden und für die Zukunft die Geburt eines Kindes unmöglich machen. Es sollte hier also in ähnlicher Weise wirken, wie man es in Babylon von dem Wasser des Flusses erwartete. In Babylon mußte die Frau, wenn sie schuldig war, in dem Wasser ertrinken; in Palästina mußte man sich darauf beschränken, ihr das Wasser in einem Gefäße zu reichen, weil dort die Wasserprobe im gewöhnlichen Sinne des Wortes in den meisten Gegenden unmöglich war. Man konnte dort nicht ohne weiteres zum Fluß gehen, wie man im Akkadischen zu sagen pflegte, weil die größeren Flüsse dort viel zu selten waren; man legte aber Wert darauf, dem Wasser noch etwas Erde beizufügen, um auf diese Weise der Eigenart des Flußwassers möglichst nahezukommen. Der israelitische Brauch ist hier also, wie wir annehmen müssen, aus der Form des altbabylonischen Verfahrens hervorgegangen. Das ist aber jedenfalls schon vor der Zeit der israelitischen Einwanderung geschehen. Die Bewohner von Palästina hatten aus der Not eine Tugend gemacht und die Forderung des babylonischen Gesetzgebers durch andere Bestimmungen ersetzt, die den Verhältnissen des Landes besser entsprachen. Diese wurden dann in der späteren Zeit beibehalten.

Wenn der Ehemann in Gefangenschaft geraten ist und in seinem Hause die notwendigen Lebensmittel vorhanden sind, ist die Frau gesetzlich verpflichtet, in der Wohnung zu bleiben und über das Besitztum zu wachen. Wenn sie die Wohnung verläßt und sich in das Haus eines andern begibt, soll sie ins Wasser geworfen werden. Wenn die Lebensmittel nicht ausreichen, ist ihr dieser Schritt gestattet. Sie muß aber, wenn der Mann zurückkehrt, ebenfalls wieder in sein Haus ziehen und die Kinder, die sie in dem andern Hause geboren hat, dem Vater überlassen.

Der Ehemann wird in den Bestimmungen ohne besondere Einschränkung als der bêl iššati oder als der Herr der Frau bezeichnet. Er hatte seinem Schwiegervater vor der Eheschließung nach alter Sitte die sogenannte tirḫatu oder das Brautgeld überreicht, das seinem Ursprunge nach als der Kaufpreis zu deuten ist und dieses Verhältnis rechtlich begründete. Das Geld wurde aber in der damaligen Zeit der Braut, wie wir aus mehreren Urkunden erfahren, beim Verlassen des Elternhauses gewöhnlich an den Gürtel[1]) gebunden und auf diese Weise dem Manne wiederzugestellt, der es dann ebenso wie die Mitgift als das Eigentum der Frau zu betrachten hatte. Wenn er seine Frau zu entlassen beabsichtigt, weil sie ihm keine Nachkommen schenkt, muß er ihr nach dem Gesetze beides zurückgeben. Wenn ein Brautgeld nicht vorhanden ist, muß ihr der Ehemann aus höherem Stande eine Silbermine und der

[1]) ina ganniša. Gannu = ḳannu = Schnur, von ḳanânu = flechten.

Muškênu den dritten Teil einer Mine als Scheidegeld zahlen. Dieses Geld wurde ihr, wie man sich ausdrückte, in den Schoß gebunden; es wurde also wohl ebenfalls am Gürtel befestigt. Wenn eine Frau, die in dem Hause ihres Mannes wohnt, ihren Sinn auf das Ausgehen richtet[1]), wenn sie Torheiten begeht, das Besitztum zerstreut und ihren Ehemann vernachlässigt, darf der Ehemann sie, wenn der Beweis erbracht ist, ohne Scheidegeld und Wegzehrung entlassen. Wenn er sie behalten will, darf er sie zur Sklavin machen und neben ihr eine zweite Frau nehmen. Wenn die Frau sich über das Verhalten ihres Mannes beklagt und sich herausstellt, daß sie selbst ohne Schuld ist, daß ihr Mann aber auszugehen pflegt und sie sehr vernachlässigt, darf sie ihre Mitgift nehmen und in das Haus ihres Vaters zurückkehren; wenn sie aber durch ihr eigenes Verhalten die Schuld trägt, weil sie selbst ausgeht, das Besitztum zerstreut und ihren Mann vernachlässigt, soll man sie ins Wasser werfen. Wenn jemand eine Priesterin geheiratet und die Priesterin ihm eine Sklavin gegeben hat, die ihm Kinder schenkte[2]), und wenn die Sklavin sich hierauf etwas zu gute tut und sich der Herrin gleichstellt, darf die Herrin sie nicht mehr verkaufen. Sie darf sie aber mit dem Sklavenzeichen versehen und sie als Sklavin behandeln. Wenn sie noch keine Kinder geboren hat, ist der Verkauf gestattet. Wenn die Frau an der Laḫbu-Krankheit leidet, darf der Mann eine zweite Frau nehmen, aber die erste nicht verstoßen. Er hat ihr eine besondere Wohnung zu errichten und sie bis zu ihrem Tode zu unterhalten. Wenn die Kranke es vorzieht, ihren Mann zu verlassen, muß der Mann ihr die Mitgift zurückzahlen.

Wenn der Ehemann seiner Frau einen Acker, einen Garten, ein Haus oder sonst etwas geschenkt und ihr darüber eine Urkunde ausgestellt hat, können die Kinder nach dem Tode des Mannes keinen Einspruch dagegen erheben. Sie soll aber das Besitztum einem der Kinder vermachen, dem sie persönlich geneigt ist, und nicht einem Bruder. Wenn eine Frau mit ihrem Manne die Vereinbarung trifft, daß sie für seine Verpflichtungen nicht aufzukommen braucht, und sich hierüber eine Bescheinigung ausstellen läßt, kann sie zur Begleichung der Schulden, die der Mann vor der Ehe schon hatte, nicht herangezogen werden. Das gilt in derselben Weise für den Mann, wenn die Frau beim Eintritt in die Ehe mit einer Schuld belastet war. Wenn die Frau aber die Verpflichtung übernahm, als die Ehe schon geschlossen war, müssen beide gemeinsam den Kaufmann[3]) befriedigen.

Wenn eine Frau wegen eines andern Mannes ihren Ehemann ermorden ließ, soll sie gepfählt werden. Wenn ein Mann sich an der eigenen Tochter vergeht, soll er aus der Stadt gewiesen werden.

---

[1]) oder: wenn sie das Haus zu verlassen beabsichtigt? Es ist aber nach der Fortsetzung derselbe Fehler, der auch bei einem Manne vorkommen kann.

[2]) Die Priesterinnen durften heiraten, mußten aber selbst kinderlos bleiben.

[3]) So im Texte.

Wenn er sich mit der Braut seines Sohnes verfehlt, nachdem der Sohn bereits mit ihr verkehrte, wird er gebunden und ins Wasser geworfen; wenn es vorher geschehen ist, soll er eine halbe Silbermine bezahlen und alles, was die Braut aus dem Hause ihres Vaters mitgebracht hat, wieder zurückgeben, damit sie sich mit einem andern verheiratet. Wenn jemand nach dem Tode seines Vaters mit der eigenen Mutter verkehrt, sollen beide verbrannt werden. In der Bibel ist diese Strafe Lev. 20,14 für den Verkehr mit der Schwiegermutter vorgesehen. Es handelt sich hier in beiden Fällen um eine Form des Inzestes. Die Strafe ist also in der israelitischen Zeit grundsätzlich dieselbe geblieben. Daß die Bibel bei dieser Verfehlung nicht an den Verkehr mit der eigenen Mutter, sondern an die Schwiegermutter denkt, ist eine Abschwächung, die sich ohne weiteres aus dem höher liegenden sittlichen Empfinden des israelitischen Schriftstellers erklärt. Man hielt eine Verfehlung mit der eigenen Mutter, wie es scheint, bei dem Leser nicht mehr für möglich.

Der Feuertod wird im Gesetzbuch des Chammurabi, wie wir gesehen haben[1]), außerdem noch bei dem Fehltritt einer Priesterin und in der Bibel bei der Verfehlung der Tochter eines Priesters verlangt. An andern Stellen kommt diese Strafe, soweit das Gericht zu entscheiden hatte, sonst nirgendwo vor. Dieses Zusammentreffen erhebt unsere Voraussetzungen zur vollen Gewißheit.

Wenn der Bräutigam dem Vater der Braut erklärt, daß er ein anderes Mädchen heiraten möchte, darf der Vater alles behalten, was der Bräutigam ihm geschenkt hat. Wenn der Vater die Braut nicht herausgibt, obschon die Vorbedingungen von seiten des Bräutigams erfüllt sind, muß er alles, was er von dem Bräutigam erhalten hat, in doppelter Höhe zurückgeben. Das gilt auch für den Fall, wenn ein Freund dieses durch böse Reden veranlaßt hat. Das Mädchen darf dann aber nicht dem Freunde gegeben werden.

Die Mitgift gehört nach dem Tode der Frau nicht dem Manne, sondern den Kindern. Wenn die Frau kinderlos war, geht das Besitztum wieder an das Haus ihres Vaters zurück. Das Brautgeld fällt aber dem Manne zu. Wenn er es durch die Frau zurückerhalten hat, darf er es behalten; wenn dieses nicht der Fall ist, darf er es von der Mitgift, die er dem Schwiegervater wiederzustellen muß, abrechnen.

Wenn der Vater einem Sohne, der ihm lieb ist, Feld, Garten und Haus geschenkt und darüber eine Urkunde ausgestellt hat, wird die Erbschaft nach dem Tode des Vaters durch diese Schenkung nicht berührt. Der Sohn behält das Anwesen, das der Vater ihm geschenkt hat, und erbt mit den übrigen Geschwistern zu gleichen Teilen. Wenn der Vater für die älteren Söhne, die er besitzt, vor seinem Tode schon Frauen genommen hat und ein jüngerer Sohn beim Tode des Vaters noch unverheiratet ist, erhält der jüngere Sohn

[1]) Vgl. oben S. 204—205.

neben seinem Anteil ein angemessenes Brautgeld, damit er ebenfalls eine Frau nehmen kann. Wenn jemand nacheinander zwei Frauen gehabt hat und von jeder Frau mit Kindern beschenkt wurde, soll er diese Kinder nicht nach den Müttern voneinander trennen, sondern bloß bei der Rückgabe der Mitgift einen Unterschied machen und sie im übrigen einander gleichsetzen. Wenn jemand eins von seinen Kindern enterben will, hat er die Angelegenheit dem Richter vorzutragen, der die Gründe dann einer Prüfung unterzieht. Der Ausschluß von der Erbschaft ist nur gestattet, wenn das Kind sich gegen den Vater schwer verfehlt hat. Der Vater soll aber dem Kinde bei einer derartigen Verfehlung das erste Male verzeihen und sich zu der Maßnahme nur entschließen, wenn das Kind den Fehltritt wiederholt.

Wenn jemand von seiner Ehefrau und von einer Sklavin Kinder besitzt und den Kindern der Sklavin erklärt hat: „Ihr seid meine Kinder", dann müssen sie bei der Erbschaft den Kindern der Ehefrau gleichgesetzt werden. Der Sohn der Ehefrau darf aber seinen Anteil selbst auswählen. Wenn der Vater zu den Kindern der Sklavin nicht gesagt hat: „Ihr seid meine Kinder", haben sie auf das Eigentum des Vaters kein Anrecht. Sie erhalten aber mit ihrer Mutter beim Tode des Vaters die Freiheit. Die Ehefrau bleibt nach dem Tode ihres Mannes in seiner Wohnung; sie behält ilre Mitgift und die Geschenke, die sie von ihm erhalten hat, und hat von diesen Gütern den Nießbrauch bis zu ihrem Tode. Es ist ihr aber nicht gestattet, sie zu verkaufen. Bei ihrem Tode gehen sie in den Besitz ihrer Kinder über. Wenn sie von ihrem Manne kein besonderes Geschenk erhalten hat, bekommt sie bei der Erbschaft neben ihrer Mitgift den Anteil eines Kindes. Wenn die Kinder sie bedrängen, um sie aus dem Hause zu treiben, sollen die Richter die Angelegenheit untersuchen und den Kindern eine Strafe auferlegen. Wenn sie sich aus freien Stücken entschließt, die Wohnung zu verlassen, um sich anderswo noch einmal zu verheiraten, darf sie ihre Mitgift behalten. Sie muß aber alles, was der Mann ihr geschenkt hat, für die Kinder zurücklassen. Die Mitgift wird bei ihrem Tode an die Kinder aus der ersten und aus der zweiten Ehe verteilt. Wenn aus der zweiten Ehe keine Kinder vorhanden sind, fällt sie ganz an die Kinder aus der ersten Ehe.

Wenn ein Sklave die Tochter eines Freigeborenen heiratet, darf der Herr des Sklaven die Kinder nicht als dienstpflichtig betrachten. Das Vermögen, das die beiden im Ehestande erwerben, wird beim Tode des Mannes in zwei Teile geteilt. Der eine Teil ist für seinen Herrn, der andere für die Frau und die Kinder.

Wenn eine Witwe, die noch kleine Kinder hat, in ein anderes Haus zu gehen und sich dort noch einmal zu verheiraten beabsichtigt, bedarf sie hierzu der Erlaubnis der Richter. Die Richter prüfen in diesem Falle, was der erste Mann hinterlassen hat, und übergeben dann das Besitztum dem zweiten Manne und der Frau zur Verwaltung. Die beiden Eheleute haben es gewissenhaft zu

14*

behüten und die Kinder großzuziehen. Sie dürfen von dem Hausrate nichts verkaufen. Wer Gegenstände, die den Kindern einer Witwe gehören, durch Kauf in seinen Besitz bringt, geht seines Geldes verlustig. Das Besitztum muß für die Eigentümer wieder zurückerstattet werden.

Wenn eine Oberpriesterin, eine Priesterin oder eine Zikru[1]) von ihrem Vater mit einem Ackerstück oder einem Garten beschenkt wurde und in der Urkunde nicht ausdrücklich erklärt ist, daß sie frei darüber verfügen kann, fällt das Besitztum beim Tode des Vaters mit den übrigen Grundstücken an ihre Brüder, die sie dann nach dem Werte des Anteils mit Getreide, Salböl und Kleidung zu versorgen haben. Wenn die Brüder sie in dieser Hinsicht nicht zufrieden stellen, darf sie das Feld und den Garten nach eigenem Ermessen an andere verpachten und den Erlös bis zu ihrem Tode für sich behalten. Bei ihrem Tode fällt das Ganze dann an ihre Brüder zurück. Wenn der Vater es in der Urkunde gestattet hat, darf sie den Nachlaß auch andern zuwenden. Wenn sie von ihrem Vater nicht in dieser Weise beschenkt wurde, fällt ihr beim Tode des Vaters derselbe Anteil zu, den die Brüder erhalten. Dieser geht aber bei ihrem Tode wieder an die Brüder über.

Wenn jemand ein kleines Kind[2]) auf seinen Namen als Sohn angenommen hat und es großzieht, darf es nicht von ihm zurückgefordert werden. Wenn es ihm aber gelingt, die Eltern des Kindes festzustellen, darf er es ihnen seinerseits wieder zuführen. Wenn das Kind von einem Eunuchen, der im Palastdienste beschäftigt ist, oder von einer Zikru adoptiert wurde, kann die Zurückgabe niemals verlangt werden. Das gilt auch für das Adoptivkind eines Handwerkers, wenn dieser ihm das Handwerk beigebracht hat. Wenn er dieses unterließ, darf das Kind in das Haus seines Vaters zurück-

[1]) sal zi-ik-ru-um. Die Bezeichnung deckt sich mit dem akkadischen zikrum = zikru = männlich. Die zikru mußte ebenso wie die entu und die nadîtu kinderlos bleiben. Damit ist aber noch nicht gesagt, daß wir sie unter den Tempelfrauen zu suchen haben. Die nadîtu durfte zwar kein eigenes Kind an ihre Brust drücken; sie durfte sich aber verheiraten und konnte dann dem Manne, wie es häufig geschah, eine Nebenfrau zur Verfügung stellen, die in der Familie denselben Platz einnahm wie Hagar im Hause des Abram. Das war bei der zikru, wie wir schon aus der Bezeichnung entnehmen dürfen, ebenfalls nicht möglich. Sie konnte höchstens ein Kind adoptieren. Dieses Verhältnis war dann aber in derselben Weise wie bei einem am Hofe beschäftigten Eunuchen durch gesetzliche Bestimmungen besonders geschützt. Das Adoptivkind konnte einen Hofbeamten oder eine zikru, wie sich gleich im folgenden Abschnitte noch zeigen wird, unter keinen Umständen eigenwillig verlassen. Dies führt uns höchst wahrscheinlich zu den zahlreichen Nebenfrauen des Königs, die in den späteren assyrischen Texten als die sikrêti bezeichnet werden. Es waren die „Abgesperrten" (nach der Erklärung von Ungnad in der Zeitschr. für Assyriologie, Neue Folge Bd. 4, S. 194), die ihr Leben im Harem verbrachten. Die beiden Wörter sind einander so ähnlich, daß hier sicher ein Zusammenhang besteht. Wir haben es also bei der babylonischen Bezeichnung wahrscheinlich mit einer Volksetymologie zu tun, die in der Kinderlosigkeit dieser Frauen eine besondere Stütze fand.

[2]) Es handelt sich um ein Findelkind.

kehren. Wenn jemand ein Adoptivkind mit Rücksicht auf die Kinder, die ihm später selbst noch geboren wurden, wieder zu entlassen beabsichtigt, muß er ihm den dritten Teil seiner Erbschaft geben. Er braucht ihm aber vom Acker, vom Garten oder vom Hause nichts zu überlassen. Wenn das Kind eines Eunuchen oder das Kind einer Zikru zu seinem Adoptivvater oder zu seiner Adoptivmutter sagt: „Du bist nicht mein Vater“ oder „Du bist nicht meine Mutter“, wird ihm nach dem Wortlaute des Gesetzes die Zunge abgeschnitten. Wenn ein solches Kind das Haus seiner Eltern ausfindig macht und aus Abneigung gegen seinen Adoptivvater oder gegen seine Adoptivmutter eigenmächtig zu ihnen zurückkehrt, wird ihm ein Auge ausgerissen.

Wenn eine Amme ein Kind zum Säugen angenommen hat und für dieses Kind, nachdem es gestorben ist, ohne Wissen des Vaters und der Mutter ein anderes anlegt, wird ihr die Brust abgeschnitten. Wenn ein Kind seinen Vater schlägt, wird ihm die Hand abgehauen. Wenn jemand einem Freigeborenen das Auge zerstört, soll man ihm ebenfalls das Auge zerstören; wenn er einem Freigeborenen einen Knochen bricht, soll man auch ihm den Knochen brechen; wenn er das Auge eines Muškênu zerstört oder einem Muškênu den Knochen bricht, hat er eine Silbermine zu zahlen; wenn er das Auge eines Sklaven zerstört oder einem Sklaven den Knochen bricht, hat er dem Eigentümer die Hälfte seines Kaufwertes zu vergüten. Wenn ein Freigeborener einem Manne, der ihm gleichsteht, einen Zahn ausschlägt, soll man ihm ebenfalls einen Zahn ausschlagen; wenn er einem Muškênu den Zahn ausschlägt, hat er den dritten Teil einer Silbermine zu zahlen. Wenn jemand einem Höhergestellten einen Schlag auf die Backe gibt, erhält er in öffentlicher Versammlung sechzig Hiebe mit dem Ochsenziemer. Wenn ein Freigeborener einem andern Freigeborenen, der ihm gleichgestellt ist, auf die Backe schlägt, hat er eine Silbermine zu zahlen; wenn ein Muškênu einem Muškênu eine Ohrfeige gibt, hat er den Betrag von zehn Schekeln zu entrichten; wenn ein Sklave einem Freigeborenen auf die Backe schlägt, schneidet man ihm das Ohr ab. Wenn jemand einem andern im Streite eine Wunde beibringt und eidlich erklären kann, daß er es nicht absichtlich getan hat, braucht er nur den Arzt zu bezahlen. Wenn die Verwundung zum Tode führt, hat der Täter, wenn er diesen Eid leistet, bei einem Freigeborenen eine halbe Silbermine und bei einem Muškênu den dritten Teil einer Mine zu zahlen. Wenn jemand die Tochter eines Freigeborenen geschlagen und dadurch eine Fehlgeburt herbeigeführt hat, muß er für ihre Leibesfrucht[1]) eine Entschädigung von zehn Schekeln entrichten. Wenn die Frau gestorben ist, tötet man seine Tochter. Wenn es die Tochter eines Muškênu war, hat er bei einer Fehlgeburt für die Vernichtung der Leibesfrucht fünf Schekel[2]) und beim Tode der Frau eine halbe Mine zu zahlen. Wenn es eine Sklavin war, hat er für

[1]) ana ša libbiša.

[2]) Das war in der damaligen Zeit der Durchschnittspreis für eine Sklavin.

die Vernichtung der Leibesfrucht nur zwei Schekel und beim Tode der Frau nur den dritten Teil einer Mine zu entrichten.

Die Strafe erfolgt in diesem Abschnitt, soweit es sich durchführen ließ, überall nach dem Rechte der Wiedervergeltung. Die Amme, die ihre Brust mißbraucht hat, soll ihre Brust verlieren, der Sohn, der seine Hand gegen den Vater erhoben hat, soll die Hand verlieren; wer einem Gleichgestellten ein Auge zerstört, einen Knochen gebrochen oder einen Zahn ausgeschlagen hat, wird ganz in derselben Weise am eigenen Körper gestraft. Dieser Grundsatz ist auch in der israelitischen Gesetzgebung eine selbstverständliche Regel. Im Bundesbuche heißt es Exod. 21, 24—25: „Auge um Auge, Zahn um Zahn, Hand um Hand, Fuß um Fuß, Brandmal um Brandmal, Wunde um Wunde, Beule um Beule"; im Deuteronomium mahnt der Verfasser 19, 21: „Dein Auge kenne kein Erbarmen; Leben um Leben, Auge um Auge, Zahn um Zahn, Hand um Hand, Fuß um Fuß!" Die beiden Stellen nennen hier in voller Uebereinstimmung das Auge, den Zahn, die Hand und den Fuß. Chammurabi spricht in unserm Texte, wie wir gesehen haben, vom Auge, vom Zahn und von einem Knochenbruch, und zwar zunächst vom Auge und vom Knochenbruch, den er mit dem Verluste des Auges auf dieselbe Stufe stellt, und behandelt dann in den folgenden Zeilen das Ausschlagen des Zahnes. Es muß sich also bei dem Knochenbruch um eine Schädigung handeln, die nach der Auffassung des Gesetzgebers immer sehr erheblich ist. Das erklärt sich am einfachsten, wenn wir an einen Armbruch oder an einen Beinbruch denken. Es paßt auch am besten zu dem Texte, der für eṣimtu = Knochen das sumerische gir-pad-du bietet. Gir ist im Sumerischen die gewöhnliche Bezeichnung für šêpu = Fuß. Dadurch wird die Uebereinstimmung mit der hebräischen Zusammenstellung so gut wie vollständig. Chammurabi spricht von einer Vernichtung des Auges, von einem Beinbruch oder von einem Armbruch und von dem Ausschlagen eines Zahnes; die biblischen Angaben nennen das Auge, den Zahn, die Hand und den Fuß. Diese Verbindung trägt ganz den Charakter einer kurzen Zusammenfassung, bei der die keilinschriftliche Darstellung als Grundlage gedient hat.

Der Unterschied, den der babylonische Gesetzgeber zwischen einem Freigeborenen und einem Muškînu zu machen hatte, kam für die Regelung der israelitischen Verhältnisse nicht weiter in Betracht. Es blieb aber die Tatsache bestehen, daß es auch in Israel Sklaven gab. Wenn man in Babylon einem Sklaven das Auge zerstört oder eins der Gliedmaßen gebrochen hatte, mußte man dem Eigentümer als Entschädigung den halben Kaufpreis des Sklaven entrichten. Ueber das Ausschlagen eines Zahnes sah man bei einem Sklaven großmütig hinweg. In der Bibel heißt es in dem Texte des Bundesbuches unmittelbar nach der obigen Zusammenfassung: „Wenn jemand seinem Sklaven oder seiner Sklavin in das Auge schlägt, so daß er es zerstört, so soll er ihn für sein Auge frei lassen! Und wenn er seinem Sklaven oder seiner

Sklavin einen Zahn ausschlägt, so soll er ihn für seinen Zahn freilassen!" Der Verfasser hat sich offenbar noch erinnert, daß die Verletzung eines Sklaven oder einer Sklavin in dem babylonischen Gesetzbuch an dieser Stelle besonders geregelt war; er dachte aber nicht an die Sklaven eines andern, sondern an den Fall, wo jemand seinem eigenen Sklaven einen Schaden zugefügt hatte, und verlangt für diesen Fall die Freilassung. Das war bei einer Zerstörung des Auges gewiß angemessen, obschon es auch hier überraschen muß. Der Eigentümer konnte einen Sklaven nach dem Wortlaute der vorhergehenden Bestimmungen fast zu Tode prügeln, ohne daß ihm ein Haar gekrümmt wurde. „Wenn jemand seinen Sklaven oder seine Sklavin mit dem Stocke schlägt", so heißt es dort, „daß sie unter seiner Hand sterben, so soll er bestraft werden; wenn sie aber noch einen Tag oder zwei Tage am Leben bleiben, soll er nicht gestraft werden; denn es handelt sich um sein eigenes Geld." Das ist mit der Freilassung, wie sie bei den angegebenen Schädigungen verlangt wird, nur schwer in Einklang zu bringen. Das Ausschlagen eines Zahnes kann unter Umständen sehr schmerzlich sein; es bringt aber kaum eine Störung zuwege, die man auf die Dauer als eine wesentliche Beeinträchtigung empfinden müßte. Der Gesetzgeber stand bei der Regelung der Angelegenheit unter dem Einfluß einer Verschiebung, die ihm hier zum Verhängnis geworden ist. Er hatte aus der Zusammenstellung, wie wir sie bei Chammurabi vorfinden, den Grundsatz herausgehoben, daß der Verlust des Auges bei einem Gleichgestellten zu einem Verluste des Auges und der Verlust des Zahnes unter gleichen Voraussetzungen zu einem Verluste des Zahnes führen mußte. Da Auge und Zahn in dem babylonischen Texte ausdrücklich genannt werden und beide zum Gesichte des Menschen gehören, lag es nahe, sie unmittelbar miteinander zu verbinden. Diese Verbindung hat hier offenbar den Ausschlag gegeben. Die Gliedmaßen werden in der Aufzählung erst an der dritten Stelle genannt und finden beim Sklaven überhaupt keine Berücksichtigung.

Was wir bei der keilinschriftlichen Zusammenstellung in der zweiten Hälfte des Textes lesen, hat in der Bibel seine Parallelen in den vorhergehenden Versen. Die Bibel beschäftigt sich ebenso wie der babylonische Text zuerst mit den Möglichkeiten, die sich bei einer gewöhnlichen Schlägerei ergeben können, und schließt dann in derselben Weise mit dem Falle, wo durch Stoßen oder Schlagen eine Fehlgeburt herbeigeführt wurde. Der Verfasser des Bundesbuches behandelt also die Fragen, die in dem babylonischen Gesetzbuche an dieser Stelle zusammengefaßt werden, ebenfalls in einem einzigen Abschnitt. Er erinnert sich, daß der Text von Auge, Zahn und Gliedern erzählt und bei Sklaven eine besondere Regelung vorsieht; er kennt auch die Fälle, die im zweiten Teile des Textes zur Sprache kommen, und behandelt sie in derselben Aufeinanderfolge. Nur bringt er sie nicht am Schluß, sondern in den Versen, die der Erwähnung der Körperteile unmittelbar voraufgehen.

Wenn der Arzt einem Freigeborenen mit dem Bronzemesser eine schwere Wunde beigebracht und ihn dadurch gesund gemacht hat, oder wenn er einem Freigeborenen mit dem Bronzemesser die Augenhöhle geöffnet und dadurch das Auge wieder gesund gemacht hat, darf er als Entschädigung nach dem Gesetzbuche des Chammurabi zehn Schekel verlangen. Ein Muškênu braucht in diesem Falle nur fünf Schekel zu zahlen. Wenn die Operation an einem Sklaven vorgenommen wurde, hat der Herr des Sklaven dem Arzte zwei Schekel zu entrichten. Wenn der Freigeborene nach der Operation starb oder das Auge verlor, wird dem Arzte die Hand abgehauen. Wenn es sich um den Sklaven eines Muškênu handelt, muß der Arzt, falls der Tod eintritt, den Sklaven ersetzen. Wenn das Auge zerstört wurde, muß er dem Eigentümer den halben Kaufpreis des Sklaven entrichten. Wenn der Arzt einen Knochenbruch heilt oder eine Sehne gesund macht, erhält er von einem Freigeborenen fünf Schekel, von einem Muškênu drei Schekel und von dem Herrn eines Sklaven zwei Schekel. Wenn ein Rinderarzt oder ein Eselarzt einem Rinde oder einem Esel eine schwere Wunde beibringt und das Tier dadurch wieder gesund macht, hat der Eigentümer ihm den sechsten Teil eines Schekels[1]) zu zahlen. Wenn das Tier infolge der Operation eingeht, muß der Tierarzt dem Eigentümer den fünften Teil seines Kaufpreises vergüten. Wenn ein Haarscherer einem Sklaven ohne den Willen seines Herrn die Sklavenlocke abschneidet, wird ihm die Hand abgehauen. Wenn jemand den Scherer durch betrügerische Angaben hierzu veranlaßt, soll er getötet und am Eingange seines Hauses in den Boden gescharrt werden. Der Scherer hat in diesem Falle zu schwören, daß er nur aus Unkenntnis so handelte, und bleibt dann ohne Strafe.

Wenn ein Baumeister für jemanden ein Haus gebaut hat, darf er für den Sar eine Entschädigung von zwei Schekeln verlangen. Wenn das Haus, das der Baumeister errichtet hat, zusammenbricht und der Eigentümer unter den Trümmern den Tod findet, wird der Baumeister getötet. Wenn der Sohn des Eigentümers bei dem Zusammenbruch das Leben verliert, wird der Sohn des Baumeisters getötet. Wenn der Sklave des Eigentümers bei dieser Gelegenheit zu Tode kommt, muß der Baumeister ihm einen andern Sklaven zur Verfügung stellen. Er muß alles ersetzen, was bei dem Einsturz auch sonst noch vernichtet wurde, und das Haus aus eigenen Mitteln von neuem wieder aufbauen.

Wenn ein Schiffer für einen andern ein Schiff von 60 Kur abgedichtet hat, erhält er als Entschädigung einen Betrag von zwei Schekeln. Wenn er die Arbeit aber nicht gut gemacht hat, so daß das Schiff schon im ersten Jahre leck wird, muß er sie auf eigene Kosten noch einmal vornehmen. Wenn ein Schiffer von einem andern ein Schiff gemietet hat und es durch Fahrlässigkeit zum

[1]) oder: den sechsten Teil seines Wertes? Das entscheidende Wort fehlt hier im Texte.

Sinken bringt oder in anderer Weise zerstört, muß er es dem Eigentümer ersetzen. Wenn jemand einen Schiffer und ein Schiff mietet und das Schiff mit Getreide, Wolle, Öl, Datteln oder irgendeiner andern Last befrachtet, trägt der Schiffer sowohl für das Schiff als auch für die Ladung die ganze Verantwortung. Er hat nicht nur für das Schiff, das er zum Sinken bringt, sondern auch für die Ladung vollen Ersatz zu leisten. Wenn ein Schiffer ein Schiff sinken läßt und es ihm gelingt, es wieder zu heben, hat er dem Eigentümer die Hälfte seines Wertes zu zahlen. Wer einen Schiffer mietet, hat ihm im Jahre sechs Kur Getreide zu geben. Wenn ein Ruderschiff auf ein Segelschiff fährt und dieses zum Sinken bringt, hat der Eigentümer des Ruderschiffes das Segelschiff mit der ganzen Ladung zu ersetzen.

Wenn jemand ein Rind als Pfandstück fortführt, muß er den dritten Teil einer Silbermine zahlen. Wenn jemand einen Pflugstier[1]) mietet, hat er dem Eigentümer für das Jahr vier Kur Getreide zu liefern. Wenn er sonst einen Zugochsen[2]) mietet, genügt eine Entschädigung von drei Kur. Wenn man einen Ochsen oder einen Esel mietet und dieses Tier von einem Löwen zerrissen wird, hat der Eigentümer den Schaden zu tragen. Wenn man aber durch Nachlässigkeit oder durch Schlagen den Tod des Tieres herbeigeführt hat, muß man es dem Eigentümer ersetzen. Das gilt auch bei schweren Verletzungen, wenn dem Tiere z. B. ein Bein gebrochen oder die Nackensehne durchschnitten wurde. Wenn jemand dem Ochsen ein Auge zerstört hat, braucht er nur die Hälfte seines Wertes zu zahlen. Wenn jemand dem Ochsen ein Horn abgestoßen oder den Schwanz abgeschnitten hat, kann der Eigentümer ein Fünftel[3]) seines Kaufpreises verlangen. Wenn die Hand eines Gottes das Tier berührt und getötet hat, ist der Mieter nicht zu belästigen.

Wenn jemand auf der Straße von einem Ochsen getötet wurde, können Ansprüche auf Entschädigung im allgemeinen nicht geltend gemacht werden. Der Eigentümer ist nur haftbar, wenn das Tier sich schon früher als stößig erwiesen hatte. Er hat in diesem Falle, wenn der Getötete zur Klasse der Freigeborenen gehörte, eine halbe Silbermine zu zahlen. Wenn es ein Sklave war, brauchte er nur den dritten Teil einer Mine zu entrichten. Diese Regelung führt uns wieder auf die Bestimmungen in dem Auszuge aus dem altisraelitischen Bundesbuche. Wir lesen dort Exod. 21, 28 ff.: „Und wenn ein Ochs einen Mann oder eine Frau stößt, so daß der Tod eintritt, so ist der Ochs zu steinigen, und sein Fleisch darf nicht gegessen werden; der Eigentümer des Ochsen ist aber straflos. Wenn der

---

[1]) gud-da ur-ra. Vgl. für die Bedeutung besonders die Stellen bei Deimel, Sumerisches Lexikon II 297, 58.

[2]) gud ab ḳar-sag. Ab = arḫu = Wildochs; ḳar = iz-ḳar = iškaru = Kette oder Fessel; sag = Kopf. Es handelt sich also um einen Ochsen, der am Kopfe gefesselt ist. Iškaru findet sich u. a. auch als Synonym von ṣimittu = Joch.

[3]) Nicht ganz deutlich. Vielleicht: ein Viertel.

Ochs aber vorher schon stößig war und der Eigentümer, obschon es ihm mitgeteilt war, ihn nicht hütete, dann soll der Ochs, wenn er einen Mann oder eine Frau getötet hat, gesteinigt und sein Eigentümer getötet werden. Wenn ihm eine Geldbuße auferlegt wird, soll er für sein Leben als Lösegeld zahlen, was ihm auferlegt wird. Wenn er — der Ochs — einen Sohn oder eine Tochter gestoßen hat, soll mit ihm ebenfalls nach diesem Rechte geschehen. Wenn der Ochs einen Sklaven oder eine Sklavin gestoßen hat, soll er ihrem Herrn dreißig Schekel bezahlen, und der Ochs soll gesteinigt werden." Die Forderungen sind hier in den Einzelheiten zum Teil durchaus verschieden. Der Ochs, der bei den Israeliten jedesmal gesteinigt wurde, machte den Richtern von Babylon noch gar keine Sorgen. Wenn der Eigentümer den Fehler nicht kannte, wird er auch nach dem Bundesbuche persönlich nicht weiter bestraft. Wenn er ihn kannte, hat er nach dem babylonischen Recht eine Geldbuße zu entrichten. Bei den Israeliten hat er in diesem Falle zunächst das Leben verwirkt. Es besteht aber die Möglichkeit, ihm eine Geldstrafe aufzuerlegen, die dann als Lösegeld für sein eigenes Leben zu betrachten ist. Die Strafe ist hier also wesentlich schwerer. Man muß aber zugeben, daß der Grundgedanke bei der ganzen Regelung derselbe ist. Der Eigentümer soll nur bestraft werden, wenn ihm der Fehler des Tieres bekannt war. Dieser Gedanke wird sowohl in dem keilinschriftlichen als auch in dem hebräischen Texte besonders in den Vordergrund gestellt. Die beiden Verfasser beginnen in voller Uebereinstimmung mit dem Falle, wo das Tier seinen Fehler bisher noch nicht gezeigt hatte; sie kommen dann an zweiter Stelle auf den Fall, wo der Fehler dem Eigentümer schon bekannt war, und machen hier zwischen den Ständen, mit denen sie es zu tun haben, bei der Festsetzung der Strafe die notwendigen Unterschiede. Das ist genau dieselbe Aufeinanderfolge. Der Verfasser des hebräischen Textes muß also die keilinschriftliche Darstellung in ihrem Inhalt und in ihrer Gliederung wirklich gekannt haben. Da er sich bei einer Fahrlässigkeit des Eigentümers für die Todesstrafe entschied, fügt er in seinen Ausführungen noch eine weitere Bestimmung hinzu, die diese Vertrautheit mit dem babylonischen Gesetzbuche in überraschender Weise bestätigt. Die Strafe soll nach dieser Bestimmung auch dann eintreten, wenn der Ochs einen Sohn oder eine Tochter getötet hat. Der Zusatz erinnert schon in seiner äußeren Form sofort an die Stellen, wo auch der babylonische Gesetzgeber sich mit der Sühne bei dem Tode eines Sohnes oder einer Tochter beschäftigt. Wenn jemand den Sohn eines Schuldners, den er als Pfand genommen hat, durch schlechte Behandlung zu Tode bringt, soll nach den Forderungen des babylonischen Rechtes ebenfalls einer von seinen Söhnen getötet werden[1]); wenn jemand die Tochter eines Freigeborenen geschlagen und dadurch eine Fehlgeburt und schließlich den Tod der Frau

[1]) S. oben S. 205.

herbeigeführt hat, soll man seine Tochter töten[1]); wenn ein Haus zusammenbricht und der Sohn des Eigentümers von den Trümmern erschlagen wird, soll man nicht den Baumeister, sondern den Sohn des Baumeisters töten[2]). Wenn jemand also verschuldet hatte, daß der Sohn oder die Tochter eines andern zu Tode kam, mußte nach diesen Bestimmungen nicht der Schuldige, sondern der Sohn oder die Tochter des Schuldigen sterben. Das war auch dem Verfasser des Bundesbuches noch bekannt. Er betrachtet es aber als ein Unrecht und verlangt deshalb ausdrücklich, daß der Tierhalter in einem solchen Falle selbst getötet wird. Wir haben es hier mit einer Ablehnung zu tun, die man als eine bewußte Polemik betrachten muß. Das zeigt sich auch im Ausdruck, der die Form der babylonischen Bestimmungen noch deutlich zur Voraussetzung hat. Es ist dieselbe Forderung, die sich im Deuteronomium in dem Satze 24, 16 wiederholt: „Väter sollen nicht wegen der Kinder getötet werden und Kinder nicht wegen der Väter; jeder soll nur wegen seiner eigenen Verfehlung getötet werden."

Wenn jemand einen Arbeiter mietet, der ihm den Acker bestellen soll, und ihm Saatgut (?) und Ochsen anvertraut, dann soll dem Arbeiter, falls er Saatgetreide und Futter unterschlägt, die Hand abgehauen werden. Wenn er die Ochsen weitervermietet und die Bestellung des Ackers unterläßt, muß er dem Eigentümer zur Zeit der Ernte für das Bur 60 Kur[3]) Getreide entrichten. Wenn man jemanden als Pflüger mietet, hat man ihm für das Jahr acht Kur Getreide zu geben. Der Mann, der die Ochsen[4]) zu versorgen hat, erhält sechs Kur. Wenn jemand einen Pflug vom Acker stiehlt, hat er dem Eigentümer fünf[5]) Schekel zu zahlen. Ein Hüter hat im Jahre ebenso wie der Pflüger acht Kur Getreide zu fordern. Wenn der Hüter ein Rind oder ein Schaf, das ihm anvertraut wurde, fortkommen läßt, muß er es dem Eigentümer ersetzen. Er ist verpflichtet, dafür zu sorgen, daß die Zahl der Rinder, der Schafe und der Jungtiere sich nicht vermindert, und bleibt auch nach seiner Entlassung für den Schaden, der sich später herausstellt, noch haftbar. Wenn man ihn überführt, daß er die Tiere verkauft und ihre Abzeichen geändert hat, muß er dem Eigentümer die gestohlenen Tiere zehnfach ersetzen. Wenn jemand ein Rind zum Dreschen mietet, hat er für das Tier zwanzig Sila Getreide zu geben; wenn er einen Esel zum Dreschen gemietet hat, muß er zehn Sila entrichten; wenn er ein Jungtier[6]) nimmt, beträgt die Miete nur ein Sila. Wenn man Ochsen, Wagen und Fuhrmann mietet, hat man für den Tag im ganzen 180 Sila zu geben. Wenn es sich bloß um

[1]) S. oben S. 213.

[2]) S. oben S. 216.

[3]) Vgl. oben S. 202.

[4]) Nach dem Zusammenhange sind die Ochsen gemeint, die den Pflug zu ziehen haben.

[5]) oder vier? Die Schreibung ist auch hier nicht ganz deutlich.

[6]) oder: ein Zicklein?

den Wagen handelt, hat man 40 Sila zu entrichten. Ein Lohnarbeiter erhält vom Anfange des Jahres bis zum Ende des fünften Monats einen Tagelohn von sechs Silberkörnern. In der zweiten Hälfte des Jahres muß er sich mit fünf Körnern begnügen. Auch für die Handwerker bestanden feste Tarife. Man hatte ihnen aber, soweit sich aus dem Texte noch entnehmen läßt[1]), auffallenderweise niemals mehr als fünf Körner zu zahlen. Das ist wenigstens der Satz, der bei den Angaben an den beiden ersten Stellen genannt wird. Der Zimmermann, der an der siebten Stelle zwischen dem Schmiede und dem Schuhmacher seinen Platz hat, bekommt nur vier Körner.

Wenn jemand ein Ruderschiff mietet, hat er für den Tag 2½ Silberkörner zu zahlen; wenn er ein Schiff von 60 Kur mietet, zahlt er für den Tag den sechsten Teil eines Schekels.

Wenn jemand einen Sklaven oder eine Sklavin gekauft hat und der Sklave oder die Sklavin innerhalb eines Monats von der Bennu-Krankheit befallen wird, kann der Kauf rückgängig gemacht werden. Wenn an den Käufer hinsichtlich des Sklaven oder der Sklavin von einer andern Seite Forderungen gestellt werden, hat der Verkäufer diese Forderungen zu befriedigen. Wenn der Sklave in einem fremden Lande gekauft wurde und ein früherer Besitzer ihn im eigenen Lande wiedererkennt, muß der Käufer ihn, falls es sich um ein Landeskind handelt, ohne weitere Entschädigung freilassen. Wenn der Sklave aus einem fremden Lande stammt, kann der frühere Besitzer ihn durch die Erstattung des Preises, den der Käufer gezahlt hat, wieder einlösen. Wenn ein Sklave seinem Herrn erklärt: „Du bist nicht mein Herr", und dieser den Beweis erbringt, daß es wirklich sein Sklave ist, darf er ihm ein Ohr abschneiden. Mit dieser Bestimmung findet das Gesetzeswerk seinen Abschluß.

Man sollte nun erwarten, daß die „gerechten Entscheidungen", die der König in dieser Weise mit so vieler Umsicht und Sorgfalt zusammenstellen ließ, ebenso wie die Vorschriften eines modernen Gesetzbuches sofort nach ihrer Bekanntgabe von den Untertanen überall genau berücksichtigt wurden. Das ist aber, soweit wir aus andern Quellen erfahren, in Wirklichkeit gar nicht der Fall gewesen. Wir ersehen besonders aus den zahlreichen Kontrakten der damaligen Zeit, daß die Forderungen des praktischen Lebens oft mächtiger waren als die mitunter etwas einseitigen Wünsche des Gesetzgebers. Man betrachtete die Bestimmungen, wie es scheint, vielfach nur als wohlüberlegte Vorschläge, über die man sich im Einzelfalle ohne Bedenken hinwegsetzen durfte. Daran vermochten auch die überschwenglichen Lobeserhebungen, die sich in dem Schlußwort der amtlichen Ausfertigung vorfinden, gar nichts zu ändern. Das Gesetz rechnet an erster Stelle mit den Verhältnissen, wie man sie damals in der Gegend von Babylon antraf. In Assyrien, das ebenfalls in der Einleitung besonders hervorgehoben wird, lagen

[1]) Die Zeilen sind hier teilweise zerstört.

die Dinge zum Teil schon wesentlich anders; in Palästina würde manches für weitere Kreise ganz unverständlich geblieben sein. Aus dieser Tatsache dürfen wir für sich allein schon den Schluß ziehen, daß die Festsetzungen dort niemals im eigentlichen Sinne des Wortes als verbindlich erscheinen konnten. Sie fanden aber, wie sich aus der Bibel ergibt, noch zur Zeit des Moses im bürgerlichen Leben eine weitgehende Beachtung. Man ersieht dieses nicht nur aus den Vorschriften des Bundesbuches, sondern auch aus den Parallelen in andern Zusammenstellungen, die wir ebenfalls im einzelnen schon kurz erwähnt haben. Die Blutschande wurde nach Lev. 20, 14 ebenso wie bei den Babyloniern in der schlimmsten Form, die man sich denken konnte, mit dem Feuertode bestraft[1]). Diese Strafe sollte nach Lev. 21, 9 in derselben Weise über eine Priestertochter verhängt werden, die den Namen ihres Vaters durch Unkeuschheit entweiht hatte. Die Priestertochter ist hier lediglich an die Stelle der babylonischen Priesterin getreten, die ihre Verfehlung ganz in derselben Weise zu sühnen hatte[2]). Die Angaben finden sich beide in dem Abschnitt, den man gewöhnlich als das Heiligkeitsgesetz bezeichnet[3]). Es sind zugleich die beiden einzigen Fälle, wo der Feuertod in der Bibel überhaupt verhängt wird. Das babylonische Gesetzbuch verlangt außerdem noch, daß man jemanden, der bei einem Brande etwas entwendet, sofort in das Feuer des brennenden Hauses wirft[4]). Dies vollzog sich aber ohne die Entscheidung des Richters. Für den Richter kamen nur die beiden Fälle in Betracht, die uns fast in derselben Form noch in dem Texte der Bibel begegnen. Das Fluchwasser, das die Ehefrau bei einem Zweifel an ihrer Treue zu trinken hatte[5]), ist ein naheliegender Ersatz für das Untertauchen bei der altbabylonischen Wasserprobe.

Die Parallelen, die sich im Bundesbuche vorfinden, verteilen sich im wesentlichen auf Exod. 21, 12—32 und Exod. 21, 37 — 22, 14. Sie zeigen uns, daß der Verfasser mit dem Inhalt und der Gedankenwelt des babylonischen Gesetzbuches noch selbst in engerer Fühlung steht. Er kennt genau den Abschnitt, der sich mit der Wiedervergeltung beschäftigt, und hebt den Grundgedanken dieses Textes in seinen Ausführungen scharf hervor. Dabei bindet er sich trotz der Umstellung, die zuerst den zweiten Teil des Abschnittes berücksichtigt, im einzelnen sogar an den Aufbau der keilinschriftlichen Darlegung. Er weiß, daß der keilinschriftliche Text jedesmal eine besondere Regelung bei der Verletzung eines Sklaven vorsieht, und behandelt die Verletzung einer Schwangeren ebenfalls in unmittelbarem Anschluß an die Folgen einer gewöhnlichen Schlägerei[6]). Die Uebereinstimmungen sind noch deutlicher bei den Bestimmungen

---

[1]) S. oben S. 210.
[2]) S. oben S. 204—205.
[3]) Von Lev. 17, 1 bis Lev. 26, 46.
[4]) S. oben S. 200.
[5]) S. oben S. 207—208.
[6]) S. oben S. 213 ff.

über das stößige Rind. Der Abschnitt zeigt hier genau dieselbe Gliederung und setzt auch eine Kenntnis von andern Stellen voraus, die für die Rechtsauffassungen des Chammurabi besonders charakteristisch sind. Chammurabi vertritt in seinem Gesetzbuche die Auffassung, daß der Tod eines Kindes unter normalen Verhältnissen durch die Hingabe des eigenen Kindes zu sühnen ist. Dieser Gedanke wird in dem biblischen Texte fast in derselben Form, wie man ihn vorzutragen pflegte, mit Nachdruck zurückgewiesen[1]). Das kann nur in einer Zeit geschehen sein, wo man auf derartige Forderungen in Palästina noch besondere Rücksicht zu nehmen hatte. Die Strafe für einen Diebstahl beschränkt sich in der Bibel bei gewöhnlichen Entwendungen auf eine Entschädigung in doppelter Höhe. Sie war bei den alten Babyloniern wesentlich strenger. Diese Strenge kommt im Bundesbuche noch zur Geltung, wenn es sich um einen Menschenraub handelt[2]) oder wenn der Dieb ein Tier, das er gestohlen, entweder schon geschlachtet oder verkauft hatte[3]). Unterschlagungen wurden bei den Israeliten nach dem Bundesbuche ganz in derselben Weise bestraft wie bei den Babyloniern. Wenn man etwas in Verwahrung genommen hatte, mußte man es ebenso wie bei den Babyloniern auch dann noch in seinem Werte zurückgeben, wenn man beweisen konnte, daß es gestohlen war. Die Feststellungen erfolgten hier sowohl nach dem babylonischen als auch nach dem israelitischen Rechte durch Eidesleistungen an der Stelle der Gottesverehrung[4]).

Die Bibel hat also die Bestimmungen des altbabylonischen Gesetzbuches an einer Reihe von Stellen noch deutlich zur Voraussetzung. Die Berührungen sind mitunter so auffallend, daß der Zusammenhang jedem sofort einleuchtet. Sie müssen aus einer Zeit stammen, wo der Text in Palästina den Gesetzgebern und Richtern noch allgemein zugänglich war, und führen uns durch die sonstigen Angaben zugleich in die Periode, wo die Herrschaft sich bereits in den Händen der Israeliten befand. Wir kommen hier also zu derselben Schlußfolgerung, die sich in der Genesis bei unsern bisherigen Untersuchungen schon aus den Namen der Urväter[5]) und aus den Aufzeichnungen über die Sintflut[6]) ergab. Die Namen gehen in ihren Bedeutungen, wie wir gesehen haben, größtenteils auf keilinschriftliche Bezeichnungen zurück, die in der Bibel von monotheistischen Berichterstattern umschrieben und durch naheliegende Neubildungen ersetzt wurden. Wir konnten zum Teil noch die Texte nachweisen, die bei diesen Bearbeitungen als Grundlage gedient haben. Sie zeigen uns, daß die Abschnitte schon zu einer Zeit entstanden sind, wo die Keilschrift unter den Gebildeten noch

[1]) S. oben S. 217—219.
[2]) Exod. 21, 16.
[3]) Exod. 21, 37. Vgl. oben S. 200.
[4]) S. oben S. 205 ff.
[5]) S. oben S. 108 ff.
[6]) S. oben S. 145 ff. und S. 155 ff.

allgemein in Gebrauch war. Die Israeliten fanden in Palästina neben den übrigen Literaturwerken der Babylonier auch das Gesetzbuch vor, das sie dann ebenso wie die früheren Gebieter des Landes bei der Regelung ihrer Angelegenheiten gern und fleißig zu Rate zogen. Es war, wenn wir uns an den Ausdruck in der Genesis anschließen, das Gesetzbuch des Amraphel, des Königs von Sinear. Der Name geht in dieser Form, wie wir annehmen mußten[1]), bis in die altbabylonische Zeit zurück. Er findet sich zwar bloß in dem Texte, der uns von dem Kriegszuge des Abraham erzählt; das ist aber für den Ursprung der eigenartigen Bildung nicht entscheidend. Wir haben es hier mit einer Umgestaltung zu tun, die in dem Berichte neben den übrigen Personennamen ganz für sich allein steht. Das hatte sicher einen ganz besonderen Grund. Die Umgestaltung war in dem vorliegenden Falle nicht das Werk des Verfassers, der den einen Namen gerade so behandelte wie den andern, sondern das Ergebnis einer früheren Entwickelung, die bei der Niederschrift des Textes schon längst zum Abschluß gekommen war. Sie ist offenbar aus dem Bestreben hervorgegangen, dem Namen eine Prägung zu geben, die sich in den Lautbestand und in den Wortschatz der Landessprache ohne Schwierigkeit hineinfügte. Dies kann aber nur bei einer Persönlichkeit vorausgesetzt werden, die in der Sprache des täglichen Lebens häufiger genannt wurde. Hierzu gab das bescheidene Kriegsunternehmen keinen Anlaß. Die Ursache muß deshalb anderswo gesucht werden. Sie lag in den Begleiterscheinungen, die sich in Palästina, wie es scheint, überall bei der Benutzung des Gesetzbuches ergaben. Wenn man das Gesetzbuch heranzog, mußte man ebenso wie es auch heutzutage noch geschieht, zur Unterscheidung von andern Sammlungen den Namen des Urhebers hinzufügen. Der Name wird in dem Texte nicht weniger als sechsmal ausdrücklich genannt, so daß man über die babylonische Form der Bezeichnung gar nicht im Zweifel sein konnte. Es war aber eine Form, die in der Volkssprache nicht befriedigte. Man suchte mit den Namen, die man gebrauchte, stets einen Gedanken zu verbinden und war gewöhnlich nicht eher zufrieden, als man dies in irgendeiner Weise erreicht hatte. Dabei lehnte man sich aber nicht mehr an die babylonische Form, sondern an die Aussprache, die uns später auch in Assyrien überrascht. Amraphel war also für die Bewohner von Palästina, wenn unsere Voraussetzungen richtig sind, an erster Stelle der große Gesetzgeber, der auch in der israelitischen Zeit die Entwickelung der Dinge noch wesentlich beeinflußt. Der Zusammenhang zeigt sich auch da, wo die biblischen Texte die Auffassung der babylonischen Bestimmungen grundsätzlich zurückweisen[2]). Man übernahm, was sich bewährt hatte, und änderte, was den Forderungen des Rechtes und der Billigkeit nicht ganz zu ent-

---

[1]) S. oben S. 182—183.

[2]) S. oben S. 218—219.

sprechen schien. Das babylonische Gesetzbuch ist in seinen Anweisungen außerordentlich strenge. Es vertritt fast überall den Herrenstandpunkt, der bei allem Streben nach wirklicher Gerechtigkeit in erster Linie die Rechte der Freigeborenen und der Besitzenden zu wahren sucht und für die Not der Armen und Bedrängten nur selten ein tieferes Verständnis aufbringt. Der Verfasser des Bundesbuches stellt sich dagegen, wo es möglich ist, überall mit demselben Nachdruck auf den Standpunkt des Schwachen und Verfolgten, der des Schutzes und der Hilfe bedarf. Er bringt die Strafen, wo es notwendig erscheint, auf ein erträgliches Maß und nimmt sich besonders der Sklaven und der Fremden an. Der Israelit soll den Fremden rücksichtsvoll behandeln, weil er selbst in Ägypten als Fremdling gelebt hat. Dieser Gedanke, der in dem Texte an zwei verschiedenen Stellen[1]) besonders hervorgehoben wird, spricht für sich allein schon für das hohe Alter der ganzen Zusammenstellung; er führt uns in eine Zeit, die mit der Bedrängnis, in der man sich befunden hatte, noch in unmittelbarem Zusammenhange steht. In den späteren Jahrhunderten würde dieser Hinweis gar keinen Eindruck mehr gemacht haben. Auch die Strenge, die man z. B. gegen den Besitzer eines stößigen Rindes zeigte, geht im letzten Grunde auf dasselbe Bestreben zurück. Sie hatte lediglich den Zweck, das Leben anderer zu schützen. Nach dem babylonischen Gesetzbuche muß man den Sklaven, der seinem Herrn entlaufen ist, unter allen Umständen dem früheren Eigentümer wieder zuführen[2]); nach der Bibel soll man ihn in keiner Weise behindern[3]). Die Bestimmung findet sich zwar erst im Deuteronomium; sie bringt aber nur zum Ausdruck, was sicher schon in der ältesten Zeit die Regel war. Die Gesetze sind in der Form, in der sie uns vorliegen, ganz aus dem Empfinden eines Volkes hervorgegangen, das selbst in Kummer und Bedrängnis gelebt hat.

---

[1]) Exod. 22, 20 und 23, 9.
[2]) S. oben S. 199.
[3]) S. oben S. 200.

VI.

Von Moses bis zum Beginn der Königsherrschaft.

Das Zurücktreten der Keilschrift fällt in Palästina mit dem siegreichen Vordringen der Buchstabenschrift zusammen. Diese war aber beim Tode des Königs Aḫiram, wie wir aus den Texten an seiner Grabstätte entnehmen mußten, wenigstens im Norden des Landes in ihrer damaligen Ausprägung schon allgemein verbreitet. Es war im wesentlichen noch dieselbe Form, die im Anfange des vierzehnten Jahrhunderts, wie wir gesehen haben, in der Kanzlei des Aziru von einem hervorragenden Schreiber genau festgelegt wurde. Auch die keilinschriftliche Bearbeitung des Alphabetes war unter den damaligen Verhältnissen nur eine besondere Maßnahme zur stärkeren Heranziehung der Volkssprache, die das Akkadische schließlich ganz in den Hintergrund drängte.

Die Israeliten müssen nach unsern bisherigen Zusammenstellungen schon eher in Palästina gewesen sein, als diese Entwickelung zum Abschluß gelangte. Sie haben die Keilschrift, wie aus den Uebereinstimmungen hervorgeht, bei ihrem Einzuge noch vorgefunden und die Literaturwerke, die dort in dieser Schrift verbreitet waren, noch vielfach zu Rate gezogen. Diese Tatsache ist für die Datierung der Einwanderung von besonderer Bedeutung. Sie nötigt uns, die Eroberung des Landes so früh zu setzen, daß die Entlehnungen überhaupt noch möglich waren.

Das älteste Zeugnis, das den Aufenthalt der Israeliten in Palästina schon voraussetzt, ist das Siegeslied auf den König Menephta, wo auch die Israeliten schon in der Zahl der Unterworfenen aufgeführt werden. „Die Fürsten sind hingestreckt und sagen: šalôm[1]); keiner erhebt sein Haupt unter den neun Bogen[2]). Verwüstet ist Tehenu[3]), Chatti[4]) in Frieden, erbeutet ist Kanaan mit (?) allem Schlechten. Fortgeführt ist Askalon, gepackt ist Gezer, Jenoam vernichtet, Israel ist verdorben, hat keinen Samen mehr. Palästina ist zur Witwe geworden für (?) Tameri“[5]). Menephta war der

---

[1]) Das kanaanäische Wort für Friede.

[2]) Ein alter Name für alle dem ägyptischen Könige unterworfenen Völker.

[3]) Ein Stamm in Libyen; hier eine Bezeichnung des ganzen Volkes.

[4]) Das Land der Chethiter.

[5]) Nach der Uebersetzung und den Erklärungen von Ranke bei Greßmann, Altorient. Texte zum Alten Testament, Zweite Aufl., S. 24—25. Israel ist in dem Texte mit dem im Plural stehenden Personendeterminativ verbunden. Es wird also nicht als Land, sondern als Volk betrachtet. Tameri war ein alter poetischer Name für Ägypten.

Sohn und Nachfolger von Ramses II. Die Stele, auf der uns der Text überliefert ist, stammt aus dem fünften Jahre seiner Regierung. Der Kriegszug hatte selbst im dritten Regierungsjahre stattgefunden. Die Thronbesteigung fällt nach den Ansätzen von Borchardt[1]) in das Jahr 1235. Die Behauptung, daß das Volk keinen Samen mehr hat, ist im Ägyptischen ein häufig vorkommender Ausdruck für die angebliche Vernichtung eines Volkes. Es handelt sich aber bei einer solchen Angabe gewöhnlich nur um eine phrasenhafte Uebertreibung. Die Israeliten waren also in der damaligen Zeit in Palästina schon ansässig und lebten dort, wie es scheint, ganz in derselben Weise wie die übrigen Bewohner des Landes.

Der Auszug aus Ägypten erfolgte nach dem Ansatze der Königsbücher im Jahre 480 vor dem Beginn des Tempelbaues, der nach zuverlässigen Berechnungen im Jahre 968 in Angriff genommen wurde. 968 + 480 = 1448. Dies führt uns für den Einzug in Palästina, wenn wir die Zahlen genau so nehmen wie wir sie vorfinden, auf das Jahr 1408.

Wir haben uns über den Wert dieser Angaben schon eingehend unterhalten[2]). Sie gehen auf eine Zählung von Geschlechtern zurück, die jedesmal mit 40 Jahren eingesetzt wurden. Die Grundlagen lassen sich in den Büchern der Chronik zum Teil noch genau nachprüfen. Das System verdient in dem, was es zu bieten vermag, unser volles Vertrauen; es gestattet aber keine Datierung, bei der man sich unbedingt auf ein bestimmtes Jahr oder auf die Festlegung eines bestimmten Zeitabschnittes verlassen darf. Die Zahl 480 ist in dieser Hinsicht genau so zu bewerten wie der Ansatz für den Aufenthalt in Ägypten. Die beiden Angaben erzählen uns von 23 verschiedenen Geschlechtern, die nach diesem Schema für die Zeit von der Erhöhung des Joseph bis zum Beginn des Tempelbaues eine Reihe von 920 Jahren ergeben. Da Jakob damals 120 Jahre alt war[3]) und Isaak bei der Geburt des Jakob ein Alter von 60 Jahren erreicht hatte, kommen wir für den Kriegszug des Kedorlaomer[4]) bei dieser Berechnung ungefähr auf das Jahr 2083. Dieser Zeitpunkt liegt aber nach den Aufzeichnungen der Babylonier, wie wir gesehen haben, um etwa 45 Jahre zu hoch.

Das einzige Buch, das uns für die Datierung des Auszuges noch weiteres Material an die Hand gibt, ist das Buch der Richter. Wir finden hier eine große Menge von Zahlenangaben, die wir in diesem Zusammenhange nicht übergehen dürfen. Es fragt sich nur, wie wir die Ereignisse miteinander zu verbinden haben. Wenn wir die Aufeinanderfolge so nehmen, wie wir sie vorfinden, kommen wir für den Umfang des Buches allein schon auf eine Zeit von 410 Jahren. Das würde mit dem Aufenthalt in der Wüste, der

---

[1]) Zeitschr. f. Ägypt. Sprache und Altertumsk. Bd. 70 (1934), S. 97 ff.
[2]) S. oben S. 171 ff.
[3]) Zehn Jahre vor seiner Reise nach Ägypten. S. oben S. 173.
[4]) S. oben S. 172.

Tätigkeit des Josue und den Ansätzen für Heli, Samuel, Saul und David bis zum vierten Regierungsjahre des Salomon eine Zeit von mehr als 600 Jahren ergeben. Dabei ist der Wortlaut des Textes fast überall sehr gut erhalten, so daß wir gar keinen Grund haben, hier mit besonderen Fehlern zu rechnen. Wir stoßen bei den Angaben, wenn wir sie nach der Größe der einzelnen Zahlenwerte kurz zusammenfassen, auf Perioden von drei (9,22), sechs (12,7), sieben (6,1; 12,9), acht (3,8; 12,14), zehn (12,11), achtzehn (3,14; 10,8), zwanzig (4,3; 15,20 = 16,31), zweiundzwanzig (10,3), dreiundzwanzig (10,2), vierzig (3,11; 5,31; 8,28; 13,1) und achtzig (3,30) Jahren. Diese Zahlen lassen in den drei ersten Dekaden einen so natürlichen und ungezwungenen Wechsel erkennen, daß sie schon aus diesem Grunde ein besonderes Vertrauen verdienen. Es sind Zahlen, wie sie tatsächlich im Leben vorkommen, ohne Abrundungen und ohne bedenkliche Gleichförmigkeiten[1]). Dann folgt aber sofort die Zahl 40, die viermal für sich allein steht und bei der Spanne von 80 Jahren nur verdoppelt ist. Man sieht aber schon an dieser Verdoppelung, daß der Verfasser hier ebenfalls noch das Bestreben hat, möglichst genau zu sein. Das ist bei kleineren Zahlen verhältnismäßig recht leicht. Sie sind leicht festzustellen und auch leicht zu behalten. Um so schwieriger ist es dagegen, wenn größere Zahlen in Betracht kommen. Man ist dann in der Regel schon zufrieden, wenn die Angabe den Tatsachen im wesentlichen gerecht wird. Es darf aber vorausgesetzt werden, daß hier ebenso wie bei den kleineren Zahlen in den meisten Fällen eine bestimmte Ueberlieferung vorliegt, über die man sich nicht ohne weiteres hinwegsetzen darf.

Die Israeliten hatten nach der Stelle 3,3 gegen die Philister, die Kanaaniter, die Sidonier und die Chiwiter zu kämpfen, die auf dem Libanon vom Berge Baal Hermon bis gegen Hamath saßen. Wir haben hier eine Aufzählung der Feinde nach ihren Wohnsitzen. Der Verfasser beginnt bei dieser Zusammenstellung im Süden und schließt dann mit der Erwähnung des Volkes, das seinen Wohnsitz ganz im Norden hat. Er bemüht sich aber, die Ereignisse bei der Behandlung der Einzelheiten stets in ihrer geschichtlichen Aufeinanderfolge vorzuführen. Othniel, der erste unter den Richtern, war ein jüngerer Bruder des Kaleb. Er befreite das Volk, nachdem es acht Jahre dem Kuschan Rischathaim dienstbar gewesen war, und starb dann nach 40 Jahren. Als es nach seinem Tode den Weg des Herrn wieder verließ, kam es in die Knechtschaft des Königs Eglon von Moab, dem es 18 Jahre zu dienen hatte. Auf diese Zeit folgte

[1]) Es ist allerdings auffallend, daß die Zahl achtzehn (3,14 und 10,8) sich in beiden Fällen auf eine Unterdrückung bezieht, und zwar in dem einen Falle auf eine Unterdrückung durch die Moabiter, denen die Ammoniter und die Amalekiter sich anschlossen, und in dem andern auf die aus einer späteren Zeit berichteten regelmäßigen Ueberfälle von seiten der Ammoniter. Die Verhältnisse sind hier so ähnlich, daß die Uebereinstimmung wohl kaum auf einem Zufall beruht. Wir haben es also jedenfalls an der einen der beiden Stellen mit einer Uebertragung zu tun.

dann die achtzigjährige Friedensperiode, die durch die kühne Tat des Ehud eingeleitet wurde. Nach dem Tode des Ehud taten die Israeliten wieder, was dem Herrn mißfiel. Da gab der Herr sie in die Hand des Königs Jabin von Chaṣor, aus der sie erst nach zwanzig Jahren durch den Sieg des Barak und der Debora wieder befreit wurden. Auf den Sieg folgte dann eine Ruhezeit von 40 Jahren, eine Zeit der Bedrängnis von sieben Jahren und eine zweite Periode der Ruhe, die ebenfalls vierzig Jahre dauert und bis zum Tode des Gedeon reicht. Abimelech, der Sohn des Gedeon, wurde sodann in Sichem zum Könige gewählt und regierte dort drei Jahre. An die Zeit des Abimelech schließt sich dann die Tätigkeit des Tola und des Jair, die im ganzen 45 Jahre umfaßt. Hierauf heißt es in dem Abschnitt 10, 6 ff.: „Die Israeliten taten aber aufs neue, was dem Herrn mißfiel. Sie dienten den Baalen, den Astarten, den Göttern Syriens, den Göttern Sidons, den Göttern Moabs, den Göttern der Ammoniter und den Göttern der Philister und verließen den Herrn und dienten ihm nicht mehr. Da entbrannte der Zorn des Herrn gegen Israel und er gab sie in die Hand der Philister und in die Hand der Ammoniter. Und diese quälten und plagten die Israeliten in jenem Jahre, achtzehn Jahre hindurch, — alle Israeliten jenseits des Jordan im Lande der Amoriter, in Gilead. Und es kamen die Ammoniter über den Jordan, um auch in Juda, Benjamin und Ephraim zu kämpfen, so daß Israel in großer Not war. Und es riefen die Israeliten zum Herrn und sprachen: Wir haben gesündigt wider dich; denn wir haben unsern Gott verlassen und den Baalen gedient. Und es sprach der Herr zu den Israeliten: Ist die Rettung vor Ägypten und vor den Amoritern nicht gerade so viel wie Rettung vor den Ammonitern und vor den Philistern?" Dieser Abschnitt bildet, wenn wir ihn richtig verstehen, den Schlüssel für das Verständnis der folgenden Kapitel. Der Verfasser nennt hier die Philister an drei verschiedenen Stellen in unmittelbarem Zusammenhange mit den Ammonitern. Dies sollte für sich allein schon genügen, um den Wortlaut gegen die Bedenken einer voreiligen Kritik unter allen Umständen zu schützen. Hierzu kommt an der dritten Stelle noch der Vergleich mit Ägypten und den Amoritern, der ohne das Vorhandensein von zwei verschiedenen Feinden in seiner Eigenart wesentlich verlieren würde. Die Angaben sind ganz von dem Gedanken getragen, daß die beiden Feinde sich zu derselben Zeit gegen Israel erheben. Dies könnte bei den ersten Sätzen vielleicht noch zweifelhaft sein; es wird aber durch die Zusammenstellung in der Antwort des Herrn zur vollen Gewißheit. Dabei denkt der Verfasser zunächst an die Ammoniter, die er im Anfange und am Schluß des Textes zuerst erwähnt, und erst an zweiter Stelle an die Philister. Er nimmt aber ohne Bedenken eine Umstellung vor, wo der Zusammenhang es ihm nahelegt. Das ist in der Mitte des Textes der Fall, wo er sich in den folgenden Sätzen noch eingehender mit den Ammonitern beschäftigen will. Hierzu paßt dann auch die Fortsetzung. Er berichtet in seinen Ausführungen zunächst über die Kämpfe gegen die Ammoniter und greift dann in den späteren Kapiteln auf die Philister zurück. Die Ereignisse sind hier also bei der Festlegung der chronologischen Aufeinanderfolge nicht nacheinander, sondern nebeneinander zu berücksichtigen. Damit kommt die eine Reihe der Angaben für die Aufstellung jedesmal in Wegfall. Wenn wir die Zahlen zugrundelegen, die uns für die Datierung der Vorgänge im Norden des Landes zur Verfügung stehen, dürfen die vierzig Jahre, die auf die Bedrückung durch die Philister entfallen, und die zwanzig Jahre des Samson nicht mehr hinzugefügt werden; wenn wir es vorziehen, diese 40 + 20 Jahre zugrundezulegen, müssen wir auf die 18 + 6 + 7 + 10 + 8 Jahre verzichten, die im ersten Teile der Darstellung für die Berechnung in Betracht kommen. In dem einen Falle haben wir die 410 Jahre, von denen wir sprachen, um 60 und in dem andern um 49 Jahre zu kürzen. Da die Ammoniter und die Philister nicht miteinander verbündet waren, haben sie mit ihren Uebergriffen wohl kaum in demselben Jahre den Anfang gemacht.

Die Philister gehören zu den sogenannten Seevölkern, die nach den Aufzeichnungen der Ägypter um das Jahr 1200 von den Küsten und Inseln Europas heranzogen und im achten Regierungsjahre des Königs Ramses III. im Norden von Palästina zu Land und zu Wasser empfindlich geschlagen wurden. Sie werden in den Berichten immer ausdrücklich hervorgehoben, und zwar in der Regel an der ersten Stelle. Es gelang ihnen aber, sich trotz dieser Niederlage bis zum Süden von Palästina durchzuschlagen und sich dort niederzulassen. Sie setzten sich zunächst an der Küste fest und suchten dann von dort aus ihr Gebiet nach Möglichkeit zu erweitern. Da Ramses nach den Berechnungen von Borchardt[1]) wahrscheinlich im Jahre 1195 zur Herrschaft gelangte, dürfen wir die Niederlage mit ziemlicher Sicherheit in das Jahr 1188 verlegen. Das Vordringen begann also vielleicht schon um das Jahr 1180. Nun wissen wir aber, daß Saul um das Jahr 1010 gestorben ist, kurz nach dem Tode des Samuel. Dieser hatte schon bei der Berufung des Saul ein so hohes Alter erreicht, daß ihm die Last des Richteramtes zu schwer wurde. Er hatte also, da er beim Tode des Heli noch jung war, schon etwa 40—50 Jahre seines Amtes gewaltet. Wir stehen hier aber bei der Einfügung vor einer Schwierigkeit, da wir für Saul keine genaueren Angaben über die Zahl der Regierungsjahre besitzen. Die Bibel erzählt uns I Sam. 13, 1: „Saul war ein Jahr alt, als er König wurde, und war zwei Jahre König von Israel.“ Dieser Wortlaut deckt sich in seiner Form ganz mit der Wendung, die wir II Sam. 2, 10 und 5, 4 vorfinden. Es kann also nicht zweifelhaft sein, daß der Satz in seinem Aufbau als ursprünglich zu betrachten ist. Er fehlt zwar in der Septuaginta, aber dieses

---

[1]) Zeitschr. f. Ägypt. Sprache und Altertumsk. Bd. 70, S. 102—103. Vgl. dazu die Ansätze von Albright, Bulletin of the American Schools of Oriental Research Nr. 58, Apr. 1935, S. 17.

Fehlen erklärt sich sofort aus dem Inhalt. Der Uebersetzer ging an den Zahlenangaben vorüber, weil er nichts mit ihnen anzufangen wußte. Man ist nun versucht, an einen gelegentlichen Schreibfehler zu denken. Es ist aber auffallend, daß beide Zahlen falsch sind, und daß es sich gerade um die Zahlen 1 und 2 handelt, die auch in dem folgenden Satz eine Rolle spielen. Saul wählte sich, wie es dort heißt, aus Israel 3000 Mann aus, von denen er 2000 selbst behielt und 1000 an Jonathan abgab. Das ist sicher kein Zufall. Der Urheber des jetzigen Textes hat bei der Niederschrift des ersten Satzes schon diese 2000 + 1000 im Kopfe gehabt und die 2 + 1 gedankenlos für die Zahlen eingefügt, die er hier mitzuteilen hatte. Diese sind also für immer verloren. Man sieht aber, daß Jonathan beim Regierungsantritt seines Vaters schon eine Feldherrnstelle bekleiden konnte. Dies zeigt uns, daß der Vater damals schon im reiferen Mannesalter stand. Am Ende seiner Regierung war er noch kräftig genug, um selbst in den Krieg zu ziehen. David hatte beim Tode des Saul ein Alter von 30 Jahren erreicht. Er war aber, als er an den Hof kam, nach der Angabe von I Sam. 16, 18 schon ein starker und kräftiger junger Mann, wie der König sie gern in das Heer aufnahm, vernünftig in der Rede und schön von Gestalt. Das setzt ein Alter von mindestens 20 Jahren voraus. Saul konnte ihn schon nach kuzer Zeit zu seinem Waffenträger ernennen. Wir haben also von seiner Berufung bis zum Tode des Saul nur mit einem Abstande von höchstens zehn Jahren zu rechnen. Die Berufung steht aber in unmittelbarem Zusammenhange mit der Verwerfung des Saul, die wir von dem Anfange seiner Regierung nicht allzu weit abrücken dürfen. Wir dürfen hier, wie es scheint, wohl kaum über einen Zeitraum von etwa fünf bis sechs Jahren hinausgehen. Wenn dieses richtig ist, kommen wir für den Anfang der Regierung ungefähr auf das Jahr 1025. Dies führt uns für den Tod des Heli auf die Zeit von etwa 1075—1065. Heli muß also das Richteramt, wenn wir uns an der Stelle I Sam. 4, 18 auf die Angabe des masoretischen Textes verlassen, schon um das Jahr 1110 übernommen haben. Wenn wir nun die zwanzig Jahre des Samson und die vierzig Jahre der voraufgehenden Bedrückung hinzurechnen, erhalten wir für den Anfang dieser Bedrückung ungefähr das Jahr 1170.

Die Zahlen der andern Reihe bleiben hinter den 40 + 20, wie wir gesehen haben, um 11 zurück. Da sie im ganzen sehr niedrig sind, verdienen sie ein besonderes Vertrauen. Das ist auch bei den Ansätzen für Tola und Jair der Fall. Tola begann seine Tätigkeit, wie die Bibel voraussetzt, kurz nach dem Tode des Abimelech. Er richtete Israel dreiundzwanzig Jahre lang, und Jair, der in dem Texte mit zweiundzwanzig Jahren aufgeführt wird, scheint sein unmittelbarer Nachfolger gewesen zu sein. Da Jair in Gilead wohnte, haben wir es hier jedenfalls schon mit derselben Ueberlieferung zu tun, die uns von der sich anschließenden Ammoniterplage berichtet. Wir erhalten hier also, wenn wir die Angaben zusammenfassen, von der Berufung des Tola bis zum Tode des

Abdon eine Zeit von mindestens 45 + 49 Jahren. Es ist möglich, daß die Spanne noch größer war; sie kann aber nach der Eigenart der Ansätze nicht kleiner gewesen sein. Der Tod des Abimelech fällt also, wenn die Zahlen richtig sind, in die Zeit kurz vor dem Jahre 1200. Damit kommen wir für das Auftreten des Gedeon, wenn wir die Angaben so nehmen, wie wir sie vorfinden, auf die Zeit von 1250 und für den Sieg des Barak und der Debora ungefähr auf das Jahr 1300. Das würde uns für die Ermordung des Eglon nach den vorhandenen Ansätzen auf das Jahr 1400 und für den Beginn der Unterdrückung durch Kuschan Rischathaim ungefähr auf das Jahr 1466 führen. Wir würden also, wenn wir für die Tätigkeit des Josue eine Zeit von etwa 30 Jahren voraussetzen, für den Einzug in Palästina ungefähr auf das Jahr 1500 und für den Beginn des Aufenthalts in Ägypten auf das Jahr 1970 kommen. Dies würde für die Geburt des Jakob das Jahr 2100, für die Geburt des Isaak das Jahr 2160 und für die Geburt des Abram das Jahr 2260 ergeben. Der Zug des Kedorlaomer würde dann in der Zeit zwischen den Jahren 2185 und 2175 seinen Platz finden. Wenn wir die Bemerkung über den Anfang des Tempelbaus zugrundelegen, erhalten wir statt dieser Zahlen die Zeit von 2093—2083[1]). Diese greift aber für sich allein schon, wie wir gesehen haben, um etwas mehr als vierzig Jahre über den richtigen Zeitpunkt hinaus. Wir haben also die Ansätze, wenn wir sie für eine genauere Datierung der Ereignisse verwerten wollen, auch im ersten Teile des Richterbuches in ihren Auswirkungen noch erheblich zu kürzen. Sie ergeben in ihrer jetzigen Form oder doch wenigstens in der Art ihrer jetzigen Zusammenstellung eine Zahlenreihe, die auch im Rahmen der biblischen Angaben noch um etwa 90—100 Jahre zu hoch ist. Es fragt sich nur, wo wir den eigentlichen Grund dieser Erscheinung zu suchen haben.

Da Othniel bei der Eroberung von Kirjath Sepher noch so jung war, daß er die Tochter seines Bruders Kaleb zur Frau nehmen konnte, bieten die Angaben über die acht Jahre der Knechtschaft und über die sich anschließenden vierzig Jahre seiner richterlichen Tätigkeit für die Chronologie keine besonderen Schwierigkeiten. Das gilt auch für den Bericht über die Unterdrückung durch Eglon und über die Tat des Ehud. Um so auffallender ist dann aber die Angabe über die hierauf folgende Ruheperiode von 80 = 40 + 40 Jahren. Da der Ansatz in dieser Form ganz für sich allein steht, verdient die Zahl ein besonderes Vertrauen. Wir haben hier jedenfalls an eine Ruhe zu denken, die sich über einen Zeitraum von zwei verschiedenen Menschenaltern erstreckte. Der Verfasser erzählt uns dann in den folgenden Versen: „Und nach ihm war Schamgar, der Sohn des Anath. Dieser schlug die Philister, sechshundert Mann, mit einem Ochsenstecken[2]) und wurde dadurch ebenfalls zu einem

[1]) S. oben S. 172.

[2]) oder: mit einer Pflugschar? Vgl. dazu V. Zapletal, Das Buch der Richter S. 52—53.

Befreier Israels. Doch die Israeliten taten wieder, was böse war in den Augen des Herrn; denn Ehud war gestorben. Da gab der Herr sie in die Hand des Jabin, des Königs von Kanaan, der seinen Königssitz in Chasor hatte." Der Uebergang ist hier in mehrfacher Hinsicht sehr eigenartig. Wir erfahren in den ersten Sätzen, daß Schamgar, der Sohn des Anath, sechshundert Philister erschlug und dadurch ebenfalls zum Retter Israels wurde. Die Einzelheiten werden aber gar nicht weiter behandelt. Die Fortsetzung beschäftigt sich sofort mit der Tatsache, daß die Israeliten den Herrn wieder verließen, und hebt dann als Grund den Tod des Ehud hervor. Man sieht, daß Schamgar hier in Wirklichkeit gar keine Rolle spielt. Es war deshalb ein naheliegender Gedanke, ihn aus diesem Zusammenhange kurzerhand zu entfernen. Damit ist aber noch nicht gesagt, daß dieses richtig war. Die Dinge liegen oft anders, als man im ersten Augenblicke vermutet. Wenn wir die Angaben beseitigen, nehmen wir dem Leser die Möglichkeit, die Erwähnung des Schamgar in dem am Schluß des folgenden Abschnittes mitgeteilten Liede der Debora zu verstehen. Der Dichter erzählt uns dort: „In den Tagen des Schamgar, des Sohnes des Anath, in den Tagen der Jael hatten aufgehört die Züge auf den Straßen"; er nennt hier also mit besonderem Nachdruck an erster Stelle den Schamgar, den er als einen Zeitgenossen der Jael betrachtet. Man würde bei dieser Stelle sofort in Verlegenheit kommen, wenn der Name nicht schon irgendwie bekannt wäre. Die Bemerkung kann also, wenn man auf das Ganze sieht, gar nicht entbehrt werden. Die Datierung beschränkt sich auf den Hinweis, daß Schamgar „nach ihm" war, daß er also auftrat, als Ehud schon gestorben war. Ueber den Zeitpunkt des Todes wird uns in dem Texte gar nichts gesagt. Es darf aber nach den uns sonst zur Verfügung stehenden Beispielen vorausgesetzt werden, daß die richterliche Tätigkeit sich höchstens über einen Zeitraum von etwa vierzig Jahren erstreckte. Was darüber hinausgeht, kann also füglich nur als eine Zeit betrachtet werden, in der man wieder tat, was dem Herrn nicht gefiel. Das ist sehr auffallend; denn solche Festlegungen kommen anderswo nicht vor. Die Schwierigkeit wird aber noch größer, wenn wir bedenken, daß das Strafgericht sich in einer ganz anderen Gegend von Palästina vollzieht. Othniel war ebenso wie Kaleb nur im Süden des Landes tätig, Eglon besetzte die Palmenstadt, unter der wir entweder Tamar oder Jericho zu verstehen haben, und Ehud gehörte zum Stamme Benjamin. Wir sind deshalb zu der Annahme berechtigt, daß der Norden und die westlichen Teile von Palästina von diesen Ereignissen nicht weiter berührt wurden. Auch die Erfolge des Jabin und des Sisera waren örtlich beschränkt. Es war in der Hauptsache nur ein Kampf um die Vorherrschaft in der Ebene von Jezreel, der in den übrigen Gebieten des Landes niemanden besonders aufregte. Dan blieb nach den Angaben im Liede der Debora trotz des Kriegsrufes ruhig bei den Schiffen, Aser am Gestade des Meeres, Ruben kam zu keiner

Entscheidung, und der Süden wird in dem Liede überhaupt nicht erwähnt. Es ist durchaus zu begreifen, daß die Beteiligten solche Vorgänge stets als eine Schicksalsfrage für ganz Israel betrachteten. Das hat auch der Verfasser des Buches getan. Er weiß zwar, daß die Kämpfe gegen die Philister in dieselbe Zeit fallen, wo die Israeliten von den Ammonitern belästigt wurden; dies kommt aber in der Darstellung, wie wir gesehen haben, gar nicht so zum Ausdruck, wie man es erwarten sollte. Die Einzelheiten sind in den betreffenden Kapiteln in einer Weise behandelt, daß das Nebeneinander der Ereignisse für den Leser schließlich zu einem ausgesprochenen Nacheinander wurde. Das scheint auch hier der Fall gewesen zu sein. Das Lied der Debora setzt schon den Sieg des Schamgar voraus. Es kann also erst zu einer Zeit entstanden sein, wo die Kämpfe mit den Philistern bereits ihren Anfang genommen hatten. Damit kommen wir aber für den Süden des Landes schon in die Periode der eigentlichen Unterdrückung. Diese fällt also mit den Vorgängen, die im Norden zu der blutigen Auseinandersetzung führten, wenigstens schon teilweise zusammen. Die Angaben sind aber im übrigen, wie es scheint, genau so zu nehmen, wie wir sie vorfinden. Die Zeit des Ehud folgt auf die achtzehn Jahre der Knechtschaft, die sich nach der Darstellung des Textes an die vierzigjährige Friedenszeit nach der Befreiung von der Herrschaft des Kuschan Rischathaim anschloß. Wir erhalten hier also, da diese vom Verfasser auf acht Jahre angegeben wird, für die Entwickelung im Süden des Landes die Aufeinanderfolge von 8 + 40 + 18 + 80 Jahren. Diese liegen aber, wie wir gesehen haben, noch in ihrem ganzen Umfange vor dem Auftreten der Philister, die jedenfalls schon im Jahre 1187[1]) an der Südgrenze von Palästina anlangten. Sie führen uns also, wenn wir auch die beiden größeren Zeitangaben genau nach dem Wortlaute nehmen, für das Eindringen des Kuschan Rischathaim auf das Jahr 1333. Da Othniel im Kampfe gegen Kuschan Rischathaim die Führung übernahm und gleich darauf als Richter anerkannt wurde, müssen wir annehmen, daß Kaleb damals schon gestorben war. Wir kommen hier also für den Auszug ungefähr auf dieselbe Zeit, die sich nach unsern bisherigen Zusammenstellungen für diesen Termin aus der Zahl der aufeinanderfolgenden Generationen ergab. Damit findet der Ansatz auch hier wieder eine überraschende Bestätigung. Das Richterbuch vertritt hier eine Ueberlieferung, die sich ganz auf derselben Grundlage bewegt. Es setzt für die Periode bis zum Auftreten der Philister schon eine Dauer von mehr als 146 Jahren voraus. Diese Tatsache ist für sich allein schon von ausschlaggebender Bedeutung. Sie findet dann ihre Ergänzung in den Angaben im zweiten Teile des Buches, wo wir von einer vierzigjährigen Bedrückung durch die Philister und von der zwanzigjährigen Richtertätigkeit des Samson erfahren. Dieser Zusammenhang ist dem Verfasser wohl selbst

---

[1]) S. oben S. 229.

nicht mehr zum Bewußtsein gekommen; er läßt sich aber aus dem Zahlenmaterial und aus der Gruppierung der einzelnen Texte, soweit sie hier in Betracht kommen, ohne Schwierigkeit herausheben. Der Verfasser hat bei der Niederschrift seines Werkes aus einer Reihe von Quellen geschöpft, die an und für sich gar nichts miteinander zu tun haben. Wir müssen also zwischen dem, was in den Quellen stand, und der Art und Weise, wie er selbst die Vorgänge miteinander verbunden hat, scharf unterscheiden. Es kommt für die Chronologie besonders darauf an, was uns die Quellen in dieser Hinsicht erzählen. Diese bieten uns in den Berichten über die Philister, soweit sie in dem jetzigen Werke noch vorliegen, eine wertvolle Möglichkeit zur sicheren Orientierung. Was vor dem Auftreten der Philister geschah, liegt zeitlich noch vor dem Jahre 1188; was von den Kämpfen mit den Philistern erzählt wird, hat die Ereignisse dieses Jahres schon zur Voraussetzung. Wir haben dann aber die Texte so zu nehmen, wie sie sich darbieten, und dürfen sie nicht, wie es vielfach geschehen ist, mit Rücksicht auf andere Stellen gewaltsam verändern. Die Kritik hat gewiß ihre hohe Berechtigung; sie hat aber in der Weise, wie sie in solchen Fällen zum Teil gehandhabt wurde, oft das Wertvollste zerschlagen, was sich in der Bibel noch aus älteren Aufzeichnungen oder aus älteren zuverlässigen Ueberlieferungen in seiner ursprünglichen Form erhalten hatte.

Der Auszug war nach den Angaben im ersten Kapitel des Buches Exodus die Folge einer planmäßigen Knechtung, die für das Volk auf die Dauer unerträglich wurde. Es wurde nach diesen Angaben auch bei dem Bau der Städte Pithom und Ramses, die hier ausdrücklich mit Namen genannt werden, zu harter Fronarbeit gezwungen. Dies führt uns aber schon in die Zeit des Königs Ramses II., der erst im Jahre 1301[1]) den Thron bestieg und das Zepter dann bis zum Jahre 1235 in der Hand behielt. Sein Sohn und Nachfolger Menephta hatte damals schon ein verhältnismäßig hohes Alter erreicht. Er unternahm im dritten Jahre seiner Regierung den Kriegszug nach Palästina, wo er schon mit den Israeliten zusammenstieß, und starb dann bereits im Jahre 1227. Der Kriegszug fällt also in das Jahr 1233. Das ist mit den Ansätzen, die wir bisher in Betracht zogen, ohne weiteres in Einklang zu bringen. Wenn wir für den Einzug unter Beibehaltung der biblischen Zahlen das Jahr 1408 voraussetzen, müssen die Israeliten damals schon seit ungefähr 175 Jahren in Palästina gewesen sein; wenn wir, um die in der Zahl 480 liegenden Ungenauigkeiten auszugleichen, auf die Zeit von etwa 1390 herabgehen, kürzt sich der Abstand in runder Zahl auf eine Spanne von etwas weniger als 160 Jahren. Nun wissen wir aber, daß Moses nach den Angaben von Exod. 7, 7 und Deuteron. 34, 7 zur Zeit des Auszuges schon 80 Jahre alt war. Wir würden also, wenn das Geburtsjahr schon

---

[1]) S. oben S. 25.

in die Zeit des Ramses fiel, für den Auszug als frühesten Termin etwa das Jahr 1220 erhalten. Der Auszug hätte dann, ohne daß wir es irgendwie zu ändern vermögen, dreizehn Jahre nach dem erwähnten Kriegszuge und sieben Jahre nach dem Tode des Menephta stattgefunden. Dieser Gedanke bedarf also gar keiner weiteren Widerlegung. Man könnte sich höchstens die Frage vorlegen, ob wir zwischen den Israeliten, die uns im Jahre 1233 in Palästina begegnen, und den Israeliten, die von Moses geführt wurden, vielleicht einen Unterschied machen dürfen. Das ist aber ebenfalls unmöglich. Das Siegeslied nennt die Israeliten in einem Zusammenhange, der an erster Stelle auf die nördlichen Teile von Palästina schließen läßt. Das sind dieselben Teile, wo wir die Israeliten zu suchen haben, die unter der Führung des Josue durch den Jordan zogen. Wir sehen also, daß der Hinweis auf die Bauten des Ramses für die Datierung ganz ausscheiden muß. Wenn wir an der Angabe festhalten, stoßen wir bei den weiteren Voraussetzungen der Bibel auf unüberwindliche Schwierigkeiten. Das Jahr 1233 bildet einen Markstein, an dem wir nicht rütteln dürfen. Die Geburt des Moses fällt in eine Zeit, wo die Bedrückung schon eine besonders scharfe Form angenommen hatte. Was wir darüber erfahren, setzt eine Entwickelung voraus, die sich im günstigsten Falle schon über eine Reihe von mehreren Jahren erstreckt. Die Angabe, daß die Regierung des Königs „nach vielen Tagen“ ihr Ende erreichte, hat in dem Zusammenhange, in dem sie uns entgegentritt, nur den Wert einer sprachlichen Ueberleitung. Die Zahlen, die sich auf das Alter des Moses beziehen, sind ebenfalls in keiner Weise zu beanstanden; sie haben in ihrer jetzigen Form dieselbe Berechtigung wie die Angaben, die wir über das Alter des Aaron und des Josue besitzen. Es hat eine Zeit gegeben, wo man sich ganz daran gewöhnt hatte, Ramses II. als den „Pharao der Bedrückung“ und Menephta als den „Pharao des Auszuges“ zu betrachten. Diese Auffassung ist mit den Ansätzen der Bibel überhaupt nicht in Einklang zu bringen. Man kann sie bei unserer jetzigen Kenntnis der Dinge nur noch vertreten, wenn man sich über diese Zahlenangaben ohne Bedenken hinwegsetzt. Die Bedrückung, von der uns die Bibel erzählt, wird in den Texten des Alten Testamentes im Zusammenhange mit der wunderbaren Befreiung so oft hervorgehoben, daß man die Tatsache dieser Vorgänge gar nicht bezweifeln kann. Hiermit ist aber noch nicht gesagt, daß wir die Mitteilungen auch in den Einzelheiten überall ganz wörtlich zu nehmen haben. Die Verhältnisse liegen hier, soweit es sich um die chronologischen Voraussetzungen handelt, wahrscheinlich genau so wie bei den Angaben im 26. Kapitel der Genesis. Wir lesen dort von dem Aufenthalt des Isaak im Lande der Philister und von seinen Verhandlungen mit Abimelech, dem Könige von Gerar, der ausdrücklich als König der Philister bezeichnet wird. Das war lange vor der Zeit, wo die Philister dort wohnten. Die Ausdrucksweise war für die Zeit, wo der Verfasser dieses Berichtes lebte, offenbar zutreffend. Er machte aber zwischen den damaligen und den früheren Bewohnern des Ortes keinen Unterschied, weil ihm die Geschichte der Philister nicht so genau bekannt war, und kam auf diese Weise zu einem Anachronismus, der den sonstigen Inhalt seiner Darstellung gar nicht weiter berührt. Wenn eine solche Verschiebung in dem einen Falle möglich ist, darf sie auch an andern Stellen vorausgesetzt werden. Man beruft sich aber für Ramses II. besonders auch auf eine Gruppe von ägyptischen Angaben, die uns in einem ähnlichen Zusammenhange von den Arbeiten der ‘epwrj-Leute erzählen. Die ‘epwrj-Leute werden ebenso wie die Israeliten, die von den Ägyptern nach der Bibel als Hebräer bezeichnet wurden, bei den Bauten dieses Königs zum Tragen von Steinen herangezogen; sie gehören ebenfalls einem Fremdvolk an und begegnen uns in den Texten in der Zeit vom fünfzehnten bis zum zwölften Jahrhundert. Die Uebereinstimmungen sind hier so auffallend, daß eine Gleichsetzung fast als selbsverständlich erscheint. Es fragt sich nur, ob wir in der Gleichsetzung so weit gehen dürfen, wie es vielfach geschehen ist. Die ‘epwrj-Leute treten uns noch in einer Zeit entgegen, wo die Israeliten sicher schon in Palästina waren. Dies zeigt uns, daß wir sie wenigstens für die damalige Zeit voneinander zu trennen haben. Wir würden aber zu weit gehen, wenn wir mehr behaupten wollten. Es ist an und für sich sehr gut möglich, daß ein Teil der Hebräer bei der Auswanderung der Israeliten in Ägypten zurückblieb. Die Einzelheiten entziehen sich hier noch ganz unserer Kenntnis. Man sieht aber, daß die Angaben für die Datierung des Auszuges nicht in Betracht kommen. Sie würden uns zu einem Ansatze nötigen, der fast um zwei Jahrhunderte zu tief liegt.

Auch die Untersuchungen, die man in Palästina bisher mit dem Spaten vorgenommen hat, führen in dieser Frage zu demselben Ergebnis. Wir wissen, daß die Stadt Jericho gleich in der ersten Zeit nach dem Durchzuge durch den Jordan zerstört wurde. Sie wurde dem Erdboden gleichgemacht und erst in der Zeit des Achab[1]) wieder aufgebaut. Man fand hier also eine vorzügliche Gelegenheit, die archäologischen Feststellungen für die Datierung der damaligen Vorgänge nutzbar zu machen.

Der Trümmerhügel wurde schon in den Jahren 1908 und 1909 von Professor Dr. Sellin und seinen Mitarbeitern im Auftrage der Deutschen Orient-Gesellschaft in längeren Grabungen eingehend durchforscht. Die Grabungen ergaben aber zunächst nur einen Ueberblick über die Befestigungsanlagen und die Aufeinanderfolge der Bauschichten. Sie wurden damals vor der Zeit abgeschlossen, weil man sich von einer Fortsetzung der Untersuchungen keinen wesentlichen Erfolg mehr versprach. Sellin hielt es für ausreichend, daß es nach seiner Auffassung gelungen war, „die ausgezeichnete Befestigung des alten kanaanitischen Jericho mit einem Teile seiner

---

[1]) I Kön. 16, 34.

Wohnräume, eine zusammenhängende Partie des vorexilisch-israelitischen Städtchens, die nachexilisch-jüdische Ansiedlung und das über die ganze Stätte dünn verstreute byzantinische Jericho in ihren charakteristischen Eigentümlichkeiten mit voller Schärfe wieder herauszustellen, schärfer und klarer, als es wohl je anderswo möglich war"[1]). Das Bild der alten Stadt war nach seiner damaligen Ueberzeugung und nach der Ueberzeugung seiner Mitarbeiter ebenso wie die Reihenfolge der einzelnen Kulturschichten endgültig festgelegt. Die Fundobjekte wiederholten sich überall mit einer derartigen durch nichts unterbrochenen Gleichmäßigkeit, daß eine Fortsetzung der Arbeit nicht mehr in einem richtigen Verhältnisse zu den daraus erwachsenden Kosten zu stehen schien. Man wußte zwar, daß man an einer Stelle grub, die abseits lag; man war aber trotzdem enttäuscht, daß die Einzelfunde im ganzen so spärlich waren. Sellin glaubt in diesem Sinne z. B. ausdrücklich hervorheben zu müssen, daß nicht einmal ein Skarabäus, ein Siegelzylinder, ein Ton- oder ein Bronzeidol zu Tage gefördert wurde. Dies berechtigt aber nach seiner Auffassung ebenfalls „zu ganz bestimmten Folgerungen für die Zeiten der Besiedelung bezw. Zerstörung, für die Ausdehnung ausländischer Handels- und Verkehrswege und endlich — last not least — für die Eigentümlichkeit der Religion des Landes ferne von jenen Straßen"[2]). Diese Folgerungen sollten neben der „Gruppierung und Fruktifizierung der positiven Ergebnisse" in einer künftigen „zusammenfassenden Publikation" gezogen werden. Die Publikation erschien alsdann im Jahre 1913[3]). Sellin unterscheidet in dieser Veröffentlichung ebenso wie der Mitherausgeber Carl Watzinger eine kanaanitische, eine israelitische und eine jüdische Stadt. Die erste wird bei der Wiedergabe aus praktischen Gründen in blauer, die zweite in roter und die dritte in grüner Farbe zur Darstellung gebracht. Die „blaue" Stadt wurde nach der Annahme der Herausgeber zwischen 1600 und 1500 von den Israeliten zerstört. Man hatte zwar den Eindruck, daß die archäologischen Feststellungen für diese Schicht einen höheren Ansatz verlangten, aber man beruhigte sich bei dem Gedanken, daß Jericho in seiner kulturellen Entwickelung vielleicht um Jahrhunderte hinter den weiter nach Süden und Westen liegenden Kulturstätten zurückgeblieben war. Der Druck war aber noch nicht vollständig zum Abschluß gebracht, als in England das dreibändige Werk von Macalister über die Ergebnisse seiner Grabungen in Gezer[4]) erschien. Dies bot in den Festlegungen, zu denen der Verfasser auf Grund der Schichtenbeobachtungen und der Grabfunde gekommen

[1]) Mitteilungen der Deutschen Orient-Gesellschaft Nr. 41, Dezember 1909, S. 28.

[2]) A. a. O. S. 29.

[3]) Jericho. Die Ergebnisse der Ausgrabungen, dargestellt von Ernst Sellin und Carl Watzinger, Leipzig, Wissenschaftliche Veröffentlichung der Deutschen Orient-Gesellschaft Nr. 22.

[4]) The Excavation of Gezer 1902—1905 and 1907—1909, London 1912.

war, zum ersten Male die Voraussetzungen zur Aufstellung einer wirklich zuverlässigen absoluten Chronologie. Hierzu kamen außerdem noch die Grabungen, die Mackenzie in den Jahren 1911 und 1912 nach denselben Grundsätzen in Bethschemesch vorgenommen hatte[1]). Damit gelangte man in den nächsten Jahren auch für die Funde von Jericho zu einer neuen Bewertung. Das Tongeschirr, das sich in seinen Ueberresten in der „roten" Schicht erhalten hatte, erwies sich jetzt ebenfalls noch als kanaanitisch. Die Israeliten hatten also, wie man hieraus entnehmen mußte, nicht die „blaue", sondern die „rote" Stadt zerstört. Die „blaue" Stadt gehörte nach diesen Feststellungen der altkanaanitischen Zeit an; die „grüne" Stadt war die Niederlassung der späteren Israeliten[2]). Es kam also jetzt darauf an, die „rote" Schicht genauer zu datieren. Hierzu war aber das Material, das man bei der ersten Grabung aus dem Boden geholt hatte, noch nicht ausreichend. Die Frage berührte sich auf das engste mit den bisherigen Studien des englischen Forschers Prof. Dr. Garstang, der damals schon seit einer Reihe von Jahren mit eingehenden Untersuchungen zum Inhalte des Buches Josue und des Buches der Richter beschäftigt war und sich ebenfalls für den Charakter und die Zeit der israelitischen Einwanderung von planmäßigen Ausgrabungen wertvolle Belehrungen versprach. Er hatte selbst in Palästina, wo er als Director of the British School of Archaeology und als Director of the Department of Antiquities tätig war, nach dieser Seite schon an mehreren Stellen besondere Versuche gemacht und entschied sich dann im Jahre 1927 für eine Fortsetzung der Grabungen in Jericho, die im Januar 1930 ihren Anfang nahm. Die Gräben, die Sellin und Watzinger gezogen hatten, wurden erweitert und die Schutthaufen zum Teil entfernt, so daß man wieder zu unberührtem Boden gelangte, wo die Schichten sich noch deutlich voneinander abhoben. Dabei legte man einen besonderen Wert auf die Sammlung der Tonscherben, die dem Forscher für die Datierung der einzelnen Schichten bei einer modernen Grabung den Schlüssel in die Hand geben. Der erste Bericht erschien bereits im Juli desselben Jahres[3]). Garstang hatte die Scherben auch dem Dominikanerpater Vincent und dem Professor C. S. Fisher zur Verfügung gestellt, die in ihrer Beurteilung ganz mit ihm übereinstimmten. Er hatte unter diesen Scherben, die aus den Häusern in der Nähe der westlichen Stadtmauer stammten, noch kein einziges Stück mykenischen Ursprunges gefunden, obschon die mykenischen Tonwaren an andern Stellen, die in der Zeit von 1400—1200 bewohnt waren,

[1]) Quarterly Statements of the Palestine Exploration Fund Nr. 43 (1911), S. 139—142 und S. 169—172; Nr. 44 (1912), S. 171—178; Annual of the Palestine Exploration Fund I (1911), S. 41—94; II (1912—13), S. 1—100.

[2]) Vgl. für diese Schlußfolgerungen besonders C. Watzinger, Zur Chronologie der Schichten von Jericho, Zeitschr. der Deutschen Morgenl. Gesellsch., Neue Folge Bd. 5 (1926), S. 131—136.

[3]) Quarterly Statements of the Palestine Exploration Fund Nr. 62, S. 123—132.

fast überall sehr häufig sind. Das einzige Gefäß dieser Art, das kurz vor dem Abschluß der damaligen Grabung entdeckt wurde, lag außerhalb der Stadt in einer Schicht, die den Untergang des Ortes bereits zur Voraussetzung hatte. Es war, wie er sich ausdrückt, ein Gefäß von bekanntem Typus[1]), das nach dem Urteil von Spezialkennern in die Zeit von 1350—1200 führt. Die Stadt war also, wie sich hieraus zu ergeben schien, in der damaligen Zeit schon zerstört. Die Zerstörung erfolgte nach seiner Annahme um das Jahr 1400, als die mykenischen Tonwaren in Palästina noch keinen Eingang gefunden hatten[2]). Garstang stieß aber bei dieser Datierung sofort auf den Widerspruch von P. Vincent, der den Einzug der Israeliten in die Zeit von etwa 1250—1200 verlegte und an diesem Ansatze trotz des auffallenden Ergebnisses noch festhielt[3]). Das Zurücktreten des mykenischen Tongutes erklärte sich nach seiner Auffassung schon aus der einsamen Lage des Ortes. Die Feststellungen erstreckten sich außerdem nur auf einen bescheidenen Teil der ganzen Anlage, so daß man die Folgerungen wirklich als verfrüht bezeichnen konnte. Das Ergebnis blieb aber auch bei den weiteren Grabungen dasselbe. Die Scherben führten stets wieder auf den Anfang des vierzehnten Jahrhunderts, und die Asche, die man überall vorfand, ließ auf den Untergang der Stadt durch eine gewaltige Feuersbrunst schließen. Im Jahre 1932 untersuchte man zunächst die schon im Jahre 1931 bekannt gewordene Nekropole[4]). Die Tonwaren und die Skarabäen, die sich in den Gräbern vorfanden, reichen bis in die Zeit des Königs Amenophis III. Es ergab sich also, daß die Begräbnisstätte bis zu diesem Zeitpunkt in Gebrauch war. Das ist gleichbedeutend mit der Feststellung, daß der Ort bis dahin bewohnt wurde. Die Untersuchungen wurden dann fortgesetzt, brachten aber auch in den beiden folgenden Jahren noch keine restlos befriedigende Klärung. Professor Albright hielt auch nach der fünften Grabungsperiode eine weitere Durchforschung des Hügels — a further campaign or two — noch für wünschenswert, um selbst zu einem abschließenden Urteil zu gelangen. Albright hatte die Zerstörung von Jericho bis zum Jahre 1922 in dieselbe Zeit verlegt wie P. Vincent, und sich dann aus archäologischen Gründen für die Zeit von 1600—1500 entschieden, weil die Erzeugnisse der jüngeren Bronzezeit nach

---

[1]) „of well known type“.

[2]) „just before the infiltration of Mykenaean wares began“.

[3]) Revue Biblique, Bd. 39 (1930), S. 403—433; Quarterly Statements of the Palestine Exploration Fund Nr. 63 (1931), S. 104—107. Der Artikel in der Revue Biblique war schon am 1. Oktober 1929, also noch vor dem Beginn der Grabung, zum Abschluß gebracht.

[4]) Bearbeitung der Funde (Jericho, City and Necropolis, von Garstang und seinen Mitarbeitern) in den Annals of Archaeology and Anthropology des Institute of Archaeology of the University of Liverpool, herausgegeben von J. P. Droop und T. E. Peet, Vol. XIX (1932), S. 3 ff. und S. 35 ff., XX (1933), S. 3 ff., XXI (1934), S. 99 ff., XXII (1935), S. 143 ff. und XXIII (1936), S. 67 ff.

den deutschen Ausgrabungen in Jericho fast ganz zu fehlen schienen[1]). In der Zeit von 1930—1933 hatte er aus den damaligen Feststellungen im ganzen dieselben Schlußfolgerungen gezogen wie Garstang. Er glaubte dann aber nach den Grabungen, die man in den Jahren 1933 und 1934 in Hai und in Bethel vornahm, wieder bis in das dreizehnte Jahrhundert herabgehen zu müssen, und vertrat diese Auffassung besonders in einem Berichte, der im Dezember des Jahres 1934 im Bulletin of the American Schools of Oriental Research[2]) erschien. Hierbei wagt er aber noch keine genaueren Festlegungen. Er beschränkt sich darauf, hervorzuheben, daß die Zerstörungen „irgendwo im dreizehnten Jahrhundert"[3]) erfolgten. In der folgenden Nummer[4]) werden dann die Angaben aber sofort wieder zurückhaltend. Die Studien hatten ihn wieder auf die Verhältnisse in Jericho geführt, und er war durch den letzten Grabungsbericht und durch persönliche Besprechungen mit Garstang zu der Ueberzeugung gekommen, daß man den Untergang von Jericho nicht zu tief ansetzen darf. Das Datum von Garstang schien ihm zwar zu hoch zu sein; es war ihm aber ebenso klar, daß der Ansatz von P. Vincent in der zweiten Hälfte des dreizehnten Jahrhunderts erheblich niedriger liegt als das Beweismaterial es gestattet[5]). Er glaubte damals zum Ziele zu kommen, wenn er die Zerstörung von Bethel, die nach seiner Auffassung von dem Untergange von Hai nicht getrennt werden darf, in die erste Hälfte des dreizehnten Jahrhunderts verlegte. Der Ort war ebenso wie Jericho einer gewaltigen Feuersbrunst zum Opfer gefallen. Der Ansatz war aber mit den Feststellungen, die sich aus den Funden von Jericho ergaben, immer noch nicht ganz in Einklang zu bringen. Es ist deshalb durchaus zu begreifen, daß er in der folgenden Nummer[6]) noch einen weiteren Schritt tat und die spätere Datierung vollständig wieder aufgab. Garstang hatte nach der Grabung im Jahre 1930, wie wir gesehen haben, zunächst den Standpunkt vertreten, daß die Zerstörung noch vor dem Eindringen der mykenischen Tonwaren stattfand. Dieser Standpunkt ließ sich aber nach der Durchforschung des Begräbnisplatzes nicht mehr aufrecht erhalten. Die Gräber enthielten zwar keine mykenischen Importwaren; sie bargen aber schon vier verschiedene Gefäße, die sich bei genauerer Prüfung als einheimische Nachahmungen erwiesen. Das macht für die Datierung keinen Unterschied. Die Einführung der mykenischen Tonwaren beschränkt sich aber auf die Zeit von etwa 1425 bis zum Ausgange des dreizehnten Jahrhunderts, wo sie durch das Vordringen der

---

[1]) Annual of the American Schools of Oriental Research VI (1926), S. 53.

[2]) Nr. 56, S. 9—11.

[3]) „somewhere in the thirteenth century".

[4]) Nr. 57, February 1935.

[5]) „While Garstang's own date seems too high, it is just as clear that Vincent's date in the second half of the thirteenth century is considerably lower than the evidence justifies." A. a. O. S. 30.

[6]) Nr. 58, April 1935, S. 10 ff.

Seevölker ihr Ende fand. Die Nachahmungen können also erst nach dem Jahre 1425 entstanden sein. Sie zeigen uns, daß der Begräbnisplatz noch bis über diese Zeit hinaus benutzt wurde, und gestatten also für den Untergang der Stadt wohl kaum einen Ansatz, der noch vor dem Anfange des vierzehnten Jahrhunderts liegt. Albright glaubt aber in seiner Schlußfolgerung noch etwas weiter gehen zu dürfen und erblickt in dem Vorkommen dieser Tongefäße einen starken Beweisgrund[1]) gegen eine Datierung vor der Mitte dieses Jahrhunderts. Er entscheidet sich dann im Zusammenhange mit andern Erwägungen, die uns hier zu weit führen würden, für die Zeit zwischen den Jahren 1360 und 1320. Dabei fügt er aber ausdrücklich hinzu, daß es sich nur um das vierzehnte Jahrhundert handeln kann[2]).

Palästina stand damals unter der Oberhoheit von Ägypten, die schon im Anfange des fünfzehnten Jahrhunderts durch die erfolgreichen Kriegszüge des Königs Thutmosis III. begründet war. Thutmosis war siegreich bis zum Euphrat vorgedrungen und hatte seinem Sohn und Nachfolger Amenophis II. ein Reich hinterlassen, das nach den Berichten über die Kriegserfolge noch die Gegend von Karkemisch umfaßte. Auf dem ersten Feldzuge, der in das 23. Regierungsjahr fällt, hatte er nach einer siegreichen Schlacht die Stadt Megiddo erobert und die Kleinfürsten, die sich in der Stadt befanden, in seine Gewalt gebracht. Die Fürsten hatten sich vor ihm niedergeworfen und den Boden geküßt, um „Atem für ihre Nase" zu erbitten; sie waren aber nach Ägypten geführt und durch andere ersetzt worden[3]). Auf dem sechsten Feldzuge, im 30. Jahre seiner Regierung, hatte er nach den vorhandenen Angaben in ähnlicher Weise die Städte Kadesch, Simyra und Ardata erobert und „die Kinder der Fürsten und ihre Brüder" ebenfalls fortgeführt. Es hatte sich dann das Verhältnis herausgebildet, das der Berichterstatter mit den Worten zum Ausdruck bringt: „Jedesmal aber, wenn einer von diesen Fürsten stirbt, läßt seine Majestät dessen Sohn an seine Stelle treten"[4]). Die Könige von Ägypten galten noch als die eigentlichen Herren des Landes; sie waren aber in der Regel zufrieden, wenn ihnen der Tribut entrichtet wurde, und machten sich im übrigen wegen des Verhaltens und der Bestrebungen ihrer Vasallen nicht allzu viel Sorge. Wir erfahren dieses besonders aus den Briefen von El-Amarna, die uns durch ihre Angaben einen überraschenden Einblick in die Verhältnisse zur Zeit des Königs Amenophis III. und des Königs Amenophis IV. gestatten. Amenophis III. regierte von etwa 1416—1380, Amenophis IV. von etwa

---

[1]) „a strong argument".

[2]) „We should, therefore, date this event preferably between 1360 and 1320 — but in the fourteenth century, in any case."

[3]) Breasted, Ancient Records of Egypt Vol. II § 408—443; Greßmann, Altorient. Texte zum Alten Testament, 2. Aufl. S. 83 ff.

[4]) Breasted, Records II § 467; Greßmann S. 88.

16

1360 bis kurz nach dem Jahre 1363[1]). Die Texte[2]) befinden sich jetzt bis auf etwa zehn Tafeln, die in Privatbesitz übergingen, in den Museen von Berlin, London, Kairo, Oxford, Paris und Brüssel. Sie wurden, soweit sie in Berlin und in Kairo aufbewahrt werden, in den Jahren 1889—90 zuerst von Hugo Winckler[3]) und soweit sie sich in London befinden, im Jahre 1892 in Typendruck von C. Bezold[4]) veröffentlicht. Die Tafeln des Museums zu Oxford wurden von Sayce[5]) herausgegeben. Die erste deutsche Uebersetzung, die trotz ihrer hohen Vorzüge natürlich nicht sofort in allem befriedigen konnte, ist ebenfalls das Werk von H. Winckler[6]). Sie wurde dann abgelöst durch die mustergültige Bearbeitung von J. A. Knudtzon[7]), die zugleich als die große Vorarbeit für die Neuherausgabe der Berliner Texte durch Otto Schroeder[8]) zu betrachten ist. Hierzu kamen dann als nachträgliche Ergänzung noch sechs weitere Nummern, die im Jahre 1918 nach Paris gelangten und dort im Jahre 1922 von Thureau-Dangin[9]) veröffentlicht wurden, und eine Tafel, die im Jahre 1933 nach dem Tode des früheren Eigentümers in den Besitz des Museums zu Brüssel überging und jetzt in der Bearbeitung von Georges Dossin[10]) vorliegt. Damit sind die Texte, soweit sie sich erhalten haben, wohl restlos erfaßt. Wir zitieren sie nach der Ausgabe von Knudtzon und nach den von Thureau-Dangin und von Georges Dossin angegebenen Nummern des Pariser und des Brüsseler Museums[11]).

Die Briefe, die von den Höfen der Großkönige kommen, sind nicht nur als Privatschreiben, sondern in erster Linie als diplomatische Aktenstücke zu bewerten. Die Könige bezeichnen sich in diesen Zuschriften, bei denen die Ausdrucksweise durch das Herkommen zum Teil genau festgelegt war, regelmäßig als „Brüder". Diese Bezeichnung soll nach ihrer Auffassung nicht nur den Rang, sondern vor allem auch das Verhältnis ausdrücken, das zwischen dem Empfänger und dem Absender besonders gepflegt werden muß. Sie findet sich zunächst in der Einleitung, die nach alter Sitte[12]) stets die an den Schreiber des Empfängers gerichtete Bitte enthält: „Zu NN., dem Könige des Landes NN., meinem Bruder, sprich:

---

[1]) Er mindestens 17 Jahre regiert.

[2]) S. oben S. 4.

[3]) Der Thontafelfund von el Amarna, in den Mitteilungen aus den orientalischen Sammlungen der Königlichen Museen zu Berlin, Heft 1—3.

[4]) The Tell El-Amarna Tablets in the British Museum.

[5]) bei Flinders Petrie, Tell el Amarna, London 1894.

[6]) Die Thontafeln von Tell-El-Amarna, in der Keilinschriftl. Bibliothek, herausgeg. von Eberhard Schrader, Bd. V, Berlin 1896.

[7]) Die El-Amarna-Tafeln, in der Vorderasiat. Bibliothek, 2. Stück, Leipzig 1907—1915.

[8]) Die Tontafeln von El-Amarna, Vorderasiat. Schriftdenkmäler der Königlichen Museen zu Berlin, Heft XI—XII.

[9]) Revue d'Assyriologie, Vol. XIX, S. 91 ff.

[10]) Revue d'Assyriologie, Vol. XXXI, S. 125 ff.

[11]) AO 7093—7098 und E 6753.

[12]) Vgl. schon oben S. 188—189.

Also sagt NN., der König des Landes NN., dein Bruder.“ Das erste, was der Bruder dann mitzuteilen hat, ist in der Regel die Versicherung, daß es ihm gut geht, und der Ausdruck des Wunsches, daß dieses auch beim Empfänger der Fall sein möge. So schreibt z. B. der König Burnaburiasch von Babylon: „Mir geht es wohl. Dir, deinem Lande, deinem Hause, deinen Frauen, deinen Kindern, deinen Großen, deinen Pferden, deinen Wagen, möge es wohlergehen in hohem Maße“ (Knudtzon 8, 4—7), und in einem andern Briefe: „Mir und meinem Hause, meinen Pferden und meinen Wagen, meinen Großen und meinem Lande geht es wohl in hohem Maße. Meinem Bruder und seinem Hause, seinen Pferden und seinen Wagen, seinen Großen und seinem Lande, möge es wohlergehen in hohem Maße“ (7, 4—7). Die Ausdrücke sind hier fast immer dieselben; nur ist die Aufeinanderfolge und auch die Zahl der Hervorhebungen nach der Eigenart und der persönlichen Neigung der Schreiber verschieden. Es ist aber beachtenswert, daß der Hinweis auf die Wagen und die Pferde des Bruders in diesem Zusammenhange niemals fehlt. Der Absender spricht dann auch im weiteren Verlaufe des Briefes noch gern von der Notwendigkeit, nun wirklich als Brüder miteinander zu verkehren, und glaubt dabei stets hervorheben zu dürfen, daß das beste Mittel zur Förderung dieser Freundschaft ein passendes Geschenk ist. „Wie du und mein Vater“, so erklärt z. B. der genannte Burnaburiasch, „früher gute Freunde miteinander waren, so jetzt ich und du miteinander. Zwischen uns soll etwas anderes gar nicht eintreten. Was du in meinem Lande begehrst, schreibe doch, daß man es dir bringe, und was ich in deinem Lande begehre, will ich schreiben, daß man es mir bringe“ (6, 8 ff.). Und ebenso heißt es in einem andern Briefe von ihm: „Seit mein Vater und dein Vater miteinander über gute Freundschaft redeten, übersandten sie einander schöne Geschenke, und etwas Schönes, was erbeten wurde, versagten sie einander nicht“ (9, 7 ff.). Eine solche Freigebigkeit ist nach seiner Auffassung unbedingt notwendig. „Unter Königen ist Brüderschaft und gute Freundschaft, Bundesgenossenschaft und schönes Verhältnis, wenn schwer ist das edle Gestein, schwer das Silber und schwer das Gold“ (11 R. 22 f.). Auf diesem Standpunkte steht auch der Chethiterkönig Subbiluliuma. Er hat in Erfahrung gebracht, daß in Ägypten ein Thronwechsel stattgefunden, und spricht nun die Erwartung aus, daß die bisherigen Beziehungen ihren Fortgang nehmen. „Jetzt bist du, mein Bruder, auf den Thron deines Vaters hinaufgestiegen, und so wie dein Vater und ich Geschenke unter uns begehrten, ebenso wollen jetzt auch du und ich unter uns gute Freunde sein“ (41, 16 ff.). Und daß man in Assyrien denselben Gedanken vertrat, ergibt sich aus der Bemerkung des Assuruballiṭ: „Wenn gute Freundschaft aufrichtig deine Absicht ist, dann schicke viel Gold“ (16, 32 f.). Man machte von dem Rechte, dem königlichen Bruder solche Bitten vorzutragen, in weitestem Umfange Gebrauch. Mitunter fügte man auch eine nähere Begründung hinzu. Der

16*

König von Assyrien bedarf des Goldes, weil er zufälligerweise gerade mit dem Bau eines Palastes beschäftigt ist, den er gern entsprechend verzieren möchte. In Ägypten ist Gold nach seiner Auffassung so häufig wie Staub. Zudem erinnert er sich, daß sowohl seinem Vater als auch dem Könige von Ḫaniḫalbat früher einmal zwanzig Talente geschickt worden sind. Er vergleicht sich dann selbst in irgendeiner Weise[1]) mit dem Könige von Ḫaniḫalbat und begreift es nicht, daß man ihm bisher nur so wenig übersandt hat (16, 13 ff.). Fast in derselben Lage befindet sich Kadašman-Ḫarbe von Babylon. Er hat ebenfalls ein „Werk" unternommen, zu dem er des Goldes bedarf, und aus diesem Grunde schon einmal an den König von Ägypten geschrieben, aber der königliche Bruder hat seiner Bitte bisher noch nicht entsprochen. Darum wird er jetzt besonders eindringlich. „Und was das Gold angeht, von dem ich dir geschrieben habe, so übersende mir alles Gold, was...., vieles, noch eher als dein Bote zu mir kommt, jetzt eilends, während dieser Ernte, sei es im Tammuz, sei es im Ab, damit ich das Werk, das ich in Angriff genommen habe, zur Ausführung bringe! Wenn du in dieser Ernte, im Tammuz oder Ab, das Gold, von dem ich dir geschrieben habe, übersendest, werde ich dir meine Tochter geben. Darum übersende........ Wenn du aber im Tammuz oder Ab das Gold nicht übersendest und ich somit das Werk, das ich in Angriff genommen habe, nicht ausführen kann, wozu sollst du es dann noch.... übersenden? Sobald ich das Werk, das ich in Angriff genommen, ausgeführt habe, wozu sollte ich dann noch des Goldes bedürfen? Fürwahr, übersende dann 3000 Talente, ich würde sie nicht annehmen, sondern sie dir zurückschicken, und meine Tochter würde ich dir nicht zur Heirat geben" (4, 36 ff.). Burnaburiasch möchte gern einen Tempel ausstatten. Es handelt sich um ein umfangreiches Unternehmen, so daß die zwei Minen, die er schon bekommen hat, dafür durchaus nicht genügen. Sein Vater hat früher viel mehr erhalten. Deshalb möge man auch ihm jetzt möglichst viel schicken, wo möglich ebenso viel wie seinem Vater. Falls aber nur weniges vorhanden ist, erklärt er sich auch mit der Hälfte zufrieden (9, 11 ff.). In einem andern Briefe gibt er ebenso, wie wir es bei Kadašman-Ḫarbe gefunden haben, zugleich einen bestimmten Termin an. „Viel Gold aus deinem Lande möge man bringen....; man möge es bringen bis zum Schluß dieses Jahres, damit ich eilends mein Werk durchführen kann" (11 R. 28 ff.). Ein solches Drängen war allerdings nicht unbegründet. Denn es kam vor, daß die Boten jahrelang warten mußten, bis ein entsprechendes Geschenk zusammengebracht war. So beklagt sich z. B. gerade der erwähnte Kadašman-Ḫarbe, indem er sich in der üblichen Weise der guten alten Zeiten erinnert: „Früher schickte dir mein Vater einen Boten, und nicht hieltest du ihn viele Tage zurück; eilends ließest du ihn hier anlangen, und ein schönes Ge-

[1]) Die Zeilen sind hier am Anfange zerstört.

schenk übersandtest du meinem Vater. Jetzt aber, wo ich dir einen Boten geschickt habe, hast du ihn sechs Jahre zurückbehalten, und für diese sechs Jahre hast du nur dreißig Minen Goldes, das außerdem noch wie Silber ist, zum Geschenke für mich übersandt. Man hat das Gold vor den Augen deines Boten Kasi geprüft, und dieser hat sich davon überzeugt" (3, 9 ff.).

Der Empfänger ist hier nicht nur mit dem Umfange der Sendung, sondern vor allem auch mit der Beschaffenheit des erhaltenen Goldes höchst unzufrieden. Was man erwartete, war „schönes Gold in großer Menge" (7, 64). Die Ähnlichkeit mit Silber entsprach also durchaus nicht den zu stellenden Anforderungen. Dagegen ist es nach dem Zusammenhange als das höchste Lob aufzufassen, wenn Tušratta, der König von Mitanni, von einer goldenen Platte spricht, die wie legiertes Kupfer aussah (19,38). Eine solche Tafel ist früher seinem Vater zugeschickt worden. Er hoffte deshalb etwas Ähnliches zu bekommen; denn auch er ist nach seiner wiederholten Versicherung davon überzeugt, daß im Lande seines Bruders Gold in Menge vorhanden ist wie Staub (19, 61; 20, 52; 26, 41 f. u. ö.). Aber was ihm überbracht wurde, kann in Wirklichkeit gar nicht als Gold bezeichnet werden. Die Sendung war richtig versiegelt. Als sie dann geöffnet wurde, mußten selbst die Boten des Königs gestehen: „Dieses alles ist kein Gold". Und „sie weinten in hohem Grade" (20, 46 ff.).

Man kann es dem Empfänger nicht allzu sehr verargen, daß er sich bei dieser Gelegenheit zu Äußerungen hinreißen ließ, die für den königlichen Bruder nicht gerade schmeichelhaft waren. Das scheint ihm nachher allerdings leid getan zu haben. Denn er hält es für angebracht, sich wegen dieses Vorkommnisses zu entschuldigen. „Mein Bruder wird mich in seinem Herzen festhalten, wenn auch mein Herz irgendwie verletzt gewesen ist, und nicht mögen sie — die Herzen — jemals voneinander gelöst werden. Tešup, mein Gott, möge mich nicht so leiten, daß ich mit meinem Bruder in Zorn gerate" (20, 60 ff.). Der König von Babylon ist bei einer ähnlichen Gelegenheit jedenfalls vorsichtiger gewesen. Da die Geschenke durch viele Hände gingen, rechnet er mit der Möglichkeit, daß die Beamten sich verfehlt haben. Er gestattet sich deshalb die für den Empfänger wohl nicht so ganz eindeutige Bitte, den Beamten etwas mehr auf die Finger zu sehen. „Das Gold aber, das mein Bruder übersenden wird, wolle mein Bruder keinem Beamten überlassen. Die Augen meines Bruders mögen selbst zusehen, und mein Bruder möge es versiegeln und so übersenden. Weil mein Bruder das frühere Gold, das mein Bruder übersandte, nicht selbst besah, sondern ein Beamter meines Bruders es versiegelte und übersandte, so kam, als ich die vierzig Minen, die sie brachten, in den Schmelzofen legte, Vollwertiges[1]) nicht heraus" (7, 66 ff.). Diese Bitte scheint jedoch keinen Erfolg gehabt zu haben.

[1]) Ass. šarrumma. 162, 20 wird dieses Wort auch von den Angaben eines Briefes gebraucht. Es steht dort in Parallele mit kînu = wahr.

Denn in einem andern Briefe, der aus zwingenden Gründen als jünger anzusehen ist, sagt derselbe Verfasser von einer späteren Sendung: „Was den Boten betrifft, den du geschickt hast, so waren die zwanzig Minen Goldes, die er brachte, nicht voll; denn als man es in den Ofen legte, kamen nicht einmal fünf Minen heraus" (10, 18 ff.).

Auch kostbare, schön gearbeitete Möbel und Hausgeräte waren mitunter sehr willkommen, besonders wenn man z. B. einen neuen Palast auszustatten hatte. Als Amenophis III. von den baulichen Unternehmungen des Kadašman-Ḫarbe erfuhr, schickte er ihm vier Bettgestelle, eine Sänfte (?), zehn verschiedene Sessel und zehn offenbar zu diesen Sesseln gehörige Fußschemel. Diese Möbelstücke wiesen mit Ausnahme der Fußschemel sämtlich einen reichen Schmuck an Edelmetall auf; es waren im ganzen sieben Minen und neun Schekel Gold, sowie eine Mine und acht einhalb Schekel Silber zur Verwendung gekommen. Eins von den Bettgestellen war außerdem noch mit Elfenbein geschmückt (5, 13 ff.).

Ebenso wurden eigentliche Kunstwerke gern entgegengenommen; nur galt auch hier wieder als notwendige Voraussetzung, daß sie aus möglichst kostbarem Material hergestellt waren. Subbiluliuma, der König des Chattilandes, wünschte sich „zwei Bilder aus Gold — eines möge stehen und eines möge sitzen — und zwei Bilder von Frauen aus Silber". Er hatte dieserhalb schon an Amenophis III. geschrieben und glaubte seine Bitte dann nach dem Thronwechsel, der inzwischen erfolgt war, wiederholen zu dürfen (41, 23 ff). In derselben Weise hatte sich auch der König von Mitanni zwei goldene Bilder von Amenophis III. ausbedungen, das eine für sich selbst, wie er sich ausdrückt, und ein zweites als Portrait seiner Tochter Taduḫepa, die er dem Könige von Ägypten zur Frau gegeben hatte. Seine Boten hatten angeblich sogar das Gold gesehen, das für diese Bilder bestimmt war, und sich von der Herstellung persönlich überzeugt. Aber bevor das Geschenk überreicht werden konnte, war Amenophis III. gestorben. Da schickte der König Amenophis IV. statt der massiven Ausführung zwei Figuren aus Holz, die mit Gold überzogen waren. Das hat der Empfänger seinem königlichen Bruder allerdings niemals verziehen (26, 33 ff.; 27, 19 ff. u. ö.).

Eine besondere Vorliebe scheint man für künstlerische Wiedergaben aus dem Leben der Natur gehabt zu haben. Kadašman-Ḫarbe erinnert daran, daß er schon einmal um Darstellungen aus der Tierwelt geschrieben hat, und bittet diese jetzt herüberzuschicken (4, 35). Burnaburiasch spricht an einer Stelle, die leider zum Teil zerstört ist, von Wildochsen und Wildkühen und fährt sodann fort: „Tiere, sei es des Landes, sei es des Flusses, möge man anfertigen nach der Gestalt von lebendigen; die Haut möge man machen wie bei lebendigen. Dein Bote möge sie bringen. Wenn aber noch alte, bereits fertige, vorhanden sind, wenn Sindišugab, mein Bote, bei dir eintrifft, dann mögen Wagen sie eiligst aufnehmen und zu mir gelangen. Und neue für die Zukunft möge man anfertigen, und wenn mein Bote und dein Bote von dir abreisen, mögen sie miteinander diese bringen“ (10, 29 ff.). In ähnlicher Weise äußert er sich in einem zweiten Briefe, der allerdings ebenfalls an dieser Stelle nur lückenhaft erhalten ist. „Wenn vollständige alte vorhanden sind, dann......; wenn alte nicht vorhanden sind, dann möge man neue anfertigen. Uebersende sie durch Ṣalmu, den Kaufmann! Wenn aber Ṣalmu, der Kaufmann, schon fortgezogen ist, dann möge dein Bote, der kommen wird, sie bringen“. Außerdem bittet er in den folgenden Zeilen um bemalte Schnitzereien aus Elfenbein, und zwar um Darstellungen aus der Pflanzenwelt, die durch Farbe der Wirklichkeit möglichst nahe gebracht sind. „Bäume aus Elfenbein möge man anfertigen und färben; Pflanzen des Feldes, die einander gleich sind, möge man aus Elfenbein anfertigen und färben und sie mir bringen“ (11 R. 5 ff.).

Als Gegengeschenke lassen die bisher erwähnten Könige durchweg einige Minen Lasurstein und mehrere Kriegswagen und Pferde überbringen. Sie sind aber auch ihrerseits mit ihren Gaben allem Anscheine nach sehr zurückhaltend. Dabei findet man besonders in den Briefen des Burnaburiasch an mehreren Stellen eine wohlüberlegte Entschuldigung. In einem Schreiben, das offenbar dem Anfange seiner Regierung angehört, beruft er sich auf die Trockenheit und die sonstigen Schwierigkeiten der Witterung und des Weges. „Weil man gesagt hat, der Weg sei beschwerlich, Wasser sei nicht mehr vorhanden und das Wetter sei heiß, so habe ich dir nicht viele schöne Geschenke übersandt. Nur vier Minen schönen Lasursteins habe ich als Handgeschenk meinem Bruder geschickt, und fünf Gespanne von Pferden. Wenn aber das Wetter gut wird, dann wird mein künftiger Bote, der abgehen soll, viele schöne Geschenke meinem Bruder überbringen, und alles, was mein Bruder begehrt, möge mein Bruder schreiben. Aus ihren Häusern sollen die Leute es für ihn holen“ (7, 53 ff.). Man sollte nun erwarten, daß in einem der folgenden Briefe nach diesen Zusicherungen auch wirklich einmal von einer größeren Sendung die Rede wäre. Das ist aber nirgendwo der Fall. Dagegen stoßen wir schon bald auf eine andere Entschuldigung. Er beschwert sich dort über das Verhalten des Königs von Ägypten, der schon dreimal einen Boten geschickt, aber noch niemals etwas Wertvolles übersandt hat. Deshalb ist er auch seinerseits, wie er meint, zu einer größeren Gabe nicht verpflichtet. Das Gold, das der Bote ihm gebracht hat, war nur eine minderwertige Legierung, die bei der Scheidung im Schmelzofen, wie oben schon gesagt wurde, trotz des Gewichtes von zwanzig Talenten in Wirklichkeit noch keine fünf Talente ergab (10, 12 ff.). Bei einer andern Gelegenheit hält er es für angebracht, aus besonderen Gründen etwas für die „Herrin des Hauses“ beizufügen. Er ist aber der Meinung, daß „zwanzig Siegelringe aus schönem Lasurstein“ genügen, weil er in keiner Weise für irgendeine Aufmerksamkeit zu danken hat (11 R. 25 ff.).

Der anspruchslose, sympathische König von Cypern bittet in der Regel nicht um Gold, sondern um Silber (35, 19 ff. 43 f.; 37, 18). Nur einmal wünscht er sich ein Bettgestell mit goldenem Schmuck und einen mit Gold verzierten Wagen (34, 20 f.) Außerdem bittet er um Kleiderstoffe, gutes Öl (34, 22 ff.; 35, 24 f.) und „einen Mann, der die Adler befragt" (35, 26). Er schickt dann als Gegengabe besonders Kupfer (33, 15 ff.; 34, 16 ff. u. ö.), und zwar gewöhnlich in reichlichem Maße. Als es ihm ausnahmsweise nicht möglich war, weil der Pestgott das Volk heimgesucht hatte, bat er ausdrücklich um Entschuldigung. „Daß das Kupfer wenig ist, möge dein Herz nicht verletzen. Denn in meinem Lande hat die Hand Nergals, meines Herrn, alle Menschen meines Landes getötet, und niemand ist da, der Kupfer bereitet" (35, 12 ff.) Ebenso spricht er in einem andern Zusammenhange sein Bedauern darüber aus, daß er dem Wunsche des königlichen Bruders nicht eher entsprechen konnte. „Es möge dein Herz nicht verletzen, daß dein Bote drei Jahre in meinem Lande geblieben ist. Denn die Hand Nergals ist in meinem Lande und in meinem Hause; meine Gattin besaß einen Sohn, der jetzt gestorben ist" (35, 35 ff.).

Merkwürdigerweise verschweigt er in seinen Briefen sowohl seinen eigenen Namen als auch den Namen des Empfängers. Der Verkehr war also rein sachlich. Er hat das Bestreben, sich an Ägypten möglichst enge anzuschließen, und sieht es nur ungern, daß auch die Fürsten des benachbarten Festlandes ihre Boten dorthinschicken. Deshalb hält er es nicht für überflüssig, vor diesen Beziehungen mit besonderem Nachdruck zu warnen. „Mit dem Könige von Chatti und dem Könige von Sanḫar tritt nicht in Verbindung! Was meine Person anbetrifft, so habe ich, was auch immer mein Bruder an Geschenken mir übersandt hat, dieses zweifach dir wiedererstattet" (35, 49 ff.). Durch dieses Verhalten hat er nach seiner Auffassung offenbar viel eher ein Anrecht auf die Freundschaft des Königs von Ägypten erworben als irgend ein anderer.

Auch die übrigen Könige der damaligen Zeit hatten für den diplomatischen Verkehr ihrer Rivalen und Gegner ein wachsames Auge. Wie wir soeben schon beobachtet haben, war man in Assyrien genau über die Größe des Geschenkes unterrichtet, das der frühere König von Ägypten an den Fürsten von Ḫaniḫalbat geschickt hatte. Ebenso wenig entging es dem Könige von Babylon, daß Amenophis IV. die Boten des Königs von Assyrien empfing. Das war nach seiner Auffassung ein Eingriff in die bestehenden Rechte, weil Assyrien noch immer als babylonischer Vasallenstaat angesehen wurde. Er glaubt deshalb Einspruch dagegen erheben zu müssen und bringt die Erwartung zum Ausdruck, daß der ägyptische König sich mit den Gesandten in keiner Weise mehr einläßt. „Wenn du mich lieb hast, dann mögen sie irgendwelche Geschäfte nicht machen; mit leeren Händen mögen sie wieder eintreffen" (9, 31 f.).

Man konnte jedoch in seinem Forschungstriebe mitunter auch zu weit gehen. Der König Amenophis III. hatte es gewagt, den Boten des Kadašman-Ḫarbe nach den Soldaten seines Herrn zu fragen. Hiermit war Kadašman-Ḫarbe durchaus nicht einverstanden. Er beschwerte sich darüber und veranlaßte dadurch seinen Bruder zu einer Erwiderung, die ganz den Stempel einer etwas kindlichen Ausrede trägt. „Ob Krieger vorhanden sind oder nicht, das hat er selbst mir mitgeteilt. Weshalb sollte ich ihn auch fragen, ob Krieger vorhanden sind, die dir gehören, oder ob Pferde vorhanden sind, die dir gehören? Höre doch nicht auf diese deine Boten, deren Mund gehässig ist“ (1, 82 ff.).

Dagegen galt es als selbstverständlich, daß man sich in freundschaftlicher Weise nach den Angelegenheiten rein persönlicher Natur erkundigte. Es wurde z. B. fast als eine Beleidigung empfunden, wenn man zufällig nicht wußte, daß der Bruder erkrankt war. Sobald man Kenntnis davon erhielt, war man verpflichtet, wo möglich eine Gesandtschaft zu schicken und den Kranken zu trösten. Als eine solche Aufmerksamkeit einmal bei einem längeren Unwohlsein des Burnaburiasch von Amenophis IV. unterlassen wurde, war er darüber nach seinem eigenen Geständnis sehr ungehalten. „Ich ließ meinen Zorn über meinen Bruder losbrechen und sprach: Daß ich krank bin, sollte mein Bruder nicht gehört haben? Warum hat er doch mein Haupt nicht erhoben? Warum hat er seinen Boten nicht geschickt und nicht zugesehen?“ Erst die Versicherung, daß dieses wegen der weiten Entfernung noch nicht möglich gewesen war, konnte ihn nach seiner eigenen Angabe vorläufig wieder beruhigen (7, 8 ff.).

Ebenso verlangte es die internationale Höflichkeit, daß man sich bei den Festen vertreten ließ, die von einem befreundeten Fürsten veranstaltet wurden. Dabei scheint man es aber wenigstens in Ägypten durchaus nicht immer für notwendig gehalten zu haben, zu einer derartigen Feier besonders einzuladen. Wer zufällig davon erfuhr, durfte sich in der üblichen Weise beteiligen; wer dieses unterließ, mußte mit der Möglichkeit rechnen, seinen Bruder dadurch ernstlich zu verletzen. Als der König von Cypern einmal auf ein solches Versäumnis in aller Form aufmerksam gemacht wurde, hielt er es nicht für überflüssig, sich ausdrücklich zu entschuldigen und durch seinen Boten zugleich ein entsprechendes Geschenk überreichen zu lassen. „Wenn du an mich geschrieben hast: Warum hast du deinen Boten nicht zu mir gesandt? — so muß ich erwidern: Ich hatte gar nicht gehört, daß du ein Opferfest begingest. Darum fühle dich nicht verletzt in deinem Herzen! Nachdem ich es jetzt vernommen habe, schicke ich meinen Boten zu dir, und durch meinen Boten schicke ich dir hundert Talente Kupfer“ (34, 7 ff.). Der König von Babylon hatte von seiner Stellung und seinen Rechten allerdings eine andere Auffassung. Er wünschte bei solchen Anlässen gebührend in Kenntnis gesetzt zu werden und empfand es als eine Beleidigung, wenn dieses unterblieb. Auch glaubte er ein Anrecht auf ein besonderes Gastgeschenk zu haben. „Als du ein großes Fest veranstaltetest, schicktest du nicht deinen Boten mit dem Bescheide: Komm doch, iß und trink, und ein Festgeschenk übersandtest du nicht. Die dreißig Minen Goldes, die du übersandt hast, sind ein Geschenk, das . . . . . .[1])". Zu dieser Beschwerde ist er um so eher berechtigt, als er sich selbst in einem ähnlichen Falle nach seiner eigenen Ueberzeugung geradezu musterhaft benommen hatte. Er hebt deshalb ausdrücklich hervor, wie er seinen Verpflichtungen damals im einzelnen nachgekommen ist. „Siehe", so schreibt er, „was ich getan habe. Ein großes [Fest[2])] habe ich in [meinem Hause] veranstaltet. Deine Boten haben zugesehen. Am Eingange des Hauses ließ ich die Aufforderung anbringen: Komm doch, iß mit mir und trink! Nicht habe ich getan, was du getan hast. 25 Männer und 25 Frauen, zusammen 50 Personen, habe ich [dir zum Geschenke[3])] übersandt" (3, 18 ff.).

Für ein derartiges Verschenken von Sklaven an den befreundeten Herrscher eines andern Landes finden wir in den Briefen noch zwei andere Beispiele. Der König Tušratta von Mitanni schickte dem Könige Amenophis III. einmal außer den sonst üblichen Gaben „einen Wagen, zwei Pferde und einen Jüngling und eine Jungfrau aus der Beute des Chattilandes" (17, 36 ff.). Ein anderes Mal berichtet er über die Entsendung von dreißig jungen Mädchen, die dem königlichen Bruder für den Harem zur Verfügung gestellt werden (19, 85).

Tušratta bezeichnet in diesem Briefe den König von Ägypten als seinen Schwiegersohn, der ihn liebt, und sich selbst als den Schwiegervater, der den Schwiegersohn ebenfalls liebt. Amenophis hat ihn nämlich durch einen Boten um seine Tochter gebeten, die er zur Herrin von Ägypten machen will, und er hat auch seinerseits schon zugesagt. Die Uebersendung hat allerdings noch nicht stattgefunden; sie soll aber, wie es scheint, in kürzester Zeit erfolgen. Ebenso war auch die Schwester des Tušratta schon seit einer Reihe von Jahren mit dem Könige von Ägypten verheiratet. Der Brief setzt voraus, daß sie damals noch lebte. Denn Tušratta bringt in der Einleitung noch für seine Schwester, wie es dort heißt, und für die übrigen Frauen des Königs seine besonderen Wünsche zum Ausdruck. Wir stehen hier also vor der Tatsache, daß Amenophis III. in den letzten Jahren seines Lebens nicht nur die Schwester, sondern auch die Tochter des Tušratta zur Frau hatte. Die Tochter tritt uns dann in den späteren Briefen als die Gemahlin des Königs Amenophis IV. entgegen. Amenophis IV. erscheint in diesen Briefen ebenso, wie es früher bei Amenophis III. der Fall war, als der geliebte Schwiegersohn des Tušratta, und die Tochter wird in einem Schreiben an die Mutter des Königs Amenophis IV., die einflußreiche und auch sonst in den Briefen des Tušratta so oft er-

---

[1]) Der Text ist hier teilweise zerstört.
[2]) [a-ki-ta r]a-bi-ta.
[3]) So — ana šulmanika — nach andern Stellen zu ergänzen.

wähnte Königin Teje, von dem besorgten Vater als deren Schwiegertochter bezeichnet.

Auch Kadašman-Ḫarbe, der König von Babylon, ist mit Amenophis III. persönlich verschwägert; er beklagt sich aber, daß er über das Schicksal seiner Schwester keine befriedigende Auskunft erhalten kann. Er weiß nicht einmal, ob sie noch lebt oder schon gestorben ist. Als seine Boten sich nach ihr erkundigten, hat Amenophis sich darauf beschränkt, seine Frauen zusammenzurufen und auf eine von ihnen hinzuweisen mit der Erklärung: „Sehet eure Herrin, die da vor euch steht." Keiner von den Boten hat sie erkannt; niemand hat Gelegenheit gehabt, sich mit ihr selbst zu unterhalten, einen Gruß von ihr zu überbringen, ihre Wohnung zu sehen und einen Einblick in ihr Verhältnis zum Könige zu gewinnen. Die Person, die ihnen gezeigt wurde, kann ebensogut die Tochter eines Muškênu[1]) oder eine Frau aus dem Lande der Gagäer, aus Ḫanigalbat oder aus dem Gebiete von Ugarit gewesen sein (1, 10 ff.).

Die Vorhaltungen sind allerdings in dem Zusammenhange, in dem sie uns begegnen, wohl kaum so tragisch zu nehmen, wie man im ersten Augenblicke vermuten könnte. Sie erfolgen nämlich nicht etwa mit Rücksicht auf die Schwester, sondern lediglich als vorläufige Einwendung gegen einen weiteren Heiratsplan, den Amenophis ins Auge gefaßt hatte. Er hatte durch seine Boten ebenfalls noch um eine Tochter des Kadašman-Ḫarbe gebeten, so daß sich hier dieselbe Verbindung ergeben mußte, wie sie nach dem Gesagten mit dem Könige von Mitanni zustande kam. Man pflegte aber einem Antrage nur in den seltensten Fällen sofort zu entsprechen. Artatâma, der Großvater des Tušratta, hatte seine Tochter dem Vater des Königs Amenophis III. erst gegeben, als dieser zum siebten Male durch besondere Boten darum bat; Amenophis III. hatte die Schwester des Tušratta erhalten, nachdem er den Suttarna, den Vater des Tušratta, sechsmal darum gebeten hatte. Die Bereitwilligkeit, die Tušratta selbst bei der Verheiratung seiner Tochter gezeigt hatte, war nach seiner Auffassung ein außergewöhnliches Entgegenkommen, das er als ein besonderes Zeichen seiner Freundschaft hervorhebt (29, 16 ff.). In der Regel gingen also längere Verhandlungen vorauf, die durchaus nicht immer zum Ziele führten.

Eine der größten Schwierigkeiten lag in der merkwürdigen Tatsache, daß die Könige von Ägypten sich niemals entschließen konnten, auch ihrerseits einem ausländischen Fürsten eine von ihren Töchtern als Gattin zu überlassen. Als Kadašman-Ḫarbe dem Amenophis statt der einseitigen Verschwägerung eine Wechselheirat vorschlug, begründete dieser seinen ablehnenden Standpunkt mit der Erklärung: „Von alters her ist eine Königstochter von Ägypten an niemanden gegeben worden." Aber Kadašman-Ḫarbe war in der Sache nicht engherzig. Es kam ihm weniger auf die Person als auf den äußeren Schein an. Darum schrieb er kurzerhand

[1]) Vgl. oben S. 199.

zurück: „Erwachsene schöne junge Mädchen sind sicher vorhanden. Schicke deshalb irgendein schönes Mädchen nach deinem Sinne! Wer wird dann behaupten wollen: Das ist keine Königstochter?“ Als Amenophis auch hierauf nicht einging, wurde schließlich als einzige Gegenleistung, wie wir oben schon gesehen haben, nur die sofortige Zusendung einer größeren Goldmenge verlangt (4, 6 ff. 36 ff.). Diese sollte jetzt einen Teil des zu entrichtenden Brautpreises bilden.

Der Brautpreis bestand aber nicht etwa bloß aus sorgfältig abgewogenem Edelmetall, sondern vor allem auch aus mannigfaltigen Wertgegenständen, so daß sich in der äußeren Form genau dasselbe Gepräge ergibt, wie wir es bei den üblichen Geschenken beobachtet haben. Wieweit die Einzelheiten bei den Verhandlungen vorher festgelegt wurden, entzieht sich überall unserer Kenntnis. Es scheint jedoch, daß man bei solchen Gelegenheiten eine Freigebigkeit entwickelte, zu der man sich in andern Fällen nur selten emporzuschwingen vermochte. Was Amenophis z. B. dem Tušratta übersandte, „war ohne Grenzen; es reichte von der Erde bis zum Himmel hinauf“ (29, 24). Daß dieses keine bloße Uebertreibung war, ersieht man aus der Höhe der Mitgift, die von der anderen Seite zur Verfügung gestellt wurde. Tušratta macht gar keinen Hehl daraus, daß diese Ausstattung ihn ganz besonders in Anspruch nimmt (20, 21). Das genaue Verzeichnis der einzelnen Gaben, das sich zufällig noch vorfindet, umfaßt nicht weniger als 66 + 72 + 60 + 42 = 240 Zeilen. Der Text ist leider an einigen Stellen beschädigt. Auch enthält er eine Reihe von Ausdrücken, die wir mit unserer jetzigen Kenntnis noch nicht zu deuten vermögen. Aber das wenige, was sich aus der Aufzeichnung mit Sicherheit herausheben läßt, darf ohne Bedenken als Maßstab für das Ganze genommen werden. Hiernach wurden mit der Tochter u. a. überbracht: Mehrere (zwei oder vier?) schöne feurige Pferde, ein Wagen, zu dessen Verzierung 320 Schekel Gold gebraucht waren, zwei aus Gold und kostbaren Steinen gearbeitete Zierketten für den Hals der Pferde, ein goldgeschmückter Bogen, zwei aus Gold und Kleiderstoff hergestellte Geräte zum Fangen von Fliegen, das eine im Gewichte von drei, das andere im Gewichte von zehn Schekeln, zwei mit einem Lasurstein gezierte und mit Gold umkleidete Handringe aus Eisen, von denen der eine fünf, der andere sechs Schekel Goldes erfordert hatte, ein Fußring, zu dessen Anfertigung fünf Schekel Goldes erforderlich gewesen waren, ein Halsschmuck aus Gold und Edelsteinen, ein Dolch mit eiserner Klinge, dessen Handgriff mit Gold und kostbaren Steinen geschmückt war, ein Paar Schuhe aus Hammelhaut mit Goldverzierungen im Gewichte von dreizehn Schekeln und mit Knöpfen aus wertvollem Stein, ein Paar Schuhe aus violettem Purpur mit Knöpfen aus demselben Stein, einer Goldverzierung im Gewichte von vier Schekeln und einem besonderen Schmuck aus Lasurstein in der Mitte, ein Paar Schuhe aus buntgewebtem Tuchstoff, eine Reihe von Kleidern und

Kleidungsstücken, eine Büchse mit Myrrhe, zehn Gefäße mit Öl, zwei aus Bronze gefertigte Panzer, zwei Panzer aus Leder, ein lederner Panzerschutz für Pferde, ein mit Silber beschlagener Schild aus Leder, neun Schilde aus Leder und Bronze, fünf goldene Hündchen im Gewichte von fünf Schekeln, fünf silberne Hündchen im Gewichte von fünf Schekeln, mehrere Decken und Tücher für das Nachtlager, ein Waschbecken aus Bronze mit zugehörigem Deckel, ein Kessel aus Bronze, zehn Töpfe aus Bronze, ein Kohlenbecken aus Bronze. Bronze wird im ganzen 49mal als Material angegeben, Eisen nur viermal. Gold und Silber dienen hauptsächlich zur Verzierung. Gold begegnet uns 63mal, Silber bloß 17mal. Wenn wir die Gewichtsangaben zusammenzählen, die bei den Bemerkungen über die Verwendung von Edelmetall regelmäßig hinzugefügt werden, so erhalten wir an Gold — zweimal fehlt die Angabe, einmal ist sie abgebrochen — etwas über 1101 Schekel, also etwas mehr als 18 Minen und 21 Schekel, an Silber genau 589½ Schekel oder 9 Minen 49½ Schekel.

Die Ueberführung geschah mit einer Feierlichkeit, wie sie der politischen Bedeutung des Ereignisses entsprach. Der Bote, durch den Amenophis den Brautpreis überbringen ließ, hatte den Auftrag, die Prinzessin entgegenzunehmen; ein Bote des Tušratta begleitete sie. Als man in Ägypten angelangt war, machte der König „diesen Tag zu einem fröhlichen zusammen mit seinem Lande“ (29,30). Ganz in derselben Weise erfolgte nach allem, was wir darüber erfahren, die Einholung einer Tochter des Burnaburiasch. Der ägyptische Gesandte befand sich schon seit längerer Zeit in Babylon und wartete auf den Augenblick, wo die Reise beginnen konnte. Er hatte jedoch nur wenige Wagen — im ganzen waren es fünf — und ein so geringes Personal mitgebracht, daß der königliche Schwiegervater seine Tochter vorläufig zurückbehielt und eine bessere Ausstattung der Gesandtschaft verlangte. „Mit fünf Wagen“, so heißt es in dem leider nur unvollständig erhaltenen Schreiben, „sollte man sie dir bringen? . . . . . . Die Könige meiner Umgebung [sollen nicht sagen]: Eine Tochter des großen Königs hat man mit fünf Wagen nach Ägypten gebracht. [Als . . . . . .] deinem Vater übersandte, ... 3000 Mann in seiner Begleitung“ (11, 19 ff.). Es scheint also, daß man bei solchen Gelegenheiten mitunter Karawanen ausrüstete, deren Personal nach Tausenden zählte. Diese Mannschaften dienten nicht nur zur Hebung des äußeren Glanzes, sondern vor allem auch zum Schutze und zur Deckung des Zuges.

Wenn man in der Selbsthilfe nicht so weit gehen wollte, empfahl es sich, in einem besonderen Schreiben die Fürsten von Syrien und Palästina gewissermaßen um freies Geleit zu bitten. Ein solcher Brief hat sich noch in dem Texte Nr. 30 erhalten. Er stammt nach der Schrift höchst wahrscheinlich aus dem Lande Mitanni und wendet sich an die Kleinfürsten von Kanaan, die der Absender als Diener seines Bruders bezeichnet. „Zu den Königen von Kinaḫḫi,

Dienern meines Bruders, sprich: Also sagt der König: Siehe, ich habe Akia, meinen Boten, an den König von Ägypten, meinen Bruder, in größter Eile entsandt. Niemand möge ihn aufhalten. Flugs lasset ihn in Ägypten hineinziehen, und zu den Händen des ḫalzuḫlu[1]) von Ägypten möge man in Eile ihn bringen, und irgend etwas . . . . möge ihm nicht widerfahren." Damit ist in verbindlicher Form die Bitte ausgesprochen, dem Boten nichts zuleide zu tun.

Daß diese Vorsicht nicht überflüssig war, ersehen wir aus den Angaben anderer Briefe. Wir lasen in einem Schreiben des Burnaburiasch bereits von einem Kaufmanne Ṣalmu, der mit seinen Karawanen von Babylon nach Ägypten zog und darum gelegentlich auch als Ueberbringer von Geschenken und königlichen Botschaften benutzt wurde. Dieser wurde zweimal überfallen, und zwar allem Anscheine nach jedesmal von einer Seite, von der man es am wenigsten erwarten sollte. Der eine von den beiden Uebeltätern, ein gewisser Biriamaza, wird bloß mit Namen genannt. Es scheint also eine Persönlichkeit gewesen zu sein, die dem Könige von Ägypten ohne weiteres bekannt war. Der andere wird ausdrücklich als der Statthalter oder Vorsteher eines Gebietes bezeichnet. Burnaburiasch hält es für nötig, daß sie zur Rechenschaft und Strafe gezogen werden, und verlangt für den Kaufmann eine Entschädigung. „Seinen Schaden möge man ihm ersetzen" (7, 73 ff.). Diese Erwartungen scheinen sich aber kaum erfüllt zu haben. Denn in einem ähnlichen Falle, der sich später zutrug, vertritt er denselben Standpunkt mit einem Nachdruck und einer Entschiedenheit, die jedenfalls einer Erklärung bedürfen. Es handelte sich damals um einen Ueberfall auf Geschäftsleute, die den Boten Aḫuṭâbu begleitet hatten. „Meine Geschäftsleute", so schreibt er, „die mit Aḫuṭâbu hinaufzogen, waren zu Handelszwecken in Kinaḫḫi zurückgeblieben. Als Aḫuṭâbu zu meinem Bruder weitergezogen war, haben in Ḫinnatuni, einer Stadt in Kinaḫḫi, Sumadda, der Sohn des Balumme, und Sutatna, der Sohn des Šarâtum, von Akko, nachdem sie ihre Leute geschickt hatten, meine Geschäftsleute getötet und ihr Geld weggenommen. Frage den . . . ., den ich zu dir gesandt habe, und laß ihn dir berichten! Kinaḫḫi ist dein Land, und seine Kön[ige sind deine Diener]. In deinem Lande bin ich vergewaltigt worden. Bändige sie, und das Geld, das sie weggenommen haben, erstatte zurück! Und die Leute, die meine Diener getötet haben, töte sie und räche ihr Blut! Wenn du diese Leute nicht tötest, so werden sie ein anderes Mal, sei es meine Karawane, sei es deine Boten, töten, und dann werden zwischen uns Boten nicht mehr gehen, und jene werden von dir abfallen. Nachdem Sumadda einem meiner Leute die Füße abgehauen, hat er ihn bei sich zurückbehalten, und ein anderer steht bei Sutatna von Akko, nachdem dieser ihn zum Sklaven gemacht, als Diener vor seinem Angesichte.

[1]) Ein Amtsname. Genaueres nicht bekannt.

Diese Leute möge man bringen, damit du dich selbst überzeugest" (8, 13 ff.).

Die Persönlichkeiten, denen wir hier begegnen, sind uns zum Teil aus ihren eigenen Briefen bekannt. Sarâtum von Akko, der Vater des Sutatna, ist natürlich kein anderer als Zurata, der Vater des Königs Zatatna von Akko. Es ist also der Absender des Briefes Nr. 232. Er hatte von dem Könige von Ägypten einen Befehl erhalten und antwortet darauf in folgender Weise: „Zu dem Könige, meinem Herrn, der Sonne vom Himmel, sprich: Also sagt Zurata, der Mann von Akko, der Diener des Königs, der Staub seiner Füße und der Boden, auf den er tritt: Zu den Füßen des Königs, meines Herrn, der Sonne vom Himmel, habe ich mich siebenmal und siebenmal niedergeworfen, mit Bauch und mit Rücken. Wer ist der Mann, an den der König, mein Herr, schreibt und er nicht gehorche? Nach dem, was hervorgeht aus dem Munde der Sonne des Himmels, wird ganz und gar getan werden." Ebenso versichert Zatatna bei einer ähnlichen Gelegenheit nach genau derselben Einleitung: „Was geschrieben hat der König, mein Herr, an seinen Diener, hat er gehört, und alles, was mein Herr befiehlt, besorge ich" (233, 16 ff.). Von Sumadda besitzen wir noch das ebenfalls in diesem Sinne gehaltene Schreiben Nr. 224: „Zu dem Könige, meinem Herrn, meiner Sonne, sprich: Also sagt Šumadda, der Diener des Königs, meines Herrn: Zu den Füßen des Königs, meines Herrn, bin ich siebenmal und siebenmal niedergefallen. Da geschrieben hat der König, mein Herr, um Getreide, so antworte ich: Es ist geschlagen[1]). Es frage der König, mein Herr, seinen Aufseher, ob es gebracht haben unsere Väter seit den Tagen Kuzunas, unseres Vaters."

Der König von Ägypten ist für die palästinensischen Keinfürsten, wie sie stets wieder versichern, der unumschränkte Herr und Gebieter, dem sie sich willenlos unterwerfen. Sie bezeichnen ihn in pflichtmäßiger Uebereinstimmung mit den theologischen Auffassungen des Nillandes als ihre Gottheit und ihre Sonne, fallen siebenmal und siebenmal vor seinem Angesichte zu Boden und betrachten sich in ihrer Niedrigkeit je nach Bedürfnis und Neigung als den Staub oder den Lehm seiner Füße, als den Boden, auf den er tritt, als den Sessel, auf dem er sitzt, als den Schemel, auf dem seine Füße sich ausruhen, als den Hund seines Hauses oder den Stallknecht seiner Pferde. Bei diesen Ausführungen erheben sie sich, wenn sie über einen stilgewandten Schreiber verfügen, mitten in aller Prosa mitunter zu einer poetischen Begeisterung, die an die schönsten Stellen des Alten Testamentes erinnert. So begegnen sich z. B. drei verschiedene Persönlichkeiten in der übereinstimmenden Erklärung: „Ich habe hierhin geschaut und ich habe dorthin geschaut, aber nicht ist es hell geworden. Und ich habe geschaut auf den König, meinen Herrn, und es ist hell geworden. Und es

[1]) muḫuṣu. Was ist damit gemeint?

mag weichen ein Ziegel unter dem andern, ich aber weiche nicht unter den Füßen des Königs, meines Herrn" (266, 9 ff.; 292, 8 ff.; 296, 11 ff.). In einem anderen Schreiben, das höchst wahrscheinlich auf denselben Verfasser zurückgeht, heißt es von dem Absender und seiner Umgebung: „Siehe, was uns anbetrifft, so wenden sich zu dir meine Augen. Wenn wir hinaufsteigen zum Himmel, und wenn wir hinabsteigen zur Erde, ist unser Haupt in deinen Händen" (264, 14 ff.). Der dem Könige von Ägypten sehr ergebene Namjawaza versichert in einem seiner Briefe: „Der Herr ist die Sonne am Himmel, und wie auf das Ausgehen der Sonne vom Himmel, so warten die Diener auf das Ausgehen der Worte von dem Munde ihres Herrn" (195, 16 ff.); Abimilki, der König von Tyrus, schreibt in einem längeren Texte: „Mein Herr ist die Sonne, die ausgeht[1]) über die Länder Tag für Tag nach der Bestimmung seines gnädigen Vaters, des Sonnengottes, der Leben gibt durch seinen gütigen Hauch[2]) und umhergeht bei seinem Niedersinken[3]), der das ganze Land in Ruhe versetzt durch die Macht seines Armes, der seinen Ruf vom Himmel ertönen läßt wie Adad, so daß erzittert (?) vor seinem Rufe das ganze Land. Siehe, es hat geschrieben der Diener an seinen Herrn, nachdem er gehört hat den freundlichen Boten des Königs, der bei seinem Diener anlangt, und den gütigen Hauch, der ausgeht von dem Munde des Königs, meines Herrn, an seinen Diener, und umhergeht, bevor der Bote des Königs, meines Herrn, anlangt[4]). Wenn ein Hauch nicht umhergeht, gedenke ich der Worte meiner Väter. Siehe, jetzt, wo ausgegangen ist ein Hauch des Königs an mich, da bin ich überaus froh, und . . . . Tag für Tag. Weil ich froh bin, ist die Erde nicht . . . ., nachdem ich gehört habe den freundlichen Boten von meinem Herrn, und das ganze Land hat Furcht vor meinem Herrn, nachdem ich gehört habe den gütigen Hauch und den freundlichen

---

[1]) = aufgeht.

[2]) ina šêḫišu ṭâbi. Für šêḫu steht in den übrigen Briefen in demselben Zusammenhange regelmäßig das Wort šâru. Die beiden Wörter werden auch in einem Konst. Vokabular (Vgl. Ebeling bei Knudtzon S. 1520) als Synonyme behandelt.

[3]) izaḫar (= isaḫar) ina ṣapânišu. Das akkadische saḫâru entspricht dem hebräischen saḫar, das nach den vorhandenen Belegstellen besonders auch das Umhergehen in einem fremden Lande bezeichnet. Der soḫêr ist der Kaufmann, der von Ort zu Ort zog und überall in den Häusern seine Waren anbot. Die Königsboten besuchten in derselben Weise die einzelnen Fürsten. Das Hinausgehen fand also in dem saḫâru seine natürliche Fortsetzung. In dem Briefe Nr. 151, der ebenfalls von Abimilki stammt, wird die Form izaḫar ohne weiteres durch ein dem aṣû entsprechendes kanaanäisches jiṣa erklärt. Die Ausdrücke sind hier also, soweit es für den Verfasser in Betracht kam, in ihrer Bedeutung einander gleichgesetzt. Ṣapânu = ṣaphan. Es ist dasselbe Wort, das in ṣaphôn = Norden zugrundeliegt. Der Norden ist die Gegend der Finsternis. Die Sonne geht auf und kehrt dann in Palästina, wenn sie niedergeht, zu den Fürsten ein.

[4]) Der Hauch oder die Mitteilung eilt dem Boten schon voraus. Es wurde natürlich sofort bekannt, wenn der Bote in einer Angelegenheit bei den Fürsten die Runde machte.

Boten, der bei mir anlangt. Wenn der König, mein Herr, sagt: Stelle dich zur Verfügung für das große Heer, so spricht der Diener zu seinem Herrn: Ja, mit Freuden. Auf meiner Brust und auf meinem Rücken trage ich das Wort des Königs, meines Herrn. Wer hört auf den König, seinen Herrn, und ihm dient an seinem Orte, über den geht die Sonne auf, und es geht umher ein gütiger Hauch aus dem Munde seines Herrn. Hört er aber nicht auf das Wort des Königs, seines Herrn, dann geht zugrunde seine Stadt, zugrunde sein Haus, ist verschwunden im ganzen Lande sein Name auf ewig. Siehe, der Diener, der hört auf seinen Herrn, wohl ergeht es seiner Stadt, wohl seinem Hause; sein Name bleibt in Ewigkeit. Du bist die Sonne, die aufgeht über mich, und eine Mauer aus Bronze, die sich erhebt zu seinem[1]) Schutze. Im Hinblick auf den mächtigen Arm des Königs, meines Herrn, bin ich ruhig, habe ich Vertrauen[2])" (147, 5 ff.).

Um diese Schilderung richtig zu würdigen, muß man vor allem den Wortlaut der gütigen Weisung herausheben, auf die der Absender in seiner Darlegung Bezug nimmt. Er hatte von dem ägyptischen Könige den Befehl erhalten: „Stelle dich zur Verfügung für das große Heer!" Ein ähnlicher Befehl war auch der Anlaß für die begeisterten Worte des Namjawaza gewesen. Denn es heißt dort gleich in dem folgenden Satze: „Siehe, ich stehe mit meinen Kriegern und meinen Wagen, meinen Brüdern, meinen sa-gaz-Leuten und den Suti den Feldtruppen zur Verfügung bis zu dem Orte, den der König, mein Herr, bezeichnet." Was hiermit gemeint ist, ergibt sich aus einer Gruppe von Paralleltexten, die durch ihre Abweichungen die vorliegende Bemerkung in mehrfacher Hinsicht ergänzen. Am nächsten berührt sich die Angabe mit der Meldung des Artamanja von Ziribašanu: „Siehe, du hast mir geschrieben, herzurichten[3]) für die Feldtruppen. Ja, wer bin ich, ein Hund, daß ich nicht hinziehen sollte! Siehe, ich stehe mit meinen Kriegern und meinen Wagen den Feldtruppen zur Verfügung bis zu dem Orte, den der König, mein Herr, bezeichnet" (201, 9 ff.). Statt dieser letzten Wendung heißt es in andern Briefen: „bis zu dem Orte, wohin sie ziehen" (203, 18 f.; 204, 19 f; 205, 18). Aber noch deutlicher drückt Arzawija von Ruḫiza sich aus. „Es mögen kommen", schreibt er, „die Feldtruppen des Königs und seine Aufseher! Denn ich habe alles hergerichtet, und hinter ihnen werde ich herziehen zu dem Orte, wo man feind ist dem Könige, meinem Herrn, und wir werden sie nehmen. In die Hand des Königs, unseres Herrn, werden wir geben seine Gegner" (191, 11 ff.). Ammunira, der König von Berut, erklärt in demselben Zusammenhange: „Siehe, ich habe

[1]) Der Schreiber hat vergessen, daß er bereits die erste Person gebraucht hat. Er verweilt mit seinen Gedanken offenbar noch bei der dritten Person des vorhergehenden Satzes.

[2]) nuḫti, mit einem erklärenden batiti = baṭaḫti.

[3]) ana šuširi; das Verbum steht hier ebenso wie auch an einigen andern Stellen, die sogleich noch zu berücksichtigen sind, ohne ein besonderes Objekt.

hergerichtet zugleich mit meinen Pferden, meinen Wagen und allem, was mein ist, was sich vorfindet bei dem Diener des Königs, meines Herrn, für die Feldtruppen des Königs, meines Herrn" (141, 24 ff.). Daß dieses mehr ist als eine Phrase, zeigt uns z. B. die Angabe des Königs von Askalon: „Siehe, ich beobachte das Wort des Königs, meines Herrn, des Sohnes der Sonne, und habe hergerichtet Speisen, Rauschtrank, Öl, Getreide, Rinder, Schafe, für die Krieger des Königs, meines Herrn" (324, 10 ff.). Er hat also den Befehl erhalten, die Truppen bei ihrem Durchzuge mit den notwendigen Lebensmitteln zu versorgen. Das war natürlich keine Ausnahme, sondern eine selbstverständliche Regel. In einem andern Briefe heißt es darüber: „Siehe, ich habe hergerichtet alles mögliche: Speisen, Rauschtrank, Rinder, Schafe, Getreide, Stroh, alles mögliche, was befohlen hat der König, mein Herr" (325, 15 ff.). Ebenso berichtet ein gewisser Dijate: „Siehe, Rinder und Kleinvieh habe ich hergerichtet, wie du befohlen hast in dem Briefe an mich" (193, 19 ff.). Akizzi von Ḳatna erzählt in einem Schreiben von den Leistungen in früherer Zeit: „Wenn die Krieger und die Wagen des Herrn kamen, wurden Speisen, Rauschtrank, Rinder, Schafe, Honig und Öl vor die Krieger und Wagen meines Herrn hinausgebracht", und bittet seinen Herrn, die Großen darüber zu befragen und es sich von ihnen bestätigen zu lassen (55, 10 ff.). Die Großen sind hier offenbar die ägyptischen Beamten, die bei solchen Gelegenheiten ebenfalls in Tätigkeit traten. Die Texte erwähnen in diesem Zusammenhange besonders einen Maja, der in den verschiedensten Gegenden des Landes mit der Angelegenheit zu tun hatte und überall die notwendigen Anweisungen gab. „Siehe", so schreibt z. B. der König Bajawa, „ich richte her, wie befohlen hat der König, mein Herr, und höre sehr, sehr auf die Worte Majas, des Vorstehers des Königs, meines Herrn" (216, 10 ff.). Jabni-ilu, der König von Lakiš, beschränkt sich in seinem Antwortschreiben auf die Erklärung: „Siehe, ich habe gehört auf alle Worte, die Maja, der Vorsteher des Königs, zu mir gesprochen hat; siehe, ich habe alles getan" 328, 20 ff.). Japaḫi, der damalige König von Gezer, betont allerdings, daß er über nichts mehr verfügt, da er aus seinem Gebiete vertrieben ist. Er hofft aber, daß die Feldtruppen ihn wieder in seine Städte zurückführen werden, und erwähnt ebenfalls, daß er den Maja gehört hat (300, 23 ff.). Maja hatte offenbar den Auftrag, die Fürsten selbst aufzusuchen und sich über die Einzelheiten mit ihnen in Verbindung zu setzen. Er war also, wie wir annehmen müssen, zugleich der Bote, von dem wir in den Briefen erfahren. In einem Schreiben, das dem Ḫiziri überbracht wurde, stand nach der Angabe des Empfängers die Aufforderung: „Schütze Maja, den Vorsteher des Königs, meines Herrn!" Das war nach der Aufgabe, die er zu lösen hatte, sicher nicht unbegründet und wird sich auch in den übrigen Briefen, die er bei sich trug, wohl stets wiederholt haben. Ḫiziri fügt deshalb in seiner Antwort die Bemerkung hinzu, daß dieser Schutz dem Maja ganz besonders zuteil wird. Auf die sonstigen Forderungen erklärt er einfach und bieder: „Der König, mein Herr, hat mir befohlen: Richte Quartiere[1]) her für die Feldtruppen des Königs, meines Herrn! Es gebe der Gott des Königs, meines Herrn, daß ausziehe der König, mein Herr, mit seinem Heere und kennen lerne seine Länder! Denn siehe, so habe ich große Quartiere hergerichtet für die Truppen des Königs, meines Herrn“ (337, 7 ff.). Es handelt sich hier nach der ideographischen Schreibung und nach dem hinzugefügten kanaanäischen malania um Quartiere für die Nacht. Man errichtete für die Unterbringung der Truppen, wenn man es gut machen wollte, sogar eigentliche Wohnhäuser. „Ich habe“, so schreibt der König Addudâni, „eine Wohnstätte erbaut, eine Stadt, Manḫate ist ihr Name, um herzurichten für die Feldtruppen des Königs, meines Herrn.“ Dann beschwert er sich, daß Maja ihm dieses Manḫate aus der Hand genommen und einen ägyptischen Beamten darin eingesetzt hat, und bittet den König, dies durch den Vorsteher Rianap, der sonst für ihn in Betracht kommt, wieder rückgängig zu machen. „Beauftrage den Rianap, meinen Vorsteher, daß er zurückbringe die Stadt in meine Hände!“ Wenn dieses geschieht, will er für die Feldtruppen alles herrichten (292, 29 ff.). Rianap war nach andern Briefen der gewöhnliche Vertreter des Königs im südlichen Teile des Landes. Er war „mächtig wie die Sonne am Himmel“ (315, 15). Ob er hier eingegriffen hat, wissen wir nicht. Auf jeden Fall ist Addudâni durch die Art, wie er für seine Person den königlichen Befehl zur Ausführung brachte, der Gründer einer Ortschaft geworden, die noch in späterer Zeit den Namen Manaḫath trug. Es ist der Ort, wo die ägyptischen Soldaten ihre „Ruhestätte“ gehabt hatten. Die Briefe, die von den Boten überbracht wurden, erschienen in der Form als Briefe des Königs; sie waren aber in Wirklichkeit nur Mitteilungen aus der königlichen Kanzlei. Der König wird in den Schriftstücken nicht mit Namen genannt und tritt uns nur in der dritten Person entgegen. Wir besitzen von diesen Zuschriften, soweit sie für eine größere Zahl von Empfängern bestimmt waren, allerdings nur ein einziges Exemplar, das durch einen glücklichen Zufall in Ägypten zurückgeblieben ist und jetzt als Nr. 7095 unter den altorientalischen Texten von Paris aufbewahrt wird. Die Darstellung läßt aber gar nicht daran zweifeln, daß die Anweisungen in andern Fällen gerade so lauteten. Der Brief war für den König Intaruda von Akšapa bestimmt und ist in dieser Ausfertigung vielleicht als Duplikat zu betrachten. Er soll den Empfänger ebenfalls davon in Kenntnis setzen, daß eine Heeresabteilung eintreffen wird. Der Verfasser erklärt deshalb in der üblichen Weise dem Leser des Schreibens: „Zu Intaruda, dem Manne von Akšapa, sprich: Also sagt der König: Siehe, diesen Brief habe ich dir bringen lassen, um dir zu sagen: Gib acht! Schütze den Ort des Königs, der in deiner Obhut ist! Siehe, ich

[1]) Vgl. hier den Text bei Schroeder, Die Tontafeln von El-Amarna Nr. 187 und Orient. Literaturz. Jahrg. 18 (1915), Sp. 105 f.

habe Ḫanni, den Sohn des Mairia, den Vorsteher des Königs im Lande Kinaḫḫi, zu dir entsandt. Höre recht gut auf das, was er dir sagen wird, damit der König dich nicht als Frevler antrifft! Höre recht gut auf jedes Wort, das er dir sagen wird, und führe es recht gut aus! Gib acht! Gib acht! Sei nicht nachlässig! Richte her für die Feldtruppen des Königs Speise in Menge, Wein, alles mögliche in Menge! Siehe, er wird sehr schnell bei dir eintreffen und den Feinden des Königs den Kopf abschlagen. Wisse, daß der König sich wohl befindet wie die Sonne am Himmel, und daß seine zahlreichen Truppen und Streitwagen sich sehr wohl befinden!" Der Ueberbringer ist hier nicht Maja, sondern Ḫanni. Es handelt sich also wahrscheinlich um ein Unternehmen, das zeitlich von dem Durchzuge, den Maja vorzubereiten hat, getrennt werden muß. Akšapa, das biblische Achschaph, lag in einer Gegend, die sicher auch von Maja ohne Schwierigkeit erreicht werden konnte. Die Einzelheiten sind aber im übrigen dieselben. Die Antwortschreiben stimmen in ihren Wendungen auch da, wo Maja als der Vertreter des Königs genannt wird, mit den Ausdrücken in dem vorliegenden Briefe zum Teil wörtlich überein. Die Fürsten erklären ohne Bedenken, daß sie die Stadt, die ihnen anvertraut ist, gewissenhaft schützen und daß sie auf alles gehört haben, was ihnen von dem Ueberbringer des königlichen Schreibens zur Pflicht gemacht wurde. Sie haben, wenn man es ihnen glauben darf, für die Verpflegung der Truppen vielfach schon das Erforderliche sichergestellt und bringen in einer Reihe von Texten sogar ihre Bereitwilligkeit zum Ausdruck, sich selbst an dem Kriegszuge zu beteiligen.

Ueber das Ziel des Unternehmens sind sie allem Anscheine nach gar nicht unterrichtet. Sie sprechen ganz allgemein von den Feinden des Königs und von dem Orte, wo sie mit diesen zusammenstoßen. In dem Briefe des Ḫiziri wird der Wunsch ausgesprochen, daß der König hinausziehen möchte, um auf diese Weise das Land kennen zu lernen. Ḫiziri scheint also erwartet zu haben, daß der König selbst die Führung des Heeres übernehmen würde. Das ist auch der Gedanke, der uns in einem Schreiben des Ribaddi von Byblus begegnet. Ribaddi befindet sich in großer Bedrängnis; denn das ganze Land ist zu dem Amoriterfürsten Aziru, dem Sohne des Abdaširta, übergegangen, und die Stadt ist auf das äußerste bedroht. Es ist deshalb unbedingt notwendig, daß der König ein Heer schickt, um die Gefahr abzuwenden und das Land wieder in seine Gewalt zu bringen. „Die Leiter der Gemeinden", so schreibt er, „sehen alle nicht gern, daß Feldtruppen ausziehen, wenn es ruhig bei ihnen ist; ich aber, für meine Person, ich wünsche, daß sie ausziehen, da es mir schlecht ergeht. Darum möge der König, mein Herr, ausziehen, um sein Land zu sehen und alles wieder in Besitz zu nehmen! Siehe, an dem Tage, wo du ausziehst, wird das ganze Land sich wieder anschließen an den König, meinen Herrn" (A O 7093, 54 ff.). Er glaubt annehmen zu dürfen, daß ein Heer von 5000 Ägyptern, 5000 Leuten aus Meluḫa[1]) und 50 Kriegswagen für die Lösung der Aufgabe genügen würde (132, 56 ff.).

Auch die Karawanen des Königs von Ägypten hatten ein Anrecht auf besondere Unterstützungen. Wir sehen z. B., daß sie ebenfalls mit Nahrungsmitteln versorgt wurden, und zwar auf einen vorhergehenden Befehl, der ganz in derselben Weise zustande kam und sich in denselben Ausdrücken bewegte wie der Brief an den König von Achschaph. Das ergibt sich besonders aus einem etwas schematisch gehaltenen Antwortschreiben, das den Inhalt des zugrundeliegenden Briefes noch deutlich hervortreten läßt. Der Absender, der uns im übrigen nicht näher bekannt ist, versichert in diesem Schreiben, daß seine Stadt sich wohl befindet und daß er alles gehört hat, was der König ihm mitteilt. Er pflügt[2]) und rupft die Schafe[3]) und geht [nicht] hinaus in seine Stadt; er richtet . . . ., Speisen und . . . . her für die Karawanen des Königs, seines Herrn; denn er hat gehört auf alle Worte des Königs, seines Herrn (226, 6 ff.). In einem andern Schreiben antwortet der König Mutba'lu, der Sohn des Labaja, unter Zurücksetzung aller übrigen Gedanken auf einen derartigen Befehl mit behaglicher Ausführlichkeit: „Der König, mein Herr, hat den Ḫaja zu mir gesandt, um zu sagen: Siehe, Karawanen nach Ḫanakalbat hat man abgeschickt; sende sie weiter! Wer bin ich, daß ich nicht weitersenden sollte die Karawanen des Königs, meines Herrn! Siehe, Labaja, mein Vater, hat [gedient] dem Könige, seinem Herrn, und weitergesandt [alle] Karawanen, die abgeschickt hatte der König nach Ḫanagalbat. Nach Karduniasch[4]) sende der König, mein Herr, Karawanen! Ich werde sie hinbringen so schnell wie nur möglich" (255, 8 ff.).

Die Antwort beginnt in dem ersten Schreiben mit der Bemerkung, daß der Absender pflügt und die Schafe rupft, und daß er nicht hinausgeht in seine Stadt. Sie setzt also voraus, daß der König diese Arbeiten ebenfalls von ihm verlangt hat. Die Angabe ist in dieser Kürze nicht ohne weiteres verständlich. Sie berührt sich aber in ihrem Wortlaut auf das engste mit einer Stelle, die sich in einem Schreiben des Fürsten Biridija von Megiddo vorfindet. Wir erfahren dort, daß Biridija im Gebiete von Sunama = Sunem durch Fronleute aus Japu pflügen läßt, daß sich aber die übrigen Fürsten in der Nachbarschaft an dieser Arbeit nicht beteiligen. Außer den Leuten von Japu, die er selbst aufgeboten hatte, waren nur noch die Leute von Nuribda erschienen (A O 7098, 10 ff.). Er will durch diese Mitteilung offenbar hervorheben, daß er seinerseits

---

[1]) Meluḫa war ein Land, das nach den vorhandenen Angaben unter Ägypten stand und von Schwarzen bewohnt wurde. Es kann also nur Nubien gemeint sein.

[2]) i-ri-šu mit erklärendem iḫ-ri[-šu])

[3]) i-ba-ḳa-a[m]. Die Schafe wurden in der älteren Zeit gerupft. Die Arbeiten liegen zeitlich weit auseinander. Das Rupfen der Schafe geschah im Frühjahr.

[4]) Die damalige Bezeichnung für das Land Babylon.

besonders treu seine Pflicht tut. Die Äcker wurden also von Nachbarfürsten durch Fronarbeiter bestellt, und die Erträgnisse waren in diesem Falle, wie wir annehmen müssen, das Eigentum des Staates. Sunama war aber nach einer andern Angabe ebenso wie Burkuna und Ḫarabu von Labaja entvölkert worden (250, 42 ff.). Es war dann nach dem Tode des Labaja, wie man aus unserm Schreiben ersieht, in den Besitz des ägyptischen Staates übergegangen[1]). Die beiden Briefe führen uns auch nach andern Beobachtungen in dieselbe Gegend. Der Ort Japu, der zu dem Gebiete des Biridija gehört, ist das etwa drei Stunden nordöstlich von Megiddo und nahezu ebenso weit nordwestlich von Sunem, in nächster Nähe von Nazareth[2]) gelegene Jafa; die Schrift ist bei dem andern Briefe nach dem Eindruck, den Knudtzon gewann[3]), ganz dieselbe wie bei der Tafel Nr. 225, die von Samu-Adda, dem Fürsten des im Westen von Japu gelegenen Samḫuna, stammt. Auch der Ausdruck weist fast genau dieselben Wendungen auf. Die Texte setzen hier also Verhältnisse voraus, die wir nicht ohne weiteres verallgemeinern dürfen. Sie zeigen uns aber, daß die ägyptische Verwaltung auch die Arbeitskraft der Bewohner von Palästina ohne Bedenken für sich in Anspruch nahm.

Die Opfer, die man in dieser Weise zu bringen hatte, mochten unter Umständen sehr erheblich sein; sie waren aber, wie es scheint, im allgemeinen noch leichter als die eigentlichen Jahresabgaben, die man gewöhnlich als Tribute bezeichnet.

Die Tribute wurden von den königlichen Beamten für die einzelnen Bezirke genau festgesetzt. Akizzi, der Fürst von Ḳaṭna, erklärt in einem Briefe von seinen Standesgenossen in der dortigen Gegend: „Der Große meines Herrn möge verkünden, was auch immer ihre Geschenke sein sollen, und sie mögen es geben" (53, 50 f.). Er denkt hierbei an die Könige von Nuḫašše, Nii, Zinzar und Tunanat, die ihrem Gebieter noch treu ergeben sind. Ebenso heißt es in einem Schreiben des Königs von Askalon: „Und siehe, ich richte den Tribut her für die Sonne, wie befohlen hat der König, mein Herr, die Sonne vom Himmel" (325, 20 ff.). In einem andern Briefe versichert der Absender: „Alle Worte des Königs, meines Herrn, werde ich tun, bis auszieht der Große und alles holt, was befohlen hat der König, mein Herr" (239, 8 ff.). Er setzt also voraus, daß der Beamte nach einiger Zeit bei ihm eintreffen und den Tribut abholen wird. Das scheint aber eine Ausnahme gewesen zu sein; denn die Entsendung des Beamten erfolgt hier nach den weiteren Angaben des Briefes aus einem ganz besonderen Grunde. Der Absender fügt nämlich hinzu: „Und es möge ausziehen der Große, und er möge kennen lernen unsern Frevel! Denn Böses

[1]) So zuerst Prof. D. A. Alt im Palästinajahrbuch des Deutschen evang. Instituts für Altertumswissenschaft des Heiligen Landes zu Jerusalem, XX. Jahrg. (1924), S. 34 ff.

[2]) Alt a. a. O. S. 38.

[3]) S. 1300, Anm. 1.

gegen deine Diener hat man vor dir gesprochen." Daß man die Gaben nicht eher zu entrichten pflegte, als es unbedingt notwendig war, braucht kaum hervorgehoben zu werden. Sumadda, der Sohn des Balumme, schreibt in einem seiner Briefe[1]), daß der König eine Getreidelieferung von ihm verlangt. Er hat aber das Getreide noch nicht abgeschickt; denn er glaubt den Beweis erbringen zu können, daß seine Väter zu dieser Leistung noch niemals herangezogen wurden. Puba'lu, der König von Jurṣa, ist ebenfalls mit der Lieferung noch im Rückstande. Er wendet sich deshalb in einem Doppelbriefe zunächst an den König und versichert ihm, daß er der Stadt den notwendigen Schutz angedeihen läßt und auf die Worte des Vorstehers gehört hat. Dann schreibt er auf derselben Tafel in einem zweiten Briefe an den zuständigen Beamten: „Es war nichts in meinem Hause bei meinem Hineintreten. Deshalb habe ich eine Karawane zu dir nicht entsandt. Siehe, ich richte her eine schöne Karawane zu dir" (316, 18 ff.). Man sieht, daß hier eine Entschuldigung vorliegt. Der Absender hatte von der Verwaltung offenbar die Aufforderung erhalten, seinen Verpflichtungen möglichst bald nachzukommen. Daß dies nicht immer so leicht war, ersehen wir aus einer Meldung des Tagi. „Siehe", so schreibt dieser Fürst, „ich bin ein Diener des Königs und habe versucht, Karawanen zusammenzubringen durch meinen Bruder. Er wäre aber um ein Haar erschlagen worden. Deshalb kann ich meine Karawanen nicht senden zum Könige, meinem Herrn. Frage deine Vorsteher, ob nicht um ein Haar erschlagen wäre mein Bruder! . . . . Und siehe, jetzt habe ich versucht, meine Karawanen zu entsenden durch meinen Genossen an den König, meinen Herrn" (264, 5 ff. 19 ff.). Wir können aus dieser Mitteilung nur den Schluß ziehen, daß die Stimmung gegen Ägypten außerordentlich gereizt war. Subandu, ein kleiner und unbedeutender Fürst im Süden von Palästina, berichtet in einem seiner Briefe: „Der König, mein Herr, die Sonne vom Himmel, hat den Ḫania zu mir geschickt. Und siehe, ich habe gehört auf das Wort des Königs, meines Herrn, gar sehr, und siehe, ich habe gegeben 500 Rinder und 20 Mädchen. Dies, damit Kenntnis erhält der König, mein Herr, die Sonne vom Himmel" (301, 12 ff.). In einem andern Schreiben, das in der Einleitung und im Schlußsatze mit dem Briefe des Subandu wörtlich übereinstimmt[2]), ist an derselben Stelle von hundert Silberschekeln und von zehn Sklaven und zehn Sklavinnen die Rede. Man sieht also, daß der Absender neben dem Geldbetrage nach der an ihn ergangenen Weisung ebenfalls u. a. zwanzig Personen zu liefern hatte. Wir werden deshalb nicht zu weit gehen, wenn wir in der Zahl, die uns hier entgegentritt, einen gewissen Normalsatz vermuten, der unter bestimmten Voraussetzungen oder bei bestimmten Gelegenheiten als Regel betrachtet wurde. Dies wird uns auch durch ein Schreiben aus der könig-

[1]) S. oben S. 255.

[2]) In dem Briefe Nr. 309. Der Text ist leider in der Mitte zerstört.

lichen Kanzlei, das nach den Spuren in den ersten Zeilen wahrscheinlich an den Fürsten von Ammia gerichtet war, in überraschender Weise bestätigt. Das Zeichen für 20 besteht aus zwei aufeinanderfolgenden Winkelhaken. Von den Haken, die sich hier am Anfange der Zeile befinden, ist der zweite noch deutlich vorhanden. Der erste läßt sich allerdings infolge einer kleinen Beschädigung, die auch eine andere Lesung gestatten würde, nicht mehr mit Sicherheit feststellen. Der Brief erscheint in der äußeren Form wieder als eine persönliche Kundgebung des Königs; er zeigt aber im Ausdruck, soweit der Inhalt es gestattete, einen verbindlichen und sehr entgegenkommenden Ton, der in einem Sonderwunsche des Königs oder der königlichen Verwaltung seinen tieferen Grund hatte. Der Verfasser lobt zunächst den Empfänger, daß er die Stadt, die ihm anvertraut wurde, treu und gewissenhaft beschützt, und erklärt ihm alsdann in den folgenden Zeilen: „Sende deine Tochter an den König, deinen Herrn, und sende als Geschenke [2]0 vortreffliche Sklaven, Silber, Wagen und vortreffliche Pferde! Dann wird der König, dein Herr, dir sagen: Das ist gut[1]), daß du ihm, dem Könige, ein Geschenk gemacht hast im Gefolge deiner Tochter" (99, 10 ff.). Der König wünscht hier also neben den sonstigen Gaben auch eine von den Töchtern des Fürsten. Es galt dann als selbstverständlich, daß man einem solchen Verlangen entsprach. Bei dem Briefe Nr. 187, der in der zweiten Hälfte fast ganz zerstört ist, hat sich noch der Schlußsatz erhalten: „Und siehe, ich habe meine Tochter an den Hof geschickt, an den König, meinen Herrn, meinen Gott, meine Sonne." Daß man dem Könige Sklaven überließ, wird uns auch sonst noch verschiedentlich bescheinigt. „Als [. . . ., der Vorsteher des Königs], zu mir kam", schreibt Abdiḫeba von Jerusalem, „habe ich 10 Diener [in seine Hand] gegeben; als Suta, der Vorsteher des Königs, zu mir kam, habe ich 21 Mädchen und 80 Kriegsgefangene in die Hand des Suta gegeben als Geschenk für den König, meinen Herrn" (288, 16 ff.). Es kam aber auch vor, daß die Sklaven oder die Sklavinnen in aller Form bezahlt wurden. Wir ersehen dieses aus dem Inhalte des Schreibens E 6753, das an den König Milkili von Gezer[2]) gerichtet ist und in seinen Angaben fast als ein Geschäftsbrief erscheint. Der König von Ägypten schreibt hier nach dem Wortlaute des Textes an seinen Diener: „Siehe, ich habe dir den Ḫania zugeschickt, den Befehlshaber der Truppen, mit allem, was notwendig ist, um schöne Frauen zu erwerben, mit Silber, Gold, Kleidern, Rotstein und jeder Art von edlem Gestein, Sesseln aus Ebenholz (?), kurz, mit allem Schönen, im ganzen für 160 Tiban. Das gibt zusammen 40 Frauen, jede Frau zu 40 Silberschekeln. Schicke mir also sehr schöne, unter denen keine mit einem Fehler

[1]) ši-ia-du b[a-a]n-d[u] für ši-ia-tu ba-an-tu mit der Wiedergabe von t durch d, wie in der folgenden Zeile in der Verbalform da-ad-din = ta-ad-din.

[2]) am[êl] âl Gaz-[ri]. Der Wohnsitz dieses Fürsten ist in den übrigen Briefen nicht angegeben.

ist, so daß dir der König, dein Herr, sagen kann: Das ist gut. Dann hat man dir Leben verliehen. Wisse, daß der König sich wohl befindet wie die Sonne, und daß seine Truppen, seine Wagen und seine Pferde sich sehr wohl befinden.“ Der König bietet hier also für jede Frau, wie sie in dem Schreiben gewünscht wird, einen Preis von vier ägyptischen D-b-n = Diban = Tiban oder von 40 in Palästina geltenden Schekeln. Der Diban hatte ein Gewicht von ungefähr 91 Gramm. Milkili tat aber mehr als von ihm verlangt wurde. Er sandte dem Könige nach seiner eigenen Angabe durch die Hand des Ḫania[1]) 46 Sklavinnen und außerdem noch fünf Knaben und fünf Kriegsgefangene (268, 15 ff.). Im Norden des Landes beschwert sich ein Fürst, daß jemand ihn angegriffen und zehn von seinen Leuten als Gefangene an den König von Ägypten geschickt hat (173, 9 ff.). Ribaddi, der König von Byblus, hat einmal auf diese Weise drei von seinen Leuten verloren. Das war „eine Tat, wie sie noch nicht verübt worden ist von ewiger Zeit her“. Er bittet deshalb, diese drei Personen sofort wieder zurückzuschicken (122, 13 ff.; 123, 9 ff.). Die Kleinfürsten handelten bei diesem Verschenken von Gefangenen nur nach größeren Vorbildern. Sie taten dasselbe, was der König von Mitanni tat, als er dem Könige von Ägypten u. a. einen Wagen, zwei Pferde und einen Jüngling und eine Jungfrau aus der Beute des Chattilandes[2]) übersandte. Es ist aber bezeichnend, daß der König mit diesen Schenkungen einverstanden ist, obschon er ganz genau weiß, daß sie stets nur auf örtliche Fehden und Gewalttätigkeiten zurückgehen. Diese Fehden wurden von den Geschenkgebern wohl ausnahmslos als Unternehmungen zum Schutze der ihnen anvertrauten Städte dargestellt. Die Gefangenen werden bei der Aufzählung von den übrigen Personen immer genau unterschieden. Man würde sie sicher nicht geschickt haben, wenn man nicht die Absicht gehabt hätte, durch den Hinweis auf den glücklichen Erfolg einen besonders guten Eindruck zu erwecken.

Was man zu tun hatte, um eine Stadt gegen das Vordringen der Feinde gewissenhaft zu verteidigen, wird uns in einem Briefe des Biridija von Megiddo gesagt. „Ich habe gehört“, so schreibt dieser Fürst, „die Worte des Königs, meines Herrn und meiner Sonne, und siehe, ich schütze Makida, die Stadt des Königs, meines Herrn, bei Tag und bei Nacht. Bei Tage schütze ich von den Feldern aus. Mit Wagen und K[riegern] schütze ich die Mauern des Königs, meines Herrn“ (243, 8 ff.). Wenn die Truppe nicht stark genug war, wagte der Feind sich bis unmittelbar an die Stadt. Dann ergab sich

---

[1]) [ina ḳa-a]t Ḫa-a[n-ia]. Winckler liest bei dem Eigennamen das zweite Zeichen als mu, Knudtzon und Schroeder deuten die Spuren auf das Zeichen für pi = ja, so daß sich der Name Ḫaja ergab. Winckler hat also im Anfange denselben Keil gesehen, mit dem auch das Zeichen für an beginnt. Auch der senkrechte Keil, der den Zeichen für an und für pi gemeinsam ist, scheint auf der Tafel nach der Wiedergabe von Schroeder noch deutlich hervorzutreten.

[2]) Vgl. oben S. 250.

der Zustand, den derselbe Fürst in einem andern Briefe schildert. „Nicht können wir die Schafe rupfen[1]), und nicht können wir hinausgehen durch das Tor" (244, 13 ff.). In ähnlicher Weise schreibt Ribaddi von den Eroberungsversuchen des Abdaširta: „Siehe, er umschleicht[2]) alle Tore Gublas. Wenn du ausziehst, wird er weichen von den Toren. Wir können nicht hinausgehen zur Tür" (88, 11 ff.). An einer andern Stelle hebt er hervor, daß die Stadt von Fußtruppen und Wagen umgeben ist. „Sa-gaz-Leute und Wagen sind hingelegt, und nicht weichen sie von dem Eingange des Stadttores von Gubla" (87, 21 ff.). Er bittet deshalb in diesem Schreiben, das an den Heerführer Amanappa gerichtet ist, um Unterstützung durch Truppen und Kriegswagen. „Dringe ein auf den König, meinen Herrn, daß [heran]kommen mit dir vortreffliche Krieger [nebst] Wagen!"

Die Krieger, die der König hier schicken soll, werden im Gegensatz zu den Feldsoldaten an andern Stellen als amelûti maṣṣarti oder als amelûti manṣarti[3]) bezeichnet. Es waren, wenn man auf die Grundbedeutung dieses Ausdrucks zurückgeht, Leute des Schutzes oder Schutzmannschaften im eigentlichen Sinne des Wortes. Sie standen unter normalen Verhältnissen ganz im Dienste des betreffenden Fürsten, der auch in den El-Amarna-Tafeln noch an erster Stelle für seine Stadt zu sorgen hat. Da ihm aber stets wieder zum Bewußtsein gebracht wurde, daß er die Stadt als das Eigentum des Königs zu betrachten und deshalb auch für den König zu schützen und zu verteidigen hatte, zog er aus dieser Auffassung eine naheliegende Schlußfolgerung. Er stellte sich ebenfalls auf diesen Standpunkt und hielt es für selbstverständlich, daß der König auch seinerseits, wenn es notwendig war, Ersatz und Verstärkungen schickte. Die Begründung war immer dieselbe. Man bat um amelûti maṣṣarti ana naṣâr âl šarri, um Schutztruppen, womit man die Stadt des Königs zu schützen versprach. Der König konnte sich einer solchen Bitte, wenn er sein Besitztum nicht preisgeben wollte, schon aus praktischen Gründen auf die Dauer nicht ganz widersetzen. Wenn die Hilfe noch länger auf sich warten ließ, mußte die Stadt des Königs, wie die Bittsteller in ihren Darlegungen regelmäßig hervorheben, unbedingt in die Hände der Feinde fallen. Die Anträge waren aber so zahlreich, daß sie trotz dieser Versicherungen oft überhört wurden und nur selten zu einem entscheidenden Ergebnis führten. Sie sind, soweit sie noch vorliegen, vielfach ganz allgemein gehalten, so daß es wirklich nicht leicht war, sich über die Einzelheiten, die hier in Betracht kamen, ein sicheres Urteil zu bilden. In andern Fällen sind die Wünsche genau formuliert. Als Abdaširta die dem Ribaddi gehörige Stadt

---

[1]) So nach Meißner im Archiv für Orientforschung, Bd. V (1928), S. 184.

[2]) er-tam-ši, nach dem ansprechenden Vorschlage von Ebeling, Das Verbum der El-Amarna-Briefe, in den Beitr. zur Assyriologie, herausgeg. von Delitzsch und Haupt, Bd. VIII, Heft 2, S. 77.

[3]) 238, 11 und 244, 35.

Sigata bedrohte, bat dieser um 50 Spann Pferde und 200 Fußsoldaten, damit er sich halten könne, bis die erwarteten Feldtruppen einträfen (71, 22 ff.). Er hatte jedoch vergebens gehofft; die Stadt verfiel ihrem Schicksale. Die einzigen Orte, die ihm noch blieben, waren Gubla und Baṭruna. Um sie zu retten, bat er jetzt um 400 Mann und 30 Paar Pferde, aber zunächst mit demselben Erfolge (76, 24 ff.). Darauf trug er seine Bitte noch einmal vor, und zwar mit dem Hinzufügen, daß man ein Gleiches dem Fürsten von Akko bewilligt habe (85, 19 ff.). Auch dieses führte nicht zum Ziele. Baṭruna ging verloren, und Ribaddi bat zum dritten Male um 400 Mann und 30 Paar Pferde, um jetzt wenigstens noch Gubla verteidigen zu können (90, 45 ff.). In der Tat hat er Gubla vorläufig behalten. Ob es an der Unterstützung oder an andern Umständen gelegen hat, wissen wir nicht. Als dann Aziru, der Sohn des Abdaširta, später die Feindseligkeiten wieder aufnahm, verlangte Ribaddi zum Schutze von Gubla „300 Krieger und 30 Wagen und 100 Leute der Kaši-Länder" (131, 12 ff.). Diese Forderung steht mit den erwähnten Angaben offenbar in einem sachlichen Zusammenhange. 300 + 100 = 400; die Anzahl der Wagen ist dieselbe wie die Zahl der genannten Pferdepaare[1]). Der König von Megiddo bittet in der Bedrängnis, in der er sich befindet, um „100 Leute zum Schutze der Stadt" (244, 33 ff.). Er hat sich gegen die Angriffe des Labaja zu verteidigen, der im Süden von Palästina ungefähr dieselbe Rolle spielt wie Abdaširta im Norden, aber nach allem, was wir auch sonst über ihn erfahren, noch nicht so gefährlich ist. Die Könige Bajadi, Abdiḫiba von Jerusalem und [Addu]dâni wünschen Verstärkungen in der Höhe von 50 Personen (238, 11; 289, 42; 295, Rs. 6). [Addu]dâni bittet an derselben Stelle zugleich um einen amêlu igi-mal, der nach dem Zusammenhange wohl an der Spitze der Abteilung steht[2]). Abimilki von Tyrus glaubt einmal (148, 14) um 10 und in zwei andern Briefen (149, 18 und 151, 15) um 20 Personen bitten zu dürfen. Auch der König von Byblus ersucht in einer Zeit, wo die Verhältnisse noch günstiger für ihn liegen, nur um die Zusendung von „20 Leuten aus Meluḫa und 20 Leuten aus Ägypten" (108, 67). Er ist also, wenn ihm die Gefahr nicht zu groß erscheint, in seinen Forderungen ebenfalls sehr bescheiden.

[1]) Die Leute aus den Kaši-Ländern sind nach dem Zusammenhange dieselben Krieger, die an andern Stellen als Leute aus dem Lande Meluḫa (Vgl. oben S. 261) bezeichnet werden. In dem Briefe Nr. 133, der ebenfalls von Ribaddi stammt, wird der Name [me-lu-]ḫa durch ein hinzugefügtes ka[-ši] genauer erklärt. Kaši kann unter diesen Umständen nur das hebräische Kûš sein.

[2]) Das sumerische igi-mal wird in dem Briefe Nr. 337 (Vgl. oben S. 259) durch malâru = Nachtquartier erklärt. Der amêlu igi-mal kann also nur der „Quartiermeister" sein. Addudâni ist auch der Erbauer des Lagers, aus dem die Stadt Manaḫath (S. oben S. 259) entstanden ist. Er scheint also, wie wir aus diesem Zusammentreffen entnehmen dürfen, auf die Bereitstellung von guten Quartieren einen besonderen Wert gelegt zu haben. Auch die Israeliten hatten Heeresabteilungen von jedesmal fünfzig Mann, mit einem „Führer der Fünfzig" an ihrer Spitze.

Die Zahl der Wagen und Pferde, die zur Verteidigung gewünscht werden, ist in den Briefen verhältnismäßig recht hoch. Ribaddi verlangt einmal 50 (71, 23 f.), dreimal 30 Paar Pferde (76, 26; 85, 20; 90, 46), zweimal 30 Paar Pferde nebst Wagen (72, 27; 107, 40 f.), zweimal 20 Paar Pferde (103, 42; 106, 42) und zweimal 30 Wagen (127, 37; 131, 12). Einmal beschwert er sich in einem Schreiben an den oben schon erwähnten Truppenführer Amanappa, daß dieser vom Könige 30 Paar Pferde für ihn erhalten, aber nur 10 Paar abgeliefert habe (86, 41 ff.). Amanappa scheint also für diese Pferde an einer andern Stelle eine bessere Verwendung gehabt zu haben. Zweimal betont er, daß die notwendigen Leute vorhanden sind, daß ihm aber die Wagen und die Pferde fehlen (106, 43 f. und 107, 42). Man sieht also, daß die Mannschaften auch damals schon leichter zu beschaffen waren als die Ausrüstung des Heeres. Das führte zur Zeit des Königs Amenophis III. sogar zu einer ernsten Auseinandersetzung mit dem König Kadašman-Ḫarbe von Babylon. Der König von Babylon hatte sich von seinen Boten erzählen lassen, daß auch die Wagen, die er seinem königlichen Bruder als Geschenk übersandt hatte, wahrscheinlich in dieser Weise gebraucht würden, und war darüber sehr ungehalten. Amenophis hatte sie, wie man berichtete, kaum angesehen und sie sofort zu den übrigen stellen lassen, die für derartige Zwecke schon bereitgehalten wurden. Das entsprach, wie es scheint, durchaus den Tatsachen. Amenophis sucht es zwar in Abrede zu stellen, aber die Antwort, die er gibt, wird niemanden überzeugt haben. Er betont, daß die Boten nicht zuverlässig sind, und versichert, daß man ihn stets nur um Pferde und um Wagen aus seinem eigenen Lande gebeten habe (1, 88 ff.). Das war auch in Babylon wohl kaum bezweifelt worden. Es war auch in der damaligen Zeit mitunter schon schwer, etwas abzustreiten und doch bei der Wahrheit zu bleiben[1]).

Man bat aber nicht nur um Krieger und Kriegsmaterial, sondern vielfach auch um die Lebensmittel, die zur Verpflegung der Truppen erforderlich waren. Wenn man Feldsoldaten wünschte, erklärte man ohne Bedenken, daß alles in hinreichender Fülle bereitgestellt würde. Man hatte dann, wie es scheint, unter Umständen einen viel größeren Mut als die verantwortlichen Persönlichkeiten in Ägypten. Als man in Ägypten aus guten Gründen zurückhielt, glaubte Ribaddi in einem seiner späteren Briefe versichern zu dürfen: „Wenn man sagt vor dem Könige: Es ist kein Getreide, sind keine Nahrungsmittel vorhanden; wo ist Nahrung für die Feldtruppen? — so wisse: Aus sämtlichen Städten des Königs, meines Herrn, ⌈werden⌉ Nahrungsmittel und Getreide ⌈gebracht werden für die Feldtruppen des Königs, meines Herrn⌉“ (131, 41 ff.).

---

[1]) Der Abschnitt folgt unmittelbar auf die Erklärung, daß der König von Ägypten sich bei den Boten in keiner Weise nach den Soldaten und der Heeresausrüstung des Königs von Babylon erkundigt habe (Vgl. oben S. 249), und ist offenbar ganz mit demselben Maßstabe zu messen.

Wie es aber in Wirklichkeit in den Städten oft aussah, erfahren wir aus einer Reihe von andern Angaben. Ribaddi hatte selbst in seinen Briefen schon häufig darüber geklagt, daß die Lebensmittel nicht ausreichten, und wiederholt auf die Gepflogenheiten einer längst entschwundenen Vergangenheit hingewiesen, wo alles noch reichlich und schön geliefert wurde. „Zur Zeit meiner Väter", schreibt er an einer Stelle, „waren Schutzmannschaften des Königs bei ihnen, und Lebensmittel des Königs in ihrem Besitz. Aber siehe, ich habe keine Lebensmittel und keine Schutzmannschaften vom Könige" (121, 11 ff.). An einer andern Stelle erklärt er: „Früher, in den Tagen meiner Väter, waren Schutzmannschaften des Königs bei ihnen, und alles mögliche wurde ihnen vom Könige zur Verfügung gestellt" (122, 11 ff.). So ist es nach einer weiteren Angabe noch in den ersten Jahren seiner eigenen Regierung gewesen; der König hat auch ihm in früherer Zeit die notwendigen Krieger geschickt und „Getreide von Jarimuta zur Nahrung für sie", aber man scheint sich jetzt gar nicht mehr um ihn zu kümmern. „Siehe", so fährt er fort, „jetzt hat Arizu mich wieder bedrängt; ich habe keine Rinder und keine Schafe; genommen hat Aziru alles. Und es ist kein Getreide da zur Nahrung für mich, und die ḫubši-Leute sind abgezogen nach Städten, wo Getreide vorhanden ist zur Nahrung für sie" (125, 14 ff.). Diese ḫubši-Leute, die nach den Texten den ärmeren Teil der städtischen Bevölkerung ausmachen, waren in ihrer Not sogar schon zu einer persönlichen Gefahr für ihn geworden. Sie waren von ihm abgefallen zu den Söhnen des Abdaširta und zu den Machthabern von Sidon und Beirut, weil keine Lebensmittel zur Verfügung standen (118, 22 ff.); sie drohten zu den Waffen zu greifen, wenn man ihnen nicht helfe (130, 39 ff.). Er fürchtet sich vor ihnen (117, 90) und hegt die Besorgnis, daß er schließlich noch von ihnen erschlagen wird (77, 36 f.). Das war nach allem, was man ihnen an Opfern schon zugemutet hatte, durchaus nicht zu verwundern. Wir lesen bereits in einem der älteren Briefe des Ribaddi die ergreifende Klage: „Siehe, wie ein Vogel, der in seinem Netze liegt, sind sie inmitten von Gubla. Ihr Feld gleicht einer Frau, die ohne Gatten ist, wegen Mangels an Bestellung. Dahin sind ihre Söhne, ihre Töchter, die Geräte ihrer Häuser, indem sie gegeben wurden in Jarimuta für die Rettung ihres Lebens" (81, 34 ff.), und in den späteren Jahren gestalteten sich die Verhältnisse noch schlimmer, weil die Fahrten nach Jarimuta von feindlicher Hand sogar unmöglich gemacht wurden (114, 54 ff.; vgl. 105, 85 f.). Auch die übrigen Teile der Bevölkerung hatten vielfach außerordentlich zu leiden. Was von den ḫubši-Leuten gesagt ist, wird fast mit denselben Worten an andern Stellen ganz allgemein ausgedrückt. So heißt es z. B. schon in einem früheren Schreiben: „Dahin sind unsere Söhne und unsere Töchter mit uns, indem sie gegeben wurden in Jarimuta für die Rettung unseres Lebens. Mein Feld ist einer Frau gleich, die keinen Gatten hat, wegen Mangels an Bestellung" (74, 15 ff.), und in einem etwas jüngeren Briefe wiederholt sich diese Versicherung noch einmal fast ganz in derselben Form (90, 36 ff.). Bei den Bitten um Ueberlassung von Pferden wird mehrfach hervorgehoben, daß kein Geld vorhanden ist, sie anderweitig zu beschaffen. Alles Geld ist nämlich dahingegeben nach Jarimuta zur Erhaltung des Lebens (107, 37 ff.; 112, 25 ff.; 117, 74 ff.). Die bescheidenen Vorräte müssen unter solchen Verhältnissen gemessen, also sorgsam abgemessen und vielleicht sogar dem einzelnen genau zugemessen werden, damit sie nicht vor der Zeit zu Ende gehen. „Schon seit zwei Jahren", heißt es an einer Stelle, „messe ich mein Getreide; es ist kein Getreide da zur Nahrung für uns" (85, 9 ff.), und in dem folgenden Briefe lautet die Klage mit einer sich von selbst ergebenden Steigerung: „Siehe, schon seit drei Jahren messe ich unser Getreide; nichts ist vorhanden, um es hinzugeben für Mittel zum Leben" (86, 38 f.). Auch den andern Fürsten der dortigen Gegend sind nach einem späteren Briefe Lebensmittel zur Verfügung gestellt worden, und zwar ist Ribaddi erklärlicherweise davon überzeugt, daß er diesen gegenüber im Nachteil geblieben ist. „Der König hat Lebensmittel den Fürsten, meinen Genossen, mir aber gar nichts gegeben. Früher wurde zu meinen Vätern vom Hofe Geld und alles mögliche gesandt für sein Leben[1]). Und es sandte mein Herr auch Krieger zu ihnen. Aber siehe, ich habe geschrieben an meinen Herrn um Krieger; es sind aber keine Schutztruppen gesandt worden, und es wird mir gar nichts gegeben" (126, 15 ff.). Aber nichtsdestoweniger findet er einmal den Mut, auch die andern Fürsten ausdrücklich in seine Bitte miteinzuschließen. Er kleidet seinen Wunsch in die Worte: „Bringe zur Ruhe die Fürsten des Königs durch Getreide" (121, 50 f.). Seine Gegner werden von anderen Seiten unterstützt. Sie haben, wie er an einer Stelle behauptet, Pferde des Königs genommen und Wagen, und sie haben Wagenkämpfer und Offiziere an das Land „Su-ri" gegeben „zum Pfande" (101, 13 ff.). In dem folgenden Briefe fügt er dann als Erklärung hinzu: „damit sie zu essen haben" (109, 41). Er spricht dort allerdings nur von einem einzigen Offizier, der zu diesem Zwecke nach dem Lande „Su-ba-ri" verschickt wurde, aber man erkennt sofort die Uebereinstimmung. Su-ri ist lediglich ein naheliegender Schreibfehler, und der Plural erklärt sich aus der begreiflichen Neigung, bei einer Anklage die Beschuldigungen zu übertreiben und zu verallgemeinern. In einem Schreiben der Bewohner von Irḳata wird erzählt, daß „30 Pferde nebst Wagen" nach dem Lande Subari ausgeliefert wurden (100, 20 ff.). Diese Bemerkung scheint sich auf denselben Vorgang zu beziehen. Die Subari sind die älteren Bewohner der nördlichen Gebiete von Mesopotamien, die in der damaligen Zeit größtenteils zum Reiche des Königs von Mitanni gehörten. Daß Abdaširta und später die Söhne des Abdaširta Zahlungen nach Mitanni zu leisten hatten und zum Teil ganz erhebliche Beträge dorthin abführten, wird auch 101, 6 ff. und 126, 65—66 ausdrücklich hervorgehoben. Ribaddi spricht sogar

[1]) für das Leben des betreffenden Königs. Man erwartet: für ihr Leben.

von einer großen Unzufriedenheit, die sich infolgedessen unter den Bewohnern von Amurru zu erkennen gibt. Die Leute sind erbittert und ungehalten, daß von Ägypten keine Feldsoldaten eintreffen; denn „sehr viel ist alles, was ihnen genommen wurde nach dem Lande Mitana“ (86, 6 ff.). Anderes wurde aus den fruchtbaren Niederungen am Orontes bezogen, wo Aziru ein Abkommen mit dem Fürsten von Ḳadeš geschlossen hatte. Dies wurde dann aber in Ägypten, als es dort bekannt wurde, recht übel vermerkt. „Der König hat gehört“, so heißt es in dem Briefe, den man ihm bald nachher zuschickte, „daß du mit dem Manne von Kidša eine Vereinbarung getroffen hast, daß ihr untereinander für Speisen und Rauschtrank sorget. Wenn dieses wahr ist: warum handelst du so? Warum hast du eine Vereinbarung getroffen mit einem Manne, mit dem der König in Feindschaft lebt? Aber selbst wenn du rechtmäßig gehandelt hast, hast du nur auf deinen Willen gesehen und war sein Wille für dich nicht vorhanden“ (162, 22 ff.). Ob Aziru hierauf geantwortet hat, wissen wir nicht. Er hatte noch manches andere auf dem Gewissen und pflegte alles, was man ihm nicht beweisen konnte, kurzerhand in Abrede zu stellen. Der König betrachtet es als selbstverständlich, daß die Vasallen sich in ihrer Bedrängnis nur an ihn wenden, und überläßt dann die Regelung, soweit er nicht selbst eingreift, den Beamten in Jarimuta. Man erhielt dort unter Umständen auch Geld und Kleidungsstücke. Daß die Fürsten, wenn es notwendig war, mit Geld unterstützt wurden, erfuhren wir schon aus dem Briefe Nr. 126. Der König schickte ihnen „Geld und alles mögliche“. Amanappa konnte dem Ribaddi ohne Bedenken den Rat geben: „Sende ein Schiff nach Jarimuta, und es werden dir Geld und Kleider von ihnen geliefert werden“ (82, 28 ff.), und Ribaddi zieht hieraus nur die Schlußfolgerung, wenn er dann seinerseits an den König schreibt: „Sage dem Janḫamu, daß er Geld und [Klei]der nehme für die Leute von Gubla in Jarimuta“ (85, 48 ff.).

Das Wort Jarimuta ist in den Texten stets mit dem Determinativ für kur = mâtu = Land verbunden. Es wird also nicht als die Bezeichnung einer Stadt, sondern als der Name einer Gegend betrachtet. Dabei ist aber der Zusammenhang mit einer Stadt natürlich nicht ausgeschlossen. Da Ribaddi aufgefordert wird, mit einem Schiff dorthin zu fahren, denkt man zunächst an eine Gegend, die unmittelbar am Meere liegt. Man darf aber nicht übersehen, daß der Name seiner Bedeutung nach eine „Anhöhe“ voraussetzt. Die Bildung ist ganz und gar semitisch. Sie deckt sich in der Form mit dem hebräischen Jarmuth, das uns in Juda[1]) und im Gebiete des Stammes Issachar[2]) als Ortsname begegnet. Das Wort findet sich nur in den Briefen des Ribaddi. Es ist aber kaum anzunehmen, daß Ribaddi seine Lebensmittel aus dem Süden von Palästina bezog. Für ihn lag die Gegend, wo wir das nördliche

[1]) Jos. 10, 3 ff.; 12, 11; 15, 35; Neh. 11, 29.
[2]) Jos. 21, 29.

Jarmuth zu suchen haben, an und für sich wesentlich näher. Es war in der späteren Zeit eine Levitenstadt, die in der biblischen Angabe zwischen Dabrath und En Gannim genannt wird. Das führt uns in die fruchtbare Ebene Jezreel, wo die Ägypter z. B. das Gebiet von Sunem, wie wir gesehen haben, und wahrscheinlich auch die Feldbezirke von Burkuna und von Ḫarabu durch die Bewohner der Nachbarorte für sich bewirtschaften ließen. Es gab aber, wie wir seit dem Jahre 1914 aus einer von Poebel veröffentlichten Inschrift des altbabylonischen Königs Sargon von Agade[1]) wissen, außerdem noch ein drittes für unsere Bezeichnung in Betracht kommendes Gebiet, das wir in der Gegend von Antiochien zu suchen haben. Wir erfahren dort, daß Sargon auf seinem Kriegszuge zum Westen „das obere Land, und zwar die Gebiete von Mari, Jarmuti und Ibla bis zum Zedernwald und zu den Silberbergen“ unterwarf. Der Zedernwald ist nach andern Texten der Amanus, das Silbergebirge der Taurus; Mari war die Hauptstadt eines gleichnamigen Königreiches am mittleren Laufe des Euphrat[2]). Ibla wird von Gudea[3]) als ein Gebirge bezeichnet, das sich in der unmittelbaren Nähe der Stadt Ursu = Uršu befindet. Gudea bildete nach seiner Angabe „in der Stadt Ursu im Gebirge Ibla“ Flöße aus wertvollem Nutzholz[4]). Uršu ist aber, wie allgemein zugegeben wird, das heutige ʻArsuz am Golf von Alexandrette, südlich vom Amanus. Jarmuti liegt nach dem Texte zwischen dem Gebiete von Mari und dem Gebiete von Ibla. Damit kommen wir in die Nähe der fruchtbaren Ebene an der Mündung des Orontes, ungefähr auf derselben Höhe mit Aleppo. Diese scheint auch wegen ihrer Lage den Forderungen der El-Amarna-Tafeln am besten zu entsprechen.

Die Lieferungen erfolgten zum Teil durch die Vermittelung eines gewissen Japaddi. Dieser nahm Bestellungen entgegen und schickte das Getreide, wenn es verlangt wurde, auf eigenen Schiffen. Er betrachtete den Janḫamu, wie es scheint, als seinen Vorgesetzten, arbeitete aber im übrigen mit ihm Hand in Hand. In dem Briefe Nr. 98 schreibt er ihm: „Warum hast du dich zurückgehalten von Ṣumur, nachdem abgefallen und auf die Seite des Aziru getreten sind alle Länder von Byblus bis Ugarit? Denn abgefallen ist Sigati und Ambi, und siehe, er hat Schiffe gelegt . . . . . . in Ambi und in Sigati, damit kein Getreide hineingebracht werde nach Ṣumur. Und nicht können wir hineinkommen nach Ṣumur. Darum schreibe doch an den Hof über diese Sache! Es ist gut, daß du unterrichtet

---

[1]) Historical and grammatical Texts Nr. 34 Kol. V und VI; Historical Texts S. 177—178 und S. 222 ff.

[2]) Jetzt wiedergefunden in dem nördlich von Abu-Kemal gelegenen Tell Ḫariri. Vgl. darüber besonders die Mitteilungen von André Parrot, Syria XVI (1935), S. 1 ff. 118 ff., XVII (1936), S. 1 ff., XVIII (1937), S. 54 ff u. ö.

[3]) Statue B 7, 54.

[4]) Er machte dort aus den einzelnen Stämmen ein ad-šu. Ad bezeichnet im Sumerischen auch die Ineinanderfügung oder die Seitenstücke eines Schiffes.

bist." Er setzt also den Janḫamu in Kenntnis, daß Aziru die Lieferungen nach Ṣumur unmöglich macht, und bittet ihn, hierüber an den Hof zu berichten. Man hat in ihm einen ägyptischen Beamten vermutet, aber sicher mit Unrecht. Er verbindet sich, wenn es ihm paßt, ohne Bedenken mit den Gegnern der Ägypter und handelt unter Umständen genau so eigenmächtig wie die übrigen syrischen und palästinensischen Kleinfürsten. Wir werden deshalb nicht fehlgehen, wenn wir ihn ebenfalls als einen Stadtkönig betrachten, der höchst wahrscheinlich in einem Hafenorte von Jarimuta seinen Wohnsitz hatte. Die Fürsten waren auch in der damaligen Zeit mitunter schon sehr gewiegte Kaufleute.

Ribaddi bezog die Lebensmittel, wie wir aus seinen Briefen ersehen, ursprünglich ganz in derselben Weise. Er übergab dem Japaddi, was er an Geld und an sonstigen Werten bereitstellen konnte, und wartete dann auf die Sendungen, die ihm von Jarimuta aus zugehen sollten. Hierbei kam er aber schließlich zu der Ueberzeugung, daß das Getreide nur teilweise geliefert wurde. Man schrieb ihm von Ägypten, daß Janḫamu ihm reichlich geschickt habe, und er mußte seinerseits versichern, daß er zwar gezahlt, aber kaum etwas erhalten hatte (85, 23 ff.; 86, 15 ff.). Japaddi mußte also, da man an der Aufrichtigkeit und an der Gewissenhaftigkeit des Janḫamu gar nicht zweifeln konnte, einen erheblichen Teil der ihm anvertrauten Werte ganz unterschlagen haben. Das führte zu einer gerichtlichen Verhandlung, wobei die Schuld des Japaddi einwandfrei festgestellt wurde. Das Urteil kam aber nicht zur Ausführung, weil Japaddi sich der Entscheidung nicht fügte. Er begann Feindschaft mit Ribaddi (105, 31 ff.) und nahm ihm z. B. zwei Schiffe weg (113, 11 ff.), so daß es unmöglich war, sich noch weiterhin auf die See hinauszuwagen. Ribaddi wandte sich deshalb wieder an den König und drängte in verschiedenen Briefen zu einer Nachprüfung der Angelegenheit, bei der es ihm, wie er hervorhebt, besonders auch auf seine Zuverlässigkeit und seinen guten Namen ankam. Es war für ihn ein Streit um sein „Recht" (119, 15 ff. 36 ff. 45). Der König soll einen Vertreter (113, 17; 117, 66) oder vielleicht auch mehrere Personen (116, 30) schicken, daß sie zwischen ihm und Japaddi die Entscheidung treffen, der er sich gern fügen will, ganz einerlei, ob der König ihm einiges zubilligt oder alles für sich nimmt (116, 34 ff.). Was dem Könige zugesprochen wird, soll ein anderer nicht an sich nehmen (117, 67 ff.). Der König hielt die Sache für wichtig genug, um der Bitte zu entsprechen. Er schickte zwei Vertreter, den Abdaddi und den Benazimi, denen er vorher die notwendigen Anweisungen gab. Die Wertgegenstände, um die es sich handelte, waren noch in der Hand des Japaddi. Sie gehörten zum Teil einer Dame, die einen Bruder hatte, mit dem man nicht gern einen Rechtsstreit anfing. Abdaddi hatte vom Könige den Auftrag, die Dame nach Ägypten zu bringen und ihr das Besitztum zurückzugeben. Sie war allem Anscheine nach sehr wohlhabend und hatte das Notwendige zur Verfügung gestellt, um den Einkauf der Lebensmittel zu ermöglichen. Daß die Wohlhabenden bei solchen Gelegenheiten ganz besonders herangezogen wurden, geht auch aus andern Angaben hervor. Ribaddi versichert dem Könige gerade für die damalige Zeit, daß die Einwohner seiner Stadt nichts mehr besaßen, und daß alles, was zwei oder drei Personen noch abgeben konnten, als Lösegeld entrichtet war (116, 42 ff.). Da der Bruder der Dame in der Angelegenheit eine besondere Rolle spielt, darf man wohl annehmen, daß sie unverheiratet war. Der Bruder nahm an ihrer Seite den Platz ein, den man sonst dem Ehemanne zubilligt. Es handelt sich also wohl um eine Priesterin oder um eine Oberpriesterin am Tempel der Astarte. Abdaddi ließ sich nun von Ribaddi genau angeben, was Japaddi erhalten hatte, und brachte diese Zusammenstellung, die uns in dem Texte Nr. 120 vorliegt, zugleich mit dem Briefe Nr. 119 an den Hof des Königs. Um den Abdaddi für seine Bemühungen einigermaßen zu entschädigen, hatte der König ihm die kleineren Gegenstände, um die es sich handelte, als Geschenk angeboten. Es wird aber ausdrücklich hinzugefügt, daß Abdaddi diese Gegenstände nicht genommen hatte[1]). Die Tafel 120 (= Schroeder Nr. 65—66) ist leider sehr beschädigt. Sie ist aber trotz der Lücken, die uns überall entgegentreten, in ihren Angaben noch außerordentlich wertvoll. Z. 6 werden „100 Schwerter" und „100 kleine Dolche" genannt, Z. 12 lesen wir von einer Waschschüssel, Z. 17 von einem Bettgestell mit doppelter Vergoldung, Z. 18 von einem Sessel[2]) mit vergoldetem ka-aḫ[3]), Z. 20 ist von 100 Sesseln die Rede; Z. 21 werden „15 ša-ba-tu" und „15 ma-ar-ba-d[u]" aufgeführt. Dieses marbadu gibt sich durch seine Form[4]) sofort als eine Entlehnung aus dem Kanaanäischen zu erkennen. Es kann nur dem hebräischen marbad = Bettdecke[5]) entsprechen. Diese 15 Bettdecken werden hier unmittelbar nach den 15 ša-ba-tu genannt; sie müssen also, wie sich schon aus der Zahl ergibt, auf das engste mit ihnen zusammengehören. Das führt uns mit zwingender Notwendigkeit auf das

[1]) Die Angabe findet sich gerade an einer Stelle, wo die Tafel 119 in der Mitte gebrochen ist. Es ist deshalb begreiflich, daß die Bemühungen der Herausgeber hier nicht sofort zum Ziele führten. Der Text ist aber in der Veröffentlichung von Schroeder (Nr. 64 Rs 48 ff.) wohl ganz klar. Wir haben dort zu lesen: [ji-il-ki] a-na ša[-a-šu] u (Vgl. Z. 52) [u-nu-te] zi-ḫi-ru-ta. Das ergibt sich nicht nur aus dem Zusammenhange und aus den Raumverhältnissen, sondern auch aus den Spuren, die bei Schroeder noch vorhanden sind. Man sieht hier bei dem Worte unute = Geräte noch einen Keil von dem u und den Schlußkeil von dem te.

[2]) Die Tafel bietet hier nach einer Aufzeichnung aus dem Jahre 1900, wo ich sie im Anschluß an die Vorlesungen von Prof. Delitzsch mit einer Reihe von andern Texten genauer prüfen durfte, ein zwar beschädigtes, aber noch deutlich zu erkennendes gu-za. Ich glaubte dort genau dieselben Linien feststellen zu können wie in Z. 20. Das wird auch durch die Wiedergabe bei Schroeder im wesentlichen bestätigt.

[3]) Bedeutung noch unbekannt.

[4]) Im Akkadischen müßte man narbadu erwarten.

[5]) Spr. 7, 16; 31, 22.

hebräische šabatḫ = ruhen. Es kann sich also nur um fünfzehn Gegenstände zum Ausruhen und um die gleiche Zahl von Decken handeln, mit denen man sich bei der Benutzung dieser Gegenstände vor Kälte zu schützen pflegte. Das ist für den Ursprung und die Geschichte des alttestamentlichen Ruhetages, wie wir noch sehen werden, von besonderer Bedeutung. Die Tafel stammt aus einer Zeit, wo die Israeliten die Sprache von Palästina noch in keiner Weise beeinflußt hatten. Z. 22—25 heißt es dann weiter: „90 hundert Sklavinnen und Sklaven. Es waren keine darunter, deren Scham ein Mann vorher schon entblößt hatte[1]). Diese mögen zurückkehren! Die männlichen behalte!" Die Zahl 90 hundert oder 9000 ist natürlich nicht wörtlich zu nehmen. Es ist die große Zahl der Söhne und Töchter, die, wie es an andern Stellen heißt, nach Jarimuta gegeben wurden für die Erhaltung des Lebens. Da Ribaddi den Standpunkt vertritt, daß alles im Verhältnis zu den erfolgten Lieferungen zwischen ihm und dem Könige geteilt werden muß, will er dem Könige die männlichen Sklaven für das Getreide überlassen, das er wirklich erhalten hat. In der folgenden Zeile werden dann noch 100 Goldminen erwähnt.

Japaddi, der Gegner des Ribaddi, hatte sich damals ganz an Zimrida von Sidon angeschlossen, der seinerseits wieder mit Abimilki von Tyrus in Feindschaft lebte. Zimrida hatte sich früher um die Freundschaft des Königs von Tyrus bemüht (146, 14 ff.); er hatte dann aber, als die Verhandlungen nicht zum Ziele führten, die Stadt Uzu, das auf dem Festlande liegende Alttyrus, in seine Gewalt gebracht und dadurch die Bewohner der eigentlichen Handelsstadt, die auf einer Insel erbaut war, von der Verbindung mit dem Festlande ganz abgeschnitten. Das war für Tyrus ein Verhängnis. Es fehlte den Bewohnern an Lebensmitteln (148, 12) und an Wasser zum Trinken (148, 12 f. 31; 149, 51. 75; 150, 20 f.; 151, 37 ff.; 154, 11 ff.; 155, 7 ff. 19. 24 f. 63 f.), an Holz (148, 32 f.; 149, 52. 76; 151, 37 ff.; 154, 11 ff; 155, 18 f. 63), an Stroh (148, 33; 155, 19) und an Lehm (148, 34); es fehlte ihnen sogar die Möglichkeit, ihre Toten würdig zu bestatten (149, 52 f.). Man hatte zwar in Ägypten die Stadt noch nicht ganz aus dem Auge gelassen; man hatte größere Verstärkungen geschickt, die allem Anscheine nach zu einem vorübergehenden Erfolge geführt hatten. Die „starke Hand des Königs" war eingetroffen, und Tyrus hatte die Feinde siegreich zurückgeschlagen (149, 64 ff.). Es ist aber bezeichnend, daß die Klagen trotz dieses Erfolges sofort wieder

---

[1]) ia-nu i-na pa-nu-te ur-ši-n[a] [i]p-te [am]êlu. Das Zeichen für amêlu ließ sich im Jahre 1900, wenn ich damals richtig gesehen habe, in seinen Spuren noch mit ausreichender Sicherheit erkennen. Die Niederschrift, die ich mir damals anfertigte, zeigt außer den Querkeilen besonders noch die drei Senkrechten, die für das Zeichen in den Briefen aus Byblus charakteristisch sind. Schroeder bietet zwei Senkrechte, so daß sich das auch von Knudtzon gelesene Zeichen für ni ergab. Die Stelle war mir damals, weil ich andere Spuren zum Teil nicht zu ergänzen vermochte, in ihrer Bedeutung noch ganz und gar unverständlich.

einsetzten. Sie sind in dem Briefe, in dem uns darüber berichtet wird, fast noch eindringlicher als in irgendeinem andern Schreiben. Abimilki scheint dann außerdem noch die Mitteilung erhalten zu haben, daß der König die Freigabe des Trinkwassers verlangte. Er spricht in der üblichen Weise von dem Hauche, der ihm zugegangen ist, und hebt als den Inhalt dieses Hauches hervor, daß ihm Wasser zum Trinken zur Verfügung gestellt werden sollte (155, 7 ff.). Dieser Befehl, der nur an Zimrida gerichtet sein konnte, fand aber nach der Angabe des Abimilki gar keine Beachtung. Dabei betont derselbe Zimrida in den Briefen, die wir von ihm selbst noch besitzen, mit ganz besonderem Nachdruck seinen Gehorsam und seine Treue! Er stand in Wirklichkeit ganz auf der Seite des Aziru, der ebenso wie die Leute von Arwad an dem Unternehmen gegen Tyrus beteiligt war (149, 57 ff.). Da Tyrus sich zu halten vermochte, gab er zu gleicher Zeit die Anregung zu einer Belagerung von Ṣumur (149, 67 f.), das dann erobert und von Aziru besetzt wurde (116, 12; 124, 19; 131, 8; 133, 5 f.; 134, 34; 138, 35; 59, 34; 140, 15; 149, 38 ff., 67). Aziru wurde dann aber zur Rechenschaft gezogen und mußte die Stadt wieder aufbauen (159, 11 ff. 43 ff.; 160, 24 ff.; 161, 35 ff.). Er hebt in einem Schreiben zu seiner Rechtfertigung hervor, daß die Großen von Ṣumur ihn nicht zulassen wollten, daß sie ihm also die Tore der Stadt nicht öffneten, obschon er zum Eintritt in die Stadt ein Recht zu haben glaubte (157, 11 f.). Die Großen, an die er hier denkt, sind die ägyptischen Vorsteher, die in Ṣumur als Statthalter tätig waren. Die Stadt ist ihm, wie man erzählte, durch den Vorsteher Ḫaib (132, 42) oder Ḫabi (149, 37) übergeben worden. Er glaubte also gar nichts Böses getan zu haben. Wenn der Chethiterkönig ihm Schwierigkeiten bereitet, hofft er von Ägypten sogar noch Hilfstruppen zu erhalten. Er wird dem Könige, wie er am Anfange des Briefes erklärt, bis in Ewigkeit die Treue bewahren und fügt am Schluß noch hinzu, daß er auch stets den Tribut entrichten will, der dem Könige von den übrigen Fürsten gezahlt wird. Der Kọnig bestand aber darauf, daß er zur Huldigung oder vielleicht auch zum Abschluß der Verhandlungen persönlich in Ägypten erscheinen sollte. Dazu konnte er sich nach allem, was ihm zum Vorwurfe gemacht wurde, nur schwer entschließen. Er bat deshalb zunächst um Ausstand bis zum folgenden Jahre, weil sein Sohn ihn, wie es scheint[1]), damals in seiner Abwesenheit nicht vertreten konnte. Der Ausstand wurde ihm bewilligt, aber mit der Erklärung, daß er im nächsten Jahre, wenn er nicht selbst kommen könnte, seinen Sohn zu schicken hätte (162, 42 ff.). Als die Zeit abgelaufen war, sandte der König einen Boten, mit Namen Ḫatib, um ihn zu holen. Aziru konnte sich aber auch jetzt noch nicht zu der Reise entschließen. Er schrieb zunächst an den Hofbeamten Dudu und versicherte ihm, daß er mit Ḫatib erscheinen werde, aber noch warten müsse, weil die Chethiter im Anzuge seien. Dann fügt er

---

[1]) Der Text ist hier zerstört.

aber sofort hinzu: „Mein Herr, ich habe Furcht vor dem Könige, meinem Herrn, und vor Dudu.“ Hierauf betont er noch einmal, daß er unbedingt kommen wird, und schreibt dann in dem folgenden Abschnitt: „Und es mögen erklären Dudu und der König, mein Herr, und die Großen: Fürwahr, wir werden nichts in die Wege leiten gegen Aziru, was nicht gut ist. Ja, so sollst du schwören meinen Göttern und dem Gotte ....; denn siehe, ich und Ḫatib sind brave Diener des Königs“ (164, 18 ff.). Zu Dudu hat er ein ganz besonderes Vertrauen. Er hat ihm schon früher — in dem Briefe Nr. 158 — mitgeteilt, daß er bereit ist, ihm zu geben, was immer sein Wunsch ist, und ihm in diesem Zusammenhange zugleich die Bitte ausgesprochen, beim Könige ein gutes Wort für ihn einzulegen. Denn die Feinde haben, wie er sich ausdrückt, Worte der Verleumdung vor dem Könige gegen ihn ausgesprochen, und diese Verleumdungen soll Dudu zurückweisen. „Siehe“, so schreibt er, „du mögest vor dem Könige, meinem Herrn, sitzen wie ich selbst[1]) und Worte der Verleumdung gegen mich nicht zulassen!“ Daß er auch an Gaben für den König gedacht hatte, ist selbstverständlich. Diese wurden auf besonderen Schiffen nach Ägypten gebracht (168, 10). Als die Reise dann angetreten war, machten die Fürsten von Nuḫašši dem Sohne des Aziru zum Vorwurfe, daß er seinen Vater für Geld an den König von Ägypten verkauft habe. Sie waren überzeugt, daß er nie wieder zurückkehren würde (169, 17 ff.). Der König war aber nach allem, was voraufgegangen war, sehr entgegenkommend. Dudu hatte offenbar seine Pflicht getan. Aziru sprach bei den Verhandlungen, wie wir annehmen dürfen, wieder viel von Verleumdung und Lüge und wurde dann schließlich in aller Form in dem Besitz des eroberten Gebietes belassen. Das war auch aus politischen Gründen, wie es scheint, der einzige Weg, der für Ägypten in Betracht kam. Es mußte dem Könige bei dem Vordringen der Chethiter viel daran liegen, an der Grenze des Landes einen Freund zu besitzen, der wirklich über eine größere Macht verfügte. Die Verhältnisse waren aber bald wieder stärker als der gute Wille, den man dem Aziru bei dem damaligen Uebereinkommen wohl zubilligen darf. Er stand schon bald wieder auf der Seite der Chethiter und schloß mit dem Könige Subbiluliuma einen umfangreichen Staatsvertrag, der uns noch größtenteils im Wortlaut erhalten ist[2]). Die Abmachungen stimmen im Ausdruck genau mit dem Vertrage überein, den Subbiluliuma mit dem Könige Tette von Nuḫašši schloß[3]), und wiederholen sich später noch in derselben Form in dem Vertrage zwischen Ḫattušil III. und Bentešina, dem Urenkel

---

[1]) [ki-i-m]a a-ia-ši, in derselben Schreibung wie Assurnaṣirpal Anm. 2, 26 (a-na a-ia-ši neben dem als Variante in einem Paralleltexte vorkommenden ia-a-ši).

[2]) Ernst F. Weidner, Politische Dokumente aus Kleinasien. Boghazköi-Studien, herausgeg. von Otto Weber, 8. und 9. Heft, Leipz. 1923, S. 70 ff.

[3]) Boghazköi-Studien, 8. Heft, S. 58 ff.

des Aziru[1]). Der König von Amurru ist hiernach verpflichtet, mit dem Könige der Chethiter dieselben Freunde und dieselben Feinde anzuerkennen. Er hat, wenn der König der Chethiter wegen kriegerischer Unternehmungen das Land verlassen mußte, mit seinen Kriegern und mit seinen Wagen Wache zu halten und den König der Chethiter, sobald dieser angegriffen wird, mit seinen Kriegern und Wagen zu unterstützen. Wenn er selbst angegriffen wird, hat der König der Chethiter ihm Hilfe zu schicken. Der Tribut, den er jedes Jahr zu entrichten hatte, war auf 300 Schekel geläuterten Goldes[2]) festgesetzt. Aziru suchte nach allem, was wir von ihm wissen, bei seinen Entschließungen in erster Linie den eigenen Vorteil. Er wäre sicher am liebsten ganz selbständig gewesen. Die Chethiter übten aber einen Druck aus, dem er sich auf die Dauer wohl kaum widersetzen konnte. Als er aufgefordert wurde, die Reise nach Ägypten anzutreten, hatten sie das Gebiet von Nuḫašši schon ganz in ihrer Gewalt.

Daß Ribaddi so treu zu Ägypten hielt, hat ebenfalls seine geschichtlichen Gründe. Byblus war eine Stadt, wo der Einfluß der ägyptischen Kultur schon seit der ältesten Zeit ganz besonders zur Geltung kam. Die Beziehungen waren hier so zahlreich, daß die Ägypter kaum als Fremde betrachtet wurden. Ribaddi ist nach dem Stil seiner Briefe sicher kein Schmeichler. Er ist im Ausdruck, soweit seine Stellung es gestattete, einfach, schlicht und ehrlich und schrickt auch vor ernsten Worten, wenn er sie für notwendig hält, niemals zurück; er zeigt aber trotz aller Klagen, zu denen er sich veranlaßt sieht, für seinen Herrn und Gebieter ein außergewöhnliches Maß von persönlicher Zuneigung, die auch unter den schwierigsten Verhältnissen die Probe besteht. Das ist dieselbe Anhänglichkeit wie bei dem König Aḫiram, dem die Vasen des Ramses[3]) eine solche Freude bereiteten, daß der Sohn sie dem Vater pietätvoll ins Grab legte. Er war sich aber vollkommen klar darüber, daß ein großer Teil seiner Untertanen mit dieser Politik durchaus nicht einverstanden war. Wir lesen schon in einem der ältesten Briefe, daß die Städte, die ihm anvertraut waren, zum Teil feindlich gegen ihn sind und eine bedenkliche Haltung einnehmen. Sie sind mächtig gegen ihn, wie er sich ausdrückt, und es ist niemand da, der ihm hilft. Als der Vertreter eines hohen ägyptischen Beamten zu ihm kam, entstand ein „Rufen" gegen ihn. Die Tore seiner Städte nehmen alle Kupfer; die Wächter sind also nicht mehr zuverlässig und lassen sich bestechen (69, 10 ff.). Abdaširta hatte an die Leute von Ammia geschrieben, daß sie ihren Herrn töten sollten (73, 26 ff.; 74, 25 f.), und es stand zu erwarten, daß er bei den übrigen Fürsten dasselbe versuchen würde (73, 29 ff.). Leute

[1]) Boghazköi-Studien, 9. Heft, S. 124 ff.

[2]) Boghazköi-Studien, 8. Heft, S. 76 ff.; Mitteilungen der Vorderasiat.-Aegypt. Gesellsch., 31. Jahrg. (1926), Heft 1, S. 12—13.

[3]) Vgl. oben S. 24.

von Byblus oder von Beruna[1]) hatten ebenfalls schon eine solche Aufforderung erhalten. Man hatte einen Bronzedolch gegen ihn gezogen und ihn neunfach verwundet. Es war ihm aber gelungen, den Täter zu töten (81, 11 ff.; 82, 35 ff.). Er hat Furcht vor den ḫubši-Leuten, daß sie ihn erschlagen (77, 36 f.), und weiß nicht, was er ihnen sagen soll, wenn das Getreide noch länger auf sich warten läßt (85, 11 ff.). Alle Städte sind ihm feind und halten mit den Söhnen des Abdaširta (109, 58 f.); sie haben sich alle den gaz-Leuten angeschlossen (116, 37 f). Als Ṣumur gefallen war, sprachen die Leute von Gubla, sein Haus und seine Frau zu ihm: „Folge dem Sohne des Abdaširta und laßt uns untereinander Frieden schaffen!“ Er weigerte sich aber und hörte nicht darauf. Dann faßte er in seiner Bedrängnis den Entschluß: „Wohlan, ich will gute Freundschaft schließen mit Ammunira“, und begab sich nach Beirut zu der Wohnung dieses Fürsten. Als er dann aber nach Hause zurückkehrte, schloß man das Haus vor ihm zu (136, 8 ff.). Seine Gegner hatten in seiner Abwesenheit die Leute des Aziru in die Stadt hineingelassen und hielten die Tore verschlossen. An der Spitze dieser Bewegung stand sein eigener Bruder, der, wie es in einem andern Schreiben heißt, Gubla gegen ihn empört und ihn selbst aus der Stadt vertrieben hatte (137, 17. 24 f. 57). Man darf aber nicht übersehen, daß diese Darstellung mindestens sehr einseitig ist. Sie findet ihre Ergänzung in den genaueren Angaben des etwas ruhiger gehaltenen, wahrscheinlich aus dem folgenden Jahre stammenden Briefes Nr. 138, der die Einzelheiten zum Teil in ein wesentlich anderes Licht rückt. „Und siehe“, so lesen wir dort, „jetzt hat Aziru die Stadt Ṣumur [genommen], und die Leute von Gubla sahen zu und erklärten: Wie lange werden wir widerstehen können dem Sohne des Abdaširta? Unser Silber ist ganz den Feinden anheimgefallen. Und sie erhoben sich gegen mich; ich aber tötete sie. Und sie sagten: Wie lange willst du uns töten? Wo wirst du Leute nehmen zum Wohnen in der Stadt? Und ich schrieb an den Hof um Krieger; es wurden mir aber keine Krieger gegeben. Und es sagte die Stadt: Ver[las]set ihn! Wir schließen uns dem Aziru an. Und ich sagte: Wie sollte ich mich ihm anschließen und den König, meinen Herrn, verlassen? Und es sagte mein Bruder: So wol[len wir hö]ren auf die Stadt[2]). Und sie besprachen sich, und die Stadtherren schlossen sich den Söhnen des Abdaširta an, und [ich] ging nach Beruta, um zu re[de]n vor Ḫamuni[ri].“ Er war begleitet von seinem Sohne, den er sofort nach Ägypten schickte, um den König zur Entsendung von Kriegstruppen zu bewegen, die ihn wieder in die Stadt zurückführen sollten. Es ist ihm nicht möglich, persönlich zum Könige zu kommen; denn er ist alt, und sein Körper ist von einem schmerzlichen Leiden geplagt, das er auf den Zorn der Götter von Gubla zurückführt. Um sie zu versöhnen, hat er ihnen schon seine Sünde

[1]) Der Name läßt sich hier nicht mehr mit Sicherheit feststellen.
[2]) u l[u] n[i]-š[i]-mi a-na âli, nach den Spuren bei Schroeder.

bekannt (137, 27 ff.). Es dauerte aber infolge eines Zwischenfalls, über den wir nicht genauer unterrichtet sind, mehr als vier Monate, bis der Sohn dem Könige die Angelegenheit vortragen konnte (138, 73), und er mußte dann, wie es scheint, ohne die Truppen, um die der Vater gebeten hatte, wieder zurückkehren. Ueber den Umfang der Bewegung scheint Ribaddi selbst nicht ganz im klaren gewesen zu sein. In dem Briefe Nr. 137, wo die Schuld des Bruders so stark betont wird, glaubt er dem Könige versichern zu dürfen: „Siehe, zahlreich sind die Leute, die mich lieben, in der Stadt, gering an der Zahl sind die feindlich Gesinnten in ihr.“ Er geht hier offenbar von dem Gedanken aus, daß diese von seinem Bruder verführt wurden. In dem späteren Briefe kommt er aber der Wahrheit wohl näher, wenn er erklärt: „Siehe, die Hälfte der Stadt ist zugetan den Söhnen des Abdaširta und die Hälfte meinem Herrn.“ Es wäre nach seiner Auffassung sicher nicht so weit gekommen, wenn man sich in Ägypten etwas mehr um ihn und das Schicksal der Stadt gekümmert hätte. Als er in Beirut war, hatte der König es in der ganzen Zeit nicht für notwendig gehalten, ihm einen Boten zu schicken. Man hatte sich, wie er schreibt, in Byblus die Frage vorgelegt: „Wo ist der Mann, der zu ihm gekommen ist aus den Ländern Ägyptens[1])?“ Er hatte sogar einen Brief erhalten, aus dem er die Sätze heraushebt: „Wo ist die Zeit, da der König, dein Herr, dir etwas zugeschickt hat[2])? Wo sind die Krieger, die jemals zu dir gesandt worden sind?“ Das waren ernste Vorwürfe, die den Tatsachen leider entsprachen. Ägypten hatte dem Fürsten und der Stadt gegenüber wirklich nicht seine Pflicht getan. Er war aber auch jetzt noch bereit, für seinen König zu sterben, und konnte mit gutem Grunde behaupten, daß keiner unter den Fürsten ihm in dieser Gesinnung gleichkam. Der einzige, der ihm unter ähnlichen, aber doch in mehrfacher Hinsicht wieder anders gearteten Verhältnissen in seiner Zuverlässigkeit und Treue an die Seite gestellt werden kann, ist Abdiḫiba oder Abdiḫeba von Jerusalem.

Abdiḫiba tritt uns in seinem Namen als ein Diener der Ḫi-ba = Ḫi-be = Ḫi-pit[3]) entgegen, die in den chethitischen Staatsverträgen, soweit sich die Texte noch erhalten haben, mit den übrigen Göttern und Göttinnen der in Betracht kommenden Länder verschiedentlich als Zeugin und besondere Schützerin der Abmachungen aufgeführt wird. Die Liste dieser Gottheiten, die man gewöhnlich als die Schwurgötter bezeichnet, findet sich am vollständigsten in den beiden Urkunden, in denen die Vereinbarungen zwischen

---

[1]) a-ja-mi amêlu ša a-lik ištu matâti mi-iṣ-ri a-na maḫ-(ri-)šu. Das Zeichen für maḫ hat hier im wesentlichen dieselbe Form wie bei Schroeder 13, 4 (Knudtzon 33, 4) in einem Briefe des Königs von Alašia.

[2]) a-ja-mi i-nu-ma ia-aš-pu-r[u] šarru be-il-ka [a-n]a maḫ-(ri-)ka.

[3]) Vgl. für diese Formen besonders die Ausführungen von Sommer und Ehelolf in den Boghazköi-Studien, 10. Heft, Das hethitische Ritual des Papanikri von Komana, Erläuterungen S. 49—50.

Subbiluliuma und dem Könige Mattiwaza von Mitanni, dem Sohn und Nachfolger des Tušratta, niedergelegt sind. Die Vertragschließenden nennen hier zuerst die Sonnengöttin von Arinna, die im Lande Chatti Königtum und Königintum lenkt, den Sonnengott, den Herrn des Himmels, Tešup, den Herrn von Chatti und den Gott Sêri; dann folgt der Gott Ḫu-u-ur-ra = Ḫurra vom Gebirge Nanni und vom Gebirge Ḫazzi. Hieran schließen sich Tešup, der Herr des Kaufpreises, Tešup, der Herr des Feldlagers, Tešup, der Herr der Hilfe, Tešup von Betejarik, Tešup von Nirik, Tešup, der Herr von ...., Tešup von Ḫalap, Tešup von Liḫzina usw., bis wir ungefähr in der Mitte der ganzen Zusammenstellung auf Ḫepit, die Herrin des Himmels, Ḫepit von Ḫalpa, Ḫepit von Uda und Ḫepit von Kizzuatni stoßen[1]). Es war die Gemahlin des Tešup und die Mutter des Sarma. Sie wurde, wie man sieht, ebenso wie Tešup auch in Ḫalap = Ḫalpa = Aleppo verehrt. In dem in chethitischer Sprache niedergeschriebenen Vertrage des Königs Muwattalliš mit Alakšanduš von Wiluša hat sie ihren Platz unmittelbar hinter dem Stiergotte Ḫu-u-ur-ri-iš = Ḫurriš = Ḫurru von Nanni und von Ḫazzi[2]). Der Name Abdiḫiba wird also, wie wir nach diesen Zusammenstellungen vermuten dürfen, gar nicht so selten gewesen sein. Wir finden ihn in Palästina auch in den Verzeichnissen, die wir aus Taanach besitzen. Es gab in Taanach einen Abdi-ḫi-ba und einen Abdi-šar-ru-ma = Abdišarruma = Abdišarma, einen Diener der Ḫiba und einen Diener ihres Sohnes Sarma[3]). Die beiden Namen begegnen uns in einer Liste, von der nur 22 Bezeichnungen ganz oder teilweise erhalten sind. In einem andern Verzeichnis finden wir für den zweiten Namen außerdem noch die Schreibung Abdi-ša-ru-ma. Die Tafeln erwähnen, soweit sie noch vorliegen, im ganzen etwas mehr als 75 verschiedene Personen, die jedenfalls einen beachtenswerten Teil der damaligen Bürgerschaft ausmachten. Unter diesen befindet sich auch ein Ta-a-gu = Tagu, der offenbar denselben Namen trägt wie der in den El-Amarna-Tafeln vorkommende Tagi, der Schwiegervater des Milkili von Gezer. Wir haben hier also ein ähnliches Zusammentreffen wie bei dem Namen Abdiḫiba; die beiden Bezeichnungen begegnen uns nicht nur bei den palästinensichen Kleinfürsten, sondern auch in den Reihen der Untergebenen. Sie führen uns in eine Volksschicht, die wir von der semitischen Bevölkerung des Landes, soweit es sich um den Ursprung handelt, scharf zu scheiden haben. Diese Volksschicht verehrte dieselben Götter, die wir in den Texten

---

[1]) Boghazköi-Studien, 8. Heft, S. 28 ff. und S. 48 ff.

[2]) Friedrich, Staatsverträge des Ḫattireiches in hethitischer Sprache, 2. Teil, Mitteilungen der Vorderasiat.-Aegypt. Gesellschaft Bd. 34, 1. Heft, Leipzig 1930, S. 78. Der Text bietet hier ^{gud}Ḫu-u-ur-ri-iš ^{an}Nan-ni ^{an}Ḫa-az-zi. Das Zeichen für das sumerische gud = Stier steht hier also vor dem Gottesnamen und das Zeichen für an = dingir = ilu = Gott vor den Namen der Kultstätten.

[3]) A. Gustavs, Die Personennamen in den Tontafeln von Tell Ta'annek, Leipzig 1928, S. 10 und S. 12.

von Boghazköi vorfinden, den Tešup, die Ḫepit und den Sarma. Die Listen erwähnen zwar, soweit die Namen phonetisch geschrieben sind, nur die Ḫepit und den Sarma; wo man sich aber unter den Schutz der Ḫepit und des Sarma stellte, muß die Verehrung des Tešup schon wegen der verwandtschaftlichen Beziehungen, die man bei den Trägern dieser Namen voraussetzte, ohne weiteres als selbstverständlich erscheinen. Sie zeigt sich auch in dem Vorkommen des Namens Agia = Akia, der seinem Ursprunge nach nur als eine Kurzform für Ag-i-Tešup = Ak-i-Tešup zu betrachten ist[1]). Der Ausdruck führt uns in dieser Form auf die Sprache des Landes Mitanni[2]); er hebt hervor, daß Tešup gebracht oder verliehen hat. Die beiden Bezeichnungen stehen zueinander in demselben Verhältnis wie das hebräische Nathan zu N^ethan-el oder zu N^ethan-jah. Tešup war, wie sich schon aus den El-Amarna-Tafeln ergibt, der erste und oberste Gott der Tušratta. Der Name wird in der Keilschrift gewöhnlich durch dasselbe Ideogramm wiedergegeben wie der Name des Gottes Addu. Wir erfahren aus einer Bemerkung in einer akkadischen Zusammenstellung[3]), daß dieses Zeichen im Lande Subartu als Te-eš-šu-up gelesen wurde. Es kommt also ganz darauf an, mit welcher Sprache man es gerade zu tun hat. Das Zeichen verbindet sich in den Listen von Taanach einmal mit einem voraufgehenden gu-li. Da der Text in Palästina gefunden wurde, versucht man hier zunächst mit Addu zum Ziele zu kommen. Man steht aber auch hier wieder vor der Tatsache, daß das Semitische bei dem ersten Bestandteil des Namens versagt. Wir haben hier denselben Zusammenschluß, der uns soeben in Ak-i-Tešup begegnete; nur ist das Verbum in diesem Falle nicht ak, sondern kul = ḳul = gul = sagen. Der Name kann also in seiner Grundform, wie wir annehmen müssen, nur Kul-i-Tešup gelautet haben. Die Sprache, um die es sich hier handelt, trat uns zuerst in einem glücklicherweise recht umfangreichen Briefe des Tušratta an den König Amenophis III. von Ägypten entgegen[4]); sie liegt aber auch in zahlreichen Texten aus den Grabungen von Boghazköi und von Ras Schamra vor, so daß ihre vollständige Erschließung wahrscheinlich nur eine Frage der Zeit ist. Es war, wie oben schon angedeutet wurde, nach der Ausdrucksweise der Babylonier und der Assyrer die Sprache des Landes Subartu, das im Osten bis über den Tigris hinausreichte. Auch die ältesten Könige von Ninive tragen subaräische Namen. Die Subaräer übernahmen aber in der dortigen Gegend schon früh das Schriftsystem der Babylonier. Sie benutzten es, solange sie an ihrer Mutter-

---

[1]) Gustavs S. 8—9.

[2]) Vgl. für diese Sprache besonders die grundlegenden Untersuchungen von Ferdinand Bork, Die Mitannisprache, Mitteilungen der Vorderasiatischen Gesellsch., 14. Jahrgang, 1909, Heft 1—2.

[3]) Cuneif. Text from Bab. Tablets XXV 16, 18.

[4]) Dieser Brief bildet die Grundlage zu den soeben schon erwähnten Untersuchungen von Bork.

sprache noch festhielten, ungefähr in derselben Weise wie die Bewohner von Palästina. Das Akkadische ist zwar in diesen Texten wesentlich reiner als in den Briefen von El-Amarna; es weist aber ebenfalls noch manche Lehnwörter auf, die dem Sprachforscher mitunter wertvolle Dienste leisten. Hierzu kommen außerdem noch die Eigennamen, die in ihrer Zusammensetzung und in ihren Bedeutungen oft leicht zu erklären sind. Die Texte fanden sich, soweit sie bis jetzt vorliegen, in der Gegend von Kerkuk, und zwar an den Trümmerstätten von Arrapḫa und von Nuzi, wo das Iraq-Museum mit der American School of Oriental Research in Baghdad[1]) und dann später[2]) die Harvard University mit der Baghdadschule systematische Grabungen vornahmen[3]). Wir erfahren aus den Texten von Boghazköi, daß die Chethiter diese Sprache als churrisch bezeichneten. Die Angaben gestatten allerdings, soweit es sich um die Lesung der Schriftzeichen handelt, bei dem ersten Zeichen auch die Wiedergabe durch ḫar; es ist aber wohl sicher, daß das Wort in seiner Grundform mit dem Namen des Gottes Ḫu-u-ur-ru in Zusammenhang steht. Wir haben es hier höchstwahrscheinlich mit einer Gottheit zu tun, die erst nach dem Volke benannt ist, von dem sie verehrt wurde; es war der Gott des Volkes oder des Landes Ḫurri. Nun wissen wir aber, daß die Ägypter auch die Gebiete von Syrien und Palästina als das Land Ch-r bezeichneten. Da sie in ihrem Schriftsystem nur die Konsonanten hervorhoben, muß der Vokal ergänzt werden. Dies wird uns in dem vorliegenden Falle besonders durch die Keilschrift und durch die Wiedergabe in den Texten aus der späteren griechischen Zeit ermöglicht. Wir finden z. B. in den El-Amarna-Tafeln an einer Reihe von Stellen den Namen Pa-ḫu-ru = Pi-ḫu-ru = Pu-ḫu-ru.

---

[1]) im Jahre 1925.

[2]) seit dem Jahre 1927.

[3]) Veröffentlichungen und zusammenfassende Bearbeitungen bis jetzt u. a. von C. J. Gadd, Tablets from Kirkuk, Revue d'Assyriologie Vol. XXIII (1926), S. 49 ff.; Edward Chiera and Ephraim A. Speiser, Selected „Kirkuk" Documents, Journal of the American Oriental Society 47 (1927), S. 36 ff.; Ed. Chiera, Joint Expedition with the Iraq Museum at Nuzi, Inheritance Texts, Paris 1927 (= American Schools of Oriental Research, Publications of the Baghdad School, Texts: Vol. I), Vol. II: Declarations in Court, Paris 1930 (= American Schools of Oriental Research etc., Texts: Vol. II), Vol. III: Exchange and Security Documents, Paris 1931 (= American Schools etc., Texts: Vol. III), Vol. IV: Proceedings in Court, Philadelphia 1934 (= American Schools etc., Texts: Vol. IV), Vol. V: Mixed Texts, Philadelphia 1934 (= American Schools etc., Texts: Vol. V); Ed. Chiera, Excavations at Nuzi, conducted by the Semitic Museum and the Fogg Art Museum of Harvard University, with the Cooperation of the American School of Oriental Research at Baghdad, Vol. I: Texts of Varied Contents, Cambridge 1929 (= Harvard Semitic Series Vol. V); Robert H. Pfeiffer, Excavations at Nuzi etc., Vol. II: The Archives of Shilwateshub, Son of the King, Cambridge 1932 (= Harvard Semitic Series Vol. IX); Paul Koschaker, Neue keilschriftliche Rechtsurkunden aus der El-Amarna-Zeit, Abhandlungen der philol.-hist. Klasse der Sächsischen Akademie der Wissensch. Bd. XXXIX Nr. V, Leipzig 1928; E. A. Speiser, New Kirkuk Documents relating to Family Laws, Annual of the American Schools of Oriental Research Vol. X (1930), S. 1 ff.

Das ist derselbe Name, der in der griechischen Zeit als Πχοιρις vorkommt; es ist die fragliche Volksbezeichnung mit dem an der Spitze stehenden Artikel. Der Träger einer solchen Bezeichnung war also für die Ägypter ursprünglich nur der „Churre“ oder der Syrer. Das οι ist in Πχοιρις als ω zu bewerten. Ein Syrer, der außerdem noch etwas klein geblieben war, tritt uns in einem griechischen Texte als Πχορχωνσις oder als „der kleine Churre“ entgegen[1]). Damit kommen wir von selbst auf die in der Genesis[2]) und im Deuteronomium[3]) erwähnten Choriter. Die Uebereinstimmung geht aber noch weiter. Die Texte von Ras Schamra zeigen uns, daß das Churrische auch in der Gegend von Ugarit bei einem erheblichen Teil der Bevölkerung noch in Gebrauch war. Dies ergibt sich schon aus dem Gepräge der zahlreichen dort vorkommenden Eigennamen, die in ihren Bedeutungen, wie wir annehmen dürfen, wenigstens in den meisten Fällen in den Familien ihrer Träger noch richtig verstanden wurden. Man entdeckte dort z. B. eine Geschäftsliste, in der nicht weniger als 29 verschiedene Personen aufgeführt werden, die von einem Unternehmer oder von einem Kaufmann größere Mengen von Purpurwolle bezogen hatten[4]). Bei 16 von diesen Personen ist außerdem noch der Name des Vaters angegeben, so daß wir hier eine Zusammenstellung von 45 verschiedenen Namen vor uns haben, von denen allerdings einige nicht mehr mit Sicherheit zu lesen sind. Diese Bezeichnungen gehören in ihrer Bildung, wie jeder sofort zugeben muß, mit wenigen Ausnahmen einer Sprache an, die mit den semitischen Idiomen gar nichts zu tun hat. Sie überraschen uns besonders durch das häufige Vorkommen der Endung na, ni oder nu. Die Liste nennt u. a. einen Ḫ[a]-na-ḳa-n̥a und einen Gal-la-na, den Sohn eines Na-zi-ka-na, einen Ma-aḫ-ni-na, den Sohn eines Ma-ḫi-za-na, einen Zi-ḳa-ra-na und einen Zu-uk-ri-ia-na, einen Da-na-na und einen Ra-ga-na, einen Ak-te-na[5]) und einen Ma-an-te-ni, einen Ḫa-ru-ṣi-en-ni, einen Uz-zi-nu, einen Ul-bu-ut-ia-nu, einen E-la-ma-at-ia-nu und einen Tu-ut-tu-l[u?]-nu. Das ist ungefähr der dritte Teil der Namen, die in dieser Liste überhaupt vorkommen. Dieses Verhältnis trifft auch für die Bezeichnungen zu, die uns in den bisher bekannt gewordenen Rechtsurkunden begegnen. In der ersten der hier in Betracht kommenden Urkunden[6]) tritt uns unter 15 verschiedenen Personen, die dort genannt werden, ein Ja-ri-

---

[1]) Vgl. zu diesen Formen besonders die Ausführungen von Spiegelberg in der Orient. Literaturz., 9. Jahrg. (1906), Sp. 107—108, und von Ranke, Keilschriftliches Material zur altägyptischen Vokalisation, Abhandl. der Berliner Akad. d. Wissensch. 1910, S. 15 und S. 17.

[2]) 14, 6; 36, 20 ff.

[3]) 2, 12. 22.

[4]) Herausgegeben und bearbeitet von Thureau-Dangin, Un comptoir de laine pourpre à Ugarit, Syria XV (1934), S. 137 ff.

[5]) Hiernach ist auch die neunte Zeile in der siebten Liste von Taanach zu ergänzen. Wir haben dort nicht Ak-ti-m[i], sondern Ak-ti-n[a] zu lesen.

[6]) Syria XVIII (1937), S. 245 ff.

ma-nu, ein Ḫa-ra-ṣi-na, ein Ja-at-li-nu, ein ..-da-na, ein Ad-du-mi-nu und ein Bur-ḳa-nu entgegen, in der zweiten finden wir unter den 24 Personen, mit denen wir es dort zu tun haben, einen Ja-ši-nu, der einen Addu-la-na zum Vater hatte, einen A-zi-ra-nu, einen Bu-ra-na, einen Ja-ri-šu-nu, einen Da-na-nu, der als Sohn des Ili-ia-na bezeichnet wird, einen Ur-te-nu, einen A-ba-be-nu und einen Am-mi-ia-na, in der dritten haben wir unter den Trägern von 8 verschiedenen Namen einen Gil-be-en, einen Bu-ri-ia-nu, einen Tub-bi-ia-nu und einen Za-lu-wa-nu. Der Prozentsatz liegt hier also, wenn wir es genau nehmen, in Wirklichkeit sogar noch etwas höher. Ein Schreiber, der in Ugarit tätig war, unterzeichnet auf den von ihm angefertigten Tafeln als „Ra-ba-na, der Sohn des Su-me-ia-na“[1]). Diese Feststellungen decken sich auch mit dem Auftreten der Formen in den vokallosen Texten, wie sie z. B. Syria X (1929), Pl. LXI ff., Nr. 10 und Syria XV (1934), S. 244 ff. vorliegen. In dem Texte Syria XV sind für Ugarit nur zwei Personen angegeben, der „Sohn des Ḫ-d-j-n“ und der „Sohn des T-g-š-n“. Ḫ-d-j-n ist hier nach der Schreibung in akkadischen Texten[2]) als Ḫadianu zu lesen; T-g-š-n = Tagišenni. In einem Briefe, der im Jahre 1936 zutage gefördert wurde[3]), führt der Verfasser den Namen T-l-m-j-n = Telamianu. Wir haben hier offenbar eine Weiterbildung des in dem churrischen te-la-ma-e = rabû[4]) = groß vorliegenden telam, das uns in dem Briefe des Tušratta an mehreren Stellen[5]) in einer etwas flüchtigeren Aussprache[6]) als talam begegnet. Dieses talam ist uns in der Bibel in dem Namen des Talmai[7]) erhalten, der mit seinen Brüdern zu dem Riesengeschlecht der Enakiter gehörte. Es ist in der Form, in der es uns in te-la-ma-e entgegentritt, nur eine Erweiterung des in zahlreichen Eigennamen vorkommenden til = Herr[8]). In dem Texte Syria X (1929), Pl. LXI ff. Nr. 4, den wir oben S. 43 f. schon heranzogen, wird Aton gleich in der zweiten Zeile als š-k-r-m t-l-m-e-n begrüßt. S-k-r-m ist hier offenbar dieselbe Bezeichnung, die z. B. in den Namen En-šuk-rum[9]), Suk-ri-Te-šup und Suk-ri-ia[10]) vorliegt. Es ist wohl eine Weiterbildung des in dem Briefe des Tušratta an nicht weniger als achtzehn verschiedenen Stellen vorkommenden

---

[1]) Syria XII (1931), S. 226 und XIII (1932), S. 236.

[2]) Festschrift M. Freiherr von Oppenheim, Archiv für Orientforschung, Beiband I, 1934, S. 72.

[3]) Syria XVIII (1937), S. 136.

[4]) Syria XII (1931), Pl. L, Kol. II, Z. 18; Umschrift S. 239.

[5]) II 61. 75; III 4; IV 3. 7. 15. 37. Tušratta spricht hier immer von dem „Großen“.

[6]) Der erste Vokal hat sich hier dem zweiten angeglichen.

[7]) Num. 13,22; Jos. 15,14; Richt. 1,10.

[8]) Vgl. für dieses Wort und seine Bedeutung besonders A. Gustavs, Namenreihen aus den Kerkuk-Tafeln, Leipz. 1937 (Mitteilungen der Altorient. Gesellschaft, X. Bd., Heft 3), S. 51—52.

[9]) Auch E-en-šuk-rum geschrieben. Vgl. zu der Aussprache der zweiten Silbe bes. die Belege bei Gustavs, Namenreihen S. 3—4.

[10]) Die für Sukri-Tešup übliche Kurzform.

šukku = einer. T-l-m-e-n unterscheidet sich von der Form, die uns in dem Eigennamen begegnet, nur durch die abweichende Schreibung des i-Lautes. Der Name steht zu dem einfachen Talmai, wie es scheint, in demselben Verhältnis wie Aziranu zu dem gewöhnlichen Aziru und wie Ḫanaḳana zu dem in den Kerkuk-Texten häufiger vorkommenden Ḫanaḳḳa. Die Formen auf ana = anu waren in der Gegend von Ugarit nach den obigen Zusammenstellungen in ihrer Gesamtheit fast doppelt so zahlreich wie die Bildungen auf ina, inu, ena, enni, enu und en. Sie wiederholten sich dort, wie aus den Beispielen hervorgeht, fast bei jeder vierten Person. Die Choriter treten uns in der Bibel besonders als die früheren Bewohner des Landes Edom entgegen. Die Genesis bietet 36,20 ff. für die dortige Gegend ein ausführliches Verzeichnis ihrer Stämme, das im ganzen 26 verschiedene Bezeichnungen aufweist. Diese liegen ihrem Ursprunge nach zum Teil weit auseinander. Ein Name wie Oholibama hat mit dem Churrischen an und für sich gar nichts zu tun; es ist eine regelrechte Entlehnung aus dem Hebräischen. Das Hebräische kommt aber bei dem größten Teil der Bezeichnungen für die Erklärung überhaupt nicht in Betracht. Die Liste zeigt ebenfalls ein außerordentlich starkes Hervortreten der Formen auf an, die alle andern Bildungen ganz in den Hintergrund drängen. Wir stoßen bei dieser Zusammenstellung auf einen Loṭan, einen Dišan, einen ‘Alwan, einen Ḫemdan, einen Ešban, einen Jithran, einen Keran, einen Bilhan, einen Za‘wan, einen ‘Akan und einen Aran. Dazu kommt außerdem noch ein Ṣib‘on und ein Dišon. Das sind im ganzen elf Bildungen auf an und zwei besondere Formen auf on. In der Stammliste des edomitischen Volkes, die unmittelbar voraufgeht, begegnen uns diese Endungen nur bei den Namen Teman und Ṣib‘on. Man sieht also, daß hier ein wesentlicher Unterschied besteht. Die Formen auf an nehmen in der Choriterliste ganz denselben Platz ein wie die Bildungen auf ana bei den Namen aus der Gegend von Ugarit. In den Kerkuk-Texten tritt diese Endung allerdings gar nicht besonders hervor. Die einzigen Bezeichnungen, die in den Angaben des biblischen Textes einige Schwierigkeiten bereiten, sind die Formen Dišan und Dišon. Diese sind ebenfalls ihrem Ursprunge nach echt choritisch. Sie gehen in ihrem Lautbestande, wenn wir über den Vokal der letzten Silbe hinwegsehen, auf ein älteres Daišenni = Taišenni zurück, das auch in den Texten von Kerkuk[1]) noch mehrfach erhalten ist. Die Bezeichnung hatte sich in Palästina, wie man aus den Uebereinstimmungen entnehmen muß, im Munde der Erzähler schon früh den Bildungen auf an angeglichen, und zwar zu einer Zeit, wo das an, das uns in Dišan entgegentritt, in der Aussprache auch im Süden des Landes noch zu dem in Dišon vorhandenen on werden konnte. Dieser Zusammenhang zeigt sich auch bei dem in dem biblischen Verzeichnis vorkommenden Namen Sobal, der uns z. B.

[1]) Vgl. zu der Gleichsetzung schon Chiera und Speiser im Annual of the American Schools of Oriental Research, Vol. VI (1926), S. 81.

in dem Briefe Kn. 62 in der Form Sabilu begegnet, und bei der Bezeichnung ‘Anah = ‘Anath, die dem ebenfalls in der Keilschrift mehrfach zu belegenden Anati entspricht. Am auffallendsten ist aber die Uebereinstimmung bei einem Namen im Buche der Richter, den wir schon bei der Besprechung der chronologischen Verhältnisse mehrfach hervorheben mußten. Wir wissen aus den Angaben des Tušratta, daß man im Lande Mitanni den Simike verehrte. Er nahm nach allem, was uns an den betreffenden Stellen gesagt wird, unter den Göttern einen recht hohen Platz ein. Dies zeigt sich auch in der häufigen Verwendung bei der Bildung von Eigennamen. Wir finden ihn in den Kerkuk-Texten besonders in den Namen Aršimiḳa, Ḫaššimiḳa, Ḫutišimiḳa und Simiḳari. Hierbei gehören die Bezeichnungen Aršimiḳa und Simiḳari in ihrer Bedeutung zusammen. Die beiden Verbindungen enthalten in derselben Weise das Wort ari = ar = geben. Simiḳari ist also ein Geschenk des Simiḳa = Simika = Simike. Diese Bezeichnung ist uns in der Bibel in dem Namen Schamgar erhalten[1]). Schamgar war nach den Angaben des Richterbuches der Sohn des ‘Anath. Wir haben es hier also mit einer Familie zu tun, die uns über ihren Ursprung gar nicht im Zweifel läßt. Sie steht aber im Kampfe gegen die Philister, wie wir aus der Großtat des Schamgar entnehmen müssen, ganz auf der Seite der Israeliten. Sein Name war auch im Norden von Palästina bekannt und wurde dort im Liede der Debora besonders hervorgehoben. Der Verfasser des Richterbuches erzählt von ihm, daß er durch seine Tat ebenfalls zu einem Befreier Israels wurde; er rechnet ihn aber nicht zu den Personen, die er im eigentlichen Sinne des Wortes als Richter betrachtet. Die Vorgänge führen uns in eine Zeit, wo der Zusammenschluß der bisherigen Bevölkerung des Landes durch die Verhältnisse von selbst gefordert wurde. Es ist möglich und vielleicht sogar wahrscheinlich, daß Schamgar persönlich schon zu den Verehrern Jahwes gehörte; wir müssen uns aber klar darüber bleiben, daß wir dieses nicht zu beweisen vermögen. Sein Vater hatte jedenfalls der choritischen Gottheit, die in dem Namen des Sohnes genannt wird, noch ein besonderes Vertrauen entgegengebracht. Das Churrische war in der Gegend von Ḳatna, ungefähr 18 km nordöstlich von Homs, wie man aus den Tontafeln von El-Amarna ersieht, zur Zeit des Königs Amenophis III. noch die gewöhnliche Sprache des täglichen Verkehrs. Akizzi, der damalige König des Ortes, war für die Herstellung seiner Briefe auf einen Schreiber angewiesen, dem es jedenfalls geläufiger war als das Akkadische. Dieser bringt Kn. 53, 63 ff. den einfachen Gedanken zum Ausdruck: „O Herr, wie Damaskus im Lande Ube ana šêpêka, zu deinen Füßen, ist, so ist auch Ḳatna ana šêpêka, zu deinen Füßen.“ Er scheint aber zu fürchten, daß dieser Satz, den er wohl schön aus dem Churrischen übersetzt hat, von

[1]) So zuerst B. Maisler, Quarterly Statements of the Palestine Exploration Fund Nr. 66 (1934), S. 193.

dem Leser des Briefes nicht sofort verstanden wird, und fügt deshalb hinter dem ersten ana šêpêka ein ḳa-ti-ḫi und hinter dem zweiten ein ḳa-ti-ḫu-li-eš hinzu. Diese Bezeichnungen berühren sich in ihrer Aufeinanderfolge auf das engste mit dem o. S. 43 schon besprochenen ḫa-ša-ra-a-i ḫa-a-šu-li-e-eš. Sie zeigen am Schluß des zum zweiten Male gesetzten Wortes ebenfalls ein u-li-eš, das hier in seiner Bedeutung aus dem Zusammenhange leicht zu erklären ist. Es ist dasselbe Wort, das uns an andern Stellen in dem gewöhnlichen u-li = o-le = ein anderer[1]) begegnet. Ḳa-ti-ḫi = zu den Füßen von...., ḳa-ti-ḫ' u-li-eš = auch zu den Füßen von...., ebenso wie es bei den Bewohnern von Damaskus der Fall ist. Ḳa-ti-ḫi ist nach dieser Stelle, wie Bork zuerst richtig erkannt hat[2]), eine Zusammensetzung von ḳati + ḫi. Es führt uns also auf ein churrisches ḳati = Fuß. Wir haben hier denselben Ausdruck, der uns Kn. 58,2 in dem Namen [Ḳa-]ti-ḫu-ti-šu-pa begegnet. Der Träger dieses Namens war ḳatiḫu Tišupa, „zu den Füßen des Tešup", also ein „Diener des Tešup". Dieses ḳatiḫu tritt uns Kn. 284, 19 in derselben Form in einem Briefe des südpalästinensischen Fürsten Suwardata entgegen, und zwar in dem gewöhnlichen Zusammenhange des Textes. Suwardata erklärt hier nach der einleuchtenden Ergänzung von Bork: Ḳa-ti-ḫu da-an-na ša uz[un š]a šarri bêli-ia 7 u 7 ma-aḳ-ti-ti, „Zu den Füßen des Mächtigen, der das Ohr des Königs, meines Herrn, ist, bin ich siebenmal und siebenmal niedergefallen." Dies zwingt uns zu der Annahme, daß das Churrische auch in der Umgebung des Suwardata in der damaligen Zeit noch in Gebrauch war. Man sprach es dort, wie sich aus einer Zusammenstellung dieses Schreibens mit dem Briefe Nr. 282 ergibt, neben dem Kanaanäischen. In dem Briefe Nr. 282 wird das akkadische ji-ki-im-ni durch ein kanaanäisches ja-zi-ni = joṣi'eni[3]) erklärt. Wir haben hier dieselbe Erscheinung, die sich auch für Chaṣor feststellen läßt. In dem Briefe Nr. 228, der nach der Angabe des Textes von dem dortigen Fürsten Abditirši abgeschickt wurde, findet sich Z. 19 hinter dem akkadischen li-iḫ-šu-uš-mi die Wiedergabe durch das kanaanäische ja-az-ku-ur-mi; in dem Texte Nr. 227, in dem der Absender sich ohne Nennung seines Namens bloß als „König von Ḫa-zu-ri" bezeichnet, überrascht uns in Z. 10 die Glosse mu-ti am-ri, die dort ein voraufgehendes ki ji-ša-ma erklärt. Sie muß also den Gedanken ausdrücken, daß der

---

[1]) In dem Briefe des Tušratta in seinen verschiedenen Formen II 82. 87. 89. 92. 117, III 25. 32. 44. 75 und IV 53. 55. 109. In dem Vokabular aus Ugarit, dem wir die Bedeutung des Wortes te-la-ma-e entnahmen, hat sich Kol. IV 24 die Bezeichnung u-li-wa-ru = i-tu-u = Grenze erhalten. U-li-wa-ru = u-li + a-wa-ri (Kol. IV 25) = a-wa-ar-ri = eḳlu = Acker, also wörtlich: ein anderer Acker. Beim Verbum bringt ein angefügtes ul (Bork, Mitannisprache S. 48 ff. und S. 59) die Wiederholung zum Ausdruck. Das auf uli folgende š ist wohl in derselben Weise zu beurteilen wie bei den infiniten Verbalformen auf iš, die Bork S. 60 als Partizipien bezeichnet.

[2]) Orient. Literaturz., 35. Jahrg. (1932), Sp. 377—378.

[3]) = er möge mich hinausführen.

König etwas gehört hatte. Dies führt uns auf das Schreiben Nr. 52, wo uns in Z. 40 hinter einem la-a i-te die Glosse am-mu-li begegnet. Der Absender kommt hier auf die für ihn etwas peinliche Tatsache zu sprechen, daß seine Karawanen seit drei Jahren von dem Könige von Ägypten gar keine Kenntnis genommen hatten. Da ihm der akkadische Ausdruck zur Wiedergabe dieses Gedankens nicht ganz zu genügen scheint, fügt er in diesem Falle, wie sich schon aus der äußeren Form des Wortes ergibt, eine churrische Verbalbezeichnung hinzu, die aus einem am und aus dem in der letzten größeren Fußnote schon herangezogenen ul der Wiederholung besteht. Wir erhalten hier also, wenn wir den zweiten Bestandteil an die Seite schieben, die Gleichung am = idû = wissen, kennen, erfahren. Das deckt sich ganz mit dem Gedanken, der für das am in der Glosse des zuerst genannten Briefes in Betracht kommt. Die Glosse ist also ebenfalls churrisch. Der Brief geht auch nach der Schrift auf einen andern Verfasser zurück als der Text Nr. 228. Das Churrische war, soweit wir darüber schon unterrichtet sind, in seinem Wortschatz und in seinem Aufbau von dem Indogermanischen ebenso verschieden wie von den semitischen Idiomen; es weist aber in der Form, in der es uns in dem Briefe des Tušratta entgegentritt, schon offensichtliche Entlehnungen aus dem Indischen auf. Das indische kar = machen begegnet uns dort in drei verschiedenen Zusammensetzungen als der zweite Bestandteil einer Ausdrucksweise, die das Bewirken einer Handlung oder eines Zustandes hervorheben soll. Wir finden in dem Texte ein a-ku-ka-ra[1]) = gehen lassen, ein ta-a-tu-ka-a-ra[2]) = Liebes erweisen und ein pi-it-tu-ka-a-ra[3]) = beistehen[4]). Das in dem Briefe vorkommende marjannu[5]) geht auf das altindische marya = Mann, junger Mann, junger Held oder Krieger zurück. Daß es wirklich von dort entlehnt ist und nicht etwa auf einer Parallelbildung in einer andern indogermanischen Sprache beruht, ersieht man an dem Vokal der ersten Silbe, der andere Erklärungen ausschließt. Das Wort entspricht in dem deminutiven maryakas dem griechischen *μεῖραξ*, das sprachgeschichtlich aus einem älteren *μεριαξ* entstanden ist. Das e ist im Indischen und in dem unmittelbar damit verwandten Iranischen in einer bestimmten Periode zu a geworden. Zur Bezeichnung des Ohres gebrauchte man das in dem Briefe mehrfach vorhandene Wort šur[6]). Dies entspricht in derselben Weise dem aus einem älteren klu hervorgegangenen indischen šru. Bei dem in ḳa-ti-ḫi und in ḳa-ti-ḫu-li-eš vorliegenden ḳati = šêpê haben wir es offenbar mit dem indischen gati = Gang, Lauf, Weg, Handlungsweise zu tun. Ueber den Umfang dieser

[1]) II 58. 86.

[2]) I 9. 19; II 48. 67. 79. 85. 93; III 65. 109; IV 96. 112. 113. 121. 123. 130.

[3]) I 21; III 110.

[4]) Orient. Literaturz. a. a. O., Sp. 380.

[5]) III 32; ebenso wiederholt in den Angaben und Festsetzungen der chethitischen Staatsverträge.

[6]) I 43; II 4. 103; IV 2. 4. 16. 17. 42. 51.

Entlehnungen ist ein abschließendes Urteil vorläufig noch nicht möglich. Es ist aber sicher, daß sie mit einer andern Erscheinung in Zusammenhang stehen, die bei dem Bekanntwerden der Texte von Boghazköi so sehr überrascht hat. In dem Götterverzeichnis, das wir oben S. 281 schon heranzogen, finden wir auch den Mitra, den Varuna, den Indra und das Zwillingspaar der Nasatyas erwähnt[1]). Diese kommen aber in den übrigen Verträgen nicht vor; sie haben also für den König von Mitanni eine besondere Bedeutung. Es sind die Götter einer aus dem Ursitz der Inder kommenden Volksschicht, die vom Osten her, wie es scheint, in das Land eingedrungen war und sich erst teilweise mit der übrigen Bevölkerung verschmolzen hatte. Die Glieder der Königsfamilie tragen zum Teil noch indische Namen. Tušratta, der Vater des Mattiwaza, war der Sohn des Sutarna und der Enkel und der Bruder eines Artatâma. Die Einzelheiten würden hier zu weit führen[2]). Sie zeigen uns aber, daß die Inder das Land unterworfen und sich selbst an die Spitze gestellt hatten. Die marjannu sind die dem Könige zur Verfügung stehenden Krieger. Nun erinnern wir uns, daß die Stadt Achschaph zur Zeit des Königs Amenophis III. unter einem Fürsten stand, der in einem Schreiben aus der Kanzlei seines Herrn und Gebieters als Intaruda bezeichnet wird[3]). Der Name wird aber AO 7096, Z. 23, in der zweiten Silbe mit einem Zeichen geschrieben, das sich auf das engste mit den in den Mitannibriefen vorkommenden Formen des Zeichens für dar berührt und ebenfalls nur als eine Variante dieses Zeichens zu betrachten ist. Er lautet dort En-dar-u-ta. In dem Briefe Nr. 223, den wir von dem Träger des Namens selbst noch besitzen, lassen die Spuren nach der Veröffentlichung von Schroeder auf En-tar-u-ta schließen. Diese Formen führen in der Aussprache, wie jeder sofort zugeben wird, ohne Schwierigkeit auf ein hier überall zugrundeliegendes Indaruta. Indar = Indara = Indra. Damit kommen wir auch hier wieder auf denselben Teil der Bevölkerung. Wir sehen also, daß der Zusammenschluß schon eher erfolgt ist als die Choriter bis in das Gebiet von Palästina vordrangen. Der Name des Gottes Indra gestattet hier gar keinen Zweifel. Wenn es aber in Palästina einen Indaruta gab, können wir in dem Fürsten Jamiuta, der uns Kn. 177, 2 in der Stadt Guddašuna begegnet, nur einen Schützling der Jami[4]) und in Suwardata, dem Absender des Briefes mit der kurzen Entlehnung aus dem Churrischen, nur einen Svardatta oder ein

[1]) Boghazköi-Studien, 8. Heft, S. 32 und S. 54.

[2]) Vgl. für diese Fragen und für die wichtigsten bisher gebotenen Erklärungsversuche besonders die genaueren Angaben in dem Artikel von Friedrich, Arier in Syrien und Mesopotamien, im Reallexikon der Assyriologie, herausgeg. von Ebeling und Meißner, Erster Band, S. 144 ff., und die kurze, mehr auf die Forderungen der Gegenwart eingestimmte Bearbeitung des ganzen Materials von Schmökel, Die ersten Arier im Alten Orient, Leipzig 1938.

[3]) S. oben S. 259.

[4]) Schwester des Jama, des indischen Herrschers im Jenseits.

Geschenk des indischen Sonnengottes vermuten. Man gebrauchte die Zeichen mit dem š-Laut, wie wir wissen, in Syrien und in Palästina auch zur Wiedergabe von s. Das zeigt sich in derselben Weise bei dem Namen des Königs Subandu. Wir haben es hier mit einer Bezeichnung zu tun, die sich nur auf das indische su = gut + bandhu = Verwandter[1]) zurückführen läßt. Sie erzählt uns von einer Persönlichkeit, die gute, d. h. mächtige und angesehene Verwandten besaß. Der Name muß auch, wie es scheint, für einen Bewohner von Taanach vorausgesetzt werden. Wir stoßen in einer der Listen, die dort zu Tage gefördert wurden, auf die Zeichen für ba-an-du, und zwar an einer Stelle, wo im Anfange außer dem sogenannten Personenkeil nur ein einziges Zeichen fehlen kann. Artamanja, der Name des Königs von Zir im Lande Basan, ist eine Zusammensetzung von arta, dem auch in Artatama vorkommenden, mit einem vokalischen r zu sprechenden rta = Recht oder Gesetz, und dem sich anschließenden man = men = meinen, erstreben oder beabsichtigen. Wir haben hier dieselbe Bildung, die auch in dem Namen des Königs Ruşmanja von Saruna vorliegt. Der erste Teil dieses Wortes geht wohl auf den Stamm ruc = luc = lucere zurück. Der Name Satija kann nur mit dem indischen satya = treu in Verbindung gebracht werden. Biridašwa, ein Gegner des Namjawaza, war nach der Wortbedeutung des Namens ein Besitzer von indischen Kampfrossen. Wir beschränken uns bei diesen Belegen auf die Beispiele, bei denen der Zusammenhang sofort in die Augen fällt, und gehen absichtlich an anderen Bezeichnungen vorüber, bei denen die Erklärung noch zweifelhaft ist. Die indogermanischen Ausdrücke sind hier mindestens ebenso zahlreich wie die Bildungen, die sich mit Sicherheit auf das Churrische zurückführen lassen. Hierbei dürfen wir aber nicht übersehen, daß uns das Churrische noch nicht ausreichend bekannt ist. Bei dem Könige von Jerusalem ergab sich die Zugehörigkeit zu dieser Volksschicht aus der Verehrung der Ḫiba. Tagi, der Schwiegervater des Milkili von Gezer, führt einen Namen, der ebenso wie Tagu ein churrisches tak voraussetzt. Akizzi geht im ersten Teile des Wortes ebenso wie Agia und Agi-Tešup auf den Stamm ak zurück. In der Geschäftsliste aus Ugarit[2]) wird ein Schuldner mit dem Namen Be-ja aufgeführt, in den El-Amarna-Tafeln beklagt sich Addudâni, der Absender von Kn. 292 bis 295, über einen gewissen Bi-e-ia (292, 42. 51) = Bi-i-ia (294, 16. 24. 30), den Sohn der Gulati, der Gezer geplündert und in der Nähe von Joppe seine Leute festgenommen hat. Der Name der Mutter gehört aber zu demselben Wortstamm, der uns in den Texten von Taanach schon in dem Ausdruck Guli-^{an}im begegnet ist, und der Name des Sohnes ist hier zugleich durch das Vorkommen in der Liste von Ugarit als churrisch erwiesen. In den Aufzeichnungen

[1]) Von bendh, ursprünglich bhendh, = binden. Das Wort geht in der angegebenen Bedeutung, wie wir aus dem griechischen πενθερός = Schwiegervater entnehmen dürfen, bis in die indogermanische Urzeit zurück.

[2]) S. oben S. 284.

19*

von Taanach hat sich auch der Name Bi-^{an}im erhalten. Dieser zeigt uns, daß Bija und Beja nur als flüchtig gesprochene Kurzformen zu betrachten sind. Das wird auch bei Gulati der Fall sein. Bei dem Namen des Königs Ma-wa-ar-za-na von Ḫazi liegt dieselbe Bildung vor wie bei dem Namen des in der Geschäftsliste von Ugarit erwähnten Ma-ḫi-za-na. Die Bezeichnungen enden beide auf das auch sonst in churrischen Eigennamen häufiger vorkommende zana. Damit ist zugleich der Beweis erbracht, daß auch der Name des Fürsten Ba-du-za-na, von dem wir in dem Briefe Nr. 239 erfahren, als churrisch zu fassen ist. An einem andern Orte, der von Ḫazi nicht weit entfernt ist, waren die Geschicke der Bürgerschaft einem Fürsten mit dem Namen Bi-e-ri anvertraut. Das ist derselbe Name, der in den Texten von Kerkuk z. B. in den Formen Bi-ri, Bi-rum und Bi-i-rum vorkommt. Auch Zu-ra-šar, der Stadtfürst von Achtirumna, kann nach dieser Bezeichnung nur Choriter gewesen sein. Namen aus der Landessprache, wie sie uns in der Bibel begegnen, sind bei den Kleinfürsten in den Texten von El-Amarna verhältnismäßig sehr selten. Wir können hier, soweit uns die Bezeichnungen bisher schon bekannt geworden sind, nur an Abimilki von Tyrus[1]), an Jabni-ilu, den König von Lakiš[2]), an Mutba'lu, den Sohn des Labaja[3]) und an den soeben schon erwähnten Milkili von Gezer[4]) erinnern. Von diesen vier Beispielen sind aber zwei für die Beurteilung der damaligen Verhältnisse von besonderer Bedeutung. Jabni-ilu, der Fürst mit dem kanaanäischen Namen, war der Nachfolger des Königs Zimrida, der von seinen Untertanen, wie wir noch sehen werden, treulos verraten wurde, und Mutba'lu folgt in derselben Weise auf einen Fürsten, der ebenfalls einen nichtsemitischen Namen trug. Der ältere Fürst trägt hier in dem einen Falle wie in dem andern einen nichtsemitischen, der jüngere dagegen einen semitischen Namen. Wir können hier also bei den Eroberern ein allmähliches Hineinleben in die Kulturverhältnisse der neuen Heimat feststellen, das sich in seinen Einzelheiten auch sonst zum Teil noch deutlich verfolgen läßt. Dies berechtigt uns zu der naheliegenden Schlußfolgerung, daß die Zahl der Ortschaften, wo Könige mit eindeutigen semitischen Namen an der Spitze standen, in der älteren Zeit noch viel geringer war. Die Fürstenhäuser gehen ihrem Ursprunge nach, wie wir annehmen dürfen, überall auf die siegreichen Führer der churrischen Wehrmacht zurück, die das Land ganz in ihren Besitz brachten. Das waren an erster Stelle die Inder, die in dem Stammgebiete dieser Krieger die Gewalt noch vollständig in der Hand hatten. Die Choriter wurden zwar, wie aus dem Vorhandensein der churrischen Namen hervorgeht, bei der Verteilung der Königssitze ebenfalls

[1]) S. 256 f., S. 267 und S. 275 f.
[2]) S. 258.
[3]) S. 261.
[4]) S. 264 f. und S. 281.

berücksichtigt, aber bei weitem nicht in dem Umfange, wie es bei einer völligen Gleichsetzung der beiden Volksteile den Verhältnissen entsprochen hätte. Wir finden in den Texten von Taanach, wie wir gesehen haben, nur eine einzige Persönlichkeit mit einem indischen Namen. Auch in der Gegend von Ugarit sind Inder bisher noch nicht nachgewiesen. Die Inder gehörten also, soweit sie nach Palästina kamen, wohl alle zu den Abteilungen der bevorzugten Krieger. Die Eroberer hielten in der ersten Zeit, wie es scheint, an ihren Gepflogenheiten, an ihrer Sprache und an ihren Göttern überall fest. Es kam aber gerade auf religiösem Gebiete schon früh zu naheliegenden Gleichsetzungen, die dann von selbst unter Umständen zur Benutzung derselben Kultstätten führten. Man gebrauchte im Tempel von Lakiš[1]) einen Tonkrug, der nach der Inschrift, die er trug, der Sau[ška], der [Ašer]at und der Elat geweiht war. Tešup, der Gott des Sturmes, berührte sich in seiner Eigenart am nächsten mit dem Gott Addu; er nahm aber, wenn man ihn mit den übrigen Göttern vergleicht, einen wesentlich höheren Rang ein, so daß er in Palästina besonders auch als Baal gefaßt wurde. Die Entwicklung war aber, wie wir annehmen dürfen, in den einzelnen Teilen des Landes durchaus verschieden. Es scheint sogar, daß auch die Politik hier an manchen Stellen eine wesentliche Rolle gespielt hat. Abdaširta, der Vater des Aziru, führt einen Namen, der sowohl im ersten als auch im zweiten Teil aus dem Semitischen genommen ist. Die Lesung ist auch bei dem Zeichen für abdu durch eine phonetische Schreibung (Kn. 63,3) gegen jedes Bedenken sichergestellt. Der Name Aziru findet sich aber in derselben Form in der Liste des Geschäftshauses von Ugarit. Er führt uns also, da er aus dem Semitischen nicht zu erklären ist, wieder in die Kreise der dort ansässigen churrischen Bevölkerung. Der Sohn des Aziru wird in zwei verschiedenen Texten als Du-Tešup und an einer anderen Stelle als Se-Tešup bezeichnet; sein Enkel war Dubbi-Tešup, der Vorgänger und wahrscheinlich auch der Vater des Bentešina; der Sohn des Bentešina führte nach einer chethitischen Aufzeichnung den Namen Sabiliš[2]). Wir haben hier also eine vollständige Abkehr von der Entwicklung, die der Vater des Abdaširta, wie wir aus dieser Bezeichnung entnehmen müssen, noch stark begünstigt hatte. Ein Bruder des Aziru überrascht uns Kn. 104,7 mit dem eigenartigen Namen Pu-ba-aḫ-la, der in der zweiten Hälfte genau so zu beurteilen ist wie der in dem Briefe Nr. 255 vorkommende Name Mu-ut-ba-aḫ-lum. Es handelt sich hier in beiden Fällen um ein besonderes Verhältnis zu dem Gotte Ba-aḫ-lu = Baʿlu = Baal. Mut-Baʿlu = Mann des Baal; pu begegnet uns in derselben Verbindung in dem Namen des südpalästinensischen Fürsten von Jurṣa, der sich in seinen Briefen (Nr. 314—316) als Pu-anim bezeichnet. Es findet sich

---

[1]) S. oben S. 9f.

[2]) = Sabilu = Sobal. S. oben S. 286f.

auch in den Texten aus Boghazköi, wo wir z. B. von einem Pu-šar-aš[1]) und von einem Pu-šar-ma[2]) erfahren. Die Bildung ist hier, wie wir annehmen müssen, überall dieselbe. Sie ist im Chethitischen, soweit sie dort vorkommt, aus dem Churrischen entlehnt. Damit kommen wir auf den Namen Pu-du-ḫi-ba, der im Churrischen als Frauenname in Gebrauch war. Die Uebereinstimmung ist hier so auffallend, daß man ohne Bedenken auf einen Zusammenhang schließen darf. Pu-du geht aber, wie Gustavs zuerst erkannt hat[3]), auf das Verbum pud = put zurück, das in dem Briefe des Tušratta von der Aufnahme der Soldaten in den Dienst ihres Königs gebraucht wird. Es bringt also denselben Gedanken zum Ausdruck, der bei dem Könige von Jerusalem nach der gewöhnlichen Schreibung in seinem Verhältnis zur Ḫiba hervortritt. Gustavs glaubt deshalb nicht Abdiḫiba, sondern Putiḫiba lesen zu müssen. Das ist an und für sich durchaus möglich. In dem größeren Epos von Ras Schamra findet sich ein Abschnitt, in dem uns von einem Kampfe des Košer und seines Anhanges gegen die Herrschaft des Baal erzählt wird. Baal wird in diesem Kampfe von einem Waffengefährten unterstützt, der den Namen B-d-b-ʻ-l = Budibaʻal trägt[4]). Wir haben hier also schon denselben Namen, der uns in den Annalen des Assurbanipal[5]) in der Wiedergabe durch Bu-di-ba-al = Pu-di-ba-al begegnet. Das erste Zeichen war nicht nur für bu, sondern auch für pu in Gebrauch. Ein Diener der Astarte wird in phönizischen Texten in derselben Weise als B-d-ʻ-š-t-r-t und in griechischen Aufzeichnungen u. a. als *Βουδαστρατος* und als *Βοδοστωρ* bezeichnet. Eleazar, der Sohn des Aaron, heiratete eine Tochter des Puṭiel[6]); zur Zeit des Sennacherib[7]) und des Assarhaddon[8]) stand das Land der Ammoniter unter dem Könige Pu-du-ilu. Man sieht also, daß dieses pudu = budu = pudi = puṭi = puti auch in das Kanaanäische eingedrungen war und dort noch in späteren Jahrhunderten ebenso gebraucht wurde wie das semitische ʻebed. Die Choriter machten bei dieser Bezeichnung, wie wir annehmen müssen, zwischen den Göttern ihrer Heimat und den Göttern von Palästina gar keinen Unterschied. Als sie anfingen, den Baal und die Astarte zu verehren, gebrauchten sie zum Ausdruck ihrer Abhängigkeit zunächst noch dasselbe Wort, das sie früher benutzt hatten. Diese Namen wurden dann auch in der späteren Zeit vielfach noch beibehalten. Wir dürfen aber nicht übersehen, daß die Bezeichnung in den Mitanni-

---

1) Keilschrifttexte aus Boghazköi IV 14, Kol. III, Z. 40; Götze, Die Annalen des Muršiliš S. 227.

2) Forrer, Die Boghazköi-Texte in Umschrift II 25, Kol. I, Z. 10; Götze a. a. O. S. 249.

3) Orient. Literaturz., 14. Jahrg. (1911), Sp. 341 ff.

4) Syria XVI (1935), S. 29 ff.

5) Rassam-Zylinder II 83. 91.

6) Exod. 6, 25.

7) Taylor-Prisma II 52.

8) Thompson-Prisma V 62.

briefen und in den Texten aus Boghazköi stets phonetisch geschrieben wird. Das würde jedenfalls auch in Palästina geschehen sein, wenn man diese Aussprache gewünscht hätte. Die Schreiber gebrauchen hier aber regelmäßig das Ideogramm. Wir haben es hier also, wie es scheint, mit einer andern Gepflogenheit zu tun, die ebenfalls mit den Verhältnissen von selbst gegeben war. Man hielt zwar in mancher choritischen Familie noch lange an den Göttern der Heimat fest; man hatte aber das Churrische schon längst mit dem Kanaanäischen vertauscht und zog es nun vor, auch Wörter wie pudu in solchen Verbindungen durch semitische Bezeichnungen zu ersetzen. Das scheint auch bei dem damaligen Könige von Jerusalem der Fall gewesen zu sein. Wenn man Putiḫiba gesprochen hätte, würde der Schreiber das Ideogramm höchst wahrscheinlich vermieden haben. Ueber das Verhältnis des churrischen Ausdrucks zu dem kürzeren pu sind wir vorläufig noch auf Vermutungen angewiesen. Da wir auch bu lesen dürfen, haben wir bei dieser Bezeichnung höchst wahrscheinlich einen Zusammenhang mit dem in Bi-^{an}im vorhandenen bi anzunehmen. Der Ausdruck unterscheidet sich von Pu-^{an}im = Bu-^{an}im, wenn wir die weichere Aussprache zugrundelegen, nur durch einen einzigen Vokal. Es ist allerdings möglich, daß wir für pu an der härteren Aussprache festzuhalten haben; diese kann aber mit derselben Berechtigung auch für bi vorausgesetzt werden. Dann ist das Ergebnis wieder dasselbe. Es würde sich immer nur um den auslautenden Vokal handeln, der eine Scheidung der einen Form von der andern jedenfalls als bedenklich erscheinen läßt. Wir haben also, wenn dieses richtig ist, in dem häufiger vorkommenden pu = bu wahrscheinlich die Grundform zu erblicken. Diese tritt in ihrer Bedeutung noch schärfer hervor, wenn wir auch den Namen des in den Tušrattabriefen mehrfach erwähnten Pubri heranziehen. Wir haben es hier mit einer Bezeichnung zu tun, die sich ohne Schwierigkeit auf pu-ibri[1]) = pu-iwri = Diener des Königs zurückführen läßt. Das ist dieselbe Bedeutung, die bei den Phöniziern und im Hebräischen in dem Namen ʻ-b-d-m-l-k = ʻEbedmelech zum Ausdruck kommt. Ob das Churrische zu Jerusalem in der Umgebung des Abdiḫiba noch verstanden wurde, läßt sich aus den Briefen, die wir von ihm besitzen, leider nicht feststellen. Man sieht aber, daß das Kanaanäische dem Schreiber wesentlich näher lag. Er gebraucht eine Reihe von kanaanäischen Verbalformen und greift an mehreren Stellen ohne Bedenken in den Wortschatz dieser Sprache. Der obere Teil der Stadt war nach den Angaben der Bibel bis zur Zeit des David im Besitz der Jebusiter. Als der Engel des Herrn nach der Volkszählung an den Einwohnern die Strafe vollzog, machte er Halt an der Tenne eines

[1]) So in dem Namen Ib-ri-šar-ma (Keilschrifturkunden aus Boghazköi XIII 35, Kol. III 7; IV 21; Götze, Die Annalen des Muršiliš S. 249) = Sarma ist König.

Jebusiters, der in dem hebräischen Konsonantentext an der Stelle II Sam. 24, 16 als ’wrnh und dann im weiteren Verlauf des Berichtes an acht verschiedenen Stellen als ’rwnh bezeichnet wird. Die beiden Formen weisen dieselben Schriftzeichen auf, aber in verschiedener Aufeinanderfolge. Die erste Form liegt schon in der Septuaginta zugrunde, wo uns die Wiedergabe durch Ορνα überrascht. Der Uebersetzer glaubte hier in der ersten Silbe trotz der Kürze, die er voraussetzt, eine scriptio plena annehmen zu müssen und hielt dann auch für die Fortsetzung des Textes an dieser Form fest; die Masoreten gaben dagegen der zweiten Schreibung den Vorzug, die sie ebenso für die erste Stelle verlangen, und lasen dann Arawnah. Zu dieser Aussprache liegt aber gar kein besonderer Grund vor. Wer unbefangen an den Text herantritt, kann sich nur für die Wiedergabe durch Aronah = Arona entscheiden. Dieses Arona ist nur die dumpfere Aussprache für das in der Choriterliste der Genesis vorkommende Aran = Arana, mit Beibehaltung des Schlußvokals, der in der Liste der Genesis überall unterdrückt ist. Es steht zu diesem Aran in demselben Verhältnis wie Dišon zu Dišan. Der Eigentümer der Tenne trägt also, wie man sieht, noch einen einwandfreien choritischen Namen. Als er von David gebeten wurde, ihm die Tenne zu verkaufen, erklärte er im Laufe der Verhandlung: „Jahwe, dein Gott, möge dir gnädig sein!“ Dies zeigt uns, daß er selbst andere Götter verehrte. Das können nur die Götter gewesen sein, die uns aus unsern bisherigen Zusammenstellungen schon bekannt sind. Die Jebusiter sind also, wenn wir uns so ausdrücken dürfen, die Choriter in der Gegend von Jerusalem. Sie werden Jos. 11,3 bei der Aufzählung der damaligen Einwohner von Palästina unmittelbar neben den Perizzitern erwähnt. Die Perizziter nehmen aber in ihrem Namen dieselbe Bezeichnung für sich in Anspruch, die uns in den Briefen des Tušratta in dem Namen des Boten Pirizzi begegnet. Das ist unter diesen Umständen sicher kein Zufall. Der Name stammt offenbar ebenfalls aus dem Churrischen. Er bezeichnet in dem einen Falle eine bestimmte Person und in dem andern eine Volksgruppe, die höchst wahrscheinlich nach ihrem Stammvater so benannt wurde. Die Perizziter scheinen ebenso wie die Jebusiter die Bezeichnung als Choriter im Laufe der Zeit aufgegeben zu haben. Sie bildeten neben den Kanaanitern für die biblischen Schriftsteller den wichtigsten Teil der vorisraelitischen Bevölkerung. Als der Streit zwischen den Hirten des Abram und den Hirten des Lot entstand, lebten die „Kanaaniter und die Perizziter“ im Lande (Gen. 13,7); Jakob befürchtet, daß Simeon und Levi ihn bei den Bewohnern des Landes, den „Kanaanitern und den Perizzitern“, verhaßt machen (Gen. 34,30); als die Nachkommen des Juda nach dem Tode des Josue die ihnen zugefallenen Bezirke zu erobern begannen, gab der Herr die „Kanaaniter und die Perizziter“ in ihre Gewalt; es kam zum Kampfe, und sie schlugen in diesem Kampfe, wie dann noch einmal hinzugefügt wird, die „Kanaaniter und die Perizziter" (Richter 1,4—5). Wir haben also die Choriter, die Jebusiter und die Perizziter ganz auf dieselbe Stufe zu stellen. Auch die Enakiter, die wir oben schon erwähnten, werden in diesem Zusammenhange zu einer greifbaren Größe. Sie waren in Hebron, wie uns die Bibel erzählt, durch die Brüder Achiman, Scheschai und Talmai vertreten. Es waren Riesen, gegen die andere nach der Versicherung der Kundschafter nur wie Heuschrecken waren. Nach der Angabe von Deuteron. 2,10 waren sie „groß, zahlreich und hoch aufgewachsen". Diese Vorstellung kommt bei Talmai, wie wir gesehen haben, auch durch den Namen zum Ausdruck. Achiman und Scheschai waren, wie aus der Grundbedeutung der beiden Bezeichnungen hervorgeht, bloß seine „Brüder". Achiman geht in seiner äußeren Form auf das hebräische achi = ach + man zurück; Scheschai ist in derselben Weise durch Anlehnung an das gleichbedeutende sumerische šeš entstanden. Wir haben auch hier wieder ein Beispiel für den Einfluß des Sumerischen auf den Ursprung einer bestimmten Ueberlieferung. Der Name muß also schon aus einer Zeit stammen, wo man sich in Palästina noch eingehend mit den Silbenzeichen und den Lautwerten der babylonischen Keilschrift beschäftigte. Der Urheber dieser Bezeichnungen geht von dem Gedanken aus, daß der Vater oder der typische Vertreter der Riesen nur ein Riese sein kann. Er kennt noch das Wort talam = telam und erweitert das hebräische ach zu dem eigenartigen Achiman, um auf diese Weise zu einer Bildung auf an zu gelangen. Wir dürfen also den Schluß ziehen, daß ihm das häufige Vorkommen dieser Endung in den choritischen Personennamen ebenfalls noch bekannt ist. Er hat offenbar das Bestreben gehabt, dem Namen auch in der Form ein besonderes choritisches Gepräge zu geben. Man sieht aber an der Art der ganzen Bildung, daß er selbst einer andern Volksschicht angehört. Ein Choriter wäre mit einer derartigen Bezeichnung sicher nicht einverstanden gewesen. Für Enak bieten die hebräischen Texte nur die Form 'Anak, die uns in der Keilschrift auf den für die Gegend von Kerkuk verhältnismäßig recht häufig bezeugten Namen Ḫanakka führt. Es fragt sich nur, ob der Name bei den Enakitern in Hebron auf einer geschichtlichen Ueberlieferung beruht oder vielleicht ebenso, wie es bei Talmai der Fall war, erst in einer späteren Zeit festgelegt wurde. Diese Frage läßt sich aber wohl kaum mit ausreichender Sicherheit entscheiden. Das eine ist an und für sich ebensogut möglich wie das andere. Die Enakiter sind also, wenn man den Verhältnissen auf den Grund geht, ebenfalls ganz harmlose Choriter. Sie gehörten zu derselben Volksschicht, die vom Norden her in das Land eingedrungen war und es allem Anscheine nach ganz unterworfen hatte. Es handelt sich aber, wie auch aus der Bibel hervorgeht, fast überall um eine Minderheit, die allerdings in manchen Gegenden sehr erheblich war. Die Texte von Taanach erwähnen für diesen Ort, wie oben schon hervorgehoben wurde, im ganzen etwas mehr als 75 verschiedene Personen. Unter diesen befinden sich etwa zwanzig, bei denen der Name nicht mehr in allen Bestandteilen genau zu erkennen ist. Auch ist es vorläufig noch gar nicht möglich, die einzelnen Bezeichnungen überall befriedigend zu erklären. Die Tafeln genügen aber trotz der Schwierigkeiten, die uns hier in den Weg treten, schon zu der Feststellung, daß sich unter den Trägern dieser Namen mindestens elf Personen churrischer Abstammung befinden. Sie berichten uns, wie dem Leser zum Teil schon bekannt ist, von einem A-gi-ia, einem Ak-ti-na[1]), einem Ḫa-ši-ia[2]), einem Ḫat-ti-til-[la], einem Na-ši-ma[3]), einem Ta-a-gu, einem Zi-ra-ja[4]), einem Abdi-ḫi-ba, einem Abdi-šar-ru-ma[5]), einem Gu-li-anim[6]) und einem Bi-anim[7]). Dazu kommt außerdem noch, wenn unsere Vermutungen richtig sind, der Träger des Namens [Su]-ba-an-du[8]), der als Inder ebenfalls zu der hier in Betracht kommenden Volksschicht gehört. Diese Volksschicht wird in den Texten der Bibel gewöhnlich noch von der älteren einheimischen Bevölkerung des Landes unterschieden. Die Israeliten kämpften nach den Angaben, die sich im Buche Josue und im Buche der Richter vorfinden, u. a. gegen die Kanaaniter, gegen die Perizziter, gegen die Jebusiter und gegen die Enakiter, die nach der einen Darstellung[9]) von Josue vernichtet und nach der anderen[10]) von Kaleb vertrieben wurden. Man sieht also, daß der Unterschied, der zwischen der älteren Bevölkerung und der Schicht der Choriter bestand, in der damaligen Zeit noch gar nicht überwunden war. Die Choriter sind, wie jetzt allgemein zugegeben wird, dasselbe Volk, das uns in Ägypten als das Volk der Hyksos entgegentritt. Sie hatten dort ebenfalls die Herrschaft an sich gerissen und sie mehr als ein volles Jahrhundert behauptet. Ihr Hauptsitz war damals, wie Manetho erzählt[11]), in Avaris, griechisch *Αὔαρις*, einem befestigten großen Lagerplatz im östlichen Nildelta, den sie selbst eingerichtet hatten. Es war, wie uns in dem Berichte versichert wird, eine Fläche von 10 000 ägyptischen Ackerhufen, die sie ganz mit einer großen und starken Mauer umgeben hatten, um dort ihr Besitztum und ihre Beute unterzubringen. Der Platz befand sich nach den Angaben ganz am Rande des Deltagebietes, an einer Stelle, die sich durch ihre Lage für die kriegerischen Unternehmungen der Eroberer besonders empfahl. Die

---

[1]) S. oben S. 284.

[2]) Diese Lesung ist nach den zahlreichen Stellen, an denen uns der Name in den Texten aus Kerkuk begegnet, als unbedingt sicher zu betrachten.

[3]) = Na-aš-mu, in den Texten von Kerkuk.

[4]) = Zi-ra-a-a, in den Texten von Kerkuk.

[5]) S. oben S. 281.

[6]) S. oben S. 282.

[7]) S. oben S. 291 f.

[8]) S. oben S. 291.

[9]) Jos. 11,21—22.

[10]) Jos. 14,12 ff.; 15,13 f.; Richt. 1,20.

[11]) bei Flavius Josephus, Contra Apionem I 14.

Einrichtung geht nach dieser Ueberlieferung auf den König Salatis zurück, der unter den Fremdherrschern in dem Verzeichnis des Manetho an der Spitze steht. Salatis hatte, wie Manetho erzählt, seinen eigentlichen Wohnsitz in Memphis; er hielt sich aber in der Sommerzeit in Avaris auf, um das Getreide einzusammeln, den Soldaten, die er dort unterhielt[1]), ihren Lohn zu geben und sie zugleich in den Waffen zu üben. Sein Nachfolger war dann ein König, der in dem Texte als *Βηών* bezeichnet wird. An der sechsten Stelle wird in dieser Liste ein Assis erwähnt. Als sie dann schließlich wieder vertrieben wurden, gelang es ihnen, sich in Avaris noch längere Zeit zu halten, bis die Ägypter ihnen durch eine Vereinbarung freien Abzug gewährten. Die Ortsbezeichnung läßt sich in diesem Falle nach allem, was uns über den Ursprung und über die Bedeutung der Anlage gesagt wird, nur auf das churrische awari = eḳlu = Acker[2]) zurückführen. Es war ein Platz mitten in den Feldern, den die Könige aufsuchten, um über das Getreide zu verfügen, ganz in der Nähe des Meeres und des Wüstengebietes, an einer Stelle, wo die Ackerfelder jeden überraschen mußten, der vom Osten her in das Land hineinkam. Die beiden Formen stimmen bis auf den griechischen Schlußlaut Silbe für Silbe miteinander überein. Beon, mit langem e, ist derselbe Name, der uns oben S. 291 f. schon in den Bezeichnungen Be-ja, Bi-e-ia und Bi-anim begegnet ist. Assis deckt sich in seiner Grundform mit dem in den Kerkuk-Texten vorkommenden Aš-ši-a-e. Wir sehen also, daß Manetho, obschon seine Zahlenangaben nicht zu halten sind, auf zuverlässige Ueberlieferungen zurückgreift. Das geht auch aus andern Aufzeichnungen hervor, die diese Angaben zum Teil noch in wesentlichen Punkten ergänzen. Die Hyksos hatten sich nach ihrer Vertreibung zunächst nur bis zum Süden von Palästina zurückgezogen und waren dann von Amosis I., der um das Jahr 1580 zur Herrschaft kam, nach der Eroberung der Stadt Scharuchen (Jos. 19,6) zur Fortsetzung ihres Zuges nach Norden gezwungen worden. Damit verschwinden sie für uns aus der Geschichte. Ueber den weiteren Gang der Dinge fehlen uns wenigstens die Nachrichten. Es ist aber wohl sicher, daß auch die späteren Züge der ägyptischen Könige, besonders die Kriegszüge des Königs Thutmosis III.[3]), mit dieser Entwicklung noch in unmittelbarem Zusammenhange stehen. Man hatte zwar die Hyksos vertrieben, stellte sich aber auf den Standpunkt, daß Palästina während der Fremdherrschaft zu Ägypten gehört hatte, und betrachtete es als selbstverständlich, daß dieses Verhältnis in derselben Form bestehen blieb. Das bedeutete für die Kleinfürsten, die früher in dem Könige von Ägypten einen Vertreter ihres eigenen Volkes erblickt hatten, für sich allein schon ein starkes per-

---

[1]) Die Zahl wird hier auf 240 000 Mann angegeben!

[2]) S. oben S. 288 Anm. 1.

[3]) S. oben S. 241.

sönliches Opfer. Sie hatten sich jetzt dem Willen ihres bisherigen Feindes zu unterwerfen und fühlten sich nicht mehr als die Sieger, sondern als die Besiegten. Es wird aber dazu beigetragen haben, das Verhältnis zu ihren eigenen Untergebenen freundschaftlicher zu gestalten. Man sah jetzt in dem Könige von Ägypten, wenn wir die Zusammenhänge richtig verstehen, fast überall den gemeinsamen Gegner. Es scheint aber, daß die Abneigung des Volkes im ganzen noch größer war als die Unzufriedenheit der Fürsten.

Jerusalem war also, wie wir aus diesen Zusammenstellungen entnehmen dürfen, beim Vordringen der Choriter wahrscheinlich in den Besitz eines Kriegers gelangt, der selbst zu der eigentlichen Grundschicht dieses Volkes gehörte. Als die Ägypter dann später in das Land kamen, hatten seine Nachfolger auch unter der Oberhoheit der ägyptischen Könige die Herrschaft weitergeführt. Abdiḫiba betont in seinen Briefen gerade dieses Verhältnis zu seinem Herrn und Gebieter mit besonderem Nachdruck. Er gesteht zwar, daß der König ihn in das Haus seines V a t e r s geführt (286, 13) oder ihn in dem Hause seines Vaters angestellt hat (288, 15), er weiß aber auch, daß er erst durch die Gnade seines Königs zum wirklichen Herrn der Stadt geworden ist. Er wurde, wie er sich ausdrückt, nicht von seinem Vater oder von seiner Mutter, sondern durch die mächtige Hand des Königs von Ägypten in Jerusalem eingesetzt (286,9 ff.; 287,25 ff.; 288,13 f.). Er betrachtet die Stadt Jerusalem und den zu Jerusalem gehörenden Landbezirk als ein Geschenk des Königs (287,27) und verteidigt dieses Gebiet gegen das Vordringen der damaligen Feinde, die er stets als die Ḫabiri bezeichnet. Die Ḫabiri sind für ihn die gefährlichsten Gegner des Königs. Er wird aber nicht aufhören, die königlichen Beamten, die sich viel zu viel mit ihnen einlassen, immer wieder vor ihnen zu warnen und zu erklären: „Warum liebt ihr die Ḫabiri und haßt ihr die Stadtfürsten?“ Man hat ihn beim Könige verleumdet, weil er stets darauf hinweist, daß die Länder des Königs an die Ḫabiri verloren gehen (286,16 ff.). Sie sind überall schon abgefallen. Ilimilku, sein Nachbar, hat mit den Ḫabiri gemeinsame Sache gemacht und richtet das ganze Land des Königs zugrunde. Der König muß unbedingt Feldtruppen schicken, und zwar noch vor Ablauf des Jahres. Wenn dies geschieht, bleiben die Länder dem Könige noch erhalten; wenn es aber nicht geschieht, gehen sie für ihn verloren; denn die Ḫabiri plündern alle Länder des Königs (286,35 ff.). Allen Ländern geht es gut; er ist unter den Fürsten der einzige, der angefeindet wird[1]) (287,12). Im Lande von Gezer, Askalon und Lakiš gibt man den Ḫabiri Speisen, Oel und alles, was sie nötig haben. Milkili[2]) und die Söhne des Labaja haben das Land des Königs den Ḫabiri übergeben (287,14 ff.). Von Gintikirmil, einer Stadt am Karmel, bis zum Seirgebirge im Süd-

[1]) gab-bi matâti ša-li-mu a-na ia-a-ši nu-kur-tu.

[2] = Ilimilku.

osten des Landes geht es den Fürsten wohl; er ist der einzige, der angegriffen und befeindet wird[1]). Die Städte kommen überall in die Gewalt der Ḫabiri. In dem Orte Zilû ist ein Turbazu und ein Japtiḫadda im Stadttor erschlagen worden, ohne daß die Uebeltäter zur Rechenschaft gezogen wurden; in Lakiš haben Einwohner der Stadt den Fürsten Zimrida bei ihrem Anschluß an die Ḫabiri treulos verraten (288,26 ff.). Milkili weicht nicht von den Söhnen des Labaja und den Söhnen des Arzaja und sucht das Land des Königs in ihre Gewalt zu bringen. Nachdem es dem Milkili gelungen ist, mit seinem Schwiegervater Tagi[2]) die Stadt Rubuda zu nehmen, versuchen sie in derselben Weise gegen Jerusalem vorzugehen. Tagi hat schon das Land von Gintikirmil in seinen Besitz gebracht, und die Einwohner von Gintikirmil werden als Besatzungstruppen in Bêtsani verwandt. Das wird auch das Schicksal der übrigen Städte sein, nachdem Labaja und das Land Sakmi[3]) den Wünschen der Ḫabiri entgegengekommen sind und ihnen das Notwendige zur Verfügung gestellt haben. Milkili hat dem Tagi und seinen Söhnen bereits geschrieben: „Gebt alles, was sie verlangen, den Leuten von Kilti" (289, 5 ff.). Milkili und Suwardata haben Leute von Gezer, Gath und Kilti genommen[4]) und die Stadt Rubute erobert. Das Land des Königs ist zu den Ḫabiri abgefallen, und die Bewohner von Bethlehem[5]) sind dem Beispiele der Einwohner von Kilti gefolgt und haben sich ihnen ebenfalls angeschlossen. Wenn der König keine Truppen schickt, tritt das ganze Land auf die Seite der Ḫabiri (290, 5 ff.).

Wenn wir diese Angaben in ihrer Aufeinanderfolge und in ihrer Bedeutung richtig verstehen wollen, müssen wir zunächst noch die Briefe des Suwardata heranziehen. Wir erfahren aus diesen Briefen, daß es eine Zeit gegeben hat, wo Abdiḫiba und Suwardata aufrichtig miteinander befreundet waren. Es waren unmittelbare Nachbarn. Sie bemühten sich beide, dem Könige gegenüber ihre Pflicht zu tun und das Gebiet, das dieser ihnen anvertraut hatte, gegen die Angriffe der sa-gaz-Leute zu verteidigen. Suwardata hatte sich zu diesem Zwecke auch mit den

---

[1]) šal-mu a-na gab-bi ḫa-zi-a-nu-ti u nu-kur-tu a-na ia-a-ši, wie in dem vorhergehenden Texte. Salimu ist das Partizip von šalâmu, šalmu das zu diesem Verbum gehörende Nomen.

[2]) Vgl. 249, 8—9.

[3]) = Sichem.

[4]) Milkili war, wie wir seit dem Bekanntwerden des Briefes E 6753 wissen, König von Gezer. S. oben S. 264. Er nahm also die Leute aus seiner eigenen Stadt, die bei der Aufzählung ebenfalls an erster Stelle genannt wird. Wenn dies aber bei Milkili der Fall war, muß es auch für Suwardata vorausgesetzt werden. Suwardata muß also seinen Wohnsitz entweder in Gath oder in Kilti gehabt haben. Es ist aber anzunehmen, daß der Hauptort zuerst genannt wird. Suwardata kann also, wenn dieses richtig ist, nur der König von Gath gewesen sein. Er war aber, wie sich aus dieser Zusammenstellung ergibt, u. a. auch der Gebieter von Kilti.

[5]) So nach den Feststellungen von O. Schroeder in der Orient. Literaturz., 18. Jahrg. (1915), Sp. 294—295.

Fürsten von Akko und von Achschaph in Verbindung gesetzt, die ihm nicht weniger als fünfzig Kriegswagen schickten. „Der König möge wissen“, so schreibt er darüber, „daß die sa-gaz-Leute (ihre Waffen) in die Gebiete tragen, die der Gott des Königs, meines Herrn, mir gegeben hat, und daß ich sie geschlagen habe. Der König, mein Herr, möge wissen, daß alle meine Brüder mich verlassen haben, und daß ich und Abdiḫiba die sa-gaz-Leute bekämpfen. Zurata, der Mann von Akka, und Endaruta[1]), der Mann von Akšapa, sind mir zu Hilfe gekommen mit 50 Streitwagen. Siehe, sie stehen mir bei im Kriege. Möge es dem Könige, meinem Herrn, gefallen, den Janḫamu zu schicken, damit wir den Krieg beenden und damit du das Land des Königs, meines Herrn, zu seinem.... zurückbringest“ (AO 7096, 11 ff.). Dieses Verhältnis nahm aber ein Ende, als Abdiḫiba den Versuch machte, die Stadt Kilti in seinen Besitz zu bringen. Er hatte, wie Suwardata berichtet, an die Einwohner einen Brief geschrieben und sie aufgefordert: „Nehmt Geld und schließt euch mir an!“ Das war dann in der Tat geschehen. Abdiḫiba hatte dem Suwardata auf diese Weise die Stadt aus der Hand genommen, obwohl Suwardata dem Abdiḫiba, wie er betont, keinen Mann, kein Rind und keinen Esel irgendwie fortgeführt hatte. Suwardata kann dieses Verhalten, wie er meint, nur mit dem Benehmen des Labaja auf dieselbe Stufe stellen, der damals schon gestorben war. „Labaja ist tot, der genommen hat unsere Städte; aber siehe, ein anderer Labaja ist Abdiḫiba, daß er nimmt unsere Städte.“ Er hatte sich deshalb sofort an den König von Ägypten gewandt und war von ihm beauftragt worden, die Stadt wieder in seine Gewalt zu bringen. Das war ihm, wie er dem Könige schreibt, tatsächlich gelungen (280, 9 ff.). Abdiḫiba ist dann natürlich entrüstet, daß ihm die Stadt wieder genommen wurde, und spricht hier ebenfalls von einem Abfall an die Ḫabiri. Er glaubt in Erfahrung gebracht zu haben, daß den Leuten von Kilti geboten wurde, was sie nur wünschten, und macht seinen Gegnern ohne Bedenken dasselbe Verfahren zum Vorwurfe, das man nach der Angabe des Suwardata auch bei ihm selbst schon vorausgesetzt hatte (289, 25 ff.).

Die Feinde, mit denen die beiden Nachbarn es in der ersten Zeit bei ihrem gemeinsamen Vorgehen zu tun hatten, werden in dem Briefe des Suwardata, wie wir gesehen haben, als die sa-gaz-Leute bezeichnet. Sie sind nach der Schilderung des Suwardata im Vordringen begriffen und bedeuten für die Länder des Königs eine große Gefahr. Die meisten Fürsten haben den Kampf bereits aufgegeben. In der Nähe von Jerusalem ist auf besondere Hilfe nicht mehr zu rechnen. Die Streitwagen, die in dem Briefe genannt werden, sind von dem Fürsten von Akko und dem Fürsten von Achschaph geschickt worden. Sie stammen also aus einer Gegend, zu der man in Jerusalem bei normalen Verhältnissen kaum noch

[1]) = Indaruta. S. oben S. 290.

besondere Beziehungen hatte. Da wir in den Briefen des Abdiḫiba nur von den Ḫabiri lesen, ist es selbstverständlich, daß wir die sa-gaz-Leute und die Ḫabiri einander gleichzusetzen haben. Wir haben hier dieselbe Erscheinung, die uns bei den Aufzeichnungen der Chethiter überrascht. In den Staatsverträgen, die Subbiluliuma und der Sohn und Nachfolger des Tušratta miteinander abschließen, werden auch die sa-gaz-Götter oder die Götter der sa-gaz-Leute als die besonderen Zeugen und Schützer der Abmachungen angerufen[1]); in den Verträgen mit den übrigen Fürsten werden diese Götter, soweit uns die Texte noch vorliegen, ganz in derselben Zusammenstellung als die Götter der Ḫabiri bezeichnet[2]).

Das sumerische sa-gaz setzt in seiner Grundbedeutung ein „Binden und Töten" voraus. Es war das gewöhnliche Ideogramm für ḫabbatu = Räuber. Wir haben also bei dem Ausdruck zunächst nur an fremde Horden zu denken, die in das Land eingedrungen sind und sich dort an der Freiheit und am Leben der bisherigen Einwohner vergreifen. Diese Bedeutung war aber im Laufe der Zeit ganz in den Hintergrund getreten. Die Ḫabiri sind nach den chethitischen Staatsverträgen eine Klasse von Menschen, die ihre eigenen Götter verehren. Es sind also Fremde, die sich gerade durch ihre religiösen Auffassungen und durch ihre religiösen Kundgebungen von der übrigen Bevölkerung scharf unterscheiden. Die Götter des Landes sind nicht ihre Götter, und ihre Götter sind nicht die Götter des Landes. Es scheint sogar, daß die hier in Betracht kommenden Gottheiten den Vertragschließenden im einzelnen gar nicht bekannt sind. Denn es ist sicher kein Zufall, daß hier gar keine Namen mitgeteilt werden. Die Götter finden aber trotzdem ihre Berücksichtigung. Es wird also vorausgesetzt, daß die Ḫabiri sich politisch in die bestehenden Verhältnisse hineinfügen, und daß sie auch ihrerseits durch die Bestimmungen gebunden sind. Sie ließen sich vielfach als Söldner anwerben und übten dann das Kriegshandwerk in geschlossenen Abteilungen, die in andern Texten mehrfach erwähnt werden. Das war auch schon bei den alten Babyloniern der Fall. Wir lesen dort von ihren Führern und erfahren zugleich, daß ihnen Kleider und Schafe geliefert wurden. In den Texten von Kerkuk stoßen wir an einer Reihe von Stellen auf Ḫabiri, die sich selbst in die Sklaverei verkauft hatten[3]). Diese Ḫabiru-Sklaven

---

[1]) Boghazköi-Studien, 8. Heft, S. 30—31 und S. 50—51.

[2]) Boghazköi-Studien, 8. Heft, S. 68—69 und S. 74—75; Mitteilungen der Vorderasiat.-Aegypt. Gesellsch. Bd. 31 (1926), 1. Heft, S. 22—23; Bd. 34 (1930), 1. Heft, S. 16—17, S. 80—81 und S. 112—113.

[3]) Chiera and Speiser, Selected „Kirkuk" Documents Nr. 7 u. 8; Chiera, Ḫabiru and Hebrews, American Journal of Semitic Languages Vol. XLIX (1932—33), S. 115 ff.; Speiser, Ethnic Movements in the Near East in the Second Millennium B. C., Annual of the American Schools of Oriental Research Vol. XIII (1933), S. 13 ff. (S. 33 ff.); Saarisalo, New Kirkuk Documents relating to Slaves, Helsingfors 1934, S. 61 ff. Die keilinschriftlichen Originaltexte finden sich jetzt bei Chiera, Joint Expedition with the Iraq Museum at Nuzi, Vol. V: Mixed Texts, Nr. 446—465.

stammen nach ihren Namen und nach den besonderen Angaben der Texte aus den verschiedensten Ländern, aus Assyrien, aus dem Lande Akkad, aus dem in der Nähe von Arrapḫa liegenden Gebirgslande Lullu, aus dem Lande Inzalti und aus andern Gebieten, die wir im einzelnen zum Teil noch nicht zu bestimmen vermögen. Die Namen sind im Gegensatze zu den Bezeichnungen, die wir sonst in den Texten antreffen, nur in den seltensten Fällen churrischen Ursprunges. Sie beweisen dadurch für sich allein schon, daß wir es bei den Trägern mit Fremden zu tun haben, die in dem Lande selbst noch nicht heimisch sind. Die Ḫabiri sind also nicht etwa die Vertreter eines bestimmten Volkes, wie man früher in der Regel vermutet hat, sondern lediglich die Personen, die von außen in das Land hineingekommen sind. Dabei ist es an und für sich belanglos, ob sie einzeln oder in größeren Abteilungen erschienen. Die Sumerer hatten aber sicher ihre guten Gründe, wenn sie das sa + gaz, das Binden und das Töten, bei dem Auftreten solcher Volksmassen als die Regel betrachteten. Die Auswanderer suchten bei ihrem Vordringen nach neuen Lebensmöglichkeiten und nach neuen Wohnstätten, die ihnen nur selten sofort eingeräumt wurden. Wir lesen im zehnten Kapitel der Genesis von den Nachkommen des Arpachschad: „Und Arpachschad war der Vater des Schelach und Schelach war der Vater des ʻEber. Und dem ʻEber wurden zwei Söhne geboren. Der Name des einen war Peleg; denn in seinen Tagen wurde die Erde geteilt; und der Name seines Bruders war Joḳṭan." Diese Sätze bringen in ihrem Zusammenhange, wenn wir bei den hebräischen Bezeichnungen jedesmal auf die sprachliche Bedeutung des Wortes zurückgreifen, eine eigenartige, in sich selbst geschlossene Gedankenverbindung zum Ausdruck. Der Name Schelach gibt sich in der Schreibung des masoretischen Textes als eine Nominalbildung zu dem Verbum šalaḥ = schicken zu erkennen, ʻEber geht auf ʻabar = überschreiten und Peleg auf palag = teilen zurück, Joḳṭan setzt in seiner Bedeutung das Hiphil und die zu demselben Verbalstamm gehörenden Hophalformen von ḳaṭon = klein sein voraus. Da das Teilen immer zu einer Verkleinerung führt, ist es sicher kein Zufall, daß uns die beiden Bezeichnungen gerade bei einem Brüderpaar begegnen. Sie gehören auch für den Urheber der Namen begrifflich zusammen. Der Gegenstand dieser Teilung ist nach der ausdrücklichen Angabe des Textes die Erde; der Vater der beiden Brüder ist ein Mann, der hinübergeht und selbst als der Sohn eines Schelach bezeichnet wird. Er ist also hinübergegangen, weil er von andern geschickt wurde. Man hat ihn aus der Heimat hinausgeschickt, so daß er ein fremdes Gebiet betreten mußte, das er dann selbst zum Teil in seinen Besitz zu bringen hatte. Wir haben hier das typische Bild eines „Hebräers", der über die Grenze gekommen ist und in dem neuen Lande ganz in derselben Weise vorgeht, wie es nach den keilinschriftlichen Aufzeichnungen bei den Ḫabiri der Fall war. Die Bezeichnung findet sich in dieser Bedeutung schon in den Texten von Ras Schamra.

Der Ölbaum war nach der Auffassung der Phönizier[1]) „wie Silber für die '-b-r-m" und der k-š[2]) „wie Gold für die '-b-r-m". Die '-b-r-m scheinen also bei ihrem Auftreten eine besondere Vorliebe für Silber und Gold gezeigt zu haben. Wir sehen hier auch, daß der Ausdruck mit den Flüssen, die in diesem Zusammenhange vielfach genannt werden, an und für sich gar nichts zu tun hat. Die Hebräer, von denen wir hier erfahren, sind nicht über den Euphrat und auch nicht über den Jordan gekommen. Das Hinüberschreiten, das man bei ihnen voraussetzte, bezieht sich lediglich auf die Grenze des Landes. Das war natürlich auch bei den Israeliten der Fall. Es waren Hebräer, seitdem sie sich in Palästina befanden. Als sie dort einzogen, hatte das Wort schon längst seine charakteristische Bedeutung. Es war in dieser Bedeutung zunächst nur bei der einheimischen Bevölkerung in Gebrauch und kommt auch in den Texten der Bibel ursprünglich nur zur Anwendung, wenn der Schriftsteller sich mit Fremden beschäftigt und auf die Ausdrucksweise der Fremden besondere Rücksicht nimmt. Die Zeit, wo es uns auch sonst in der Darstellung begegnet, liegt wesentlich später. Die Israeliten haben sich also diese Bezeichnung erst ganz allmählich zu eigen gemacht. Es war ein Ausdruck, der in der ältesten Zeit bloß von den Gegnern gebraucht wurde. Damit ist das Verhältnis zu den Ḫabiri theoretisch wohl ausreichend geklärt. Das eine Wort erzählt uns nach den vorhandenen Belegen ebenso wie das andere von einer Klasse von Fremden, die in das Land eingedrungen sind, um sich dort irgendwie niederzulassen. Der Ḫabiru ist in diesem Sinne ein Hebräer und der Hebräer ein Ḫabiru. Es sind zwei gleichbedeutende Wörter aus zwei verschiedenen Sprachen[3]). Die Ḫabiri sind also, wie wir annehmen dürfen, auch zur Zeit der El-Amarna-Texte von der einheimischen Bevölkerung sicher schon als Hebräer bezeichnet worden. Es waren Hebräer wie so viele vor ihnen, und man durfte bei ihrem Auftreten kaum erwarten, daß es die letzten sein würden. Wenn wir nun an die Hebräer denken, mit denen wir es in der Bibel zu tun haben, so stehen wir hier einer Volksmasse gegenüber, die ebenfalls das Land vollständig überschwemmte. Solche Wanderungen kommen auch im Altertum stets nur in größeren Zeitabständen vor. Was wir aus den El-Amarna-Tafeln erfahren, läßt auf einen Einbruch schließen, der zu einem völligen Umsturz der bestehenden Verhältnisse zu führen drohte; was uns die Bibel erzählt, ist in seinen Einzelheiten fast als ein ausgesprochenes Gegenstück zu diesem Bilde zu betrachten. In den keilinschriftlichen Texten berichten die Kleinfürsten, was sie erleben und was sie befürchten; in der Bibel schildern uns die Israeliten, was ihre Väter unter der Führung des Josue tatsächlich

[1]) Syria XV (1934), S. 317 Anm. 1.

[2]) Bedeutung noch unbekannt.

[3]) Das akkadische ḫabiru geht nach der Annahme von Lewy, Zeitschr. f. Assyriologie, Neue Folge Bd. 2 (1924—25), S. 26, Anm. 4 auf ein ḫabâru = eindringen zurück.

geleistet und erreicht haben. Die keilinschriftlichen Aufzeichnungen stammen aus der Zeit von etwa 1416—1363[1]); die biblischen Zahlen setzen nach allem, was wir darüber feststellen konnten, genau dieselbe Zeit voraus. Sie führen uns, wenn wir sie so nehmen, wie wir sie vorfinden, für den Einzug auf das Jahr 1408. Wir kommen hier also, wie man sieht, auch für die Chronologie zu einer vollständigen Uebereinstimmung. Es fragt sich nur, wie wir die Vorgänge im einzelnen miteinander zu verbinden haben.

Suwardata berichtet in dem Schreiben AO 7096, wie wir in diesem Zusammenhange noch einmal hervorheben müssen, daß die Ḫabiri in sein Gebiet eindringen und daß er sie geschlagen hat. Er bekämpft sie ebenso wie Abdiḫiba. Die übrigen Fürsten haben ihn verlassen. Nur Zurata von Akko und Indaruta von Akšapa haben fünfzig Streitwagen geschickt[2]). Die Ḫabiri sind also damals schon in größeren Abteilungen bis in die Gegend von Gath[3]) vorgedrungen. Die Hilfe, von der uns in dem Briefe erzählt wird, kommt nicht aus der Nachbarschaft, sondern aus dem Norden des Landes. Man sieht also, daß von den Fürsten im Süden und in den mittleren Teilen von Palästina wirklich keine Unterstützung mehr zu erwarten war. Der Brief stammt noch aus der Zeit des Königs Zurata von Akko. Da wir von Zatatna, dem Sohne des Zurata, schon mehrere Schreiben besitzen, fällt er sicher noch in die Zeit des Königs Amenophis III. Das ergibt sich auch aus dem Inhalte des Briefes Nr. 8, den Burnaburiasch an Amenophis IV. richtete. Burnaburiasch beschwert sich in diesem Briefe[4]) schon über Zatatna, den er als „Sutatna, den Sohn des Sarâtum", bezeichnet. Zurata war also zur Zeit, wo Amenophis IV. auf dem Throne saß, tatsächlich schon gestorben. Wenn wir nun die Briefe des Abdiḫiba[5]) vergleichen, finden wir das Bild, das Suwardata in seinem Schreiben von den Verhältnissen entwirft, bis in alle Einzelheiten genau bestätigt. Die Gefahr ist aber inzwischen noch größer geworden, und es steht zu befürchten, daß das ganze Land für den König von Ägypten verloren geht. Die Fürsten kommen den Wünschen der Ḫabiri überall entgegen. Im Lande von Gezer, Askalon und Lakiš gibt man ihnen Speisen, Öl und alles, was sie nötig haben. Der Absender befürchtet, daß es allen Städten so ergeht wie den Bewohnern von Gintikirmil, nachdem Labaja und das Land Sichem[6]) den Ḫabiri gegeben oder zur Verfügung gestellt haben, was sie zum Leben gebrauchten (Kn. 289, 18 ff.). Diese Angabe ist für die Beurteilung der ganzen Entwicklung besonders wertvoll. Wir erfahren hier, daß zwischen Labaja und dem Gebiete von Sichem ein unmittelbarer Zusammenhang besteht. Das Verhalten des Landes

[1]) S. oben S. 241 f.
[2]) S. oben S. 302.
[3]) S. oben S. 301 Anm. 4.
[4]) S. oben S. 254 f.
[5]) S. oben S. 300 f.
[6]) La-ab-a-ja u mât Sa-ak-mi.

Sichem ist abhängig von dem Willen des Labaja. Dies nötigt uns zu der Annahme, daß Labaja der König des Landes war[1]). Abdiḫiba macht also dem Labaja zum Vorwurfe, daß er der erste gewesen ist, der den Wünschen der Ḫabiri in dieser Weise entgegenkam. Das geschieht in einem Nebensatze, so daß man annehmen muß, daß er nur hervorheben will, was jedem bekannt war. In dem Briefe Nr. 287 betont er, daß auch die Söhne des Labaja engere Verbindungen mit den Ḫabiri unterhalten. „Siehe", so schreibt er dort von dem Verhalten seiner Gegner, „das ist die Tat des Milkili und die Tat der Söhne des Labaja, die das Land des Königs den Ḫabiri übergeben." Daß die Ḫabiri im Gebiete von Sichem anders behandelt wurden als es sonst in der ersten Zeit der Fall war, ersehen wir auch aus den Briefen des Biridija von Megiddo. Biridija berichtet in dem Briefe Nr. 243, daß er mit Wagen und Kriegern die Mauern der Stadt verteidigen muß, weil die Feindschaft der Ḫabiri im Lande so groß ist, und schreibt dann in dem folgenden Briefe, daß die Stadt von Labaja belagert wird. Die Kämpfe sollten jedoch für Labaja zum Verhängnis werden. Er wurde von Biridija gefangen genommen und dem Zurata von Akko übergeben, der sich verpflichtete, ihn lebendig auf einem Schiffe nach Ägypten zu bringen. Zurata ließ ihn aber in Ḫinatuna gegen ein Lösegeld wieder frei. Als Biridija dann zu Pferde hinter ihm herjagte, um ihn wieder in seine Gewalt zu bringen, hatten die Bewohner von Gina (Kn. 250, 17 f.) ihn bereits erschlagen. Der Tod des Labaja führt uns also ebenfalls noch in die Zeit des Zurata. Dieser ist zwar so schwach gewesen, das Lösegeld anzunehmen; er war aber im übrigen, wie es scheint, ein ehrlicher Gegner des Labaja. Diese Gegnerschaft war auch wohl der eigentliche Grund gewesen, der ihn dazu bestimmt hatte, dem Suwardata und dem Könige von Jerusalem die Streitwagen zu schicken. Der Kampf gegen die Ḫabiri war für ihn zugleich ein Kampf gegen Labaja. Als Labaja dann erschlagen war, wurde aus dem Kampfe gegen Labaja ein Kampf gegen die Söhne des Labaja. Biridija glaubt in dem Briefe Nr. 246 ohne Bedenken behaupten zu dürfen, daß die beiden Söhne des Labaja die Ḫabiri und die K[aši]-Leute, die gegen ihn vorgehen, durch Geldzahlungen eigens zu diesem Zwecke gedungen haben. Abdiḫiba macht aber, wie wir gesehen haben, nicht nur den Labaja und die Söhne des Labaja, sondern vor allem auch den König Milkili von Gezer für die Erfolge der Ḫabiri verantwortlich. Er spricht von der Tat des Milkili und der Tat der Söhne des Labaja und betont, daß Milkili nicht von den Söhnen des Labaja weicht. Die Ḫabiri erhalten aber im Lande von Gezer, im Lande von Askalon und in Lakiš ebenfalls alles, was sie zum Leben nötig haben. Das ist nach den Beziehungen, die Milkili nach andern Angaben schon mit Labaja unterhielt, sicher nicht ohne dessen Zustimmung

---

[1]) So zuerst mit einiger Zurückhaltung Franz Böhl, Kanaanäer und Hebräer, Leipz. 1911, S. 94.

geschehen. Die Ḫabiri fanden im Gebiete von Gezer, von Askalon und von Lakiš genau dasselbe Entgegenkommen wie im Gebiete von Sichem. Abdiḫiba nennt dabei die Stadt Gezer mit besonderem Nachdruck an erster Stelle. Wenn wir nun die Bibel vergleichen, so löst sich auch hier wieder eine Schwierigkeit, die den Erklärern bisher schon manche Sorge gemacht hat. Josue ließ die Städte Jericho und Hai vollständig zerstören. Er führte die Israeliten dann bis nach Sichem und errichtete dort auf dem Berge Hebal, wie es Deut. 27, 2 ff. verlangt wird, einen Altar aus unbehauenen Steinen, auf dem er Brand- und Friedopfer darbringen ließ, und Gedenksteine mit einer Niederschrift der Gesetze des Moses (Jos. 8, 30 ff.). Man legt sich hier die Frage vor, wie es möglich war, daß er schon nach der Zerstörung von zwei befestigten Ortschaften so tief in das Land vorstoßen konnte, und glaubt den Grund für diese Tatsache besonders in der allgemeinen Verwirrung der Gegner erblicken zu dürfen. Die Verwirrung kann aber nicht größer gewesen sein als bei dem Erscheinen der Israeliten vor Jericho, und Sichem war ebenfalls außerordentlich stark befestigt. Wenn man Widerstand geleistet hätte, wäre es sicher zu einer Schlacht und höchst wahrscheinlich auch zu einer Belagerung gekommen, die in der Zerstörung der Stadt ihr Ende gefunden hätte. Wir müssen also den Schluß ziehen, daß ein solcher Widerstand überhaupt nicht versucht wurde. Man scheint sich aber auch nicht freiwillig unterworfen zu haben; denn eine Unterwerfung würde sicher zu irgendwelchen Abmachungen geführt haben, die der Verfasser des biblischen Textes wohl kaum übergangen hätte. Wir brauchen in dieser Hinsicht nur an die Verhandlungen mit den Gibeoniten zu erinnern, die uns in demselben Zusammenhange gleich im folgenden Kapitel entgegentreten. Es kam also, wie wir annehmen müssen, zu keiner Schlacht, zu keiner Eroberung und auch nicht zu einer freiwilligen Unterwerfung. Damit sind aber noch nicht alle Möglichkeiten erschöpft. Die Ḫabiri waren damals noch zufrieden, wenn sie erhielten, was sie zum Leben nötig hatten, und wir haben gesehen, daß „Labaja und das Land Sichem" ihnen dieses gewährten. Damit ist alles erklärt. Wir brauchen bei den biblischen Angaben nur vorauszusetzen, was uns in den Tafeln von El-Amarna ausdrücklich gesagt wird. Die Israeliten sind ebenso wie die Ḫabiri gleich nach dem Einzuge in Palästina bis in die Gegend von Sichem vorgerückt und haben dort genau dieselbe Behandlung gefunden. Das würde bei den chronologischen Uebereinstimmungen für sich allein schon genügen, um einen Zweifel an der Richtigkeit der Gleichsetzung von vornherein auszuschließen. Die Parallelen reichen aber in Wirklichkeit noch weiter. Als die Verteilung des Landes zum Abschluß gekommen war, wählte Josue zu seinem Aufenthaltsorte das im Gebiete von Ephraim gelegene Timnath Serach, das ihm von den Israeliten zu diesem Zwecke besonders geschenkt wurde. Er ließ den Ort wieder ausbauen oder von neuem befestigen (Jos. 19, 50) und lebte dann in dieser Stadt ganz nach der Art der übrigen palästinensischen

Kleinfürsten. Dabei waren die Beziehungen zu Sichem immer noch dieselben. Als er seinen Tod herannahen fühlte, versammelte er dort noch einmal die Vertreter der einzelnen Stämme, um sich von ihnen zu verabschieden (Jos. 24, 1 ff.). Er berief zu diesem Zwecke die „Ältesten, die Häupter, die Richter und die šoṭerîm[1])“ von ganz Israel, trat mit ihnen nach der Ausdrucksweise des Textes vor Gott und nahm von ihnen das Versprechen entgegen, dem Herrn die Treue zu wahren. Es war ihm offenbar ein Bedürfnis, zu dem Volke noch einmal an derselben Stelle zu sprechen, wo er vor vielen Jahren den Altar und die Steine des Gesetzes errichtet hatte, und er wurde auch dieses Mal von dem Könige von Sichem und von der älteren Bevölkerung des Landes in keiner Weise daran gehindert. Die Verhältnisse waren also, wenn man sie nicht als freundschaftlich bezeichnen will, auch in der damaligen Zeit auf jeden Fall noch für beide Teile durchaus befriedigend. Nun wissen wir aber, daß der eine von den beiden Söhnen des Labaja den Namen Mutba'lu führte. Von diesem Mutba'lu besitzen wir noch zwei Briefe. Der eine (Nr. 255) ist an den König, der andere (Nr. 256) an Janḫamu gerichtet. Aus dem ersten Briefe erfahren wir, daß der König ihn angewiesen hatte, die nach Ḫanigalbat ziehenden Karawanen weiterzubefördern. Er antwortet darauf, daß er dies ebenso tun werde wie früher sein Vater Labaja[2]). Hieraus ergibt sich, daß er ebenfalls an der großen Karawanenstraße wohnt, die an Sichem vorbeiführt, und offenbar als der eigentliche Nachfolger des Vaters zu betrachten ist. Der Name L[a-a]b-a-ja, der uns in Z. 15 begegnet, ist nach der Angabe von Knudtzon und nach der Veröffentlichung von Schroeder (Nr. 146) vollkommen sicher. Der zweite Brief ist in mehrfacher Hinsicht sehr eigenartig. Der Absender läßt in diesem Schreiben dem Janḫamu erklären: „Wie Mutba'lu vor dir gesagt hat, ist Ajab entflohen. Der König der Stadt Bi-ḫi-lim ist heimlich entflohen[3]) vor den Vorstehern des Königs, seines Herrn. So wahr der König, mein Herr, lebt, so wahr der König, mein Herr, lebt, ist Ajab nicht in Bi-ḫi-lim. Siehe, zwei Monate..... Frage doch den Bi-en-e-ni-ma (?), frage doch den Ta-du-a, frage doch den Ja-šu-ia, ob er nicht, seitdem Sa-Marduk die Stadt Aštarti ...., geflohen ist, jetzt, da feindlich sind alle Städte des Landes Ga-ri, Udumu, Aduri, Araru, Meštu, Magdalim, Ḫinianabi, Zarki. Erobert ist Ḫawini und Jabiši[b]a. Ferner: Siehe, nachdem du eine Tafel an mich geschickt hast, habe ich an ihn geschrieben. Bis du ankommst von deiner Reise, siehe, da wird er in Bi-ḫi-lim angekommen sein, und er wird hören die Worte.“ Ajab, der König von Biḫilim, ist nach diesem Schreiben aus seiner Stadt geflüchtet. Dies hat Mutba'lu, wie wir aus den ersten Zeilen ersehen, dem Janḫamu schon einmal mündlich erklärt. Janḫamu hat aber trotz-

[1]) S. oben S. 5.
[2]) S. oben S. 261.
[3]) Ebeling, Das Verbum der El-Amarna-Briefe, Beiträge zur Assyriologie, Achter Band, Heft 2, S. 64.

dem, wie aus dem Schreiben hervorgeht, noch einmal eine besondere Auskunft verlangt. Mutba'lu erteilt nun diese Auskunft in einer Weise, die deutlich erkennen läßt, daß er sehr erregt und sehr gereizt ist. Er versichert zweimal: „So wahr der König, mein Herr, lebt", und nennt dann mit derselben, sich dreimal wiederholenden Einkleidung drei verschiedene Zeugen, die Janḫamu über die Angelegenheit befragen soll. Das klingt außerordentlich überzeugend; es hilft uns aber nicht über die Frage hinweg, was den Janḫamu bewegen konnte, gerade von Mutba'lu eine solche Auskunft zu verlangen, und zwar zuerst in einer mündlichen Äußerung und dann später noch einmal in der vorliegenden brieflichen Mitteilung. Janḫamu hatte den mündlichen Erklärungen offenbar keinen Glauben geschenkt, und er hatte für dieses Verhalten sicher seine besonderen Gründe. Der Name Bi-ḫi-lim berührt sich auf das engste mit dem Namen der Stadt Bi-lim, die in dem schon mehrfach erwähnten Briefe Nr. 250 genannt wird. Der Absender dieses Briefes, ein Nachbar und scharfer Gegner des Milkili[1]), berichtet in seinen Ausführungen an den damaligen König von Ägypten, daß die Söhne des Labaja das Land ebenso zu Grunde richten, wie der Vater es vorher getan hat. Sie haben ihn oft gefragt[2]), warum er die Stadt Gitipadalla, die von Labaja erobert wurde, wieder in den Besitz des Königs von Ägypten brachte, und haben ihm erklärt: „Mache Feindschaft gegen die Leute von Gina, weil sie getötet haben unsern Vater! Wenn du keine Feindschaft machst, werden wir dich befeinden." Das Trachten des Milkili ist ganz darauf gerichtet, die beiden Söhne des Labaja in Bi-lim hineinzuführen. Das Land des Königs schloß sich ihnen an. Nachdem Milkili und Labaja das Land zu Grunde gerichtet hatten, haben die Söhne des Labaja ihn aufgefordert, ebenso wie ihr Vater gegen den König Feindschaft zu machen. Dabei erinnerten sie besonders an das Vorgehen ihres Vaters gegen die Städte Sunama, Burkuna und Ḫaraba, die er entvölkerte, und an die Eroberung der Stadt Gitirimunima. Dieser Brief ist offenbar kurz nach dem Tode des Labaja geschrieben. Die Söhne des Labaja tragen sich noch mit dem Gedanken, den Tod ihres Vaters zu rächen, und haben die Absicht, ihm auch in seinen politischen Bestrebungen zu folgen. Der Absender fürchtet aber den Milkili mehr als die Gebieter von Sichem; er nennt ihn ebenso wie Abdiḫiba jedesmal an der ersten Stelle und behauptet ohne Bedenken, daß Milkili die Söhne des Labaja wesentlich beeinflußt und sich außergewöhnliche Mühe gibt, sie in die Stadt Bi-lim hineinzuführen. In dem Briefe Nr. 250 wird uns also gesagt, daß die Söhne des Labaja in den Besitz der Stadt Bi-lim gebracht werden sollen; aus dem Briefe Nr. 256 müssen wir entnehmen, daß Janḫamu unter allen Umständen zu erfahren wünscht, warum Ajab, der bisherige König von Bi-ḫi-lim, nicht in seiner Stadt ist, und daß

[1]) Vgl. hierfür besonders das Schreiben Nr. 249.

[2]) Ebeling S. 71 und S. 76.

seine Fragen dem Mutba'lu sehr unangenehm sind. Dieser Zusammenhang ist so einleuchtend, daß man ihn bei genauerer Prüfung kaum übersehen kann. Wir haben es in den beiden Briefen offenbar mit derselben Stadt zu tun[1]), und zwar nicht nur mit derselben Stadt, sondern auch mit demselben Vorgange. In dem einen Briefe spricht der Kläger; in dem andern verteidigt sich der Angeklagte gegen den Vertreter des Königs von Ägypten. Daß dieses richtig ist, ersehen wir auch aus einem Briefe des Milkili. Dieser Brief — Kn. 270 — ist wieder in der üblichen Weise an den König von Ägypten gerichtet. Milkili schreibt hier an seinen Herrn und Gebieter: „Es wisse der König, mein Herr, die Tat, die mir angetan hat Janḫamu, seitdem ich hinausgegangen bin von dem Könige, meinem Herrn! Siehe, er fordert 2000[2]) Silberschekel von meiner Hand, und er hat zu mir gesagt: Gib mir deine Frau und deine Kinder, und ich schlage. Es möge wissen der König diese Tat, und es möge Wagen schicken der König, mein Herr, und mich zu sich holen, daß ich nicht zu Grunde gehe!" 2000 Schekel ist eine Geldsumme, für die man etwa 50 Sklavinnen kaufen konnte[3]). Milkili soll diese Summe offenbar als Strafe entrichten. Wenn er den Betrag nicht aufzubringen vermag, soll er dem Janḫamu seine Frau und seine Kinder zur Verfügung stellen. Diese Strafe wird über ihn verhängt, nachdem er fortgegangen ist von dem Könige von Ägypten. Er ist also persönlich in Ägypten gewesen und hat dort selbst mit dem Könige verhandelt. Da er sich darüber beschwert, daß er nachher noch bestraft wird, kann der Gegenstand der Verhandlungen nicht zweifelhaft sein. Es sind offenbar dieselben Fragen gewesen, die auch zu der Verurteilung durch den hohen ägyptischen Beamten geführt haben. Milkili hatte es vorgezogen, sich in Ägypten zu verantworten, und war als Freund des Königs entlassen worden; Janḫamu hatte es dagegen auf Grund seiner Ermittlungen für richtig gehalten, ihn empfindlich zu bestrafen. Die Aussöhnung mit dem Könige war ihm jedenfalls noch nicht bekannt gewesen. Sie war aber tatsächlich zustande gekommen. Die Ḫabiri betrachteten ihn in den folgenden Jahren nicht mehr als ihren Freund, sondern als ihren ausgesprochenen Gegner. Sie machten sogar einen Versuch, seine beiden Söhne zu überfallen und heimtückisch zu ermorden (Kn. 273, 16 ff.). In dem Briefe Nr. 271 schreibt er, daß die Feindschaft der Ḫabiri gegen ihn und gegen Suwardata besonders groß ist. Er bittet dann den König, das Land aus der Hand der Ḫabiri zu retten oder Wagen zu schicken und beide nach Ägypten zu holen, damit sie nicht von ihren Untertanen erschlagen werden. Dann fügt er hinzu: „Es frage der König, mein Herr, den Janḫamu, seinen Diener, nach dem, was getan wird in seinem

---

[1]) Es handelt sich wohl um das biblische Bilhah (I Chr. 4, 29) = Ba'lah (Jos. 15, 29) = Balah (Jos. 19, 3). Bi-lim = Bilhah; Bi-ḫi-lim = Ba'lah = Balah.

[2]) Vielleicht: 3000.

[3]) S. oben S. 264.

Lande!" Er hat also gar keinen Grund mehr, den Janḫamu zu fürchten. Die Briefe, die wir von ihm besitzen, stammen wohl alle aus der Zeit nach der Versöhnung. Es sind im ganzen sechs (Kn. 267—271 und E. 6753). Hierauf folgen dann noch drei oder vielleicht sogar vier Briefe (Kn. 297—300), die von seinem Sohn und Nachfolger Japaḫi stammen. Dies nötigt uns zu der Annahme, daß die Aussöhnung schon verhältnismäßig recht früh stattfand. Sie kann aber noch nicht vor dem Tode des Labaja erfolgt sein, da der Verkehr mit den Söhnen des Labaja in den Briefen noch ausdrücklich bezeugt wird. Damit kommen wir von selbst wieder auf die Zeit, die sich für das Schreiben des Mutba'lu ergab. Wir werden deshalb nicht fehlgehen, wenn wir die Untersuchungen, die Janḫamu damals gegen Mutba'lu vornahm, und die Bestrafung des Milkili ebenfalls unmittelbar miteinander in Verbindung bringen. Janḫamu hält es offenbar für seine Pflicht, persönlich gegen beide vorzugehen, und zwar auf Grund der Vorkommnisse, die uns in dem Briefe Nr. 250 erzählt werden. Daß dieses richtig ist, ersieht man auch an der Art, wie Mutba'lu die Schuld von sich abzuwälzen versucht. Ajab ist geflohen, da alle Städte des Landes „Ga-ri", Udumu, Aduri, Araru, Meštu, Magdalim, Ḫinianabi und Zarki, feindlich sind. Wir können bei unserer jetzigen Kenntnis der Dinge mit Sicherheit behaupten, daß es ein Land „Ga-ri" in Palästina niemals gegeben hat. Die Städte, die hier genannt werden, finden sich alle im südlichen Teile des Landes; sie liegen aber so weit auseinander, daß der Name einen Bezirk von Askalon bis zum Toten Meere bezeichnen müßte. Die Angabe erklärt sich in Wirklichkeit viel einfacher. Der Absender hat dem Schreiber nicht Ga-ri, sondern Ga-az-ri[1]) diktiert. Er wollte besonders hervorheben, daß die Flucht durch die feindliche Haltung der Ortschaften im Gebiete von Gezer veranlaßt wurde, also in dem Gebiete, wo Milkili zuständig ist. Hierbei geht er dann über die Grenzen dieses Gebietes weit hinaus. Er nennt ohne Bedenken auch die tiefer im Süden gelegenen Städte, in denen die Verhältnisse nach seiner Auffassung dieselben sind. Man sieht also, daß es ihm nur darauf ankommt, sich selbst zu entlasten. Da Milkili nach der Aussprache mit dem Könige von Ägypten ganz von den Ḫabiri abrückte, dürfen wir annehmen, daß die Ḫabiri bei den Vorkommnissen ebenfalls eine besondere Rolle gespielt hatten. Es scheint aber, daß die Söhne des Labaja zu einer Aufgabe ihrer bisherigen Politik gar keine Neigung hatten. Denn es gehörte wirklich ein entschlossener Mut dazu, unter den Zeugen, bei denen Janḫamu sich erkundigen soll, auch den — Ja-šu-ia zu erwähnen. Der Name ist dem hebräischen J^{e}hošu' so ähnlich, daß es unmöglich ist, die beiden Bezeichnungen in diesem Zusammenhange voneinander zu trennen. Der einzige Unterschied, der vielleicht einer Erklärung bedarf, ist die Wiedergabe des o durch ein a. Dieser findet sich aber in derselben Weise bei dem Namen des ägyp-

[1]) So schon Otto Weber bei Knudtzon S. 1319.

tischen Gottes Amon, der in der Keilschrift gewöhnlich zu Aman wurde. Die El-Amarna-Tafeln erzählen uns z. B. von einem A-ma-an-ḫa-at-bi und von einem A-ma-an-ma-ša und drücken an einer Reihe von Stellen den Wunsch aus, daß der Gott A-ma-nu den Empfängern dieser Briefe irgend etwas verleihen möge; die Texte von Taanach schwanken in der Schreibung zwischen Aman und Amun. Sie erwähnen ebenfalls einen A-ma-an-ḫa-at-pa, der in den Listen sofort hinter dem Stadtfürsten seinen Platz hat, und bringen für den einfachen Gottesnamen in der vierten Liste die Wiedergabe durch A-mu-na. Die eine Form ist hier an und für sich ebenso ungenau wie die andere. Das Schwanken erklärt sich aus einem Mangel in der Keilschrift, die in ihrem Lautsystem kein o unterscheidet. Das hebräische joṣi'eni wird Kn. 282, 14 durch ia-zi-ni umschrieben. Das 'Ajin fehlt auch z. B. in Azzati (Kn. 296, 32) = Ḫazati (Kn. 289, 17. 33. 40) = 'Azzah = Gaza und in dem wiederholt vorkommenden Kelte, das dem biblischen Ḳe'îlah entspricht. Das hebräische 'aphar = Staub wird Kn. 141, 4 durch aparu und Kn. 143, 11 durch ḫaparu wiedergegeben. Die Briefe stammen beide von dem König Ammunira (Kn. 136, 29; 141, 3; 143, 3) = Ḫamuniri (Kn. 137, 15. 66. 69. 88; 138, 52. 132) von Beirut. Die keilinschriftliche Bezeichnung entspricht also in der angegebenen Form ganz den zu stellenden Anforderungen. Die Vorgänge ereigneten sich, wie wir aus dem Briefe Nr. 250 entnehmen mußten, kurz nach dem Tode des Labaja. Dieser erklärt in dem Briefe 252, daß er beim Könige verleumdet ist, und bezeichnet es 253, 19 ff. und 254, 20 ff. als sein einziges Vergehen, daß er in Gezer gewesen ist. Dabei schreibt er 253, 24—25: „Es möge uns gnädig sein der König!" Wir können hier aus dem „uns" nur den Schluß ziehen, daß man auch den Milkili damals schon zur Verantwortung zog. Milkili wußte sich dann aber ebenso, wie wir es bei dem späteren Verfahren festgestellt haben, von aller Schuld reinzuwaschen, und Labaja wurde allem Anscheine nach zu einer schweren Geldbuße verurteilt. Er empfand es, wie wir Kn. 254, 23 ff. erfahren, als ein Unrecht, daß der König ihm alles und dem Milkili gar nichts genommen hatte, aber er kannte, wie er hinzufügt, die Tat des Milkili gegen ihn. Milkili hatte ihn offenbar ganz im Stich gelassen. Man sieht, daß diese Briefe aus einer Zeit stammen, wo Labaja schon manches auf dem Gewissen hatte. In dem Briefe Kn. 254 stellt er die Frage: „Wer bin ich, daß der König sein Land verlieren sollte meinetwegen?" Er wendet sich damit gegen die Behauptungen seiner Nachbaren, die in ihm mit gutem Grunde den gefährlichen Gegner des Königs von Ägypten erblicken. Diese Andeutungen sind nur zu begreifen, wenn wir an die letzten Jahre seines Lebens denken. Nun erklärt er aber Kn. 254, 31 ff.: „Ueber einen Sohn von mir hat der König geschrieben. Es ist mir nicht bekannt, daß ein Sohn von mir mit den sa-gaz-Leuten gegangen ist." Er hat sich hier also schon gegen den Vorwurf zu verteidigen, daß einer von seinen Söhnen Beziehungen zu den Ḫabiri unterhält. Dieser Vorwurf wird auch bei den Verhandlungen mit Milkili eine Rolle gespielt haben. Der König ist über die Einzelheiten allem Anscheine nach sehr gut unterrichtet. Er kennt die Gefahr, die dem Lande von seiten der Ḫabiri droht, und weiß auch, daß diese in Sichem und in Gezer großes Entgegenkommen finden. Diese Ausführungen waren notwendig, um dem Leser genau zu zeigen, wie die Verhältnisse damals lagen. Der Brief hat nämlich, wie wir jetzt hinzufügen dürfen, für die Datierung der Ereignisse eine ganz besondere Bedeutung. Denn er gehört zu den wenigen, von denen wir genau wissen, wann sie geschrieben wurden. Die Tafel enthält eine hieratische Kanzleibemerkung, aus der sich ergibt, daß sie im 12. Jahre des Königs Amenophis III. in Ägypten angekommen ist. Sie stammt also, da Amenophis III. um das Jahr 1416 zur Herrschaft gelangte, aus der Zeit von etwa 1405. Dieses Datum findet seine Ergänzung in einer Angabe des Königs Ribaddi von Byblus. Dieser schreibt Kn. 85, 69 ff. an den König von Ägypten: „Seitdem zurückgekehrt ist dein Vater von Sidon, seit jener Zeit haben sich angeschlossen die Länder den gaz[1])-Leuten." Das war also vor dieser Zeit noch nicht geschehen. Der Brief stammt noch aus der Zeit des Abdaširta; er kann also nur an Amenophis III. gerichtet sein. Dieser war der Adoptivsohn des Königs Thutmosis IV., der um das Jahr 1425 zur Herrschaft kam und dann gleich im Anfange seiner Regierung einen Kriegszug nach Syrien unternehmen mußte. Damit ist der Zeitpunkt, der für das Auftreten der Ḫabiri in Betracht kommt, durch zwei zuverlässige Grenzbestimmungen genau festgelegt. Die Einwanderung erfolgte zwischen dem Kriegszuge, den Thutmosis kurz nach dem Jahre 1425 unternahm, und dem Jahre 1405. Hierbei haben wir aber sowohl bei der oberen als auch bei der unteren Grenze noch wesentliche Abstriche zu machen. Es ist kaum anzunehmen, daß sie gleich in dem Augenblicke begann, wo Thutmosis das Land verlassen hatte, und es handelt sich bei dem Jahre 1405 nicht um das Jahr, wo die Ḫabiri sich zuerst in das Land hineinwagten, sondern um ein Jahr, wo Labaja sich schon wegen seiner freundschaftlichen Beziehungen zu den Ḫabiri zu verantworten hatte. Wenn dies im Jahre 1405 der Fall war, werden sie sicher schon seit etwa 1408 im Lande gewesen sein. Wir nennen hier das Jahr 1408, weil uns dieses Datum auch durch die Bibel an die Hand gegeben wird. Es darf aber ohne Bedenken vorausgesetzt werden, daß die Ägypter mit ihren Einsprüchen nicht allzu lange auf sich warten ließen, und daß Labaja der erste war, der sich mit seinem Freunde Milkili gegen einen solchen Vorwurf zu verteidigen hatte. Der Ansatz der Bibel führt uns also genau in dieselbe Zeit wie die Texte von El-Amarna. Wir beschränken uns darauf, dieses hier festzustellen, und überlassen es gern dem Leser, sich über den Wert dieser Uebereinstimmung sein eigenes Urteil zu bilden. Die Zählung nach Geschlechtern, wie sie bei den biblischen Angaben zugrundeliegt, ist gewiß nicht vollkommen; sie kann aber trotzdem,

[1]) = sa-gaz.

wie man sieht, unter Umständen zu sehr genauen Ergebnissen führen. Die Zahlen sind also vom Einzuge bis zum Tempelbau unbedingt festzuhalten. Mutba'lu nennt unter den Zeugen an zweiter Stelle den Tadua. Der Name dieses Zeugen ist choritisch. Es ist ein Kurzname, der im ersten Teile auf das Verbum tad = tat = lieben zurückgeht und im zweiten ursprünglich einen Gottesnamen enthielt. Er führt uns also in die Kreise der palästinensischen Kleinfürsten, in denen die churrischen oder choritischen Bezeichnungen so häufig sind. Das sind aber dieselben Kreise, in denen wir nach der Bibel auch den Josue zu suchen haben. Wir dürfen also vermuten, daß er seinen Wohnsitz damals schon in Timnath Serach hatte. Auf jeden Fall ist er auch für Janḫamu eine bekannte Persönlichkeit. Daß er erst an der dritten Stelle genannt wird, ist leicht zu begreifen. Mutba'lu sucht in seinem Briefe von den Ḫabiri möglichst weit abzurücken. Er nennt deshalb zuerst zwei andere Fürsten, mit denen der ägyptische Beamte vielleicht lieber verhandeln würde. Wir stehen hier also, wenn wir uns einmal so ausdrücken dürfen, mit beiden Füßen auf dem Boden der geschichtlichen Wirklichkeit. Josue, der Führer der eindringenden Volksmassen, tritt uns in dem Schreiben entgegen als der Mensch in seiner menschlichen Umgebung. Er wird als Zeuge genannt in einer Angelegenheit, bei der er selbst wahrscheinlich irgendwie beteiligt ist. Dabei steht er natürlich ganz auf der Seite des Mutba'lu, von dem er in Vorschlag gebracht wird. Die Israeliten haben bei Labaja, dem Könige von Sichem, bei Milkili, dem Könige von Gezer, und bei den Söhnen des Labaja ein außergewöhnliches Entgegenkommen gefunden. Das Verhältnis nahm aber schon bald eine Form an, die schon vor dem Tode des Labaja zu einem Eingreifen von seiten der Ägypter führte. Dieser Eingriff wiederholte sich dann, als Mutba'lu König von Sichem geworden war, und richtete sich auch dieses Mal sowohl gegen den König von Gezer als auch gegen den König von Sichem. Der König von Gezer zog sich aber in beiden Fällen geschickt aus der Verlegenheit. Dem Labaja wurde nach seiner eigenen Angabe alles genommen, was er besaß, und Mutba'lu kann das Unheil allem Anscheine nach nur dadurch von sich abwenden, daß er das Geschehene wieder rückgängig macht. Er hat dem Ajab einen Brief geschrieben, und wenn Janḫamu von seiner Reise zurückgekehrt ist, wird Ajab wieder in Biḫilim sein. Die Ḫabiri wandten sich bei ihrem Vordringen nicht nur nach Norden, sondern auch nach Süden. Die Einwanderung vollzog sich also nicht, wie man vielfach angenommen hat, in verschiedenen Perioden, sondern für das ganze Land in derselben Zeit. Die Bemerkung des Abdiḫiba, das Datum auf der Tontafel des Labaja und die Angabe des Ribaddi führen uns in dieser Frage genau zu demselben Ergebnis. Der Widerstand, den die einheimische Bevölkerung leistete, war in manchen Gegenden erfolgreich. Die Ḫabiri begegnen uns in den El-Amarna-Tafeln nicht nur auf den Höhen, sondern auch in der Ebene; sie konnten sich aber in der Ebene, wo die Kanaaniter ihnen mit ihren Kriegswagen entgegentraten, in der ersten Zeit fast nirgendwo behaupten. Es ist bezeichnend, daß Josue die Wagen, die ihm in die Hände fielen, verbrennen ließ[1]), und daß Timnath Serach selbst im Gebirge liegt. Die El-Amarna-Tafeln zeigen uns die Israeliten, wie sie sich darstellen in dem Urteil ihrer damaligen Gegner. Sie bestätigen in der Hauptsache die Voraussetzungen der Bibel und geben uns in den Einzelheiten wichtiges Material zu wertvollen Ergänzungen. Das gilt auch für die Nachrichten, die wir über die Vorgänge in den südlichen Teilen des Landes besitzen. Die Bibel erzählt uns, daß die Könige von Jerusalem, von Hebron, von Jarmuth, von Lachisch und von Eglon gleich nach der Schlacht bei Gibeon getötet wurden[2]), und berichtet dann über die Eroberung von Makeda, von Libna, von Lachisch, von Eglon und von Hebron; es war den Israeliten aber unmöglich, die Jebusiter aus Jerusalem zu vertreiben[3]). Das deckt sich, soweit es sich um das Gesamtbild handelt, auch hier wieder ganz mit dem Inhalte der keilinschriftlichen Angaben. Die Städte sind nach den Versicherungen der Kleinfürsten überall in der größten Gefahr; es fehlt an Besatzungstruppen und an Feldsoldaten; die Fürsten können sich nur halten, wenn Hilfe kommt; der König von Jerusalem ist fast der einzige, der noch treu zum Könige von Ägypten steht. Wenn man seine Klagen und seine Bitten richtig verstehen will, braucht man nur die Schilderungen aus dem Buche Josue zu lesen. Die Bibel erklärt hier die keilinschriftlichen Angaben, und die keilinschriftlichen Angaben bilden ihrerseits wieder einen wertvollen Maßstab für die richtige Beurteilung der biblischen Darstellung. Das ist besonders bei den Aufzeichnungen über das Schicksal der Stadt Lachisch der Fall. Die Bibel schreibt die Eroberung dieser Stadt dem Josue zu und verlegt sie gleich in die erste Zeit nach dem Siege bei Gibeon. Adoniṣedeḳ, der König von Jerusalem, hatte sich nach dem Berichte des Buches Josue mit Hoham, dem Könige von Hebron, Pir'am, dem Könige von Jarmuth, Japhi', dem Könige von Lachisch und Debîr, dem Könige von Eglon, in Verbindung gesetzt, um die Bewohner von Gibeon für den Uebertritt zu den Israeliten zu bestrafen; sie waren aber von den Israeliten besiegt und auf Befehl des Josue getötet worden. Josue eroberte dann zuerst die Stadt Makeda und das ebenfalls in der Nähe liegende Libna; er zog darauf „mit ganz Israel von Libna nach Lachisch, lagerte sich vor dieser Stadt und bekriegte sie. Und der Herr gab Lachisch in die Hand Israels, und er eroberte es am zweiten Tage und schlug es mit der Schärfe des Schwertes samt der ganzen Bevölkerung, die sich darin befand, genau so wie er mit Libna getan hatte.“ Dann folgt noch der Zusatz: „Damals zog Horam, der König von Gezer, heran, um Lachisch zu helfen, aber Josue schlug ihn und seine Leute so, daß

[1]) Josue 11, 6. 9.
[2]) Jos. 10, 26.
[3]) Jos. 15, 63; Richter 1, 21.

niemand übrig blieb, der entronnen wäre.“ Da dieser Zusatz ganz genaue Angaben enthält und bei den übrigen Städten von einer derartigen Hilfe nirgendwo die Rede ist, kann die Richtigkeit dieser Zusammenstellung gar nicht bezweifelt werden. Es fragt sich nur, wie wir die Vorgänge chronologisch miteinander zu verbinden haben. In den Briefen des Abdiḫiba begegnet uns Lakiš unter den Städten, wo die Ḫabiri gerade so aufgenommen wurden wie im Lande Sichem. Der König von Gezer, der nach dem biblischen Berichte der Stadt Hilfe zu bringen versucht, stand damals noch ganz auf der Seite des Labaja. Wir erfahren dann in dem Briefe Nr. 288, daß Zimrida von Lakiš von einem Teil seiner Untertanen an die Ḫabiri verraten wurde. Wenn wir hier von einem Verrate sprechen, so müssen wir den Leser allerdings bitten, dies nur als einen Verlegenheitsausdruck zu betrachten. Die genaue Bedeutung des Wortes[1]), das Abdiḫiba hier gebraucht, ist bisher noch nicht sichergestellt[2]). Wir sehen aber, daß Zimrida das Opfer eines Schrittes wurde, den „Diener“ gegen ihn unternahmen, die nach der Angabe des Textes auf die Seite der Ḫabiri getreten waren. Daß mit den Dienern die Untertanen gemeint sind, ergibt sich aus einer Anzahl von eindeutigen Parallelstellen. Der Vorgang wird uns auch in derselben Weise in dem Briefe Nr. 335 geschildert. Der Verfasser dieses Briefes schreibt ebenso wie der König von Jerusalem, daß Turbazu und Japtiḫada erschlagen sind, und fügt dann hinzu, daß Lakiš Feindschaft geübt hat und jetzt feindlich ist. Wir können aus diesen Stellen nur den Schluß ziehen, daß die Stadt den Ḫabiri erst damals in die Hände fiel. Der Brief des Abdiḫiba ist aber in einer Zeit entstanden, wo die Ḫabiri sich schon überall im Lande festgesetzt hatten. Das deckt sich auch mit dem Bericht über die Hilfe, die man durch den König von Gezer erhielt. Diese war erst möglich, als der König von Gezer schon zu einem entschiedenen Gegner der Ḫabiri geworden war. Die Verhältnisse liegen hier also, wenn man die El-Amarna-Tafeln und die Bibel miteinander vergleicht, im Grunde sehr einfach. Die erste Zeit kann nach den Tafeln von El-Amarna bei der Stadt Lachisch für eine Belagerung und eine Eroberung gar nicht in Betracht kommen. Die Ḫabiri erhielten damals ebenso wie in Gezer und in Askalon, was sie zum Leben gebrauchten, und hatten zu einem Angriff noch gar keinen Grund. Die Stadt kam erst in ihren Besitz, als die Lage sich schon wesentlich geändert hatte. Wir ersehen aus der Angabe des Abdiḫiba, daß sie zur Zeit, wo dieser Brief geschrieben wurde, in der Bürgerschaft schon ihre besonderen Anhänger hatten. Diese hatten sich dann durchgesetzt und ihnen wahrscheinlich die Tore

---

[1]) ig-gi-u-šu.

[2]) Knudtzon führt die Form auf naḳû = opfern zurück, Böhl möchte sich in s. Sprache der Amarnabriefe, Leipz. 1909, S. 64 f. trotz der Schwierigkeiten, die er hervorhebt, lieber für die von Zimmern in Vorschlag gebrachte Ableitung von liḳû = nehmen entscheiden, Ebeling denkt bei Knudtzon S. 1546 an das hebräische naga‘ = schlagen.

geöffnet. Ueber das Schicksal des Zimrida sind wir nach dem Gesagten noch nicht genau unterrichtet. Es ist aber wohl sicher, daß er damals in der Person des Jabni-ilu, in dem wir den Führer der Gegenpartei vermuten dürfen, einen Nachfolger erhielt. Die Anhänger des Zimrida wandten sich nun, wie wir annehmen müssen, an den König von Gezer, der ihnen dann mit seinen Kriegern sofort zu Hilfe kam. Daß dieses richtig ist, ersieht man auch an dem Namen, der dem Könige von Lachisch in der Bibel beigelegt wird. Er wird in dem Berichte, wie oben schon gesagt wurde, als Japhi' bezeichnet. Da das 'Ajin in der Keilschrift gewöhnlich durch die Zeichen mit einem anlautenden oder auslautenden ḫ ausgedrückt wird, kann dieser Name ohne weiteres mit dem in den El-Amarna-Tafeln vorkommenden Japaḫi in Verbindung gebracht werden. Japaḫi war aber, wie ebenfalls schon einmal gesagt wurde, der Sohn und Nachfolger der Milkili. Die Bibel erzählt uns also von einer Hilfeleistung durch den König von Gezer, den sie als Horam bezeichnet, und legt in diesem Zusammenhange, wenn die Gleichsetzung richtig ist, dem Könige von Lachisch denselben Namen bei, der nach den El-Amarna-Tafeln dem Nachfolger des Königs Milkili von Gezer zukommt. Das ist natürlich kein Zufall. Der Name kommt in den El-Amarna-Tafeln sonst nirgendwo vor und findet sich auch in der Bibel nur für zwei verschiedene Personen, für den König von Lachisch und für einen Sohn des David. Da der König von Lachisch aber in Wirklichkeit Zimrida hieß, kann die Angabe, die uns in der Bibel erhalten ist, nur auf einer Verwechselung beruhen. Diese lag hier in der Tat außerordentlich nahe. Der Urheber der hier zugrundeliegenden Aufzeichnung war nach seiner Darstellung noch darüber unterrichtet, daß die Bewohner von Lachisch von dem damaligen Könige von Gezer Hilfe erhielten. Er wußte auch, daß in dem einen von den beiden Orten ein Japhi' regierte; er sah aber in dem Träger dieses Namens nicht mehr den König von Gezer, sondern den König von Lachisch.

Ueber die Namen der übrigen Fürsten, die hier in den Angaben der Bibel genannt werden, können wir uns bei unserer jetzigen Kenntnis der Dinge noch kein abschließendes Urteil gestatten. Sie weisen aber in der Form zum Teil ganz merkwürdige Uebereinstimmungen auf, für die wir in den Texten fast gar keine Parallelen finden. Die Bibel erwähnt unter diesen Fürsten einen Hoham, einen Horam und einen Pir'am, also drei verschiedene Personen, bei denen der Name jedesmal auf am ausgeht. Das läßt sich mit den Bezeichnungen, die uns sonst aus der damaligen Zeit bekannt sind, gar nicht in Einklang bringen. Die Bildungen fallen, wenn sie auch an und für sich nicht unmöglich sind, in der Häufung, in der sie uns hier entgegentreten, ganz aus dem Rahmen der damaligen Gepflogenheiten heraus. Wir würden hier, da es sich mit Einschluß des Königs von Gezer um sechs verschiedene Personen handelt, bei einer Verallgemeinerung für jede zweite Person einen Namen mit derselben in Wirklichkeit nur ganz selten vorkommenden Endung erhalten. Das ist mindestens sehr bedenklich. Hierzu kommt dann, wie aus dem Gesagten hervorgeht, für den König von Gezer außerdem noch das Zeugnis der Urkunden, in denen uns tatsächlich ein anderer Name begegnet. Der Name Horam ist bei diesem Fürsten an die Stelle des keilinschriftlich beglaubigten Japhi' getreten. Er kann hier also nur aus einer Zeit stammen, wo der Name Japhi' für den Urheber der hier in Betracht kommenden Vorlage schon zur Bezeichnung des Königs von Lachisch geworden war. Ob dieses auch für Hoham und für Pir'am zutrifft, wagen wir nicht zu entscheiden. Wir dürfen bei der Beurteilung dieser Dinge nicht übersehen, daß das Buch Josue z. B. schon von den Fürstentümern der Philister berichtet[1]). Es kann also, wie wir hieraus entnehmen müssen, in seiner jetzigen Form nicht vor dem zwölften Jahrhundert entstanden sein. Der Verfasser kennt schon eine Quelle, die er nach der jetzigen Lesung als Ma'jan mê nephtôaḥ bezeichnet. Sie lag auf der Grenze von Juda[2]) und Benjamin[3]). Wir haben hier aber, wie Calice zuerst richtig gesehen hat[4]), als Grundform ein älteres Ma'jan Menephtaḥ vorauszusetzen. Es war ein Brunnen, der nach einer ägyptischen Angabe[5]) vom Könige Menephta dort angelegt war. Das kann nach den Ansätzen von Borchardt[6]) nur um die Zeit von 1233—1232 geschehen sein.

Da wir von Japaḫi wenigstens noch drei verschiedene Briefe besitzen[7]), dürfen wir den Tod des Milkili nicht allzu spät ansetzen. Wir dürfen also, wie es scheint, wohl kaum über den Regierungsantritt des Königs Amenophis IV. hinausgehen. Abdiḫiba erwähnt den Milkili fast in allen Texten, die sich von ihm noch erhalten haben. Der Name fehlt nur in dem einfachen und sehr schlicht gehaltenen Briefe Nr. 285, der bloß Fragen und Bitten enthält und von Knudtzon wohl mit Recht an die Spitze gestellt wird, in dem Schreiben Nr. 286, wo ein Ilimilku für den Abfall zu den Ḫabiri verantwortlich gemacht wird, und in dem Briefe 288, in dem sich die Angaben über das Schicksal von Lakiš vorfinden. Hierbei müssen wir aber den Brief Nr. 286 sofort wieder ausscheiden, da Ilimilku sicher nur für Milkili gesetzt ist. Der Name fehlt also in Wirklichkeit nur in Nr. 285, wo wir ihn nach der Art des Schreibens überhaupt nicht erwarten können, und in Nr. 288, also gerade in der Nummer, wo wir von den Vorgängen in Lakiš erfahren, die nach unsern bisherigen Vermutungen zu dem Eingreifen des Japaḫi

---

[1]) 13, 2—3.

[2]) 15, 9.

[3]) 18, 15.

[4]) Orient. Literaturz., 6. Jahrg. (1903), Sp. 224.

[5]) Breasted, Ancient Records of Egypt Vol. III, § 631; Greßmann, Altorient. Texte zum Alten Testament, 2. Aufl. S. 96.

[6]) S. oben S. 226.

[7]) S. oben S. 312.

führten. Damit ist dieses Fehlen von selbst schon erklärt. Milkili war damals schon zu seinen Vätern hinabgestiegen, und gegen Japaḫi konnte noch gar nichts Böses gesagt werden. Das ist für die ganze Art des Abdiḫiba mindestens sehr charakteristisch. Es zeigt uns zudem, daß unsere Voraussetzungen richtig waren, und gibt uns zugleich die Möglichkeit, den Brief genau zu datieren. Das Schreiben ist erst nach dem Tode des Milkili entstanden, in einer Zeit, wo Japaḫi schon zur Herrschaft gelangt war. Der Brief ist also der jüngste, den wir von Abdiḫiba überhaupt besitzen. Der Absender begegnet uns zuerst in dem Schreiben, in dem Suwardata von dem allmählichen Vordringen der Ḫabiri und von den gemeinsamen Unternehmungen zu ihrer Bekämpfung erzählt. Das war höchst wahrscheinlich noch in der Zeit des Labaja. Dann kam das Zerwürfnis mit Suwardata, wo man dem Abdiḫiba, der durch Geldzahlungen die Bewohner von Kelte auf seine Seite gebracht hatte, unbedingt die Schuld geben muß. Der Vorgang trug sich kurz nach dem Tode des Labaja zu, in einer Zeit, wo die Uebergriffe, die dieser sich gestattet hatte, bei allen noch in lebendiger Erinnerung waren[1]). Wir befinden uns hier also schon in der Zeit der Söhne des Labaja, die in den Briefen des Abdiḫiba noch an zwei verschiedenen Stellen mit der Person des Milkili in Verbindung gebracht werden. Die Berichte kommen dann zum Abschluß mit dem Briefe Nr. 288, der uns schon in die Zeit des Japaḫi führt. Wir haben hier also einen Maßstab, an dem sich die Aufeinanderfolge der Begebenheiten ohne Schwierigkeit ablesen läßt. Das Schema versagt allerdings, wenn man den Versuch macht, die Ereignisse auf eine bestimmte Anzahl von Jahren genau zu verteilen. Wir können nur den Fall von Lakiš mit einiger Einschränkung im engeren Sinne des Wortes wirklich datieren. Die Stadt kam in die Hände der Ḫabiri, als Milkili schon gestorben war. Das muß nach unsern bisherigen Feststellungen entweder in den letzten Jahren des Königs Amenophis III. oder in der ersten Zeit des Königs Amenophis IV. gewesen sein.

Abdiḫiba hatte die Gewohnheit, sich am Schluß seiner Briefe an den Schreiber des Königs von Ägypten zu wenden und genau hervorzuheben, was dem Könige besonders ans Herz gelegt werden sollte. Er schließt diese Bemerkungen dann in Nr. 288 und 289 mit einer kurzen Versicherung seiner Hochachtung. In Nr. 289 schreibt er: „Dein Diener bin ich"; in dem jüngeren Briefe gebraucht er den Ausdruck: „Dein Diener und Sohn bin ich." Das ist an und für sich nur eine Höflichkeitsformel; es ist aber nicht einerlei, wie in einem solchen Falle der Wortlaut gefaßt ist. Abdiḫiba konnte den Schreiber nur als seinen Vater bezeichnen, wenn der Altersunterschied dies nach seiner Auffassung noch zuließ. Er muß also das Empfinden gehabt haben, daß er selbst noch verhältnismäßig jung war. Das ist gerade bei dem letzten Briefe sehr beachtenswert. Als

[1]) S. oben S. 302.

die Ḫabiri in das Land eindrangen, empfand er es schon als einen Fehler, daß Labaja ihren Wünschen entgegenkam. Er hat also die Vorgänge, wie man sieht, von Anfang an selbst beobachtet und stand dann zur Zeit, wo der Brief geschrieben wurde, höchstens im reiferen Mannesalter. Dies berechtigt uns zu der Annahme, daß er verhältnismäßig früh zur Herrschaft gelangt ist. Es gestattet also die weitere Schlußfolgerung, daß der Vater eher gestorben ist, als man unter normalen Umständen erwarten durfte. Abdiḫiba kann also, wenn dieses richtig ist, der Sohn des Adoniṣedeḳ gewesen sein, der nach der biblischen Darstellung gleich nach der Schlacht bei Gibeon mit den übrigen vier Königen, die sich ihm angeschlossen hatten, auf Befehl des Josue getötet wurde. Die Angaben sind in dem Berichte so bestimmt und so ausführlich, daß hier sicher geschichtliche Tatsachen zugrundeliegen. Der Name, den der König in der Bibel trägt, ist in seiner Form echt kanaanäisch. Es ist dieselbe Bildung, die uns zur Zeit des Abraham in dem Namen des Priesterkönigs Melchisedech, hebr. Malkiṣedeḳ, entgegentritt. Melchisedech war König von Salem, und zwar in der vorchoritischen Zeit, in der die kanaanäische Bezeichnung durch die Verhältnisse von selbst gegeben war; Salem war aber, wie aus der in Ps. 76 vorkommenden Gleichsetzung mit Sion und aus der Erwähnung des Melchisedech in Ps. 110 hervorgeht, nur eine ältere und im Ausdruck etwas kürzer gefaßte Bezeichnung für Jerusalem[1]). Wir werden deshalb nicht fehlgehen, wenn wir hier auf einen Zusammenhang schließen. Es fragt sich nur, wie wir uns diesen Zusammenhang im einzelnen zu denken haben. Da Abdiḫiba Choriter war, muß dieses auch für den Vater und für den Großvater vorausgesetzt werden. Dies führt uns also, wenn wir die Aufzeichnungen genau so nehmen, wie wir sie vorfinden, zunächst zu der Annahme, daß Adoniṣedeḳ, obschon der Vater sich selbst noch als Choriter betrachten mußte, wieder einen kanaanäischen Namen erhalten hatte, und zwar einen Namen, der mit dem Namen des um mehr als 500 Jahre früher anzusetzenden vorchoritischen Königs Melchisedech eine merkwürdige Uebereinstimmung aufweist, daß er dann aber bei der Geburt seines eigenen Sohnes zu dem Wortschatz und zu den Auffassungen seiner Väter zurückkehrte, so daß dieser ebenfalls wieder einen choritischen Namen erhielt. Das ist aber, wie jeder gern zugeben wird, mindestens sehr unwahrscheinlich. Die Namen der Kleinfürsten sind in der damaligen Zeit, soweit es sich feststellen läßt, fast überall noch aus dem Churrischen oder aus dem Indischen entlehnt. Semitische Bezeichnungen waren seltene Ausnahmen. Auf jeden Fall ist es sicher, daß niemand auf den Gedanken kam, bei der Bezeichnung seines Sohnes eine Liste vorchoritischer Könige zu Rate zu ziehen. Die Dinge liegen hier in Wirklichkeit, wie es scheint, viel einfacher. Wenn der Name des

---

[1]) Die Grundform ist in dem keilinschriftlichen Urusalimmu = „Stadt des Gottes Salem“ zu suchen.

21

Königs von Gezer, wie wir gesehen haben, erst aus einer späteren Zeit stammt, haben wir bei der Bezeichnung des Königs von Jerusalem mit der Möglichkeit einer ähnlichen Entwicklung zu rechnen. Der Name kann also, wenn wir auch für die Einzelheiten auf bloße Vermutungen angewiesen sind, ebenfalls jüngeren Ursprunges sein. Er kann aus einer Zeit stammen, wo der churrische Name nicht mehr bekannt war, wo man aber in der Person des Melchisedech schon ein besonderes Vorbild für die Könige von Juda erblickte. Man kann auch bei den Aufzeichnungen in der Bibel einem erzählenden Texte nur gerecht werden, wenn man die Umstände berücksichtigt, unter denen die Festlegungen entstanden sind.

Daß dieses richtig ist, ersieht man auch aus den Angaben, die wir im elften Kapitel des Buches Josue über die Erfolge der Israeliten im Norden von Palästina vorfinden. Wir erfahren dort, daß Jabin, der König von Chaṣor, sich mit den Königen von Madon, Schimron und Achschaph verbündete, und daß es dann zu der bekannten Schlacht kam, die zu der Eroberung von Chaṣor und zu einer vollständigen Zerstörung dieser Stadt führte. Der Name Jabin ist in der Bibel sehr selten. Er findet sich außerdem noch im vierten Kapitel des Buches der Richter, wo der Träger des Namens ebenfalls als König von Chaṣor erscheint, und in der kurzen Bemerkung des Psalmes 83, wo auf die Angaben in dem Abschnitt des Richterbuches Bezug genommen wird. Es handelt sich also, wie man sieht, nur um zwei verschiedene Persönlichkeiten. In dem einen Falle ist es ein Jabin, der zur Zeit des Josue lebte, und in dem andern ein Jabin, der die Israeliten in der Zeit der Richter zwanzig Jahre hindurch schwer bedrückte. Das ist für sich allein schon sehr auffallend. Nun wissen wir aber aus den Tafeln von El-Amarna[1]), daß der König, der zur Zeit des Josue in Chaṣor regierte, in Wirklichkeit Abditirši hieß. Er war nach dieser Bezeichnung ein Diener des churrischen Gottes Tirši, also seiner Abstammung nach ein Choriter. Wir konnten uns außerdem noch davon überzeugen, daß das Churrische in seiner Umgebung tatsächlich noch gesprochen wurde. Man sprach es dort, wie wir annehmen dürfen, in derselben Weise, wie es auch anderswo geschah. Dabei kam der Unterschied zwischen den harten und den weichen Konsonanten, wie er uns in den indogermanischen Sprachen geläufig ist, fast gar nicht zur Geltung. Wir beobachten, daß g und k, d und t, b und p in den Texten bei denselben Wörtern regellos wechseln, und daß auch die Assyrer bei der Wiedergabe mitannischer Eigennamen ebenso oft schwanken. Das ist auch für die Aussprache des in dem Namen Abditirši vorhandenen tirši von besonderer Bedeutung. Wir müssen, wenn wir dieses Wort in seinem Lautbestande richtig erfassen wollen, neben dem in dem Briefe Kn. 228 überlieferten tirši als zweiten Annäherungswert noch ein gleichbedeutendes und ganz in derselben Weise zu beurteilendes

---

[1]) S. oben S. 288.

dirši voraussetzen. Die eine Form ist hier ebensogut möglich wie die andere. Dies führte dann in semitischen Kreisen fast mit zwingender Notwendigkeit auf das im Hebräischen so häufig vorkommende Verbum daraš = suchen, forschen, erforschen. Wenn man aber etwas durchforscht, dann sucht man es zu verstehen. Diese Vorstellungen gehen unmittelbar ineinander über. Das Verstehen wird im Hebräischen durch das ebenso häufig vorkommende bîn ausgedrückt. Jabin ist nach den Parallelen, die man hier anführen könnte, ein Mann, bei dem man ein solches Verstehen tatsächlich feststellen kann. Damit erhalten wir einen Zusammenhang, der den Unterschied der beiden Bezeichnungen restlos erklärt. Man sah in dem Träger des Namens Abditirši, weil man den Ausdruck nicht anders zu deuten vermochte, einen Diener oder einen Sklaven der Forschung und ersetzte diese Bezeichnung dann später, vielleicht ohne daß man es merkte, durch ein einfacheres und kürzeres Wort, das aus dem Diener der Forschung einen Mann des Verstehens machte. Wir haben hier also ein ganz eindeutiges Beispiel altisraelitischer Volksetymologie. Der Träger des Namens ist in beiden Fällen derselbe. Man darf es also dem Abditirši wirklich glauben, wenn er versichert, daß er dem Könige von Ägypten treu ergeben ist. Das gilt auch für den König von Achschaph, der in der Bibel zu den Verbündeten des Jabin gehört und nach dem Texte AO 7096[1]) den Suwardata im Kampfe gegen die Ḫabiri mit einem Teil seiner Kriegswagen unterstützte. Man sieht auch hier wieder, daß die Texte sich gegenseitig ergänzen. Die El-Amarna-Tafeln bringen in ihren Angaben eine Reihe von kleineren und größeren Einzelheiten, die den Absendern der Briefe aus irgend einem Grunde bedenklich erschienen, und geben uns dadurch ein Material in die Hand, das trotz aller Einseitigkeiten, soweit es sich um die Feststellung der Tatsachen handelt, unser besonderes Vertrauen verdient. Sie bieten auch über die Gesamtlage, obwohl hier zahlreiche Uebertreibungen vorkommen, an manchen Stellen ein wertvolles Urteil. Die Dinge sind aber noch in voller Entwicklung, so daß ein Ueberblick über das Ganze noch gar nicht möglich ist. Als die biblischen Texte niedergeschrieben wurden, war diese Entwicklung schon längst zum Abschluß gekommen. Die Angaben vereinigen sich hier schon zu einem Gesamtbilde, in dem nur hervorgehoben wird, was für die spätere Zeit noch als bedeutungsvoll erschien. Die eine Quelle ergänzt hier die andere. Wir können jetzt an der Hand der keilinschriftlichen Texte wieder feststellen, wo wir den König Japhi' zu suchen haben; wir wissen auch, wann er gelebt hat, und kommen zu einem ähnlichen sicheren Ergebnis, wenn wir die Bezeichnung des Königs von Chaṣor mit den keilinschriftlichen Aufzeichnungen vergleichen. Der eine war nach den biblischen Angaben ebenso wie der andere ein Gegner des Josue, der dadurch ebenfalls in der Aufeinanderfolge der Zeiten seinen

---

[1]) S. oben S. 302.

festen Platz erhält. Die Ereignisse können also nicht früher und auch nicht später angesetzt werden. Die Israeliten rückten bei ihrem Einzuge zunächst bis in die Gegend von Sichem vor, wo Labaja damals die Macht in der Hand hatte, und fanden dort ein auffallendes Entgegenkommen[1]), das den weiteren Verlauf der Dinge wesentlich beeinflußte. Wir sehen dieses besonders an dem Verhalten des Milkili von Gezer, der zu dem Könige von Sichem die engsten Beziehungen unterhielt und die Ḫabiri in der ersten Zeit ganz in derselben Weise behandelte. Es dauerte aber nicht lange, bis der König von Jerusalem, wie aus der Bibel hervorgeht, sich mit mehreren andern Fürsten zu gemeinsamer Gegenwehr entschloß. Die Könige wurden, wie uns die Bibel erzählt, nach der Schlacht, zu der es hier kam, alle getötet. Das war nach dem Verhalten, wie es für Jericho und für Hai bezeugt ist, gar nicht anders zu erwarten. Es kann sich aber, wie man aus den keilinschriftlichen Texten entnehmen muß, bei dem Könige von Jerusalem nur um den Vater des Abdiḫiba gehandelt haben. Abdiḫiba stand damals, wie aus einer späteren Aufzeichnung hervorgeht, wirklich noch in einem recht jugendlichen Alter. Er verhielt sich dann den Ḫabiri gegenüber genau so ablehnend, wie der Vater es getan hatte. Das ist ebenfalls ein Zug, der bei der Beurteilung der Vorgänge eine besondere Beachtung verdient. Ob hier bloß sachliche Gründe in die Waagschale fielen oder vielleicht auch der Gedanke an das Schicksal des Vaters, muß dahingestellt bleiben. Auf jeden Fall war ein anderes Verhalten nach den Dingen, die voraufgegangen waren, kaum möglich. Wir dürfen vielleicht sogar noch einen Schritt weiter gehen und noch einmal an die Stellen erinnern, wo er besonders hervorhebt, daß er nicht von seinem Vater oder von seiner Mutter, sondern von dem Könige von Ägypten an seinen Platz gesetzt wurde. Diese Angabe[2]) begegnet uns in fast allen seinen Briefen, auch in dem Briefe Nr. 288, den wir als den jüngsten zu betrachten haben. Sie bringt also eine Tatsache zum Ausdruck, die ihm ganz besonders am Herzen lag. Es ist deshalb gar nicht unmöglich, daß der König nach dem gewaltsamen Tode des Vaters mehr für ihn getan hatte, als es sonst in der Regel der Fall war. Als Abdiḫiba dann im Verein mit Suwardata den Kampf gegen die Ḫabiri fortsetzte, konnte der König von Achschaph noch die soeben schon erwähnten Kriegswagen schicken. Das war aber, da der König von Achschaph auch zu den Verbündeten des Königs von Chaṣor gehörte, nur zu einer Zeit möglich, die der Niederlage des Königs von Chaṣor noch voraufging. Die Bibel hebt ausdrücklich hervor, daß Josue die Verbündeten besiegte, und daß er ihre Streitwagen verbrannte. Damit ist die Aufeinanderfolge der Ereignisse, wie sie uns im Buche Josue erzählt wird, in ihren Grundzügen als richtig erwiesen. Als Labaja dann von seinen Feinden erschlagen

---

[1]) S. oben S. 306 ff.

[2]) S. oben S. 300.

war, suchten Milkili, der König von Gezer, und Mutba'lu, der Sohn des Labaja, den Ajab von Bi-lim = Bi-ḫi-lim = Ba'lah aus seiner Stadt zu verdrängen. Dies führte dann zu einem Eingreifen des Janḫamu[1]), der dagegen Einspruch erhob, den Milkili zu einer schweren Geldstrafe verurteilte und den Mutba'lu dazu nötigte, das Geschehene wieder rückgängig zu machen. Bei den Verhandlungen mit dem Könige von Sichem wurde Josue, in dem Texte als Ja-šu-ia bezeichnet, mit einigen andern Fürsten aus der dortigen Gegend als Zeuge in Vorschlag gebracht. Er hatte also, wie hieraus hervorgeht, in der damaligen Zeit schon einen festen Wohnsitz. Das kann nur die Stadt Timnath Serach gewesen sein, die ihm von den Israeliten als persönliches Eigentum übergeben war. Die Gleichsetzung ist hier nicht nur durch die örtlichen Verhältnisse, sondern auch durch die chronologischen Uebereinstimmungen und durch die sachlichen Zusammenhänge gegen jedes Bedenken sichergestellt. Als Milkili gestorben war, zog Japaḫi, der Sohn des Milkili, gegen die Ḫabiri, die sich in den Besitz von Lachisch gesetzt hatten.

Josue war nach der Bibel in früheren Jahren der Diener[2]) und besondere Freund des Moses gewesen. Er durfte mit Moses auf den Berg hinaufsteigen[3]) und wurde von ihm auf Gottes Befehl zum Nachfolger und zum Führer des Volkes bestellt[4]). Sein ursprünglicher Name war Hoše[5]); Moses hatte ihm aber, als er ihn mit den Vertretern der übrigen Stämme als Kundschafter hinausschickte, den Namen Jᵉhošu' gegeben[6]). Das war unter den Umständen, unter denen dieses geschah, ein außergewöhnliches Bekenntnis zum Namen Jahwe.

Der Name Jahwe wird Exod. 3, 14 mit dem aramäischen hᵉwah = hajah = sein in Verbindung gebracht. Gott befiehlt dem Moses, ihn als den zu bezeichnen, der da ist. Damit ist der Gedanke, den das Wort nach dieser Kundgebung zum Ausdruck bringen soll, klar und eindeutig festgelegt. Wir erfahren aber schon aus der Bibel, daß der Name, soweit es sich um die Form handelt, in der damaligen Zeit bereits eine gewisse Verbreitung gefunden hatte. Er begegnet uns schon in dem Namen der Mutter des Moses, die Exod. 6, 20 und Num. 26, 59 als Jochebed bezeichnet wird. Da Moses jünger war als seine Geschwister Mirjam und Aaron und bei seiner Berufung schon im Alter von 80 Jahren stand, sind wir zu der Annahme berechtigt, daß die Mutter damals schon längst gestorben war. Sie kann also, wenn dieses richtig ist, den Namen nicht mehr zu einer Zeit erhalten haben, wo die Offenbarung schon vorlag. Die Gottesbezeichnung tritt uns in diesem Namen genau in derselben Aussprache entgegen wie z. B. bei dem aus Jau-el =

---

[1]) S. oben S. 309 ff.
[2]) Exod. 24, 13; 33, 11; Num. 11, 28; Deut. 1, 38; Jos. 1, 1.
[3]) Exod. 24, 13.
[4]) Num. 27, 18 ff.
[5]) Num. 13, 8; Deut. 32, 44.
[6]) Num. 13, 16.

Jahu-el entstandenen Joel. Dies führt uns aber mit zwingender Notwendigkeit auf den in einem altbabylonischen Texte[1]) vorkommenden Namen Ja-u-um-ilu, bei dem die Mimation auch fehlen konnte. Die Schreibung ist in diesem Texte ganz eindeutig, so daß eine andere Lesung überhaupt nicht möglich ist. Die Zeichen ergeben ohne weiteres den Satz: „Ja-u-um ist Gott". Sie bilden zugleich den Schlüssel für das Verständnis der Namen Ja-'-we-ilu[2]) und Ja-we-ilu[3]), die offenbar in derselben Weise zu erklären sind und für den Gottesnamen auf die Formen Ja-'-we und Ja-we führen. Der Text, in dem uns die Form Ja-'-we begegnet, stammt aus der Zeit des Sin-muballiṭ, des Vaters und unmittelbaren Vorgängers von Chammurabi. Die Schreiber unterlassen es aber in allen drei Urkunden, vor der Gottesbezeichnung das sonst übliche Determinativ zu setzen. Sie haben also, wie wir hieraus entnehmen müssen, den eigentlichen Charakter dieses Wortes gar nicht erkannt. Es war eine Gottheit, von der sie selbst in Babylonien noch niemals gehört hatten. Der Name führt uns also nicht nach Babylonien, sondern in die westlichen Gebiete, wo er uns auch später begegnet. Wir dürfen ihn also, wie aus diesen Bezeichnungen hervorgeht, schon für die Zeit des Abraham voraussetzen. Es fragt sich nur, ob wir ein Recht haben, ihn für die vormosaische Zeit schon in derselben Weise zu erklären. Die Möglichkeit ist theorethisch ganz gewiß vorhanden. Die sprachlichen Verhältnisse, mit denen wir hier zu rechnen haben, sind zur Zeit des Abraham schon im wesentlichen wie zur Zeit des Moses. Es ist aber kaum anzunehmen, daß es einem gewöhnlichen Durchschnittsmenschen in der damaligen Zeit schon gelingen konnte, seinen Gottesbegriff in dieser Weise rein philosophisch zu begründen. Wir müssen hier, wie es scheint, bei der Erklärung noch einen andern Umstand berücksichtigen, der uns allerdings ebenfalls wieder auf die Keilschrift führt, und zwar auf das schon mehrfach erwähnte Syllabar Sa. Dieses Syllabar war jedem, der mit den Geheimnissen der babylonischen Schreibkunst vertraut war, in allen seinen Angaben genau bekannt; es war die Liste, die man beim Anfangsunterricht in dieser Kunst[4]) stets als Vorlage benutzte. In dieser Liste befindet sich auch ein Abschnitt, in dem das Zeichen für ni[5]) genauer erklärt wird. Dieses Zeichen war nicht nur für ni, sondern auch für zal, i und li in Gebrauch. Es konnte also, wenn man es zweimal setzte, als ein phonetisch geschriebenes i-li = ilu = Gott gefaßt werden und findet sich in

---

[1]) Cuneif. Texts from Bab. Tablets, Part IV: Bu. 88—5—12, 329 Z. 3. Die Blätter finden sich, wenn die mir bekannt gewordenen Zitate richtig sind, in den gebundenen Exemplaren nicht überall an derselben Stelle. In dem Exemplar der Berliner Staatsbibliothek ist es S. 24.

[2]) Cuneif. Texts etc., Part VIII: Bu. 91—5—9, 314, Exemplar der Staatsbibl. S. 21, Z. 3.

[3]) Cuneif. Texts etc., Part VIII, S. 34: Bu. 91—5—9, 544, Z. 4.

[4]) S. oben S. 23.

[5]) Deimel, Sum. Lexikon Nr. 231.

dieser Verbindung schon in den Texten aus der ältesten Zeit[1]). In dem Gesetzwerke des Chammurabi begegnet uns diese Schreibung an fünf verschiedenen Stellen. Man vergaß dann aber, wie diese Bezeichnung entstanden war, und nahm dieselbe Bedeutung auch in dem Syllabar schon für das einfache Zeichen in Anspruch. Der Verfasser umschreibt es in der ersten Zeile durch ni-i = ni und in der zweiten durch za-al = zal. Dann bringt er in der dritten die Wiedergabe durch i-li, die hierauf in der folgenden Zeile für das doppelte Zeichen noch einmal wiederholt wird. In der rechten Spalte bietet das Syllabar die Namen der Zeichen. Wir finden dort in dem Abschnitt, der uns augenblicklich beschäftigt, auf der Tafel K. 62[2]) in den drei ersten Zeilen ein einfaches i, dem sodann in der vierten Zeile wegen der Verdoppelung des Zeichens der Ausdruck i-mi-in-na-bi folgt. Auf der Tafel K. 262[3]) lautet die Bezeichnung in den drei ersten Zeilen nicht i, sondern ia-u. Wir haben hier also die Gleichungen ni-i[4]) = ia-u, za-al = ia-u und i-li = ia-u. Für ia-u finden wir in dem Texte Nr. 34061[5]), bei dem die beiden ersten Spalten allerdings abgebrochen sind, und auf der Tafel 45410[6]) ein etwas vollständiger geschriebenes ia-'-u, das auch den Uebergang zwischen den beiden letzten Vokalen besonders hervortreten läßt. Es hat sich also, da andere Niederschriften für diesen Abschnitt bisher nicht bekannt geworden sind, nur ein einziger Text erhalten, bei dem die dritte Spalte bloß ein einfaches i bietet. In den drei andern Texten, die uns zur Verfügung stehen, tritt uns an dieser Stelle ein ia-u oder ia-'-u entgegen. Wir müssen hieraus den Schluß ziehen, daß der größte Teil der Abschriften die längere Form aufwies. Die Wiedergabe durch ia-'-u zeigt uns außerdem, daß der Ton bei dieser Bezeichnung auf der zweiten Silbe lag. Wir haben hier also in einer Liste, die jedem Schriftkundigen geläufig war, ein i-li = ia-u, mit dem Ton auf dem a. Dies führte, wenn man das i-li, wie es nach dem Gesagten sicher die Regel war, als die in der damaligen Zeit so häufig vorkommende Schreibung für ilu = Gott betrachtete, bei den Bewohnern von Palästina fast mit zwingender Notwendigkeit zu der Gleichung ilu = el = ja-u. Damit sind wir aber, wenn wir bloß die Form ins Auge fassen, schon bei derselben Gleichung, die sich auch aus den Texten der Bibel ergibt. Wir brauchen hier z. B. nur an den Wortlaut von Exod. 6, 2—3 zu erinnern, wo Jahwe dem Moses erklärt: „Ich bin Jahwe; ich bin dem Abraham, dem Isaak und dem Jakob als El šaddai erschienen, habe mich ihnen aber nicht mit meinem Namen Jahwe bekanntgegeben.“ Er ist also den Patriarchen, wie er hier betont,

---

1) Vgl. Deimel, Sum. Lexikon Nr. 231, 150 f.
2) Cuneif. Texts etc. XI, 1.
3) Cuneif. Texts etc. XI, 9.
4) K. 262 bietet ni-e.
5) Cuneif. Texts etc. XI, 8.
6) Cuneif. Texts etc. XI, 11.

wohl schon als El erschienen, und zwar als El šaddai, aber noch nicht unter dem Namen, mit dem er sich dem Moses offenbart. Diese Gleichsetzung findet sich dann besonders auch in den erzählenden Texten, wenn die Verfasser in der Ausdrucksweise der späteren Jahrhunderte von den Ereignissen aus der israelitischen Vorzeit berichten. Melchisedech, der König von Salem, war „ein Priester des El ʻeljôn". Er segnete den Abram und sprach: „Gesegnet sei Abram dem El ʻeljôn, dem Schöpfer des Himmels und der Erde[1]), und gesegnet sei El ʻeljôn, der deine Feinde in deine Hand gegeben hat." Und Abram erklärte dem Könige von Sodoma: „Ich erhebe meine Hand zu Jahwe, dem El ʻeljôn, dem Schöpfer des Himmels und der Erde: Keinen Faden und keinen Schuhriemen, nichts nehme ich von allem, was dein ist." Abram erhebt also seine Hand zu Jahwe, der in diesem Abschnitte sonst als El ʻeljôn bezeichnet wird. Als er nach Palästina kam, erbaute er östlich von Bêth-el, der Wohnstätte des El, dem Jahwe einen Altar und rief dort Jahwe mit Namen an[2]). Der Engel Jahwes erschien der Hagar, als diese vor ihrer Herrin geflohen war, und sprach zu ihr: „Siehe, du hast empfangen und wirst einen Sohn gebären; den sollst du Jišmaʻ-el nennen, weil Jahwe dein Elend erhört hat"[3]). Als Abram 99 Jahre alt war, erschien ihm Jahwe und sprach zu ihm: „Ich bin El šaddai; wandle vor mir und sei vollkommen"[4]). Als Jakob im Traume die Himmelsleiter gesehen hatte, sprach er bei seinem Erwachen: „Wahrlich, an diesem Orte ist Jahwe zugegen, und ich wußte es nicht." Und er nannte den Ort Bêth-el, das Haus oder die Wohnstätte des El[5]). Diese Parallelen verdienen auf jeden Fall eine ernste Beachtung. Jahwe bezeichnete sich den Patriarchen gegenüber als El, obschon dieser Name auch von der heidnischen Bevölkerung gebraucht wurde, und hielt diese Bezeichnung auch später noch aufrecht. Wir haben deshalb gar keinen Grund, bei der Wahl des zweiten Namens ein anderes Verfahren zu erwarten. Es scheint sogar, wenn unsere Voraussetzungen richtig sind, daß hier genau dieselben Verhältnisse vorlagen. El = ilu = Gott. Diese Bezeichnung ist in ihrer Grundbedeutung ganz allgemein und deshalb gegen alle Bedenken einer mitunter etwas voreiligen Kritik gesichert, obwohl die Nichtisraeliten von einem El erzählten, der sich von dem Gott der Israeliten wesentlich unterschied. Wenn dieses aber für El gilt, darf es auch, falls es sich als notwendig erweist, für die Bezeichnung als Jahwe vorausgesetzt werden.

---

[1]) koneh šamajim wa'ares. Für ḳanah = erschaffen vgl. jetzt auch das größere Epos von Ras Schamra, wo die Mutter der Götter in einer stehenden Wendung als ḳ-n-i-t e-l-m bezeichnet wird.

[2]) Gen. 12,7—8.

[3]) Gen. 16, 11.

[4]) Gen, 17, 1.

[5]) Gen. 28, 16—19.

Mit diesen Feststellungen ist die erste Frage, die hier eine gewisse Sorge bereiten könnte, wohl ausreichend geklärt. Die Uebereinstimmungen reichen aber in dem vorliegenden Falle noch weiter. Das keilinschriftliche ia-u steht in dem Abschnitt des Syllabars, wie oben schon gesagt wurde, nicht nur mit i-li = ilu = Gott, sondern auch mit za-al = zal in Parallele. Zal = glänzen; zal-zal = ḳamû ša nabli[1]). Ḳamû = brennen; nablu = Feuersglut. Wir haben hier also, wenn wir diese Werte miteinander verbinden, ein ia-u = zal = brennen und ein ja-u = i-li = Gott. In der Bibel spricht Jahwe zu Moses aus dem Feuer des brennenden Dornbusches. Dieses Zusammentreffen ist sicher mehr als ein bloßer Zufall. Wir können hier den Angaben des biblischen Textes, wie es scheint, nur gerecht werden, wenn wir sie mit anderen Stellen vergleichen, die uns ebenfalls von außergewöhnlichen Gotteserscheinungen berichten. Diese Gotteserscheinungen weisen in den Formen, in denen sie sich vollzogen, fast immer einen weitgehenden Zusammenhang mit der Umwelt auf, die wir für den Seher vorauszusetzen haben. Wir brauchen hier, um ein Beispiel herauszuheben, nur die Vision des Ezechiel[2]) heranzuziehen, die in ihren Einzelheiten ganz durch die Umgebung des Propheten im Lande Babylon bestimmt ist. „Wenn auch bei Ezechiel", so schreibt Lor. Dürr[3]), „wie bei den anderen Propheten nicht daran gezweifelt werden kann, daß es sich um reale Visionen handelt, so zeigen doch die verschiedenen Visionsberichte der Propheten, daß die Bilder, in denen Jahwe jedesmal erschien, nicht ohne psychologische und historische Anknüpfungspunkte an die Umwelt des jeweiligen Geistesmannes entstanden sind. Um diesen seine Gedanken, die sie dem Volke mitteilen sollten, verständlich zu machen, bediente sich Jahwe der Bilder oder Gegenstände, die sie gerade vor Augen hatten. Das was eben im Geiste des Propheten, der sich lebhaft mit den Problemen der Zeit beschäftigte, lebte und was die Umgebung als Darstellungsmittel bot, bildete den psychologischen Ausgangspunkt der Vision." Das kann bei Moses ebensogut der Fall gewesen sein wie bei einem späteren Propheten. Wir dürfen also wenigstens mit der Möglichkeit rechnen, daß er durch die keilinschriftlichen Aufzeichnungen auch für seine Person direkt oder indirekt beeinflußt wurde. Daß die Keilschrift in den führenden Kreisen der Israeliten bekannt war, darf ohne weiteres vorausgesetzt werden. Der Aufenthalt in Ägypten bedeutete zwar eine Trennung, aber keine vollständige Loslösung von den Kulturverhältnissen in Palästina. Man hielt in Ägypten, wie aus den Eigennamen hervorgeht, an der Sprache fest, die man früher geredet hatte, und wenn man an der Sprache festhielt, haben wir gar keinen Grund zu der Annahme, daß man bei der schriftlichen Niederlegung seiner Ge-

[1]) Cuneif. Texts etc. XVIII 35, 68 = Deimel, Sum. Lexikon Nr. 231, 150d.
[2]) 1, 4ff. und 10, 1ff.
[3]) Ezechiels Vision von der Erscheinung Gottes (Ez. c. 1. u. 10) im Lichte der vorderasiatischen Altertumskunde, Münster 1917, S. 5.

danken anders verfuhr. Ob man auch sonst noch engere Beziehungen zur Heimat des Abraham unterhielt, mag dahingestellt bleiben. Auf jeden Fall ist es merkwürdig, daß Josue, der Diener und Freund des Moses, der Sohn eines Nûn war. Dieses Wort läßt sich nur aus dem Akkadischen erklären. Es war, wie wir wissen, in dieser Sprache die gewöhnliche Bezeichnung für Fisch.

Die Bibel gibt uns im ersten und im siebten Kapitel des Buches Numeri die Namen der Stammesfürsten, die im zweiten Jahre nach dem Auszuge die große Volkszählung in die Hand nahmen. Es waren Eliṣur, der Sohn des Saddaiur[1]), S^elumiel, der Sohn des Ṣurišaddai, Naḥšon, der Sohn des ʻAmminadab, N^ethanel, der Sohn des Ṣuʻar, Eliab, der Sohn des Ḥelon, Elišamaʻ, der Sohn des ʻAmmihud, Gamliel, der Sohn des P^edaṣur, Abidan, der Sohn des Gidʻoni, Aḫiʻezer, der Sohn des ʻAmmišaddai, Pagʻiel, der Sohn des ʻOchran, Eljasaph, der Sohn des D^eʻuel und Aḫiraʻ, der Sohn des ʻEnan. Wir haben hier, da jedesmal der Vater hinzugefügt ist, im ganzen 24 verschiedene Namen. Von diesen sind zwölf mit einer Gottesbezeichnung gebildet, und zwar neun mit El und drei mit Saddai. Man sieht also, daß der Name, der uns zur Zeit des Abraham, des Isaak und des Jakob begegnet, auch in der damaligen Zeit bei den Israeliten noch ganz im Vordergrunde stand. Das Volk hielt damals, von Ausnahmen abgesehen, noch treu zu dem Gott der Väter, den man ebenfalls noch als El, als El šaddai oder bloß als Saddai bezeichnete. Diese Bezeichnungen wurden dann erst allmählich durch Jahwe verdrängt.

Zu den Pflichten, die Gott seinem Volke besonders ans Herz legte, gehört an erster Stelle die Heiligung des Sabbats. Man führte den Ursprung dieses Wortes, wie wir schon aus dem Schöpfungsberichte erfahren, auf das Verbum šabath = ruhen zurück. Der Tag wurde Sabbat genannt, weil Gott ausruhte von dem Werke, das er gemacht hatte. Es ist aber auffallend, daß dieses Verbum sich nur im Hebräischen findet. Das Nomen ist auch im Akkadischen vorhanden; nur ist die Bedeutung im Akkadischen zunächst eine andere. Es begegnet uns dort in den Formen ša-pat-tu, ša-pa-at-tu und ša-bat-tu und bezeichnet in diesen Schreibungen in der ältesten Zeit nur den fünfzehnten Tag des Monats. Hierbei muß die weichere Aussprache, wie sie in šabattu vorliegt, als das Ursprüngliche betrachtet werden. Das b ist nach einem Gesetze, das sich auch sonst nachweisen läßt[2]), unter dem Einfluß des stimmlosen Zischlautes ebenfalls stimmlos geworden. Wenn wir aber von šabattu auszugehen haben, können wir, falls es wirklich ein akkadisches Wort ist, zur Erklärung nur auf ein Verbum šabâtu zurück-

---

[1]) So nach dem Konsonantenbestande. Der masoretische Text bietet S^edeur.

[2]) Jensen, Zeitschr. f. Assyriol. Bd. XIV, S. 182; Brockelmann, Grundriß der vergleichenden Grammatik der sem. Sprachen, Bd. I, S. 157; Landsberger, Der kultische Kalender der Babylonier und Assyrer, Leipziger Semitische Studien Bd. VI, Heft 1—2, Leipz. 1915, S. 133.

greifen. Nun sind wir zwar über die Bedeutungen dieses Verbums, das tatsächlich vorhanden war, im einzelnen noch nicht genau unterrichtet; wir wissen aber, daß es ein šabâtu = gamâru gab[1]). Gamâru = vollständig machen, auf seine Zahl oder sonst in irgendeiner Weise auf seinen Umfang und auf seine Größe bringen. Das würde in diesem Falle ganz vorzüglich passen. Der šabattu war für die Babylonier der Tag oder der Zeitpunkt des Vollmondes. In dieser Bedeutung findet sich das Wort schon in den Texten aus der Zeit des Chammurabi[2]). Man brachte damals, wie wir dort erfahren, am 1., am 7. und am 15. des Monats besondere Opfer dar, die diese Tage zu religiösen und bürgerlichen Festtagen gestalteten. Das gilt, wenn man nach den Belegen eine Abstufung vornehmen darf, in erster Linie für den Anfang des Monats und an zweiter Stelle für den Tag, wo der Mond zu seiner Fülle gelangt war. Der Tag, wo er die Hälfte seines Umfanges erreicht, wurde zwar festlich begangen, aber nicht in gleichem Ausmaße oder doch wenigstens nicht so allgemein[3]). Für den 21., der das Hinabsinken auf den halben Umfang der Lichtscheibe bedeutet, finden sich überhaupt keine näheren Angaben. Man hätte ja über einen solchen Rückschritt nur trauern können. Diese Trauer kam dann am 28., wo man das Verschwinden des Mondes feststellen mußte, trotz der gelegentlichen Opferfeierlichkeiten[4]) besonders stark zum Ausdruck. Es war der Tag, den man im Sumerischen als ud na-a-an und im Akkadischen als ûm nubatti und noch häufiger als ûm bubbulu bezeichnete. Na[5]) = utûlu = ruhen, liegen, schlafen; nubattu = Nachtruhe; bubbulu geht in dieser Form auf das sumerische bu-bu-lu = bul-bu-lu = bu'û = suchen zurück. Der Mond hatte sich zur Nachtruhe zurückgezogen und wurde nun vermißt und überall mit Schmerzen gesucht. Man rechnete sogar mit der Möglichkeit, daß er gestorben war, und war glücklich, wenn er am Neumondtage als Lamga = lam-gar = nam-kar[6]) wieder hervortrat. Der ûm bubbulu war also nicht nur ein ûm idirti oder ein Tag der Trauer im allgemeinen; es war auf Grund dieser Vorstellungen zugleich ein ûm kispi oder ein Tag der Totenopfer und der Todestrauer im eigentlichen Sinne des Wortes. Auf diese Bezeichnungen folgen in dem assyrischen Texte K. 4397[7]) die Gleichungen ûm ib-bu-u = ûm ug-ga-ti, ûm ib-ba-ra = ûm ri-ḫi-iṣ-ti Adad und ûm nu-uḫ lib-bi = ša-pat-tum. Ib = agâgu = zürnen; ûm ibbû = ûm uggati = Tag des Zornes. Um ibbara = ûm riḫisti Adad, Tag der Überschwemmung durch Adad, den Gott des Sturmes; ûm nûḫ libbi = Tag der Beruhigung des Herzens, und zwar des Herzens der

---

1) Cuneif. Texts etc. XVIII 13, 14a—b.
2) Vgl. die Belege bei Landsberger S. 98.
3) Vgl. dafür die Zusammenstellungen bei Landsberger S. 93ff.
4) Landsberger S. 95.
5) Deimel, Sum. Lexikon Nr. 431.
6) Vgl. oben S. 74ff.
7) Cuneif. Texts etc. XVIII 23.

Götter, die aus irgendeinem Grunde beleidigt und erzürnt sind. Dieser Tag wird hier als ša-pat-tum bezeichnet. Der ša-pat-tum war also ein Tag, wo man mit dem Zorn der Götter rechnete und deshalb bestrebt war, sie zu beruhigen und nach Möglichkeit zu versöhnen. Diese Auffassung liegt auch bei einer Angabe zugrunde, wo das sumerische Wort zur genauer erklärt wird. Der Verfasser umschreibt dieses Wort u. a. durch kun-nu-u = pflegen, su-up-pu-u = beten, su-ul-lu-u = anflehen, na-ḫar-mu-ṭu = vernichtet werden, und schließt dann mit der Wiedergabe durch nu-uḫ-ḫu = beruhigen und durch ša-bat-tum = Sabbat[1]). Die Beruhigung und der Sabbat sind hier also ebenfalls unmittelbar miteinander verbunden. Der Zorn, an den man hier dachte, war natürlich am stärksten an dem ûm ibbû, der ausdrücklich nach diesem Zorne benannt ist. Nun wissen wir aber, daß der ûm ibbû stets auf den 19. des Monats fiel. Es war also der 49. Tag nach dem Beginn des vorhergehenden Monats. Dies führt uns auf die verhängnisvollen Wirkungen der vielgefürchteten Siebenzahl, von der man nur Mißerfolg und Unglück erwartete. Der 49. Tag war der Abschluß einer Periode von 7 mal 7 Tagen und deshalb noch gefährlicher als der 7. Tag für sich allein. Damit ist das System in seinem Grundgedanken ohne weiteres verständlich. Der ša-pat-tum war nach diesen Texten ein Tag, wo man bestrebt sein mußte, das Herz der Götter zu beruhigen. Das galt in erhöhtem Maße für den 49. Tag, den wir deshalb, wenn es sich bloß um das Verhalten der Götter handelte, sicher an erster Stelle für diese Bezeichnung in Anspruch nehmen müßten. Es war aber im wesentlichen derselbe Zorn, den man am 7., am 14., am 21. und am 28. des Monats zu fürchten hatte. Das ergibt sich auch aus den Anweisungen in einem zum Teil noch erhaltenen Ritual, das nach seinem Wortlaut für den Gebrauch des Königs geschrieben war und ihm ganz genau angab, was er an den einzelnen Tagen des Jahres zu tun und zu beachten hatte. Es bestand im ganzen aus fünfzehn verschiedenen Tafeln, so daß auf jeden Monat und in einem Schaltjahre auch auf den in Betracht kommenden Schaltmonat eine besondere Tafel entfiel. Die erste Tafel begann mit den Worten „Inbu bêl arḫim", „Der Mond, der Herr des Monats", die zugleich in der üblichen Weise für das ganze Werk als Titel gebraucht wurden[2]). Die Zusammenstellung befand sich aber nicht nur in den Händen des Königs; sie war auch sonst im Lande verbreitet und wurde, wie wir aus einer gelegentlichen Bemerkung in einem Briefe entnehmen dürfen[3]), besonders von ängstlichen Personen fleißig zu Rate gezogen. Der Text hat sich am besten auf der Tafel für den als Schaltmonat dienenden zweiten Ulul erhalten. Auf dieser Tafel ist der siebente Tag als „nubattu des Marduk und der Ṣarpanit" verzeichnet. Es ist nach der Angabe des Verfassers ein ûmu limnu oder ein böser Tag. Der König darf

[1]) Cuneif. Texts etc. XII 10a—b—c 21—25.
[2]) S. Landsberger S. 101ff.
[3]) Harper Nr. 362 Rev. 5ff.; vgl. Landsberger S. 104.

an diesem Tage kein Fleisch essen, das auf Kohlen gekocht ist, und kein Brot, das unter der Asche gebacken ist; er darf das Hemd seines Leibes nicht wechseln, keine reinen Kleider anziehen, kein Opfer darbringen, nicht im Wagen fahren und keinen Befehl geben. Der Opferschauer darf an dem Orte des Geheimnisses keinen Ausspruch tun; der Arzt darf die Hand nicht an den Kranken legen. Der Tag ist für die Ausführung eines Vorhabens nicht geeignet. Diese Bestimmungen wiederholen sich dann ganz in derselben Form beim 14., 21. und 28. Tage des Monats. Beim 19. unterscheiden sie sich nur in einem einzigen Satze durch eine kleine Abweichung im Ausdruck. Es ist, wie auch hier hervorgehoben wird, ein ûm ibbû, an dem man nach dem Gesagten besonders vorsichtig sein muß. Der König darf deshalb an diesem Tage gar nichts essen, was mit dem Feuer irgendwie in Berührung gekommen ist[1]). Er hat es also an dem ûm ibbû in diesem Punkte noch genauer zu nehmen als an den Tagen, wo man es nur mit einer einfachen Sieben zu tun hatte. Die Tage stehen aber in ihrem Grundcharakter, wie man sieht, ganz auf derselben Stufe. Es sind böse Tage, an denen es bedenklich ist, Speisen zu sich zu nehmen, die unter Zuhilfenahme von Kohlen und Feuer hergestellt wurden. Der König darf an diesen Tagen keine Festgewänder anziehen, nicht hinausfahren und keine besonderen Verordnungen erlassen. Der Opferschauer darf keinen Ausspruch tun und der Arzt darf sich nicht mit seinen Kranken beschäftigen. Der Tag ist, wie jedesmal betont wird, für die Ausführung eines Vorhabens nicht geeignet. Man fürchtete also am 7., am 14., am 21. und am 28. Tage des Monats dieselben Mißerfolge, mit denen man am 19. rechnen mußte. Es waren, wenn auch nicht in demselben Ausmaße, ebenfalls Tage des Zornes, den man in geeigneter Weise zu beruhigen versuchte. Damit sind sie, wenn auch der Ausdruck in dem Ritualwerke selbst nicht vorkommt, alle als šabattu-Tage gekennzeichnet. Das Wort hatte also in der damaligen Zeit schon eine Bedeutung angenommen, die mit dem Vollmonde an und für sich nichts mehr zu tun hatte. Der Uebergang vom 15. auf den 14. macht bei diesem Wechsel natürlich keine Schwierigkeit. Es fragt sich aber, wie wir uns die Verbindung mit den übrigen hier in Betracht kommenden Tagen zu erklären haben. Zwischen dem Tage des Vollmondes und dem ûm bubbulu besteht ein so gewaltiger Unterschied, daß hier ein Ausgleich fast unmöglich erscheint. Der Vollmond konnte durch seinen strahlenden Lichtglanz nur zur Freude stimmen. Man brauchte wegen der Arbeiten, die man an einem solchen Tage unternahm, sicher keine Sorgen zu haben. Auch die übrigen Bestimmungen haben für diese Zeit gar keinen Sinn. Sie passen aber, soweit es sich um die Zubereitung der Speisen handelt, um so besser für die Zeit, wo der Mond vom Himmel verschwunden war und die Götter kein Licht und kein Feuer zu wünschen

---

[1]) Mimma ša išatu ilputu ul ikkal.

schienen. Man glaubte auf die Vorteile des Feuers verzichten zu müssen, um auf diese Weise dem Wunsche der Götter nach Möglichkeit zu entsprechen. Daß es bedenklich war, am 28. eine Arbeit zu beginnen, ist selbstverständlich. Wir haben es also bei den Bestimmungen zunächst nur mit Gewohnheiten zu tun, die sich für den ûm bubbulu herausgebildet hatten. Diese wurden dann unter dem Einfluß der Siebenzahl auf die übrigen Tage übertragen. Man hielt den 7., den 14. und den 21. für ebenso gefährlich wie den 28. des Monats und behandelte sie deshalb ganz in derselben Weise. Das gilt auch für den Gebrauch des Wortes nubattu. Das Wort konnte in seiner Grundbedeutung ursprünglich nur für den 28. in Betracht kommen; es bezeichnet aber, wie wir gesehen haben, in dem Ritualtext auch den 7. des Monats. Der Ausdruck hat hier also dieselbe Wanderung durchgemacht wie die Vorschriften, die man am 28. zu beobachten hatte. Er war offenbar mit den Vorschriften auf das engste verbunden und teilte mit ihnen bei der weiteren Entwicklung dasselbe Geschick. Damit finden unsere Voraussetzungen ihre volle Bestätigung. Die Anweisungen hatten ebenso wie die sprachliche Bezeichnung zunächst nur für den 28. ihre Berechtigung und wurden dann von hier aus auf den 7., den 14., den 21. und außerdem noch auf den 19. des folgenden Monats übertragen. Wenn man aber den 14. als ûm nubatti betrachtete, konnte der auf den 15. fallende altbabylonische šabattu in seiner ursprünglichen Bedeutung auf die Dauer nicht mehr zur Geltung kommen. Man hielt zwar an dem Namen noch fest, aber man dachte dabei nicht mehr an den 15., sondern an den 14. und gebrauchte diese Bezeichnung dann in derselben Weise für die übrigen Tage, die mit dem 14. denselben Charakter aufwiesen. Damit kommen wir von selbst auf die Verhältnisse, wie sie uns in der Bibel entgegentreten. Der Sabbat ist in der Bibel der Abschluß eines Zeitraums von jedesmal sieben Tagen. Es ist der Tag, wo jede körperliche Arbeit verboten war. Der Mensch sollte sechs Tage arbeiten und am siebten ruhen, weil Gott selbst an diesem Tage von seinem Werke geruht hatte. Diese Regel gestattete keine Ausnahme. Sie setzt also voraus, daß der Sabbat hier von den Bewegungen des Mondes schon ganz losgelöst war. Das ergibt sich auch aus den Zahlen in der Sethitenliste. Wir konnten feststellen, daß diese Zahlen zum Teil eine überraschende Erklärung finden, wenn wir sie mit den Zeiten im Kreislaufe des Jahres in Verbindung bringen. Die 365 Jahre des Henoch gehen auf den Gedanken an den Monat Tašrîtu zurück, der damals das Jahr einleitete[1]). Kenan, der vierte unter den Patriarchen dieser Liste, war 70 Jahre alt, als ihm der Sohn geboren wurde, lebte dann noch 840 Jahre und starb im Alter von 910 Jahren. Der Verfasser hat hier an die 91 Tage gedacht, die den vierten Teil eines gewöhnlichen Sonnenjahres ausmachen, und außerdem noch die Siebenzahl verwandt, die in der Zahl 91

[1]) S. oben S. 117 f.

dreizehnmal enthalten ist. Er wäre sicher nicht auf diese Zusammenstellung gekommen, wenn hier keine Beziehung vorgelegen hätte. Das Vierteljahr bestand auch damals schon aus dreizehn Wochen von jedesmal sieben Tagen[1]). Lamech, der Vater des Noe, war bei der Geburt des Sohnes 182 Jahre alt und lebte dann noch 595 Jahre, so daß er im ganzen ein Alter von 777 Jahren erreichte. Diese Zahlen setzen alle den Gedanken an den Mond voraus, der auch in Palästina, wie wir annehmen mußten, in der Zeit des ersten und des letzten Viertels unter dem Namen Lamga = Lamka bekannt war[2]). Die Zahl 182 gibt genau die vollen Tage eines halben Jahres an. Der Verfasser hat sich offenbar gesagt, daß der Mond in der Hälfte der Zeit, wo er am Himmel steht, als Lamga zu betrachten ist, und hat dann etwas voreilig die Tage des ganzen Jahres in zwei Teile geteilt. Die Zeit, wo der Mond am Himmel verschwunden war, kam für ihn gar nicht mehr in Betracht. Er kannte noch die Bezeichnung des Mondes als Lamga und wußte auch, daß es sich bei dieser Bezeichnung um eine Zeit von 7+7 Tagen handelte; es kam ihm aber gar nicht mehr zum Bewußtsein, daß zwischen dem 28. und dem 1. des Monats eine Lücke war, die den Abstand vom Verschwinden des Mondes bis zum Ende des ersten Viertels jedesmal um mehrere Tage erhöhte. Dieser Unterschied war für ihn in der damaligen Zeit überhaupt nicht mehr vorhanden. Er rechnet mit einer sich regelmäßig wiederholenden Periode von sieben Tagen, die zwar mit dem Monde noch in Verbindung gebracht wird, aber in Wirklichkeit auf die Bewegung des Mondes gar keine Rücksicht mehr nimmt. Das Verhältnis ist also im wesentlichen dasselbe, wie wir es heutzutage beim Monat erleben. Der Monat geht zwar seinem Ursprunge nach auf die Wiederholungen im Kreislaufe der Mondbewegungen zurück; er hat sich aber in seiner Dauer ganz an die Forderungen des Sonnenjahres angepaßt, das mit den Bewegungen des Mondes an und für sich gar nichts zu tun hat. Dabei richtete man sich im übrigen noch genau nach den Vorschriften, die uns schon aus dem akkadischen Ritualwerke bekannt sind. Man durfte bei den Israeliten ebenso wie bei den Babyloniern und den Assyrern am Sabbate nicht backen und nicht kochen (Exod. 16, 23); man durfte an diesem Tage überhaupt kein Feuer anzünden (Exod. 35, 3). Wir haben hier also, obschon dieser Zusammenhang niemandem mehr zum Bewußtsein kam, auch in der Bibel noch die Anlehnung an den altbabylonischen ûm bubbulu, der in seiner Eigenart die Benutzung des Feuers ursprünglich nicht zu gestatten schien. Das Verbum šabath, das man im Hebräischen gebrauchte, ist erst nachträglich aus der Bedeutung des Nomens hervorgegangen. Es findet sich aber, wie wir gesehen haben, schon in der Sprache des Ribaddi von Byblus. Unter den Gegenständen, die dieser dem Japaddi anvertraut hatte, befanden sich

[1]) S. 128.

[2]) S. oben S. 127 f.

nach seiner Aufstellung[1]) 15 ša-ba-tu und 15 zu diesen ša-ba-tu gehörende ma-ar-ba-d[u]. Da ma-ar-ba-du dem hebräischen marbad = Bettdecke entspricht und in der vorhergehenden Zeile von Sesseln die Rede ist, kann es sich nur um einen Gegenstand handeln, der ebenfalls zum Ausruhen gebraucht wurde. Es wird wohl das Ruhebett oder das eigentliche Lager gewesen sein, das man mit dem ma-ar-ba-du überdeckte. Damit ist aber die Herleitung von einem šabat = šabath = ruhen für jeden sofort einleuchtend. Man sieht also, daß der Sabbat in der damaligen Zeit in Syrien und Palästina tatsächlich schon seine Verbreitung gefunden hatte, und zwar als ausgesprochener Ruhetag. Die Enthaltung von der Arbeit muß nach dieser Bildung schon in der vorisraelitischen Zeit für Palästina die Regel gewesen sein. Es scheint sogar, daß man hier in diesem Punkte noch weiter ging als in Babylonien. Dabei scheint man den Zusammenhang mit den Bewegungen des Mondes in den westlichen Ländern niemals tiefer erfaßt zu haben. Der Mondgott trat in Palästina bei weitem nicht so sehr in den Vordergrund, wie es am Euphrat und Tigris der Fall war. Man erwies ihm zwar eine besondere Verehrung, aber es ist wohl sicher, daß der Gedanke an den ûm bubbulu niemanden im Ernste zu schrecken vermochte. Damit war die Loslösung, von der wir schon sprachen, von selbst gegeben. Die Ruhetage, die so tief in die Verhältnisse des menschlichen Lebens hineingriffen, wurden praktisch beibehalten, und zwar in dem Abstande, der sich vom 7. bis zum 28. des Monats bisher schon stets wiederholte. Man hielt es aber nicht mehr für notwendig, jedesmal nach der dritten Woche mit einem andern Maße zu messen, und ging deshalb ohne Bedenken über die Phasen des Mondes hinweg. Ueber den Anfang dieser Entwicklung sind wir vorläufig noch nicht unterrichtet. Wir müssen aber daran festhalten, daß das keilinschriftliche šabattu zur Zeit des Chammurabi bloß den Vollmond bezeichnete, und daß es in dieser Bedeutung ebenso wie das ihm gegenüberstehende nubattu schon akkadischen Ursprunges ist. Die Verschiebung kann sich dann, wie wir annehmen dürfen, nur ganz allmählich vollzogen haben, so daß wir sicher nicht zu weit gehen, wenn wir dafür einen Zeitraum von mehreren Jahrhunderten einsetzen. Dieser steht uns auch reichlich zur Verfügung. Er führt aber, wenn wir die Spanne nicht allzu kurz fassen, stets in die Zeit, wo die Israeliten sich schon in Ägypten befanden. Wir sind also auch hier wieder zu der Annahme gezwungen, daß die Entlehnungen durch den Aufenthalt in Ägypten nicht unterbrochen wurden. Der Sabbat wurde schon in der Wüste ganz in derselben Weise gefeiert wie es später in Palästina geschah.

Der 7. Tag des Monats war in der Zeit des Chammurabi, wie wir gesehen haben, ebenso wie der 1. und der 15. ein Tag der Freude gewesen, an dem man besondere Festopfer darbrachte[2]).

---

[1]) Vgl. oben S. 274.

[2]) S. 331.

Dieser Gedanke war dann ebenfalls bei der weiteren Entwicklung in den Hintergrund getreten. Es war also, soweit es sich um die altbabylonischen Freudentage handelt, nur noch der 1. Tag des Monats übrig geblieben. Dieser zeigt auch in der Bibel noch ganz denselben Charakter. Wir wissen, daß an diesem Tage die üblichen Festopfer dargebracht wurden[1]), daß aber die Arbeit in keiner Weise verboten war. Die Sabbatruhe war nach unsern bisherigen Zusammenstellungen aus der Eigenart des ûm bubbulu hervorgegangen und hatte sich von dort auf den 7., den 14. und den 21. des Monats übertragen, weil man gerade in der Siebenzahl den tieferen Grund für das an diesen Tagen zu befürchtende Mißlingen eines Unternehmens erblickte. Am 1. Tage hatte man zu einer solchen Befürchtung gar keinen Anlaß. Unsere Voraussetzungen finden hier also ihre volle Bestätigung.

Auch die israelitischen Jahresfeste reichen in ihrer ältesten Form noch bis in die vorisraelitische Zeit zurück. Das Osterfest leitete die Ernte des Getreides ein, das Pfingstfest bildete den Abschluß und das Laubhüttenfest war das Fest der Obst- und Weinlese. Es war das Fest, das im Bundesbuche[2]) als das ḥag ha'asîph, das „Fest des Einsammelns", und an andern Stellen als das ḥag hassukkôth oder das „Fest der Hütten" bezeichnet wird. Wir haben hier also zunächst an Hütten zu denken, die mit dem Einsammeln in einem besondern Zusammenhange stehen. Das können nur die Hütten sein, die sich überall in den Weinbergen befanden und gerade zur Zeit der Reife, wo die Trauben zum Stehlen reizten, von den Wächtern benutzt wurden. In der übrigen Zeit des Jahres[3]) standen sie leer. Das Fest wird uns im Buche der Richter an zwei verschiedenen Stellen deutlich beschrieben. Der Verfasser erzählt uns 9,27 von den Bewohnern von Sichem: „Sie gingen auf das Feld hinaus, schnitten die Trauben in ihren Weinbergen und kelterten; dann veranstalteten sie ein Dankfest, gingen in das Haus ihres Gottes und aßen und tranken"; im Schlußkapitel wird den Männern von Benjamin kurz vor dem Feste der Rat gegeben: „Gehet hinaus und lauert in den Weinbergen, und wenn ihr sehet, daß die Töchter von Silo herausgekommen sind, um Reigentänze aufzuführen, dann kommt aus den Weinbergen hervor und raubt euch ein jeder seine Frau aus den Töchtern von Silo!" Die Männer von Benjamin befolgten diesen Rat; sie „nahmen sich aus den Tänzerinnen die erforderliche Zahl von Frauen, die sie in ihre Gewalt brachten, und kehrten in ihr Gebiet zurück". Es handelt sich also für die damalige Zeit noch um ein ausgesprochenes Winzerfest, das auch örtlich noch an die Weinberge gebunden war. Dabei besuchten die Bewohner von Sichem „das Haus ihres Gottes". Das war nach 8,33 der Tempel des Baal. In dem zweiten Berichte wird das Fest

---

[1]) Num. 28, 11—15.

[2]) Exod. 23, 16.

[3]) Vgl. Is. 1, 8.

als ein Fest Jahwes bezeichnet. Die Vorgänge sind aber im übrigen sicher dieselben gewesen. Man tanzte, brachte Dankopfer dar und überließ sich den Freuden eines festlichen Gelages. Die Verhältnisse wurden erst anders, als die Opfer an den kleineren Kultstätten allmählich ihr Ende nahmen. Der Gedanke an die Weinberge trat dann mehr in den Hintergrund, und man brachte die Lauben mit dem Aufenthalt in der Wüste in Zusammenhang, wo man nach der damaligen Auffassung ebenfalls in dieser Weise gelebt hatte. Im Bundesbuche wird nur das Osterfest mit der Geschichte des israelitischen Volkes in Verbindung gebracht. Der Anschluß machte gerade bei den Erntefesten, wie es scheint, gar keine Schwierigkeiten. Es handelte sich hier, soweit die Verehrung der Gottheit in Betracht kam, an erster Stelle um eine Darbringung der Früchte, die sich mit jeder religiösen Voraussetzung ohne weiteres vereinigen ließ. Die einheimische Bevölkerung huldigte bei solchen Gelegenheiten dem Baal, die Israeliten erschienen mit ihren Gaben in derselben Weise vor Jahwe.

Die Anlehnungen gingen aber noch weiter. Wir konnten uns davon überzeugen, daß die mythologischen Vorstellungen der alten Babylonier in Palästina schon früh ihre Verbreitung gefunden hatten. Man hatte dort im Schöpfungsepos von den Großtaten des Marduk gelesen; man erzählte von den Ungeheuern, mit denen er zu kämpfen hatte, und bewunderte die List und die Klugheit, mit der er sie siegreich überwand; man kannte nach den Texten aus Ugarit auch bei den Phöniziern den Leviathan, die Schlange mit den vielen Windungen und den sieben Köpfen, die in dieser Form auf die im Schöpfungsepos vorkommenden mušmaḫḫê zurückgeht. Sie wird in der phönizischen Dichtung, wie wir aus den bisher bekannt gewordenen Ueberresten schon entnehmen dürfen, von einer Gottheit der Phönizier vernichtet. In der Bibel wird diese Tat dann in derselben Weise als eine Tat Jahwes behandelt. Jahwe hat nach Is. 27, 1 mit seinem Schwerte den Leviathan getroffen und den Tannîn getötet; er hat nach den Ausführungen im Buche Job das Meer erregt, Rahab erschlagen und die flüchtige Schlange durchbohrt; Rahab ist von ihm nach den dortigen Angaben zu Boden geworfen, und die Helfer des Ungeheuers krümmen sich als Besiegte unter seinen Füßen[1]). Wir sehen, daß Jahwe hier ganz dasselbe tut, was in der keilinschriftlichen Dichtung von Marduk erzählt wird. Man übertrug die Einzelheiten, wie sich aus den Texten von Ugarit ergibt, schon in der vorisraelitischen Zeit zum Teil auf bestimmte kanaanäische Gottheiten und nahm diese Leistungen dann in der späteren Zeit in derselben Weise für Jahwe in Anspruch. Jahwe war nach der israelitischen Vorstellung auch der Gott des ehrwürdigen Priesterkönigs Enmen-lu-anna, den man sogar ohne Bedenken unter dem Namen Enos als den eigentlichen Urheber der ältesten Gottesverehrung betrachtete. Henoch, der

[1]) S. oben S. 85.

Freund Gottes, nach seinem Namen der Begründer eines Heiligtums, begegnet uns in der Sethitenliste an derselben Stelle, wo die keilinschriftlichen Texte von dem frommen Enmen-dur-anna, dem Freunde des Sonnengottes und des Adad und dem Erbauer des Tempels Dur-an-na oder Dur-an-ki, erzählten. Der Name des Königs Enmen-gal-anna ist in der biblischen Zusammenstellung durch Mahalalel = Gotteslob ersetzt[1]). Bei den Babyloniern warf sich die Ehefrau, um ihre Treue zu beweisen, dem Flußgott in die Arme; bei den Israeliten erwartete man die Entscheidung von Jahwe, nachdem die Frau die Schale mit dem Fluchwasser getrunken hatte[2]). Man wandte sich zwar an Jahwe, aber man griff ohne Bedenken zu einer Maßnahme, die sich ihrem Ursprunge nach aus der Verehrung eines andern Gottes ergab. Hierbei ist es an und für sich vollkommen belanglos, ob die Benutzung des Wassers in der späteren Form, wie wir angenommen haben, schon aus der vorisraelitischen Periode stammt oder erst in der israelitischen Zeit in Gebrauch kam. In dem einen Fall haben wir es mit einer Gewohnheit zu tun, die sich damals in Palästina schon eingebürgert hatte, in dem andern ist der Zusammenhang aus einer unmittelbaren Anlehnung an das babylonische Gesetzbuch zu erklären. Bei der Sethitenliste hat der Verfasser, wie wir gesehen haben, selbst noch aus einer keilinschriftlichen Aufzeichnung geschöpft. Er hat hier der ganzen Darstellung eine monotheistische Prägung gegeben, die er in der keilinschriftlichen Ueberlieferung in dieser Form noch nicht vorfand. Was die Keilschrifttexte von den babylonischen Göttern erzählen, ist hier, wenn auch der Name nicht vorkommt, mit voller Ueberlegung auf Jahwe zurückgeführt. Jahwe war der Schöpfer des Himmels und der Erde. Er war nicht nur der erste, sondern auch der einzige Gott seines Volkes; er war für alle, die tiefer schauten, der oberste Herr und Gebieter der ganzen Welt. Damit war die Schlußfolgerung, die man hier zog, von selbst gegeben. Was andere für Marduk oder für Baal in Anspruch nahmen, konnte bei der israelitischen Auffassung nur als eine Tat Jahwes erscheinen. Man hielt an dem Inhalte der Schilderungen fest und änderte bei der Bearbeitung der Texte nur die Einzelheiten, die mit diesem Gedanken nicht in Einklang standen. Auch das Ephod, das der Hohepriester trug, ist vorisraelitischen Ursprungs. Es findet sich in dieser Form schon in dem Epos von Ras Schamra und nimmt dort mit seinem Inhalte genau denselben Platz ein wie die Schicksalstafeln im Schöpfungsepos der Babylonier[3]). Jahwe erteilte zwar nach den in der Bibel behandelten Einzelfällen nicht immer die erbetene Auskunft; es war aber stets gestattet, ihn zu befragen. Das Befragen der Toten war dagegen verboten. Man bezeichnete jedoch den Ort, wo die Verstorbenen sich aufhielten, auch in der

---

[1]) S. oben S. 108 ff.

[2]) S. oben S. 207 f.

[3]) S. oben S. 86 ff.

22*

späteren Zeit noch immer als die šeôl[1]). Der Ausdruck ist hier stärker gewesen als die Verhältnisse, aus denen er ursprünglich hervorging. Die Kulthandlungen wurden bei den Israeliten nur von den Priestern und den Leviten vorgenommen; für Priesterinnen fand sich hier keine Beschäftigung. Man übertrug aber die Strafe, die für eine Priesterin nach der babylonischen Gesetzgebung bei einer schweren Verfehlung in Betracht kam, in einer Bestimmung des sogenannten Heiligkeitsgesetzes ganz in derselben Form auf die Töchter der Priester. Diese sollten bei einer solchen Verfehlung ebenfalls mit dem Feuertode bestraft werden[2]). Man sah hier also eine Ähnlichkeit, die in diesem Falle zu einer vollständigen Gleichsetzung führte. Auch die Art der Gottesverehrung war im wesentlichen dieselbe. Das gilt besonders für die Verehrung des Baal, der unter den Göttern von Palästina ungefähr denselben Platz einnahm wie Marduk im Pantheon der Babylonier. Die Uebereinstimmungen waren hier so auffallend, daß die Unterschiede zum Teil gar nicht bemerkt wurden. Dies führte dann vielfach zu einem religiösen Synkretismus, den man schließlich nur als Abgötterei bezeichnen konnte. Baal war nach der Angabe des Philo von Byblus[3]) der Sohn des El, der selbst als der Erstgeborene des Himmels und der Erde betrachtet wurde. El ist aber in seiner sprachlichen Bedeutung nichts anderes als das schon so häufig herangezogene el = ilu = Gott; es war auch im Phönizischen im Plural nach den älteren Texten die gewöhnliche Bezeichnung für die Götter im allgemeinen. Dabei unterschied man außerdem noch das Wort ελωειμ = elohîm, das nach der Angabe des Philo die Bundesgenossen des El bezeichnete, als dieser im Kampfe gegen seinen Vater die Herrschaft an sich riß[4]). Man hat die Richtigkeit dieser Angabe, soweit es sich um das Wort elohîm handelt, vielfach bezweifelt; denn man hatte sich ganz daran gewöhnt, das Wort in dieser Form nur in der Bibel zu suchen. Es hat sich auch anderswo in den Texten bisher noch nicht vorgefunden. Wir ersehen aber aus den Tafeln von El-Amarna, daß man auch im Akkadischen, wie es uns für die damalige Zeit in den Briefen aus Palästina entgegentritt, den Plural ilânu in dieser Weise zu gebrauchen pflegte. Wenn der Absender den König von Ägypten als seine Gottheit oder als seinen Gott bezeichnen wollte, schrieb er regelmäßig ilânu-ia, meine ilu oder mein ilânu. Dieselbe Form findet sich auch Kn. 96, 4 und Kn. 97, 3 in dem Satze: ilânu šu-lum-ka šu-lum bîti-ka li-iš-al, die Gottheit oder der Gott möge sich nach deinem Wohlbefinden und nach dem Wohlbefinden deines Hauses erkundigen! Ebenso heißt es Kn. 189 Rs. 13—15: u el-la-ak ilânu-ka u Samšu-ka a-na pa-ni-ia, und es kam deine Gottheit und deine Sonne mir entgegen. Das Nomen steht bei diesen Sätzen im Plural, das Verbum

[1]) S. oben S. 82 ff.
[2]) S. oben S. 204 f. und S. 221.
[3]) Eusebius, Praeparatio Evangelica I 10, 26.
[4]) Eusebius I 10, 20.

dagegen im Singular. Wir haben hier also genau dasselbe Verfahren, wie es uns im Hebräischen begegnet. Das erklärt sich nur aus einer wörtlichen Uebertragung. Hierbei ist es vollkommen belanglos, ob wir an elohîm oder an ein in derselben Weise gebrauchtes elîm denken. Wir besitzen noch einen phönizischen Text[1]), in dem der Gott Nergal als '-l-m n-r-g-l = elîm Nergal bezeichnet wird. Man sieht also, daß dieser Sprachgebrauch ebenfalls schon der älteren Zeit angehört. Er hat mit dem Uebergange vom Polytheismus zum israelitischen Monotheismus, wie früher vielfach vorausgesetzt wurde, in Wirklichkeit noch gar nichts zu tun. Die Israeliten haben hier bloß beibehalten, was sich bei ihrem Auftreten in der Sprache des Landes schon vorfand. Das ist auch bei den Bezeichnungen der Fall, in denen uns von den Kindern Gottes berichtet wird. Wir lesen im sechsten Kapitel der Genesis, daß die Söhne Gottes, die b^e^nê ha'^e^lohîm, die Menschentöchter zu Frauen nahmen. Der Ausdruck begegnet uns in dieser Form außerdem noch im Buche Job. Der Verfasser erzählt uns dort gleich in den beiden ersten Kapiteln[2]), daß die Söhne Gottes kamen, um sich vor Jahwe aufzustellen, und daß auch der Satan sich unter ihnen befand. Diese Gottessöhne waren, wie sich aus den Fragen im 38. Kapitel ergibt, schon bei der Schöpfung zugegen und begleiteten die Großtaten des Herrn mit ihrem Jubel. Sie stehen also zu Jahwe in demselben Verhältnis wie wir es auch in Ps. 29 und in Ps. 89 vorfinden. In Ps. 29, der herrlichen Schilderung der Kundgebungen Gottes im Gewitter, beginnt der Sänger mit den Worten: „Gebet Jahwe, ihr b^e^nê elîm, gebet Jahwe Ehre und Preis"; in Ps. 89 fragt er V. 7: „Denn wer stellt sich in den Wolken gleich Jahwe, wer ist wie Jahwe unter den b^e^nê elîm?" Der Ausdruck findet sich jetzt in derselben Form in den Texten von Ras Schamra. Der Urheber des größeren Epos bezeichnet dort den Môt, wenn er ihn in seiner Bedeutung besonders hervorstellen will, stets wieder als b-n e-l-m M-t. Die b^e^nê elîm sind nach den Voraussetzungen von Ps. 89 mit Jahwe zu einer Beratung versammelt. In dieser Versammlung, die V. 6 und V. 8 als eine Versammlung der Heiligen bezeichnet wird, erscheint Jahwe V. 9 als '^e^lohê ṣ^e^ba'ôth, als der Gott der Heerscharen. Das ist dieselbe Vorstellung, die I Kön. 22, 19 zum Ausdruck kommt. Der Prophet sah den Herrn, wie er auf seinem Throne saß, und das ganze Heer des Himmels zu seiner Rechten und zu seiner Linken. Der Herr fragte in dieser Versammlung, wer bereit sein würde, den Achab zu betören, und der eine sagte dieses, der andere jenes. Da trat ein Geist hervor, stellte sich vor den Herrn und sprach: „Ich will ihn betören." Da sprach der Herr zu ihm: „Womit?" Und er antwortete: „Ich will hinausgehen und ein Geist der Lüge sein im Munde aller seiner Propheten." Und der Herr erklärte ihm: „Du darfst betören und wirst es auch

---

[1]) Corpus Inscript. Sem. I Nr. 119.

[2]) 1, 6 und 2, 1.

vermögen. Geh hin und tu es!" Jahwe überlegt hier also mit dem Himmelsheer und gibt dem Geiste, der aus der Schar hervortritt, die Erlaubnis und den besonderen Auftrag. Der Prophet Isaias hatte bei seiner Berufung, wie er im sechsten Kapitel berichtet, ein ähnliches Gesicht. Jahwe saß auf seinem Throne, und vor ihm standen die Seraphim, jeder mit sechs Flügeln, und der eine rief dem andern zu: „Heilig, heilig, heilig ist Jahwe der Heerscharen." Da hörte er die Stimme Jahwes, wie dieser fragte: „Wen soll ich schicken, und wer wird für uns gehen?" Und er antwortete: „Hier bin ich; sende mich!" Und Jahwe sandte ihn zu seinem Volke und gab ihm den Auftrag, das Herz des Volkes zu verhärten. Jahwe unterhält sich auch hier, wie man sieht, mit den Anwesenden und richtet an sie die Frage, wen er senden soll. Diese Frage führt uns von selbst auf das Wort mal'ach = ἄγγελος = Bote. Die b^{e}nê elîm oder die b^{e}nê ha'^{e}lohîm bilden nach diesen Stellen die Heerschar des Herrn. Es sind die Heiligen, die von dem dreimal Heiligen zur Beratung herangezogen werden und von ihm ihre Weisungen entgegennehmen. Sie werden von ihm auf die Erde gesandt, um die Aufträge dort auszuführen, und erscheinen den Menschen dann als die Engel oder als die Boten des Himmels. Diese Vorstellung findet sich ebenfalls schon in den Texten von Ras Schamra. Wir lesen dort in einem bei der ersten Grabung gefundenen Tafelfragmente[1]) von einer Göttin, die hervortritt, als wenn sie bekleidet ist mit dem Licht eines m-l-a-k š-m-m, eines mal'ak šamêm oder eines mal'ach haššamajim. Der Ausdruck b^{e}nê elîm gibt sich neben dem in der Genesis und im Buche Job vorkommenden b^{e}nê ha'^{e}lohîm schon durch das Fehlen des Artikels und durch die genaue Uebereinstimmung mit dem Phönizischen als die ältere Bezeichnung zu erkennen. Diese wurde dann auch in der späteren Zeit, wie wir aus den beiden Psalmstellen entnehmen müssen, in der gehobenen Sprache noch beibehalten. Im Aramäischen griff man schon früh zu einer wörtlichen Uebersetzung. Der Verfasser des Buches Daniel legt dem Könige Nabuchodonosor 3, 25 die Worte in den Mund: „Siehe, ich sehe vier Männer frei in dem Feuer wandeln und keine Verletzung ist an ihnen, und das Aussehen des vierten gleicht einem bar '^{e}lahîn." Als der König die Männer dann aus dem Feuer herausgerufen und sich von der Richtigkeit seiner Wahrnehmung überzeugt hatte, erklärt er V. 28: „Gepriesen sei der Gott des Sidrach, des Misach und des Abdenago, der seinen Engel gesandt und seine Diener, die auf ihn vertrauten, errettet hat." Der Engel ist also für den Verfasser ebenfalls ein bar '^{e}lahîn. Die b^{e}nê elîm bildeten nach der vorisraelitischen Auffassung, wie es scheint, im Gegensatze zu den Menschen die große Familie der Götter. An der Spitze dieser Familie stand der Gott El. Die übrigen Götter waren die elîm

[1]) Syria X (1929), Pl. LXVI Z. 24—26; Uebersetzung von Dhorme in der Revue Biblique Bd. 40 (1931), S. 43—44.

im weiteren Sinne des Wortes. Jeder Gott war für seine Person, da er einen el zum Vater hatte, zunächst ein ben el oder der Sohn eines Gottes. Da es sich aber um viele Väter handelte, waren die Götter in ihrer Gesamtheit auch im eigentlichen Sinne des Wortes als b^e^nê elîm zu betrachten. Môt war also, da sein Vater auf jeden Fall ein Gott war, für sich allein schon ein ben el[1]). Er gehörte dann in dieser Eigenschaft zu den b^e^nê elîm, die diesen Titel auch im Singular für sich in Anspruch nahmen, so daß der einzelne Gott nicht nur als ben el, sondern auch als ben elîm erscheint. Diese Bezeichnungen wurden dann in ihrer ursprünglichen Bedeutung nicht mehr auseinandergehalten. Man bezog auch den Ausdruck ben elîm ohne Bedenken auf das Verhältnis, wie es im Einzelfalle zwischen dem Vater und dem Sohn besteht, und machte dadurch den Vater für sich allein schon zu einem elîm. Wenn aber der Vater ein elîm war, mußte man auch den Sohn als elîm betrachten.

Es war den Israeliten streng verboten, von Jahwe ein Bildnis anzufertigen. Dieses Verbot ist so alt wie der Dekalog; es gehört also schon zu den wesentlichsten Bestandteilen der Gesetzgebung vom Sinai. Die Bestimmung richtet sich zwar in ihrem Wortlaute zunächst nur gegen die Darstellung fremder Götter; sie findet aber ihre Ergänzung in dem Bericht über die Anbetung des goldenen Kalbes, der mit den Angaben über die Aufzeichnung der Vorschriften und über den Inhalt des Bundesbuches unzertrennlich verbunden ist. Das Stierbild, von dem wir hier erfahren, wird Exod. 32, 4 als der Gott bezeichnet, der das Volk aus Ägypten geführt hatte; das Fest, das man vor ihm feierte, war nach der Bekanntmachung in dem folgenden Verse als ein Fest Jahwes gedacht. Das Volk hat also gar nicht die Absicht gehabt, den Herrn irgendwie zu verlassen; es hatte sich aber trotzdem verfehlt, weil es sich nach V. 31 einen „goldenen Gott‘ gemacht hatte. Daß man ihn als Stier faßte, kann nach den Funden von Ras Schamra gar nicht überraschen. Es war derselbe Gott, den man früher als El verehrt hatte. Dieser Gott wird in der großen epischen Dichtung, die uns durch die Ausgrabungen bekannt wurde, an einer Reihe von Stellen in aller Form als š-r oder šor, als der Stier, und zwar in der Regel als š-r El, als der Stiergott El, bezeichnet. Wir haben hier offenbar dieselbe Vorstellung wie bei den Kultbildern, die Jeroboam später in Bethel und in Dan errichten ließ. Diese war, wenn man in dem Bilde bloß ein Symbol erblickte, an und für sich durchaus zu begreifen. Man sieht aber schon an der steten Wiederholung dieser Darstellungen, daß auch die Gestalt des Tieres hier eine wesentliche Rolle spielt. Auf jeden

---

[1]) Ob er ein Sohn des El war, muß vorläufig noch dahingestellt bleiben. Er wird zwar Syria XII (1931), Pl. XLIII, Z. 30 als b-n e-l-m-t bezeichnet, aber e-l-m-t ist in dieser Schreibung sicher nur ein Flüchtigkeitsfehler für das auch in Z. 7, 9 und 24 vorkommende e-l-m m-t. Der Schreiber hat nach dem ersten m sofort an das t gedacht.

Fall ist es sicher, daß die Volksmassen sich den Gott wirklich so vorgestellt haben. Das war mit dem Gottesbegriff, wie er uns in den Aufzeichnungen über die Bundesschließung entgegentritt, nicht in Einklang zu bringen. Man könnte sich höchstens noch die Frage vorlegen, ob die Wiedergabe in der Gestalt eines Menschen ursprünglich gestattet war. Dies darf aber jetzt ebenfalls mit aller Bestimmtheit verneint werden. Wir wissen jetzt aus den Angaben in dem genannten Epos, daß das Ephod mit dem t-t-r-p des Himmels[1]) auch nach der phönizischen Auffassung zunächst nur einem bestimmten Gott überlassen wurde, der diese Tasche dann, wie wir annehmen durften, ebenso wie Marduk auf seiner Brust trug. Dies zeigt uns, daß die Nachbildungen, die man in den Tempeln gebrauchte, auch von den Teraphim in dieser Weise getragen wurden. Bei den Israeliten kam der Teraphim aber in Wegfall, weil hier die Anfertigung eines solchen Bildes verboten war. Dieser Eingriff muß schon in der Zeit erfolgt sein, wo die Formen der öffentlichen Kulthandlungen zuerst festgelegt wurden. In der späteren Zeit wäre die Ausschaltung eines solchen Bildes, nachdem es einmal vorhanden war, gar nicht mehr möglich gewesen. Die bildlichen Darstellungen wurden also schon von Moses unbedingt abgelehnt. Man kehrte dann aber in Palästina vielfach wieder zur Benutzung eines Bildwerkes zurück. Wir wissen aus den letzten Kapiteln des Richterbuches, daß die Mutter des Micha für ihren Sohn ein Schnitz- und Gußbild anfertigen ließ, und daß dieser sich dann ein Gotteshaus erbaute, das außerdem noch mit einem Ephod und einem Teraphim ausgestattet wurde. Er übertrug die Vornahme der Kulthandlungen zunächst einem seiner Söhne, den er zum Priester weihte, und nahm dann einen Leviten in sein Haus auf, der die Gegenstände später den Daniten in die Hände spielte. Als er den Leviten genommen hatte, glaubte er annehmen zu dürfen, daß Jahwe ihm jetzt besonders gewogen sein würde. Er hatte also gar nicht das Empfinden, daß seine Handlungsweise irgendwie verboten war. Als der Levit dann gestorben war, ließ Jonathan, der Sohn des Gerson und Enkel des Moses, sich an dem Gotteshaus im Lande der Daniten als Priester anstellen. Dies führt uns in eine Zeit, die von dem Tode des Moses noch nicht allzuweit entfernt war. Es zeigt uns auch, daß die Daniten auf den Zusammenhang mit der Tätigkeit des Moses noch einen besonderen Wert legten. Ueber die Form, die das Schnitz- und Gußbild hatte, sind wir nicht unterrichtet. Es wird aber von dem Teraphim ausdrücklich unterschieden. Der Teraphim kann nur ein Bildnis gewesen sein, das die Tasche mit den Orakelzeichen, wie wir gesehen haben, ebenso wie der Mensch an der Brust trug. Das muß auch für das Ephod des Gedeon[2]) vorausgesetzt werden. Der Verfasser erwähnt hier zwar nur das Ephod, er hebt aber

---

[1]) S. oben S. 86 ff.

[2]) Richter 8, 27.

hervor, daß zur Herstellung eine Goldmenge von mehr als 1700 Schekeln benutzt wurde. Das ist bei einer bloßen Tasche ganz unmöglich. Das Gold kann in der Hauptsache nur für den Teraphim gebraucht sein, der das Ephod zu tragen hatte. Gedeon hatte noch kurz vor der Anfertigung, als man ihn zum Könige machen wollte, den Verzicht auf diese Würde mit dem Wunsche begründet, daß Jahwe über sein Volk als König gebieten solle. Sein guter Wille kann also für die damalige Zeit ebenfalls gar nicht bezweifelt werden. Er hielt sich aber für berechtigt, Jahwe in derselben Weise in einem Bilde zur Darstellung zu bringen und in derselben Weise zu befragen, wie man es auch sonst bei den Göttern in Palästina zu tun pflegte. Das scheint auch die Auffassung gewesen zu sein, die in den Kreisen des Saul und des David verbreitet war. Michal verfügte schon über den Teraphim, als Saul sich wegen der Zukunft noch regelmäßig an Jahwe wandte, und David hat das Bildnis, wie es scheint, ohne Bedenken in seinem Hause geduldet. Die Bilder wurden erst in einer späteren Zeit durch die Bemühungen der Propheten ganz wieder verdrängt.

VII.

Das Vordringen der Assyrer, die Zeit des neubabylonischen Reiches und die Herrschaft der Perser.

1.

Von Assuruballiṭ bis Tiglatpileser I.

Wir erinnern uns, daß Burnaburiasch sich in einem Schreiben an Amenophis IV.[1]) über den König von Assyrien beschwerte, weil dieser es gewagt hatte, an den König von Ägypten eine Gesandtschaft zu schicken. Er betrachtete den König von Assyrien als seinen Vasallen, der mit dem Gebieter eines andern Landes ohne seine Zustimmung nicht in Verbindung treten durfte, und verlangte deshalb von Amenophis, daß dieser mit den Abgesandten in keiner Weise verhandle.

Der König, auf den er hier Bezug nimmt, kann nur der damalige König Assuruballiṭ gewesen sein, von dem sich unter den El-Amarna-Tafeln tatsächlich noch zwei an Amenophis gerichtete Briefe vorfinden. Der erste dieser Briefe (Knudtzon Nr. 15) beginnt ganz einfach und farblos: „Zu dem Könige von Ägypten sprich: Also sagt Assuruballiṭ, der König von Assyrien." Dann heißt es im weiteren Verlaufe des Textes: „Meinen Boten habe ich zu dir geschickt, um dich zu sehen und dein Land zu sehen. Was bisher meine Väter nicht geschickt haben, habe ich dir jetzt geschickt: einen vortrefflichen Wagen, zwei Pferde und eine Dattel aus schönem Lasurstein." Der Absender ist hier in allem sehr zurückhaltend. Er nennt den Empfänger nicht mit Namen, bezeichnet sich nicht als den Bruder des Königs von Ägypten, verzichtet für seine Person auf die Bezeichnung als Großkönig und hebt im übrigen nur hervor, daß der Bote den König und das Land besuchen und Geschenke überbringen soll, wie es seine Väter bisher nicht getan haben. Von einem Gegengeschenk, das er vielleicht erwartet, ist gar keine Rede. Wenn der Bote den König und das Land gesehen und die Geschenke abgegeben hat, soll er wieder zurückkehren. Man sieht in jeder Zeile, wie der König von Assyrien sich an den König von Ägypten gewissermaßen herantastet und mit überlegender Höflichkeit alles meidet, was den Empfänger des Briefes unangenehm berühren könnte. Auch der König

[1]) S. oben S. 248.

von Alašia und die palästinensischen Kleinfürsten machen in ihren Schreiben von der Namensbezeichnung der ägyptischen Könige niemals Gebrauch. In dem zweiten Briefe (Kn. Nr. 16) lesen wir dagegen: „Zu Napḫuri[a, dem großen Könige], dem Könige von Ägypten, meinem Bruder, sprich: Also sagt Assuruballiṭ, der König von Assyrien, der große König, dein Bruder.“ Der Absender berichtet in diesem Briefe, daß die Boten des Königs von Ägypten bei ihm angelangt sind, und schickt dem Könige von Ägypten einen schönen Königswagen mit einem Gespann von weißen Pferden, einen Wagen ohne Gespann und ein Siegel aus schönem Lasurstein. Dann bittet er in diesem Falle um ein Gegengeschenk, das natürlich nur in einer reichlich bemessenen Zusendung von Gold bestehen kann. Die Boten haben allerdings schon einiges überbracht, aber es ist für die Ausschmückung des Palastes, den er gerade erbaut, bei weitem noch nicht ausreichend[1]). Man sieht also, daß er seinen Zweck wirklich erreicht hat. Amenophis hatte den Boten, der den ersten Brief überbrachte, freundschaftlich aufgenommen und sich um die Vorstellung des Königs von Babylon, die wohl bald nachher eintraf, in keiner Weise gekümmert. Er hatte dem König von Assyrien auch seinerseits ein Schreiben geschickt und ihm zugleich einiges Gold überreichen lassen. Die beiden Könige betrachteten sich jetzt als Brüder und nannten sich auch gegenseitig mit Namen. Sie hatten das Recht, einander in freundschaftlichem Gedankenaustausch ihre persönlichen Wünsche vorzutragen, und durften erwarten, daß diese dann nach Möglichkeit erfüllt wurden. Der eine war also dem andern gleichgestellt; Assyrien war von dem Könige von Ägypten als Großmacht anerkannt.

Adadnarâri I., der Urenkel des Assuruballiṭ, berichtet von ihm, daß sein Königsgruß bis in die Ferne gleich einem Berge fest gegründet war, daß er das Land Muzri unterjochte, daß er die Streitmacht des weiten Subari-Landes auflöste und Gebiet und Grenze erweiterte[2]). Er hatte also, wie sich hieraus ergibt, besonders das Land Muzri unterworfen und die Streitmacht des Landes Subari vernichtet. Das Land Subari ist aber kein anderes als das Land Subartu = Subartu, das in der Zeit des Chammurabi vom Libanon bis in die Gegend von Ninive reichte. Es deckt sich also für die spätere Zeit in seiner östlichen Hälfte mit dem Gebiete der Könige von Mitanni. Dieses Gebiet ist hier offenbar gemeint. Der Tod des Tušratta hatte hier zu politischen Umwälzungen geführt, die uns in ihren Einzelheiten erst teilweise genauer bekannt sind. Wir wissen, daß der Ḫurri-Fürst Artatama damals in das Land eindrang und seinen Sohn Suttarna, auch Suttatarra genannt, in der Hauptstadt zum Herrscher ernannte. Dieser bemühte sich nun,

---

[1]) S. oben S. 243 f.

[2]) Inschriften der altassyrischen Könige, bearbeitet von Ebeling, Meißner und Weidner, S. 62 ff., Z. 28—35.

auch den König von Assyrien, der dem Könige von Mitanni bisher tributpflichtig gewesen war, und ebenso den König von Alzi auf seine Seite zu ziehen, und erkaufte sich diese Freundschaft durch reiche Geschenke, die wenigstens zum Teil aus früheren Tributgegenständen bestanden. Das bedeutete zugleich einen Verzicht auf derartige Sendungen und die Anerkennung der politischen Unabhängigkeit. Mattiwaza, der Sohn des Tušratta, wandte sich nun an den König Subbiluliuma von Chatti, der diese Gelegenheit gern benutzte, um in die Verhältnisse hineinzugreifen und auch im Lande Mitanni seinen Einfluß zur Geltung zu bringen. Er kam den Wünschen des Mattiwaza entgegen und schloß mit ihm den schon mehrfach erwähnten Vertrag, der später in zwei verschiedenen Schriftstücken genau festgelegt wurde. Der eine Text enthält die Angaben und Erklärungen des Subbiluliuma[1]), der andere ist im Auftrage des Mattiwaza niedergeschrieben[2]). Subbiluliuma erzählt uns in seinen Darlegungen, daß Mitanni zur Zeit, wo Mattiwaza an ihn herantrat, vollständig zugrunde gerichtet war, und daß die Leute von Aššur und Alše[3]) sich in den Besitz des Landes geteilt hatten. Von Suttarna berichtet er nur, daß dieser dem Mattiwaza nach dem Leben trachtete. Mattiwaza verliert dagegen über die Erfolge der Assyrer und des Königs von Alzi kein einziges Wort. Er beklagt sich zunächt über das Verhalten des Artatama und über die Maßnahmen des Suttarna, der den Reichtum des Landes vernichtet und die Schätze dem Könige von Assyrien, dem früheren Diener des Königs von Mitanni, und dem Könige von Alzi zum Geschenke gemacht hatte, und erklärt dann im weiteren Verlaufe seiner Ausführungen, daß er mit der Hilfe des Subbiluliuma nur den Thron seines Vaters besteigen und gegen Artatama später nichts unternehmen will. Er betont zwar noch einmal, daß Suttarna sich unschön benommen hat, aber er hat gar nicht die Absicht, die Feindschaft nach der Regelung der Angelegenheit noch fortzusetzen. Man sieht hier also, wenn man die Texte miteinander vergleicht, einen auffallenden Unterschied in der Beurteilung der Dinge. Die beiden Vertragschließenden sind einig in der Feststellung der Tatsache, daß Mitanni arg mitgenommen wurde, Subbiluliuma spricht aber von Artatama, mit dem er nach seiner eigenen Angabe früher schon ein Bündnis geschlossen hatte, mit sichtlicher Hochachtung und gibt nur den Assyrern und den Leuten von Alzi die Schuld, Mattiwaza macht dagegen den Artatama und besonders den Suttarna für das Ganze verantwortlich. Der König der Chethiter trug sich damals mit großen Plänen. Er hatte seinen Sohn Bijaššili in Karkemisch als Herrscher eingesetzt und ihm ein Gebiet übertragen, das im Osten mit dem Gebiete von Mitanni zusammenstieß. Die Grenze wurde genau festgelegt, und zwar

[1]) Weidner, Politische Dokumente aus Kleinasien, Boghazköi-Studien, herausgegeben von Otto Weber, 8. Heft, S. 2 ff.

[2]) Weidner S. 36 ff.

[3]) = Alzi.

zugunsten des Bijaššili, der jetzt den Auftrag erhielt, den Mattiwaza wieder in sein Land zurückzuführen. Subbiluliuma nahm selbst an dem Zuge nicht teil, weil er das Bündnis mit Artatama, wie es scheint, nicht verletzen wollte. Der König von Assyrien befand sich nach diesen Vereinbarungen in einer sehr mißlichen Lage. Er zog es vor, sich vom Kampfe fernzuhalten[1]), und rettete auf diese Weise höchstwahrscheinlich einen erheblichen Teil des bisher unterworfenen Gebietes. Auf jeden Fall ist es sicher, daß er später die Stadt Ninive besaß und dort den Tempel des Ištar erneuern ließ[2]). Das bedeutet für sich allein schon eine wesentliche Ausdehnung seines Machtbezirkes nach Norden. Ninive hatte in der ältesten Zeit zum Lande Subartu gehört. Es kam dann ebenso wie Aššur in den Besitz des Chammurabi, der dort im Tempel Emišmiš den Namen der Ištar erstrahlen ließ[3]), und gehörte zur Zeit des Tušratta zu den Städten des Reiches Mitanni.

Was Assuruballiṭ begonnen, wurde dann von seinen Nachfolgern fortgesetzt. Die Kämpfe richteten sich zwar in der Regel nur gegen die unmittelbaren Grenznachbaren; diese fanden aber im Norden und im Westen stets einen besonderen Rückhalt an den Chethitern, die in dem Vordringen der Assyrer eine Gefahr für den Bestand ihres eigenen Reiches erblickten. Als Adadnarari zur Herrschaft gelangte, standen die Chethiter auf der Höhe ihrer Macht. Sie behaupteten sich im fünften Jahre des Königs Ramses II. in der Schlacht bei Kadesch gegen den Angriff der Ägypter und drangen in den folgenden Jahren sogar bis in die nördlichen Gebiete von Palästina vor. Zu den Bundesgenossen, die in der Schlacht auf ihrer Seite standen, gehörten nach den vorhandenen Aufzeichnungen an erster Stelle die Leute aus dem Lande N-h-r-n, also die Abteilungen des Königs von Mitanni, das von den Assyrern in der damaligen Zeit gewöhnlich als Ḫanigalbat bezeichnet wurde. Der König von Ḫanigalbat wandte sich dann später gegen Adadnarari, wurde aber als Gefangener nach Aššur gebracht und mußte hier seinem Gegner den Vasalleneid schwören. Der Erfolg war aber nur vorübergehend. Ḫanigalbat stand unter dem folgenden Könige wieder auf der Seite der Chethiter, bis es von Adadnarari nach längeren Vorbereitungen in einem ergebnisreichen Kriegszuge zurückerobert und vollständig unterworfen wurde. Der Sieger wandte sich dann an den Chethiterkönig Chattušil III. und bat ihn um Freundschaft und Brüderlichkeit. Der Chethiterkönig zog es aber vor, an der bisherigen Politik festzuhalten, und wies den Antrag sofort auf das schärfste zurück. Er mußte zwar zugeben,

---

[1]) Friedrich im Archiv für Keilschriftforschung II S. 119 ff.; Forrer, Forschungen II S. 33 ff. und Reallexikon der Assyriologie I S. 254; Weidner, Reallexikon der Assyriologie I S. 226.

[2]) Inschriften der altassyrischen Könige S. 146—147, Z. 2—3; Annals of the Kings of Assyria, edited by E. A. Wallis Budge and L. W. King, Vol. I S. 124, Z. 10.

[3]) S. oben S. 197.

daß Adadnarari jetzt Großkönig geworden war, verbat sich aber, ihm von Brüderlichkeit und Großkönigtum irgend etwas zu schreiben. Das war deutlich genug. Die Eroberung ging auch dieses Mal, wie man hiernach erwarten konnte, schon bald wieder verloren, und Salmanassar I., der Sohn des Adadnarari, mußte gegen Ḫanigalbat von neuem zu Felde ziehen. Er brachte das ganze Land wieder in seinen Besitz und gab ihm eine einheitliche Verwaltung, die es mit dem Stammlande bald auf das engste verband[1]).

An der babylonischen Grenze verlor Salmanassar allerdings einige Gebiete, die damals schon seit längerer Zeit zu Assyrien gehört hatten. Diese wurden erst unter seinem Nachfolger Tukulti-Ninurta I. zurückerobert. Tukulti-Ninurta nahm auf diesem Kriegszuge den babylonischen König Kaštiliaš in einer entscheidenden Feldschlacht gefangen und eroberte dann die Länder von Sumer und Akkad in ihrer ganzen Ausdehnung. Er zerstörte die Mauer von Babylon, raubte den Tempelschatz von Esagila und brachte auch die Statue des Marduk nach Aššur. Damit war das ganze Land dem assyrischen Reiche einverleibt. In der Hauptstadt wurde ein Statthalter eingesetzt, der in den Texten selbst als König bezeichnet wird. Dieser Zustand nahm aber schon nach sechs Jahren ein Ende. Die Babylonier erhoben sich gegen den Statthalter und setzten den Sohn des früheren Königs, den tatkräftigen und entschlossenen Adadšumnaṣir, auf den Thron; Tukulti-Ninurta wurde später von seinem eigenen Sohn und Nachfolger Assurnadinapal ermordet und Assyrien geriet dann selbst wieder in ein Abhängigkeitsverhältnis von Babylonien. Es dauerte aber nicht lange, bis man in Assyrien den Versuch machte, dieses Joch wieder abzuschütteln. Man übertrug die Regierung dem Enlilkudurușur, dem zweiten Sohne des Tukulti-Ninurta, und rüstete zum Kriege. In der Entscheidungsschlacht, die von Weidner in das Jahr 1203 und von Forrer in das Jahr 1206 verlegt wird, fielen beide Gegner. Enlilkudurușur tötete den Adadšumnaṣir im Zweikampfe und verlor dann ebenfalls im weiteren Verlaufe des Kampfes das Leben. Die Assyrer zogen sich nun in fluchtähnlicher Eile in ihr Land zurück, wo die babylonische Partei den Ninurta-apal-ekur auf den Thron erhob. Damit war die Zeit der Abhängigkeit zunächst noch weiter verlängert. Nach dem Tode des Ninurta-apal-ekur ging sein Sohn Assurdan um das Jahr 1174 wieder zum Angriff über. Er eroberte zwar einige Städte, aber von einem wirklichen Erfolge kann auch damals noch keine Rede sein. Als er dann um das Jahr 1154[2]) oder 1156[3]) gestorben war, nahm Ninurta-tukul-Aššur, wie uns erzählt wird, den Thron in Besitz. Das ist der gewöhnliche Ausdruck, wenn man hervorheben will, daß der König in irgendeiner Weise

---

[1]) Vgl. für die Einzelheiten besonders die Untersuchungen und die zusammenfassenden Darlegungen von Forrer im Reallexikon der Assyriol. I S. 255 ff.

[2]) Nach Weidner im Archiv für Orientforschung IV (1927), S. 17.

[3]) Nach den Ansätzen von Forrer.

durch gewaltsame Maßnahmen zur Herrschaft gelangt ist. Ninurta-tukul-Aššur betrachtet sich ebenfalls noch ganz als Diener des Königs von Babylon. Er wurde aber schon im zweiten Jahre seiner Regierung von Mutakkil-Nusku, dem Sohne des Assurdan, wieder verdrängt. Dies führte wahrscheinlich zu einem Kriege mit Babylon, über den wir aber gar nicht weiter unterrichtet sind. Wir wissen nur, daß seine Regierung schon nach wenigen Jahren zu Ende ging, und daß die Truppen des Königs von Babylon beim Regierungsantritt seines Sohnes Aššurrešiši auf assyrischem Boden standen. Es ist also nicht unwahrscheinlich, daß er selbst in diesem Kriege gefallen ist. Mit Aššurrešiši beginnt dann wieder der Aufstieg. Er ist der Vater des Königs Tiglatpileser I., der Assyrien wieder zu einer Großmacht erhob[1]).

Bei den Chethitern war die Herrschaft nach dem Tode des Königs Chattušil auf Tudḫalijaš IV. übergegangen. Dieser setzte die Politik seines Vorgängers mit derselben Entschiedenheit fort. Er schloß mit dem von ihm abhängigen Könige von Amurru einen Vertrag, der u. a. folgende Bestimmungen enthielt: „Und die Könige, die mir gleichgestellt sind, der König von Miṣri[2]), der König von Karduniasch[3]), der König von Aššur und der König von Aḫḫijawa[4]), wenn der König von Miṣri meiner Sonne[5]) freund ist, soll er auch dir freund sein; wenn er aber meiner Sonne feind ist, soll er auch dir feind sein. Und wenn der König von Karduniasch meiner Sonne freund ist, soll er auch dir freund sein; wenn er aber meiner Sonne feind ist, soll er auch dir feind sein. Wie der König von Aššur meiner Sonne feind ist, soll er auch dir feind sein. Ein Kaufmann von dir darf nicht in das Land Aššur hineingehen; einen Kaufmann von ihm darfst du nicht in dein Land hineinlassen. Er darf auch nicht durch dein Land hindurchziehen. Wenn er aber doch zu dir in dein Land kommt, dann nimm ihn fest und schicke ihn sofort zu meiner Sonne! Das soll dir unter Go[tteseid gestellt sein]! Und da ich, meine Sonne, dem Könige von Aššur den Krieg erklärt habe, wirst du, wie ich, meine Sonne, Heeresabteilungen und Gespanne ......“[6]). Assyrien nimmt hier also neben Ägypten und Babylon eine Sonderstellung ein. Der Chethiterkönig hat dem Könige von Assyrien nach seiner Angabe den Krieg erklärt und verpflichtet nun in dem Vertrage den König

[1]) Wir verweisen auch hier wieder für die Einzelheiten in dieser kurzen Zusammenstellung auf die Untersuchungen von Forrer.

[2]) = Ägypten.

[3]) = Babylonien.

[4]) So nach der ersten Niederschrift. Die Erwähnung des Königs von Aḫḫijawa ist aber nachträglich wieder getilgt worden. Aḫḫijawa ist in den Texten von Boghazköi nach allem, was sich bis jetzt darüber feststellen läßt, die gewöhnliche Bezeichnung für Achaja.

[5]) = mir, dem Könige der Chethiter.

[6]) Sommer, Die Aḫḫijawa-Urkunden, Abhandlungen der Bayerischen Akademie der Wissenschaften, Philosophisch-historische Abteilung, Neue Folge Bd. 6 (1932), S. 320 ff.

von Amurru, die Assyrer ebenfalls als seine Feinde zu betrachten und ihn selbst in dem Kampfe zu unterstützen.

Tudḫalijaš regierte von etwa 1260—1230. Er ist der vorletzte unter den Königen seines Landes, von dem wir genauere Nachrichten besitzen. Sein Sohn und Nachfolger Arnuwandaš mag dann noch bis etwa 1200 das Zepter in der Hand gehabt haben. Um diese Zeit nehmen die Aufzeichnungen dann plötzlich ein Ende. Man sieht, daß hier eine Macht am Werke gewesen ist, die alles mit einem einzigen Schlage zerstört hat. Die Angaben über das gewaltsame Vordringen der Seevölker finden in dem Trümmerhügel von Boghazköi ihre traurige Bestätigung. Als die Bewegung dann endlich zur Ruhe gekommen war, bildete sich auf dem Boden des alten Chethiterreiches bald wieder eine Reihe von kleineren Staaten, die in ihrer Entwicklung zunächst von keiner Seite gestört wurden. Die Ägypter verfielen nach dem Tode des Königs Ramses III. allmählich in einen Zustand politischer Ohnmacht und die Assyrer konnten damals in die Verhältnisse noch nicht hineingreifen. Sie verloren aber die westlichen Länder, wie es scheint, niemals ganz aus dem Auge. Wenn sie später nach Syrien oder nach Palästina zogen, sprachen sie gewöhnlich noch von einem Unternehmen gegen das Land Chatti, obschon das eigentliche Palästina niemals zum Lande der Chethiter gehört hatte. Die Chethiter hatten auch in Syrien neben der einheimischen Bevölkerung überall nur eine mehr oder weniger stark hervortretende Oberschicht gebildet, die sich in ihrer Eigenart nirgendwo ganz durchzusetzen vermochte. Die Landessprache war in den betreffenden Gegenden, wie es scheint, bis zum Vordringen der Aramäer fast überall noch das Churrische.

Die Thronbesteigung des Tiglatpileser wird von Weidner[1]) in das Jahr 1116 und von Forrer in das Jahr 1117 verlegt. Sein Vater hatte sich den Ansprüchen der Könige von Babylon erfolgreich widersetzt und ihm ein Heer hinterlassen, das ihm die Möglichkeit gab, noch in demselben Jahre einen erfolgreichen Zug zur Nordgrenze des früheren assyrischen Gebietes zu unternehmen. Hier hatte sich nach dem Untergange des Chethiterreiches ein Fürstentum Kummuch gebildet, das auf dem besten Wege war, zu einer Großmacht heranzuwachsen. Kili-Tešup, der Beherrscher des Landes, nahm in der dortigen Volkssprache schon die Bezeichnung Sarupi für sich in Anspruch, die von Forrer mit gutem Grunde auf ein akkadisches šar rabî = šarri rabî = šarru rabû zurückgeführt wird[2]). Tiglatpileser besiegte zunächst die Muskäer, die damals in das Land eingefallen waren, und unterwarf dann das ganze Gebiet, das er im folgenden Jahre wieder fest mit dem Reiche vereinigte. Nachdem er dann an verschiedenen Stellen die Grenze noch weiter abgerundet hatte, unternahm er im dritten Jahre seiner Regierung

[1]) Archiv für Orientforsclung IV (1927), S. 17.

[2]) Lexikon der Assyriologie I S. 280.

einen Zug nach Armenien, wo er mit seinen Truppen bis zum „oberen Meere“, dem jetzigen Wansee, vordrang. Im vierten Regierungsjahre kämpfte er dann zum ersten Male gegen die Aramäer, die damals in größeren Scharen den Euphrat überschritten. Er zog von Aššur quer durch das westliche Steppengebiet, verjagte sie bis Karkemisch, setzte dort selbst über den Fluß und eroberte sechs von den auf der anderen Seite gelegenen befestigten Ortschaften. Dann zog er im nächsten Jahre wieder nach Norden und kämpfte dort gegen die Bewohner von Muzri. Ueber die Aufeinanderfolge der weiteren Kriegszüge sind wir im einzelnen noch nicht genau unterrichtet. Wir wissen aber, daß die Erfolge fast immer nur vorübergehend waren, so daß er stets wieder in denselben Gegenden zu tun hatte, wo er früher schon einmal mit seinem Heere gewesen war. Er zog z. B., wie er in den letzten Jahren seines Lebens berichtet, im ganzen nicht weniger als 28 mal zum Kampfe gegen die Aramäer über den Euphrat. Der Druck dieser Stämme muß also gerade in der damaligen Zeit besonders stark gewesen sein.

In den ersten Jahren seiner Regierung beschäftigte ihn vor allem auch der schon von seinem Vater begonnene Neubau des großen Anu-Adad-Tempels in Aššur, den er erst im zehnten Jahre vollendete. Um sich in den Besitz des notwendigen Zedernholzes zu setzen, unternahm er sogar einen Zug nach Amurru, der ebenfalls zu einem Eroberungszuge wurde. Er zog zum Libanon, wie er sich ausdrückt, fällte dort Zedern für den Tempel der beiden Götter und ließ sie davontragen. Dann zog er weiter und eroberte das Land Amurru in seiner ganzen Ausdehnung. Von Byblus, Sidon und Arwad empfing er Tributgeschenke. In Arwad entschloß er sich zu einer Fahrt auf einem Schiffe, das ihn in sechs Stunden nach Ṣumur brachte. Auf dieser Fahrt tötete er mitten auf dem Meere einen naḫiru oder einen „Schnaubfisch“, den man dort in der Gegend als „Seepferd“ bezeichnete[1]). Bei seiner Rückkehr zog er nach Norden, um auch die ehemaligen chethitischen Bezirke zu unterwerfen, und verpflichtete dort den König Ili-[Tešup] ebenfalls zur Lieferung von Zedern.

Das Auftreten in Syrien scheint nicht nur in Palästina, wie wir annehmen dürfen, sondern auch in Ägypten ernste Beachtung gefunden zu haben. Man hatte zwar nicht die Möglichkeit, es zu hindern, und auch keine Veranlassung, einen Tribut zu schicken, aber man hielt es doch für richtig, dem Eroberer eine besondere Aufmerksamkeit zu erweisen, und sandte ihm „einen großen Affen,

---

[1]) Keilschrifttexte aus Assur historischen Inhalts, zweites Heft, autogr. von Otto Schroeder, S. 42 Z. 24—33; deutsch von Ebeling bei Greßmann, Altorient. Texte zum Alten Testament, 2. Aufl., S. 339. In einem andern Texte (The Annals of the Kings of Assyria, edited by E. A. Wallis Budge and L. W. King, Vol. I S. 138) ist bei der Angabe über die Erlegung des Seetieres wohl richtiger von mehreren Schiffen die Rede. „Auf Schiffen des Landes Arwad fuhr er hinaus und tötete einen naḫiru auf dem weiten Meere.“

ein Krokodil, das den Fluß bewohnt, und allerlei Getier des großen Meeres[1]). Er nahm diese Tiere, wie es scheint, in Arwad mit außergewöhnlicher Freude in Empfang und schickte sie zur Hauptstadt, wo sie noch später den erstaunten Bewohnern seines Landes gezeigt wurden.

Die Jagd war sein größtes Vergnügen. In der Gegend von Azarik, südlich von Karkemisch, und am Libanon stellte er den Wildstieren nach, bei Harran und am Ufer des Chabur erjagte er noch eine Anzahl von Elephanten. Ältere Wildstiere tötete er, jüngere brachte er lebend in seine Gewalt und vereinigte sie zu besonderen Herden. In dem einen Texte, der uns hier zur Verfügung steht, wird die Zahl der bei Azarik erlegten Tiere auf vier angegeben; in einer zweiten Aufzeichnung, die nicht ganz zum Abschluß gebracht wurde, ist hier ebenso wie bei der Erwähnung der Jungtiere ein freier Platz gelassen, wo die Zahl noch hineingefügt werden sollte. Von den Elephanten wurden nach dem einen Texte zehn Tiere getötet und vier lebendig eingefangen; bei dem andern Texte sind hier ebenfalls die Zahlen noch nicht eingetragen. Das bekannteste Großwild war auch nach andern Quellen in der damaligen Zeit noch der Löwe. Der König soll nach der Angabe des zuerst genannten Textes 120 Löwen im Nahkampfe zu Fuß und 800 mit seinem Bogen vom Streitwagen aus erlegt haben. Dabei können diese Zahlen noch nicht vollständig sein, weil sie sich nur auf die Zeit beziehen, die dem Abschluß des Textes voraufging. Wir müssen allerdings die Verantwortung für die Richtigkeit der Angaben dem Urheber der ganzen Zusammenstellung überlassen.

Ueber die Gepflogenheiten in den Kreisen der bürgerlichen Durchschnittsmenschen sind wir für die damalige Zeit besonders durch die Ueberreste eines älteren assyrischen Rechtsbuches unterrichtet, das in seiner Grundform vielleicht schon unter Assuruballit entstanden ist, aber zur Zeit des Tiglatpileser noch in Gebrauch war. Wir kennen es in seinen Bestimmungen hauptsächlich noch aus zwei größeren Tafeln, die nach den Schriftzeichen wohl der Mitte des zwölften Jahrhunderts angehören[2]).

---

[1]) Annals of the Kings of Assyria I S. 142.

[2]) Die Fragmente stammen alle aus Aššur. Sie sind veröffentlicht von Otto Schroeder in den „Keilschrifttexten aus Assur vesrchiedenen Inhalts", Leipzig 1920, Nr. 1—6, 143, 144 und 193. Uebersetzungen von M. Jastrow, An Assyrian Law Code, Journal of the American Oriental Society 41, I, 1921, S. 1 ff.; Kn. Tallqvist, Old Assyrian Laws, Helsingfors 1921; V. Scheil, Recueil de Lois Assyriennes, Paris 1921; H. Ehelolf, Ein altassyrisches Rechtsbuch, mit einer rechtsgeschichtlichen Einleitung von P. Koschaker, Berlin 1922; Ebeling bei Greßmann, Altorientalische Texte zum Alten Testament, 2. Aufl. S. 412 ff.; G. R. Driver and J. C. Miles, The Assyrian Laws, with Translation and Commentary, Oxford 1935. Vgl. für den Ursprung der Zusammenstellung außerdem noch Koschaker, Quellenkritische Untersuchungen zu den „altassyrischen Gesetzen", in den Mitteilungen der Vorderasiat.-Aegypt. Gesellschaft, Jahrg. XXVI, 1921, Heft 3, und Oppenheim, Zur Quellenfrage des mittelassyrischen Rechtsbuches, in der Wiener Zeitschrift für die Kunde des Morgenlandes, Bd. XLI, 3. und 4. Heft, 1934, S. 237 ff.

Die erste Tafel[1]) ist noch verhältnismäßig recht gut erhalten. Sie beschäftigt sich in eigenartiger Weise besonders mit Rechtsfragen, bei denen die Frau eine Rolle spielt, und gestattet uns dadurch einen wertvollen Einblick in die Verhältnisse des assyrischen Familienlebens. Der Ehemann ist nach diesen Bestimmungen der unbedingte Herr und Gebieter des Hauses. Wenn die Frau ihm etwas entwendet und es einem andern gibt, gilt dies als gewöhnlicher Diebstahl. Er entscheidet dann, wenn er noch lebt, selbst über die Strafe. Wenn er krank ist oder wenn er gestorben ist, so daß andere die Entscheidung zu treffen haben, soll man die Frau und den Empfänger mit dem Tode bestrafen. Wenn ein Sklave oder eine Sklavin von der Frau eines andern etwas angenommen hat, soll man dem Sklaven und der Sklavin die Nase und die Ohren abschneiden, aber nur unter der Voraussetzung, daß der Mann auch der Frau die Ohren abschneidet. Wenn der Mann hiervon absieht, unterbleibt die Strafe auch bei dem Sklaven und bei der Sklavin, und das Entwendete braucht in diesem Falle nicht zurückgegeben zu werden. Wenn die Frau etwas aus dem Hause eines andern Mannes gestohlen hat und dieses den Wert von fünf Minen Blei übersteigt, kann der Ehemann, wenn er das Gut herausgibt und dadurch die Frau wieder einlöst, der Frau die Ohren abschneiden. Wenn er es nicht herausgibt und die Frau nicht wieder einlöst, kann der andere Mann sie nehmen und ihr die Nase abschneiden. Wenn die Frau das Gestohlene anderswo in Verwahrung gibt, ist der Empfänger für die Gegenstände verantwortlich. Wenn eine Frau in unerlaubter Weise die Hand an einen Mann gelegt hat, soll sie 30 Minen Blei zahlen und 20 Stockschläge erhalten. Wenn jemand die Frau eines andern schamlos berührt, soll man ihm einen Finger abschneiden. Wenn er sie küßt, soll man seine Unterlippe über die Schärfe einer Axt ziehen und sie ebenfalls abschneiden[2]). Wenn jemand die Frau eines andern vergewaltigt, soll er getötet werden; wenn die Frau ihn aber aufgesucht und zu der Tat verführt hat, sollen beide getötet werden. Wenn jemand seine Frau mit einem andern beim Ehebruch ertappt, darf er seine Frau und den Ehebrecher töten. Wenn er es vorzieht, der Frau die Nase abzuschneiden, soll an dem Ehebrecher die Entmannung vorgenommen und ihm ebenfalls das ganze Gesicht entstellt werden. Wenn er seiner Frau verzeiht, muß er auch auf die Bestrafung des Ehebrechers verzichten. Wenn jemand die Ehefrau eines andern der Treulosigkeit beschuldigt und für seine Behauptung keine Zeugen beibringen kann, soll man ihn zum Fluß führen, wo er sich dann der Wasserprobe zu unterziehen hat. Wenn der Beweis nicht erbracht wird, soll er 40 Stockschläge erhalten, einen Monat als Fron-

[1]) So in den Ausgaben. Ueber die Aufeinanderfolge läßt sich aber aus dem Inhalte der Tafeln selbst nichts entnehmen.

[2]) [i-na š]i-e-ri-im-te ša-a pa-a-še [u-ša]-ad-du-du i-na-ki-su. So teilweise schon Ebeling.

23*

arbeiter sogenannten Königsdienst leisten, geschnitten, also wohl entstellt werden[1]) und ein Talent Blei zahlen. Wenn jemand einem andern den Vorwurf macht, daß er sich von einem Manne mißbrauchen läßt, und dafür keine Zeugen beibringt, soll man ihm 50 Stockschläge geben, ihn zu einem Monat Königsdienst verurteilen, ihn schneiden und ihm als Geldstrafe ebenfalls noch die Zahlung von einem Talent Blei auferlegen. Wenn jemand die Tochter eines andern schlägt und dadurch eine Fehlgeburt herbeiführt, soll er zwei Talente und 30 Minen Blei geben, 50 Stockschläge erhalten und einen Monat Königsdienst tun. Wenn jemand eine Frau zum Fortgehen veranlaßt hat, von der er nicht wußte, daß sie verheiratet war, so soll er dies beschwören und dem Ehemanne außerdem zwei Talente Blei geben. Wenn es ihm bekannt war, soll er beschwören, daß kein Geschlechtsverkehr stattgefunden hat. Wenn die Frau das Gegenteil behauptet, soll er zur Vornahme der Wasserprobe zum Fluß gehen. Wenn er bei dieser Probe nach der Ausdrucksweise des Textes aus dem Flusse zurückkehrt, soll er dieselbe Strafe erhalten, die der Ehemann über seine Frau verhängt. Wenn eine Ehefrau die Frau eines andern in ihr Haus aufnimmt und sie dort mit jemandem verkuppelt, soll man diesen, wenn er gewußt hat, daß die Frau verheiratet war, als Ehebrecher behandeln und mit der Kupplerin verfahren, wie der Ehemann mit seiner ihm treulos gewordenen Frau verfährt. Wenn dieser auf eine Strafe verzichtet, darf auch dem Ehebrecher und der Kupplerin nichts geschehen. Der Ehemann darf der treulosen Frau, wenn sie gegen seinen Willen von ihm fortgegangen ist und in Aššur oder in einem benachbarten Orte, wo man sie kennt, in dem fremden Hause bei der Kupplerin ohne Wissen des Eigentümers drei- bis viermal übernachtet hat, die Ohren abschneiden und sie wieder zu sich nehmen. Wenn er seiner Frau die Ohren wirklich abschneidet, müssen sie auch der Kupplerin abgeschnitten werden. Ihr Mann kann sie dann, wenn er will, gegen eine Zahlung von drei Talenten und 30 Minen Blei zurückerhalten. Er kann aber auch auf sie verzichten. Wenn er gewußt hat, daß die Frau eines Mannes in seinem Hause bei seiner Frau wohnte, muß er das Dreifache zahlen. Wenn er erklärt, daß er es nicht gewußt hat, gehen die Beteiligten zum Fluß. Wenn er aus dem Fluß zurückkehrt, hat er das Dreifache zu geben. Wenn der Mann der fremden Frau aus dem Fluß zurückkehrt, ist er straffrei. Er hat aber die ganzen Kosten der Wasserprobe zu tragen. Wenn die Frau des fremden Mannes die Ohren behält, darf er auch seine Frau sofort wieder an sich nehmen. Das Strafgeld kommt dann ebenfalls in Wegfall. Wenn eine Frau, die in dem Hause ihres Vaters wohnt, ihren Mann verloren hat und selbst noch ohne Kinder ist, hat sie die Schmucksachen, mit denen sie von ihrem Manne ausgestattet wurde, falls die Brüder ihres Mannes noch nicht geteilt haben, an die Brüder des verstorbenen Mannes

[1]) Für die Kastrierung wird immer ein anderer Ausdruck gebraucht.

abzugeben. Wenn Söhne vorhanden sind, fallen diese Schmucksachen den Söhnen zu. Wenn der Verstorbene keine Söhne hinterließ und die Brüder schon geteilt haben, darf die Frau sie behalten. Wenn die Ehefrau in dem Hause ihres Vaters wohnt und der Ehemann zu ihr hineinzukommen pflegt, darf er alles nehmen, was er ihr geschenkt hat, aber nicht an das Besitztum des Hauses herantreten. Wenn eine Witwe sich wieder verheiratet und einen Sohn in die Ehe bringt, ist dieser in dem Hause des zweiten Mannes, obwohl er dort erzogen wurde, nicht erbberechtigt. Er erbt nur in dem Hause seines eigenen Vaters. Wenn eine Frau in das Haus ihres Mannes eingetreten ist, bleiben die Geschenke, die ihr gemacht wurden, und alles, was sie aus dem Hause ihres Vaters mitgebracht hat, sowie die Gaben, die sie bei ihrem Eintritt von ihrem Schwiegervater erhielt, unantastbares Eigentum für ihre Kinder. Die Kinder ihres Schwiegervaters dürfen an dieses nicht herantreten. Wenn ein Vater dem Schwiegervater seines Sohnes das Brautgeschenk übergeben, die Tochter aber für seinen Sohn noch nicht erhalten hat, und wenn ein zweiter Sohn, der ebenfalls mit einer Tochter dieses Schwiegervaters verheiratet war, inzwischen gestorben ist und die Tochter noch in dem Hause ihres Vaters wohnt, dann soll er statt der zuerst in Aussicht genommenen Tochter die Witwe des verstorbenen Sohnes für den noch lebenden Sohn zur Frau nehmen[1]). Wenn der Schwiegervater es ablehnt, seine Tochter herauszugeben, darf der Vater sie nehmen[2]) und sie seinem Sohne übergeben. Er kann aber auch, wenn er es vorzieht, alles wieder an sich nehmen, was er an Blei, Silber, Gold und sonst irgendwie geschenkt hat, mit alleiniger Ausnahme von Dingen, die eßbar sind. An Eßbares darf er nicht herantreten. Wenn jemand unter ähnlichen Verhältnissen seine Frau verloren hat und in dem Hause seines Schwiegervaters noch andere Töchter vorhanden sind, dann kann er, wenn der Schwiegervater damit einverstanden ist, an Stelle der Verstorbenen eine andere Tochter zur Frau nehmen[3]). Er kann sich aber auch, wenn er es vorzieht, das Silber, das er geschenkt hat, zurückgeben lassen, jedoch kein Getreide, keine Schafe und keine sonstigen Lebensmittel. Die Frau trägt, auch wenn sie noch im Hause ihres Vaters wohnt und in das Haus ihres Schwiegervaters nicht aufgenommen ist, mit ihrem Manne Schulden, Verfehlung und Sünde. Wenn eine Frau, die noch im Hause ihres Vaters wohnt, ihren Mann verloren hat und aus der Ehe kein Sohn hervorgegangen ist, dann soll oder darf der Vater sie unter gewissen Voraussetzungen[4]) ihrem Schwiegervater zur Ehe geben. Wenn der Mann und der Schwiegervater gestorben sind und ein Sohn von ihr

---

[1]) Es kommt hier also, wenn dieses geschieht, zu einer sogenannten Levirats- oder Schwagerehe.

[2]) Also nötigenfalls mit Gewalt.

[3]) Er hat also das Recht, an Stelle der Verstorbenen eine noch unverheiratete Schwiegerin zur Frau zu nehmen.

[4]) Der Text ist hier teilweise zerstört.

nicht vorhanden ist, gilt sie als Witwe, so daß sie gehen kann, wohin sie will[1]). Wenn jemand eine Witwe geheiratet, aber keinen Vertrag mit ihr abgeschlosen hat, so ist sie, wenn sie zwei Jahre bei ihm gewohnt hat, als seine Frau zu betrachten und darf sich dann nicht mehr von ihm entfernen. Was die Witwe in einem solchen Falle in das Haus ihres Mannes hineinbringt, ist Eigentum des Mannes. Was der Mann in das Haus einer Frau hineinbringt, gehört in derselben Weise der Frau. Wenn eine Frau in dem Hause ihres Vaters oder in einem andern Hause wohnt, das der Ehemann ihr zugewiesen hat, und der Ehemann ins Feld gezogen ist, ohne ihr Öl, Wolle, Kleidung, Lebensmittel oder sonst etwas zurückzulassen oder aus dem Felde zu schicken, soll sie fünf Jahre warten, bis sie sich mit einem andern verheiratet. Wenn sie Kinder hat, sollen diese verdingt werden und sich selbst ernähren. Wenn der erste Mann nach fünf Jahren zurückkehrt, darf er nicht mehr an sie herantreten. Sie gehört dann ganz dem zweiten Manne. Er kann seine Frau nur zurückerhalten, wenn er den Beweis erbringt, daß ihm ein früheres Erscheinen unmöglich war, und für den zweiten Mann eine andere ihr gleichwertige Frau besorgt. Sie ist aber zu längerem Warten verpflichtet, wenn der König ihren Mann in ein fremdes Land geschickt hat. Wenn sie sich vor dem Ablauf des fünften Jahres verheiratet, kann er sie ebenso wie die Kinder von dem zweiten Manne zurückverlangen. Wenn jemand seine Frau entläßt, kann er ihr, wenn er will, etwas geben; er ist aber nicht dazu verpflichtet. Er darf sogar, wenn sie noch im Hause ihres Vaters wohnt, die Schmucksachen wieder an sich nehmen, die er ihr bisher geschenkt hat. Nur darf er an das Brautgeld, das er gezahlt hat, nicht herangehen. Dies bleibt unter allen Umständen das Eigentum der Frau. Wenn jemand von seinem Schuldner eine Tochter als Pfand erhalten hat und sie dann verheiratet, so wird er, wenn andere Forderungen an den Vater gerichtet werden, mit dem vollen Kaufwerte der Tochter belastet. Wenn sonst kein Vermögen vorhanden ist, darf man sich an seiner eigenen Person halten. Die Belastung darf aber nicht stattfinden, wenn der Betreffende die Tochter selbst durch besondere Mühen und Aufwendungen aus Not und Elend gerettet und wieder zum Leben erweckt hat. In diesem Falle gilt sie als sein unantastbares Eigentum. Der Ehemann kann zu einer Zahlung nur herangezogen werden, wenn er sich beim

[1]) Ebenso Gen. 38, wo Juda nach dem Tode seines ältesten Sohnes zuerst den Onan an seine Schwagerpflicht erinnert, dann auf den dritten Sohn aufmerksam macht, der noch nicht ganz herangewachsen ist, und darauf nach dem Tode seiner eigenen Frau von der Schwiegertochter selbst durch eine List zur Erfüllung der jetzt an ihn herantretenden Verpflichtung gebracht wird. Es scheint also, daß der Schwiegervater bei der keilinschriftlichen Forderung über weitere Söhne nicht mehr verfügte. Die Schwagerpflicht war ursprünglich eine Verwandtenpflicht, die sich nicht nur auf die Brüder, sondern auch auf den Vater und auf die von einer früheren Mutter stammenden Söhne des Verstorbenen bezog und erst in späterer Zeit auf die Brüder beschränkt wurde.

Abschluß der Ehe besonders dazu verpflichtet hat. Frauen und Witwen sollen, wenn sie öffentlich erscheinen, einen Schleier tragen. Das gilt auch für „Eingeschlossene", also für Haremsdamen, wenn sie ihre Herrin begleiten, und für verheiratete Hierodulen. Unverheiratete Hierodulen müssen dagegen ebenso wie öffentliche Dirnen stets ohne Schleier sein. Wer eine Dirne sieht, die ihr Gesicht verhüllt hat, soll sie festnehmen, Zeugen stellen und sie zum Eingange des Palastes bringen. Ihren Schmuck soll man ihr lassen; wer sie aber ergriffen hat, darf ihre Kleider an sich nehmen. Man soll ihr 50 Stockschläge geben und ihr heißen Asphalt auf den Kopf gießen. Wenn jemand es unterläßt, eine solche Dirne zum Palast zu bringen, soll er selbst mit 50 Stockschlägen bestraft werden. Wer ihn feststellt, darf seine Kleidung nehmen. Man soll ihm außerdem die Ohren durchbohren und eine Schnur hindurchziehen, die man hinten zubindet. Dann soll er einen ganzen Monat Königsdienst leisten. Auch Sklavinnen dürfen sich nicht verhüllen. Wer eine solche Sklavin sieht, muß sie festnehmen und sie ebenfalls zum Eingange des Palastes bringen. Man soll ihr dann zur Strafe die Ohren abschneiden. Wer sie festnimmt, darf ihre Kleider an sich nehmen. Wenn man es unterläßt, eine solche Sklavin zur Behörde zu bringen, wird man in derselben Weise bestraft wie bei der nachsichtigen Behandlung der Dirne. Wenn jemand eine „Eingeschlossene" verhüllen und damit zu seiner eigentlichen Frau machen will, soll er dies vor 5—6 Zeugen tun und dabei die Worte sprechen: „Dies ist meine Gattin." Wenn er dieses unterläßt, ist sie nur als „Eingeschlossene" zu betrachten. Wenn er gestorben ist und von einer Gattin, die verschleiert war, keinen Sohn hinterlassen hat, geht das Erbrecht auf die Söhne der „Eingeschlossenen" über. Wenn jemand an einem dafür in Betracht kommenden Tage[1]) der Tochter eines andern Öl über das Haupt gegossen, ihr beim Mahle die ḫuruppâte[2]) gebracht und sie dadurch für seinen Sohn als Braut angenommen hat, soll dieses nicht rückgängig gemacht werden. Wenn der Vater das Öl ausgegossen und die ḫuruppâte gebracht hat, der Sohn dann aber gestorben oder verschwunden ist, kann er die Braut einem andern Sohne geben, von dem ältesten bis zum jüngsten, der das Alter von zehn Jahren erreicht hat[3]). Wenn der Vater ebenfalls gestorben ist[4]) und der Sohn, für den die Braut bestimmt war, selbst schon von einer früheren Frau einen Sohn von mehr als zehn Jahren hinterlassen hat, kann dieser die Braut heiraten. Wenn die Kinder des Sohnes noch jünger sind,

---

[1]) i-na ûmi ra-a-ki, an einem „leeren" Tage. Der Ausdruck ist uns vorläufig noch nicht verständlich.

[2]) Die Bedeutung ist ebenfalls noch nicht mit Sicherheit festgestellt.

[3]) Dann ergibt sich, wenn die zuerst in Aussicht genommene Ehe schon zustandegekommen ist, auch hier wieder die soeben schon besprochene Leviratsehe.

[4]) Es bestätigt sich also, daß auch der Vater des Verstorbenen für die Eheschließung in Betracht kam. Er hatte seinen Platz hinter den Brüdern, aber vor den Söhnen des Verstorbenen.

liegt die Entscheidung beim Vater der Braut. Er kann seine Tochter in diesem Falle, wenn er will, für eine Eheschließung zur Verfügung stellen; er kann aber auch die Vereinbarung wieder rückgängig machen. Wenn er auf den Abschluß der Ehe verzichtet, muß er alles, was er an Geschenken entgegengenommen hat, soweit es sich nicht um Eßwaren handelt, in vollem Werte zurückgeben. Eßwaren sind also auch hier wieder ausgenommen. Wenn ein Assyrer oder eine Assyrerin bei einem andern für einen Betrag in der Höhe ihres persönlichen Kaufwertes als Pfand wohnt und durch den Betrag zu vollem Preise bezahlt ist, kann dieser sie mit einer Sklavenmarke versehen und ihnen die Ohren durchbohren. Wenn ein Ehemann in Kriegsgefangenschaft geraten ist und die Frau keinen Schwiegervater und keinen Sohn hat, soll sie zwei Jahre auf ihn warten. Wenn in dieser Zeit keine Lebensmittel für sie vorhanden sind, soll sie es melden. Dann wird sie eine Angehörige des Palastes. Der Palast unterhält sie, und sie hat dafür ihre Dienste zu leisten. Wenn ihr dieses, wie es scheint, aus irgend einem Grunde nicht möglich ist[1]), tritt sie in ein ähnliches Verhältnis zu einem ḫubšu, oder man überläßt ihr für die beiden Jahre ein Haus und ein Feld. Am Schluß dieser Zeit erhält sie dann eine Witwenurkunde, die ihr das Recht gibt, sich jetzt noch einmal zu verheiraten. Wenn der Ehemann später zurückkehrt, darf er sie wieder zu sich nehmen; er darf aber an die Kinder, die sie dem zweiten Manne geschenkt hat, nicht herantreten. Wenn er das Haus und das Grundstück übernehmen will, das der Frau zu ihrem Unterhalte überlassen wurde, so kann er das unter denselben Bedingungen. Wenn eine Frau beim Tode ihres Mannes die Wohnung nicht verläßt, haben die Kinder ihres Mannes für sie zu sorgen und ihr Speise und Trank zu geben wie bei einer jungen Frau, die sie lieben. Wenn es eine spätere Gattin ist und Kinder von ihr nicht vorhanden sind, darf sie nach Belieben bei einem der früheren Kinder wohnen. Die Kinder müssen aber in ihrer Gesamtheit für ihre Beköstigung aufkommen. Wenn sie selbst Kinder hat und die früheren Kinder nicht bereit sind, für sie zu sorgen, kann sie bei ihren eigenen Kindern wohnen und Dienste für sie tun, wo es ihr gefällt. Wenn jemand Zauberei betrieben hat und hierbei ertappt und überführt ist, soll man ihn töten. Wer die Vornahme der Zauberei gesehen oder von einem Augenzeugen darüber gehört hat, muß hingehen und es dem König mitteilen. Wenn der Augenzeuge dann leugnet, hat er vor dem Stiergotte, dem Sohne des Sonnengottes, zu schwören: „Er hat es mir doch gesagt." Hierauf soll der König den Augenzeugen, der zuerst gesprochen und dann geleugnet hat, so gut verhören wie er kann, und „sehen, was hinter ihm ist". Dies wird dann genau protokolliert und feierlich beschworen. Wenn jemand die Tochter eines Schuldners, die für eine Schuld in seinem Hause wohnt, verheiraten will, muß er zuerst ihren Vater fragen. Wenn der Vater nicht ein-

[1]) Der Text ist hier teilweise zerstört.

verstanden ist, muß die Heirat unterbleiben. Wenn der Vater schon gestorben ist, hat er einen unter ihren Brüdern zu fragen, und dieser hat es den andern Brüdern mitzuteilen. Wenn einer von den Brüdern dann erklärt: „Ich werde meine Schwester vor Ablauf eines Monats auslösen“, es aber in Wirklichkeit nicht tut, kann er nach Ablauf des Monats die Tochter als sein Eigentum betrachten und frei über sie verfügen. Wenn jemand die Frau eines andern geschlagen und durch diese Mißhandlung eine Fehlgeburt herbeigeführt hat, muß er für ihre Leibesfrucht ein „Leben“ als Ersatz geben. Wenn die Frau gestorben ist, wird er außerdem selbst mit dem Tode bestraft. Die Todesstrafe soll beim Eintreten der Fehlgeburt auch dann verhängt werden, wenn es sich bei der Leibesfrucht um einen Knaben handelt und ein anderer Sohn noch nicht vorhanden ist. Wenn es sich um ein Mädchen handelt, braucht man auch in diesem Falle nur ein „Leben“ als Ersatz zu geben. Wenn man eine Frau geschlagen hat, die nach der Ausdrucksweise des Textes ihre Kinder nicht großzieht[1]), hat man als Buße zwei Talente Blei zu entrichten. Wenn es eine Dirne war, soll der Uebeltäter für die Schläge mit Schlägen bestraft werden und die Leibesfrucht ebenfalls durch ein „Leben“ ersetzen[2]). Wenn eine Frau selbst ihre Leibesfrucht entfernt hat und dieses bewiesen ist, soll man sie „an Hölzern pfählen“ und sie nicht begraben. Dies soll auch dann geschehen, wenn die Frau bei der Abtreibung schon gestorben ist. Wenn die noch unberührte Tochter eines Mannes von jemandem „entweder in der Stadt oder auf dem Felde oder während der Nacht auf einem freien Platze oder in einer Scheune oder bei einem Feste der Stadt“ vergewaltigt wurde, kann der Vater die Gattin des Mannes, der mit der Tochter verkehrt hat, an sich nehmen und in derselben Weise an andere preisgeben. Er braucht sie, wie ausdrücklich hinzugefügt wird, dem Manne nicht zurückzugeben. Wenn eine Gattin nicht vorhanden ist, soll der Mann dem Vater den dreifachen Geldwert der Tochter geben. Er soll die

---

[1]) die sie also verkauft oder vielleicht sogar aussetzt.

[2]) An einer früheren Stelle (S. oben S. 356) lauten die Forderungen bei der Verletzung einer Schwangeren wesentlich anders. Der Text verlangt dort, wie wir gesehen haben, eine Entschädigung von zwei Talenten und 30 Minen und außerdem eine Strafe von 50 Stockschlägen und einem Monat Königsdienst. Die Abschnitte gehen offenbar auf zwei verschiedene Vorlagen zurück. Der Verfasser der einen Quelle hält beim Verluste der Leibesfrucht eine Geldentschädigung für angemessen, der Urheber der anderen Forderung geht von dem Gedanken aus, daß das Leben unter normalen Verhältnissen nur durch ein Leben zu ersetzen ist. Er wünscht, daß der Mutter oder dem Vater ein anderes Kind oder vielleicht auch eine erwachsene Person als Entschädigung zur Verfügung gestellt wird. Im Gesetzbuche des Chammurabi wird für die Zerstörung der Leibesfrucht, wenn es sich bei der Geschlagenen um die Tochter eines Muškênu handelt, ein Ersatz von fünf Schekeln verlangt. Das war in der damaligen Zeit (S. oben S. 213) der Durchschnittspreis für eine Sklavin. Es ist wohl sicher, daß hier ein Zusammenhang besteht. Wohlhabende brauchten ihre Kinder nicht zu verkaufen, Sklaven konnten es nicht, weil die Kinder nicht ihr persönliches Eigentum waren. Der einzige, bei dem dieses häufig genug vorkam, war der Muškênu.

Tochter, wenn der Vater damit einverstanden ist, zur Frau nehmen und darf sie dann nicht entlassen. Wenn der Vater sich weigert, genügt die Zahlung des Geldes. Wenn die Tochter sich aus eigenem Antriebe dem Manne preisgegeben hat und der Mann dieses beschwört, darf man an seine Gattin nicht herantreten. Er hat dem Vater aber auch in diesem Falle das Geld zu entrichten. Der Vater kann alsdann trotz dieser Zahlung über die Tochter verfügen, wie er will.

Mit dieser Bestimmung nehmen die Zusammenstellungen auf der vorliegenden Tafel ihr Ende. Es folgen nur noch einige praktische Bemerkungen, die leider zum größten Teil zerstört sind. In den Schlußzeilen hebt der Verfasser dann zur Beruhigung der assyrischen Familienväter noch besonders hervor: „Abgesehen von den Strafen für [die Frau eines Mannes], die auf der Tafel [geschrieben sind], kann der Mann seine Frau mit einem [Kennzeichen], einer Sklavenmarke, versehen, [ihr] die Oh[ren] verletzen und durch[bohren]. Eine Schuld ist für ihn nicht vorhanden." Er kann sie also, wenn er es für richtig hält, ganz zu einer Sklavin machen.

Von der zweiten Tafel besitzen wir im ganzen noch etwas mehr als den dritten Teil. Sie umfaßte in ihren Vorschriften besonders das Grund- und Bodenrecht. Die erste Spalte ist vollständig zerstört. In der zweiten Spalte beginnen die Angaben sofort mit der Erbteilung. Der älteste Bruder erhält hier zwei Drittel des ganzen Grundbesitzes. Er wählt das erste Drittel nach eigenem Ermessen und läßt dann über die beiden andern Drittel mit den übrigen Brüdern das Los entscheiden. Wenn sich unter Brüdern, die noch nicht geteilt haben, jemand befindet, der einen andern getötet hat, dann soll man ihn, wie der Text sich ausdrückt, vor den Herrn des betreffenden Menschenlebens führen, und dieser soll ihn töten oder, wenn er nachsichtig sein will, den auf ihn entfallenden Anteil nehmen. Wenn einer von den Brüdern Unrichtiges[1]) gesagt hat und geflohen ist, fällt sein Anteil dem Könige zu, der darüber nach freiem Ermessen verfügt. In den beiden folgenden Abschnitten wird der Fall behandelt, wenn mehrere Brüder auf einem noch ungeteilten Acker gemeinsam ihre Bestellungen gemacht haben. Jeder darf nur das ernten, was er selbst gesät und angebaut hat. In der dritten Spalte überrascht uns dann ein ausführlicher Bericht über die Maßnahmen, durch die man bei einem Besitzwechsel die Rechte anderer Personen zu schützen suchte. Wenn jemand in der Stadt Aššur ein Grundstück oder ein Haus zu kaufen wünscht, muß er dieses einen vollen Monat vorher durch einen Ausrufer dreimal öffentlich bekanntmachen lassen. Er hat den Bürgern der Stadt mitzuteilen: „Ich habe die Absicht, das Feld oder das Haus des N. N., des Sohnes des N. N., in der Flur dieser Stadt, käuflich zu erwerben. Alle, bei denen ein Rechtsanspruch oder Grund zu einer

[1]) ṭip-pi-la-ta, Pl. von ṭippiltu; hier wohl kaum Verleumdungen, sondern nur unrichtige Angaben hinsichtlich des Aufenthaltsortes.

Klage vorliegt, mögen ihre Urkunden bringen und bei den Vorstehern hinterlegen, ihre Klage erheben, freimachen und Besitz ergreifen!" Wenn dies geschehen ist, sollen ein Vertreter des Königs, der Stadtschreiber, der Ausrufer und die Vorsteher des Königs oder in einer andern Stadt der Bürgermeister und die drei Ältesten der Stadt zusammentreten und dann ebenfalls durch den Ausrufer verkünden lassen: „In diesem ganzen Monat hat der Ausrufer dreimal gerufen. Wer im Laufe dieses Monats seine Urkunde nicht gebracht und bei den Vorstehern nicht hinterlegt hat, ist seines Rechtes auf das Grundstück oder das Haus verlustig geworden." In der vierten Spalte wird zunächst der Fall behandelt, wenn jemand einem andern das Haus zerstört hat. Er muß in diesem Falle, soweit sich aus dem Texte noch entnehmen läßt, dem Eigentümer den zweifachen Kaufpreis des Hauses entrichten, ein Talent Blei zahlen, bekommt eine nicht mehr genau festzustellende Zahl von Stockschlägen und hat einen ganzen Monat Königsdienst zu leisten. Die beiden folgenden Abschnitte beschäftigen sich dann mit einer betrügerischen Verlegung der Ackergrenze. Wenn jemand die „große Grenze" zum Schaden seines Nachbars verschiebt, hat er die Bodenfläche, die er sich angeeignet hat, dreifach zu ersetzen. Man soll ihm dann außerdem noch einen Finger abschneiden, hundert Stockprügel geben und ihn für einen ganzen Monat zum Königsdienst heranziehen. Wenn jemand die „kleine Grenze" der Wasserläufe verlegt, soll er ein Talent Blei zahlen, das Bodenstück dreifach zurückgeben, eine Prügelstrafe von fünfzig Stockschlägen erhalten und einen Monat Königsdienst leisten. Wenn jemand auf einem fremden Acker einen Brunnen oder ein Wasserbecken gräbt, soll er mit dreißig Stockschlägen und zwanzig Tagen Königsdienst bestraft werden. Wenn jemand auf einem fremden Acker einen Obstgarten anlegt, einen Brunnen gräbt, Bäume zieht und der Eigentümer dieses sieht, aber nicht hindert, dann fällt der Obstgarten dem zu, der ihn angelegt hat; er muß dem Eigentümer aber für den Grund und Boden ein anderes Ackerstück wieder zur Verfügung stellen. Wenn jemand an einer Stelle, die nicht mehr zu seinem Feldbezirk gehört, einen Obstgarten anlegt, einen Brunnen gräbt und Kräuter und Bäume zieht, darf der Eigentümer die Anlage bis zur Grenze seines Geländes[1]) in seinen Besitz nehmen. Wenn jemand auf fremdem Boden Ziegelsteine herstellt, hat er den Boden dreifach zu ersetzen. Man soll ihm außerdem die Ziegelsteine nehmen, fünfzig (oder vierzig?) Stockprügel geben und ihn, wie es scheint, mit einem ganzen Monat Königsdienst bestrafen. In der sechsten Spalte kommen Schwierigkeiten zur Sprache, die sich bei mehreren nebeneinanderliegenden Grundstücken aus den Bewässerungsrechten der einzelnen Besitzer ergeben können. Wenn das Wasser sich einstellt, sollen die Eigentümer der daranliegenden Felder sich darin teilen. Jeder soll auf seinem Felde arbeiten, seinen Acker bewässern, und wenn sie sich

---

[1]) a-di ma-ni-ḫa-te-šu = a-di ma-na-ḫa-te-šu.

nicht zu einigen vermögen, soll einer von ihnen, der eine Verständigung wünscht, sich an die Richter wenden, sich von ihnen eine Urkunde geben lassen und die Bewässerung dann nach dieser Anweisung vornehmen. Hierbei darf ihm keiner den Zufluß durch eine gleichzeitige Bewässerung entziehen.

Wenn man diese Zusammenstellungen mit den Gesetzen des Chammurabi vergleicht, findet man trotz aller Uebereinstimmungen eine weitgehende Verschiedenheit. Diese zeigt sich schon in der sprachlichen Darstellung. Was der Verfasser des babylonischen Gesetzbuches schreibt, ist klar und durchsichtig, in klangvollem, klassisch schönem Akkadisch; was wir in dem assyrischen Werke lesen, ist in der Regel so umständlich und so stark mit belanglosen Einzelheiten überladen, daß das Verständnis dadurch wesentlich erschwert wird. Bei Chammurabi haben wir stets die einfache, aus den Umständlichkeiten der praktischen Wirklichkeit herausgehobene Form einer allgemeingültigen Regel, in der assyrischen Sammlung drängen sich die Begleiterscheinungen oft ganz in den Vordergrund. Dabei zeigt die Sprache schon eine fachwissenschaftliche Durchbildung, die man für die genaue Festlegung der Gedanken als einen Vorzug bezeichnen darf. Es ist nicht mehr die Sprache des bürgerlichen Lebens, sondern die Ausdrucksweise des technisch geschulten Juristen[1]). Die Bezeichnungen sind jedoch im übrigen oft grob und derb. Der Geschlechtsverkehr wird in den betreffenden Abschnitten stets mit einer Deutlichkeit behandelt, wie es bei Chammurabi nirgendwo vorkommt. Das deckt sich ganz mit den Rücksichtslosigkeiten, die auch sonst in den Bestimmungen ihre Billigung finden. Man durfte dem Straßenmädchen, das sich verhüllt hatte, bei der Anzeige die Kleider abreißen und mußte sich dasselbe gefallen lassen, wenn man die Anzeige unterließ. Die Strafen, die man verhängte, waren geradezu barbarisch. Das Abschneiden von Ohren und Nase gehört zu den Maßnahmen, mit denen die Hausfrau bei bestimmten Verfehlungen ebenso zu rechnen hatte wie der Sklave oder die Sklavin. Ein Kuß konnte mit der Entfernung der Unterlippe, ein Fehlgriff der Hand mit dem Abschneiden eines Fingers bestraft werden. Die Prügelstrafe war nach den Angaben überaus häufig. Man erhielt dabei, soweit die Stellen noch klar zu lesen sind, im günstigsten Falle 20, in der Regel 50 und unter Umständen sogar 100 wohlgezählte Stockschläge. Am meisten scheint man aber das Ueberschütten des Kopfes mit glühendem Asphalt gefürchtet zu haben. Dies wird auch in den Urkunden mitunter in Aussicht gestellt, wenn man sich vor einem Einspruch gegen die Vereinbarungen unbedingt schützen wollte[2]). Es setzt in seiner Ausführung eine Grausamkeit voraus, die sich wohl kaum noch überbieten läßt.

---

[1]) Das sieht man z. B. schon an den Bildungen auf ânu, die jedesmal den Täter anzeigen. Diese Formen sind in andern Texten bei weitem nicht so häufig.

[2]) Wenn jemand Einspruch erhebt, dann soll ihm der Kopf mit heißem Erdpech bedeckt werden!

2.

Von Tiglatpileser bis zum Tode des Königs Salmanassar III.

Wir erwähnten schon, daß Tiglatpileser bei seinen Kriegsunternehmungen so oft wieder in denselben Gegenden zu tun hatte. Das war für den weiteren Gang der Entwicklung ein bedenkliches Zeichen. Man hörte auf, ihn zu fürchten, wenn er sich mit dem Heere wieder zurückgezogen hatte, und man ließ sich auch durch ein wiederholtes Erscheinen der assyrischen Kriegsmacht nicht allzu sehr einschüchtern. Als er dann gestorben war, kam es tatsächlich schon bald wieder zu einem vollständigen Zusammenbruch. Die Unterworfenen vergaßen schon in den ersten Jahren, wie es scheint, wieder die Verpflichtungen, die sie übernommen hatten, und die Aramäer drangen ungestraft im Süden von Karkemisch, an der Mündung des Belich und am Einfluß des Chabur über den Euphrat vor und brachten allmählich fast ganz Mesopotamien in ihren Besitz. Sie eroberten zur Zeit des Königs Tiglatpileser II., also um das Jahr 950[1]), die Stadt Gidara[2]), die wir östlich von Harran, in der Gegend von Mardin, zu suchen haben, und gelangten dann in den folgenden Jahren ohne größeren Widerstand bis zum Tigris. Hierauf beginnt aber schon unter Assurdan II., dem Sohne des Tiglatpileser, wieder der Aufstieg. Wir erfahren aus seinen Annalen, daß er gleich im ersten Jahre seiner Regierung einen Angriff der Aramäer siegreich zurückwies. Auf dem zweiten Feldzuge konnte er die Feinde wieder aus den südlichen Bezirken des Landes vertreiben, auf den folgenden Zügen wurden im Norden erhebliche Teile des verlorenen Gebietes zurückerobert. Die weiteren Erfolge waren aber seinem Nachfolger Adadnirari[3]) II. vorbehalten, der in einer langen Reihe von wohlüberlegten und unmittelbar aufeinanderfolgenden Kriegszügen die frühere Macht der Assyrer fast ganz wieder herstellte. Die Assyrer erblickten in diesen Erfolgen selbst, wie es scheint, den Anfang einer neuen Zeitepoche. Sie datierten ebenso, wie es später in Griechenland üblich war, bei jedem Jahre nach dem Namen einer bestimmten Persönlichkeit, nach der dieses Jahr im eigentlichen Sinne des Wortes benannt wurde. Dieses Verfahren war damals schon sehr alt. Es ist aber bezeichnend, daß die Listen, in denen die Namen zusammengestellt waren, die sogenannten Eponymenlisten, für die spätere Zeit nach den bisherigen

---

[1]) Tiglatpileser II. regierte nach Weidner, Archiv für Orientforschung IV (1927), S. 17 von 965—933.

[2]) Keilschrifttexte aus Assur historischen Inhalts, zweites Heft, autographiert von O. Schroeder, Nr. 84, Z. 52—53; Seidmann, Die Inschriften Adadniraris II., Mitteilungen der Altorient. Gesellsch. Bd. IX, Heft 3, Leipzig 1935, S. 20—21.

[3]) = Adadnarari (So nach den phonetischen Schreibungen des Namens bei Adadnarari I.).

Funden gerade mit der Thronbesteigung des Adadnirari ihren Anfang nahmen. Die Listen sind durch die Erwähnung einer Sonnenfinsternis, die in das Jahr des Bur-Sagale fiel, mit ihren Ansätzen chronologisch genau festgelegt. Die Finsternis war am 15. Juni des Jahres 763. Wir müssen aber mit Rücksicht auf unsere weiteren Untersuchungen sofort hinzufügen, daß die Angaben in einem Teil der uns bisher bekannt gewordenen Niederschriften einige Fehler aufweisen, die wir bei der Benutzung nicht übersehen dürfen. Man hatte Verzeichnisse, in denen nur die Namen genannt wurden, und Zusammenstellungen, in denen auch kurz hervorgehoben wurde, welches Amt die Träger dieser Namen bekleideten und was sich in dem Jahre besonders zugetragen hatte. Diese „Listen mit Beischriften", auch Verwaltungslisten genannt, sind offenbar als die Grundform zu betrachten, aus der die einfachen Namensverzeichnisse hervorgegangen sind. Die Listen mit den Beischriften bieten für die Zeit von Ṣil-Ištar (nach älteren Zählungen = 788) bis zum letzten Regierungsjahre des damaligen Königs die Namen Nabušaruṣur, Adaduballiṭ, Mardukšaruṣur und Ninurtanaṣir, die einfachen Listen haben dagegen in der Form, in der sie uns zuerst bekannt wurden, an derselben Stelle fünf Namen, und zwar die Namen Balaṭu, Adaduballiṭ, Mardukšaruṣur, Nabušaruṣur und Ninurtanaṣir. Dieser Unterschied wird dann bei den Jahren 718 und 717 in einer ebenso einfachen wie bedenklichen Weise wieder ausgeglichen. Für das Jahr 718 waren zwei Namen in Gebrauch; man bezeichnete es nach der einen Ueberlieferung als das Jahr des Aššur-mât- . . . . und nach andern Niederschriften als das Jahr des Zir-ibni. Der Träger des einen Namens war hier offenbar vor der Zeit ausgeschieden und hatte noch für dasselbe Jahr einen Nachfolger erhalten. Es wäre deshalb richtig gewesen, wenn man die beiden Namen, da man für jedes Jahr eine besondere Zeile zu nehmen pflegte, in einer einzigen Zeile nebeneinandergestellt hätte. Das wird auch zum Teil geschehen sein. In dem Texte, der uns augenblicklich beschäftigt, finden wir aber an dieser Stelle nicht den Aššur-mât- . . . . und den Zir-ibni, sondern die Namen Zir-ibni und Ṭâbu-šar-Aššur. Dieser Ṭâbu-šar-Aššur war nach andern Angaben schon der Eponym des Jahres 717. Der Schreiber hat hier also von den beiden Namen, die für das Jahr 718 in Betracht kamen, den einen an die Seite geschoben und dafür den Eponym des folgenden Jahres eingesetzt. Damit war die Zahl der Zeilen allerdings wieder hergestellt. Die Liste hatte nur den einen Fehler, daß alle Namen, die von diesen Verschiebungen berührt wurden, um ein Jahr zu tief angesetzt waren. Da der Nachfolger des Ṣil-Ištar in der einen Gruppe von Texten als Nabušaruṣur und in dem andern Verzeichnis als Balaṭu bezeichnet wird, dürfen wir für diese Verschiedenheit einen ähnlichen Grund voraussetzen wie bei dem Wechsel von Aššur-mât- . . . . und Zir-ibni. Die Angaben haben offenbar beide ihre Berechtigung. Sie haben aber den Urheber der einfachen Liste in Verlegenheit gebracht. Da er in dem Texte, dem er das meiste Vertrauen entgegenbrachte, den Namen Balaṭu vorfand, hielt er die Erwähnung des Nabušaruṣur an dieser Stelle für einen Fehler. Er war aber davon überzeugt, daß der Name in der Liste nicht fehlen durfte, und stellte ihn deshalb mit dem Namen Mardukšaruṣur zusammen, der ganz in derselben Weise gebildet war. Beide Namen enthalten ein in dieselbe Form gekleidetes Gebet. In dem einen Falle soll Marduk und in dem andern der Gott Nabu dem Könige seinen Schutz angedeihen lassen. Dabei ist Marduk zugleich der Vater des Nabu. Ein solches Zusammentreffen ist bei einer geschichtlichen Aufeinanderfolge für die Wirklichkeit viel zu schön. Es kann nur das Ergebnis psychologischer Gedankenverbindungen sein, die hier den geschichtlichen Zusammenhang vollständig durchbrechen[1]). Wir haben hier also die Einschaltung wieder zu beseitigen und dadurch die Zahlenreihe um ein Jahr zu kürzen. Der Anfang der Liste ist leider zerstört. Das erste Jahr muß aber das Jahr 911 gewesen sein. Der Tod des Adadnirari fiel entweder in das Jahr 891 oder in das Jahr 890.

Tukulti-Ninurta II., der Sohn und Nachfolger des Adadnirari, unterwarf an der Nordgrenze des Reiches die Aramäer, die sich in der Gegend von Diarbekr niedergelassen hatten. Er starb aber schon im sechsten Regierungsjahre. Damit ging die Herrschaft auf den damals noch jungen, aber tatendurstigen und zu einer oft grausamen Rücksichtslosigkeit neigenden Assurnaṣirpal über.

Assurnaṣirpal übernahm die Regierung wahrscheinlich im Jahre 884. Die Ziele, die er verfolgte, waren durch die Verhältnisse von selbst gegeben. Es konnte sich nur darum handeln, die Erfolge seiner letzten Vorgänger weiter auszubauen und für die Zukunft zu sichern. Hierbei verfuhr er, soweit sich die Dinge vorhersehen ließen, nach einem bestimmten und in der Aufeinanderfolge der Unternehmungen klar hervortretenden Plane. Er suchte auf dem ersten Kriegszuge die Macht der Assyrer im Nordosten wieder herzustellen, unternahm dann in demselben Jahre noch einen zweiten Zug, der mehr nach Norden gerichtet war, überschritt auf diesem Zuge nach den ersten Erfolgen den Tigris und rückte darauf nach Kummuch vor, um von dort aus, wie es scheint, seinen Weg nach Nordwesten fortzusetzen. Als er aber noch in Kummuch war, hörte er von Unruhen in Bît-Chalupe, am mittleren Chabur, wo man den assyrisch gesinnten Fürsten des Landes getötet und einen gewissen Achijababa, aus dem Nachbarstaate Bît-Adini[2]), an dessen Stelle gesetzt hatte. Er entschloß sich, sofort einzugreifen, und erschien mit seinem Heere ganz unerwartet vor der Hauptstadt, die sich ergab und den Achijababa auslieferte, aber trotzdem ganz ausgeplündert wurde. Die Schuldigen wurden teils geschunden und teils gepfählt. Das wirkte für die ganze Gegend als ein abschrecken-

[1]) Vgl. für die Einzelheiten besonders E. Forrer, Zur Chronologie der neuassyrischen Zeit, Mitteilungen der Vorderasiat. Gesellsch. 20. Jahrg. (1915), Heft 3, Leipzig 1916, S. 5—9.

[2]) Zwischen Belich und Euphrat.

des Beispiel. Auch die Staaten am westlichen Ufer des Euphrat, Lake und Chindanu, schickten jetzt reiche Geschenke. Der Herrscher von Chindanu mußte zum Ausdruck seiner Abhängigkeit außerdem noch ein Bildnis des neuen Gebieters, das er bei dieser Gelegenheit erhielt, in einem Raume seines Palastes aufstellen und am Stadttor besondere Steintafeln anbringen lassen, auf denen Assurnaṣirpal im Stile der damaligen Prunkinschriften von seiner Macht und seinen Großtaten erzählte. Der Fürst von Suchi, der etwas mehr nach Süden wohnte, erschien im folgenden Jahre sogar in Ninive und überreichte dem Könige einen Tribut an Gold und Silber. Man kann es aber begreifen, daß diese Freigebigkeit nicht andauerte. Die Tributpflichtigen vergaßen schon bald wieder auf ihre Verpflichtungen, bis Assurnaṣirpal zum zweiten und schließlich zum dritten Male erschien und ihnen jedesmal recht klar zum Bewußtsein brachte, daß sie unter allen Umständen zu gehorchen und zu zahlen hatten. Beni dem zweiten Unternehmen, das in das sechste Jahr seiner Regierung fällt, zog er den Chabur und den Euphrat herunter, das folgende Mal[1]) drang er bis in das Gebiet auf der rechten Seite des Stromes vor. Dann wandte er sich[2]) gegen den Fürsten Achuni von Bît-Adini, der seine Nachbarn bei ihren Auflehnungen stets unterstützt hatte, und zwang ihn ebenfalls zur Unterwerfung und zur Entrichtung eines Tributes. Nach diesen Erfolgen konnte er endlich ohne Bedenken mit seinen Truppen bis nach Syrien vorrücken. Er setzte bei Karkemisch über den Euphrat[3]) und zog dann auf geradem Wege zum Lande Chattin, einem Teilgebiete des alten Chethiterreiches, wo er über Ḫazazu, nördlich von Aleppo, zunächst bis zur Hauptstadt Kunulua gelangte. Lubarna, der König des Landes, hatte von vornherein auf jeden Widerstand verzichtet. Er hatte ihm in Ḫazazu schon Gold und kostbare Kleidungsstoffe überreichen lassen und brachte jetzt einen gewaltigen Tribut zusammen, der uns im einzelnen genau aufgezählt wird. Es waren „20 Talente Silber, 1 Talent Gold, 100 Talente Blei, 100 Talente Eisen, 1000 Rinder, 10 000 Schafe, 1000 buntgewebte und linnene Gewänder, ein Ruhelager aus urkarinu-Holz mit kostbaren Einfassungen, Betten aus urkarinu-Holz, Betten mit kostbaren Einfassungen, viele Platten aus Elfenbein und urkarinu-Holz, viel Gerät aus seinem Palaste, dessen Gewicht nicht zu schätzen ist, Sängerinnen . . . . ., ein großer Affe und mächtige Kriegswaffen“. Assurnaṣirpal reihte außerdem die Wagen, die Reiterei und das Fußvolk von Chattin in sein eigenes Heer ein und ließ sich zum Schluß noch Geisel geben, um auf diese Weise vor Ueberraschungen während der Fortsetzung des Durch-

[1]) Das Jahr wird hier nicht angegeben; es kann frühestens im siebten Jahre gewesen sein.

[2]) Frühestens im achten Jahre seiner Regierung; es kann aber auch später gewesen sein.

[3]) Das Jahr ist hier ebenfalls nicht angegeben. Es kann frühestens im neunten Jahre gewesen sein.

marsches gesichert zu sein. Er empfing damals auch, wie er berichtet, den Tribut des Gu-u-si = Gûsi vom Lande Jaḫan, bestehend aus Silber, Gold, Blei, [Eisen], Rindern, Schafen und wertvollen Gewändern. Der Zug ging dann nach den weiteren Angaben des Textes über den Orontes und von dort in südlicher Richtung bis zu der an der Grenze gelegenen Festung Aribua, die sofort von den Assyrern besetzt wurde. Assurnaṣirpal zog von hier aus gegen die Städte des Landes Luḫuti, wo er weniger Entgegenkommen fand, und ließ die Gefangenen, wie er sich rühmt, zum Teil wieder vor den Toren der Ortschaften grausam pfählen. Darauf zog er den Libanon entlang bis zu dem „großen Meere des Landes Amurru". Er reinigte dort in dem Wasser dieses Meeres seine Waffen und opferte seinen Göttern. Die Könige am Rande des Meeres, die Fürsten von Tyrus, Sidon, Byblus, Maḫallat, Maiṣa, Ḳaiṣa, Amurru und Arwad, schickten ihm als Tributgeschenke Silber, Gold, Blei, Kupfer, Gefäße aus Kupfer, buntgewebte Kleider, Kleider aus Leinwand, einen großen Affen, einen kleinen Affen, ušu-Holz, urkarinu-Holz und Zähne von dem im Meere lebenden naḫiru. Die Gaben waren zwar, wie man deutlich zwischen den Zeilen liest, bei weitem nicht so zahlreich wie in der Hauptstadt des Landes Chattin[1]); sie scheinen ihm aber vollkommen genügt zu haben. Als er zurückkehrte, ließ er auf dem Amanus noch Zedern schlagen, die ihm in der Heimat für seine Bauten unentbehrlich waren.

Die Israeliten wurden damals von den Ereignissen noch gar nicht berührt. Das geschah erst unter Salmanassar III., dem Sohne des Assurnaṣirpal, der im Jahre 859 zur Herrschaft gelangte. Das erste volle Regierungsjahr war das Jahr 858. Er drang in diesem Jahre schon bis westlich von Amanus vor und errichtete dort in der Nähe des Meeres sein Standbild. In den folgenden drei Jahren kämpfte er gegen den Fürsten Achuni von Bît-Adini, der sich schließlich auf die Westseite des Euphrat zurückzog und dort in einer Felsenburg auf einer steilen Bergeshöhe nach kurzem Widerstande zur Uebergabe gezwungen wurde. Nun kam die Reihe von selbst an die andern im Westen gelegenen kleineren Staaten. Salmanassar erschien bereits in den ersten Monaten des Jahres 853 mit seinen Truppen wieder am Belich, besetzte dort die Ortschaften eines Gebietes, wo die Bevölkerung den Fürsten Giammu in ihrer Angst vor den Assyrern schon getötet hatte, und überschritt dann noch vor dem Zurücktreten der Hochflut den Euphrat. Die Fürsten von Karkemisch, Kummuch, Bît-Gusi[2]), Melid, Bît-Gabari[3]), Chattin und Gurgum schickten sofort ihre Tribute, und auch die Bewohner

[1]) Es fehlen aus guten Gründen alle Angaben über Menge, Zahl und Gewicht.

[2]) = Jaḫan. Der Fürst wird als tur Gu-si = mâr Gusi, als Sohn oder Nachkomme des soeben schon erwähnten Gu-u-si, bezeichnet.

[3]) Nach andern Angaben = Sam'al. Der Fürst war nach der hier vorliegenden Bezeichnung ein tur Ga-ba-ri.

von Ḫalman = Ḫalwan = Aleppo fürchteten sich vor der Macht seiner Waffen und umfaßten seine Füße. Dann stieß er aber bei Karkar, in der Nähe von Hamat, auf ein starkes Kriegsheer. Zwölf Könige, zu denen auch Achab von Israel gehörte, hatten sich unter der Führung des Königs Bir-idri = Bar-Hadar = Bar-Hadad = Ben-Hadad von Damaskus mit ihren Truppen zusammengeschlossen und erwarteten ihn hier zum Kampfe. Salmanassar scheint in diesem Kampfe zwar siegreich gewesen zu sein; er hielt es aber für angezeigt, sich vorläufig wieder zurückzuziehen. Im Jahre 848 zog er dann noch einmal gegen diese Macht zu Felde, und zwar mit gleichem Erfolge, ebenso 845. Die Verhältnisse schienen sich erst günstiger zu gestalten, als er im Jahre 841 den vierten Zug unternahm. In Damaskus hatte damals ein Thronwechsel stattgefunden; Chazael, der Nachfolger des Ben-Hadad, ein Usurpator, hatte bei den Bundesgenossen seines Vorgängers keine Hilfe gefunden und war bei dem Zusammenstoß ganz auf sich selbst angewiesen. Er wurde geschlagen und mußte sich nach außergewöhnlichen Verlusten in seine Hauptstadt zurückziehen. Die Assyrer waren aber auf eine längere Belagerung, wie es scheint, nicht vorbereitet. Sie beschränkten sich darauf, die Bäume rings um die Stadt niederzuschlagen und die Ortschaften in der Umgegend zu verwüsten. Im Jahre 838 unternahm Salmanassar alsdann noch einen letzten Zug, der ebenfalls zu keinem abschließenden Ergebnis führte. Jehu, der König von Israel, schickte im Jahre 841 einen Tribut.

Wir besitzen über diese Vorgänge zum Teil recht ausführliche Berichte. Der erste Zug wird am eingehendsten in der Inschrift auf einem am oberen Tigris gefundenen Monolithen[1]) behandelt. Das Denkmal wurde schon im Jahre 852 dort errichtet; es stellt also in seinen Angaben eine Quelle dar, die bis unmittelbar an die fraglichen Begebenheiten heranreicht. Salmanassar glaubt hier in dem letzten Abschnitt des Textes der Nachwelt folgendes mitteilen zu müssen:

„Im Jahre des Dajan-Aššur, im Monat Ajar, am 14. Tage, brach ich von Ninive auf. Den Tigris überschritt ich, den Städten des Giammu am Baliḫ[2]) näherte ich mich. Vor dem Schrecken meiner Herrschaft, vor dem Glanze meiner grimmen Waffen, fürchteten sie sich, und mit ihren eigenen Waffen töteten sie Giammu, ihren Herrn. In die Städte Kitlala und Tilšamâraḫi[3]) zog ich ein. Meine Götter ließ ich einziehen in seine Paläste; ein Fest hielt ich ab in seinen Palästen. Sein Schatzhaus öffnete ich und sah seine Schätze; seine Habe und sein Besitztum führte ich fort, brachte ich zu meiner Stadt Aššur. Von Kitlala brach ich auf, näherte mich der Stadt Karšulmanašaridu. Mit Schiffen aus Hammelhäuten überschritt ich

[1]) III Rawlinson 7—8; Keilinschriftliche Bibliothek, herausgeg. von Eberhard Schrader, Bd. I, S. 150 ff.; Luckenbill, Ancient Records of Assyria and Babylonia, Vol. I, § 595—611.

[2]) = Belich.

[3]) Til-ša-tur-a-ḫi.

zum zweiten Male den Euphrat bei seiner Hochflut. Den Tribut der Könige jenseits des Euphrat, des Sangar von Karkemisch, des Kundašpi von Kummuch, des Arame von Bît-Gusi, des Lulli von Melid, des Ḫajani von Bît-Gabari, des Kalparuda von Chattin, des Kalparuda von Gurgum: Silber, Gold, Blei, Kupfer, Gefäße aus Kupfer, empfing ich in Anaaššurutiraṣbat, jenseits des Euphrat, am Sagurflusse, das die Chethiter Pitru[1]) nennen. Vom Euphrat brach ich auf, näherte mich Ḫalman. Sie fürchteten sich vor einer Schlacht und umfaßten meine Füße. Silber und Gold empfing ich als ihren Tribut; ich opferte dem Hadad von Ḫalman. Von Ḫalman brach ich auf, näherte mich zwei Städten des Irḫulêni von Hamat, den Städten Adennu und Barga. Argana, die Stadt seiner Königsherrschaft, eroberte ich; seine Beute, seine Habe, das Besitztum seiner Paläste, führte ich fort; in seine Paläste warf ich Feuer. Von Argana brach ich auf, näherte mich Karkar. Karkar, die Stadt seiner Königsherrschaft, zerstörte ich, vernichtete ich, ließ ich in Feuer aufgehen. 1200 Wagen, 1200 Reiter, 20 000 Soldaten des Bir-idri von Damaskus, 700 Wagen, 700 Reiter, 10 000 Soldaten des Irḫulêni von Hamat, 2000 Wagen, 10 000 Soldaten des Achab von Israel[2]), 500 Soldaten des Guäers[3]), 1000 Soldaten des Muzräers, 10 Wagen, 10 000 Soldaten des Irḳanatäers, 200 Soldaten des Matinuba'li von Arwad, 200 Soldaten des Usanatäers, 30 Wagen, 10 000 Soldaten des Adunuba'li von Sianu, 1000 Kamele des Arabers Gindibu', . .000 Soldaten des Amanäers[4]) Ba'sa von Bît-Ruḫubi — diese 12 Könige[5]) nahm er sich zu Hilfe. Um Kampf und Schlacht zu liefern, zogen sie gegen mich. Mit der erhabenen Kraft, die Aššur, der Herr, mir verlieh, mit den gewaltigen Waffen, die Nergal, der vor mir hergeht, mir geschenkt hat, kämpfte ich mit ihnen. Von Karkar bis Gilzâ bewirkte ich ihre Niederlage. 14 000 ihrer Krieger warf ich mit den Waffen nieder. Wie Adad ließ ich ein Unwetter über sie herabregnen, verbreitete weit ihre Leichen. Die Ebene füllte ich mit ihren gewaltigen Truppen; mit den Waffen ließ ich ihr Blut fließen . . . . . . Zu eng war das Feld, sie niederzuwerfen; die weite Flur wurde verbraucht zu ihrem Begräbnis. Mit ihren Leichen versperrte ich den Orontes wie mit einem Damm. In jener Schlacht nahm ich ihnen ihre Wagen, ihre Reiter, ihre Pferde, das Gespann ihrer Joche" (Kol. II Z. 78—102).

Wesentlich kürzer faßt er sich begreiflicherweise in einem Texte, der von seinen Taten bis zum Jahre 828 erzählt, also genau 25 Jahre jünger erscheint. Es ist dieses die Inschrift auf dem in

---

[1]) Hebr. Pethor, Num. 22, 5 und Deut. 23, 5 als Heimat des Bileam genannt.

[2]) A-ḫa-ab-bu mât Sir-'i-la-a-a, des „Sir'iläers" Achab.

[3]) Oder Ḳuäers, von Ḳue = Kilikien.

[4]) = Ammoniters.

[5]) In Wirklichkeit sind nur 11 aufgezählt.

24*

Kalḫu gefundenen sogenannten schwarzen Obelisken[1]). Wir lesen dort bloß:

„In meinem sechsten Regierungsjahre näherte ich mich den Städten im Gebiete des Baliḫflusses. Giammu, den Herrn ihrer Stadt, töteten sie. In Tilmâraḫi zog ich ein. Den Euphrat überschritt ich in der Zeit seiner Hochflut; Tribut empfing ich von allen Königen des Chattilandes. In jenen Tagen verließen sich Bir-idri, der [König] von Damaskus, Irḫulina von Hamat sowie die Könige des Chattilandes und der Meeresküste gegenseitig auf ihre Streitkräfte und zogen, um Kampf und Schlacht zu liefern, mir entgegen. Auf Befehl Aššurs, des großen Herrn, meines Herrn, kämpfte ich mit ihnen und brachte ihnen eine Niederlage bei. Ihre Wagen, ihre Reiter, ihr Schlachtgerät nahm ich ihnen fort. 20 500 ihrer Krieger erschlug ich mit den Waffen" (Z. 54—66).

In ähnlicher Weise berichtet er in einer Inschrift, die sich auf zwei Stierkolossen aus Kalḫu befindet. Die Angaben dieses Textes reichen bis zum Jahre 841; sie weisen aber an einigen Stellen erhebliche Lücken auf, da der Wortlaut nur schlecht erhalten ist. Der Abschnitt hatte nach der Bearbeitung von Delitzsch[2]) ursprünglich folgende Fassung:

„In meinem sechsten Regierungsjahre brach ich von Ninive auf, näherte mich dem Baliḫ. [Das Land] fürchtete sich vor meinen mächtigen Waffen, und [sie töteten] Giammu, [den Herrn ihrer Stadt. In] Tilmâraḫi zog ich ein, nahm die Stadt in eigenen Besitz. Vom Ufer des Baliḫ brach ich auf, den Eu[phrat überschritt ich während seiner Hochflut. Den Tribut] der Könige des Chattilandes empfing ich. Vom Chattilande brach ich auf, näherte mich Ḫalman. [Opfer] brachte ich dar [vor Hadad] von Ḫalman. Von Ḫalman brach ich auf, näherte mich Karkar. Bir-idri von Damaskus und Irḫulêni von Hamat nebst 12 Königen der Meeresküste verließen sich auf ihre gegenseitigen Streitkräfte und zogen, um Kampf und Schlacht zu liefern, gegen mich heran. Mit ihnen kämpfte ich. 25 000 ihrer Krieger warf ich mit den Waffen nieder. Ihre Wagen, ihre Reiter, ihr Schlachtgerät nahm ich ihnen weg. Um ihr Leben zu retten, machten sie sich davon. Ich bestieg Schiffe, fuhr mitten in das Meer hinein" (Z. 67—74).

Ueber das zweite Unternehmen gegen Damaskus (i. J. 848) heißt es in dieser Inschrift:

„In meinem elften Jahre brach ich von Ninive auf. Zum neunten Male überschritt ich den Euphrat bei seiner Hochflut. 97 Städte des Sangar eroberte ich, 100 Städte des Arame eroberte, zerstörte, verwüstete ich, verbrannte ich mit Feuer. Am Ḫamânu[3])-Gebirge

---

[1]) Veröffentlicht von Layard, Inscriptions in the Cuneiform Character Pl. 87—98 und von Abel und Winckler, Keilschrifttexte zum Gebrauch bei Vorlesungen S. 7—12. Umschrift und Uebersetzung Keilinschr. Bibliothek Bd. I S. 128 ff.; Uebersetzung von Luckenbill Ancient Records etc. Vol. I § 555—588. Hierzu kommen außerdem noch die Texte zu den Reliefbildern.

[2]) Beiträge zur Assyriologie Bd. VI, Heft 1, S. 143 ff.

[3]) = Amanus.

zog ich entlang, den Berg Jaraḳu überschritt ich, nach den Städten des Hamatäers stieg ich hinab. Die Stadt Aštamaku nebst andern 99 Städten eroberte ich; ihre Bewohner tötete ich, plünderte sie. In jenen Tagen verließen sich Bir-idri von Damaskus und Irḫulêni von Hamat nebst zwölf Königen vom Ufer des Meeres auf ihre gegenseitigen Streitkräfte und zogen, um Kampf und Schlacht zu liefern, gegen mich aus. Mit ihnen kämpfte ich, besiegte sie. 10 000 ihrer Krieger schlug ich nieder mit den Waffen. Ihre Wagen, ihre Reiter, ihr Schlachtgerät nahm ich ihnen. Auf meinem Rückwege eroberte ich Apparazu, die Festung des Arame. Zu jener Zeit empfing ich den Tribut des Kalparundi von Chattin: Silber, Gold, Blei, Pferde, Rinder, Schafe, Kleider und Leinwand. Zum Ḫamânu-Gebirge stieg ich empor, fällte Zedernbalken" (Z. 90—96).

Kürzer ist der Bericht auf dem Obelisken:

„In meinem elften Regierungsjahre überschritt ich zum neunten Male den Euphrat. Städte eroberte ich ohne Zahl. Nach den Städten des Chattilandes und den Städten von Hamat stieg ich hinab; 89 Städte eroberte ich. Bir-idri von Damaskus und 12 Könige des Chattilandes verließen sich auf ihre gegenseitigen Streitkräfte. Ich besiegte sie" (Z. 87—89).

Über den dritten Zug (i. J. 845) lesen wir in der Stierinschrift:

„In meinem vierzehnten Regierungsjahre bot ich das weite Land auf ohne Zahl. Mit 120 000 meiner Truppen überschritt ich den Euphrat während seiner Hochflut. Zu jener Zeit boten Bir-idri von Damaskus und Irḫulêni von Hamat nebst 12 Königen von der Küste des oberen und des unteren Meeres ihre vielen Truppen auf ohne Zahl und zogen gegen mich heran. Mit ihnen kämpfte ich, besiegte sie. Ihre Wagen, ihre Reiter, vernichtete ich, ihr Kampfgerät nahm ich ihnen fort. Um ihr Leben zu retten, machten sie sich davon" (Z. 99—102).

Auf dem Obelisken heißt es ganz kurz:

„In meinem vierzehnten Regierungsjahre bot ich das Land auf. Den Euphrat überschritt ich. 12 Könige zogen gegen mich heran. Ich kämpfte [mit ihnen], besiegte sie" (Z. 91—92).

Die Vorgänge des Jahres 841 sind am ausführlichsten behandelt in einem Texte, den G. Smith im Jahre 1866 unter den Papierabdrücken des Britischen Museums entdeckte[1]). Der König berichtet dort:

„In meinem achtzehnten Regierungsjahre überschritt ich zum sechzehnten Male den Euphrat. Chazael von Damaskus verließ sich auf die große Zahl seiner Truppen und bot seine Truppen in Menge auf. Den Saniru, eine Bergspitze gegenüber dem Libanon, machte

[1]) Das Original ist leider nicht mehr nachzuweisen. Veröffentlichungen III Rawlinson 5, Nr. 6, Abel und Winckler a. a. O. S. 13, Delitzsch, Assyrische Lesestücke, 5. Aufl. S. 60 u. ö. Umschrift und Uebersetzung u. a. bei Schrader, Keilinschr. Bibliothek Bd. I S. 140 f. (Anm.) und Winckler, Keilinschr. Textbuch zum Alten Testament, 3. Aufl., S. 23f.; Uebers. von Ebeling bei Greßmann, Altorient. Texte zum Alten Testament, 2. Aufl. S. 343, von Luckenbill Records Vol. I § 672.

er zu seiner Festung. Ich kämpfte mit ihm, besiegte ihn. 16 000 seiner Krieger schlug ich nieder mit den Waffen; 1121 seiner Streitwagen, 470 seiner Reiter sowie sein Feldlager nahm ich ihm fort. Um sein Leben zu retten, machte er sich davon. Ich zog hinter ihm her; in Damaskus, der Stadt seiner Königsherrschaft, schloß ich ihn ein. Seine Obstgärten schlug ich nieder, zog bis zum Gebirge des Hauran. Städte ohne Zahl zerstörte ich, verwüstete ich, ließ ich in Feuer aufgehen; Beute machte ich bei ihnen ohne Zahl. Bis zu dem Gebirge Ba'li-ra'si, einem Vorgebirge, zog ich und stellte dort mein Königsbild auf. Damals empfing ich Tribut von den Tyrern, den Sidoniern und von Jaua von Bît-Ḫumri[1])".

In dem Texte des Obelisken erzählt er uns nur:

„In meinem achtzehnten Regierungsjahre überschritt ich den Euphrat zum sechzehnten Male. Chazael von Damaskus zog zum Kampfe heran. 1121 seiner Streitwagen, 470 seiner Reiter nebst seinem Feldlager nahm ich ihm fort" (Z. 97—99). Hierzu kommt aber im Zusammenhange mit dem Schlußsatze des vorigen Textes noch die zweite Reihe der bildlichen Darstellungen, die sich auf diesem Denkmal befinden. Wir lesen dort über dieser Figurenreihe: „Tribut des Jaua von Bît-Ḫumri: Silber, Gold, eine Schale aus Gold, eine Schüssel (?) aus Gold, Becher aus Gold, Eimer aus Gold, Blei, ein Zepter[2]) für die Hand des Königs und Speere[3]) empfing ich von ihm." Der Tribut wurde von Jehu, der sich auf dem Bilderstreifen vor Salmanassar zu Boden wirft, persönlich überbracht.

In der Stierinschrift heißt es über die Ereignisse dieses Jahres:

„In meinem achtzehnten Regierungsjahre überschritt ich zum sechzehnten Male den Euphrat. Chazael von Damaskus verließ sich auf die große Zahl seiner Truppen und bot seine Truppen in Menge auf. Den Saniru, eine Bergspitze gegenüber dem Libanon, machte er zu seiner Festung. Ich kämpfte mit ihm, besiegte ihn. 16 000 seiner Krieger erschlug ich mit den Waffen; 1121 seiner Streitwagen, 470 seiner Reiter sowie sein Feldlager nahm ich ihm fort" (Z. 41—52).

Für das Jahr 838 steht uns nur die Angabe auf dem Obelisken zur Verfügung:

„In meinem einundzwanzigsten Regierungsjahre überschritt ich zum einundzwanzigsten[4]) Male den Euphrat. Gegen die Städte des Chazael von Damaskus zog ich; vier seiner Städte erobert ich.

[1]) Ia-u-a tur Ḫu-um-ri-i = Jaua mâr Ḫumri, Jehu, der „Sohn des Omri". An dieser Deutung ist, soweit es sich um den sprachlichen Ausdruck handelt, wegen der zahlreichen hier vorhandenen Parallelen unbedingt festzuhalten. Es ist eine Bezeichnung, die im Assyrischen von jedem Leser so verstanden wurde. Wenn man das Land hervorheben wollte, wurde dem Namen ein bit = bêth = Haus oder Wohnsitz voraufgeschickt. Der Ausdruck Bît-Ḫumri ist in diesem Sinne durch das bei Tiglatpileser und bei Sargon vorkommende Bît-Ḫu-um-ri-a = Bit-Ḫumria sichergestellt.

[2]) ḫuṭartu.

[3]) purumḫâti.

[4]) So unrichtig in der Zählung des Originaltextes.

Tribut empfing ich von den Tyrern, den Sidoniern und den Bewohnern von Byblus“ (Z. 102—104).

Eine kurze Zusammenstellung der Ereignisse von 853 und 841 begegnet uns auf einer in Assur gefundenen Statue des Königs[1]). Wir lesen dort:

„Bir-idri von Damaskus nebst zwölf Königen[2]), seinen Helfern, besiegte ich, 29 000 seiner Krieger warf ich nieder wie ein Glutwind (?). Den Rest seiner Truppen trieb ich in den Orontes. Um ihr Leben zu retten, flohen sie. Bir-idri starb; Chazael, der Sohn eines Niemand, bemächtigte sich des Thrones. Seine Truppen in Menge bot er auf; um Kampf und Schlacht zu liefern, zog er mir entgegen. Ich kämpfte mit ihm, besiegte ihn. Sein befestigtes Lager nahm ich ihm fort. Um sein Leben zu retten, machte er sich davon. Bis Damaskus, der Stadt seiner Königsherrschaft, verfolgte ich ihn“ (Z. 14—35).

Am ausführlichsten ist in diesen Texten, wie man sieht, der erste Zug behandelt. Wir finden hier ein so umfangreiches und allem Anscheine nach so zuverlässiges Zahlenmaterial, daß auch eine gelegentliche Ungenauigkeit den Wert des Gesamtbildes nicht zu beeinträchtigen vermag. Die elf Könige, die in dem ältesten Berichte ausdrücklich genannt werden, verfügten zusammen über mindestens 62 900 Fußsoldaten, 1 900 Reiter, 3 940 Streitwagen und 1 000 Kamele. Bei einem derartigen Aufgebot ist auch die Angabe von etwa 14 000 Gefallenen sicher nicht übertrieben. In den jüngeren Texten werden allerdings 20 500, 25 000 und 29 000 genannt.

Von den 3 940 Streitwagen gehörten 2 000 allein dem Könige von Israel. Bir-idri von Damaskus besaß nur 1 200; er stellte jedoch 20 000 Fußsoldaten, Achab dagegen nur 10 000. Man sieht aber an dem Verhältnis dieser Zahlen, daß es auf jeden Fall zu weit gehen würde, wenn man die fremden Truppen als ein Vasallenheer des Königs von Damaskus bezeichnen wollte. Wir haben es vielmehr in der Hauptsache mit einer ebenbürtigen Vereinigung von Gleichberechtigten zu tun, die sich unter dem Druck der Verhältnisse nach eigener Entschließung zu einem gemeinsamen Vorgehen zusammengefunden hatten. Hierbei tritt uns Bir-idri allerdings als der eigentliche Führer des ganzen Unternehmens entgegen. Das entsprach nicht nur der damaligen Machtstellung des von ihm vertretenen Staatswesens, sondern höchstwahrscheinlich auch dem Einfluß und der Bedeutung seiner eigenen Persönlichkeit. In den Berichten über die Kämpfe gegen Chazael ist plötzlich von dem Bündnis gar keine Rede mehr.

Chazael war nach der Inschrift aus Assur der „Sohn eines Niemand“. Er wird dadurch als ein Emporkömmling bezeichnet, der

---

[1]) Keilschrifttexte aus Assur historischen Inhalts, Erstes Heft, Autographien von L. Messerschmidt, Nr. 30; Uebersetzungen u. a. von Ebeling bei Greßmann, Altorient. Texte zum Alten Testament, 2. Aufl. S. 344 und Luckenbill, Records I § 681.

[2]) Hier ist das Wort malku gebraucht.

den Thron widerrechtlich in seinen Besitz gebracht hatte. Wir finden hier also bestätigt, was uns die Bibel von ihm erzählt. Er war nach der Bibel (II Kön. 8, 7ff.) nicht der Sohn, sondern ein ehemaliger Palastbeamter des vorherigen Königs. Er hatte seinen Herrn, als dieser krank war, meuchlings auf seinem Lager erstickt und die Regierung dann selbst in der Hand behalten.

Als Achab gestorben war, folgte ihm zunächst sein ältester Sohn Ochozias. Dieser bestieg den Thron nach den Ansätzen der Bibel im 17. Regierungsjahre des Königs Josaphat von Juda und regierte zwei Jahre (I Kön. 22, 52); er starb aber schon im 18. Jahre des Josaphat, und sein Bruder Joram wurde dann in demselben Jahre sein Nachfolger (II Kön. 3, 1). Hieraus ergibt sich, daß es sich in Wirklichkeit nur um ein einziges Jahr handelt. Der Verfasser zählt in der Angabe sowohl das Jahr der Thronbesteigung als auch das Jahr des Todes. Wenn er aber in dem einem Falle so verfährt, muß es auch sonst bei den von ihm gebotenen Ansätzen vorausgesetzt werden. Wir haben also auch für Joram, dessen Regierungszeit auf 12 Jahre angegeben wird, bei zusammenhängenden Zählungen nicht 12, sondern nur 11 Jahre einzusetzen. Damit erhalten wir für Ochozias und Joram im ganzen nur 12 volle Jahre. Diese Zahl deckt sich aber genau mit den Jahren, die zwischen 853, dem Jahre der Schlacht bei Karkar, und dem Jahre 841 liegt, wo Jehu den Tribut entrichtete. Wir sind also, wenn sie richtig ist, zu der Annahme gezwungen, daß Achab schon im Jahre 853 gestorben ist und Jehu erst im Jahre 841 zur Herrschaft gelangt war. Es fragt sich nur, ob wir hierzu berechtigt sind. Wir müssen deshalb kurz auf die Regierungsjahre der früheren Könige zurückgreifen, die wir ebenfalls genau so behandeln wie die Jahre des Ochozias und des Joram. Sie werden uns in demselben Geschichtswerke mitgeteilt, und wir haben gar keinen Grund zu der Annahme, daß man in Israel anders zählte als in Juda. Die Reichsteilung war 40 — 3 = 37 Jahre nach dem Beginn des Tempelbaues, für den sich nach andern Berechnungen das Jahr 968 ergibt. 968 — 37 = 931. Das Todesjahr des Joram von Israel war auch das Todesjahr des Ochozias von Juda; es war das Jahr, wo Jehu sich durch den Doppelmord des Thrones bemächtigte. Wir müssen also, wenn die Angaben richtig sind, von dem Jahre 931 bis zu diesem Zeitpunkt für die Könige der beiden Reiche dieselbe Zahl von Regierungsjahren erhalten. Im nördlichen Reiche wird Jeroboam mit 22, Nadab mit 2, Baasa mit 24, Ela mit 2, Omri mit 12, Achab mit 22, Ochozias mit 2 und Joram mit 12 Jahren aufgeführt. Das macht zusammen 98. Im südlichen Reiche sind für Roboam 17, für Abia 3, für Asa 41, für Josaphat 25, für Joram 8 und für Ochozias 1 Jahr angegeben. Das sind im ganzen nur 95. Das Bild wird aber sofort ein anderes, wenn wir bei den Königen mit mehreren Regierungsjahren die angegebene Kürzung vornehmen. Wir erhalten dann für das nördliche Reich die Summe von 21 + 1 + 23 + 1 + 11 + 21 + 1 + 11 und für das südliche Reich die Summe von 16 + 2 + 40 + 24

+ 7 + 1 Jahren. Das macht in beiden Fällen genau 90 Jahre. 931 — 90 = 841. Wir haben dieses Ergebnis in keiner Weise gesucht und würden es nicht erreicht haben, wenn wir sonst noch etwas an den Zahlen geändert hätten. Das ist der beste Beweis für die Richtigkeit dieser einfachen Zusammenstellung. Die Synchronismen, die uns in dem Werke begegnen, sind mit ihren Ungenauigkeiten und Fehlern das Ergebnis einer von den Grundlisten abhängigen Berechnung. Die beiden Zahlenreihen führen uns zugleich zu einer vollständigen Uebereinstimmung mit den Ansätzen der keilinschriftlichen Eponymenliste, obschon sie mit diesen Aufzeichnungen im übrigen gar nichts zu tun haben. Wir stehen hier also vor einer durch drei verschiedene Listen gesicherten Datierung, an der wir in den Einzelheiten keine Änderungen vornehmen dürfen. Es ist durchaus zu begreifen, daß man sich nur ungern entschließt, den Zug nach Ramoth Gilead (I Kön. 22) noch in dasselbe Jahr zu legen, wo vorher schon der Kampf gegen die Assyrer stattgefunden hatte; die Angaben der Texte wiegen aber bei diesen Uebereinstimmungen schwerer als die entgegenstehenden Bedenken. Wir erfahren aus der Monolithinschrift, daß Salmanassar am 14. Ajar von Ninive aufbrach. Er zog über Aleppo bis in die Gegend von Hamat. Das ist eine Strecke von etwa 700 km. Das Heer des jüngeren Kyrus legte auf seinen Märschen unter normalen Verhältnissen im Tage gewöhnlich 5 Parasangen oder 5 × 30 Stadien zurück. Wenn wir nun für das Stadium 192 m ansetzen, erhalten wir als Tagesmarsch für die Zeit des Kyrus eine Strecke von 28,8 km. Damit würde sich für die genannten 700 km, wenn wir dieselben Verhältnisse auch für das assyrische Reich voraussetzen, eine Zeit von etwa 24 Tagen ergeben. Die Schlacht bei Karkar kann also, da der 14. Ajar bei einem Durchschnittsjahr in der ersten Maiwoche zu suchen ist, schon im Anfange des Monats Juni stattgefunden haben. Auf jeden Fall dürfen wir über die Mitte dieses Monats nicht hinausgehen. Der König von Damaskus hatte gegen Achab in den vorhergehenden Jahren schon zweimal einen Kriegszug unternommen; er hatte aber in beiden Fällen den kürzeren gezogen und sich nach der zweiten Niederlage bereit erklärt, dem Achab die Städte zurückzugeben, die sein Vater dem Vater des Achab entrissen hatte. Die beiden Gegner waren dann als Brüder auseinandergegangen und hatten sich seit dieser Vereinbarung wieder als Freunde betrachtet. Diese Freundschaft, die sich nach der Angabe der Bibel über einen Zeitraum von drei Jahren erstreckte, nahm erst ihr Ende, als Achab den Versuch machte, die Stadt Ramoth Gilead in seinen Besitz zu bringen (I Kön. 20,32—34; 22,1—2). Sie begann also, wenn die Ansätze richtig sind, etwa zwei Jahre vor der Schlacht bei Karkar. Ramoth Gilead gehörte offenbar zu den Städten, die Achab von Ben-Hadad zurückverlangte. Er hatte bei dem gemeinsamen Unternehmen gegen die Assyrer große Opfer gebracht, die nach der damaligen Lage der Dinge gerade dem Ben-Hadad in besonderer Weise zugute kamen.

Es lag deshalb nahe, daß er seine Forderung jetzt mit Nachdruck wiederholte. Der Kriegszug, zu dem er sich entschloß, mußte schon nach wenigen Wochen zu einem entscheidenden Zusammenstoß führen. Dazu war die Zeit in der zweiten Hälfte des Sommers noch vollkommen ausreichend. Die Ereignisse greifen hier also fast zwangsläufig ineinander. Der Kampf gegen die Assyrer fällt noch in die Jahre, wo die beiden Könige auch nach der Bibel miteinander in Frieden lebten. Es war die Zeit, in der auch der Zusammenschluß mit den übrigen Fürsten zustandekam, die den Assyrern in dieser Schlacht zum ersten Male mit Erfolg entgegentraten. Dieser Erfolg führte dann von selbst zu den Auseinandersetzungen wegen des Besitzes von Ramoth Gilead. Der Kriegszug war aber im Rahmen der übrigen Ereignisse nur von untergeordneter Bedeutung. Als die Assyrer im Jahre 848 zum zweiten Male erschienen, standen die zwölf Könige wieder in ihrer ganzen Zahl geschlossen zusammen. Das war auch im Jahre 845 noch der Fall. Die Ermordung des Ben-Hadad kann also frühestens in der zweiten Hälfte dieses Jahres erfolgt sein. Sie liegt aber noch vor der Ermordung des Joram, der schon einen Kriegszug unternahm, um den Chazael ebenfalls zur Herausgabe von Ramoth Gilead zu zwingen. Dieser Zug steht mit dem Thronwechsel sicher in einem unmittelbaren Zusammenhange. Joram versuchte, wie wir annehmen dürfen, nach einem altbewährten Verfahren gleich nach dem Tode des Ben-Hadad, was er vorher nicht gewagt hatte. Er durfte damals um so eher auf einen Erfolg rechnen, weil der neue König ein Usurpator war, der auch sonst noch mit außergewöhnlichen Schwierigkeiten zu kämpfen hatte. Dies gilt aber in derselben Weise für die Entschließungen der Assyrer. Salmanassar mußte sofort erkennen, daß die Verhältnisse jetzt für einen Angriff so günstig waren wie niemals zuvor. Er wußte, daß der Thronräuber sich nur auf einen Teil der einheimischen Bevölkerung verlassen durfte, und daß auch die Bundesgenossen des früheren Königs sicher weit von ihm abrücken würden; er wußte aber auch, daß die Lage sich schon in kurzer Zeit wesentlich ändern konnte, und wird sich deshalb beeilt haben, sie sofort für sich auszunutzen. In dieser Hinsicht wird er genau so gedacht haben wie Joram. Wir haben also, da Salmanassar im Jahre 841 heranzog, den Tod des Ben-Hadad höchstwahrscheinlich in den zweiten Teil des Jahres 842 zu verlegen, und zwar in eine Zeit, die auch dem Könige von Israel, obwohl er in der Nähe war, ein Eingreifen in diesem Jahre nicht mehr gestattete. Er wird also, wie sich hieraus ergeben würde, ebenso wie Salmanassar erst im Jahre 841 erschienen sein, aber wesentlich früher, weil er keinen so großen Marsch zu machen hatte. Da er im Kampfe verwundet wurde, mußte er den Kriegsschauplatz schon bald wieder verlassen. Er war aber von dieser Verwundung noch nicht vollständig wieder hergestellt, als der Pfeil des Jehu ihm den Tod brachte. Die Ereignisse greifen also, wie man sieht, auch hier wieder so einfach und so natürlich ineinander, daß man auch aus inneren Gründen an diesen Datierungen festhalten muß. Als Jehu dann zur Herrschaft gelangt war, gestatteten auch die weiteren Schritte keinen Aufschub. Der Tribut, den er entrichtete, wird von dem Verfasser des Hauptberichtes in demselben Zusammenhange erwähnt wie die Geschenke der Bewohner von Tyrus und Sidon. Salmanassar war mit seinen Truppen frühestens gegen Ende Mai oder Anfang Juni bis zum Saniru vorgedrungen[1]). Er schlug den Gegner dann in einer offenen Feldschlacht und hielt sich längere Zeit vor Damaskus auf, bis er sich davon überzeugen mußte, daß eine Eroberung der Stadt vorläufig noch nicht möglich war. Als er dann auf dem Weitermarsche bis zum Meere gelangt war, empfing er die Gaben von Tyrus und Sidon und die Geschenke des Jehu von Bît-Ḫumri. Das war sicher schon im Spätsommer. Es war also zu einer Zeit, wo Jehu vielleicht schon seit mehr als drei Monaten die Zügel der Regierung in der Hand hatte. Er schenkte neben dem Silber, Gold und Blei, das noch nicht verarbeitet war, u. a. auch eine Reihe von goldenen Gefäßen für die Tafel des Königs, ein Zepter und eine Anzahl von Speeren, die man nach andern Angaben[2]) in der Regel auf der Löwenjagd benutzte, also lauter Gegenstände zum persönlichen Gebrauch, die stets wieder an ihn erinnern mußten. Das geschah sicher mit kluger politischer Ueberlegung. Man sieht hier deutlich die Absicht, sich dem Wohlwollen und der Freundschaft des großen Königs besonders zu empfehlen. Dies erklärt sich am einfachsten, wenn die Ueberreichung gleich im Anfange seiner Regierung erfolgt ist. Die Freundschaft des gefürchteten Großkönigs war unter den damaligen Verhältnissen auch der beste Schutz gegen die Gefahren im eigenen Lande. Als die Assyrer im 21. Jahre des Salmanassar noch einmal in der dortigen Gegend erschienen, wurde nur von Tyrus, Sidon und Byblus ein Tribut entrichtet. Die bildliche Darstellung findet sich aber trotz der späteren Unterlassung noch auf dem Denkmal, das mit seinen Angaben bis in das 31. Jahr seiner Regierung hinabreicht.

In den letzten Jahren seines Lebens hatte Salmanassar gegen seinen eigenen Sohn Assurdanninapal zu kämpfen, der offenbar die Thronfolge für sich in Anspruch nahm. Er starb im Jahre 824, als der größte Teil des Landes schon in den Händen der Empörer war.

3.

Von Samši-Adad V. bis zum Tode des Königs Tiglatpileser III.

Als Salmanassar gestorben war, hatte sein Sohn und Nachfolger Samši-Adad V. (824—810) den Besitz des Landes wieder neu zu erkämpfen. Das gelang ihm, soweit es sich um die älteren Gebiete handelt, in verhältnismäßig kurzer Zeit. Er konnte es aber

[1]) Der Aufbruch des Heeres war nach den Angaben in der Monolithinschrift (Vgl. hierfür z. B. schon o. S. 370!) gewöhnlich am 13. oder am 14. Ajar.

[2]) Vgl. Delitzsch, Handwörterbuch S. 542.

nicht hindern, daß die Fürsten an der Westgrenze sich den Verpflichtungen, die seine Vorgänger ihnen aufgezwungen hatten, wieder ganz entzogen. Als er starb, übernahm seine Gemahlin Sammurâmat, die griechische Semiramis, für ihren damals noch minderjährigen Sohn Adadnirari III. zunächst die Regentschaft. Sie vertrat ihn bis zum Jahre 806, wo er selbständig wurde, und war ihm auch im weiteren Verlaufe seiner Regierung, wie es scheint, eine kluge und umsichtige Beraterin. Im Jahre 805 unternahm er nach den Bemerkungen zur Eponymenliste sofort einen Zug „nach Arpad", der Hauptstadt von Bît-Gusi; im Jahre 804 zog er „nach Ḫazazu", also gegen den König von Chattin[1]), im Jahre 803 „nach Ba'lu" und im Jahre 802 „zum Meere". Diese Angaben finden ihre Ergänzungen in dem Text einer Steinplatteninschrift, die jetzt im Britischen Museum aufbewahrt wird[2]), und in der Inschrift auf einer Reliefstele, die sich in Konstantinopel befindet[3]).

In der Steinplatteninschrift erzählt uns der König:

„Vom Ufer des Euphrat aus unterwarf ich das Chattiland, Amurru in seinem ganzen Umfange, Tyrus, Sidon, das Land Ḫumri[4]), Udumu[5]), Palastu[6]), bis zum großen Meere des Sonnenunterganges meinen Füßen, Tribut und Abgabe legte ich ihnen auf. Nach dem Lande Damaskus zog ich; Mari', den König von Damaskus, schloß ich ein in Damaskus, der Stadt seiner Königsherrschaft. Die Furcht vor dem Glanze Aššurs, meines Herrn[7]), warf ihn zu Boden; er umfaßte meine Füße und unterwarf sich. 2300 Talente Silber, 20 Talente Gold, 3000 Talente Kupfer, 5000 Talente Eisen, buntgewebte und linnene Gewänder, ein Bett aus Elfenbein, einen Lehnstuhl (?) aus Elfenbein mit erhabenen Einfassungen, sein Hab und Gut ohne Zahl, nahm ich in Damaskus, der Stadt seiner Königsherrschaft, in seinem Palaste entgegen" (Z. 11—21).

Auf der Reliefstele lauten die Angaben über die Höhe des Tributes, den Adadnirari vom Könige von Damaskus erhielt, wesentlich anders. Er empfing nach diesem Texte nicht 2300, sondern nur 1000 Talente Silber, und nicht 20, sondern 100 Talente Gold. Man darf aber den Zahlen auf der Steinplatte, da sie nicht so glatt und so einfach erscheinen, ohne Bedenken den Vorzug geben.

Die Platteninschrift erwähnt in ihrer Zusammenstellung zuerst das Land der Chethiter und nennt dann Amurru, Tyrus und Sidon,

---

[1]) S. oben S. 368.

[2]) I Rawlinson 35 Nr. 1; Umschrift und Uebersetzung u. a. bei Schrader, Keilinschriftl. Bibliothek I S. 190 ff., Winckler, Keilinschriftl. Textbuch S. 26—27 und Rob. W. Rogers, Cuneiform Parallels to the Old Testament S. 305—306; Uebersetzungen auch von Ungnad bei Greßmann, Altorient. Texte und Bilder zum Alten Testamente, Tübingen 1909, S. 112—113 und von Luckenbill, Ancient Records I § 739—741.

[3]) Veröffentlicht von Unger, Reliefstele Adadniraris III. aus Saba'a und Semiramis, Konstantinopel 1916.

[4]) mât Ḫu-um-ri-i, = Bît-Ḫumri = Israel.

[5]) = Edom.

[6]) Das Land der Philister.

[7]) Im Urtexte steht beli-šu = seines Herrn.

das Land Ḫumri und das Land der Philister. Sie bringt also die Namen in derselben Aufeinanderfolge, die man nach der Lage der einzelnen Gegenden erwarten muß. Es sind die Staaten an der Küste des Meeres, die nach den Voraussetzungen des Berichterstatters offenbar in dieser Aufeinanderfolge von den Assyrern heimgesucht und ausgeplündert wurden. Wir haben es hier also mit demselben Zuge zu tun, der auch nach der Eponymenliste zu den Völkern am Ufer des Meeres führte. Damit kommen wir für die Datierung auf das Jahr 802. Die Assyrer verfuhren also ganz systematisch. Sie hatten sich in den vorhergehenden Jahren wieder in den nördlichen Teilen von Syrien zur Geltung gebracht und zogen dann bis zum Süden von Palästina, um auf dem Rückwege von Edom aus gegen Damaskus vorzustoßen.

Der König von Damaskus wird sowohl in der Platteninschrift als auch auf der Reliefstele als Mari' bezeichnet. Er muß ein Nachfolger des Chazael gewesen sein, der im Jahre 842, wie wir gesehen haben, zur Herrschaft gelangt ist. Chazael regierte aber nach den Angaben der Bibel[1]) bis in die Zeit des israelitischen Königs Joachaz, der nicht nur von ihm, sondern auch von seinem Sohn und Nachfolger Ben-Hadad schwer bedrängt wurde, und Ben-Hadad lebte noch zur Zeit des Joas, der ihm in längerem Kampfe[2]) die Städte wieder entriß, die er dem Joachaz genommen hatte. Joas kann aber nach den vorhandenen Angaben erst im Jahre 798 zur Herrschaft gelangt sein. Ben-Hadad saß also, wie sich hieraus ergibt, im Jahre 802 noch auf seinem Throne. Es ist derselbe König, der in der Inschrift des Z-k-r von Hamat als B-r-h-d-d = Bar-Hadad, und zwar ebenfalls als B-r-h-d-d b-r Ḥ-z-'-l, als Bar-Hadad, der Sohn des Chazael[3]), bezeichnet wird. Dieser muß also mit dem Fürsten, der uns in den assyrischen Texten entgegentritt, identisch sein. Wir haben deshalb in dem keilinschriftlichen Mari' nicht den Namen, sondern einen andern Ausdruck zu suchen, der von den Assyrern nicht richtig verstanden wurde. Adadnirari verhandelte mit dem Könige von Damaskus, da die Besprechungen während der Belagerung stattfanden, zunächst in derselben Weise, wie wir es später bei Sennacherib und Ezechias beobachten. Er schickte seinen Vertreter, wie wir annehmen müssen, mit einigen Begleitern bis unmittelbar an die Stadtmauer, und der Vertreter des Ben-Hadad erschien mit seiner Begleitung entweder auf der Mauer oder vor dem Tore. Bei den Verhandlungen bezeichnete jeder seinen Auftraggeber, wie es II Kön. 18, 23. 24. 27 geschieht, als seinen Herrn, und zwar in der ersten Person. Der Name Ezechias wird in dem Bericht über die Unterhaltung mit dem Könige von Jerusalem nur von den Assyrern gebraucht. Die Boten gingen bis zum Wege an der

---

[1]) Vgl. besonders II Kön. 13, 3.

[2]) II Kön. 13, 25.

[3]) Lidzbarski, Ephem. III, 3, Z. 4.

Wasserleitung und „riefen nach dem Könige". Der Wortführer erklärte dann, da ihm der Name bekannt war, gleich im Anfange der Besprechung: „Saget dem Ezechias", und wiederholte diesen Namen, wenn wir die Unterhaltung so nehmen, wie sie uns in der Bibel geschildert wird, im weiteren Verlaufe seiner Ausführungen noch an fünf verschiedenen Stellen. Bei der Belagerung von Damaskus haben wir aber in den Einzelheiten zum Teil noch mit andern Verhältnissen zu rechnen. Adadnirari hatte mit seinem Gegner, wie es scheint, bis dahin noch niemals verhandelt. Er kam vom Süden und rückte sofort gegen die Hauptstadt vor. Eine Schlacht hatte vorher noch nicht stattgefunden. Wenn sie stattgefunden hätte, könnte es nur ein Sieg gewesen sein, und Siege werden in den Kriegsberichten der Assyrer nur selten übergangen. Man kann es also durchaus verstehen, wenn er sich um den Namen des Königs bisher noch gar nicht gekümmert hatte. Die Abgesandten riefen nun, wie wir annehmen dürfen, am Fuße der Stadtmauer ebenso wie die Boten des Sennacherib bloß nach dem Könige, und der Bevollmächtigte des Königs bezeichnete diesen bei der Besprechung stets nur als seinen Herrn. Er gebrauchte also, wenn er seinen Auftraggeber erwähnte, immer den Ausdruck mar'i = mein Herr, den die Assyrer dann als den Namen des Königs betrachteten. Sie bemühten sich zwar, diese Form in ihren Berichten genau wiederzugeben; es scheint aber, daß sie das Hamza, das sie offenbar richtig gehört hatten, sofort an den verkehrten Platz rückten. Sie sprachen es, obschon das Pronominalsuffix auch im Akkadischen vorkommt, nicht am Schluß des Nominalstammes, sondern am Schluß des Suffixes. Man sieht also, daß sie vom Aramäischen noch so gut wie gar nichts verstanden. Sie kannten vielleicht einige Wörter, die ihnen zur Bekanntgabe ihrer Forderungen genügten; es war ihnen aber unmöglich, die Darlegungen ihrer Gegner bei diesen Auseinandersetzungen sprachlich genau zu verfolgen. Das deckt sich ganz mit den Verhältnissen, wie wir sie auch nach der sonstigen Entwicklung der Dinge für die damalige Zeit noch voraussetzen dürfen.

Adadnirari starb schon im Jahre 782, als er noch im besten Mannesalter stand. Sein Nachfolger Salmanassar IV. regierte bis zum Jahre 772. Er unternahm in dieser Zeit nicht weniger als sechsmal einen Zug „nach Armenien". Im Jahre 775 zog das Heer aber „nach dem Zederngebirge", also zum Amanus; im Jahre 773 zog es „nach Damaskus" und im Jahre 772, also im letzten Jahre seiner Regierung, „nach Ḫatarika". Dies lag nördlich von Damaskus, in der Nähe von Hamat. Es ist das Zach. 9, 1 ff. zugleich mit Damaskus und Hamat erwähnte „Land Hadrach". Ueber die Einzelheiten dieser Unternehmungen ist uns sonst gar nichts bekannt. Das gilt auch für die Züge, die sein Nachfolger Assurdan III. in den Jahren 765 und 755 nach Hadrach unternahm. Assurdan hatte während seiner Regierung, wie sich aus den Bemerkungen zur Eponymenliste ergibt, im Innern des Landes mit außergewöhnlichen

Schwierigkeiten zu kämpfen. Im Jahre 763, dem Jahre der Sonnenfinsternis[1]), war ein „Aufstand in Assur", der auch im Jahre 762 noch anhielt. Für 761 und 760 ist ein „Aufstand in Arrapḫa", für 759 ein „Aufstand in Guzana" angemerkt. Im Jahre 758 wurden dann Truppen nach Guzana geschickt, die den Frieden noch in demselben Jahre wieder herstellten. Da der König keinen Sohn hinterließ, fiel die Herrschaft im Jahre 754 seinem Onkel Assurnirari zu, der aber schon in vorgerücktem Alter stand und sich zu größeren kriegerischen Unternehmungen nicht mehr entschließen konnte.

In der Eponymenliste wird für das Jahr 754 ein Zug „nach Arpad" hervorgehoben. Dieser war schon unter Assurdan vorbereitet, kam aber erst nach der Thronbesteigung des Assurnirari zur Ausführung. Die Einzelheiten entziehen sich hier ebenfalls unserer Kenntnis. Es kam aber zum Abschluß eines Staatsvertrages, in dem Mati'ilu, der Herrscher des Landes, den König der Assyrer unter feierlichen Bindungen und Schwüren als seinen Herrn und Gebieter anerkennt. Der Wortlaut dieses Vertrages ist uns noch teilweise erhalten[2]). Mati'ilu verspricht sich dem Assurnirari ganz unterzuordnen und ihm, wenn es verlangt wird, mit seinen Großen, seinen Streitkräften und seinen Kriegswagen Heeresfolge zu leisten. Die Abmachungen werden bekräftigt durch das Opfer eines Widders, der dem Mati'ilu zugleich als abschreckende Warnung dienen soll. Wenn Mati'ilu gegen die Bestimmungen verstößt, dann soll er nach den Angaben des Textes ebenso wie dieser Widder, der aus der Hürde geholt ist und zur Hürde nicht wieder zurückgebracht wird, mit seinen Söhnen, seinen Großen und den Einwohnern seines Landes aus dem Lande gebracht werden und nie wieder in das Land zurückkehren. Der Kopf des Tieres ist „nicht der Kopf eines Widders; es ist der Kopf des Mati'ilu, der Kopf seiner Söhne, seiner Großen, der Einwohner seines Landes". Wenn Mati'ilu sich gegen die Bestimmungen verfehlt, dann soll ihm der Kopf abgeschlagen werden, wie es bei dem Widder geschehen ist. Das Keulenstück des Tieres ist nicht die Keule eines Widders; es ist die Keule des Mati'ilu, die Keule seiner Söhne, seiner Großen, der Einwohner seines Landes. Wenn Mati'ilu gegen die Bestimmungen verstößt, dann soll die Keule des Mati'ilu, die Keule seiner Söhne, seiner Großen, der Einwohner seines Landes herausgerissen werden, wie es mit der Keule des Widders geschehen ist. Wenn Mati'ilu mit seinen Großen, seinen Streitkräften und seinen Kriegswagen die Heeresfolge verweigert, soll Sin, der große Herr, der zu Harran throni, den Mati'ilu, seine Söhne, seine Großen, die Einwohner seines Landes mit Aussatz bedecken wie mit einem Gewande; sie

---

[1]) S. oben S. 366.

[2]) Bearbeitet von Peiser, Mitteilungen der Vorderasiat. Gesellsch., 3. Jahrg. (1898), Heft 6, S. 1—14, von Luckenbill, Ancient Records I § 749—760 und von Weidner, Archiv für Orientforschung Bd. VIII (1932), Heft 1/2, S. 17—26.

sollen umherirren auf dem Felde, und er soll zu ihnen kein Erbarmen fassen. Adad, der Beherrscher des Himmels und der Erde, soll das Land heimsuchen mit Unheil, Elend und Hungersnot. Die Einwohner des Landes sollen in ihrer Not das Fleisch ihrer Söhne und ihrer Töchter verzehren, und es soll ihnen wohlschmeckend sein wie das Fleisch von Widdern und Schafen. Sie sollen dürsten nach Regen, der Regen soll ihnen aber versagt bleiben. Staub soll ihnen zur Speise, Asphalt zur Salbe, der Urin von Eseln zum Trank und Papyrus zum Kleide sein; Höhlen sollen ihnen zum Lager dienen. Wenn Mati'ilu, seine Söhne und seine Großen gegen die Bestimmungen verstoßen, dann sollen seine Bauern auf dem Felde kein Lied mehr anstimmen und die Pflanzen des Feldes nicht aufgehen. Mati'ilu soll dann wie eine Hure sein, seine Krieger wie Weiber; wie Huren sollen sie auf dem Platz in ihrer Stadt den Lohn entgegennehmen. Die Feinde sollen kommen und das Land aufzehren; tausend Häuser sollen zu einem einzigen Hause, tausend Zelte zu einem einzigen Zelte werden, und in jeder Stadt soll nur ein einziger Mensch übrig bleiben, um den Göttern die notwendige Verehrung zu erweisen.

Wenn es bloß an Assurnirari gelegen hätte, wäre der Kriegszug sicher nicht zustande gekommen. Die Eponymenverzeichnisse bieten für die Zeit von 753—750 bei jedem Jahre die Bemerkung „Im Lande". Sie zeigen also, daß die Truppen das Land in dieser Zeit überhaupt nicht verließen. Für 749 und 748 ist dann zweimal nacheinander ein Zug nach dem an der Ostgrenze gelegenen Namri angemerkt, aber im Jahre 747 blieb das Heer schon wieder „im Lande". Das war ein Zustand, der in militärischen Kreisen, wie wir annehmen müssen, große Unzufriedenheit erregte. Es kam deshalb im Jahre 746 zu einer Erhebung, die in der Eponymenliste als „Aufstand in Kalḫu" bezeichnet wird. Bei diesem Aufstande setzte sich sein Bruder[1]) Tiglatpileser, wie wir dann weiter erfahren, am 13. Ajar des folgenden Jahres auf den Thron. Die Thronbesteigung fand also gerade zu der Zeit statt, wo die Truppen nach andern uns zur Verfügung stehenden Angaben gewöhnlich ins Feld rückten. Wir lesen z. B. bei Salmanassar III. in dem Texte der Monolithinschrift, daß er sowohl im ersten als auch im zweiten Regierungsjahre am 13. Ajar von Ninive aufbrach. Im dritten Jahre war der Ausmarsch am 13. Tammuz, im sechsten[2]) am 14. Ajar und im neunten nach der Inschrift auf den Torbekleidungen von Balawat schon am 20. Nisan. Man sieht also, daß die Tage vor dem Vollmond im Ajar besonders bevorzugt wurden. Dies gibt der Erhebung ihr charakteristisches Gepräge. Tiglatpileser erwies sich dann in

---

[1]) So zuerst P. Schnabel, Studien zur babylonisch-assyrischen Chronologie, Mitteilungen der Vorderasiatischen Gesellschaft, 13. Jahrg. (1908), Heft 1, S. 97 und Orient. Literaturz., 12. Jahrg. (1909), Sp. 530. Tiglatpileser war ebenso wie Assurnirari ein mâr Adadnirari, ein Sohn des Königs Adadnirari III.

[2]) S. oben S. 370.

den 19 Regierungsjahren, die ihm vom Schicksal beschieden wurden, in der Tat als der erfolgreichste Krieger, den die Geschichte der Assyrer zu verzeichnen hat. Wir besitzen aber von den Inschriften, die er anfertigen ließ, zum Teil nur unzulängliche Bruchstücke. Gerade die wichtigsten unter ihnen, die sogenannten Annaleninschriften, sind später unter Assarhaddon, der die Platten bei einem Neubau noch einmal zu verwenden beabsichtigte, systematisch zerstört worden. Die Beseitigung des Textes war aber nicht vollständig. Was sich von den Aufzeichnungen noch erhalten hat, gibt uns die Möglichkeit, den Zusammenhang fast überall wieder herzustellen. Das ist in mustergültiger Weise geschehen in dem Werke von P. Rost, Die Keilschrifttexte Tiglat-Pileser III., zwei Bände, Leipzig 1893. Der erste Band enthält die Bearbeitung; in dem zweiten Bande befinden sich die Originaltexte.

Es dauerte nur fünf Monate, bis die Verhältnisse sich im Innern des Landes soweit geregelt hatten, daß der König ohne Bedenken mit seinen Truppen die Heimat verlassen durfte. Er zog bereits im Tašritu, wie uns die Eponymenliste berichtet, ana birit nâri, in das Gebiet zwischen den beiden Flüssen, bis tief in das Land Babylon hinein. Hierbei wandte er sich aber nicht gegen die Babylonier, sondern gegen die Aramäer, die schon fast überall bis zu den Toren der Städte vorgedrungen waren. Nabunaṣir, der damalige König von Babylon, wagte gar keinen Widerstand, und die Priesterschaften schickten ihm aus Babylon, Borsippa und Kuta reiche Geschenke. Im Jahre 744 kämpfte er gegen die Nachbarn an der Ostgrenze des Reiches; im Jahre 743 zog er nach Arpad, wo Mati'ilu[1]) sich inzwischen mit andern syrischen Fürsten dem Könige Sarduris von Armenien unterstellt hatte. Dieser Abfall sollte jetzt bestraft werden. Es war zugleich ein Unternehmen gegen den König von Armenien, der nach der Angabe der Eponymenliste geschlagen wurde. Diese Schlacht fand nach den Prunkinschriften, die wir von Tiglatpileser besitzen, im Gebiete von Kummuch statt, zwischen Kištan und Ḫalpi[2]). Tiglatpileser nötigte seinen Gegner, sich fluchtartig über den Euphrat zurückzuziehen[3]), und belagerte dann die Stadt Arpad, die er erst nach drei Jahren zu bezwingen vermochte. Ueber das Schicksal des Mati'ilu wird uns in den Texten nichts mitgeteilt; es darf aber ohne weiteres vorausgesetzt werden, daß er den Treubruch mit dem Leben zu bezahlen hatte. Das Land wurde dann einem Statthalter unterstellt und erscheint in der Folgezeit als assyrische Provinz.

---

[1]) Von Tiglatpileser in der sogenannten Platteninschrift Nr. 2 Z. 31 als tur A-gu-us-si oder als mâr Agussi bezeichnet. Das entspricht dem bei Salmanassar III. in der Monolithinschrift II 27 vorkommenden tur A-gu-u-si. Diese Form wechselt dort mit dem in Z. 12 und Z. 83 vorliegenden tur Gu-si, in dem wir wegen der Uebereinstimmung mit der Angabe bei Assurnaṣirpal (S. oben S. 369) die ältere Form des Ausdrucks zu erblicken haben.

[2]) Platteninschrift Nr. 1 Z. 20 ff.; Nr. 2 Z. 29 ff.; Tontafelinschrift Vorders. Z. 45 ff.

[3]) Annalen Z. 68.

Als die Stadt gefallen war, beeilten sich die Fürsten aus der Umgegend, Kuštašpi von Kummuch, Tarḫular von Gurgum, Urikki von Kue, Pisiris von Karkemisch, Ḫirummu = Hirom von Tyrus und Raṣunnu = Rason = Rasin von Damaskus, dem Sieger zu huldigen und ihm ihre Tributgeschenke zu überbringen. Er empfing sie nach der Angabe der Annalen ina ḳabal âli, innerhalb der eigentlichen Ortschaft, also wohl in dem Palaste, den Mati'ilu bis dahin bewohnt hatte. Sie brachten ihm Silber, Gold, Blei, Eisen, Elephantenhaut, Elfenbein, Spezereien und buntgewebte Kleidungsstoffe. Es fehlte jedoch der König Tutammû von Unḳi, in der Ebene von Antiochien, der nach der Ausdrucksweise des Textes die Vorschriften des Tiglatpileser vergaß und sich offenbar absichtlich fernhielt. Das war ein ausreichender Grund, nach Kinalia, der Hauptstadt von Unḳi, vorzurücken und diese ebenfalls zu erstürmen. Die Einwohner wurden fortgeführt; Pferde und Maulesel wurden wie Kleinvieh im Heere verteilt. In dem Palaste des Tutammû stellte der Sieger seinen Thronsessel auf; die Schätze des Palastes wurden als Beute nach Assyrien gebracht. Das Land erhielt ebenso wie Arpad einen Statthalter und wurde dadurch in derselben Weise zu einem Bestandteil des assyrischen Staates.

Im Jahre 739 kämpfte Tiglatpileser gegen die Armenier, die er damals bis an den Taurus zurückdrängte. Als er dort noch beschäftigt war, bereitete sich hinter seinem Rücken ein Aufstand vor, der ihn im folgenden Jahre wieder nach Syrien rief. An der Spitze dieser Bewegung stand Azrijau[1]), der König des in der Nähe von Sam'al gelegenen und geschichtlich mit Sam'al eng verbundenen aramäischen Fürstentums J-'-d-i = Ja-u-di[2]). Sie erstreckte sich nach der Angabe des Textes auch über eine Reihe von Bezirken, die zum Gebiete von Hamat gehörten, und reichte dort bis zu den Ortschaften an der Küste des Meeres. Als Tiglatpileser dann mit seiner Heeresmacht erschien[3]), kam es zu einem Kampf in einer Gegend, wo sich die Bergspitzen ohne Zahl bis zum Himmel erhoben. Bei diesem Kampfe konnte man die Entscheidung nur von den Leistungen der Fußtruppen erwarten. Wir lesen dann, daß die Gegner sich fürchteten, als sie von dem Ansturm der gewaltigen Heeresmassen des Gottes Aššur erfuhren, und daß Tiglatpileser einriß, niederriß und verbrannte. Das war der gewöhnliche Ausdruck, wenn eine Stadt oder eine sonstige menschliche Niederlassung gewaltsam zerstört wurde. Es handelt sich an dieser Stelle, wie es auch sonst in der Regel hervorgehoben wird, jedenfalls um die Vernichtung des Hauptortes und der kleineren Ortschaften in der weiteren Umgebung. Den Besiegten wurde dann schließlich ein

---

[1]) In den Annalen Z. 105 als Iz-ri-ia-u, Z. 123 als Az-ri-a-u und Z. 131 als Az-ri-ia-u bezeichnet.

[2]) So zuerst H. Winckler, Altorientalische Forschungen I S. 1 ff. Daß dieses richtig ist, ergibt sich, wie wir noch sehen werden, besonders auch aus den Forderungen der Chronologie. Der König Azarias von Jerusalem war damals schon längst gestorben.

[3]) Der Text ist hier sehr lückenhaft.

Tribut auferlegt wie den Assyrern. Hierauf werden die Gebiete, die damals dem Reiche hinzugefügt wurden, in dem Texte genau aufgezählt. Wir lesen hier noch:

„[Die Stadt....]ma, die Stadt Kul[lani, die Stadt Gub]lu...... seinen Bund, die Stadt........... die Stadt Usnû, die Stadt Siannu, die Stadt Ṣimirra, die Stadt [Raš]puna [am Gestade] des Meeres nebst den Städten bis zu dem Berge Saue, einem Berge, der an den Libanon stößt, das Gebirge Ba'liṣapuna bis zum Amanus, dem Gebirge des urkarinu-Holzes, das Land Sau seinem ganzen Umfange nach, den Bezirk der Stadt Karadad, die Stadt Ḫatarikka, den Bezirk der Stadt Nuḳudina, das Gebirge Ḫasu nebst den Städten seiner Umgebung, die Stadt Arâ, beide [Städte] nebst den Städten ihrer Umgebung, das Gebirge Sarbûa seinem ganzen Umfange nach, die Stadt Ašḫani, die Stadt Jadabi, das Gebirge Jaraḳu seinem ganzen Umfange nach, die Stadt ....ri, die Stadt Ellitarbi, die Stadt Zitânu bis zur Stadt Atinni, die Stadt......., die Stadt Bumami, 19 Bezirke von Hamat nebst den Städten ihrer Umgebung am Gestade des Westmeeres, die in ihrer Sünde und in ihrem Frevel zu Azrijau abgefallen waren, schlug ich zum Gebiete von Assyrien, 4 meiner Befehlshaber[1]) setzte ich als Statthalter über sie ein; 30 300 Einwohner [führte ich fort aus] ihren Städten und ließ sie den Bezirk der Stadt Ku[e][2]) in Besitz nehmen, 1223 Einwohner siedelte ich im Gebiete des Landes Ulluba[3]) an" (Z. 125—133).

Die vier Statthalter, von denen Tiglatpileser hier spricht, sind die Verwalter von vier verschiedenen Provinzen, die später nach den Städten Kullani, Ṣimirra, Ḫatarikka und Mannuṣuate[4]) benannt wurden. Das Gebiet schloß sich im Norden an die Bezirke von Arpad und Unḳi. Damit erhöhte sich die Zahl der Provinzen, die unter Tiglatpileser zu den früheren Besitzungen der Assyrer hinzukamen, im Westen von zwei auf sechs.

Der Verfasser erwähnt hinter Ṣimirra noch die Stadt [Raš]puna [am Gestade] des Meeres. Diese Stadt hat ihren Namen von dem Gotte Rešep = Rešeph, der in der griechischen Zeit dem Apollo gleichgesetzt wurde. Sie kann also nur in dem etwas mehr als 20 km nördlich von Joppe gelegenen Arsûf = Apollonia[5]) gesucht werden.

Als die Verhältnisse geregelt waren, empfing Tiglatpileser nach den weiteren Angaben des Berichtes „den Tribut des Kuštašpi von

[1]) a-na mi-ṣir mât Aššur utir-ra 4 amêlu šu-ud-šak-meš-ia, nach der Lesung von Forrer, Die Provinzeinteilung des assyrischen Reiches S. 57. Das in den Ausgaben vorhandene utir-ra-a amêlu šu-ud-šak-meš-ia kann auch nach den zahlreichen bei Tiglatpileser vorkommenden Parallelstellen (Annalen Z. 15. 49. 179; Platteninschr. Nr. 1 Z. 28. 35; Nr. 2 Z. 10. 24; Tontafelinschr. Vs. Z. 10. 23. 36. 43; Kleinere Inschriften Nr. 1 Z. 7; Nr. 3 Z. 4) nur auf einem Versehen beruhen.

[2]) In Kilikien.

[3]) Im Norden von Assyrien, an der Grenze von Armenien.

[4]) Forrer S. 57—59.

[5]) So schon Hommel, Geschichte Babyloniens und Assyriens, Berlin 1885, S. 665.

Kummuch, des Raṣunnu von Damaskus, des Menibimme von Samerina, des Ḫirummu von Tyrus, des Sibittibi'li von Byblus, des Urikki von Ḳue, des Pisiris von Karkemisch, des Eni-ilu von Hamat, des Panammû von Sam'al, des Tarḫular von Gurgum, des Sulumal von Melid, des Dadilu von Kask, des Uassurme von Tabal, des Ušḫitti von Tuna, des Urballa von Tuḫan, des Tuḫamme von Ištunda, des Urimme von Ḫubišna und der Königin Zabibe von Arabien, Gold, Silber, Blei, Eisen, Elephantenhaut, Elfenbein, buntgewebte und linnene Gewänder, Kleidungsstoffe in violetter und in roter Purpurfarbe, ušu-Holz, urkarinu-Holz, alles, was irgendwie kostbar ist, den Schatz der Königsherrschaft, fette Lämmer, deren Wolle mit rotem Purpur gefärbt war, Vögel des Himmels, deren Flügel in violettem Purpur gefärbt waren, Pferde, Maulesel, Rinder und Kleinvieh, Kamele und Kamelinnen nebst ihren Jungen" (Z. 150 bis 157).

Der Tribut des Meniḫimme von Samerina, des Königs Menahem von Samaria, wird auch in der Bibel erwähnt. Wir lesen dort II Kön. 15, 19—20: „Da kam Phul, der König von Assyrien, in das Land, und Menahem gab dem Phul tausend Talente Silber, damit dieser ihm beistehe, die Herrschaft in seiner Hand zu befestigen. Menahem legte das Geld den Israeliten als Steuer auf, allen vermögenden Leuten, um es dem Könige von Assyrien zu geben, einem jeden fünfzig Schekel. Da zog der König von Assyrien wieder ab und verblieb nicht länger im Lande." Der König wird hier also zwar als der König von Assyrien, aber nicht als Tiglatpileser, sondern als Phul bezeichnet. Das ist derselbe Name, der uns in dem Kanon des Ptolemäus in der Bezeichnung als *Πωρος* entgegentritt; es ist der Name, den Tiglatpileser später in seiner Eigenschaft als König von Babylon führte. Der Verfasser setzt also voraus, daß die Assyrer schon damals bis in das Gebiet der Israeliten vordrangen. Die Angaben sind hier im einzelnen so bestimmt und so genau, daß man nicht darüber hinwegsehen darf. Menahem hatte einen Tribut aufzubringen, der in seiner Höhe durch Verhandlungen vorher festgelegt war. Die Zahlung bedeutete für ihn zugleich eine Sicherung des Thrones, die ihm bei den Abmachungen jedenfalls ausdrücklich versprochen wurde. Er war ebenso wie sein Vorgänger Sallum ein Usurpator, der allen Grund hatte, die Anhänger der früheren Dynastie noch dauernd zu fürchten. Die Verhältnisse waren also ganz ähnlich geartet wie zur Zeit des Jehu; nur lag der Thronwechsel damals schon mehrere Jahre zurück. Da das Jahr 841 sich als das erste Regierungsjahr des Jehu erwies, muß Jeroboam II. nach den Zahlen der Bibel schon im Jahre 743 gestorben sein. Damit kommen wir für den Thronraub des Menahem wahrscheinlich auf die ersten Monate des Jahres 742. Die Herrschaft lag also im Sommer des Jahres 738 schon seit etwa vier Jahren in seiner Hand. Die Tributzahlung steht offenbar in engstem Zusammenhange mit den Vorgängen, die in der keilinschriftlichen Aufzeichnung zu der Erwähnung des Ortes Rašpuna führten. Diese Stadt liegt bereits im südlichen Teile von Samaria. Sie nötigt uns also zu der Annahme, daß die Assyrer damals wirklich so weit vorgedrungen sind. Der Einmarsch schloß sich zeitlich, wie wir aus der Angabe entnehmen dürfen, an die Unterwerfung des Bezirkes von Ṣimirra.

Im Jahre 737 zog Tiglatpileser gegen die Meder, im Jahre 736 war er am Taurus beschäftigt und im folgenden Jahre führten ihn die Ereignisse bis in das Innere von Armenien. Er belagerte den König Sarduris in seiner Hauptstadt Turušpa, vermochte sie aber nicht zu erobern. Hieran schließen sich dann in der Zeit von 734 bis 732 die letzten Unternehmungen im Westen. Die Eponymenverzeichnisse erwähnen für das Jahr 734 einen Zug „nach Pilišta", also zum Lande der Philister, und bieten dann für die beiden folgenden Jahre jedesmal den Zusatz „Nach Damaskus". Wir haben also für das Jahr 734 einen Kriegszug vorauszusetzen, der bis zum Süden von Palästina führte. An diesen Kriegszug schloß sich dann in den beiden folgenden Jahren ein entscheidendes Unternehmen gegen Damaskus.

Wenn wir die Zusammenhänge richtig verstehen wollen, müssen wir an dieser Stelle zunächst die Angaben in dem Berichte II Kön. 16, 5—9 heranziehen. Der Verfasser erzählt uns dort in seinen Aufzeichnungen aus dem Leben des Achaz: „Damals zogen Rasin, der König von Aram, und Pekach, der Sohn des Remalja, der König von Israel, nach Jerusalem zum Kampfe, und sie belagerten Achaz, aber sie waren nicht imstande, ihn im Kampfe zu überwinden. Zu derselben Zeit brachte Rasin, der König von Aram, Elath[1]) an Edom[2]) zurück und vertrieb die Judäer aus Elath. Und die Edomiter[3]) kamen nach Elath und verblieben dort bis auf den heutigen Tag. Da schickte Achaz Boten zu Tiglatpileser, dem Könige von Assyrien, und ließ ihm sagen: Dein Diener und dein Sohn bin ich. Komm herauf und rette mich aus der Hand des Königs von Aram und aus der Hand des Königs von Israel, die mich angreifen! Und Achaz nahm das Silber und das Gold, das sich im Hause Jahwes und in den Schatzkammern des königlichen Palastes vorfand, und sandte es als Geschenk an den König von Assyrien. Und der König von Assyrien hörte auf ihn, und der König von Assyrien zog hinauf nach Damaskus, eroberte es und führte es in die Gefangenschaft nach Kir, und den Rasin tötete er." Wir sehen hier, daß Rasin, der König von Damaskus, mit dem Könige Pekach von Israel einen Kriegszug gegen den König Achaz von Juda unternommen hatte, daß dieser den König von Assyrien herbeirief und daß der König von Assyrien Damaskus eroberte, die Einwohner in die Gefangenschaft schickte und den König hinrichten

[1]) Hafenort am Roten Meere. Die Stadt war seit langer Zeit im Besitze von Juda gewesen und kam damals wieder in den Besitz der Edomiter.

[2]) So nach dem geschichtlichen Zusammenhange. Der Text bietet hier '-r-m. Daleth und Resch wurden oft miteinander verwechselt.

[3]) So nach dem Keri. Die Lesung ist hier durch die scriptio plena des Konsonantentextes gegen jedes Bedenken sichergestellt.

ließ. Das Unternehmen gegen Achaz steht in Zusammenhang mit der Zurückeroberung von Elath, die in dem Texte als das Werk des Rasin betrachtet wird und die Stadt wieder in den Besitz der Edomiter brachte. Sie zeigt uns also, daß Rasin auch mit den Edomitern im Bunde stand, und daß er diesen in dem vorliegenden Falle einen außergewöhnlichen Dienst erwies. Das tat er natürlich nur, weil er hiermit ein besonderes Ziel verfolgte. Das Nähere ergibt sich dann aus dem Texte II Chron. 28, 16—18: „Zu jener Zeit sandte der König Achaz zu den Königen von Assur, damit sie ihm zu Hilfe kämen. Denn die Edomiter machten wieder einen Einfall, brachten den Bewohnern von Juda eine Niederlage bei und führten Gefangene fort, und die Philister drangen in die Städte der Niederung und in das südliche Gebiet von Juda ein, eroberten die Städte Bethschemesch, Ajjalon und Gederoth sowie Socho, Timna und Gimzo mit ihren Tochterstädten und setzten sich darin fest." Achaz wurde also zu gleicher Zeit von den verschiedensten Seiten bedrängt. Dabei war der König von Damaskus, soweit wir es feststellen können, überall die treibende Kraft. Er war mit Pekach, dem damaligen Könige von Israel, und mit den Edomitern verbündet und hatte die Hand sicher auch bei dem Eingreifen der Philister im Spiele. Die Zusammenhänge sind für uns bei dem gemeinsamen Vorgehen mit dem Könige von Israel noch ganz durchsichtig. Wir wissen, daß „Pekach, der Sohn des Remalja", ein Usurpator war, der den früheren König Pekachja, den Sohn des Menahem, kurz vorher getötet hatte. Menahem war also schon bald nach der Entrichtung des Tributes gestorben. Er war den Assyrern treu geblieben, und der Sohn hatte die Politik seines Vaters fortgesetzt, bis er von Pekach, dem Führer der Gegenpartei, gestürzt wurde. Es handelte sich bei der ganzen Bewegung um einen Zusammenschluß gegen das weitere Vordringen der assyrischen Großmacht, bei dem die südlichen Staaten von Palästina nicht fehlen durften. Hierbei stand aber die Persönlichkeit des Königs von Jerusalem hindernd im Wege. Man suchte ihm deshalb das Land zu entreißen und die Herrschaft einem andern zu übertragen[1]), der bereit war, sich ebenfalls an dem Widerstande zu beteiligen.

Tiglatpileser benutzte natürlich sofort die Gelegenheit, um in die Verhältnisse noch tiefer hineinzugreifen. Er berichtete dann über die Vorgänge recht eingehend in den Annalen. Dieser Abschnitt ist uns aber im ersten Teile nicht mehr erhalten. Wir sind hier für die Einzelheiten fast ganz auf die Angaben einer Prunkinschrift[2]) angewiesen, die ebenfalls in ihrem Wortlaut erhebliche Lücken aufweist. Der Text befand sich auf einer Steinplatte, auf der nach den Papierabdrücken, die bei den Veröffentlichungen[3]) benutzt wurden, bei der Auffindung noch folgendes zu lesen war:

---

[1]) Vgl. dafür besonders Is. 7, 6.
[2]) Kleinere Inschriften Nr. 1.
[3]) III Rawlinson 10 Nr. 2 und Rost Bd. II S. 15—16.

„......... die Stadt Ḫatarikka bis zum Berge Saua, [die Stad]t Gubla, [die Stadt] Ṣimirra, die Stadt Arḳâ, die Stadt Zimarra, [die Stadt] Usnû, [die Stadt Sianû, die Stadt Ri]'rabâ, die Stadt Ri'siṣû, die Städte am oberen Meere[1]), nahm ich in Besitz, 6 [meiner] Befehlshaber setzte ich [als Statthalter] über sie ein. Die Stadt Rašpuna weiter aufwärts am Gestade des oberen Meeres[2]), die Stadt Gal'az[a, die Stadt] Abillakka an der Grenze von Bît-Ḫumria, das weite [Land Napta]li[3]) schlug ich in seinem Gesa[mtumfange] zum Gebiete von Assyrien, [3] meiner [Befehlsha]ber[4]) setzte ich als Statthalter [über sie] ein. Ḫanunu von Gaza, [der vor] meinen [Wa]ffen geflohen und nach Muṣri[5]) entwichen war: die Stadt Gaza [eroberte ich, sein Hab] und Gut, seine Götter [führte ich fort], meinen [Thro]n[6]) und mein königliches Ruhebett [stellte ich auf] in [seinem] Palaste, [den Gott Aššur[7])] zählte ich zu den Göttern ihres Landes und einen [Tribut] legte ich ihnen auf. Den [Ḫanunu w]arf ich nieder[8]), und wie ein Vogel entfloh er und [entwich in die Ferne[9])]. Zu seinem Orte brachte ich ihn zurück und zo[g ihn] zur rech[tlichen Verantwortung. ... Talente Gold, ... Talente] Silber[10]), buntgewebte und linnene Gewänder, große [Angriffswaffen],

---

[1]) Das Mittelländische Meer wurde sonst in der Regel als das untere Meer bezeichnet.

[2]) ša a-aḫ tam-tim e-li-ti [ša e-le-]ni-te.

[3]) So nach der ansprechenden und auch sachlich genau zutreffenden Vermutung von Hommel. Die Ergänzung wird auch durch die Raumverhältnisse, soweit wir diese noch festzustellen vermögen, in überraschender Weise bestätigt. Die Bezeichnung steht im Anfange der Zeile, unmittelbar unter dem erwähnten [ša e-le-]ni-te und über dem in der folgenden Zeile zu lesenden [3 amêlu šu-ud-šak-]meš-ia. Es fehlen also nur drei bis fünf Zeichen. Wir haben hier die Wahl zwischen dem kurzen [mât Nap-ta-]li und dem an und für sich ebensogut möglichen [mât Na-ap-ta-]li.

[4]) Die Zahlenangabe geht auf eine Aufzeichnung zurück, mit der wir uns noch eingehender zu beschäftigen haben.

[5]) Im allgemeinen = Ägypten. Die Bezeichnung greift aber in den Texten der damaligen Zeit weit über die Grenzen dieses Landes hinaus. Man gebrauchte das Wort auch für das nördliche Gebiet von Arabien, das sich unmittelbar an Ägypten anschließt.

[6]) [is gu-z]a-u-ia = [kuss]u-u-ia.

[7]) Vgl. hierfür bes. Annalen Z. 10. 22. 180 und Tontafelinschr. Vs. Z. 36. 44.

[8]) [Ḫa-a-nu-u-nu as-]ḫup. Die hier eingeklammerten Zeichen passen in der Schreibweise von Rost genau in den zur Verfügung stehenden Raum. Wenn ein anderer Fürst gemeint wäre, müßte noch der Name des Herrschersitzes hinzukommen. Dafür ist die Lücke auch nach den Zeichen, die in der vorhergehenden Zeile ausgefallen sind, viel zu klein.

[9]) [i]p-par-šid-ma [in-na-bit a-na ru-ḳi-e-ti], nach Assurbanipal Ann. VII 120, wegen der Fortsetzung.

[10]) [di-]na u[-ša-ḫi-is-su... gun ḫuraṣi... gun] kaspi usw. Das erste Wort stand im Anfange der Zeile. Es muß ein Wort gewesen sein, das auf na ausgeht. Vor diesem na befand sich, wie sich an der Hand der vorhergehenden Zeile ergibt, nur ein einziges, nicht allzu großes Zeichen. In der vorhergehenden Zeile sind von dem ersten Zeichen, dem Zeichen für ip in dem erwähnten ip-par-šid-ma, noch die beiden abschließenden Vertikalkeile vor-

We[rkzeuge des Kampfes, emp]fing [ich als seinen Tribut[1])]. Bît-Ḫumria: [in der Herr]schaft über die Mensch[en, die Aššur, mein Herr, mir geschenkt hat[2])], führte ich die Gesamtheit seiner Bewohner [mit ihrer Habe] nach Assyrien. Paḳaḫa, ihren König, stürzten sie, und Ausi'[3]) setzte ich [zur Herrschaft] über sie ein. 10 Talente Gold, ... Talente Silber empfing ich als ihren [Trib]ut von ihnen und [füh]rte sie[4]) nach Assyrien. Was Samsi, die Königin von Arabien, angeht, so tötete ich [ihre Mannschaft] auf einem [schwierigen] Gelände[5]). 1100 Leute, 30 000 Kamele, 20 000 Rinder, ..., 5000 Talente[6]) von Gewürzen jeglicher Art, 11 Opfergefäße (?), das Besitztum ihrer Götter, ihre Habe, nahm ich ihr. Sie selbst [entfloh], um ihr Leben zu retten, [nach] der Stadt Bazil, einem Orte des

---

handen. Die Endung läßt auf einen Akkusativ schließen. Es war also, wie wir annehmen müssen, der Akkusativ einer zweisilbigen Nominalbezeichnung, die zu einem Verbum gehört, bei dem der Schlußkonsonant ein Nûn st. Hinter diesem Akkusativ stand eine Verbalform, die mit einem u begann. Diese Voraussetzungen treffen nach allem, was sich vielleicht in Betracht ziehen läßt, nur bei einem Ausdruck zu, der uns aus der akkadischen Gerichtssprache bekannt ist. Wenn jemand mit einer Klage an die Richter herantrat, hatten diese zunächst zu entscheiden, ob sie die Klage annehmen oder zurückweisen sollten. Wenn sie hervorheben wollten, daß sie dem Antrage entsprochen hatten, ließen sie in der altbabylonischen Zeit in die Urkunde vielfach die Bemerkung aufnehmen: daiânû dînam ušaḫizušunuti, die Richter ließen sie — die Streitenden — das Rechtsverfahren ergreifen. Dies umfaßte vor allem die Untersuchung und fand dann mit dem Urteil seinen Abschluß. Für dînam haben wir in der späteren Zeit ein ohne Mimation gesprochenes dîna vorauszusetzen. Die Zahl der Schriftzeichen ist bei dieser Ergänzung, wie wir zu unserer eigenen Ueberraschung erst nachträglich festgestellt haben, für den Umfang der Lücke genau so groß wie bei der Einfügung in der vorhergehenden Zeile. Das ist sicher mehr als ein belangloser Zufall.

[1]) [en-meš] gal-meš u[-nu-ut taḫazi ma-da-tu-šu am-]ḫur. En-meš gal-meš = bêlê rabûti, genau wie Assurnaṣirpal Ann. III 76. Vor dem gal kann nur ein verhältnismäßig kleines Zeichen mit folgendem meš gestanden haben. Daß es sich um en-meš = bêlê handelt, ergibt sich auch aus dem hinzugefügten u-nu-ut taḫazi. Dieser Zusatz ist gerade hinter bêlê sehr häufig. Von dem u waren die drei ersten Keile, von Rost als is gefaßt, auf der Steinplatte noch tatsächlich vorhanden.

[2]) [i-na me-ti-]il-lut amêlu[-meš ša iš-ru-ḳa Aššur bêli-ia]. Wir haben es hier vor dem Zeichen für amêlu mit dem status constructus eines Femininums zu tun, das auf illûtu ausging. Dieses Femininum setzt ein Stammwort auf illu voraus. Es kann in seiner Bedeutung nur ein Abstraktum sein und bringt nach der Fortsetzung ein Verhältnis zum Ausdruck, das sich irgendwie auf Menschen bezieht. Die assyrischen Könige waren aber die Herren und Gebieter der Menschen. Dies führt uns auf etillu und auf die zu etillu gehörenden Ableitungen. Tiglatpileser I. erzählt uns Ann. II 64, daß ihm diese metillûtu von Aššur geschenkt wurde.

[3]) = Hosea = Osee.

[4]) [u-ra-]aš-šu-nu. Das Pronomen kann sich hier nur auf die Einwohner beziehen.

[5]) i-na ḳaḳ-ḳu-ur-ri [nam-ra-ṣi], nach dem Zusammenhange und nach einer Reihe von ähnlich gebildeten Stellen.

[6]) Das Wort fehlt hier im Texte; es findet sich aber in einer ähnlichen Angabe in den Annalen Z. 85.

Durstes, wie ein weiblicher Wildesel. [Hungersnot und] Mangel[1]) trieb die Leute, die in ihrem Lager waren. Da beugte sie sich [vor meinen gewaltigen Waff]en, und Kamele und Kamelinnen brachte sie vor mich. Einen Aufsichtsbeamten stellte ich über sie. Die ......, die Mas'äer, die Temäer, die Sabäer, die ......, die Ḫatteäer, die Idiba'iläer, die ...... an der Grenze der Länder des Sonnenunterganges, [die niemand kannte, deren Wohnsitz f]ern ist, [hörten von der] Erhabenheit meiner Herrschaft [und[2]) unterwarfen sich dem Joche] meiner Herrschaft. Gold, Silber [Kamele, Kamelinnen, Gewürze jeglicher Art brachten sie] als ihren Tribut wie einer [vor mich und küßten] meine Füße. Den [Idibi'ilu] setzte ich zum [Statthalter] über das Land Muṣri ein. [In allen Ländern, die ich eroberte], richtete ich [eine Wohnstätte des Gottes] Aššur ein[3]).

---

[1]) [bu-bu-tu u] ḫu-ša-ḫu.

[2]) [ša mamma la i-du-šu-nu-ti-ma a-šar-šu-un ru-]u-ku ta-nit-ti be-lu-ti-ia [iš-mu-ma....], nach den Parallelstellen in der Tontafelinschrift Rs. Z. 4 und Ann. Z. 221—223, wo das hinter be-lu-ti-ia stehende al als ein Versehen für iš zu betrachten ist. Mit dem ma nimmt der Text auch auf der Tontafel plötzlich ein Ende. Für den Schluß der Lücke können wir uns nur auf den Zusammenhang und auf eine Reihe von ähnlich gebildeten Stellen berufen.

[3]) [i-na mâtâti kali-ši-na ša ak-šu-du ma-dak-tu ša ilu] Aššur ina lib-bi aš-kun. Der Anfang dieses Satzes hat sich an der Parallelstelle in der Tontafelinschrift Rs. Z. 6 erhalten. Wir finden dort noch die Worte i-na mâtâti kali-ši-na ša.... Hinter dem ša ist die Fortsetzung ganz abgebrochen. Wir haben hier, da mâtâti durch kur-kur-meš ausgedrückt ist, im ganzen neun Zeichen. Die Gesamtzahl der Zeichen betrug in dieser Zeile, da im Anfange nur ein einziges Zeichen fehlt, bis zur jetzigen Bruchstelle genau 32. Der Durchschnitt der Zeichen läßt sich aber für jede Zeile auf 40—42 feststellen. Es müssen hier also hinter dem ma ungefähr zehn Zeichen abgebrochen sein. Das deckt sich auch ganz mit der Folgerung, die man aus dem Verlauf der Bruchlinie selbst ziehen kann. Der Text reicht in der Wiedergabe von Rost in Z. 13 um neun Zeichen über den jetzigen Schluß von Z. 6 hinaus. Es fehlen aber in Z. 13, wo die Ergänzung nicht zwefielhaft sein kann, am Schluß noch gerade vier Zeichen. 9 + 4 = 13. Der Leser wird ohne weiteres zugeben, daß bei einer solchen Berechnung zwischen 10 und 13 kein wesentlicher Unterschied besteht. Die Angabe kam in Z. 6, wie sich aus der Fortsetzung ergibt, am Ende der Zeile zum Abschluß. Sie schließt aber in der Niederschrift auf der Steinplatte, wo sie für sich allein eine Zeile ausmachte, mit dem dort noch vorhandenen Aššur ina lib-bi aš-kun. Da die Zeilen auf der Steinplatte im Durchschnitt etwas mehr als 20 Zeichen enthielten, können hier vor dem Worte Aššur höchstens etwa 18 Zeichen fehlen. Wir kommen also stets wieder zu demselben Ergebnis. Die Angabe, mit der wir es hier zu tun haben, umfaßte nach diesen Feststellungen im ganzen etwa 20—25 Zeichen. Sie begann nach den Teilstücken, in denen sie noch vorliegt, mit den Zeichen für i-na kur-kur-meš kali-ši-na ša und endete mit Aššur ina lib-bi aš-kun. Das sind in dieser Schreibung genau 15 Zeichen. Es bleibt also in der Mitte noch ein Raum, der eine Einfügung bis zur Höhe von etwa 5—10 Zeichen gestattet. Von diesen 5—10 Zeichen entfallen drei auf das hinter dem ša zu ergänzende ak-šu-du. Hierzu kommt noch ein zweites ša, das wir vor Aššur zu vermuten haben, und ein Zeichen für ilu = Gott. Damit schließt sich die Lücke bis auf den Umfang eines einzigen Wortes. Dies kann nur das Objekt von aškun gewesen sein. Es war ein Wort, das sicher auch sonst in dieser Verbindung gebraucht wurde. Dabei handelt es sich um eine Maßnahme, die sich bei jeder Eroberung wiederholte. Nun haben wir aber schon darauf hingewiesen, daß Tiglatpileser

[Ein Standbild mei]ner [Königsherrschaft] machte ich und [stellte es darin auf zum Zeichen des Sieges und der Gewalt, die ich auf Be]fehl Aššurs, meines Herrn, [über die Länder ausübte][1])".

Der Bericht, mit dem wir es hier zu tun haben, beschäftigte sich in den ersten Zeilen mit den Ereignissen, die uns schon aus der Zeit von 743—738 bekannt sind. Der Leser erfuhr dort von der Unterwerfung eines Gebietes, in dem sechs verschiedene Statthalter angestellt wurden. Dieses Gebiet umfaßte, soweit uns die Angaben noch erhalten sind, im Süden die Bezirke von Ḫatarikka und Ṣimirri. Der Verfasser behandelte also, wie wir annehmen müssen, zuerst die Eroberung von Arpad und Unḳi, die im Jahre 740 mit dem Reiche vereinigt wurden, und schilderte dann die Einrichtung der sich anschließenden vier südlicher gelegenen Provinzen, die im Jahre 738 hinzukamen. Hierbei traten die geschichtlichen Ereignisse, wie es scheint, stark in den Hintergrund. Die Aufzählung erfolgt in erster Linie nach der Lage der einzelnen Bezirke. Wenn wir bloß auf diese Prunkinschrift angewiesen wären, würden wir zu der Ueberzeugung kommen, daß die sechs Statthalter in demselben Jahre ernannt wurden.

Auch die Angaben über das Vordringen in das Gebiet der Israeliten sind ganz durch den Gedanken an das Zunehmen der örtlichen Entfernung bestimmt. Tiglatpileser unterwarf nach den folgenden Zeilen „die Stadt Rašpuna weiter aufwärts am Gestade des oberen Meeres, die Stadt Gal'azIa, die Stadt] Abillakka an der Grenze von Bît-Ḫumria, das weite [Land Napta]li". Dieser Satz hat in den Einzelheiten, die er bietet, eine merkwürdige Ähnlichkeit mit der Stelle II Kön. 15, 29: „Zur Zeit des Königs Pekach von Israel kam Tiglatpileser, der König von Assur, und nahm Ijjon, Abel Bêth Maacha, Janoah, Kedesch und Chaṣor, sowohl Gilead als Galiläa, das ganze Land Nephtali, und führte sie gefangen nach Assur."

---

bei seinen Eroberungen überall für den Gott Aššur besondere Kultstätten einrichtete. Eine Kultstätte galt stets als eine Wohnstätte des Gottes. Dies führt uns von selbst auf den Ausdruck, den wir hier eingefügt haben. Es ist der einzige hier in Betracht kommende Ausdruck, bei dem das Wort šakânu in Gebrauch war. Tiglatpileser schuf auf seinen Kriegszügen, wo man besondere Lagerplätze einrichtete, überall eine gleiche Stätte zur bleibenden Verehrung des Gottes Aššur. Sie wurde zunächst nur als ma'daktu oder als Haltestation gefaßt; es galt aber als selbstverständlich, daß sie auch für die Zukunft bestehen blieb.

[1]) Tiglatpileser tat also nach dieser Stelle in jedem Lande ein Doppeltes: er richtete darin, ina libbi, eine Wohnstätte für den Gott Aššur ein und er stellte darin sein eigenes Bildnis auf. Die beiden Angaben sind einander parallel. Sie beginnen in dem keilinschriftlichen Texte mit dem an der Spitze stehenden Ina mâtâti kališina und werden dann durch ein zweimal gesetztes ina libbi, also durch ein zweimaliges Zurückgreifen auf diese Ortsbezeichnung, auch im weiteren Verlaufe der kurzen Hervorhebung noch besonders zusammengehalten. „In der Gesamtheit der Länder, die ich eroberte: ich errichtete darin eine Wohnstätte für den Gott Aššur und stellte darin ein Bildnis meiner Königsherrschaft auf". Diese Gliederung kann im Deutschen bei einer einwandfreien Uebersetzung gar nicht mit derselben Schärfe zum Ausdruck gebracht werden.

Der assyrische Text erzählt uns hier von einer Stadt Gal'az[a], von einer Stadt Abillakka und von dem weiten Lande [Napta]li, die Bibel berichtet in demselben Zusammenhange von Abel Bêth Maacha, von Gilead und von dem ganzen Lande Nephtali. Es ist ganz gewiß richtig, daß ein Abel Bêth Maacha oder, wenn wir die ältere Aussprache vorziehen, ein Abel Bêt Maaka an und für sich noch kein Abillakka ist; es ist aber sicher kein Zufall, daß die beiden Bezeichnungen gerade im Anfange und am Schluß Wesentliches miteinander gemeinsam haben. Abel = Abil; die Endung akka findet sich mit denselben Vokalen und demselben Konsonanten im zweiten Teile des Wortes Maaka. Der Name ist für die Assyrer, die ihn sprachlich nicht zu deuten wußten, offenbar zu lang gewesen. Sie haben sich hier, wie es auch sonst vorkommt, den Anfang und das Ende eingeprägt und die mittleren Bestandteile des Ausdrucks überhört. Bei dem Worte Gal'az[a] sind von dem Zeichen für za, das aus 2 + 2 übereinanderstehenden Keilchen besteht, die beiden ersten Keilchen in der Ausgabe von Rost noch klar und schön hervorgehoben. Das z soll hier bloß die spirantische Aussprache des d zum Ausdruck bringen[1]). Die beiden Aufzeichnungen stimmen also in ihren Voraussetzungen miteinander überein. Tiglatpileser besetzte damals das Gebiet vom Norden bis zu der Gegend südlich von Rašpuna und von der Meeresküste bis zur Ostgrenze von Gilead. Dies wird uns bestätigt in einem kleinen Annalenfragmente, das sich hier einfügt. Der Text[2]) besteht nur aus vier Zeilen. In den beiden ersten Zeilen liest man: [âlu R]a-aš-pu-u-na ša a-aḫ tam-tim šap-li-ti [a-na mi-ṣir mât Aššur u-tir-ra] 2 amêlu šu-ud-šak-ia amêlu bêl piḫ[âti eli-šu-nu aš-kun], [die Stadt R]ašpuna am Gestade des unteren Meeres [schlug ich zum Gebiete von Assyrien], zwei meiner Befehlshaber [setzte ich] als Statth[alter über sie ein]; in den folgenden Zeilen hieß es dann nach einem vorhergehenden Trennungsstrich: [mât . . . .]na a-di lib-bi âlu Ga-al-'a-z[a a-na si-ḫir-ti-šu a-na mi-ṣir mât Aššur] u-tir-ra amêlu šu-ud[-šak-ia amêlu bêl piḫâti eli-šu-nu aš-kun], [das Land. . . .]na bis zur Stadt Gilead schlug ich [in seinem Gesamtumfange] zum Gebiete von Assyrien, einen von meinen Befehlsh[abern setzte ich als Statthalter über sie ein]. Die Ergänzungen sind bei diesem Texte durch die Raumverhältnisse und durch eine Reihe von gleichgebildeten Stellen gegen jedes Bedenken gesichert. Die Erwähnung der Statthalter folgt in den Berichten stets auf die Bemerkung, daß das betreffende Gebiet dem Lande neu hinzugefügt wurde. Diese Bemerkung reichte in dem vorliegenden Bruchstück an der ersten Stelle bis zum Schluß der Zeile. Die zweite Zeile war im Anfange frei; sie enthielt in der zweiten Hälfte die Angabe über die Statthalter. Die dritte Zeile begann mit einer Gebietsbezeichnung, die

[1]) Wir haben hier dieselbe Erscheinung wie bei dem in der Inschrift des Z-k-r von Hamat vorkommenden Ḫ-z-r-k = Ḫazrak = Hadrach.

[2]) Kleinere Inschriften Nr. 3.

auf na ausging. Da der Trennungsstrich zu einem neuen Abschnitt hinüberleitet, können die beiden ersten Zeilen nur an dem Ende eines Berichtes gestanden haben, der dem Leser von Ortschaften oder Bezirken bis zur Stadt Rašpuna erzählte. Dieses Gebiet erhielt nach der Angabe des Textes zwei Statthalter. Der eine von ihnen hatte seinen Wohnsitz in der späteren Zeit in Megiddo, der andere wahrscheinlich in Dor[1]). Die beiden folgenden Zeilen führen uns dann in ein Gebiet, zu dem auch das Land Gilead gehörte. In diesem Gebiete wurde nur ein einziger Statthalter angestellt. Wir können also in der Prunkinschrift, wie es oben schon geschehen ist, bei der Erwähnung der Statthalter nur auf die Zahl 3 schließen[2]). Es waren die beiden Statthalter in dem Gebiete westlich vom Jordan und der Beamte, dem der östliche Bezirk mit dem Lande Gilead anvertraut wurde.

Die Assyrer zogen dann, ohne sich um die Hauptstadt von Israel irgendwie zu kümmern, noch in demselben Jahre weiter nach Süden und eroberten ohne besondere Schwierigkeiten die Stadt Gaza. Da der König das Land verlassen hatte, müssen wir annehmen, daß er Grund hatte, sich vor Tiglatpileser persönlich zu fürchten. Er war also, wie es scheint, bei dem Vordringen gegen den König von Juda wohl in erster Linie beteiligt. Die Ereignisse werden uns hier offenbar in derselben Aufeinanderfolge erzählt, in der sie sich wirklich zutrugen. Der Kriegszug richtete sich nach allem, was voraufgegangen war, zunächst gegen die Feinde von Achaz. Er mußte also in einer Weise durchgeführt werden, die auch die Gegner im Süden von Palästina früh genug in ihre Schranken wies. Hanno kehrte dann aber, wie sich aus dem Schluß des Berichtes ergibt, schon bald wieder nach Gaza zurück. Wir erfahren aus dem Texte, daß Tiglatpileser ihn wieder an seinen Ort brachte, daß er ihn zur Verantwortung zog und daß er einen Tribut von ihm erhielt. Hanno suchte nach diesen Angaben offenbar zu retten, was sich noch retten ließ. Er beteuerte, soweit es möglich war, seine Unschuld, zahlte den Tribut, der die Mängel seiner Beweisführungen wohl einigermaßen ausglich, und erwartete das Weitere von der Zukunft.

Der folgende Abschnitt berichtet uns dann über die Vorgänge beim Sturze des Pekach. Der Verfasser hebt hier im ersten Satze hervor, daß Tiglatpileser in seiner Herrschaft über die Menschen, die er von Aššur erhalten hatte, die Einwohner des Landes in ihrer Gesamtheit nach Assyrien fortführte. Die Ergänzung ist hier in ihrem Wortlaute, obschon dieser aus den Raumverhältnissen und aus den Ueberresten noch mit ausreichender Sicherheit zu entnehmen ist, für den Zusammenhang nicht von wesentlicher Bedeutung; sie ist aber wegen der grundsätzlichen Auffassung, die sich

---

[1]) Vgl. darüber besonders A. Alt, Das System der assyrischen Provinzen auf dem Boden des Reiches Israel, Zeitschr. des Deutschen Palästina-Vereins Bd. 52, Heft 3, Leipzig 1929, S. 220—242.

[2]) So schon Forrer S. 60.

hier ausspricht, für die Maßnahmen der Assyrer besonders charakteristisch. Der Großkönig hat von seinem Gott Aššur die Herrschaft über die Menschen erhalten. Diese gibt ihm das Recht, auch solche Verpflanzungen vorzunehmen. In den folgenden Sätzen wird uns dann mitgeteilt, daß Pekach gestürzt wurde, daß Tiglatpileser den Hosea zum König ernannte, daß er einen Tribut erhielt und daß er die Einwohner des Landes auch jetzt wieder fortführte. Diese Angaben werden uns in der Form, in der sie hier vorliegen, erst verständlich, wenn wir die Parallelen aus den uns hier wieder zur Verfügung stehenden Annalen heranziehen. Wir lesen dort Z. 227—234: „[Bît-Ḫumria, dessen[1])] Städte ich auf meinen früheren Feldzügen[2]) sämtlich dem [Erdboden] gleichgemacht[3]), [dessen Einwohner ich mit ihrem ga]nzen [Besitztum] fortgeführt[4]) und [von dem] ich die Stadt Samerina[5]) allein übrigge[lassen] hatte: [Pakaḫa], ihren König, [stürzten sie] .... [wie] ein Sturmwind .... [Kriegsgefangene aus dem Ge]biete des Landes Bît[-Ḫumria n]ahm ich: [.... Kriegsgefangene] der Stadt [Ga]barâ[6]), 625 Kriegsgefangene der Stadt .... a.., [.... Kriegsgefangene der Stadt] Ḫinatuna, 650 Kriegsgefangene der Stadt Ḳana, ..., [400 Kriegsgefangene der Stadt J]atbite[7]), 650 Kriegsgefangene der Stadt Saru[na[8])], ... Einwohner nebst ihrer Habe [führte ich fort], die Stadt Aruma, die Stadt Marum......“ Tiglatpileser hatte nach diesem Berichte schon auf seinen früheren Feldzügen sämtliche Städte von Bît-Ḫumria dem Erdboden gleichgemacht und die Einwohner mit ihrem Besitztum nach Assyrien geführt. Er hatte, wie er versichert, die Hauptstadt allein übriggelassen. Die Einwohner hatten dann aber den Pekach getötet, und dies war für ihn der Anlaß zu einem neuen Kriegszuge gewesen, bei dem er wieder gleich einem Wettersturme, wie es scheint, alles vor sich niederwarf. Er führte dann ebenso, wie es früher geschehen war, eine große Zahl von Kriegsgefangenen fort, die sorgfältig gezählt waren und nach den Gegenden, aus denen sie kamen, in einer Reihe von Einzelgruppen an den Augen des Lesers vorüberziehen. Es waren Gruppen in einer Durchschnittsstärke von etwas mehr als 600 Personen. Die niedrigste Zahl ist 400[9]), die andern drei Zahlen liegen zwischen 600 und 700. Einmal sind es 625 und

[1]) Das Relativum ist hier durch die folgenden Verbalformen gesichert.
[2]) [i-]na gir-ri-te-ia maḫ-ra-a-ti.
[3]) [ḳak-ḳa-riš] am-nu-u.
[4]) [nišê-šu a-di makkuri-šu-nu ka-]li-šu aš-lu-lu.
[5]) = Samaria.
[6]) So nach der Lesung von Forrer S. 61.
[7]) [Ia-]at-bi-te = Iotapate, nach Forrer S. 61.
[8]) Nach dem Vorschlage von Forrer S. 61. Rost bietet statt des Zeichens für sa ein in seiner Ausprägung nicht mehr ganz deutlich hervortretendes ir. Die beiden Zeichen weisen genau dieselben Linien auf; nur liegt der obere Querkeil bei dem Zeichen für sa etwas mehr nach rechts.
[9]) Die Zahl geht hier auf eine naheliegende, aber nicht ganz sichere Vermutung von Rost zurück.

zweimal 650. Diese Gruppen kommen aber nach den Ortsangaben nicht aus dem Gebiete von Samaria, sondern aus den nördlichen Teilen des Landes, die damals schon ganz unter assyrischer Verwaltung standen. Die Orte, die hier genannt werden, liegen alle nördlich von Megiddo, in der Gegend westlich vom Galiläischen Meere. Das ist für die Beurteilung der Angaben von ausschlaggebender Bedeutung. Es handelt sich nach dem Bericht um einen Feldzug, der mit früheren Feldzügen auf dieselbe Stufe gestellt wird. In Wirklichkeit sehen die Dinge aber wesentlich anders aus. Das Ziel des Unternehmens war Samaria. Das Gewitter, das sich bei dieser Gelegenheit entlud, mag in der dortigen Gegend einigen Schaden angerichtet haben; es führte aber nicht zu den Auswirkungen, die sonst bei der Unterwerfung eines Gebietes die Regel waren. Die Bevölkerung wurde an ihrem Orte belassen, und die Gefangenen, die bei einem kriegerischen Unternehmen nicht fehlen durften, wurden in diesem Falle von den Verwaltungsbeamten im Gebiete von Galiläa zur Verfügung gestellt. Das klingt zwar recht eigenartig; es ist aber die einzige Möglichkeit, den Angaben des Textes wirklich gerecht zu werden. Die Sprache der Tatsachen redet hier deutlicher als die phrasenhafte Zusammenfassung des Berichterstatters, der aus dem Ganzen einen wohlgelungenen Kriegszug zu machen hatte. Wir haben hier also die Fortführung der Gefangenen von dem eigentlichen Kriegsunternehmen scharf zu trennen. Das Kriegsunternehmen war nur eine Maßnahme, die nach der Angabe der Prunkinschrift mit der Tributzahlung des Hosea zu einem befriedigenden Abschluß gelangte. Es ist möglich, daß Tiglatpileser auch ohne die Ermordung des Pekach gegen die Hauptstadt vorgerückt wäre. Pekach hatte sich derselben Verfehlungen schuldig gemacht wie Rasin von Damaskus. Man kann sogar die Auffassung vertreten, daß es der Stadt noch schlimmer ergangen wäre, wenn man den Pekach nicht vor der Zeit gestürzt hätte. Wir müssen uns aber klar darüber bleiben, daß die Texte für diese Voraussetzung keinen Halt bieten. Sie erzählen uns nur, daß Pekach gestürzt wurde, und daß der Kriegszustand dann folgte. Was wir über die Gefangenen lesen, ist in der Form, in der es in den Annalen gesagt wird, dem Buchstaben nach richtig. Die Gegenden, aus denen sie genommen wurden, sind in dem Texte genau angegeben. Es war aber trotzdem eine Irreführung der öffentlichen Meinung, da jeder, der über die Lage der Ortschaften nicht genau unterrichtet war, nach den vorhergehenden Angaben an die Bewohner des südlichen Gebietes denken mußte. Dies wird uns auch durch die Prunkinschrift mit aller nur wünschenswerten Deutlichkeit bestätigt.. Der Verfasser erzählt uns hier ganz unbefangen und harmlos, daß Tiglatpileser von den Einwohnern des Landes einen bestimmten Tribut erhielt, und daß er sie trotz dieses Tributes, wie man hinzufügen möchte, nach Assyrien führte. Das ist ein Widerspruch, der in dieser Zusammenstellung seinen Grund hat. Wo man einen Tribut entrichtet hatte, war man gegen zwangsweise Fortführungen unter allen Umständen gesichert. Man sieht also auch hier wieder, daß die Annalen im Grunde das Richtige bieten. Die Gefangenen konnten nach der Lage der Dinge wirklich nur aus einer Gegend stammen, die dem Könige von Israel damals nicht mehr unterstellt war. Es kam aber den Urhebern der amtlichen Berichte besonders darauf an, aus kleineren Ereignissen etwas Großes zu machen, Mißerfolge zu übergehen und das Ganze zu einem eindrucksvollen Bilde miteinander zu verbinden. Sie rechneten bei ihren Schilderungen nicht nur mit den Wirkungen auf ihre Zeitgenossen, sondern auch mit den Lesern in den späteren Jahrhunderten, zu denen auch wir noch gehören. Das kommt den Forschern von heute mitunter gar nicht mehr zum Bewußtsein. Wir dürfen dagegen den Unterlagen, die sie benutzten, im allgemeinen ein großes Vertrauen entgegenbringen. Die Zahlen, die uns in der Gefangenenliste begegnen, gehen auf sorgfältige Verzeichnisse zurück, die von gröberen Versehen ganz gewiß frei waren. Sie beziehen sich, wie es scheint, auf sieben verschiedene Sammelstellen. Von diesen Zahlen sind uns, wenn wir die Aufzeichnung so nehmen, wie es oben geschehen ist, im ganzen noch vier erhalten. Es waren für die vier Ortschaften, mit denen sie von dem Verfasser in Verbindung gebracht werden, genau 2325 Personen. Das macht für den Gesamtbezirk, wenn man überall nach demselben Maßstab verfuhr, etwas mehr als 4000. Die Zahl ist uns in ihrer ursprünglichen Form ebenfalls verloren gegangen. Wir sind aber zu der Annahme berechtigt, daß sich die Angabe, wenn sie noch vorhanden wäre, von dieser Zusammenfassung nicht allzu weit entfernen würde.

Die Ermordung des Pekach kann nur in eine Zeit fallen, wo man sich von einem Widerstande gegen das Vordringen der Assyrer keinen Erfolg mehr versprach. Das gilt schon für den Sommer des Jahres 733. Rasin hatte sich den Assyrern zunächst in einer offenen Feldschlacht gestellt; er war aber von Tiglatpileser in einer Weise geschlagen worden, daß man auch da, wo man bisher noch gehofft hatte, plötzlich den Mut verlor. Mitinti, der König von Askalon, fiel nach der Angabe der Annalen auf die Nachricht von dieser Niederlage in Verzweiflung oder vielleicht sogar in Wahnsinn, so daß man die Herrschaft seinem Sohne Rukiptu übertrug, der sich dann bereit erklärte, den Tiglatpileser als seinen Oberherrn anzuerkennen. Wir lesen dort, daß Rukiptu den Tiglatpileser um Nachsicht oder um Gnade bat, und daß Tiglatpileser dann selbst in die Stadt einzog. Dieser Abschnitt folgt unmittelbar auf den Bericht über die Vorgänge in Samaria. Wir sehen also, daß an beiden Stellen ein Regierungswechsel eintrat. In Samaria wurde der frühere König getötet, in Askalon wurde er etwas rücksichtsvoller in den Hintergrund gedrängt. Die Wirkung war aber dieselbe. Es war in dem einen Falle wie in dem andern eine Unterwerfung unter die Oberhoheit der Assyrer. Da die Annalen sich im allgemeinen an die chronologische Aufeinanderfolge binden, dürfen wir annehmen, daß der Thronwechsel in Samaria eher erfolgte als es in Askalon der Fall war. Wenn man versuchen wollte, die Umstellungen bis in das Jahr 732 hinauszuschieben, würden die inneren Zusammenhänge gar nicht mehr zu ihrem Rechte kommen. Die Annalen erzählen uns zwar, daß Tiglatpileser das Land schon auf mehreren Feldzügen verwüstet hatte; sie greifen aber mit dieser Bemerkung nur auf die Ereignisse von 738 und 734 zurück. Die Assyrer drangen im Jahre 738, wie wir gesehen haben, bis in die Gegend von Rašpuna vor. Sie benahmen sich auf diesem Zuge, wie wir annehmen müssen, genau so wie sie es sonst zu tun pflegten. Durch den Tribut, den Menahem entrichtete, wurde schließlich nur das Schlimmste verhütet. Der zweite Zug, auf den der Verfasser zurückblickt, war dann natürlich der Zug, auf dem die nördlichen Gebiete tatsächlich unterworfen wurden. Diese beiden Züge sind aber zur Erklärung des Plurals vollkommen ausreichend. Wir kommen nur in Verlegenheit, wenn wir an dem Jahre 738 vorübergehen. Dazu sind wir aber nach unsern bisherigen Feststellungen überhaupt nicht mehr berechtigt. Für einen Zug, der zwischen dem Jahre 734 und der Ermordung des Pekach liegen könnte, fehlt uns in den Texten jeder Anhalt. Der König von Damaskus zog sich nach der Niederlage, die er im Anfange des Jahres 733 erlitt, sofort in seine Hauptstadt zurück, wo Tiglatpileser ihn einschloß wie einen Vogel im Käfig. Die Assyrer verwüsteten dann die Gärten, vernichteten die Baumpflanzungen und zerstörten die umliegenden Ortschaften, zu denen auch Ḫadara, der Geburtsort des Rasin, gehörte. Die Einwohner wurden mit ihrem Besitztum in die Gefangenschaft geschleppt. In Ḫadara waren es 800; für die Stadt Kuruṣṣa wird die Zahl auf 750 und für Mituna auf 550 angegeben. Der Verfasser erzählt uns, daß in den sechzehn zu Damaskus gehörenden Landbezirken nicht weniger als 591 Ortschaften in Trümmerhaufen verwandelt wurden. Damit kam aber die Hauptstadt noch nicht zu Fall. Sie hielt sich wahrscheinlich bis in den Spätsommer oder in den Winter des Jahres 732. Was im Jahre 734 geschah, muß in den Annalen seinen Platz hinter der jetzigen Zeile 190 gehabt haben. Die Bemerkung über den Jahreswechsel ist dann ebenfalls noch abgebrochen. Sie kann nach den Stellen, wo die Angabe noch erhalten ist[1]), nur gelautet haben: Ina XIII palê-ia, In meinem 13. Regierungsjahre. Daß diese Bemerkung vorhanden war, ist sicher. Die Zeitangabe kann bei jedem Jahre, wenn nur der Platz feststeht, ohne weiteres eingefügt werden. Sie kann aber nur da eingefügt werden, wo in dem Texte wirklich etwas ausgefallen ist. Der Verfasser berichtete für das 13. Regierungsjahr zunächst von der Niederlage des Rasin, von der Belagerung der Hauptstadt und von den Verwüstungen in der Umgegend. Hierauf folgten dann von Z. 210 bis Z. 226 die Angaben über die Verfolgung der Königin von Arabien. Wir haben hier zwar im Anfange

[1]) Z. 26: Ina II palê-ia, Z. 59: [Ina III] palê-ia, Z. 157: Ina IX palê-ia.

von Z. 210 nach den Veröffentlichungen eine kleine Lücke; diese würde jedoch für die Einschaltung, die hier notwendig wäre, bei weitem nicht ausreichen. Man sieht also, daß dieser Kriegszug ebenfalls noch in dasselbe Jahr fällt. Der Bericht geht mit dem Schluß der Zeile 226 zu Ende. Die folgende Zeile begann dann sofort mit dem hier einzufügenden mât Bît-Ḫu-um-ri-a und den hier außerdem noch fehlenden Zeichen für ša und für i. Man könnte sich höchstens noch die Frage vorlegen, ob in Z. 235 vor der Erwähnung des Mitinti von Askalon eine solche Bemerkung ausgefallen ist. Das ist aber ebenfalls ausgeschlossen, weil der Schrecken des Mitinti von dem Berichterstatter noch in aller Form mit der erwähnten Niederlage in Verbindung gebracht wird. Wir haben also in den Annalen, soweit sie uns erhalten sind, für einen Hinweis auf das 14. Regierungsjahr überhaupt keinen Platz mehr. Damit ist die Frage, die wir uns gestellt haben, praktisch entschieden. Die Annalen fanden in der Ausfertigung, in der sie uns trotz der vorhandenen Lücken noch zugänglich sind, mit den Ereignissen des 13. Regierungsjahres ihren Abschluß. Sie müssen also in derselben Zeit entstanden sein, die auch für die Angaben der Prunkinschrift in Betracht kommt. Diese kann nur aus einer Zeit stammen, wo die Assyrer schon über die nördlichen Teile des Reiches Israel, aber noch nicht über das Gebiet von Damaskus verfügten. Wir würden hier also, wenn wir die Prunkinschrift zugrundelegen, genau zu demselben Ergebnis gelangen. Der Verfasser beschäftigt sich in seiner Darstellung, wie wir gesehen haben, zunächst mit den sechs ersten Provinzen, die von Tiglatpileser an der Westgrenze des Reiches eingerichtet wurden; er berücksichtigt dann in derselben Weise die drei Provinzen, die im Jahre 734 hinzukamen; er kennt aber noch keine Provinz mit der Hauptstadt Damaskus. Was er uns von dem Sturze des Pekach erzählt, ist also schon in einer Zeit geschrieben, wo Damaskus noch nicht in assyrischem Besitze war.

Tiglatpileser war in der Zeit der Belagerung, wie wir aus den Inschriften des B-r R-k-b von Sam'al erfahren, auch von einer Reihe von syrischen Kleinfürsten umgeben, die ihm Heeresfolge zu leisten hatten und selbst an den Kämpfen teilnahmen. B-r R-k-b, der Sohn und Nachfolger des oben[1]) schon erwähnten Panammû, erzählt uns in einer im Jahre 1891 gefundenen Bauinschrift[2]): „Ich bin B-r R-k-b, der Sohn des Panammû, König von Sam'al, der Knecht des Tiglatpileser, des Herrn der vier Teile der Erde. Wegen der Gerechtigkeit meines Vaters und wegen meiner eigenen Gerechtigkeit setzte mich mein Herr R-k-b-el[3]) und mein Herr Tiglatpileser

---

[1]) S. 388.

[2]) Sachau, Aramäische Inschriften, Sitzungsberichte der Preußischen Akademie der Wissensch. 1896, S. 1051 ff.; Lidzbarski, Handbuch der Nordsemitischen Epigraphik, Weimar 1898, I S. 443—444 und II Tafel XXIV Nr. 1; deutsch u. a. auch bei Greßmann, Altorient. Texte zum Alten Testament, 2. Aufl., S. 445.

[3]) Der Name seines Gottes.

auf den Thron meines Vaters. Und das Haus meines Vaters arbeitete mehr als alle, und ich lief neben dem Wagenrade meines Herrn, des Königs von Assyrien, inmitten von mächtigen Königen, Besitzern von Silber und Besitzern von Gold." Sein Vater hatte sich, wie er uns auf dem Gedenkstein erzählt, den er ihm errichten ließ[1]), in großer politischer Bedrängnis an Tiglatpileser gewandt, als dieser im Jahre 738 nach Syrien kam, und war von ihm wieder auf den Thron seines Vaters gesetzt worden. Er hatte dem Großkönige dann treu gedient bis zu seinem Tode. Wir lesen in dem Texte, daß er an dem Rade seines Wagens lief vom Aufgange der Sonne bis zum Untergange. Es scheint also, daß er fast an allen Kriegszügen teilnahm. Der Großkönig lohnte ihm diese Treue durch Ueberweisung von mehreren Städten, die früher zum Gebiete von Gurgum gehörten. Der Tod überraschte ihn vor den Toren von Damaskus. „Er wurde krank und er starb[2])". Das ganze Lager beweinte ihn. Tiglatpileser ließ eine feierliche Totenklage veranstalten und sorgte dann für die Ueberführung des Verstorbenen in die Heimat, wo der Sohn ihm das Denkmal errichtete. Daß die Vasallen neben dem Wagen ihres Oberherrn zu laufen hatten, ergibt sich auch aus einer Stelle, die uns in den Annalen des Assurbanipal[3]) begegnet. Assurbanipal erzählt uns dort von der Huldigung des Tammaritu von Elam: „Er küßte meine königlichen Füße und ebnete den Erdboden mit seinem Barte; den Platz meiner Räder ergriff er und bestimmte sich selbst dazu, mir Dienstbarkeit zu erweisen."

Als die Stadt gefallen war, erschien auch Achaz, um den König von Assyrien persönlich zu begrüßen und ihm für die Hilfeleistungen, wie wir annehmen dürfen, besonders zu danken. Da sah er, wie die Bibel sich ausdrückt, „den Altar, der in Damaskus war", und sandte dem Priester Urias einen Umriß und eine Nachbildung des Altars in seiner ganzen Ausführung, mit dem Auftrage, nach diesem Vorbilde sofort einen neuen Altar im Vorhofe des Tempels errichten zu lassen. Als er dann zurückkehrte, brachte er selbst auf dem neuen Altare die ersten Opfer dar. Dann gab er dem Urias die Weisung, ihn ebenfalls in Zukunft zu benutzen, und behielt sich für den früheren Altar, der zunächst an die Seite gerückt wurde, noch eine weitere Entscheidung vor. Er zerbrach

[1]) Gefunden i. J. 1888. Vgl. für die Angaben besonders die Veröffentlichungen von Sachau in den Mitteilungen aus den Orientalischen Sammlungen der Königlichen Museen zu Berlin, Heft XI, Berl. 1893, S. 55 ff. und von Lidzbarski, Handb. der Nordsem. Epigraphik I S. 442—443 und II Tafel XXIII.

[2]) S-m-r-g w g-m m-t. Das eigenartige š-m-r-g geht offenbar auf das assyrische šudingirâku zurück. Es bezeichnet also eine Krankheit, in der man ein besonderes Eingreifen der „Hand (šu) eines Gottes (dingir)" erblickte. Bezold denkt bei dieser Bezeichnung (Babyl.-assyr. Glossar S. 267) an eine Krankheit, die mit besonderen Fiebererscheinungen verbunden war. Der Uebergang von dem k zum g ist in derselben Weise zu erklären wie bei dem Worte Tiglatpileser.

[3]) Rassam-Prisma IV 28—30.

dann die Fahrstühle, auf denen sich die im Tempel gebrauchten Wasserkessel befanden, und ließ die Kessel herunternehmen. Ebenso ließ er das eherne Meer von den Rindern herabnehmen, von denen es getragen wurde, und auf eine Unterlage aus Stein setzen. Auch ließ er die Sabbatnische, die man im Tempel angelegt hatte, sowie den äußeren Zugang für den König vor dem Könige von Assyrien, wie der Verfasser sich ausdrückt, aus dem Tempel entfernen. Man ersieht aus diesem Berichte, daß der Aufenthalt des Königs in der Nähe des Tiglatpileser ebenfalls nicht auf wenige Tage beschränkt blieb. Als er wieder in Jerusalem eintraf, war der Altar, für den er zu Damaskus die Anweisungen gegeben hatte, schon fertiggestellt. Das erforderte sicher eine Zeit von mehreren Wochen. Wir dürfen allerdings nicht übersehen, daß die Herstellung verhältnismäßig leicht war. Es war derselbe Altar, auf den auch der Prophet Ezechiel später noch Bezug nimmt[1]), ein Steingefüge in drei Absätzen, von denen der untere nach den Maßangaben des Propheten sechzehn, der zweite vierzehn und der oberen zwölf Ellen lang und breit war. Der untere Teil war zwei Ellen hoch; der zweite und der dritte Teil hatte jedesmal eine Höhe von vier Ellen. Das Ganze stand auf einem Sockel, der eine Elle über den Erdboden hinausragte. Wir haben hier also eine architektonische Stufenbildung, wie sie z. B. bei den Tempeltürmen vorkam[2]) und auch sonst bei den Babyloniern und Assyrern sehr beliebt war. Dies zeigt uns, daß das Vorbild, nach dem der Altar gearbeitet war, nur assyrischen Ursprunges sein konnte. Damit kommen wir aber von selbst auf die Kultstätte des Gottes Aššur, die Tiglatpileser nach seiner sonstigen Gepflogenheit[3]) sicher auch in Damaskus eingerichtet hatte. Achaz hielt es also, wie wir aus dieser Uebereinstimmung entnehmen müssen, für angebracht, den Altar, den er dort vorfand, pflichtmäßig zu bewundern und die Formen sofort für den Tempel in seiner eigenen Hauptstadt zu übernehmen. Das mußte sogar auf einen Tiglatpileser, wenn er harmlos genug war, einen vorzüglichen Eindruck machen. Es brauchte zwar noch nicht als ein Bekenntnis zu dem Gotte selbst aufgefaßt zu werden; es war aber eine Maßnahme, die eine solche Deutung ohne Schwierigkeit zuließ.

Als Achaz den von Salomon errichteten Altar auf die Seite stellen ließ, wußte er trotz seiner ausweichenden Erklärung wahrscheinlich schon ganz genau, was damit geschehen sollte. Der Altar war von wertvoller Bronze, die auch von den Assyrern besonders geschätzt wurde. Es darf ohne weiteres vorausgesetzt werden, daß die schweren Metallplatten ebenso wie die Kesselwagen und die Stiere, von denen in dem Texte gesprochen wird, schon bald nachher zerschlagen und zur Erledigung der vom

---

[1]) 43, 13—17.

[2]) S. oben S. 169—170.

[3]) S. oben S. 391 und S. 393 f.

26*

Großkönige verlangten Tributzahlungen gebraucht wurden. Das ergibt sich auch aus der Bemerkung über den Zugang zu der Sabbatnische, die dem Könige damals im Tempel vorbehalten war. Diese Nische wurde beseitigt und der Zugang geschlossen wegen des Königs von Assyrien, wie man hier im Deutschen vielleicht sagen würde. Es war jedenfalls eine kostbare Seitentür, wie es der Bedeutung des Ortes und der Würde des Königs entsprach. Achaz ließ diese Tür entfernen und verwandte dann das Material in derselben Weise wie die Bronze, die durch die zuerst genannten Eingriffe frei wurde. Das eine geschah ebenso wie das andere mit Rücksicht auf den König von Assyrien, um ihn durch pünktliche Zahlungen zufriedenzustellen und ihn selbst von Jerusalem fernzuhalten.

In den keilinschriftlichen Texten wird Achaz nur ein einziges Mal erwähnt. Er begegnet uns im zweiten Teile der Tontafelinschrift in dem Verzeichnis der Fürsten, von denen der Großkönig einen Tribut erhalten hatte, als Ja-u-ḫa-zi Ja-u-da-a-a, als „Jauḫazi vom Lande Juda". Der Name Achaz ist also nur eine volkstümliche Abkürzung für Joachaz.

Im Jahre 731 zog Tiglatpileser nach Babylonien, wo der Aramäerfürst Ukinzir von Bît-Amukkani sich des Thrones bemächtigt hatte, und belagerte ihn in seiner Hauptstadt Sapia, die im Jahre 729 erobert wurde. Er zog dann feierlich in Babylon ein und übernahm dort unter dem Namen Pulu = Phul in eigener Person die Herrschaft des Landes. Sein Tod fällt in den Ṭebet, den zehnten Monat des zweiten babylonischen Regierungsjahres. Dies begann mit dem Nisan des Jahres 727. Der Ṭebet reichte von Dezember bis Januar. Er starb also nach unserm jetzigen Kalender entweder im Dezember 727 oder im Januar 726. Es war ein Ereignis, das auch in Palästina, wie wir annehmen dürfen, in den weitesten Kreisen mit besonderer Freude begrüßt wurde. Diese Freude mußte jedoch dem Propheten Isaias als bedenklich erscheinen. Sie gab ihm Anlaß zu einer ernsten Warnung, die sich dem Wortlaute nach zunächst an die Philister richtete. Die Warnung erfolgte nach der Angabe des jetzigen Textes im Todesjahre des Achaz. In diesem Jahre, so heißt es dort 14, 28 ff., erging durch den Mund des Propheten der Spruch: „Freue dich nicht, gesamtes Philisterland, daß gebrochen ist der Stab, der dich schlug! Denn aus der Wurzel der Schlange geht eine Natter hervor, und ihre Frucht ist eine geflügelte Feuerschlange[1]). Die Ärmsten werden ihre Weide finden, die Dürftigen sich lagern in Sicherheit, aber töten werde ich durch Hunger deine Wurzel, und

[1]) Der Prophet gebraucht hier zur Bezeichnung der Schlange das Wort saraph. Es ist dieselbe Schlangenart, von der die Israeliten Num. 21, 4 ff. in der Wüste heimgesucht wurden. Sie wurden von neḥašîm seraphîm gebissen und fanden dann Rettung durch den saraph, den Moses aus Kupfer oder Bronze anfertigen ließ. Die Schlangen waren auch nach der Angabe von Is. 30, 6 mit Flügeln versehen.

deinen Rest wird er morden. Heule, du Stadttor, schreie du Stadt, erbebe, gesamtes Philisterland! Denn vom Norden kommt Rauch, und keiner sondert sich ab von seiner Schar. Was wird man antworten den Boten der Heiden? Fest hat Jahwe Sion gegründet; es bergen sich darin die Schwachen seines Volkes." Die Philister glauben nach dieser Stelle jubeln zu dürfen, weil der Stab gebrochen ist, der sie geschlagen hat; der Prophet sieht aber im Norden schon einen neuen Gegner herannahen, der aus derselben Wurzel hervorgeht und das Volk noch grausamer heimsuchen wird als es bisher schon geschehen ist. Dabei werden die Bewohner von Juda Schutz finden in Sion. Die Dinge sind also in ihrer Entwicklung noch nicht zum Abschluß gekommen. Sie werden sich für das Land der Philister noch verhängnisvoller gestalten; es steht aber zu erwarten, daß die Bewohner von Juda auch weiterhin vor dem Schlimmsten bewahrt bleiben. Diese Gedanken waren damals durch die Verhältnisse von selbst gegeben. Sie bestätigen uns in ihrem ganzen Zusammenhange, daß der Stab, von dem hier gesprochen wird, tatsächlich nur der König von Assyrien sein konnte. Dies berechtigt uns aber zu einer Schlußfolgerung, die in dieser Form zuerst von dem Benediktinerpater Heinr. Häußler gezogen wurde. Häußler glaubte schon im Anfange des Jahres 1926 in einer kurzen chronologischen Aufzeichnung voraussetzen zu dürfen, daß das Todesjahr des Tiglatpileser nach dieser Stelle zugleich das Todesjahr des Achaz sein müsse[1]). Achaz hatte bis zur Zerstörung Jerusalems noch acht Nachfolger. Es waren die Könige Ezechias, Manasses, Amon, Josias, Joachaz, Jojakim, Jojachin und Sedekias. Von diesen ist Ezechias mit 29, Manasses mit 55, Amon mit 2, Josias mit 31 Jahren, Joachaz mit 3 Monaten, Jojakim mit 11 Jahren, Jojachin mit 3 Monaten und Sedekias wieder mit 11 Jahren angesetzt. Ezechias kam nach II Kön. 18, 1 im 3. Jahre des Hosea zur Regierung, sein 4. Regierungsjahr fällt aber nach II Kön. 18, 9 mit dem 7. Jahre des Hosea zusammen, und das 6. Jahr seiner Regierung wird II Kön. 18, 10 in derselben Weise dem 9. Regierungsjahre des Hosea gleichgesetzt. Diese Angaben gehören offenbar zusammen. Sie lassen sich aber nur miteinander vereinigen, wenn wir zwischen dem Jahre der Thronbesteigung und dem 1. Regierungsjahre einen Unterschied machen. Das Jahr der Thronbesteigung ist das 3. Jahr des Hosea, das 1. Regierungsjahr entspricht dem 4., das 2. dem 5., das 3. dem 6., das 4. dem 7., das 5. dem 8. und das 6. dem 9. Jahre des Hosea. Das gilt aber, wie wir annehmen müssen, nicht nur für

[1]) Das Heilige Land, Organ des Deutschen Vereins vom Hl. Lande, 70. Jahrgang, Heft 1, S. 23. Er wiederholt diesen Gedanken dann Biblica X (1929) S. 269—270. Als dieser Artikel erschien, war auch Begrich schon zu derselben Feststellung gekommen. Vgl. dafür die Angaben im Vorwort zu seiner Chronologie der Könige von Israel und Juda, Tübingen 1929, und in der Zeitschrift der Deutschen Morgenländischen Gesellschaft, Neue Folge Bd. 11 (1933), S. 66. Der Hinweis aus dem Jahre 1926 wurde von der Forschung leider ganz übersehen.

Ezechias, sondern auch für die folgenden Könige. Die Angaben sind also für die damalige Zeit nicht mehr als „vordatierend", sondern ebenso wie es bei den Babyloniern und bei den Assyrern üblich war, als nachdatierend zu behandeln. Das Todesjahr des Achaz war für Ezechias zwar das Jahr der Thronbesteigung, aber noch nicht das „erste Regierungsjahr". Das „erste Regierungsjahr" begann nach dieser Zählung mit dem Nisan des folgenden Jahres. Wenn wir nun auf den Tod des Tiglatpileser zurückgreifen, ergeben sich zunächst zwei Möglichkeiten. Der Thronwechsel führt uns, wie wir gesehen haben, entweder in den Dezember des Jahres 727 oder in den Januar des Jahres 726. Es ist an und für sich nicht ausgeschlossen, daß die Warnung des Propheten Isaias schon gleich in den ersten Wochen, also noch vor dem Nisan des Jahres 726, erfolgte; es ist aber ebensogut möglich, daß sie in die Zeit nach dem ersten Nisan fällt, wo man vielleicht schon anfing, aus der Lage praktische Folgerungen zu ziehen. Wenn wir an die erste Möglichkeit denken, erhalten wir als das Todesjahr des Achaz das Jahr, das mit dem Nisan oder dem ersten Frühlingsmonate des Jahres 727 begann und bis zum Nisan des Jahres 726 reichte; wenn wir uns für die zweite Möglichkeit entscheiden, müssen wir den Tod des Achaz in die Zeit vom Frühjahr 726 bis zum Frühjahr 725 verlegen. Das erste Regierungsjahr des Ezechias war in dem einen Falle das Jahr, das mit dem Nisan des Jahres 726 beginnt, und in dem andern Falle das Jahr, das mit dem Nisan des Jahres 725 seinen Anfang nahm. Die Zerstörung Jerusalems erfolgte nach den Angaben der Bibel entweder im neunzehnten[1]) oder im achtzehnten[2]) Regierungsjahre des Nabuchodonosor. Das neunzehnte Regierungsjahr ist das Jahr 586, das achtzehnte fällt mit dem Jahre 587 zusammen[3]). Das betreffende Jahr war zugleich das elfte Jahr des Sedekias. Wenn wir nun die Regierungsjahre der genannten acht Könige zusammenzählen, erhalten wir im ganzen eine Summe von 139 Jahren. Diese schließen sich nach dem Gesagten entweder an das Jahr, das mit dem Nisan des Jahres 727 begann, oder an das Jahr, das vom Frühjahr 726 bis zum Frühjahr 725 reichte. 727 — 139 = 588; 726 — 139 = 587. Die Zahlenreihe entspricht also genau den Anforderungen, wenn wir das Mahnwort gegen die Philister in die Zeit nach dem ersten Nisan des Jahres 726 verlegen und für die Zerstörung Jerusalems nicht das Jahr 586, wie es gewöhnlich geschieht, sondern das Jahr 587 voraussetzen.

Wir geben ohne weiteres zu, daß die Frage, ob der Tempel im achtzehnten oder im neunzehnten Jahre des Nabuchodonosor zerstört wurde, mit dieser Feststellung durchaus noch nicht restlos geklärt ist. Sie ist aber für die Beurteilung der Zeitangaben, mit

---

[1]) II Kön. 25, 8 = Jerem. 52, 12.
[2]) Jerem. 52, 29.
[3]) Nabuchodonosor regierte von 604—562.

denen wir es hier zu tun haben, nur von nebensächlicher Bedeutung. Wir haben bei der Einfügung, wie wir uns auch im einzelnen entscheiden mögen, stets nur eine Bewegungsfreiheit von 1—2 Jahren. Die Angaben können also in ihrer Gesamtheit höchstens um zwei Jahre zu niedrig sein. Damit sind die Zahlen, soweit sie sich auf die Regierungsjahre beziehen, auch hier wieder als sehr zuverlässig erwiesen. Sie verdienen in diesem Abschnitt genau dasselbe Vertrauen wie die Zahlen, die uns für die Zeit von 931—841 zur Verfügung stehen.

Um so schwieriger ist es aber, mit den Angaben aus der Zeit von 841 bis zur Thronbesteigung des Ezechias zum Ziele zu kommen. Die Bibel setzt hier für Athalia 7, für Joas 40, für Amasias 29, für Azarias 52 und für Jotham und für Achaz jedesmal 16 Regierungsjahre voraus. 7 + 40 + 29 + 52 + 16 + 16 = 160. Von diesen Zahlen sind wenigstens die ersten wegen der damals noch üblichen Vordatierung jedesmal um ein Jahr zu kürzen. Wenn wir annehmen, daß diese Methode bis zur Zeit des Achaz in Gebrauch war, erhalten wir statt der erwähnten 160 Jahre nur eine Zeit von 154 Jahren. Die Zahl ist aber in beiden Fällen zu hoch. Sie führt uns, obwohl sie nur bis zum Jahre 725 reichen darf, in dem einen Falle bis zum Jahre 681 und in dem andern bis zum Jahre 687. Das ist 38—44 Jahre zu viel. Diese Störung tritt uns also mitten in einer Zusammenstellung entgegen, bei der die Zahlen von 931 bis 841 und von 725 bis 587, wie wir gesehen haben, in jeder Hinsicht befriedigen. Damit ist uns aber zugleich schon der Weg vorgezeichnet, auf dem wir die Lösung zu suchen haben. Wenn die Liste in dem ersten und in dem dritten Abschnitt keine wesentlichen Fehler aufweist, müssen die Angaben auch in der Mitte bei der Mehrzahl der Könige richtig sein. Wir sehen also, daß wir den Ueberschuß nicht, wie es vielfach geschehen ist, auf eine größere Anzahl von Personen verteilen dürfen. Wenn es sich aber bloß um eine einzige Zahl handelt, kann die Ursache nur an einer Stelle gesucht werden, wo der Ansatz hoch genug ist, um eine solche Kürzung überhaupt zu gestatten. Das ist nur bei Joas und bei Azarias der Fall. Joas ist in der Liste mit 40 Jahren angesetzt; Azarias soll die Krone nicht weniger als 52 Jahre getragen haben. Wir würden hier also, da die Kürzung mindestens 38 Jahre betragen müßte, bei Joas nur eine Regierungszeit von höchstens etwa zwei Jahren, bei Azarias aber im günstigsten Falle noch eine Zeit von 13—14 Jahren erhalten. Joas war aber erst sieben Jahre alt, als er den Thron bestieg, und hinterließ bei seinem Tode schon einen Sohn von 25 Jahren. Es bleibt uns also nur der Ansatz für Azarias. Die Bibel erzählt uns, daß Amasias, der Vater des Azarias, den König Joas von Israel, den Vater des zweiten Jeroboam, um 15 Jahre überlebte. „Amasias, der Sohn des Joas, des Königs von Juda, lebte nach dem Tode des Joas, des Sohnes des Joachaz, des Königs von Israel, noch 15 Jahre." Diese Bemerkung gibt uns einen Einblick in die Art, wie der Urheber der Synchronismen hier dachte.

Sie zeigt uns, daß die Regierungszeit des Amasias für ihn in zwei Teile zerfiel. Die ersten 14 Jahre liegen für ihn noch in der Zeit des Joas von Israel, die sich anschließenden weiteren 15 Jahre fallen mit den ersten 15 Regierungsjahren des Königs Jeroboam zusammen. Wenn er aber an der einen Stelle so denkt, darf man eine derartige Aufteilung auch sonst noch voraussetzen. Das gilt in diesem Falle besonders für die Regierung des Jeroboam, wo sie durch die Festlegung der ersten 15 Jahre von selbst schon gegeben war. Jeroboam regierte nach der Stelle II Kön. 14, 23 im ganzen 41 Jahre. 41 — 15 = 26. Der Urheber der Synchronismen rechnet also, wie wir annehmen dürfen, bei diesem Könige mit einem Abschnitt von 15 und einem Abschnitt von 26 Jahren. Der Abschnitt von 15 Jahren fällt nach dieser Aufteilung, wie er selbst ausdrücklich hervorhebt, mit den letzten 15 Jahren des Amasias zusammen; der Abschnitt von 26 Jahren führt uns dagegen in die Zeit des Azarias. Nun lesen wir aber II Kön. 15, 1—2: „Im 27. Jahre des Königs Jeroboam von Israel kam Azarias, der Sohn des Königs Amasias von Juda, zur Herrschaft. Er war sechzehn Jahre alt, als er zur Herrschaft kam, und regierte 52 Jahre zu Jerusalem.“ Wir stehen hier also plötzlich vor einem Ansatze, der mit dem Gesagten in seiner jetzigen Form nicht in Einklang zu bringen ist. Wenn die letzten 15 Jahre des Amasias mit den ersten 15 Jahren des Jeroboam zusammenfielen, kann das erste Regierungsjahr des Azarias nur das 16. und nicht das 27. Jahr des Jeroboam gewesen sein. Die Angabe schließt sich in der Aufzeichnung unmittelbar an den Satz: „Und Jeroboam entschlief zu seinen Vätern, den Königen von Israel, und sein Sohn Zacharias wurde König an seiner Stelle.“ Der Urheber des Ansatzes hatte also, wie hieraus hervorgeht, gerade an den Tod und damit auch an das Todesjahr des Jeroboam gedacht, an das letzte unter den 41 Regierungsjahren dieses Köngs, das ihm zugleich als das 26. in der zweiten Periode dieser Zeitspanne bekannt war. Diese Zahl hatte sich in seinen Vorstellungen, wie es scheint, bei der Niederschrift des Satzes so sehr in den Vordergrund gedrängt, daß er in dem folgenden Satze, wie es in einem solchen Falle leicht geschehen kann, gleich mit der Zahl 27 fortfuhr. Er legt hier also statt der 15 Regierungsjahre, die den ersten Abschnitt in der Zeit des Jeroboam ausmachten, die 26 Jahre des zweiten Abschnittes zugrunde und schreibt dann in demselben Kapitel V. 8: „Im 38. Jahre des Azarias, des Königs von Juda, wurde Zacharias, der Sohn des Jeroboam, in Samaria König von Israel.“ Da Amasias, der Vater des Azarias, nicht im 26., sondern im 15. Jahre des Jeroboam starb, war das 27. Jahr des Jeroboam in Wirklichkeit nicht das erste, sondern das zwölfte Jahr des Azarias. Wir haben hier also eine Verschiebung von 11 Jahren. Wenn wir dann weiterzählen, kommen wir bis zum Ende des 37. Jahres noch einmal auf eine Summe von 26 Jahren, wie sie für den zweiten Abschnitt in der Regierungszeit des Jeroboam tatsächlich in Betracht kam. Dies zeigt uns, daß der Urheber der Angaben wirklich so gerechnet hat. Er hat sich nur bei der Festlegung des ersten Abschnittes in der Zahl vergriffen. Diese Verschiebung läßt sich nur rückgängig machen, wenn wir die Zeit des Azarias zunächst wieder um 11 Jahre kürzen. Man sieht also, daß die Zahl 52 hier tatsächlich um eine erhebliche Zeitspanne zu hoch ist. Nun erhalten wir aber, wenn wir auf das Jahr 841 zurückgehen und daran festhalten, daß die Angaben in der damaligen Zeit als vordatierend zu betrachten sind, als das erste Regierungsjahr des Azarias das Jahr 768. Diese Zahl ergibt sich nicht nur auf dem Wege über Athalia, Joas und Amasias, sondern auch im Anschluß an die Zahlen aus der Geschichte des nördlichen Reiches, wo wir als das erste Jahr des Jeroboam das Jahr 783 und als das letzte das Jahr 743 erhalten. Das fünfzehnte war also das Jahr 769, das die erste Periode in der Zeit dieses Königs zum Abschluß bringt. Wir stehen hier also, wie man sieht, noch auf ganz sicherem Boden. Das gilt dann wieder in derselben Weise für die Zeit des Achaz, der im Jahre 726, wie wir annehmen mußten, im 16. Jahre seiner Regierung gestorben ist. Das erste Regierungsjahr war hier also das Jahr 741. Dieser Ansatz wird uns auch sonst in der Bibel und in den Texten der Keilschrift in jeder Weise bestätigt. Achaz war schon um das Jahr 735 den Angriffen des Pekach und des Königs von Damaskus ausgesetzt und rief dann die Assyrer herbei, die im Jahre 734 bis zum Gebiete der Philister vorrückten. Damit erhalten wir aber für die Zeit des Azarias und des Jotham nur eine Summe von 27 Jahren. Diese Summe muß im ganzen richtig sein. Sie ließe sich höchstens noch um eine ganz geringe Zahl von Jahren erhöhen, wenn wir uns bei Achaz, obschon hierzu gar kein besonderer Grund vorliegt, zu einer entsprechenden Kürzung entschließen. Dies zeigt uns, daß die Ausschaltung der elf Jahre, von denen wir sprachen, für die Zeit des Azarias zur Berichtigung der Ansätze bei weitem noch nicht ausreicht. Wir haben nach den keilinschriftlichen Angaben unter allen Umständen daran festzuhalten, daß Achaz im Jahre 734 schon seit mehreren Jahren auf dem Throne saß. Das Jahr 734 ist aber erst das 35. Jahr nach dem Tode des Amasias. Die Regierungszeit des Azarias würde also trotz dieser Kürzung immer noch größer sein als die Zahl der Jahre, die uns in Wirklichkeit von dem Jahre seiner Thronbesteigung bis zum Zuge des Tiglatpileser nach Palästina zur Verfügung stehen. Die biblischen Ansätze bieten in ihrer jetzigen Form für Azarias, Jotham und die Zeit bis zum Jahre dieses Kriegszuges eine Zahlenreihe von 52 + 16 + 7 Jahren, die wir allerdings, da die Angaben als vordatierend zu betrachten sind, im ganzen um 1 + 1 + 1 Jahr zu kürzen haben. Das ergibt eine Summe von 72 Jahren. Von diesen können aber in dem Raume, der sich uns darbietet, nur 34 untergebracht werden. Man wird nun vielleicht einwenden, daß Azarias am Ende seines Lebens aussätzig war. Er wohnte in der Zeit dieser Krankheit, wie uns II Kön. 15,5 erzählt wird, in einem alleinstehenden Hause, und sein Sohn Jotham besorgte die Verwaltung und richtete das Volk. Das kann sich aber, wie aus anderen Angaben hervorgeht, nur um wenige Jahre gehandelt haben. Jotham war erst 25 Jahre alt, als er nach dem Tode seines Vaters im eigentlichen Sinne des Wortes zur Herrschaft gelangte, und starb dann nach den Voraussetzungen der Bibel bereits im Alter von 41 Jahren, als sein Sohn Achaz, wie wir II Kön. 16, 2 erfahren, ein Alter von 20 Jahren erreicht hatte. Diese Zahlen stehen in ihrer Höhe für normale Verhältnisse so vorzüglich miteinander in Einklang, daß sie kaum einer besonderen Rechtfertigung bedürfen. Die Zahl 52 greift also, wenn dieses richtig ist, tatsächlich um 72 — 34 oder um 38 Jahre zu weit. Daß der Ansatz zu hoch ist, ersieht man auch aus dem Alter, das sich für Amasias und für Azarias bei der Geburt ihrer Nachfolger ergibt. Azarias stand bei seiner Thronbesteigung nach der Angabe der Bibel erst im Alter von 16 Jahren, als sein Vater im Alter von 54 Jahren gestorben war. Er muß also geboren sein, als der Vater schon ein Alter von 38 Jahren erreicht hatte, und starb dann nach den jetzigen Ansätzen im Alter von 68 Jahren, als sein Sohn und Nachfolger erst auf ein Alter von 25 Jahren zurückblickte. Dies führt uns für den Vater bei der Geburt des Sohnes auf ein Alter von 43 Jahren. Diese Zahlen sind für das Alter bei der Geburt des Thronfolgers, wo es sich fast immer um den ältesten Sohn handelt, in einer derartigen unmittelbaren Aufeinanderfolge mindestens sehr auffallend. Das Bild wird aber sofort ein anderes, wenn wir bei Azarias die angegebene Kürzung vornehmen. Wir erhalten dann statt der 52 Jahre nur eine Zeit von 13 bis 14 Jahren. Diese kam zum Abschluß, als Jotham ein Alter von 25 Jahren erreicht hatte. Jotham stand also bei der Thronbesteigung seines Vaters, wenn unsere Voraussetzungen hier richtig sind, schon im Alter von 11 bis 12 Jahren. Wenn Azarias aber bei seiner Thronbesteigung einen Sohn hatte, der schon 11 bis 12 Jahre alt war, muß er selbst schon ein Alter von etwa 30 Jahren gehabt haben. Er muß also zu einer Zeit geboren sein, wo sein Vater Amasias erst ein Alter von etwas mehr als 20 Jahren erreicht hatte. Diese Zahlen sprechen ohne weiteres für sich selbst. Sie ergeben ein Bild, das den Anforderungen in jeder Weise entspricht. Wir dürfen also, wenn wir unsere Feststellungen zusammenfassen, ohne Bedenken den Schluß ziehen, daß der Urheber der Synchronismen das Todesjahr des Azarias tatsächlich ganz aus dem Auge verloren hatte. Er ist hier, wie es scheint, das Opfer seiner eigenen Methode geworden, und zwar in derselben Weise, wie es auch an der Stelle II Kön. 15, 30 geschehen ist. Wir lesen dort, daß Hosea, der Sohn des Ela, im 20. Jahre des Jotham zur Herrschaft gelangte, obwohl er in demselben Kapitel V. 33 ausdrücklich hervorhebt, daß die Herrschaft des Jotham schon mit dem 16. Jahre zu Ende ging. Das ist ihm in V. 30, wie wir annehmen müssen, noch gar nicht zum Bewußtsein gekommen. Er war also, wie es scheint, bei seinen Festlegungen oft ganz von den Ergebnissen seiner augenblicklichen Berechnungen abhängig, die er nur selten einer besonderen Nachprüfung unterzog. Wenn er die Zahlen noch einmal miteinander verglichen hätte, würde er die Unebenheiten, die wir hier feststellen können, sicher bemerkt haben.

Die Zahl 52 scheint in dem Zusammenhange, in dem sie uns begegnet, auf eine Verdoppelung der Zahl 26 zurückzugehen. Der Urheber des Ansatzes rechnet zuerst mit einer Reihe von 26 Jahren, die er an der Stelle II Kön. 15, 1 heranzieht, um das erste Regierungsjahr des Azarias festzulegen, und setzt dann in V. 8 noch einmal eine Reihe von 26 Jahren voraus, die sich an die vorhergehenden 26 Jahre sofort anschließen. Diese Zahlen scheinen sich in seiner Vorstellung zunächst zu einer einzigen Größe miteinander verbunden zu haben, so daß das Vorkommen der Zahl 52 an und für sich keiner weiteren Begründung bedarf. Der Zeitabschnitt war in diesem Umfange tatsächlich vorhanden. Er reichte aber in Wirklichkeit nicht von dem Tode des Amasias bis zum Tode des Azarias, sondern von der Thronbesteigung des Jeroboam bis zum 38. Jahre des Azarias. Das ist zwar ein wesentlicher Unterschied; es bleibt aber die Tatsache bestehen, daß es sich in dem einen Falle wie in dem andern um eine Summe von 52 Jahren handelt, und daß diese Zeitspanne, wie man sie auch legen mag, wenigstens 37 Jahre von der angeblichen Regierung des Azarias umschließt. Dies führte dann, wie es scheint, zu einer vollständigen Gleichsetzung, bei der die hochliegende Teilzahl durch das Ganze ersetzt wurde.

Da der Ansatz weit über das Todesjahr des Jeroboam hinausgriff, konnten auch die Zahlen aus der letzten Periode des nördlichen Reiches für eine synchronistische Behandlung der Vorgänge in ihrer ursprünglichen Form nicht mehr in Betracht kommen. Jeroboam starb im Jahre 743, und zwar höchstwahrscheinlich im Sommer, da die sechs Monate des Zacharias nach den Voraussetzungen der Bibel noch nicht bis in das folgende Jahr hinüberreichen. Dies beginnt erst mit der Zeit des Sallum, der in den Aufzeichnungen bloß mit einem einzigen Monat angesetzt ist. Wir haben also, wenn diese Festlegungen richtig sind, das Jahr 742 zugleich als das erste Jahr des Menahem zu betrachten. Dieser entrichtete, wie wir gesehen haben, im Jahre 738 den auch in der Bibel erwähnten Tribut. Er soll dann aber erst im zehnten Jahre seiner Regierung, also im Jahre 733, gestorben sein, und sein Sohn Pekachja soll alsdann zwölf Jahre regiert haben, bis er kurz vor dem Tode des Azarias von Pekach ermordet wurde. Die Regierung des Pekach erstreckte sich dann, wie in den Synchronismen vorausgesetzt wird, noch über einen Zeitraum von zwanzig Jahren, bis sie nach dem ersten Eingreifen des Tiglatpileser durch den Sieg der Gegenpartei zum Abschluß gelangte. Das war aber nach den keilinschriftlichen Texten, die uns hier zur Verfügung stehen, schon vor den letzten Monaten des Jahres 733. Wir haben hier also von dem Tage, wo Menahem den Tribut überreichte, bis zu der Thronbesteigung des Hosea nur einen Abstand von 4 bis 5 Jahren. Dieser ist in der Bibel zu einem Zeitraum von mehr als 32 Jahren geworden.

4.

Salmanassar V. und Sargon II.

Salmanassar, der Sohn des Tiglatpileser, war vor seiner Thronbesteigung Statthalter von Ṣimirra. Er übernahm die Regierung am 25. Ṭebet des Jahres 727. Das Jahr 726 wird in der Eponymenliste als Friedensjahr hervorgestellt. Das Heer blieb „im Lande". Für die Jahre 725—723 war jedesmal ein Kriegszug verzeichnet. Leider sind aber die Namen der betreffenden Länder in allen drei Zeilen weggebrochen, so daß wir uns über die Einzelheiten kein sicheres Urteil zu bilden vermögen. Inschriften fehlen. Wir sind deshalb vor allem auf die Bibel und auf einen Bericht des Menander von Ephesus angewiesen, der sich bei Flavius Josephus erhalten hat. In der Bibel lesen wir:

„Im zwölften Jahre des Königs Achaz von Juda wurde Hosea, der Sohn des Ela, in Samaria König von Israel auf neun Jahre. Er tat, was böse war in den Augen Jahwes, aber nicht wie die Könige von Israel, die vor ihm waren. Gegen ihn zog Salmanassar, der König von Assur, heran, und Hosea unterwarf sich ihm und brachte ihm einen Tribut. Aber der König von Assur fand Hosea des Verrates schuldig. Er hatte nämlich Gesandte an den König Sewe von Ägypten geschickt und nicht mehr wie früher dem Könige von Assur den jährlichen Tribut übersandt. Deshalb ließ der König von Assur ihn festnehmen und ins Gefängnis werfen. Und es zog der König von Assur gegen das ganze Land, rückte vor Samaria und belagerte es drei Jahre. Im neunten Jahre des Hosea nahm der König von Assur Samaria ein, führte Israel in die Gefangenschaft und siedelte sie an in Chalach und am Chabor, dem Strome von Gozan, und in den Städten Mediens" (II Kön. 17, 1 bis 6). Menander erzählt uns:

„Und Elulaios, der auch Pyas genannt wurde, regierte 36 Jahre. Dieser fuhr hinaus, als die Kittäer abgefallen waren, und zwang sie wieder zum Gehorsam. Zu seiner Zeit kam Selampsas, der König von Assyrien, heran und bekriegte ganz Phönizien. Er machte dann aber Frieden mit allen und zog wieder ab. Hierauf fielen von den Tyrern ab die Städte Sidon, Akko und Palaityros sowie viele andere Städte, die sich dem Könige der Assyrer übergaben. Deshalb zog der König, weil die Tyrer sich ihm nicht unterwarfen, noch einmal gegen sie, wobei die Phönizier ihm 60 Schiffe und 800 Ruderer stellten. Die Tyrer zogen ihnen mit 12 Schiffen entgegen, zerstreuten die Schiffe der Gegner und machten gegen 500 Mann zu Gefangenen. Es wuchs infolgedessen das Ansehen aller in Tyros. Doch der König von Assyrien rückte noch einmal heran und stellte Wächter auf an dem Fluß und den Wasserleitungen, um die Tyrer am Schöpfen zu hindern. Und dieses hielten die Tyrer fünf Jahre aus, indem sie aus selbstgegrabenen Brunnen tranken" (Jos. Antiq. 9, 283 ff.).

Daß wir unter dem Könige Selampsas den König Salmanassar zu verstehen haben, bedarf kaum eines Beweises. In der Vorlage des Menander waren bloß die Konsonanten geschrieben; die Zeichen für n und p weisen aber in den Texten aus der damaligen Zeit eine solche Ähnlichkeit auf, daß man sie leicht miteinander verwechseln konnte. Salmanassar bekriegte also ganz Phönizien. Er schloß dann aber Frieden mit den einzelnen Staaten und zog wieder ab. Man hatte sich offenbar unterworfen und einen Tribut entrichtet. Da man sich nun über die Vereinbarungen hinwegsetzte, unternahm er einen zweiten Zug, der zu einer fünfjährigen Belagerung von Tyrus führte. Diese Angaben bilden in ihren Einzelheiten eine genaue Parallele zu dem Berichte der Bibel. Salmanassar zog gegen Hosea und zwang ihn zur Unterwerfung. Hosea fügte sich und entrichtete einen Tribut. Als er dann mit Ägypten in Verbindung trat und die Zahlung des Tributes unterließ, erschien Salmanassar zum zweiten Male, um jetzt das Land vollständig in Besitz zu nehmen. Da von einer Abhängigkeit natürlich keine Rede sein kann, dürfen wir in dieser Uebereinstimmung eine besondere Gewähr für die Richtigkeit der beiden Darstellungen erblicken.

Was uns von dem Unterlassen der Tributzahlung gesagt wird, nötigt uns zu der Annahme, daß zwischen dem ersten und dem zweiten Zuge ein Abstand von mehr als einem Jahre lag. Im Jahre 726 fanden kriegerische Unternehmungen nicht statt. Der erste Zug kann also frühestens im Jahre 725 und der zweite nicht vor dem Jahre 723 gewesen sein. Hiernach muß die Belagerung von Samaria bis in das Jahr 721 hineingereicht haben.

Salmanassar starb im Ṭebet, also im zehnten Monat, des Jahres 722. Sein Nachfolger Sargon war nach den Bezeichnungen auf einer Fayenceplatte, die vor einigen Jahren in Konstantinopel entdeckt wurde, ebenfalls ein Sohn des Tiglatpileser[1]). Als das Datum seiner Thronbesteigung wird der 22. des genannten Monats angegeben. Sie fällt also schon in den Januar des Jahres 721. Die Inschriften, die wir von ihm noch besitzen, sind in ihrer Mehrzahl am leichtesten zugänglich in der Ausgabe von Hugo Winckler, Die Keilschrifttexte Sargons, zwei Bände, Leipzig 1889. Ein Teil der Texte lag damals schon vor in der vorzüglichen Bearbeitung von D. G. Lyon, Keilschrifttexte Sargons, Königs von Assyrien, Leipzig 1883. Hierzu kommen aus der späteren Zeit besonders noch Fr. Thureau-Dangin, Une relation de la huitième campagne de Sar-

[1]) Vgl. für die Angabe besonders die Veröffentlichung des Textes von Unger, Sargon II. von Assyrien der Sohn Tiglatpilesers III., Istanbul 1933.

gon, Paris 1912, und die Untersuchungen von F. H. Weißbach, Zu den Inschriften der Säle im Palaste Sargon's II. von Assyrien, Zeitschr. der Deutschen Morgenl. Gesellsch. Bd. 72 (1918), S. 161 bis 185, mit ihren zum Teil recht tiefgreifenden Verbesserungen zu der Ausgabe von Winckler. Am wertvollsten sind unter diesen Texten die ausführlichen und mit besonderer Sorgfalt angefertigten Annalen. Die Bruchstücke, die wir besitzen, gehen wahrscheinlich auf fünf verschiedene Niederschriften zurück; sie weisen aber in den einzelnen Exemplaren so zahlreiche Lücken und Beschädigungen auf, daß es unmöglich ist, den Wortlaut überall ganz wieder herzustellen. Ueber das Schicksal von Samaria lesen wir dort gleich in den ersten Zeilen:

„Im An[fange meiner Herrschaft und im ersten Jahre meiner Regierung, als ich mich in erhabener Würde auf den königlichen Thron gesetzt hatte, belagerte und eroberte ich die Stadt Samer]ina

. . . .

. . . . ., der mich den Sieg erringen ließ, ... [27 290 Leute, die darin wohnten], führte ich fort; 50 Wagen für meine königliche Streitmacht [hob ich unter ihnen aus. Die übrigen ließ ich zu ihrem Orte zu]rückkehren und stellte sie besser als zuvor[1]). Die Leute der Länder, die ich erob[ert hatte, ließ ich darin wohnen. Meinen Befehlshaber setzte ich als Statthalter über sie ein], Abgaben wie den Assyrern legte ich ihnen auf" (Z. 10—17).

Die Ergänzungen, die hier in den Text hineingefügt sind, ergeben sich größtenteils aus dem Parallelbericht einer umfangreichen Prunkinschrift[2]), die glücklicherweise besser erhalten ist. Der König erzählt uns dort:

„Die Stadt Samerina belagerte und eroberte ich, 27 290 Leute, die darin wohnten, führte ich fort, 50 Wagen hob ich unter ihnen aus, die übrigen ließ ich ihren Anteil nehmen[3]), meinen Befehls-

---

[1]) i-na [libbi-šu-nu aḳ-ṣur-ma u si-it-tu-ti aš-ru-uš-šu-un u-]tir-ma eli ša pa-na u-še-me.

[2]) Winckler S. 96 ff.

[3]) si-it-tu-ti i-nu-šu-nu u-ša-ḫi-iz. Was hier gemeint ist, ergibt sich aus dem für die Annalen zu erschließenden [si-it-tu-ti aš-ru-uš-šu-un u-]tir. Bei dieser Ergänzung ist die Verbalform utir durch das nur leicht beschädigte Zeichen für tir gegen jedes Bedenken gesichert. Die Lücke befindet sich an derselben Stelle, wo in der Prunkinschrift von den sittûti, den übrigen, die Rede ist. Das können aber nach dem Zusammenhange nur die Bewohner sein, die nicht fortgeführt wurden. Diese durften zu ihrer Wohnstätte zurückkehren und in Besitz nehmen, was früher schon ihr Eigentum gewesen war. Sie sollen nach den Annalen gut behandelt werden; denn es soll ihnen besser ergehen als es früher der Fall war. Wenn unsere Vermutungen richtig sind, fehlen hier zwischen akṣurma und der zweiten Silbe von utir bei der in Vorschlag gebrachten Schreibung im ganzen elf Zeichen. In dieser Lücke standen in der vorhergehenden Zeile die zum Teil wesentlich kürzeren Zeichen für 20-7-lim-2-me-60-30 un-meš a-šib ina libbi-šu. Bei Z. 17 gehört der erste Teil der Ergänzung, die hier von Winckler eingetragen ist, nach den Raumverhältnissen noch an das Ende von Z. 16; in Z. 21 begann der Text mit den Zeichen für [Marduk-aplu-iddin-na šar mât Kal-]di.

haber setzte ich über sie und legte ihnen dieselbe Abgabe auf wie an den früheren König“ (Z. 23—25).

Hierzu kommen in den übrigen Inschriften noch einige Stellen, an denen das Ereignis bloß in wenigen Ausdrücken kurz hervorgehoben wird. In einer Zylinderinschrift[1]) wird Sargon z. B. als der Held bezeichnet, der auch das weite Bît-Ḫumria niederwarf (Z. 19); in einer Inschrift auf dem Fußboden des königlichen Palastes[2]) las man die Sätze: „der Samerina und das ganze Land Bît-Ḫumria eroberte, der Asdod und Sinuḫtu plünderte“; in einem andern Texte [3]) werden dem Könige die Worte in den Mund gelegt: „[Ich eroberte und] plünderte Sinuḫtu, Samerina und das ganze Land Bît-Ḫumria.“

Diese Angaben vereinigen sich mit den Aufzeichnungen der Bibel zu einem Gesamtbilde, das an Vollständigkeit kaum etwas zu wünschen übrig läßt. Die Stadt ergab sich nach dreijähriger Belagerung. 27 290 Personen wurden als Gefangene fortgeführt und teils in Mesopotamien, teils in Medien angesiedelt; 50 Kriegswagen, die dem Eroberer in die Hände fielen, wurden in den Bestand des assyrischen Heeres eingefügt. Das ganze Gebiet wurde eingezogen und zu einer assyrischen Provinz gemacht; an die Stelle des früheren Königs trat ein besonderer Statthalter. Ansiedler aus andern Gegenden des Reiches füllten die Lücken wieder aus, die durch den Abzug der Verbannten in der Bevölkerung entstanden waren. Nach dem Berichte der Bibel[4]) kamen sie aus Babel, Kuta, Awwa, Hamat und Sepharwajim. Die Bevölkerung hatte nach der Angabe in den Annalen dieselben Abgaben zu zahlen, die man auch sonst von den assyrischen Untertanen verlangte. Nach der Prunkinschrift hatte sie dem Könige von Assyrien zu entrichten, was man früher an den König von Israel gezahlt hatte. Der Gedanke ist im wesentlichen derselbe; der König von Israel war für die Zukunft durch den König von Assyrien ersetzt.

Durch die Umsiedelungen ließen sich aber die Widerstände, die noch im Volke vorhanden waren, nicht ohne weiteres beseitigen. Die Zurückgebliebenen machten, wenn man das Ganze nimmt, immer noch den größeren Teil der Bevölkerung aus, und die Fremden, die jetzt aus den verschiedensten Gegenden in das Land hineingeführt wurden, waren den Assyrern ebenfalls in keiner Weise gewogen. Das war nicht nur in Palästina, sondern auch in den syrischen Gebieten der Fall, wo die Eroberer den Ausgleich überall ganz auf demselben Wege versucht hatten. Es ist deshalb leicht zu begreifen, daß man sich trotz aller bösen Erfahrungen, die man bisher schon gemacht hatte, nach dem Abzuge der assyrischen Truppen schon bald wieder zu regen begann. Die Bewegung ging

[1]) Lyon S. 1 ff.; Winckler II S. 42b; Peiser in der Keilschriftl. Bibl., herausgeg. von Schrader, Bd. II S. 38 ff.

[2]) Inschr. auf dem Fußboden der Türen Nr. IV Z. 31 ff.

[3]) Inschrift des Saales XIV Z. 15.

[4]) II Kön. 17, 24 ff.

jetzt von Hamat aus, wo der Usurpator Jaubi'di oder Ilubi'di[1]) den assyrerfreundlichen Eni-ilu gestürzt und sich selbst zum Herrscher aufgeworfen hatte. Man hatte bei solchen Erhebungen gerade nach einem Thronwechsel, wie er damals in Assyrien vorlag, die besten Aussichten auf einen wirklichen Erfolg. Salmanassar war gestorben, und Sargon, der Bruder des Salmanassar, hatte bisher noch gar keine Gelegenheit gehabt, seine Tatkraft und seine Leistungsfähigkeit besonders zu beweisen. Die Eroberung von Samaria wurde nach den Aufzeichnungen, die wir in der Bibel vorfinden, noch ganz als das Werk seines Vorgängers betrachtet. Auch im Süden von Palästina hoffte man jetzt auf ein sicheres Gelingen. Hanno von Gaza, der zur Zeit des Tiglatpileser zum Lande Muṣri geflohen war, trat jetzt nach den vorhandenen Angaben mit Pir'u, dem Könige des Landes Muṣuri, in Verbindung und verhandelte mit Sib'u, dem obersten Befehlshaber des Pir'u, schon über ein gemeinsames Vorgehen. Der Text der Annalen weist hier leider in der Mitte des Berichtes eine große Lücke auf. Es fehlen dort zwischen Z. 25 und Z. 27 des jetzigen Textes zwei Platten, die zusammen 26 Zeilen umfaßten. Wir lesen aber noch in Z. 23—25:

„In meinem zweiten Regierungsjahre sammelte Ilub[i'di von Hamat] ...... große [Truppenmassen] bei Ḳarḳar, ... den Eid ...... [und brachte Arpad, Ṣimirra], Damaskus und Samerina [zum Abfall von mir]."

Für die folgenden Zeilen finden wir wieder einen Ersatz in den Angaben der Prunkinschrift. Der König erzählt uns dort kurz und bündig:

„Jaubi'di von Hamat, ein ṣab ki-laḫ-sal[2]), zum Throne nicht berechtigt, ein böser Chethiter, trachtete nach der Herrschaft von Hamat. Arpad, Ṣimirra, Damaskus und Samerina brachte er zum Abfall von mir, machte sie einmütig und rüstete zum Kampfe. Ich bot die massenhaften Truppen Aššurs auf, belagerte ihn mit seinen Kriegern in seiner Lieblingsstadt Ḳarḳar und eroberte sie. Ḳarḳar ließ ich in Feuer aufgehen; ihm selbst zog ich die Haut ab. In jenen Städten tötete ich die Aufrührer und stellte den Frieden wieder her. 200 Wagen und 600 Reiter hob ich unter den Leuten von Hamat aus und fügte sie zu meiner königlichen Streitmacht" (Z. 33—36).

In der Inschrift auf einer Stelle des Sargon[3]) finden wir die Angaben:

---

[1]) Beide Bezeichnungen werden als gleichbedeutend nebeneinander gebraucht. Vgl. hierzu denselben Wechsel bei dem Namen des Königs Jojakim von Juda, der früher Eljakim hieß.

[2]) Ṣab = stat. constr. von ṣâbu = Mann; ki-laḫ (durch das Zeichen für ud ausgedrückt) = maškânu = Sammelplatz, Niederlage; ki-laḫ-sal = Sammelplatz von Frauen. Ein ṣab ki-laḫ-sal ist also ein Mann, der aus einer Frauenstube oder aus einem Lager von Frauen kommt. Die Zeichen für ki und laḫ sind an dieser Stelle ineinandergeschrieben.

[3]) Winckler I S. 174 ff., II S. 46—47; Vorderasiatische Schriftdenkmäler der Königlichen Museen zu Berlin, Heft I, Leipzig 1907, Nr. 71.

„Hamat in seiner [ganzen] Ausdehnung warf ich nieder wie eine Sturmflut, Jaubi'di, [ihren König], nebst seiner Familie und seinen Kriegern, die Gefangenen aus seinem Lande, [brachte] ich gefesselt nach Assyrien, 300 Wagen, 600 Reiter, Schild- und Lanzenträger hob ich unter ihnen aus und fügte sie zu meiner königlichen Streitmacht, 6300 Assyrer, die [sich empört] hatten[1]), [siedelte ich] im Lande Hamat [an]. Meinen Befehlshaber setzte ich als Statthalter über sie ein und legte ihnen Tribut und Abgaben auf" (Rechte Seite Z. 51—65).

In einem andern Texte[2]) lesen wir:

„Ilu[bi'di] von Hamat, der zum Throne nicht berechtigt, für den Palast nicht geschaffen war, den zur Herrschaft über die Menschen die Entscheidung der Gö[tter nicht bestimmt hatte], der gegen Aššur, sein Land und seine Bewohner schlimme Bosheit hegte, Auf[ruhr] begann[3]), Arpad und Samerina aufbot und auf seine Seite brachte, ..., tötete [er], ließ kein Leben übrig" (Z. 16—20).

Die Erhebung endete also mit einem gänzlichen Mißerfolge. Jaubi'di flüchtete sich nach einer Niederlage in die Stadt Ḳarḳar, fiel aber bei der Eroberung dieser Stadt in die Hände seines Gegners und wurde später grausam zu Tode gemartert. Hamat wurde jetzt ebenfalls zu einer assyrischen Provinz. Sargon ließ die Kriegsgefangenen in der üblichen Weise fortführen und siedelte vorläufig 6300 „Assyrer, die [sich empört] hatten", in der neuen Provinz an.

In den Annalen lesen wir dann unmittelbar nach der Lücke:

„Er .... und rief den Sib'u, seinen obersten Feldherrn, als Bundesgenossen herbei und zog, um Kampf und Schlacht zu liefern, mir entgegen. Im Namen Aššurs, meines Herrn, besiegte ich sie. Sib'u entfloh allein wie ein Hirt, dessen Schafe geraubt sind, und machte sich davon. Den Ḫanunu nahm ich gefangen und brachte ihn gefesselt zu meiner Stadt Aššur. [Die Stadt Rap]iḫu verwüstete ich, zerstörte ich, ließ ich in Flammen aufgehen; 9033 Personen nebst ihrer reichen Habe führte ich fort" (Z. 27—31). Dann beginnt in der folgenden Zeile der Bericht über die Ereignisse des dritten Regierungsjahres. Dies zeigt uns, daß der vorliegende Abschnitt ebenfalls noch zum zweiten Jahre gehört.

Wir sehen aus diesem Wortlaute, daß Hanno von Gaza bei den ersten Angaben die handelnde Person ist. Am Schluß der Lücke wurde, wie wir annehmen müssen, „Pir'u, der König des Landes Muṣuri", erwähnt. Der Satz, um den es sich hier handelt, schloß mit dem Zeichen für kun, das sich am einfachsten zu iškun ergänzen läßt. Hanno muß also irgend etwas getan haben, was sich

---

[1]) Aššura-a-a bêl [ḫi-iṭ-ṭi].

[2]) K. 1349, herausgeg. von Winckler, Sammlung von Keilschrifttexten II S. 1. Umschrift und Uebersetzung Altorientalische Forschungen I (Heft V, Leipzig 1897) S. 403—405.

[3]) il-ḳa-a ši-ṭu[-ti].

nach dem Zusammenhange auf Pir'u bezog. Dieser tritt uns dann mit aller nur wünschenswerten Deutlichkeit entgegen in dem Hinweis auf „Sib'u, seinen obersten Feldherrn". Ueber dem obersten Feldherrn steht nur der König. Der König hat hier aber, wie man sieht, dem obersten Feldherrn außerordentlich weitgehende Freiheiten gelassen. Hanno darf selbst mit ihm verhandeln und ihn selbst zu Hilfe rufen. Sib'u muß also eine Stellung eingenommen haben, die unter Umständen über Krieg und Frieden entschied. Es ist offenbar dieselbe Persönlichkeit, mit der auch Hosea schon Verbindungen angeknüpft hatte. Er hatte seine Boten an Sewe, den „König" von Ägypten, geschickt. Der Name bietet bei dieser Aussprache[1]) kaum einen Unterschied. Daß der Berichterstatter den Träger dieses Namens als König bezeichnet, findet in den Rechten, die er besaß, eine ausreichende Erklärung.

In der Prunkinschrift lesen wir über die betreffenden Vorgänge zunächst in Z. 25—26:

„Ḫanunu, der König von Gaza, und Sib'e, der oberste Befehlshaber des Landes Muṣuri, rückten bei Rapiḫi, um Kampf und Schlacht zu liefern, gegen mich heran. Eine Niederlage brachte ich ihnen bei. Sib'e fürchtete sich vor dem Getöse meiner Waffen und floh; seine Stätte wurde nicht mehr gesehen. Ḫanunu, den König von Gaza, nahm ich gefangen." Dann erfahren wir in Z. 27 noch von besonderen Tributgeschenken. „Tribut von Pir'u, dem Könige von Muṣuri, Samsi, der Königin von Arabien, und It'amara, dem Sabäer: Gold, Flachs[2]) der Berge, Pferde und Kamele, empfing ich."

An andern Stellen werden die Ereignisse nur kurz berührt. In der Inschrift des Saales XIV begegnet uns die Angabe: „Bei Rapiḫi brachte ich dem Lande Muṣuri eine Niederlage bei und machte Ḫanunu, den König von Gaza, zum Gefangenen" (Z. 16—17); in der Fußbodeninschrift, die wir oben[3]) schon erwähnten, stoßen wir auf die Bemerkung: „der bei Rapiḫi dem Lande Muṣuri eine Niederlage beibrachte und Ḫanunu, den König von Gaza, zum Gefangenen machte" (Z. 38—41); in der Zylinderinschrift finden wir den Satz: „der bei Rapiḫi dem Lande Muṣri eine Niederlage bereitete und Ḫanunu, den König von Gaza, gebunden nach der Stadt Aššur brachte" (Z. 19).

Diese Aufzeichnungen ermöglichen es uns, das fehlende Stück des Annalenberichtes wenigstens inhaltlich zum Teil wieder herzustellen. Sargon hatte bei seinem siegreichen Vordringen nicht etwa im Norden von Palästina Halt gemacht, sondern sofort auch einen Kriegszug gegen Hanno von Gaza und die mit ihm ver-

---

[1]) Der masoretische Text faßt die Zeichen in Uebereinstimmung mit Aquilas als ein plene geschriebenes So'; die Vulgata setzt statt des o ein in derselben Weise geschriebenes u voraus.

[2]) išbi. Die Pflanze wurde nach einer Angabe bei Harper, Assyr. and Bab. Letters Nr. 209 (Vgl. Meißner, Supplem. S. 18) vom Weber verarbeitet.

[3]) S. 415.

bündeten Truppen des Landes Muṣuri = Muṣri[1]) unternommen. Die Heere stießen zusammen in der Nähe von Rapiḫu, dem südlich von Gaza, unmittelbar an der Grenze gelegenen Raphia. Der Kampf endete mit einem Siege der Assyrer. Sib'u rettete sich durch die Flucht, Hanno fiel in die Hände seines Gegners; Rapiḫu wurde zerstört, 9033 Personen wurden in die Gefangenschaft fortgeschleppt.

In der Prunkinschrift wird, wie wir gesehen haben, in diesem Zusammenhange noch die Uebersendung von Tributgeschenken erwähnt. Sargon erhielt diese, wie dort hervorgehoben wird, von Pir'u, dem Könige von Muṣuri, Samsi, der Königin von Arabien und It'amara, dem Sabäer. Es ist aber mindestens sehr auffallend, daß in den Annalen an dieser Stelle von solchen Geschenken gar keine Redȩ ist. Man würde es auch kaum verstehen, daß Pir'u den Tribut gerade zu einer Zeit entrichtet haben sollte, wo sein oberster Befehlshaber die Niederlage erlitten hatte. Ein solches Verhalten läßt sich wenigstens durch andere Beispiele nirgendwo belegen. Wenn Pir'u wirklich zu seinem Feldherrn hielt, ist es so gut wie unmöglich. Die Annalen berichten von diesen Tributsendungen erst im siebenten Regierungsjahre des Sargon, also im Jahre 715, als er zum zweiten Male mit seinen Truppen im Westen erschien. Der Feldzug, um den es sich damals handelte, richtete sich zunächst gegen Mitâ von Muski, einen Gegner des damaligen Königs von Ḳue. Sargon zwang ihn, einige Städte wieder herauszugeben, die er seinem Nachbarn genommen hatte, und rückte dann weiter nach Süden vor, bis in das Innere der arabischen Wüste. Er berichtet in den Annalen über die damaligen Erfolge kurz folgendes:

„Die Tamudi, die [Ib]âdidi, die Marsima[ni], die Ḫajapâ, die fernen Arbâi, Bewohner der Wüste, die kein Gelehrter und Schriftkundiger kannte, die keinem Könige Tribut gebracht hatten, warf

---

[1]) Die zweisilbige Form findet sich an diesen Stellen bloß in dem Texte der Zylinderinschrift. Dies genügt aber, um den Unterschied zwischen den beiden Formen bei der endgültigen Festlegung des hier in Betracht kommenden Landes aus dem Rahmen der Erwägungen ganz auszuscheiden. Das Land Muṣuri ist dasselbe Land, das an andern Stellen gewöhnlich als das Land Muṣri bezeichnet wird. Hanno hatte sich also, wie wir mit demselben Rechte sagen dürfen, an den obersten Befehlshaber des Landes Muṣri gewandt. Damit kommen wir aber von selbst wieder auf die Beziehungen, die er schon zur Zeit des Tiglatpileser zu diesem Lande unterhielt. Er konnte sich zur Zeit des Tiglatpileser zu diesem Lande zurückziehen und fand dort zur Zeit des Sargon die erbetene Hilfe. Das Land ist in beiden Fällen dasselbe. Es bleibt nur zweifelhaft, ob er zur Zeit des Tiglatpileser schon mit Sib'u zu verhandeln hatte. Dies kann bei unserer jetzigen Kenntnis der Dinge weder bejaht noch verneint werden. Wir müssen uns hier vorläufig mit der Feststellung begnügen, daß der mächtige Befehlshaber zur Zeit des Hosea schon am Ruder war. Die Propheten nehmen in den Mahnreden aus der damaligen Zeit immer wieder auf Ägypten Bezug. Ägypten war für die Bewohner von Palästina der natürliche, durch die Verhältnisse von selbst gebotene Gegensatz zu Assyrien. Dieser Gegensatz, der sich dann zu einem ebenso scharfen Gegensatze zwischen Assyrien und Ägypten auswuchs, darf bei der Erklärung der Texte nicht, wie es vielfach geschehen ist, zu einem Gegensatze zwischen Assyrien und einem Teil von Arabien werden.

27*

ich nieder in der Kraft Aššurs, meines Herrn; ihren Rest führte ich fort und siedelte sie an in Samerina. Von Pir'u, dem Könige von Muṣuri, Samsi, der Königin von Arabien und It'amara, dem Sabäer, den Königen der Meeresküste und der Wüste, empfing ich Gold, Flachs der Berge, Edelsteine, Elfenbein, Ušusamen, Spezereien aller Art, Pferde und Kamele als ihren Tribut" (Z. 94—99).

In der Zylinderinschrift heißt es von diesen Ereignissen:

„der die Tamudi, die Ibâdidi, die Marsimani und die Ḫajapâ besiegte, deren Ueberrest fortgetrieben und in Bît-Ḫumria angesiedelt wurde" (Z. 20).

Wir ersehen aus diesen Angaben, daß die Regelung der Verhältnisse damals in Samaria noch nicht vollständig zum Abschluß gekommen war. Es scheint, daß die Gefangenen noch ohne Schwierigkeit dort untergebracht wurden. Die Zahl kann aber nicht annähernd so groß gewesen sein wie man nach dem Wortlaute der beiden Aufzeichnungen vermuten sollte. Es war nicht der Rest der Bevölkerung, sondern höchstens ein sehr bescheidener Teil dieses Restes. Als Tiglatpileser von seinem Zuge nach der arabischen Wüste zurückkehrte, betrug die Zahl der Gefangenen nur 1100. Sargon hatte wahrscheinlich gar keine Neigung, die Leute noch bis zur Hauptstadt und bis zu den östlichen Gebieten des Reiches mit sich zu führen. Er ließ sie also, wie wir annehmen dürfen, wohl mit Absicht gleich in den ersten Provinzen zurück, die er in Palästina durchzog.

Ob er bei dieser Gelegenheit auch sonst noch in die Verhältnisse von Palästina hineingriff, wissen wir nicht. Er hielt aber die Augen stets offen und hinderte jeden Versuch, sich irgendwie gegen die Herrschaft der Assyrer zu erheben. Das zeigte sich besonders bei seinem Vorgehen gegen den König Azuri von Asdod, der es unterließ, seinen Tribut zu entrichten, und seine Nachbarn zu offener Feindseligkeit gegen die fremden Eroberer aufforderte. Als ihm dieses bekannt wurde, nahm er dem Azuri das Zepter ohne weiteres aus der Hand und übergab es dem Aḫimiti, dem Bruder des Azuri, der aber schon bald von der einheimischen Bevölkerung gestürzt und durch eine Persönlichkeit mit dem Namen Jamani = Jawani ersetzt wurde. Es scheint also, daß man sich damals einem geborenen „Jonier" unterstellte, von dem man offenbar eine Politik im Sinne des Azuri erwartete. Sargon zog dann sofort mit einer auserlesenen Truppenmacht heran, die ganz in seinem persönlichen Dienste stand, und belagerte die Stadt, die nach den Annalen und nach der Angabe in der Eponymenliste im elften Jahre seiner Regierung, also im Jahre 711, erobert wurde. Er berichtet über diese Vorgänge in der ausführlichen Darstellung der Prunkinschrift:

„Azuri, der König von Asdod, hatte sich vorgenommen, keinen Tribut mehr zu zahlen, und an die Könige der Nachbarschaft Aufforderungen geschickt zur Feindschaft gegen Assur. Wegen des Bösen, das er getan, hatte ich ihn von der Herrschaft über die

Bewohner seines Landes abgesetzt und Aḫimiti, seinen leiblichen Bruder, als König über sie eingesetzt. Aber die auf Bosheit sinnenden Chethiter haßten seine Regierung und erhoben den zum Throne nicht berechtigten Jamani, der wie sie selbst vor der Herrschaft keine Ehrfurcht besaß, zum Gebieter über sich. In der Wut meines Herzens sammelte ich nicht die Masse meiner Truppen, bot ich nicht mein Heerlager auf. Mit meinen Starken, die sich auch im Frieden nicht von meiner Seite entfernen, zog ich nach Asdod[1]). Er aber, Jamani, hörte das Herannahen meines Zuges in der Ferne; zum Grenzgebiete von Muṣuri entfloh er, wo es an Meluḫḫa stößt, und seine Stätte wurde nicht mehr gesehen. Asdod, Gath, Asdudimmu belagerte und eroberte ich; seine Götter, sein Weib, seine Söhne und seine Töchter, Hab und Gut, den Schatz seines Palastes, nebst den Leuten seines Landes, nahm ich als Beute. Jene Städte besiedelte ich neu; Bewohner der Länder, die ich erobert hatte, in ..... des Ostens, sie[delte ich] dort [an; meinen Befehlshaber setzte ich als Statthalter über sie ein]; ich zählte sie zu den Leuten Assyriens, und sie zogen mein Joch. Der König von Meluḫḫa, der in ....., einer ungangbaren Stätte, mit einem Wege ...., [dessen] Väter [seit] fernen Zeiten, dem Zeitalter des Mondgottes, zu den Königen, meinen Vätern, ihre Gesandten nicht geschickt hatten, um nach ihrem Wohlergehen sich zu erkundigen, [hörte] von der Macht Aššurs, Nabus und Marduks in der Ferne, [und] die Furcht vor dem Glanze meiner Königsherrschaft bedeckte ihn, und Schrecken ergoß sich über ihn. In Fesseln, Bande und Ketten von Eisen legte er ihn und nach Assyrien, einen weiten Weg, brachte man ihn vor mich" (Z. 90—112).

Man hat hier den Eindruck, als wenn das Unternehmen sich bloß gegen Asdod richtete. Das war auch vielleicht die Auffassung des Berichterstatters. Wir erfahren aber aus einer andern Quelle, daß der König selbst bei diesem Kriegszuge ein viel allgemeineres Ziel im Auge hatte. Er sagt uns darüber in den Angaben eines allerdings nur in wenigen Bruchstücken erhaltenen Tonprismas:

„Um [zu besiegen die Bewohner] des Landes der Philister, des Landes Juda, des Landes Edom und des Landes Moab, die am Meere wohnen, die Tribut und Geschenke für Aššur, meinen Herrn, zu entrichten hatten, aber an böse Feindseligkeiten dachten ohne Zahl, die, um ihn gegen mich feindlich zu stimmen, zu Pir'u, dem Könige des Landes Muṣri, einem Fürsten, der sie nicht retten konnte, ihre Geschenke brachten und ihn um ein Bündnis ersuchten, ließ ich, Sargon, der rechtmäßige Fürst, der den Schwur Nabus und Marduks fürchtet, der den Namen Aššurs schützt, über Tigris und Euphrat bei starker Hochflut meine Truppen über die gewaltigen Wogen ziehen wie über festes Land" (Z. 28—40).

---

[1]) In den Annalen lautet die Angabe: „In der Wut meines Herzens zog ich mit meinen Leibwagen und meinen Reitern, die sich auch im Frieden nicht von meiner Seite entfernen, in Eile nach Asdod, seiner Hauptstadt."

Man sieht also, daß die Verhältnisse dem Sargon genau bekannt waren. Die Philister, die Bewohner von Juda, die Bewohner von Edom und die Bewohner von Moab hatten nach seiner Meinung an erster Stelle dem Könige von Assur ihren pflichtmäßigen Tribut zu entrichten. Sie sannen aber bei jeder Gelegenheit auf Feindseligkeit und überbrachten dem Könige von Muṣri ihre Geschenke, um ihn auf ihre Seite zu ziehen und für ein Bündnis zu gewinnen, das sie von der Vorherrschaft der Assyrer befreien sollte. Diese Gefahr sollte jetzt durch die vollständige Unterwerfung von Asdod beseitigt werden.

Die weiteren Angaben des zweiten Textes decken sich wieder mit dem, was uns schon in der Prunkinschrift erzählt wird. Als die Assyrer heranrückten, verließ der König Jamani die Stadt und rettete sich durch die Flucht.

In der Inschrift des Saales XIV lautet der Bericht:

„Jamani von Asdod fürchtete sich vor meinen Waffen. Er ließ seine Frau, seine Söhne und seine Töchter zurück, entfloh nach dem Grenzgebiete von Muṣri, wo es an Meluḫḫa stößt, und ließ sich dort nieder wie ein Dieb. Ueber sein ganzes weites Land und seine zahlreichen Leute setzte ich meinen Befehlshaber als Statthalter ein und erweiterte das Gebiet Aššurs, des Königs der Götter. Den König von Meluḫḫa warf die Herrlichkeit Aššurs, meines Herrn, nieder; er legte ihn mit Händen und Füßen in eiserne Fesseln und ließ ihn vor mich bringen nach Assyrien" (Z. 11—14).

Die Vorgänge wurden in dem Texte des Tonprismas nicht beim elften, sondern beim neunten Jahre des Sargon behandelt. Der Abschnitt beginnt dort mit dem noch klar und deutlich vorhandenen I-na IX palê-ia, Im neunten Jahre meiner Regierung. Sargon muß also schon im neunten Jahre mit seinen Truppen herangerückt sein. Er kam, wie wir gesehen haben, in der Mitte seiner „Starken", umgeben von den Streitwagen und den Reitern, die auch im Frieden nicht von seiner Seite wichen. Dies zeigt uns, daß er selbst in eigener Person erschien. Er leitete den ersten Angriff und nahm dann begreiflicherweise auch den Erfolg für sich in Anspruch. Die Verhältnisse waren aber bei solchen Gelegenheiten oft mächtiger als der gute Wille der Berichterstatter. Die Bewohner von Asdod hatten gar keine Neigung, den Wünschen des Gottes Aššur besonders entgegenzukommen. Sie ergaben sich erst im elften Regierungsjahre, wo das ganze Gebiet zu einer assyrischen Provinz wurde.

Daß dieses richtig ist, ersieht man auch aus der Darstellung in den Aufzeichnungen des Propheten Isaias. Wir lesen dort im 20. Kapitel:

„Im Jahre, wo der Tartan[1]) nach Asdod kam, als Sargon, der König von Assur, ihn dorthin schickte, und er kämpfte gegen Asdod und eroberte es, in jener Zeit sprach Jahwe durch Isaias, den Sohn

[1]) = ass. tartannu, der oberste Befehlshaber der Assyrer.

des Amos: Nun löse das härene Gewand von deinen Hüften und ziehe deine Schuhe von deinen Füßen! Und er handelte so und ging ohne Obergewand und barfuß. Da sprach Jahwe: So wie mein Knecht Isaias ohne Obergewand und barfuß drei Jahre einhergegangen ist als Zeichen und Vorbedeutung gegen Ägypten und gegen Kusch, so wird der König von Assur die Gefangenen von Ägypten und die Verbannten von Kusch, Jünglinge und Greise, ohne Obergewand und barfuß, mit entblößter Scham, hinwegführen zur Schande Ägyptens. Dann werden sie erschrecken und enttäuscht sein über Kusch, auf das sie schauten, und über Ägypten, auf das sie stolz waren, und die Bewohner dieser Küste werden an jenem Tage sagen: Siehe, so ist es denen ergangen, nach denen wir schauten, an die wir uns um Hilfe wandten, um Rettung zu finden vor dem Könige von Assur! Wie werden wir da entrinnen?"

Der Verfasser dieses Textes weiß nur, daß die Stadt von dem obersten Befehlshaber des Sargon erobert wurde. Er gibt damit sicher die Auffassung wieder, die damals in Jerusalem und im Lande Juda allgemein verbreitet war. Der Ort der Ereignisse lag aber so nahe, daß hier ein Irrtum ganz ausgeschlossen ist. Wir müssen hieraus den Schluß ziehen, daß die Stadt den Assyrern erst in die Hände fiel, als Sargon den Westen schon längst wieder verlassen hatte. Der Prophet erhielt also zur Zeit, wo die Belagerung ihren Anfang nahm, von Jahwe den Auftrag, sich in der Öffentlichkeit bloß in der armen und unvollständigen Bekleidung eines Kriegsgefangenen zu zeigen. Er tat dieses, wie sich aus der Fortsetzung ergibt, drei Jahre lang, also bis in das dritte Jahr hinein. Wir kommen hier also, wenn wir die Dinge so nehmen, wie sie uns entgegentreten, für den Zeitraum von drei Jahren zu einer ebenso einfachen wie naheliegenden Erklärung. Die Angabe führt uns nicht, wie man sonst annehmen müßte, bis zu einem Zeitpunkte, wo die Eroberung schon seit etwa zwei Jahren der Vergangenheit angehörte, sondern bis zu dem Jahre, wo die Stadt den Assyrern tatsächlich in die Hände fiel. Die drei Jahre bilden also eine genaue Parallele zu der Zeit der eigentlichen Belagerung. Das erste Jahr fällt mit dem neunten und das dritte mit dem elften Jahre des Sargon zusammen. Der Prophet sollte in dieser Zeit, wo man in den weitesten Kreisen mit großer Zuversicht auf Hilfe von Ägypten und Äthiopien wartete, schon durch seine Kleidung auf die bevorstehende Enttäuschung hinweisen. Diese stumme Mahnung dauerte bis zu dem Augenblicke, wo sie durch die Tatsachen bestätigt wurde. Er konnte dann noch einen Schritt weiter gehen und ausdrücklich hinzufügen, daß über Ägypten und Äthiopien dasselbe Schicksal hereinbrechen würde. Da der Anfang der drei Jahre durch die Angabe der Bibel genau festgelegt ist, lassen sich diese Schlußfolgerungen bei dem jetzigen Wortlaute des Textes gar nicht umgehen. Der Text ist aber so klar und so durchsichtig, daß jeder Versuch, hier eine Änderung vorzunehmen, von vornherein als ein Fehlgriff erscheinen muß. Die erste Weisung, die der Prophet erhielt, fällt in das Jahr, wo die Assyrer gegen Asdod heranrückten, die zweite Kundgebung erfolgte zu einer Zeit, wo er dem Auftrage schon seit drei Jahren entsprochen hatte.

Das Strafgericht blieb damals nach allem, was wir darüber wissen, zunächst noch auf Asdod beschränkt; es war aber für die Nachbarstaaten eine Warnung, die auch in Jerusalem nur von einem kleinen Teile der Bevölkerung in ihrem ganzen Ernste richtig verstanden wurde. Was der Prophet beim Tode des Tiglapileser vorausgesagt hatte, war zur Tatsache geworden; die Söhne des Tiglatpileser hatten fortgesetzt, was der Vater begonnen hatte; die assyrischen Statthalter geboten jetzt in Palästina fast bis an die Grenze von Ägypten.

Als Asdod den Siegern in die Hände fiel, war Sargon schon seit längerer Zeit mit den Vorbereitungen zu einem Kriegszuge gegen den Chaldäerfürsten Merodachbaladan, den König des Meerlandes[1]), beschäftigt, der sich beim Tode des Salmanassar in den Besitz des babylonischen Thrones gesetzt hatte. Sargon hatte damals zwar den Versuch gemacht, ihm entgegenzutreten; es war aber nur zu einem Kampfe mit dem Könige von Elam, dem Verbündeten des Merodachbaladan, gekommen, und dieser Kampf hatte zu keiner Entscheidung geführt. Die beiden Gegner hatten sich dann gegenseitig in Ruhe gelassen, bis Sargon jetzt im Anfange des Jahres 710 plötzlich wieder zum Angriff heranrückte. Merodachbaladan zog sich aber vor der feindlichen Uebermacht sofort in sein Stammland zurück, um sich dort zu verschanzen. Die Bewohner von Babylon führten den König von Assyrien im Triumph in die Stadt und begrüßten ihn als ihren Fürsten. Sargon begnügte sich aber mit dem Titel eines „Statthalters von Babylon", den er auch im Anfange seiner Regierung schon gebraucht hatte, und griff am Neujahrsfeste beim Auszuge der Götterprozession, wie der Ritus es vom Herrscher verlangte, die Hände des Bêl. Er zog dann im Frühjahr mit seinen Truppen zum Meerlande, wo Merodachbaladan sich inzwischen in seiner ehemaligen Hauptstadt durch eine künstliche Ueberschwemmung besonders geschützt hatte, und schickte sich an, ihn dort zu belagern. Als die Stadt sich dann nach längerem Widerstande ergeben mußte, war der Gegner schon heimlich entflohen.

Wir wissen, daß Ezechias im vierzehnten Jahre seiner Regierung schwer erkrankte. Er glaubte schon hinabsteigen zu müssen zu den Toren der Unterwelt, als er durch den Propheten die Mitteilung erhielt, daß Jahwe zu seiner Lebenszeit noch fünfzehn Jahre hinzufügen würde. Als er dann wieder hergestellt war, schickte „Merodach-Baladan, der Sohn des Baladan[2]), König von Babylon", nach

[1]) am Persischen Meerbusen.

[2]) Ein Erklärungsversuch des Berichterstatters, der in der Bezeichnung einen Doppelnamen vermutete. Der Name geht aber in Wirklichkeit auf das akkadische Marduk-apal-iddin zurück. Er besagt nur, daß Marduk den Eltern einen Sohn geschenkt hatte.

den Angaben der Bibel Briefe und Geschenke, um ihm zu der Genesung seinen besonderen Glückwunsch auszusprechen. Und Ezechias freute sich über diese Aufmerksamkeit und zeigte den Gesandten all seine Schätze. Dieser Vorgang läßt sich im Zusammenhange mit der Krankheit genau datieren. Die Krankheit ist nach der Bibel noch für das vierzehnte Regierungsjahr anzusetzen. Sie fällt also, wenn wir das Jahr 725 als das erste vollständige Regierungsjahr betrachten[1]), in die Zeit vom 1. Nisan des Jahres 712 bis zum 1. Nisan des Jahres 711. Damit kommen wir aber, ohne daß wir es irgendwie beabsichtigt haben, auf die Jahre, die dem Kampfe mit den Assyrern unmittelbar voraufgehen. Das ist sicher kein Zufall. Merodachbaladan war damals, wie es scheint, über die Pläne des Sargon schon längst unterrichtet. Er benutzte deshalb jede Gelegenheit, um mit den Gegnern des Sargon in Verbindung zu treten und diese nach Möglichkeit auf seine Seite zu ziehen. Was uns hier in der Bibel erzählt wird, ist nur ein einziges, uns zufällig überliefertes Beispiel. Es ist aber für die Verhältnisse, wie sie damals in Palästina bestanden, außerordentlich bezeichnend. Die Kleinfürsten bemühten sich dort um die Freundschaft des Königs von Ägypten, und Merodachbaladan bemühte sich um die Freundschaft der Kleinfürsten.

Die Ereignisse der folgenden Jahre sind für den weiteren Verlauf der Dinge nur von untergeordneter Bedeutung. Sargon übernahm bei den einzelnen Zügen, soweit es ihm möglich war, trotz seines vorgerückten Alters immer noch persönlich die Führung der Truppen. Als er im Jahre 705 einen Zug gegen die östlich vom Tigris zu suchenden Kulumäer unternahm, wurde er in dem Lager, das er dort aufgeschlagen hatte, bei einem Ueberfall von feindlicher Hand getötet[2]). Die Herrschaft ging dann am 12. Ab[3]) auf seinen Sohn Sennacherib über.

Wir besitzen noch ein eigenartiges, allerdings nicht mehr vollständig erhaltenes Schriftstück, in dem Sennacherib uns von seinen Bemühungen um die Seelenruhe seines verstorbenen Vaters erzählt[4]). Sein Vater ist nach diesem Schriftstück nicht ina bîti-šu[5]), also nicht in seinem Hause, bestattet worden. Das Haus, von dem er hier spricht, ist aber in diesem Zusammenhange nach der Ausdrucksweise der damaligen Zeit nicht etwa das Haus, in dem der Vater vorher gewohnt hat, sondern das bît pagri, das Haus des Leichnams, also das Grab. Es ist nach den Voraussetzungen des Textes das Haus oder der Palast der Ruhe, der ekal ṣalâli, wie es anderswo genannt wird, die šubat darâti oder die Wohnung für

---

[1]) S. oben S. 404 ff.

[2]) Nach der Angabe in dem Texte K. 4446, = II Rawlinson 69, 6; in Umschrift u. a. bei Forrer, Zur Chronologie der neuassyrischen Zeit, S. 18—19.

[3]) = Juli-August.

[4]) Winckler, Sammlung von Keilschrifttexten II S. 52; Umschrift und Uebersetzung Altorientalische Forschungen I (Heft V, Leipz. 1897), S. 410—413.

[5]) Vs. Z. 9 und Z. 20.

die Ewigkeit, das in den Inschriften der Phönizier und auch in der Bibel[1]) vorkommende bêth ‘olâm. Ein solches Haus war dem Sargon also nicht zur Verfügung gestellt worden; er hatte einen Tod gefunden, bei dem ihm das Begräbnis versagt blieb, und mußte deshalb unstät und ruhelos umherirren. Sennacherib war unter dem Eindruck dieser Tatsache zu der Ueberzeugung gekommen, daß sein Vater gegen irgendeine Gottheit gesündigt hatte, und hatte es für seine Pflicht gehalten, diese Schuld zu sühnen. Es handelte sich nach den Feststellungen der Priester, wie wir aus dem zweiten Teile des Textes entnehmen müssen, um eine Verfehlung gegen den Gott Aššur, den der König dann durch besondere Sühneleistungen wieder zur Nachsicht zu stimmen versuchte. Er hatte sich u. a. bereit erklärt, für Aššur und für eine andere Gottheit, die ihm genannt wurde, ein neues Standbild anfertigen zu lassen und auch im übrigen, wie es scheint, die assyrischen Tempel überall würdig und schön wieder herzustellen; es hatte sich aber, wenn wir den Text richtig verstehen, eine Schwierigkeit ergeben, weil die assyrischen Tafelschreiber, also die Gelehrten, mit der Art, wie der Künstler den Gott Aššur zur Darstellung gebracht hatte, nicht einverstanden waren. Diese Schwierigkeit mußte noch irgendwie beseitigt werden. Man sieht also, daß die Aufregung im Lande sehr groß war. Wenn Sargon ganz nach dem Willen der Götter gehandelt hätte, wäre es nach der Auffassung des Sennacherib und der Priester nicht so gekommen.

Das Urteil lautete natürlich in den Ländern, in denen man in Sargon nur den fremden Eroberer erblickte, wesentlich anders. Die Nachricht findet in der Bibel ihren Ausklang im 14. Kapitel des Propheten Isaias, in der Schilderung, die man nach ihrer jetzigen Einkleidung gewöhnlich als das Totenlied auf den König von Babel bezeichnet. Wir haben hier aber, wie von den Erklärern allgemein zugegeben wird, zwischen der Einkleidung und dem eigentlichen Wortlaute des Textes zu unterscheiden. Die Angaben sind in diesem Texte so genau und so bestimmt, daß sie sich in ihrem Wortlaute nur auf eine Persönlichkeit beziehen können, die tatsächlich in dieser Weise gestorben ist. „Alle Könige der Völker“, so lesen wir dort V. 18 ff., sie ruhen alle in Ehren, ein jeder in seinem Hause[2]), du aber, du bist dahingeworfen, fern von deinem Grabe, wie ein verachteter Zweig, bedeckt von Getöteten, die durchbohrt wurden vom Schwerte; mit denen, die hinabsteigen zu den Steinen der Grube, darfst du, wie ein zertretenes Aas, nicht teilhaben an der Bestattung[3])“. Der Verfasser sieht die Leiche des Königs auf einem bestimmten, fern von der Heimat liegenden Schlachtfelde dahin-

[1]) Koh. 12, 5 und in etwas anderer Form Ps. 49, 12.

[2]) Haus wieder = Grab, genau wie in dem assyrischen Texte.

[3]) Vgl. für die Einzelheiten zum Teil schon die Hinweise von Winckler, Geschichte Israels Bd. I S. 183 und Forschungen S. 415. Der Text ist in dem zweiten Satze bis auf die Verstrennung in seiner masoretischen Form unverändert beizubehalten.

modern, wie es in Ausnahmefällen tatsächlich geschehen ist. Die Fürsten erwähnen in V. 11 ausdrücklich das Gewürm, das den Leichnam verzehrt. Wer ihn sieht, tritt V. 16 näher heran, betrachtet ihn und stellt erschüttert die Frage: „Ist das der Mann, der die Erde erbeben und die Königreiche erzittern ließ, der den Erdkreis wie zur Wüste machte und deren Städte zerstörte, der seinen Gefangenen den Kerker nicht öffnete zur Heimkehr?" Das ist ganz die Art der assyrischen Eroberer. Es ist deshalb nur zu verstehen, wenn wir die Sätze auch in die Zeit der Assyrer verlegen. Das Lied berührt sich in seinen Voraussetzungen auf das engste mit dem Texte 14, 29 ff., den wir oben[1]) schon eingehender besprochen haben. Wir mußten uns davon überzeugen, daß dieser Text wirklich in das Jahr gehört, das uns dort angegeben wird. Damit ist der Mahnruf auch als eine Kundgebung des Propheten Isaias sichergestellt. Der Text beginnt mit den Worten: „Freue dich nicht, gesamtes Philisterland, daß gebrochen ist der Stab, der dich schlug!" Dieser Stab begegnet uns ganz in derselben Weise im Anfange des Totenliedes. Der Verfasser ruft dort V. 4 ff. in seiner ersten Ueberraschung: „Wie ist es nun aus mit dem Dränger[2]), ist es nun aus mit dem Einstürmen[3])! Zerbrochen hat Jahwe den Stock der Gottlosen, den Stab der Herrscher, der die Völker schlug im Grimme mit Schlägen ohne Unterlaß, der die Völker unterjochte im Zorne mit Verfolgung ohne Nachsicht." Man sieht hier sofort die Uebereinstimmung. Wir finden in diesen Texten nicht nur dasselbe Bild; wir finden es auch an derselben Stelle, und zwar gleich an der Spitze der ganzen Darlegung. Der Gedanke, der sich hier ausspricht, ist für Isaias besonders charakteristisch. Der König von Assyrien war für Jahwe nach den Ausführungen im zehnten Kapitel der Stab seines Zornes. Wir bemerken aber, wenn wir die beiden Texte genauer miteinander vergleichen, in der sprachlichen Formulierung des an der Spitze stehenden Gedankens und in der praktischen Beurteilung der Einzelheiten einen wesentlichen Unterschied. In dem Mahnruf an die Philister wird uns nur gesagt, daß der Stab gebrochen ist. Tiglatpileser ist gestorben; seine Nachfolger werden aber vorläufig noch ganz in derselben Weise vorgehen, wie er es selbst getan hat. Der Verfasser befürchtet sogar, daß die Dinge noch schlimmer werden als sie bisher schon gewesen sind. In dem Totenliede betont der Prophet mit besonderem Nachdruck, daß Jahwe den Stab gebrochen hat. Jahwe hat hier nach der ganzen Darstellung unmittelbar in die Verhältnisse hineingegriffen, nachdem sie eine Form angenommen hatten, die für die Völker nicht

[1]) S. 404 ff.

[2]) nogês. Das Wort wurde besonders von dem Drängen zu einer Arbeitsleistung oder zu einer Zahlung gebraucht.

[3]) marhebah, statt des in dem Texte vorliegenden, aber sicher auf einem Versehen beruhenden madhebah. Daleth und Resch wurden auch in der älteren Zeit oft miteinander verwechselt. Es handelt sich hier, wie wir aus dem nogês entnehmen müssen, um ein stürmisches Zusetzen, bis man das Letzte zur Begleichung der Tributforderungen zur Verfügung gestellt hatte.

mehr zu tragen war. Dies berechtigt auch zu der Freude, die sich überall kundgibt und von dem Verfasser ausdrücklich gebilligt wird. Die Zeit der Bedrängnis ist nach dem Strafgerichte, wie er jetzt ebenfalls annimmt, endlich vorüber. Er hat nur noch den einen Wunsch, daß auch die Kinder der Uebeltäter zu Tode kommen, damit sich diese Bedrückungen nicht noch einmal wiederholen. Man sieht also, daß zwischen dem Texte 14, 4 ff. und dem Texte 14, 29 ff. trotz der äußeren Uebereinstimmungen eine tiefe Kluft besteht. Die beiden Kundgebungen liegen ihrem Ursprunge nach mehr als zwanzig Jahre auseinander. Der kürzere Text, der uns in der jetzigen Zusammenstellung erst später mitgeteilt wird, gehört auch nach den Voraussetzungen, die uns hier entgegentreten, noch in den Anfang der ganzen Entwicklung. Der Verfasser ist in beiden Fällen derselbe; nur ist es in dem einen Falle der Prophet, der im Jahre 726 das damalige Weltgeschehen beurteilt, und in dem andern der Prophet, der aus dem Jahre 705 zu uns redet. Er hat im Laufe der Jahre ebenso wie andere seine Erfahrungen gemacht, die in dem Urteil aus der späteren Zeit deutlich zur Ausprägung kommen. Als er sich gegen die Philister wandte, hatten die Bewohner von Juda unter den Verhältnissen erst wenig gelitten. Er blickte damals noch vertrauensvoll in die Zukunft und sprach die Erwartung aus, daß die Armen des Volkes in Sion ausreichenden Schutz finden würden. In dem Totenliede beginnt er gleich in der ersten Zeile mit einem Hinweis auf die Lasten, von denen das Volk, wie er annimmt, nun endlich befreit ist. Der König, um den es sich hier handelt, war ebenso, wie der Prophet es in dem älteren Texte voraussetzt, der Stab in der Hand Gottes; er ist aber zu Fall gekommen, weil er sich in seinem Stolze so maßlos überhoben hatte. Die Ausführung steht mit dem Texte 10, 5 ff. in einem innern Zusammenhange. Was der Prophet hier im Geiste voraussieht, ist für den Verfasser des Totenliedes nach dem Strafgerichte, von dem er ausgeht, gerade in Erfüllung gegangen. Der Tod des Sennacherib kann für die Datierung nicht in Betracht kommen, weil Sennacherib in Assur eine würdige Ruhestätte gefunden hat. Die Angaben wurden dann in der späteren Zeit, als die Macht der Assyrer gebrochen war, auf den König von Babylon übertragen.

5.

Sennacherib und Assarhaddon.

Die Schriftdenkmäler, die wir von Sennacherib noch besitzen, sind äußerlich betrachtet sehr zahlreich. Sie stimmen aber in ihrem Wortlaut vielfach miteinander überein, so daß der Gesamtertrag dieser Aufzeichnungen wesentlich niedriger anzusetzen ist. Statt der Regierungsjahre werden stets nur die Feldzüge gezählt. Am vollständigsten ist der Text auf dem sogenannten Taylor-Prisma und auf dem im Jahre 1920 nach Amerika gekommenen Prisma des Orientalischen Instituts an der Universität zu Chicago, die beide acht Feldzüge umfassen und bis zum Jahre 691 reichen. In dem Texte B. M. 113 203 wird nur ein einziger Kriegszug behandelt, der Zylinder B. M. 22502, früher K. 1680, der sogenannte Bellino-Zylinder, bietet zwei, auf dem von Rassam gefundenen Zylinder 87-7-19, 1 und in den zu dieser Ausfertigung gehörenden Paralleltexten kommen drei Züge zur Darstellung, in dem Texte des Prismas B. M. 103 000 sind es fünf. Ein etwas kürzer gehaltener Text findet sich auf mehreren Stierkolossen. Die andern Inschriften kommen für unsere Zwecke größtenteils nicht in Betracht.

Eine zusammenfassende Veröffentlichung des ganzen Materials ist vorläufig noch nicht vorhanden. Am häufigsten wurde das Taylor-Prisma herausgegeben, das erste Mal I Rawlinson 37—42 und später u. a. in der 4. und 5. Auflage der Assyrischen Lesestücke von Delitzsch. Das Prisma von Chicago liegt vor in der Veröffentlichung von Luckenbill, The University of Chicago, Oriental Institute Publications Vol. II. Der Rassam-Zylinder wurde, soweit er über die Angaben des Prisma-Textes hinausgeht, von Evetts in der Zeitschrift für Assyriologie, Bd. 3, S. 311 ff. herausgegeben, B. M. 113 203 von Sidney Smith, The First Campaign of Sennacherib, London 1921. Der Bellino-Zylinder wurde im Jahre 1850 von Grotefend in den Abhandlungen der Königl. Gesellsch. der Wissenschaften zu Göttingen veröffentlicht und findet sich dann ebenso bei Layard, Inscriptions in the Cuneiform Character Pl. 63 f. B. M. 103 000 = Cuneiform Text etc. XXVI, 1 ff. Für die Stierinschriften sind wir, soweit es sich um die keilinschriftliche Form handelt, noch ganz auf Layard Pl. 38 ff., 60 ff. und III Rawlinson 12—13 angewiesen. Uebersetzungen u. a. von Bezold bei Schrader, Keilinschriftl. Biblioth. Bd. II S. 80 ff. und von Luckenbill, Ancient Records of Assyria and Babylonia Vol. II § 232 ff., für die Parallelstücke zur Bibel außerdem noch von Winckler, Keilinschriftl. Textbuch zum Alten Testament, 3. Aufl. S. 43 ff., von Ungnad bei Greßmann, Altorient. Texte und Bilder zum Alten Testamente, Tübingen 1909, I S. 119 ff. und von Ebeling in der zweiten Auflage dieses Werkes I S. 352 ff.

Sennacherib blieb im ersten Regierungsjahre mit seinen Truppen in Assyrien. Es war aber kein Jahr des Friedens, in dem das Reich einmal wirklich zur Ruhe kam, sondern ein Jahr der tiefsten Erregung, in dem die bisherigen Erfolge wieder ernstlich in Frage gestellt wurden. Wo man noch irgendwie mit der Möglichkeit rechnen konnte, das Joch der Assyrer abzuschütteln, beeilte man sich, aus dem Ereignis des Jahres 705 die auch in der Kundgebung des Propheten Isaịas schon angedeuteten praktischen Folgerungen zu ziehen. In Babylonien warteten die führenden Kreise, besonders die Priester, zunächst, wie Sennacherib sich ihnen gegenüber benehmen würde. Da er es aber unterließ, am Neujahrsfeste die

Hände des Bêl zu ergreifen, und sich auch sonst über die Wünsche der Priesterschaften hinwegsetzte, kam es im Jahre 703 zu einer Erhebung, die nach den vorhandenen Angaben einen gewissen Marduk-zakir-šum, den „Sohn eines Sklaven", für einige Zeit auf den Thron brachte. Die Einzelheiten sind uns hier nicht näher bekannt. Es dauerte aber, wie es scheint, nur wenige Wochen, bis auch der oben schon erwähnte Merodachbaladan wieder erschien und ihn ohne Schwierigkeit aus der Hauptstadt verdrängte. Merodachbaladan hielt sich aber dieses Mal nur neun Monate. Er begann sofort, gegen die Assyrer zum Kampfe zu rüsten, und sicherte sich zugleich durch reiche Geschenke die Freundschaft des Königs von Elam, der ihm ein Hilfsheer von nicht weniger als 80 000 Mann zur Verfügung stellte. Als Sennacherib hiervon Kenntnis erhielt, brach er am 20. Schebat des assyrischen Jahres 703, also nach unserm jetzigen Kalender wahrscheinlich im Februar des Jahres 702, mit seiner Heeresmacht von Assur auf, ließ einen Teil der Truppen unter seinem Oberfeldherrn gegen die Stadt Kisch vorrücken und wandte sich dann selbst mit der Hauptmasse des Heeres gegen die Stadt Kuta, wo die Gegner ihn bereits erwarteten. Bevor es aber zur Schlacht kam, war Merodachbaladan mit einem Teil seiner Truppen ebenfalls nach Kisch gezogen, um hier durch sein Eingreifen, wie es scheint, besonders die Hauptstadt zu schützen. Sennacherib setzte sich nun in den Besitz der nur schwach verteidigten Stadt Kuta und brachte dann dem Führer des elamitischen Heeres in der Nähe von Kisch eine entscheidende Niederlage bei. Merodachbaladan hatte sich auch dieses Mal früh genug zurückgezogen und in der Flucht seine Rettung gesucht. Die Bewohner von Babylon öffneten dem Sieger sofort ihre Tore. Er nahm hier alles, was Merodachbaladan zurückgelassen hatte, als Beute und und zog dann weiter bis zum Süden des Landes, das er ohne größere Schwierigkeiten ganz unterwarf. Die Zahl der befestigten Städte, die er eroberte, wird in dem Texte B. M. 113 203 auf 88 und in den übrigen Texten auf 75 angegeben; die Zahl der kleineren Ortschaften ist in dem zuerst genannten Texte auf 820 berechnet. Die babylonische Königswürde wurde dem in Babylonien geborenen, aber in Assyrien erzogenen Bêl-ibni übertragen. Nabûbêl-šumâte, der Statthalter von Ḫararatu, mußte sich im Laufe dieses Feldzuges, wie die Berichterstatter hinzufügen, zur Entrichtung eines schweren Tributes entschließen. Die Bewohner von Ḫirimmu, die sich noch niemals einem assyrischen Könige unterworfen hatten, wurden bei der Eroberung der Stadt, soweit sie an der Verteidigung teilgenommen hatten, bis auf den letzten Mann mit dem Schwerte getötet. Die Assyrer machten auf diesem Kriegszuge nach den übereinstimmenden Angaben der Berichte 280 000 Personen jeglichen Alters, Männer und Frauen, zu Gefangenen und erbeuteten außerdem, wenn wir uns auf die Zahlen des Textes B. M. 113 203 verlassen dürfen, im ganzen 7200 Pferde und Maultiere, 11 780 Esel, 5230 Kamele, 80 050 Rinder und 800 100 Stück Kleinvieh.

Die Angaben über den Tribut des Statthalters von Ḫararatu und über das Schicksal der Krieger von Ḫirimmu haben eine Parallele in den Aufzeichnungen der sogenannten Babylonischen Chronik. Wir lesen dort II 23—24: „Im ersten Jahre des Bêl-ibni zerstörte Sennacherib Ḫirimma und Ḫararata." Bêl-ibni regierte drei Jahre. Als das erste Jahr seiner Herrschaft ist sowohl durch den Kanon des Ptolemäus als auch durch die Babylonische Königsliste das Jahr 702 sichergestellt. Der Feldzug kann also erst im Jahre 702 seinen Abschluß gefunden haben.

Auf dem zweiten Kriegszuge begegnen uns die assyrischen Truppen in den Gebirgsländern an der Ostgrenze des Reiches. In hochragenden Waldgebirgen, auf schwierigem Gelände, saß der König nach seinen Angaben zu Pferde; seinen Wagen ließ er an Seilen hinaufziehen; steile Stellen erklomm er zu Fuß wie ein Wildochs. Er drang bis zur Grenze des fernen Medien vor, dessen Name, wie er versichert, seinen Vorfahren noch niemals zu Ohren kam, und erhielt von den Fürsten dieses Landes schwere Tributgeschenke. Ein Teil des eroberten Gebietes wurde dem Statthalter von Ḫarḫar unterstellt.

Für die Datierung dieses Zuges kommt in erster Linie die Unterschrift des Bellino-Zylinders in Betracht. Sie lautet: „63 Zeilen; siebenter Monat, Jahr des Nabû-li'u, Statthalters von Arbela." Das Jahr des Nabû-li'u war nach der Eponymenliste das Jahr 702. Da es mit dem Nisan seinen Anfang nahm, muß der Zylinder im Tašrîtu, also im September oder Oktober, angefertigt sein. Der Feldzug fällt also noch in die ersten sechs Monate dieses Jahres. Er schloß sich, wie wir hieraus entnehmen müssen, unmittelbar an den Kriegszug gegen Merodachbaladan.

Der dritte Feldzug war gegen die unbotmäßigen Vasallen in Palästina gerichtet. Er wird, wie oben schon hervorgehoben wurde, zum ersten Male in dem Texte des Rassam-Zylinders behandelt. Dieser schließt mit der Bemerkung: „94 Zeilen; Monat Ajaru, Jahr des Mitunu, Statthalters von Isana". Damit ist auch in diesem Falle die genauere Datierung des Zuges gesichert. Mitunu war der Eponymus des Jahres 700; der Ajar ist der zweite Monat des Jahres. Das Unternehmen liegt also zwischen dem siebenten Monate des Jahres 702 und dem zweiten Monate des Jahres 700. Da die größeren Kriegszüge stets im Frühjahr begannen, kann der Feldzug nur in das Jahr 701 fallen.

Der Rassam-Zylinder ist in seinem Wortlaute, wie wir gesehen haben, bisher noch nicht vollständig veröffentlicht. Wir sind deshalb für die Einzelheiten vorläufig noch auf die etwas jüngere Fassung angewiesen, in der sich der Bericht in den späteren Aufzeichnungen erhalten hat. Die Angaben lauten hier nach der Niederschrift auf dem Taylor-Prisma:

„Auf meinem dritten Feldzuge zog ich zum Lande Ḫatti. Lulî, den König von Sidon, überwältigte die Furcht vor dem Glanze meiner Herrschaft; er floh weit hinweg, mitten in das Meer hinein[1]), und starb. Groß-Sidon, Klein-Sidon, Bît-Zitti, Ṣarepta, Maḫalliba, Ušû[2]), Akzibi, Akko, seine festen, mit Mauern umgebenen Städte, mit Weidegrund und Tränkestellen, die Plätze seiner Truppen, überwältigte die Macht der Waffen Aššurs, meines Herrn, und sie unterwarfen sich meinen Füßen. Tuba'alu[3]) setzte ich auf den Königsthron über sie und legte ihm Tribut und Abgabe für meine Herrschaft auf für jedes Jahr ohne Unterlaß. Minḫimmu[4]) von Samsimuruna, Tuba'alu von Sidon, Abdili'ti von Arwad, Urumilki von Byblus, Mitinti von Asdod, Pudu-ilu von Bît-Ammana[5]), Kammusunadbi von Moab, A-a[6])-rammu von Edom, alle Könige des Landes Amurri, brachten reiche Geschenke als ihren viermal schweren Tribut[7]) vor mich und küßten meine Füße.

Und Ṣidḳâ, den König von Askalon, der sich meinem Joche nicht unterworfen hatte, die Götter seines Vaterhauses, ihn selbst, sein Weib, seine Söhne, seine Töchter, seine Brüder, die Nachkommenschaft seines Vaterhauses, führte ich fort und brachte ihn nach Assyrien. Sarru-lu-dâri, den Sohn des Rukibti, ihres früheren Königs[8]), setzte ich über die Bevölkerung von Askalon ein, die Entrichtung eines Tributes als Geschenk für meine Herrschaft legte ich ihm auf, und er zog mein Joch.

Im weiteren Verlaufe meines Feldzuges belagerte ich Bêth-Dagon, Joppe, Benê-Berâḳ, Azuru, Städte Ṣidḳas, die sich meinen Füßen nicht eiligst unterworfen hatten, eroberte und plünderte sie.

Die Statthalter, die Großen und die Einwohner von Ekron, die Padî, ihren König, der in einem eidlich beschworenen Vertragsverhältnisse zu Assyrien stand, in eiserne Fesseln gelegt und dem Ḫazaḳijau[9]) von Juda ausgeliefert hatten, der ihn in feindlicher Absicht ins Gefängnis setzte, — es fürchtete sich ihr Herz. Sie verbanden sich mit den Königen von Muṣuri und den Bogenschützen, Wagen und Pferden des Königs von Meluḫḫa, einer Streitmacht ohne Zahl, und diese kamen ihnen zu Hilfe. Auf der Flur von Altaḳû[10]) stellten sie sich vor mir in Schlachtordnung auf und schärften ihre Waffen. Unter dem Beistande Aššurs, meines Herrn, kämpfte ich mit ihnen und brachte ihnen eine Niederlage bei. Den Obersten der Wagen und die Söhne eines Königs von Muṣuri, sowie den Obersten der Wagen des Königs von Meluḫḫa, nahmen in der Schlacht meine

[1]) Die Stierinschrift bietet hier: nach dem Lande Ia-at-na-na, das im Meere liegt. Jatnana = Cypern.

[2]) = Alttyrus.

[3]) = Ithoba'al.

[4]) = Menahem.

[5]) = Ammon.

[6]) Eine Gottesbezeichnung; wohl Aja zu lesen.

[7]) Vgl. zu dieser Stelle besonders P. Haupt in der Orient. Literaturz., 16. Jahrg. (1913)), Sp. 529 ff.

[8]) Oder: ihren früheren König. Die eine Auffassung ist hier sprachlich ebensogut möglich wie die andere.

[9]) Ha-za-ḳi-ia-u, = Ḥizḳijjahu, = Ezechias.

[10]) = Elteke.

Hände lebendig gefangen. Die Städte Altaḳu und Tamnâ[1]) belagerte, eroberte und plünderte ich.

Ich näherte mich der Stadt Ekron. Die Statthalter und die Großen, die Frevel verübt hatten, tötete ich und hängte ihre Leichname auf Stangen im Umkreise der Stadt. Die Einwohner der Stadt, die Sünde begangen hatten, machte ich zu Gefangenen; die übrigen von ihnen, die Frevel und Schandtat nicht begangen, einer Verfehlung sich nicht schuldig gemacht hatten, befahl ich freizulassen. Padî, ihren König, führte ich aus Jerusalem heraus und setzte ihn auf den Thron über sie; eine Abgabe an meine Herrschaft legte ich ihm auf.

Und Ḫazaḳijau von Juda, der sich meinem Joche nicht unterworfen hatte, 46 seiner festen, mit Mauern umschlossenen Städte und die kleinen Orte in ihrer Umgebung ohne Zahl belagerte und eroberte ich durch Pflastern von Ziegelbahnen und durch das Vorrücken von Sturmböcken[2]), durch den Angriff von Fußsoldaten, durch Einstoßen, durch Breschen und mit Leitern[3]). 200 150 Personen, groß und klein, Männer und Frauen, Pferde, Maultiere, Esel, Kamele, Rinder und Kleinvieh ohne Zahl führte ich aus ihnen heraus und nahm sie als Beute. Ihn selbst schloß ich wie einen Käfigvogel in Jerusalem, der Stadt seiner Königsherrschaft, ein. Schanzen warf ich gegen ihn auf und verleidete ihm das Hinausgehen aus seinem Tore. Seine Städte, die ich geplündert hatte, trennte ich ab von seinem Lande, gab sie Mitinti, dem König von Asdod, Padî, dem Könige von Ekron, und Ṣil-bêl, dem Könige von Gaza[4]), und verminderte so sein Gebiet. Zu dem früheren Tribute, ihrer jährlichen Abgabe, fügte ich Gaben als Geschenke an meine Herrschaft hinzu und legte sie ihnen auf. Ihn selbst aber, den Ḫazaḳijau, überwältigte die Furcht vor dem Glanze meiner Herrschaft, und er ließ die Leute, die hereingekommen waren, und seine vorzüglichen

---

[1]) = Timnath.

[2]) Die Sturmböcke wurden auf den Ziegelbahnen an die Stadt herangeschoben.

[3]) Die Eroberung erfolgt hier durch pil-ši nik-si u kal-ban-na-te. Bei Assarhaddon, Inschr. aus Sendschirli Rs. 42 erfolgt sie i-na pil-ši nik-si na-bal-kat-ti. Wir haben hier also drei verschiedene Angaben, die offenbar einander parallel sind. Die Texte bieten beide an der ersten Stelle ein i-na pil-ši und an der zweiten ein i-na nik-si. Das Wort, das uns an der dritten Stelle begegnet, hat in beiden Texten genau dieselben Konsonanten. Der eine Text bietet kal-ban-na-te, der andere na-bal-kat-ti. Wir haben hier also, wenn wir von der Endung absehen, in dem einen Falle ein k-l-b-n und in dem andern ein n-b-l-k. Dabei muß die Bedeutung, wie man sieht, ebenfalls dieselbe sein. Dies nötigt uns zu der Annahme, daß hier ein wirklicher Zusammenhang besteht. Die eine Form ist offenbar durch Metathesis aus der andern hervorgegangen. Es gab nicht nur ein nabalkattu = Leiter, sondern auch ein gleichbedeutendes, wohl auf kalbanattu zurückgehendes kalbannatu, das dann im Plural zu kalbannâte wurde.

[4]) Die Stierinschrift bietet hier: gab sie den Königen von Asdod, Askalon, Ekron und Gaza.

Soldaten, die er zur Verstärkung seiner Hauptstadt Jerusalem hereingebracht hatte, für die es keine Betätigung mehr gab[1]), zusammen mit 30 Talenten Gold, 800 Talenten Silber, Edelsteinen, Augenschminke, Mineralfarbenpulver[2]), großen Lasursteinen, Ruhelagern aus Elfenbein, Thronsesseln aus Elfenbein, Elephantenhaut, Elfenbein, ušu-Holz, urkarinnu-Holz, allem Möglichen, einem schweren Schatz, ebenso seine Töchter und seine Palastfrauen, sowie Sänger und Sängerinnen, nach Ninive, meiner Hauptstadt, hinter mir her bringen. Um den Tribut zu übergeben und mir zu huldigen, schickte er seinen Boten" (Kol. II Z. 34 — Kol. III Z. 41).

---

[1]) amêlu ur-bi u amêlu ṣâbê-šu damkûti ša a-na dun-nu-un âlu Ur-sa-li-im-mu âl šarrû-ti-šu u-še-ri-bu-ma ir-šu-u baṭ-la-a-ti. Wir haben hier einen deutlichen Zusammenhang zwischen dem Worte urbi und der Verbalform ušeribu. Beide Bezeichnungen gehören zu dem Verbum erêbu = eintreten. Urbu = irbu (Vgl. Meißner, Supplem. S. 15) = Eingang, Einzug, Eintritt; urbi = „Eintritte". Diese „Eintritte" werden durch das vorausgehende amêlu als Personen gekennzeichnet; es können also nur Personen sein, die in die Stadt hineingetreten sind. Sie sind offenbar gekommen, ohne daß man sie gerufen hatte, im Gegensatze zu den Soldaten, von denen ausdrücklich gesagt wird, daß sie von dem Könige in die Stadt hineingeführt wurden. Das trifft aber in dieser Allgemeinheit nur bei den Flüchtlingen zu, die ihre Wohnsitze beim Heranrücken des feindlichen Heeres verlassen hatten und in der so stark befestigten Hauptstadt Schutz und Sicherheit suchten. Isaias hatte schon im Jahre 726 in seiner Mahnung an die Philister (S. oben S. 404 f.) das Wort ausgesprochen: „Was wird man antworten den Boten der Heiden? Fest hat Jahwe Sion gegründet; es bergen sich darin die Schwachen seines Volkes"; der Vertreter des Sennacherib richtet an diese Flüchtlinge II Kön. 18, 31 f. = Js. 36, 16 f. die Aufforderung: „Höret nicht auf Ezechias; denn also spricht der König von Assyrien: Schließet mit mir Frieden und kommet heraus zu mir, daß ihr esset ein jeder von seinem Weinstock und von seinem Feigenbaume, und daß ihr trinket ein jeder das Wasser seines Brunnens, bis ich komme und euch zu einem Lande hole, das eurem Lande gleicht!" Sie sollen also herauskommen und zu ihren Besitzungen zurückkehren, bis der Großkönig weiter über ihre Zukunft entscheiden wird. Sennacherib schickte nach dem Berichte der Chronik — II Chron. 32 — seine Beauftragten „zu Ezechias, dem Könige von Juda, und zu ganz Juda, das in Jerusalem war". Diese Fremden werden auch in der keilinschriftlichen Angabe, wie man sieht, ebenso wie die Soldaten, die Ezechias in die Stadt hineingebracht hatte, von der eigentlichen Bürgerschaft unterschieden. Die Bürgerschaft durfte nach der Aufhebung der Belagerung in der Stadt verbleiben, die Fremden wurden aber nach den Voraussetzungen des Textes ebenso wie die Soldaten, für die es jetzt in Jerusalem keine Betätigung mehr gab, als Gefangene nach Ninive gebracht. Die urbi-Leute sind also dieselben Personen, die auch in der Bibel schon von dem Vertreter des Großkönigs zum Verlassen der Stadt aufgefordert werden. Der Großkönig hat hier am Schluß der Belagerung genau durchgeführt, was er schon vorher verlangt hatte.

[2]) dag-gas-si, = sum. dag-gas =zerschlagener oder zerriebener Stein, nach der ansprechenden Erklärung von P. Haupt in der Orient. Literaturz., 16. Jahrg. (1913), Sp. 492 ff. Vgl. hierzu noch Harper, Assyr. and Babyl. Letters Nr. 847 Rev. 3, wo von einem dak-kas ša abnu igi-zag-ga, von einem dakkas = daggas aus igi-zag-ga-Stein, die Rede ist. Der Brief stammt von dem „Goldschmiede des Hauses der Frau des Palastes", also von dem Goldschmiede der Königin. Der Absender berichtet hier an den König, daß er diesen dakkas dem Aufseher oder Verwalter Atanaḫilu übergeben hat.

In dem Texte des Rassam-Zylinders lautet der Schluß:

„Ihn selbst aber, den Ḫazaḳijau, überwältigte die Furcht vor dem Glanze meiner Herrschaft, und er ließ die Leute, die hereingekommen waren, und seine vorzüglichen Soldaten, die er zur Verstärkung seiner Hauptstadt Jerusalem hereingebracht hatte, für die es dann keine Verwendung mehr gab, ebenso 30 Talente Gold, 800 Talente Silber, Edelsteine, Augenschminke, Minralfarbenpulver, große Lasursteine, Ruhelager aus Elfenbein, Thronsessel aus Elfenbein, Elephantenhaut, Elfenbein, ušu-Holz, urkarinnu-Holz, buntgewebte Kleider, Leinen, violette Purpurstoffe, rote Purpurstoffe, Geräte aus Kupfer, aus Eisen, Bronze, Blei, Eisen, Wagen, Schilde, Lanzen, Panzer, eiserne Dolche, Bogen und Pfeile, Waffen, Kampfgeräte ohne Zahl zusammen mit seinen Töchtern, seinen Palastfrauen, Sängern und Sängerinnen, nach Ninive, meiner Hauptstadt, hinter mir her bringen. Um den Tribut zu übergeben und mir zu huldigen, sandte er seinen Boten."

Sennacherib wandte sich also zunächst nach Phönizien. Hier hatte Lulî, der uns schon aus den Tagen des Salmanassar bekannte König Elulaios von Tyrus und Sidon[1]), die Führung der Aufständischen in die Hand genommen. Er floh beim Heranrücken der Assyrer nach Cypern und fand dort sein Ende. Sidon und die übrigen Städte des Küstengebietes wurden erobert, unter diesen auch das zu Tyrus gehörige, auf dem Festlande gelegene Alttyrus. Tyrus selbst blieb jedoch verschont. Sennacherib setzte in Sidon den Tuba'alu zum Könige ein und legte ihm einen jährlichen Tribut auf. Die Könige von Samsimuruna, Arwad, Byblus, Asdod, Ammon, Moab und Edom kamen persönlich zur Huldigung. Sie überbrachten ihm ihre Geschenke und küßten seine Füße.

Wir erfahren aus den Inschriften des Sargon, daß Asdod im Jahre 711[2]) mit dem Gebiete von Gath und dem ebenfalls zu Asdod gehörenden Asdudimmu einem assyrischen Statthalter unterstellt wurde. Sargon hatte damals, wie wir gesehen haben, einen Teil der Bewohner fortgeführt und die Lücken, die dadurch entstanden waren, durch Ansiedlungen aus andern Gegenden wieder ausgefüllt. Er hatte also, wie wir hieraus entnehmen müssen, die Absicht gehabt, den Bezirk ganz mit dem Reiche zu vereinigen. Dieser Zusammenschluß bestand noch bei der Anfertigung des Berichtes in den Annalen, die uns mit ihren Angaben bis zum Jahre 708 führen. Der Verfasser würde die Ernennung des Statthalters sicher nicht mehr erwähnt haben, wenn das Gebiet schon damals wieder unter einem eigenen Fürsten gestanden hätte. Wenn es aber richtig ist, daß der Bezirk auch im Jahre 708 noch unter assyrischer Verwaltung stand, kann der Wechsel nur mit den Vorgängen im Jahre 705 in Verbindung gebracht werden. Die Einzelheiten entziehen sich jedoch ganz unserer Kenntnis. Die Entrichtung des Tributes,

---

[1]) S. oben S. 412 f.

[2]) S. oben S. 420 ff.

28*

zu dem Mitinti sich beim Herannahen des assyrischen Heeres entschloß, war nur eine Maßnahme politischer Klugheit. Die Gaben scheinen hier in der Tat ebenso wie bei den übrigen Vasallen, die zur Huldigung erschienen, „viermal schwer" gewesen zu sein; denn sie führten trotz der Schwierigkeiten, die hier jedenfalls noch bestanden, ohne weiteres zum Ziele. Mitinti durfte dem Großkönige ebenso wie jeder andere Vasall die Füße küssen und blieb dann in dem ungestörten Besitz des bescheidenen Thrones, von dem die Einwohner den Aḫimiti[1]) vor etwas mehr als zwölf Jahren vertrieben hatten.

Von Ṣidḳâ, dem Könige von Askalon, erfahren wir nur, daß er sich dem Joche des Sennacherib nicht unterworfen hatte. Die Assyrer scheinen die Stadt ohne Schwierigkeit erobert zu haben. Sennacherib brachte den Ṣidḳâ und die ganze Familie des Ṣidḳâ in seine Gewalt und übertrug die Herrschaft nach der obigen Wiedergabe des Textes dem Sarru-lu-dâri, dem Sohne des Rukibti, der sich im Jahre 733[2]) als Nachfolger des Mitinti dem Tiglatpileser unterworfen hatte. Der Name Sarru-lu-dâri, den der Vater dem Sohne gab, war in seiner Bedeutung für sich allein schon ein politisches Bekenntnis. Rukibti wünscht in dieser Bezeichnung, die dem Akkadischen entnommen ist, dem Könige von Assyrien ein Leben von ewiger Dauer. Das ist mehr als eine vorübergehende Huldigung; es ist der Ausdruck einer Hingebung, die auch bei treuen Vasallen unter den damaligen Verhältnissen sicher nicht die Regel war. Sie geht vielleicht noch weiter als die Anhänglichkeit des Panammû, der stolz darauf war, mit andern reichen und angesehenen Fürsten auf den Kriegszügen neben dem Wagen des Tiglatpileser herlaufen zu dürfen. Es braucht aber wohl kaum hervorgehoben zu werden, daß der größere Teil der Bevölkerung solche Auffassungen nicht billigte. Dies führte, wie es scheint, zu einer Erhebung, bei der Ṣidḳâ an der Spitze stand. Es fragt sich nur, ob diese Erhebung schon in der Zeit des Rukibti oder erst unter der Herrschaft des Sarru-lu-dâri zum Ausbruch kam. Wir haben uns bei der Uebersetzung des Textes für die erste Möglichkeit entschieden, weil der Verfasser den Rukibti, wenn Sarru-lu-dâri selbst schon der vorhergehende König gewesen wäre, wahrscheinlich überhaupt nicht mehr erwähnt hätte. Auf jeden Fall dürfen wir aus der Erwähnung den Schluß ziehen, daß er sich des Rukibti noch sehr gut erinnerte. Da Askalon in den Texten des Sargon niemals genannt wird, kann der Wechsel erst nach dem Jahre 711 erfolgt sein. Wenn Ṣidḳâ sich schon früher zum Herrscher aufgeworfen hätte, wäre es ihm sicher genau so ergangen wie dem Jamani von Asdod. Die Zeit von 711 bis zum Jahre 705 kann aber ebenfalls nicht in Betracht kommen, weil das Strafgericht, das dem Nachbarstaate zum Verhängnis geworden war, gerade für Askalon

[1]) S. oben S. 420 f.
[2]) S. oben S. 399.

in den ersten Jahren noch als abschreckendes Beispiel wirken mußte. Damit kommen wir auch hier wieder auf den Zeitpunkt, wo man in Palästina von dem Tode des Sargon erfuhr.

In Ekron hatten die Einwohner den Padî, der sich durch eidlich beschworene Vereinbarungen in den Dienst der Assyrer gestellt hatte, in Ketten gelegt und dem Ezechias von Juda ausgeliefert. Ezechias stand also, wie wir hieraus entnehmen dürfen, wohl an der Spitze der ganzen Bewegung.

Die Bewohner von Ekron hatten sich dann, als sie von dem Heranrücken des Sennacherib hörten, in der Angst ihres Herzens an die Könige von Musuri und an den König von Meluḫḫa gewandt und diese um Hilfe gebeten. Die Heere trafen sich nach den weiteren Angaben des Berichtes in der Nähe von Altaḳû, und es kam hier zu einer offenen Feldschlacht, in der Sennacherib Sieger blieb. Der Oberste der Wagen eines der Könige von Muṣuri, die Söhne dieses Königs und der Oberste der Streitwagen des Königs von Meluḫḫa fielen ihm als Gefangene in die Hände; die Städte Altaḳû und Tamnâ wurden belagert und erobert, desgleichen die Stadt Ekron. Die Großen von Ekron, soweit sie gegen Assur gefrevelt hatten, verfielen dem Tode; wer sich aus dem Volke zu ihrer Partei bekannt hatte, wurde in die Gefangenschaft geführt; die übrigen durften bleiben. Padî wurde wieder eingesetzt und in der üblichen Weise zur Zahlung eines Tributes verpflichtet. Die Regelung kann also nur in eine Zeit verlegt werden, wo Ezechias den Padî schon wieder entlassen hatte. Das ergibt sich auch aus der Bemerkung, die uns im Anfange dieser Aufzeichnung überrascht. Der Verfasser schickt hier die Angabe vorauf, daß Sennacherib den Padî aus Jerusalem herausführte.

Die Zahl der eroberten Städte war in Juda so groß, daß der Berichterstatter plötzlich darauf verzichtet, im einzelnen noch weiter die Namen mitzuteilen. 46 von ihnen waren mit Mauern umgeben; die Anzahl der übrigen Plätze konnte gar nicht festgestellt werden. Die betreffenden Ortschaften wurden den Fürsten an der Meeresküste zugewiesen. Sie müssen also größtenteils in den westlichen und südlichen Bezirken des Landes gesucht werden.

Hieraus ergibt sich, daß damals auch die Stadt Lachisch den Feinden in die Hände fiel. Die Eroberung dieses Ortes muß für die assyrischen Waffen ein hervorragender Erfolg gewesen sein. Sie wurde später in einem Raume des königlichen Palastes mit seltener Anschaulichkeit in einer großen Wandskulptur bildlich zur Darstellung gebracht. Die Stadt ist mit einer hohen Mauer umgeben, die zur leichteren Verteidigung mit Zinnen und Brustwehren versehen ist. Auf acht mit Ziegelsteinen ausgelegten Wegesstücken hat man schon die Sturmböcke an die Mauer herangefahren. Hinter diesen Belagerungsmaschinen kämpfen die Bogenschützen, die Lanzenträger und die Schleuderer. Die Verteidiger sind ebenfalls nicht müßig; sie überschütten die Angreifenden mit Wurfgeschossen, Steinen und Brandfackeln. Aber alle Bemühungen sind vergebens; endlich gelingt es dem Feind, in die Stadt einzudringen. Die Einwohner werden zu Gefangenen gemacht. Einige von ihnen, offenbar die Führer, müssen ihre Verfehlung mit dem Tode büßen; ihre Leichname sind ebenso, wie es bei Ekron geschah, auf Stangen oder Pfählen öffentlich zur Schau gestellt. Die übrigen werden in langen Reihen vor den König geführt. Dieser sitzt auf einem kunstvoll gearbeiteten Thronsessel in feierlichem Herrscherschmuck vor seinem Zelte. Mit der rechten Hand erhebt er zwei Pfeile, in der linken hält er den Bogen; hinter ihm stehen zwei Diener mit Fliegenwedeln. Mitten über dieser Gruppe findet sich die Inschrift: „Sinaḫirba, der König des Weltalls, der König von Assyrien, setzte sich auf den Thronsessel, und es zogen die Gefangenen von Lakisu an ihm vorüber"[1]).

Ezechias war einer Schlacht aus dem Wege gegangen und hatte sich ganz auf die Verteidigung der Hauptstadt eingerichtet. Die Assyrer schlossen ihn hier ein wie einen Vogel im Käfig. Das war verhältnismäßig leicht; es war aber schwer, den Gegner aus seinem Käfig herauszuholen. Der Verfasser erzählt uns nur, daß Ezechias von dem Glanze der assyrischen Herrschaft ganz überwältigt wurde, so daß er dem Sennacherib die Flüchtlinge, die sich in Jerusalem befanden, und die Soldaten, die er in die Stadt hineingebracht hatte, als Gefangene überließ und außerdem noch einen gewaltigen Tribut entrichtete, den er zugleich mit den Flüchtlingen und den Soldaten durch einen Boten hinter ihm her schickte. Er bemüht sich hier, die Vorgänge gerade am Schluß des Berichtes in ein möglichst günstiges Licht zu rücken. Dieses Bestreben nötigt uns bei der Beurteilung der Einzelheiten zu besonderer Vorsicht. Wir haben bei einer solchen Darstellung von vornherein mit Uebertreibungen und gröberen Verzeichnungen zu rechnen, die dem Ganzen ein einseitiges und zum Teil unrichtiges Gepräge verleihen. Hierzu gehört in dem vorliegenden Falle wohl an erster Stelle die Behauptung, daß Ezechias seine eigenen Untertanen und seine eigenen Soldaten durch einen Abgesandten in die Gefangenschaft bringen ließ. Das wird den Besiegten in anderen Texten, soweit sie uns heutzutage bekannt sind, niemals zugemutet. Wenn es aber sonst nicht geschah, darf es auch hier nicht vorausgesetzt werden. Wir sind deshalb zu der Annahme berechtigt, daß hier wenigstens in der Form der Zusammenstellung eine Ungenauigkeit vorliegt. Der Verfasser stellte sich die Auslieferung der Flüchtlinge und die Uebergabe der Soldaten im wesentlichen genau so vor wie die Ueberreichung der Tributgeschenke, und glaubte die beiden Vorgänge auch äußerlich miteinander verbinden zu müssen. Damit ist aber noch gar nicht gesagt, daß die Angabe selbst schon auf

[1]) Die Darstellungen befinden sich jetzt im Britischen Museum. Veröffentlichungen u. a. bei Layard, Monuments of Nineveh II 21, Greßmann, Altorient. Texte und Bilder zum Alten Testamente, Tübingen 1909, II Nr. 270—272, 2. Aufl. II Nr. 138. 140—141 und Benzinger, Bilderatlas zur Bibelkunde Nr. 173 und Nr. 454.

einem Irrtum oder vielleicht sogar auf einer absichtlichen Täuschung beruht. Die Assyrer pflegten Unangenehmes zu verschweigen; sie verdienen aber in dem, was sie als Tatsachen aufführen, im allgemeinen ein ganz besonderes Vertrauen. Die Einzelheiten sind hier außerdem so klar und so durchsichtig, daß man die Vereinbarungen, die hier zugrundeliegen, noch deutlich zu erkennen vermag. Ezechias überläßt dem Sennacherib, soweit es sich um die Personen handelt, die sich in Jerusalem befinden, nur die Flüchtlinge, die den Assyrern auch sonst in die Hände gefallen wären, und die zur Verteidigung in die Stadt hineingebrachten Soldaten. Die Einwohner wurden also nach dieser Regelung, wenn wir uns auf die Angaben verlassen dürfen, in keiner Weise belästigt. Wir haben es hier, wie man sieht, nicht mit unbestimmten und kühnen Behauptungen, sondern mit wohlüberlegten und klar gezeichneten militärischen Abmachungen zu tun.

In der Bibel wird der Kriegszug besonders in dem Texte II Kön. 18, 13—19, 37 und in dem fast gleichlautenden Parallelbericht Is. 36—37 behandelt. Wir finden aber in dem zuerst genannten Texte gleich nach dem ersten Verse noch eine kurze, ganz für sich allein stehende Einschaltung, die auch im Ausdruck ihr eigenes Gepräge trägt. Die Angaben sind hier ohne rhetorische Zutaten, ganz in der einfachen und schlichten Art einer rein annalistischen Darstellung, bei der es nur auf die Hervorhebung der Tatsachen ankommt. Dies zeigt sich sogar in der Form, in der uns der Name des Königs hier entgegentritt. Der Verfasser des Hauptberichtes bezeichnet den König stets als Ḥizḳijjahu, der kleinere Text bietet in den wenigen Zeilen, die er umfaßt, mit derselben Regelmäßigkeit an fünf verschiedenen Stellen das kürzere Ḥizḳijjah. „Im 14. Jahre des Königs Ḥizḳijjahu", so lesen wir V. 13, „zog Sennacherib, der König von Assur, gegen alle befestigten Städte Judas und nahm sie ein"; dann heißt es aber in V. 14—16: „Und es schickte Ḥizḳijjah, der König von Juda, zu dem Könige von Assur nach Lachisch und sprach: Ich habe gesündigt[1]). Ziehe wieder ab von mir! Was du mir auferlegst, will ich tragen. Und es legte der König von Assur dem Könige Ḥizḳijjah von Juda 300 Talente Silber und 30 Talente Gold auf. Und Ḥizḳijjah gab alles Gold, das gefunden wurde im Hause Jahwes und in den Schatzräumen des königlichen Palastes. Zu derselben Zeit zerschlug Ḥizḳijjah die Torflügel am Tempel Jahwes sowie die Torumrahmung, die Ḥizḳijjah, der König von Juda, überzogen hatte, und gab sie dem Könige von Assur." Nach dieser Einschaltung begegnet uns dann in dem folgenden Verse sofort wieder das feierliche Ḥizḳijjahu.

Die annalistischen Angaben stammen aus einer Zeit, wo man über die Verhältnisse noch sehr gut unterrichtet war. Der Verfasser gibt ohne weiteres zu, daß Ezechias sich dem Sennacherib gegen-

[1]) ḫaṭâti. Ezechias gebraucht hier das Wort in derselben Bedeutung, die uns so oft bei dem akkadischen ḫaṭû begegnet. Er hat nach diesem Geständnis Unrecht getan gegen den König von Assyrien.

über als „Sünder" bekannte. Er weiß auch, wie hoch die Gabe war, die bei der Tributzahlung in Gold entrichtet wurde, und bringt nur für das Silber eine Zahl, die mit der keilinschriftlichen Angabe nicht in Anklang zu bringen ist. Die Zahl beginnt hier nicht mit einer 8, sondern ebenso wie bei dem Golde mit einer 3. Das Gold wurde, wie er berichtet, sogar von den Toreinfassungen am Eingange des Tempels heruntergerissen. Dies zeigt uns, daß der Großkönig damals eine Zahlung verlangte, die in ihrem Ausmaß über die gewöhnlichen Jahresleistungen eines derartigen Kleinfürsten weit hinausging. Es war eine Abgabe, die in dieser Höhe zunächst als Sühne gedacht war. Damit stehen wir aber vor einer Schwierigkeit, die wir in ihrer Tragweite nicht unterschätzen dürfen. Die Texte berichten uns nicht nur von dieser Zahlung, sondern auch von einer längeren Belagerung. In der keilinschriftlichen Darstellung erfolgt die Zahlung erst nach der Aufhebung der Belagerung; in der Bibel stehen die Angaben über die Zahlung im Anfange. Die Aufzeichnungen gehen hier auf zwei verschiedene Quellen zurück, die von dem Verfasser nur äußerlich miteinander verbunden sind. In der einen Quelle fanden sich die Angaben über die Zahlung; in der anderen wurde die Belagerung geschildert. Der Verfasser hat hier die Angaben über die Zahlung in den größeren Bericht hineingefügt, weil sie in diesem Berichte, wie wir annehmen müssen, überhaupt nicht vorhanden waren. Man las hier bloß von der Bedrängnis, in der sich der König befand, und von der wunderbaren Errettung durch Jahwe. Was über diesen Rahmen hinausging, war durch den Grundgedanken der ganzen Darstellung von vornherein ausgeschlossen. Es war eine Niederschrift, die in ihren Voraussetzungen ganz mit der Denkweise des Propheten Isaias übereinstimmt. Isaias wird aber die Tributzahlung, wie wir aus seiner Kundgebung beim Tode des Sargon entnehmen müssen, sicher nicht gebilligt haben. Wenn wir an dem jetzigen Zusammenschluß der Texte festhalten, sind wir zu der Annahme gezwungen, daß die Belagerung trotz der in V. 14—16 vereinbarten Zahlung stattfand, und zwar unmittelbar nachher. Sennacherib befindet sich bei der Vereinbarung nach der Angabe von V. 14 im Lager vor den Toren von Lachisch; er sandte, wie wir V. 17 erfahren, von Lachisch aus seine Beauftragten nach Jerusalem und war von Lachisch nach Libna gezogen, als diese zurückkehrten. Wir müssen ohne weiteres zugeben, daß ein solches Verhalten mit der sonstigen Art der assyrischen Kriegsführung stark in Widerspruch stehen würde. Die Assyrer waren zwar in ihren Forderungen mitunter außerordentlich brutal; sie gaben sich aber stets zufrieden, wenn sie erhielten, was sie vom Gegner verlangt hatten, und schritten erst zu weiteren Maßnahmen, wenn der Gegner sich den Verpflichtungen, die er übernommen hatte, wieder entzog. Bei der keilinschriftlichen Darstellung stehen wir hier vor einer glatten, durch die Verhältnisse von selbst gegebenen Entwickelung, bei der biblischen Aufeinanderfolge haben wir es dagegen mit einer Verbindung zu tun, die in dieser Form ernste

Schwierigkeiten bereitet. Diese lassen sich nur beseitigen, wenn wir die Angaben über die Zahlung ebenfalls an den Schluß rücken. Das einzige, was bei der jetzigen Fassung des Textes einer derartigen Umstellung vielleicht widersprechen würde, ist die in V. 14 vorkommende Erwähnung von Lachisch. Diese läßt sich aber ebensogut auf die Voraussetzungen der Hauptquelle zurückführen. Sennacherib verlangte von seinem Gegner durch die Beauftragten, die er nach Jerusalem schickte, nach den Angaben dieser Hauptquelle eine bedingungslose Unterwerfung. Das war eine Forderung, die über die Zahlung eines Tributes weit hinausging. Sie zeigt uns also, daß er damals noch gar nicht die Absicht gehabt hatte, dem Ezechias irgendwie entgegenzukommen. Er kann die Bedingungen aber nur zu einer Zeit aufgestellt haben, wo sie ihm wirklich genügten. Diese Zeit war damals noch nicht gekommen.

Sennacherib befand sich nach den Angaben des Hauptberichtes, wie wir gesehen haben, noch in seinem Feldlager vor den Toren von Lachisch, als er das erste Mal seine Vertreter nach Jerusalem schickte. Als diese zurückkehrten, war er schon nach Libna gezogen. Diese Bemerkung ist in ihrer Form so bestimmt und so genau, daß sie unser besonderes Vertrauen verdient. Als er dann hörte, daß der König von Kusch gegen ihn heranzog, ließ er seine Forderung durch eine zweite Gesandschaft noch einmal wiederholen. Die Angaben berühren sich auch hier wieder auf das engste mit den Aufzeichnungen der Assyrer. Der König von Kusch ist derselbe König, der in den assyrischen Texten als der König von Meluḫḫa bezeichnet wird. Wir lesen dort von dem Könige von Meluḫḫa und den Königen von Muṣuri. Die Könige von Muṣuri waren die kleineren Könige von Ägypten, die in der damaligen Zeit unter äthiopischer Oberhoheit standen. Der Name des Königs von Äthiopien ist allerdings in der Bibel in diesem Zusammenhange sehr auffallend. Wir wissen aus ägyptischen Quellen, daß Tirhaka, der hier in den Berichten genannt wird, erst um die Zeit von etwa 692—688 zur Herrschaft gelangte.

Die Belagerung nahm nach diesen Zusammenstellungen ihren Anfang, als Sennacherib sich noch im Lager von Lachisch befand. Die Assyrer hatten damals noch keine Kenntnis von dem Herannahen des ägyptischen Hilfsheeres. Als Sennacherib davon erfuhr, schickte er dem Gegner zum zweiten Male seine Boten. Die Schlacht bei Altaḳû kann also, wie sich hieraus ergibt, erst kurz nach der Rückkehr dieser zweiten Gesandtschaft gewesen sein. Sie fällt also in eine Zeit, wo die kleineren Städte des Landes schon größtenteils erobert waren. Das lag auch ganz in der Natur der Sache. Die Bundesgenossen mußten erst noch herbeigeholt werden, als die Assyrer schon im Anzuge waren. Nach der keilinschriftlichen Darstellung fand die Schlacht schon vor der Eroberung von Ekron statt. Ekron muß also nach diesen Angaben ebenfalls zu den Orten gezählt werden, die sich erst unterwarfen, als Lachisch schon gefallen war. Die Eroberung von Lachisch liegt vor der Schlacht bei

Altaḳû; die Schlacht bei Altaḳû liegt vor der Eroberung von Ekron. Wir kommen hier also zu einem ähnlichen Ergebnis, wie wir es für die Belagerung von Jerusalem feststellen mußten. Als Ekron sich den Assyrern unterwarf, war die Belagerung von Jerusalem schon seit langem im Gange. Wir haben hier also ein Nebeneinander, das bei der erzählenden Wiedergabe zu einem Nacheinander geworden ist. Die Abschnitte wirken in ihrer Aufeinanderfolge wie die Werke der assyrischen Plastik, wo das Nebeneinander vielfach durch ein Uebereinander und ein Untereinander ersetzt wurde. Man sieht die Einzelheiten erst in ihrem richtigen Zusammenhange, wenn man sich die Mühe gibt, sie aus dieser falschen Perspektive herauszuheben. Der Bericht über die Eroberung von Ekron schließt mit der Bemerkung: „Padî, ihren König, führte ich aus Jerusalem heraus und setzte ihn auf den Thron über sie; eine Abgabe an meine Herrschaft legte ich ihm auf." Diese Bemerkung greift im ersten Teile zunächst auf die Tatsache zurück, daß Padî in Jerusalem als Gefangener festgehalten wurde; sie gibt uns aber keine Antwort auf die Frage, wie wir uns dieses Herausführen vorzustellen haben. Man denkt zwar an die Hauptstadt, wo Padî sich nach den Voraussetzungen des Textes in einem Kerker befindet; man hat aber den Eindruck, daß der Vorgang, der uns hier erzählt wird, nicht nur örtlich, sondern auch zeitlich noch in weiter Ferne liegt. Dieser Eindruck wird erst überwunden, wenn wir nicht nur das Nacheinander, sondern vor allem auch das Nebeneinander der Dinge richtig ins Auge fassen. Die Eroberung von Ekron fällt in eine Zeit, wo Jerusalem schon seit Wochen oder vielleicht schon seit Monaten belagert wurde. Die Vorgänge sind also, wenn wir auch auf genauere Festlegungen verzichten müssen, wenigstens in der Hauptsache als gleichzeitig zu betrachten. Dies wird uns durch die Bemerkung, mit der wir es augenblicklich zu tun haben, mit aller nur wünschenswerten Deutlichkeit bestätigt. Sennacherib eroberte die Stadt Ekron und setzte den Padî, den er um dieselbe Zeit oder vielleicht etwas später aus Jerusalem herausführte, wieder auf den Thron, von dem ihn die assurfeindliche Gegenpartei gewaltsam entfernt hatte. Es war also ein Herausführen oder ein Herausholen im eigentlichen Sinne des Wortes, das mit den militärischen Unternehmungen offenbar in engstem Zusammenhange steht. Wir haben einen Ausdruck solange in seiner zunächstliegenden Bedeutung zu nehmen, wie die sonstigen Angaben dieses gestatten. Damit kommen wir von selbst wieder auf die Art, wie die Belagerung nach unsern bisherigen Feststellungen ihr Ende fand. Wir mußten uns davon überzeugen, daß es schließlich zu einer Vereinbarung kam, die sich in ihren Einzelheiten zum Teil noch deutlich aus den Aufzeichnungen herausheben läßt. Man unterschied bei der Abmachung, wie wir gesehen haben, zwischen den Einwohnern von Jerusalem, den Flüchtlingen und den Soldaten. Ezechias mußte die Flüchtlinge und die Soldaten preisgeben und außerdem noch einen schweren Tribut zahlen; die Einwohner wurden nicht weiter belästigt. Das war ein Entgegenkommen, wie man es von dem Großkönige nach den Forderungen, die er früher gestellt hatte, kaum erwarten durfte. Er muß also für dieses Entgegenkommen seine besonderen Gründe gehabt haben. Diese Gründe sind aber aus dem Zusammenhange der Dinge leicht zu erschließen. Ezechias hatte zu der assurfeindlichen Partei in Ekron gehalten und den König von Ekron in seine Gewalt gebracht; Sennacherib hatte die Stadt dann erobert und mußte nun alles daransetzen, auch den König wieder auf seinen Thron zu bringen. Er stand also tatsächlich vor der Aufgabe, ihn von Jerusalem nach Ekron zurückzuführen. Das ist ihm nach seiner Versicherung wirklich gelungen. Er hat den Padî durch die Verhandlungen, zu denen er sich entschloß, aus Jerusalem herausgeholt, ihn wieder auf den Thron gesetzt und ihn, als er dieses Ziel erreicht hatte, zur Zahlung einer jährlichen Abgabe verpflichtet. Es ist möglich, daß er in seinem Verhalten noch durch andere Gesichtspunkte bestimmt wurde; es ist aber wohl sicher, daß die Zurückführung des Padî die erste Aufgabe war, die er damals zu lösen hatte. Die Lösung war aber nur möglich, wenn er auch seinerseits zu einem größeren Entgegenkommen bereit war. Sie stand also mit den Forderungen, die Ezechias zu stellen hatte, in einem durch die Verhältnisse von selbst gegebenen Zusammenhange. Ezechias rettete durch die Vereinbarung den Thron und die Hauptstadt, die den Angriffen auf die Dauer wohl kaum widerstanden hätte; er mußte jedoch den Padî entlassen, die Flüchtlinge und die Soldaten herausgeben und den Tribut entrichten, der nach dem Datum des Rassam-Zylinders noch vor dem zweiten Monate des folgenden Jahres restlos gezahlt wurde. Die Regelung muß schon zu einer Zeit erfolgt sein, die es dem Sennacherib noch möglich machte, den Padî nach Ekron zurückzuführen. Es war eine Vereinbarung, die man heutzutage wohl am besten als einen vorläufigen Waffenstillstand bezeichnen würde. Die Soldaten des Ezechias hatten nach der keilinschriftlichen Angabe keine Beschäftigung mehr; der Kampf hatte also sein Ende genommen, aber der Feind blieb zunächst noch im Lande. Ezechias wird diese Zeit hauptsächlich benutzt haben, um den Tribut zusammenzubringen.

Ueber die Katastrophe, die alsdann hereinbrach, lesen wir am Schluß des biblischen Hauptberichtes II Kön. 19, 35 ff. = Is. 37, 36 ff.: „Und es geschah in derselben Nacht, da zog der Engel Jahwes aus und erschlug im Lager der Assyrer 185 000 Mann. Und als man sich am Morgen vom Schlafe erhob, da waren sie alle bloß leblose Leichen. Und Sennacherib, der König von Assyrien, brach auf und kehrte zurück und blieb in Ninive. Und als er einst im Tempel seines Gottes Nisroch anbetete, da töteten ihn seine Söhne Adrammelech und Șareșer mit dem Schwerte. Dann flüchteten sie zum Lande Ararat, und sein Sohn Assarhaddon wurde König an seiner Stelle." Die Errettung wird hier ebenso wie beim Auszuge aus Ägypten auf das Eingreifen eines todbringenden Engels zurückgeführt. Sennacherib brach dann, wie der Verfasser hinzufügt, zum

Rückzug auf und verblieb alsdann in Ninive, wo er von den beiden Söhnen erschlagen wurde. Das geschah aber erst im Jahre 681. Der Bericht muß also selbst noch wesentlich jünger sein. Die Angaben finden aber eine eigenartige Stütze in einer Aufzeichnung des Herodot, die auf eine Mitteilung ägyptischer Priester zurückgeht. Herodot erzählt uns in dem Abschnitt II 141 von einem Könige Sethos, den er zugleich als Priester des Hephästus bezeichnet. Dieser König, so lesen wir dort, behandelte die ägyptischen Krieger mit großer Geringschätzung, als wenn er ihrer niemals bedürfte, und nahm ihnen auch die Äcker, die ihnen unter den früheren Königen geschenkt waren. Darauf führte „Sanacharibos, der König der Araber und Assyrer", ein großes Heer gegen Ägypten, und die ägyptischen Krieger weigerten sich jetzt zu helfen. Der Priester ging nun in seiner Bedrängnis zum Tempel und klagte vor dem Götterbilde, welchen Leiden er entgegengehe. Und wie er so klagte, kam der Schlaf über ihn, und er glaubte im Traume zu sehen, wie der Gott an ihn herantrat, ihm Mut zusprach und ihm erklärte, daß ihm von seiten der Araber nichts widerfahren würde. Er selbst wolle ihm Helfer schicken. Voll Vertrauen auf diesen Traum nahm Sethos dann die Ägypter, die ihm folgen wollten, und lagerte bei Pelusium. Von den Kriegern hatte sich ihm kein einziger angeschlossen. Es folgten ihm nur Krämer, Handwerker und Müßige vom Markte. Als er dort angelangt war, kamen zur Nachtzeit Schwärme von Feldmäusen über die Gegner und zernagten ihre Köcher, ihre Bogen und ihre Schildhalter, so daß sie sich am andern Morgen in ihrer Wehrlosigkeit der Flucht überließen und in großer Zahl fielen. Man hatte dem Könige dann später in dem Tempel ein Denkmal errichtet, vor dem Herodot sich dieses erzählen ließ. Der König trug hier auf seiner Hand eine Maus, und eine Inschrift enthielt die Aufforderung: „Sieh mich an und sei fromm!" Die Angaben sind in der Form, in der sie hier vorliegen, eine merkwürdige Verbindung von Wahrheit und Dichtung. Die Priester versetzen hier einen König, der den Namen Sethos trug, in die Zeit des Sennacherib. Sie dachten wahrscheinlich an den großen Sethos I., der nach den Ansätzen von Borchardt[1]) von 1319—1301 regierte. Das Bild mit der Maus auf der Hand kann nur ein Götterbild gewesen sein. Ob es seinem Ursprunge nach mit den Ereignissen in irgend einem Zusammenhange stand oder erst nachträglich mit ihnen in Verbindung gebracht wurde, muß dahingestellt bleiben. Es hielt aber, wie man sieht, die Erinnerung an einen Vorgang lebendig, der allgemein als ein großes Wunder betrachtet wurde. Was nach den biblischen Aufzeichnungen durch das Eingreifen des Engels geschah, wurde von den Ägyptern dem Auftreten der Mäuse zugeschrieben. Da die beiden Auffassungen geschichtlich ganz und gar voneinander unabhängig sind, kann die Tatsache, die ihnen zugrundeliegt, nicht in Abrede gestellt werden. Die Assyrer wurden

---

[1]) Zeitschr. für Ägypt. Sprache und Altertumskunde Bd. 70 (1934), S. 97 ff.

nach diesen Angaben das Opfer eines unerwarteten Schicksalsschlages, in dem man sowohl in Ägypten als auch in Palästina die Ursache des plötzlichen Rückzuges erblickte. Man kann es begreifen, daß der Verfasser des keilinschriftlichen Berichtes über dieses Verhängnis mit Stillschweigen hinweggeht. Die Götter waren seinem Herrn in diesem Falle wirklich nicht gnädig gewesen. Ob er dem Nergal, dem Gotte der Pest, oder einem andern Gotte die Schuld gab, brauchen wir nicht zu entscheiden. Er ist trotz der Schwierigkeiten, die sich für ihn ergaben, ehrlich bemüht, auch in den Schlußsätzen die Dinge genau so zu nehmen, wie er sie vorfand. Wir durften ihm zwar nicht ohne weiteres glauben, daß Ezechias selbst die Gefangenen nach Ninive schickte[1]); wir konnten uns aber ohne Schwierigkeit davon überzeugen, wie dieser Irrtum entstanden war. Die Angabe hat ihre Richtigkeit, soweit es sich um den Tribut handelte. Ezechias mußte den Tribut, den er zu entrichten hatte, nach der ausdrücklichen Versicherung des Textes in aller Form hinter dem Großkönige herbringen lassen. Das war ganz gegen die sonstige Gepflogenheit. Die assyrischen Könige waren stets bereit, die Gaben entgegenzunehmen, die ihnen auf den Kriegszügen überreicht wurden, und Sennacherib macht in dieser Hinsicht keine Ausnahme. Der dritte Kriegszug ist der einzige, bei dem von einem Hinterherbringen der Tributgegenstände die Rede ist. Das ist deutlich genug. Sie wurden hinter ihm hergeschickt, weil er das Land vor der Zeit verlassen hatte.

Die Fragen, die uns hier beschäftigen, stehen in engstem Zusammenhange mit den Ausführungen in Ps. 48. Der Psalm gibt sich gleich in den ersten Zeilen als ein Loblied zu erkennen, in dem Jahwe als der glorreiche König von Sion gefeiert wird. „Groß ist Jahwe", so beginnt der Sänger nach der jetzigen Niederschrift des Textes in V. 2—4, „und zu preisen sehr, in der Stadt unseres Gottes, auf seinem heiligen Berge, der lieblichen Höhe, der Freude des ganzen Landes, dem Berge Sion am Rande des Nordens, in der Stadt des melech râb, des großen Königs; Gott weilt in ihren armanôth, in ihren Burgen, als Schutz bewährt." An diese Einleitung schließt sich dann in V. 5—8 die nähere Begründung. Gott hat sich in seiner Stadt als Schutz bewährt; „denn siehe, die Könige versammelten sich, kamen herüber zusammen; sie sahen, erstaunten, verzagten, erbebten; Zittern ergriff sie daselbst, Angst wie eine Gebärende; du zerschmetterst (sie wie) mit dem Ostwinde die Schiffe nach Tarsis." In dem Abschnitt V. 9—12 wird alsdann der Eindruck geschildert, den die Großtat des Herrn auf sein dankbares Volk machte. „Wie wir früher gehört, so haben wir es jetzt gesehen in der Stadt Jahwes der Heerscharen, in der Stadt unseres Gottes; Gott hat sie fest gegründet für ewig. Wir gedenken, o Gott, deiner Huld in deinem Tempel. Wie dein Name, o Gott, so reicht auch dein Lob zu den Enden der Erde. Von Gerechtigkeit ist voll deine

[1]) S. oben S. 438 f.

Rechte; es freut sich der Berg Sion, es jubeln die Töchter Judas[1]) ob deiner Gerichte." Auf diese Feststellungen folgt dann die Aufforderung, die Stadt, wie sie damals war, in Augenschein zu nehmen, um auch dem künftigen Geschlechte noch davon zu erzählen. „Umwandelt den Sion, geht rings um ihn herum, zählet seine Türme, achtet auf seine Vormauer, seht nach seinen Burgen, daß ihr erzählt dem folgenden Geschlechte, daß dieser ist Gott!" Der Psalm berichtet uns also, daß Jerusalem von feindlichen Königen umgeben wurde, und daß Jahwe sich hier als Retter erwies wie in vergangenen Zeiten. Er zerschmetterte die Feinde wie der Ostwind die Schiffe, die nach Tarsis fahren. Das Volk hat ihm gedankt in seinem Tempel; es freuen sich die Städte des Landes. Jerusalem ist ohne Schaden geblieben; die Türme, die Vormauer und die Burgen stehen noch genau so wie vorher; die Andächtigen werden aufgefordert, sie zu betrachten und dem zukünftigen Geschlechte davon zu erzählen. Diese Angaben sind so deutlich, daß man den Eindruck nur abschwächen würde, wenn man noch etwas hinzufügen wollte. Wir erfahren hier von einer Belagerung, die zu keiner Zerstörung geführt hat. Diese Belagerung kann aber, wie sich aus der sprachlichen Eigenart des Psalmes ergibt, nur in der Zeit der assyrischen Vorherrschaft gesucht werden. Der Verfasser bezeichnet den Herrn, wie wir gesehen haben, in V. 3 als den melech râb, mit deutlicher Anlehnung an das akkadische šarru rabû. Er kennt also diesen Ausdruck, der Ps. 47, 3 und Ps. 95, 3 durch melech gadôl wiedergegeben wird, und hält hier sogar an dem rabû fest, das er ohne Bedenken durch das hebräische râb ersetzte. Das Vordringen des Assyrischen ist schon so stark, daß er auch die Burgen, die er so rühmend hervorhebt, als armanôth bezeichnet. Das Wort hatte sich also ebenfalls schon ganz eingebürgert. Es ist in dieser Form nur eine ungenaue Wiedergabe des akkadischen admânu, Pl. admanâti, das in seiner Bedeutung besonders von Tempeln und Palästen gebraucht wurde. Das einzige, was uns vielleicht überraschen könnte, ist die Tatsache, daß an der Belagerung nach den Voraussetzungen des Textes mehrere Könige beteiligt sind. Die Angabe findet aber sofort ihre Erklärung, wenn wir uns wieder an die Verhältnisse zur Zeit des Tiglatpileser erinnern. Panammû, der König von Sam'al, lief damals nach einer Aufzeichnung seines Sohnes[2]) am Wagen seines Herrn, des Königs von Assyrien, „inmitten von mächtigen Königen, Besitzern von Silber und Besitzern von Gold". Das wird in der Zeit, wo der Enkel des Tiglatpileser zu Felde zog, genau so gewesen sein. Der Vasall war verpflichtet, dem Großkönige seine Truppen zur Verfügung zu stellen und begleitete ihn, wenn er es gut mit sich meinte und die Zeichen seiner Zeit richtig zu deuten verstand, wo möglich in eigener Person. Man bemühte sich sogar, sich mit dem Wortschatz und den Regeln der

---

[1]) = die Städte und die kleineren Ortschaften des Landes.

[2]) S. oben S. 401 f.

akkadischen Sprache bekannt zu machen, und gab den Kindern, wie wir es für den Vater von Ṣil-bêl und für Rukibti, den Vater des Sarru-lu-dâri, voraussetzen müssen, wohlüberlegte und mit klugem Wirklichkeitssinn ausgewählte akkadische Namen. Bei der Bezeichnung Ṣil-bêl, die für das Kind den „Schutz des Bêl" in Anspruch nimmt, scheint in dieser Hinsicht allerdings noch ein unsicheres Tasten vorzuliegen. Es wäre bei der damaligen Lage der Dinge wohl besser gewesen, den Thronfolger dem besonderen Schutze des Aššur zu empfehlen.

Was in Ps. 48 übergangen wird, läßt sich zum Teil noch mit derselben Deutlichkeit aus den Angaben von Ps. 46 herauslesen. Der Sänger hat seinen Wohnsitz in Jerusalem. Er blickt ebenso wie der Verfasser von Ps. 48 auf eine außergewöhnliche Großtat Jahwes zurück, die den Einwohnern dieser Stadt das Recht gibt, sich in jeder Not und Bedrängnis ganz auf ihren Gott zu verlassen. Dieser Gedanke kommt gleich in den ersten Zeilen mit überzeugender Wucht zum Ausdruck. „Gott ist uns Zuflucht und Schutz, Hilfe in Nöten, befunden sehr; darum fürchten wir uns nicht, wenn auch die Erde bebt und die Berge wanken mitten im Meere, wenn brausen und schäumen seine Wasser und erzittern die Berge vor seiner erhabenen Größe." An diese Lobeserhebung schließt sich dann in V. 5—7 ein kurzer Hinweis auf die in Betracht kommenden Einzelheiten. „Die Kanäle des Stromes[1]) erfreuen die Stadt Gottes. Es heiligte seine Wohnstätte der Höchste[2]). Gott ist in ihrer Mitte; sie wankt nicht; Gott hilft ihr beim Anbruch des Morgens. Die Völker tobten, es wankten die Reiche; er ließ vernehmen seine Stimme, und es erbebte die Erde." Diese drei Verse bilden in ihrer Eigenart eine genaue Parallele zu Ps. 48, 5—8. Der Strom, den der Dichter erwähnt, ist hier ebenso wie an so vielen andern Stellen des Alten Testamentes der Euphrat; die Kanäle sind die künstlich angelegten Rinnsale, in denen das Wasser in das Land hineindringt. Wir haben hier also dasselbe Bild, das uns Is. 8, 5—10 entgegentritt, und können deshalb in der Angabe des Psalmisten nur einen Hinweis auf die dortige Weissagung erblicken, die nach seiner Auffassung offenbar in Erfüllung gegangen ist. Der Herr erklärte nach dieser Stelle dem Propheten: „Weil dieses Volk verachtet hat die sanft fließenden Wasser Siloes und weil Frohlocken herrscht über Rasin und den Sohn des Remalja, darum läßt der Herr über sie hinaufsteigen die starken und vielen Wasser des Stromes, den König von Assyrien und seine ganze Macht. Er wird über alle seine Rinnsale schreiten und hinaustreten über alle seine Ufer. Er wird sich ergießen über Juda, dahinströmen und es überfluten, bis er zum Halse reicht, und seine ausgespannten Flügel werden sich erstrecken über die Breite deines Landes, Emmanuel — Gott mit uns. Tobet, ihr Völker, und erschrecket, horchet auf, alle Fernen der Erde! Rüstet

[1]) Nahar p^e^lagaiu. Peleg = Einschnitt, Bach, Wasserlauf.

[2]) So nach den Lesungen der Septuaginta.

euch und erschrecket; rüstet euch und erschrecket! Planet einen Plan; er wird zunichte! Faßt einen Beschluß; er kommt nicht zustande; denn emmanu El, Gott ist mit uns." Diese Stelle ist dem Verfasser des Psalmes bekannt gewesen. Er denkt an die Wasserläufe der verschiedensten Art, in denen die Wogen herandringen, bis sie sich über das ganze Land Juda ergießen; er denkt an das Toben der Völker und an die Art, wie ihre Pläne vernichtet werden. Gott hat seinen Wohnsitz in der heiligen Stadt; er hält diesen Wohnsitz geheiligt, so daß niemand der Stadt etwas anzuhaben vermag; er hat ihr geholfen beim Anbruch des Morgens. Wir haben hier also schon einen deutlichen Hinweis auf das Eingreifen des Engels in der Nacht! Die Wasser des Euphrat sollen in Juda nach der Weissagung des Propheten emporsteigen bis zum Halse seiner Bewohner; sie werden aber keinen Schaden anrichten; denn Gott ist mit seinem Volke. Der Psalmist geht in der Anlehnung an diesen Gedanken noch einen Schritt weiter und sieht auch in der Freude, die jetzt herrscht, nur die selbstverständliche Wirkung dieses Hereinströmens. Der Ausdruck Emmanuel, der uns hier im Munde der Propheten begegnet, findet bei dem Psalmisten seinen Widerhall in V. 8: „Jahwe der Heerscharen ist mit uns, eine Zuflucht für uns der Gott Jakobs"; der „Gott mit uns" ist hier in engstem Anschluß an das Prophetenwort zu einem „Jahwe mit uns" geworden. Hieran schließt sich dann in V. 9—10 die Einladung: „Kommet und sehet die Taten Jahwes, der Entsetzen verbreitet auf Erden! Er läßt enden die Kriege bis zu den Grenzen der Erde, zerbricht die Bogen, zerschlägt die Lanzen, verbrennt die Wagen im Feuer!" Das deckt sich wieder mit den Ausführungen in Ps. 48, wo die Andächtigen ebenfalls aufgefordert werden, sich durch den Augenschein von der Richtigkeit der Tatsachen selbst zu überzeugen. Das Ergebnis dieser Feststellungen ist dann in beiden Fällen die Erkenntnis, daß hier wirklich die Hand Gottes am Werke war. Die Zeugen werden auch dem folgenden Geschlechte, wie der Verfasser von Ps. 48 erwartet, noch erzählen, daß dieser, wie es dort heißt, Gott ist; sie verstehen in Ps. 46 das Wort, das Gott hier selbst in V. 11 in den Mund nimmt: „Laßt ab und erkennet, daß ich Gott bin, erhaben unter den Völkern, erhaben auf Erden!" Dann tritt uns in V. 12 noch einmal der Satz entgegen: „Jahwe der Heerscharen ist mit uns, eine Zuflucht für uns der Gott Jakobs." Das ist derselbe Ausklang wie bei der Stelle des Propheten, die ebenfalls mit dem Wort Emmanuel ihren Abschluß findet. Man sieht auch hier wieder, daß der Verfasser von der Prophetenstelle ganz abhängig ist. Die Erklärer haben V. 8 und V. 12 vielfach als bloßen Kehrvers betrachtet und ihn deshalb auch zwischen V. 4 und V. 5 eingeschaltet. Der Text ist aber, wie sich aus dem Ursprunge des Liedes ergibt, genau so zu nehmen wie wir ihn vorfinden. Der angebliche Kehrvers ist nur eine sinngemäße Wiedergabe des auch in der Prophetenstelle vorkommenden zweimaligen Hinweises auf den Emmanuel. Der erste Hinweis steht in beiden Fällen, rein äußerlich gesehen, kurz nach der Mitte des Textes, der zweite am Schluß. Die Zusammenhänge sind hier alles in allem so deutlich, wie man es nur irgendwie wünschen kann. Wir haben es in Ps. 46 mit demselben großen Ereignis zu tun wie in Ps. 48. Die beiden Lieder behandeln aber nicht nur denselben Gegenstand; sie bringen auch dieselben Gedanken zum Ausdruck und zeigen in der Aufeinanderfolge dieser Gedanken ganz denselben Aufbau. Da wir wohl kaum annehmen dürfen, daß beide auf denselben Verfasser zurückgehen, haben wir in dem einfacher gehaltenen und bloß auf die Tatsachen zurückgreifenden Psalm 48 jedenfalls die ältere Bearbeitung zu suchen. Der Verfasser des jüngeren Textes hat sich dann auf derselben Grundlage von der Behandlung der geschichtlichen Einzelheiten, soweit sie sich auf die Hauptstadt beziehen, mehr freigehalten und die großen allgemeinen Gedanken, die ihn bewegten, ganz in den Vordergrund gerückt. Er geht dabei von der Weissagung des Propheten Isaias aus und sieht in dem, was er kurz vorher erlebt hat, nur die Erfüllung dieser gewaltigen Vorschau.

Die beiden Psalmen umschließen in der jetzigen Zusammenstellung den Psalm 47, der ebenfalls den Erklärern große Schwierigkeiten bereitet hat. Wir dürfen es auch hier unterlassen, die Irrungen, die man hier buchen könnte, im einzelnen besonders hervorzuheben. Das mag in Kommentaren nötig sein und braucht dort, wenn es mit Takt und mit Liebe geschieht, niemand zu verletzen; es würde uns aber, wenn wir auch nur einen Teil der hier in Betracht kommenden Forscher berücksichtigen wollten, im Rahmen unserer jetzigen Untersuchungen viel zu weit führen. Der Verfasser wendet sich in dem Psalm an alle Völker der Erde. „Ihr Völker alle, klatschet in die Hände, jauchzet zu Gott mit lautem Jubel! Denn Jahwe, der Höchste, ist furchtbar, der melech gadôl ‘al kol ha’areṣ, der große König oder der Großkönig über die ganze Erde. Er zwang die Völker unter uns, die Nationen unter unsere Füße, erwählte für uns unser Erbland, den Stolz Jakobs, den er lieb hat. Gott stieg hinauf mit Jubelschall, Jahwe beim Klange der Posaunen. Singet Gott, singet; singet unserem Könige, singet; denn melech kol ha’areṣ elohîm, denn König der ganzen Erde ist Gott. Singet ein Lied! König ist Gott über die Völker; Gott hat sich niedergelassen auf seinen heiligen Thron. Die Fürsten der Völker haben sich versammelt beim[1]) Gotte Abrahams; denn Gott gehören die Schilde der Erde[2]); er ist hoch erhaben.“ Jahwe erscheint in dieser Schilderung, wie von den Erklärern allgemein zugegeben wird, als der König der Welt. Man legt sich aber die Frage vor, wie dieser Gedanke zeitgeschichtlich entstanden ist, und kommt hier vielfach zu Ergebnissen, bei denen mehr vorausgesetzt wird, als man aus dem Texte zu beweisen vermag. Wir finden hier, wie wir gesehen haben, gleich

---

[1]) ‘im, nach dem Konsonantentexte, in Uebereinstimmung mit der Septuaginta, nicht ‘am, wie die masoretische Lesung hier bietet.

[2]) Nach dem Zusammenhange eine andere Bezeichnung für die Fürsten. Die Könige sind nach Ps. 89, 19 die Schilde ihres Landes.

in den ersten Zeilen den Ausdruck melech gadôl = melech râb = šarru rabû. Jahwe ist nach diesen Bezeichnungen der Großkönig, den die gläubigen Verehrer allein anerkennen. Es ist eine Steigerung der altisraelitischen Vorstellung vom Königtum Gottes, wie sie für die assyrische Zeit, als der Unterschied zwischen einem Könige und einem Großkönige in Palästina wieder bekannt wurde, sehr nahe lag, und zugleich eine Ablehnung des Großkönigs von Assyrien. Der Zusammenhang geht aber noch weiter. Jahwe ist nach der Angabe des Psalmisten nicht nur der große König; er ist „der große König über die ganze Erde". Dieser Ausdruck wird dann in den folgenden Versen noch einmal in einer etwas anderen Form mit besonderem Nachdruck wiederholt. Jahwe ist nach dieser Stelle der „König der ganzen Erde". Er ist also, wie man hieraus ersieht, nicht nur der „šarru rabû", sondern auch der „šarru kiššati", der „König der Gesamtheit" oder der „König der Welt". Das sind die beiden Bezeichnungen, die unter den Titeln der assyrischen Großkönige ganz im Vordergrunde standen und in keiner einzigen amtlichen Kundgebung fehlten. Diese sind hier beide auf Jahwe übertragen. Jahwe hatte nach den Ausführungen des Textes ein ganz besonderes Anrecht auf diese Titel; denn er hatte denen, die ihn jetzt in dem Liede verherrlichten, die Völker unter die Füße gezwungen und ihnen das Land geschenkt, das sie seit dem Einzuge in Palästina als ihr besonderes Erbteil betrachteten; er war dann, wie uns I Chron. 15,2ff. erzählt wird, unter dem Klange der Posaunen zum Sion hinaufgezogen und hatte dort seinen Wohnsitz aufgeschlagen. Wir haben hier also eine Begründung, die ganz aus der älteren israelitischen Geschichte genommen ist. Die Vertreibung der Assyrer wird in dem Liede gar nicht erwähnt. Der Verfasser entlehnt also von den Assyrern nur die Formen, in denen er seine Gedanken zum Ausdruck bringt. Diese Formen waren aber gerade mit der Begründung, die wir hier vorfinden, für die damaligen Benutzer des Psalmes von überzeugender Beweiskraft. Sie führen uns in eine Zeit, wo die assyrischen Bezeichnungen auf die Bewohner von Juda noch einen besonderen Eindruck machten. Es muß aber zugleich eine Zeit gewesen sein, wo man noch den Mut haben konnte, dem Gegner solche Gedanken kühn entgegenzurufen. Damit kommen wir auch hier wieder auf die Zeit, die sich für Ps. 46 und Ps. 48 ergab. Man stand damals noch unter dem lebendigen Eindruck der Großtat, die Jahwe vollbracht hatte, und sah in dieser Großtat den Anfang zu einem gewaltigen Aufstiege. Was wir in den Schlußzeilen von dem Erscheinen der Fürsten erfahren, deckt sich ganz mit der Art, wie der Großkönig mit seinen Vasallen verkehrte. Die Fürsten versammelten sich vor dem Thronsitz des Großkönigs, den sie als ihren Herrn und Gebieter betrachteten, brachten ihm ihre Huldigungen dar und leisteten ihm freudig ihre Dienste. Sie erscheinen hier in derselben Weise vor Jahwe, dem sie nach der Angabe des Textes als Eigentum angehören. Der Dichter erblickt also in Jahwe den einzigen für ihn in Betracht kommenden Großkönig; er sieht in diesem Großkönige zugleich den König der Gesamtheit und stellt sich das Verhältnis zu den übrigen Königen ganz in derselben Weise vor, wie man es damals bei dem Könige von Assyrien beobachtete. Die Fürsten waren auch nach den Voraussetzungen von Ps. 48, wie wir gesehen haben, um den Großkönig versammelt und wurden von ihm ebenfalls, wie es scheint, zu gemeinsamen Beratungen herausgezogen. Die Lieder zeigen also genau denselben Hintergrund. Die Datierung ist für Ps. 46 und Ps. 48, wie der Leser ohne weiteres zugeben wird, durch die Ereignisse des Jahres 701 gegen jedes Bedenken sichergestellt. Sie führt uns hier zu einem Ansatze, der auch die Eigenart des in der Mitte stehenden Psalmes restlos erklärt. Dieses Zusammentreffen ist sicher kein Zufall. Die Texte stammen nach den Vorbemerkungen aus der Sammlung der Söhne des Korach, wo sie sich jedenfalls schon in derselben Aufeinanderfolge vorfanden. Wir stehen hier also, wenn dieses richtig ist, vor einer alten Ueberlieferung, die wir in ihrer Bedeutung nicht unterschätzen dürfen. Die Psalmen sind hier offenbar miteinander verbunden, weil sie auch ihrem Ursprunge nach derselben Zeit angehörten.

Die Sammlung enthielt, soweit wir aus der Bibel noch feststellen können, den Psalm 42 + 43, die Psalmen 44—49 und die Psalmen 84—85 und 87—88. Das sind im ganzen elf verschiedene Lieder. Ps. 42 und Ps. 43 sind ihrem Ursprunge nach, wie sich schon aus der Verwendung des gleichen Kehrverses (Ps. 42, 6. 12; 43, 5) ergibt, nur als eine einzige Dichtung zu betrachten, die jetzt in zwei Teile zerlegt ist. Der Psalm 88 wird zugleich als ein maskil, als eine Weisheitsdichtung, von dem Ezrachiten Heman bezeichnet. Auf diesen Psalm folgt dann in der jetzigen Zusammenstellung ein zweites Weisheitslied, das dem Ezrachiten Ethan zugeschrieben wird. Die beiden Lieder werden hier also, wie wir annehmen dürfen, auf die Brüder Heman und Ethan zurückgeführt, die uns I Chron. 2, 6 unter den Söhnen des Zerach begegnen. Dies zeigt uns, daß der Zusammenschluß ebenfalls schon aus der Vorlage stammt. Damit erhöht sich die Zahl der Texte, die zu dieser Sammlung gehörten, auf zwölf. Der Hinweis ist hier bei Ps. 89 unterblieben, weil der Urheber der Angaben bloß hervorheben wollte, wodurch dieser Psalm sich seinem Ursprunge nach von dem vorhergehenden unterschied. Die Lieder gehörten beide zu der Sammlung der Söhne des Korach; nur ist der eine Psalm nach der damaligen Auffassung von Heman und der andere von Ethan. Damit kommen wir für die Lieder der Korachiten, soweit sie uns in der Bibel erhalten sind, auf dieselbe Zahl, die sich auch für die „Lieder des Asaph" ergibt. Wir besitzen aus dieser Sammlung noch den Psalm 50 und die Psalmen 73—83. Dieses Zusammentreffen kann bei der Art, wie die Texte jetzt in der Bibel verstreut sind, nicht auf einer schematischen Auslese beruhen. Es läßt sich nur erklären, wenn wir annehmen, daß die Sammlungen eine größere Zahl von Liedern überhaupt nicht enthielten. Es waren Sammlungen, die von

29*

den levitischen Sängerabteilungen im Tempeldienste benutzt wurden. Diese Sängerabteilungen bestanden nach I Chron. 25 jedesmal aus zwölf Personen. Die Zahl der Lieder ist also in jeder Sammlung dieselbe wie die Zahl der Sänger, die in den Chören gemeinsam ihre Dienste zu leisten hatten. Ueber den Grund dieser Uebereinstimmung und über die Art, wie sie sich praktisch auswirkte, kann man vielleicht verschiedener Meinung sein; es ist aber wohl sicher, daß hier kein Zufall vorliegt. Die Korachiten besaßen also, wenn unsere bisherigen Voraussetzungen richtig sind, in ihrer kleinen Sammlung wenigstens drei verschiedene Lieder, die mit dem plötzlichen Abzuge des Sennacherib in engerem Zusammenhange stehen.

Bei den Texten, die zu der zweiten Sammlung gehörten, läßt sich dieser Zusammenhang, wie es scheint, nur für den Psalm 76 nachweisen. Die Beziehungen sind hier aber ebenfalls so deutlich, daß man sie gar nicht übersehen kann. Der Verfasser beginnt mit der Feststellung, daß Gott sich in Juda kundgegeben oder bewährt hat. „Gott hat sich kundgegeben in Juda; in Israel ist groß sein Name. In Salem ist sein Zelt und seine Wohnung auf dem Sion. Dort zerbrach er die Blitze des Bogens, Schild und Schwert und Krieg.“ Die eigentliche Beschreibung des Vorganges folgt dann mit einem plötzlichen Uebergange zur zweiten Person in einer besonderen, an Gott selbst gerichteten Lobrede. „Du kamst herab in Lichtesglanz, du Herrlicher, von den Bergen des reißenden Wildes[1]). Beute suchten sich mutige Krieger; sie verfielen ihrem Schlafe. Ihre Hände versagten all den Männern des Kampfes. Vor deinem Drohen, Gott Jakobs, sanken in Ohnmacht Reiter und Pferd.“ Nach diesen Feststellungen schließt der Dichter dann in heiliger Verwunderung: „Du, furchtbar bist du! Wer wird standhalten vor dir beim Lodern deines Zornes! Vom Himmel her tatest du das Urteil kund; die Erde bangte und ward stille, als Gott sich zum Gericht erhob, zu retten alle Bedrängten des Landes. Fürwahr, der Menschen Eifer lobe dich; es gürte sich der Ueberrest[2]) mit Eifer! Gelobet und gebet Jahwe, eurem Gotte; laßt alle, die um ihn sind, ihm, dem Furchtbaren, darbringen ihre Geschenke! Er schneidet ab den Mut der Fürsten, ist furchtbar den Königen der Erde.“ Die Gottestat, die in diesem Liede verherrlicht wird, hat ihre Bedeutung für ganz Juda. Der Verfasser spricht ebenso wie wir es Ps. 46, 10 gesehen haben, von einem Zerbrechen der Waffen und vom Ende der Kriege. Der Schlaf, dem die Krieger verfielen, kann nach dem Zusammenhange nur der Schlaf der verhängnisvollen Todesnacht sein. Die Vorstellung ist also auch hier wieder dieselbe wie sie auch sonst überall hervortritt; der Tod

[1]) meharerê ṭareph, wie Ps. 50, 10: behemôth beharerê ’eleph, die Großtiere auf den Bergen der (wilden) Rinder. Diese sind nach der Angabe des Psalmisten das Eigentum Gottes.

[2]) = jene, die dem Gericht entronnen sind. Vgl. hierzu besonders II Kön. 19, 30—31 (= Is. 37, 31—32).

ereilte die Krieger in dem Dunkel der Nacht! Der Verfasser gehört nach seiner Darstellung zu dem Reste, der das Gottesgericht überlebt hat, und mahnt in demselben Sinne die Andächtigen, an die er sich wendet, ihren Dank auch durch Opfer gebührend zum Ausdruck zu bringen.

Man sieht also, daß die Psalmen, die uns hier zur Verfügung stehen, noch ganz unter dem Eindruck der Ereignisse geschrieben sind, auf die sie in ihren Andeutungen und in ihren Schlußfolgerungen Bezug nehmen. Damit sind die Angaben in ihrer Glaubwürdigkeit gegen jedes Bedenken sichergestellt. Der Kriegszug hat einen Abschluß gefunden, in dem man in Jerusalem und im Lande Juda nur einen außergewöhnlichen Beweis für die besondere Macht und Größe Jahwes zu erblicken vermochte. Die Feinde traten den Rückzug an, nachdem der Todesengel in einer einzigen Nacht den größten Teil des Heeres erschlagen hatte. Wir besitzen also, wenn wir das Ganze noch einmal kurz zusammenfassen, über den Ausgang des assyrischen Kriegsunternehmens zwei nebeneinanderstehende Gruppen von Berichten, die beide ihre volle Beachtung verdienen. Die Angaben stimmen darin überein, daß die Städte von Juda fast alle den Assyrern in die Hände fielen, und daß auch die Hauptstadt des Landes von den Truppen des Großkönigs belagert, aber nicht erobert wurde. Die Belagerung stand nach den assyrischen Aufzeichnungen in einem unmittelbaren Zusammenhange mit dem Unternehmen gegen Ekron und fällt auch zeitlich, wie wir nachweisen konnten, mit diesem Unternehmen noch teilweise zusammen. Sie begann schon vor der Schlacht bei Altaḳû, und Ekron wurde erst nach dieser Schlacht erobert. Die assyrischen Texte machen über das Schicksal der Hauptstadt ganz bestimmte Angaben, die man nur verstehen kann, wenn man hier besondere Abmachungen voraussetzt. Sennacherib verzichtete in dieser Vereinbarung im Gegensatze zu seinen früheren Forderungen auf eine bedingungslose Unterwerfung und begnügte sich mit der Zahlung eines Tributes und der Auslieferung der Flüchtlinge und der Truppen. Da er nach der Eroberung von Ekron, wie er berichtet, auch den Padî aus Jerusalem herausführte, mußten wir außerdem den Schluß ziehen, daß dieses ebenfalls durch die damaligen Verhandlungen geschah. Daß die Tributzahlung in der Bibel am Anfange steht, erklärt sich aus der Art, wie die beiden dort zugrundeliegenden Vorlagen miteinander verbunden sind. Der Tribut ist trotz des vorzeitigen Abzuges wirklich entrichtet worden. Die Angabe, daß die Geschenke dem Großkönige nachgeschickt wurden, macht den fluchtartigen Rückzug zur vollen Gewißheit. Sie bestätigt uns aber auch, daß die Höhe des Tributes schon vor der Katastrophe genau festgelegt war. Die Katastrophe muß eingetreten sein, als Ezechias noch damit beschäftigt war, den Tribut zusammenzubringen. Er hatte für sein früheres Verhalten schwer büßen müssen und zog es jetzt vor, seinen Verpflichtungen in jeder Weise zu entsprechen. Das war auch politisch in diesem Falle sicher das

Richtige. Er wußte ebensogut wie irgendein anderer, daß der Abzug des feindlichen Heeres noch nicht über seine Zukunft entschied, und mußte Wert darauf legen, unter allen Umständen als ein Vasall zu erscheinen, der wirklich zur Treue zurückgekehrt war. Das war der einzige Weg, den er beschreiten konnte, wenn er sich mit dem Gedanken trug, das Verlorene bei einer späteren Gelegenheit einmal wieder zurückzuerhalten. Wenn er die Gaben nicht selbst geschickt hätte, würde Sennacherib sie ganz gewiß in einem der folgenden Jahre in der üblichen Weise geholt haben.

Ueber die Abgabe, die er dann als regelmäßige Jahresleistung zu entrichten hatte, wird uns in den Berichten über den Kriegszug nichts mitgeteilt. Wir wissen aber aus einer Tributliste[1]), daß es eine Zeit gegeben hat, wo der König von Ammon zwei Goldminen, der König von Moab eine Goldmine und der König von Juda bloß zehn Silberminen zu zahlen hatte. Das kann nur die Zeit gewesen sein, wo das Land durch die Maßnahmen des Sennacherib so außerordentlich verkleinert war[2]). Man sieht also, daß der vorzeitige Rückzug auch hier an der Durchführung der Bestimmungen gar nichts geändert hatte. Wir wissen aus den Kriegsberichten, daß Sennacherib den Fürsten, die mit den Gebietsteilen belehnt wurden, den Tribut entsprechend erhöht hatte. Die Liste bestätigt uns also, daß Juda damals zur vollkommenen Bedeutungslosigkeit herabgesunken war.

Der Kriegszug fällt nach der Bibel in das 14. Regierungsjahr des Ezechias. Da wir das Jahr 725 als das erste Regierungsjahr feststellen konnten[3]), würden wir hier das Jahr 712 erhalten. Dieses Jahr kann für das Unternehmen nach den keilinschriftlichen Angaben gar nicht in Betracht kommen. Es ist aber dasselbe Jahr, das sich bei unsern bisherigen Zusammenstellungen[4]) schon für die Krankheit des Ezechias ergab. Die Bibel erzählt uns in ihren Berichten zunächst von dem Heranrücken der Assyrer und kommt dann im weiteren Verlaufe des Textes sofort auf die zweite Heimsuchung zu sprechen, die den König bis an den Rand des Grabes brachte. Gott erhörte aber das Gebet des Kranken und fügte seiner Lebenszeit noch 15 Jahre hinzu. Damit ist der Zeitpunkt genau festgelegt. Es war 15 Jahre vor dem Tode des Königs, der im Jahre 697 nach einer Regierung von 29 Jahren gestorben ist. Die Datierung hat also für die Krankheit des Ezechias nach den Voraussetzungen der Bibel ihre volle Berechtigung; sie wurde dann aber in derselben Weise für das Ereignis in Anspruch genommen, das im ersten Abschnitt des Textes behandelt wird. Die beiden Vorgänge haben ursprünglich gar nichts miteinander zu tun. Sie bildeten aber für den Verfasser, wie wir annehmen müssen, in

---

[1]) Harper, Assyr. and Babyl. Letters Nr. 632.

[2]) So zuerst R. H. Pfeiffer im Journal of Biblical Literature, Jahrg. 47 (1928), S. 185 f.

[3]) S. oben S. 404 ff.

[4]) S. oben S. 424 f.

dieser Aufeinanderfolge schon eine feste, in sich selbst geschlossene Einheit. Bei diesem Zusammenschluß hatten die chronologischen Verhältnisse zunächst gar keine Rolle gespielt. Der Kriegszug hatte seinen Platz im Anfange des Berichtes erhalten, obschon die Krankheit der Zeit nach wesentlich früher liegt. Der Uebergang lautet II Kön. 20, 1 = Is. 38, 1 ganz allgemein: „In jenen Tagen erkrankte Ezechias zum Tode." Diese Zusammenstellung wurde dann für die Datierung des ersten Ereignisses zum Verhängnis. Man konnte hier ebenfalls nur an das Jahr denken, das sich für die Krankheit aus dem Worte des Propheten ergab.

Sennacherib unternahm dann schon im Jahre 700, wie wir aus den keilinschriftlichen Aufzeichnungen erfahren, wieder einen Zug nach Babylonien. Die Gegner der Assyrer hatten sich dort während seines Aufenthaltes im Westen von neuem erhoben und auch den Bêl-ibni, den er dort als König eingesetzt hatte[1]), auf ihre Seite gezogen. Sie wurden aber schon bald in die Flucht getrieben, und Bêl-ibni, der dem Sennacherib in die Hände fiel, wurde als Gefangener nach Assyrien gebracht. Der Sieger übertrug dann die Königswürde, um das Land ganz in seiner Gewalt zu behalten, seinem eigenen Sohne Assurnadinšum.

Assurnadinšum regierte nur sechs Jahre. Als Sennacherib im Jahre 694 einen Zug nach der elamitischen Küste unternahm, fiel der König von Elam in Babylonien ein und nahm ihn gefangen. Er schleppte ihn nach Elam und ließ in Babylon einen gewissen Nergal-ušezib zum Könige krönen. Dieser wurde aber schon im Jahre 693 von den Assyrern besiegt und gefangengenommen. Ihm folgte der Chaldäer Mušezib-Marduk, der ebenfalls an Elam eine besondere Stütze fand. Um seine Rechte wieder herzustellen, unternahm Sennacherib hierauf im Jahre 691 einen Kriegszug gegen den König von Elam, der aber ergebnislos verlief. Er berichtet zwar seinerseits in der üblichen Weise von einem gewaltigen Siege, aber in der babylonischen Quelle wird der Sieg den Elamiten zugeschrieben. Als der König von Elam dann im Anfange des Jahres 689 plötzlich erkrankte, benutzte Sennacherib die Gelegenheit, um jetzt noch einmal gegen Babylon vorzurücken. Die Stadt wurde belagert und mußte sich schon am ersten Kislew ergeben. Sie wurde ausgeplündert und vollständig dem Erdboden gleichgemacht. Die Einwohner wurden größtenteils getötet, ihre Leichen bedeckten die Straßen. Wer so glücklich war, dem Blutbade zu entrinnen, mußte gefesselt den Weg in die Gefangenschaft antreten. Auch die Tempel waren von der Zerstörung nicht ausgenommen; die Schätze wurden fortgeschleppt, die Götterbilder entweder vernichtet oder ebenfalls nach Assyrien gebracht. Die Trümmer versperrten schließlich sogar den Kanal, der mitten durch die Stadt ging, so daß die Wasser „wie eine Sturmflut" über das Ruinenfeld hinwegbrausten. Marduk-ušezib geriet in Gefangenschaft.

---

[1]) S. oben S. 430.

Man betrachtete diese Verwüstung als eine Strafe, weil Marduk-ušezib die Schätze von Esagila geopfert hatte, um das Bündnis mit dem Könige von Elam zustandezubringen. Marduk zürnte seit jenem Tage und verhängte die Zerstörung der Stadt, die elf Jahre hindurch, wie Assarhaddon später hervorhebt[1]), von niemandem bewohnt werden sollte. In einer Inschrift des Nabuna'id wird Sennacherib zunächst als das Werkzeug hingestellt, das von Marduk berufen war, die Strafe zum Austrag zu bringen. Nachdem der Zorn des Gottes sich dann endlich gelegt hatte, mußte Sennacherib nach der Darstellung des Verfassers die Uebeltat selbst mit dem Tode büßen. „Böses plante gegen das Land sein Herz, ersann Frevel; gegen das Volk des Landes hegte er kein Erbarmen; in böser Absicht wandte er sich gegen Babylon, verwüstete seine Heiligtümer, ergriff die Hand des Fürsten Marduk und brachte ihn nach Assur. Dem Zorne des Gottes entsprechend tat er dem Lande. Nicht mäßigte seinen Zorn der Fürst Marduk; 21 Jahre lang nahm er in Assyrien seinen Wohnsitz. Die Tage füllten sich, die Zeit kam heran, es beruhigte sich sein Zorn, den der König der Götter, der Herr der Herren, gegen Esagila und Babylon, den Sitz seiner Herrschaft, gehegt hatte. Den König von Assyrien, der während des Zornes des Marduk die Zerstörung des Landes vorgenommen hatte, schlug der Sohn, der Sproß seines Inneren, mit der Waffe nieder" (Steleninschr. Kol. I, Z. 6—41).

Die 21 Jahre, von denen hier die Rede ist, reichen von der Zerstörung des Tempels bis zu dem Jahre, wo die Götterbilder wieder nach Babylon zurückgebracht wurden. Wir erfahren aus der Babylonischen Chronik[2]), daß dieses im ersten Jahre des Samaššumukîn geschah (Kol. IV, Z. 34). Samaššumukîn regierte von 668—648.

Ueber die Ermordung des Sennacherib heißt es in der Babylonischen Chronik:

„Am 20. Ṭebet tötete den Sennacherib, König von Assyrien, sein Sohn in einem Aufstande. [23] Jahre regierte Sennacherib über Assyrien. Vom 20. Ṭebet bis zum 2. Adar dauerte der Aufstand in Assyrien. Am 8. Adar bestieg Assarhaddon, sein Sohn, in Assyrien den Thron" (Kol. III, Z. 34—38).

Daß die Freveltat in einem Tempel geschah, wird uns durch eine Bemerkung in den Annalen des Assurbanipal bestätigt. Dieser erzählt uns bei der Schilderung des Strafgerichtes, das er im Jahre 648 über die Anhänger des Samaššumukîn verhängte: „Den Rest der noch Lebenden, zwischen dem šêdu und dem lamassu,

[1]) Inschr. auf dem Schwarzen Stein II 12 ff.

[2]) Cuneif. Texts from Bab. Tablets XXXIV 46 ff.; Uebersetzungen u. a. von Winckler bei Schrader, Keilinschriftl. Biblioth. Bd. II S. 275 ff. und Keilinschriftl. Textbuch zum Alten Testament, 3. Aufl. S. 58 ff., von Delitzsch in den Abhandlungen der Sächs. Gesellsch. der Wissensch., Bd. XXV, Leipz. 1906, und (im Auszuge) von Ungnad bei Greßmann, Texte und Bilder zum Alten Testamente, Tübingen 1909, I S. 124 ff. und von Ebeling in der zweiten Aufl. S. 359 ff.

wo sie den Sennacherib, meinen Großvater, niedergeschlagen hatten, schlug ich diese Leute jetzt als Totenopfer für ihn nieder. Ihre abgehauenen Gliedmaßen ließ ich den Hunden, Schweinen, Wölfen, Adlern, den Vögeln des Himmels und den Fischen des Meeres zum Fraße" (Kol. IV, Z. 70—76). Der šêdu und der lamassu sind die beiden Stierkolosse, die sich am Eingang des Tempels befanden. Es fragt sich nur, wo wir diesen Tempel zu suchen haben. Da es sich um einen Vorgang nach der Eroberung von Babylon und um ein Strafgericht handelt, das an Babyloniern vollzogen wurde, denkt man zunächst an den Eingang von Esagila. Dem widerspricht aber der Text K. 2647 + Rm. 2, 99[1]), in dem ein Gott u. a. die Hilfe hervorhebt, die er dem Assurbanipal im Kampfe gegen Samaššumukîn zuteil werden ließ. Der Gott erklärt hier Rs. 22 ff.: „[Auf] Geheiß meiner großen Gottheit erobertest du ihre Städte, führtest ihre schwere Beute nach Assyrien fort. Mit meiner großen Hilfe warfest du seine Streiter zu Boden; den Rest von ihnen [überantwortetest du (?)] lebend meinen Händen: in deiner Hauptstadt Ninive schlugst du sie mit den Waffen nieder." Dies zeigt uns, daß die Gefangenen von Babylon nach Ninive gebracht wurden.

Der Tempel war nach der Angabe der Bibel dem Gotte Nisroch = Nisrok geweiht. Es war eine Gottheit, die in dem hebräischen Konsonantentext als N-s-r-k bezeichnet wird. Eine solche Bezeichnung läßt sich aber in der Keilschrift nirgendwo nachweisen. Man sucht auch vergebens nach einer Form, aus der sie entstanden sein könnte. Der Name Marduk kann nicht in Betracht kommen, weil es sich um einen Tempel in Ninive handelt; der Gott Nusku, an den man gedacht hat, war nur ein Diener der obersten Götter; bei dem Gotte Ninurta ist der Unterschied in der Aussprache zu groß. Die Dinge liegen hier, wenn wir richtig sehen, in Wirklichkeit viel einfacher. Das Land Assur wird in der Keilschrift an ungezählten Stellen als mât an-Aššur-ki bezeichnet. Es ist „das Land des Gottes Aššur". Das Zeichen für an ist hier zwar, wenn man bloß den Sinnwert ins Auge faßt, als dingir oder als ilu zu lesen; es war aber für jeden, der es mit den Umschreibungen nicht allzu genau nahm, an erster Stelle das Zeichen für den so häufig vorkommenden Silbenwert. In dieser Verbindung treten uns genau dieselben Konsonanten entgegen wie in dem erwähnten N-s-r-k. Das š wurde damals in Assyrien als s ausgesprochen; die Verdoppelung wurde in dem Schriftsystem von Palästina gar nicht hervorgehoben. Der Ausdruck mußte jedem bekannt sein, der sich mit der Keilschrift auch nur oberflächlich beschäftigt hatte. Man machte sich, wie wir annehmen dürfen, wegen der Grundbedeutung der einzelnen Bestandteile keine Sorgen und schloß von dem mât

---

[1]) Cuneif. Texts from Bab. Tablets XXXV 13 ff.; Umschrift und Uebersetzung des hier in Betracht kommenden Abschnittes von Ungnad, Der Ort der Ermordung Sanheribs, Zeitschr. f. Assyriologie, Neue Folge 1 (1924), S. 50—51.

an-Aššur-ki auf eine Gottheit, die man ohne Bedenken als an-Aššur-ki bezeichnete. Wir haben hier also fast dieselbe Entwicklung, wie wir sie auch für den Ursprung des Namens Lamech = Lam-ki[1]) voraussetzen mußten. Die Formen zeigen uns, was man in Palästina schließlich aus solchen Verbindungen herauslas.

Für die Einzelheiten sind wir besonders auf die Darstellung angewiesen, die sich auf dem von R. Campbell Thompson und R. W. Hutchinson gefundenen Assarhaddonprisma T H 1929—10—12, 1[2]) erhalten hat. Assarhaddon erzählt uns hier 1 8 ff.[3]):

„Ich war der jüngere Bruder meiner älteren Brüder. Auf Befehl des Aššur, des Sin, des Samaš, des Bêl und des Nabû, der Ištar von Ninive und der Ištar von Arbela hat der Vater, mein Erzeuger, in der Versammlung meiner Brüder mein Haupt rechtmäßig erhoben und also gesprochen: Dieser ist der Sohn meiner Nachfolge[4]). Den Samaš und den Adad fragte er in einem Orakel, und sie antworteten mit der festen Zusage: Er soll dir folgen[5]). Ihren gewichtigen Ausspruch achtete er, die Bewohner von Assyrien, klein und groß, meine Brüder, die Sprößlinge[6]) des Hauses meines Vaters, versammelte er insgesamt, vor Aššur, Sin, Samaš, Nabû und Marduk, den Göttern Assyriens, den Göttern, die Himmel und Erde bewohnen, ließ er sie, meine Nachfolge zu schützen, ihren gewichtigen Namen aussprechen[7]). In einem glückverheißenden Monat[8]), an einem günstigen Tage, trat ich nach ihrem erhabenen Befehle freudig ein in das Haus der Nachfolge, den furchterregenden Ort, worin sich

---

[1]) S. oben S. 112 ff.

[2]) R. Campbell Thompson and R. W. Hutchinson, A Century of Exploration at Nineveh, London 1929, S. 84 ff.; R. Campbell Thompson, The Prisms of Esarhaddon and Ashurbanipal found at Nineveh, 1927—8, London 1931; Meißner, Neue Nachrichten über die Ermordung Sanheribs und die Nachfolge Asarhaddons, Sitzungsberichte der Preußischen Akademie der Wissenschaften, Phil.-hist. Klasse 1932, XII, Berlin 1932.

[3]) Es ist derselbe Text, der in der zweiten Hälfte schon auf dem Prisma B, dem sogenannten zerbrochenen Prisma (III Rawlinson 15—16; Abel und Winckler, Keilschrifttexte zum Gebrauch bei Vorlesungen S. 25—26), vorlag. Von diesem Prisma war nur der untere Teil erhalten. Ergänzungen hierzu bereits von Scheil, Le prisme S d'Assarhaddon, roi d'Assyrie 681—668, Bibliothèque de l'École des Hautes Études, Deux cent huitième fascicule, Paris 1914, und von Friedrich Schmidtke, Asarhaddons Statthalterschaft in Babylonien und seine Thronbesteigung in Assyrien 681 v. Chr., Altorientalische Texte und Untersuchungen, herausgegeben von Bruno Meißner, I, 2, Leiden 1916.

[4]) an-nu-u ma-a-ru ri-du-ti-ia.

[5]) šu-u te-nu-u-ka. Te-nu-u-ka steht hier in Parallele mit dem erwähnten ma-a-ru ri-du-ti-ia. Das ist genau dieselbe Zusammenstellung, die uns Assurbanip. Rassam-Zyl. X 51 in der Verbindung bît ridû-u-ti te-ni-e ekalli begegnet. Vgl. für den Ausdruck bes. die auch von Meißner herangezogene Stelle in einer Weihinschrift an den Gott Marduk (Streck, Assurbanipal S. 282): Sa-an-dak-šat-ru mâru ṣi-it libbi-šu ša a-na te-ni-šu iš-ku-nu, den Sandakšatru, den Sproß seines Leibes, den sie zu seinem Nachfolger gemacht hatten.

[6]) So nach dem Texte von Scheil; der neue Text bietet hier das ganz ähnlich geschriebene Zeichen für mu = šumu = Name.

[7]) D. h. die Festlegung eidlich beschwören.

[8]) ina arḫi šal-lim; Scheil bietet hier araḫ Nisan, im Monat Nisan.

das Geschick des Königtums befindet, und klare Einsicht wurde über meine Brüder ausgegossen, die aber die Götter verließen und auf ihre Gewalttaten vertrauten, auf Böses sannen, böse Rede, Verleumdung und Lüge gegen den Willen der Götter über mich ausstreuten und hinter meinem Rücken ungerechte und feindselige Erhebungen planten. Wie es ruhig war, verfeindeten sie das Herz meines Vaters gegen den Willen der Götter mit mir[1]); im geheimen faßte jedoch Erbarmen sein Herz[2]), und seine Augen blieben darauf gerichtet, daß ich die Königsherrschaft ausüben sollte. Ich sprach in meinem Herzen und erwog in meinem Innern: Ihre Werke sind gewalttätig, auf ihren eigenen Willen vertrauen sie und Böses verrichten sie gegen den Willen der Götter. Zu Aššur, dem Könige der Götter, dem Barmherzigen, und Marduk, denen Ungerechtigkeiten ein Greuel sind, betete ich mit Gebet, Flehen und Niederfallen, und sie willfahrten meinen Worten. Nach dem Willen der großen Götter, meiner Herren, ließen sie mich vor den Uebeltaten an einem geheimen Orte wohnen, breiteten ihren guten Schutz über mich aus und bewahrten mich auf zur Königsherrschaft. Nachher wurden meine Brüder wahnsinnig, und sie taten, was Göttern und Menschen nicht gefiel, und sannen auf Böses. Sie machten einen Aufstand und stießen mit den Waffen in Ninive in gottloser Weise, um die Königsherrschaft auszuüben, aufeinander wie junge Ziegenböcke. Aššur, Sin, Samaš, Bêl, Nabû, Ištar von Ninive und Ištar von Arbela schauten mit bösem Auge auf das Werk der Thronräuber, das nicht nach dem Willen der Götter ausgeführt wurde, und stellten sich nicht auf ihre Seite. Sie ließen ihre Streitkräfte zur Schwäche kommen und beugten sie unter mich. Die Bewohner von Assyrien, die die unter einem Eide bei den großen Göttern abgeschlossenen Vereinbarungen, mein Königtum zu schützen, bei Wasser und Öl[3]) beschworen hatten, kamen ihnen nicht zu Hilfe. Ich, Assarhaddon, der im Vertrauen auf die großen Götter, seine Herren, im Kampfe seine Brust nicht wandte, hörte alsbald von ihren bösen Taten und schrie: Wehe! Ich zerriß mein fürstliches Gewand und ließ ein Klagerufen veranstalten. Wie ein Löwe wütete ich, und es tobte mein Gemüt. Um die Königsherrschaft meines Vaterhauses auszuüben, klatschte ich in meine Hände. Zu Aššur, Sin, Samaš, Bêl, Nabû, Nergal, Ištar von Ninive und Ištar von Arbela erhob ich meine Hände, und sie willfahrten meinen Worten. In ihrer getreuen Zustimmung sandten sie mir ermunternde Vorzeichen: Geh, halte dich nicht zurück! Wir werden an deiner Seite gehen und deine Feinde vernichten. Ich zögerte nicht einen Tag, nicht zwei Tage, wartete nicht auf meine Truppen, schaute nicht

[1]) pa-aš-ru lib-bi abi-ia ša la ilâni u-zi-en-nu-u itti-ia. Pašru ist hier ebenso wie es auch bei pašâru und bei napšuru vorkommt, von der Beruhigung des Zornes gebraucht. Die Feindschaft wurde herbeigeführt durch die bösen Nachreden.

[2]) Er ließ also wieder ab von seinem Zorne.

[3]) = nach einer mit Wasser und Öl ausgeführten Becherweissagung.

zurück, nahm keine Musterung der ans Joch geschirrten Pferde vor, musterte nicht mein Kriegsgerät, ließ keinen Proviant für meinen Feldzug aufhäufen; Schnee und Eis des Monats Sebaṭ, die Stärke der Kälte fürchtete ich nicht. Wie ein geflügelter urinnu-Vogel öffnete ich, meine Feinde niederzuwerfen, meine Arme. Den Weg nach Ninive verfolgte ich trotz der Beschwerden in Eile. Vor mir, im Lande Ḫanigalbat, trat die Gesamtheit ihrer erhabenen Krieger mir in den Weg und schärfte ihre Waffen. Die Furcht vor den großen Göttern, meinen Herren, warf sie zu Boden; sie sahen den Ansturm meiner starken Schlacht und wurden wie von Sinnen. Ištar, die Herrin des Kampfes und der Schlacht, die mein Priestertum liebt, trat an meine Seite und zerbrach ihren Bogen. Sie spaltete ihre festgefügte Schlachtreihe und rief in ihrer Versammlung[1]): Dieser ist unser König! Auf ihren erhabenen Befehl traten sie auf meine Seite, standen hinter mir auf, machten sich klein (?) wie Lämmer und flehten um meine Herrschaft. Die Bewohner von Assyrien, die die Vereinbarungen bei den großen Göttern für mich beschworen hatten, kamen vor mich und küßten meine Füße. Und was jene Thronräuber angeht, die Anstifter von Aufstand und Aufruhr, die das Herannahen meines Kriegszuges hörten, so ließen sie ihre Hilfstruppen im Stich und flohen in ein unbekanntes Land. Ich erreichte den Uferdamm des Tigris und ließ auf Befehl der Götter Sin und Samaš, der Herren des Uferdammes, alle meine Truppen den breiten Tigris überspringen wie einen kleinen Kanal. Im Monat Adar, einem günstigen Monat, am 8. Tage, dem eššešu-Feste des Nabû, zog ich in Ninive, die Stadt meiner Königsherrschaft, freudig ein und setzte mich froh auf den Thron meines Vaters. Es wehte der Südwind, der Wind des Ea, ein Wind, dessen Wehen für die Ausübung der Königsherrschaft gut ist. Es nahten sich günstige Vorzeichen am Himmel und auf der Erde; Botschaft der Wahrsager und Sendung der Götter und Göttinnen machten immerfort meinem Herzen Mut. Was die Soldaten angeht, die Sünder, die, um die Königsherrschaft in Assyrien auszuüben, meine Brüder zum Bösen verleitet hatten[2]), so durchmusterte ich sie alle wie einen einzigen, legte ihnen schwere Strafe auf und vernichtete ihre Nachkommenschaft."

Der Bericht ist in seiner Form ein Meisterstück höfischer Geschichtsschreibung, die über alles hinweggeht, was man nicht billigen kann, und den wirklichen Verlauf der Dinge, wenn auf die leitenden Persönlichkeiten ein Schatten fällt, mit schönen Worten künstlich verschleiert. Was hier als die Fügung der Götter hingestellt wird, war in Wirklichkeit nichts anderes als der Ausgang eines allzu menschlichen Ringens um die Nachfolge, bei dem Assarhaddon, ein jüngerer Sohn des Sennachrib[3]), den älteren Brüdern

[1]) = im ganzen Heere.

[2]) Es handelt sich hier also um führende Persönlichkeiten im Heere, die sich auf die Seite der Brüder gestellt hatten.

[3]) Der Name bedeutet: „Aššur hat einen Bruder geschenkt."

vorgezogen wurde. Er verdankte dieses, wie es scheint, in erster Linie dem Einfluß seiner Mutter Naḳîja[1]), einer Fürstin aus dem Westen, die einen einwandfreien hebräischen Namen trug. Im Aramäischen müßte man, wie Meißner in seinen Ausführungen richtig hervorhebt, statt der absoluten Form den status emphaticus erwarten, der in der Keilschrift höchst wahrscheinlich als naḳîta erscheinen würde. Bei diesen Bemühungen spielten auch die Orakelsprüche, die wir zum Teil noch besitzen[2]), eine hervorragende Rolle. Sennacherib machte von seiner Entschließung, wie wir aus dem Texte ersehen, zunächst den älteren Söhnen eine Mitteilung und berief dann eine Vertretung des ganzen Volkes, um die Regelung auch von den Untertanen eidlich beschwören zu lassen. Die Brüder gaben sich aber, obwohl sie ebenfalls an der Versammlung teilnahmen, mit diesen Entscheidungen nicht zufrieden und nahmen schon bald eine so bedenkliche Haltung ein, daß man es für notwendig hielt, den Assarhaddon vorläufig aus ihrer Nähe verschwinden zu lassen. Die Götter brachten ihn an einen geheimen Ort, um ihn dort für die Regierung aufzubewahren. Der eigentliche Vatermord wird in der Darstellung mit Stillschweigen übergangen. Die Brüder waren wahnsinnig geworden und taten, was Göttern und Menschen nicht gefiel. Da Assurbanipal, wie wir gesehen haben, später eine Anzahl von Babyloniern als Totenopfer hinschlachten ließ, müssen wir annehmen, daß die Empörer auch von Babylonien aus besonders unterstützt wurden. Die Einzelheiten entziehen sich hier unserer Kenntnis. Man sieht aber, daß die Babylonier auch damals noch den Sennacherib als ihren unversöhnlichen Gegner betrachteten. In der Entscheidungsschlacht erklärte sich der größte Teil des feindlichen Heeres vor dem Abschluß des Kampfes für Assarhaddon. Die Führer ließen ihre Truppen im Stich und flohen nach der Angabe des Textes in ein unbekanntes Land. Der Name ist auch hier von dem Verfasser absichtlich übergangen. Wir wissen aber aus der Bibel, daß sie nach Armenien entkamen. Sie werden in dem Berichte als Adrammelech und Sareṣer bezeichnet. Adrammelech ist in seiner richtigen Form nach dem Konsonantentexte, von dem wir hier auszugehen haben, nicht aus dem Akkadischen, sondern nur aus dem Westsemitischen zu erklären. Es ist derselbe Name, der uns in einer punischen Inschrift als '-d-r-m-l-k[3]) = Addir-Milk = Addir-Melech[4]) begegnet. Wir besitzen aber noch eine keilinschriftliche Urkunde aus dem Jahre 694[5]), in der wir von einem Königssohn Ardi-Ninlil

[1]) Vgl. für diesen Einfluß bes. die Angaben und Texte bei Schmidtke S. 124 ff.

[2]) IV Rawlinson 61; Schmidtke S. 115 ff.

[3]) Bloch, Phoenicisches Glossar S. 11.

[4]) Vgl. für diese Aussprache bes. das in derselben Weise gebildete '-d-r-b-'-l = Addir-Ba'al = Adherbal.

[5]) Cl. H. W. Johns, Assyrian Deeds and Documents Recording the Transfer of Property, I, Cambridge 1898, Nr. 201; Kohler und Ungnad, Assyrische Rechtsurkunden, Leipz. 1913, Nr. 38.

erfahren. Dieser Königssohn kann nach der Zeitangabe nur ein Sohn des Sennacherib gewesen sein. Assarhaddon hatte also, wenn wir beides zusammenfassen, nach dem keilinschriftlichen Texte einen Bruder Ardi-Ninlil und nach der biblischen Aufzeichnung einen Bruder Addir-Melech. Diese Bezeichnungen haben in ihrer Bedeutung gar nichts miteinander zu tun; sie bieten aber in den ersten Bestandteilen, wenn auch die Aufeinanderfolge verschieden ist, genau dieselben Konsonanten. Das ist wohl mehr als ein bloßer Zufall. Man hatte auch in Palästina, wie es scheint, von dem Prinzen Ardi-Ninlil gehört und wurde dann durch das ardi, mit dem man im Hebräischen nichts anzufangen wußte, auf eine Bezeichnung geführt, die nicht mit ardi, sondern mit addir ihren Anfang nahm. Der Name Sareṣer geht auf ein akkadisches šar-uṣur zurück. Es is ein Kurzname, bei dem wir an der Spitze den Namen eines Gottes zu ergänzen haben. Die Gottheit wird hier aufgefordert, den König zu schützen. In den babylonischen Texten, der Inschrift des Nabuna'id und der Babylonischen Chronik, ist nur von einem einzigen Bruder die Rede. Die Ermordung wurde nicht nur in Jerusalem, sondern auch in Babylon als die Strafe für ein geschehenes Unrecht betrachtet.

Das Prisma stammt nach der Unterschrift ebenso wie das zerbrochene Prisma aus dem Jahre 673, dem achten Regierungsjahre des Assarhaddon. Es wurde angefertigt im Monat Adar, also im letzten Monat des Jahres, der uns nach unserm jetzigen Kalender bis in den März des Jahres 672 führt. Die Darstellung kann sich also in ihren Angaben nur auf die Ereignisse beziehen, die diesem Zeitpunkte voraufgehen. Sie berichtet über diese Vorgänge durchweg mit einer wohltuenden sachlichen Kürze, gibt uns aber fast nirgendwo eine Möglichkeit, die Einzelheiten genauer zu datieren. Es kommt dem Verfasser nur darauf an, dem Leser zu erzählen, was der König bis zur Niederschrift des Berichtes in den verschiedenen Gegenden geleistet hatte. Das ist auch bei dem etwas später entstandenen Texte des Prismas A[1]) der Fall. Wir sind deshalb für die chronologischen Festlegungen besonders auf eine Zusammenstellung angewiesen, die Sidney Smith, der Herausgeber dieses Textes[2]), als Esarhaddon Chronicle, als die Assarhaddonchronik, bezeichnet hat. Sie geht allem Anscheine nach auf dieselbe Vorlage zurück wie die Babylonische Chronik, ist aber etwas älter und bietet eine Reihe von Einzelheiten, die in der Babylonischen Chronik übergangen sind.

Assarhaddon war schon vor seiner Thronbesteigung als Statthalter in Babylonien tätig gewesen[3]). Er hatte bei seiner Ernennung,

[1]) I Rawlinson 45—47; Abel und Winckler, Keilschrifttexte zum Gebr. bei Vorl. S. 22—24; Umschrift und Uebersetzung u. a. bei Schrader, Keilinschriftl. Biblioth. Bd. II, S. 124 ff.

[2]) Babylonian Historical Texts relating th the Capture and Downfall of Babylon, London 1924, Pl. I—III und S. 12—15.

[3]) Vgl. hierfür die Belege bei Schmidtke S. 87 ff.

die wahrscheinlich schon in das Jahr 689 fällt, von seinem Vater den Namen Aššur-etil-ilâni-mukin-apli erhalten. Diese Bezeichnung hält daran fest, daß er sein Dasein dem Gott Aššur verdankt; sie hebt aber besonders hervor, daß Aššur der „Herr der Götter" ist, und meidet zugleich den bei dem Namen Assarhaddon[1]) vorliegenden Hinweis auf die älteren Brüder. Wir dürfen annehmen, daß hier beides überlegt ist. Der Zusatz zu dem Gottesnamen ist gegen die Babylonier gerichtet, die einen solchen Titel nur dem Gotte Marduk zubilligen konnten, und die Ausschaltung der Brüder sollte den Gedanken zurückdrängen, daß Assarhaddon ein jüngerer Sohn des Sennacherib war. Es scheint aber, daß der Sohn schon damals in politischen Dingen viel umsichtiger verfuhr als der eigenwillige Vater. Er vermied es, die Babylonier in ihren Empfindungen zu verletzen, und machte deshalb von dem Namen, der den Gott Aššur so stark in den Vordergrund rückte, nur da Gebrauch, wo es unbedingt notwendig war. Daß er die Fehler, die sein Vater begangen hatte, nicht sofort wieder gutmachen konnte, lag in den Verhältnissen. Als er zur Herrschaft gelangt war, begann er gleich im ersten Jahre mit dem Wiederaufbau der Hauptstadt. Er behielt aber das Bild des Gottes Marduk, wie oben[2]) schon gesagt wurde, während der ganzen Zeit seiner Regierung noch in Assyrien zurück. Um die Bewohner nicht zu verletzen, bezeichnete er sich auch in seinen späteren Urkunden nicht als König, sondern ebenso wie Sargon nur als Statthalter von Babylon.

Die Thronstreitigkeiten waren auch in den Nachbarländern und in den Kreisen der tributpflichtigen Kleinfürsten mit besonderer Aufmerksamkeit verfolgt worden. Sie boten wieder einen Anlaß zu kleineren und größeren Erhebungen, die aber in diesem Falle bei weitem nicht den Umfang annahmen wie bei der Thronbesteigung des Sennacherib. Die Regelung war auch in Babylonien schon zu einem gewissen Abschluß gekommen, als Nabu-zer-kiniš-lišir, der Sohn des Merodachbaladan, plötzlich in das Land eindrang und den assyrischen Statthalter in Uruk belagerte. Er ging jedoch, als die Statthalter der Nachbarprovinzen auf Befehl des Assarhaddon mit Ersatztruppen heranrückten, einer Entscheidungsschlacht aus dem Wege und entfloh „wie ein Fuchs" nach Elam, wo der König Ḫumbanḫaldaš ihn aus Furcht vor den Assyrern ermorden ließ. Hierauf kam sein Bruder und Nachfolger Na'id-Marduk, der noch früh genug aus Elam entweichen konnte, in eigener Person nach Ninive, um dort dem Assarhaddon zu huldigen. Assarhaddon bestätigte ihn bei dieser Gelegenheit in der Herrschaft über das ganze Gebiet des Meerlandes und verpflichtete ihn zur Zahlung eines jährlichen Tributes. Die Ernennung erfolgte noch im ersten Regierungsjahre, also noch vor dem Ende des Jahres 680.

---

[1]) S. oben S. 460 Anm. 3.

[2]) S. 456.

Im Jahre 679, dem zweiten Regierungsjahre des Assarhaddon, wurde die Stadt Arzâ erobert, die an der Südgrenze von Palästina, an dem na-ḫal mât Mu-ṣur-ri, dem „Bach von Ägypten", lag[1]). Die Stadt wurde geplündert, die Einwohner wurden ebenso wie der König Asuḫili in die Gefangenschaft geführt, und Asuḫili wurde in Ninive an einem Stadttor in einem Stallraum untergebracht, wo er mit Wildkatzen (?), Hunden und Schweinen zu leben hatte.

Im dritten Regierungsjahre mußte Assarhaddon einen Kriegszug gegen den Aramäerstamm der Dakuräer unternehmen, die im Süden von Babylon und Borsippa ihren Wohnsitz hatten. Diese hatten den Bewohnern der beiden Städte nach dem Zerstörungswerk des Sennacherib unter der Führung ihres Scheiches Samaš-ibni die Ländereien weggenommen und weigerten sich jetzt, den Besitz wieder herauszugeben. Sie fügten sich erst, als sie durch militärische Maßnahmen dazu gezwungen wurden. Samaš-ibni wurde als Gefangener nach Assyrien gebracht und dort mit dem Tode bestraft.

Im Jahre 677 wurde „die Stadt Sidon erobert und ihre Beute fortgeführt". Wir lesen hier über die Einzelheiten und über die sich anschließenden weiteren Schritte des Assarhaddon auf dem Thompson-Prisma II 65 ff.:

„Abdimilkutti[2]), der König von Sidon, der meine Herrschaft nicht fürchtete und auf das Wort meiner Lippen nicht hörte, der auf das wogende Meer vertraute und das Joch des Gottes Aššur abschüttelte, — Sidon, die Stadt seiner Truppen, die im Meere gelegen ist, warf ich nieder wie eine Sturmflut; ihre Mauer und ihre Wohnstätten riß ich heraus, warf sie ins Meer und vernichtete den Platz, wo sie gestanden hatte. Abdimilkutti, ihr König, floh vor meinen Waffen in das Meer. Auf Befehl des Gottes Aššur, meines Herrn, fing ich ihn wie einen Fisch aus dem Meere heraus und schlug ihm den Kopf ab. Seine Frau, seine Söhne, seine Töchter, die Leute seines Palastes, Gold, Silber, Besitz und Eigentum, kostbare Steine, buntgewebte und linnene Kleiderstoffe, Elephantenhaut, Elfenbein, ušu-Holz, urkarinnu-Holz, alles Mögliche, den Schatz seines Palastes, schleppte ich in Menge fort; seine Untertanen weit und breit, die man nicht zu zählen vermochte, Rinder, Kleinvieh und Esel führte ich in Menge fort nach Assyrien. Ich versammelte die Könige des Landes Ḫatti und der Meeresküste insgesamt. An einem andern Platze erbaute ich eine Stadt und nannte ihren Namen Kar-Aššur-aḫi-iddina[3]). Bît-ṣupuri[4]), [Sikkû[5]), Ri(?)-

---

[1]) Es kann also, wie sich hieraus ergibt, nur das jetzige el-ʿArisch gewesen sein.

[2]) = Abdi-Melkart.

[3]) = Assarhaddonsburg.

[4]) Eine Bildung wie Sepphoris, jetziges Ṣaffurije (Forrer Provinzeinteilung S. 65); nach Thompson (S. 16 Anm. 4) viell. = Ornithopolis, zwischen Tyrus und Sidon.

[5]) Nach Thompson = Chan es-Sakkije, nordötsich von Sidon.

bi(?)-..], Inimme[1]), [Ḫild]ûa[2]), Kartimme, Bi['rû[3]), Ki]lme[4]), Biti-rume, Sagû[5]), [Am]pa[6]), Bît-gisimija[7]), [Bi]rgi'[8]), Gambulu, Dalimme[9]), Isiḫimme, Städte in der Umgebung von Sidon, eine Gegend mit Weideland und Tränkestellen, die Plätze seiner Truppen, die mit Hilfe Aššurs, meines Herrn, meine Hände eroberten, — Leute, die mein Bogen zur Beute gemacht hatte, von den Bergen und vom Meere des Ostens, siedelte ich darin an und schlug sie zum Lande Assyrien. Dieses Gebiet nahm ich neu hinzu und setzte meinen Befehlshaber als Statthalter über sie ein; Tribut und Abgabe erhöhte ich gegen früher und legte sie ihm[10]) auf. Von diesen seinen Städten gab ich Ma'rubbu und Ṣariptu in die Hand des Ba'al, des Königs von Tyrus. Zu dem früheren Tribute, den er jährlich zu zahlen hatte, fügte ich eine (weitere) Abgabe an meine Herrschaft hinzu und legte sie ihm auf.

Und Sanduarri, der König von Kundi und Sissû, ein böser Feind, der meine Herrschaft nicht fürchtete, die Götter verlassen hatte und auf die unzugänglichen Berge vertraute: er (und) Abdimilkutti, der König von Sidon, hatten sich zu gegenseitiger Hilfe vereinigt, sich gegenseitig geschworen beim Namen ihrer Götter und vertrauten auf ihre eigene Macht. Ich aber, ich vertraute auf Aššur, Sin, Samaš, Bêl und Nabû, die großen Götter, meine Herren, belagerte ihn, fing ihn wie einen Vogel aus den Bergen und schlug ihm den Kopf ab. Im Tašrîtu schlug ich dem Abdimilkutti den Kopf ab, im Adar dem Sanduarri, in einem Jahre. Mit dem ersteren zögerte ich nicht und beeilte mich mit dem letzteren. Um die Macht Aššurs, meines Herrn, den Leuten zu zeigen, hängte ich sie[11]) um den Hals ihrer Großen und zog dann mit Sängern und Saitenspiel durch die Straßen von Ninive."

Abdimilkutti hatte also, wie man aus diesen Angaben ersieht, den Versuch gemacht, das Joch des Gottes Aššur abzuschütteln; er hatte aber beim Heranrücken der Assyrer noch Zeit gehabt, auf das Meer zu entfliehen und sich vorläufig in Sicherheit zu bringen. Die Feinde eroberten die Hauptstadt, die völlig zerstört wurde, und die Ortschaften in der Umgebung von Sidon. Abdimilkutti hatte

---

[1]) = Der en-Na'ime, 16 km südlich von Beirut, am Meere. So zuerst Forrer (S. 65), dann ebenso Thompson (S. 16 Anm. 4), bevor ihm die Feststellung von Forrer bekannt war.

[2]) [Ḫi-il-du]-u-a, nach Forrer = röm. Heldua, jetzt Chan el-Chulde, am Meere, 2 km nördlich von Der en-Na'ime.

[3]) Bi-['-ru-u], = Beirut, nach Scheil S. 34.

[4]) [Ki-]il-me-e, = röm. Calamus, jetzt Ḳalmûn.

[5]) Das in den Briefen von El-Amarna vorkommende Sigata.

[6]) In den Briefen von El-Amarna gewöhnlich als Ambi = Ampi bezeichnet.

[7]) = Chan Kasimije, nordöstlich von Tyrus.

[8]) B[i-i]r-gi-', nach Thompson = Barja, nordöstlich von Sidon.

[9]) = ed-Delhemije, nordöstlich von Sidon.

[10]) = dem Statthalter.

[11]) = die Köpfe des Sanduarri und des Abdimilkutti. So ausdrücklich in dem Texte des Prismas A, wo die beiden vorhergehenden Sätze fehlen.

30

sich, obschon uns in diesem Zusammenhange nichts darüber gesagt wird, jedenfalls zu dem in den Bergen von Kilikien wohnenden Kleinfürsten Sanduarri begeben, mit dem er vielleicht schon vorher ein besonderes Bündnis geschlossen hatte. Er fiel aber im weiteren Verlaufe der Unternehmungen in die Hände der Assyrer und wurde dann auf Befehl des Assarhaddon enthauptet. Dies geschah im Tašrîtu, und zwar nach der ausdrücklichen Angabe der Assarhaddonchronik und der Babylonischen Chronik im Tašrîtu[1]) des folgenden Jahres. In diesem Monate „wurde das Haupt des Königs von Sidon abgeschlagen und nach Assyrien gebracht", wo es in Ninive einem Gefangenen aus der ehemaligen Umgebung des Königs um den Hals gehängt und in feierlichem Zuge durch die Stadt getragen wurde. Dieses Schicksal traf dann im letzten Monate des Jahres in derselben Weise den Sanduarri. Assarhaddon hatte den einen, wie er sich ausdrückt, wie einen Fisch aus dem Meere und den andern wie einen Vogel aus den Bergen gefangen. Er ließ nach der Zerstörung von Sidon auf dem gegenüberliegenden Festlande eine neue Stadt erbauen, die von ihm selbst ihren Namen erhielt. Das Gebiet wurde damals bis auf den südlichen Teil zum assyrischen Staate geschlagen und erscheint dann in der Folgezeit als die Provinz oder der Bezirk des Meerlandes. Der südliche Teil wurde dem Könige Ba'al von Tyrus überlassen. Diese Abtrennung erinnert an die Art, wie Sennacherib im Jahre 701 mit den unterworfenen Bezirken von Juda verfuhr. Sie berechtigt uns zu der Annahme, daß der König von Tyras ebenfalls an den voraufgehenden Kämpfen beteiligt war. Er hatte wohl wesentlich dazu beigetragen, daß es dem Assarhaddon möglich wurde, den Abdimilkutti aus dem Meere herauszufischen. Die Großkönige pflegten eine solche Dienstleistung zwar als eine selbstverständliche Vasalenpflicht zu betrachten; sie hatten aber zugleich das Bestreben, den Vasallen durch persönliche Ehrungen und durch ein kluges Eingehen auf ihre berechtigten Sonderwünsche den Gehorsam nach Möglichkeit zu erleichtern. Die Jahresabgabe, die der König früher gezahlt hatte, wurde nach der Erweiterung des Gebietes entsprechend erhöht. Assarhaddon hielt es aber für notwendig, auch die sonstigen Verpflichtungen des phönizischen Kleinfürsten in einem besonderen Staatsvertrage genau festzulegen. Dieser Text hat sich in seinem Wortlaute[2]) noch teilweise erhalten. Es fehlt uns aber von der Tafel fast die ganze Vorderseite, die so gut wie vollständig zerstört ist.

Auf der Rückseite erfahren wir in dem Abschnitt I 5—14 von einem ḳi-e-pu = ḳêpu, also von einem Bevollmächtigten oder einem Vertreter des Assarhaddon, dem Ba'al unterstellt wurde. Dieser Vertreter hatte die Tätigkeit des Vasallen genau zu überwachen.

---

[1]) So ist natürlich auch in der Assarhaddonchronik zu lesen.

[2]) In seiner keilinschriftlichen Form veröffentlicht von Langdon in der Revue d'Assyriologie Vol. XXVI (1929), S. 189 ff.; Uebersetzung bes. von Weidner, Der Vertrag Asarhaddons mit Ba'al von Tyrus, Archiv für Orientforschung VIII (1932), S. 29—34.

Seine Befugnisse gingen so weit, daß Ba'al nicht einmal das Recht behielt, in seiner Abwesenheit von einem Briefe des Großkönigs Kenntnis zu nehmen. „Und einen Brief, den ich dir schicke, sollst du ohne den ḳêpu nicht le[sen]! Wenn der ḳêpu nicht zur Stelle ist, sollst du auf ihn warten, dann öffnen, aber nicht in ...... !"

In den folgenden Zeilen wird der Fall behandelt, wenn ein tyrisches Schiff an der Küste der Philister oder an einer anderen Stelle des assyrischen Herrschaftsgebietes an den Strand getrieben wurde. „Wenn ein Schiff des Ba'al oder der Leute deines Landes im Lande Pilišti oder sonst irgendwo im Gebiete des Landes Assyrien an das Ufer schlägt, dann gehört alles, was darin ist, Assarhaddon, dem Könige des Landes Assyrien, aber an den Leuten, die darin sind, vergeht man sich nicht. Ihre Namen ....." Die Ladung wird also in einem solchen Falle zugunsten des Königs von Assyrien beschlagnahmt, die Personen werden aber nicht weiter belästigt. Was mit den Namen geschehen soll, läßt sich auf der Tafel nicht mehr erkennen. Hieran schließt sich dann eine kurze Zusammenfassung der Ankerplätze, die dem Ba'al für die Schifffahrt zur Verfügung gestellt werden. „Dies sind die Häfen und Wege, die Assarhaddon, der König des Landes Assyrien, dem Ba'al, seinem Diener, ge[geben] hat: nach der Stadt Akko und der Stadt Dor im Bezirke des Landes Pilišti insge[samt], in den Städten im Gebiete des Landes Assyrien am Ufer des Meeres insgesamt, ebenso Byblus, das Libanongebirge und die Städte im Gebirge insgesamt[1])."

Die zweite Kolumne bringt, soweit sie erhalten ist, den letzten Teil einer großen Fluchformel, in der die assyrischen und die westländischen Gottheiten aufgefordert wurden, bei einer Uebertretung der Bestimmungen ihre Strafen zu schicken. Gula, die große Ärztin, soll quälende Wunden entstehen lassen, die Götter des Siebengestirns sollen eine Niederlage bewirken, andere Götter sollen die Uebertreter den Klauen eines gefräßigen Löwen preisgeben, die Götter von Akkad und die Götter der westlichen Länder sollen sie verfluchen mit einem unlösbaren Fluche, Ba'al-samême, Ba'al-malagê und Ba'al-ṣapûnu sollen einen bösen Wind gegen ihre Schiffe hereinbrechen lassen, die Taue lösen, die Schiffspfähle herausreißen, und eine gewaltige Flut soll die Schiffe dann ins Meer versenken. Die Götter sollen ihr Land der Verwüstung und die Einwohner der Gefangenschaft überantworten; sie sollen die Speisen in ihrem Munde, die Kleider an ihrem Körper und das Öl vernichten, mit dem sie sich salben; Ištar soll im Kampfe ihre

[1]) Der Ausdruck ist hier in seiner Form etwas eigenartig. Ana âl Akû usw. = nach der Stadt Akko usw., ina alâni taḫume ša mât Aššur ki = in den Städten des Gebietes von Assyrien und âl Gublu usw. = Byblus usw. Der Verfasser denkt bei der ersten Angabe, wo er ana gebraucht, an die Wege, die zu den Orten führen, bei ina an die Ankerplätze, die sich dort befinden, und bei der einfachen Erwähnung der Örtlichkeiten an die Gegend im allgemeinen.

Waffen zerbrechen und sie niederzwingen zu den Füßen ihrer Feinde.

Der Vertrag bringt auch in den geringfügigen Einzelheiten, die wir aus den Ueberresten des Textes noch zu entnehmen vermögen, genau die Verhältnisse zum Ausdruck, wie sie sich in Syrien und in Palästina bis dahin entwickelt hatten. Assarhaddon macht bei seinen Angaben über die Ortschaften an der Meeresküste einen Unterschied zwischen dem Lande Pilišti und den Bezirken, die schon im eigentlichen Sinne des Wortes zu Assyrien gehörten. Im Gebiete der Philister regierten damals noch die einheimischen Könige, die dem Könige von Assyrien ihren Tribut entrichteten. Dies war aber für die Behandlung der Schiffe, die an das Ufer getrieben wurden, ganz ohne Bedeutung. Die Ladung fiel auch im Lande der Philister dem Assarhaddon zu. Assarhaddon bestimmt auch, wo die Schiffe verkehren dürfen. Er nennt hier für den nördlichen Teil der Küste an erster Stelle die Stadt Byblus, obschon auch die Stadt Byblus damals noch ihren eigenen Fürsten hatte. Die Vasallen werden also bei der Regelung einer solchen Frage gar nicht mehr herangezogen. Sie hatten lediglich zu gestatten oder stillschweigend geschehen zu lassen, was der Großkönig für richtig hielt. Weidner ergänzt in der Anfangszeile des zuerst genannten Abschnittes sicher mit Recht: „Der [ḳi-e-pu, den] ich über dich gesetzt habe." Ba'al war nicht nur der Diener des Assarhaddon; er war auch der Untergebene des ḳêpu. Es ist aber kaum anzunehmen, daß der Großkönig ihn anders behandeln wollte als die übrigen Vasallen. Wir haben es hier also, wie es scheint, mit einer Einrichtung zu tun, die in dieser Form schon längst zu einer allgemeinen Regel geworden war. Auf jeden Fall ist es sicher, daß auch im Lande der Philister Beamte tätig waren, die den Inhalt eines gestrandeten Schiffes ohne weiteres für den Großkönig in Besitz nehmen konnten. Die Assyrer betrachteten sich auch da, wo die Kleinfürsten noch vorhanden waren, überall schon als die eigentlichen Herren des Landes.

Assarhaddon versammelte, wie uns in dem Prismatexte erzählt wird, nach der Eroberung von Sidon „die Könige des Landes Ḫatti und der Meeresküste insgesamt", um ihre Huldigungen entgegenzunehmen. Er gebrauchte die Gaben, die ihm bei dieser Gelegenheit überreicht oder in Aussicht gestellt wurden, nach den vorhandenen Aufzeichnungen hauptsächlich zur Errichtung eines großen Zeughauses, da der alte Bau nach seiner Auffassung für die damaligen Verhältnisse nicht mehr genügte. Dieses Zeughaus, das nicht nur zur Aufbewahrung von Waffen und Kriegsgeräten, sondern auch zur Unterbringung und Pflege des Tierbestandes dienen sollte, gehörte nach seiner Fertigstellung im Jahre 673 zu den gewaltigsten Bauten der Hauptstadt. Der König berichtet über das Zustandekommen des Werkes in dem Texte des Prismas A: „Ich entbot 22 Könige des Landes Ḫatti, von der Meeresküste und aus der Mitte des Meeres, sie alle beorderte ich, und große Balken, hohe

Pfeiler, Bretter von Zedern- und Zypressenholz aus dem Sirara- und Libanongebirge, weibliche Schutzgottheiten, kraftstrotzende Wildkühe, Wandplatten aus Alabaster, ašnan-Stein, kumina-Stein, kumina-turdu-Stein, en-gi-šaḫ-Stein, a-lal-du-Stein und gi-na-šar-gub-ba-Stein ließ ich sie vom Gebirge, wo sie gewachsen waren, zum Bedarfe meines Palastes unter Schwierigkeit und Mühe nach Ninive bringen" (Kol. V Z. 11—26). Diese Könige werden in dem Berichte des Thompson-Prismas, wo die Angaben über die Baumaterialien etwas kürzer gefaßt sind, im einzelnen genau mit Namen aufgeführt. Es waren „Ba'al, der König von Tyrus, Menasî[1]), der König von Juda, Kaušgabri, der König von Edom, Muṣuri, der König von Moab, Ṣil-Bêl, der König von Gaza, Metinti, der König von Askalon, Ikausu, der König von Ekron, Milkiašapa, der König von Byblus, Matanba'al, der König von Arwad, Abiba'al, der König von Samsimurruna, Puduel, der König von Ammon, Aḫimilki, der König von Asdod, 12 Könige von der Meeresküste, und Ekištura, der König von Edi'il[2]), Pilagura, der König von Kitrusi[3]), Kîsu, der König von Sillu'ua[4]), Ituandar[5]), der König von Paphos, Erisu, der König von Silli[6]), Damasu[7]), der König von Kurion, Admêsu, der König von Tamesi[8]), Damûsi[9]), der König von Kartiḫadasti[10]), Unasagusu, der König von Lidir[11]), Pususu[12]), der König von Nuria[13]), 10 Könige des Landes Ja-at-na-na in der Mitte des Meeres, zusammen 22 Könige des Landes Ḫatti, an der Meeresküste und in der Mitte des Meeres" (V, 55—73). Assarhaddon behauptet dann auch in diesem Texte, daß sie alle von ihm beordert, also durch einen ausdrücklichen Befehl zu diesen Leistungen herangezogen waren. Das mag für die Fürsten auf dem Festlande zutreffen; es ist aber bei den Königen von Cypern in dieser Form wohl kaum anzunehmen. Man hatte dort jedenfalls aus der Not eine Tugend gemacht und den Assyrern bei ihrem Erscheinen nach eigenem Ermessen eine Reihe von Gaben übersandt, die dann später in dieser Weise gebucht wurden. Die Zahl der Geschenkgeber war hier für den Großkönig, wie es scheint, mindestens ebenso wichtig wie der eigentliche Wert der Geschenke.

---

1) Me-na-si-i, Zerbr. Prisma Me-na-si-e, = Menasseh, = Manasses.
2) Aigisthos von Idalion.
3) Pythagoras von Chytroi.
4) Keisos oder Kisos von Salamis.
5) Eteandros.
6) Heraios oder Heraieus von Soloi.
7) Damasos.
8) Admetos von Tamasos.
9) Damysos.
10) „Neustadt", Neapolis; dieselbe Bezeichnung, die auch bei dem Worte Karthago zugrundeliegt.
11) Onesagoras von Ledrai.
12) Pytheas.
13) Vgl. für die Gleichsetzungen bes. H. R. Hall, The Oldest Civilisation of Greece, London 1901, S. 262, und A. T. Olmstead, History of Assyria, New York 1923, S. 369.

Es waren nicht weniger als zehn Könige von einem Lande, das mitten im Meere lag! Die Könige tragen, wenn die Gleichsetzungen richtig sind, überall schon griechische Namen. Sie zeigen uns also, daß die Griechen die einheimische Bevölkerung, die zur Zeit der El-Amarna-Tafeln unter einem einzigen Könige stand, schon ganz in den Hintergrund gedrängt hatten.

Die Babylonische Chronik erwähnt für das fünfte Regierungsjahr des Assarhaddon an erster Stelle die Eroberung von „Ba-aṣ-ṣu". Im fünften Jahre, im Monat Tašrîtu, am zweiten Tage, nahmen die Truppen des Landes Aššur „Ba-aṣ-ṣa". Im Tašrîtu fand dann auch, wie wir aus dem folgenden Satze erfahren, die Hinrichtung des Abdimilkutti statt, und im Adar erfolgte die Enthauptung des Sanduarri. Da bei dem Worte kein Determinativ vorhanden ist, steht man zunächst vor der Frage, ob es sich um eine Stadt oder um ein Land handelt. Der Ausdruck paßt auch im Assyrischen für beides. In der Assarhaddonchronik ist hier das Zeichen für âlu = Stadt voraufgeschickt. Dies kann uns aber nur in der Annahme bestärken, daß das Determinativ auch in dem gemeinsamen Grundtexte schon fehlte. Der Verfasser der Assarhaddonchronik hat sich durch die genaue Zeitangabe dazu verleiten lassen, an eine Festung zu denken, die an diesem Tage von den Assyrern erstürmt wurde. Wir wissen aber aus den Inschriften des Assarhaddon, daß eine Stadt hier gar nicht in Betracht kommen kann. Es handelt sich bei diesen Angaben um einen Kriegszug, den Assarhaddon damals gegen ein bestimmtes, von Arabern bewohntes Land unternahm. Dieses Land wird in den Berichten gewöhnlich als das Land Ba-a-zu oder Ba-a-zi bezeichnet. Es findet sich aber auch die Wiedergabe durch Ba-a-su und durch Ba-a-ṣi. In dem Texte, der sich auf dem Prisma A erhalten hat, wird es uns als ein Land geschildert, dessen Lage fern ist, als eine Gegend des Durstes, wo es auf eine Strecke von 140 Doppelstunden nur ḳaḳ-ḳar ba-a-ṣi, nur Sandboden, gab. Dabei fand man auf einer Fläche von 20 Doppelstunden eine außergewöhnliche Menge von Schlangen und Skorpionen, die den Boden bedeckten wie Heuschrecken. Der Verfasser führte den Namen, wie es scheint, auf das erwähnte bâṣu = baṣṣu = Sand zurück. Das war vielleicht nur eine unrichtige Volksetymologie; es scheint aber, daß diese Vorstellung auch bei der Schreibweise in der Babylonischen Chronik zugrundeliegt. Man sah in der Bezeichnung auch in Babylonien nur einen Hinweis auf die Sandmassen, die der Urheber der Angabe wahrscheinlich nicht als ein besonderes „Land" betrachtete. Assarhaddon tötete dort, wie uns in den Texten erzählt wird, sechs Könige und zwei Königinnen; er warf die Leichen ihrer Krieger hin wie Getreide, führte ihre Götter, ihr Hab und Gut und ihre Untertanen nach Assyrien und übertrug die Herrschaft über diese Stämme dem Könige La-a-a-li-e[1]) von Jadi', der in eigener Person nach Ninive

[1]) = Laile oder = Lajale?

kam, um die Götterbilder zurückzuerbitten, und ihm als gehorsamer Diener die Füße küßte. Der Feldzug nahm jedenfalls am 2. Tašrîtu[1]) seinen Anfang. Ueber den Zusammenhang mit den Unternehmungen im Norden von Palästina besitzen wir leider gar keine Angaben. Das Vordringen wird uns aber sofort verständlich, wenn wir es an der Hand der vorhandenen Aufzeichnungen mit den Ereignissen des folgenden Jahres in Verbindung bringen. Wir lesen hier in der Babylonischen Chronik, daß das Land Aššur, wie es dort heißt[2]), nach Mi-ṣir = Ägypten zog. In der Assarhaddonchronik erzählt uns der Verfasser: „Im sechsten Jahre zogen die Truppen des Landes Aššur zum Lande Mi-ṣir[3]). Sie flohen vor einem Sturme." Wir erfahren hier also, daß Assarhaddon in diesem Jahre den ersten Versuch machte, mit seiner Heeresmacht bis nach Ägypten vorzustoßen. Er kam aber bei diesem Versuche noch nicht zum Ziele, weil ein Sturm ihm zum Verhängnis wurde. Ägypten stand damals unter dem Äthiopierkönig Tirhaka[4]), der ebenso wie seine Vorgänger die Gegner der assyrischen Oberhoheit in Palästina bei jeder Gelegenheit unterstützte.

Assarhaddon ließ sich durch diesen Mißerfolg in seinem Plane nicht beirren. Die beiden Chroniken berichten uns, daß er den Versuch schon im nächsten Jahre wiederholte. „Im siebenten Jahre", so heißt es in der Babylonischen Chronik, „im Adar, am 5. Tage, zogen die Truppen des Landes Aššur in Ägypten ein". Die Assarhaddonchronik erzählt uns hier: „Im siebenten Jahre, im Adar, am 8. Tage, kämpften die Truppen des Landes Aššur gegen die Stadt Sa amelûti[5])." Da die Assyrer das Land wieder verlassen mußten, war dieses Unternehmen ebenfalls erfolglos. Die Eroberung gelang erst im zehnten Jahre des Assarhaddon, im Jahre 671. Im zehnten Regierungsjahre, im Nisan, zogen die Truppen des Landes Aššur nach der Angabe der Assarhaddonchronik [zum Lande Mi-ṣir]. „Im Tammuz, am 3. Tage, wurde im Lande Mi-ṣir eine Schlacht geschlagen". In der Babylonischen Chronik heißt es an dieser Stelle: „Im zehnten Jahre, im Nisan, zogen die Truppen des Landes Aššur nach Mi-ṣir. Im Tammuz, am 3., am 16. und am 18. Tage, wurde dreimal im Lande Mi-ṣir eine Schlacht geschlagen. Am 22. Tage wurde Memphis, seine Hauptstadt, genommen. Sein König rettete sich. Die Kinder seines Bruders wurden mit der Hand gefangen genommen. Seine Beute wurde erbeutet,

---

[1]) So ist auch in der Assarhaddonchronik zu lesen. Die Zeichen für Tammuz und Tašrîtu sind in der Schreibweise der beiden Texte nur schwer voneinander zu unterscheiden.

[2]) Wohl ein Versehen für das sonst übliche: die Truppen des Landes Aššur.

[3]) Der Text bietet hier das Zeichen für li, das ebenfalls auf einem Versehen beruht. Die beiden Zeichen sind einander in der babylonischen Kursivschrift sehr ähnlich.

[4]) S. oben S. 441.

[5]) Die assyrische Wiedergabe eines ägyptischen Namens, der sich bisher noch nicht feststellen ließ.

seine Untertanen wurden in die Gefangenschaft geführt, sein Besitztum schleppten sie fort." Der Zug wird am ausführlichsten behandelt in dem Texte der Tontafeln K. 3082 + 3086 + S. 2027[1]), in dem Assarhaddon uns eingehend über den ganzen Verlauf des Unternehmens berichtet. Wir erfahren hier zugleich, daß Ba'al, der König von Tyrus, in der damaligen Zeit schon längst wieder auf der Seite des Königs von Ägypten stand. Die Ereignisse waren in diesem Texte ebenso wie bei den Inschriften des Sennacherib nach Kriegszügen geordnet. Dabei rechnete der Verfasser, wie es scheint, bei jedem Jahre mit einem einzigen Zuge. Der König erzählt uns in dieser Aufzeichnung:

„Auf meinem zehnten Feldzuge [ermutigte mich Aššur, und nach........] ließ ich [meine Truppen den Weg] nehmen. Mein Gesicht war auf [das Land.... gerichtet], das in der Sprache der Leute von Kûsi und Muṣur [....heißt]. Ich bot die massenhaften Truppen Aššurs auf, die..... Im Monat Nisan, dem ersten Monate, brach ich aus meiner Stadt Aššur auf. Den Tigris und den Euphrat [überschritt ich] bei [ihrer] Hochflut; schwierige Berge erkletterte ich wie die Wildstiere.

Im Verlaufe meines Feldzuges warf ich gegen Ba'al, den König von Tyrus, der sich auf seinen Freund Tarḳû[2]), den König von Kûsi, verlassen und das Joch Aššurs, meines Herrn, abgeschüttelt und mir einen frechen Bescheid gegeben hatte, — Schanzen gegen ihn auf; Nahrung und Wasser, den Unterhalt ihres Lebens, schnitt ich ab.

Von Muṣur bot ich das Feldlager auf und richtete den Weg nach Meluḫḫa. 30 Doppelstunden Landes, von Apḳu[3]), das im Bereiche des Landes Sa-me-n[a][4]), liegt, bis Rapiḫi an der Seite des Baches von Muṣur, wo ein Fluß nicht vorhanden ist, tränkte ich in Eimern mit dürftigem Trank, mit Brunnenwasser durch Schöpfen die Truppen. Nach der Weisung Aššurs, meines Herrn, sorgte ich dafür, [daß das Wasser nicht aus]ging[5]), und ließ mir die Kamele sämtlicher Könige des Landes Aribi von ihnen zur Verfügung stellen[6]). 30[7]) Doppelstunden Landes, einen Weg von 15 Tagen, zog ich über Aufhäufungen von....; 4 Doppelstunden Landes ging ich auf Alaunsteinen, dem Erzeugnis [des Bodens];

---

[1]) Veröffentlicht von Robert W. Rogers, Two Texts of Esarhaddon, Haverford College Studies Nr. 2. Uebersetzungen u. a. von Winckler, Keilinschriftliches Textbuch S. 52 ff., von Ungnad bei Greßmann, Altorient. Texte und Bilder zum Alten Testamente, Tübingen 1909, I S. 123 f. und von Ebeling in der zweiten Auflage I S. 358.

[2]) = Tirhaka.

[3]) = Aphek.

[4]) Wohl Schreibfehler für Sa-me-ri-na = Samaria.

[5]) Wir lesen hier von dem Texte noch das Wort [ba]-ṭil-ti = baṭilti = baṭiltu = Aufhören oder Wegfall.

[6]) i[-med]-su-nu-ti, legte sie ihnen auf. Die Kamele wurden also schon in derselben Weise wie später beim Zuge des Kambyses (Herodot 3, 7) zum Tragen des Trinkwassers benutzt.

[7]) [10 +] 10 + 10.

4 Doppelstunden Landes, einen Weg von 2 Tagen, ... Schlangen mit 2 Köpfen[1]); [wer von ihnen gebissen wurde st]arb. Ich trat sie nieder und zog weiter. 4 Doppelstunden Landes, einen Weg von [2 Tagen, ... Schlangen], die flatterten mit Flügeln[2]); 4 Doppelstunden Landes, einen Weg von 2 Tagen, ...; 15 Doppelstunden Landes, einen Weg von 8 Tagen, ...Marduk, der große Herr, kam mir zu Hilfe, ... erhielt meine Truppen am Leben. 20 Tage, 7......, das zum Gebiete des Landes Magan gehörte, [machte ich] eine Ruhepause. Von der Stadt Ma-ag ...., eine Strecke von 40 Doppelstunden Landes, zog ich ...... Dieser Boden war wie.... Gestein, wie die Spitze einer Lanze....; Blut und Eiter....[3]).... ein grimmiger Feind, bis......, nach der Stadt Isḫupri...."

Das Weitere ist abgebrochen. Die Angaben finden aber eine ausreichende Ergänzung in dem Texte der Siegesstele, die Assarhaddon bei seiner Rückkehr in dem damaligen Sam'al errichten ließ[4]). Er berichtet dort Rs. Z. 33 ff.:

[1]) Die Vorstellung erklärt sich aus der eigenartigen Zeichnung, die diese Schlangen am Schwanzende aufweisen.

[2]) Man kam also zunächst in eine Gegend, wo man Schlangen antraf, die angeblich zwei Köpfe besaßen, und zog dann durch ein weiteres Gebiet, wo man nach der Versicherung des Berichterstatters auf Schlangen stieß, die mit Flügeln ausgestattet waren. Wir haben hier dieselbe Steigerung, die uns auch bei Isaias überrascht. Isaias erklärte schon im Jahre 726 (S. oben S. 404) in der Mahnung an die Philister: „Aus der Wurzel der Schlange geht eine Natter hervor, und ihre Frucht ist eine geflügelte Feuerschlange." An der Stelle 30,6 erfahren wir, daß der Weg nach der ägyptischen Hauptstadt durch ein Land der Drangsal und Not führte, wo man von Löwen und Löwinnen, von „Nattern und geflügelten Feuerschlangen" bedroht wurde. Die Schlangen, mit denen die Israeliten es in der Wüste zu tun hatten, waren ebenfalls „Feuerschlangen". Die Bezeichnung erklärt sich ohne Schwierigkeit aus den Angaben, die wir bei Herodot finden. Wir lesen dort, daß die geflügelten Schlangen in einer Gegend von Arabien lebten, die unmittelbar an Ägypten stieß, und daß sie dort die Weihrauchbäume bewachten (Herod. 2, 75 und 3, 107 ff.). Der Weihrauch ist zum Verbrennen bestimmt, und zwar zum Verbrennen auf glühenden Kohlen. Die Feuerschlangen sind also, wie wir hieraus entnehmen dürfen, nur die Schlangen des Weihrauchbaumes. Sie waren ebenso wie die Cherubim die Hüter von geheimnisvollen und heiligen Bäumen und treten uns Is. 6, 1 ff. als Wesen entgegen, die mit den Cherubim offenbar ganz auf derselben Stufe stehen. Es ist aber bezeichnend, daß einer von den Seraphim dort nach einer glühenden Kohle greift, und daß der ganze Raum mit Rauch angefüllt ist. Isaias scheint also den Ursprung des Wortes selbst noch lebendig empfunden zu haben. Die Vorstellung geht auf eine Art von arabischen Baumschlangen zurück, die erst in Palästina, in den Kreisen der phönizischen Kaufleute, zu Weihrauchschlangen und dann mit einer weiteren Uebertreibung zu feurigen Schlangen oder zu Schlangen des Feuers wurden.

[3]) Der Verfasser spricht hier augenscheinlich von Verletzungen an den Füßen.

[4]) Herausgegeben von Eberhard Schrader in den Mitteilungen aus den Orientalischen Sammlungen der Königlichen Museen zu Berlin, Heft XI, Ausgrabungen in Sendschirli, Einleitung und Inschriften, Berlin 1893, Tafel IV—V, und von Ungnad in den Vorderasiatischen Schriftdenkmälern der Königlichen Museen zu Berlin, Heft I, Leipz. 1907, Nr. 78. Umschrift und Uebersetzung von Schrader a. a. O. S. 30 ff.

„Es sündigte das Land (Ägypten) wider Aššur. Sie frevelten, waren pflichtvergessen. Um Beute zu machen, zu plündern, das Gebiet des Landes Aššur zu erweitern, füllte ich auf meine Leute. Nachdem Aššur und die großen Götter, meine Herren, den Zug ferner Wege, durch schwierige Gebirge und gewaltige Sandmassen[1]), eine Gegend des Durstes, mir befohlen hatten, brach ich in der Bereitwilligkeit meines Herzens wohlbehalten auf. Was Tarḳû angeht, den König von Muṣur und Kûsi, so erschlug ich die Wehr ihrer großen Gottheit von der Stadt Isḫupri bis zur Stadt Memphis, seiner Hauptstadt, eine Strecke von 15 Tagemärschen, Tag für Tag, ohne Aufhören, in schweren ihm beigebrachten Niederlagen. Auf ihn selbst warf ich fünfmal mit der Spitze des Speeres in tödlichem Wurfe. Memphis, seine Hauptstadt, belagerte ich während eines halben Tages mit Einstoßen, durch Breschen und mit Leitern[2]), eroberte und zerstörte sie, ließ sie in Feuer aufgehen. Seine Gemahlin, seine Palastfrauen, Ušanaḫuru, den Thronfolger, und seine übrigen Söhne und Töchter, sein Hab und Gut, seine Pferde, seine Rinder, sein Kleinvieh ohne Zahl, brachte ich nach Assyrien; den Sproß von Kûsi riß ich aus Muṣur heraus, und nicht einen ließ ich zurück, dem man hätte huldigen können. Ueber ganz Muṣur setzte ich Könige, Statthalter, Bezirksverwalter, Steuerbeamte, Vertreter[3]) und Vorsteher neu ein, dauernde Tempelabgaben für Aššur und die großen Götter, meine Herren, setzte ich fest für immer, Tribut und Abgaben für meine Herrschaft legte ich ihnen auf für jedes Jahr ohne Aufhören."

Assurbanipal, der Sohn und Nachfolger des Assarhaddon, schreibt über die damaligen Ereignisse in dem Texte eines von den Bearbeitern gewöhnlich als das Prisma E bezeichneten Tonprismas:

„[Assar]haddon, der König von Assyrien, mein Vater, war fortgezogen und hineingerückt[4]). Er hatte Tarḳû, den König von Kûsi, überwunden und dessen Streitkräfte gebrochen. Muṣur und Kûsu hatte er erobert und zahllose Beute von dort weggeschleppt. Er hatte dieses Land seinem ganzen Umfange nach in Besitz genommen und zum Gebiete von Assyrien hinzugefügt. Die früheren [Namen] der Städte hatte er geändert und von neuem Benennungen für sie festgesetzt. Seine Diener hatte er als Könige und Verwalter [über die]se Städte dort eingesetzt, Tribut und Abgabe an seine Herrschaft hatte er ihnen auferlegt [für jedes Jahr]"[5]).

An einer anderen Stelle[6]) erklärt er in demselben Zusammenhange:

„Muṣur und [Kûsi hatte er erobert und zahllose Beute von dort fortgeschleppt]. Er hatte dieses Land seinem ganzen Um[fange nach in Besitz genommen und zum Gebiete von Assyrien hinzugefügt]. Die früheren Namen der Städte [hatte er geändert und von

[1]) ba-ṣi dannûti, also durch das Land Bâṣu = Bâzu!

[2]) S. oben S. 433.

[3]) ḳi-pa-a-ni; s. oben S. 466 ff.

[4]) in Ägypten.

[5]) Streck, Assurbanipal S. 154 f.

[6]) Streck S. 216 f.

neuem Bezeichnungen für sie festgesetzt]. Seine Diener hatte er zu Königen und Verwalt[ern über diese Städte dort eingesetzt], Tribut und Abgabe an seine Herrschaft [hatte er ihnen auferlegt für jedes Jahr]. 55 ihrer königlichen Statuen ...... den Sieg, die Eroberung seiner Hände, so[viele er über sie errungen, hatte er daraufgeschrieben und] sie in den Städten und Tempeln in [Muṣur und Kûsi aufgestellt]."

Assurbanipal hat der Nachwelt auch ein genaues Verzeichnis der Könige hinterlassen, die von seinem Vater in Ägypten ernannt wurden. Es waren nach dem Rassam-Zylinder I 90 ff.:

„Nikû[1]), der König von Memphis und Saïs, Sarru-lu-dâri, der König von Si'nu, Pišanḫuru, der König von Natḫû[2]), Pakruru, der König von Pišaptu, Bukkunanni'pi, der König von Ḫatḫiribi, Naḫkê, der König von Ḫininši, Puṭubišti, der König von Ṣa'nu[3]), Unamunu, der König von Natḫû, Ḫarsiaešu, der König von Ṣabnûti[4]), Pu-u-a-a-ma, der König von Pinṭiṭi, Susinḳu[5]), der König von Puširu[6]), Tabnaḫti, der König von Punubu, Bukkunanni'pi, der König von Aḫni, Iptihardêšu, der König von Piḫattiḫurunpiki, Naḫtiḫuruansini, der König von Pišabdi'a, Bukur-Ninurta, der König von Paḫnuti, Ṣiḫâ, der König von Siautu[7]), Lamentu, der König von Ḫimuni, Išpimâṭu, der König von Ta-a-a-ni, Mantimeanḫê, der König von Ni'[8])."

Diese Namen sind mit Ausnahme von Sarru-lu-dâri und von Bukur-Ninurta, dem „Erstgeborenen des Ninurta", alle rein ägyptisch. Sie zeigen uns also, daß Assarhaddon sich überall darauf beschränkte, die einheimischen Fürsten in ihrem Amte zu bestätigen. Das war auch, wie wir noch sehen werden, bei dem Träger des Namens Sarru-lu-dâri der Fall. Wir haben es hier bloß mit einem Manne von einer etwas ungewöhnlichen, aber nicht gerade vorbildlichen Gesinnungstüchtigkeit zu tun, der sich den Namen selbst beigelegt hatte, um den Eroberer sofort von seiner Zuverlässigkeit und seinem guten Willen zu überzeugen, und dann gleich bei der ersten Gelegenheit wieder von ihm abfiel. Er wünschte dem Großkönige durch die Wahl dieser Bezeichnung, die uns in einem anderen Falle[9]) schon in der Zeit des Tiglatpileser begegnet ist, ein Leben von ewiger Dauer! Es ist möglich, daß Bukur-Ninurta etwas ehrlicher war; es ist aber wohl sicher, daß er ebenfalls als Ägypter zu betrachten ist.

Assarhaddon erschlug nach den Angaben auf der Siegesstele die Krieger des Tarkû auf der Strecke von Isḫupri bis Memphis, die

---

[1]) Gr. Νεκώς, Necho.
[2]) Im Delta.
[3]) Tanis.
[4]) Sebennytos.
[5]) Sesonchis, Šišaḳ.
[6]) Busiris.
[7]) Siût.
[8]) Theben, hebr. No'.
[9]) S. oben S. 436.

er in fünfzehn Tagen zurücklegte, Tag für Tag, ohne Aufhören, in schweren Niederlagen. Er tötete sie nach der Ausdrucksweise des Textes in großer Zahl oder in großer Menge. Auf Tarḳû schleuderte er, wie er hinzufügt, in dieser Zeit nicht weniger als fünfmal mit tödlichem Wurfe den Speer. Dieser Satz muß bei jedem, der ihn unbefangen liest, den Eindruck erwecken, daß er ihn in den fünfzehn Tagen fünfmal durch einen Speerwurf schwer verwundete. Er „schlug" ihn fünfmal „mit tödlichem Schlage". Das war eine Leistung, die man ohne Bedenken von vornherein als unmöglich bezeichnen darf. Wer in dieser Weise von einem Speere getroffen war, konnte sich an den folgenden Tagen nicht sofort wieder am Kampfe beteiligen. Auf jeden Fall ist es sicher, daß Tirhaka trotz der angeblichen Verletzungen glücklich entkam. Er konnte den Widerstand schon bald wieder aufnehmen und gehört ebenso wie Ba'al von Tyrus noch zu den besonderen Gegnern des Assurbanipal. Auf der Vorderseite der Stele tritt uns der Großkönig mit zwei in Zwergesgestalt zur Darstellung gebrachten Kriegsgefangenen entgegen, die er beide an einem von der Oberlippe oder von der Backe ausgehenden Strick führt[1]). Der eine von ihnen, der vor dem Sieger am Boden kniet und nach der Art der Ägypter ohne Bart ist, gibt sich auch durch die Gesichtszüge, die ihn als Neger kennzeichnen, und durch die über der Stirn angebrachte Schildviper, das Zeichen der nordägyptischen Königswürde, mit aller nur wünschenswerten Deutlichkeit als Tirhaka zu erkennen, der andere, der einen Bart trägt und als stehend gezeichnet ist, kann unter diesen Umständen nur seine Bundesgenosse, der König Ba'al von Tyrus, sein. Wer bloß auf das Bild schaute, weil er vielleicht mit dem keilinschriftlichen Texte nichts anzufangen wußte, mußte zu der Ueberzeugung kommen, daß die Ereignisse sich wirklich so zugetragen hatten. Das war in der syrischen Kleinstadt, wo das Denkmal aufgestellt war, sicher die Regel. Es war hier zugleich, wie wir annehmen müssen, eine beabsichtigte und wohlüberlegte Warnung für alle, die noch mit der Möglichkeit rechneten, das Joch der assyrischen Oberherrschaft wieder abzuschütteln. Ob der Verstoß gegen die Tatsachen den Urhebern des Bildwerkes ganz zum Bewußtsein gekommen ist, wagen wir nicht zu entscheiden. Sie hatten vielleicht nur die Absicht, die Unterwerfung der beiden Gebiete symbolisch zum Ausdruck zu bringen, und griffen hier zu einer Darstellung, die sich für die Wiedergabe dieses Gedankens besonders zu empfehlen schien. Die Eroberung konnte nur angedeutet werden, wenn man die Könige, die hier in Betracht kamen, als die Unterworfenen hinstellte. Wenn wir das persönliche Schicksal der beiden Fürsten ins Auge fassen, können wir aus der Darstellung höchstens entnehmen, was der Eroberer ihnen vielleicht zugedacht hatte.

Der Erfolg war aber trotz aller Uebertreibungen von außergewöhnlicher Bedeutung. Solange Ägypten am Boden lag, konnten

[1]) Also ganz in derselben Weise, wie es z. B. II Kön. 19, 28 (= Is. 37, 29) und Ez. 38, 4 vorausgesetzt wird.

die Vasallen in Palästina an eine Befreiung im Ernste gar nicht mehr denken. Sie werden deshalb, wenn sie die Dinge richtig beurteilten, in ihrer vorwiegenden Mehrheit nur freudig überrascht gewesen sein, als die neuen Verhältnisse schon im folgenden Jahre wieder ins Wanken gerieten. Tirhaka machte, wie man erwarten konnte, nach dem Abzuge der assyrischen Kriegstruppen sofort wieder einen Versuch, das Verlorene zurückzuerobern, und nötigte dadurch die Assyrer zu einem weiteren Feldzuge, den Assarhaddon selbst nicht mehr zu Ende führte. Er war schon leidend, als die Truppen auszogen, und starb bereits auf dem Hinmarsch, ehe er Ägypten erreicht hatte, am 10. Tage des Monats Araḫsamna, im zwölften Jahre seiner Regierung, also im Herbst[1]) des Jahres 669. Die Herrschaft ging dann nach der Regelung, die er früher schon getroffen hatte, in Assyrien ohne besondere Schwierigkeiten an Assurbanipal und in Babylon an dessen Bruder, den etwas älteren Samaš-šum-ukîn, über.

6.

Assurbanipal, Assureṭililâni, Sinšariškun und Assuruballiṭ II.

Die historischen Urkunden aus der Zeit des Assurbanipal sind so mannigfaltig und so zahlreich, daß es unmöglich ist, sie alle in einer kurzen Zusammenstellung näher zu berücksichtigen. Von den Annalen, die hier zunächst in Betracht kommen, lassen sich nach den bisherigen Funden im ganzen schon sechs verschiedene Fassungen nachweisen. Am bekanntesten ist der Text eines im Jahre 1878 von H. Rassam gefundenen zehnseitigen Tonprismas, das nicht weniger als 134 + 134 + 138 + 137 + 134 + 128 + 124 + 124 + 128 + 122 = 1303 vollständig unbeschädigte Schriftzeilen enthält. Die erste Veröffentlichung erfolgte im Jahre 1880 im V. Bande von Rawlinson, Cuneiform Inscriptions of Western Asia, Tafel 1—10. Bequeme Handausgaben liegen vor von H. Winckler in seiner „Sammlung von Keilschrifttexten", III, Leipz. 1895, S. 1—37, und von R. J. Lau and St. Langdon in den Semitic Study Series Nr. 2, Leiden 1903. Umschrift und Uebersetzung u. a. von Jensen in Schraders Keilinschriftl. Biblioth. Bd. II S. 152—237 und von Streck, Assurbanipal und die letzten assyrischen Könige bis zum Untergange Niniveh's, Vorderasiatische Bibliothek, Stück 7, S. 2—91. Neuere Festlegungen und Bearbeitungen des Textes von Theo Bauer, Das Inschriftenwerk Assurbanipals, Assyriologische Bibliothek, Neue Folge Bd. I/II, Leipzig 1933, und fast gleichzeitig von A. C. Piepkorn, Historical Prism Inscriptions of Ashurbanipal, I, Oriental Institute of the University of Chicago, Assyriol. Studies Nr. 5, Chicago 1933. Die Aufzeichnung erstreckt sich im ganzen über neun verschiedene Feldzüge. Sie berichtet in den ersten Spalten

[1]) Ende Oktober oder Anfang November.

über zwei Kriegszüge nach Ägypten und über einen Feldzug gegen den König von Tyrus. Wir müssen jedoch für die Unternehmungen gegen Ägypten einer anderen Quelle den Vorzug geben, die den Ereignissen zeitlich viel näher liegt. Es ist dieses der Text, den wir auf den Tontafelfragmenten K 228 + 3081 + 3084 und in einer zweiten Niederschrift auf der ebenfalls nur unvollständig erhaltenen Tontafel K 2675 vorfinden. Die Lücken des einen Exemplars lassen sich in der Regel aus dem Texte der anderen Aufzeichnung ohne Schwierigkeit ergänzen. Wo beide Vorlagen versagen, können fast überall die Annalen herangezogen werden. Vgl. das Nähere bei Streck S. XXXII f. und S. 158 ff. Kollationen zu dem Texte von Streck bei Bauer II S. 33. Assurbanipal erzählt uns in diesem Berichte:

„. . . . . . Die Könige vom Sonnenaufgange und vom Sonnenuntergange kamen und küßten meine Füße. Tarkû zog ohne die Götter zur Wegnahme von Muṣur und zum Tö[ten] aus. Die Macht Aššurs, meines Herrn, mißachtete er und vertraute auf seine eigene Stärke. Das Leid, das mein Vater über ihn gebracht hatte, war in sein Herz nicht eingedrungen. Er kam und zog in Memphis ein und machte sich die Stadt zu eigen. Gegen die Leute von Assyrien, die in Muṣur wohnten, meine Diener, die nach meinem Angesichte schauen, die Assarhaddon, der König von Assur, mein Vater, zu Königen dort eingesetzt hatte, sandte er, um zu töten, zu plündern und zu erbeuten, sein Heer. Ein Eilbote kam nach Ninive und machte mir Mitteilung.

Ueber diese Vorgänge erzürnte mein Herz, und es schrie auf mein Inneres. Ich rief den Oberbefehlshaber, die Statthalter und die ihnen untergeordneten Truppen, meine auserlesenen Streitkräfte, und gab eilends Befehl, den Königen, den Statthaltern, den Dienern, die auf mein Angesicht schauen, zu Hilfe zu eilen. Ihre Füße ließ ich den Weg nach Muṣur einschlagen.

Ungestüm und eilig zogen sie dorthin und kamen bis zur Stadt Karbaniti. Tarkû, der König von Kûsi, hörte in Memphis von dem Herannahen meiner Truppen. Um Kampf und Schlacht zu liefern, bot er seine Truppen auf und stellte sie meinen Truppen gegenüber in Schlachtordnung auf. Unter dem Beistande des Aššur und des Sin, der großen Götter, meiner Herren, die an meiner Seite gingen, besiegten sie ihn in der Feldschlacht und erschlugen seine Streitkräfte mit der Waffe. Ihn selbst überkam Schrecken und Furcht, und er wurde von Sinnen. Aus Memphis, der Stadt seiner Königsherrschaft, dem Orte seiner Kriegswehr, zog er heraus, bestieg, um sein Leben zu retten, ein Schiff, verließ sein Heerlager, entfloh allein und kam nach Ni'. Die Truppen ergriffen die Kriegsschiffe, soviele ihrer bei ihm waren, mit den Händen. Ein Bote verkündete mir die Freudenbotschaft.

Den Rabšaḳê, die Statthalter, die Könige jenseits des Flusses[1]), Diener, die auf mein Angesicht schauen, sie alle nebst ihren Streit-

[1]) = des Euphrat.

kräften und ihren Schiffen, und die Könige von Muṣur, Diener, die auf mein Angesicht schauen, nebst ihren Streitkräften und ihren Schiffen, fügte ich, um Tarḳû aus Muṣur und Kûsi zu vertreiben, zu meinen früheren Streitkräften hinzu und entsandte sie. Nach Ni', der Festung des Tarḳû, des Königs von Kûsi, zogen sie, einen Weg von einem Monat und 10 Tagen. Tarḳû, der das Kommen meiner Truppen hörte, verließ Ni', seine Festung, setzte über den Nil und schlug auf dem anderen Ufer sein Lager auf.

Nikkû, Sarru-lu-dâri, Pakruru, die Könige, die mein Vater in Muṣur eingesetzt hatte, übertraten die Gebote Aššurs und der großen Götter, meiner Herren, und brachen ihren Eid. Das Gute, das mein Vater ihnen erwiesen hatte, vergaßen sie, und ihr Herz sann auf Böses. Treulosigkeit planten sie und faßten unter sich den unredlichen Beschluß: Wenn man Tarḳû aus Muṣur vertreiben will, wie können wir dann bleiben? Zu Tarḳû, dem Könige von Kûsi, schickten sie zum Abschluß eines Vertrages und eines Bündnisses ihre Gesandten mit der Botschaft: Bundesgenossenschaft möge zwischen uns geschlossen werden, und wir wollen uns gegenseitig zu Diensten sein. Wir wollen das Land unter uns teilen, und nicht soll zwischen uns ein anderer Herr sein. Gegen meine massenhaften Truppen Assyriens ersannen sie Böses. Um ihr Leben zu retten, planten sie eine Vertilgung bis zum Nichtsein.

Meine Befehlshaber hörten davon und durchschauten klug ihre Arglist. Sie ergriffen ihre Gesandten mit ihren Briefen und erhielten so von ihrer treulosen Handlungsweise Kenntnis. Sie ergriffen den Sarru-lu-dâri und den Nikkû und legten sie in eiserne Fesseln und eiserne Bande an Händen und Füßen. Der Eid des Aššur, des Königs der Götter, traf sie, weil sie gesündigt hatten gegen die großen Verträge. Ueber die Wohltat, die ich ihnen erwiesen, und die Gnade, die ich ihnen gewährt hatte, zog ich sie zur Rechenschaft. Und die Einwohner der Städte, alle, die sich ihnen angeschlossen und Böses geplant hatten, klein und groß, streckten sie mit den Waffen nieder, keinen einzigen ließen sie darin am Leben, und jene[1]) brachten sie nach [Ninive] vor mich.

Und ich, Assurbanipal, geneigt, Wohltat und Gnaden [zu erweisen][2]), faßte Erbarmen zu Nikkû, einem Diener, der [auf mein Angesicht] schau[te, den mein Vater zur Königsherr]schaft in Karbêl-matâte[3]) bestellt hatte, und [ließ] ihn Recht [gen]ießen[4]). Einen gegen frü[her verschärften Vertrag] schloß ich [mit ihm] bei den Göttern ab. Vertrauen ließ ich sein Herz erfassen und [beklei]dete ihn mit [buntgewebtem] Gew[ande]. Eine goldene Kette machte

---

[1]) Die beiden Könige.

[2]) [ana epeš] ṭâbti sa-ḫi-ru dam-ḳa-a-ti, im Anschluß an die Lesungen von Bauer.

[3]) „Burg des Herrn der Länder". Dies war, wie wir sogleich aus einer andern Bemerkung erfahren, die von Assarhaddon eingeführte Bezeichnung für Saïs.

[4]) kit-ti [u-ša]l-di-is-su, nach der Lesung und dem Ergänzungsvorschlage von Bauer.

ich ihm als Abzeichen seines Königtums, goldene Ringe be[festigte] ich an seiner Hand; auf einen mit Gold verzierten Gürteldolch [schrieb ich] meinen Namen [und] beschenkte ihn damit. Wagen, Pferde, Maultiere schenkte ich ihm zu seinem [herrschaftlichen Fahren und Rei]ten. Meine Befehlshaber schickte ich als Statthalter zu [seiner Unterstützung m]it ihm. In Saïs, das den Namen [Karbêl]-matâte trägt, wo mein Vater ihn zur Königsherrschaft bestellt hatte, brachte ich ihn an seinen Platz zurück. Noch reichlicher, als mein Vater, erwies ich ihm Wohltat und Gnade. Den Nabû-šezibanni, seinen Sohn, bestellte ich in Ḫatḫariba, das den Namen Limir-iššakku-Aššur[1]) trägt, zur Königsherrschaft.

Den Tarḳû, den König von Kûsi, warf der Schrecken und die Furcht vor meiner Herrschaft nieder, und es kam heran sein nächtliches Geschick[2]). Tandamanê, der Sohn seiner Schwester, setzte sich auf seinen Königsthron und regierte das Land. Er machte Ni' zu seiner Festung und sammelte seine Streitmacht. Um Kampf und Schlacht gegen meine Truppen zu liefern, ließ er seine Waffen erheben und machte sich auf den Weg. Unter dem Beistande des Aššur, des Sin und der großen Götter, meiner Herren, brachten sie ihm in einer ausgedehnten Feldschlacht eine Niederlage bei und brachen seine Streitmacht. Tandamanê floh allein und betrat Ni', die Stadt seiner Königsherrschaft. Eine Strecke von einem Monat und 10 Tagen, beschwerliche Wege, zogen sie hinter ihm her nach der Stadt Ni'. Diese Stadt eroberten sie in ihrem Gesamtumfange und warfen sie nieder wie eine Sturmflut; Gold und Silber, den Staub seines Gebirges, Edelsteine, alle möglichen Kostbarkeiten, den Schatz seines Palastes, buntgewebte Gewänder, Linnen, große Pferde, Einwohner, Männer und Frauen, apsasâti[3]), pagê und uḳupi[4]), die Sprößlinge ihrer Berge, führten sie ohne Zahl in Menge aus ihr hinaus und zählten sie als Beute. Sie brachten diese wohlbehalten nach Ninive, der Stadt meiner Königsherrschaft, und küßten meine Füße."

Diese Angaben bedürfen kaum einer Erklärung. Tarḳû hatte nach seinen Niederlagen, wie uns hier erzählt wird, noch einmal zu den Waffen gegriffen, um Ägypten wieder in seinen Besitz zu bringen. Es war ihm gelungen, Memphis zurückzuerobern, und seine Truppen drangen schon weiter nach Norden vor. Die Kunde von diesen Vorgängen wurde durch einen Eilboten nach Ninive gebracht. Um der Gefahr zu begegnen, schickte Assurbanipal sofort seinen Oberbefehlshaber mit einem erheblichen Teil seiner Kriegsmacht. Bei Karbaniti[5]) kam es zur Entscheidungsschlacht.

---

[1]) „Es glänze der Priesterfürst Aššurs!"

[2]) D. h. er starb.

[3]) So nach der Vermutung von Bauer.

[4]) Drei in den Bergen lebende Tierarten. Bei den pagê und den uḳupi handelt es sich wohl um Affen.

[5]) Die Lage ist noch nicht mit Sicherheit festgestellt. Es kann sich nur um einen Ort des Deltagebietes handeln.

Das ägyptische Heer wurde geschlagen; Tarḳû entfloh auf einem Schiffe von Memphis nach Theben. Die übrigen Schiffe — sie werden als Kriegsschiffe bezeichnet — fielen den Siegern in die Hände. Ein Bote meldete das Ergebnis wieder nach Ninive. Nun verstärkte der König sein Heer durch die Streitkräfte der an der Westgrenze vorhandenen Vasallen, die auch ihre Seeschiffe zur Verfügung zu stellen hatten, und nahm in derselben Weise die Hilfe der ägyptischen Gaukönige in Anspruch. Die Truppen rückten dann ebenfalls nach dem Süden vor und gelangten bis Theben. Tarḳû zog sich auf das andere Nilufer zurück, aber zu einer Eroberung von Theben ist es damals noch nicht gekommen. Ob die Stadt belagert wurde, läßt sich aus dem Texte nicht entnehmen. Die Nachricht von der Verschwörung einiger Gaufürsten, die noch früh genug entdeckt wurde, ließ ein weiteres Vordringen, wie man vermuten darf, als bedenklich erscheinen. An der Spitze der verräterischen Bewegung standen Nikû, der König von Memphis und Saïs, Sarru-lu-dâri, der König von Tanis, und Pakruru, der König von Pišaptu. Ueber die Städte, die sich ihnen angeschlossen hatten, erging ein furchtbares Strafgericht. Nikû und Sarru-lu-dâri wurden gefesselt nach Ninive gebracht. Dort wurde Nikû begnadigt und mit besonderen Ehren in seine frühere Stellung wieder eingesetzt. Nabû-šezibanni, der Sohn des Nikû, wurde zum Könige von Ḫatḫariba ernannt. Als dann der Nachfolger des Tarḳû wieder einen Versuch machte, das Verlorene zurückzugewinnen, wurde Theben auf einem zweiten Kriegszuge vollständig zerstört.

Es war dieses ein Ereignis, das in der ganzen damaligen Kulturwelt, wie es scheint, einen gewaltigen Eindruck hervorrief. In der Bibel wird es vom Propheten Nahum als ein abschreckendes Beispiel für das Strafgericht herangezogen, das auch über Ninive kommen soll. „Bist du besser als No'-Amon, die Stadt an den Strömen des Nil? Wasser umgab sie; ihr Wall war ein Meer, Wasser ihre Mauer. Kusch, das so zahlreich, und Miṣrajim, das endlos, Puṭ und Libyen, waren dir zum Beistande. Auch sie wurde fortgeführt in die Fremde, gefangen; auch ihre Kinder wurden zerschmettert an allen Straßenecken. Ueber ihre Angesehenen warf man das Los, und all ihre Großen wurden in Ketten gefesselt" (3, 8—10).

In dem Texte des Rassam-Prismas ist die Schilderung der Einzelheiten zum Teil etwas kürzer gehalten. Auch finden sich dort Abweichungen hinsichtlich der Aufeinanderfolge. Der Verfasser hat in dieser Niederschrift, wenn man das Ganze nimmt, die Vorgänge mehr schematisch behandelt. Er berichtet z. B. über die Teilnahme der Vasallenfürsten gleich im Anfange seiner Darstellung, schon vor der Schlacht bei Karbaniti. Ihre Zahl wird dort ebenso wie bei Assarhaddon[1]) auf 22 angegeben. „Ich bot die auserlesenen Streitkräfte auf, die Aššur und Ištar mir übergeben hatten, und zog gegen Muṣur und Kûsi. Im Verlaufe meines Feldzuges brachten

[1]) S. oben S. 469.

22 Könige von der Meeresküste, von der Mitte des Meeres und vom Festlande, Diener, die auf mein Angesicht schauen, ihre schweren Geschenke vor mich und küßten meine Füße. Diese Könige ließ ich samt ihren Streitkräften auf ihren Schiffen im Meere und auf dem Festlande mit meinen Truppen den Weg und den Pfad ergreifen. Um zu Hilfe zu eilen den Königen und den Vertretern[1]) in Muṣur, den Dienern, die auf mein Angesicht schauen, marschierte ich eilends und gelangte bis Karbaniti" (I 66—77).

In einem andern Berichte, dem Texte des Prismas C[2]), werden die betreffenden Fürsten hier ebenfalls mit Namen aufgeführt. Bis auf die Könige von Arwad und Ammon sind es genau dieselben, denen wir bei Assarhaddon begegneten, nur ist die Schreibung zum Teil etwas anders. Für „Menase, König von Juda", bringt das Verzeichnis an dieser Stelle Minse, König von Juda". Der König von Arwad heißt in dem jüngeren Texte Jakinlû, der Ammoniterfürst hat hier den Namen Amminadbi. Das erklärt sich wohl aus einem inzwischen erfolgten Thronwechsel.

Wir ersehen aus dem Verzeichnis, daß auch der König von Tyrus seinen Verpflichtungen in der damaligen Zeit wieder nachkam. Er hatte sich also, da wir die Richtigkeit der Liste wohl kaum bezweifeln dürfen, der Oberherrschaft des assyrischen Großkönigs wieder unterworfen und offenbar Gnade gefunden. Es fragt sich nur, ob dieses schon unter Assarhaddon oder erst nach dem Regierungsantritt des Assurbanipal geschehen ist. Wir stoßen hier aber, wenn wir die Texte in ihren jetzigen Zusammenstellungen genauer miteinander vergleichen, bei der einen Annahme wie bei der andern auf ernste Schwierigkeiten. Assarhaddon hatte dem Ba'al ein außergewöhnliches Vertrauen entgegengebracht und dann eine Enttäuschung erlebt, die er ihm niemals verziehen hätte. Er wird über den treulosen Vasallen auch in den beiden letzten Jahren seiner Regierung noch genau so gedacht haben wie im Jahre 671. Das war nach der Thronbesteigung des Assurbanipal wesentlich anders. Assurbanipal stand den Ereignissen trotz aller Liebe, die ihn mit seinem Vater verband, viel unbefangener gegenüber und neigte gerade in der ersten Zeit, wie es scheint, bei solchen Verfehlungen zu einem rücksichtsvollen Entgegenkommen. Die Art, wie er den Necho behandelte, steht in dieser Hinsicht sicher nicht ganz für sich allein. Sie ergab sich, wie wir annehmen dürfen, nicht nur aus seiner persönlichen Veranlagung, sondern auch aus der Eigenart der Erziehung, die er in seiner Jugend erhalten hatte. Wissenschaft und Kunst lagen ihm näher als die Grausamkeit eines unbarmherzigen Kriegers. Hierzu kamen höchst wahrscheinlich noch politische Erwägungen, die vielleicht sogar den Ausschlag gaben. Auf jeden Fall macht er in seinen Texten, wie es auch bei den Angaben über die Begnadigung des Necho geschieht, gern darauf

---

[1]) ḳi-pa-a-ni, wie oben S. 474.

[2]) Streck S. XXVII ff. und S. 138 ff.

aufmerksam, daß er das Bestreben hatte, Wohltat und Gnade zu spenden. Es bleibt aber trotz dieser Neigung zur Güte mindestens sehr zweifelhaft, ob er bereit gewesen wäre, dem Ba'al auch später noch einmal zu verzeihen, und wir stoßen in den Texten bei der jetzigen Aufeinanderfolge der einzelnen Abschnitte noch auf einen weiteren Bericht, der uns tatsächlich zu dieser Schlußfolgerung führen würde. Assurbanipal erzählt uns über die Vorgänge, die hier zugrundeliegen und in der späteren Zeit gewöhnlich als die Ereignisse des dritten Feldzuges zusammengefaßt wurden, auf dem Rassam-Prisma II 49 ff.:

„Auf meinem dritten Feldzuge zog ich gegen Ba'al, den König von Tyrus, der mitten im Meere wohnte, der meinen königlichen Befehl nicht beobachtet und auf die Rede meiner Lippen nicht gehört hatte. Schanzen warf ich gegen ihn auf; zu Wasser und zu Land besetzte ich seine Wege, hemmte und bedrängte sie[1]) und ließ sie sich beugen unter mein Joch. Eine Tochter, ihm selbst entsprossen, und die Töchter seiner Brüder brachte er vor mich als Nebenfrauen; den Jaḫimilki, seinen Sohn, der niemals das Meer überschritten hatte, ließ er zugleich bringen, um mir Dienstbarkeit zu erweisen. Seine Tochter und die Töchter seiner Brüder nebst reicher Mitgift nahm ich von ihm entgegen, faßte aber Erbarmen zu ihm und gab ihm seinen Sohn, den Sprößling seines Leibes, wieder zurück.“

Die Aufeinanderfolge ist bei diesen Berichten auf dem Rassam-Prisma dieselbe wie in dem Texte des etwa zehn Jahre älteren Prismas B. Bei dem vierten Zuge gehen die Ansätze dann auseinander. Das Prisma B erzählt uns an dieser Stelle von einem Zuge gegen den König von Kirbit, der Text des Rassam-Prismas geht aber in seinen Schilderungen an diesem Zuge vorüber und bringt hier sofort die Angaben über den Kriegszug gegen die Mannäer, der auf dem Prisma B an der fünften Stelle behandelt wird. In dem Texte, den wir für die beiden ersten Feldzüge zugrundelegten, wird der Zug gegen den König von Tyrus in diesem Zusammenhange noch gar nicht erwähnt. Der Verfasser erzählt uns hier in dem folgenden Abschnitt sofort von dem Zuge nach Kirbit, den er ganz in derselben Weise beschreibt, wie es in dem Texte des Prismas B geschieht. Wir müssen hier also, wenn wir die drei Bearbeitungen in ihrem Aufbau miteinander vergleichen, eine merkwürdige Entwicklung feststellen. In dem ältesten Texte, der uns auf den Tafeln K 228 ff. vorliegt, lesen wir in unmittelbarer Aufeinanderfolge von den beiden ägyptischen Feldzügen und von dem Zuge gegen Kirbit; in dem Texte des Prismas B, der zeitlich in der Mitte steht, finden wir zwischen den beiden ägyptischen Feldzügen und dem Zuge gegen Kirbit den Bericht über den Feldzug gegen Tyrus; in dem Texte des Rassam-Prismas ist der Zug gegen Kirbit dann ganz übergangen. Wenn wir ohne Vorurteil an diese Darstellungen herantreten, dürfen wir der ältesten Bearbeitung, solange

[1]) = die Einwohner von Tyrus. Wörtlich: beengte und kürzte ihren Atem.

das Gegenteil nicht bewiesen ist, auch in der Gliederung ein besonderes Vertrauen entgegenbringen. Daß die Züge in diesem Texte noch nicht mit Zahlen bezeichnet werden, ist für die Beurteilung der geschichtlichen Aufeinanderfolge vollkommen belanglos. Wir haben hier, wenn wir die Aufzeichnungen so nehmen, wie wir sie vorfinden, genau dieselbe Verbindung, die uns auch in den Angaben der Babylonischen Chronik begegnet. Der Verfasser berichtet dort in dem Abschnitt, der sich mit dem Todesjahre des Assarhaddon beschäftigt, von einem Kriegszuge nach Ägypten und erzählt uns dann in dem Abschnitt, in dem die Ereignisse des folgenden Jahres zusammengestellt sind, von dem Zuge nach Kirbit. „In diesem Jahre wurde die Stadt Kirbit [erobert], ihr König gefangen genommen". Dieses Zusammentreffen ist sicher kein Zufall. Wir haben hier offenbar eine Parallele, die nur in der tatsächlichen Aufeinanderfolge der Dinge ihren Grund haben kann. Die Eroberung von Kirbit ist in der Babylonischen Chronik für das Jahr angesetzt, das auf den Kriegszug des Assarhaddon folgte, und kommt in der assyrischen Niederschrift an einem Orte zur Darstellung, wo der Bericht über die beiden Feldzüge des Assurbanipal voraufgeht. Da das Jahr genau feststeht, sind wir hier zu einer Schlußfolgerung gezwungen, die kaum einer weiteren Begründung bedarf. Assarhaddon starb im achten Monat des Jahres 669, und Kirbit fiel im Jahre 668, im Anfangsjahre des Samaš-šum-ukîn und im ersten vollen Regierungsjahre des Assurbanipal. Wir haben es hier also, soweit es sich um die Tätigkeit des Assurbanipal handelt, mit einem Zeitraum zu tun, der in seiner ganzen Ausdehnung nur etwas mehr als fünfzehn Monate umfaßt. Dieser Zeitraum reicht höchstens für einen einzigen Feldzug. Der zweite Zug, von dem wir hier erfahren, fand erst nach dem Tode des Tirhaka statt. Der Bericht ist hier lediglich aus sachlichen Gründen sofort mit der Schilderung des ersten Zuges zu einem einzigen Abschnitt zusammengefaßt. Wenn wir aber die Angaben über den zweiten Zug an die Seite schieben, erhalten wir hier einen Zusammenhang, in dem die Parallele, von der wir sprachen, erst mit voller Klarheit zum Ausdruck kommt. Die Eroberung von Kirbit folgte nach der babylonischen Zusammenstellung auf den Kriegszug des Assarhaddon und nach den Voraussetzungen des assyrischen Berichtes auf den ersten Zug des Assurbanipal. Dies zeigt uns, daß die beiden Unternehmungen trotz der Schwierigkeiten, die sich hieraus ergeben, ebenfalls einander gleichzusetzen sind. Assurbanipal hat also trotz der starken Betonung seiner eigenen Tätigkeit nur zu Ende geführt, was Assarhaddon begonnen hatte. Was er in den Texten, die wir von ihm besitzen, über die Rückkehr des Tarḳû erzählt, liegt in Wirklichkeit schon vor dem Tode seines Vaters. Der Eilbote, der die Nachricht nach Ninive brachte, hatte sich nicht an ihn, sondern an seinen Vater gewandt, und sein Vater war es auch gewesen, der sich mit einem Aufschrei der Entrüstung sofort zu dem Kriegszuge entschloß. Dieser wurde dann nach dem Tode des Assarhaddon im Auftrage des Sohnes weitergeführt. Daß dieses richtig ist, sehen wir am besten an der Bemerkung, die sich in den Texten über das Schicksal der Kriegsgefangenen von Kirbit erhalten hat. Die Berichte erzählen uns, daß diese aus den Städten ihrer Heimat fortgeführt und in Ägypten angesiedelt wurden. Das war eine Maßnahme, die erst möglich war, als die Assyrer das Land wieder fest in ihrer Gewalt hatten. Das Unternehmen war also schon vor dem Ende des Jahres 668 zum Abschluß gekommen.

Das Ergebnis, zu dem wir hier gelangen, ist auch für die Beurteilung der Angaben über den Zug gegen den König von Tyrus von entscheidender Bedeutung. Der Abschnitt steht in dem Texte des Prismas B, wie wir gesehen haben, zwischen den Aufzeichnungen über die beiden ägyptischen Feldzüge und dem Bericht über die Eroberung von Kirbit; er ist hier also, wie wir annehmen müssen, bei der Zusammenstellung dieses Textes in die ältere Bearbeitung hineingefügt worden. Das hatte mit der Zählung der Kriegszüge, wie sie uns hier begegnet, an und für sich noch gar nichts zu tun; es war nur eine Ergänzung der älteren Aufzeichnungen, wie der Verfasser sie an dieser Stelle für notwendig hielt. Er muß also selbst noch die Auffassung gehabt haben, daß die Vorgänge mit den Zügen nach Ägypten in Zusammenhang standen, und daß sie der Eroberung von Kirbit ebenfalls noch voraufgingen. Damit kommen wir auch hier wieder auf die Zeit von 669—668. Es handelt sich hier ebenso, wie wir es bei dem Zuge nach Ägypten annehmen mußten, nur um eine Weiterführung der Maßnahmen, die bei der Thronbesteigung des Assurbanipal schon längst im Gange waren. Assarhaddon hatte dem Ba'al auch in den beiden letzten Regierungsjahren noch nichts anhaben können. Er hatte sich damit begnügen müssen, ihn auf den Bildwerken, die er nach den Erfolgen des Jahres 671 im Lande errichten ließ, neben dem Könige von Ägypten als Gefangenen darzustellen und die Verkehrswege zu sperren, soweit sich dieses bei der damaligen Lage der Dinge noch durchführen ließ. Als der Sohn dann zur Herrschaft kam, blieben die Verhältnisse zunächst noch dieselben. Man vergaß dann aber sofort, was der Vater getan hatte, und sah in allem nur das Werk des neuen Gebieters, der auf diese Weise zu dem selbständigen Urheber der Unternehmungen gemacht wurde. Wir brauchen für dieses Verfahren nur an die Eroberung von Samaria zu erinnern, die in den keilinschriftlichen Aufzeichnungen ganz dem Sargon zugeschrieben wird, obschon sie in erster Linie seinem Vorgänger zu danken ist. Assurbanipal erschien also nicht nur als der mutige Krieger, der sich zu dem Zuge nach Ägypten entschloß, sondern auch als der Urheber der Maßnahmen, die gegen den König von Tyrus gerichtet waren. Der Vater wurde in den Berichten, die man hierüber anfertigen ließ, gar nicht mehr berücksichtigt. Da der Zug nach Ägypten bei den damaligen Ereignissen ganz im Vordergrunde stand, ist es kaum zu verwundern, daß Tyrus in dem Texte K 228 ff., von dem wir ausgingen, gar nicht besonders erwähnt wird. Der Verfasser sah hier mehr auf das Wesentliche, das er trotz der schon hervorgehobenen Verzeichnungen mit beachtenswerter Genauigkeit zur Darstellung bringt. Er beschäftigt sich dann in dem folgenden Abschnitte zunächst mit dem zweiten ägyptischen Feldzuge und nimmt gar keinen Anstoß daran, daß der Zug gegen den König von Kirbit für den Leser auf diese Weise um ein bedenkliches Stück verschoben wird. Als ein späterer Bearbeiter es dann für notwendig hielt, auch das Einschreiten gegen den König von Tyrus zu berücksichtigen, wurden die Maßnahmen zu einem eigenen gegen Tyrus gerichteten Feldzuge, der trotz der voraufgehenden Behandlung des zweiten ägyptischen Kriegszuges noch richtig an der Stelle eingeschaltet wurde, wo man die Angaben erwarten muß, unmittelbar vor dem Zuge nach Kirbit. Die Züge wurden dann in dieser Aufeinanderfolge mit Zahlen bezeichnet, die den geschichtlichen Zusammenhang, wenn man sie auf die Zeitfolge bezog, noch weiter verdunkelten. Wir können den Angaben in dem vorliegenden Falle nur gerecht werden, wenn wir die Zusammenstellungen zunächst auf ihren Ursprung zurückführen. Hierzu bieten uns die Aufzeichnungen in der Babylonischen Chronik den Schlüssel.

Die Wiedereinsetzung des Necho muß nach diesen Ansätzen, wenn die Regelung nicht allzu sehr verzögert wurde, ebenfalls schon im Jahre 668 erfolgt sein. Der Tod des Tirhaka fällt wahrscheinlich in das Jahr 664. Tandamanê rückte dann, wie es scheint, gleich im folgenden Jahre nach Norden vor und wurde darauf im Jahre 662 von den Truppen des Assurbanipal wieder zur Rückkehr gezwungen.

Die weiteren Ereignisse, von denen uns die Inschriften erzählen, sind für die Entwickelung der Dinge in Palästina zunächst nur von untergeordneter Bedeutung. Sie führen uns zum Lande der Mannäer, die am Urmiasee ihre Wohnsitze hatten, und in das Gebiet der Könige von Elam. Die Mannäer hatten seit längerer Zeit die assyrischen Grenzgebiete beunruhigt, so daß hier eine empfindliche Züchtigung als notwendig erschien; in Elam war es zu Thronstreitigkeiten gekommen. Teumman, der jüngere Bruder des verstorbenen Königs, hatte dort widerrechtlich die Herrschaft an sich gerissen und die Verwandten und besonderen Freunde seiner beiden Vorgänger zum Teil ermordet. Eine größere Anzahl von ihnen war aber noch früh genug entkommen und hatte Schutz und Aufnahme in Ninive gefunden. Teumman verlangte nun ihre Auslieferung und ließ sich, da Assurbanipal ein solches Ansinnen zurückwies, in seinen Briefen schließlich sogar zu kränkenden Beleidigungen hinreißen. Dies führte dann zwischen den beiden Staaten zum Kriege. Teumman erlitt eine blutige Niederlage und fand auf der Flucht seinen Tod. Sein Kopf wurde als Siegestrophäe nach Ninive geschickt. Zu seinem Nachfolger bestimmte Assurbanipal den Ummanigaš, einen der Söhne des vorhergehenden Königs.

Zu derselben Zeit bereiteten sich aber in der Stille wieder Umwälzungen vor, die in ihren Endergebnissen für das weitere Schicksal des assyrischen Weltreiches von der größten Tragweite sein sollten. In Ägypten sollte die assyrische Fremdherrschaft trotz der bisherigen Kriegserfolge schon bald wieder ein Ende nehmen; in Babylon kam es zu einer Erhebung, die auch für die übrigen Teile des Reiches zu verhängnisvollen Störungen führte.

Assurbanipal war in dem Erbarmen, das er zu dem Könige Necho gefaßt hatte, außerordentlich weit gegangen. Er hatte alles getan, was er konnte, um ihn ganz besonders zu ehren, und sogar dem Sohne, der bei dieser Gelegenheit den Namen Nabû-šezibanni erhielt, noch ein eigenes Fürstentum übertragen. Der Name war offenbar von dem Vater in Vorschlag gebracht. Es war, wenn man die Bedeutung ins Auge faßt, der Ausdruck eines besonderen Vertrauens zur Nabû, dem Gotte der von Assurbanipal so sehr geliebten Schreibkunst, der in dieser Bezeichnung als Retter angerufen wird. Dieses Vertrauen hatte sich bei dem unschuldigen oder doch mindestens sehr reumütigen Sünder sofort eingestellt, als er zu der Ueberzeugung gekommen war, daß es ihm dienlich sein konnte. Man sieht also, daß wir es hier mit einem klugen und sehr geschickten Schmeichler zu tun haben. Assurbanipal war damals noch viel zu harmlos, um dieses Spiel zu durchschauen. Er hatte dem Vasallen, der selbst schon über Memphis und Saïs gebot, durch das Hinzufügen des dritten Bezirkes eine Macht in die Hand gegeben, wie sie den übrigen Gaufürsten bei weitem nicht zur Verfügung stand. Das sollte sich schon nach wenigen Jahren als Fehler erweisen. Wir sind allerdings über die Einzelheiten nur schlecht unterrichtet. Die einzige ganz zuverlässige Nachricht, die wir hierüber besitzen, ist inhaltlich sehr kurz und für sich allein kaum zu verstehen; sie gewinnt aber eine besondere Bedeutung, wenn wir zu ihrer Ergänzung die späteren Berichte der Griechen heranziehen. Assurbanipal erzählt uns nämlich in dem Texte des Rassam-Prismas und in den gleichlautenden Angaben des schon früher entdeckten, aber leider nicht mehr vollständig erhaltenen Prismas A von Guggu[1]), dem Könige von Luddi[2]), daß dieser plötzlich aufgehört hatte, den üblichen Tribut zu entrichten, und zu seinem eigenen Verderben mit Ägypten in Verbindung getreten war. „Seinen Gesandten, den er, um mir zu huldigen, beständig geschickt hatte, ließ er in Wegfall kommen. Weil er das Gebot Aššurs, meines göttlichen Erzeugers[3]), nicht beobachtete, so wurde er, indem er auf seine eigene Stärke vertraute, trotzig in seinem Herzen. Als er zur Unterstützung des Pišamilku[4]), des Königs von Muṣur, der das Joch

---

[1]) = Gyges.
[2]) = Lydien.
[3]) Aššur ilu bânî-ia, dieselbe Verbindung wie in Aššur-bân-aplu, der eigentlichen Namensbezeichnung des Königs, und darum auch nur in demselben Sinne zu erklären.
[4]) Das Rassam-Prisma bietet hier Tu-ša-me-il-ki. Das tu ist nur eine andere Schreibung für das in dieser Aussprache nicht zu häufig vorkommende

meiner Herrschaft abgeworfen hatte, seine Truppen sandte und ich es erfuhr, flehte ich zu Aššur und Ištar: Vor seinen Feind möge sein Leichnam hingeworfen werden, und man möge seine Gebeine fortschleppen! Wie ich zu Aššur gefleht hatte, so vollzog es sich. Vor seinen Feind wurde sein Leichnam hingeworfen, und seine Gebeine schleppte man fort" (Rassam-Prisma II 111—118). Hier ist von einem ägyptischen Könige Pišamilku die Rede, der die Hilfe des Königs von Lydien in Anspruch genommen und das Joch der assyrischen Herrschaft abgeworfen hatte. Dieser Pišamilku ist der bekannte Psammetich I., der von Herodot[1]) ausdrücklich als der Sohn des Necho bezeichnet wird und nach derselben Ueberlieferung zuerst nur in Saïs regierte. Der Vater war angeblich von Sabakos, dem Könige von Äthiopien, getötet worden. Das kann aber nach unserer jetzigen Kenntnis der Dinge nicht Sabakos, sondern nur Tandamanê gewesen sein. Sabakos gehört schon zu den Vorgängern des Tirhaka und ist in Wirklichkeit als der eigentliche Begründer der äthiopischen Herrschaft in Ägypten zu betrachten. Die folgenden Könige waren in den Kreisen, aus denen die Angaben des Herodot stammen, später in Vergessenheit geraten. Wenn Necho aber im Kampfe gegen Tandamanê gefallen ist, kann dieses nur geschehen sein, als Tandamanê nach dem Tode des Tirhaka den Versuch machte, wieder in Ägypten einzurücken. Psammetich vertrieb die übrigen Gaufürsten, wie Herodot sich erzählen ließ, mit Hilfe von karischen und jonischen Söldnern. Da Karien unmittelbar an Lydien grenzt und von Gyges schon zum Teil unterworfen war, deckt sich diese Darstellung in ihrem wesentlichsten Punkte genau mit der Angabe des Assurbanipal. Assurbanipal beklagt sich darüber, daß Gyges den Pišamilku mit Truppen unterstützte, und Herodot hatte gehört, daß Psammetich karische Söldner in Dienst nahm. Die Kämpfe waren nach der griechischen Aufzeichnung gegen die übrigen Gaufürsten und nach dem keilinschriftlichen Texte gegen die Herrschaft der Assyrer gerichtet. Die eine Angabe ergänzt hier die andere. Da Psammetich nicht nur der Sohn, sondern auch der Nachfolger des Necho war, ist es wohl sicher, daß wir in ihm den ältesten Sohn seines Vaters zu erblicken haben. Das gilt aber in derselben Weise für den Träger des Namens Nabû-šezibanni, der schon vorher, wie wir gesehen haben, ein eigenes Fürstentum erhalten hatte. Der älteste Sohn wurde bei einer solchen Gelegenheit wohl kaum übergangen. Es handelte sich also, wenn dieses richtig ist, in beiden Fällen um dieselbe Person. Der eine Name war nur für den Verkehr mit den Assyrern bestimmt. Der Träger dieses Namens galt beim Tode seines Vaters noch als treuer Vasall, so daß man ihn ohne weiteres

Zeichen für tu = ud, das mit dem Zeichen für pi unter Umständen leicht zu verwechseln war. Das pi unterscheidet sich von diesem Zeichen nur durch den am Schluß vorhandenen Querkeil, den der Schreiber in seiner Vorlage entweder übersehen oder nicht vorgefunden hat.

[1]) 2, 152.

in der Nachfolge bestätigte. Er war dann klug genug, mit den Angriffen auf die übrigen Kleinfürsten zu warten, bis er das Erscheinen eines assyrischen Kriegsheeres nicht mehr zu fürchten brauchte. Die Kämpfe begannen wahrscheinlich um das Jahr 656. Assurbanipal mußte sich, als er von diesen Vorgängen erfuhr, nach seiner eigenen Angabe darauf beschränken, auf Gyges, der die Truppen geschickt hatte, den Zorn des Aššur und der Ištar herabzuflehen, und begnügte sich bei dieser Angabe mit der Feststellung, daß Aššur sein Gebet erhört hatte. Psammetich konnte unter diesen Umständen sogar bis nach Palästina vordringen und dort ebenfalls wieder Fuß fassen. Er eroberte dort die Stadt Asdod, nachdem er sie, wie Herodot uns berichtet, nicht weniger als 29 Jahre belagert hatte, und starb dann nach einer Regierungszeit von 54 Jahren. Die Belagerung nahm also, wenn wir an diesen Zahlen festhalten, spätestens um das Jahr 640 ihren Anfang. Wir dürfen also wohl annehmen, daß er schon früh gegen die Stadt vorrückte, daß es ihm aber damals noch nicht möglich war, sie zur Uebergabe zu zwingen. Sie ergab sich erst nach 29 Jahren, als die Belagerung, die vielleicht wiederholt unterbrochen wurde, am Schluß dieser Periode wieder eine schärfere Form angenommen hatte. Die Zahl ist in ihrer Prägung so bestimmt und so eigenartig, daß man trotz der Schwierigkeit, die sie bietet, nur ungern an ihr vorübergeht.

In Babylon hatte Samaš-šum-ukîn, der Bruder des Assurbanipal, im Anfange des Jahres 668 die Herrschaft übernommen. Er mußte sich aber schon bald davon überzeugen, daß sein Bruder ihn nur als seinen Untergebenen betrachtete, und sah in dieser Behandlung ein Unrecht, das er auf die Dauer nicht zu ertragen vermochte. Assurbanipal verfügte, ohne sich um den Bruder zu kümmern, über die babylonischen Streitkräfte, ließ in Babylon, Borsippa und Sippar eigene Bauten aufführen und behielt den Süden des Landes ganz in assyrischer Verwaltung. Man kann es deshalb verstehen, daß Samaš-šum-ukîn schließlich auf Selbsthilfe sann und sich nach Bundesgenossen umsah, die bereit waren, sich bei einer kriegerischen Auseinandersetzung an dem Kampfe gegen seinen Bruder zu beteiligen. Diese Bestrebungen führten fast überall zum Ziele. Man war im Anfange des Jahres 652 soweit vorbereitet, daß der Angriff sich kaum noch hinausschieben ließ. Assurbanipal erzählt uns über diesen Bruderkrieg, der ihn bis zum Jahre 648 ganz in Anspruch nahm, mit einseitiger Betonung des assyrischen Standpunktes in dem Texte des Rassam-Prismas III 70 ff.:

„In jenen Tagen geschah es, daß Samaš-šum-ukîn, der treulose Bruder, dem ich Wohltaten erzeigt, den ich zum Könige von Babylon ernannt hatte — alles nur Denkbare, die Zeichen der Königswürde, hatte ich anfertigen lassen und ihm gegeben, Krieger, Pferde, Streitwagen hatte ich zusammengebracht und in seine Hand gegeben, Städte, Felder, Obstgärten und Leute, die darin wohnten, mehr als mein Vater befohlen, hatte ich ihm überlassen — daß er diese Huld, die ich ihm hatte zuteil werden lassen, vergaß und auf

Böses sann, indem er äußerlich mit seinen Lippen freundliche Reden führte, innerlich sein Herz aber Mord beabsichtigte. Die Einwohner von Babylon, die nach Assyrien schauten, Diener, die auf mein Angesicht blickten, belog er, und treulose Worte redete er mit ihnen. In arglistiger Weise schickte er sie, um mir zu huldigen, zu mir nach Ninive. Ich, Assurbanipal, der König von Assyrien, dem die großen Götter ein gnädiges Geschick bestimmten, den sie schufen in Recht und Gerechtigkeit, ließ diese Babylonier an sorgfältig gedeckter Tafel Platz nehmen, bekleidete sie mit Kleidern aus Leinwand und buntgewebten Gewändern, befestigte goldene Ringe an ihren Fingern, solange diese Babylonier in Assyrien weilten und meiner Befehle gewärtig waren. Aber er, Samaš-šum-ukîn, der treulose Bruder, der die mit mir geschlossenen Verträge nicht hielt, brachte die Einwohner von Akkad und Kaldu, Aramu und dem Meerlande von Aḳaba bis Bâb-salimêti, Diener, die auf mein Angesicht schauen, zum Abfall von mir, ebenso Ummanigaš, den Flüchtling, der meine königlichen Füße ergriffen, den ich in Elam als König eingesetzt hatte, und die Könige von Gutî, Amurrû und Meluḫḫa, die meine Hände auf Geheiß des Aššur und der Bêlit eingesetzt hatten, sie alle brachte er zur Empörung gegen mich, und mit ihm setzten sie sich ins Einvernehmen. Die Tore von Sippar, Babylon und Borsippa verriegelte er und löste die brüderlichen Beziehungen. Auf die Mauer dieser Städte ließ er seine Krieger hinaufsteigen, um gegen mich zu kämpfen. Opfer darzubringen vor Bêl, dem Sohne des Bêl, dem Lichte der Götter, Samaš, und vor Irra, dem Krieger, verwehrte er mir und machte meinen Opfern ein Ende. Um die Stadt an sich zu reißen, die Wohnung der großen Götter, deren Heiligtümer ich erneuert und mit Gold und Silber ausgeschmückt, deren Inneres ich mit dem Notwendigen ausgestattet hatte, plante er Böses. In jener Zeit legte ein Traumseher sich während der Nacht nieder und sah folgenden Traum: Auf dem Postament einer Statue des Sin stand geschrieben: Denen, die gegen Assurbanipal, den König von Assyrien, Böses planen und Feindseligkeiten unternehmen, will ich einen bösen Tod bereiten; mit flammendem eisernen Dolche, durch Feuersbrunst, durch Hungersnot, durch die Berührung des Irra[1]) will ich ihrem Leben ein Ende machen. Dieses vernahm ich und achtete auf das Wort des Sin, meines Herrn.

Auf meinem sechsten Feldzuge bot ich meine Truppen auf und richtete den Weg gegen Samaš-šum-ukîn. In Sippar, Babylon, Borsippa, Kutha schloß ich ihn ein mit seinen Streitern und besetzte ihren Ausgang. In der Stadt und auf dem Felde schlug ich ihn in ungezählter Menge; die übrigen starben durch die Berührung des Irra, durch Bedrängnis und Hunger.

Gegen Ummanigaš, den König von Elam, ein Werk meiner Hände, der Geschenke von ihm angenommen hatte und zu seiner

[1]) Irra galt besonders als der Gott der Pest.

Unterstützung heranzog, empörte sich Tammaritu und erschlug ihn nebst seiner Familie mit den Waffen. Nachher marschierte Tammaritu, der sich nach Ummanigaš auf den Thron von Elam gesetzt und meiner Königsherrschaft nicht gehuldigt hatte, dem Samaš-šum-ukîn, meinem feindlichen Bruder, zu Hilfe und sandte zum Kampfe mit meinen Truppen eilends seine Waffen. Auf die Gebete, die ich an Aššur und Ištar richtete, nahmen diese mein Flehen an und hörten auf die Rede meiner Lippen. Indabigaš, sein Diener, empörte sich gegen ihn und schlug ihn in der Feldschlacht. Tammaritu, der König von Elam, der über die Enthauptung des Teumman eine freche Äußerung getan hatte, als ein Zurückgebliebener meines Heeres ihm den Kopf abgeschlagen, also redend: Schlägt man dem Könige von Elam das Haupt ab innerhalb seines Landes, in der Mitte seiner Truppen? — sprach zum zweiten Male: Wie hat doch Ummanigaš den Boden geküßt vor den Gesandten Assurbanipals, des Königs von Assyrien! Wegen dieser Worte, die er vermessen gesprochen, vernichteten (?) ihn Aššur und Ištar. Tammaritu, seine Brüder, die Nachkommenschaft aus dem Hause seines Vaters, nebst 85 Großen, die ihm zur Seite gingen, flohen vor Indabigaš. Von allem entblößt, kamen sie auf ihrem Bauche nach Ninive gekrochen. Tammaritu küßte meine königlichen Füße und ebnete den Erdboden mit seinem Barte. Den Platz meiner Räder ergriff er[1]) und bestimmte sich selbst dazu, mir Dienstbarkeit zu erweisen, und damit ich ihm Recht verschaffte und ihm zu Hilfe eilte, flehte er auf Geheiß des Aššur und der Ištar meine Herrschaft an, stellte sich vor mich hin und bekundete seine Ehrfurcht vor der Macht meiner gewaltigen Götter, die mir zu Hilfe kamen. Ich, Assurbanipal, der Weitherzige, der nicht auf Peinigung sinnt, die Sünden austilgt, faßte Erbarmen zu Tammaritu und ließ ihn selbst nebst der Nachkommenschaft aus dem Hause seines Vaters in meinem Palaste Wohnung nehmen.

In dieser Zeit ergriff die Bewohner von Akkad, die es mit Samaš-šum-ukîn hielten und Böses planten, eine Hungersnot. Gegen ihren Hunger aßen sie das Fleisch ihrer Söhne und Töchter und kauten sie Lederriemen. Aššur, Sin, Samaš, Bêl, Nabû, Ištar von Ninive, die Königin von Kidmuri, Ištar von Arbela, Ninurta, Nergal, Nusku, die vor mir wandelten und meine Gegner niederschlugen, warfen Samaš-šum-ukîn, meinen feindlichen Bruder, der mich befehdete, in die brennende Feuersglut und vernichteten sein Leben. Und die Leute, die dem Samaš-šum-ukîn, meinem feindlichen Bruder, diese Taten in den Sinn gegeben und Böses vollbracht hatten, die den Tod fürchteten und denen das Leben zu kostbar erschien, als daß sie sich mit Samaš-šum-ukîn, ihrem Herrn, ins Feuer stürzten, die vor dem Gemetzel mit dem eisernen Dolche, der Bedrängnis, der Hungersnot und dem brennenden Feuer geflohen waren und einen Zufluchtsort ergriffen hatten, warf das Netz der großen Götter,

[1]) S. hierfür schon oben S. 401—402.

meiner Herren, dem man nicht zu entrinnen vermag, nieder. Kein einziger entkam, kein Uebeltäter entrann meinen Händen; sie hatten (sie alle) in meine Hände gegeben. Die Streitwagen, den Prunkwagen, den Baldachin, seine Nebenfrauen, die Habe seines Palastes brachten sie vor mich. Und jene Krieger — ihren feindseligen Mund, womit sie gegen Aššur, meinen Gott, Feindseliges geredet und gegen mich, den Erhabenen, der ihn fürchtet, Böses geplant hatten, ihren Mund[1]) schnitt ich aus und hieb sie nieder. Den Rest der noch Lebenden, zwischen dem šêdu und dem lamassu, wo sie den Sennacherib, meinen Großvater, niedergeschlagen hatten, schlug ich diese Leute jetzt als Totenopfer für ihn nieder. Ihre abgehauenen Gliedmaßen ließ ich den Hunden, Schweinen, Wölfen, Adlern, den Vögeln des Himmel und den Fischen des Meeres zum Fraße[2]).

Nachdem ich diese Handlungen ausgeführt und das Herz der großen Götter, meiner Herren, beruhigt hatte, ließ ich die Leichname der Leute, die vom Gotte Irra niedergestreckt waren, und die Leichen derer, die durch Bedrängnis und Hungersnot ihr Leben verloren hatten, den Rest des Fraßes der Hunde und Schweine, die die Straßen sperrten und die Plätze füllten, — ihre Gebeine aus Babylon, Kutha und Sippar herausbringen und warf sie an die Ringmauer. Durch priesterliche Sühneriten reinigte ich ihre Göttersitze und entsühnte ich ihre schmutzigen Straßen. Ihre zürnenden Götter und ihre erzürnten Göttinnen beruhigte ich durch Klagelied und Bußgebet. Ihre Opferbezüge, die sich verringert hatten, stellte ich so, wie sie in fernen Tagen gewesen waren, vollständig wieder her und setzte sie fest. Zu dem Reste der Einwohner von Babylon, Kutha und Sippar, die dem Strafgerichte des Gemetzels und des Hungers entronnen waren, faßte ich Erbarmen, befahl, daß sie ihr Leben behalten sollten und ließ sie in Babylon wohnen.

Die Leute vom Akkad nebst denen von Kaldu, Aramu und dem Meerlande, die Samaš-šum-ukîn zusammengeschlossen und eines Sinnes gemacht hatte, zeigten sich auf eigenen Entschluß gegen mich feindselig. Auf Geheiß des Aššur, der Bêlit und der großen Götter, meiner Helfer, trat ich sie insgesamt nieder. Das Joch Aššurs, das sie von sich geworfen hatten, legte ich ihnen auf; Statthalter und Vertreter[3]), von meinen Händen eingesetzt, stellte ich über sie; die vormaligen festen und regelmäßigen Opfergaben für Aššur, Bêlit und die Götter Assyriens trug ich ihnen auf; Tribut und Abgaben an meine Herrschaft legte ich ihnen auf für jedes Jahr ohne Unterlaß."

Eine genauere Besprechung der Einzelheiten würde zu weit führen. Die Datierung der Vorgänge ist in den wesentlichsten Punkten durch eine Reihe von Leberschautexten sichergestellt. Die

---

[1]) Das Prisma A bietet dafür: ihre Zunge.

[2]) Vgl. zu dieser Stelle schon oben S. 456 f. Die Niedermetzelung fand nicht in Babylon, sondern in Ninive statt.

[3]) ḳepâni.

Belagerung von Babylon hat mindestens anderthalb Jahre gedauert. Sie nahm ihren Anfang wahrscheinlich in der ersten Hälfte des Jahres 650. Damals war gerade ein Hilfsheer im Anzuge, das der arabische König U-a-a-te-'[1]) entsandt hatte. An der Spitze standen die Brüder Abijate' und A-a-mu[2]). Bevor sie sich aber mit den Truppen des Samuš-šum-ukîn vereinigen konnten, wurden sie von den Assyrern angegriffen und empfindlich geschlagen. Die Reste des Heeres flüchteten sich in die Hauptstadt. Dort aßen sie während der Belagerung „aus Mangel und Hungersnot gegenseitig ihr Fleisch". Als die Not am größten war, unternahmen sie einen Ausfall, der sich zu einer zweiten Niederlage für sie gestaltete. Nur ein geringer Bruchteil scheint den Händen der Belagerer entronnen zu sein (Rassam-Prisma VII, 91 ff.; VIII, 30 ff.).

Ein anderer Teil der arabischen Heeresmassen war nach Amurrû gezogen. Die Truppen des Assurbanipal wiesen aber auch hier im Verein mit den Streitkräften der einheimischen Könige die Angriffe glücklich zurück. Ein Heer, das unter Ammuladi, dem Könige von Ḳidri[3]), stand, wurde vom Könige von Moab geschlagen (Rassam-Prisma VIII, 15 ff.; Prisma B VIII, 31 ff.).

Der König von Moab war also wohl ein entschiedener Anhänger des Assurbanipal. Es wird ausdrücklich hervorgehoben, daß er auf dessen Angesicht schaute. Bei den übrigen palästinensischen und syrischen Kleinfürsten läßt sich die Haltung im einzelnen nicht feststellen. Assurbanipal beschwert sich darüber, daß Samaš-šum-ukîn die Könige von Gutî, Amurrû und Meluḫḫa zur Empörung gebracht hatte[4]), und erzählt uns hier in einem andern Zusammenhange, daß die Araber als Anhänger des Samaš-šum-ukîn einen Kriegszug gegen die Könige von Amurrû unternahmen. Das ist in diesen Formulierungen nur schwer miteinander in Einklang zu bringen. Es bedarf wohl kaum eines Beweises, daß die Mehrzahl der betreffenden Fürsten alles mit Freuden begrüßte, was irgendwie gegen Assyrien gerichtet war. Mancher wird sich aber aus praktischen Gründen in seiner Stellungnahme eine vorsichtige Zurückhaltung auferlegt haben.

In Juda regierte damals noch immer der König Manasses. Er war nach dem Berichte der Königsbücher ein ausgesprochener Gegner der treuen Jahweverehrer. „Er baute die Höhen wieder auf, die sein Vater Ezechias zerstört hatte, errichtete Altäre für Baal, ließ eine Aschera anfertigen, wie es Achab, der König von Israel, getan hatte, betete das ganze Heer des Himmels an und diente ihm. Auch baute er Altäre im Tempel Jahwes, von dem

---

[1]) Gewöhnlich Uaite gelesen.

[2]) Gewöhnlich Aimu gelesen. Wir finden aber neben diesem A-a-mu auch die Schreibung A-a-am-mu (Rassam-Prisma IX, 19), die eher für Ajamu spricht. Streck entscheidet sich bei der einen Schreibung für Aimu und bei der andern für Ajammu.

[3]) = bibl. Ḳedar.

[4]) S. oben S. 490.

Jahwe gesprochen hatte: In Jerusalem will ich meinen Namen aufrichten, und zwar errichtete er in den beiden Vorhöfen des Tempels Altäre für das ganze Heer des Himmels. Auch ließ er seinen Sohn durchs Feuer gehen, trieb Wahrsagerei und Zauberei, führte die Befragung von Toten- und Wahrsagegeistern ein und tat vieles, was Jahwe mißfiel, um ihn zu reizen. Außerdem stellte er das Bild der Aschera, das er hatte anfertigen lassen, im Tempel auf, von dem Jahwe dem David und seinem Sohne Salomon erklärt hatte: In diesem Tempel und in Jerusalem, das ich von allen Stämmen Israels erwählt habe, will ich meinen Namen aufrichten für ewige Zeiten" (II Kön. 21, 3—7). Da die Mahnungen, die Jahwe an ihn und an das Volk ergehen ließ, vergeblich waren, trat nach den Angaben der Chronik das Strafgericht ein. Jahwe „ließ die Heerführer des Königs von Assyrien über sie kommen, und sie nahmen Manasses gefangen mit Haken, fesselten ihn mit Ketten und führten ihn nach Babylon. In seiner Bedrängnis flehte er zu Jahwe, seinem Gotte, und verdemütigte sich sehr vor dem Gotte seiner Väter. Und wie er zu ihm betete, ließ er sich erbitten, erhörte sein Flehen und führte ihn wieder nach Jerusalem in seine Herrschaft. Und Manasses erkannte, daß Jahwe der wahre Gott ist. Er baute hierauf die Außenmauer der Stadt Davids, auf der Westseite nach dem Gichon, im Tale, bis zum Eingange des Fischtores, um den Ophel herum, und machte sie sehr hoch, und setzte Heerführer ein in allen festen Städten von Juda; er entfernte die fremden Götter und das Schnitzbild aus dem Hause Jahwes, ebenso alle Altäre, die er auf dem Berge des Jahwehauses und in Jerusalem errichtet hatte, und warf sie zur Stadt hinaus, und er stellte den Altar Jahwes wieder her und brachte auf ihm Fried- und Lobopfer dar, und befahl Juda, Jahwe zu dienen, dem Gotte Israels" (II Chron. 33, 11—16). Manasses ist also bei einer Gelegenheit, die uns in dem Texte nicht angegeben wird, von assyrischen Heerführern mit einem Haken und in Fesseln als Gefangener nach Assyrien[1]) gebracht und später von dort wieder entlassen worden. Der Haken[2]) wurde hier offenbar in derselben Weise gebraucht, wie es II Kön. 19, 28 (= Is. 37, 29) und Ez. 38, 4 vorausgesetzt wird. Er wurde entweder durch die Nase (II Kön. 19, 28) oder durch die Backe (Ez. 38, 4) geschoben und diente dann zur Befestigung des Strickes[3]), an dem der Gefangene wie ein wildes Tier von den Siegern geführt wurde. Wir können hier also nur auf die Teilnahme an einem Kriegsunternehmen schließen, bei dem der König den Assyrern in die Hände fiel. Er fragt sich nun, wie wir dieses Unternehmen genauer zu bestimmen haben.

---

[1]) Im Text steht: nach Babylon.

[2]) Der Verfasser gebraucht hier die Form ḥoḥîm, also den Plural. Das geht wohl auf dieselben Vorstellungen zurück, die Ez. 19, 4. 9 und Ez. 29, 4 bei den Angaben über das Fangen von wilden Tieren zugrundeliegen. An der Stelle 29, 4 bietet der Konsonantentext den Dual. Der Prophet denkt hier an einen Haken für jede Kinnbacke.

[3]) S. oben S. 476.

Die Vorgänge bedeuten nach den Angaben der Bibel einen Wendepunkt in der Regierungszeit des Manasses. Er kam nach unsern bisherigen Ansätzen[1]) im Jahre 697 zur Herrschaft und starb erst im Jahre 642. Dieser Zeitraum wird also durch die Ereignisse, um die es sich hier handelt, in zwei Teile geteilt. In der ersten Periode bekennt Manasses sich ganz zu den Göttern der Assyrer, in dem zweiten Abschnitt tritt er uns wieder als Verehrer Jahwes entgegen. Dieser Abschnitt kommt aber in dem Berichte der Königsbücher gar nicht zur Geltung. Der Verfasser beschränkt sich hier bei seinen Darlegungen ganz auf die Dinge, die ihm aus der ersten Periode bekannt sind. Man sieht also, daß diese Periode für ihn den Ausschlag gab. Dies erklärt sich am einfachsten, wenn wir den Wechsel in eine Zeit verlegen, die von dem Ende der Regierung nicht allzu weit entfernt ist. Wenn die Sinnesänderung schon früher eingesetzt hätte, würde man eine solche Behandlung gar nicht verstehen. Wir dürfen also die Zeit des Assarhaddon, die bis zum Jahre 669 reicht, und die Jahre, die für die Züge des Assurbanipal nach Ägypten in Betracht kommen, von vornherein ausschließen. Damit kommen wir aber von selbst in die Zeit des Bruderkrieges. Es wäre jedoch ebenso bedenklich, wenn man über diese Zeit noch hinausgehen wollte. Wir würden dann für die Unternehmungen, die erst in der zweiten Periode zur Ausführung kamen, keinen ausreichenden Platz mehr erhalten. Manasses hatte sich also wohl ebenfalls dem Samaš-šum-ukîn angeschlossen und war dann in derselben Weise, wie wir es früher schon bei Necho beobachtet haben, von Assurbanipal begnadigt worden. Er entwickelte dann nach seiner Begnadigung noch eine Tätigkeit, die darauf schließen läßt, daß er mit dem Ergebnis der Verhandlungen gut zufrieden war. Wir ersehen aus den Angaben, daß er nicht nur die Mauer von Jerusalem erweiterte, sondern auch in den übrigen befestigten Städten des Landes — „in allen festen Städten von Juda“ — militärische Befehlshaber einsetzte. Dies zeigt uns, daß wenigstens der größere Teil der Städte von Juda wieder in seiner Gewalt war. Es ist möglich, daß er sie schon vor seiner Fortführung nach Assyrien besaß; es ist aber ebensogut möglich, daß die Verhältnisse erst bei den Besprechungen in Assyrien zu seinen Gunsten geregelt wurden. Wir müssen auch hier wieder auf die Begnadigung des Necho hinweisen, der bei den Verhandlungen noch ein besonderes Fürstentum für seinen Sohn erhielt.

Manasses hatte bei seinem Regierungsantritt, wie es scheint, die politische Haltung seines Vaters als einen großen Fehler betrachtet. Er hatte nach allem, was wir aus der Bibel zu entnehmen vermögen, gleich in der ersten Zeit ganz den Anschluß an Assyrien gesucht. Die Rückkehr zu dem Gotte seiner Väter war ihm dann, wie sich aus dem Berichte der Chronik ergibt, eine Herzensangelegenheit, die mit den Leiden der kurzen, aber grausamen Gefangenschaft in

[1]) S. oben S. 405 f.

engstem Zusammenhange stand. Sie fällt aber zugleich in eine Zeit, wo die Assyrer kaum noch die Macht hatten, sich in Palästina ganz durchzusetzen. Es ist sicher mehr als ein bloßer Zufall, daß er gerade damals zu Jahwe wieder ein besonderes Vertrauen faßte. Er hatte die Macht des assyrischen Großkönigs wesentlich überschätzt. Die Schritte, die er nach seiner Rückkehr zur Verteidigung des Landes unternahm, waren jedenfalls schon in erster Linie gegen Ägypten gerichtet. Sie führen uns in dieselbe Zeit, in der Psammetich sich schon um den Besitz der Stadt Asdod bemühte.

In den folgenden Jahren unternahm Assurbanipal noch zweimal einen Feldzug gegen Elam. Auf dem zweiten Zuge wurde Susa erobert und vollständig zerstört, um die Zeit von etwa 642.

Um das Jahr 640 zog das assyrische Heer dann noch einmal gegen die Araber zu Felde. Hieran schloß sich ein Streifzug nach Phönizien, wo die Bewohner von Alttyrus und Akko sich gegen die Fremdherrschaft aufgelehnt hatten. „Auf meiner Rückkehr", so heißt es darüber in dem Texte des Rassam-Prismas IX 115 ff., „eroberte ich die Stadt Ušu, die an der Meeresküste liegt. Die Einwohner von Ušu, die ihren Statthaltern gegenüber nicht folgsam gewesen und Tribut und Abgabe ihres Landes nicht entrichtet hatten, tötete ich. Unter den unbotmäßigen Einwohnern hielt ich ein Strafgericht ab; ihre Götter und ihre Leute führte ich nach Assyrien. Die nicht unterwürfigen Einwohner von Akko tötete ich; ihre Leichname hängte ich auf Stangen auf rings um die Stadt. Den Rest von ihnen führte ich nach Assyrien, vereinigte sie zu einer Heeresabteilung und fügte sie zu meinen zahlreichen Truppen, die Aššur mir geschenkt hatte, hinzu."

Die Gefangenen wurden also zum Teil in das assyrische Heer eingestellt. Dies war auch sonst, wie es scheint, häufig der Fall. In dem Berichte über den letzten elamitischen Feldzug heißt es von einer Schar, die sich auf einem Berge verschanzt hatte: „Von dem Berge, ihrem Zufluchtsorte, flohen sie und ergriffen meine Füße. Ich sammelte sie für den Bogen und fügte sie zu meiner königlichen Heeresmacht, die in meiner Hand war, hinzu" (Rassam-Prisma VII, 77—81). Sie sollten also im Heere des Assurbanipal als Bogenschützen verwandt werden. Am ausführlichsten ist eine Bemerkung, die sich in den Angaben über die Gesamtbeute des damaligen Feldzuges vorfindet. Der Großkönig erzählt uns dort von den „Leuten", wie er sich ausdrückt, und von der „Beute" von Elam: „Das Beste schenkte ich den Göttern; die Bogenschützen, die Schildträger, die Werkleute, die Waffenschmiede, die ich aus Elam fortgeführt hatte, fügte ich zu meiner königlichen Heeresmacht hinzu; die übrigen verteilte ich auf die Städte, die Wohnungen der großen Götter, an meine Statthalter, meine Großen, und an mein gesamtes Feldlager wie Schafe" (Rassam-Prisma VI, 125—VII, 8).

Wir ersehen aus dieser Stelle, daß der größte Teil der Gefangenen ebenso, wie es früher geschah, in den verschiedensten Gegenden des Reiches neue Wohnsitze erhielt. Das wird uns durch andere Mitteilungen bestätigt. Die Bewohner von Kirbit wurden, wie wir uns erinnern, von der Ostgrenze des Landes nach Ägypten gebracht; die Samariter nannten unter ihren Vorfahren auch Leute von Erech, von Babylon und von Susa, die der große und ruhmreiche „Asnappar" weggeführt und in der Stadt Samaria und in den übrigen Gebieten jenseits des Flusses[1]) hatte wohnen lassen (Esdr. 4, 9—10). Asnappar ist in dieser Form nur eine verkürzte Wiedergabe von '-s-r-b-n-p-r = Assurbanappar. Der abweichende Auslaut geht auf persischen Einfluß zurück.

Ueber die letzten Jahre des Assurbanipal sind wir nur schlecht unterrichtet. Das Rassam-Prisma reicht in seinen Ausführungen bis zum Jahre des Samaš-daninanni, das sich aber noch nicht genau festlegen läßt. Als Todesjahr wird gewöhnlich das Jahr 626 angegeben. Man stützt sich dabei besonders auf die in der Chronik des Eusebius vorliegenden Ansätze des Berossus und auf den Kanon des Ptolemäus. Berossus setzte für Samaš-šum-ukîn, den er als Sammuges bezeichnete, eine Regierungszeit von 21 Jahren voraus. Auf Sammuges folgten dann, wie er berichtete, sein Bruder mit 21, Nabopolassar mit 20 und Nabuchodonosor mit 43 Jahren[2]). Der Bruder, um den es sich hier handelt, wird von Eusebius im weiteren Verlaufe des Textes[3]) ausdrücklich als Sardanapallos bezeichnet. „Und nach Sammuges gelangte Sardanapallos zur Regierung über die Chaldäer, 21 Jahre". In dem Kanon des Ptolemäus ist Samaš-šum-ukîn, der dort als Saosduchinos bezeichnet wird, nicht mit 21, sondern mit 20 Jahren angesetzt. Der folgende König regierte dann nach dieser Liste 22 Jahre, so daß die Gesamtzahl der Jahre für die beiden Herrscher dieselbe bleibt. Der König wird hier aber nicht als Sardanapallos, also nicht als Assurbanipal, sondern als Kineladanos oder als Kandalanu bezeichnet. Er begegnet uns unter dieser Bezeichnung auch in einer Reihe von Privaturkunden, die in der üblichen Weise nach ihm datiert sind. Wir besitzen z. B. noch Tontafeln aus dem 15., 16., 18., 19., 20., 21. und 22. Jahre seiner Regierung. Diese bestätigen uns nicht nur die Richtigkeit der von dem Kanon gebotenen Zahlenangabe, sondern auch die Richtigkeit des dort vorausgesetzten Namens. Wir kommen hier also, wenn wir die Aufzeichnungen des Berossus und die Angaben der Ptolemäischen Königsliste miteinander vergleichen, fast mit zwingender Notwendigkeit zu der Gleichung Assurbanipal = Kandalanu. Diese findet außerdem noch eine besondere Stütze in den Doppelnamen, die uns für Tiglatpileser III. und für Salmanassar V., den Sohn des Tiglatpileser, bekannt sind. Tiglatpileser führte, wie wir wissen, in seiner Eigenschaft als König von Babylon den Namen Pûlu = Phul, und Salmanassar wurde

[1]) = jenseits des Euphrat, von Assyrien oder von Persien aus betrachtet.
[2]) Schnabel, Berossos S. 268 ff., Fragm. Nr. 43 und Nr. 43a.
[3]) Fragm. Nr. 47.

32

in Babylonien als Ululai bezeichnet. Kandalanu übernimmt die Herrschaft ebenso, wie es für Assurbanipal vorausgesagt wird, unmittelbar nach dem Tode des Samaš-šum-ukîn und soll dann auch mit Assurbanipal in demselben Jahre gestorben sein. Die Gleichsetzung bietet aber, obschon wir über diese Tatsachen nicht hinwegsehen dürfen, ernste chronologische Schwierigkeiten. Wir wissen, daß der südliche Teil von Babylonien auch zur Zeit des Samaš-šum-ukîn und in den Jahren, die für Kandalanu in Betracht kommen, unmittelbar unter Assurbanipal stand. Assurbanipal war also, wie sich hieraus ergibt, auch der Gebieter von Uruk. Wir besitzen noch eine Urkunde aus seinem 20. Regierungsjahre, die dort angefertigt und ausdrücklich nach ihm datiert ist[1]), und ebenso eine Tafel aus dem 26. Jahre seiner Regierung[2]), die in Nippur entstanden ist. Dieses Verhältnis muß dann in derselben Weise für die Zeit des Assureṭililâni und für die ersten sieben Jahre des Sinšariškun vorausgesetzt werden. Assureṭililâni regierte nach den vorhandenen Texten wenigstens vier Jahre. Wir besitzen aus dem vierten Jahre noch eine Urkunde[3]), die vom 1. im achten Monat datiert ist. Er starb aber vielleicht noch vor dem Ende dieses Jahres, und zwar höchst wahrscheinlich eines gewaltsamen Todes. Auf jeden Fall ist es sicher, daß der Oberbefehlshaber Sin-šum-lišir nach seinem Tode sofort einen Versuch machte, sich in den Besitz des Thrones zu setzen. Sin-šum-lišir wurde jedoch von Sinšariškun, dem Bruder des Assureṭililâni, schon nach wenigen Monaten wieder verdrängt. Sinšariškun war dann nach einer Urkunde, die aus dem siebten Jahre seiner Regierung stammt[4]), in diesem Jahre am 12. Ṭebet, also am 12. des zehnten Monats, ebenfalls noch der anerkannte Gebieter von Uruk. Die Stadt war dann aber, wie wir aus einer andern Urkunde[5]) entnehmen müssen, im fünften Jahre des Nabopolassar von den Assyrern schon aufgegeben. Dies wird uns dann durch weitere Datierungen auch für das zehnte, elfte und zwölfte Jahr des Nabopolassar bescheinigt. Die Urkunde aus dem fünften Regierungsjahre ist am 16. Ab, also am 16. im fünften Monat, geschrieben. Das fünfte Jahr des Nabopolassar ist nach den Ansätzen des Ptolemäischen Kanons das Jahr 621. Da die Urkunde, die wir aus dem siebten Jahre des Sinšariškun besitzen, erst im zehnten Monat entstanden ist und der zehnte Monat in diesem Falle noch vor dem fünften Monat im fünften Jahre des Nabopolassar liegen muß, können wir die beiden Jahre nicht

[1]) K. 433, herausgegeben von S. A. Smith, Miscellaneous Assyrian Texts, Leizp. 1887, S. 28; übersetzt von Peiser bei Schrader, Keilinschriftl. Biblioth. Bd. IV S. 171.

[2]) Veröffentlicht von Clay, The Babylonian Expedition of the University of Pennsylvania VIII, Part I (1908), Pl. 1, Nr. 1.

[3]) Clay a. a. O., Pl. 4, Nr. 5.

[4]) Veröffentlicht von King in der Zeitschr. f. Assyriologie, Bd. 9, S. 398.

[5]) Veröffentlicht von Scheil im Recueil de travaux relatifs à la Philologie et à l'Archéologie égyptiennes et assyriennes, Vol. XXXVI (1914), S. 15.

mehr einander gleichsetzen. Wir erhalten hier also für das siebte Regierungsjahr des Sinšariškun als späteste Möglichkeit das Jahr 622. Dies führt uns, wenn wir von hier aus weiter rechnen, für das erste Jahr auf das Jahr 628. Das Jahr 629 wäre dann das Jahr der Thronbesteigung und zugleich das letzte Regierungsjahr des Assureṭililâni. Der Tod kann aber, wie wir gesehen haben, schon in den letzten fünf Monaten des vierten Jahres erfolgt sein. Wir würden dann, wenn wir dieses annehmen, als das erste volle Regierungsjahr des Assureṭililâni das Jahr 632 und als das Todesjahr des Assurbanipal das Jahr 633 erhalten. Das wäre nach unserer jetzigen Kenntnis der Dinge nur zu begreifen, wenn wir zwischen Assurbanipal und Kandalanu einen Unterschied machen[1]). Kandalanu muß nach dieser Zusammenstellung, bei der wir die Zeitabschnitte so eng aneinandergerückt haben, wie es nur irgendwie möglich war, den Assurbanipal wenigstens um sieben Jahre überlebt haben. Es ist zwar unwahrscheinlich, aber immerhin denkbar, daß Uruk zwischen dem fünften und dem zehnten Jahre des Nabopolassar wieder für ganz kurze Zeit in assyrischem Besitze war. Dies würde aber zur Beseitigung der Schwierigkeit nicht ausreichen. Die Verhältnisse sind vom zehnten bis zum zwölften Jahre vollständig geklärt. Wir würden auch bei einem Versuche, das siebte Jahr des Sinšariškun etwa bis zum sechsten, zum siebten, zum achten oder vielleicht sogar bis zum neunten Jahre des Nabopolassar herabzurücken, stets noch einen Unterschied von mehreren Jahren erhalten. Die Urkunde, die wir aus dem zehnten Jahre des Nabopolassar besitzen, ist vom 21. im zehnten Monat datiert.

Ueber die Ereignisse vom 10. bis zum 17. Regierungsjahre des Nabopolassar sind wir besonders durch die Angaben einer Tontafel unterrichtet, die im Jahre 1923 von C. J. Gadd veröffentlicht wurde[2]). Der Verfasser erzählt uns auf dieser Tafel, die man nach dem Vorschlage des Herausgebers als „Nabopolassar Chronicle“ oder als Nabopolassarchronik bezeichnen darf, über die Kriegsunternehmungen im 10. Jahre des Nabopolassar:

„Im 10. Jahre bot Nabopolassar im Ajar das Heer des Landes Akkad auf und zog am Euphrat entlang. Die Suḫäer[3]) und die Ḫindanäer[4]) unternahmen keinen Kampf gegen ihn und überbrach-

[1]) Vgl. für die Einzelheiten, besonders auch für den Nachweis der urkundlichen Belege, die Untersuchungen von Schnabel in der Zeitschr. f. Assyriologie, Neue Folge Bd. 2 (1925), S. 82 f. und in der Orient. Literaturz., 28. Jahrg. (1925), Sp. 345 ff.

[2]) The Fall of Nineveh. The newly discovered Babylonian Chronicle, No. 21, 901, in the British Museum. Edited with Transliteration, Translation, Notes, etc. Printed by Order of the Trustees. Umschrift und Uebersetzung von Lewy in den Mitteilungen der Vorderasiatisch-Aegyptischen Gesellschaft, 29. Jahrg. (1924), Heft 2, S. 68 ff. Uebersetzung von Ebeling bei Greßmann, Altorient. Texte zum Alten Testament, Zweite Aufl. S. 362 ff.

[3]) Aramäischer Volksstamm am mittleren Euphrat, an der Nordgrenze von Babylonien.

[4]) Aramäischer Volksstamm nördlich vom Gebiete der Suḫäer.

ten ihm ihre Geschenke. Im Ab sagte man: Das assyrische Heer ist in der Stadt Gablini. Nabopolassar erhob sich gegen sie und griff am 12. Ab das assyrische Heer an. Das assyrische Heer brach gegen ihn los, und er brachte Assyrien eine schwere Niederlage bei. Sie machten reiche Beute. Die Mannäer, die ihnen zu Hilfe gekommen waren, und die Großen von Assyrien wurden gefangen genommen. An demselben Tage wurde auch die Stadt Gablini erobert. Im Ab schickte der König von Akkad seine Truppen noch gegen die Städte Manê, Saḫiri und Baliḫu. Sie plünderten sie, machten reiche Beute und führten ihre Götter fort. Im Ulul zog der König von Akkad mit seinem Heere wieder zurück. Auf seinem Marsche nahm er die Stadt Ḫindanu (und brachte ihre Einwohner) und ihre Götter nach Babylonien. Im Tašrîtu zogen die Heere von Ägypten und von Assyrien hinter dem Könige von Akkad her bis zur Stadt Gablini, besiegten den König von Akkad aber nicht. Er eilte hinter ihnen her. Im Adar kam es zwischen dem assyrischen Heere und dem akkadischen Heere bei der Stadt Madanu, die zu Arapḫu gehört, zum Kampfe. Das assyrische Heer brach gegen das akkadische Heer los; sie brachten ihnen aber eine schwere Niederlage bei und warfen sie in den Zab. Ihre Esel und ihre Pferde wurden aufgegriffen. Sie machten reiche Beute. Ihre zahlreichen [Einwoh]ner[1]) führten sie mit sich über den Tigris und brachten sie nach Babylonien" (Z. 1—15).

Das 10. Regierungsjahr des Nabopolassar war das Jahr 616. Nabopolassar brach damals im Ajar, also im zweiten Monat des Jahres, mit seinen Truppen nach Norden auf und drang zunächst bis zum mittleren Euphrat vor, ohne Widerstand zu finden. Die Aramäer, die dort ansässig waren, überreichten ihm größere Tribute. Man stieß dann bei der Stadt Gablini, die zwischen dem Gebiete der Ḫindanäer und dem Baliḫ zu suchen ist, auf das Heer der Assyrer. Die Assyrer wurden dort am 12. im fünften Monat geschlagen. Sie waren unterstützt von den Mannäern, mit denen sie früher stets in Feindschaft gelebt hatten. Die Babylonier rückten dann noch vor dem Ende des fünften Monats bis zum Baliḫ vor und kehrten darauf im sechsten Monate wieder zurück. Im siebten Monat erschien das Heer der Assyrer wieder in der Gegend von Gablini, und zwar in Verbindung mit einem Hilfsheer, das der König von Ägypten geschickt hatte. Das ist für die Beurteilung der damaligen Lage von besonderer Bedeutung. Der König von Assyrien hatte sich nicht nur bei den Mannäern, sondern auch bei dem Könige von Ägypten um Unterstützung bemüht, und diese war ihm tatsächlich gewährt worden. Man sieht also, daß er die Gefahr, in der er sich befand, vollkommen überschaute; man sieht aber auch, daß die Mannäer und die Ägypter unter den damaligen Verhältnissen den Untergang des assyrischen Reiches nicht wünschen konnten. Sie hatten offenbar allen Grund, den Nabopolassar

[1]) [ni-š]i-šu ma-du-tu, die zahlreichen Einwohner der Stadt Madanu.

besonders zu fürchten. Ägypten stand damals noch unter der Herrschaft des Königs Psammetich I., der erst um das Jahr 610 gestorben ist. Wir erwähnten schon die Belagerung von Asdod, die uns zu der Annahme berechtigt, daß er sich mit dem Gedanken trug, auch in Palästina die Herrschaft der Ägypter wieder herzustellen. Assurbanipal hatte dieses Vorgehen, da er es nicht mehr zu hindern vermochte, stillschweigend geduldet, und Sinšariškun hatte jetzt mit dem ehemaligen Untergebenen des Assurbanipal sogar ein Bündnis geschlossen. Er hatte aber, wie man vermuten darf, bei dieser Gelegenheit auf die Herrschaft in Palästina wohl ausdrücklich in irgendeiner Form verzichtet. Es ist möglich, daß er den König von Ägypten auch damals noch als seinen Vasallen betrachtete; es ist aber ebenso sicher, daß diese Frage bei der Vereinbarung praktisch keine Rolle mehr spielte. Im Adar, am Schluß des Jahres, kam es zwischen den Assyrern und den Babyloniern zu einer Schlacht am Ufer des sogenannten kleinen oder unteren Zab. Damit kommen wir von selbst schon in die Gegend, in der sich die Ereignisse des folgenden Jahres vollzogen. Der Verfasser berichtet uns über diese Kämpfe in Z. 16—23:

„[Im 11. Jahre] bot [der König] von Akkad seine Truppen auf und zog am Tigris entlang. Im Ajar lagerte er im Gebiete von Aššur. Am .... Siwan machte er einen Angriff auf die Stadt, nahm die Stadt aber nicht ein. Der König von Assyrien bot sein Heer auf und warf den König von Akkad aus dem Gebiete von Aššur hinaus. Bis zur Stadt Takritain zog (der König) von Assyrien am Tigris entlang hinter ihm her. Der König von Akkad ließ sein Heer in die Burg von Takritain hinaufsteigen. Der König von Assyrien und seine Truppen belagerte das Heer des Königs von Akkad, das in Takritain lag, und griff sie 10 Tage lang an, nahm die Stadt aber nicht ein. Das Heer des Königs von Akkad, das die Burg besetzt hielt, brachte Assyrien eine schwere Niederlage bei. Den König von Assyrien und [sein] Heer [schlu]gen sie, und er kehrte zu seinem Lande zurück. Im Araḫsamna stiegen die Meder nach dem Lande Arapḫu hinab und [machten] einen Angriff auf die Stadt ...."

Nabopolassar zog in diesem Jahre, wie der Verfasser ausdrücklich hervorhebt, nicht den Euphrat, sondern den Tigris hinauf. Er machte bereits im dritten Monat des Jahres einen Versuch, die Stadt Aššur zu erobern, gelangte aber nicht zum Ziele. Der König von Assyrien bot sein Heer auf und vertrieb ihn aus dem Lande, vermochte aber die Festung Takritain, wo das babylonische Heer sich festgesetzt hatte, trotz zehntägiger Bestürmung nicht zu erobern. Im achten Monat erschienen dann die Meder und rückten gegen eine Stadt im Gebiete von Arapḫu vor, für die sich der Name bei dem jetzigen Zustande des Textes nicht mehr feststellen läßt. Die Meder zogen dann, wie wir in Z. 24—30 erfahren, im folgenden Jahre noch weiter nach Norden und bedrohten den König von Assyrien schon in seiner eigenen Hauptstadt.

„Im 12. Jahre“, so lesen wir noch auf der Tafel, „im Ab, zogen (?) die Meder gegen das Gebiet von Ninive, als.........., und er eilte herbei. Sie nahmen die Stadt Tarbiṣu, eine Stadt der Provinz Ninive........ zog am Tigris entlang und belagerte die Stadt Aššur. Er griff die Stadt an [und nahm die Stadt]. Er zerstörte die [Sta]dt und brachte der Bevölkerung und den Großen eine schlimme Niederlage bei. Er plünderte sie[1]) und [führte ihre] Beu[te fort]. [Der König] von Akkad und sein Heer, die den Medern zu Hilfe gekommen waren, erreichten den Kampf nicht mehr. Die Sta[dt]...... [Der König von Akk]ad und U[waki]štar[2]) sahen einander auf (den Trümmern) der Stadt und schlossen miteinander Freundschaft und Bundesgenossenschaft..... [Uwakiš]tar und sein Heer kehrte zu seinem Lande zurück; der König von Akkad und sein Heer kehrte zu seinem Lande zurück.“

Kyaxares, der König der Meder, drang nach diesem Berichte bis in die Nähe von Ninive vor. Er nahm dort die Stadt Tarbiṣu und belagerte dann die Stadt Aššur, die erobert und zerstört wurde. Nabopolassar erschien erst, als Aššur schon gefallen war, und schloß dann auf der Trümmerstätte mit Kyaxares ein Bündnis.

Im 13. Regierungsjahre hatte Nabopolassar im Lande der Suḫäer zu tun, die sich gegen ihn empört hatten. Am 4. Siwan nahm er die Stadt Raḫîlu, die auf einer Insel im Euphrat lag. Dann belagerte er die Stadt Anati, die er aber, wie es scheint, nicht zu erstürmen vermochte. Er drang zwar mit einer Belagerungsmaschine vom westlichen Ufer des Euphrat bis zur Stadtmauer vor und suchte diese zu zerstören; es scheint aber, daß er durch das Herannahen eines assyrischen Heeres daran gehindert wurde. Als dieses Heer in der Nähe war, zog er es vor, mit seinen Truppen nach Hause zurückzukehren.

„[Im 14. Jahre]“, so heißt es dann in Z. 38 ff., „bot der König von Akkad sein Heer auf [und........]. Der König der Ummanmanda [zog] dem Könige von Akkad entgegen.................. sahen einander. Der König von Akkad........, und [Uwaki]štar ließ [das Hee]r hinübergehen[3]), und sie zogen am Tigris entlang, und ...... bel[agert]en Nin[ive]. Vom Siwan bis zum Ab [schlugen (?) sie......] drei Schlachten. Einen gewaltigen Angriff machten sie auf die Stadt. Im Ab, [am .... Tage, wurde die Stadt genommen]. Eine schwere [Niederlage der Bevölkerung und] der Großen wurde angerichtet. An jenem Tage.... Sinšariškun, der König von Assyrien, ... Die Beute von Stadt und Tempel, alles schleppten sie fort[4]) und [verwandelten] die Stadt in einen Trümmer- und Sch[utthügel]. Der.... von Assyrien entwich vor dem Könige und kü[ßte die Fü]ße des Königs von Akkad. Im Ulul,

[1]) = die Stadt Aššur.

[2]) U-[ma-ki]š-tar, = Kyaxares, König von Medien. Ergänzung nach Z. 47.

[3]) [um-ma-]a-ni u-še-bir-ma.

[4]) So nach der richtigen und allein zulässigen Wiedergabe von Lewy. Vgl. dazu die Bemerkung in dem beigefügten Kommentar.

am 20. Tage, kehrte Uwakištar und sein Heer zu seinem Lande zurück. Nach ihm [kehrte] der König von Ak[kad und sein Heer zu seinem Lande zurück]. Bis Naṣibini zogen sie. Die Beute und die...... und vom Lande Ruṣapu brachten sie vor den König von Akkad nach Ninive. Im Monat...... setzte sich [Assuruballiṭ] in Haran als König von Assyrien auf den Thron. Bis zum Monat.... .... in Ninive........ Vom 20. des Monats..... der König...... Tašrîtu in der Stadt..........“

Der König der Ummanmanda, von dem wir in diesem Abschnitt erfahren, ist nach dem Zusammenhange kein anderer als der König der Meder. Es ist der einzige Bundesgenosse des Nabopolassar, der in dem Texte genannt wird. Er zog dem Nabopolassar entgegen, und sie begrüßten sich. Sie „sahen einander“. Kyaxares ließ seine Truppen dann über den Fluß gehen; er führte sie also von dem östlichen Ufer auf das westliche Ufer. Man zog dann den Tigris hinauf bis in die Nähe von Ninive. Dort fanden vom Siwan bis zum Ab, also vom dritten bis zum fünften Monat, drei Schlachten statt. Ninive wurde dann noch im Ab erstürmt. Der Tag läßt sich auf der Tafel nicht mehr feststellen. Sinšariškun fand bei den Kämpfen in der Hauptstadt sein Ende. Die Zeile, die über die Art seines Todes berichtete, ist leider in der zweiten Hälfte zerstört. Abydenus erzählt uns bei Eusebius im Anschluß an die Angaben des Berossus[1]), daß er sich lebend in die Flammen seines Palastes stürzte. Im Ulul kehrte Kyaxares mit seinem Heere wieder zu seinem Lande zurück. Die beiden Könige rückten zunächst noch bis Nisibis vor und trennten sich dort, nachdem sie sich über die Beute und über die Aufteilung des bisherigen assyrischen Reichsgebietes geeinigt hatten. Nabopolassar blieb dann, wie es scheint, noch bis zum nächsten Monat in Ninive. Es gelang aber, wie wir aus unserer Chronik ersehen, dem assyrischen Prinzen Assuruballiṭ, sich nach Haran zurückzuziehen und dort als Nachfolger des Sinšariškun die Herrschaft noch weiter in der Hand zu behalten. Das 14. Jahr des Nabopolassar ist das Jahr 612.

Im 15. Jahre zog Nabopolassar ebenfalls nach Assyrien und nahm dort vom Tammuz bis zum Araḫsamna, also vom vierten bis zum achten Monat, an verschiedenen Stellen des Landes größere Plünderungen vor. Am 28. im achten Monat nahm er die Stadt Rugguliti, die im Gebiete von Haran lag. Dies zeigt uns, daß der Kampf gegen Assuruballiṭ schon damals seinen Anfang nahm. Nabopolassar setzte sich dann im folgenden Jahre wieder mit den Medern in Verbindung, und die Assyrer fanden wieder Hilfe beim Könige von Ägypten.

„Im 16. Jahre“, so erzählt uns der Verfasser in Z. 58 ff., „im Ajar, bot der König von Akkad sein Heer auf und zog nach Assyrien. Vom.... bis zum Araḫsamna zogen sie in Assyrien sieg-

---

[1]) Schnabel S. 270 f., Fragm. Nr. 48 und Nr. 48a.

reich einher. Im Araḫsamna kamen die Ummanmanda...... dem Könige von Akkad [zu Hi]lfe. Sie vereinigten ihre Heere und zogen nach Haran, [hinter] Ass[uruball]iṭ [her], der sich in Assyrien auf den Thron gesetzt hatte. Assuruballiṭ und das Heer von Ägypten[1]), [das ihm zu Hilfe] gekommen war: die Furcht vor dem Feinde überfiel sie, sie verl[ießen] die Stadt und gingen über [den Euphrat]. Der König von Akkad zog bis nach Haran und........ Die Stadt wurde erobert. Die Beute von Stadt und Tempel, alles schleppte er fort. Im Adar verließ der König von Akkad ihre Heere[2]) und kehrte selbst zu seinem Lande zurück. Die Ummanmanda, die dem Könige von Akkad zu Hilfe gekommen waren, [ent]fernten sich......"

Nabopolassar war nach diesen Angaben schon im zweiten Monat des Jahres aufgebrochen und war dann, wie es heißt, bis zum achten Monat siegreich in Assyrien einhergezogen. Im achten Monat rückte er dann mit dem Könige von Medien nach Haran vor, wo Assuruballiṭ sich trotz der Hilfe, die er von Ägypten erhalten hatte, aus Furcht vor der feindlichen Uebermacht bis auf die andere Seite des Euphrat zurückzog. Die Stadt Haran wurde erobert und geplündert, und Nabopolassar verblieb dort mit seinem Bundesgenossen bis zum letzten Monate des Jahres. Er verließ dann nach der Angabe des Textes ihre Heere, also sein eigenes Heer und das Heer der Meder, und kehrte selbst wieder nach Babylonien zurück. Dann zogen auch die Meder wieder ab, so daß die babylonische Besatzung allein in der Stadt zurückblieb.

Für das 17. Regierungsjahr berichtet der Verfasser:

„Im Tammuz [brachte] Assuruballiṭ, der König von Assyrien, ein zahlreiches ägyptisches Heer [zusammen]. Er überschritt den Fluß[3]) und zog gegen Haran, um es zu erobern[4]). Die [weni]gen Besatzungstruppen, die der König von Akkad hineingelegt hatte, warfen sie nieder und schlugen sie. Dann belagerte er Haran. Bis zum Ulul griff er die Stadt an. Dann ka[m] niemand (mehr); sie [zö]gerten. Da kam der König von Akkad seinem Heere zu Hilfe, [erreichte aber nicht] (mehr) den Kampf. Er zog dann [zur Landschaft I]zalla hinauf und [nahm] die zahlreichen Städte des Gebirges. Ihre.... ließ er in Feuer aufgehen. Zu derselben Zeit [zog] das Heer.......... bis zu der Provinz Urašṭu.... im Lande Iḫ..... Ihre.... plünderten sie. Die Besatzung, die der Kö[nig von Akkad hineingelegt hatte,......] und zogen zur Stadt.... hinauf...... [Im Monat....] kehrte der König von Akkad zu seinem Lande zurück."

---

[1]) Mi-ṣir. Gadd bietet in der keilinschriftlichen Wiedergabe des Textes ein schraffiertes, also nicht klar hervortretendes gul....; es sind aber nach der Photographie (Frontispiece) ganz dieselben Zeichen wie in Z. 66.

[2]) umm[ani]-šu-nu, nach der Photographie. Das Zeichen für ummânu kommt hier in seinen Spuren noch deutlich zum Vorschein.

[3]) den Euphrat.

[4]) um es zurückzuerobern!

Wir ersehen aus diesen Angaben, daß Assuruballiṭ im Tammuz, also im vierten Monat, mit einem starken ägyptischen Heere vom westlichen Ufer des Euphrat heranzog, um die Stadt Haran wieder in seinen Besitz zu bringen. Die geringe Besatzung, die Nabopolassar bei seinem Abzuge zurückgelassen hatte, erlitt zunächst eine Niederlage. Es gelang ihr aber, die Stadt in der Hand zu behalten und sie etwa zwei Monate lang zu verteidigen, bis Nabopolassar ihr mit seinem Heere zu Hilfe kam. Die Belagerer gaben jedoch ihre Eroberungsversuche sofort auf, als sie von dem Herannahen des babylonischen Heeres Kenntnis erhielten, und gingen auch dieses Mal einer Schlacht aus dem Wege. Nabopolassar fand sie bei seinem Eintreffen gar nicht mehr vor. Er konnte deshalb sofort bis zur Landschaft Izalla vorrücken, die er ebenfalls ganz in seine Gewalt brachte.

Die Zerstörung des assyrischen Großstaates war also nach allem, was uns in dem Texte darüber mitgeteilt wird, das gemeinsame Werk des Nabopolassar und des Kyaxares. Die Annahme, daß noch andere Völker beteiligt waren, erklärt sich aus dem wiederholten Gebrauch des Wortes Ummanmanda. Das Wort ist seinem Ursprunge nach nur eine Zusammensetzung aus ummânu + Manda. Es bezeichnete die „Mandascharen", unter denen man in der Zeit des Assarhaddon besonders die Kimmerier und die Skythen verstand. Der Ausdruck wird aber in der späteren Zeit ganz in derselben Weise zur Bezeichnung der Meder gebraucht. Das ist auch in der vorliegenden Chronik der Fall. Kyaxares tritt uns in dem Bericht über das zwölfte Regierungsjahr des Nabopolassar als König der Ma-da-a-a und in den folgenden Abschnitten als König der Ummanmanda entgegen.

Daß dieses richtig ist, sehen wir auch aus den Angaben der sogenannten Steleninschrift des Nabuna'id[1]). Der Verfasser schreibt hier in der zweiten Spalte von dem Beistande, den Marduk dem Nabopolassar bei seinen Unternehmungen zuteil werden ließ: „Einen Helfer gab er ihm, einen Genossen ließ er ihn finden; den König der Ummanmanda, der seinesgleichen nicht hat, ließ er sich beugen unter seinen Befehl, ließ ihn herankommen zu seiner Hilfe. Oben und unten, rechts und links[2]) warf er nieder wie eine Sintflut, brachte Vergeltung für Babylon[3]), mehrte die Rache. Der König der Ummanmanda, der Furchtlose, zerstörte ihre Heiligtümer, die Heiligtümer der Götter Subartus[4]), allesamt. Auch die Städte an der Grenze von Akkad, die gegen den König von Akkad feindlich gewesen und ihm nicht zu Hilfe gekommen waren, zerstörte er und

---

[1]) Herausgegeben von Scheil im Recueil de travaux etc., Vol. XVIII, S. 15 ff. und von Messerschmidt in den Mitteilungen der Vorderasiat. Gesellschaft, 1. Jahrg. (1896), Heft 1. Umschrift und Uebersetzung auch bei Langdon, Die neubabylonischen Königsinschriften, S. 270 ff.

[2]) = im Norden und im Süden, im Westen und im Osten.

[3]) für die Zerstörung Babylons durch Sennacherib.

[4]) Subartu hier = Assyrien.

ließ keines ihrer Heiligtümer übrig. Er zerstörte ihre Städte, noch mehr als eine Sintflut. Der König von Babylon legte nach der Weisung des Marduk, dem Frevel ein Greuel ist, seine Hände nicht an die Weihgeschenke für die Götter insgesamt, sondern erhob sie[1]); er schlief nicht auf dem Lager, sondern auf dem Boden." Kyaxares wird hier zwar nicht mit Namen genannt; man sieht aber aus dem ganzen Zusammenhange, daß ein anderer gar nicht gemeint sein kann. Er hatte sich nach der babylonischen Ueberlieferung natürlich dem Befehle des Königs von Babylon unterstellt und war auch allein verantwortlich für die Ausplünderung und Zerstörung der Tempel!

Die Assyrer wurden bei diesem Ringen, wie wir gesehen haben, von den Ägyptern unterstützt. Das Heer des Landes Mişir wird in den Schilderungen der Chronik an drei verschiedenen Stellen ausdrücklich erwähnt; es begegnet uns in den Angaben über das 10., das 16. und das 17. Jahr des Nabopolassar. Im 10. Jahre stellte es sich dem Sinšariškun zur Verfügung, im 16. und im 17. Jahre kam es dem Assuruballiṭ zu Hilfe. Im 17. Jahre wird es von dem Berichterstatter mit besonderem Nachdruck als zahlreich oder als groß bezeichnet. Es war also, wie wir hieraus entnehmen dürfen, in diesem Jahre wesentlich größer als im 16. Jahre. Das 17. Regierungsjahr des Nabopolassar fällt mit dem Jahre 609 zusammen, das Jahr 609 ist aber nach unsern bisherigen Ansätzen[2]) zugleich das Todesjahr des Josias. Die Thronbesteigung des Ezechias fällt, wie wir annehmen mußten, entweder in das Jahr 727 oder in das Jahr 726. Wir entschieden uns dann bei unsern Festsetzungen für das Jahr 726, das uns für die Zerstörung Jerusalems in Uebereinstimmung mit Jer. 52, 29 auf das Jahr 587 führte. Die Zahl der Regierungsjahre liegt für diese Periode genau fest; sie reicht aber nur aus, wenn wir den Abschnitt mit dem Jahre 726 beginnen und mit dem Jahre 587 beschließen. Das erste volle Regierungsjahr des Ezechias war nach diesem Ansatze das Jahr 725, sein Todesjahr das Jahr 697. Das Jahr 696 war nach der damaligen Zählung das erste volle Regierungsjahr des Manasses, der im Jahre 642 gestorben ist. Der Tod des Amon fällt in das Jahr 640, und Josias regierte dann, wie wir annehmen müssen, von 639—609. Er fiel in der Schlacht bei Megiddo[3]), wo er dem ägyptischen Könige Necho II., dem Nachfolger des Psammetich, entgegentrat, um ihn an dem Durchmarsche zum Euphrat zu hindern. Wir stehen hier also vor einer Uebereinstimmung, die uns die Richtigkeit der Ansätze in überraschender Weise bestätigt. Die Angaben der Bibel bedürfen nur in einem einzigen Punkte einer kleinen sachlichen Berichtigung. Necho konnte nach den keilinschriftlichen Aufzeichnungen nur die Absicht haben, dem Könige von Assyrien

[1]) Er erhob sie zum Gebet!

[2]) S. oben S. 404 ff.

[3]) II. Kön. 23, 29; II Chron. 35, 20 ff.

zu Hilfe zu kommen. In der Bibel wird vorausgesetzt, daß er auf dem Wege war, um gegen die Assyrer zu kämpfen. Man sieht also, daß die genaueren Zusammenhänge in der Zeit, wo die Sätze niedergeschrieben wurden, in Palästina nicht mehr bekannt waren. Josias scheint sich über die ägyptischen Krieger, die in den früheren Jahren durch das Land zogen, nicht besonders erregt zu haben; er trat ihnen erst entgegen, als die Abteilungen plötzlich in so auffallender Stärke erschienen.

Necho erklärte dem Josias nach dem Berichte der Chronik: „Was habe ich mit dir zu tun, König von Juda? Nicht gegen dich ziehe ich heute, sondern zu der Stätte meines Krieges. Gott befahl mir, mich zu beeilen. Laß ab von Gott, der mit uns ist, daß er dich nicht verderbe!“ Er betonte also, daß er keine Zeit zu verlieren hat. Das Heer überschritt nach der keilinschriftlichen Angabe im Tammuz den Euphrat. Es rückte dann bis Haran vor und belagerte diese Stadt bis in den Ulul hinein, zog aber ebenso schnell wieder ab, als Nabopolassar mit dem Ersatzheer herankam. Wir haben also für die Belagerung etwa die zweite Hälfte des Tammuz, den Ab und den Anfang oder die erste Hälfte des Ulul anzusetzen. Auf jeden Fall ist es sicher, daß Nabopolassar mit den Ersatztruppen schon recht bald zur Stelle war. Nun lesen wir in der Bibel, daß Necho den Joachaz, der nach dem Tode des Josias in Jerusalem zur Herrschaft gelangt war, nach drei Monaten wieder absetzte. Er legte dem Lande eine Geldbuße von hundert Talenten Silber und zehn Talenten Gold auf und übertrug die Königswürde dem Eljakîm, dem er den Namen Jojakîm gab. Den Joachaz führte er dann mit sich fort nach Ägypten. Man sieht also, daß Necho schon nach einer Zeit von drei Monaten wieder in Palästina war und dort die Thronfolge in seinem Sinne regelte. Das deckt sich wieder ganz mit den Angaben, die uns in der keilinschriftlichen Aufzeichnung begegnen. Die Uebereinstimmungen sind hier auch in den Einzelheiten, wenn wir die Texte genau miteinander vergleichen, von überzeugender Beweiskraft. Die Thronbesteigung des Jojakîm fällt also noch in den Sommer des Jahres 609.

Ueber die Ereignisse des 18. Regierungsjahres sind wir nicht mehr unterrichtet. Wir kennen hier von dem Texte nur noch den Wortlaut der ersten Zeile, die am Schluß der Tafel als sogenannte Fangzeile zu dem Text einer weiteren Tafel hinüberleitete. Nabopolassar bot in diesem Jahre, wie der Verfasser hervorhebt, ebenfalls wieder sein Heer auf. Wir dürfen wohl annehmen, daß der Zug auch dieses Mal gegen Assuruballiṭ gerichtet war, müssen uns aber klar darüber bleiben, daß ein Beweis hierfür nicht zu erbringen ist. Die assyrischen Truppen traten schon im Jahre 609, wie es scheint, neben dem ägyptischen Heere stark in den Hintergrund. Es ist aber wohl sicher, daß Assuruballiṭ auch nach dem zweiten Rückzuge, von dem wir sprachen, seine Hoffnungen noch nicht sofort aufgab. Nabopolassar starb erst im Jahre 605.

7.

Nabuchodonosor

Nabuchodonosor, der Sohn und Nachfolger des Nabopolassar, war bei seiner Thronbesteigung schon mit einer Tochter des Kyaxares verheiratet. Dies zeigt uns, daß der Vater ihn zur Zeit, wo das Bündnis zwischen den beiden Fürsten zustande kam, schon zum Kronprinzen bestimmt hatte. Er hatte den Namen Nabû-kuduruṣur erhalten, der ebenfalls schon, wie es scheint, mit seiner zukünftigen Aufgabe in Zusammenhang steht. Es war eine Bitte an den Gott Nabû, die Grenze oder das Land zu beschützen. In der Bibel finden sich die Formen N-b-ch-d-r-ṣ-r und N-b-ch-d-n-ṣ-r, die im Griechischen und im Lateinischen u. a. durch Nabukodrossoros und durch Nabuchodonosor umschrieben wurden. Am besten würde die Wiedergabe durch Nabuchodorosor passen. Das masoretische Nebukadnezar ist eine Fehlbildung aus späterer Zeit, mit der wir uns an dieser Stelle nicht weiter zu beschäftigen brauchen.

Der Name begegnet uns in der Bibel zuerst in dem Abschnitt Jer. 46, 1 ff., wo wir von der Schlacht bei Karkemisch erfahren. Der Prophet schildert uns hier, wie das Heer des Königs Necho von Ägypten, das damals am Euphrat stand, im vierten Jahre des Königs Jojakîm von Nabuchodonosor entscheidend geschlagen wurde. Die Schlacht wurde für Necho nach den Ausführungen des Jeremias zu einer vernichtenden und beschämenden Niederlage. „Steige nach Gilead hinauf“, so ruft er aus, „und hole dir Balsam, Jungfrau, Tochter Ägyptens! Du häufest umsonst die Heilmittel; für dich gibt es keinen Verband. Es hören die Völker deine Schmach; dein Klagerufen erfüllet die Erde. Der Krieger fällt über den Krieger; sie sinken zu Boden, beide zugleich.“ Da die Thronbesteigung des Jojakîm nach unsern bisherigen Feststellungen in das Jahr 609 fällt, haben wir nach der Ausdrucksweise der damaligen Zeit das Jahr 608 als das erste Jahr seiner Regierung zu betrachten. Dies führt uns für das vierte Regierungsjahr auf das Jahr 605. Der Ansatz ist hier so sicher, daß wir ihn für unsere weiteren Untersuchungen ohne Bedenken als Grundlage nehmen dürfen. Die Angaben finden ihre wertvollste Ergänzung in einer Aufzeichnung aus dem Werke des Berossus, die uns an zwei verschiedenen Stellen bei Flavius Josephus erhalten ist. Berossus erzählt uns dort[1]) über die Ereignisse bis zur Thronbesteigung des Nabuchodonosor: „Als sein Vater Nabopolassar hörte, daß der Satrap, der über Ägypten und über die Gegenden von Cölesyrien und Phönizien stand, abgefallen war, übergab er, da er selbst keine Beschwernisse mehr auf sich zu nehmen vermochte, einen Teil seines Heeres seinem noch jugendlichen Sohne Nabuchodonosor

[1]) Ant. X, 11, 1 (§ 220 ff.) und Contra Apionem I, 19 (§ 135 ff.); Schnabel, Berossos S. 271 ff., Fragm. Nr. 49.

und schickte diesen gegen ihn. Als Nabuchodonosor dann an den Abtrünnigen herangekommen war und sich zur Schlacht aufgestellt hatte, besiegte er ihn und brachte das Gebiet von Anfang an — oder: von Grund aus — unter seine Herrschaft. Sein Vater Nabopolassar verfiel jedoch um dieselbe Zeit zu Babylon in eine Krankheit und starb, nachdem er 21 Jahre regiert hatte. Als Nabuchodonosor kurz nachher von dem Tode seines Vaters Kenntnis erhielt, ordnete er die Angelegenheiten, die sich auf Ägypten und das übrige Gebiet bezogen, und überwies die Gefangenen aus Judäa, Phönizien, Syrien und den Völkerschaften an der Grenze von Ägypten einigen seiner Freunde, um sie mit dem am schwersten zu bewegenden Teile des Heeres und der übrigen Beute nach Babylonien zu schaffen, brach dann selbst mit einer geringen Abteilung auf und gelangte durch die Wüste nach Babylon. Dort übernahm er die Regierungsgeschäfte, die von Chaldäern so lange besorgt waren, und die Königsherrschaft, die von dem Vornehmsten unter ihnen so lange gehütet war, und trat die Herrschaft an über das ganze väterliche Reich." Wir lesen hier von dem Abfall eines Satrapen oder Statthalters, der über Ägypten, Palästina und Syrien stand. Der Abfall erfolgte, wie der Verfasser erzählt, in den letzten Jahren des Nabopolassar. Dieser schickte, da er selbst den Mühen eines Kriegszuges nicht mehr gewachsen war, seinen Sohn Nabuchodonosor mit einem größeren Teile seines Heeres gegen ihn aus. Nabuchodonosor besiegte seinen Gegner und brachte das ganze Gebiet in seine Gewalt. Als er dann erfuhr, daß sein Vater gestorben war, entschloß er sich, den Weitermarsch sofort einzustellen. Er beauftragte seine Freunde, das Heer mit den Kriegsgefangenen und der sonstigen Beute auf dem gewöhnlichen Wege nach Babylonien zurückzuführen, und eilte selbst mit einer kleineren Abteilung durch die Wüste, um möglichst bald in der Hauptstadt zu sein. Die Kriegsgefangenen waren nach der Angabe des Textes aus dem Lande Juda, aus Phönizien, Syrien und den Gebieten an der Grenze von Ägypten. Er stand also, wenn die Angabe richtig ist, bei der Nachricht von dem Tode seines Vaters schon im Süden von Palästina. Das war im Jahre 605, und zwar, wie sich aus einer Privaturkunde der damaligen Zeit ergibt[1]), noch vor dem 14. Tammuz, also noch vor dem 14. im vierten Monat. Der Ajar fiel in diesem Jahre nach einer andern Urkunde[2]), wie es scheint, noch ganz in die Zeit des Nabopolassar, der Tammuz wird aber in den Angaben dieses Textes ebenfalls schon als der „Tammuz im Anfangsjahre des Nabuchodonosor" bezeichnet. Wir kommen hier also für den Thronwechsel höchst wahrscheinlich in den Siwan, den dritten Monat des Jahres, und zwar in den Siwan desselben

---

[1]) Inschriften von Nabuchodonosor, König von Babylon, cop. und autogr. von J. N. Straßmaier, Heft I, Nr. 1; Keilinschrift. Biblioth., herausgeg. von Schrader, Bd. IV, S. 180—181.

[2]) Veröffentlicht von Straßmaier in der Zeitschr. für Assyriologie Bd. 4, S. 121 f. und S. 145 ff.; ebenso Keilinschriftl. Biblioth. Bd. IV, S. 178—181.

Jahres, in dem auch die Schlacht bei Karkemisch stattfand. Der eine Bericht ergänzt hier den andern. Die Schlacht bei Karkemisch war schon im Anfange des Jahres, vielleicht im Ajar. Nabopolassar stand im elften Regierungsjahre, wie wir gesehen haben, im Ajar mit seinem Heere schon vor den Toren von Aššur. Im Jahre 674, im siebten Jahre des Assarhaddon, waren die assyrischen Truppen schon im Adar, also noch vor dem ersten Monat des folgenden Jahres[1]), in Ägypten angelangt. Da der Feind überwunden war, bot das Vordringen nach Palästina keine Schwierigkeiten. Es war nur die durch die Verhältnisse von selbst gebotene Verfolgung des Gegners, die sich nach den Angaben des Textes bis zum Süden von Palästina fortsetzte. Die Darstellung, die Berossus hier bietet, enthält zwar eine Reihe von größeren und kleineren Verzeichnungen; sie entspricht aber in den wesentlichsten Punkten noch ganz der geschichtlichen Wirklichkeit. Daß er den Necho zu einem Satrapen erniedrigt, hängt mit den Verhältnissen in der Zeit der Perser zusammen. Ägypten war damals eine persische Provinz. Der Gegner des Königs von Babylon war für ihn ein Statthalter, der nicht nur über Ägypten, sondern auch über Palästina, Phönizien und Syrien gebot. Das war eine Machtstellung, die auch bei den Königen von Ägypten erst vorlag, als Psammetich, der Vater des Necho, sich mit dem Könige von Assyrien über das Schicksal dieser Länder geeinigt hatte. Es ist möglich, daß die Könige von Ägypten auch in Babylonien trotz der praktischen Gleichsetzung noch als die Vasallen der Könige von Assyrien betrachtet wurden. Berossus ist offenbar über den eigentlichen Gang der Entwicklung nicht mehr genau unterrichtet. Er weiß nur, daß Nabuchodonosor kurz vor dem Tode des Nabopolassar im Auftrage seines Vaters in Palästina zu kämpfen hatte, daß der Kampf gegen den damaligen Machthaber in Ägypten gerichtet war, den er für seine Person als einen Untergebenen des Nabopolassar betrachtet, und daß die Unternehmungen beim Eintreffen der Todesnachricht sofort eingestellt wurden. Sie bildeten in ihrem Zusammenhange mit der Schlacht bei Karkemisch die natürliche und fast selbstverständliche Fortsetzung der Ereignisse, die uns aus den keilinschriftlichen Aufzeichnungen nur bis zum Jahre 609 genauer bekannt sind. Nabopolassar hatte sich nicht nur mit dem Bundesgenossen oder, wenn man will, mit dem Untergebenen des Assuruballit auseinanderzusetzen; er sah auch in den syrischen Provinzen und in den Gebieten von Palästina, wie wir annehmen müssen, nur Teile des assyrischen Weltreiches, die er ohne weiteres für sich in Anspruch nahm. Es ist gar nicht unmöglich, daß er auch über Ägypten so dachte.

Daß der Vormarsch nach Palästina sich unmittelbar an die Schlacht bei Karkemisch anschloß, sehen wir auch aus der Kundgebung, die uns bei Jeremias in einem andern Zusammenhange

---

[1]) S. oben S. 471.

schon im 25. Kapitel begegnet. Sie erfolgte nach der Angabe des Textes ebenfalls im vierten Regierungsjahre des Jojakim, das hier als das erste Jahr des Nabuchodonosor bezeichnet wird, und war an „das ganze Volk Juda und an alle Einwohner Jerusalems“ gerichtet. Es ist eine Androhung des Strafgerichtes, das über das Volk kommen soll, wenn es sich nicht endlich bekehrt und abläßt von seiner Gottlosigkeit und von seinen Sünden. Jahwe wird alsdann alle Völkerschaften des Nordens herbeirufen und sie unter der Führung seines Knechtes Nabuchodonosor über das ganze Land und über alle Völker im Umkreise hereinbrechen lassen. Das Land soll zur Wüste und zur Einöde werden, und die Bewohner des Landes sollen dem Könige von Babylon dienstbar sein für die Zeit von siebzig Jahren. Diese Drohung steht mit den Ereignissen offenbar in unmittelbarem Zusammenhange. Sie läßt sich nur begreifen, wenn wir annehmen, daß man damals in Jersusalem zu einer solchen Befürchtung schon allen Grund hatte. Wir erfahren dann aus dem Texte II Kön. 24, 1 ff., daß Jojakim sich dem Nabuchodonosor bei derselben Gelegenheit unterwarf, und daß er ihn drei Jahre hindurch als seinen Oberherrn anerkannte. „In seiner Zeit“, so erzählt uns der Verfasser, „zog Nabuchodonosor, der König von Babylon, heran, und Jojakim wurde ihm dienstbar drei Jahre lang. Dann fiel er wieder von ihm ab. Da schickte Jahwe gegen ihn Streifscharen von Chaldäern, Streifscharen von Aramäern, Streifscharen von Moabitern und Streifscharen von Ammonitern. Er schickte sie gegen Juda, um dieses zu vernichten, nach dem Worte Jahwes, das er gesprochen hatte durch seine Diener, die Propheten.“ Das Nähere wird uns leider nicht mitgeteilt. In den folgenden Zeilen wird nur hervorgehoben, daß diese Heimsuchungen noch über das Volk kamen, weil Manasses so schwer gefehlt hatte. Als Jojakim dann starb, wurde Jojachin König an seiner Statt. „Der König von Ägypten zog aber nicht mehr aus seinem Lande; denn der König von Babylon hatte vom Bache Ägyptens bis zum Euphrat alles genommen, was dem Könige von Ägypten gehört hatte.“ Das war natürlich nicht durch die Streifscharen geschehen, sondern durch das Unternehmen im Jahre 605.

Nabuchodonosor hatte sich also nicht darauf beschränkt, die Ueberreste des ägyptischen Heeres möglichst weit vor sich her zu treiben; er hatte zugleich die Gebiete, die er durchzog, fest in seinen Besitz genommen und die Vorherrschaft der Ägypter in Syrien und in Palästina vollständig vernichtet. Wo er auf Widerstand stieß, waren die Gegner, wie sich aus dem Texte des Berossus ergibt, zum Teil als Gefangene fortgeführt worden. Das wird dort, wie wir gesehen haben, auch für die Bewohner von Juda vorausgesetzt. Wir erinnern uns, daß Jojakim dem Könige von Ägypten die Krone verdankte, und dürfen deshalb ohne Bedenken mit der Wahrscheinlichkeit rechnen, daß er ehrlich versucht hatte, ihm die Treue zu wahren. Die Angabe verdient hier also für sich allein schon unser volles Vertrauen. Sie findet aber noch eine besondere Bestätigung in den Aufzeichnungen des Buches Daniel. Wir lesen dort gleich im ersten Kapitel, daß Nabuchodonosor im dritten Jahre des Jojakim vor Jerusalem erschien und die Stadt belagerte, daß Jahwe ihm den Jojakim und einen Teil der Tempelgeräte in die Hand gab, und daß die Geräte dann nach Babylon gebracht und dort im Schatzhause des Bêl niedergelegt wurden. Der Verfasser erzählt uns dann in den folgenden Zeilen, daß Nabuchodonosor unter den Gefangenen aus dem Lande Juda vier Knaben aus königlichem und fürstlichem Geblüte auswählen ließ, die nach einer entsprechenden Vorbereitung im Hofdienste verwandt werden sollten. Die Vorbereitung dauerte nach der Angabe des Verfassers drei Jahre. Als diese Zeit zu Ende war, durften sie ihr Amt antreten. Daniel wurde dann, wie uns im folgenden Kapitel erzählt wird, im zweiten Regierungsjahre des Nabuchodonosor zur Deutung des bekannten Traumes herangezogen. Wir sehen hier also, daß die drei Jahre der Vorbereitung schon im zweiten Jahre des Nabuchodonosor zum Abschluß gelangten. Dies war aber nur möglich, wenn die Fortführung schon vor dem ersten Regierungsjahre stattfand. Die Voraussetzungen decken sich hier also genau mit der Darstellung des Berossus. Das erste Jahr der Vorbereitung ist das Jahr, in dem Nabuchodonosor zur Herrschaft gelangte, das zweite entspricht dann dem ersten vollen Regierungsjahre des Königs, und das dritte fällt in derselben Weise mit dem zweiten Regierungsjahre zusammen. Es überrascht nur, daß der Verfasser in dem Jahre der Thronbesteigung das dritte Jahr des Jojakim erblickt. Das läßt sich mit unsern bisherigen Feststellungen nicht ganz in Einklang bringen. Wenn das Jahr 608 das erste volle Regierungsjahr des Jojakim ist, kommen wir für das dritte Jahr auf das Jahr 606. Diese Zahl liegt im Rahmen der sonstigen Angaben um ein Jahr zu hoch. Es kann sich bei der Fortführung und dem ersten Jahre der Vorbereitung nur um das Jahr 605 handeln, das dem ersten vollen Regierungsjahre des Nabuchodonosor unmittelbar voraufgeht. Wir stehen hier aber vor einer deutlichen Uebereinstimmung mit der soeben schon erwähnten Angabe beim Propheten Jeremias, wo das vierte Jahr des Jojakim als das erste Jahr des Nabuchodonosor bezeichnet wird. Wenn das erste Regierungsjahr des Nabuchodonosor mit dem vierten Jahre des Jojakim zusammenfällt, muß das vorhergehende dem dritten Jahre entsprechen.

Ueber die Erhebung, die zu dem Erscheinen der Streifscharen führte, besitzen wir sonst keine genaueren Nachrichten. Wir sehen aber, daß die Aramäer, die Moabiter und die Ammoniter sich an dieser Empörung nicht beteiligten. Da sie alle um dieselbe Zeit gegen den König von Juda vorgingen, müssen wir annehmen, daß sie durch ihren Oberherrn hierzu veranlaßt waren. Es scheint aber, daß hier ein anderer Zusammenhang vorliegt, der sich unserer Kenntnis zum Teil noch entzieht. Wir besitzen noch die stark beschädigten Ueberreste einer neubabylonischen Tontafel[1]), auf der sich die Worte finden: „...... [ging den We]g des Todes. Die Waffe .... Die Bewohner des Landes Ḫattu stellten sich im Monat Ajar, im dritten Regierungsjahre des [...., des Königs von] Babylon, seinen Truppen entgegen. [....] bot [sein Heer] auf, und als er in 13 Tagen [zum Lande Ḫattu] gekommen war, schlug er den .... der Leute, die den Amanus bewohnten, die Köpfe ab und hängte sie an ...... und ...." Wir lesen hier also von einem Aufstande im Lande Ḫatti, und zwar von einem Aufstande im zweiten Monat des dritten Regierungsjahres. Das dritte Regierungsjahr ist für Nabuchodonosor, wenn wir den Namen hier einsetzen dürfen, nach der babylonischen Zählung das Jahr 602. Das erste Jahr war nach dieser Zählung, wie wir noch einmal hervorheben müssen, das Jahr 604. Es war das erste volle Jahr seiner Regierung. Dies führt uns aber, wenn unsere bisherigen Ansätze richtig sind, nicht auf das vierte, sondern auf das fünfte Jahr des Jojakim. Wir kommen hier also zu einem Ergebnis, das sich von der Zählung, wie sie uns bei Jeremias begegnet, um ein Jahr unterscheidet. Das erste Jahr des Nabuchodonosor ist nach der babylonischen Zählung das fünfte, nach der Angabe der Bibel dagegen das vierte Jahr des Jojakim. Dieser Unterschied hat mit der Frage, wie man damals in Palästina überhaupt zu datieren pflegte, an und für sich gar nichts zu tun. Das vierte Jahr des Jojakim war nach der Angabe des Jeremias nicht nur das erste Jahr des Nabuchodonosor; es war zugleich das dreiundzwanzigste Jahr nach seiner Berufung, die im dreizehnten Jahre des Josias erfolgte. „Vom dreizehnten Jahre des Josias, des Sohnes des Amon, des Königs von Juda, bis zu diesem Tage ist es jetzt das dreiundzwanzigste Jahr, daß das Wort Jahwes an mich erging." Da Josias im 31. Jahre seiner Regierung starb, müssen wir, wenn die Zahl wirklich zutreffen soll, zwischen dem Todesjahre des Josias und dem ersten Jahre des Jojakim eine Trennung vornehmen. Das 31. Jahr des Josias entspricht dem 19., das erste Jahr des Jojakim dem 20. und das vierte dem 23. Jahre dieser Periode. Dabei konnten wir genau feststellen, daß der Tod des Josias spätestens im Anfange des Tammuz erfolgte, und daß wir für die Absetzung des Joachaz und die Ernennung des Jojakim nicht über den achten Monat des Jahres hinausgehen dürfen. Wir haben hier also ganz dieselbe Zählung, die uns in den babylonischen Texten auch für Nabuchodonosor begegnet. Das erste Jahr ist das erste volle Regierungsjahr. Der Tod des Nabopolassar fällt aber, wie wir gesehen haben, wahrscheinlich schon in den dritten Monat des Jahres. Der Tammuz wird in den Urkunden schon als der Tammuz des Jahres bezeichnet, in dem Nabuchodonosor zur Herrschaft gelangte. Da man in Palästina über die

[1]) Mitgeteilt von Straßmaier, Hebraica IX, S. 5; auch bei Winckler, Keilinschr. und das Alte Test., 3. Aufl. S. 107 f., und Keilinschr. Textbuch S. 56 f.

Könige von Babylon keine Listen führte, wurden die wenigen Monate, die noch auf die Zeit des Nabopolassar entfielen, bei den Angaben schon bald übersehen. Man vergaß zunächst, daß Nabuchodonosor damals noch Kronprinz war, und bezeichnete ihn ohne Bedenken auch für diese Monate schon als König. Damit wurde das Jahr aber von selbst schon zu einem vollen Regierungsjahre, das dann auch als volles Regierungsjahr gezählt wurde. Man begann also, wie wir auch sonst noch sehen werden, in Palästina bei der Zählung schon mit dem Jahre 605. Das Jahr 605 ist nach dieser Auffassung das erste Jahr des Nabuchodonosor. Es war das Jahr, wo Jojakim sich ihm unterwarf. Dies führt uns für die Auflehnung, von der uns die Bibel erzählt, in das Jahr 602. Das Jahr 602 ist aber nach der babylonischen Zählung in der Tat das dritte Jahr des Nabuchodonosor. Wir wollen gern zugeben, daß bei einem solchen Zusammentreffen eine gewisse Zurückhaltung am Platze ist. Diese gibt uns aber noch nicht das Recht, auf eine genauere Prüfung der hier in Betracht kommenden Möglichkeiten von vornherein zu verzichten. Die Bibel erzählt uns, daß Jojakim, wenn wir die Ansätze der Babylonier zugrundelegen, im dritten Jahre des Nabuchodonosor vom Könige von Babylon abfiel; der keilinschriftliche Text berichtet, daß der König von Babylon im Anfange des dritten Jahres in Eilmärschen nach Syrien zog und dort einen Aufstand ebenso grausam unterdrückte, wie es früher so oft bei den Königen von Assyrien der Fall war. Ewilmerodach, der Sohn des Nabuchodonosor, regierte nur zwei Jahre; Neriglissar, der Nachfolger des Ewilmerodach, stand bei seinem Regierungsantritt schon in vorgerücktem Alter, wo man sich zu größeren Unternehmungen nicht mehr so leicht entschließt, und starb dann bereits im Anfange des vierten Jahres; Nabuna'id zog schon im zweiten Jahre seiner Regierung zum Libanon und wurde dort ernstlich krank, so daß er sich noch in demselben Jahre nach der Oase Adumu zurückziehen mußte, um dort Genesung zu finden. Damit kommen wir auch hier wieder zu demselben Ergebnis. Die Angaben passen nach allem, was sich darüber feststellen läßt, nur für das dritte Jahr des Nabuchodonosor. Es scheint, daß er im Sommer dieses Jahres selbst in Syrien verblieb und nach Palästina zunächst nur die „Streifschar" entsandte, von der wir in dem Berichte der Königsbücher erfahren. Jojakim vermochte sich aber, wie aus dieser Aufzeichnung hervorgeht, noch bis zu seinem Tode zu halten. Ueber die Einzelheiten läßt sich hier aus den Texten gar nichts entnehmen. Wir wissen nur, daß Jerusalem schließlich von den Babyloniern belagert wurde, und daß Jojachin, der achtzehnjährige Sohn des Jojakim, sich schon nach drei Monaten ergab. „In jener Zeit", so erzählt uns der Verfasser der Königsbücher, „zogen die Diener des Nabuchodonosor, des Königs von Babylon, nach Jerusalem, und die Stadt wurde belagert. Und es rückte Nabuchodonosor, der König von Babylon, gegen die Stadt heran, als seine Diener sie belagerten. Da kam Jojachin, der König von Juda, zum Könige von Babylon hinaus, er und seine Mutter, seine Diener, Obersten und Kämmerer, und der König von Babylon nahm ihn gefangen im achten Jahre seiner Regierung. Er ließ alle Schätze im Hause Jahwes und die Schätze im Hause des Königs herausbringen und alle goldenen Gefäße zerbrechen, die Salomon, der König von Israel, im Tempel Jahwes hatte anfertigen lassen, wie Jahwe befohlen hatte. Und er führte hinweg ganz Jerusalem, alle Obersten und alle kriegstüchtigen Männer, 10000 Gefangene, dazu alle Schmiede und Schlosser. Nur das arme Volk des Landes blieb zurück. Den Jojachin brachte er gefangen nach Babylon, ebenso führte er die Mutter des Königs, die Frauen des Königs, seine Kämmerer und die Vornehmen des Landes von Jerusalem nach Babylon in die Gefangenschaft, dazu alle kriegstüchtigen Männer, 7000, und die Schmiede und Schlosser, 1000, alles kriegstüchtige Leute. Diese führte der König von Babylon als Gefangene nach Babylon. Und der König von Babylon machte seinen Onkel Mattanjah an seiner Stelle zum Könige und änderte seinen Namen in Sedekias.“ Da wir als das erste Jahr des Jojakim das Jahr 608 erhielten, kommen wir für das Todesjahr auf das Jahr 598. Das war nach den Vorausetzungen der biblischen Texte das achte, nach der babylonischen Zählung dagegen das siebte Jahr des Nabuchodonoser.

In der Chronik ist es bei der Festlegung der Zahlen zu einer merkwürdigen Verschiebung gekommen. Jojachin war, wie soeben schon erwähnt wurde, nach der Angabe der Königsbücher 18 Jahre alt, als er zur Herrschaft gelangte, und regierte dann drei Monate. Hieraus wurde an der Stelle II Chron. 36, 9: „Jojachin war 8 Jahre alt, als er zur Herrschaft kam, und regierte 3 Monate und 10 Tage.“ Die 10 ist hier von der Zahl, die sich auf die Jahre bezog, heruntergenommen und an das Ende gerückt, wo sie zu der Hinzufügung von zehn über die Zahl der Monate hinausgehenden Tagen führte.

Die Geschichte des Sedekias wird uns in den Königsbüchern ganz mit denselben Worten erzählt wie im Schlußkapitel des Buches Jeremias. Sedekias war 21 Jahre alt, als er zur Herrschaft kam, und regierte 11 Jahre. Im 9. Jahre seiner Regierung zog Nabuchodonosor, da er sich trotz der Warnungen des Propheten Jeremias[1]) gegen ihn aufgelehnt und mit Ägypten in Verbindung gesetzt hatte, mit seiner ganzen Heeresmacht gegen die Hauptstadt, um ihn dort zu belagern. Die Belagerung nahm ihren Anfang im 10. Monat des neunten Jahres, am 10. Tage, und dauerte bis in den Sommer des 11. Jahres. Sedekias machte im 4. Monat des elften Jahres, am 9. Tage, einen Ausfall und suchte zu fliehen, wurde aber bei Jericho eingeholt und nach Ribla gebracht, wo Nabuchodonosor damals sein Standquartier hatte. Nabuchodonosor sprach dort über ihn das Urteil; er ließ die Söhne des unglücklichen Königs vor den Augen ihres Vaters hinrichten, blendete ihn und ließ ihn

[1]) Vgl. besonders Jer. 27, 2 ff.

in Ketten nach Babylon bringen. Dann begann am 7. Tage des 5. Monats, im 19. Regierungsjahre des Nabuchodonosor, die eigentliche Zerstörung der Stadt. Sie fällt also, da das 8. Regierungsjahr des Nabuchodonosor nach der Zählung des Verfassers dem Jahre 598 entsprach, in den 5. Monat des Jahres 587. Damit ist dieses Jahr gegen jedes Bedenken sichergestellt. Man fragt sich nur, wie es möglich war, daß der Verfasser von Jer. 52, 28—30 die Vorgänge dann plötzlich nach der babylonischen Zählung datierte. Diese Frage läßt sich aber aus der Eigenart der Angaben ohne Schwierigkeit beantworten. Wir haben hier einen aus einer anderen Quelle stammenden kurzen Ueberblick über die Zahl der Personen, die zur Zeit des Nabuchodonosor aus Jerusalem und aus dem Lande Juda in die Gefangenschaft geführt wurden. Es waren im siebten Jahre 3023 Personen aus Juda, im achtzehnten Jahre 832 Seelen aus Jerusalem und im dreiundzwanzigsten Jahre 745 Seelen aus Juda, die damals von Nabuzaradan weggeführt wurden, zusammen 4600 Seelen. Diese sind, wie man auch im einzelnen über die Angaben urteilen mag, bis auf die Zehner und Einer genau abgezählt. Die Aufzeichnungen tragen hier ganz den Charakter der Zusammenstellungen, die uns so oft in den Siegesberichten der Assyrer begegnen, und sind deshalb, wie wir annehmen müssen, auch ganz in derselben Weise zu erklären. Sie gehen ihrem Ursprunge nach auf die sorgfältig geführten amtlichen Listen zurück, die auch in der babylonischen Zeit, wie es scheint, die Grundlage für die üblichen Kriegsberichte bildeten. Diese boten natürlich dieselbe Datierung, wie sie auch sonst bei den Babyloniern in Gebrauch war.

Die Zerstörung Jerusalems fällt nicht nur nach den Königsbüchern und nach den Angaben bei Jeremias, sondern auch nach der Chronik in das elfte Regierungsjahr des Sedekias. Dies führt uns, wenn wir von dem Jahre 587 noch einmal auf den Anfang seiner Regierung zurückblicken dürfen, für das erste volle Regierungsjahr auf das Jahr 597. Das Jahr 598 war also, wie wir bei unseren bisherigen Zusammenstellungen schon vorausgesetzt haben, das Anfangsjahr oder das Jahr seiner Thronbesteigung. Es war aber, wie wir gesehen haben, zugleich das Todesjahr des Jojakim. Damit schieden die drei Monate, die in den Königsbüchern für Jojachin angesetzt werden, ebenso wie die drei Monate des Joachaz bei der Zählung vollkommen aus. Sie haben, soweit es sich um die Festlegung der Jahre handelt, nur in der Chronik eine besondere Berücksichtigung gefunden. Der Verfasser hat die Königsbücher, wie allgemein zugegeben wird, als Quelle benutzt. Der Text bietet aber statt der 18 Jahre, die hier in der Vorlage genannt werden, nur 8 Jahre. Die 10 tritt uns hier, wie oben schon betont wurde, in der gleichlautenden Anzahl der Tage entgegen, die in dem älteren Texte gar nicht erwähnt werden. Der König regierte nach dieser Darstellung nicht drei Monate, sondern drei Monate und zehn Tage. Wir erfahren dann ebenso wie in den Königsbüchern, daß Jojachin tat, was dem Herrn mißfiel, und lesen darauf in V. 10: „Im folgenden Jahre ließ der König Nabuchodonosor ihn nebst den kostbaren Geräten aus dem Hause Jahwes nach Babylon bringen.“ Man sieht also, daß die drei Monate und die zehn Tage, die hier hinzugefügt sind, nach der Annahme des Verfassers bis in das nächste Jahr hineinreichen. Damit verschiebt sich aber die Zeit des Sedekias um ein volles Jahr. Wir würden hier für das elfte Regierungsjahr nicht mehr das Jahr 587, sondern das Jahr 586 erhalten. Dies zeigt uns, daß die Voraussetzung des älteren Textes auch hier wieder den Vorzug verdient. Wenn wir an der Angabe der Chronik festhalten, müssen wir für Sedekias die Zahl der Regierungsjahre beanstanden. Das ist aber gerade bei Sedekias wegen der vollen Uebereinstimmung und der unbedingten Zuverlässigkeit der uns hier zur Verfügung stehenden Aufzeichnungen ganz unmöglich.

Als die Stadt schon von den Truppen des Nabuchodonosor umlagert wurde, zog ein Heer des Königs von Ägypten heran, um die Eingeschlossenen zu befreien. Dies führte dann, wie wir Jer. 37, 5 erfahren, zu einer vorübergehenden Aufhebung der Belagerung, die nicht eher wieder aufgenommen wurde, als die Ägypter besiegt und aus dem Lande vertrieben waren. Dieser Sieg wird schon in dem Gottesworte vorausgesetzt, das im 11. Jahre nach der Wegführung des Königs Jojachin, im ersten Monat, am 7. Tage des Monats, an den Propheten Ezechiel erging. Jahwe hatte damals, wie er dem Propheten in dieser Kundgebung am Schluß des 30. Kapitels erklärt, dem Könige von Ägypten den Arm zerschmettert. Man legte ihm keinen Verband an, damit er stark genug werde, das Schwert noch einmal zu führen. Er will ihm auch den gesunden Arm noch zerstören und ihm das Schwert ganz aus der Hand schlagen. Dem Könige von Babylon will er aber den Arm stärken, damit dieser als Sieger aus dem Kampfe hervorgeht und alle erkennen, daß Jahwe hier am Werke gewesen ist. Da die Offenbarung schon am siebten Tage des ersten Monats stattfand, kann die Niederlage, auf die der Text hier Bezug nimmt, nur für den Sommer oder Herbst des vorhergehenden Jahres vorausgesetzt werden. Als die Stadt dann gefallen war, erregte dieses die besondere Freude der Bewohner von Tyrus, die von der Zerstörung wesentliche Besserungen ihrer Handelsbeziehungen erwarteten. Dies führte dann zu der Mahnrede, die uns im 26. Kapitel erhalten ist. Tyrus hatte damals schon über Jerusalem gerufen: „Ha! Zerbrochen ist das Tor der Völker! Mir hat es sich aufgetan. Ich werde leben in Fülle, nachdem es zur Öde geworden.“ Darum erklärte der Herr durch den Mund des Propheten: „Siehe, Tyrus, ich schreite gegen dich ein und lasse gegen dich herankommen viele Völker, wie das Meer seine Wogen herankommen läßt. Sie werden die Mauern von Tyrus zerstören, seine Türme niederreißen. Dann fege ich seinen Schutt von ihm weg und mache es zum kahlen Felsen. Ein Trockenplatz für Fischernetze soll es werden in der Mitte des Meeres; denn ich habe es gesagt, spricht Jahwe, der Herr. Den Völkern wird es zum Raube werden. Und seine Töchter, die auf dem festen Lande sind, sollen gemordet werden durch das Schwert, damit man erkenne, daß ich Jahwe bin. Denn also spricht Jahwe, der Herr: Siehe, ich führe gegen Tyrus den Nabuchodonosor, den König von Babylon, vom Norden, den König der Könige, mit Pferden und Wagen und Reitern und einer großen Menge Volkes. Und deine Töchter auf dem Lande wird er morden mit dem Schwerte und gegen dich Belagerungstürme errichten und einen Wall gegen dich aufschütten und Schutzdächer gegen dich aufstellen. Die Stöße seines Sturmbockes wird er gegen deine Mauern richten und deine Türme einreißen mit seinen Steinbrechern. Von der Menge seiner Pferde wird dich bedecken der Staub; von dem Getöse der Reiter, der Räder und Wagen werden erdröhnen deine Mauern, wenn er einzieht in deine Tore, wie man einzieht in eine eroberte Stadt. Mit den Hufen seiner Rosse wird er alle deine Straßen zerstampfen, dein Volk mit dem Schwerte töten, und deine festen Gedenksäulen werden zur Erde sinken. Sie werden deinen Reichtum plündern, deine Handelsgüter zur Beute machen, deine Mauern zerstören, deine Prachtgebäude niederreißen und deine Steine, dein Holz und deinen Schutt in das Wasser werfen. Dem Klange deiner Lieder werde ich ein Ende machen, und der Laut deiner Harfen soll nicht mehr vernommen werden. Ich werde dich zu einem kahlen Felsen machen; ein Trockenplatz sollst du sein für Fischernetze, und nie soll man dich wieder aufbauen; denn ich, Jahwe, habe es gesagt, spricht Jahwe, der Herr.“ Diese Schilderung, eine der packendsten Darstellungen aus dem ganzen vorchristlichen Altertum, ist in der Einleitung vom 1. im 11. Monat des 11. Jahres datiert. Die Zerstörung Jerusalems liegt also, da sie in diesem Texte schon vorausgesetzt wird, für den Verfasser zwischen dem 7. im ersten und dem 1. im elften Monat des 11. Jahres. Das 25. Jahr dieser Zählung war nach der Stelle 40, 1 das 14. Jahr nach der Eroberung der Stadt. Das erste Jahr war also, wie man auch hier wieder sieht, das Jahr 597. Das war nach der Königsliste zugleich das erste Jahr des Sedekias. Das 9. Jahr begegnet uns Ez. 24, 1—2 als das neunte Jahr des Sedekias.

Wir sehen aus der Prophetenstelle, daß Tyrus am Ende des elften Jahres von den Babyloniern noch nicht belästigt wurde. Jahwe erklärte dann aber, wie uns 29, 17 ff. erzählt wird, im 27. Jahre, im ersten Monat, am ersten Tage des Monats: „Menschensohn! Nabuchodonosor, der König von Babylon, hat sein Heer schweren Dienst tun lassen gegen Tyrus. Jedes Haupt ist kahl geworden, und jede Schulter ist wund gerieben[1]), aber ein Lohn ist ihm und seinem Heere von Tyrus für den Dienst, den er dort geleistet hat, nicht zuteil geworden. Darum spricht Jahwe, der Herr: Siehe, ich gebe dem Nabuchodonosor, dem Könige von

[1]) durch die Lasten, die man auf dem Kopf und auf den Schultern zu tragen hatte.

Babylon, das Land Ägypten, daß er seinen Reichtum fortführe, es beraube und es plündere, als Lohn für sein Heer. Als Lohn für die Arbeit, die er dort geleistet, habe ich ihm das Land Ägypten gegeben, weil sie es für mich getan haben, spricht Jahwe, der Herr." Die Belagerung von Tyrus hat also dem Nabuchodonosor nicht die Mittel in die Hand gegeben, das Heer zu bezahlen. Die Krieger sollen deshalb entschädigt werden durch den Reichtum Ägyptens. Man sieht also, daß die Kämpfe damals schon zum Abschluß gelangt waren. Sie hatten aber, wie Flavius Josephus berichtet[1]), im ganzen dreizehn Jahre gedauert. Diese dreizehn Jahre decken sich nach der Angabe des Flavius Josephus mit den Regierungsjahren des Königs Ithobalos. Auf Ithobalos folgte dann der König Baal mit zehn Jahren, und an die zehn Jahre des Baal schloß sich eine Periode von sieben Jahren und drei Monaten, wo Tyrus von Richtern regiert wurde. Dann folgten zwei Könige, die man, wie Flavius Josephus hervorhebt, aus Babylon herbeiholte. Der erste von ihnen, der König Merbalos, regierte nur vier Jahre. Als er gestorben war, holte man seinen Bruder Hirom herbei, der in dem Texte mit zwanzig Jahren angesetzt ist. Flavius Josephus berechnet auf diese Weise die Zeit vom Anfange der Belagerung bis zum Tode des Hirom auf 54 Jahre und drei Monate. Er fügt dann hinzu, daß die Thronbesteigung des Kyrus in das 14. Jahr des Hirom fiel. Das 14. Jahr des Hirom war also das Jahr 539. Damit erhalten wir als das letzte Jahr der ganzen Periode das Jahr 533. Wir kommen hier also, wenn wir über die drei Monate hinwegsehen, für den Anfang dieses Zeitraumes auf das Jahr 586. Das deckt sich genau mit der Bibel. Die Belagerung war im elften Monat des Jahres 587 vorhergesagt; sie nahm dann im folgenden Jahre ihren Anfang und dauerte wahrscheinlich bis zum Jahre 574, wo Baal, der Nachfolger dés Ithobalos, sich dem Nabuchodonosor unterwarf und ihm die beiden Prinzen, die man später aus Babylon holte, also wohl seine beiden ältesten Söhne, als Geisel überließ. Die Belagerung nahm also einen andern Ausgang, als man erwartet hatte. Die Stadt blieb vor dem Untergange bewahrt, und die Soldaten erlebten, soweit sie auf Beute gerechnet hatten, eine schwere Enttäuschung. Sie sollten aber, wie aus den Worten des Propheten hervorgeht, in dem Besitztum der Ägypter eine Entschädigung finden. Das 27. Jahr, von dem wir hier lesen, ist das Jahr 571. Nabuchodonosor stand damals schon im 34. Jahre seiner Regierung. Er befand sich also schon in einem Alter, wo man sich nur ungern zu außergewöhnlichen Unternehmungen entschließt. Wenn er es für notwendig gehalten hätte, Ägypten ganz in seine Gewalt zu bringen, würde er mit der Ausführung dieses Planes sicher nicht so lange gewartet haben. Es scheint sogar, daß er sich zu einem solchen Kampfe überhaupt nicht mehr stark genug fühlte. Auf jeden Fall lagen die Verhältnisse für einen Angriffskrieg bei

[1]) Contra Apionem I, 21 (§ 156).

weitem nicht mehr so günstig, wie zur Zeit des Assarhaddon. Ägypten war wieder zu einer einheitlichen, in sich selbst geschlossenen Großmacht geworden, mit der man auch in Babylon ernstlich zu rechnen hatte. Es kam zwar im 37. Jahre des Nabuchodonosor, also im Jahre 568, zu einem Zusammenstoß, aber nicht in Ägypten, sondern höchstwahrscheinlich im Süden von Palästina. Die Angaben finden sich auf einer Tontafel[1]), bei der an der linken Seite leider ein erhebliches Stück fehlt. Wir erfahren dort, daß die Truppen des Landes Mi-ṣir heranzogen, um eine Schlacht zu liefern. [A-ma]-a-su, der König des Landes Mi-ṣir, hatte sein Heer aufgeboten und den [š]a-ḳu-u oder den Obersten der Stadt Buṭujawan, die [Obersten] fernliegender Gebiete mitten im Meere und die zahlreichen ša-ki oder die zahlreichen Obersten[2]) in Ägypten mit ihren waffentragenden Kriegern[3]), ihren Pferden und ihren Streitwagen zu Hilfe gerufen. Er ließ die fremden Truppen an der Spitze vor sich herziehen, weil er ein besonderes Vertrauen zu ihnen hatte. Dann gab Nabuchodonosor den Befehl zum Angriff[4]) und bewirkte, wenn wir die Ausdrücke richtig verstehen, die Niederlage[5]), die Vernichtung[6]) und die Flucht[7]) der fremden Söldner nach ihren fernliegenden Bezirken[8]). Die Fortsetzung ist ebenfalls nicht mehr vorhanden. Wir sehen aber, daß es sich bei den Vorgängen, die uns hier geschildert werden, nicht um einen Einfall der Babylonier in Ägypten, sondern um einen planmäßig vorbereiteten Kriegszug des Königs [Am]asis handelt. Amasis stand damals noch ganz im Anfange seiner Regierung. Er stützte sich bei seinen Unternehmungen, wie uns auch sonst bekannt ist, vor allem auf die Hilfe der Griechen, die er auch dieses Mal besonders heranzog. Die Stadt Buṭujawan ist nichts anderes als das „Buto der Jonier", also wohl eine griechische Niederlassung in der unmittelbaren Nähe der ägyptischen Stadt Buto, an der sogenannten sebennytischen Nilmündung. Die fernliegenden

---

[1]) Herausgegeben von Pinches, Transactions of the Society of Biblical Archaeology VII, 210 ff., und von Straßmaier, Inschriften von Nabuchodonosor, Heft II, Nr. 329. Umschrift und beachtenswerter, aber in den Einzelheiten noch nicht ganz befriedigender Uebersetzungsversuch bei Langdon, Neubabylonische Königsinschriften S. 206—207.

[2]) ša-ki = šaḳê.

[3]) . . . . na-ši kakkê.

[4]) [i]-šak-kan ṭe-e-mu.

[5]) kabistu.

[6]) pašittu. Vgl. zu dieser Lesung bes. die Feststellungen von Meißner, Studien zur assyrischen Lexikographie III (Mitteilungen der Altorientalischen Gesellschaft, XI. Band, Heft 1/2), S. 64 ff.

[7]) ḫaliḳtu.

[8]) [a-na na-gi-i]-šu-nu ni-su-tu. Der Verfasser greift hier offenbar auf die fernliegenden Gebiete zurück, die schon in den vorhergehenden Sätzen genannt wurden. Die Angabe hat eine merkwürdige Parallele in dem Vokabular Rm. 131 (Meißner, Supplem. Autogr. S. 20) Vs. Z. 10—13, wo uns die Wörter kabistu, pašittu, ḫaliḳtu und nisûtu genau in derselben Aufeinanderfolge begegnen.

Gebiete, die sich mitten im Meere befinden, können nach diesem Zusammenhange nur die jonischen Inseln und die Küstenbezirke auf dem griechischen und auf dem kleinasiatischen Festlande sein.

Ezechiel geht bei seinen Datierungen, wie wir annehmen müssen, stets von denselben Voraussetzungen aus. Er zählt in seinem ganze Buche, obschon er bei der Zusammenstellung gar nicht chronologisch verfährt, nach den Jahren der Gefangenschaft. Das erste Jahr ist das Jahr nach der Fortführung des Jojachin. Es war dasselbe Jahr, das in Palästina als das erste Jahr des Sedekias bezeichnet wurde. Das neunte Jahr ist nach der Stelle 24, 1—2 das neunte Jahr des Sedekias, das elfte Jahr ist das Jahr, in dem die Bewohner von Tyrus sich schon vor dem Beginn des elften Monats über den Untergang der Stadt Jerusalem freuten, und das zwölfte Jahr ist nach dem Ansatz im 40. Kapitel das erste Jahr, das auf den Untergang der Stadt folgte. Der Prophet bietet für den Anfang der Belagerung genau dasselbe Datum, das uns II Kön. 25, 1, Jer. 39, 1 und Jer. 52, 4 begegnet, und verlegt die Eroberung, wie wir aus den beiden andern Ansätzen entnehmen müssen, ebenfalls in das elfte Jahr. Der Ausgang wird in dem Gottesworte, das damals am ersten Tage des elften Monats an ihn erging, schon als bekannt vorausgesetzt. Das läßt sich aber nur schwer mit der Zeitangabe in Einklang bringen, die uns in dem Texte 33, 21 ff. überrascht. Der Abschnitt greift auf die Stelle 24, 25 ff. zurück, wo dem Propheten gesagt wird, daß ein Flüchtling ihm die Nachricht von der Zerstörung der Stadt überbringen soll. Sobald der Flüchtling eintrifft, soll der Mund des Propheten sich öffnen, und er soll dann reden, ohne wieder zu schweigen. Dieser Bote erschien nach der Angabe des Textes erst im zehnten Monat des zwölften Jahres, am fünften Tage des Monats. Er kam aus Jerusalem und brachte die Meldung: „Die Stadt ist eingenommen." Die Hand des Herrn war aber schon am Abende vor der Ankunft des Flüchtlings über den Propheten gekommen. Der Herr hatte ihm den Mund geöffnet, ehe der Flüchtling des Morgens an ihn herantrat, und er redete seitdem, ohne wieder zu schweigen. Man sieht hier sofort den inneren Zusammenhang. Es handelt sich um einen Boten, der ihm schon vor der Eroberung der Stadt in Aussicht gestellt war. Der Herr wollte ihm den Mund nicht eher öffnen, als der Bote bei ihm eingetroffen war. Dieser erschien aber erst nach mehr als sechzehn Monaten und brachte bloß die Nachricht, daß die Stadt erobert war. Der Leser wird ohne weiteres zugeben, daß eine derartige Verzögerung unter normalen Umständen kaum zu begreifen ist. Der Bote konnte, wenn er nicht aufgehalten wurde, ohne besondere Anstrengungen in etwa 35 bis 40 Tagen am Ziele sein. Wir haben hier also, wie es scheint, trotz des überlieferten Wortlautes nicht an das zwölfte, sondern an das elfte Jahr zu denken. Man fragt sich aber, wie dieser Ansatz entstanden ist. Diese Frage läßt sich nur beantworten, wenn wir die ganze Darstellung, soweit sie hier in Betracht kommt, etwas genauer untersuchen. Wir haben hierbei nicht nur die Einzeltexte, sondern vor allem auch die jetzige Zusammenfügung dieser Texte zu berücksichtigen. Die Abschnitte sind in dieser Gruppierung vom Anfange des 24. Kapitels bis zu dem Bericht über das Eintreffen des Flüchtlings als eine einzige, in sich selbst geschlossene Einheit zu betrachten, bei der die Belagerung Jerusalems für den Verfasser im Hintergrunde steht. Er spricht zunächst von dem Gottesworte, das am ersten Tage der Belagerung an ihn erging, und von dem Strafgericht, das jetzt über die Stadt hereinbrechen wird, und berichtet dann in den folgenden Texten, ehe er von dem Ausgange der Belagerung erzählt, über das Gericht an den Ammonitern (25, 1ff.), den Moabitern (25, 6ff.), den Edomitern (25, 12ff.), den Philistern (25, 15ff.), den Tyrern (26, 1ff.), den Bewohnern von Sidon (28, 20ff.) und den Ägyptern (29, 1ff.). Man sieht, daß er diese Völker in einer ganz bestimmten Aufeinanderfolge nennt, die durch ihre Wohnsitze von selbst gegeben war. Die Darstellung beschäftigt sich im ersten Auschnitt mit dem Schicksal von Juda und bringt dann der Reihe nach die Mahnreden gegen die Nachbarvölker, von den Ammonitern im Nordosten bis zu den Edomitern im Süden und von den Philistern bis zu den Bewohnern von Sidon. Auf die einheimische Bevölkerung folgen dann die Ägypter, an die der Prophet sich im zehnten (29, 1), im siebenundzwanzigsten (29, 17), im elften (30, 20 u. 31, 1) und im zwölften Jahre (32, 1 u. 32, 17) zu wenden hatte. Er hat bei dieser Zusammenstellung, die erst nach der Kundgebung im siebenundzwanzigsten Jahre entstanden sein kann, den Zeitpunkt der Offenbarung jedesmal hinzugefügt. Das ist wohl in den meisten Fällen nach älteren Aufzeichnungen geschehen. Wir erfahren aus dem Texte 24, 1ff., daß er damals aufgefordert wurde, das Datum des Tages genau niederzuschreiben. Dies zeigt uns aber, daß es nicht immer geschah. Die Erwähnung des siebenundzwanzigsten Jahres ist die letzte Zeitangabe, die sich in dem Buche vorfindet. Sie gehört also fast derselben Zeit an, in der das Werk in seiner jetzigen Form entstanden ist. Im fünfundzwanzigsten Jahre, dem vierzehnten Jahre nach der Zerstörung Jerusalems, sah der Prophet im Geiste schon den neuerrichteten Tempel, der in den letzten Kapiteln seiner Aufzeichnungen genauer beschrieben wird. Daß er hier auf die Zerstörung der Stadt hinweist, erklärt sich aus dem Zusammenhange. Die Angabe beweist uns aber, daß er auch über das Jahr der Zerstörung in der damaligen Zeit noch genau so dachte, wie es nach den früheren Datierungen der Fall war. Der Zeitpunkt hatte sich seinem Gedächtnis mindestens ebenso fest eingeprägt wie der Tag, wo die Belagerung ihren Anfang nahm. Das zwölfte Jahr war also für ihn, wie wir aus dem Ansatz entnehmen müssen, auch in der damaligen Zeit noch das erste Jahr, das auf die Eroberung folgte; es war aber in der Zusammenstellung der Mahnreden an die Ägypter schon zweimal erwähnt, und zwar am Schluß der Zusammenstellung, bei den letzten größeren Kundgebungen, die dort ihre Berücksichtigung fanden (32, 1 u. 32, 17). Die Darstellung ist hier, soweit es sich um die Aufeinanderfolge der Jahre handelt, wenigstens in der Hauptsache chronologisch aufgebaut. Dieser Rahmen wird nur durch die Mitteilung aus dem siebenundzwanzigsten Jahre durchbrochen, die hier durch den Zusammenhang mit dem Inhalte des vorhergehenden Abschnittes gefordert wurde. Der Prophet scheint also, da die im 32. Kapitel besprochenen Kundgebungen schon im zwölften Jahre erfolgt sind, bei der Niederschrift des Textes 33, 21 ff. an das elfte Jahr gar nicht mehr gedacht zu haben. Er erinnerte sich, daß der Bote am fünften Tage des zehnten Monats bei ihm eintraf, und hielt das Jahr, in dem dieses geschah, ebenfalls schon für das zwölfte. Es liegt hier also, wenn dieses richtig ist, lediglich eine kleine Verschiebung vor, die sich aus der Aufeinanderfolge der Angaben ohne Schwierigkeit erklärt.

Die Ansätze des Buches Daniel sind, soweit sie in die Zeit des Nabuchodonosor hineingreifen, nur für die Ereignisse des Jahres 605 von Bedeutung. Sie bestätigen, wie oben[1]) schon festgestellt wurde, die Aufzeichnungen des Jeremias, die Darstellung des Berossus und die Voraussetzungen der Königsbücher bis in alle Einzelheiten. Der Verfasser weiß, daß Nabuchodonosor schon vor dem ersten vollen Regierungsjahre mit einem Heere nach Palästina kam, daß er bis zum Lande Juda vordrang und Knaben aus königlichem und fürstlichem Geblüte von dort als Gefangene fortführen ließ, daß diese schon in demselben Jahre nach der Thronbesteigung des Nabuchodonosor für den Hofdienst bestimmt wurden und daß die dreijährige Vorbereitung, die hierzu erforderlich war, schon im zweiten Jahre des Nabuchodonosor zum Abschluß gelangte. Er macht einen Unterschied zwischen dem ersten Regierungsjahre des Nabuchodonosor, das Jer. 25, 1 als das vierte Jahr des Jojakim bezeichnet wird, und dem dritten Jahre des Jojakim, das dem ersten Jahre des Nabuchodonosor nach seiner Auffassung voraufging. Die Knaben sind schon im dritten Jahre des Jojakim nach Babylon gekommen, und zwar so früh, daß dieses Jahr schon als das erste Jahr ihrer Ausbildung gelten konnte. Wir erinnern uns, daß Nabopolassar wahrscheinlich schon im dritten Monat des Jahres gestorben ist. Die eine Tatsache bestätigt hier also die andere. Die Angaben boten nur eine einzige Schwierigkeit; sie führen uns, da das erste Jahr des Jojakim nur das Jahr 608 sein kann, nicht bis zum Jahre 605, sondern nur bis zum Jahre 606. Wir vermochten diese Schwierigkeit in dem Zusammenhange, wo sie uns entgegentrat, noch nicht zu beseitigen. Es fiel uns nur auf, daß Daniel bei seiner Angabe nicht vom vierten, sondern vom dritten Jahre des Jojakim sprach. Dieser Ansatz kann aber nicht auf einem Versehen

[1]) S. 512.

oder auf einer sonstigen für sich allein stehenden Zufälligkeit beruhen, da das Zurückgreifen auf das dritte Jahr sich so vorzüglich in den Rahmen der übrigen Zeitangaben hineinfügt. Wir haben es hier mit dem Ergebnis einer Berechnung zu tun, bei der die Gleichung, die uns in der Aufzeichnung des Propheten Jeremias begegnet, offenbar als Grundlage diente. Sie findet sich bei Jeremias in demselben Kapitel, in dem wir von der bevorstehenden Gefangenschaft erfahren, aus der das Volk erst nach siebzig Jahren zurückkehren soll. Dieser Abschnitt ist dem Verfasser des Buches Daniel tatsächlich bekannt gewesen. Er hat ihn nach der Angabe in dem Texte 9, 1 ff. selbst gelesen und dann die Mitteilung erhalten, daß die Befreiung nach einer Zeit von siebzig Jahrwochen erfolgen soll. Diese stehen mit den siebzig Jahren, von denen wir in dem älteren Texte lesen, ebenfalls in einem inneren Zusammenhange. Wenn es aber feststeht, daß der Verfasser des jüngeren Werkes die ältere Darstellung gelesen hat, dürfen wir auch die Bekanntschaft mit den Zahlenangaben als selbstverständlich betrachten. Wir dürfen sogar noch einen weiteren Schluß ziehen, der allerdings über das Ziel unserer jetzigen Untersuchung hinausgeht. Da die Angaben des Textes Jer. 25, 1 ff. nicht nur im neunten Kapitel des Buches Daniel, sondern auch in den beiden ersten Kapiteln benutzt wurden, dürfen wir in diesem Zusammentreffen einen wertvollen Beweis für die Einheit des jüngeren Buches erblicken. Die beiden ersten Kapitel gehen nach diesem Zusammentreffen auf denselben Verfasser zurück, der auch das neunte Kapitel geschrieben hat. Er hat den Abschnitt des älteren Werkes nicht nur gelesen, sondern auch in seinen Einzelheiten ganz mit sich selbst verarbeitet. Nun wissen wir aber, daß er nicht in Palästina, sondern in Babylonien lebte. Er konnte also, wenn er von dem ersten Jahre des Nabuchodonosor las, nicht an das Jahr 605 denken, wie es zur Zeit des Jeremias[1]) in Palästina geschah, sondern nur an das Jahr 604. Das ist hier offenbar der Fall gewesen. Jeremias dachte, als er den Text niederschrieb, an das Jahr, das man in Palästina als das erste Regierungsjahr des Nabuchodonosor betrachtete, der Verfasser der jüngeren Aufzeichnung bezog die Angaben dann auf das Jahr, das ihm aus den Zusammenstellungen der Babylonier als das erste Jahr des Nabuchodonosor bekannt war. Wenn er aber in dem vierten Jahre des Jojakim das Jahr 604 erblickte, konnte er das Jahr 605 nur als das dritte Jahr dieses Königs bezeichnen. Es handelt sich hier also um denselben Unterschied, der uns auch bei den Ansätzen für das Ende von Jerusalem überraschte. Das erste Jahr des Nabuchodonosor ist nach der Zählung, die sich in Palästina herausgebildet hatte, das Jahr 605, nach der babylonischen Zählung dagegen das Jahr 604; das Jahr, das man in Palästina als das 19. Jahr des Nabuchodonosor

[1]) S. oben S. 513—516.

betrachtete, kann nach der babylonischen Zählung nur als das 18. bezeichnet werden.

Das Todesjahr des Nabuchodonosor ist das Jahr 562. Er starb nach den Datierungen der Privaturkunden, die sich aus diesem Jahre noch erhalten haben, in der Zeit zwischen dem 27. im vierten[1]) und dem 26. im sechsten Monat[2]), also im Hochsommer, spätestens gegen Mitte September. Es war nach der amtlichen Zählung das 43. Jahr seiner Regierung.

8.

Ewilmerodach, Neriglissar und Labaši-Marduk; Nabuna'id; Kyrus; die Zeit der Perserherrschaft.

Ewilmerodach, der Sohn des Nabuchodonosor, kam nach den genannten Datierungen im Sommer des Jahres 562 zur Herrschaft. Er regierte nach einer Angabe des Berossus[3]) „ungerecht und mit Willkür". Nabuna'id macht ihm zum Vorwurfe, daß er sich über die Anordnungen und Befehle der Götter hinwegsetzte[4]). Wir wissen aus der Bibel, daß er noch im Jahre seiner Thronbesteigung den König Jojachin aus dem Kerker entließ, im 37. Jahre nach seiner Fortführung, am 25. (Jer, 52, 31) oder am 27. (II Kön. 25, 27) Tage des zwölften Monats. Das spricht auf jeden Fall zu seinen Gunsten. Er muß das Empfinden gehabt haben, daß hier ein Unrecht geschehen war. Wir erwähnten aber schon[5]), daß seine Regierung sich nur über eine Zeit von zwei Jahren erstreckt. Er fiel einer Verschwörung zum Opfer, an deren Spitze sein eigener Schwager Neriglissar stand. Dieser starb aber, wie ebenfalls schon gesagt wurde, nach einer Regierung von etwas mehr als drei Jahren, so daß die Herrschaft dem damals noch unmündigen Labaši-Marduk zufiel. Labaši-Marduk wurde jedoch, wie Berossus erzählt, wegen der vielen häßlichen Gewohnheiten, die er zeigte, schon nach neun Monaten von seinen angeblichen Freunden zu Tode geprügelt. Man übertrug dann die Herrschaft dem Nabuna'id[6]), der wohl selbst an dieser offensichtlichen Verschwörung beteiligt war.

Als er kaum auf dem Throne saß, bereitete sich an der Nordgrenze des Reiches wieder eine Umwälzung vor, die er zunächst

---

[1]) Straßmaier, Inscriptions of Nabuchodonosor, Heft II, Nr. 415.

[2]) Evetts, Inscriptions of the Reigns of Evil-Merodach etc. Nr. 1.

[3]) bei Flavius Josephus, Contra Apionem I, 20 (§ 147); Schnabel S. 274, Fragm. Nr. 54.

[4]) Steleninschrift V, 25 ff.

[5]) S. 514.

[6]) = Nabû-na'id, Nabû ist erhaben, bei Berossus als Nabonnedos, bei Eusebius als Nabonnidos, bei Herodot als Labynetos und im Kanon des Ptolemäus als Nabonadios bezeichnet.

mit sichtlicher Freude begrüßte. Die Götter zeigten ihm, wie er sich ausdrückt, im Anfange seiner ewigen Königsherrschaft ein eigenartiges Traumgesicht. „Marduk, der große Herr", so berichtet er[1]), „und Sin, die Leuchte des Himmels und der Erde", traten beide herein. Marduk sprach zu mir: Nabuna'id, König von Babylon, mit den Pferden deiner Wagen bringe Ziegelsteine, erbaue Eḫulḫul und laß Sin, den großen Herrn, darin aufschlagen seinen Wohnsitz! Ehrfurchtsvoll sprach ich zu Marduk, dem Herrn der Götter: Jener Tempel, den du befohlen hast zu bauen, der Ummanmanda hält ihn umschlossen, und gewaltig ist seine Macht. Da sprach Marduk zu mir: Der Ummanmanda, von dem du sprachest, er und sein Land und die Könige, die ihm helfend zur Seite standen, sie sind nicht mehr. Als das dritte Jahr[2]) herankam, ließen sie ausziehen den Kuraš, den König von Anzan, seinen kleinen Vasallen. Mit seinen wenigen Truppen vernichtete er die zahlreichen Ummanmanda. Den Ištuwegu, den König der Ummanmanda, ergriff er und brachte er als Kriegsgefangenen in sein Land." Kuraš, der König von Anzan, ist Kyrus, der König der Perser; Ištuwegu, der König der Ummanmanda, ist Astyages, der Sohn und Nachfolger des Kyaxares[3]), der letzte König der Meder.

Der Tempel, von dem wir hier lesen, ist der Tempel des Mondgottes in Haran. Nabuna'id soll ihn wieder aufbauen; er hat aber ernste Bedenken, weil die Meder den Platz noch in ihrer Gewalt haben. Es ist deshalb leicht zu begreifen, daß ihm die Hilfe des Kyrus besonders willkommen war. Die Meder treten uns hier nicht mehr als die Freunde, sondern als die Gegner des Königs von Babylon entgegen. Man scheint dann aber die Vorgänge schon bald etwas anders beurteilt zu haben. Als Krösus, der Schwager und westliche Nachbar des Astyages, nach der Niederlage der Meder zum Kampfe gegen Kyrus über den Halys zog, stand auch der König von Babylon schon auf seiner Seite[4]). Kyrus kam jedoch seinen Gegnern zuvor, und Krösus wurde geschlagen, ehe die Bundesgenossen zur Stelle waren. Das war auch für Nabuna'id ein Verhängnis. Es dauerte nur noch wenige Jahre, bis er ebenfalls dem Schicksal erlag, im siebzehnten Jahre seiner Regierung. Kyrus kam damals, wie Berossus erzählt[5]), „mit großer Heeresmacht aus Persien heran und rückte gegen Babylonien vor, nachdem er das übrige Asien ganz unterworfen hatte. Als nun Nabonnedos erfuhr, daß er gegen ihn heranzog, rückte er ihm mit seiner Truppenmacht entgegen und stellte sich zur Schlacht. Er wurde aber überwunden

---

[1]) Großer Zylinder aus Sippar, V Rawlinson 64 und Abel und Winckler, Keilschrifttexte zum Gebrauch bei Vorlesungen S. 40—43 (nach einem Berliner Exemplar), Keilinschriftl. Biblioth. Bd. III, 2. Hälfte, S. 96 ff., Langdon, Neubabyl. Königsinschriften S. 218 ff., Kol. I Z. 18 ff.

[2]) Das Jahr 553.

[3]) Herod. I, 107 ff.

[4]) Herod. I, 77.

[5]) Flavius Josephus, Contr a Apionem I, 20 (§ 150 ff.); Schnabel S. 274—275.

und floh mit nur wenigen nach Borsippa, wo er eingeschlossen wurde. Kyrus nahm alsdann Babylon und ließ die äußere Stadtmauer niederlegen, weil ihm die Stadt zu gefährlich und zu unzuverlässig erschien. Hierauf zog er nach Borsippa, um Nabonnedos zur Uebergabe zu zwingen. Als aber Nabonnedos die Belagerung nicht aushielt, sondern sich vorher ihm übergab, zeigte Kyrus sich sehr menschenfreundlich gegen ihn und wies ihm zum Wohnsitze Karmanien an, außerhalb des babylonischen Landes. Nabonnedos verbrachte dort also die übrige Zeit seines Lebens und starb daselbst."

Die Angaben bedürfen hier in den Einzelheiten zum Teil einer Berichtigung. Wir kennen die Vorgänge besonders aus den Zusammenstellungen in einer sorgfältig gearbeiteten keilinschriftlichen Aufzeichnung, die man gewöhnlich als die Nabuna'id-Kyrus-Chronik bezeichnet[1]). Der Verfasser erzählt uns dort, soweit sich der Text noch erhalten hat:

„[Ištuwegu] bot [seine Truppen auf] und zog gegen Kuraš, den König von Anšan[2]), [ihn] zu be[siegen]. Die Truppen empörten sich gegen Ištuwegu und über[gaben] ihn gefangen dem Kuraš. Kuraš (zog) nach Agamtanu[3]), der Königsstadt. Das Silber, Gold, Hab und Gut von Agamtanu machten sie zur Beute, und er brachte es zum Lande Anšan. Hab und Gut ...... — 7. Jahr. Der König war in Temâ. Der Sohn des Königs, die Großen und seine Truppen waren im Lande Akkad. Der König kam [zum Nisan] nicht nach Babylon; Nabû kam nicht nach Babylon; Bêl zog nicht aus; das Ne[ujahrsfest unterblieb]; die Opfer in Esagila und Ezida wurden den Göttern von Babylon und Borsippa dargebracht, [wie es Vorschrift ist]. Der Oberpriester goß das Trankopfer aus und versah den Tempel[4]). — 8. Jahr. — 9. Jahr. Nabuna'id, der König, war (in) Temâ. Der Sohn des Königs, die Großen und die Truppen, waren im Lande Akkad. Der König kam zum Nisan nicht nach Babylon; Nabû kam nicht nach Babylon; Bêl zog nicht aus; das Neujahrsfest unterblieb; die Opfer in Esagila und Ezida wurden den Göttern von Babylon und Borsippa dargebracht, wie es Vor-

---

[1]) Veröffentlicht mit Uebersetzung und Anmerkungen von Pinches in den Transactions of the Society of Bibl. Archaeol. VII (1882), S. 139 ff.; Text allein von H. Winckler, Untersuchungen zur Altorient. Geschichte S. 154—155; Text und Uebersetzung außerdem noch bei Hagen, Keilschrifturkunden zur Geschichte des Königs Kyrus, Beitr. zur Assyriol. II 1, S. 215 ff. und bei Sidney Smith, Babylonian Historical Texts relating to the Capture and Downfall of Babylon, London 1924, Pl. XII ff. und S. 216 ff. Umschrift und Uebersetzung auch bei Schrader, Keilinschr. Biblioth. Bd. III, 2. Hälfte, S. 128 ff. Uebersetzung außerdem bei Greßmann, Altorient. Texte zum Alten Testament, 2. Aufl. S. 366 ff.

[2]) = Anzan, = Persien.

[3]) Ekbatana.

[4]) urigallu is-ruk-ma bîti ip-kid, genau wie bei King, Chronicles concerning early Babylonian kings, Vol. II, S. 74, 5. Vgl. Meißner, Babylonien und Assyrien, Zweiter Band, S. 62.

schrift ist. Am 5. Nisan starb die Mutter des Königs in Durkarašu am Euphrat, oberhalb der Stadt Sippar. Der Sohn des Königs und seine Truppen trauerten drei Tage; ein Weinen wurde veranstaltet. Im Siwan wurde im Lande Akkad ein Weinen um die Mutter des Königs veranstaltet. Im Nisan bot Kuraš, der König des Landes Parsu, seine Truppen auf. Unterhalb der Stadt Arbela überschritt er den Tigris. Im Ajar zog er nach dem Lande . . . ., tötete seinen König, nahm seine Habe und legte seine eigene Besatzung hinein. Nachher blieb seine Besatzung und der König darin. — 10. Jahr. Der König war in Temâ. Der Sohn des Königs, die Großen und seine Truppen waren im Lande Akkad. Der König kam zum Nisan nicht nach Babylon; Nabû kam nicht nach Babylon; Bêl zog nicht aus; das Neujahrsfest unterblieb; die Opfer in [Esagila und Ezida] wurden den Göttern von Babylon und Borsippa dargebracht, wie es Vorschrift ist. Am 21. Siwan . . . . des Landes Elam im Lande Akkad. . . . . Statthalter in Uruk. — 11. Jahr. Der König war in Temâ. Der Sohn des Königs, die Großen und seine Truppen waren im Lande Akkad. [Der König kam zum Nisan nicht nach Babylon; Nabû kam nicht nach Babylon; Bêl zog nicht aus; das Neujahrsfest unterblieb; die Opfer in Esagila und Ezida wurden den Göttern von] Babylon und [Borsippa dargebracht, wie es Vorschrift ist] . . . .
. . . .
. . . .
. . . . — [17. Jahr.] . . . . Bêl zog aus; das Neujahrsfest wurde gefeiert, wie es Vorschrift ist. Im Monat . . . . zogen [Lugalmaradda und die Göt]ter von Maradda, Zababa und die Götter von Kiš, Ninlil [und die Götter von] Ḫursagkalama in Babylon ein. Bis zum Ende des Ulul zogen die Götter von Akkad, die überirdischen und die unterirdischen, in Babylon ein. Die Götter von Borsippa, Kuta, ... und Sippar zogen nicht ein. Im Tašrîtu, als Kuraš bei Upê[1]) am Ufer des Tigris den Truppen des Landes Akkad eine Schlacht geliefert hatte, ... er die Leute von Akkad, tötete er die Leute. Am 14. wurde Sippar ohne Kampf genommen. Nabuna'id floh. Am 16. zogen Gubaru[2]), der Statthalter von Gutium, und die Truppen des Kuraš ohne Kampf in Babylon ein. Nachher wurde Nabuna'id, als er . . . ., in Babylon gefangen genommen. Bis zum Ende des Monats umgaben die Schilde von Gutium die Tore von Esagila. Keine Waffe wurde in Esagila und in die Tempel gestellt, und keine Feier fiel aus. Am 3. Araḫsamna zog Kuraš in Babylon ein. Die Leute auf den Wegen[3]) warfen sich vor ihm zu Boden. Friede wurde der Stadt

[1]) Opis.

[2]) Der Text bietet hier Ug-ba-ru.

[3]) ḫa-ri-ni-e. Das Wort kann nach dem Zusammenhange trotz der bestehenden Schwierigkeiten nur mit ḫarrânu in Verbindung gebracht werden. Wir dürfen hierbei nicht übersehen, daß ḫarrânu für sich selbst schon ein sumerisches Lehnwort ist.

gewährt; Kuraš verkündete ganz Babylon Frieden. Den Gubaru[1]), seinen Statthalter, setzte er zum Statthalter in Babylon ein. Vom Kislimu bis zum Adar kehrten die Götter von Akkad, die Nabuna'id nach Babylon gebracht hatte, in ihre Städte zurück. In der Nacht zum 11. Araḫsamna starb Gubaru[2]). Am . . . . . . starb die Gem[ahlin] des Königs[3]). Vom 28. Adar bis zum 3. Nisan wurde ein Weinen in Akkad [veranstaltet]. Alle Leute lösten[4]) ihr Haupt."

Die Angaben beginnen im ersten Abschnitt mit dem Schluß des Berichtes über das sechste Regierungsjahr. Wir erfahren dort, daß Astyages von seinen eigenen Leuten dem Kyrus ausgeliefert wurde, daß Kyrus dann nach Ekbatana zog und die Beute von Ekbatana nach Anšan brachte. Das ist dieselbe Mitteilung, die uns schon in dem erwähnten Zylindertexte begegnete. Wir lasen dort, daß Kyrus im dritten Jahre des Nabuna'id hinauszog, daß er die Umman-manda vernichtete, den Astyages ergriff und ihn als Gefangenen in sein Land brachte. Der Kampf nahm also im dritten Jahre des Nabuna'id seinen Anfang und kam im sechsten Jahre zum Abschluß. Der Verfasser erzählt uns dann in dem Bericht über das folgende Jahr, daß der König damals in Temâ war, daß der Sohn des Königs, die Großen und das Heer sich im Lande Akkad befanden, daß der König auch zum Neujahrsfeste nicht nach Babylon kam, und daß die eigentliche Festfeier infolgedessen unterbleiben mußte. Diese Angaben wiederholen sich in dem Texte nicht weniger als viermal. Sie finden sich, soweit uns der Wortlaut noch vorliegt, beim 7., 9., 10. und 11. Jahre und erstrecken sich also, da das 8. Jahr auch sonst nicht behandelt wird, über einen Zeitabschnitt, der schon vor dem siebten Jahre beginnt und auch über das elfte Jahr, wie es scheint, noch hinausreicht. Diese Stellen führen uns auf einen andern Text, der die Forscher, als er bekannt wurde, durch seinen Inhalt besonders überraschte. Es ist ein langes Spottgedicht[5]), in dem die Taten des Nabuna'id, als Kyrus in Babylonien zur Herrschaft gelangt war, von einem Mitglied oder Anhänger der Priesterschaft in Esagila in jeder Weise getadelt und gelästert wurden. Der Verfasser spricht hier im Anfange zunächst von der herrschenden Rechtlosigkeit, von dem Mangel an Freude, von der Art, wie der König das Eigentum der Untergebenen vergeudete,

---

[1]) So hier im Texte.

[2]) Hier wieder Ug-ba-ru. Gubaru = griech. Gobryas. Der Anschluß an Kyrus (Xenophon, Kyrop. IV, 6, 1 ff.) erfolgte wahrscheinlich schon um das Jahr 544, kurz nach der Unterwerfung der Lyder. Die Angaben des Xenophon sind hier in ihren Einzelheiten als phantasievolle Dichtung zu betrachten.

[3]) des Nabuna'id.

[4]) = entblößten.

[5]) Herausgegeben von Sidney Smith, Babylonian Historical Texts etc. Pl. V—X u. S. 83 ff.; Umschrift und Uebersetzung besonders auch von B. Landsberger und Th. Bauer in der Zeitschr. für Assyriol., Neue Folge Bd. 3 (1927), S. 88 ff.

von der allgemeinen Unzufriedenheit der Menschen und von dem Verhalten der Schutzgötter, die das Land verließen und sich in der Fremde aufhielten. Das hatte seinen Grund in der Art, wie sie vom Könige behandelt wurden. Der König hatte z. B. von dem Mondgott ein Bildnis herstellen lassen, wie man es noch niemals im Lande gesehen hatte. Der Gott trägt hier einen Bart, hat eine Tiara auf dem Kopfe und sieht aus, wie der Mond, wenn er verfinstert ist; seine Hand ist wie bei dem Gotte Lugal-šu-du, sein Haupthaar reicht bis auf das Postament. Diesem Gotte will er, wie er dann selbst erklärt, einen Tempel erbauen, wie ihn der Gott Enlil besitzt, und ihn als Eḫulḫul bezeichnen für ewige Zeiten. Sobald er fertiggestellt hat, was er plant, will er den Gott an die Hand nehmen und ihn in den Tempel hineinführen. Solange der Bau noch nicht vollendet und sein Wunsch noch nicht erfüllt ist, soll jedes Fest, auch die Feier des Neujahrsfestes, unterbleiben. Als er den Bau dann zu Ende geführt und das Werk der Lüge und der Gottlosigkeit zum Abschluß gebracht hatte, übergab er im dritten Jahre seiner Regierung — šalulti šatti ina kašâdi — das Feldlager seinem Erstgeborenen und unterstellte sämtliche Truppen seinem Befehle. Er legte die Abzeichen der Königswürde aus der Hand, überließ dem Sohne die Herrschaft und machte dann selbst, von einer Kriegsmacht begleitet, einen weiten Weg, zu der Stadt Tema' im Lande Amurru. Als er dort anlangte, tötete er den König und richtete dann in der Stadt seinen Wohnsitz ein, ließ sich einen Palast erbauen wie zu Babylon und umgab sich zugleich mit einer schützenden Leibwache. Damit ist alles erklärt. Er hatte die Herrschaft im dritten Jahre seiner Regierung, als der Tempel des Mondgottes fertiggestellt war, seinem ältesten Sohne übertragen und sich selbst in die Einsamkeit der arabischen Wüste zurückgezogen.

Wir erfahren aus der Zylinderinschrift, daß er für den Tempelbau seine „zahlreichen Truppen aus Gaza, an der Grenze von Ägypten, vom oberen Meere jenseits des Euphrat bis zum unteren Meere, Könige, Fürsten, Statthalter und Truppen", herankommen ließ, die das Material zur Verfügung zu stellen und die notwendigen Fronarbeiten zu leisten hatten. Dies berührt sich mit einer Angabe in der ersten Spalte der Chronik, die in ihrer Bedeutung noch klar zu erkennen ist. Wir ersehen dort aus einer kurzen Bemerkung, die sich auf das zweite Regierungsjahr bezieht, daß der König sich damals im zehnten Monat des Jahres im Gebiete von Hamat aufhielt, also in der Nähe des Amanus und des Libanon, wo man die mächtigen Zedern holte. Der Amanus wird dann in dem folgenden Abschnitt, der sich mit dem dritten Jahre beschäftigte, gleich in der ersten Zeile ausdrücklich erwähnt. Der König wurde jedoch, wie aus dem Texte noch hervorgeht, bei seinem damaligen Aufenthalt in Syrien ernstlich krank und zog sich deshalb, um seine Gesundheit wiederzufinden, schon in den ersten Monaten des dritten Jahres nach der Oase [A]dummu[1]) zurück. Dieser Aufent-

[1]) Jetzt Duma, nordöstlich von Damaskus.

halt scheint eine besondere Liebe für das reine Wüstenklima in ihm erweckt zu haben[1]), so daß er sich schon in demselben Jahre zu der andern Oase begab, die er ohne Schwierigkeit ganz in seine Gewalt brachte.

Der Sohn, dem er für die Zeit seiner Abwesenheit die Herrschaft übertrug, ist nach andern Urkunden[2]) der Kronprinz Bêl-šar-uṣur. Er vertritt seinen Vater in allen Regierungsgeschäften und erteilt Befehle, die für die Untertanen verbindlich sind. Die Texte bezeichnen ihn regelmäßig als mâr šarri, als den „Sohn des Königs". Wir finden ihn, soweit die Schriftstücke datiert sind, in dieser Eigenschaft noch in einer Aufzeichnung aus dem zwölften Regierungsjahre des Vaters. Der Verfasser des Buches Daniel kennt ihn nur als „König Belšaṣṣar". Er legt ihm aber 5, 7 die Worte in den Mund: „Wer diese Schrift zu lesen vermag und mir angibt, was sie bedeutet, der soll in Purpur gekleidet werden, an seinem Halse eine goldene Kette tragen und als Dritter herrschen in meinem Königreiche." Diese Zusage wird dem Daniel in V. 16 noch einmal wiederholt und dann noch an demselben Abend, wie wir V. 29 erfahren, ganz in derselben Weise zur Ausführung gebracht. Man legt sich hier unwillkürlich die Frage vor, weshalb der König den Daniel nicht ebenso, wie es z. B. beim ägyptischen Joseph oder bei Mardochäus geschah, auf den zweiten, sondern bloß auf den dritten Platz erhebt. Das bedarf aber nach den bisherigen Feststellungen kaum noch einer besonderen Erklärung. Die Darstellung ist noch ganz von dem Gedanken getragen, daß Belšaṣṣar selbst nur den zweiten Platz einnimmt.

Daß dieses richtig ist, ersieht man auch aus den Dingen, die uns in dem vorhergehenden Kapitel nach der Ausdrucksweise des Textes von dem Könige Nabuchodonosor erzählt werden. Wenn wir im Buche Daniel auf den Namen Nabuchodonosor stoßen, müssen wir uns stets die Frage vorlegen, ob wir es an der betreffenden Stelle mit dem Sohne des Nabopolassar oder mit dem Vater des Belšaṣṣar zu tun haben. Belšaṣṣar war nach den keilinschriftlichen Texten der Sohn des Nabuna'id, er wird aber im Buche Daniel stets als der Sohn des Nabuchodonosor bezeichnet. Belšaṣṣar ließ nach den Angaben im 5. Kapitel die Gefäße herbeiholen, die sein Vater Nabuchodonosor aus dem Tempel in Jerusalem fortgeschleppt hatte; die Königin, die Mutter des Belšaṣṣar, erklärt ihrem Sohne: „Der König Nabuchodonosor, dein Vater, hat ihn — den Daniel — zum Obersten der Zauberer, Beschwörer, Chaldäer und Zeichendeuter eingesetzt, dein eigener Vater"; Daniel erklärt ihm in seiner Strafrede: „Der höchste Gott hat deinem Vater Nabuchodonosor Königtum und Größe, Ruhm und Ehre gegeben; . . . . . . Als aber sein Herz sich überhob und sein Geist sich bis zum Uebermut verhärtete, da wurde er von seinem Königsthrone gestürzt und seine

[1]) Meißner, Könige von Babylonien und Assyrien, S. 279.

[2]) R. Ph. Dougherty, Nabonidus and Belshazzar, New Haven 1929, S. 119 ff.

Würde ihm genommen. Er wurde aus der Menschheit ausgestoßen, und sein Herz wurde wie das Herz eines Tieres. Er hauste bei den Wildeseln und verzehrte Gras wie die Rinder. Vom Tau des Himmels wurde sein Leib benetzt, bis er erkannte, daß nur der höchste Gott über das Königtum der Menschen Gewalt hat und es verleihen kann, wem er will. Auch du, sein Sohn Belšaṣṣar, hast dein Herz nicht gedemütigt, obschon dir dies alles bekannt war." Diese Stellen gestatten nur eine einzige Deutung. Nabuchodonosor ist nach den Voraussetzungen des Textes nicht etwa, wie man vielfach behauptet hat, als der Großvater, sondern als der eigentliche Vater des Belšaṣṣar zu betrachten; das wird durch die Äußerung der Mutter und durch die Rede des Daniel zur vollen Gewißheit. Er ist hier also, wie man ohne weiteres zugeben muß, an die Stelle des Nabuna'id getreten. Das ist dieselbe Erscheinung, wie wir sie z. B. im Buche Tobias bei dem Könige Salmanassar beobachten. Salmanassar tritt uns hier in den Angaben des ersten Kapitels ebenso wie in den Königsbüchern als der eigentliche Eroberer von Samaria entgegen, obschon die Belagerung erst unter Sargon zu Ende ging. Die Israeliten wurden in Wirklichkeit nicht von ihm, wie uns in diesen Berichten erzählt wird, sondern von Sargon in die Gefangenschaft geführt. Tobias fand dann, wie ebenfalls ausdrücklich hervorgehoben wird, Gnade bei dem Könige Salmanassar und erhielt von ihm die Erlaubnis, sich im Lande frei zu bewegen. Die Verhältnisse wurden nach den Angaben des Textes erst anders, als Salmanassar nach langer Zeit starb und sein Sohn Sennacherib, wie es dort heißt, an seiner Statt König wurde. In dieser Darstellung ist die Persönlichkeit der Sargon ganz übergangen. Der Verfasser kennt nur den Salmanassar, den er auch für die Ereignisse in der ersten Zeit der Gefangenschaft in Anspruch nimmt, und den Sennacherib, den Sohn des Sargon, den er nach dieser Ausschaltung in aller Form als den Sohn des Salmanassar bezeichnet. Wenn dies bei den Schilderungen aus der Zeit des Tobias möglich ist, darf es auch im Buche Daniel vorausgesetzt werden. Nabuchodonosor ist hier nicht nur der Eroberer, der den Tempel in Jerusalem zerstörte, sondern auch der einzige für den Verfasser in Betracht kommende König der folgenden Jahrzehnte, bis zur Herrschaft des Belšaṣṣar, der hier ebenfalls zum Sohne dieses Königs geworden ist. Wir haben also bei den Vorgängen, die sich, soweit wir es feststellen können, erst in der zweiten Hälfte dieser Periode zutrugen, trotz der ausdrücklichen Erwähnung des Nabuchodonosor an die Zeit des Ewilmerodach, des Neriglissar, des Labaši-Marduk und an die ersten Jahre des Nabuna'id zu denken. Das gilt auch für die Dinge, die uns bei Daniel in dem Texte 4, 1 ff, erzählt werden. Wir lesen dort, daß Nabuchodonosor einen Traum hatte, den niemand zu erklären vermochte. Als Daniel dann herbeigeholt wurde, gab er ihm die Auskunft: ‚Man wird dich von der Menschheit ausstoßen, und bei den Tieren des Feldes wird dein Aufenthalt sein. Gras wird man dir geben zur Nahrung wie Rindern, und vom Tau des

Himmels wirst du benetzt werden. Sieben Zeiten werden über dich dahingehen, bis du erkennst, daß der Höchste über das Königtum der Menschen Gewalt hat und es verleihen kann, wem er will.“ Die Androhung ging dann nach zwölf Monaten in Erfüllung. Als Nabuchodonosor von der Höhe seines Palastes die Herrlichkeit der Hauptstadt bewunderte, vernahm er vom Himmel die Stimme: „Es wird dir jetzt kundgetan, König Nabuchodonosor: Das Königtum wird von dir hinweggenommen. Man stößt dich aus von der Menschheit, und bei den Tieren des Feldes wird dein Aufenthalt sein. Gras wird man dir geben zur Nahrung wie Rindern. Sieben Zeiten werden über dich dahingehen, bis du erkennst, daß der Höchste über das Königtum der Menschen Gewalt hat und es verleihen kann, wem er will.“ Und was ihm hier gesagt wurde, geschah noch in derselben Stunde. Er wurde von der Menschheit ausgestoßen, verzehrte Gras wie die Rinder, und sein Leib wurde benetzt von dem Tau des Himmels, bis seine Haare so lang wurden wie Adlerfedern und seine Nägel wie Vogelkrallen. Als die Zeit dann vollendet war, erhielt er seinen Verstand und auch die Herrschaft wieder zurück. Diese Vorgänge sind dem Daniel, wie wir gesehen haben, bei seinen Ausführungen im 5. Kapitel, im 17. Regierungsjahre des Nabuna'id, in den Stunden unmittelbar vor der Eroberung der Hauptstadt, noch in lebendiger Erinnerung. Sie konnten also sicher noch keine 30—35 Jahre zurückliegen. Wenn wir sie aber in die Zeit des Nabuna'id verlegen, ist uns die Schilderung, die wir hier vorfinden, sofort verständlich. Der siebenfache Wechsel der Zeiten, von dem uns der Verfasser erzählt, ist in diesem Zusammenhange nur die Wiederkehr von sieben aufeinanderfolgenden Jahren. Der König sollte die Herrschaft also für einen Zeitraum von sieben Jahren verlieren und in dieser Zeit ganz für sich allein leben, fern von den übrigen Menschen, bei den Tieren in der Wildnis. Er lebte dort wie ein Rind von dem Grase des Feldes, und sein Haar und seine Nägel nahmen Formen an, wie man sie auch sonst nur in der Tierwelt findet. Wir haben hier also, wenn uns diese Vorstellungen nicht vollständig in die Irre führen, ein deutlich hervortretendes Bild des Einsiedlers von Temâ[1]), der sich von seiner Hauptstadt und von seinem Lande ganz fernhielt. Die Abwesenheit dauerte auch nach den keilinschriftlichen Angaben, wie wir gesehen haben, eine erhebliche Anzahl von Jahren. Sie beginnt mit dem dritten Regierungsjahre des Königs, wo der Sohn die Vertretung übernahm, und reicht nach den vorhandenen Texten noch über den Anfang des zwölften Jahres hinaus. Das macht im ganzen wenigstens acht volle Jahre. Für die Zeit vom 13. bis zum 16. Jahre haben wir vorläufig noch keine Belege. Wir wissen nur, daß die

[1]) So u. a. schon Hommel, Geschichte des Alten Morgenlandes, 3. Aufl. S. 172, Winckler, Altorient. Forschungen II. S. 200 ff., Jeremias, Das Alte Testament im Lichte des Alten Orients, 3. Aufl. S. 629, Lewy, Forschungen zur alten Geschichte Vorderasiens S. 17 und Meißner, Könige Babyloniens und Assyriens S. 280.

Rückkehr noch vor dem Anfange des 17. Jahres erfolgt ist. Der Aufenthalt kann also höchstens 12—13 Jahre gedauert haben; es ist aber ebensogut möglich, daß wir bloß mit einer Zeit von 9—10 Jahren zu rechnen haben. Das würde sich von dem Zeitraum, den die Bibel voraussetzt, kaum unterscheiden. Die Uebereinstimmungen sind hier so auffallend, daß wir sie nicht übersehen dürfen.

Kyrus drang nach der keilinschriftlichen Aufzeichnung erst im neunten Jahre des Nabuna'id mit seinen Truppen über die Grenze des babylonischen Reiches vor. Er durchzog das Gebiet von Arbela, überschritt den Tigris und wandte sich dann gegen den König eines Landes, das auf der Tafel bei ihrem jetzigen Zustande nicht mehr festzustellen ist. Er tötete den König, nahm dessen Besitztum, legte nach dem Wortlaute des Textes seine eigene Besatzung hinein und blieb dann ebenfalls in der betreffenden Hauptstadt zurück. Es kam also, wie man aus dem Ganzen entnehmen muß, noch nicht zu einem Zusammenstoß mit dem babylonischen Heere. Das wird uns auch durch die Angaben über die beiden folgenden Jahre bestätigt. Die Perser werden in diesen Abschnitten überhaupt nicht erwähnt. Für die Zeit vom zwölften bis zum sechzehnten Jahre fehlt uns dann vorläufig noch jede Nachricht. Man ersieht aber aus dem Bericht über das siebzehnte Jahr, daß die Hauptstadt schon in der ersten Hälfte des Jahres in der größten Gefahr war. Nabuna'id ließ in seiner Bedrängnis bis zum Ende des Ulul aus allen Teilen des Landes die Götterbilder herbeiholen, um die Stadt auf diese Weise gegen die feindlichen Unternehmungen ganz besonders zu schützen. Im Tašrîtu unterlag das babylonische Heer dann gleich in den ersten Tagen in der Schlacht bei Opis. Am 14. fiel die Stadt Sippar den Persern ohne Kampf in die Hände, am 16. drangen die Truppen dann unter der Führung des Gobryas ebenfalls ohne besonderen Widerstand in Babylon ein. Sie nahmen, wie uns von Herodot[1]) und von Xenophon[2]) erzählt wird, in der Nacht ihren Weg durch das Flußbett des Euphrat, nachdem man das Wasser zum Teil abgeleitet hatte. Kyrus hatte mit Absicht diesen Zeitpunkt gewählt, weil die Einwohner sich damals gerade den Freuden eines Festes überließen. Es war nach dem Datum das gewöhnliche Fest des Vollmondes, das jedesmal am 16. besonders gefeiert wurde. Das ergibt sich auch, wie es scheint, aus der Wortbedeutung des geheimnisvollen Menê menê tekêl upharsin, eine Mine und eine Mine Schekel und pharsin. In diesem pharsin = parsin steckt, wie allgemein zugegeben wird, das Wort paras = halbe Mine. Wir erhalten hier also, da die Mine den Betrag von 60 Schekeln umfaßte, die Zahl 60 + 60 = 120 + 30 = 150. Das ist das Zehnfache von 15 oder, wenn man will, die Zahl 15 in zehnfacher Hervorhebung. Es war ein symbolischer Hinweis auf den Zeitpunkt des Vollmondes, der am Ende des 15. Tages glücklich erreicht war. Die Soldaten drangen dann nach

[1]) I, 191.
[2]) Kyrop. VII, 5, 15 ff.

der Schilderung des Xenophon sofort in den königlichen Palast ein, und Belšaṣṣar wurde dort im Nahkampf von ihnen überwältigt und getötet.

Der Einzug des Kyrus war erst am 3. Araḫsamna, also nicht weniger als siebzehn Tage später. Die Leute, die sich auf dem Wege befanden, warfen sich huldigend vor ihm zu Boden. Er verkündete der ganzen Bevölkerung das Eintreten des Friedens und ernannte den Gobryas zum Statthalter. Die Götterbilder, die auf Befehl des Nabuna'id nach Babylon gebracht waren, wurden in der Zeit vom neunten bis zum zwölften Monat wieder in die einzelnen Städte zurückgeschickt. Die erste nach Kyrus datierte Privaturkunde, die bisher veröffentlicht wurde[1]), stammt noch aus dem Tašrîtu, also schon aus der Zeit vor dem feierlichen Einzuge, die zweite[2]) wurde am 24. im Araḫsamna ausgefertigt; Nabuna'id begegnet uns noch auf einer Tafel, die am 10. Araḫsamna geschrieben wurde[3]), und in einer Urkunde aus dem neunten Monat[4]), bei der sich der Tag nicht mehr feststellen läßt. Man sieht also, daß die Umstellung auch in der damaligen Zeit für einen Teil der Bevölkerung wesentlich schwerer war als für andere. Gobryas starb schon am 11. Araḫsamna. Wir werden wohl nicht fehlgehen, wenn wir hier auf die Folgen einer Verwundung schließen. Die Königin, die bald darauf starb und dann im ganzen Lande betrauert wurde, kann nur die Gemahlin des Nabuna'id gewesen sein. Sie starb wohl, da sie schon in höherem Alter stand, nach dem Tode des Belšaṣṣar und nach der Fortführung des Nabuna'id vor Kummer und Schmerz. Da die Landestrauer am 28. Adar ihren Anfang nahm, wird der Tag, wo sie dem Schicksal erlag, wohl in der zweiten Hälfte des vorhergehenden Monats zu suchen sein. Es ist, wie oben schon vorausgesetzt wurde, dieselbe Königin, die uns auch bei Daniel begegnet. Man sieht auch hier wieder, daß der Verfasser dieses Buches über die damaligen Verhältnisse noch sehr gut unterrichtet war.

Xenophon bezeichnet den Nabuna'id, ohne daß er ihn ausdrücklich mit Namen nennt, als *ἀνόσιος*, als „unheilig" oder als gottlos. Dieses Urteil bedeutet in der Form, in der es hier ausgesprochen wird, ein schweres Unrecht. Nabuna'id hat für die Götter, soweit es sich um den Neubau und um die Verschönerung der Kultstätten handelt, mehr getan als irgend jemand unter seinen Vorgängern. Er war auch persönlich, wie wir gesehen haben, ein wirklich religiöser Mensch, der in den Stunden der Bedrängnis, als der Feind in der Nähe war, von den Göttern Beistand und Hilfe erwartete. Wir haben uns aber schon davon überzeugen müssen, daß die Priesterschaft des Marduk ihm besonders die einseitige Bevorzugung des Mondgottes zum Vorwurfe machte. Er galt als gottlos, weil er den Schutzgott von Babylon, wie man glaubte,

[1]) Straßmaier, Inschriften von Cyrus, König von Babylon Nr. 1.
[2]) A. a. O. Nr. 2.
[3]) Straßmaier, Inschriften von Nabonidus, König von Babylon Nr. 1054.
[4]) A. a. O. Nr. 1055.

nicht überall zu seinem Rechte kommen ließ. Dies wurde für ihn zum Verhängnis. Daß er sich so lange von Babylon fernhielt, war für sich allein schon ein Grund, ihn schließlich ganz abzulehnen. Ein König nach dem Herzen des Marduk hatte wenigstens zum Neujahrsfeste in der Hauptstadt zu erscheinen, um dort zu Beginn der Festprozession in der vorgeschriebenen Weise die Hände des Gottes zu ergreifen. Das Spottgedicht, in dem die Vorwürfe zusammengetragen sind, wird am Schluß zu einem Loblied auf Kyrus. Er opfert in Esagila, baut die Mauern von Babylon wieder auf, führt die Götter in ihre Kulträume zurück und tilgt die Sakrilegien des Nabuna'id. Unter den Bewohnern von Babylon herrscht Freude; den Gefangenen lösen sich die Ketten; die Schwachen kommen wieder zu ihrem Rechte; alle blicken freudig auf die Majestät des neuen Fürsten. Dies deckt sich fast ganz mit den Voraussetzungen in dem Texte des sogenannten Kyrus-Zylinders[1]). Wir lesen dort, daß Nabuna'id in feindlicher Weise die Opfer von Esagila zurückgehen ließ, daß er die Verehrung des Marduk durch seine Maßnahmen beeinträchtigte[2]), daß er der Stadt immerfort Böses tat und die Bewohner auf das schwerste bedrückte, bis Marduk sich auf ihr Wehklagen bei allen Völkern der Erde nach einem Retter umschaute, nach einem gerechten Fürsten, so wie er ihn wünschte, um seine Hände zu erfassen. Er fand ihn in Kyrus, dem Könige von Anšan, den er zur Herrschaft berief über das Weltall; er gab dem Kyrus den Nabuna'id, den König, der ihn nicht verehrt hatte, in die Hände, und die Bewohner von Babylon, ganz Sumer und Akkad, die Großen und die Statthalter, beugten sich unter ihn, küßten seine Füße und freuten sich seiner Herrschaft; es leuchtete ihr Antlitz. Das ist zwar, wie wir schon aus den Datierungen in den Privaturkunden[3]) entnehmen durften, in dieser Allgemeinheit sicher eine starke Uebertreibung; es zeigt uns aber, wie man über Nabuna'id in der Umgebung des Kyrus zu denken oder wenigstens zu reden pflegte. Es war in den wesentlichsten Punkten das Urteil der Priester von Esagila, das dann auch bei den folgenden Geschlechtern bestehen blieb und in der Schilderung des Xenophon zu der obigen Ausprägung kam. Wir werden wohl nicht fehlgehen, wenn wir annehmen, daß die Priesterschaft sich schon vor der Schlacht bei Opis durch geheime Verhandlungen mit Kyrus in Verbindung gesetzt hatte. Man hatte sich höchst wahrscheinlich schon die Zusicherung geben lassen, daß alles geschehen würde, um den Tempel vor Plünderung oder Zerstörung zu bewahren. Kyrus hatte wohl selbst dafür gesorgt, daß das

---

[1]) V Rawlinson 35; Abel und Winckler, Keilschrifttexte zum Gebrauch bei Vorlesungen S. 44 f.; Umschrift und Uebersetzung u. a. von Ed. Schrader, Keilinschriftl. Biblioth. Bd. III, 2. Hälfte, S. 120 ff., von Hagen in den Beitr. zur Assyriol. II 1, S. 208 ff. und von Weißbach, Die Keilinschriften der Achämeniden, S. 2 ff.; Uebersetzung auch bei Greßmann, Altorient. Texte zum Alten Testament, 2. Aufl. S. 368 ff.

[2]) Der Text ist hier teilweise zerstört.

[3]) S. oben S. 535.

Heiligtum sofort nach der Eroberung der Stadt unter den Schutz einer besonderen Militärwache gestellt wurde. Er suchte offenbar alles zu vermeiden, was die Gefühle der Einwohner irgendwie verletzen konnte, und zeigte sich selbst in jeder Beziehung als ein treuer und gehorsamer Diener des Marduk. Wir haben hier ganz dasselbe Verhalten, das er auch den Juden gegenüber an den Tag legte. Er gab ihnen sofort die Erlaubnis, nach Palästina zurückzukehren und dort in Jerusalem den Tempel wieder aufzubauen. Dabei sprach er ohne Bedenken von einem Auftrage, den er selbst von Jahwe erhalten hatte. Jahwe, der Gott des Himmels, hatte ihm, wie er sich ausdrückt, alle Reiche der Erde übergeben und ihm den Befehl erteilt, für ihn zu Jerusalem ein Haus zu erbauen[1]). Er stellt sich also, um die Babylonier zu gewinnen, in den Dienst des Marduk und beruft sich den Juden gegenüber auf eine Weisung, die er von Jahwe erhielt. Die Form, in der dieses geschieht, kann in der vorliegenden Fassung einiges Befremden erregen. Es ist wohl kaum anzunehmen, daß er die Macht, die er besaß, in seiner eigenen Ausführung mit einer solchen Bestimmtheit als ein Werk Jahwes bezeichnete. Wir dürfen aber nicht übersehen, daß er auch von Marduk ganz wie ein Babylonier spricht. Die Texte sind offenbar von Personen angefertigt, denen er die besondere Formulierung der Gedanken vertrauensvoll überlassen hatte. Was wir auf dem Tonzylinder lesen, ist von einem Babylonier niedergeschrieben; was für jüdische Kreise bestimmt war, hatte seine Form, wie wir annehmen müssen, in der Wohnzelle oder in dem Arbeitsraum eines gläubigen Israeliten erhalten. Die Vorstellungen sind aber trotz der Abweichungen, die sich hieraus ergeben, in den Einzelheiten zum Teil auf das engste miteinander verwandt. Der babylonische Schriftsteller erzählt uns, wie oben schon kurz hervorgehoben wurde, daß Marduk bei allen Völkern nach einem Retter ausschaute, um dessen Hände zu erfassen. Er befahl ihm dann, nach Babylon zu ziehen, und ging wie ein Freund und Genosse an seiner Seite. Der Verfasser von Is. 45, 1 ff. berichtet in seiner Schilderung, daß Jahwe die Rechte des Kyrus ergriff und auf dem Wege vor ihm her schritt, um die Völker zu Boden zu treten, die Hüften der Könige zu entgürten, die Pfade zu ebnen und die Riegel der Tore zu brechen. Das Bild ist in beiden Fällen dasselbe. Ob hier ein Zusammenhang vorliegt, muß dahingestellt bleiben. Da der hebräische Text in Babylonien entstanden ist, bedarf es für die Möglichkeit einer derartigen Entlehnung keines Beweises. Die Babylonier sahen in Kyrus das Werkzeug des Marduk, die Israeliten führten die außergewöhnlichen Erfolge, die ihm beschieden waren, auf Jahwe zurück. Jahwe hat ihn, wie uns in der Prophetenstelle gesagt wird, selbst mit seinem Namen gerufen; er hat ihn auserkoren und ihm den Auftrag gegeben, Jerusalem wieder aufzubauen und die Gefangenen zurückzuführen ohne Kaufpreis und ohne Geschenke. Die

---

[1]) Esdr. 1, 2.

Angabe, daß er ihn besonders erwählt hat, deckt sich wieder ganz mit den Ausführungen in dem Texte des Tonzylinders.

Man stützte sich bei den Erwartungen, die man hegte, in erster Linie auf die Zusicherung durch den Propheten Jeremias. Kyrus hatte zu seiner Maßnahme, wie wir Esdr. 1, 1 erfahren, von Jahwe die Anregung erhalten, damit sich diese Verheißung erfülle. Es ist dieselbe Verheißung, die bei Daniel, wie oben[1]) schon betont wurde, in dem Abschnitt 9, 1 ff. zugrundeliegt. Daniel hatte die Stelle gelesen und flehte dann, wie uns dort erzählt wird, mit Fasten und im Bußgewande, daß Jahwe seinem Volke verzeihen und der verwüsteten heiligen Stätte zu Jerusalem wieder sein früheres Wohlwollen zuwenden möchte. Das war, wie der Verfasser hervorhebt, im ersten Jahre des Darius. Dieses Jahr wird auch Dan. 11, 1 erwähnt, und zwar in dem Bericht über eine Erscheinung, die uns in das dritte Jahr des Kyrus führt. Daniel sah damals, am 24. Tage des ersten Monats, als er sich nach einer längeren Bußübung am Ufer des Tigris aufhielt, plötzlich einen Engel, der ihm genauere Mitteilungen über die Zukunft seines Volkes machte. Dieser Engel hatte, wie uns dort gesagt wird, dem Darius schon im ersten Jahre seiner Regierung als Schützer und Helfer zur Seite gestanden. Das Jahr, das hier gemeint ist, liegt also nach den Voraussetzungen des Textes noch vor dem dritten Jahre des Kyrus. Es muß ein Jahr gewesen sein, das für Israel von ganz besonderer Bedeutung war; denn nur auf diese Weise ist es zu erklären, daß der Beistand des Engels gerade damals seinen Anfang nahm. Damit kommen wir von selbst auf die Bemerkung am Schluß des Textes 5, 1 ff.: „Noch in derselben Nacht wurde Belšaṣṣar, der König der Chaldäer, getötet, und Darius, der Meder, übernahm die Herrschaft im Alter von 62 Jahren." Er war also, wie der Verfasser voraussetzt, der unmittelbare Nachfolger des Belšaṣṣar. Wir brauchen uns hier mit der Frage, wie diese Auffassung entstanden ist, nicht zu beschäftigen. Da die Herrschaft damals an Kyrus überging, bleibt für einen weiteren König an dieser Stelle kein Raum. Es könnte sich, wenn man an dem Wortlaute der Angaben festhalten will, nur um einen Statthalter handeln, in dem man alsdann den Nachfolger des Gobryas erblicken müßte. Das ist aber ebenfalls sehr unwahrscheinlich, weil an der Stelle 9, 1 hinzugefügt wird, daß dieser Darius ein Sohn des Xerxes war. Wir dürfen uns hier mit der Feststellung begnügen, daß das erste Jahr des Darius nur das erste Jahr nach der Eroberung von Babylon sein kann. Dies wird uns auch durch das Verhalten des Daniel, wie man sieht, in überraschender Weise bestätigt. Daniel griff damals zu der Weissagung des Jeremias, weil er ebenfalls davon überzeugt war, daß das Ende der Knechtschaft jetzt unmittelbar bevorstand.

Die Gefangenen hatten ihre Wohnstätten „an den Flüssen Babels", an den kleinen und großen Kanälen, die in der Landschaft

---

[1]) S. 524.

von Babylon so zahlreich waren. Dort saßen sie nach der ergreifenden Schilderung, die uns in Ps. 137 erhalten ist, und weinten, wenn sie Sions gedachten, und an den Weiden hängten sie auf ihre Harfen. Ihre Bedrücker wünschten von ihnen ein Lied der Freude zu hören, ein Lied von den Liedern Sions; sie mußten es ablehnen, dieser Aufforderung zu entsprechen; es war ihnen unmöglich, von Jahwe zu singen in fernem Lande. „Wie könnten wir singen ein Jahwelied auf fremder Erde? Wenn ich dein vergesse, Jerusalem, soll versagen meine Rechte; meine Zunge soll haften an meinem Gaumen, wenn ich deiner nicht gedenke, wenn ich Jerusalem nicht erhebe zum Gipfel meiner Freude!“ Der Sänger, der dieses geschrieben, hatte die Leiden der Gefangenschaft selbst noch durchlebt. Er bringt nur zum Ausdruck, was er persönlich empfunden; er weiß aber, daß er auch denen, die seinen Schmerz und seine Leiden geteilt haben, ganz aus der Seele spricht. Es ist wohl die ergreifendste Wiedergabe der Grundstimmung, die uns ahnen läßt, mit welcher Freude gerade die Besten des Volkes die Stunde der Erlösung begrüßten.

Die Zahl der Heimkehrenden wird Esdr. 2, 64 auf 42 360 angegeben, ohne die Sklaven und die Sklavinnen, die sich in ihrer Gesamtheit auf 7337 beliefen. Hierzu kamen noch 200 Sänger und Sängerinnen. Sie hatten 736 Pferde, 245 Maultiere, 435 Kamele und 6720 Esel. Es waren also, wenn man alles zusammenfaßt, 49 897 Personen mit 8136 Lasttieren. Diese sollten in Jerusalem und in den Ortschaften von Juda, wie man voraussezte, sofort wieder die noch freistehenden Wohnplätze beziehen. Jahwe hatte seine Stadt, wie der Verfasser von Is. 49, 14 ff. hervorhebt, noch nicht vergessen; er hatte sie auf seine Handflächen gezeichnet, und ihre Mauern standen ihm allzeit vor Augen. Der Dichter sieht dort im Geiste, wie ihre Kinder wieder herbeieilen, wie sie herankommen und freudig von ihr begrüßt werden. Die Söhne, die ihr noch blieben, als sie kinderlos war, haben zwar ihre Bedenken und rufen: „Zu eng ist mir der Raum; schaffe Platz für mich, daß ich wohnen kann!“ Jerusalem stellt aber die Frage: „Wer hat mir denn diese geboren, da ich doch kinderlos war und unfruchtbar, verbannt und verstoßen? Wer zog sie groß? Ich war doch allein noch übrig geblieben. Wo waren denn diese?“ Auf diese Frage erfolgt dann die Antwort: „So spricht Jahwe, der Herr: Siehe, ich erhebe meine Hand zu den Heiden und richte für die Völker mein Banner empor[1]). Sie bringen im Busen deine Söhne, und auf den Schultern werden deine Töchter getragen.“ Um die Mitte des zweiten Jahres waren alle schon untergebracht, und im Herbst feierte man zum ersten Male wieder das Laubhüttenfest.

Die weitere Regelung der Dinge vollzog sich dann, wie uns die Bibel erzählt, unter erheblichen Störungen. Sie kam erst zum Abschluß durch die Tätigkeit des Esdras und des Nehemias. Esdras

[1]) Um ihnen den Weg zu zeigen!

führte im Jahre 458, im siebten Jahre des Artaxerxes, eine größer Schar von Israeliten, mit Einschluß der Tempelsklaven, wenn wi richtig gezählt haben, im ganzen 1769 Personen männlichen Ge schlechtes, von Babylonien in die Heimat zurück und ordnet zunächst die religiösen Verhältnisse; Nehemias kam dann im 20. Re gierungsjahre des Artaxerxes als Statthalter und ließ gleich in ersten Jahre die Mauern von Jerusalem wieder aufbauen.

Die Israeliten, die Ezechiel zu betreuen hatte, wohnten nach de vorhandenen Angaben am Flusse Kebar[1]), an dem Nâru Kabar oder dem sogenannten „Großen Fluß“ oder „Großen Kanal“, de sich in der Nähe von Nippur, südöstlich von Babylon, befand Dieser Name war in der dortigen Gegend, soweit es sich feststelle ließ, schon ganz der Vergessenheit anheimgefallen, als man im Jahre 1893 bei den Ausgrabungen der Universität von Pennsylvania durch einen glücklichen Zufall das Archiv eines alten Geschäfts hauses entdeckte, das uns über die damaligen Verhältnisse wiede zuverlässige Nachrichten in die Hand gibt. Man fand unter den Trümmern eines eingestürzten alten Zimmerraumes nicht weniger als etwa 730 zum Teil allerdings nur schlecht erhaltene Tontafeln, die sämtlich aus der Zeit des ersten Artaxerxes (464—424) und des zweiten Darius (423—405) datiert sind. Der älteste in den Texten erwähnte Inhaber und Leiter des Geschäftes war Murašû; in den jüngeren Urkunden werden seine Söhne genannt. In diesen Texten ist der Kanal ausdrücklich erwähnt. Auch finden sich dort unter den Eigennamen zahlreiche rein jüdische Bezeichnungen, die nur aus diesem Zusammenhange zu erklären sind. Die Urkunden wurden veröffentlicht von Hilprecht und von Clay, The Babylonian Expedition of the University of Pennsylvania, Series A, Vol. IX (Hilprecht-Clay, Philadelphia 1898) und X (Clay, Phil. 1904), und University of Pennsylvania, The Museum, Publications of the Babylonian Section, Vol. II, 1 (Clay, Phil. 1912). Wir bezeichnen die beiden ersten Bände, wie es auch sonst in der Regel geschieht, als BE IX und BE X und den dritten als UP II. Uebersetzungen besonders von Ebeling, Aus dem Leben der jüdischen Exulanten in Babylonien, Wissenschaftliche Beilage zum Jahresbericht des Humboldt-Gymnasiums, Berlin 1914. Die Texte bieten, wenn wir die aus dem Hebräischen stammenden Bezeichnungen herausheben dürfen, u. a. z. B. die Namen Ab-di-ia = Abdija = [Abdijjah] = ʻAbdi, Abi-ia-a-ḫu[2]) = Abijâḫu = Abijjâhu, Abi-ia-a-wa[3]) = Abijâwa = Abijjâhu, Aḫi-'a-u = Aḫi-ia-u[4]) = Aḫi-ja-u = Aḫijjâhu, Aḫi-ia-a-wa = Aḫijâwa = Aḫijjâhu, A-na-ili = Ḫa-na-'-ili[5]) = Ḫana-ili = Ḫanniel, A-na-ni-'-ili = Ḫa-na-ni-'-ili = Ḫanani-ili = Hananel,

---

[1]) Ezech. 1, 3; 3, 15 ff.; 10, 15 ff.; 43, 3.

[2]) Auch Abi-ia-aḫ-ḫu.

[3]) wa ist in diesen Urkunden immer durch ma ausgedrückt.

[4]) Vgl. mit Hilprecht (S. 48 Anm.) Straßmaier, Cyrus 338, 2 und 114, 11.

[5]) Vgl. UP II 133, 25 und UP II 217, 6. Der Träger des Namens ist an beiden Stellen der Sohn eines Za-bad-du.

Aḳ-bi-ia-a-wa = Aḳbijâwa = ['Aḳbijjâhu], A-ḳu-bu = Aḳûbu = 'Aḳḳûb, Ba-da-ia-a-wa = Badajâwa = [Bedjâhu] = Bedjah, Ba-li-ia-a-wa = Balijâwa = [Ba'aljâhu] = Ba'aljah, Ba-na-'-ili = Bana-ili = [Benael], Bâni-ia = Banija = Benajah, Ba-na-ia-a-wa = Banajâwa = Benajâhu, Ba-ri-ki-ili[1]) = Bariki-ili = Barachel, Ba-ri-ki-a[2]) = Barikia = Berechjah, Ba-rik-ki-ia-a-wa[3]) = Barikkijâwa = Berechjâhu, Bi-ḫa-da-ḫi-' = Biḫadaḫi = [Be'ad-aḫi], Ga-da-al-ia-a-wa[4]) = Gadaljâwa = Gedaljâhu, Ḫa-da-an-na = Ḫadanna = 'Adnah, Ḫa-ag-ga-a[5]) = Ḫaggâ = Ḫaggai, Ḫa-na-na[6]) = Ḫanana = Ḫanan, Ḫa-na-ni-'[7]) = Ḫanani = Ḫanani, Ḫa-na-ni-ia-a-wa[8]) = Ḫananijâwa = Ḫananjâhu, Ḫa-nu-nu = Ḫanunu = Ḫanûn, Ḫa-az-zi-ia = Ḫazzija = Ḫazajah, Ia-a-da-aḫ-ia-a-wa[9]) = Jadaḫjâwa = [Jeda'jâhu] = Jeda'jah, Ia-a-di-iḫ-ili[10]) = Jadiḫ-ili = Jedi'el, Ia-a-ḫu-u-la-ki-im = Jaḫulakim = [Jeholachem], Ia-a-ḫu-u-na-ta-nu = Jaḫunatanu = Jehonathan, Ia-a-šu-bu = Jašûbu = Jašûb, Ig-da-al-ia-a-wa = Igdaljâwa = Jigdaljâhu, Ili-ia-a-di-ni = Ili-jadini = [Eljadîn], Ili-natan-nu = Ili-natannu = Elnathan, Ili-za-bad-du[11]) = Ili-zabaddu = Elzabad, Iš-ri-bi-ia-a-wa = Išribijâwa = [Serebjâhu] = Serebjah, Ma-at-ta-ni-ia-a-wa[12]) = Mattanijâwa = Mattanjâhu, Mi-na-aḫ-hi-im[13]) = Minaḫḫim = Menaḫem, Mi-in-ia-a-me-en[14]) = Minjamen = Minjamin, Na-ad-bi-ia = Nadbija = Nedabjah, Na-tan-ili[15]) = Natan-ili = Nethanel, Na-tu-nu = Natunu = [Nathûn], Pa-da-wa = Padâwa = Pedajâhu, Pa-ni-ia = Panija = [Penijjah], Pa-ni-ili = Pani-ili = Peniel, Pi-li-ia-a-wa[16]) = Pilijâwa = [Pelajâhu] = Pelajah, Sab-ba-ta-a-a[17]) = Sabbatâ = Sabbethai, Sa-ma-aḫ-u-nu = Samaḫûnu = Sim'ôn, Si-li-im-mu = Silimmu = Sillem, Ti-ri-ia-a-wa[18]) = Tirijâwa = [Tirjâhu] = Tirjah = Tirja, Ṭa-bi-ia[19]) = Ṭabija = Ṭobijjah[20]), Ṭu-ub-ia-a-wa = Ṭubjâwa = [Ṭobijjâhu] = Ṭobijjah, Za-bad-ia-a-wa = Zabadjâwa = Zebadjâhu, Za-ab-

---

[1]) Auch Ba-rik-ki-ili.
[2]) Auch Ba-rik-ki-a.
[3]) Auch Ba-rak-ku-ia-a-wa.
[4]) Auch Ga-da-lu-ia-a-wa.
[5]) Auch Ḫa-ga-a.
[6]) Auch Ḫa-na-na-' und Ḫa-an-na-nu.
[7]) Auch Ḫa-an-na-ni-'.
[8]) Auch Ḫa-na-nu-ia-a-wa.
[9]) Auch Ia-a-di-iḫ-ia-a-wa und Ia-a-di-ḫu-ia-a-wa.
[10]) Auch Ia-di-iḫ-ili.
[11]) Auch Ili-za-ba-du.
[12]) Auch Ma-at-ta-ni-'-ia-a-wa, Ma-tan-ni-'-ia-a-wa, Ma-at-tan-nu-ia-a-wa und Ma-at-tan-ia-a-wa.
[13]) Auch Mi-in-na-aḫ-ḫi-im und Mi-na-aḫ-ḫi-im-mu.
[14]) Auch Mi-in-ia-me-e und Mi-in-ia-mi-i-ni.
[15]) Auch Na-tan-ni-ili.
[16]) Auch Pi-il-hu-ia-a-wa.
[17]) Auch Sa-ba-ta-a-a.
[18]) Auch Tir-ri-ia-a-wa.
[19]) Auch Ṭabi-ia.
[20]) Das a erklärt sich hier in der keilinschriftlichen Form aus dem Einfluß des Aramäischen.

di-ia[1]) = Zabdija = Zᵉbadjah und Za-bi-na-' = Zabina = Zᵉbina. Wir haben hier im ganzen dieselben Namen, die uns bei Esdras und Nehemias begegnen. Manche kommen nur einmal vor, andere müssen dagegen sehr häufig gewesen sein. Da bei den Angaben in der Regel auch der Name des Vaters hinzugefügt wird, kann man bei den Trägern in den meisten Fällen zugleich den engeren Familienkreis feststellen. Wir lesen z. B. in den Texten BE IX 24 (31. Jahr des Artaxerxes) und BE IX 79 (40. J. d. Art.) von einem Aḳûbu, der als Sohn des Zabdija bezeichnet wird, stoßen dann BE IX 82, 8 (40. J. d. Art.) auf einen Aḳûbu, der einen Ḫadanna zum Vater hatte, und erfahren UP II 115, 11 (5. J. d. Darius) und UP II 123, 26 (6. J. d. Dar.) außerdem noch von einem Aḳûbu, der uns als Sohn eines Dabdabâ entgegentritt. Die Urkunden erzählen uns also, wie sich aus den Datierungen ergibt, für dieselbe Zeit in dem Geschäftsbereiche des Hauses Murašû von drei verschiedenen Trägern desselben Namens. Dabei trägt der Vater des an der dritten Stelle genannten Aḳûbu einen Namen, der aus dem Hebräischen nicht zu erklären ist. Der Großvater hatte hier bei der Geburt seines Sohnes schon zu einer Bezeichnung gegriffen, die aus dem Sprachgut der Babylonier stammt. Dieses Hinübergreifen in die Kulturwelt der Babylonier zeigt sich auch in dem Texte UP II 223 (7. J. d. Dar.), wo wir von einem Aḳûbu erfahren, der seinen Sohn ohne Bedenken als Ninurta-iddina, als ein Geschenk der Ninurta, bezeichnet hatte. Bei einem andern Sohne, einem ebenfalls in dieser Urkunde genannten Bruder des Ninurta-iddina, kann der Name leider nicht mehr festgestellt werden. In dem Texte BE X 64 (3. J. d. Dar.) begegnet uns ein Aḳûbu als der Vater eines Ḫinnuni und eines Mannu-ki-ilaḫi, eines „Wer wie Gott?". Ilaḫi = ilâhi = elâh = elohîm. Der Vater hatte sich bei der Wahl dieses Namens offenbar von Bezeichnungen wie Mannu-ki-Nanâ oder Mannu-ki-Ninurta bestimmen lassen, die auch für die Gegend von Nippur mehrfach belegt sind. Er wollte, wenn wir den Ausdruck richtig verstehen, durch die Frage besonders hervorheben, daß für ihn nur der einzige Gott seines Volkes in Betracht kam. In dem Texte UP II 207 (5. J. d. Dar.) begegnet uns Z. 5 die Bezeichnung Mannu-ki-ilaḫi-ilu, „Wer ist ein Gott wie ilaḫi?". Es gibt also keinen Gott, der ihm an die Seite gestellt werden kann[2]). Dieser Gedanke liegt auch bei dem in UP II 60 (3. J. d. Dar.) vorkommenden Man-nu-dan-na-ia-a-wa = Mannu-danna-Jâwa und bei dem in UP II 148 (11. J. d. Dar.) dafür gebotenen Man-nu-danni-ia-a-wa = Mannu-danni-Jâwa zugrunde. Der Ausdruck ist ein besonderer Hinweis auf die Stärke Jahwes, der uns erst verständlich wird, wenn wir an andern Stellen z. B. von einem Dannu-Nergal oder von einem Dannu-ili erfahren. Der Träger des Namens ist in dem

[1]) Auch Zab-di-ia.

[2]) Die Ausdrucksweise ist dieselbe wie z. B. in den Bezeichnungen Mannu-ki-Aššur-li' und Mannu-ki-Ištar-li', „Wer ist stark wie Aššur?" und „Wer ist stark wie Ištar?".

Texte Nr. 60 der Sohn eines U-še-iḫ = Ušeḫ und in dem Texte Nr. 148 der Sohn eines Sulum-Babili. Wir stehen hier also, wenn wir diese Beispiele zusammenfassen, vor einer Gruppe von klaren und eindrucksvollen Neubildungen, bei denen die babylonischen Bezeichnungen als Vorbilder dienten. Man benutzte dieselben Satzgebilde, die bei den akkadischen Namen in Gebrauch waren, und ersetzte die babylonischen Gottesbezeichnungen durch elâh = elohîm und durch das auch sonst so häufig vorkommende Ia-a-wa = Jahwe. Bei der Wiedergabe durch eláh zeigt sich schon der Einfluß des Aramäischen. Sie steht zu dem hebräischen elohîm in demselben Verhältnis wie die Bezeichnung Ṭabija zu dem in der Bibel gebräuchlichen Ṭobijjah.

Aḳûbu, der Vater des Mannu-ki-ilaḫi, hatte dem in der Urkunde an erster Stelle genannten Sohne den Namen Ḫinnuni gegeben. Der Name kommt in den Texten mit der Bezeichnung eines andern Vaters nirgendwo vor. Wir erfahren aber UP II 208, 16—17 (5. J. d. Dar.) und UP II 123, 27 (6. J. d. Dar.) von einem Ḫinnuni, der uns dort selbst als der Vater eines Il-te-ḫi-ri-a-bi = Ilteḫiri-abi entgegentritt, und stoßen UP II 144, 1. 22 (11. J. d. Dar.) auf einen Ḫinnuni, der nach dem Wortlaute des Textes einen Il-te-ri-ia-a-ḫa-bi = Ilteri-jaḫabi zum Sohne hatte. Die beiden Bezeichnungen sind in den Formen, in denen sie hier vorliegen, trotz aller Uebereinstimmungen sprachlich voneinander zu trennen. Ilteḫiri-abi = Iltehiri-abi, „Iltehiri ist mein Vater"; Ilteri-jaḫabi = Ilteri-jahabi = Ilteri-jahab, „Ilteri hat gegeben". Iltehiri, auch Il-te-iḫ-ri = Ilteḫri = Iltehri und Il-te-ri = Ilteri geschrieben, war die gewöhnliche aramäische Bezeichnung des Mondgottes. Es ist aber wohl sicher, daß der Unterschied, den wir hier feststellen müssen, nur in der Erklärung des Namens seinen Grund hat. Die ältere Form ist hier, wie es scheint, in dem einwandfreien Iltehiri-abi zu suchen. Dies führte dann, da sich zwischen dem i und dem a ein Jod einschaltete, im Zusammenhange mit dem zweiten Bestandteil auf das Verbum j^ehab = jahab = nathan. Wir wissen, daß man auch im Syrischen später nicht j^ehab oder j^ehabh, sondern nur jabh sprach. Man sieht also, daß wir uns hier schon ganz im Sprachgebiet des Aramäischen befinden. Damit kommen wir auch hier wieder auf den Ḫinnuni des Textes BE X 64, den Bruder des Mannu-ki-ilaḫi. Der Vater der beiden Brüder war, wie es scheint, noch ein überzeugter und glaubenstreuer Israelit; Ḫinnuni wandte sich dann aber, wie aus dem Namen des Sohnes hervorgeht, auch der Verehrung des Mondgottes zu. Wir haben hier also dieselbe Verbeugung vor einer fremden Gottheit, die in einem andern Falle, wie wir gesehen haben, in der Familie eines Aḳûbu zu der Bezeichnung eines Sohnes als ein Geschenk des Ninurta führte. Es scheint aber, daß diese Familien im übrigen kaum etwas miteinander zu tun hatten. In der einen Familie bekannte man sich zu den Ueberzeugungen und zu der Ausdrucksweise der Aramäer, in der andern griff man, wenn wir den Einzelfall verallgemeinern dürfen, auf die Anschauungen und die Sprache der Babylonier zurück.

Da das Aramäische mit dem Hebräischen so nahe verwandt war, ist es oft ganz unmöglich, aus den Namen nach der einen oder nach der anderen Seite einen sicheren Schluß zu ziehen. Bezeichnungen, in denen z. B. ein barach = segnen, ein el = Gott oder ein zebed = Geschenk vorkommt, sind im Aramäischen ebenso häufig wie in der Sprache der Bibel. Wir wissen aber, daß man im Aramäischen zum Teil andere Formen heranzog. Wenn man andeuten wollte, daß Gott barmherzig war, gab man dem Kinde im Hebräischen den Namen Raḫûm. Im Aramäischen griff man in einem solchen Falle zu dem gleichbedeutenden Raḫîm. Daß die hebräische Form des Namens in der damaligen Zeit noch in Gebrauch war, zeigen die Belege bei Esdras und Nehemias. Die Texte von Nippur bieten aber nur die Bezeichnungen Raḫîm, Raḫîmu und Raḫîm-ili. Der Name Raḫîm begegnet uns wenigstens bei drei verschiedenen Personen. Wir erfahren von einem Raḫîm, der als der Sohn eines Barikki-ilu bezeichnet wird, von einem Raḫîm, der zu den Söhnen eines Bêl-abu-uṣur gehörte, und lesen in dem Texte UP II 5 (1. J. d. Dar.) von einem Raḫîm, der einen Ba-na-ia-a-wa = Banajâwa zum Vater hatte. Der Name Raḫîm-ili läßt sich in ähnlicher Weise für wenigstens vier verschiedene Personen belegen. In dem Texte BE IX 59 (37. J. d. Art.) wird in Z. 17 ein Raḫîm-ili als der Vater eines U-da-ar-na-' = Udarna erwähnt; in den Texten BE IX 65 (38. J. d. Art.) und BE IX 69 (39. J. d. Art.) erscheint dieser Raḫîm-ili zugleich als der Vater eines Zabdija. Udarna, in dem Texte BE X 7 U-'-da-ar-na-' = U'darna geschrieben, ist der schon in der großen Inschrift von Bisutun vorkommende persische Name Widarna. Der Träger dieses Namens ist dann selbst wieder, wie wir aus den Angaben erfahren, der Vater eines Ḫananijâwa. Dies zeigt uns, daß es sich bei dem hier in Betracht kommenden Raḫîm-ili ebenso wie bei dem Raḫîm, mit dem wir es in dem Texte UP II 5 zu tun haben, trotz der aramäischen Form des Namens nur um einen Israeliten handeln kann. Es ist also durchaus zu begreifen, daß der Bruder des Udarna, wie schon hinzugefügt wurde, den Namen Zabdija erhalten hatte. Dieser wird dann aber selbst wieder als der Vater eines Bêl-ittanu bezeichnet. Die Verhältnisse liegen hier also mindestens sehr eigenartig. Raḫîm-ili, der Vater des Udarna, hatte bei seiner Geburt einen aramäischen Namen erhalten. Er hatte sich dann bei der Geburt seiner eigenen Kinder in dem einen Falle für eine persische und in dem andern für eine israelitische Bezeichnung entschieden. Der Sohn mit dem persischen Namen wählte dann für seinen eigenen Sohn einen Namen, der einen Hinweis auf die Güte Jahwes enthielt, und der Sohn mit dem israelitischen Namen stellte seinen eigenen Sohn ohne Bedenken unter den Schutz des Bêl.

Der Name Sulum-Babili, „Wohlergehen für Babel“, den wir erwähnten, begegnet uns in den Texten bei wenigstens acht verschiedenen Personen. Es ist eine Bezeichnung, die man auch in der damaligen Zeit in einer jüdischen Familie kaum erwarten sollte. Der Vater, der dem Kinde diesen Namen gab, fühlte sich in den Verhältnissen der neuen Heimat, wenn wir uns auf den Ausdruck verlassen dürfen, offenbar schon ganz glücklich. Er würde sich niemals zu denen gezählt haben, die mit dem Verfasser von Ps. 137 an den Flüssen des Landes saßen und dort in Tränen an den Tempelberg in Jerusalem dachten. Daß diese Sehnsucht aber bei manchem noch vorhielt, ersieht man aus der gelegentlichen Verwendung des Namens Jašûbu = Jašûb, „Er wird zurückkehren", der uns Esdr. 10, 29 für einen in einer Mischehe lebenden Nachkommen des Bani und in dem Texte UP II 85 (4. J. d. Dar.) für den Sohn eines Ḫakâ bezeugt ist.

Da der Nachweis, daß es sich um einen Israeliten handelt, bei dem Vorliegen einer nichtisraelitischen Bezeichnung ganz von Zufälligkeiten abhängig ist, können wir uns über den Umfang solcher Entlehnungen vorläufig noch gar kein sicheres Urteil gestatten. Wir können höchstens die Beispiele hervorheben, die uns in den Angaben unmittelbar entgegentreten. Diese sind aber für sich allein schon sehr zahlreich. Die Texte erzählen uns z. B., soweit die Namen bisher noch nicht hervorgehoben wurden, von einem Balaṭu, dem Sohne des Tirijâwa (BE IX 64, 12 und BE IX 75, 11; 38. und 40. J. d. Art.), von einem Bau-êṭir, dem Vater eines Aḳbijâwa (UP II 80, 3; 4. J. d. Dar.), von einem Bêl-abu-uṣur, dem Vater des Minjamen (BE IX 14, 11, BE X 65, 18, BE X 84, 13, BE X 85, 12, UP II 72, 15, UP II 104, 2. 5 und UP II 205, 14; 28. J. d. Art. und 3., 4. und 5. J. d. Dar.), von einem Bêl-êṭir, dem Vater des Ḫazzija (UP II 197, 3. 7; 3. J. d. Dar.), von einem Bêlšunu, dem Sohne des Barakkujâwa (UP II 53, 13 und UP II 108, 11; 2. und 5. J. d. Dar.), von einem Bêl-uballiṭ, dem Vater des Mattannujâwa (UP II 53, 12; 2. J. d. Dar.), von einem Ḫinni-Bêl, dem Vater eines Zabadjâwa (UP II 208, 2—3; 5. J. d. Dar.), von einem Nanâ-nâdin, dem Vater eines Igdaljâwa (BE IX 45, 4; 36. J. d. Art.), von einem Iltammeš-ladin[1]), dem Vater des Jadaḫjâwa (BE X 94, 1. 5—6; 4. J. d. Dar.), von einem Libluṭ, dem Bruder eines Sabatâ (BE X 39, 2; 1. J. d. Dar.), von einem Samaš-uballiṭ, der ebenso wie Balaṭu als der

[1]) Iltammeš = il-tam-meš = an-ud-meš. An-ud = Samšu = Samši, mit dem zur Hervorhebung eines Plurals dienenden meš, das hier in derselben Weise zu erklären ist wie bei dem in diesen Texten so häufig vorkommenden an-meš = ili. Man sah hier in dem auslautenden i eine wirkliche Nominalendung der Mehrzahl. Vgl. für die Einzelheiten besonders BE IX S. 19 und BE X S. XIV. Die Lesung ergibt sich mit zwingender Deutlichkeit aus dem Wechsel dieser Zeichenverbindung mit Schreibungen wie il-ta-meš und il-te-meš. Ob das Wort Samaš bei dieser Entwickelung eine Rolle spielte, wagen wir nicht zu entscheiden. Es ist aber wohl sicher, daß der Ausdruck auch für die Bezeichnung des Mondgottes seine Bedeutung gehabt hat. Iltammeš war das Gestirn des Tages, Iltehiri oder Iltehri die Leuchte der Nacht. Wir haben also, wenn dieses richtig ist, in der ersten Silbe von Iltehiri ebenfalls ein ilu = il zu vermuten. Tehiri deckt sich in seiner Grundform mit dem arabischen šahr, das im Hebräischen in dem eigenartigen sah^{a}ronîm = Möndchen erhalten ist.

Sohn eines Tirijâwa bezeichnet wird (BE IX 11, 11, BE IX 30, 29—30, BE IX 34, 24—25, BE IX 35, 30, BE IX 39a, 8, BE IX 48, 33, BE IX 51, 11, BE IX 59, 20—21 und BE IX 69, 18; 28., 32., 34., 35., 36., 37. und 39. J. d. Art.), von einem Taddannu[1]), der ebenfalls zu den Söhnen des Tirijâwa gehörte (BE X 97, 11—12; 4. J. d. Dar.), und von einem weiteren Träger dieses Namens (UP II 222, 10; 7. J. d. Dar.), der einen Badajâwa zum Vater hatte. Von diesen Namen ist nur ein geringer Teil in religiöser Hinsicht vollkommen neutral. Die meisten haben in ihrem Grundgedanken die Verehrung einer fremden Gottheit zur Voraussetzung, die mit den Forderungen des Gesetzes vom Sinai nicht in Einklang zu bringen war. Hierbei steht der Gott Bêl begreiflicherweise stark im Vordergrunde. Er begegnet uns in den Namen Bêl-abu-uṣur, Bêl-êṭir, Bêlšunu, Bêl-uballiṭ und Ḫinni-Bêl. Der Sonnengott tritt uns in Iltammeš-ladin und in Samaš-uballiṭ entgegen. Der Name Bau-êṭir setzt ein besonderes Vertrauen zu der Göttin Bau voraus; Nanâ-nâdin war nach dieser Bezeichnung ein Geschenk der Nanâ. Daß es sich bei der Wahl dieser Namen um ein wirkliches Bekenntnis zu den betreffenden Gottheiten handelt, kann im Grunde gar nicht bezweifelt werden. Die Bedeutung der einzelnen Bezeichnungen war in den meisten Fällen für jeden sofort verständlich. Wir dürfen aber bei der Beurteilung der Verhältnisse nicht übersehen, daß die Träger dieser Namen dann selbst wieder zum Teil als aufrichtige Verehrer Jahwes erscheinen. Bau-êṭir hatte einen Sohn, der den Namen Akbijâwa trug, Bêl-uballiṭ war der Vater eines Mattannu-jâwa, Ḫinni-Bêl der Vater eines Zabadjâwa, Nanâ-nâdin tritt uns als der Vater eines Igdaljâwa entgegen und Iltammeš-ladin hatte einen Jadaḫjâwa zum Sohne. Es scheint sogar, daß die Fälle, wo der Träger eines heidnischen Namens dem Sohne einen typisch israelitischen Namen gegeben hatte, in der damaligen Zeit viel zahlreicher waren als die Fälle, wo der Vater den israelitischen und der Sohn den heidnischen Namen trug. Wir finden die israelitische Gottesbezeichnung, wenn wir die zweite Form dieser Verschiebungen ins Auge fassen, nur in dem Namen des Tirijâwa, der in neun verschiedenen Urkunden als der Vater des Samaš-uballiṭ erwähnt wird. Diese Texte stammen aber alle schon aus der Zeit vom 28. bis zum 39. Jahre des Artaxerxes. Sie führen uns also für die Zeit, wo Tirijâwa selbst noch in der Vollkraft seiner Jahre stand, bis in die ersten Jahrzehnte nach dem Tode des Xerxes. Das

[1]) Vgl. für diese Lesung, soweit es sich um den Lautwert des ersten Schriftzeichens handelt, besonders die auf der Tafel UP II 49 vorhandene aramäische Wiedergabe des Namens durch T-t-n. Der Schreiber sprach also Tattannu. Das ist dieselbe Aussprache, die uns in der Bibel bei dem Namen des zur Zeit des Esdras für Palästina zuständigen persischen Statthalters Tatt^{e}nai begegnet. Das d ist hier also in der späteren Zeit in der Mitte des Wortes ebenfalls zu t geworden. Tatt^{e}nai deckt sich in seiner Grundform mit dem z. B. auch in dem Texte UP II 107 vorkommenden Tad-dan-na-a = Taddannâ.

ist dieselbe Zeit, die wir auch für die Väter des Aḳbijâwa, des Mattannujâwa, des Zabadjâwa, des Igdaljâwa und des Jadaḫjâwa anzusetzen haben. Die Texte bieten uns also, wenn wir bloß die Namen mit einer Gottesbezeichnung herausheben, nur ein einziges Beispiel, bei dem der Träger des Namens mit der typischen israelitischen Gottesbezeichnung seinem Sohne einen Namen mit einer heidnischen Gottesbezeichnung gab; sie berichten uns aber für dieselbe Zeit von fünf andern Israeliten aus dem Geschäftsbereiche des Hauses Murašû, die selbst schon einen Namen mit einer heidnischen Gottesbezeichnung trugen, aber den Kindern wieder einen Namen gegeben hatten, der ein eindeutiges und mutiges Bekenntnis zu Jahwe enthielt. Das ist sicher kein Zufall. Es ist ein Ausschnitt aus den Verhältnissen in der praktischen Wirklichkeit, den wir ohne Bedenken verallgemeinern dürfen. Die Namen sind hier in den Gedanken, die sie zum Ausdruck bringen, der Niederschlag einer tiefgreifenden religiösen Bewegung, die uns in ihren Einzelheiten für die damalige Zeit schon aus der Bibel bekannt ist. Wir wissen, daß Esdras, der Führer dieser Bewegung, im siebten Jahre des Artaxerxes nach längeren Vorbereitungen mit einer Schar von mehr als 1500 Israeliten von Babylonien nach Jerusalem zog und dort die Lage seiner Volksgenossen in jeder Weise zu heben versuchte. Er bemühte sich, wie der Verfasser von Esdr. 7, 10 hervorhebt, das Gesetz des Herrn zu erforschen und Satzungen und Recht in Israel zu befolgen und zu lehren. Diese Bemühungen müssen schon in Babylonien, wie aus den Angaben der Bibel hervorgeht, sehr erfolgreich gewesen sein.

Tirijâwa, der Vater des Samaš-uballiṭ, hatte sich auch bei den Namen, die er den beiden andern Söhnen gegeben hatte, ganz von den Ueberlieferungen seiner Väter entfernt. Die beiden Bezeichnungen sind ebenfalls aus dem Babylonischen genommen. Es scheint also, daß er wirklich seine eigenen Wege ging, und daß er sich von tieferen religiösen Bindungen vollkommen frei fühlte. Auf jeden Fall ist das Bild, das man hier von einer jüdischen Familie erhält, wesentlich anders als der Eindruck, den man z. B. aus den Angaben über die persönlichen Verhältnisse eines Jadiḫjâwa oder eines Ṭubjâwa gewinnt. Jadiḫjâwa, der Sohn des Bana-ili, wird in den Texten BE IX 25 (31. J. d. Art.), BE IX 29 (32. J. d. Art.) und BE IX 45 (36. J. d. Art.) als der Vater eines Padâwa, eines Jaḫunatanu, eines Samaḫuna und eines Aḫijâwa erwähnt; er hatte also mindestens vier Söhne, die alle einen einwandfreien israelitischen Namen trugen. Padâwa = P^e^dajâhu = P^e^dajah, Jaḫunatanu = J^e^honathan, Samaḫunu = Sim'ôn, Aḫijâwa = Aḫijjâhu. Ṭubjâwa war nach den Texten UP II 115 (5. J. d. Dar.) und BE X 118 (7. J. d. Dar.) der Vater eines Banajâwa = B^e^najâhu, eines Bibija = Bebai, eines Ḫannani = Ḫanan, eines Zabadjâwa = Z^e^badjâhu und eines Zabina = Z^e^bina. Zabina hatte dann nach den Angaben des an der zweiten Stelle genannten Textes wieder einen Sohn, der in der keilinschriftlichen Wiedergabe des Namens

35*

als Balijâwa oder als Ba'aljâhu bezeichnet wird. Jahwe sollte also nach dem Wunsche des Vaters sein Herr sein. Das ist genau so deutlich wie der Name Mannu-ki-ilaḫi, der uns in der Familie eines Aḳûbu begegnete.

Man hat schon oft darauf hingewiesen, daß Ezechiel den Gefangenen mit besonderem Nachdruck die Feier des Sabbates ans Herz legte[1]). Es darf also vorausgesetzt werden, daß die Frommen sich Mühe gaben, diesen Tag trotz der Schwierigkeiten, die sich ihnen in den Weg stellten, wirklich in der vorgeschriebenen Weise zu heiligen. Dies wird uns ebenfalls durch die Texte bestätigt. Wir finden in den Urkunden wenigstens vier verschiedene Persönlichkeiten, die von ihren Eltern den Namen Sabbatâ = Sabbᵉthai erhalten hatten. In dem Texte BE X 39 (1. J. d. Dar.) begegnet uns ein Sabbatâ, der als der Sohn eines Sirka bezeichnet wird, in dem Texte UP II 12 (1. J. d. Dar.) und in dem Texte BE X 85 (4. J. d. Dar.) erfahren wir von einem Sabbatâ, der einen Ḫaggâ zum Vater hatte, in dem Texte BE X 65 (3. J. d. Dar.) tritt uns ein Sohn des Bêl-abu-uṣur als der Träger dieses Namens entgegen, in dem Texte BE X 92 (4. J. d. Dar.) haben wir es mit einem Sabbatâ zu tun, der einen Ḫillumutu zum Vater hatte. Hierzu kommen, wenn die Personen nicht zusammenfallen, noch drei weitere Träger dieses Namens, von denen der eine in dem Texte BE IX 45 (36. J. d. Art.; Hilprecht hat hier das Zeichen für ta als li gelesen!) als der Vater eines Satturu, der zweite in den Texten BE IX 69 (39. J. d. Art.) und BE X 7 (1. J. d. Dar.) als der Vater eines Gadaljâwa und der dritte in den Texten UP II 185 (1. J. d. Dar.) und UP II 218 (wahrscheinl. 6. J. d. Dar.) als der Vater eines Abijâwa genannt wird. Das ist für den engen Kreis, auf den sich die Angaben beziehen, außerordentlich viel. Der Name findet sich in der Bibel nur Esdr. 10, 15 und Neh. 8, 7 und 11, 16. Er bezeichnet hier einen Leviten, der ebenfalls aus Babylonien kam und dort ganz in denselben Verhältnissen gelebt hatte. Man feierte aber nicht nur den Sabbat, sondern auch die Feste. Diese standen mit dem Sabbat für das religiöse Gemeinschaftsleben ungefähr auf derselben Stufe. Es waren Tage der Freude, die für die gläubigen Israeliten wertvoll genug waren, um sie ebenfalls bei der Bezeichnung ihrer Kinder besonders zu berücksichtigen. Man gebrauchte in einem solchen Falle den Namen Ḫaggai, der sich in den Urkunden in den Schreibungen Ḫaggâ, Ḫagâ und Ḫakâ erhalten hat. In den Texten UP II 12 und BE X 85 begegnet uns, wie wir gesehen haben, ein Ḫaggâ als der Vater eines Sabbatâ; in dem Texte BE IX 28 (31. J. d. Art.) wird ein Ḫaggâ als der Sohn eines Ili-ḳatari erwähnt; in dem Texte BE X 12 (1. J. d. Dar.) erfahren wir von einem Ḫaggâ, der als der Sohn eines Aḳbi-ili bezeichnet wird; in dem Texte UP II 85 (4. J. d. Dar.) tritt uns ein Ḫakâ als der Vater des Jašûbu entgegen. Man erkennt ohne Schwierigkeit, daß der Name Sabbatâ

[1]) Ezech. 20, 12. 13. 16. 20. 21. 24; 22, 8. 26; 23, 38; 44, 24; 45, 17; 46, 1 ff.

= Sabb^{e}thai zu dem šabbath in demselben Verhältnis steht wie die Bezeichnung Ḫaggai zu einem ḫag oder zu einem Feste. Wenn man aber einem Kinde nach der Beziehung, die hier vorliegt, den Namen gab, kann es sich nur um den Tag der Geburt handeln. Der Ḫaggai war also, wie man auch heutzutage z. B. im Arabischen noch sagen würde, der Sohn oder das Kind eines Festes; der Sabb^{e}thai hatte das Glück gehabt, an einem Sabbate das Licht der Welt zu erblicken. Im Babylonischen wurde das Kind eines Festtages als Isinnâ oder als Mar-isinni bezeichnet[1]).

Die Urkunden, mit denen wir es hier zu tun haben, sind ihrem Inhalte nach vorwiegend Bescheinigungen und wirtschaftliche Vereinbarungen. Sie sind aber trotz der schematischen Gleichförmigkeit, die man hier vielfach beobachtet, in ihren Einzelheiten für die Beurteilung der damaligen Verhältnisse zum Teil von großer Bedeutung. Jadiḫ-ili, der Sohn des Ḫanani, erklärt z. B. in dem Texte BE IX 14 (28. J. d. Art.), daß er als „Abgabe für das Feld des Gottes Bêl und des Euphrat von Nippur für das 28. Jahr des Artaxerxes, des Königs der Länder", von Enlil-šum-iddina, dem Sohne des Murašû, und Pilijâwa, dem Sohne des Silimmu (= Sillem), 97 Kur und 66 Sila Hirse erhalten hat, nebst 46 Kur, die dem Minjamini, dem Sohne des Bêl-abu-uṣur, ausgehändigt worden sind. Er bezeichnet sich in dieser Bescheinigung als „Vorsitzender des Verwaltungsbezirks vom Sin-Kanal", ist also nicht Eigentümer des betreffenden Grundstückes, sondern lediglich der für die Zahlung in Betracht kommende Rendant. Sein Glaubensgenosse Pilijâwa hatte das Grundstück mit Enlil-šum-iddina gemeinsam in Pacht genommen. In dem Texte BE IX 15 (28. J. d. Art.) bescheinigt ein persischer Beamter, daß er im Auftrage des Jadiḫ-ili von dem erwähnten Enlil-šum-iddina 20 Kur Hirse entgegengenommen hat und deshalb verpflichtet ist, 20 Kur Kirse an Jadiḫ-ili weiterzugeben. Jadiḫjâwa, der Sohn des Bana-ili, hatte nach dem Texte BE IX 25 (31. J. d. Art.) von Enlil-šum-iddina ein Grundstück gepachtet, von dem er jährlich 200 Kur Gerste zu entrichten hatte. Die Pachtzeit war auf drei Jahre festgesetzt. Nach der Urkunde BE IX 45 (36. J. d. Art.) hatte derselbe Jadiḫjâwa gemeinsam mit seinen Söhnen Jaḫunatanu, Samaḫûnu und Aḫijâwa[2]) und mit Satturu, dem Sohne des Sabbatâ, Banija, dem Sohne des Amêl-Nanâ, Igdaljâwa, dem Sohne des Nanâ-iddina, Abdâ, dem Sohne des Aplâ, Natûnu, dem Sohne des Silimmu, und allen ihren Genossen in der Stadt Bît-Girâ von Enlil-šum-iddina ebenfalls ein größeres Ackerfeld gepachtet, von dem sie jährlich 700 Kur Gerste, zwei Weidestiere und 20 Schafböcke zu entrichten hatten. Der Vertrag war auch hier auf drei Jahre abgeschlossen. Barikkijâwa, ein Sklave des persischen Siegelbewahrers (?) Artabarra, und Bêl-iddina, der Sekretär des Siegelbewahrers (?),

[1]) Vgl. für diesen Zusammenhang schon die Hinweise von S. Daiches in der Orient. Literaturz., 11. Jahrg. (1908), Sp. 277—278.

[2]) Padâwa fehlt hier.

haben nach dem Texte BE X 60 (2. J. d. Dar.) auf Anweisung des Rimût-Ninurta, eines andern Sohnes des Murašû, von Bêl-ittannu, dem Sohne des Laḳip, und Nidintum-Enlil, dem Sohne des Sullum, 6 Kur und 120 Sila Öl erhalten. Sie verpflichten sich, es für Rimût-Ninurta dem Artabarra zu übergeben. Mannu-danni-Jâwa, der Sohn des Sulum-Babili, übernimmt nach dem Texte UP II 148 (11. J. d. Dar.) von Enlil-supê-muḫur, dem Beauftragten eines gewissen Aršam, eine ganze Viehherde: 13 alte Schafböcke, 27 zweijährige Schafböcke, 152 große tragende Schafe, 40 einjährige Schafböcke, 40 einjährige Schafe, einen alten Ziegenbock, einen zweijährigen Ziegenbock, eine große tragende Ziege, eine junge Ziege, im ganzen 276 Stück weißes und schwarzes, altes und junges Kleinvieh, und verpflichtet sich, für 100 Schafe jährlich 66⅔ Junge, für jede Ziege ein Junges, für jedes Schaf 1½ Minen Wolle, für jede Ziege ⅚ Mine schwarze Wolle, für jedes tragende Schaf ein .... und für 100 tragende Schafe ein Sila Butter als Abgabe zu entrichten. Auf 100 Stück werden ihm 10 gefallene Tiere angerechnet; von einem gefallenen Tiere hat er jedesmal das Fell und 2½ Schekel Sehnen zu geben. Für Weide, Einpferchung und Bewachung ist er haftbar. Udarna, der Sohn des Raḫîm-ili und Vater des Ḫananjâwa, hatte nach dem Texte BE IX 69 (39. J. d. Art.) einen Rechtsstreit mit seinem Bruder Zabdija, der in der Gerichtsversammlung von Nippur entschieden wurde. Die Klienten und Sklaven des Enlil-šum-iddina, des Sohnes des Murašû, waren mit Zabdija und seinem Sohne Bêl-ittannu in das Haus des Udarna eingedrungen und hatten dessen Vermögen und dessen Hausgerät fortgenommen. Dieses Vermögen wurde dem Udarna wieder zugesprochen und von Enlil-šum-iddina zurückerstattet. In der Urkunde werden nicht weniger als 22 Zeugen genannt. Unter diesen befinden sich, soweit wir es feststellen können, im ganzen vielleicht nur drei Juden. Der eine von ihnen ist der oben schon erwähnte Samaš-uballiṭ, der Sohn des an dieser Stelle mit Sicherheit zu ergänzenden Tirijâwa, der zweite war der Sohn des Klägers, der dritte tritt uns in dem Träger des Namens Gadaljâwa entgegen, der zugleich als der Sohn eines Sabbatâ bezeichnet wird. Anderes darf hier übergangen werden. Die Texte zeigen uns, daß die wirtschaftlichen Verhältnisse bei den Trägern der jüdischen Namen in der damaligen Zeit im ganzen dieselben waren, wie wir sie auch bei der übrigen Bevölkerung vorauszusetzen haben. Die Zeit der Bedrängnis, wo sie sich als die Zurückgesetzten und als die Verlassenen fühlten, war längst vorüber. Die Babylonier waren nicht mehr ihre Bedrücker, sondern ebenfalls die unfreiwilligen Diener einer fremden Großmacht, die sich schon aus politischen Gründen gegen die Juden nicht allzu viel herausnehmen durften. Kyrus hatte den Gefangenen die Freiheit wiedergegeben, und die Nachfolger des Kyrus waren den Wünschen der Israeliten zum Teil noch weiter entgegengekommen, als man zur Zeit des Kyrus erwartet hatte.

VIII.

Rückblick; Zusammenfassungen, Ergänzungen und Verbesserungen.

Wir sind mit unsern Zusammenstellungen zum Abschluß gelangt. Es war ein langer, an manchen Stellen nur schwer zu erschließender Weg, den wir gegangen sind, ein Weg, der uns das Recht gibt, noch einmal auf das Ganze zurückzuschauen und unsere Beobachtungen in ihren Einzelheiten zum Teil noch etwas deutlicher zusammenzufassen. Dies gibt uns zugleich Gelegenheit, die Ausführungen, wo es möglich war, in dem einen oder in dem andern Punkte noch weiter zu ergänzen und Ungenauigkeiten und Fehler, wo sie bisher schon bemerkt wurden, durch kleinere Richtigstellungen kurz zu verbessern.

Das erste Kapitel, S. 1—51, war ursprünglich nur als Einleitung gedacht. Der Abschnitt sollte alles enthalten, was notwendig war, um die weiteren Untersuchungen überall ganz zu verstehen, nicht mehr und nicht weniger. Da mußte manches gesagt werden, was der eine oder der andere gern entbehren würde; es würde aber nicht genügt haben, die Dinge nur kurz zu berühren, weil die Auffassungen in der Beurteilung der Einzelheiten zum Teil noch viel zu weit auseinandergingen. Wer sich mit dem Schriftwesen in Palästina etwas eingehender beschäftigt hat, weiß, daß wir bei jeder Ausgrabung mit kleineren und größeren Ueberraschungen rechnen dürfen. Die Schlußfolgerungen können schon durch einen einzigen Fund eine wesentliche Verschiebung erfahren. Dies entbindet uns aber nicht von der Verpflichtung, die Texte, die uns bis jetzt schon zur Verfügung stehen, in ihren Ausprägungen genau miteinander zu vergleichen. Sie erzählen uns, soweit sich die Bedeutung der einzelnen Zeichen mit ausreichender Sicherheit feststellen läßt, von einer Entwicklung, die auch für das Verständnis der biblischen Aufzeichnungen einen außergewöhnlichen Wert hat.

Man hat sich daran gewöhnt, von dem sogenannten phönizischen Alphabet zu sprechen. Es wäre töricht, diesen Ausdruck beanstanden zu wollen. Die Liste kam von den Phöniziern zu den Griechen und hat dann über Griechenland die Welt erobert. Sie geht aber in der Form, in der sie zur Zeit des Königs Amenophis IV. diesen Siegeslauf begann, auf eine Persönlichkeit zurück, die wir am Hofe des damaligen Fürsten von Amurru zu suchen haben. Die Feststellungen wären hier in den entscheidenden Punkten schon eher möglich gewesen, wenn man sich die Mühe gegeben hätte, die Aufeinanderfolge der Buchstaben und ihre gewöhnlichen Bezeichnungen etwas eingehender zu prüfen. Die Prüfung brachte, wie ich glaube, den überzeugenden Beweis, daß der Urheber der Liste ganz von den Vorstellungen abhängig war, die sich für ihn aus dem Wortschatz und den Zeichenformen der babylonischen Keilschrift ergaben. Bei der Erwähnung des Oannes ist S. 21 Z. 13 ein Druckfehler stehen geblieben, für den ich auch meinerseits einen Teil der Verantwortung trage!

Bei der Keilschrift der Texte von Ugarit waren die Zusammenhänge ganz anders geartet. Der Urheber der Zeichen hatte hier ebenfalls an erster Stelle die Zeichen der Babylonier herangezogen, und zwar in einfachen und leicht zu schreibenden Teilstücken; er hatte jedoch, wenn er auf diesem Wege nicht sofort zum Ziele kam, auch das gewöhnliche Alphabet schon berücksichtigt, und zwar in einer Weise, die nicht nur eine Bekanntschaft mit den Schriftzeichen, sondern auch eine genaue Kenntnis der Aufeinanderfolge dieser Zeichen voraussetzt. Er kannte, wie wir aus seinen Festlegungen entnehmen müssen, wenigstens die Gruppierung der Buchstaben von Aleph bis Jôd. Das Bêth ist in dem keilinschriftlichen Alphabet eine Weiterbildung des Zeichens für Aleph; das Daleth ist nur aus einer Anlehnung an die Form des Bêth zu erklären; das Ḥêth ist bei dem Zeichen, das den härteren Laut dieses Buchstabens zum Ausdruck bringt, als eine Weiterbildung des Zeichens für Zajin zu betrachten und greift dann bei dem Zeichen für den weicheren Laut auf die Grundform des Ṭêth hinüber; das Jôd ist dann wieder eine Verdoppelung des Zeichens für das härtere Ḥêth. Dies nötigte uns, da die Texte von Ugarit eine genaue Datierung zuließen, zu einer Schlußfolgerung, die auch für das Alter des gewöhnlichen Alphabets, wie ich glaube, zu einem sicheren Ergebnis führte. Das keilinschriftliche System muß nach den Schriftzeichen, die man heranzog, ebenfalls in Amurru entstanden sein.

Bei der Besprechung des Namens A-t-n-p-r-l-n stützten wir uns S. 42 auf das in dem Briefe Kn. 59 als Glosse vorkommende churrische na-ap-ri-il-la-an. Diese Bezeichnung steht dort in Parallele mit dem akkadischen ilâni-šu u am[êlu] mu-ta-aš-šu, das selbst wieder in derselben Weise zu beurteilen ist wie die Stelle in dem Briefe Nr. 55, wo wir von den ilâni-šu u amelûtu mu-te-šu ša âl Ḳaṭ-na, von den Göttern und den mu-te der Stadt Ḳaṭna, erfahren. Wir verwiesen hier auf die Ausführungen von Ferd. Bork im 35. Jahrg. (1932) der Orient. Literaturzeitung, die wir absichtlich in ihren Einzelheiten nicht näher heranzogen. Die Deutung, die nach der Angabe von Bork auf Frau Luise Troje zurückgeht, spricht an diesen Stellen ohne weiteres für sich selbst. Bork glaubt aber „zur Sicherung dieser ohnehin naheliegenden Wiedergabe" auf das in einem elamitischen Texte vorkommende Wort mu-uḫ-te

Bezug nehmen zu dürfen, das nach seiner Auffassung ein weibliches junges Tier bezeichnet und von ihm als mu-h-te gelesen wird. Er stellt dann dieses mu-h-te mit dem in dem Briefe Nr. 55 vorliegenden mu-te = mu-ta auf dieselbe Stufe. Das scheint aber, wie ich aus den Bedenken von Friedrich, Kleine Beiträge zur churritischen Grammatik (Mitteilungen der Vorderasiat.-Aegypt. Gesellsch. Bd. 42, Heft 2, Leipz. 1939) S. 31 f. entnehme, ein Irrweg zu sein. Wir werden deshalb, wie es scheint, trotz der sich ergebenden Schwierigkeiten daran festhalten müssen, daß die Umschreibung nicht auf ein churrisches mutu, sondern auf die gleichlautende akkadische Bezeichnung zurückgeht. Dieses mutu bezeichnet nach allem, was uns darüber bekannt ist, nur den Mann; es wird aber durch ein Ideogramm ausgedrückt, das in derselben Weise für aššatu = Frau in Gebrauch war. Das Zeichen ist auch in seiner Grundform nur ein Hinweis auf die gemeinsame Vornahme des Geschlechtsverkehrs. Diese Bedeutung scheint auch für die Verfasser der beiden Briefe, obschon sie sich der phonetischen Schreibung bedienen, noch ganz im Vordergrunde zu stehen. Sie dachten hier beide, wie es scheint, nur an das andere Geschlecht und nahmen dann für das akkadische mutu bei ihrer bescheidenen Sprachkenntnis ganz dieselben Bedeutungen in Anspruch wie für das sumerische dam. Daß es sich bei den Angaben um eine Zusammenfassung der Götter in ihrer Gesamtheit handelt, wird auch durch die Verbindung des sumerischen Ausdrucks mit dem Namen des Gottes Aton zur vollen Gewißheit. Aton war der Gott, der alle andern Gottheiten in sich schloß!

Im zweiten Kapitel hatten wir uns mit den Auffassungen der Babylonier über den Ursprung der Welt zu beschäftigen. Wir hatten hier vor allem das sogenannte Schöpfungsepos zu berücksichtigen, das uns in seinen Schilderungen noch größtenteils erhalten ist. Die Dichtung ist in ihren Voraussetzungen und in ihren Erklärungsversuchen von den Grundgedanken der Bibel in jeder Hinsicht verschieden; sie hat aber trotzdem mit den Einzelheiten in den biblischen Aufzeichnungen manches gemeinsam, obschon hier von einer wirklichen Entlehnung nirgendwo die Rede sein kann. Der Originaltext ist dem Verständnis, soweit er noch vorliegt, schon fast restlos erschlossen. Wo es möglich war, den Wortlaut in dem einen oder in dem andern Satze noch weiter zu ergänzen oder vielleicht auch einen Ausdruck, der Schwierigkeiten bereitete, im Anschluß an andere Stellen nach unserer persönlichen Auffassung in seiner Bedeutung genauer festzulegen, wurde dieses in den Fußnoten besonders hervorgehoben. Es ist aber gar nicht ausgeschlossen, daß wir bei diesen Versuchen ebenfalls das Richtige zum Teil noch verfehlt haben. So kann z. B. der „miṭṭu“, der S. 61 und S. 64 als „Keule mit scharfen Metallspitzen“ gefaßt wurde, vielleicht ebensogut eine Waffe mit mehreren Zinken gewesen sein. Wir wissen nur, daß es eine Götterwaffe war, und daß sich an dieser Waffe Spitzen oder Zähne befanden.

In dem Fragmente, das S. 71—72 herangezogen wird, haben die Schriftzeichen an manchen Stellen erheblich gelitten. Das ist auch in den Zeilen der Fall, die für uns besonders in Betracht kommen. Mami spricht hier nach der Veröffentlichung von Langdon zu den Göttern: it-ti-ia-ma la-na tu-l[i]-e-š[u-u]š. Sie gebraucht hier eine Verbalform, bei der das li nach der Wiedergabe des Textes so gut wie sicher ist und auch das šu-uš nach einer Anmerkung, die Langdon bei der Umschrift hinzufügt, den Spuren ganz entsprechen würde. Langdon übersetzt aber nur: „With me a form shall you...., Mit mir sollt ihr eine Form....!“ Er sieht also in la-na den Akkusativ von lânu = Gestalt, gestattet sich aber über die Bedeutung des Verbums kein Urteil. Seine Lesung ist also durch den Inhalt der Aufforderung in keiner Weise beeinflußt. Es kann sich aber, wenn der Text wirklich so gelautet hat, nur um ein kausatives Paal von lâšu = kneten handeln. Mami würde hier also von den Göttern verlangen: „Mit mir, d. h. mit meiner Hilfe, sollt ihr ihn, d. h. den hier nach der ganzen Darstellung als Schöpfergott vorauszusetzenden Gott Ea, die Form kneten lassen!“ Das würde sich vorzüglich in den Zusammenhang hineinfügen. Ungnad faßt aber das la von la-na als Negation und erblickt dann in dem Satze den Ausdruck einer Unmöglichkeit; Ebeling schloß sich ihm an, und wo zwei sich denselben Fehlgriff gestatten, kommt schon leicht ein Dritter, der an der Richtigkeit einer solchen Annahme gar nicht mehr zweifelt! Die folgende Zeile bietet dann, wenn man in der Veröffentlichung die Bestandteile des vorletzten Zeichens etwas enger aneinanderrückt, ein klar und einwandfrei geschriebenes it-ti ri-ba-šu i-ba-aš-ši [amê]lu šangu-u. Langdon faßt hier das ri-ba als Ideogramm für dunanu und übersetzt dann: „With his shape..... shall there be, Mit seiner Gestalt soll oder wird..... vorhanden sein.“ Er denkt hier bei dem Worte ri-ba, wie aus der Angabe in seiner sumerischen Grammatik S. 234 hervorgeht, an Gudea Zyl. A 4, 14 und 15, wo die Verbindung ri-ba-ni = sein Wachstum vorkommt. Gudea erzählt uns dort von einem Traumgesicht, in dem er eine menschliche Gestalt sah, deren Wuchs bis an den Himmel reichte. Es kommt hier also bei dem Ausdruck besonders auf die Größe an. Dies führt uns auf dieselbe Bedeutung, die wir auch für das akkadische rîbu vorauszusetzen haben. Das Wort verhält sich zu rabû = groß werden wie mînu = Zahl zu manû = zählen. Wir müssen uns aber vorstellen, daß Mami, die Muttergöttin, zunächst nur ein Kind zu bilden gedachte, das dann erst später zur Größe eines ausgewachsenen Menschen gelangen sollte. Das wird auch durch das als Futur zu nehmende i-ba-aš-ši nahegelegt. Die Göttin will also sagen: „Mit seinem Großwerden wird er (uns oder euch) als šangû-Priester zur Verfügung stehen.“ Dann erklärt sich auch der folgende Satz, bei dem die Ergänzung, die wir S. 72 Anm. 2 vorgeschlagen haben, sicher richtig ist. „Dieser — der šangû-Priester — wal[tet] über alles oder sor[gt] für alles.“ Die Menschheit soll also den šangû-Priester stellen, der den Göttern die notwendigen Dienste leistet!

In der nächsten Zeile macht die Göttin alsdann den eigentlichen Vorschlag. Wir finden hier, wenn wir uns auf die Wiedergabe von Langdon verlassen dürfen, zunächst noch ein deutlich geschriebenes ṭi-iṭ-ṭa-am li. Auf dieses li folgen dann bei Langdon einige Keile, die sich ohne Schwierigkeit auf die zweite Hälfte des Zeichens für iḳ zurückführen lassen, und eine weitere Keilverbindung, in der wir ein mi vermuten dürfen. Diese Lesung findet dann ihre Bestätigung in einem sich anschließenden i, so daß wir hier ein ṭi-iṭ-ṭa-am li-iḳ-mi-i erhalten. Mami stellt hier also die auch nach dem Zusammenhange sehr naheliegende Forderung: „Lehm soll er mahlen!“ Auf dieses li-iḳ-mi-i folgt dann ein ma, das als Kopula zu betrachten ist, und ein ebenfalls noch so gut wie vollständig vorhandenes da-ma lu-nu-uš, eine Aufforderung, Blut mit dem Lehm zu verbinden. Lu-nu-uš ist hier in seiner Verbalform als Paal von enêšu = vereinigt sein zu fassen. Ea soll also Lehm mahlen und Blut damit vermischen, so daß das Kneten, von dem in den vorhergehenden Zeilen die Rede war, wirklich stattfinden kann. Damit ist der Inhalt des Abschnittes wohl vollständig erschlossen. Die Göttin erklärt also:

> „Mit mir sollt ihr ihn — den Gott Ea — die Form kne[ten las]sen!
> Wenn er — der Mensch — groß geworden, wird er als šangû-Priester zur Verfügung stehen.
> Dieser wird alles beso[rgen].
> Lehm soll er — der Gott Ea — mah[len] und Blut damit vereinigen!“

Auf diesen Vorschlag folgt dann die Mitteilung, wie Ea das Blut zu beschaffen gedenkt. Er ist offenbar mit dem Plane ganz einverstanden und beginnt nun seine Darlegung mit den Worten: I-na ar-ḫi ri-bu-ti u ..-..-la-ti te-li-il-tu ma-ti di-in ri-im-ma-t[i]. Der Text ist hier bis auf die beiden Zeichen, die wir fortgelassen haben, und auf das ti, bei dem nur der Querkeil und die Senkrechte vorhanden sind, in der Niederschrift von Langdon ganz klar; es war aber schon ein Verhängnis, daß arḫu sowohl den Monat als auch den Weg bezeichnet. Langdon übersetzte zunächst: „In the wide highways and the ....., Auf den weiten Landstraßen und den .....“, Ungnad verzichtete dann auf die Wiedergabe dieser Zeilen, Ebeling entschied sich für arḫu = Monat und ich habe mich ihm angeschlossen, weil ich arḫi ebenfalls für einen Singular hielt. Es war aber schon bedenklich, daß Ea mit der Angabe die Lösung auf eine spätere Zeit zu verschieben schien. Das ribûti läßt sich außerdem, wenn man die Aufeinanderfolge der Wörter berücksichtigt, nur als ein zu arḫi gehörender Plural erklären, der von einem ribu kommen muß, und dieses ribu kann nur dasselbe Wort sein, das auch in dem bekannten ribîtu, der Bezeichnung für das offene und freie Gelände außerhalb der Stadt, vorliegt. Dabei dachte man, wie es scheint, besonders auch an die Wege, die allerdings ebensogut im Innern der Stadt liegen konnten. Die ribîtu wird in einer keilinschriftlichen Aufzeichnung als sûḳu rapšu oder als „breite Straße" erklärt, und an einer andern Stelle werden die beiden Bezeichnungen auch im Plural miteinander in Zusammenhang gebracht. Die arḫi ribûti können deshalb, wie es scheint, nur offene und breite Straßen sein, im Gegensatze zu den Häusern oder zu den engeren Gassen. Da es sich aber um die Welt der Götter handelt, haben wir uns die Häuser zugleich als entsprechende Großbauten vorzustellen. Wir haben hier also, wenn wir an dem Gegensatze festhalten, bei der weiteren Bezeichnung auf ein [ê-gal-]la-ti = ekallâti zu schließen. Langdon war auch hier wieder bei seinen Vermutungen auf dem richtigen Wege. Daß er nicht an die Paläste gedacht hat, wird jeder begreifen. Es ist aber schwer zu verstehen, daß er mit den Wörtern am Ende des Satzes nichts anzufangen wußte, obschon die Zeichen hier in seiner Veröffentlichung ganz klar und deutlich sind. Die Reinigung des Landes wird hier, wie mir allerdings ebenfalls viel zu spät zum Bewußtsein gekommen ist, als dîn rimmâti bezeichnet, als ein „Gericht des Schreiens". Hierbei haben wir das rimmâtu nach einer Gleichsetzung, die sich in einem andern Texte vorfindet, im Sinne von ikkillu = Wehklage zu fassen. Es soll also, wie man sieht, im ganzen Lande ein sehr strenges Gericht abgehalten werden, bis man eine Verfehlung festgestellt hat, die man ohne Bedenken mit dem Tode bestrafen kann! Damit finden auch die Lesungen, zu denen wir uns in den folgenden Zeilen entschieden hatten, ihre volle Bestätigung. In den beiden letzten Zeilen des Abschnittes lautet der Text: ilum-ma u a-we-lum li-ib-bi-iš li-ip-pu-ḫu-ur i-na ṭi-iṭ-ṭi. Die Vereinigung soll nicht äußerlich erfolgen, sondern bis in das Innere gehen! Die Antwort des Ea würde also jetzt lauten:

„In den offenen Straßen und in den [Palä]sten
soll eine Reinigung des Landes sein, ein Gericht des Schreiens!
Einen der Götter sollen sie schlachten!
Die Götter sollen sich reinigen im Ge[richt]e!
Mit seinem Fleisch und seinem Blute
soll die Göttin Ninḫursag Lehm mischen!
Gott und Mensch
soll sich innerlich vereinigen im Lehm!"

Der Hintergrund dieser Dichtung war also, wie es scheint, von den Voraussetzungen, die beim Schöpfungsepos zugrundeliegen, wesentlich verschieden. Wenn der Verfasser ebenfalls von einer derartigen Empörung erzählt hätte, wäre die Suche nach dem Uebeltäter, den er vorführen mußte, nicht so umständlich und nicht so schwer gewesen.

In dem folgenden Texte werden S. 74 Z. 17 die Götter Anu, Enlil, Ea und N i n m a ḫ — nicht Ninnaḫ — genannt. Nin-maḫ, die „große Herrin", war ursprünglich die Gemahlin des Enlil. Der Name kommt aber in der späteren Zeit auch für Ninḫursag, Ištar und andere Göttinnen in Betracht.

S. 85 Z. 13ff. ist das so häufig vorkommende Jahwe unter der Hand des Setzers an mehreren Stellen zu Jawhe geworden!

Bei dem Worte rib, das uns S. 106 in dem sumerischen kur-rib begegnet, ist die Grundbedeutung nach den Parallelen auf S. 554 in der G r ö ß e des Gegners zu suchen.

Im dritten Kapitel beziehen sich die Untersuchungen fast ganz auf die Liste der Sethiten. Es war ein glücklicher Zufall, daß die Liste der babylonischen Urkönige, die wir hier zum Vergleiche heranziehen mußten, vor etwas mehr als fünfzehn Jahren sofort in zwei voneinander abweichenden Formen bekannt wurde. Die Aufzeichnungen rückten die Angaben der Bibel durch die Namen, die sie boten, durch die Aufeinanderfolge dieser Namen und durch die Zahlen, die man dort vorfand, plötzlich in eine vollständig neue Beleuchtung.

Die Texte zeigen uns zunächst, daß die Liste des Berossus ebenfalls auf eine ältere Vorlage zurückgeht. Sie geben uns die Möglichkeit, diese Vorlage in der Hauptsache wieder zu erschließen und die drei Formen, die wir auf diese Weise für das Schema der babylonischen Voraussetzungen erhalten, in ihrer Entwickelung genauer zu prüfen. Diese Prüfung zeigt uns, daß zwischen dem Texte W.-B. 444 und den Angaben des Berossus ein eigenartiger Zusammenhang besteht. In der Liste W.-B. 444 überrascht uns bei den Zahlenangaben eine mehrfache Wiederholung der Aufeinanderfolge von 8 + 10, bei den Ansätzen des Berossus können wir in derselben Weise eine auffallende Bevorzugung des Wechsels von 10 + 18 feststellen. Auch die Aufeinanderfolge der Namen ist bei diesen Zusammenstellungen im wesentlichen dieselbe.

Die Uebereinstimmungen mit der Bibel beginnen in diesen Verzeichnissen bei dem Namen des Königs Enmenluanna, der in dem Texte W.-B. 444 und in der Vorlage des Berossus den dritten Platz einnahm und in der Bibel an derselben Stelle durch die Persönlichkeit des Enos vertreten ist. Die hebräische Bezeichnung ist hier nur als eine wörtliche Uebersetzung des in dem keilinschriftlichen Ausdruck vorhandenen lu = Mensch zu verstehen. Der Träger dieses Namens war, wie aus der Stelle Gen. 4, 26 hervorgeht, auch für die Israeliten ein lu-anna, den man im Anschluß an die keilinschriftliche Zusammenstellung ohne Bedenken als den ersten Verehrer Jahwes betrachtete. Die Texte berechtigen uns dann, wenn man die Grundgedanken der biblischen Bezeichnungen ins Auge faßt, in derselben Weise zu einer Gleichsetzung von Kenan und Enmennunna, von Mahalalel und Enmengalanna, von Jered und Tammuz, sowie von Henoch, der mit Gott verkehrte, und dem Träger des Namens Enmenduranna, dem Freunde der babylonischen Götter, die ihn, wie wir S. 116 Z. 24 bei der Erwähnung des keilinschriftlichen Textes zu lesen haben, zu ihren Beratungen h e r a n z o g e n und ihm die Geheimnisse des Himmels und der Erde anvertrauten. Die Aufeinanderfolge deckt sich hier überall genau mit den Aufzeichnungen des Berossus. Die biblischen Angaben gehen also auf eine

Liste zurück, die schon ganz dieselbe Gliederung aufwies; sie setzen aber, wie wir annehmen mußten, noch die kleineren Zahlen voraus, die uns in dem Texte W.-B. 444 begegnen.

Die Sethitenliste ist in der Form, in der sie uns vorliegt, nur als das Werk eines einzigen monotheistisch denkenden Urhebers zu erklären, der sich in der Art, wie er die Einzelheiten behandelt, überall vollkommen gleich bleibt. Er legt für jeden der Väter, wenn man den Durchschnitt ins Auge faßt, eine Lebensdauer von ungefähr 900 Jahren zugrunde, in offensichtlicher Anlehnung an die Zahl der Saren, von denen er in der keilinschriftlichen Zusammenstellung gelesen hatte. Wo er sich von diesem Ansatz entfernt, hat er besondere Gründe dafür. Das war nach unsern bisherigen Feststellungen bei Henoch und bei Lamech der Fall. Henoch ist, wie wir gesehen haben, die hebräische Uebersetzung für das keilinschriftliche šurrû, das in seiner Grundbedeutung auf den Namen des Monats Tašrîtu führte. Der Tašrîtu galt für ihn als der erste Monat des Jahres. Er setzte deshalb für Henoch eine Zeit von 365 Jahren voraus, im Anschluß an die Tage des Sonnenjahres, und ließ ihn im Alter von 65 Jahren zum Vater des Methušelaḫ werden. Lamech war 182 Jahre alt, als er einen Sohn erhielt, in Uebereinstimmung mit den Tagen des halben Jahres, wo der Mondgott als Lamka = Lamga am Himmel steht, und hat es lediglich den Phasen des Mondlaufes zu verdanken, daß er nur ein Alter von 777 Jahren erreichte. Der Zusammenhang mit den Tagen des Jahres tritt auch bei Kenan, dem vierten in der Zahl dieser Väter, hervor. Wir betonten schon, daß er im Alter von 70 Jahren stand, als er einen Sohn erhielt, und daß er dann noch 840 Jahre lebte, bis er ein Alter von 910 Jahren erreicht hatte. Das ist, wenn wir bloß die Zahl ins Auge fassen, genau das Zehnfache der vollständigen Tage, die uns in dem vierten Teil eines gewöhnlichen Jahres begegnen. $4 \times 91 = 364$. Das Vierteljahr umfaßt 13 volle Wochen, die Woche zu sieben Tagen. Das deckt sich, wenn wir auch hier wieder für die Einheiten jedesmal das Zehnfache nehmen, genau mit der Summe von $70 + 840$. $70 : 7 = 10$; $840 : 7 = 120$; $910 : 7 = 130$. Die 70 Jahre entsprechen also, wie man sieht, der ersten Woche, die 840 den zwölf folgenden Wochen des Vierteljahres. Hiermit sind aber die Berührungen noch nicht erschöpft. Wir haben bei der Zusammenstellung auf S. 128 ganz übersehen, daß Enos, der Vater des Kenan, 90 volle Jahre alt war, also im 91. Jahre seines Lebens stand, als Kenan geboren wurde. Dieser Ansatz ist offenbar in derselben Weise zu beurteilen. Die Jahre lassen sich also bei Kenan restlos auf die Zahlen zurückführen, die bei dem vierten Teil eines Jahres besonders in die Erscheinung treten, auf die Zahl 91, in der uns die Tage eines Vierteljahres angegeben werden, und auf das dreizehnmalige Vorkommen einer Woche, die jedesmal sieben Tage umfaßt. Er wurde geboren, als der Vater im 91. Jahre seines Lebens stand, war 70 Jahre alt, als er selbst einen Sohn erhielt, und lebte dann noch 12×70 Jahre, bis er im Alter von 910 Jahren starb. Der Zusammenhang ist hier so auffallend, daß die Ansätze kaum noch einer weiteren Erklärung bedürfen. Sie zeigen uns auch, daß wir es bei der Liste mit einer festgegliederten Aufeinanderfolge zu tun haben, die der Urheber der Angaben schon vorfand. Er entschied sich für die Zahlen, weil er sich ganz durch den Gedanken an die Vier bestimmen ließ, der sich in seiner Vorstellung mit dem Gedanken an den vierten Teil eines Jahres zu einem eigenartigen Gleichklang zusammenschloß. Man sieht also, daß er in der Wahl der Ansätze noch ganz frei war. Wenn dieses aber bei dem Träger des einen Namens der Fall war, muß es auch bei den andern vorausgesetzt werden. Die Ansätze für Henoch und für Lamech müssen also, wie hieraus hervorgeht, ebenfalls sein eigenstes Werk sein. Das läßt sich auch für die Zahlen beweisen, die uns bei Jered begegnen. Jered geht in der Liste dem Henoch unmittelbar vorauf. Als er gezeugt wurde, war sein Vater 65 Jahre alt. Das ist dasselbe Alter, das für Henoch vorausgesetzt wird, als dieser den Methušelaḥ zeugte. Die Zahl findet aber bei Henoch ihre Erklärung in dem Zusammenhange mit den sich anschließenden 300 Jahren, die Henoch dann noch auf der Erde zu verbringen hatte, bis er von dieser Welt hinweggenommen wurde. Sie geht hier also auf die Zahl 365 zurück. Wenn dieses aber bei Henoch der Fall ist, darf es auch bei dem Vater des Henoch vermutet werden. Es ist also mindestens sehr wahrscheinlich, daß der Verfasser auch bei Jered an den Kreislauf des Jahres gedacht hat. Dann kann er aber, da Henoch ihn an den Tašrîtu erinnerte, nur den letzten Monat des Jahres im Auge gehabt haben, der dem Tašrîtu unmittelbar voraufging. Das wird in der Tat durch eine weitere Zahl, die wir ebenfalls bei der ersten Prüfung der Angaben noch nicht zu erklären vermochten, in überraschender Weise bestätigt. Jered hatte, als er den Henoch zeugte, ein Alter von 162 Jahren erreicht. 162 ist die Hälfte von 324, und 324 deckt sich genau mit der Zahl der Tage, die bei einem Mondjahr bis zum Anfange des letzten Monats reichen. Das fügt sich in diesen Zusammenhang vorzüglich hinein. Der Urheber der Zahlen hat hier tatsächlich bei Jered an den letzten und bei Henoch, wie man auch hier wieder sieht, an den ersten Monat des Jahres gedacht. Er bringt den Jered durch die 65 Jahre, die er für den Vater bei der Geburt des Sohnes voraussetzt, mit der Zahl 365 in Verbindung und zieht dann für das Jahr, wo Jered selbst einen Sohn erhielt, die Hälfte der Tage von elf Monaten heran, also die Hälfte der Tage, die dem letzten Monat im ganzen voraufgingen. Die Zahl ist hier ebenfalls so genau, daß an der Richtigkeit dieses Zusammenhanges gar nicht zu zweifeln ist.

S. 124 ist in den ersten Zeilen von dem Wechsel die Rede, der in dem Texte W.-B. 444 bei den Ansätzen hervortritt. Das Wort fehlte schon im Manuskripte. S. 127 sollte in Z. 17 ff. betont werden, daß die Zahlen 182 und 595 eine Teilung durch 7 gestatten. S. 128 findet sich dann dasselbe Versehen, ohne daß es bemerkt wurde, noch einmal in Z. 40.

Die Namen am Schluß der Liste stehen schon in einem engeren Zusammenhange mit der Sintflut. Methušelaḥ, der Großvater des Noe, war nach dieser Bezeichnung ein „Mann der Lanze". Da der erste Teil des Namens auf das akkadische mutu zurückgeht und dieses mutu auch bei dem in der Kainitenliste vorkommenden Methušael noch mit einem aus dem Akkadischen stammenden Zusatz verbunden ist, durften wir in dem hebräischen šelaḥ ohne Bedenken die Wiedergabe eines keilinschriftlichen sukur = šukurru vermuten. Dieses Wort bildete den ersten Bestandteil des eigenartigen Su-kur-lam-ki, das als Ideogramm für Suruppak in Gebrauch war. Es wurde dann, wie wir annehmen mußten, von dem israelitischen Bearbeiter zunächst aus dieser Verbindung herausgehoben, so daß sich hier eine Spaltung ergab, bei der die beiden folgenden Zeichen zur Bildung des Namens Lamech führten. Die Schreibung war also, wie man sieht, dem im Sprachgebiete von Palästina lebenden Urheber des hebräischen Textes ganz und gar unbekannt. Er behandelte sie, wie er es für richtig hielt, und glaubte dann in den beiden Neubildungen, zu denen er sich entschloß, einen passenden Ersatz für die keilinschriftlichen Bezeichnungen des achten und des neunten vorsintflutlichen Patriarchen gefunden zu haben. Methušelaḥ, der auf den ersten Teil des Ausdruckes zurückgehende „Mann der Lanze", erhielt bei dieser Festlegung seinen Platz an der Stelle, wo in der Vorlage des Berossus von Ensibzianna die Rede war, und Lamech wurde dann zum Vertreter des Uburtutu, der im Gilgameš-Epos als Ubartutu und in der Liste des Berossus als Opartes bezeichnet wird.

Su-kur-lam-ki war, wie wir feststellen konnten, seinem Ursprunge nach nur eine etwas jüngere Schreibung für das ältere Su-kur-ru-ki, das die Gegend, von der es gebraucht wurde, als einen „Ort der Speere" kennzeichnen sollte. Der Name Suruppak gab sich in derselben Weise als eine Verbindung von šur = šûru = Rohrstange und pag = pak = fliegen zu erkennen. Man darf sich aber noch die weitere Frage vorlegen, wie es möglich war, daß gerade dieser Ort als die Ausgangsstätte für eine derartige Flut betrachtet wurde. Das erklärt sich ebenfalls, wie es scheint, außerordentlich leicht. Es gab im Sumerischen nicht nur ein šur = šûru = Rohrstange, sondern auch ein šur = r e g n e n. Dieses Zusammentreffen muß hier bei der Entwickelung eine ausschlaggebende Rolle gespielt haben.

Der Name Uburtutu setzt sich aus einem ubur und einem tutu zusammen. Ubur ist, rein sprachlich genommen, eine auch sonst im Sumerischen mehrfach vorkommende Weiterbildung von bur = Einsenkung, Aushöhlung, Schale; es steht zu bur in demselben Verhältnis wie utul = Gefäß zu tul = dul = Tiefe oder wie ugur = Schwert zu gur = zerschneiden. Man gebrauchte es, der äußeren Form wegen, besonders zur Bezeichnung der weiblichen Brust, aber auch, wie z. B. aus der Gleichung ubur = tulû ša mê hervorgeht, als naheliegenden Ausdruck zur Hervorhebung eines Gefäßes, in dem sich Wasser befinden konnte. Der zweite Teil des Namens läßt sich ohne Schwierigkeit als eine Verstärkung von tu = ramâku = ausgießen erklären. Man sieht also, daß der Gedanke an die Flut auch hier schon zu der Bezeichnung den Anlaß gegeben hat. Zi-u(d)-sud-du, der sumerische Noe, war nach den Angaben der Sohn eines Vaters, der selbst schon mit dem Ereignis in engsten Zusammenhang gebracht wurde. Dieser Zusammenhang ist aber dem Verfasser als Gilgameš-Epos, wie wir aus dem Wechsel in der Form des Namens entnehmen müssen, gar nicht mehr zum Bewußtsein gekommen. Der Name setzt in der Form, die uns hier entgegentritt, schon eine Anlehnung an das akkadische ubâru = Bürger voraus.

Ueber die Bedeutung des Ausdrucks Zi-u(d)-sud-du brauchen wir uns an dieser Stelle nicht mehr zu unterhalten. Die Bezeichnung ist in ihrem Grundgedanken nur als eine Verbindung von zi = Leben, ud = ûmu = Tag und sud = lang zu erklären. Die Tage des Lebens sollten ihm lang sein! Der Verfasser des Gilgameš-Epos bezog das sud aber schon auf den örtlichen Abstand und kam auf diese Weise zu einem Zi-ud oder zu einem Ut-napišti, der in der Ferne wohnte!

Die biblische Bezeichnung hat mit diesen Gedanken, wie sich aus den Texten ergab, gar nichts zu tun. Sie geht auf eine Darstellung zurück, in der uns ausführlich geschildert wird, wie Ut-napištim, von dem Verfasser als Atarḫasis bezeichnet, stets wieder den Versuch macht, die Menschheit vor dem Untergange zu bewahren. Die Götter hatten die Menschen, wie in dieser Dichtung vorausgesetzt wird, glücklich ins Dasein gerufen; sie waren aber mit der Art, wie die Menschen sich aufführten, im ganzen sehr unzufrieden und griffen zu einer Reihe von Maßnahmen, um ihre Vermehrung und ihre weitere Verbreitung zu hindern. Bei diesem Kampfe steht Ea ganz auf der Seite der Menschen; er vermag sich aber gegen die übrigen Götter, besonders gegen Enlil, nicht vollständig durchzusetzen. Wenn die Not für die Menschen allzu groß wird, bittet Atarḫasis den Ea regelmäßig um Hilfe. Ea verhandelt dann mit den übrigen Göttern; er muß es sich aber gefallen lassen, daß auch Enlil die Götter versammelt und sich besonders über den Lärm beklagt, den er den Menschen zum Vorwurfe macht, genau so wie die älteren Götter es getan hatten, als das Geschlecht der jüngeren Götter erschien! Die Götter beschlossen dann, wie aus der älteren Fassung des Textes hervorgeht, die Sendung einer zerstörenden Flut, die das ganze Menschengeschlecht vernichten sollte. Ea fand jedoch eine Möglichkeit, dies dem Atarḫasis mitzuteilen, ohne daß er die Geheimnisse der Götter unmittelbar verriet, und veranlaßte ihn zugleich zum Bau des gewaltigen Schiffes, in dem er sich mit allen, die er dort unterbrachte, früh genug vor dem Tode erretten konnte. Dieser Text war nach den Worten in der Einleitung besonders geeignet, dem Menschen, inuma ṣallum, wenn er sich zur Ruhe gelegt hatte, den Schlaf zu vermitteln!

Das Verlesen war ein wirksames Mittel gegen das S c h r e i e n, das Enlil an den Menschen so nachdrücklich getadelt und so schwer bestraft hatte. Die biblische Darstellung weist auch in der Art, wie die Sintflut geschildert wird, mit den Angaben in den Atarḫasistexten deutliche Berührungen auf.

Bei den Königen, die in den keilinschriftlichen Listen für die Zeit nach der Flut aufgeführt werden, haben wir die Könige von Gu-ti-um absichtlich als Könige von G u t u m bezeichnet, im Anschluß an eine Reihe von ähnlichen Schreibungen, die uns hier zu weit führen würden. Es ist aber möglich, daß wir hier im Unrecht sind. Die Lesung ist für die Frage, um die es sich dort handelt, vollkommen belanglos. Die folgenden Könige waren die Könige der fünften Dynastie von Uruk, der dritten Dynastie von Ur und der ersten Dynastie von I s i n.

Die Ausführungen über die Nachkommen des Sem bedürfen ebenfalls in einigen Punkten einer wesentlichen Ergänzung. Wir betonten schon, daß die Liste, die wir hier in dem Texte Gen. 11, 10 ff. besitzen, ebenso wie die Sethitenliste zehn verschiedene Namen enthält, daß die Lebensdauer bei den einzelnen Persönlichkeiten immer geringer wird und daß das Zeugungsalter gleich im Anfange der ganzen Zusammenstellung auf den normalen Durchschnitt von 30—35 Jahren herabsinkt. Sem hatte, wie uns der Verfasser erzählt, schon ein Alter von 100 Jahren erreicht, als er im zweiten Jahre nach der Flut den Arpachschad zeugte, und lebte dann noch 500 Jahre, Arpachschad stand aber erst im Alter von 35 Jahren, als er den Schelach zeugte, und lebte dann noch 403 Jahre; Schelach zeugte den Eber, als er im Alter von 30 Jahren stand, und lebte dann ebenfalls noch 403 Jahre; Eber zeugte den Peleg im Alter von 34 Jahren und lebte dann noch 430 Jahre; Peleg wurde der Vater des Reu, als er ein Alter von 30 Jahren erreicht hatte, und lebte dann noch weitere 209 Jahre; Reu war 32 Jahre alt, als er den Serug zeugte, und lebte dann noch 207 Jahre; Serug zeugte den Nachor im Alter von 30 Jahren und starb dann nach einer weiteren Zeitspanne von 200 Jahren; Nachor zeugte den Terach, als er ein Alter von 29 Jahren erreicht hatte, und lebte dann noch 119 Jahre; Terach hatte zur Zeit, wo Abram geboren wurde, ein Alter von 70 Jahren erreicht und starb dann im Alter von 205 Jahren. Die Hervorhebung der Lebensjahre steht hier bei Terach ganz für sich allein. Wenn wir es bei den vorhergehenden Personen feststellen wollen, müssen wir die Jahre, die dem Eintreten der Vaterschaft voraufgehen, und die Zahl der folgenden Jahre jedesmal miteinander verbinden. Sie haben aber dem Verfasser, wie aus der Eigenart der Zahlen hervorgeht, bei der Niederschrift des Textes ebenfalls zum Teil lebendig vor der Seele gestanden. Arpachschad war 35 Jahre alt, als ihm der Sohn geboren wurde, und lebte dann noch 403 Jahre; er starb also im Alter von 438 Jahren. Diese Zahl läßt sich in ihrem Umfange, wenn wir die Jahre, wie es in der Sethitenliste so oft geschehen mußte, mit der gleichen Anzahl von Tagen in Parallele stellen, auf eine Zusammenfassung von 365+73 zurückführen, und die Zahl 73 ist ihrerseits wieder genau der fünfte Teil von 365. Man sieht also, daß hier mit einem Jahr und dem fünften Teil eines Jahres gerechnet wurde. Zufälligkeiten sind bei einer derartigen Uebereinstimmung, wo auch nicht ein einziger Tag zu viel oder zu wenig vorliegt, ganz ausgeschlossen. Es fragt sich nur, wie dieser Ansatz entstanden ist. Das läßt sich aber aus dem Zusammenhange, wie es scheint, noch ohne Schwierigkeit feststellen. Sem, der Vater des Arpachschad, war 100 Jahre alt, als ihm der Sohn geboren wurde, und lebte dann noch 500 Jahre, so daß er ein Alter von 600 Jahren erreichte. Der Urheber des Textes arbeitete hier mit einer Eins, einer Fünf und einer Sechs. Daß er Hunderte zählte, war an und für sich belanglos; es hätte genau so gut etwas anderes sein können. Er beschäftigte sich dann, wie es scheint, bei der Suche nach den weiteren Zahlen noch mit der Fünf und der Sechs, die sich in seiner Vorstellung zu einer Größe von sechs Fünfteln verbanden und dadurch zu einem Hinweis auf die Tage in einem Zeitraum von sechs verschiedenen Fünfteln eines Jahres wurden. Dieser Gedanke muß ihn alsdann veranlaßt haben, zunächst die Lebensjahre in der angegebenen Höhe festzulegen und dann eine Teilung vorzunehmen, bei der das 35. Jahr als das Jahr der beginnenden Vaterschaft angesetzt wurde. Wir sind also, wenn dieses richtig ist, zu der Annahme gezwungen, daß die Zahl der Lebensjahre für den Verfasser in diesem Falle sogar im Vordergrunde stand. Der Ansatz beweist aber noch mehr. Er zeigt uns, daß der Schriftsteller, der hier am Werke war, tatsächlich genau so denkt, genau so verbindet und genau so folgert, wie wir es bei dem Urheber der Sethitenliste voraussetzen mußten. Er greift bei seiner Festlegung ebenfalls auf die Tage des gewöhnlichen bürgerlichen Jahres zurück, setzt in derselben Weise für jeden Tag ein Lebensjahr ein und rechnet hier ohne Bedenken sogar mit dem fünften Teil eines Jahres, ebenso wie in der Sethitenliste bei den Ansätzen für Kenan der vierte Teil des Jahres, bei Lamech das halbe Jahr und bei Jered der Zeitraum von elf Monaten in den Rahmen der Erwägungen hereingezogen wurde. Das führt uns wieder zu derselben Schlußfolgerung, die dem Leser auf S. 168 begegnet; die Uebereinstimmungen sind nur zu begreifen, wenn die Zusammenstellungen in beiden Fällen auf dieselbe Person zurückgehen. Unsere Vermutung findet hier also wieder ihre volle Bestätigung.

Daß der Verfasser auf eine Zahl, die er einmal gebraucht hatte, gern zurückgriff, sehen wir auch an der Wiederholung der Zahl 403, die für Schelach, den Sohn des Arpachschad, ganz in derselben Weise noch einmal herangezogen wird, an der Zahl 430, die uns in diesem Zusammenhange bei Eber, dem Sohne des Schelach, überrascht und an den Jahren, die alsdann für Peleg und für Reu vorausgesetzt werden. Peleg war 30 Jahre alt, als er den Reu zeugte, und lebte dann noch 209 Jahre; Reu hatte, als er den Serug

36*

zeugte, ein Alter von 32 Jahren erreicht und starb dann nach einer weiteren Zeitspanne von 207 Jahren. Das ergibt für den einen wie für den anderen genau 239 Jahre. Dieses Zusammentreffen ist nur zu begreifen, wenn wir bei Peleg an die Bedeutung von palag = teilen und bei Reu, hebr. Reʿû, an den Zusammenhang mit dem gewöhnlichen reʿ = Freund oder Genosse denken[1]). Bei einer ehrlichen Teilung erhält der eine unter normalen Verhältnissen genau so viel wie der andere. Wir haben hier die Gedankenverbindungen nicht zu kritisieren, sondern nur im einzelnen gewissenhaft zu erschließen! Daß der Verfasser an ein regelrechtes Teilen gedacht hat, ersieht man auch an dem Platze, den die beiden Bezeichnungen in der Liste erhielten. Der Träger des einen Namens begegnet uns an der fünften und der Träger des andern an der sechsten Stelle. Die beiden Personen stehen also genau in der Mitte. Das ist unter diesen Umständen sicher kein Zufall. Der Verfasser zeigt auch hier wieder die Neigung, bei Zahlen und Maßverhältnissen alles genau festzulegen und sorgfältig miteinander in Zusammenhang zu bringen. Es handelt sich aber an dieser Stelle nicht um eine Teilung im gewöhnlichen Sinne des Wortes, sondern um eine Aufteilung des vorhandenen Kulturbodens, die sich nach den Voraussetzungen des Textes ganz in derselben Weise vollzog, wie es auch sonst in der alten Zeit so oft vorkam. Der Vater des Peleg ist ein Eber, der über die Grenze gekommen ist, und der Vater des Eber ist ein Schelach, der aus der Heimat fortgeschickt wurde. Wir haben es hier also mit drei verschiedenen Vorgängen zu tun, die sich bei solchen Gelegenheiten regelmäßig wiederholten; man verließ die Heimat, zog über die Grenze und erschien dann in dem Lande, wo diese Teilung in irgendeiner Weise zustandekam. Damit ist die Aufeinanderfolge der Bezeichnungen ganz klar, bis auf den Zusammenhang mit dem Namen Arpachschad, der seine Geheimnisse bei der Prüfung der Einzelheiten zunächst gar nicht preisgeben wollte. Er ist mir bis in die letzten Monate stets noch als eine Größe vorgekommen, die vielleicht imstande sein würde, auch die vorsichtigsten Schlußfolgerungen eines Tages als irrig zu erweisen. Diese Furcht war aber, wie sich schließlich herausstellte, ganz und gar unbegründet. Ich muß die Leser nur um Entschuldigung bitten, daß die Erkenntnis auch hier wieder so spät kam. Der Name enthält in der Form, in der er uns vorliegt, nicht weniger als fünf verschiedene Konsonanten. Das ist für ein einziges Wort, wenn man die semitischen Sprachen zur Erklärung heranzieht, in dieser Zusammenstellung entschieden zu viel. Wir dürfen hier, wenn wir von Vorsilben und Endungen absehen, Bildungen mit drei Konsonanten als die Regel betrachten. Dies berechtigt uns, wenn wir an der masoretischen Lesung im übrigen noch festhalten, zu

---

[1]) Reʿû ist seinem Ursprunge nach wohl eine Kurzform von Reʿû-el. Das û ist hier aus der alten semitischen Kasusendung hervorgegangen.

einer Zerlegung des eigenartigen Gebildes in arpa + k^{e}šad. Wir dürfen hier also, wenn dieses richtig ist, bei dem zweiten Bestandteil des Namens ohne Bedenken auf das akkadische kašâdu zurückgreifen, das ebenfalls ein Herannahen, ein Bekriegen und ein Erobern zum Ausdruck bringt. Dies würde sich, wie man sieht, in den Zusammenhang vorzüglich hineinfügen. Die Aufteilung eines Landes hat die Eroberung des betreffenden Gebietes gewöhnlich zur selbstverständlichen Voraussetzung. Es bedarf also, wenn uns der Schein hier nicht täuscht, nur noch einer Prüfung des ersten Bestandteils, der allerdings in seiner jetzigen Form einige Schwierigkeiten bereitet. Wir dürfen aber für dieses arpa, da die Festlegung der Vokale späteren Ursprunges ist, auch ein arap oder ein erep in Betracht ziehen, und dieses arap oder erep kann ebensogut aus einem arab oder ereb entstanden sein, da das b sich in der Aussprache, wenn es am Ende des Wortes stand, dem Anlaute des Wortes kašâdu ganz angleichen mußte. Damit kommen wir nach unsern bisherigen Feststellungen fast mit zwingender Notwendigkeit auf das ebenfalls aus dem Akkadischen stammende ereb = erêbu = eintreten, hineingehen oder hineindringen. Die beiden Bezeichnungen lagen in ihren Bedeutungen unmittelbar nebeneinander. Sie begegnen uns in den Texten verschiedentlich als wirkliche Synonyma, die man in den betreffenden Wendungen ganz nach eigenem Ermessen miteinander vertauschen konnte. Man gebrauchte das Wort erêbu besonders auch von dem Eindringen in eine Ortschaft oder in ein feindliches Land. Das darf hier, wie ich glaube, genügen. Der Name kann also, wie wir annehmen dürfen, in seiner Grundform nur Ereb-kašad gelautet haben. Es war ein Hinweis auf ein Eindringen und ein Erobern, das dann in den folgenden Bezeichnungen noch weiter erklärt wird. Der Verfasser zeigt uns auch hier wieder, daß ihm das Sprachgut der babylonischen Keilschrifttexte noch ganz geläufig ist. Er versteht die sumerischen Ausdrücke, die ihm in der Liste der Urkönige begegneten, und gebraucht in seiner eigenen Darstellung, wie aus dem Gesagten hervorgeht, nicht nur das aus dem Akkadischen herübergenommene mîn = mînu = Zahl, sondern auch das akkadische erêbu = eintreten und das akkadische kašâdu = erobern. Das eine Wort ist ihm offenbar genau so bekannt wie das andere. Er behandelt die keilinschriftlichen Bezeichnungen, wenn wir diese Beobachtungen verallgemeinern dürfen, ungefähr in derselben Weise, wie wir es für den Urheber des gewöhnlichen phönizischen Alphabets feststellen konnten.

In der Völkertafel (Gen. 10, 1 ff.) wird Reu, der Sohn des Peleg, merkwürdigerweise gar nicht erwähnt, Der Verfasser kennt aber n e b e n dem Peleg noch einen Bruder des Peleg, den er als Joḳṭan bezeichnet, von dem Verbum ḳaṭon = klein sein. Peleg hatte, wie uns hier ausdrücklich versichert wird, seinen Namen erhalten, weil die Erde damals verteilt wurde. Wenn man aber eine Teilung vornimmt, wird der Gegenstand, um den man sich einigen muß, stets kleiner. Dies sollte in dem Namen des Bruders offenbar zum Ausdruck gebracht werden. Es war eine Hophalbildung mit passiver Bedeutung, die Bezeichnung eines Mannes, der klein gemacht wurde. Das Hiphil, zu dem es gehört, hat sich Amos 8, 5 erhalten. Joḳtan hatte nach den Voraussetzungen der Völkertafel nicht weniger als dreizehn Söhne! Die Namen sind aber im übrigen dieselben. Der Verfasser erzählt uns zunächst, daß Sem im ganzen fünf Söhne besaß, den Elam, den Assur, den Arpachschad, den Lud und den Aram, und nennt dann die Söhne des Aram, des Arpachschad, des Schelach und des Eber. Arpachschad steht hier also unter den Söhnen des Sem, obschon die Bezeichnung ganz anders geartet ist, mitten zwischen vier verschiedenen Ländernamen. Das ist für sich allein schon sehr auffallend. Die Schwierigkeit wird aber noch größer, wenn wir bedenken, daß die Geburt des Arpachschad nach dem Geschlechtsverzeichnis, von dem wir ausgingen, schon im zweiten Jahre nach der Flut erfolgte. Arpachschad war nach dieser Liste der Erstgeborene des Sem, der alsdann im weiteren Verlaufe seines Lebens, wie uns in der Angabe gesagt wird, noch andere Söhne und Töchter erzeugte. Man hat dieses wohl als eine abweichende Ueberlieferung bezeichnet, aber ganz mit Unrecht. Der Name begegnet uns in dem Geschlechtsverzeichnis, wie wir gesehen haben, sofort in einem Zusammenhange, der seine Bedeutung vorzüglich erklärt. Dies zeigt uns, daß er dort wirklich am richtigen Platze steht. Es war eine Bildung, die mit den geographischen Bezeichnungen der Völkertafel im Grund gar nichts zu tun hat. Die Völkertafel geht aber in diesem Abschnitt auf einen Urheber zurück, der das Gute nahm, wo er es vorfand. Er zog bei der Aufstellung nicht nur die Namen der Völker heran, die nach seiner Auffassung in Betracht kamen, sondern auch die Bezeichnungen, die ihm in dem Geschlechtsregister vorlagen. Diese sind in dem Geschlechtsregister, wie wir feststellen mußten, in ihren Bedeutungen und in ihrer Aufeinanderfolge genau gegeneinander abgewogen. Peleg steht hier, wie wir gesehen haben, mit seinem Sohne Reu gerade in der Mitte. Das würde sicher nicht der Fall sein, wenn der Verfasser die Namen ohne Plan und Ziel aus einem fremden Zusammenhange genommen hätte.

Das Zeitalter des Abraham fällt nach den Angaben der Bibel mit der Zeit des Chammurabi zusammen, der in Palästina, wie wir annehmen mußten, als Amraphel bezeichnet wurde. Die Ansätze gehen hier, wie man aus den Listen der Chronik ersieht, auf eine Zählung nach Generationen zurück, die in ihrem Umfange jedesmal als eine Spanne von 40 Jahren gefaßt wurden. Der Urheber dieser Datierungen war hierin so genau, daß er bei den 40 Jahren, die auf Joseph entfielen, zunächst die Zeit von 1 + 7 + 2 Jahren unterschied, die bis zu der Umsiedelung des Jakob führten, und dann die weitere Zeit ganz folgerichtig mit 30 Jahren ansetzte. Die 40 Jahre des Joseph nahmen also mit seiner Erhöhung ihren Anfang. Das Jahr des Auszuges war das erste von den 40 Jahren des Aaron. Die 480 Jahre, von denen wir I Kön. 6, 1 erfahren, führen uns also bis zum Tode des Hohenpriesters Achimaas, der sowohl I Chron. 5, 34 als auch I Chron. 6, 38 als der Sohn und Nachfolger des Sadok erscheint. Sadok ist aber erst in der Zeit des Salomon gestorben, und Azarja, der Sohn des Achimaas und Enkel des Sadok, tritt uns I Kön. 4, 2 schon als Priester entgegen, als Salomon noch auf dem Throne saß. Dies zeigt uns, daß die Zeit des Achimaas, wenn man bloß an seine Amtstätigkeit denkt, hinter dem Durchschnitt von 40 Jahren — Vgl. o. S. 175 — in der Tat um ein Erhebliches zurückbleibt. Der Maßstab ist aber trotz der Höhe des Ansatzes in den Listen fast überall derselbe. Die Nachkommen des Ephraim werden in dem Abschnitt I Chron. 7, 20 ff. in zwei verschiedenen Linien aufgeführt, die beide in der Zahl der Personen genau miteinander übereinstimmen, obwohl die zweite Reihe erst einsetzt, als die Personen der ersten Reihe nach der ausdrücklichen Angabe des Textes schon von den Männern von Gath getötet waren. Der Berichterstatter setzt hier also eine Entwicklung voraus, die in dieser Form bei der normalen Lebensdauer der damaligen Menschen mit der Wirklichkeit gar nicht in Einklang zu bringen ist; er rechnet aber trotz dieser Schwierigkeit, wenn wir auch die Person des Vaters berücksichtigen, sowohl bei der einen als auch bei der anderen Reihe mit einer Aufeinanderfolge von zehn verschiedenen Generationen! Die Zahl verdient hier noch mehr Vertrauen als die Namen; denn die Namen schließen in der zweiten Reihe mit Josue, der nach den sonstigen Angaben schon als der Vertreter der zwölften Generation zu betrachten ist.

Chammurabi war der sechste unter den Herrschern aus der Dynastie von Amurru. Er übernahm die Regierung, wie aus den Texten hervorgeht, 102 Jahre später als der Begründer dieser Dynastie, die nach den neuesten Berechnungen, wenn die Ergebnisse richtig sind, mit dem Jahre 2169 ihren Anfang nahm. Der Ansatz stützt sich hier besonders auf die Angaben über die Bewegungen der Venus, die uns aus der Regierungszeit des Ammiṣaduga erhalten sind. Diese führten hier zu genaueren astronomischen Festlegungen, die nur den einen Fehler hatten, daß die Monatsdaten sich für die einzelnen Erscheinungen nach einem Abstande von 56 oder von 64 Jahren jedesmal wiederholten. Es scheint aber, daß die Feststellung von Schoch, die S. 181 erwähnt wird, ein wirkliches Schwanken gar nicht mehr zuläßt. Der Ansatz führt uns also, wenn wir dieses ebenfalls noch einmal hervorheben dürfen, für die Herrschaft des Chammurabi auf die Zeit von 2067 bis 2024. Diese Zeit lag aber, wie Nabuna'id uns erzählt, 700 Jahre vor der Zeit des Königs Burnaburiasch II., der allem Anscheine nach kurz vor dem Jahre 1380 auf den Thron gelangte. Nabuna'id drückt sich allerdings, wenn man es genau nimmt, etwas anders aus; er behauptet nur, daß der Tempel 700 Jahre vor Burnaburiasch von Chammurabi erbaut wurde, und macht sich wegen der weiteren Festlegung gar keine Sorge. Diese blieb ganz dem Leser überlassen, der hier, wenn wir bloß auf den Wortlaut sehen, zwischen mehreren Möglichkeiten zu wählen hatte. Wir hielten es für notwendig, darauf aufmerksam zu machen, daß die Urkunde des Chammurabi wahrscheinlich keine Jahresangabe enthielt, und glaubten dann in den 700 Jahren den Abstand erblicken zu müssen, der zwischen der Thronbesteigung des Chammurabi und der Thronbesteigung des Burnaburiasch liegt. Das würde dem modernen Empfinden, wie ich auch jetzt noch betonen möchte, sicher am besten entsprechen. Der Kaiser Maximilian I. lebte 300 Jahre vor dem Kaiser Franz II.; Maximilian regierte von 1493—1519, Franz II. dagegen von 1792 bis 1806. Wir dürfen aber nicht übersehen, wie die Angabe entstanden ist. Sie geht, wie wir annehmen mußten, auf Zählungen an der Hand einer Liste zurück, die sich in ihrer Form aus den vorhandenen Aufzeichnungen noch ziemlich genau wiederherstellen läßt. Sie enthielt im ersten Abschnitt die Namen der elf Könige von Amurru, und zwar in elf aufeinanderfolgenden Zeilen, in denen am Schluß jedesmal die Zahl der Regierungsjahre hinzugefügt war. Dann lautete die zwölfte Zeile: „11 Könige, Dynastie von Babylon." Man addierte nun, wenn man den Abstand zwischen der Zeit des Chammurabi und der Zeit des Burnaburiasch genau feststellen wollte, in einem sehr einfachen Verfahren sämtliche Zahlen, die in der Liste zwischen der Zeile des Chammurabi und der Zeile des Burnaburiasch eingetragen waren, ohne sich um die Angaben in der Zeile des Chammurabi und in der Zeile des Burnaburiasch auch nur irgendwie zu kümmern. Das wird, wie ich glaube, jedem Leser sofort einleuchten. Auf jeden Fall ist es sicher, daß wir dieses Verfahren als die allgemeine Regel betrachten dürfen. Man erhielt aber auf diese Weise nicht den Abstand zwischen den Jahren der Thronbesteigung, sondern den Abstand zwischen dem letzten Regierungsjahre des Chammurabi und dem ersten Jahre des Burnaburiasch. Das macht für das Endergebnis einen wesentlichen Unterschied. Wir besitzen von Burnaburiasch noch einen Brief an Amenophis III., den er nach dem Inhalt im Anfange seiner Regierung, also wohl kurz nach der Thronbesteigung, geschrieben hat, und fünf Briefe an Amenophis IV. In dem zweiten (?) dieser Briefe erinnert er den Empfänger daran, daß beide schon über gute Freundschaft miteinander gesprochen und bei dieser Gelegenheit erklärt hatten: „Wie unsere Väter miteinander, so wollen auch wir gute Freunde sein." Dies zeigt uns, daß Amenophis III. kurz nach dem Empfange des zuerst genannten Briefes gestorben war, und daß Burnaburiasch und Amenophis IV. den gemeinsamen Wunsch hatten, die Freundschaft der beiden Väter in derselben Weise fortzusetzen. Wir dürfen hier also, da der Thronwechsel in Ägypten um das Jahr 1380 erfolgt ist, für die Thronbesteigung des Burnaburiasch mit guten Gründen in runder Zahl das Jahr 1385 voraussetzen. Dies führt uns dann, wenn wir die 700 Jahre einschalten, für das Todesjahr des Chammurabi auf das Jahr 2086 und für das erste Jahr seiner Regierung auf das Jahr 2128, so daß wir für das erste Jahr des Begründers der Dynastie das Jahr 2230 erhalten. Damit kommen wir aber, wie ich erst kurz nach der Fertigstellung des 30. Druckbogens (S. 465—480) zu meiner eigenen Ueberraschung selbst bemerkt habe, genau auf denselben Zeitpunkt, der sich S. 177 aus den Zählungen des Berossus und aus der Aufzeichnung des Simplicius ergab. Der Unterschied beträgt hier bloß zwei Jahre! Ich bin also gegen den Verdacht, das Ergebnis bei der Niederschrift der Untersuchungen schon irgendwie vorbereitet zu haben, wohl ausreichend gesichert. Man sieht aber, daß die Feststellungen am Hofe des Nabuna'id und die Angaben aus der Zeit des Alexander im Grunde genau miteinander übereinstimmen. Das gibt ihnen, wie es scheint, eine entscheidende Bedeutung. Es stellt aber den Ansatz von Fotheringham, wenn wir die Dinge richtig beurteilen, wieder ernstlich in Frage. Die Uebereinstimmung ist nur zu begreifen, wenn wir trotz der bestehenden Schwierigkeiten an der ersten Datierung von Kugler festhalten, die sich von den Voraussetzungen der geschichtlichen Ueberlieferung nur um eine Spanne von wenigen Jahren entfernt. Kugler war bei dieser Berechnung, wie wir gesehen haben, für das erste Jahr der Dynastie auf das Jahr 2225 gekommen.

Amraphel war König von Sinear. Dieser Name bereitet ebenfalls besondere Schwierigkeiten. Wir haben uns S. 175 darauf beschränkt, die Gegend hervorzuheben, die in der Sprache der Bibel mit dieser Bezeichnung gemeint ist. Diese Gegend deckt sich fast ganz mit dem Gebiete, wo früher die Sumerer wohnten. Es war also in der Hauptsache das Land Su-me-ri, im Sumerischen auch als Kin-gi = Kin-gin = kin-kin = L a n d bezeichnet, als eine durch die Verdoppelung besonders zum Ausdruck gebrachte Verallgemeinerung des bekannten sumerischen kin = ki. Der Name Sinear, hebr. Sin'ar, hat mit dem keilinschriftlichen Su-me-ri den Anlaut und das am Schluß stehende r gemeinsam; er weist aber in der Mitte statt des m ein n auf mit einem unmittelbar darauf folgenden 'Ajin. Dieses 'Ajin kann nur in Palästina entstanden sein, da der Laut im Sumerischen und im Akkadischen nicht vorkommt. Es war ein Gutturallaut, der sich ebenso wie das g, das k oder das ḳ lieber mit einem n als mit einem m verbindet. Das m wurde vor diesen Buchstaben leicht zu einem n, ebenso wie das n vor einem b oder vor einem p gern zum m wurde. Wir sind also, wenn wir die beiden Bezeichnungen einander gleichsetzen, zu der Annahme gezwungen, daß das keilinschriftliche Su-me-ri = Sumêri = Sumêr in Palästina zunächst durch ein Sum-'êr ersetzt wurde, vielleicht unter der Einwirkung der mit demselben Vokale gebildeten Formen von 'ûr = wachen, und daß das m dann im Laufe der weiteren Entwickelung vor dem 'Ajin zu n wurde.

Das akkadische aššati ist S. 208 Z. 34 unter dem Einfluß des Hebräischen bei der Niederschrift der Ausführungen zu iššati geworden. Der Ehemann war im Hebräischen nach der Ausdrucksweise der Bibel der ba'al ha-iššah.

Der Einzug in Palästina fällt nach der Bibel in dasselbe Jahr, in dem die Stadt Jericho zerstört wurde. Dieses Ereignis läßt sich aber nach den Ergebnissen der neuesten Ausgrabungen ziemlich genau datieren. Es wird von Garstang nach einer sorgfältigen Prüfung der in dem Trümmerhügel gefundenen Tonwaren in dieselbe Zeit gelegt, die sich hier aus den Voraussetzungen der Stelle I Kön. 6,1 ergab. Die Funde bieten hier, wenn man sie für sich allein betrachtet, für die chronologische Festlegung der damaligen Vorgänge nur einen Spielraum von wenigen Jahrzehnten. Sie führen uns also, wie man hieraus ersieht, auf dieselben Ereignisse, die uns auch in den Tontafeln von El-Amarna erzählt werden. Wir erfuhren in diesen Texten von einer Ueberschwemmung des Landes durch die Ḫabiri, die kurz nach dem Jahre 1425, aber noch vor dem Jahre 1405, dem 12. Jahre des Königs Amenophis III.[1]), ihren Anfang nahm und in der Zeit des Königs Amenophis IV., soweit es sich um die Besetzung des Landes handelt, allmählich zu einem gewissen Abschluß gelangte. Die Ḫabiri sind, wie wir jetzt wissen, ebenso wie die Hebräer lediglich die Fremden, die von außen her in das Land hineindringen. Die Aufzeichnungen stimmen hier in der Behandlung der Einzelheiten so genau miteinander überein, daß eine Scheidung der Dinge ganz unmöglich ist. Wir erinnern für diese Gleichsetzung besonders an die Art, wie die Fremden — die Ḫabiri und die Israeliten — hier überall vorgingen, an die Erfolge, die sie in den einzelnen Teilen des Landes erzielten, an das Eingreifen des Japaḫi = Japhi', der in der Bibel als König von Lachisch erscheint und nach den keilinschriftlichen Texten der König des Ortes war, von dem der König von Lachisch Hilfe erhielt, an den Namen des Königs Jabin von Chaṣor, in dem wir nur eine Umdeutung des in den keilinschriftlichen Texten für den König von Chaṣor bezeugten Namens Abditirši erblicken konnten, und an die ausdrückliche und nach dem Zusammenhange ganz eindeutige Erwähnung des Ja-šu-ia, des Fürsten in der Nähe von Sichem, der uns ganz in derselben Gegend überrascht, wo wir nach der Bibel den späteren Wohnsitz des Josue zu suchen haben. Die eine Parallele stützt hier die andere. Es wäre töricht, wenn man bei einem Gleichklange die Möglichkeit eines Zufalls ganz ausschließen wollte; es wäre jedoch ebenso töricht, wenn man annehmen wollte, daß der eine Zufall sich bei einer derartigen Gruppe von Einzelheiten überall in derselben Ausprägung harmonisch an den andern anschloß. Wir haben hier die Erscheinungen als Ganzes zu nehmen und die Uebereinstimmungen in dem einen Falle genau so zu behandeln wie in dem andern.

Die Israeliten bewahrten dem Herrn, wie uns Jos. 24,31 und Richt. 2,10 erzählt wird, noch lange nach dem Tode des Josue die

---

[1]) S. oben S. 314.

Treue. Sie verließen ihn erst, als die Zeitgenossen des Josue bereits einem andern Geschlechte Platz gemacht hatten. Dies führt uns, wenn wir für den Einzug an der Zeit von 1408 festhalten und den Tod des Josue 30 Jahre später ansetzen, in die Zeit von etwa 1350 bis 1340. Auf diese Zeit folgten dann die 8 Jahre, die für das Dienstverhältnis unter Kuschan Rischathaim vorausgesetzt werden, die 40 Jahre des Othniel, die 18 Jahre des Eglon und die 80 Jahre, die sich an die Tat des Ehud anschlossen. Als diese Periode dann zu Ende ging, begannen die Kämpfe mit den Philistern, die damals von Schamgar, dem Sohne des Anath, geschlagen wurden. 8 + 40 + 18 + 80 = 146; 1350 — 146 = 1204; 1340 — 146 = 1194. Wir kommen hier als mit diesen Zahlen, wenn wir sie so nehmen wie wir sie vorfinden, bis in die unmittelbare Nähe des Zeitpunktes, wo die Philister sich nach den sonstigen Angaben tatsächlich in Palästina festsetzten. Dies zeigt uns, daß die chronologischen Abstände wenigstens in der Hauptsache durchaus richtig sind. Wir können ohne Bedenken noch etwas weiter heruntergehen, bis in die Zeit kurz nach dem Jahre 1188[1]), wo die Kämpfe mit den Philistern allem Anscheine nach in vollem Gange waren. Sie dauerten, wenn das Schwert auch oft genug ruhte, bis in die Zeit der ersten Könige. Wir lesen beim Auftreten des Samson schon von einer vierzigjährigen Unterdrückung. Die Tätigkeit des Samson wird dann mit zwanzig Jahren angesetzt. Samson ist aber als der unmittelbare Vorgänger des Heli zu betrachten, der das Richteramt, wie es scheint, kurz vor dem Jahre 1100 übernahm[2]). Wir stehen hier also vor einem Zeitabschnitt, bei dem wir nach diesen Ansätzen nur eine Dauer von höchstens etwa 70—80 Jahren voraussetzen dürfen. Dieser wird von den 40 + 20 Jahren, die hier zu berücksichtigen sind, schon so gut wie vollständig in Anspruch genommen. Damit sind aber die übrigen Zahlen, die wir unter diesen Umständen für sich allein zu behandeln haben, ebenfalls in ihrem Zusammenhange schon klar und eindeutig festgelegt. Sie beziehen sich auf die Ereignisse in den nördlichen Teilen von Palästina, die mit den Begebenheiten in den südlichen Gebieten, wie sich aus den Aufzeichnungen auch sonst noch entnehmen ließ, in der letzten Periode gleichzeitig verliefen.

Das Lied der Debora wird nach diesen Voraussetzungen um das Jahr 1150 entstanden sein.

Die Chronologie der Königszeit ist in ihrem Aufbau viel einfacher und in ihren Ergebnissen viel genauer und viel zuverlässiger. Sie stützt sich in erster Linie auf die Angaben über die Regierungsdauer der einzelnen Fürsten, die nur in den seltensten Fällen einen Fehler aufweisen. Die Unrichtigkeiten, die uns hier in der jetzigen

---

[1]) S. oben S. 229.

[2]) Wir haben uns S. 230 im Anschluß an die vorhandenen Angaben für das Jahr 1110 entschieden.

Fassung des biblischen Textes begegnen, stehen fast alle, wie es scheint, miteinander in einem inneren Zusammenhange. Sie beginnen mit der Zeit des Azarias, die von dem Urheber dieser Datierungen viel zu hoch angesetzt ist. Die Fehler haben hier, wie wir annehmen mußten[1]), ihren Grund in der unrichtigen Festlegung einiger Synchronismen, bei der sich die Zahl der Regierungsjahre für die betreffenden Fürsten nicht mehr als ausreichend erwies. Wenn wir die Verschiebungen beseitigen, entspricht auch das Alter, das wir für Amasjas und Azarias bei der Geburt ihrer Nachfolger erhalten, im Gegensatze zu den jetzigen Voraussetzungen des Textes ganz den normalen Verhältnissen. Die keilinschriftlichen Angaben zeigen uns nicht nur, daß die Unrichtigkeiten tatsächlich vorhanden sind; sie geben uns auch die Möglichkeit, die Unsicherheiten, die für die einzelnen Ansätze zum Teil noch bestehen bleiben, fast überall auf ein verhältnismäßig sehr bescheidenes Maß zurückzuführen.

Man betrachtete bis zur Zeit des Achaz und des Ezechias das Todesjahr eines Königs zugleich als das erste Regierungsjahr des folgenden Herrschers. Diese Zählung ist aber bei Ezechias schon durch die von den Assyrern übernommene Methode der sogenannten Nachdatierung ersetzt, die das Todesjahr noch ganz für den Verstorbenen in Anspruch nimmt und die Zeit des Nachfolgers erst mit dem nächsten Jahre beginnt. Wir haben hier also einen deutlichen Beweis für das allmähliche Vordringen assyrischer Einflüsse. Ob wir auch die Jahre des Achaz in dieser Weise zu fassen haben, läßt sich leider nicht feststellen, da die voraufgehenden Zahlen, wie wir gesehen haben, bei den hier in Betracht kommenden Angaben teilweise versagen. Daß Achaz persönlich bestrebt war, ebenso wie andere Vasallen assyrische Art und assyrische Gepflogenheiten in seinem eigenen Lande besonders zur Geltung zu bringen, dürfen wir schon aus der Errichtung des in assyrischem Stile gehaltenen Altares entnehmen. Wir wissen auch, daß er an der Außenmauer oder in der unmittelbaren Nähe des Tempels oder des königlichen Palastes eine Sonnenuhr anbringen ließ, die später ausdrücklich nach ihm benannt wurde. Die Sonnenuhr war ebenfalls babylonischen Ursprunges. Anderes entzieht sich hier ganz gewiß unserer Kenntnis. Achaz stand zu Tiglatpileser wohl in einem ähnlichen Verhältnis wie Panammû, der König von Sam'al. Der eine hatte ebenso wie der andere in der Stunde der Not Schutz und Hilfe bei ihm gefunden, Panammû im Jahre 738, Achaz drei Jahre später. Beide hatten allen Grund, ihm ganz besonders dankbar zu sein und ihm bis zu ihrem Tode die Treue zu bewahren. Panammû starb nach der Angabe seines Sohnes[2]) bei der Belagerung von Damaskus, Achaz nach der Aufzeichnung, die sich Is.

[1]) S. oben S. 407 ff.
[2]) S. oben S. 402.

14, 28[1]) erhalten hat, in demselben Jahre wie Tiglatpileser. Isaias schaute damals trotz allen Ernstes noch mit großem Vertrauen in die Zukunft. Er sieht voraus, daß es für die Philister noch schlimmer kommen wird, hofft aber, daß der Berg Sion, wenn der Feind auch in das Gebiet von Juda eindringen sollte, den Schwachen des Landes ausreichenden Schutz bietet. Ezechias machte dann, wie es scheint, nach seiner Thronbesteigung zunächst gar keinen Versuch, die Last der Tributzahlungen irgendwie abzuschütteln. Das wäre unter den damaligen Verhältnissen ein törichter Fehlgriff gewesen. Der Druck wurde jedoch von Jahr zu Jahr schwerer, so daß derselbe Prophet bei dem Tode des Sargon[2]) eine wesentlich andere Sprache redete. Daß es sich bei den Angaben dieses Textes zunächst um den Tod des Königs von Assyrien handelt, ist nach den Uebereinstimmungen, die hier vorliegen, gar nicht zu bezweifeln. Der Wechsel, den wir hier in der Auffassung des Propheten beobachten, zeigt sich dann in derselben Weise in dem Verhalten des Ezechias. Wir ersehen aus den keilinschriftlichen Aufzeichnungen, daß er bei den Auflehnungen, die damals einsetzten, sogar stark im Vordergrunde stand und den Padî, den König von Ekron, ohne Bedenken in Jerusalem als Gefangenen festhielt.

Das Vertrauen zu Jahwe erhielt durch die Ereignisse des Jahres 701 einen starken und jedenfalls für längere Zeit vorhaltenden Auftrieb. Die wunderbare Errettung wird, soweit uns die Texte noch erhalten sind, wenigstens in drei verschiedenen Psalmen besungen, in Ps. 48, Ps. 46 und in Ps. 76. Jahwe ist für den Verfasser von Ps. 48 der einzige šarru rabû, der über die Bewohner von Jerusalem zu gebieten hat; er ist für die Israeliten nach den Hervorhebungen in Ps. 47, der ebenfalls aus der damaligen Zeit stammt, nicht nur der große šarru rabû, sondern auch der wahre šarru kiššati, der melech kol ha'areṣ.

Man ersieht aus diesen Anlehnungen, daß das Assyrische auch in Jerusalem in der damaligen Zeit zum Teil schon verstanden wurde. Die Sänger, die hier zu ihrem Volke redeten, kannten nicht nur die wichtigsten in den amtlichen Kundgebungen vorkommenden Titel der assyrischen Könige; sie erfaßten auch die sprachliche Bedeutung dieser Bezeichnungen und übertrugen sie richtig ins Hebräische. Bei dem Worte armanôth müssen wir allerdings mit unserm Urteile vielleicht etwas mehr zurückhalten, als es o. S. 446 geschehen ist, da uns dieses Wort schon in derselben Form in den Mahnreden des Propheten Amos begegnet. Es ist aber mindestens sehr auffallend, daß die akkadischen Ausdrücke sich in Ps. 48 in so eigenartiger Weise zusammenfinden. Daß die Kenntnis der assyrischen Verhältnisse nicht in die Tiefe ging, ersieht man wohl am besten an der Erwähnung des angeblichen Gottes Nisroch, in dem

---

[1]) S. oben S. 404 ff.

[2]) S. oben S. 426 ff.

wir nur eine phonetische Wiedergabe des keilinschriftlichen an-Aššur-ki[1]) vermuten konnten. Wir haben hier aber ein lehrreiches Beispiel für die Art, wie man eine keilinschriftliche Aufzeichnung unter Umständen durch die Schriftzeichen des gewöhnlichen westsemitischen Alphabets zum Ausdruck brachte.

Wir erwähnten auf S. 94 eine klar hervortretende Entlehnung aus dem herrlichen Psalm 8, die uns in dem ebenfalls schon aus der Königszeit stammenden Psalm 144 begegnet. Diese Stelle nötigt uns zu einer Schlußfolgerung, die wir hier in ihrer Bedeutung nur noch einmal kurz hervorheben möchten. Sie zeigt uns, daß der Schöpfungsbericht, der in Ps. 8 zugrundeliegt, unter allen Umständen schon aus der vorexilischen Zeit stammt. Das gilt aber nicht nur von dem Schöpfungsberichte, sondern auch von den weiteren Texten, die zu derselben Quelle gehören. Es ist ganz gewiß richtig, daß diese Zusammenstellung eine Eigenart zeigt, die auf einen Priester als letzten Verfasser schließen läßt. Dieser Priester muß aber schon zu einer Zeit geschrieben haben, die noch vor dem Abschluß der im zehnten Kapitel der Genesis enthaltenen Völkertafel liegt. Was er uns über Arpachschad, Schelach, Eber und Peleg erzählt, steht im elften Kapitel der Genesis an seinem richtigen Platze. Dies wird uns auch durch die akkadischen Wörter, zu denen er greift, in jeder Weise bestätigt. Die Entlehnungen aus dem Sprachschatze der Keilschrift führen uns für diese Darstellung in eine Zeit, die nach allem, was sich schon jetzt darüber sagen läßt, wesentlich früher anzusetzen ist.

---

[1]) S. oben S. 457—458.

Wort- und Sachregister.

C

D

E

K

L

M

N

O

P

R

S

Sinai, Schriftdenkmäler 6 ff.

T

U

V

W

X

Z

Zeitfracht Medien GmbH
Ferdinand-Jühlke-Straße 7
99095 Erfurt, Deutschland
produktsicherheit@kolibri360.de